【东莞名片】

全国文明城市
国家森林城市
全国绿化模范城市
国家环境保护模范城市
中国优秀旅游城市
全国质量强市示范城市
全国科技进步先进市
全国“两基”教育先进市
国家卫生城市
全国体育先进市
游泳之乡
举重之乡
全国篮球城市
龙舟之乡
广东历史文化名城
国家公共文化服务体系示范区

【东莞数字·2017】

户籍人口 211.31万人
常住人口 834.25万人
土地面积 2460平方千米
地区生产总值 7582.12亿元
第一产业增加值 23.36亿元
第二产业增加值 3593.84亿元
规模以上工业增加值 3316.97亿元
第三产业增加值 3964.65亿元
人均地区生产总值 91329元
农林牧渔业总产值 39.05亿元
固定资产投资 1712.83亿元
社会消费品零售总额 2687.88亿元
外贸进口总额 5236.99亿元
外贸出口总额 7027.38亿元
实际利用外资 17.19亿美元
市一般公共预算收入 592.00亿元
市一般公共预算支出 661.20亿元
城镇常住居民人均可支配收入 46739元
农村常住居民人均可支配收入 29078元

广东四大名园之一——可园　（张超满　摄）

东莞年鉴

DONGGUAN NIANJIAN

2018（总第18卷）

东莞年鉴编纂委员会　编

SPM
南方出版传媒
广东人民出版社
·广州·

图书在版编目（CIP）数据

东莞年鉴. 2018 / 东莞年鉴编纂委员会编. —广州：
广东人民出版社，2018.9
ISBN 978-7-218-13197-9

Ⅰ. ①东… Ⅱ. ①东… Ⅲ. ①东莞—2018—年鉴
Ⅳ. ①Z526.53

中国版本图书馆CIP数据核字（2018）第225659号

东莞年鉴·2018

东莞年鉴编纂委员会 编

地 址：广东省东莞市鸿福路99号行政办事中心主楼5楼
邮 编：523888
电 话：0769-22885205
邮 箱：szb@dg.gov.cn
网 址：http://history.dg.gov.cn

出 版 人：肖风华
责任编辑：钱 丰
封面设计：张德全

出版发行：广东人民出版社
地 址：广州市大沙头四马路10号
邮 编：510102
电 话：020—83798714（总编室）
传 真：020—83780199
网 址：http://www.gdpph.com

排 版：东莞市正本电分制版有限公司
印 刷：东莞市翔盈印务有限公司
开 本：787mm × 1092mm 1/16
印 张：42.5 **字 数：**1700千
版 次：2018年9月第1版 2018年9月第1次印刷
印 数：1—3500册
定 价：260.00元

编辑说明

一、《东莞年鉴》根据《地方志工作条例》和《广东省地方志工作规定》“以县以上行政区域名称冠名的地方志书、地方综合年鉴，分别由本级人民政府负责地方志工作的机构按照规划组织编纂，其他组织和个人不得编纂”的规定，由东莞市人民政府地方志办公室组织编纂。

二、《东莞年鉴》编纂坚持以马克思列宁主义、毛泽东思想、邓小平理论、“三个代表”重要思想、科学发展观和习近平新时代中国特色社会主义思想为指导，坚持以“记载历史、传承文明”为宗旨。

三、《东莞年鉴》于2001年创刊，每年出版一卷。《东莞年鉴》2018年卷主要记载2017年东莞市发生的大事要事、基本情况，力求客观、全面、系统地记述全市经济建设、社会建设和各行各业的发展历程，为各级领导、社会各界及广大民众提供地情服务，并为编修地方志书奠定基础。

四、《东莞年鉴》2018年卷正文采用分类编辑法，以类目、分目、条目组成主体，条目为基本形式，其标题以黑体字加“【 】”表示。正文设年度关注、争当排头兵、总述、党政机关、民主党派·群众团体、人力资源·社会保险·民政、外事·侨务、莞台合作·莞港澳合作、区域合作·扶贫开发、法治、军事、城建·环保、交通·邮政·通信业、园区经济、开放型经济、农业·农村、工业、商贸流通业、旅游业·餐饮业、金融业、财政·税务、经济监督管理、科学、教育、文化、体育·卫生、社会生活、镇街、人物、文献专载、大事记、选录等类目。

五、《东莞年鉴》2018年卷采用全彩色印刷，配置丰富多彩的图片，形象生动、鲜明直观地体现东莞风采，以达到图文并茂的效果，增强信息量和观赏性。

六、《东莞年鉴》2018年卷的数据采用法定计量单位，分别由各单位和各镇街提供。若与统计部门公布的数据不一致，使用时应以统计部门公布的数据为准。

七、《东莞年鉴》2018年卷稿件作者署名，除“撰稿人员”栏目中刊列外，《文献专载》类目正文的作者在标题下方标明，其他类目的作者则在条目文末标出，图片在该图片下方标明。

八、《东莞年鉴》2018年卷配有双重检索系统。前有目录检索，后有按汉语拼音字母顺序排列的主题索引，方便读者检索。

《东莞年鉴》编纂委员会

《东莞年鉴》编辑部

《东莞年鉴》撰稿人员

（按姓氏笔画为序）

目　录
CONTENTS

图片专辑
SPECIAL SELECTION OF PHOTOS

东莞市地图 ……………………………………………1
东莞市中心城区图 …………………………………2
2017·东莞突围 ……………………………………3

年度关注
HIGHLIGHTS OF THE YEAR

■ 东莞市集约用地、推进“中国制造2025”战略、商事制度改革获国务院表彰 ………………20
■ 东莞市荣膺“全国文明城市”“四连冠” ……24
■ 东莞市首次获得综治工作最高荣誉——“长安杯” ……………………26
■ 重点企业规模与效益“倍增计划”推进 ………28
■ 广深科技创新走廊（东莞段）建设 ……………30
■ 开放型经济新体制构建综合试点试验 …………31
■ 水污染治理攻坚战推进 ……………………34
■ 城市品质三年提升计划实施 …………………35
■ 园区统筹组团发展战略实施 …………………39
■ 次发达镇加快发展步伐 ……………………42

争当排头兵
FIGHT FOR THE LEAD

■ 世界之最 ……………………………………………44
世界第一跨径钢箱梁悬索桥 ……………………44
世界杯官方授权金杯唯一供货商 ………………44
全球速度最快的小型六轴工业机器人 …………44
■ 全国之最 ……………………………………………44
全国首个安全无线城市 …………………………44
国内首个由高等美术学府与地方政府共建的新型研发机构——东莞广州美院文化创意研究院 ………………………………………45
广东省首个同时成功创建两个国家级质量安全示范区的城市 ……………………………45
中国最具竞争力会展城市 ………………………45
春节期间全国最“空”城市 ……………………45
全国最包容的城市 ………………………………45
东莞制造OPPO成为国内手机市场单月销量第一的机型 ………………………………45
全国首个地方性图书馆政府规章 ………………45
全国首个网络空间安全学院 ……………………46
全国首个环保巡回检察室 ………………………46
全国首家民营国家森林公园 ……………………46
全国首个摩拜智慧城镇落户东莞厚街 …………46
全国智能化程度最高的保税监管场所之一 ……46
国内最高的垂直立体型停车场 …………………46
国内首个商学院产学研基地 ……………………46
全国首创两地劳务协作扶贫援疆模式 …………46
莞产工业机器人拿下金手指奖 …………………46
全国首趟铁路食品快运专列“徐福记号”开出 ……………………………………………46
外贸发展竞争力居全国第一位 …………………46
国内首台散裂中子源超级显微镜试运行 ………47
全国首个开放空间大气修复试点 ………………47
中国最大的女鞋生产企业 ………………………47
中国电商最先进的机器人分拣中心 ……………47
东莞市三度蝉联“全国文明城市” ……………47
东莞电网工程首次摘取“中国安装之星” ……47
■ 全省之最 ……………………………………………47
广东省高新企业减免税款最多的城市 …………47
广东省唯一拥有信托、证券总部的地级市 ……47
省创新科研团队数量居全省地级市首位 ………47
东莞市政府数据开放全省第一 …………………47

总　述

DONGGUAN PROFILE

■ 市情综述 ……48
境域 ……48
建置沿革 ……48
行政区划 ……49
地质・地貌 ……49
河流 ……49
海洋 ……50
植被 ……50
气候 ……50
矿产资源 ……50
动植物资源 ……51
旅游资源 ……51
人口 ……52
流动人口 ……52
民族 ……52
语言 ……52
民俗 ……52
2017年东莞市行政区划情况 ……53
■ 经济建设 ……56
经济建设概况 ……56
实体经济发展 ……56
创新驱动发展战略实施 ……56
对外开放呈现新格局 ……56
区域协调发展水平提升 ……57
■ 政治建设 ……57
“两法衔接”机制健全 ……57
行政权力制约监督 ……57
政务信息公开 ……57
社会基层治理 ……58
预防和化解社会矛盾机制健全 ……58
简政强镇事权改革 ……58
政府职能转变 ……58
■ 文化建设 ……58
文化建设概况 ……58
文化产业发展 ……59
文化体制改革 ……59
文化工作走在全国全省前列 ……59
市民文化获得感提升 ……59
■ 社会建设 ……59
社会建设概况 ……59
异地商会积分制管理评审 ……59
“平安细胞”建设推进 ……59
“平安建设促进会”工作深化 ……60
平安文化建设全面铺开 ……60
■ 生态文明建设 ……60
生态文明示范建设 ……60
资源节约建设 ……60
危险废物处理处置设施建设 ……60
绿色发展 ……60
环境教育基地创建 ……60
森林城市建设 ……60
森林公园建设 ……60
湿地保育 ……61
绿化东莞大行动 ……61
森林资源保护 ……61
园林绿化建设 ……61
海洋生态红线 ……61
水产养殖禁、限养区 ……61

党政机关

PARTIES AND GOVERNMENT ORGANIZATIONS

■ 中国共产党东莞市委员会 ……62
・市委重要决策 ……62
全面从严治党推进 ……62
全面深化改革推进 ……63
重点企业规模与效益倍增计划实施 ……63
园区统筹组团发展战略推进 ……63
次发达镇村（社区）加快发展推动 ……63
创新驱动发展升级版打造 ……63
城市品质提升三年行动计划推进 ……64
・市委重要会议 ……64
中共东莞市委十四届二次全会 ……64
中共东莞市委十四届三次全会 ……64
中共东莞市委十四届四次全会 ……64
市委常委会会议 ……65
市委书记专题会议 ……65
市委重要专项会议 ……66
・市委重要工作 ……66
党的十九大精神学习宣传贯彻 ……66
习近平总书记对广东工作的重要批示精神学习宣传贯彻 ……66
习近平总书记系列重要讲话精神传达学习 ……67
“两学一做”学习教育常态化制度化推进 ……67
广东省第十二次党代会精神学习宣传贯彻 ……67
全国“两会”精神传达贯彻 ……67
广东省“两会”精神传达贯彻 ……67
更高水平发展十大行动计划推进 ……68
构建开放型经济新体制综合试点试验 ……68
水污染治理推进 ……68
全国文明城市“四连冠”争创 ……68
村级换届选举 ……69
东莞市委书记接受采访和发表署名文章 ……69

·综合协调服务 ……70
保密工作 ……70
信访工作 ……70
市委督查工作 ……71
接待工作 ……72
·组织建设 ……72
党组织概况 ……72
党员学习教育 ……72
村级换届工作 ……72
党的基层组织建设 ……73
人才工作 ……73
·老干部工作 ……73
老干部工作概况 ……73
老干部政治待遇落实 ……73
老干部生活待遇落实 ……73
老干部活动开展 ……73
老干部大学 ……74
关工委工作 ……74
·宣传文化 ……75
宣传文化概况 ……75
党的十九大精神宣讲 ……75
意识形态责任制工作落实 ……75
资政课题研究 ……75
宣传报道 ……75
舆情处置 ……75
媒体融合发展 ……75
东莞市连续四届获评“全国文明城市” ……75
社会主义核心价值观培育 ……75
公共文化服务提升 ……75
文艺精品力作打造 ……76
文化产业发展 ……76
主题外宣活动开展 ……76
城市外宣精品打造 ……76
境外宣传推介东莞 ……77
宣传亮点工作推介 ……77
·统一战线 ……77
统战工作概况 ……77
民主党派联合大调研 ……77
党外代表人士队伍建设 ……77
新社会阶层人士统战工作实践创新基地创建 ……77
民族宗教工作 ……77
港澳台海外统战工作 ……77
统战部门助推非公经济发展 ……78
两岸青年就业创业研讨会 ……78
归侨侨眷代表大会 ……78
东莞市新的社会阶层人士联合会成立 ……78
企业品牌故事大赛 ……78
·政策研究 ……79
政策研究概况 ……79
学习热潮兴起 ……79
专题调研 ……79
2017年市委一号文研究制定 ……79
政研推动十大行动计划 ……79
园区统筹组团发展战略实施 ……79
政研推动创新驱动发展 ……79
开放型经济新体制综合试点试验构建 ……79
政研推动全面深化改革 ……79
政研推动重大改革 ……80
政研改革宣传 ……80
《东莞经济发展报告（2017）》蓝皮书出版 …80
·机构编制 ……80
机构编制概况 ……80
行政管理体制改革 ……80
政府职能转变 ……80
事业单位改革和登记管理 ……81
机构编制监督管理 ……81
·机关党建 ……81
机关党建概况 ……81
机关党建责任落实 ……81
党建专项整治 ……81
党支部标准化示范点创建 ……81
党建融合 ……81
“阳光热线”工作 ……82
·党校工作 ……82
干部培训概况 ……82
党校教学改革 ……82
党校科研资政 ……82
党校理论宣讲 ……83
党校宣讲党的十九大精神 ……83
东莞社会建设研究院 ……84
■ 东莞市人民代表大会 ……84
·人大重要会议 ……84
东莞市十六届人大一次会议 ……84
东莞市十六届人大二次会议 ……85
2017年东莞市人大常委会机构设置 ……86
东莞市第十六届人大一次会议建议办理情况 …86
·人大重要工作 ……93
立法工作 ……93
人大监督 ……94
重大事项决定权行使 ……94
选举和人事任免 ……94
人大代表工作 ……94
■ 东莞市人民政府 ……95
·政府重要决策 ……95
重点企业规模与效益倍增计划 ……95
实体经济十条 ……95
创新驱动发展升级版打造 ……95
开放型经济新体制综合试点试验 ……95
水污染治理攻坚战 ……95
城市品质三年提升计划全面实施 ……95

粤港澳大湾区规划建设对接 ……96
园区统筹组团发展战略实施 ……96
“智网工程”建设 ……96
次发达镇村发展扶持 ……96
社会治理创新 ……96
民生保障 ……96
区域协作与对口帮扶 ……96
行政审批改革 ……96
·政府重要会议 ……97
市政府常务会议 ……97
全市性重要专项会议 ……97
市政府工作会议 ……97
·重要政事 ……97
重要政事活动 ……97
东莞市政府十件民生实事 ……98
·政务督查 ……99
政务督查概况 ……99
民生实事跟进 ……99
人大代表建议和政协委员提案办理 ……99
·应急管理 ……99
突发事件处置概况 ……99
突发事件风险隐患排查 ……100
应急平台体系建设 ……100
应急预案体系完善 ……100
应急知识宣传 ……100
·机关事务管理 ……100
机关事务管理概况 ……100
机关事务管理制度建设 ……100
机关服务保障 ……101
公共机构节能 ……101
·政务服务 ……101
政务服务概况 ……101
政务服务调研 ……101
政府服务模式改革 ……101
网上政务服务 ……101
便民惠企政务服务 ……102
政务信息公开 ……102
政务数据共享 ……102
政务建设 ……102
东莞市在数字经济二线城市位居第六 ……102
东莞市政府数据开放排名广东省第一 ……102
东莞市在2017中国智慧生活综合指数城市排行榜位居第六 ……103
全国首个安全无线城市建成 ……103
·驻京、驻穗联络 ……103
驻京联络 ……103
招商引资 ……103
招才引智 ……104
乡情联络 ……104
信息报送 ……104
信访工作 ……104
政务接待 ……104
驻穗联络 ……104
驻穗信访 ……104
信息传递 ……104
政务联络 ……104
英才服务 ……104
■ 中国人民政治协商会议东莞市委员会 ……105
·政协重要会议 ……105
政协第十三届东莞市委员会第一次会议 ……105
东莞市政协十三届一次常委会议 ……105
东莞市政协十三届二次常委会议 ……105
东莞市政协十三届三次常委会议 ……105
东莞市政协十三届四次常委会议 ……105
东莞市政协十三届五次常委会议 ……105
东莞市政协主席会议 ……106
·政协重要工作 ……106
“广州东莞互联互通，发挥枢纽服务功能”对接交流会 ……106
书记、市长督办重点提案 ……106
“市重点企业规模与效益倍增计划实施情况”专题视察 ……106
“解决‘倍增计划’试点企业用地问题”专题协商座谈会 ……106
“加快经济转型，打造智能制造新高地”专题协商座谈会 ……106
提案办理专题协商座谈会 ……106
“推进我市水污染防治工作”专题协商座谈会 ……106
“东莞精神卫生工作”专题协商座谈会 ……107
东莞市政协领导与市各民主党派、工商联负责人和无党派人士代表座谈会 ……107
《政协议政厅》广播节目 ……107
·政协专门委员会工作 ……107
提案委员会工作 ……107
经济委员会工作 ……107
教科卫体委员会工作 ……107
社会法制和人口资源环境委员会工作 ……107
港澳台侨外事委员会工作 ……108
文化文史和民族宗教委员会工作 ……108
东莞市政协2017年重点提案 ……108
■ 纪检、监察 ……109
·纪检、监察重要会议 ……109
中国共产党东莞市第十四届纪律检查委员会第二次全体会议 ……109
纪检、监察专门工作会议 ……109
·纪检、监察重要工作 ……110
政治纪律建设 ……110
作风建设 ……110
反腐败斗争压倒性态势巩固 ……110

不正之风和腐败惩治 ……………………………111
党内监督 ……………………………………………111
监督执纪"四种形态"运用 ……………………111
监察体制改革 ……………………………………111
纪检监察自身建设 ………………………………111

民主党派·群众团体

DEMOCRATIC PARTIES · MASS ORGANIZATIONS

■ 民主党派·工商联 ………………………………112
·中国国民党革命委员会东莞市委员会 ……112
民革概况 ……………………………………………112
参政议政 ……………………………………………112
社会服务 ……………………………………………113
祖国统一工作 ……………………………………113
·中国民主同盟东莞市委员会 ………………113
民盟概况 ……………………………………………113
参政议政 ……………………………………………113
社会服务 ……………………………………………114
·中国民主建国会东莞市委员会 ……………114
民建概况 ……………………………………………114
参政议政 ……………………………………………114
社会服务 ……………………………………………114
·中国民主促进会东莞市委员会 ……………114
民进概况 ……………………………………………114
参政议政 ……………………………………………115
社会服务 ……………………………………………115
·中国农工民主党东莞市委员会 ……………115
农工党概况 …………………………………………115
参政议政 ……………………………………………116
联合调研 ……………………………………………116
社会服务 ……………………………………………116
·中国致公党东莞市委员会 …………………116
致公党概况 …………………………………………116
参政议政 ……………………………………………116
海外联谊 ……………………………………………117
社会服务 ……………………………………………117
·九三学社东莞市委员会 ……………………117
九三学社概况 ……………………………………117
参政议政 ……………………………………………117
社会服务 ……………………………………………117
·东莞市工商业联合会 ………………………118
工商联概况 …………………………………………118
光彩事业 ……………………………………………118
基层商会建设 ……………………………………118
参政议政 ……………………………………………118
会员服务 ……………………………………………119
对外交流 ……………………………………………119
东莞企业品牌故事大赛 …………………………119
世界莞商联合会 …………………………………119
■ 群众团体 ………………………………………120
·东莞市总工会 ………………………………120
工会概况 ……………………………………………120
维权维稳 ……………………………………………120
基层建设 ……………………………………………120
普惠服务 ……………………………………………121
劳动竞赛 ……………………………………………121
市工人文化宫启用 ………………………………121
·中国共产主义青年团东莞市委员会 ………121
共青团概况 …………………………………………121
共青团改革 …………………………………………121
青年创新创业 ……………………………………122
脱贫攻坚 ……………………………………………122
青年人才发展 ……………………………………122
莞港澳青少年交流深化 …………………………122
宣传载体创新 ……………………………………122
青少年权益维护 …………………………………123
志愿服务品牌打造 ………………………………123
团组织建设 …………………………………………123
·东莞市妇女联合会 …………………………123
妇联概况 ……………………………………………123
妇联改革 ……………………………………………123
妇女创业创新 ……………………………………124
家庭教育惠民工程实施 …………………………124
平安家庭建设 ……………………………………124
家庭文明建设 ……………………………………124
妇女儿童维权服务 ………………………………124
妇女儿童发展规划实施 …………………………125
网上妇女之家建设 ………………………………125
寻找"最美东莞女性"活动 ……………………125
巾帼关爱行动 ……………………………………125
东莞市关爱妇女儿童发展基金成立 …………125
·东莞市科学技术协会 ………………………125
科协概况 ……………………………………………125
创新驱动助力工程 ………………………………125
"科技东莞"工程项目评审 ……………………126
院士咨询委员会组建 ……………………………126
院士工作站建设 …………………………………126
海外引智 ……………………………………………126
学术交流 ……………………………………………126
科技工作者服务 …………………………………126
企业科技服务 ……………………………………126
·东莞市归国华侨联合会 ……………………127
侨联概况 ……………………………………………127
经济建设助力 ……………………………………127
为侨服务 ……………………………………………127
宣传联络 ……………………………………………127

· 东莞市文学艺术界联合会 ……127
文联概况 ……127
文艺创作 ……127
传统文化传承 ……128
文艺活动 ……128
文联机构建设 ……128
首届东莞全民尚艺节 ……129
· 东莞市残疾人联合会 ……129
残联概况 ……129
残疾人基本生活保障 ……129
残疾人康复 ……129
残疾人教育扶贫 ……129
残疾人培训与就业 ……129
残疾人宣传文化体育活动 ……129
残疾人权益维护 ……130
《东莞市扶助残疾人办法（修订）实施》 ……130
· 东莞市社会科学界联合会 ……130
社科联概况 ……130
社科课题评审及研究管理 ……130
社科基地建设 ……131
重大专项工作决策论证 ……131
社会科学普及 ……131
· 东莞市红十字会 ……131
红十字会概况 ……131
应急救护培训 ……131
生命安全体验馆建设 ……132
社会救助 ……132
无偿献血 ……132
造血干细胞捐献 ……132
遗体、人体器官捐献 ……132
志愿服务 ……132
2017年东莞市红十字会业务情况 ……132

人力资源·社会保险·民政

HUMAN RESOURCES MANAGEMENT · SOCIAL SECURITY · CIVIL AFFAIRS

■ 人力资源 ……133
人力资源工作概况 ……133
重点群体就业 ……133
大众创业 ……134
校企合作 ……134
劳务帮扶协作 ……134
创新创业人才引进 ……134
高层次人才活动周 ……134
高层次人才培养 ……134
招才引智活动 ……134
人才服务 ……134
技能人才培养 ……135
技工教育 ……135
技能人才激励成长 ……135
公益性实训服务 ……135
技能鉴定管理 ……135
公务员综合管理 ……135
事业单位人事管理 ……135
军转干部安置和服务管理 ……135
劳资纠纷排查化解 ……136
欠薪综合治理机制 ……136
劳动争议调处机制 ……136
和谐劳动关系创建 ……136
■ 社会保险 ……136
社会保险概况 ……136
基本医疗保险和大病保险待遇调整 ……136
社区门诊待遇标准提高 ……136
基础养老和养老金待遇上调 ……136
生育保险部分待遇标准提高 ……137
社会基本医疗保险和生育保险费率结构性调整 ……137
医保支付方式改革 ……137
医保管理体制改革试点 ……137
跨省异地就医结算 ……137
建筑业施工人员参加工伤保险费率调整 ……137
失业保险稳岗功能强化 ……137
全民参保登记 ……137
医疗服务智能审核系统 ……137
社保卡即时补换 ……137
社保医疗O2O项目建设 ……137
工伤预防试点成果推广 ……137
社保基金监督 ……137
医养结合试点 ……137
社保系统敬老服务 ……137
社保政策宣传 ……137
■ 民政 ……138
· 社会组织 ……138
社会组织发展概况 ……138
社会组织服务基地建设 ……138
社会组织发展扶持专项资金项目资助 ……138
行业协会商会与行政机关脱钩 ……138
· 优抚、双拥、安置 ……138
优抚对象补助 ……138
义务兵家庭优待 ……138
重点优抚对象慰问 ……138
“关爱功臣送医送药”活动 ……138
重点优抚对象赴省优抚医院疗养 ……138
《东莞市军人抚恤优待实施细则》印发 ……139
复退军人服务体系建设方案出台 ……139

优抚数据核查 ……………………………………139
双拥活动 ………………………………………139
“幸福双拥·情定莞邑”军地青年联谊活动 …139
退役士官安置 …………………………………139
退役士兵住房困难补助 ………………………139
·救灾 …………………………………………139
“全国综合减灾示范社区”创建 ……………139
《东莞市自然灾害应急预案》修订 …………139
防灾减灾宣传 …………………………………139
救灾物资储备 …………………………………139
自然灾害救助 …………………………………139
·社会工作………………………………………139
社会工作概况 …………………………………139
岭南社工宣传周活动 …………………………140
社会工作服务行业监测 ………………………140
社工督导人才培训与监管 ……………………140
·地名管理 ……………………………………140
地名命名更名与现状梳理 ……………………140
地名普查 ………………………………………140
界线联检 ………………………………………140
·基层政权与社区建设 ………………………140
村（社区）公共服务中心改建 ………………140
《东莞市社区综合服务中心建设运营管理办法》出台实施 ……………………………………140
村级组织换届选举 ……………………………141
东莞市社区综合服务中心建设运营“以奖代补”实施方案 ……………………………………141
城乡社区协商推进 ……………………………141
村（社区）干部培训 …………………………141
社区公共服务综合信息平台建设 ……………141
社区综合服务中心建设 ………………………141
·社会救助和救助管理 ………………………141
社会救助 ………………………………………141
救助管理 ………………………………………142
·社会福利 ……………………………………142
救助范围扩大 …………………………………142
公办养老机构优化提升 ………………………142
事实无人抚养儿童基本生活保障 ……………142
孤儿收养、安置 ………………………………142
福利彩票发行 …………………………………142
·慈善事业 ……………………………………143
公益徒步活动 …………………………………143
2017年广东扶贫济困日暨东莞慈善日活动 ……143
东莞慈善救助平台暨“海豚计划”脑瘫儿童康复救助项目启动 ……………………………144
·学生校外托管机构 …………………………144
学生校外托管机构管理概况 …………………144
学生校外托管机构专项整治行动 ……………144
·殡葬改革 ……………………………………144
《东莞市殡葬事业发展“十三五”规划》 ……144
硬件设施设备升级改造 ………………………144
生态葬法 ………………………………………144
殡葬基本服务免费政策 ………………………144

外事·侨务

FOREIGN AFFAIRS · OVERSEAS CHINESE AFFAIRS

■ 外事 …………………………………………145
外事概况 ………………………………………145
外事服务经济社会发展 ………………………145
对外交流 ………………………………………145
友城友协 ………………………………………146
涉外安全 ………………………………………146
2017年东莞市外事侨务局接待海外团组情况 …147
■ 侨务 …………………………………………148
侨务概况 ………………………………………148
侨务交流 ………………………………………148
为侨服务 ………………………………………148
侨务对外宣传 …………………………………148

莞台合作·莞港澳合作

TAIWAN—DONGGUAN, HONG KONG—DONGGUAN AND MACAO—DONGGUAN COOPERATION

■ 莞台合作 ……………………………………149
·莞台经贸 ……………………………………149
台商投资经营概况 ……………………………149
松山湖（生态园）台湾高科技园建设 ………149
台湾青年创业形成集聚效应 …………………149
台湾金融机构在莞发展壮大 …………………150
国台办郑栅洁副主任一行莅莞调研 …………150
2017两岸青年就业创业研讨会在莞召开 ……150
两岸冷链物流产业合作示范城市申报取得突破 ……………………………………………150
2017东莞台湾名品博览会 ……………………151
台湾“三品会”一行莅莞参访 ………………151
台湾工业总会一行莅莞参访 …………………151
东莞台商“一带一路”商贸展销园区考察团到新疆考察 ………………………………………151
·莞台交流………………………………………151
莞台交流概况 …………………………………151
台湾连江县观光局陈书福局长一行来莞参访 …151
中国国民党桃园市党部来莞开展党际交流 ……151

首届粤台幼教高峰论坛在莞举办 ……………151
台湾苗栗县县长徐耀昌来莞开展农业交流 ……151
台湾原海基会副董事长高孔廉来莞参访 ………152
台湾台南市知名人士洪玉凤一行来莞参访 ……152
东莞市首创性搭建两岸大学生东莞台企
实习平台 ……………………………………152
第二届莞台大学生夏令营举办 ………………152
2017粤台大学生文化三创夏令营在莞开营 ……152
兴北华南校友联谊会来莞参访 ………………152
中国国民党副主席郝龙斌来莞参访 …………152
粤港澳大湾区建设与台资企业创新力提升
研讨会举办 …………………………………152
骆招群率团赴台开展党际交流 ………………152
·涉台机构……………………………………152
东莞市台商投资企业协会举行24周年庆典 ……152
东莞台商子弟学校 ……………………………153
东莞市台胞台属联谊会举行成立30周年庆典
暨第八、九届理事会交接典礼 ……………153
台北市东莞同乡会参访团来莞交流 …………153
台心医院 ………………………………………153
台商大厦 ………………………………………153
■ 莞港澳合作 …………………………………153
·港澳事务……………………………………153
莞港澳合作 ……………………………………153
莞港澳合作重点领域交流密切 ………………153
莞港澳工作平台成效显著 ……………………154
莞港澳青少年交流合作硕果累累 ……………154
·莞港经贸……………………………………154
莞港经贸概况 …………………………………154
第十六届香港珠三角工商界合作交流会 ………154
在莞港资企业升级转型联席会议 ……………154
莞港经贸交流系列活动 ………………………155
2017年东莞市投资总额前30名港资企业 ……155

区域合作·扶贫开发

REGIONAL COOPERATION · POVERTY ALLEVIATION AND DEVELOPMENT

■ 《珠江三角洲地区改革发展规划纲要》实施 …156
·联席共商……………………………………156
深莞惠、河源、汕尾五市“3+2”区域
信用合作第三次联席会议 …………………156
深莞惠+汕尾、河源五市警务协作联席会议 …156
深莞惠三市交通部门联席会议 ………………157
在莞港资企业升级转型联席会议 ……………157
2017年深莞惠汕河旅游联盟联席会议 …………157
·规划、协议……………………………………157
《关于打造创新驱动发展升级版的行动计划
（2017—2020年）》印发 ……………………157
《广州市人民政府　东莞市人民政府深化战略
合作框架协议》签署…………………………157
《广州南沙新区　东莞市滨海湾新区战略合作
框架协议》签署………………………………157
《广州港务局　东莞港管理委员会推进港口
发展战略合作框架协议》签署 ……………158
中国建设银行向东莞市提供2000亿元
授信支持 ……………………………………158
“融入大湾区拓展新产业”战略合作签约仪式
举行 …………………………………………158
东莞市道滘镇与澳门签订8项合作协议 ……158
·政策创新……………………………………158
“粤港跨境直通快线”开通 …………………158
东莞市粤港澳银政通暨个体工商户全程电子化
登记改革 ……………………………………159
·交流活动……………………………………159
2017年首届深莞惠汕河五市网球交流赛 ………159
2017年“中国旅游日”东莞主题活动暨深莞惠
汕河、莞韶城际互游活动启动仪式 …………159
非遗墟市城际联盟成立 ………………………159
“深化莞港合作　打造对外开放新支撑”交流
会议 …………………………………………160
同心共赢——庆祝香港回归20周年·莞港合作
专题图片展 …………………………………160
2017年深莞惠汕河五地文艺展演举办 …………160
2017年第十六届香港珠三角工商界合作
交流会 ………………………………………160
·项目实施……………………………………160
粤港机器人学院 ………………………………160
从莞高速公路东莞段（含清溪支线）工程
通车 …………………………………………161
东莞市长安镇与深圳市11号线碧头站公交线路
开通 …………………………………………161
首届“中国粤港澳大湾区国际精准医疗产业
峰会暨松山湖国际精准医学园启动仪式”
举行 …………………………………………161
东宝河新安大桥通车 …………………………161
东莞港宜家家居出口集拼仓项目启动暨莞盐驳船
快线（湾区快线1号线）开航仪式举行 ……161
■ 经济协作 ……………………………………162
经济协作概况 …………………………………162
精准扶贫精准脱贫工作“两”到位 …………162
精准扶贫精准脱贫工作初见成效 ……………162
东莞·昭通东西部扶贫协作政策出台 …………162
东莞·昭通东西部扶贫协作工作落实 …………162
东莞·昭通签订7个产业项目合作意向书 ……162
劳务协作扶贫援建模式全国首创 ……………162

东莞·昭通东西部扶贫协作工作扶贫亮点打造……163
驻莞办事机构协调服务……163
扶贫领域监督执纪问责……163
对口支援巫山县……164
■ 对口援建……164
对口援建概况……164
对口援藏……164
对口援疆……164
对口援川……165
东莞市与牡丹江市对口合作……165

法 治

LEGAL SYSTEM

■ 地方立法……166
地方立法起草和审议……166
立法计划和规划……166
规范性文件备案审查……166
政府立法……167
■ 政法委与综治工作……167
政法概况……167
社会治安综合治理……167
社会矛盾化解……168
法治东莞建设……168
东莞市获全国综治工作最高荣誉“长安杯”……169
■ 法治政府建设……169
依法行政指导……169
法律审查论证……170
行政复议和行政应诉……170
行政执法监督……170
法治培训教育……170
■ 公安……170
公安工作概况……170
“飓风2017”专项打击整治行动……171
严厉打击刑事犯罪活动……171
立体化治安防控……172
治安管理……172
户政管理……173
流动人口和出租屋管理……173
出入境管理……174
轨道交通治安管理……174
公安科技信息化建设……174
经济犯罪侦查……174
地下钱庄犯罪团伙清除行动……175
禁毒工作……175
·交通安全管理……175
交通安全管理概况……175
交通事故预防……175
交通拥堵疏导……175
交通安全宣传……175
■ 检察……176
刑事检察……176
职务犯罪查办和预防……176
法律监督……177
司法改革……177
智慧检务……177
全国首个环保巡回检察室……178
东莞举办检察开放日活动……178
■ 法院……178
法院工作概况……178
刑事审判……178
民商事审判……178
行政审判……178
执行工作……178
司法改革……178
司法为民……179
罗欧受贿案……179
金达房地产公司破产案和解……179
■ 司法行政……180
司法行政概况……180
公共法律服务体系建设……180
人民调解……180
普法宣传……180
社区矫正……180
法律援助……180
律师管理……180
公证管理……181
司法鉴定管理……181
国家司法考试……181

军 事

LOCAL MILITARY AFFAIRS

■ 东莞军分区……182
东莞军分区概况……182
强军改革……183
国防动员……183
军民融合发展……183
从严治军……184
2017年双拥工作领导小组全体(扩大)会议……184
“双百拥军行”活动授旗仪式……184
庆“八一”主题晚会……184
“八一”拥军慰问团慰问部队……184
市委常委议军会议……185
东莞军分区领导为新兵送行……185

祖孙三代接力从军……185
烈士公祭活动……185
“幸福双拥·情定莞邑”军地青年联谊活动……185
《东莞军事年鉴·2017》会审会议……185
■ 武装警察……185
·武警支队……185
武警支队概况……185
备战勤务……186
基层建设……186
基础设施完善……186
安全管理……186
班子建设……187
“魔鬼周”训练……187
春运执勤……187
联勤武装巡逻……187
武装押解……187
“兵头将尾”比武竞赛……187
“大练基本功”比武竞赛……188
“学强军思想、干维稳大事、做习主席的好战士”学习实践活动……188
“两学一做”学习教育活动……188
·边防支队……188
武警边防支队概况……188
基层基础建设……189
第四届“模范警嫂”颁奖暨迎春慰问演出……189
“铁拳”反走私行动……189
主题教育活动……189
虎门渔区青少年军营成长之旅……189
“军民一家亲”文艺慰问演出……190
·边防检查……190
边防检查概况……190
口岸管控……190
边检服务……190
边检部队管理……190
边检综合保障……190
“扬帆行动小组”援藏助学……191
爱国主义夏令营……191
“提高边检服务十周年”大型宣传活动……191
北大宣讲活动……191
东莞边检“女子科”屡获殊荣……191
·消防……191
消防工作概况……191
消防设施建设……191
火灾防控……191
消防能力提升……192
城市社区防火灭火救援现场会……192
黄江“2·22”森茂珍珠棉厂火灾事故……192
洪梅“4·23”煤气罐爆燃事故火灾事故……192
广东腾龙化工科技有限公司火灾事故……192
“119”消防安全宣传月……192
立功受奖……192
■ 人民防空……192
人民防空概况……192
人防指挥通信建设……192
人防工程建设……193
人防机关“准军事化”建设……193

城建·环保

URBAN CONSTRUCTION · ENVIRONMENTAL PROTECTION

■ 城乡规划……194
城市品质三年提升计划……194
广深科技创新走廊……194
国家自主创新示范区空间发展规划……194
东莞市规划展览馆……195
滨海湾新区概念性规划编制……195
2017中国城市规划年会……195
国家历史文化名城申报……196
“三规合一”试点工作开展……196
规划研究……196
■ 住房和城乡建设……196
·房地产业与住房保障……196
房地产业概况……196
保障性住房建设……197
房屋租赁……197
房地产市场调控……197
房地产去库存……197
房产管理工作规范化……197
直管公房管理制度……197
简政强镇事权下放……197
房屋维修资金管理……198
物业管理机构监管……198
房屋历史遗留问题解决……198
物业管理示范住宅小区评选活动……198
物业小区精神文明创建……198
·建筑业……198
建筑业概况……198
建筑市场管理……198
建筑工程质量安全管理……199
建设工程监理……199
招标投标管理改革……199
建设工程造价管理……199
勘察设计管理……199
·美丽幸福村居……199
特色连片示范区建设……199
宜居城乡建设……199
·建设科技与信息化……200

绿色建筑建设 ……200
建筑节能减排 ……200
装配式建筑推广 ……200
建筑信息模型技术 ……200
■ 重点工程建设 ……200
重点工程建设概况 ……200
市食品药品检测中心 ……200
桑茶快速路及东延线 ……200
市中心血站 ……200
东莞西站站前广场及配套设施项目 ……200
东莞实业投资控股集团有限公司 ……200
■ 水务 ……201
水务工作概况 ……201
水生态文明城市试点建设 ……201
河长制全面推行 ……201
水资源管理与保护 ……201
城市供水 ……201
城镇排水 ……202
“三防”建设 ……202
重点水务工程建设 ……202
水利工程管理与保护 ……203
东江水务有限公司 ……203
■ 住房公积金管理 ……204
住房公积金管理概况 ……204
住房公积金归集管理 ……204
住房公积金服务 ……204
■ 市政建设 ……205
· 市政道路、桥梁 ……205
道路设施管理 ……205
桥梁养护管理 ……205
· 城市供电 ……205
供电概况 ……205
供电客户服务 ……205
电网规划建设 ……205
电力安全生产 ……205
转型综合能源服务公司 ……206
科技创新能力打造 ……206
企业品牌形象塑造 ……206
· 城市供气 ……206
城市供气概况 ……206
燃气安全管理 ……206
东莞新奥燃气有限公司 ……206
· 公共照明 ……207
公共照明概况 ……207
路灯照明设施信息化管理 ……207
· 公共交通 ……207
客运行业概况 ……207
公交行业概况 ……207
出租车行业概况 ……207
公共交通节能减排 ……207
交通设施规范管理 ……207
共享单车管理 ……207
· 园林绿化 ……207
园林绿化概况 ……207
园林绿化管理 ……208
园林绿化精品工程 ……208
东莞四星级森林公园 ……208
绿道管理 ……208
· 环境卫生 ……208
城乡环境“六整治” ……208
市容环卫保洁 ……208
城乡环卫统筹 ……208
■ 城市管理 ……208
城市精细化管理 ……208
违法建设严查严控 ……208
大型广告T牌拆除 ……208
城管综合执法 ……209
房屋征收管理 ……209
■ 环境保护 ……209
环境保护概况 ……209
水污染治理 ……209
大气污染治理 ……209
土壤和固废污染防治 ……210
环境信息化建设 ……210
环境监测能力建设 ……210
垃圾填埋场整治 ……210
环保热电厂建设 ……210
垃圾分类推进 ……210
排水许可 ……211
治水工程建设 ……211
污水处理 ……211
■ 节能减排 ……211
节能减排概况 ……211
能效倍增行动 ……211
绿色发展转型 ……211

交通·邮政·通信业

TRANSPORTATION · POSTS · COMMUNICATION

■ 公路运输业 ……212
· 路桥建设 ……212
公路建设概况 ……212
道路桥梁建设 ……212
虎门二桥建设 ……212
莞番高速公路桥头至沙田段开工建设 ……213
从莞高速东莞段联网收费 ……213

县道X231线清凤公路清溪段维修改造工程动工建设……213
水乡大道延长线工程动工……214
县道X235线九曲大桥重建工程动工……214
东莞市交通投资集团有限公司所辖高速公路通行费收入26亿多元……214
· 公路养护管理……214
公路养护管理概况……214
公路养护……214
公路路网建设……214
公路路政管理……215
· 公路运输管理……215
交通规划编制……215
公路运输服务行业改革……215
公路运输服务保障能力提升……215
"互联网+"运输服务率先发展……216
东莞通公司实施股改创新移动支付应用……216
机动车驾考服务实行企业化经营……216
公路运输市场秩序规范……216
■ 水路运输业……216
港航生产概况……216
港航设施建设……217
· 航道管理……217
航道概况……217
航道建设……217
航道维护与管理……217
航道安全生产……217
航道行政监管……218
首次制定颁布实施五年航道工作规划……218
航道文化建设……218
· 水路运输管理……218
港航生产概况……218
港航市场秩序规范……218
· 海事管理……219
海事管理概况……219
水上交通安全风险管控……219
水上应急综合演习……219
"7·11"航海日活动……219
业务品牌创建……219
■ 铁路运输业……220
铁路概况……220
2017年东莞地区主要火车站客货运输发送量……220
铁路运输……220
高速铁路建设……220
广深港高铁虎门站……220
■ 轨道交通建设……221
轨道交通2号线运营服务概况……221
安全管理……221
资源开发……221
新线建设……221
履行社会责任……221
■ 邮政业……221
邮政业概况……221
邮政普遍服务和特殊服务保障监督……221
寄递渠道安全违法行为查处……221
《关于解决行业末端配送车辆通行难问题的提案》起草提交……221
邮政业安全生产监督管理……222
寄递渠道安全生产宣传教育……222
中国邮政集团公司东莞市分公司实现收入19亿多元……222
东莞国际邮件互换局投产运营……222
国际寄递业务稳定增长……222
东莞纳入中欧班列运邮试点城市……222
"东莞2017广东省集邮展览"开幕……222
东莞邮政储蓄多项金融发展指标位列全省第一……222
邮政文化助力城市品牌服务升级……223
■ 通信业……223
· 中国移动东莞分公司……223
东莞移动公司概况……223
4G网络建设……223
"宽带东莞"战略……223
家宽入户工程……223
政企数字化发展……223
· 中国电信东莞分公司……224
东莞电信公司概况……224
提速降费……224
智慧城市建设……224
信息化基础设施建设……224
实名制客户服务体系构建……224
网络信息安全……224
· 中国联通东莞分公司……224
东莞联通分公司概况……224
信息基础设施网络建设……224
提速降费……225
产业转型升级……225
· 中国铁塔东莞分公司……225
东莞铁塔公司概况……225
4G网络覆盖……225
共建共享共赢……225
助力信息基础设施"大会战"收官……226
基站建设创新……226
· 无线电管理……226
无线电管理概况……226
信息基础设施建设"大会战"……226
"三线"整治……226
公共服务区域免费Wi-Fi建设……226
信息基础设施建设统筹规划……226

园区经济

ZONE ECONOMY

■ 松山湖高新区 ……227
松山湖高新区概况 ……227
科技创新走廊建设 ……227
科技创新主体量质齐升 ……227
创新服务体系日趋完善 ……228
科技成果转化加快 ……228
科技金融融合 ……228
产业转型升级 ……228
省级人才改革试验区创建 ……229
园区统筹组团发展 ……229
城市品质提升 ……229
改革创新 ……230
■ 滨海湾新区 ……230
滨海湾新区概况 ……230
土地扩容 ……230
规划编制 ……230
东莞港资源整合 ……230
东莞港货物吞吐量增长 ……231
基础设施建设 ……231
投融资建设 ……231
■ 东莞水乡特色发展经济区 ……231
水乡经济区概况 ……231
水乡新城与片区发展定位 ……231
体制机制创新 ……232
招商引资 ……232
水乡新城开发建设推进 ……232
新兴产业集群和特色小镇融合发展 ……232
基础设施建设和生态环境治理 ……232

开放型经济

OPEN ECONOMY

■ 对外贸易经济合作 ……233
外经贸概况 ……233
企业境外投资 ……233
外贸结构优化 ……233
加工贸易企业自主营销渠道拓宽 ……234
加工贸易企业自主品牌创建 ……234
加工贸易企业向高端制造迈进 ……234
加工贸易创新发展推动 ……234
“走出去”行业分布和投资地区情况 ……235
“走出去”投资交流会 ……235
东莞驻美国（旧金山）经贸办事处揭牌 ……235
外经贸交流活动 ……235
2013—2017年东莞市中欧班列货运情况 ……235
重点外资项目落户 ……235
中欧班列 ……236
2017中国加工贸易产品博览会 ……236
2017广东21世纪海上丝绸之路国际博览会 ……236
2017年世界500强企业在东莞市投资情况 ……236
■ 贸易促进 ……238
商事认证服务 ……238
中东、南亚经贸交流渠道开拓 ……238
国际化联络渠道畅通 ……238
企业参加涉外经贸活动 ……239
国际商会境外办事处设立 ……239
境外经贸代表处发挥作用 ……239
企业参加境外展览活动 ……239
商事法律服务 ……239
国际贸易摩擦预警应对 ……239
第十届东莞国际茶业博览会暨第二届中华爱茶嘉年华 ……239
■ 口岸管理 ……239
口岸管理概况 ……239
口岸功能拓展 ……240
“三互”大通关改革 ……240
口岸基础设施建设 ……240
国际贸易“单一窗口”建设 ……240
虎门港扩大对外开放 ……240
免除查验环节费用试点 ……240
寮步车检场压缩货物通关时间试点 ……240
广东（石龙）铁路国际物流基地规划建设 ……240
清溪保税物流中心（B型）封关运行 ……240
集装箱进出口环节合规成本专项治理行动 ……240
■ 海关监督 ……241
海关监督概况 ……241
海关改革 ……241
海关服务 ……241
海关监管 ……241
■ 打击走私综合治理 ……242
打击走私概况 ……242
打击走私联合专项行动 ……242
走私热点整治 ……242
反走私综合治理 ……242
海边防工作 ……242
■ 检验检疫 ……242
检验检疫概况 ……242
检验检疫质量提升 ……242
检疫检验服务地方经济发展 ……242
口岸疫情和有害生物入境防控 ……242
重点敏感进出口商品检验监管 ……243
检验检疫法制稽查 ……243
检疫检验业务改革 ……243
“同线同标同质”工程推进 ……243

"三互"和"单一窗口"推广应用 ……243
检验检疫流程时长压缩 ……243
检验检疫全程无纸化取得新进展 ……243
检验检疫科研 ……243

农业·农村

AGRICULTURE · COUNTRY

■ 农业、农村综述 ……244
农业、农村概况 ……244
全国农村集体产权制度改革试点 ……244
次发达镇村加快发展 ……244
集体经济组织换届选举 ……245
农村集体资产交易平台和"三资"监管平台建设 ……245
村组增资减债 ……245
农村审计监督 ……245
农村土地承包经营权确权登记颁证 ……245
农业经营主体扶持壮大 ……245
家庭农场培育发展 ……246
农业产业园建设 ……246
休闲观光农业发展 ……246
农业科技 ……246
农业物质装备 ……246
农产品质量安全监管 ……246
农业综合执法 ……246
2016—2017年东莞市农业总产值 ……247
2016—2017年东莞市农村集体经济情况 ……247
政策性农业保险"扩面增品" ……247
畜禽屠宰监管 ……247
东莞荔枝获准实施国家农产品地理标志登记保护 ……247
"2017东莞给荔中国"莞荔宣传推介活动 ……247
■ 种植业 ……248
种植业概况 ……248
农业"三项补贴"改革 ……248
2017年广东(东莞)农业良种展示会 ……248
■ 畜牧业 ……248
畜牧业概况 ……248
饲料生产 ……248
非法畜禽养殖污染整治 ……248
实施家禽H7N9免疫 ……248
动物卫生监督队伍建设 ……248
■ 渔业 ……248
渔业概况 ……248
渔船更新改造 ……248
2016—2017年东莞市禽畜饲养与出栏量 ……249
渔业示范推广 ……249
渔业品牌建设 ……249
渔业科技推广 ……249
新渔业油补政策 ……249
休禁渔补助 ……249
渔业安全生产 ……249
水产品安全 ……249
■ 林业 ……250
林业概况 ……250
珠三角国家森林城市群建设 ……250
2017年东莞市森林公园建设情况 ……250
绿化东莞大行动 ……250
森林公园建设 ……250
湿地公园建设 ……250
全民义务植树 ……250
森林资源保护 ……251
智慧林业工程建设 ……251
林业科普活动 ……251

工 业

INDUSTRY

■ 工业综述 ……252
工业概况 ……252
"倍增计划"推进 ……252
内源经济贡献突出 ……252
2017年东莞市规模以上工业主要产品产量 ……253
"机器人智造"集群态势初显 ……253
■ 支柱产业 ……254
支柱产业概况 ……254
电子信息制造业 ……254
电气机械及设备制造业 ……254
纺织服装鞋帽制造业 ……254
食品饮料加工制造业 ……255
造纸及纸制品业 ……255
■ 特色产业 ……255
特色产业概况 ……255
玩具及文体用品制造业 ……255
家具制造业 ……255
化工制品制造业 ……255
包装印刷业 ……255
电力供应业 ……255
■ 产业转型 ……255
工业转型概况 ……255
"倍增计划"实施 ……256
智能制造全生态链建设启动 ……256
工业信息化水平提升 ……256
能源监测保障走在全省前列 ……257

内资招引……257
企业服务水平提高……257
■ 工业企业选介……257
维沃通信科技有限公司……257
东莞三星视界有限公司……257

商贸流通业

COMMERCE

■ 商贸流通业综述……258
城市商业网点规划出台……258
社会消费品零售……258
消费促进……258
东莞市3家企业入选第五批广东老字号名录……259
东莞企业获评“广东老字号”名单……259
■ 商品经营……259
成品油市场供应……259
车用天然气销售……259
生猪产销联建……259
■ 物流业……259
物流业概况……259
保税物流发展……259
■ 会展业……260
会展业概况……260
中国加工贸易产品博览会……260
广东21世纪海上丝绸之路国际博览会……260
■ 拍卖业……260
拍卖业概况……260
拍卖业监督管理……260
■ 再生资源回收行业……261
再生资源回收行业概况……261
再生资源回收市场后续监管……261
■ 供销合作商业……261
供销合作商业概况……261
再生资源市场……261
农副产品配送平台搭建……261
传统经营模式调整……261
供销系统监管规范形成……261
■ 专营专卖……261
烟草专卖……261
烟草市场管理……261
企业管理信息化系统上线……262
食盐专卖……262
■ 电子商务……262
电子商务概况……262
东莞国际邮件互换局兼交换站启用……262
电子商务政策扶持引导加强……262
传统制造企业拓展电子商务渠道……262
电子商务宣传培训系列活动……262
涉农电商发展……262
电子商务统计系统搭建……262

旅游业·餐饮业

TOURISM·CATERING

■ 旅游业……263
旅游业概况……263
东莞隐贤山庄、香市文化旅游区获评国家AAAA级景区……263
稻香饮食文化旅游区获评国家AAA景区……264
第三批工业旅游示范点创建认定……264
寮步镇入选第二批“省级全域旅游示范区”……264
“中国旅游日”系列活动……265
“新发现　新精彩”微摄影大赛……265
东莞旅游（香港）推介会……265
“旅游+”推广……265
深莞惠汕河区域旅游合作……266
旅游宣传督导……266
《从东莞出发》文化旅游季播栏目……266
虎门“中国近代史开篇地”文化旅游品牌……266
旅游厕所革命……266
旅游监管体系信息化……266
2017年东莞市旅游业情况……267
2017年东莞市国家A级旅游景区名录……267
2017年东莞市旅行社名录……268
■ 餐饮业……275
餐饮业概况……275
餐饮业质量安全提升三年行动计划实施再动员会……275
2017中国·雅江松茸美食节”走进东莞活动……275
钻石名菜和招牌美食评选……275
2017年东莞市钻级酒家情况……276
2017年东莞市最佳婚宴场所和最受欢迎连锁餐饮品牌……276
2017年东莞市钻石名菜和招牌美食……277

金 融 业

BANKING

■ 金融业综述……278
金融业概况……278
金融业综合政策出台……278
社会直接融资渠道拓宽……278
金融科技产业融合发展推进……279

金融资源配置效率提升 ……279
全省唯一拥有信托、证券总部的地级市 ……279
26个金融项目集中签约 ……279
普惠性科技金融试点 ……280
■ 中国人民银行东莞市中心支行 ……280
金融调控 ……280
辖区金融风险防范化解 ……280
金融改革创新发展 ……280
外汇管理服务水平提升 ……281
金融服务基础设施和体系完善 ……281
■ 银行业 ……281
银行业概况 ……281
信贷投放结构 ……281
东莞市金融消费纠纷人民调解委员会揭牌 ……282
东莞移动支付创新项目落地 ……282
全国首家“粤港澳商事登记银政通”服务推出 ……282
·银行业监管 ……282
银行业支持供给侧结构性改革 ……282
金融风险防线筑牢 ……282
银行业改革开放 ……283
金融消费者权益保护 ……283
·银行选介 ……283
中国农业发展银行东莞市分行 ……283
中国工商银行股份有限公司东莞分行 ……283
中国农业银行股份有限公司东莞分行 ……284
中国银行股份有限公司东莞分行 ……285
中国建设银行股份有限公司东莞市分行 ……285
交通银行股份有限公司东莞分行 ……286
广发银行股份有限公司东莞分行 ……286
中信银行股份有限公司东莞分行 ……286
中国光大银行股份有限公司东莞分行 ……287
平安银行股份有限公司东莞分行 ……287
上海浦东发展银行股份有限公司东莞分行 ……287
华润银行股份有限公司东莞分行 ……288
东莞银行股份有限公司 ……288
东莞农村商业银行股份有限公司 ……288
东莞信托有限公司 ……289
中国邮政储蓄银行股份有限公司东莞市分行 ……289
东莞长安村镇银行股份有限公司 ……290
东莞厚街华业村镇银行股份有限公司 ……290
玉山银行东莞分行 ……290
彰化商业银行股份有限公司东莞分行 ……291
■ 保险业 ……291
保险业概况 ……291
中国人民财产保险股份有限公司东莞市分公司 ……291
■ 证券业 ……291
证券业概况 ……291
上市公司概况 ……291
东莞证券股份有限公司 ……291
全省首家在创业板上市的机器人企业 ……292
国云科技股份有限公司登陆“新三板” ……292
■ 期货业 ……292
期货业概况 ……292
华联期货有限公司 ……292
东莞信托专项基金签约仪式举行 ……293
松山湖基金小镇启动工作会议举办 ……293
东莞市“倍增计划”资本运作专题现场交流会举办 ……293
东莞民营投资集团有限公司成立大会召开 ……293
东莞发展控股股份有限公司 ……293

财政·税务

FINANCE · TAXATION

■ 财政 ……294
财政收支 ……294
供给侧结构性改革 ……294
投融资体制改革 ……294
预算管理制度改革 ……295
财政管理水平提升 ……295
财政推动次发达镇发展 ……295
财政支持实体经济发展 ……295
财政支持创新驱动战略 ……295
财政推动区域协调发展 ……295
财政投入环境综合整治 ……295
财政提升城市综合品质 ……295
财政提升社会保障水平 ……295
财政支持卫生强市建设 ……296
财政教育投入 ……296
财政扶持大学生创新创业 ……296
■ 税务 ……296
·国家税务 ……296
国家税务概况 ……296
出口退税额连续五年居广东省第一位 ……296
东莞国税局被评为“全国文明单位” ……296
减税优惠政策落实 ……296
办税效率位列全省第一位 ……296
“国地税服务深度融合机制改革”获评市改革项目“单打冠军” ……297
依法治税规范管理 ……297
税收普法宣传 ……297
税收营商环境优化 ……297
税收政策宣传辅导 ……298
纳税信用评价体系建设 ……298
市国税局协助华坚集团向埃塞财政部门申诉减免税款30万美元 ……298

· 地方税务……298
地方税务概况……298
税费收入组织……298
税收优惠政策落实……298
税收服务地方决策……298
国地税合作……299
电子办税率居全省第一位……299
税收执法规范……299
征纳互动深化……299
税收改革创新……299

经济监督管理

ECONOMIC SUPERVISION AND MANAGEMENT

■ 发展规划管理……300
经济运行监测……300
规划编制实施……300
园区组团发展统筹……300
重大项目建设……301
固定资产投资……301
供给侧结构性改革……301
创新驱动……301
交通规划建设……301
经济体制改革……301
绿色低碳发展……302
粮食调控管理……302
社会信用信息管理……302
■ 国土资源管理……302
国土资源管理概况……302
土地规划……302
耕地保护……302
地籍管理……302
不动产统一登记……302
土地利用……303
“三旧”改造……303
土地市场……303
矿产管理……303
测绘管理……303
执法监察……303
土地储备……303
储备土地利用管理……303
土地收储改革……303
土地储备专项债券首发……304
■ 国有资产监督管理……304
国有经济概况……304
国资国企改革……304
国资国企监管……304
国企历史遗留问题解决……305
国资企业产权登记和内部审计……305
国有资本经营预算……305
■ 工商行政管理……305
工商行政管理概况……305
市场监管体系构建……305
商事制度改革深化……306
工商服务水平提升……306
民生热点问题整治……306
协会转型路径探索……306
■ 质量技术监督……306
质量技术监督概况……306
质量强市建设……306
产品质量提升……307
质量检测技术服务……307
标准化战略实施……307
特种设备安全监管……307
民生计量……307
“智慧质监”项目建设……307
简政强镇事权下放……308
特种设备行政审批……308
质监稽查执法……308
法治质监建设……308
■ 物价管理……308
物价运行概况……308
价格调控……308
价格改革……309
价格监督检查……309
价格认定……309
■ 安全生产监督管理……309
安全生产概况……309
安全生产责任落实……309
安全生产监管执法……309
安全生产长效机制……310
安全生产基层基础建设……310
立沙岛安全监管分局成立……310
安全生产培训……310
2017年东莞市生产经营性事故……310
安全生产宣传教育……311
■ 食品药品监督管理……311
食品药品监督管理概况……311
食品安全工作评议考核……311
食品药品许可审批……311
食品药品后续监管……311
食品药品抽检……311
食品药品专项整治……312
食品安全示范创建……312
食品药品监管信息化建设……312
食品药品检测中心建成使用……312
食品药品应急保障……312

食品药品安全宣传……312
食品药品监管能力建设……312
农贸市场及其周边整治……313
食品医药产业发展……313
■ 审计……313
审计概况……313
政策跟踪审计……313
财政审计……313
领导干部经济责任审计……313
政府投资审计……313
民生政策资金审计……313
资源环境审计……313
企业审计……313
内部审计工作指导监督……313
■ 统计调查……314
统计调查概况……314
统计制度改革……314
统计分析研究……314
统计学术研究和交流……314
统计服务创新……314
统计法治建设……314
常规调查和专项调查……314
全市调查数据质量核查……314
住户调查样本轮换……315
统计调查法治宣传……315
统计调查服务……315

科 学
SCIENCE

■ 科技综述……316
科技概况……316
科技创新环境优化……317
科技创新主体培育……317
科技研发机构建设……317
科技企业孵化器建设……317
“双创”工作……317
科技项目实施……317
创新科研团队引进……318
科技金融结合……318
科技合作……318
知识产权强市创建……318
2017年赢在东莞科技创新创业大赛……319
2017中国（东莞）国际科技合作周……319
2017年东莞市获第十九届中国专利奖、第四届广东专利奖项目情况……319
■ 防震减灾……320
防震减灾概况……320
地震监测……320
中南片区地震应急流动测震台网演练……320
地震预警信息接收终端安装……320
《东莞市防震减灾“十三五”规划》印发……320
《东莞市中心城区及松山湖开发区抗震防灾规划（2017—2030）》印发……320
中国散裂中子源地震安全监测与警报项目……321
地震安全风险管控和隐患排查治理……321
抗震设防服务……321
减隔震技术推广应用调研……321
国家地震安全示范社区……321
地震应急避险场所管理……321
市级地震部门安全生产工作职责界定……321
防震减灾宣传教育……321
■ 气象……322
气候概况……322
1月及9月月平均气温位居历史同期最高……322
初雷偏迟雷击事件多发……322
入汛后最大范围暴雨……322
初台偏早影响频繁……322
近10年极端日最高气温……322
·2017年东莞市气象资料情况……322
12月降水量少森林火险指数高……322
全年灰霾日数增加……323
首度发布城市内涝预报预警信息……323
气象现代化……323
基层气象灾害防御能力提升……323
防雷体制改革……323
公共气象服务和气象科普宣传……323
气象行政服务……323
■ 科学技术普及……323
科普阵地建设……323
青少年科普竞赛……323
青少年科普活动……323
“创客”培育……324
全国科普日活动……324
科普惠民……324
科普管理……324
■ 社会科学……324
咨政课题研究……324
《东莞优化人口资源环境促进高水平可持续发展研究》……324
《东莞优化公共资源配置提升基本公共服务质量研究》……325
《东莞完善常住人口服务体系促进本外居民社会融合研究》……325
《东莞统筹城乡一体化创建打造高品质现代城市文明研究》……325
《东莞推进社会治理精细化促进社会和谐善治研究》……325

《东莞建设样板社区创新城市管理路径研究》……325
《东莞缓解城市交通拥堵优化交通出行环境研究》……325
《东莞打造创新型城市品牌奋进创新型一线城市研究》……325

教 育

EDUCATION

■ 教育综述……326
教育概况……326
教育投入……327
市属学校基建工程建设……327
师资队伍建设……327
教师培训……327
依法治教……327
教育督导……328
学校安全管理……328
教育信息化……328
国家教育资源公共服务平台试点……328
莞式慕课……328
慕课教育信息化工程……329
全国“网络学习空间人人通”培训基地落户东莞市……329
教育装备……329
教育科研……330
教育发展研究……330
教师专业发展……330
语言文字工作……330
■ 基础教育……330
学前教育……330
发展学前教育第三期行动计划（2017—2020年）落实……330
九年义务教育……331
随迁子女义务教育……331
普通高中教育……331
特殊教育……331
学生思想道德建设……331
体育教育……331
艺术教育……331
卫生教育……332
中小学心理健康教育……332
家庭教育……332
普通高考……332
■ 职业教育……332
职业教育概况……332
现代职业教育综合改革示范市创建……332
整合中等职业教育资源……332
重点中职学校建设……332
中等职业学校对外合作办学……333
校企合作配套政策制定……333
东西部职业教育扶贫……333
·东莞职教城……333
东莞职教城概况……333
职教慕课……333
·东莞市技师学院……333
东莞市技师学院概况……333
师资队伍建设……333
国际合作办学……334
教育教学发展……334
校企合作……334
技能大赛创佳绩……334
校际合作……335
校际交流……335
技能培训……335
·东莞市高技能公共实训中心……335
东莞市高技能公共实训中心概况……335
高技能人才实训……335
技能竞赛……335
·东莞理工学校……335
东莞理工学校概况……335
新工科建设……336
合作新平台搭建……336
新评价体系构建……336
·广东省东莞卫生学校……336
广东省东莞卫生学校概况……336
中高职衔接……337
技能大赛获佳绩……337
职业技能培训……337
·东莞市经济贸易学校……337
东莞市经济贸易学校概况……337
师资队伍……337
教学成果……338
办学特色……338
·东莞市电子科技学校……338
东莞市电子科技学校概况……338
办学模式……338
人才培养……339
·东莞市机电工程学校……339
东莞市机电工程学校概况……339
师资队伍建设……339
办学特色……339
专业设置……339
■ 成人教育……340
成人教育概况……340
“全民终身学习活动周”活动……340
成人高考……340

自学考试 ……340
■ 民办教育 ……340
民办教育概况 ……340
民办教育扶持 ……340
民办教育管理 ……340
·东莞台商子弟学校 ……340
东莞台商子弟学校概况 ……340
中华文化教育馆启用 ……341
■ 高等教育 ……341
高等教育概况 ……341
中国大学生跨境电商创新创业大赛东莞赛区启动 ……341
·东莞理工学院 ……341
东莞理工学院概况 ……341
高水平理工科大学建设 ……341
师资队伍建设 ……342
教育教学 ……342
学生工作 ……342
学科建设和科学研究 ……342
国际交流与合作 ……342
·东莞理工学院城市学院 ……342
东莞理工学院城市学院概况 ……342
体制机制创新 ……343
创新强校工程 ……343
教学工作量化管理 ……343
人才培养 ……343
师资队伍建设 ……343
交流合作 ……343
教学保障 ……343
·广东医科大学 ……343
广东医科大学概况 ……343
教育教学 ……344
学科建设 ……344
科研成果 ……344
科研平台建设 ……344
国际交流与合作 ……344
人才队伍建设 ……344
招生与就业 ……344
护士“授帽”仪式 ……344
校园文化建设 ……344
·广东科技学院 ……345
广东科技学院概况 ……345
教学科研 ……345
招生就业 ……346
学生工作 ……346
创新创业 ……346
国际交流 ……346
·东莞职业技术学院 ……347
东莞职业技术学院概况 ……347
校企合作 ……347
教育教学改革 ……347
招生就业 ……347
对外交流 ……347
·中山大学新华学院 ……347
中山大学新华学院概况 ……347
教育教学质量 ……348
六大人才计划 ……348
科学研究 ……348
合作交流 ……348
学术研讨 ……348
省市级竞赛 ……349
·广东创新科技职业学院 ……349
广东创新科技职业学院概况 ……349
奖学情况 ……349
办学成果 ……349
·东莞开放大学 ……349
东莞开放大学概况 ……349
教学模式 ……350
中职学生学历提升“立交桥”构建 ……350
就业平台 ……350
教学科研 ……350
·广东亚视演艺职业学院 ……350
广东亚视演艺职业学院概况 ……350
办学理念 ……350
专业建设 ……350
师资队伍 ……350
教学科研 ……350
·广东酒店管理职业技术学院 ……351
广东酒店管理职业技术学院概况 ……351
环境设施 ……351
办学特色 ……351
学生就业 ……351
校园文化 ……351
奖勤助贷 ……351

文　化
CULTURE

■ 文化综述 ……352
文化建设实现高水平发展 ……352
文化工作走在全国前列 ……352
市民文化获得感提升 ……353
文化基础设施建设 ……353
■ 文艺活动 ……353
文化惠民演出 ……353
文化品牌项目 ……353
地方文化活动 ……353
群众文艺创作 ……353

专业文艺团队 ……………………………………354
文艺家协会活动 ……………………………………354
■ 传播媒体 ……………………………………356
・报刊 ……………………………………356
报业概况 ……………………………………356
报刊新闻报道 ……………………………………356
报刊优化升级 ……………………………………356
采访调研活动 ……………………………………356
中央厨房2.0版本运行……………………………………356
报刊公益广告发布 ……………………………………356
・网络媒体……………………………………356
新媒体概况 ……………………………………356
新媒体报道亮点频现 ……………………………………356
新型产品探索打造 ……………………………………357
媒体融合经营新形式 ……………………………………357
・新闻出版和版权保护 ……………………………………357
新闻出版管理……………………………………357
全国版权示范城市创建 ……………………………………357
印刷发行管理 ……………………………………357
・广播、电视、电影 ……………………………………357
广播、电视、电影概况 ……………………………………357
广播电视安全播出 ……………………………………357
公共服务体系构建 ……………………………………358
广播影视产业 ……………………………………358
东莞广播电视台 ……………………………………358
■ 非物质文化遗产 ……………………………………359
非物质文化遗产概况 ……………………………………359
首创“非遗季” ……………………………………359
“非遗+互联网”平台启用 ……………………………………359
非遗进校园品牌活动 ……………………………………359
非遗保护跨界融合发展 ……………………………………359
东莞市非物质文化遗产名录 ……………………………………360
■ 文博事业 ……………………………………366
文博事业概况 ……………………………………366
文物博物保护 ……………………………………366
城市特色强化工程 ……………………………………366
博物馆服务水平提升 ……………………………………366
2017年东莞市博物馆情况 ……………………………………367
2017年东莞市市级以上文物保护单位 ……………………………………368
■ 文化场馆 ……………………………………371
图书馆 ……………………………………371
文化馆 ……………………………………372
影剧院 ……………………………………372
美术馆 ……………………………………372
■ 党史・地方志・档案 ……………………………………372
・党史 ……………………………………372
党史征研 ……………………………………372
党史宣教 ……………………………………373
・党史编研……………………………………373
《东莞改革开放史料选编》（第一辑）
（第二辑） ……………………………………373
・地方志 ……………………………………373
地方志工作概况 ……………………………………373
《东莞市地方志事业发展规划
（2016—2020年）》制定 ……………………………………373
《全粤村情》东莞卷一至六册交付出版 ……………………………………373
市镇两级年鉴编纂数量与时效居广东省前列 …374
镇、村志编修稳步推进 ……………………………………374
地情资源开发利用深化 ……………………………………374
市镇两级方志馆建设 ……………………………………374
地方志信息化工作获中指组通报表扬 ……………………………………374
读志用志 ……………………………………374
资料年报 ……………………………………374
・档案 ……………………………………375
档案馆库建设 ……………………………………375
档案信息化建设 ……………………………………375
国家重点档案抢救 ……………………………………375
档案服务大局中心 ……………………………………375
档案服务经济建设 ……………………………………375
档案服务民生 ……………………………………375
档案服务社会教育 ……………………………………375
依法治档 ……………………………………375
档案资源建设 ……………………………………376
档案编研 ……………………………………376
档案宣传 ……………………………………376

体育・卫生

SPORTS・HEALTH

■ 体育 ……………………………………377
体育概况 ……………………………………377
全民健身活动 ……………………………………377
健身服务水平提升 ……………………………………378
体育执法 ……………………………………378
体育产业 ……………………………………378
竞技体育水平跃升 ……………………………………378
业务训练取得新实效 ……………………………………378
首届东莞龙舟锦标赛 ……………………………………378
第二届东莞大学生篮球联赛 ……………………………………378
■ 卫生 ……………………………………379
医疗卫生概况 ……………………………………379
医药卫生体制改革 ……………………………………379
社会办医 ……………………………………379
疾病预防控制 ……………………………………379
卫生应急 ……………………………………379
信息化建设 ……………………………………379
医政管理 ……………………………………379

基层卫生 ……380
妇幼保健 ……380
科研教育 ……380
人才建设 ……380
中医药工作 ……381
援建与扶贫 ……381
卫生与健康大会 ……381
医疗联合体建设 ……381
医疗机构药品跨区域联合集中采购改革启动 ……381
5所区域中心医院建设启动 ……381
首批医养结合试点单位建成投入使用 ……381
首批“东莞名医”评选 ……381
第16届亚洲马拉松锦标赛暨2017东莞国际马拉松医疗卫生保障 ……381
全国首家人类胆石博物馆落成开馆 ……381
·疾病预防控制 ……382
疾病预防控制概况 ……382
公共卫生事件 ……382
艾滋病防控 ……382
免疫规划 ……382
卫生监测 ……383
慢性非传染性疾病监测 ……383
卫生检验 ……383
健康教育与促进 ……383
·卫生监督 ……384
卫生监督概况 ……384
卫生监管模式创新 ……384
医疗机构监督 ……384
公共卫生监督 ……384
职业卫生监督 ……384

社会生活

SOCIAL LIFE

■ 婚姻、家庭 ……385
婚姻登记概况 ……385
婚姻登记费停征 ……385
周末和法定节假日提供婚姻登记服务 ……385
■ 计划生育 ……385
人口和计生概况 ……385
计划生育综合服务管理 ……385
计划生育利益导向 ……386
“生命之舞”青春健康教育国际合作项目开展 ……386
■ 妇女、儿童 ……386
妇女儿童发展环境优化 ……386
出生缺陷综合防控项目实施 ……386
妇幼卫生服务体系建设 ……386
妇女儿童健康素质提高 ……386
儿童教育均衡发展 ……386
困境儿童受教育权利保障 ……386
妇女儿童劳动权益保障 ……386
妇女儿童人身权益依法保护 ……387
■ 老年人 ……387
老年人概况 ……387
老龄委成员单位调整 ……387
老年人优待 ……387
老年人意外伤害综合保险 ……387
“敬老月”系列活动 ……387
青少年敬老美术作品大赛 ……387
第八届老年人文化艺术节 ……387
老年人文化交流活动 ……387
敬老先进个人、集体评选 ……387
老龄宣传 ……387
■ 残疾人 ……388
残疾人概况 ……388
残疾人节日活动 ……388
残疾人民生实事 ……388
公益助残 ……388
■ 新莞人 ……388
新莞人社工服务 ……388
关爱农民工活动 ……389
“智网工程”建设 ……389
农民工专题调研 ……389
第二届“华美巴士，爱心回家”公益活动 ……389
■ 宗教事务 ……390
宗教概况 ……390
简政强镇事权改革 ……390
宗教活动场所开展“三证合一”赋码 ……390
省首届正一派道士传度活动在莞举办 ……390
2017年佛教放生护生活动 ……390
第二届东莞国际佛事文化用品展览会 ……390
东莞市大岭山观音寺首届文化论坛暨觉悟方丈升座庆典 ……390
“宗教文化”与“公共外交”研讨会 ……390
市佛协换届 ……391
■ 民族事务 ……391
东莞市获批全国第三批少数民族流动人口服务管理示范城市 ……391
第一批全省民族团结进步创建活动示范单位 ……391
全省社区民族工作培训班在东莞举办 ……391
全市民族宗教工作联络员业务培训 ……391
少数民族服务优化 ……391
宗教团体和宗教活动场所建设加强 ……391
城市民族工作互检互学活动 ……392
民族宗教领域稳定维护 ……392
民族团结宣传教育 ……392
■ 消费者权益保护 ……392

消费者权益保护概况 ……………………………392
“3·15”消费维权活动 …………………………392
消费维权 …………………………………………392

镇 街

URBAN AND TOWNSHIP

■ 莞城街道 ……………………………………………393
莞城街道概况 ……………………………………393
经济转型升级 ……………………………………393
城市品质和内涵提升 ……………………………394
社会和谐善治 ……………………………………394
全面从严治党 ……………………………………395
2016—2017年莞城街道主要经济社会指标 ……395
■ 石龙镇 ………………………………………………396
石龙镇概况 ………………………………………396
统筹协调发展 ……………………………………396
实体经济发展增强 ………………………………396
对外开放合作平台建设 …………………………396
城市品质内涵提升 ………………………………396
社会和谐善治水平提高 …………………………397
科教文卫事业发展 ………………………………397
政府服务效能优化 ………………………………398
2016—2017年石龙镇主要经济社会指标 ………398
■ 虎门镇 ………………………………………………399
虎门镇概况 ………………………………………399
重大项目建设 ……………………………………399
创新驱动发展战略实施 …………………………399
服装服饰产业发展 ………………………………400
集体经济发展 ……………………………………400
基础设施建设 ……………………………………400
环境治理 …………………………………………400
社会治理 …………………………………………401
民生实事 …………………………………………401
文体建设 …………………………………………402
精神文明建设 ……………………………………402
2016—2017年虎门镇主要经济社会指标 ………402
■ 东城街道 ……………………………………………403
东城街道概况 ……………………………………403
产业升级 …………………………………………403
改革创新 …………………………………………403
城市建设 …………………………………………404
社会治理 …………………………………………404
民生事业 …………………………………………404
商事制度改革综合试点试验基地建设 …………404
“倍增计划”实施 ………………………………404
义务教育均衡发展 ………………………………404
东城街道获“广东森林小镇”称号 ……………405
东莞国际邮件互换局落户东城街道 ……………405
2016—2017年东城街道主要经济社会指标 ……405
■ 万江街道 ……………………………………………406
万江街道概况 ……………………………………406
发展质量提升 ……………………………………406
重点项目推进 ……………………………………406
科技创新驱动深化 ………………………………406
城市配套建设 ……………………………………407
公共服务扩面 ……………………………………407
行政效能提升 ……………………………………407
精神文明建设 ……………………………………408
社会治理完善 ……………………………………408
2016—2017年万江街道主要经济社会指标 ……408
■ 南城街道 ……………………………………………409
南城街道概况 ……………………………………409
现代服务业发展 …………………………………409
重大项目建设 ……………………………………409
科技创新 …………………………………………409
综合改革 …………………………………………409
城市建设 …………………………………………410
生态环境建设 ……………………………………410
城市文明建设 ……………………………………411
社会治理 …………………………………………411
公共服务 …………………………………………411
2016—2017年南城街道主要经济社会指标 ……411
■ 中堂镇 ………………………………………………412
中堂镇概况 ………………………………………412
产业转型发展 ……………………………………412
重大项目建设 ……………………………………412
环境优化 …………………………………………412
社会管理 …………………………………………413
民生实事 …………………………………………413
基层党的建设 ……………………………………414
党代会和人代会召开 ……………………………414
中堂燃气热电联产项目开工建设 ………………414
潢涌村获“全国文明村”称号 …………………414
2016—2017年中堂镇主要经济社会指标 ………414
■ 望牛墩镇 ……………………………………………415
望牛墩镇概况 ……………………………………415
经济发展提速 ……………………………………415
产业效能提质 ……………………………………415
城市品质提升 ……………………………………415
社会事业发展 ……………………………………416
全省休闲农业与乡村旅游示范镇 ………………416
望牛墩镇蝉联“国家卫生镇”称号 ……………417
2016—2017年望牛墩镇主要经济社会指标 ……417
■ 麻涌镇 ………………………………………………418
麻涌镇概况 ………………………………………418
经济建设 …………………………………………418
科技创新 …………………………………………418

城市品质 ……419
全域旅游 ……419
乡村振兴 ……420
社会和谐善治 ……420
民生计划 ……420
政务服务 ……421
东莞市首个汽车产业基金 ……421
水乡大道延长线 ……421
新型旅游名镇打造 ……421
2016—2017年麻涌镇主要经济社会指标 ……421
■ 石碣镇 ……422
石碣镇概况 ……422
经济建设 ……422
城市建设 ……422
社会管理 ……423
民生事业 ……423
基层公共服务 ……424
缅怀袁崇焕活动 ……424
2016—2017年石碣镇主要经济社会指标 ……424
■ 高埗镇 ……425
高埗镇概况 ……425
高端产业发展 ……425
生态文明建设 ……425
基层社会治理 ……426
公共服务保障 ……426
2017年龙舟锦标赛活动 ……427
2016—2017年高埗镇主要经济社会指标 ……427
■ 洪梅镇 ……428
洪梅镇概况 ……428
产业发展 ……428
城乡环境 ……428
基层治理 ……429
平安建设 ……429
民生事业 ……430
政务作风 ……430
广东理文绿色高档生活用纸项目 ……430
第十三届中国民间文艺山花奖·优秀民间艺术表演奖（民间鼓舞鼓乐）评奖活动暨2017广东省第六届花灯文化节 ……430
2016—2017年洪梅镇主要经济社会指标 ……430
■ 道滘镇 ……431
道滘镇概况 ……431
经济发展 ……431
城市建设 ……431
社会管理 ……432
民生事业 ……432
改革深化 ……432
道滘镇获首批“岭南水乡型森林小镇”称号 ……432
道滘镇第五届运动会 ……432
道滘镇第3家本土企业上市 ……432
第八届中国（道滘）美食文化节 ……432
新兴产业发展基金成立 ……433
道滘镇作品获中国公益广告最高奖“黄河奖” ……434
华科城·创新岛产业孵化园认定为国家级科技企业孵化器 ……434
莞惠城轨道滘段开通 ……434
2016—2017年道滘镇主要经济社会指标 ……434
■ 厚街镇 ……435
厚街镇概况 ……435
经济发展 ……435
产业发展 ……435
创新驱动 ……436
城市建设 ……436
环境治理 ……436
民生保障 ……436
社会管理 ……437
第37届国际名家具（东莞）展览会 ……437
2017中国（东莞）国际纺织制衣、鞋机鞋材工业技术展 ……438
2017中国加工贸易产品博览会 ……438
第十七届广东国际汽车展 ……438
2017广东21世纪海上丝绸之路国际博览会 ……438
广东国际机器人及智能装备博览会 ……438
2016—2017年厚街镇主要经济社会指标 ……438
■ 沙田镇 ……439
沙田镇概况 ……439
项目招引建设 ……439
转型升级 ……439
城市规划建设管理 ……439
环境治理 ……440
集体经济发展 ……440
民生事业 ……440
文明创建 ……441
社会治理 ……441
党政服务 ……441
2016—2017年沙田镇主要经济社会指标 ……441
■ 长安镇 ……442
长安镇概况 ……442
经济实力增强 ……442
重大项目招引建设 ……442
创新驱动深化 ……443
城市建设和管理 ……443
社会治理 ……444
民生事业 ……444
智能手机小镇入选广东省特色小镇示范点 ……445
长安镇入选全省首批公共文化服务体系示范区 ……445
2016—2017年长安镇主要经济社会指标 ……445
■ 寮步镇 ……446

寮步镇概况 ……446
重大项目建设 ……446
产业结构调整 ……446
城市品质提升 ……447
农村经济发展 ……448
社会治理 ……448
民生事业 ……448
政务服务改革 ……449
寮步镇社区卫生服务中心获评全国百强社区卫生服务中心 ……449
第八届国际沉香文化艺术博览会 ……449
2016—2017年寮步镇主要经济社会指标 ……449
■ 大岭山镇 ……450
大岭山镇概况 ……450
经济发展 ……450
协调发展 ……451
城乡建设 ……451
社会管理 ……452
民生保障 ……452
广播剧《火凤凰》获广东省第十届精神文明建设"五个一工程"优秀作品奖 ……453
2016—2017年大岭山镇主要经济社会指标 ……453
■ 大朗镇 ……454
大朗镇概况 ……454
转型升级 ……454
创新驱动 ……454
城市更新 ……455
社会治理 ……455
社会民生 ……455
大朗镇村级换届选举 ……455
中国散裂中子源首次打靶成功获得中子束流 ……456
第十六届中国（大朗）国际毛织产品交易会 ……456
2016—2017年大朗镇主要经济社会指标 ……456
■ 黄江镇 ……457
黄江镇概况 ……457
经济发展 ……457
创新驱动 ……457
城市管理 ……457
社会管理 ……458
民生实事 ……458
行政服务 ……459
黄江镇黄牛埔水库截污次支管网工程开工 ……459
2016—2017年黄江镇主要经济社会指标 ……459
■ 樟木头镇 ……460
樟木头镇概况 ……460
经济发展 ……460
创新驱动 ……460
城市建设 ……461
民生事业 ……461
政务优化 ……461
"十百千"全产业链倍增计划 ……462
百名亿元企业培育计划 ……462
樟木头镇获得"治水工作优秀镇" ……462
樟木头镇樟罗社区获评"全国综合减灾示范社区" ……462
樟木头镇裕丰社区获"全国创建无邪教社区" ……462
2016—2017年樟木头镇主要经济社会指标 ……462
■ 凤岗镇 ……463
凤岗镇概况 ……463
产业转型升级 ……463
城市品质提升 ……464
社会管理创新 ……464
民生事业 ……464
中华民族婚俗微雕博物馆开馆 ……465
首届粤港澳千人鹊桥会 ……465
2016—2017年凤岗镇主要经济社会指标 ……465
■ 谢岗镇 ……466
谢岗镇概况 ……466
实体经济发展 ……466
城市更新改造 ……466
海绵城市建设 ……467
行政服务优化 ……467
民生实事 ……467
银瓶合作创新区建设 ……467
莞惠银瓶站TOD科技小镇项目 ……468
《东莞市谢岗镇志》出版 ……468
市东南部卫生填埋场动工建设 ……468
2016—2017年谢岗镇主要经济社会指标 ……468
■ 塘厦镇 ……469
塘厦镇概况 ……469
实体经济发展 ……469
创新驱动发展 ……469
企业服务优化 ……470
城市建设 ……470
生态文明建设 ……470
社会治理 ……471
民生保障 ……471
法治建设 ……471
政务服务 ……471
首届"名城名匠"推选活动 ……471
2017（第九届）塘厦高博会 ……472
2016—2017年塘厦镇主要经济社会指标 ……472
清溪镇 ……473
清溪镇概况 ……473
统筹发展 ……473
城市品质提升 ……473
旅游规划 ……474
民生实事 ……474
社会治理 ……474

大湾区·清溪科技生态城项目 ……474
清溪保税物流中心（B型）运行 ……475
清溪镇获评“广东省森林小镇” ……475
清溪镇获评“广东省创建无邪教示范镇（社区）” ……475
清溪镇创建“广东省交通安全文明示范村（社区）” ……475
清溪镇获评“全国文明村镇” ……476
清溪镇“广东省依法治省工作先进单位” ……476
清溪镇获评“国家第一批绿色村庄” ……476
清溪镇获评“推进供给侧结构性改革，实施企业规模与效益‘倍增计划’”全市“单打冠军” ……476
2016—2017年清溪镇主要经济社会指标 ……476
■ 常平镇 ……477
常平镇概况 ……477
经济发展质量提升 ……477
创新驱动发展战略实施 ……477
城市品质提升 ……477
生态环境保护 ……478
基层综合治理 ……478
民生实事 ……478
隐贤山庄获国家AAAA级旅游景区 ……479
2016—2017年常平镇主要经济社会指标 ……479
■ 桥头镇 ……480
桥头镇概况 ……480
特色产业发展 ……480
重大项目建设 ……480
创新驱动发展 ……480
农村经济管理 ……481
城市规划建设 ……481
生态文明治理 ……481
社会管理创新 ……481
服务效能建设 ……481
民生实事 ……481
市容环境整治 ……482
2016—2017年桥头镇主要经济社会指标 ……482
■ 横沥镇 ……483
横沥镇概况 ……483
协同创新发展 ……483
环境质量提升 ……483
农村经济发展 ……483
社会治理创新 ……483
民生实事 ……484
横沥镇获评“广东省文明村镇” ……484
2016—2017年横沥镇主要经济社会指标 ……484
■ 东坑镇 ……485
东坑镇概况 ……485
产业转型升级 ……485
重大项目建设 ……485
创新驱动发展 ……485
各项改革深化 ……485
农村经济发展 ……486
城镇建设精细 ……486
美丽幸福村居建设 ……486
“三旧”改造 ……486
民生实事 ……486
2017年“卖身节” ……486
东坑镇获评“全国文明村镇” ……486
东坑镇获评“国家卫生镇” ……487
东坑镇“绿色村庄创建”工作获评全市“单打冠军” ……487
2016—2017年东坑镇主要经济社会指标 ……487
■ 企石镇 ……488
企石镇概况 ……488
“倍增计划”推进 ……488
创新驱动发展 ……488
园区统筹发展 ……488
城市建设管理 ……489
民生实事 ……489
社会治理 ……489
企石镇东山村获评全国综合减灾示范社区 ……490
企石镇“全国绿色村庄”创建获评全市“单打冠军” ……490
企石镇获评“广东省文明镇” ……490
企石镇宝石社区获评“广东省儿童友好社区” ……490
企石镇工商联获评广东省“五好”镇街工商联 ……490
2016—2017年企石镇主要经济社会指标 ……490
■ 石排镇 ……491
石排镇概况 ……491
创新驱动发展 ……491
重大项目建设 ……491
“倍增计划”实施 ……491
城市品质提升 ……491
生态环境治理 ……492
农村统筹发展 ……492
社会综合治理 ……492
民生实事 ……492
石排镇“智网工程”指挥调度中心建成并投入使用 ……492
东莞市铭普光磁股份有限公司上市 ……492
石排镇旅游发展规划出台 ……493
红石山燕岭古采石场遗址景区规划设计 ……493
塘尾村“康王宝诞”民俗活动 ……493
石排镇海仔河示范段整治 ……493
石排镇“国家绿色村庄”创建获评全市“单打冠军” ……494

石排镇“广东省第二批家庭文明建设示范点”创建获评全市“单打冠军” ……494
石排镇“松山湖片区‘1+6’园区统筹发展体制机制改革”获评全市“单打冠军” ……494
2016—2017年石排镇主要经济社会指标 ……494
■ 茶山镇 ……495
茶山镇概况 ……495
创新驱动发展 ……495
“倍增计划”实施 ……495
文化旅游品牌打响 ……495
宜业宜居环境改善 ……496
镇村统筹发展 ……496
城市品质提升 ……496
各项改革深化 ……496
民生实事 ……496
社会治理 ……496
茶山镇获评“全国文明镇” ……497
茶山镇获评“国家卫生镇” ……497
茶山镇劳动监察综合服务平台获评全国人社系统优质服务窗口 ……497
茶山镇京山村获评“全国综合减灾示范社区” ……497
茶山镇获评“广东省实施技术标准战略示范镇” ……497
2016—2017年茶山镇主要经济社会指标 ……497
2017年各镇街主要经济社会指标（一） ……498
2017年各镇街主要经济社会指标（二） ……499

人　物

FIGURES

■ 新任职市领导 ……500
潘新潮 ……500
白　涛 ……501
张冠梓 ……501
郭向阳 ……501
邓浩全 ……501
罗军文 ……502
梁佳沂 ……502
程发良 ……503
陈树良 ……503
■ 全国五一劳动奖章获得者 ……503
陈善国 ……503
郑芝波 ……503
梁振彪 ……503
■ 广东省五一劳动奖章获得者 ……504
于　熙 ……504
刘玉荣 ……504
何玉成 ……504
杨晓光 ……504
谢宏琴 ……504
欧一璐 ……504
2017年东莞市获国家部委以上表彰先进人物 ……504
2017年东莞市获省委、省政府表彰先进人物 ……506
■ 道德模范 ……510
何满棠 ……510
刘　洋 ……510
东莞市第六届道德模范名单 ……511
东莞市第六届道德模范提名奖名单 ……511
■ 东莞市“中国好人” ……511
邓松添 ……511
姜泽余 ……512
周转好 ……512
■ 东莞市“广东好人” ……512
王三贵 ……512
钟松焕 ……512
刘建江 ……512
莫广兴 ……512
姜泽余 ……512
韦金香 ……512
2017年“东莞好人”名单 ……513
■ 高级专业技术资格人员名单 ……515

文献专载

LITERATURE REVIEW

■ 在市委十四届五次全会上的报告 ……517
■ 政府工作报告 ……524
——2018年1月18日在东莞市第十六届人民代表大会第三次会议上 ……524
■ 2017年东莞市国民经济和社会发展统计公报 ……534
2017年东莞市价格变动情况 ……534
2017年东莞市规模以上工业主要产品产量 ……535
2017年东莞市分行业固定资产投资情况 ……536
2017年东莞市进出口情况 ……537
2017年东莞市主要国家和地区货物进出口总额情况 ……538
2017年东莞市主要商品出口情况 ……538
2017年东莞市分行业利用外资情况 ……539
2017年东莞市客（货）运量、周转量 ……539
2017年东莞市金融机构存贷款情况 ……540
2017年东莞市教育情况 ……541
■ 东莞市第一次全国地理国情普查公报 ……543
东莞市地理国情要素分类面积及其构成 ……543

东莞市各海拔分级面积及其构成 ………………544
东莞市各坡度分级面积及其构成 ………………545
东莞市各地貌类型面积及其构成 ………………546
东莞市各地区植被覆盖面积及其构成 …………546
东莞市种植土地分类面积及其构成 ……………547
东莞市各地区种植土地面积及其构成 …………547
东莞市各海拔种植土地面积及其构成 …………547
东莞市各坡度种植土地面积及其构成 …………548
东莞市各地貌类型种植土地面积及其构成 ……548
东莞市各地区林草覆盖面积及其构成 …………548
东莞市林草覆盖分类面积及其构成 ……………548
东莞市各海拔林草覆盖面积及其构成 …………549
东莞市各坡度林草覆盖面积及其构成 …………549
东莞市各地貌类型林草覆盖面积及其构成 ……549
东莞市各地区河流累计长度及其构成 …………550
东莞市各海拔河流累计长度及其构成 …………550
东莞市各地区水渠累计长度及其构成 …………551
东莞市各海拔水渠累计长度及其构成 …………551
东莞市各地区水库面积及其构成 ………………551
东莞市各海拔水库面积及其构成 ………………551
东莞市各地区水面面积及其构成 ………………551
东莞市各海拔水面面积及其构成 ………………552
东莞市各地貌类型水面面积及其构成 …………552
东莞市荒漠与裸露地分类面积及其构成 ………552
东莞市各地区荒漠与裸露地面积及其构成 ……552
东莞市各海拔荒漠与裸露地面积及其构成 ……552
东莞市各坡度荒漠与裸露地面积及其构成 ……553
东莞市各地貌类型荒漠与裸露地面积及其构成 ………………………………………553
东莞市各地区铁路路网长度及其构成 …………553
东莞市各地区公路路网长度及其构成 …………553
东莞市各地区铁路与道路路面面积及其构成 …554
东莞市各海拔铁路与道路路面面积及其构成 …554
东莞市各坡度铁路与道路路面面积及其构成 …555
东莞市各地貌类型铁路与道路路面面积及其构成 ………………………………………555
东莞市房屋建筑（区）分类面积及其构成 ……555
东莞市各地区房屋建筑（区）面积及其构成 …556
东莞市各海拔房屋建筑（区）面积及其构成 …556
东莞市各坡度房屋建筑（区）面积及其构成 …556
东莞市各地貌类型房屋建筑（区）面积及其构成 ………………………………………557
■ 2017年东莞市海洋环境状况公报 ……………558
2017年东莞市海洋基本功能区环境指标 ………560
2017年东莞市珠江口监测船主要渔获种类组成 ………………………………………561
2017年东江东莞段监测船主要渔获种类组成 …561
2017年东莞市入海排污口超标情况 ……………562
2017年东莞市河流携带入海的污染物量 ………562
2017年东莞市渔业资源增殖放流品种汇总 ……564
■ 2017年度东莞市环境状况公报（摘要） ……565

大事记（2017年）

CHRONICLE OF MAJOR EVENTS IN 2017

■ 1月 ………………………………………………568
■ 2月 ………………………………………………569
■ 3月 ………………………………………………570
■ 4月 ………………………………………………572
■ 5月 ………………………………………………573
■ 6月 ………………………………………………574
■ 7月 ………………………………………………577
■ 8月 ………………………………………………578
■ 9月 ………………………………………………580
■ 10月 ………………………………………………582
■ 11月 ………………………………………………583
■ 12月 ………………………………………………585

选　录

EXCERPTS

■ 文件选录 ……………………………………………588
2017年中共东莞市委文件选录 ……………………588
2017年东莞市人大常委会文件选录 ………………590
2017年东莞市政府、市府办文件选录 ……………592
■ 中央、省重点媒体涉莞重要报道选录 …………595
2017年《人民日报》涉莞重要报道选录 …………595
2017年新华社涉莞重要报道选录 …………………597
2017年中央电视台涉莞重要报道选录 ……………599
2017年《南方日报》涉莞重要报道选录 …………601
2017年广东卫视《广东新闻联播》涉莞重要报道选录 ………………………………………617
■ 2017年东莞市先进工作单位名单 ……………620

索　引

INDEX

■ 条目索引 ……………………………………………625
■ 表格索引 ……………………………………………644

市委
市政府
万江街办
莞城街办
南城街办
莫屋
拔蛟窝
鲤鱼门海鲜街
万江农机加油站
万江酒店
石美
石美学校
万江第二中学
成安制衣厂
严屋
顺风加油站
石美酒家
振业纸厂
环城车站
华凯手袋厂
居民
万江加油站
农行
万江公安分局
超家庄酒家
万江加油站
江都酒店
万江中学
万江粮所
裕辉油库
鸿昌管材厂
万江机关幼儿园
国税分局
牌楼基
水蛇涌小学
水蛇涌
大莲塘卫生站
大莲塘
大莲塘小学
新瑞华大酒家
金泰花苑
江滨花园
金泰小学
金泰
金泰派出所
金泰幼儿园
运输公司转运站
建行
豪侠
共联
共联市场
共联商业区
绿邑园艺
市汽车总站
共联影剧院
博厦食品厂
东莞市海事局
曲海小学
曲海
晨晖幼稚园
城区食品公司
坝头
坝头小学
坝头派出所
讯通水泥电杆厂
华丰酒家
市种子研究所
胜利
官桥滘
官桥滘小学
利民市场
宏远外国语学校
篁村老人活动中心
新科电子厂
塘溪酒家
建华卫生院厂
电化集团
简沙洲
简沙洲小学
中森集团
光裕五金厂
新和卫生站
新基水闸
中心小学
篁村
皇都酒店
篁村派出所
雀巢有限公司
新基
新基酒店
治安队
全元化工有限公司
新基街卫生站
周溪
黄金大厦
绵纺公司
广东彩色显象管有限公司
缉私分局
袁屋边
高新综合市场
诺基亚有限公司
BP加油站
白马
精英名都
南城汽车客运站
南城社保局
新能源有限公司
晨光公司
丰田汽车
南方物流
南城供电公司
加能橡胶工业公司
铁和公司
汽车展场
长城机电设备公司
南国名都大酒店（筹备处）
市慢性病防治院第五门诊部
东莞五金机电广场
南城石材市场
万江自来水厂
贯诚楼
万江
鼎扬电子厂
市人民医院
敬老院
东莞粉厂
北隅
西隅
博厦
文化广场
荔城花园
金叶酒店
市化肥厂
丽晶酒店
新华书店
加油站
加油站
工商银行
东莞海关
幼儿园
东莞体育运动学校
红山停车场
东莞体育中心
城区汽修厂
胜和
行政办事中心
东莞市地方税务局
展示中心
会议大厦
元美
亨美
歌剧院
图书馆
群众艺术馆
加油站
三元里
科学技术博物馆
青少年科技活动中心
阳光小学
黄金花园
东莞国际会展中心
火炼树综合市场
火炼树
加油站
海关大厦
东泰
加油站
西平
第三门诊部
大荣鞋厂
永兴贴纸厂
永诚药材厂
雅园卫生站
雅园
利光电子厂
天龙美食
东盛大厦
梨川
工商银行
堑头
东正派出所
东门广场
东莞中学
东湖花园酒店
博物馆
老干活动中心
东城文化站
东联汽车修理厂
市税务局莞城分局
洪运汽车修理厂
商业银行
城区国土资源分局
福民广场
市公路局
市新闻出版
市人民检察院
市人民法院
市司法局
莞城办事中心
浩宇大厦
电脑城
56.2 黄旗岗
京珠高速公路
莞樟路
万江大道
东莞大道
东城大道
宏远路
鸿福路
东莞大道
南城大道
三元路
体育路
八达路
创业路
建设路
解放路
金牛路
罗沙路
环城路
运河
东江南支流

图例
市政府驻地
区政府驻地
街道办事处 镇政府
农、林、茶场
村庄
铁路及车站
高速公路
国道及编号
省道
县道
快速路、城市主干道
地级市界
镇界
范围线
旅游景点
山峰及名称
比例尺 1：240000
注：本图界线不作权属争议的依据
龙溪镇
园洲镇
石排镇
企石镇
东莞市生态产业园区管委会
横沥镇
桥头镇
东坑镇
常平镇
谢岗镇
沥林镇
大朗镇
黄江镇
樟木头镇
清溪镇
塘厦镇
凤岗镇
观澜街道
平湖街道
龙岗区
龙华街道
横岗街道

东莞市地图
广东省地图院 编
粤S（2017）11-004号
东莞市
南城街道
东城街道
莞城街道
万江街道
石碣镇
石龙镇
石湾镇
茶山镇
高埗镇
中堂镇
望牛墩镇
麻涌镇
洪梅镇
道滘镇
沙田镇
厚街镇
虎门港管委会
虎门镇
长安镇
大岭山镇
寮步镇
松山湖产业园区
新塘镇
南岗街道
石楼镇
黄阁镇
南沙街道
南沙区
横沥镇
万顷沙镇
公明
松岗街道

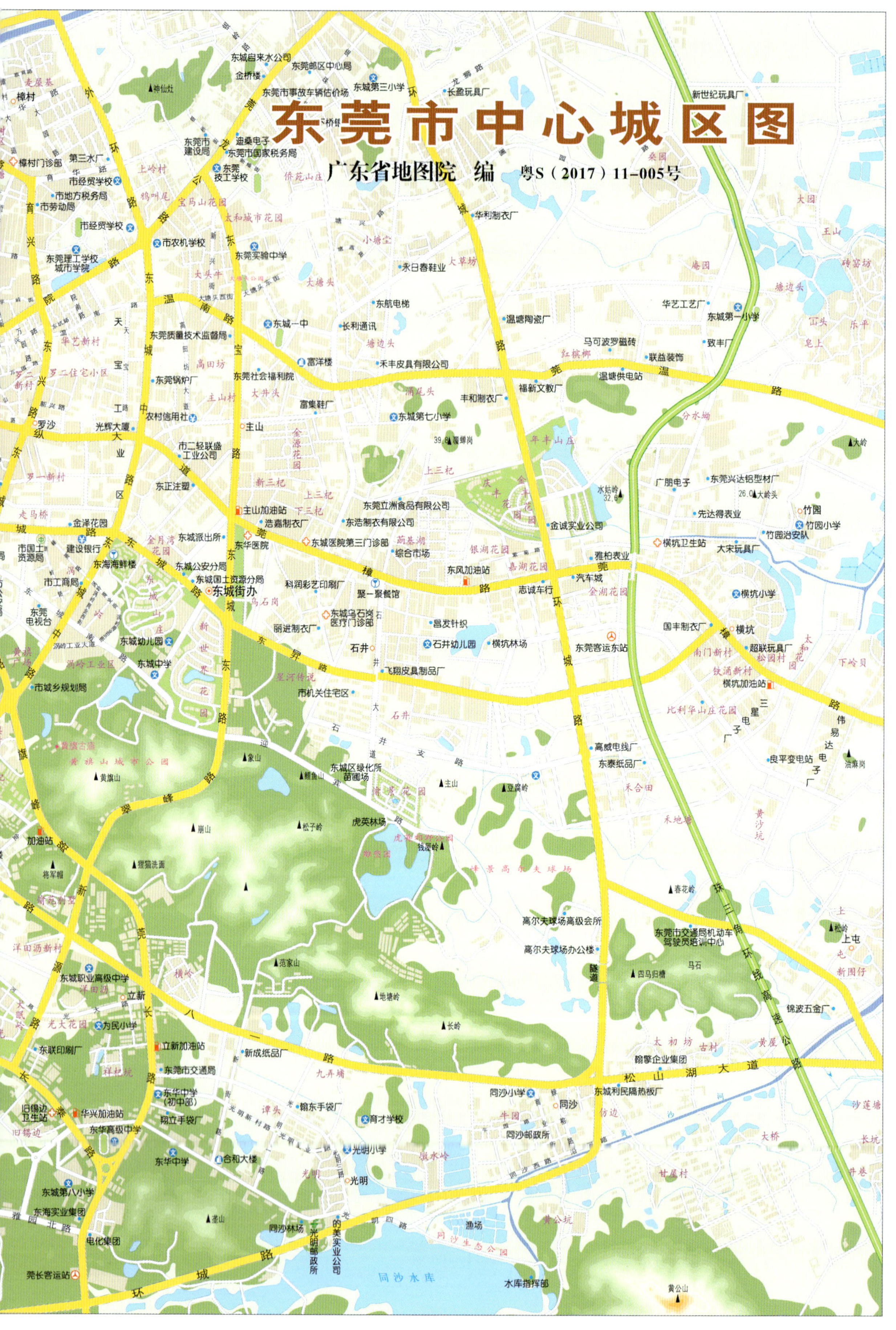
东莞市中心城区图
广东省地图院 编
粤S（2017）11-005号
东城自来水公司
东莞邮区中心局
金桥楼
东城第三小学
东莞市事故车辆估价场
长盈玩具厂
新世纪玩具厂
东莞市建设局
迪桑电子
东莞市国家税务局
东莞技工学校
樟村
樟村门诊部
第三水厂
市经贸学校
市地方税务局
市劳动局
市经贸学校
市农机学校
东莞实验中学
东莞理工学校城市学院
华利制衣厂
永日春鞋业
东航电梯
温塘陶瓷厂
华艺工艺厂
东城第一小学
致丰厂
马可波罗瓷砖
联益装饰
温塘供电站
东城一中
长利通讯
富洋楼
禾丰皮具有限公司
东莞质量技术监督局
东莞锅炉厂
东莞社会福利院
富集鞋厂
丰和制衣厂
福新文教厂
东城第七小学
农村信用社
主山
罗沙
光辉大厦
市二轻联盛工业公司
东正注塑
主山加油站
浩嘉制衣厂
东莞立洲食品有限公司
东浩制衣有限公司
金诚实业公司
广朋电子
东莞兴达铝型材厂
先达得表业
竹园
竹园小学
竹园治安队
横坑卫生站
大宋玩具厂
雅柏表业
汽车城
金洋花园
建设银行
东城派出所
东华医院
东城医院第三门诊部
综合市场
市国土资源局
东海海鲜楼
东城公安分局
东城国土资源分局
东城街办
科润彩艺印刷厂
聚一聚餐馆
东风加油站
志诚车行
横坑小学
市工商局
东莞电视台
东城乌石岗医疗门诊部
丽进制衣厂
昌发针织
石井
石井幼儿园
横坑林场
东莞客运东站
国丰制衣厂
横坑
超联玩具厂
东城幼儿园
东城中学
飞翔皮具制品厂
横坑加油站
市城乡规划局
市机关住宅区
高威电线厂
东泰纸品厂
良平变电站
东城区绿化所苗圃场
黄旗山
象山
鲤鱼山
主山
豆腐岭
虎英林场
崩山
松子岭
加油站
将军帽
狸猫洗面
钱屋岭
春花岭
高尔夫球场高级会所
高尔夫球场办公楼
东莞市交通局机动车驾驶员培训中心
马石
四马归槽
松岭
上屯
东城职业高级中学
范家山
立新
地塘岭
锦波五金厂
为民小学
长岭
立新加油站
东联印刷厂
新成纸品厂
翰擎企业集团
松山湖大道
东莞市交通局
东华中学（初中部）
同沙小学
同沙
东城利民隔热板厂
旧锡边卫生站
华兴加油站
翔立手袋厂
翰东手袋厂
育才学校
东华高级中学
同沙邮政所
东华中学
合和大楼
光明小学
东城第八小学
光明
东海实业集团
雅园北路
同沙林场
光明邮政所
美实业公司
渔场
电化集团
莞长客运站
同沙水库
水库指挥部
黄公山

2017年，是东莞市坚持稳中求进、经济运行提质提速的一年。全市实现生产总值7582.12亿元，比上年增长8.1%，快于全国、全省，为近四年来最高。进出口总额突破1.2万亿元。税收总额突破2000亿元。市场主体突破100万户。引进历年投资规模最大的紫光芯云产业城等一批重大项目。新增上市企业数为历年之最。28个镇全部入选全国千强镇，13个镇入围前100名，虎门、长安镇进入“500亿元俱乐部”。村组两级集体经营总收入突破200亿元。全市经济稳中有进、进中向好的态势更趋明显。

2017年，是东莞市聚焦“三个支撑”（为全国推进供给侧结构性改革、实施创新驱动发展战略、构建开放型经济新体制提供支撑）、发展动能显著增强的一年。供给侧结构性改革深入推进，规模以上工业增加值增速排名珠三角九市第二位，先进制造业增加值占比突破50%，内资工业增加值、一般贸易进出口、高新技术产品出口占比均超四成。创新驱动发展能力不断增强，中国散裂中子源获得第一束中子束流，全市R&D（研究与开发）投入占比升至全省第三位，国家高新技术企业、省级创新科研团队、有效发明专利等数量稳居全省地级市首位，东莞市成为全省唯一被纳入广深科技创新走廊的地级市。构建开放型经济新体制取得重大进展。滨海湾新区、东莞港挂牌，成为对接粤港澳大湾区的重要平台。在商务部首批向全国复制推广的24项试点经验中，“东莞经验”超过五分之一。在海关总署公布的中国外贸百强城市榜单中，东莞市首次进入前三位。

2017年，是东莞市工作亮点纷呈、城市形象不断提升的一年。亚洲马拉松锦标赛、中国城市规划年会、两岸青年就业创业研讨会、中国音乐学院全国考级大赛总决赛等重大活动举办，加博会、海丝博览会、台博会、漫博会、智博会（中国加工贸易产品博览会、广东21世纪海上丝绸之路国际博览会、东莞台湾名品博览会、中国国际影视动漫版权保护和贸易博览会、中国智慧城市技术与应用产品博览会）和高层次人才活动周、国际科技合作周科创会等重要展会取得丰硕成果。东莞市集约用地、推进“中国制造2025”战略、商事制度改革等工作在国务院大督查中获得表彰奖励，成功实现全国文明城市“四连冠”，首次获得综治工作最高荣誉“长安杯”，获评“宽带中国”示范城市最佳实践奖，成为全国第九个版权示范城市、中国十佳会展城市，通过国家节能减排财政政策综合示范城市和水生态文明城市考核验收。在中科院、腾讯等权威机构和企业发布的相关报告中，东莞市综合经济竞争力、城市人口吸引力、智慧生活综合指数分别排名全国第十四位、第五位和第六位。东莞市充满活力的经济形象、生态宜居的城市形象、和谐友善的文明形象，得到进一步提升。

松山湖高新区

以实施倍增计划为统领，着力扶持以先进制造业为核心的实体经济发展

2017年，东莞市推进重点企业规模与效益倍增计划。以市政府一号文出台意见，围绕政策、产业、土地等五大要素推出20条措施，选取214家市级、1054家镇级试点企业，从科技创新、发展总部经济、推进兼并重组、开展服务型制造、加强产业链整合、强化资本运作等六大路径发力，着力破解企业倍增发展的共性密码，"一企一策"解决企业个性难题。市级倍增企业主营业务收入超过6000亿元，增长27%以上；税收超过140亿元，增长29%以上，形成大批可复制推广的经验，得到国务院督导组和省的充分肯定。推进"实体经济十条"，全年为企业减负370亿元。全市规上工业企业实现每百元主营业务收入成本下降0.96元，利润总额大幅增长47.2%。加快打造智能制造全生态链。

2017年8月11日，中国科学院高能物理研究所与东阳光集团合作签约仪式举行 （杨泽彬 摄）

2017年11月28日至12月1日，广东国际机器人及智能装备博览会在广东现代国际展览中心举行

（厚街镇供图）

建成109条经济适用型示范线。长盈、华贝项目纳入国家智能制造新模式应用项目。“机器换人”专项资金申报项目2698个、总投资386亿元。全市机器人及智能装备制造企业163家，主营业务收入增长30%。推动产业均衡发展。五大支柱产业有四个实现两位数增长。智能手机出货量3.56亿台，主营收入增长28%。华为、OPPO、vivo手机出货量稳居全球前六。狠抓重大项目建设和招引。完成重大项目投资513.6亿元，超过计划19.6个百分点，增长16.9%，带动全市完成固定资产投资1682亿元，增长11.3%。新引进亿元以上内资项目175个，协议金额1194.6亿元，增长41.9%；引进千万美元以上外资项目95个，金额29亿美元，发展后劲进一步增强。

长盈精密技术有限公司自动化生产车间（郑琳东　摄）

松山湖国际机器人产业基地　（松山湖高新区供图）

vivo厂区　（占有兵　摄）

OPPO公司生产车间　（占有兵　摄）

华为南方工厂　（松山湖高新区供图）

华为数据中心　（松山湖高新区供图）

以广深科技创新走廊建设为契机，着力打造创新驱动发展升级版

2017年10月12日，东莞市推进广深科技创新走廊建设工作动员暨系列重大科技创新项目及规划发布会议举行

2017年7月13日，东莞市举办“对接广深科技创新走廊 融入粤港澳大湾区研讨会暨长安&天安T+SPACE项目签约仪式”

2017年11月10日，东莞市金融工作会议举行

2017年，东莞市积极优化创新环境，出台实施科技创新平台支撑计划等行动计划，发布广深科技创新走廊东莞段规划和中子科学城概念规划，启动广深高速创新资源带建设。培育创新主体，预计全市高企数量从2028家增至4077家，新增高企后备企业2400家，总量均居全省地级市第一。新增国家级孵化器培育单位11个、省创新科研团队5个、省创新创业领军人才3名。与北大、清华等38个知名高校和新型研发机构共建名校研究生院,东莞材料科学与技术省实验室进入全省首批启动的4个实验室行列；企业研发机构全年获省资助达6.2亿元，在全省地级市中大幅领先。落实研发费加计扣除政策，为1245家企业对应减免税款21.9亿元。推动科技金融融合,设立市级产业投资母基金，带动形成总规模超50亿元的“1+N”产业投资基金体系;镇街（园区）设立各类基金总规模超500亿元,备案登记基金增至387只，增长87.9%。推动金融机构为科技企业发放贷款268.1亿元，增长37%;专利质押融资62.8亿元，占全省专利质押总额的58.2%。境内外上市企业、新三板挂牌企业分别增至43家和202家。企业通过IPO、增发、发债等累计融资116.5亿元，直接融资占比提高5个百分点，升至20%。金融对科技的支撑不断增强。

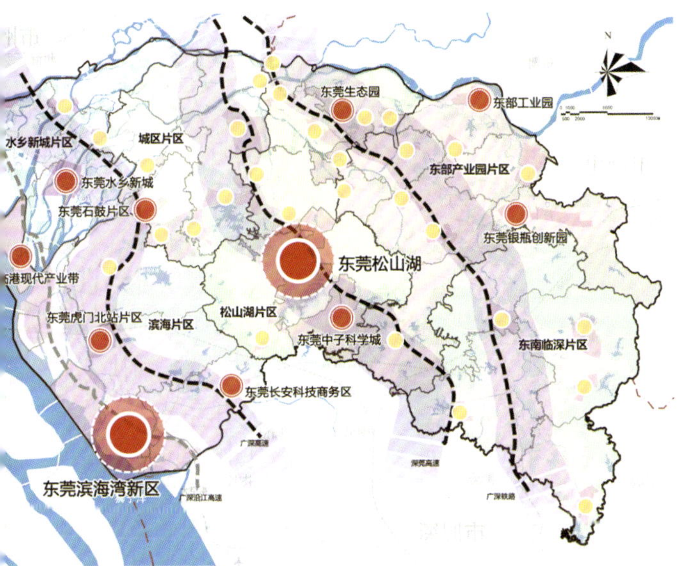

广深科技创新走廊东莞段空间规划：一廊两核三带多节点

2017年4月26日，松山湖基金小镇举行启动仪式并签约多个战略合作项目　　（郑志波　摄）

东莞中山大学研究院　（松山湖高新区供图）

东莞深圳清华大学研究院创新中心
（松山湖高新区供图）

散裂中子源　（市科技局供图）

以构建开放型经济新体制综合试点试验为支撑，着力提升对外开放水平

2017年4月11日，中欧双向班列启动仪式在石龙镇举行

（郑志波　摄）

2017年4月11日，由石龙镇开往俄罗斯的中欧双向班列X8426整装待发

（郑志波　摄）

2017年，东莞市全面深化综合试点试验，在全国率先实行“以企业为单元”的加工贸易监管模式等改革，形成两批25项具有良好示范效应的改革做法。争取到国家在13个方面的政策支持。复制推广113项自贸试验区改革试点经验，口岸“三互”大通关实现全覆盖，国际贸易“单一窗口”建设扎实推进。省市共建深化商改综合试验基地揭牌，推动加工贸易创新发展；全市一般贸易（含保税物流）占比达46%。外企内销总额增长19%，占内外销比重达38.1%，提高3.1个百分点。加快培育新模式、新业态，“东莞制造+电子商务”深度融合，清溪保税物流中心（B型）、国际邮件互换局兼交换站投入运营，国际小包出口8821万件，增长24.3%，总量排全国第四。粤港跨境直通快线开通，实现粤港无缝清关，货物全程无障碍快速直达香港机场。东莞企业连锁经营门店超过3万家，景气指数全国第四。全市社会消费品零售总额2690亿元，增长10%。积极参与“一带一路”建设，开通俄罗斯进口班列，启动中欧双向班列。东莞始发国际班列货物贸易额增长42.1%，对“一带一路”国家及地区出口约1200亿元，增长10%。与美国威尔逊郡、利百伦市和剑桥市签订友好合作备忘录。东莞驻美国（旧金山）经贸办事处挂牌。

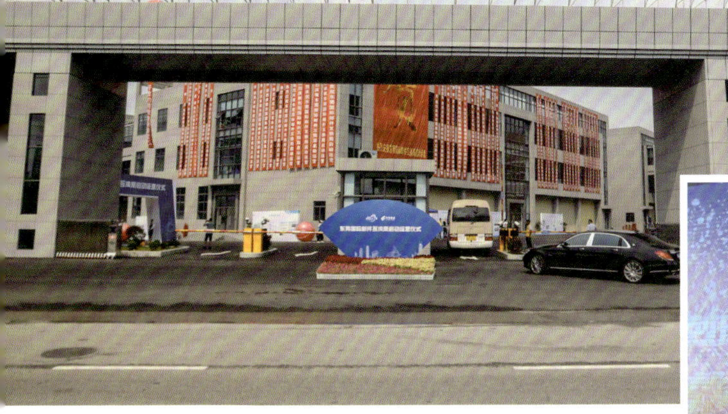

东莞国际邮件互换局

2017年9月28日，东莞国际邮件互换局兼交换站运营启动仪式在东城的东莞跨境贸易电子商务中心园区举行

2017年11月7日，海关“粤港跨境直通快线”在长安启动 （李俊　摄）

东莞清溪保税物流中心

以推进水污染治理攻坚战为突破，着力提升生态文明建设水平

2017年11月11日，坚决打赢水污染治理攻坚战，市长梁维东（右三）带队巡查同沙水库、黄沙河流域（郑家雄 摄）

2017年4月24日，东莞市石马河、寒溪河流域污染综合治理现场会召开

2017年3月10日，市民在黄旗山公园参加义务植树活动（郑琳东 摄）

2017年，东莞市全面打响水污染治理攻坚战，立下“军令状”，以前所未有的力度，加快解决环保突出短板。新建截污管网767.8千米，新扩建9座污水处理厂，启动35座污水处理厂提标改造，铺开76条内河涌污染整治，扎实推进国考、省考断面水质保障工作。完成67家涉水污染企业整治和退出，工业废水排放总量削减167.2万吨。10条列入国家督办的黑臭水体，7条基本消除黑臭现象。河长制实现全覆盖。深入开展大气、固废等污染防治。完成2068家重点企业VOCs整治、391项扬尘污染治理，淘汰黄标车11877辆。全市空气质量达标天数301天。达到国家“大气十条”终期考核要求。完成8座垃圾填埋场整治、3座环保热电厂技改增容，建成麻涌环保热电厂及餐厨垃圾处理厂工程，完成东南部卫生填埋场征地并启动建设工作。全市垃圾焚烧能力提升至11300吨/日，无害化处理率达100%。全面消除填埋场渗滤液直排。启动工业垃圾处理设施项目建设前期工作。加快修复城市生态功能。抓好林相改造和生态景观林带建设。建成麻涌新沙、道滘大罗沙湿地公园。东城、清溪、道滘被认定为省森林小镇。划定海洋生态红线，铁腕整治46个历史遗留用海项目。完成2.05万公顷永久基本农田划定工作。

① 清溪镇——宜居都市 （陈伟君 摄）
② 东莞市全面实施河长制。图为东莞运河莞城段 （莞城街道供图）
③ 2017年10月，东莞市石碣沙腰污水处理厂扩建工程及配套截污管网工程 （市环保局供图）
④ 大罗沙湿地公园 （道滘镇供图）

东城街道 （东城街道供图）

以实施城市品质三年提升计划为载体，着力参与粤港澳大湾区建设发展

2017年7月21日，全市城市品质三年提升计划工作动员会举行　　　　（郑琳东　摄）

2017年，东莞市全面实施城市品质三年提升计划,聚焦“一心两廊三区四门户多节点”，围绕中心城区强化等10个重点领域，选定启动第一批次城市建设项目582个，投资规模1880亿元。同步实施各镇街（园区）三年提升计划。新建美丽幸福村居100个。加快道路交通等基础设施建设。加强国铁、城际轨道项目前期研究，莞惠城轨建成通车，赣深客专东莞段开工建设。虎门高铁站、东莞西站、东莞火车站等TOD项目加快推进。从莞高速、粤晖大桥、红海大桥等项目完工通车。行政村光纤入户实现全覆盖，启动电网升级行动。提升城市精细化管理

2017年12月8日，2017第十六届香港珠三角工商界合作交流会在东莞市举行。图为相关领导嘉宾为活动启动亮灯仪式　　　　（郑志波　摄）

水平。出台城市精细化管理办法，查处城市“六乱”行为25万多宗，清理积存垃圾69.4万吨，增设公益广告牌1.2万个。推进历史违建分类处理，拆除整改违建523宗、面积61万平方米。在全省率先完成土规调整完善，土规、城规衔接率提至93%。启动建设用地使用权二级市场试点改革。农村土地承包经营权确权登记颁证率93.8%，超额完成年度目标任务。新建农贸市场快检室150家、食品安全示范市场50家。市食品药品检测中心投入使用。积极融入粤港澳大湾区规划建设。规划8条地铁线路对接广州、深圳、惠州。扎实推进深莞惠“3+2”经济圈建设。签订深化穗莞战略合作框架协议，加强在规划、产业等八个领域合作。全力以赴做好全国文明城市迎检复评。深入实施“四大提升工程”和“十大专项行动”，推进85项重点任务。启动“九个一百”文明示范工作建设，建成文明示范项目930个。扎实推进友善之城、好人之城、志愿之城、希望之城建设。讲好东莞故事，传播城市魅力。

食品安全示范市场　（市食药监局供图）

农贸市场快检室　（市食药监局供图）

食品药品检测中心　（市食药监局供图）

2017年1月12日，从莞高速公路东莞段通车　（郑琳东　摄）

莞惠城际轻轨铁路东莞段银瓶站　（谢岗镇供图）

以实施园区统筹组团发展战略为抓手，着力提升区域协调发展水平

2017年4月22日，东莞市委副书记、市长梁维东（右二）在广东省援疆前方指挥部总指挥贺宇（右一）的陪同下参观略什古城改造博物馆　（发改局供图）

2017年6月12日，东莞市委常委、常务副市长白涛（前排中）视察东莞援疆项目叶河阳光设施农业产业基地　（发改局供图）

2017年，东莞市以实施园区统筹组团发展战略为抓手，着力提升区域协调发展水平。加大统筹发展力度。在不改变行政架构和空间范围的前提下，将全市划分为6大片区，谋划14个重点发展先行区，增强片区发展合力。松山湖片区“1+6”统筹组团发展试点取得突破性进展，松山湖在全国高新区的综合实力排名上升至第23位。统筹滨海湾新区与东莞港建设，经省政府批准升格为省级开发区，设立管委会并将滨海湾新区面积扩容至83.2平方千米，成为粤港澳大湾区城市群发展规划重大发展平台。规划编制、项目填海、企业搬迁、理顺机制等工作加快推进。水乡经济区科学谋划新城与片区发展定位，启动水乡新城建设，片区生产总值增长9.3%，快于全市1.1个百分点。扶持次发达镇村发展。设立三年30亿元的专项资金，建立市直部门共同帮扶、重大事项议事协调等机制，推

松山湖　（汤智民　摄）

动次发达镇加快发展。8个次发达镇生产总值平均增长10.2%，快于全市2个百分点。70个次发达村（社区）村组两级经营纯收入增长14.5%，快于全市5.5个百分点。扎实推进对口帮扶和援建任务。开展东莞韶关对口帮扶，产业共建新签约项目117个、投资规模326.6亿元。推进韶关、揭阳精准扶贫精准脱贫工作，完成到村帮扶项目1317个，到户项目12.7万个，帮助20055人实现脱贫。落实东莞昭通“1+8”合作协议，在全国首创劳务协作扶贫援建模式。援藏援疆援川进展顺利，援建资金100%到位。探索合作共建新疆兵团41团草湖镇，扎实推进兵团草湖广东纺织服装产业园和西藏巴宜区小康示范镇村建设。与牡丹江市签订对口合作框架协议，全面完成“五个一”工作任务。

2017年9月20日，广东省东莞市·兵团第三师图木舒克市对口支援工作座谈会暨签约仪式举行。图为签约仪式（郑琳东　摄）

2017年6月14日，东莞市园区统筹组团发展战略专题座谈会召开，部署加快推进松山湖（生态园）高新区、水乡经济区、滨海湾新区三区发展（郑琳东　摄）

2017年6月30日，东莞市2017年“广东扶贫济困日暨东莞慈善日”活动启动仪式举行。图为市领导与捐赠镇（街）、企业（个人）代表合影（郑琳东　摄）

以强化民生保障为宗旨，着力推动社会和谐善治，狠抓维稳第一责任落实

2017年，东莞市深入开展“飓风2017”专项行动，重拳打击“两抢”等突出违法犯罪，保持对黄赌毒违法犯罪严打高压态势，接报违法犯罪警情下降17.2%，刑事立案数下降14.3%。持续深入开展信访突出问题治理专项行动，妥善处置群体性事件和突发事件。深入推进“智网工程”建设，入格事项增至20大类83项，建成市镇村三级指挥调度平台。扎实推进“以案说防”和“一呼百应”工作。“平安建设促进会”实现镇街（园区）全覆盖。全面开展寄递物流、危化品、建筑施工、道路交通等专项整治，严厉打击“四黑”违法违规行为，推进消防安全“个十百千万”工程。全市排查整改各类安全隐患13.5万处，生产安全事故宗数、死亡人数、受伤人数分别下降17.3%、12.3%和29.4%，未发生重大及以上安全事故。积极推动文教体卫等社会事业发展。完成11所公办学校新建扩建工程。新增中小学（幼儿园）64所。新增随迁子女义务教育公办和补贴

2017年4月26日，东莞市庆祝“五一”国际劳动节大会举行。图为梁维东给获奖代表颁奖（郑琳东　摄）

2017年11月26日，第16届亚洲马拉松锦标赛暨2017东莞国际马拉松比赛举行（郑琳东　郑家雄　摄）

学位6.8万个，增长78.3%。民办义务教育优质学校比例达61.9%。东莞开放大学启用。东莞理工学院在全国大学综合实力排名提升47位，升至第229位，其中理工类大学排名第83位。完成全国数字文化馆试点任务。公共文化服务标准化试点通过验收转为全国示范。成功举办市运会，获得全运会7个项目金牌，全民健身事业蓬勃发展。深入推进“医药分开”改革，为群众减轻医药费负担7600万元。选定5所医院建设区域中心医院。完善分级诊疗制度，推进家庭医生签约服务，启动基层医疗卫生服务能力建设三年提升工程。全面做好稳定房价、社会保障等其他工作。科学制定土地供应计划，多种方式供应住宅用地，构建保障房、人才房等住房体系，稳定房价初见成效。低保标准提高到每人每月880元。积极推进养老保险省级统筹和全民参保工作，40家医院接入国家异地就医联网平台。社会养老和医疗保险待遇水平稳步提升。发放就业创业补贴1.38亿元。成立关爱妇女儿童发展基金。慈善和养老事业、双拥创建不断加强。有效抵御“苗柏”“天鸽”等灾害性天气。完成村级换届选举。统计工作进一步加强和改进。国防动员、工青妇幼、民族宗教、档案方志、防震减灾、残疾人、红十字会、打私人防等工作有效推进。

远程同步课堂（市教育局供图）

2017年6月20日，轨道分局开展“以案说防”活动（市公安局供图）

“以案说防”活动开展一年多来，取得明显成效，市民防范意识和技能显著提升。图为“以案说防”主题活动现场（程永强 摄）

2017年8月8日，东莞市第九届运动会暨第二届残疾人运动会开幕。图为运动员入场（杨泽彬 摄）

创建平安花园小区模式执勤人员培训（市公安局供图）

以提升行政服务效能为重点，着力强化与更高水平发展相适应的履职能力

2017年11月22日，东莞市城市更新局揭牌仪式举行。图为市领导吕业升（左二）、梁维东（右二）等一同揭牌（郑琳东 摄）

2017年，东莞市深化行政体制改革，组建成立市镇两级政务服务管理机构。公布首批1173个“最多跑一次”事项清单。“一门式一网式”改革实现市镇村三级联动。城市更新局挂牌。建筑市场全面放开。加强法治政府建设。出台市政府重大行政决策事项目录、合法性审查和后评估办法。完成《东莞市出租屋治安消防安全管理条例（草案）》起草工作。完成法治镇街和民主法治村（社区）年度创建任务，所有镇街达到省级法治创建标准。推动审计监督全覆盖。主动接受人大和政协监督，人大建议和政协提案办结率和满意率均达到100%。加强政府系统廉政教育，推进政府投资工程廉情预警评估系统建设。持之以恒纠正“四风”，工作作风进一步改进。

2017年3月3日，东莞市更高水平发展十大行动计划推进大会举行（郑琳东 摄）

① 2017年8月8日，2017年第一期东莞市直机关基层党支部书记培训班开班暨“机关党员讲学课堂”启动 （郑家雄 摄）

② 2017年9月26日，市公安局党的十九大维稳安保誓师大会在市体育馆广场举行 （程永强 管萱萱 摄）

③ 2017年5月25日，进驻寮步香市一号物业小区的《东莞日报》阅报栏启用。这是《东莞日报》阅报栏首次进驻物业小区，成为宣传社会主义核心价值观宣传阵地之一 （程永强 摄）

④ 引导群众使用自助设备 （市公安局供图）

2017年9月26日，市公安局党的十九大维稳安保誓师大会在市体育馆广场举行。图为誓师大会现场 （程永强 管萱萱 摄）

东莞市旗峰公园 （东城街道供图）

编辑：陈国雄

东莞市集约用地、推进“中国制造2025”战略、商事制度改革获国务院表彰

集约用地获国务院表彰

2017年，国务院办公厅印发通报，对2016年落实有关重大政策措施真抓实干成效明显的地方予以表扬，并予以激励支持。其中，东莞市被纳入土地集约节约利用成效较好、闲置土地较少的市（县）名单，并予以5000亩（333.33公顷）新增建设用地计划指标奖励。长期以来，东莞市深化土地制度改革，推进土

地利用由增量扩张为主向盘活存量转变，发挥土地的要素支撑作用，不断提升节约集约用地水平。

节约集约用地　东莞市土地收储管理不断加强，开发土地储备信息管理系统，完善“一个平台，两级联动”的土地收储机制。“三旧改造”成效不断升级，制订“三旧”改造地价计收和分配办法等一系列配套政策，重点推进麻涌滨江片区等连片改造试点，2017年全市通过“三旧”改造向市场供应土地1350亩（90公顷），拉动投资约172亿元。

土地有效供给　东莞市土地空间得到优化，争取到省核减东莞市耕地保有量10.8万亩（0.72万公顷）、基本农田保有量11.5万亩（0.77万公顷），增加建设用地总规模4万亩（0.27万公顷）项目用地应保尽保，为优化全市土地空间布局、加快“两规合一”对接创造提供重要条件。2016年争取省下达东莞市用地指标1.19万亩（793.33公顷），确保70%以上用地指标用于重大和优质项目，整合1000亩（66.67公顷）以上连片大地块1万亩（666.67公顷）。

资源监管保护　东莞市执法监察有力强化，实施联合执法、“裁执分离”、信用惩戒等一批新制度。2016年全市依法拆除违法建（构）筑物35.8万平方米，复耕复绿土地3900多亩（260公顷）。高质量完成2014~2015年度6.5万亩（0.43万公顷）高标准基本农田建设。2016年全市完成增减挂钩1286亩（85.73公顷）。

土地民生保障　东莞市全面颁发新版证书，完成各项改革任务，2016年全市颁发新不动产权证8.5万本，不动产登记证明5.6万份。市镇投资5800万元落实55个隐患点搬迁治理。涉土信访矛盾及时化解，落实局领导接访群众制度、重点案件领导包案制度，通过网上信访、“12345”热线等，保障公众知情权。开展农村数字化地籍调查，整理全市私人住宅用地土地登记档案143万宗次。完成30平方千米1：500地形图修补测量，测绘服务能力全面加强。　（国土局）

推进“中国制造2025”战略获国务院表彰

2017年，东莞市获国务院表彰认定为全国15个“实施中国制造2025、促进工业稳增长和转型升级成效明显市”之一，是全省唯一入选城市，为推进“中国制造2025”战略提供东莞样本。近年来，东莞市以供给侧结构性改革为统领，推进工业稳增长，加快产业转型升级，受到国务院及工信部的表彰肯定。

东莞市率先对接“中国制造2025”　2015年，东莞在全国率先以“制造2025”为主题，发布市政府一号文件《关于实施“东莞制造2025”战略的意见》，提出实施智能制造、服务型制造、创新制造、优质制造、集群制造、绿色制造“六大工程”。2016年继续以市政府一号文出台《关于大力发展机器人智能装备产业打造有全球影响力的先进制造基地的意见》，突出聚焦机器人和智能装备产业发展。同时还邀请中国工程院编制《“东莞制造2025”规划》，针对“六大工程”分别明确重点突破方向和工作措施，为东莞制造由大变强规划实施路径。

东莞市实施智能制造示范工程　2017年，东莞市贯彻国家智能制造试点示范相关工作部署，以智能制造为“东莞制造2025”首发工程，出台实施《东莞市3C产业智能制造示范工程实施方案》，选取东莞最具代表性的3C产业智能终端产品制造为突破口，建设一批具有“三国”特征的智能制造示范车间（即自主知识产权的国产数控系统、国产机床装备及配套国产工业机器人），实现网络化、数字化、智能化协同生产，市财政将按项目设备和技术投入总额的20%予以资助，单个项目最高资助1000万元。积极创建国家智能制造试点示范项目，东莞劲胜和东莞瑞立达分别获认定为工信部2015年、2016年智能制造试点示范项目；广东长盈和东莞华贝成功纳入2017年国家智能制造综合标准化与新模式应用项目。在此基础上，成功承办全国智能制造试点示范经验交流会暨智能制造装备应用现场经验交流会，劲胜车间作为现场参观点进行全国推广。另外还启动普及型智能制造示范线推广建设工作，以智能制造示范车间为原型，打造适用于广大中小企业实施的经济适用型、普及型智能制造生产线，至年底建设完成109条，计划建设209条，从点到面，形成示范效应。

“机器换人”专项行动推进　2014年，东莞市出台实施东莞市“机器换人”三年行动计划，市财政每年安排不少于2亿元，资助企业利用先进自动化设备进行新一轮技术改造，实现“减员、增效、提质、保安全”目标，重点引导企业优先使用莞产先进装备，对企业应用莞产装备进行“机器换人”，项目资助比例由按设备和技术投入的10%提高到15%，应用莞产工业机器人的，资助比例更提高到25%。2014年9月至2017年底，申报“机器换人”专项资金项目2698个，总投资约386亿元，新增设备仪器76315台（套），其中莞产设备占17.5%。具体成效体现为“三提升”“两下降”：“一提升”是拉动工业技术改造投资增速，2016年全市工业技改完成投资额332.99亿元，比上年增长44%。“二提升”是提升产业竞争力，项目完成后劳动生产率平均提高2.5倍。“三提升”是产品质量明显改善，提高自动化、智能化设备标准化程度、工作精度，生产检测环节减少人为因素影响，产品合格率平均从86.1%提升到90.7%。“两下降”是由于效率提高，相对可减少用工近20万人，单位产品成本平均下降9.43%。“机器换人”行动计划的深入实施，进一步夯实东莞市制造业从自动

华为南方工厂　（松山湖高新区供图）

化向智能化升级发展基础。（经信局）

商事制度改革获国务院表彰

2017年，东莞市工商注册制度便利化、落实事中事后监管工作获国务院通报表扬。东莞是全国商事制度改革试点城市。东莞市紧扣"宽进严管"改革路径，在法治、创新轨道上持续深化，为全省、全国探索有益经验。特别是2017年以来，贯彻国家、省深化"放管服"改革和加强事中事后监管工作部署，引入现代社会治理思维，创新"互联网+监管"理念，构建以"一平台、三工程"为核心的科学市场监管体系，改革红利层层叠加，不断增创东莞法治化国际化便利化营商环境新优势。

新业态企业集群注册改革　2017年，东莞市针对一些创业者和新业态企业无固定办公场所的办照难题，首创集群注册登记模式，允许托管公司以自己的住所地址，作为多个集群企业的住所登记，为其提供地址托管、商务秘书、创业培训等服务，集群企业无需租赁经营场所即可办理工商登记。除经营范围涉及前置审批项目，以及从事生产加工、餐饮服务、旅业等必须有实体经营场所的17个行业的市场主体不得登记为集群企业外，其他市场主体允许实行集群注册登记。截至2017年底，全市累计登记集群注册托管企业630家，集群企业2.27万家。全市首家托管公司"清研联华集群注册托管公司"，通过集群注册登记模式，在500平方米左右的空间内为全国各地967家企业提供地址托管服务，成功孵化一批创业团队。

"住所信息申报+负面清单"登记管理改革　2017年，东莞市基于东莞相当部分房产因为历史原因没有房产证，企业办照时需要由村（居）委会出具产权证明的实际，引入"信任在先""自主申报"原则，除娱乐服务业、重污染行业、危险品经营等行业，以及军队房产、住宅商品房、政府保障性住房等纳入负面清单外，允许一般行业的市场主体自行申报住所信息，无需其他住所证明文件就可办理营业执照。完善后续监管措施，在窗口引入电子地图，申请人在登记时作出承诺，在地图上标注住所地址，依托村（社区）组建的网格员队伍在10个工作日内上门核查，确保住所信息的真实性。住所信息申报制的实施，提高市场准入便利化，为实现工商登记的电子化打通"最后一公里"。

"全程电子化+审批中心"工商登记改革　2015年10月，东莞市在内资公司中启动全程电子化工商登记，实现登记方式的重大创新。经营者凭数字证书进行身份认证和签名，填写格式化、标准化的电子表单，无需提交任何纸质材料，足不出户即可办理工商登记。为统一审核标准、提高审批效率，发挥审批人员集约化管理优势和优化群众办事体验，在全国设立首个现代化网上审批中心，实现全程电子化工商登记业务的一站式审批、24小时全天候服务。2016年3月网上审批中心运转以来，人均日办理业务达到88宗，审批效率是实体窗口的7倍，登记业务基本做到1到3个工作日办结。截至2017年底，全市办理网上登记业务56.03万宗，占全市同期同类型业务的90.16%。2017年8月10日，上线个体工商户全程电子化业务，改革红利惠及全市96%的市场主体。以办结的56.03万宗业务计算，至少为群众减少往返窗口128.66万人次，平均每天减少2978人次。

"多证合一"改革　2016年10月，东莞市与全省全国同步推行"五证合一、一照一码"登记制度改革，11月，比全国领先一个月推行个体工商户"两证整合"登记制度改革。2017年8月，再整合住房公积金缴存登记、外商投资企业设立备案、对外贸易经营者备案登记、国际货运代理企业备案、检验检疫报检企业备案、原产地证申领企业备案登记，实现"多证合一”。截至2017年底，全市向35.01万家企业和14.8万户个体工商户发出加载统一社会信用代码的营业执照。在“多证合一”的基础上，完善市网上办事大厅“一网通”系统。申请人在申请工商登记同时，通过“一网通”系统自主填报银行开户许可申请信息、涉税信息、社保缴费登记信息及公章刻制所需信息等涉企证照信息，无需另行办理“多证合一”涉及的被整合证照事项，对应部门通过信息共享完成所需信息的采集，实现涉税信息网上办结，实体大厅“零跑动”，印章刻制和银行开户只跑一次。

深化商事制度改革综合试验基地　2017年，东莞市争取省工商局支持，采取省市共建方式，在东莞市东城跨境电商园区共建商改综合试验基地，将商改政策资源集中导入试验基地，深化企业集群注册改革，支持金融等现代服务业及总部经济发展，优化银行开户、公章刻制、证照办理的开办企业链条，创新“全程电子化登记+人工智能”，全面提升开办企业便利度，示范构建科学市场监管体系，激发市场主体活力。2017年9月，商改基地挂牌。省工商局正在研究为东莞量身定制“莞十条”政策体系，以综合实验基地为载体，先行落地试点试验系列政策。按照初步规划，利用一年时间建设好服务区，并逐步扩展到整个试验基地，打造创新政策汇聚的高地、创新资源汇聚的洼地、创新企业汇聚的园地。

智慧监管工程　2015年，东莞市在全国率先探索监管力量下沉，推动各镇街整合各村（社区）基层社会服务管理力量，组建524支合计达3018人的基层市场协管队伍，依托协同监管系统，具体承担市场主体登记地址信息核查、开业经营情况核查、许可办理情况核查、无证照经营线索巡查等基本职责。2017年，商改后续监管全面纳入“智网工程”，在空间上以“智网工程”所划分的村（社区）基础网格叠加作为市场监管的基本网格单元，在人员方面以村（社区）网格员复合作为市场监管的基础队伍，除原基层市场协管队伍承担的四项基本职责外，还将督促年报、亮照经营等基础事项纳入网格员队伍的工作内容。

协同监管工程　2017年，东莞市贯彻国务院关于“先照后证”改革后落实“双告知”工作要求，自主开发协同监管信息化系统，在全市43个市级部门、33个镇街（园区）、500个镇级部门以及590个村（社区）上线应用。依托协同监管系统，开发商改后续监管线索移送模块，通过模块精确移送地址与登记不符、虚假地址、无证无照违法经营线索，实现网上登记、网上移送、网上反馈，形成线索联动机制。网格员队伍先行核查新登记市场主体信息后，将核查情况以及核查中发现的线索推送给部门，部门在规定时限内开展许可及监管，将信息反馈到系统。系统上线以来，累计推送信息77.88万条，反馈147.88万条（次）。

信用监管工程　2017年，东莞市落实《东莞市企业信息公示和信用约束管理暂行办法》，组织各部门制定企业信息公示和企业信用约束管理“两张清单”，明确企业信息公示的项目和内容，明晰信用约束管理的对象、手段和措施，以此作为后续信息归集、公示以及信用约束管理工作的依据。公示清单收录53个部门610项信息项；约束清单收录42个部门针对99类约束管理对象的261条措施。2017年1月1日，公示系统PC端上线，7月1日，微信服务端全面开放。系统累计归集公示涉企信息899.2万条，群众查询183.17万人次，打印查询证明4.6万份。市工商局会同发改、经信等17个部门联合签署《东莞市经营异常及严重违法失信企业联合惩戒工作备忘录》，通过模块共享经营异常名录信息5.5万条，初步探索“备忘录+信息化”的联合惩戒经验。（工商局）

2017年8月22日，东莞市召开深化商事制度改革构建科学市场监管体系工作会议　（市工商局供图）

东莞市荣膺“全国文明城市”“四连冠”

2017年，东莞市围绕争创全国文明城市“四连冠”目标，实施“四大提升工程”和“十大专项行动”，开展基层文明建设“补短板、促提升”工作，掀起深化文明创建的工作热潮，解决一批“老大难”问题，市、镇、村面貌发生显著改观，核心价值观氛围空前浓厚，良好社会风尚加速形成，有力提升城市形象，改善营商环境，助推经济发展，赢得中央、省主流媒体及市民群众普遍点赞。东莞通过全国文明城市复评，实现“四连冠”。东坑镇、茶山镇、凤岗镇雁田村、石碣镇桔洲村、中堂镇潢涌村获“全国文明村镇”称号，市国家税务局、市气象局、中国联通东莞分公司、中国农业银行东莞分行、中国建设银行东莞分行获“全国文明单位”称号，莞城步步高小学获“全国文明校园”称号，另获评省文明村镇5个、省文明单位5个，省文明校园3个，群众性文明创建工作硕果累累。

东莞市争创“四连冠”工作部署 2017年5月，东莞市高规格召开争创“四连冠”动员大会，全面部署深入推进文明创建工作，确立“抓文明创建就是抓城市持续发展核心竞争力”的指导思想，把争创全国文明城市“四连冠”作为各单位的“一把手”工程，举全市之力抓紧抓好。7月25日，市委书记吕业升主持召开市文明委成员扩大会议，贯彻广东省精神文明建设工作会议精神，提出东莞深化文明创建工作具体措施。市委专门成立工作领导小组，由书记吕业升任组长，市长梁维东任常务副组长，明确各镇街、部门、村（社区）“一把手”负责制，并对85项文明创建重点任务进行分解，明确20个牵头部门和49个责任单位，由市委、市政府班子成员分工负责抓落实。市主要领导带头深入镇村、部门检查督导文明创建工作，营造上下一心、齐抓共建的良好氛围，为争创“四连冠”提供强大的组织保障。

社会主义核心价值观宣教润化 2017年，东莞市围绕“车间里的价值观”“社区里的价值观”“乡村里的价值观”“校园里的价值观”等主题，加强各类示范点建设，通过示范引领全市宣传教育热潮；规划建设一批有特色的公益宣传设施、主题公园广场、公共艺术景观；通过开展“同在莞邑”核心价值观进基层、城市暖流行动、慈善行动、“以案说防”、“小城大爱”等一系列品牌活动，推进核心价值观具体化、大众化、生活化。

“四个之城”建设 2017年，东莞市推进“友善之城”建设，努力探索社会和谐善治的体制机制，持续推进八大行动26项举措，打造“志愿爱心集市”“尚善365”爱心平台等文明创建品牌；推进“好人之城”建设，做好全国、省、市道德模范、中国好人、广东好人、南粤楷模、东莞好人等的推荐及评选工作，开展“最美系列”推选活动；推进“志愿之城”建设，全市志愿服务活动蓬勃发展，注册志愿者达100万人，实现全市各村（社区）志愿服务站全覆盖；推进“希望之城”建设，开展“我的中国梦”“扣好人生第一粒扣子”“童心向党”“向国旗敬礼”等主题教育实践活动，丰富和活跃广大未成年人的精神文化生活。

2017年8月28日，东莞市委书记吕业升（前右一）到石碣镇检查督导文明创建工作　　（东莞日报社供图）

2017年8月17日，东莞市市长梁维东（前右二）到万江街道开展基层文明创建工作督查　（东莞日报社供图）

全民参与社会环境大整治 2017年，东莞市动员组织市民参与读书学习、文化娱乐、体育运动、环保公益、志愿服务等活动，使文明创建工作获得深厚的社会土壤。在“补短板、促提升”行动中，对群众密切关注的环境卫生、集贸市场、“牛皮癣”、文明交通以及城市“六乱”等，花大功夫抓重点整治、抓网格管理、抓长效巩固，全面整治卫生死角和占道经营，关停处理“牛皮癣”号码，拆除违章建筑和违章户外广告，建立便民信息发布栏，修复各类市政设施，赢得群众的好评。群众参与文明创建的热情高涨，在全市公共文明素质提升行动月中，党员干部、各界群众及社会组织积极参与，“环境卫生、文明交通、文明餐桌、文明礼仪、文明旅游”五大行动有声有色。在“补短板 促提升”行动中，各级领导干部、居民积极参与，企业员工自愿行动，在全市上下共同努力下，东莞文明创建呈现出全民创建、共建共享的生动局面。

文明创建主题实践活动 2017年，东莞市针对文明创建存在的短板，开展基层文明创建“四大提升工程”和“十大专项行动”，把文明创建行动与“东莞城市品质三年提升计划”结合起来，围绕“中心城区、魅力小城、美丽村居”三个层次，实现城市环境与精神文明齐头并进，相得益彰。组织开展“百日大攻坚·文明我先行”主题实践活动，基层党组织和广大党员职工以不怕苦、不怕累、不服输的精神，积极投身文明创建第一线、环境整治最前沿。在迎检复评工作中，文明委各成员单位针对创建中的重点难点，通力合作，明确分工，狠抓工作落实。为解决基层创建标准偏低的问题，启动“九个一百”基层文明示范工程，着力扩点拓面和实施标准化创建，建成9类文明示范项目930个，推动文明创建工作以点带面，缩小城乡创建差距，提升文明创建水平。

文明创建长效机制健全 2017年，东莞市坚持把文明创建作为“一把手”工程，完善党委统一领导、党政齐抓共管、文明委组织协调、有关部门各司其职、全社会积极参与的工作机制，健全目标考核、成效测评、动态管理、督促检查、情况通报、责任追究等各项制度；调整镇街领导班子落实科学发展观工作考评办法，提高文明创建工作考核比重，将文明创建财政投入、队伍架构、品牌打造、日常工作等常态指标纳入年终考评。激活“门前四包”责任制，在原来的“包卫生、包秩序、包绿化”基础上增加“包公益宣传”，组织机关、企事业单位、个体户、社会组织等划分责任区、签订“门前四包”责任书；建立健全文明创建巡查督导机制，市文明委与各镇街（园区）和14个市直重点部门签订创建“四连冠”责任书，制定下发《文明创建督导工作方案和考核问责办法》，实行三重立体督导，坚持问题导向和结果导向，开展月度巡查督导，及时召开督导反馈会、及时督促整改问题事项，围绕治脏、治乱、治差、治旧、治懒、治污等深度推进基层文明创建，推动各项工作持续深入开展。

（市委宣传部）

2017年12月27日，东莞市创建全国文明城市“四连冠”总结大会举行　（市委宣传部供图）

东莞市首次获得综治工作最高荣誉——“长安杯”

2017年9月19日，中央政法委、中央综治委在北京召开全国社会治安综合治理表彰大会，对2013~2016年度全国综治工作先进集体和先进工作者进行表彰。东莞市获“全国社会治安综合治理优秀城市”称号，实现三连冠，首次捧回“长安杯”。

“全国社会治安综合治理优秀城市”是中央在政法综治维稳领域设立的最高综合性奖项，是彰显城市美誉度、社会和谐度、群众满意度的重要“金字招牌”。“长安杯”更是国家综治领域时间跨度最长（连续三届12年都站在全国领先的位置上，才有可能获得“长安杯”）、涵盖内容最多的一项综合考评，是对一个城市平安建设、社会治理创新、和谐社会建设及发展软环境等综合水平的最高褒奖。

多年来，东莞市委、市政府重视社会稳定工作。社会治安被纳入“2017年市政府十件实事”，“加强市民安全保障”连续11年位居十件实事之首。同时，东莞积极推进基层社会治理体制改革，有针对性开展社会矛盾专项治理，不断深化平安东莞、法治东莞建设，切实维护社会大局和谐稳定。

综合治理和平安建设　2017年，东莞市委、市政府把社会治安综合治理和平安建设工作纳入全市经济社会发展总体规划，连续11年将治安工作列为“十件民生实事”之首，主要领导亲自召开会议专题部署，市级财政四年投入148.5亿元用于政法综治工作，年均增长5%，各镇街对治安工作的投入均占本级财政收入的10%以上；加强工作统筹规划，出台社会治安防控体系建设、命案防范、智网工程等多项指导性文件，细分工作任务，强化工作督导，推进工作落实；严格落实综治领导责任制，市综治委领导没有因廉政问题被处理；明确各镇街、各成员单位“一把手”为综治工作和平安建设第一责任人，逐级逐部门签订目标管理责任书；全面落实市、镇、村三级领导包案制度，对突出隐患定期集中会诊，研究化解对策；强化综治政策工具运用，对年度综治考评成绩排名后三位的镇街、命案重点整治镇街、治安问题严重镇街的综治委领导进行约谈；对各类治安问题严重的镇街和一些突出治安问题进行挂牌整治和重点治理。

综治重点整治　2013—2016年，东莞市排查整治治安重点地区和突出治安问题228个，治安面貌实现大幅好转。开展“6+1”“3+2”“飓风2016”等专项行动，重拳打击各类突出刑事犯罪，2016年比2012年全市八类主要刑事案件立案数下降18.16%。强化命案防范打击，每年挂牌整治一批命案多发镇街，加强重点时段、场所、人员管控，建立医疗救治“绿色通道”机制，不断压减命案发生。2016年比2012年全市命案发案率大幅下降42.6%。加强对“黄赌毒”违法犯罪打击力度，特别是“2·9”事件后，对“涉黄”违法犯罪开展集中歼灭，制定《关于进一步加强和规范娱乐服务场所管理的意见》等“1+4”系列文件，建立东莞市娱乐服务场所监管信息共享平台，健全完善娱乐服务场所监管工作长效机制。“涉黄”问题解决到位且没有反弹，受到中央、省委领导和公安部的表扬肯定。时任中共中央政治局委员、广东省委书记胡春华指出，东莞市委、市政府整治“涉黄”问题态度坚决、措施有力，打击整治专项行动取得阶段性成效。公安部在2015年2月召开的新闻发布会上指出，东莞的娱乐场所“涉黄涉赌”问题得到有效控制。加强重点行业监管，深入开展寄递渠道清理整顿专项行动，全市寄递企业配备X光机241台，实现全市分拨中心全覆盖，数量居全省地级市第一。加强重点人员管控，对严重精神障碍患者，市镇两级财政拨款6348.6万元，在全省率先落实监护补助政策。

维护社会稳定长效机制构建　2017年，东莞市始终把维护稳定工作摆在突出位置，推动矛盾纠纷多元化解。全市32个镇街、592个村（社区）、132个工业园区（规模企业）统一建立综治信访维稳中心和工作站，大综治大调解工作格局日臻完善，工作经验在2015年全省现场会上被全面推广。2015~2016年，全市各级综治信访维稳中心排查矛盾纠纷1.6万宗，化解1.57万宗，化解率98.17%。完善人民调解网络，建立健全医调委、交调中心、平安建设促进会、中立法律服务社、异地商会服务管理等第三方调解机制，发挥专业性、行业性人民调解组织对矛盾纠纷的预防化解功能，引导“莞香花”“白玉兰”“心灵驿站”等知名社工服务品牌机构参与矛盾化解，形成互动共治良好格局。特别是市医调委自2013年底成立以来，至

2016年底，成功调解医疗纠纷738宗，协议履行率及群众满意率均达100%，2016年比2014年全市重大医疗纠纷数量下降23.65%；相关工作经验得到司法部肯定，并被评为全国社会治理创新优秀案例、广东省依法治省工作先进单位。全面推动“一村（社区）一法律顾问”工作，全市592个村（社区）实现法律顾问全覆盖。注重源头防范矛盾纠纷，着力解决民生领域突出问题，完善社会稳定风险评估等机制体制建设。建立劳资纠纷联动治理工作机制，推动全市企业风险预警系统建设，将全市35.6万个用工单位纳入监控，全市劳资群体性事件和欠薪逃匿案件呈现逐年下降趋势，2016年分别比上年下降68.65%和71.43%，相关工作经验得到省的肯定。建立健全“1+15”维稳长效机制，明确15个“属事”牵头部门责任，将各类不稳定问题的处置规范化、制度化，妥善化解裕元鞋厂近5万人怠工事件等一批影响较大的不稳定问题，取得良好成效。

平安东莞创建　2017年，东莞市坚持以创新引领综治工作开展，从公安技防、群众自防、社会协防等方面切入，开创社会治安综合治理工作新格局。推进“中心+网格化+信息化”工作，以镇街综治信访维稳中心为枢纽，以“智网工程”网格化管理为依托，以信息化手段为支撑，提升社会治理能力。全市划分基础网格3106个，配置网格管理员8314人，推动公安等8个综治成员单位入格，核定首批入格事项20类83项，提高精准管理水平。全面部署使用网格化管理信息系统，同步加快推进与综治信息系统的无缝对接，实现综治工作数据共享共用、指挥调度一体化。部署推进“雪亮工程”建设，全市实现2.7万多路视频监控图像、454个卡扣采集点的互联互通；各级综治信访维稳平台实现对各自辖区视频资源的汇聚共用。加快落实综治视联网建设，推动实现全市各镇街综治信息中心全覆盖。健全立体化社会治安防控体系，探索建立“情指联动·有求必应”新机制，实行情报、指挥、行动一体化运作，试点开展信息化服务打防控“情报+”支撑基层实战模式，实现向科技要警力，工作成效得到省公安厅的肯定。推动“全民创安·一呼百应”群防群治工作，促进警力和民力在治安防控工作上的互通互动，2016年4月启动以来，全市建立“全民创安·一呼百应”岗点7474个，发动5.04万名群众参与，提供各类违法犯罪案件线索831条。推进“以案说防”活动，2016年全市举办“以案说防社区行”活动4200余场次，群众防范意识明显提升，安全感和满意度得到有效提高。（市委政法委）

2017年11月10日，东莞举行“长安杯”揭牌暨政法重点工作总结部署会议　（叶子良　摄）

重点企业规模与效益“倍增计划”推进

2017年，东莞市贯彻落实中央和省关于推进供给侧结构性改革，提高供给体系质量，振兴实体经济的决策部署，积极破解东莞产业经济发展资源瓶颈约束趋紧、核心竞争力仍待增强、高端制造回流、低端市场分流等挑战问题，进一步扶持以先进制造业为核心的实体经济发展，显著增强经济质量优势。因此，东莞市决定实施重点企业规模与效益“倍增计划”。

2月10日，东莞市出台《关于实施重点企业规模与效益倍增计划　全面提升产业集约发展水平的意见》，开始实施“倍增计划”。按照“选好选优、培优培强”的原则，市镇两级分别选取214家市级试点企业和1054家镇级试点企业；市镇分别出台22份和139份配套政策，构筑“倍增计划”政策框架体系，围绕政策、产业、土地、资本、人才等五大要素核心，倾斜配置各类资源；引导企业通过总部经济、资本运作、兼并重组、服务型制造、产业链整合和科技创新等六大路径实现倍增；利用覆盖市镇两级所有涉企部门“倍增计划”政府服务平台，收集并处理试点企业问题诉求860条；市镇落实企业挂点服务工作，走访协调解决企业各类诉求；定期召开市级层面会议，讨论解决“倍增计划”工作问题。是年，试点企业规模总量持续扩张，实现主营收入6000亿元，比上年增长20%；17家试点企业提前实现倍增。企业效益明显增长，税收140亿元，比上年增长30%。成本费用稳步下降，规模以上工业试点企业每百元主营业务收入的成本费用96.85元，比上年减少0.22元，成本费用总体呈下降趋势。试点企业发展态势，支持全市规模以上工业增加值比上年增长10%，增速排名珠三角九市第二，先进制造业增值占比突破50%，为试点企业在3—5年内实现规模与效益倍增奠定坚实基础。

“倍增计划”工作机制健全完善　2017年，东莞市成立“倍增计划”工作领导小组，推动各园区、镇街相应成立镇级倍增领导小组或倍增办。市级层面原则上每季度召开一次市长主持的“倍增计划”工作领导小组会议，讨论解决重大工作问题；每月召开一次分管市领导主持的倍增办工作会议，讨论解决一般性工作问题。建立市镇班子领导挂点服务214家倍增试点企业制度，重点通过实地走访等方式，及时有效跟进解决企业合理诉求；是年，市镇两级累计走访试点企业1500余家次，举办企业座谈协调会600余场，听取4000余家次企业意见，重点解决用地难和产权补办等瓶颈问题。建立部门、镇街和企业的考核机制，制订出台考核办法，压实工作责任，推动企业按时完成倍增目标。

“倍增计划”政策体系构筑成型　2017年，东莞市落实《关于实施重点企业规模与效益“倍增计划”全面提升产业集约发展水平的意见》，出台22份“倍增计划”配套政策和细则，其中包含政策要素类文件6份、产业要素类文件4份、土地要素类文件4份、资本要素类文件4份和人才要素类文件4份，涉及产业政策倍增扶持、打造智能制造全生态链、产权补办、融资租赁、子女入学资助等一系列创新突破举措，覆盖支持企业发展的各大要素领域。各园区、镇（街）把握“倍增计划”核心精神，对接市级政策体系，结合地方实际出台139份政策，为企业提供科技创新、投资拉动、园区建设、技工培养、就业支持等定制化的政策支持。实现市镇两级政策的有效对接和要素领域的覆盖延伸，建立起支撑“倍增计划”发展的政策体系。

要素资源供给倾斜　2017年，东莞市围绕政策、产业、土地、资本、人才等五大要素核心，为“倍增计划”试点企业倾斜配置各类资源。加强财政资金扶持。落实各类普惠性资金政策，设立“倍增计划”专项资金，全年向1141家次试点企业拨付资金3.2亿元，包括普惠性资金1.7亿元，“倍增计划”专项资金项目1.5亿元。畅通融资渠道。引导银行机构为试点企业开展专利质押融资40余亿元。“一企一策”推出“东莞倍增贷”等专属创新产品，设置优先审批机制，形成更高层次的信贷供需平衡。截至2017年底，试点企业贷款余额269亿元，比年初增长12.3%，增长率为同期全市各项贷款余额增长率的1.69倍。增强土地供给。市级层面召开用地保障、用地需求、用地分类解决和用地报批等4场专题工作协调会，加强资源统筹调度，加大企业用地供应和保障。为试点企业落实37.05公顷新增用地指标，配备99.04公顷新增建设用地指标；为试点企业完成报批手续的土地30宗195.82公顷，落实选址的35宗232.65公顷。优化人才保障。赋予129家试点企业自评人才入户权，办理入户239名，分配公办学位近1300个。

对企服务机制优化　2017年，东莞市建立“倍增计划”政府服务平台，加强对试点企业问题的收集和处理，有针对性地帮助企业解决困难，以问题为导向，优化对企服务机制，增强企业获得感。借助“倍增计划”政府服务平台，建立覆盖市镇两级所有涉企部门，能在线收集处理试点企业问题诉求的流转机制，形成“发现问题、反馈问题、跟踪问题、解决问题”的服务流程，强化企业评价监督功能，以信息化手段倒逼问题解决。累计收集市镇两级试点企业需求问题共1051条，办结860条，办结率81.8%。企业对问题解决的满意度高，完结的问题中，企业评价为满意或以上的问题771条，占总数的94.5%。

试点企业规模效益明显增长　2017年，东莞市实施“倍增计划”，至年底试点企业总体发展态势良好，呈现出规模效益明显增长、成本费用稳步下降的发展特点。规模总量持续扩张。东莞市“倍增计划”试点企业实现主营业务收入6330亿元，比上年增长21.1%。其中，规模以上工业试点企业实现主营业务收入4514亿元，比上年增长28%，比全市规模以上工业水平高11.7个百分点。17家试点企业提前实现倍增，主营业务收入平均增长率141.6%。企业效益明显增长。全年全市“倍增计划”试点企业完成税收147.1亿元，比上年增长29.6%，比全市税收增速高13个百分点。其中，规模以上工业试点企业实现税收114亿元，比上年增长30.1%，比同期自身工业增速高14.1个百分点；实现利润245亿元，利润倍增的有38家，占企业总数的19.5%。17家企业提前实现倍增的试点企业税收年均增长率231.1%，户均缴税超过1.7亿元，高于试点企业平均水平两倍以上。成本费用稳步下降。全年全市规模以上工业试点企业每百元主营业务收入的成本费用96.85元，比上年减少0.22元，成本费用总体呈下降趋势。

试点企业通过“六大路径”实现发展　2017年，东莞市“倍增计划”试点企业通过六大路径实现倍增发展。路径一：加强科技创新。在智能制造全生态链建设战略的助推下，广东长盈、东莞华贝2家试点企业被纳入国家智能制造综合标准化与新模式应用项目，7家试点企业建成普及型智能制造示范生产线共98条，占全市建成总数的90%。试点企业获得创新券近1000张，11家试点企业成功立项市重大科技项目。路径二：强化资本运作。试点企业对接多层次资本市场。是年有7家试点企业新增上市，占全市新增上市企业总数的70%，新增“新三板”挂牌企业4家，新增直接融资近52亿元。路径三：开展并购重组。南兴装备以7亿余元对价，并购广东唯一网络科技有限公司，定制化家具生产的信息化链条。路径四：扎根总部发展。在生产性总部经济模式和总部经济集聚区模式的推动下，企业在莞建立总部、谋划发展。其中，智通人才以东莞为总部，在国内率先实现“一地需求，全国配置”的服务理念，累计为200万家次用人单位和1.2亿人次各类人才提供专业化人力资源服务。路径五：发展服务型制造。箭冠汽车等企业从单纯“制造”环节向网络化、平台化、品牌化等高附加值环节延伸，开启中国汽车配件行业O2O先河。路径六：实现产业链整合。超盈纺织等企业通过跨区域产业链整合，成为全球化纤织物制造龙头，向产业价值链高端跃升。试点企业借助涵盖倍增六大路径领域的专业服务资源池，由102个专业服务机构为其进行诊断把脉，找准合适路径实现倍增。（经信局）

2017年11月28日，第三届广东国际机器人及智能装备博览会开幕　（市经信局供图）

广深科技创新走廊（东莞段）建设

2017年5月，广东省第十二次党代会提出，要完善区域协同创新体制机制，打造广深科技创新走廊，推动重大科技平台和基础设施共享，促进人才、技术、资金、信息等创新要素自由流动、深度融合。9月省委、省政府印发《广深科技创新走廊规划》，作为指导广深科技创新走廊建设和发展的纲领性文件。10月，东莞市委、市政府召开推进广深科技创新走廊建设工作动员暨系列重大科技创新项目及规划会议，成立东莞市推进广深科技创新走廊建设工作领导小组，推动广深科技创新走廊（东莞段）建设。

发展定位 东莞市明确打造全球具有影响力的先进制造业基地、国家级的粤港澳台创新创业基地和华南科技成果转化中心的定位，积极推动东莞的创新发展从科技支撑产业向科技引领产业转变，从分散式创新向协同式全域创新转变，从服务自身发展为主向支撑国家重大战略需求转变，向创新型一线城市挺进。

主要措施 东莞以“双核驱动、三带联动、多点引爆”作为主线，通过营造创新氛围、建设创新节点、培育创新龙头企业、完善创新基础设施的“四创新”，推动广深科技创新走廊（东莞段）建设。率先启动。2017年10月，东莞召开推进广深科技创新走廊建设工作动员暨系列重大科技创新项目及规划发布会议，集中签约广深科技创新走廊重大项目、大科学装置及院士专家项目、广深科技创新走廊多节点项目等4批17个重大项目，拉开东莞新一轮创新驱动发展序幕。优先部署。2017年12月底，东莞召开全面深化改革加快实施创新驱动发展战略领导小组工作会议，将走廊建设工作列为市委、市政府重点工作任务，认真贯彻落实省委、省政府各项部署要求，全力加快推进广深科技创新走廊的建设。规划先行。根据省的整体部署，东莞编制《广深科技创新走廊东莞段空间规划》，明确“一廊两核三带多节点”创新发展空间格局，“一廊”即广深科技创新走廊，“两核”是谋划建设滨海湾新区创新核心、强化松山湖高新区创新引领作用，“三带”是沿广深高速和沿江高速、莞深高速、广深铁路以交通干道组织串联创新活动，“多节点”是在中子科学城、长安科技商务区、东莞生态园等9个省级创新节点的基础上，新增32个市级创新节点，充分发挥镇街（园区）主动性，“多点引爆”促进创新资源落地生根。

重点工作 打造“两核”。东莞集中力量加快松山湖高新区和滨海湾新区两大核心平台建设，实施松山湖1+6园区统筹组团战略，提升松山湖产业承载能力、放大辐射效应；按照“一规统领、多规融合”的综合性发展规划要求，高质量打造滨海湾新区，积极整合广深、港澳等地创新资源，努力形成创新技术转化的主战场，构筑粤港澳大湾区协同创新高地。推进“三带”。全力推进广深高速、莞深高速、广深铁路东莞段三大创新带建设。市主要领导牵头对广深高速创新带进行深入密切调研，从“环境品质提升、城市更新、重大项目建设、创新体系建设”四个维度，制定实施方案、率先启动广深高速创新带建设；计划总投资290亿元推动广深高速沿线“三旧”连片改造，为科技创新项目提供品质化、特色化的产业和配套空间；计划总投资60亿元推进高速公路、沿线滨水环境、道路绿色、跨线桥等十大建设内容。谋划发展“多点”。制定创新节点规划建设指引，加快推进创新节点专题专项规划编制调整，积极谋划中子科学城、水乡新城等9个省级节点和多个市级节点建设；细化各个创新节点的发展定位，强化创新节点的开发建设，加快拓展科技创新空间载体承载能力；鼓励沿线镇街优势互补、利益共享，加大科技创新项目引进和培育力度，形成全域建设、点面结合、重点突出的良好局面。搭建管理“项目库”。起草走廊创新项目库管理办法，力争通过项目动态管理，将类别众多且分散的科技项目有效梳理、规整分类，形成项目认定标准统一、管理工作规范、推进措施有力的管理机制，强化政策引导、加大服务力度、激发创新主体积极性创造性，推动走廊建设落地有声。抓牢“创新主力军”。发挥现有基础优势，加快省实验室、大科学装置等建设，逐步形成重大科学基础设施群，实现创新资源的有效集聚，为走廊建设提供战略支撑。抓好创新主体培育，实施高新技术企业“树标提质”行动计划和“攀登计划”，推动规模以上工业企业设立研发机构，加快攻关突破核心技术瓶颈，提升知识产权创造运用水平，积极建设广深科技创新走廊“创新基地”。完善“政策体系”。出台《东莞打造创新驱动发展升级版行动计划（2017—2020年）》，制订《东莞市核心技术攻关“攀登计划”实施方案（2017—2020年）》等“十大计划”；起草高企树标提质行动计划、通过“三旧”改造推进科技孵化器建设实施办法、科技成果双转化行动计划等系列配套政策，为走廊建设提供有力支撑。

（王少波）

开放型经济新体制构建综合试点试验

经济运行管理新模式 2017年，东莞市各类市场主体突破100万户，总量和企业数量均居广东省地级市第一，其中，累计登记新兴产业市场主体数量比上年增长45.4%。推行外商投资“宽进”改革：实施外商投资企业备案制管理，在全国率先推行“全程电子化+审批中心”工商登记模式。改革后，企业通过网上申请、快递领照，实现办事“零跑动”，审批效率提升7倍，审核时限缩短一半，2017年4月，“推动工商注册制度便利化工作及时到位、落实事中事后监管”试点经验获国务院办公厅表彰。实施港澳商事登记“银政通”服务，使港澳投资者在港澳地区也能一站式办理工商登记注册，企业登记注册便利度全国领先。构建与外商投资备案制相适应的事中事后监管体系：建成商务大数据应用服务平台，打通商务、工商、统计、外汇和口岸联检部门的企业数据通道，构筑起涵盖全市1万余家外资企业和近2万家外贸企业近4亿条的“大数据”。实行“互联网+政府服务”模式：将实体办事大厅与网上办事大厅建设实施统筹推进，实施“一门式一网式”服务改革，95%以上办理事项群众和企业到政府“最多跑一次”，50%以上行政许可事项审批时限压减50%以上。形成企业降成本长效机制：出台降低实体经济企业成本的36项政策，加大实体经济支持力度。通过降低企业税负、用地、用电等经营成本，全年为企业减负370亿元；全市规模以上工业企业利润总额比上年增长47.2%。

园区协同开放新机制 2017年，东莞市释放开放新空间、挖掘开放新潜力，推进园区统筹片区联动协调发展。建立园区统筹片区发展机制：以经济联系为纽带，将全市划分为六大片区，谋划14个重点发展先行区，在不改变行政架构和空间范围的前提下，建立片区统筹联动议事决策工作机制。推进松山湖区域园镇联动发展：依托松山湖、中子科学城等重大创新平台，推进自主创新示范区与国家可持续发展实验区、广东国家大科学中心等联动发展，将大朗象山片区与松山湖南部滨湖区统筹开发，打造区域园镇联动发展的先进示范区，启动东莞中子科学城概念规划。松山

2017年9月21~24日，2017广东21世纪海上丝绸之路国际博览会在厚街镇广东国际展览中心举行

（市商务局供图）

湖“1+6”统筹组团发展试点取得突破性进展，松山湖在全国高新区的综合实力排名从第26位上升至第23位。国际化高标准开发滨海湾新区：加快滨海湾新区建设，园区规划面积83.2平方千米，是粤港澳大湾区中为数不多的拥有规模级连片可开发土地的区域，引进步步高、紫光芯云产业城等一批高端产业项目。

对外合作贸易新优势　2017年，东莞市打造国家“一带一路”产业合作的重大平台，提升对外开放的层次和水平。构建国际经贸合作网络：按照“以我为主”的原则，在欧美、日韩、“一带一路”沿线国家和地区，主动科学布点一批驻境外经贸代表处，选派领导干部赴海外开展对接，改变被动承接国际产业转移现状。构建国际产能合作平台：加快埃塞俄比亚华坚国际轻工业城项目建设，成为当地最大出口企业，解决当地7000人就业，成为广东参与国家“一带一路”建设示范项目；推动唯美集团美国生产基地投入运行，成为中国首个赴欧美投资的陶瓷项目，打造陶瓷行业第一条全自动化生产线。构建国际经贸交流平台：承办广东21世纪海上丝绸之路国际博览会，展会面积从5万平方米扩大到10万平方米，参与国别从42个扩大到79个，国际“朋友圈”和影响力越来越大，成为落实“一带一路”战略的重要平台。2017年，展会签约项目758个，涉及签约资金2190亿元，比上届增长5.9%。展会启动广东海丝跨境商品展示交易中心项目，与多个境外商协会签订战略框架协议，致力建立全球供应链体系。构建国际贸易合作物流通道：在全国率先实现“三互”大通关、水陆一体化，在此基础上，试点实施国际贸易“单一窗口”国家标准版，推动贸易便利化改革，试点以来，货物申报量保持高位稳定增长，位居全省前列。依托“粤新欧”“粤满俄”等跨境国际铁路，形成东莞港与广东（石龙）铁路国际物流基地联合的“一带一路”铁海联运模式，打造多功能的新兴贸易物流枢纽。“粤满俄”“粤新欧”国际班列实现常态化运营，东莞始发国际班列货运量比上年增长19.2%，贸易额增长41.3%。

外贸业态体制新方式　2017年，东莞市在经济新常态下转变外贸发展方式、培育新业态新模式的发展需求，增强外贸发展质量，提高对外贸易竞争力。建立质量导向外贸促进体系：发挥东莞玩具出口占全国1/5、婴童用品出口约占全国1/7的产业优势，创建国家出口产品质量安全示范区，成为省内首个同时建成两个行业的国家级质量安全示范区的地区，牵引带动整体产品出口质量提升，全市出口玩具抽检合格率从建区前不到90%提升至95.4%，境外通报召回数量比上年下降88%。2017年6月，全国毛织产品技术性贸易措施研究评议基地（即“WTO/TBT-SPS研究评议基地”）落户东莞；外资CCC认证检测服务成功扩项，服务范围从原有玩具、儿童用品、纺织、食品行业，扩展至信息技术设备、照明电器。建立跨境电商全链条服务体系：强化跨境电商服务平台建设，以跨境电商通关监管改革为引领，推进平台构建、园区建设、项目投资、人才开发等领域的创新改革，加快跨境电商等外贸新业态的发展；2017年推动东莞国际邮件互换局投入运营，实现与全球200余个国家（地区）直接互换邮件，进出口邮件寄递时限缩短半天至2日。构建跨境电商发展生态圈，发挥东莞制造3C、服装、鞋帽、玩具等产品需求大、易配送、更新快等优势，引进一批知名企业在莞发展跨境电商，敦煌网、浩方、启盈、递四方、银盈通、阿里菜鸟等知名企业纷纷落户。2017年，全市电子商务交易额超过4202亿元，比上年增长13.5%；跨境电商进出口143亿元，增长6.8倍；东莞发出邮政国际小包8821万件，增长24.3%，总量全国第四。建立制造企业与保税物流融合发展体系：加快载体建设，清溪保税物流中心（B型）投入运营。以智能终端产业为突破，加快改革创新，试点开展智能手机保税检测维修，推动华为机器、台达电子电源等企业试点开展保税维修业务，进出口额近10亿元；开通“粤港跨境直通快线”，货物快速“直通”至香港机场，改革后，以智能手机为代表的内地制造业产品通关物流成本降低30%，物流时间降低40%。

金融服务实体经济新措施　2017年，东莞市建立新兴金融业态集聚发展机制，发挥金融服务实体经济发展作用。建立基金业集聚发展生态体系：设立50亿元产业投资母基金，带动一批总规模超170亿元的镇级引导基金相继成立，打造松山湖基金小镇等三大新兴金融集聚区，理顺股权投资基金登记注册流程。推动优质企业利用资本市场做强做优，全国股转系统挂牌企业达200家，居全省地级市首位。建立金融服务有效供给机制：安排首期5000万元的种子基金，引导民间资本投资市内注册的种子期、初创期等创业早期科技型中小微企业，投资金额944万元，引导受托管理机构投入472万元。设立普惠性科技金融信贷风险补偿资金池，支持金融机构建立小微科技企业专属贷款审批评价体系，让科技金融切实惠及小微科技型企业及各类创新主体。完善投融资对接合作机制：全方位疏通金融资金、社会资本进入实体经济的渠道。与建行广东省分行、中国人寿广东省分公司、广发银行总行、邮储银行广东省分行、广东华兴银行及广州银行等9个机构签订框架合作协议，为粤港澳大湾区建设等重点领域提供4400亿元的综合授信额度。组建民营投资集团，带动银行机构纷纷与企业合作设立并购基金，推广投贷联动融资服务模式。

港澳台产业合作新形式　2017年，东莞市借助临近广东自贸试验区的地域优势、与港澳台地区制造业深度融合的基础优势，融入粤港澳大湾区、广深港科技创新走廊建设。构建资源对接合作机制：举办“深化莞港合作　打造对外开放新支撑”交流会、“第十六届香港珠三角工商界合作交流会”等大型交流活动，促进两地经贸、科技、文化交流合作。依托松山湖粤港金融服务外包基地，打造金融外包服务的产业集聚区，推动金融服务外包、软件服务外包、电子商务服务外包等50多家企业集聚。东莞拥有港资企业6700余家，占全市比重56.4%；实际利用港资累计431亿美元，占全市比重56.4%。构建高层次人才招引培育机制：打造人才对接平台载体，举办2017年中国（东莞）国际科技合作周，实施莞港澳台“联合培优”行动计划，引进高层次人才团队、建设港澳台科技创业学院，推动港澳台创业者聚集；与台湾合作成立的松山湖（生态园）台湾高科技园和“台湾合两岸青创联盟”分别被国台办授予“海峡两岸青年创业基地”“海峡两岸青年就业创业示范点”称号。2017年12月将广东自贸区外籍高层次人才的6项出入境政策复制推广至东莞市，强化高层次人才出入境政策和制度保障。全市引进高层次人才8.5万名，每年为企业引进4万余名技术、技能或管理人才。构建自贸区改革创新经验复制推广机制：推动政策、产业、金融、平台等方面与自贸试验区全方位对接，推广上海自贸试验区经验46项，广东自贸试验区经验67项。与自贸试验区开展资源对接，推动全口径跨境融资政策的落地运用，东莞银行、东莞农商银行相继设立广州南沙自贸区分行、并申请筹备设立深圳前海、珠海横琴自贸区分行，为全市对外贸易企业争取更多融资政策红利。

加工贸易转型升级新路径　2017年，东莞市创新企业倍增发展的要素供给，推动加工贸易落地生根，向自主营销、自主品牌企业转型，增强开放型经济的根植性、自主性。改革加工贸易监管模式：在全市300余家加工贸易企业推行“企业为单元”加工贸易监管模式改革，解决原有“计划合同”加工贸易监管模式与企业市场化运作的制度矛盾。率先设立全国海关首个保税监管集中审核作业中心，加工贸易企业办理海关业务从4小时缩短至3～5分钟，超过90%的手册设立变更业务实现全程网上办结，每年为企业节约成本2.5亿元。搭建加工贸易废料网上交易平台，推动加工贸易废料交易市场化、阳光化运作，注册的加工贸易企业超过3000家，废料溢价率24.5%。实施企业规模效益“倍增计划”：围绕政策、产业、土地等方面推出20条干货措施，选取214家市级、1054家镇级试点企业，从总部经济、资本运作、兼并重组等六大路径发力，破解企业倍增发展的共性密码，“一企一策”解决企业个性难题。市级倍增企业主营业务收入超过3600亿元，比上年增长30%以上；税收超过80亿元，增长20%以上。打造智能制造全生态链：在全省率先推行智能车间、数字化工厂等智能制造模式，劲胜精密国产智能车间建设获得工信部全国推广，长盈精密、华贝电子被列入国家智能制造新模式应用项目。以智能移动终端出口企业为核心开展全链条招商引资，带动上下游配套企业400余家，以新一代信息技术、机械设备集聚的生产制造全链条。智能手机出货量3.56亿台，占全国的22%，主营收入比上年增长28%。建立企业自主品牌扶持体系：在全国首创建立外贸转型升级支援服务中心，与20余个港台生产力辅导机构合作，辅导1200余家企业成本比上年下降10%，出口上升16%，净利润增长11%。实施加工贸易创新发展45条扶持措施，鼓励和引导加工贸易企业创设、收购和引进品牌，以自主品牌拓展境内外营销网络，超过2000家加工贸易企业建立起自主品牌，品牌数超过12000个。建立企业自主营销促进机制：企业依托“中国加工贸易产品博览会”等知名展会开展品牌销售，拥有自主品牌的参展企业从最初的53%提升至70%以上，展出产品5万余种。与香港贸发局签订《“东莞制造”品牌推广五年计划合作备忘录》，引进品牌培育和运营专业服务机构，为加工贸易企业提供品牌管理咨询等服务。实施品牌抱团“走出去”机制，推动迪拜、南非等东莞商品展销中心设立，唯美陶瓷、以纯等50余家知名品牌企业进驻。（商务局）

松山湖台湾高科技园　（松山湖高新区供图）

水污染治理攻坚战推进

2017年，东莞市坚持“截污控源、工程治污、河涌整治、生态修复”的治水工作思路，突出将截污次支管网建设和内河涌污染治理作为水污染治理攻坚战两个主战场，统筹兼顾，全力攻坚，取得积极进展。

1+N治水体系落实 2017年，东莞市制订出台《东莞市水污染治理攻坚战工作方案》，明确重点推进截污次支管网建设、黑臭水体和重点内河涌治理、重点流域整治、污水处理厂改扩建及提标改造、垃圾渗滤液整治、养殖业清理、主要断面水质达标治理、工业污染管控等十项工作举措，建立健全水污染治理工程督导考核、绩效评估、清单管理、挂牌督办、台账管理、挂图作战等工作机制。市委、市政府先后6次召开大规模、高规格的治水工作会议，并召开水污染治理约谈会、镇街治污思路陈述会、镇街截污次支管网规划评审会，坚持由市委、市政府主要领导高位统筹，一线指挥，推进水污染治理攻坚战。

治水工程建设 2017年，东莞市新建截污次支管网767.81千米，是2011—2016年6年建成总数的1.5倍，新建扩建污水处理厂5家，新增污水处理能力44万吨/日，启动35座污水处理厂提标改造工程以及一批分散式污水处理设施。

河涌污染整治 2017年，东莞市纳入整治计划的75条内河涌中73条动工整治。在开展人民涌、老围河治理技术试验试点的基础上，铺开44条重污染河涌整治。茅洲河流域、石马河流域分别新建成截污次支管网43.7千米、175.9千米，分别完成新扩建污水处理厂1座（20万吨/日）、2座（共16万吨/日），茅洲河流域9条内河涌污染整治全面动工。推进列入“全国城市黑臭水体整治监管平台”督办的10条黑臭水体整治。

源头控污 2017年，东莞市加强垃圾填埋场无害化整治。35座重点整治的垃圾填埋场完成无害化整治5座，其余30座计划采取分筛处理技术进行整治，彻底消除渗漏液污染；重点流域9个垃圾填埋场配套集装箱式渗滤液处理设施，处理能力1130吨/日，基本解决垃圾渗滤液直排污染河涌问题。

非法畜禽养殖清理。全市开展非法畜禽养殖清理攻坚行动，清理养猪场602个，生猪4.52万头，家禽场136个、家禽44.75万羽，完成全市禁养区生猪非法畜禽养殖清理任务；对全市403个农贸市场、28个屠宰场进行达标排放整治。

“两高一低”及“小散乱污”整治。完成67家“两高一低”企业整治退出，削减工业废水排放167.2万吨；开展打击“小散乱污”企业偷排偷放、环保执法监管“亮剑”百日行动等专项行动，严厉打击违法排污行为。

国考、省考断面水质保障 2017年，东莞市建立考核断面水质保障联动机制和联席会议制度，制订实施7个国考、省考断面水质达标方案，坚持长短结合，实施水闸联调、生态补水、负荷减排、面源控制等“八大专项行动、十项整改措施”断面水质保障举措。全年7个国考、省考核断面水质整体有所改善，其中：淡水河角尾断面水质达到III类；石龙南、石龙北和泗盛等3个断面综合污染指数下降；樟村断面水质恶化趋势得到有力遏制并逐步改善。（张灿辉）

整治后的人民涌（长安镇供图）

城市品质三年提升计划实施

2017年7月，东莞市印发《关于城市品质三年提升计划的实施意见》，实施城市品质三年提升计划。

城市品质三年提升计划工作目标

总体目标　围绕城市品质提升的核心任务，建立城市建设项目统筹平台和实施机制，以“中心城区强化、魅力小城建设、美丽幸福村居建设、交通设施提升、市政设施完善、公共服务设施完善、城市更新、TOD（以公共交通为导向的开发）综合开发、森林公园和湿地公园建设、城市管理提升”等领域为重点，聚焦“一心两廊三区四门户多节点”重点区域，建立“三年提升计划”工作体系与统筹机制，把东莞打造成为综合承载能力强、文化内涵丰富、城市特色鲜明、宜居宜业宜游的国际制造名城、现代生态都市。

分期目标　一年形成示范：2018年6月前优先推动试点集中示范，争取在点上有所突破，形成可借鉴、可推广的经验，并逐步在全市铺开。三年全面提升：2019年年底全市城市品质提升取得显著成效，并研究启动下一个周期的城市品质提升计划，探索形成滚动机制。

聚焦重点领域

中心城区强化　全面提升中心城区在产业、交通、文化、休闲等方面的服务水平，适度提高中心城区首位度，强化中心城区的集聚发展和辐射带动能力。

强化市区核心功能品质。完善教育、医疗、体育、文化等市级公共服务设施，提升中心城区公共服务水平。加快南城国际商务区等重点单元建设，强化多元功能融合，提升中心城区生产服务和生活配套水平。推进鸿福路、东莞大道两条轴线核心地段的综合品质提升，推进鸿福路站、旗峰公园站、东城站三个轨道交通节点周边环境综合整治，重点完善慢行系统，增设公共空间，树立城市核心地区的品质标杆。

优化山水特色格局。充分发挥中心城区依山傍水的生态优势，重点提升同沙生态公园及周边地区，完善园内服务配套，谋划园城互动发展。统筹开发“三江六岸”滨水空间，加强重点区段的功能引导与规划控制，推动莞城旧城区文化场所的活力复兴，引导滨江镇（街道）功能节点的产业更新。

提升综合交通服务水平。加强中心城区交通拥堵治理，对主要拥堵点提出系统解决方案。开展市区街道品质提升“微改造”，推进核心地段交通“微循环”改造、停车设施建设和慢行系统完善。加强中心城区和各片区中心、大型交通枢纽、重大发展平台之间的快速联系，提高中心城区的辐射带动能力；构建中心城区与穗深惠等周边城市核心功能区的便捷交通，提高人才、技术等要素流通的效率。

魅力小城建设　明确全市魅力小城的总体布局、建设标准和配套政策，以示范道路和示范片区为抓手，有序推进镇（街道、园区）的魅力小城建设。

示范道路整治。积极落实省委、省政府建设广深科技创新走廊的战略部署，以广深高速东莞段沿线地区综合景观提升为抓手，对东莞段沿线地区进行综合整治，努力打造粤港澳大湾区建设的重要动脉。每个镇（街道）选择1条道路，原则上长度不小于2千米，以城镇生活性主干道、门户景观道路、商业步行街道、城市特色街道或滨水道路为主，打造安全、整洁、绿色、活力、文明的示范道路。

示范片区建设。按照产业升级、文化带动、产城融合、交通提升、城市双修等不同类型，结合建设广深科技创新走廊和松山湖国家自主创新示范区等工作，每个镇（园区）选择1个发展基础好、建设项目集中的示范片区，原则上示范片区面积为1～3平方千米，在功能、交通、环境、设施、形象等方面集中打造成片的成熟功能区，其中松山湖南部滨湖地区、水乡新城核心启动区、长安科技商务区为示范先行区。

美丽幸福村居建设　以美丽幸福村居建设为抓手，持续推进农村环境综合整治，进一步完善农村基础设施，加强基层精神文明建设，提升村（居）民的生活品质。

单个村（社区）打造。继续完成100个村（社区）的美丽幸福村居建设任务，重点围绕改善村（社区）基础设施、提升人居生态环境、强化造血功能、保护活化传统村落等内容推进工作，确保2017年年底前全面完工。

特色连片示范。启动美丽幸福村居特色连片示范建设，重点围绕优化人居环境、挖掘本土特色、弘扬传统文化、塑造人文精神等方面，全面提升特色连片示范区的生产、生活、生态质量。特色连片示范区要求面积不少于3平方千米，鼓励多村、跨镇连片建设，2017—2019年计划全市开展6个试点建设。

交通设施提升　加快推进交通基础设施，尤其是轨道交通、高快速路网的建设，形成“多层次、一体化”的综合交通体系。

轨道交通建设。轨道交通是实现城际、镇际快速联系的重要途径，也是融入粤港澳大湾区建设的有效抓手，近期重点推进赣深客专东莞段、莞惠城际、穗莞深城际、佛莞城际、城市轨道交通1号线等项目建设，以及深茂铁路、中南虎城际、城市轨道交通2号线三期、3号线一期等项目前期工作。

高快速路网建设。在现有路网基础上，进一步完善高快速路网体系，提升整体交通效率，近期重点抓好深圳外环东莞段、虎门二桥、莞番高速、环莞快速路三期、常虎高速虎门港支线二期等高快速路的动工建设。

打通断头路工程。优先打通市际道路、镇际道路、园镇联系道路、高快速路出入口连接道路、次发达镇内主要道路，近期重点推进东平东江大桥、东宝河新安大桥、金龙路、恒心路等市际项目建设以及石龙镇南岸二桥改建工程、梅沙大桥及连接线、道滘大桥重建工程等市内项目建设。

市政设施完善　考虑未来城市建设对市政设施的负荷需求，构筑合理安全高效的市政基础设施体系。

海绵城市建设。编制完成东莞市海绵城市专项规划，明确海绵城市建设的重点区域和要求；以黄沙河东城段河道整治为先行试点项目，带动黄沙河流域及其他条件可行的区域推进海绵城市建设。

地下综合管廊建设。编制完成地下综合管廊专项规划，合理划定重点建设区域，明确各类型管线入廊要求。近期以南城国际商务区为试点，整合地下空间资源，探索地下综合管廊的建设路径。

给排水系统建设。抓好供水系统、排水系统和防洪排涝系统的升级，重点推进村级水厂整合、易涝点整治等建设计划。

固废处理设施建设。筹建东莞市环保终端处置中心项目，加大垃圾处理治理力度；完成麻涌、厚街、市区环保热电厂新建、扩建工程，实现新增生活垃圾全部无害化焚烧处理；建设麻涌餐厨垃圾资源化与无害化处理项目，提升垃圾无害化处理水平。

电网改造升级。推动主、配电网升级工程，提升重点地区的供电标准，对城区片区、松山湖片区按国际化标准进行供电系统升级，启动松山湖综合能源示范运用的试点建设。

信息基础设施建设。积极推进信息基础设施建设工作，进一步提升公共Wi-Fi项目的服务能力，扩大光纤网络及4G无线通信网络覆盖的广度与深度，推动

东城街道

通信基站建设工作，研究提前布局5G无线通信网络。

公共服务设施完善　根据新型城镇化要求，进一步扩大公共服务的有效供给，逐步实现基本公共服务均等化。

教育设施建设。根据教育发展需求，制定学校建设计划，加快新建、扩建一批公办学校，提升教育设施承载力；制定《东莞市新建改建居住区配套教育设施规划建设管理办法》，规范配套教育设施的规划、建设、移交、管理等工作，优化教育设施布局，推进教育公共服务均等化。

医疗设施建设。建设区域医疗中心，遴选出5所公立医院作为区域中心医院，改善和加强设施建设；改建扩建一批镇（街道）医院，提升基础设施水平；优化社区卫生服务机构布局，加强社区卫生服务机构标准化建设，推进基本公共卫生服务均等化。

体育设施建设。完善和提升市属体育场馆的设施和功能，近期重点完善和提升市体育中心，改善市篮球中心的周边交通和配套设施，提升滨江体育公园和网球中心的文化内涵等；进一步推动社区体育公园建设，争取实现全市村（社区）体育公园全覆盖；落实省下达的足球场地建设任务；依托地区优势体育项目，积极发展体育及相关产业，探索建设运动休闲特色小镇。

文化设施建设。落实《东莞市基本公共文化服务实施标准》，推进基层综合性文化服务中心建设，新建市博物馆新馆，完善图书馆总分馆体系，推进数字文化馆总分馆体系、数字文化资源库建设。

城市更新　加快城市更新进程，提高“三旧”改造品质，健全统筹有力、审批高效的管理格局，政府、市场同向发力的动力格局，规模成片、公共优先的空间格局和产业为主、产城融合的业态格局。

推动连片改造。加强政府统筹，加快推动麻涌滨江片区、南城东华片区、长安科技商务区等连片改造项目。

推动旧工业区更新。创新旧工业区更新改造模式，加快推进东城33小镇、常平科技加速园（国际创新港）、东莞鳒鱼洲、黄江灵狮小镇等传统旧工业区的活化利用。

实施更新名录管理。全面实施城市更新，建立镇（街道）重点更新名录，次发达镇每年至少实施1个城市更新项目，其他镇（街道）每年至少实施2个城市更新项目。

TOD综合开发　充分发挥轨道交通对土地开发的引导作用，积极推进站点地区TOD综合开发，提高轨道站点周边土地开发强度和综合效益。

明确建设要求。健全加快轨道交通建设“1+N”政策体系，出台轨道站点地区TOD综合开发的规划、建设、运营文件，制定轨道交通站场周边土地综合开发（TOD）及站场综合体（TID）建设实施细则。

推进开发试点。加快虎门高铁站、东莞西站、东

（东城街道供图）

莞火车站三大轨道交通枢纽站点TOD综合开发，启动东莞东站、松山湖北站、黄江北站等TOD综合开发前期工作。

森林公园和湿地公园建设　公园内部着重完善功能，围绕停车设施、服务配套、林相质量、景观资源等短板进行提升；公园外部按照“园城互动、多元融合”原则，谋划周边土地开发利用，促进城镇空间与生态环境相融合。

森林公园建设。围绕中心城区品质提升，重点提升黄旗山城市公园与同沙生态公园，在保护生态的前提下，适度增加服务配套设施，实现生态提升和周边开发的良性互动；编制六大森林公园提升方案，率先启动银瓶山森林公园三期建设，新建一批景区综合服务区、森林博物馆、科普展示馆等游客服务项目。

湿地公园建设。继续推进华阳湖湿地公园周边环境整治工程，新建银瓶湖湿地公园、同沙湿地公园等11处湿地公园；推动规划建设以水质改善为主要目的，兼顾城市景观的袁山贝等4个河涌湿地公园。

城市管理提升　坚持建管并重原则，全面提升城市精细化、网格化管理水平，整治“两违”。

精细化管理工程。结合“智网工程”“数字城管”等信息系统，开展市、镇、村三级指挥调度中心（工作站）建设，全方位提升精细化管理水平。重点从市政、环卫、道路、绿化、广告牌、共享单车等方面建设中心城区精细化管理示范提升工程。继续推进东莞植物园的建设，加快第16届亚洲马拉松锦标赛42千米比赛线路沿线的整治提升。

推进“两违”整治。严控新增违法用地和违法建筑，制定历史“两违”分类处理办法与整治计划，逐步消化存量“两违”。

聚焦重点区域

“一心”　指中心城区，是城市品质提升的核心区域。实施强心战略，以城市轨道2号线、鸿福路—八一路—松山湖大道两大城市发展轴线为统领，以沿线若干重要城市功能区的提升为抓手，不断强化中心城区的综合环境质量和服务水平，实现适度提高首位度的目标。

“两廊”　指东莞沿广深高速和新城大道—生态园大道两条区域创新走廊。在城市建设中，通过有效机制促进科技资源和项目向两条区域创新走廊集聚，近期重点推进广深高速东莞段沿线景观整治，并在“两廊”沿线建设若干精品片区，强化“两廊”对东莞创新发展的支撑作用。

“三区”　指松山湖（生态园）、滨海湾新区和水乡新城，是市委、市政府明确的重大战略发展平台，也是未来城市开发的主战场。通过城市更新、TOD综合开发等途径，进一步完善片区基础设施和公共服务体系，突出实施创新驱动发展战略，加快培育城市战略新高地，打造东莞未来发展的增长极。

“四门户”　指东莞火车站、虎门高铁站、东莞西站以及松山湖北站4座轨道交通枢纽站，属于进入东莞的“第一印象区”。近期重点完善站场设施，提升交通枢纽功能，整治站点周边环境，提升东莞城市形象。

“多节点”　指重要的对外联系站点、各镇（街道、园区）近期重点打造的连片示范区等功能节点。结合各片区的产业特色、环境特色以及文化特色，调动镇（街道、园区）的积极性，集中资源打造若干特色节点，形成全市共建的工作局面。

城市品质三年提升计划开局良好

2017年，东莞市聚焦“一心两廊三区四门户多节点”，围绕中心城区强化等10个重点领域，选定启动第一批次城市建设项目582个，投资规模达1880亿元。同步实施各镇街（园区）三年提升计划。新建美丽幸福村居100个。

加快道路交通等基础设施建设。加强国铁、城际轨道项目前期研究，莞惠城轨建成通车，赣深客专东莞段开工建设；虎门高铁站、东莞西站、东莞火车站等TOD项目加快推进；从莞高速、粤晖大桥、红海大桥等项目完工通车；行政村光纤入户实现全覆盖，启动电网升级行动。提升城市精细化管理水平。出台城市精细化管理办法，查处城市“六乱”行为25万多宗，清理积存垃圾69.4万吨，增设公益广告牌近1.2万个。推进历史违建分类处理，拆除整改违建523宗、面积约61万平方米。在全省率先完成土地规划调整完善，土地规划、城市规划衔接率提至93%。启动建设用地使用权二级市场试点改革。农村土地承包经营权确权登记颁证率达93.8%，超额完成年度目标任务。新建农贸市场快检室150家、食品安全示范市场50家。市食品药品检测中心投入使用。

积极融入粤港澳大湾区规划建设。规划8条地铁线路对接广州、深圳、惠州。扎实推进深莞惠3+2经济圈建设。签订深化穗莞战略合作框架协议，加强在规划、产业等八个领域合作。

全力以赴做好全国文明城市迎检复评。深入实施“四大提升工程”和“十大专项行动”，推进85项重点任务。启动“九个一百”文明示范工作建设，建成文明示范项目930个。推进友善之城、好人之城、志愿之城、希望之城建设。讲好东莞故事，传播城市魅力。（编辑部）

园区统筹组团发展战略实施

2017年4月，东莞市印发《关于推进园区统筹组团发展战略的实施意见》，推进园区统筹组团发展战略的部署，推动在更高起点上实现更高水平发展，率先迈上基本实现社会主义现代化新征程。

园区统筹组团发展重大意义

推进园区统筹组团发展，是东莞破解发展体制障碍的必由之路，是东莞把握发展历史机遇的必然选择，是东莞增创转型发展优势的关键所在，是东莞在更高起点上实现更高水平发展、率先迈上基本实现社会主义现代化新征程的重大战略。改革开放以来，东莞市实施市直管镇（街道）和镇村主导开发建设为主的模式，以高效的行政效率和充分调动基层发展的积极性，取得巨大的发展成就。但是，随着内外环境的深刻变化和发展阶段的转换，分散发展模式越发难以适应新形势发展，所带来的问题和短板也越发突出，亟须通过园区统筹组团发展，以更高的格局融入国家和省重大发展战略，以更强的统筹优化资源配置和破解空间碎片化问题，以更优的成效推动全市走出一条效益挖潜、内涵提升的集约发展新路。

调整优化片区划分

将全市划分为六大片区，并谋划14 个重点发展先行区。同时，可根据条件选择原来确定的产城融合示范区作为重点发展的“引爆点”。

城区片区　范围：包括莞城街道、东城街道、万江街道、南城街道、石碣镇、高埗镇。做大做强中心城区，打造中心城区“三江六岸”水文章，建设现代城市滨水岸线、现代综合服务中心和南城CBD 中央商务区。

先行区：东江滨水区，沿东江南支流、东莞水道、汾溪河，打造中心城区“三江六岸”的水文章，提升中心城区整体形象；南城国际商务区，发挥城际轨道和区域经济辐射的优势，重点发展总部经济、金融服务、科技服务、现代商务等高端服务业，建设“功能复合、立体便捷、低碳宜人”的东莞智慧型商务社区，是东莞中央商务区的核心区。

松山湖片区　范围：包括松山湖高新技术产业开发区（东莞生态产业园区）〔以下简称松山湖（生态园）〕、石龙镇、寮步镇、大岭山镇、大朗镇、石排镇、茶山镇。发挥松山湖自主创新示范区的创新引领作用，构建“1+6”的区域科技产业创新中心。

先行区：松山湖（生态园），国家自主创新示范区，集聚国内外创新资源，形成全市强大的“创新引擎”；中子科学城，依托散裂中子源与华为终端总部，加强国际国内先进创新资源的对接合作，建设中子科学城；东莞火车站地区，依托东莞火车站以及赣深—广汕联络线站点，主动融入中心城区与自主创新示范区，打造东莞中心组团北门户。

滨海片区　范围：包括滨海湾新区、东莞港、长安镇、沙田镇、虎门镇、厚街镇。全面对接深圳大空港、前海和广州南沙，积极融入粤港澳大湾区发展战略，对接“一带一路”国家战略，增强区位发展优势。

先行区：滨海湾新区，推动申报国家和省的重要发展战略平台，辐射带动滨海片区发展，加快滩涂填土、围填海和近期重点项目的开发建设，调整提升东莞港沙角港区的定位；威远岛依托优越的区位优势、丰富的海岸资源以及独特的近代历史，打造海洋生物医药和海洋环保产业及华南地区近代史文化旅游高地；东莞港沙田港区，推动综合保税区建设，打造现代物流、精细化工、粮油贸易及精细加工、精密制造等临港核心产业链，做强港口业务，服务带动后方腹地产业发展；虎门北站地区，依托虎门高铁站的辐射，带动周边地区的城市更新，形成联系广深、展现城市形象的重要节点。

水乡新城片区　范围：包括麻涌镇、中堂镇、望牛墩镇、洪梅镇、道滘镇，是东莞水乡特色发展经济区的核心5 镇。集中力量加快水乡新城建设，做精水乡新兴产业和轻柔产业，加强与广州和深圳的对接，加快推进水乡产业转型升级和城市升级。

先行区：水乡新城，依托望洪枢纽站，打造成为整个水乡地区的综合服务中心、区域性的交通枢纽和穗莞合作的重要平台。

东部产业园片区　范围：包括常平镇、黄江镇、谢岗镇（广东东莞粤海银瓶合作创新区）、桥头镇、横沥镇、东坑镇、企石镇。激活东部产业园片区承接深圳辐射通道，广东东莞粤海银瓶合作创新区与常平镇形成产城互补关系，并加强与惠州潼湖生态智慧区的对接，加快东部发展。

先行区：广东东莞粤海银瓶合作创新区，加强与深圳"东进战略"和惠州潼湖生态智慧区的对接合作，重点发展高端装备制造产业、战略性新兴产业和生态旅游业；原东部工业园，重新整合园区土地，统一招商引资，统筹开发利益分享机制，与松山湖国家高新技术产业开发区、广东东莞粤海银瓶合作创新区形成互动发展，打造成为东莞东部产城融合发展示范区和新的经济增长极。

东南临深片区　范围：包括塘厦镇、樟木头镇、凤岗镇、清溪镇。

发挥生态资源优势，对接深圳"东进战略"，承接深圳创新资源和现代产业外溢，做强先进制造和新兴产业集群。

先行区：赣深高铁塘厦站地区，依托赣深高铁，带动城市更新，提升开发品质，打造综合服务节点。

片区中心　科学确定片区中心，发挥龙头作用，承接牵头统筹谋划片区发展、协调片区内各镇和各市直部门直属分局工作等职责。设有园区管委会的松山湖片区、水乡新城片区、滨海片区以园区为片区中心，其中滨海片区以滨海湾新区为中心；没有园区管委会的片区确定一个核心镇作为片区中心，其中：东南临深片区以塘厦镇为中心，东部产业园片区以常平镇为中心。

园区统筹组团发展机制建立健全

突出统筹重点　围绕园区统筹组团发展的战略目标，统筹片区内园区和各镇（街道）涉及经济发展的规划融合、土地开发规划、招商共享、交通基础设施、环境治理以及城市公共服务布局等重点领域，优化资源配置，提高发展水平。通过对片区内各园区和镇（街道）的重大规划、重大项目、重大平台、重点布局的统筹，整合片区资源，优化片区发展环境，提高整体竞争力，促进片区加快发展。

强化协同联动　坚持以"共谋"达成"共识"，以"共识"推进"共建"，以"共建"促进"共管"，以"共管"实现"共享"。

通过建立片区内园区与各镇（街道）统筹联动的工作机制，促进片区的统筹发展。各园区、镇（街道）围绕片区统筹发展的共同目标，加强片区内的联动互动，对片区涉及发展重大问题和跨镇（街道）的事项，加强沟通协调和联动合作，增强工作一致性，形成强大合力。

优化议事决策　建立园区统筹组团发展议事决策工作机制，由挂片市委常委担任总召集人，片区内园区主要领导（党工委书记、管委会主任、党工委副书记）、各镇（街道）主要领导（党委书记、镇长、街道办事处主任）以及镇（街道、园区）相关分管领导为成员，定期召开联席会议，共同商议和研究决策片区组团发展有关规划融合、土地开发规划、招商共享、重大项目落地、环境提升、公共服务布局等重大事宜，力争沟通达成一致，推动共同发展。联席会议可由总召集人委托片区中心（园区或核心镇）主要领导召开。

市直部门扩大事权下放范围和行政审批服务前移

通过创新行政管理体制，推进市直部门扩大事权下放范围和行政审批服务前移，建立片区跨部门工作协调机制，理顺市、园区、镇（街道）条块关系和业务运作流程，进一步简政放权、优化服务、提高效能，激发体制机制活力，促进片区实现集约高效、更快更高水平发展。

推进市直部门扩大事权下放范围　推进市直部门扩大事权下放范围，将原简政强镇事权改革下放到全市13 个中心镇的全部事权（即县级管理权限），扩大下放到全市所有镇（街道、园区）。通过充分放权，扩大镇（街道、园区）的审批权限，增强片区各镇（街道、园区）发展积极性和能动性，提高片区行政审批效能。

推进市直部门行政审批服务前移　统筹领域对应的市直部门通过在片区（城区片区除外）设置直属分局的方式，将市直审批服务平台前移，根据片区的发展需要和承接能力，将市直部门承担的全部或绝大部分市级行政审批服务事项前移给片区直属分局直接审批。片区直属分局以市直部门的名义行使相关行政职权，并直接对市直部门负责。凡前移至片区直属分局的审批事项，不再到市局机关流转审批。市直部门要加强对片区直属分局业务指导和培训。

片区直属分局的机构设置，对在基层未设置派出分局的部门，在市直部门撤销一个内设机构在片区中心新设一个直属分局，或直接在片区中心增设直属分局，作为市局的派出机构；对在基层设置派出分局的部门，通过在片区中心对应派出机构加挂牌子的方式，组建片区直属分局。片区直属分局局长集行政职务和党内职务于一身，行政职务由市直部门商片区中心（园区或核心镇）党委（党工委）达成一致意见后任命，党内职务由片区中心（园区或核心镇）党委（党工委）按干部管理权限任命。直属分局其他的人、财、物等事务管理，新设立片区直属分局的，由对应市直部门管理；在原设立派出机构加挂牌子的，维持现有的管理体制不变，即下放的归片区中心（园区或核心镇）管理，未下放的由对应市直部门管理。

片区直属分局所需人员编制，原则上从对应的市直部门、片区各镇（街道、园区）、市内其他有空编的单位调剂，以及从东莞市编制总额中调节分配解决。

片区直属分局实行双重领导管理体制，原则上业务工作对市直部门负责，接受市直部门的领导；日常管理接受片区中心（园区或核心镇）的领导和管理协调，参加片区中心（园区或核心镇）组织的各类会议、学习、培训等活动。

建立片区跨部门工作协调机制 推进建立片区跨部门工作协调机制，赋予片区中心（园区或核心镇）主要领导直接协调片区内市直各分局的权力以及协调市直相关局的权力。

建立片区跨部门协调联席会议制度，由片区中心（园区或核心镇）主要领导任召集人，片区内其他各镇主要领导或分管领导、片区直属分局主要领导为成员，根据工作需要可请其他市直部门领导参加，主要协调片区内涉及跨市直部门的工作事项。在协调过程中，片区直属分局应充分听取对应市直部门的意见，片区直属分局的意见代表对应市直部门的意见。经联席会议协调达成一致的事项，片区中心（园区或核心镇）主要领导可签给市分管领导直接进入相关审批程序，提高决策效率。

实施园区统筹组团发展战略
提升区域协调发展水平

2017年，东莞市加大统筹发展力度。在不改变行政架构和空间范围的前提下，将全市划分为6大片区，谋划14个重点发展先行区，增强片区发展合力。松山湖片区“1+6”统筹组团发展试点取得突破性进展，松山湖在全国高新区的综合实力排名上升至23位。统筹滨海湾新区与东莞港建设，经省政府批准升格为省级开发区，设立管委会并将滨海湾新区面积扩容至83.2平方公里，成为粤港澳大湾区城市群发展规划重大发展平台。规划编制、项目填海、企业搬迁、理顺机制等工作加快推进。水乡经济区科学谋划新城与片区发展定位，启动水乡新城建设，片区生产总值增长9.3%，快于全市1.1个百分点。扶持次发达镇村发展。设立三年30亿元的专项资金，建立市直部门共同帮扶、重大事项议事协调等机制，推动次发达镇加快发展。8个次发达镇生产总值平均增长10.2%，快于全市2个百分点。70个次发达村（社区）村组两级经营纯收入增长14.5%，快于全市5.5个百分点。

（编辑部）

松山湖高新区　　（汤智民　摄）

次发达镇加快发展步伐

2017年，东莞市为缩小镇与镇之间发展差距，市委、市政府在深入调研的基础上，将洪梅、望牛墩、企石、谢岗、石排、道滘、中堂、东坑8个发展相对滞后的次发达镇列为扶持对象，以提升内生发展动力为立足点，推出产业发展专项资金、共同帮扶机制、产业项目共建等系列对策措施，推动次发达镇发展早日跃上新台阶。

搭建次发达镇村均衡协调发展政策体系　2017年，东莞市出台《关于加大统筹发展力度推动次发达镇、村（社区）加快发展的意见》，从扶持次发达镇加快发展、镇村统筹联动发展、扶持次发达村（社区）发展三大方面搭建起市推进均衡协调发展的政策体系。提出“两年一大步、四年大跨越”的发展总体目标，力争到2018年50%以上次发达镇GDP突破100亿元，到2020年100%次发达镇GDP突破100亿元。支持次发达镇加快发展工作方案，形成市委农办统筹，财政、发改、经信、商务、国土等部门具体负责的工作机制。强化督查考核，将“支持次发达镇加快发展”列入市委2017年重点工作进行专题督查考评。

扶持产业发展专项资金设立　从2017年起连续3年，由东莞市财政与全市参与税收分成规模前10名镇街和松山湖（生态园）按照6：4的比例共同出资，设立每年10亿元扶持次发达镇产业发展资金池。

严格资金项目审查程序。资金项目先由资金池项目评审专家组成进行集中评审，然后交由市分管领导担任总召集人、有关职能部门为成员单位的资金池管理联席会议集中审议，最后提交市政府常务会议审定。

又好又快拨付资金。2017年6月首批10亿元扶持次发达镇产业发展专项资金拨付到镇，对47个项目进行扶持。预计这些项目可撬动130亿元投资，建成后将成为次发达镇重要的增长引擎。

产业项目共引共建　2017年，东莞市次发达镇加快发展关键在产业项目。安排具有职能优势的经信、商务两部门每年协助次发达镇引进1～2个优质项目。

招商引资上倾斜。将优质项目和企业优先引荐至次发达镇，定期组织次发达镇开展登门招商。全年开展6次招商推介，市经信和商务部门共向次发达镇推荐21个对接项目。

项目引进标准倾斜。出台《东莞市招商引资重特大项目认定管理办法》，降低次发达镇引进重大项目的标准，落户次发达镇的新引进重大项目（或原有企业增资）投资总额不低于3亿元，较其他园区、镇街

道滘镇　　（道滘镇供图）

的5亿元低。

把好项目质量关。出台《东莞市招商引资重特大项目认定管理办法》，进一步明确落户次发达镇项目的单位建设用地年财政贡献不少于80万元/亩。

加快招商载体信息资源整合。建立涵盖闲置土地、厂房等资源的次发达镇招商载体信息台账，建立外资重点招商引资项目库，为有效实施精准招商提供决策依据。

共同帮扶机制建立 2017年，东莞市安排发改、国土、财政、经信、商务、科技、规划、交通等8个市职能部门结对帮扶8个次发达镇，由每个部门对口联系一个次发达镇。建立由市政府副秘书长担任召集人的帮扶次发达镇发展工作联席会议制度，协调解决帮扶工作中的重大事项。市直帮扶部门制订对口帮扶工作方案。各次发达镇在帮扶部门的指导下制订加快发展的工作方案，实行镇和部门上下联动。各帮扶部门先后开展形式多样的对接，帮助次发达镇协调解决规划、用地、交通等问题。

次发达镇优质项目承载力提高 2017年，东莞市提高次发达镇优质项目承载力。

用地指标分配倾斜。单列用地指标解决次发达镇重大项目用地需求。在预留机动用地指标分配中对次发达镇予以倾斜。通过“两减一增”为次发达镇核减耕地保有量1826.67公顷、核减基本农田1993.33公顷、新增建设用地规模506.67公顷。

推进“三旧”改造和“多规融合”。制订“三旧”改造项目实施计划，支持次发达镇统筹开发不少于1个“三旧”改造项目。实施次发达镇“多规融合”工作，释放存量用地空间。

实施“三旧”改造收益分配倾斜。出台“三旧”改造地价计收和分配办法，对改造地的地价款分配，次发达镇按市、镇、集体2：4：4的比例分配收益，高于非次发达镇（街道）3：3：4的标准，最大限度让利于次发达镇。

次发达镇各项经济指标数据呈现良好增长态势 2017年，东莞市次发达镇各项经济指标数据呈现良好增长态势。

主要经济指标增速加快。8个次发达镇实现生产总值724.48亿元，比上年增长10.6%，高出全市平均水平2.5个百分点。生产总值增速超过10%的次发达镇有7个；固定资产投资总额180.7亿元，比上年增长17.8%，高出全市平均水平7.8个百分点；税收总额117.24亿元，增长23%，高出全市平均增速6.4个百分点；人民币存款、贷款增长分别达到12.1%和11.7%，增幅大幅领先全市平均水平。

工业生产增长平稳。8个次发达镇规模以上工业增加值增长12.7%，快于全市2.7个百分点。次发达镇先进制造业、高技术制造业分别比上年增长15.0%、23.7%，占规模以上工业增加值比重分别达34.7%、30.9%。民营工业加速发展。次发达镇民营规上工业完成增加值增长13.8%，比上年增速高5.3个百分点。

项目建设和招引力度加大。8个次发达镇完成重大项目投资46.8亿元，比上年增长21.4%；引进内资项目344个，增长10.6%；其中新引进亿元以上大项目45个，增长136.8%；新引进5亿元以上重大产业项目16个，增长1.67倍。外资方面，东坑镇实际利用外资增速在全市排名第一，道滘镇合同利用外资增速全市排名第五。

（市委农办）

石排镇城市广场　（石排镇供图）

争当排头兵

FIGHT FOR THE LEAD

南城街道商业圈　（南城街道供图）

编辑：姚少华

世界之最

【世界第一跨径钢箱梁悬索桥】 2017年9月27日，《南方都市报》A06版刊发《虎门二桥主缆用上"中国芯"》，《广州日报》09版刊发《世界第一跨径钢箱梁悬索桥主缆索股跨越珠江　虎门二桥主缆用"中国芯"》，报道称：世界第一跨径钢箱梁悬索桥主缆索股在虎门二桥跨越珠江，这是中国制造的1960兆帕钢丝首次大规模应用于桥梁建设。

【世界杯官方授权金杯唯一供货商】 2017年9月28日，《香港商报》A22版刊发《东莞伟光连续三年杀入"世界杯"》，报道称：2018FIFA俄罗斯世界杯足球赛授权商品新品首发会在东莞举行，东莞企业伟光集团继2010年、2014年之后，第三次获得世界杯官方授权金杯唯一供货商（欧洲地区除外）以及中国唯一礼品授权公司（毛绒玩具除外），连续三次获得世界杯官方授权。

【全球速度最快的小型六轴工业机器人】 2017年10月10日，《南方日报》DC01版刊发《松山湖发布全球速度最快的小型六轴工业机器人》，报道称：位于松山湖的广东天机机器人有限公司联手安川电机，对外推出全球速度最快的小型六轴工业机器人TR8。

全国之最

【全国首个安全无线城市】 2017年1月11日，新华网刊发《东莞：全国首个安全无线城市投入运行》，《经济参考报》06版刊发《智慧城市建设现"东莞模式"全国首个安全无线城市投入运行》。报道称：日前，负责"智慧东莞"项目的东莞智慧投

2017年6月16日，虎门二桥控制性工程坭洲水道桥进入上部构造主体工程施工 （杨泽彬 摄）

资建设运营有限公司宣布，经过历时十个月的建设，东莞建成并开通上线2.68万个AP（无线访问接入点），免费Wi-Fi——“无线东莞DG-FREE”覆盖到全市338个场所，标志着国内建成首个安全无线城市。

【国内首个由高等美术学府与地方政府共建的新型研发机构——东莞广州美院文化创意研究院】 2017年1月20日，《南方日报》A17版刊发《乡愁可以如此链接：艺术+科技转变——东莞城市记忆的“打开方式”》，报道称：2015年，东莞市政府与广州美术学院签订合作协议，共建东莞广州美院文化创意研究院。这是国内首个由高等美术学府与地方政府共建的新型研发机构。近期举行的“d+东莞广州美院文化创意研究院协同创新项目成果展”上，18个协同创新项目近200件艺术作品同时亮相。

【广东省首个同时成功创建两个国家级质量安全示范区的城市】 2017年1月20日，《南方日报》A18版刊发《东莞加快构建开放型经济新体制综合试点试验——企业从改革中获益明显》，报道称：2016年5月东莞市被国家列入“构建开放型经济新体制综合试点试验”城市之后，东莞在经济管理服务制度改革、建设质量导向外贸促进体系、贸易便利化流程再造等方面取得多项成果。其中开办企业便利程度位居广东第二，出口玩具和婴童用品质量安全示范区通过国家级质量安全示范区考核验收，成为广东省首个同时成功创建两个国家级质量安全示范区的城市。

【中国最具竞争力会展城市】 2017年1月21日，《南方日报》A10版刊发《海丝博览会、加博会、境外展精彩纷呈——展会成为企业对接国际市场新利器》，报道称：每年东莞在本土举办各类展会上百场，帮助企业达成意向成交额累计数千亿元。此外，东莞还积极扶持企业参加境外各类知名展会，抢抓国际订单。2017年发布的2015年度全国城市会展业竞争力指数研究成果暨排行榜中，东莞入选“中国最具竞争力会展城市”，位居全国前列。

【春节期间全国最“空”城市】 2017年1月31日，《羊城晚报》刊发《过年人们都去哪儿了？东莞居然位居空城之首》，《广州日报》头版刊发《全球最大规模人口迁徙的春运数据显示广州是大家最愿意来过春节的城市之一——游客来过年 广州人气旺》，报道称：近日，360大数据中心基于9亿用户春运前夕至除夕的迁徙态势，发布2017年春节“空城指数”。其中，东莞有近七成的人口返乡离开，一举击败北上广深，当选春节期间最“空”的城市。东莞凭借丰富的就业机会、优渥的薪资、便利的公共设施吸引全国各地热爱生活、敢于奋斗的人来到这里打拼。

【全国最包容的城市】 2017年2月5日，《南方都市报》A02版刊发评论文章《包容与开放是珠三角保持竞争力的前提》，报道称：人口流动的增速及对外来人口的包容度是提升城市竞争力的重要因素，东莞一直保持着强劲的人口增长动力，在一份认可度颇高的《中国城市包容度排行榜》中，东莞和深圳成为最包容的两个城市。

【东莞制造OPPO成为国内手机市场单月销量第一的机型】 2017年2月21日，《新华每日电讯》头版、《南方日报》头版刊发《广东:迈向国际化“创新雨林”》，《广州日报》头版刊发《迈向国际化“创新雨林”——创新发展的广东实践》，报道称：2017年1月，来自东莞的智能手机OPPO打破由iPhone保持的纪录。OPPO最新单品月销量突破300万部，成为国内手机市场上单月销量第一的机型。

【全国首个地方性图书馆政府规章】 2016年12月13日，《东莞市公共图书馆管理办法》经东莞市人民政府常务会议审议通过，2017年3月1日起施行。《办法》明确市、镇（街）、村（社区）三级架构的公共图书馆总分馆体系，进一步强化镇（街）分馆的统筹职能。在公共图书馆建筑标准方面，《办法》要求市、镇（街）公共图书馆的建筑面积不得低于国家最低标准，公共图书馆的少年儿童阅览区域面积应当不低于全馆借阅服务区域面积的20%；市级公共图书馆要达到每千人10平方米以上的标准，镇（街）公共图书馆与村（社区）图书馆（室）合计达到每千人30平方米以上的标准。在藏书基本规模方面，要求各级公共图书馆的藏书量应高于国家制定的标准。以公共图书馆服务范围内常住人口为基数计算，全市人均图书藏书量达到1.6册以上。其中，市级公共图书馆人均图书藏书量0.6册以上，镇（街）公共图书馆与村（社区）图书馆（室）人均图书藏书量合计1册以上。该《办法》是全国首个出台的地方性图书馆政府规章。

【全国首个网络空间安全学院】 2017年3月12日，中新社刊发《东莞理工学院成立全国首个网络空间安全学院》，报道称：11日，东莞理工学院联合360企业安全集团打造的网络空间安全产业学院和网络空间安全创新研究院成立。其中，网络空间安全产业学院计划打造成全国首个网络空间安全产业学院。计划通过课程设计、培训、实训、攻防演练等完整环节，建设一整套网络安全人才培养体系，培养一批专业人才服务于安全行业。

【全国首个环保巡回检察室】 2017年3月28日，东莞市检察院派驻水乡环境保护巡回检察室与东莞市中级人民法院环境资源巡回法庭、广州海事法院巡回法庭共同举行揭牌仪式。据悉，成立环境保护巡回检察室在全国尚属首例。

【全国首家民营国家森林公园】 2017年4月12日，《南方日报》A15版刊发《东莞观音山栉风沐雨18载　创新蝶变争创行业标杆》，报道称：2017年是东莞市观音山国家森林公园成立的第十八个年头，仅2016年的入园人数就逼近百万大关。作为全国首家民营国家森林公园，观音山在建园之初就坚持文化立园战略，它不但走在东莞企业界转型升级的前列，也诠释着旅游与文化相结合的可行性。

【全国首个摩拜智慧城镇落户东莞厚街】 2017年5月11日，《南方日报》A09版刊发《全国首个摩拜智慧城镇落户东莞厚街——首批13个停放点　近期将投3000辆》，报道称：北京摩拜科技有限公司与东莞厚街镇政府举行战略合作签约仪式。双方宣布将以智慧城镇建设为引领，建设健康、绿色、智能、便捷的城镇智能公共自行车系统。这是摩拜科技有限公司在全国首次与城镇进行战略合作。

【全国智能化程度最高的保税监管场所之一】 2017年5月18日，《深圳特区报》A15版刊发《东莞清溪保税物流中心运行》，报道称：东莞市清溪保税物流中心（B型）封关运行。这是全国智能化程度最高的保税监管场所之一。

【国内最高的垂直立体型停车场】 2017年6月4日，广东卫视《广东新闻联播》栏目播出《广东：创新成为引领发展的第一动力》，报道称：东莞市清溪镇的一家自动化设备有限公司建成国内最高的垂直立体型停车场，总高三十三层，面积只有49平方米，却可以停66辆车。

【国内首个商学院产学研基地】 2017年6月29日，广东卫视《广东新闻联播》栏目播出《国内首个商学院产学研基地落户东莞》，报道称：北大汇丰智汇谷产学研基地项目在东莞市开工。该基地是国内首个以商学院为合作主体，将科研、教育、金融、创业整合起来的产学研基地，聚集有6大高校产业平台、20多家国内外知名企业、60多名院士教授等高端人才和网络安全团队。

【全国首创两地劳务协作扶贫援疆模式】 2017年7月5日，《南方都市报》A06版刊发《广东援建资金打造新型草湖镇　当地维吾尔族群众进工厂当工人，一人工资多过以往全家收入》，报道称：云南昭通和新疆兵团草湖均是东莞对口帮扶地区，前者扶贫任务重，后者劳动力紧缺。针对这一现状，东莞在全国首创两地劳务协作扶贫援疆模式，将云南昭通的富余劳动力转移到兵团草湖就业，有效对接云南和新疆两地实际需求。

【莞产工业机器人拿下金手指奖】 2017年7月20日，《南方日报》DC01版刊发《莞产工业机器人拿下金手指奖　粤港联手培育高端机器人自主品牌，科技创新引领实体经济向更高层次迈进》。报道称：位于东莞市松山湖的机器人企业——东莞市李群自动化技术有限公司入选“2016创业邦中国年度创新成长企业100强”。2017年7月，由李群自动化自主研发的Hercules系列SCARA机器人在激烈竞争中脱颖而出，拿下“2017中国机器人年度金手指最佳工业机器人奖”。

【全国首趟铁路食品快运专列“徐福记号”开出】 2017年7月27日，《深圳商报》B05版刊发《全国首趟铁路食品快运专列“徐福记号”开出》，报道称：东莞徐福记食品有限公司开通全国首趟铁路食品集装箱快运专列，探索物流新模式。此举措一年能为徐福记节省近500万元成本，有助于降低运营成本，提高核心竞争力。

【外贸发展竞争力居全国第一位】 2017年7月31日，《南方日报》A10版刊发《东莞首次名列中国外贸百强城市前三——外贸发展竞争力　全国第一位》，DC01版刊发《2016年“中国外贸百强城市”榜单发布——东莞首次进入前三》，报道称：由中国海关总署主办的《中国海关》杂志公布2016年“中国外贸百强城市”排名，东莞首次排名第三。榜单中，东莞在外贸发展竞争力方面排名第一，外贸潜力竞争力排名第八，外贸水平竞争力排名第二。

【国内首台散裂中子源超级显微镜试运行】 2017年9月7日，《南方都市报》科学新闻工作室A08—09版刊发《东莞地下18米有一台"超级显微镜"国内首台也是世界第四台散裂中子源，主体工程完工进入试运行阶段》，报道通过科普形式，大篇幅揭秘散裂中子源项目的建设，并称该项目被列入东莞市重大科学基础设施"鲲鹏计划"，东莞也争取建设同步辐射光源等大型科学装置，吸引大量的研发机构、高新技术企业落户到东莞。

【全国首个开放空间大气修复试点】 2017年10月15日，《广州日报》03版刊发"牢记总书记嘱托 百人畅谈五年创新"专题报道《智能领域 粤造粤强》，报道称：东莞市环境科学研究所负责人邓杰帆先后开发出一系列新颖、性价比高的技术、装备和材料，带领团队在茶山完成全国首个开放空间大气修复试点。

【中国最大的女鞋生产企业】 2017年10月15日，广东电视台新闻频道《权威言谈》栏目播出《我们的"梦工厂"越创越新不停步》，报道称：东莞华坚集团经多年耕耘，成为中国最大的女鞋生产企业，并将鞋业帝国拓展到非洲埃塞俄比亚，成为"一带一路"走出去的先行企业。

【中国电商最先进的机器人分拣中心】 2017年11月6日，《南方日报》A07版刊发《分拣准确率100% 中国电商最先进的机器人分拣中心就在东莞》，报道称：位于东莞市麻涌镇的京东华南智能机器人分拣中心，有300余个代号为"小黄人"的分拣机器人在1200平方米的工作台上进行取货、扫码、运输、投货，分拣效率是人工分拣的3~4倍，分拣准确率100%。该中心日均分拣量4万至5万单，小时最高产能可达1.2万件，是中国电商最先进的机器人分拣中心。

【东莞市三度蝉联"全国文明城市"】 2017年12月2日，人民网刊发《东莞：匠心普法融入城市管理 美丽市容点缀友善之城》，报道称：2017年东莞市三度蝉联"全国文明城市"，实现"四连冠"。

【东莞电网工程首次摘取"中国安装之星"】 2017年12月20日，《工人日报》02版刊发《东莞电网工程摘取"中国安装之星"》，报道称：东莞市220千伏低涌变电站工程获国字号大奖——中国安装工程优质奖（中国安装之星），为东莞电网工程首次获得该殊荣。

全省之最

【广东省高新企业减免税款最多的城市】 2017年2月20日，《香港商报》A11版刊发《莞佛减免税费助企惠民》，报道称：2016年，东莞地税减税降费128亿元，高新企业减免税款居广东省地级市第一位。

【广东省唯一拥有信托、证券总部的地级市】 2017年4月6日，《21世纪经济报道》15版刊发《寻找中国金融"新一线"城市：除了北上广深哪些城市潜力大？》，报道称：东莞依托发达的制造业和产业链，外向型经济特征明显，金融业发展与外向型经济日趋融合。东莞利用外资突出，地区的贸易融资及中小企业融资贷款占据"半壁江山"，同时也是广东省唯一拥有信托、证券总部（东莞信托、东莞证券）的地级市。

【省创新科研团队数量居全省地级市首位】 2017年5月26日，《南方日报》DC02版刊发《东莞人才总量突破130万，各类高端人才数量居全省前列——高层次人才累计达7.8万》，报道称：根据市人才办、东莞人才发展研究院日前推出《东莞市高端人才发展状况与比较优势研究》，东莞人才总量突破130万人，各类高端人才数量位于全省前列，其中高层次人才数量累计7.8万人，省创新科研团队数量一直稳居全省地级市首位。高端人才集聚成为引领东莞创新驱动和转型升级发展的强劲动力。

【东莞市政府数据开放全省第一】 2017年5月28日，《南方日报》新闻客户端"南方+"刊发《数博会发布地方政府数据开放报告：东莞市政府数据开放全省第一！》，报道称：2017中国国际大数据产业博览会发布"中国开放数林指数"——《中国地方政府数据开放平台报告（2017）》。在全国政府数据开放情况评估中，东莞市获得全省第一，全国排名第六的成绩。报告中，东莞市政府数据开放平台在元数据覆盖率、数据多批次保存等方面获得满分，在开放API接口数量、动态更新情况、机构覆盖率等方面也取得良好成绩。

京东华南智能机器人分拣中心 （麻涌镇供图）

总　述

DONGGUAN PROFILE

市中心广场　（郑琳东　摄）

编辑：施雪芬

市情综述

【境域】　东莞市位于广东省中南部，珠江口东岸，东江下游的珠江三角洲。因地处广州之东，境内盛产莞草而得名。介于东经113°31′—114°15′，北纬22°39′—23°09′。最东是清溪镇的银瓶嘴山，与惠州市惠阳区接壤；最北是中堂镇大坦乡，与广州市黄埔区和增城区、惠州市博罗县隔江为邻；最西是沙田镇西大坦西北的狮子洋中心航线，与广州市番禺区、南沙区隔海交界；最南是凤岗镇雁田水库，与深圳市宝安区相连。毗邻港澳，处于广州市至深圳市经济走廊中间。截至2017年底，西北距广州市中心区59千米，东南距深圳市中心区99千米，距香港中心区140千米。东西长70.45千米，南北宽46.8千米，全市陆地面积2460.1平方千米，海域面积82.57平方千米。

（编辑部　国土资源局　海洋渔业局）

【建置沿革】　东莞于东晋咸和六年（331年）立县，初名宝安县，隶属东官郡。唐至德二年（757年）更名东莞县，县治从芜城（今宝安南头）移至到涌（今莞城）。南宋绍兴二十二年（1152年）分东莞县的香山镇立香山县（今中山市）；明万历元年（1573年）将东莞县守御千户所、编户五十六里立新安县（今深圳市），东莞县地域随之缩小。清沿明制。民国期间，先后隶属广东省粤海道、粤中行政区、第一行政区和第四行政区。1949年10月17日，东莞县全境解放。初期隶属东江行政区管辖。1950年3月，东莞县隶属珠江专区。1952年，撤销珠江专区，东莞县隶属粤中行政区。1956年2月，撤销粤中行政区，东莞县隶属惠阳专区。1958年11月，东莞县短期隶属广州市。1959年1月，撤销惠阳专区，东莞县划归佛山专区。1963年6月，复置惠阳专区，东莞县又隶属惠阳专区。1985年9月，国务院批准撤销东莞县，设立东莞市（县级），仍属惠阳地区管辖。1988年1月7日起，国务院批复将东莞市升格为地级市，直属广东省管辖。（刘念宇）

【行政区划】 2000—2017年，东莞市行政区划主要变更有：2000年1月，附城区街道办事处更名为东城街道办事处；2001年11月，篁村区街道办事处更名为南城街道办事处；2002年11月，万江区街道办事处更名为万江街道办事处；2002年12月，撤销城区人民政府筹备组，改设莞城街道办事处。（民政局）

【地质·地貌】 东莞市地质构造上位于北东东向罗浮山断裂带南部边缘的北东向博罗大断裂南西部、东莞断凹盆地中。地势东南高、西北低。截至2017年底，地貌以丘陵台地、冲积平原为主，丘陵台地占44.5%，冲积平原占43.3%，山地占6.2%。东南部多山，尤以东部为最，山体庞大，分割强烈，集中成片，起伏较大，海拔在200—600米，坡度约30°，银瓶嘴山主峰高898.2米，是东莞市最高峰；中南部低山丘陵成片，为丘陵台地区；东北部接近东江河滨，岗地发育，陆地和河谷平原分布其中，海拔30～80米，坡度小，地势起伏和缓，为易于积水的埔田区；西北部是东江冲积而成的三角洲平原，是地势低平、水网纵横的围田区；西南部是濒临珠江口的江河冲积平原，地势平坦而低陷，是受潮汐影响较大的沙咸田地区。东莞市握东江和广州水道出海之咽喉，有海岸线长112.20千米，主航道岸线53千米，拥有深水良港——东莞港。（编辑部　海洋渔业局）

【河流】 截至2017年底，东莞市处于东江下游，96%属东江流域，东江干流自市东北部桥头镇与惠州市惠阳区、博罗县交界入境，沿北部边境西流至石龙镇石龙头分

清代东莞县图（载康熙《广州府舆图——东莞县图》）

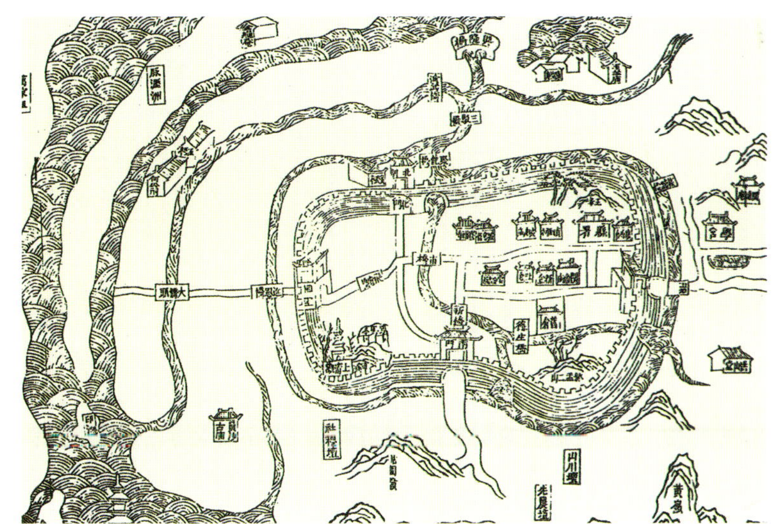

清代东莞县城图（载嘉庆《东莞县志》卷首）

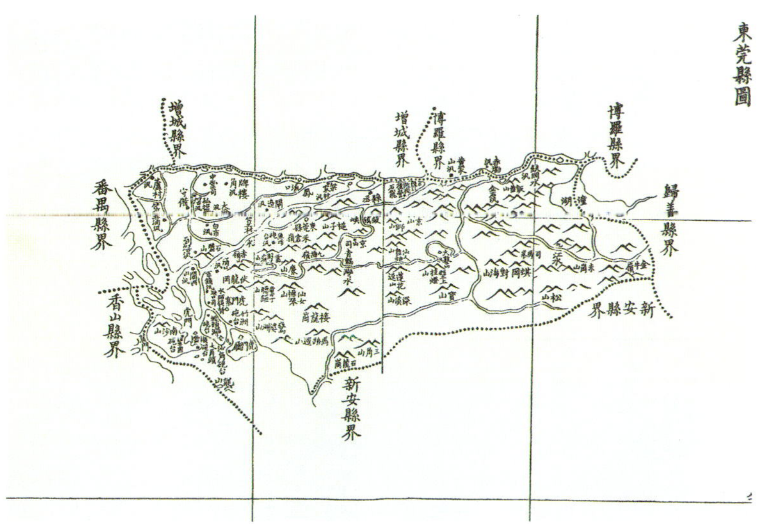

清代东莞县图（载《广州图志》卷四，同治三年刻本）

流为北干流和南支流，东江干流境内长度35千米，北干流继续西流至麻涌镇大盛口注入狮子洋，境内长度42千米；南支流由石龙头经峡口斜向西南，至沙田镇泗盛口注入狮子洋，长度39.5千米。北干流与南支流之间，形成以石龙镇为顶点的东江三角洲，总面积319.5平方千米。境内较大的河流有石马河、寒溪水及东引运河等。石马河发源于深圳市宝安区大脑壳山，北流至塘厦镇沙湖村附近入东莞境内，继续北流汇合雁田水、观澜水、契爷石水、清溪水、官仓水等水系，至桥头镇新开河口注入东江，境内长度64千米。寒溪河源于市中南部大屏障山至观音髻，北流有仁和水、梅塘水、松木山水、东坑水、寮步水、黄沙河水等水系汇入，至峡口注入东江南支流，主流河道长59千米。东引运河于1970年建成，以原有的东莞运河和沙田引淡渠为基础，上延下伸连接而成，在峡口处连接寒溪水，于仁和水上游横沥、石排镇地段开凿人工河抵企石与旧石马河连接，沿河经15个镇（街道），最后在独墩汇入茅洲河，全长102千米。（水务局）

【海洋】 截至2017年底，东莞市海域集中分布于狮子洋、伶仃洋东北部，海域面积82.57平方千米，海岸线长112.20千米，拥有海岸线的有中堂、麻涌、洪梅、道滘、厚街、沙田、虎门和长安等8个镇。有威远岛、泥洲岛、木棉山岛、涌口沙、虾缯排等5个海岛，海岛岸线长34.67千米，海岛面积25.86平方千米。沿海滩涂负1米以内潮间带2057公顷，-3.5米以内潮间带3697公顷。东莞市的海岸线紧靠狮子洋、伶仃洋的深槽，深水岸线资源突出，境内拥有虎门水道和川鼻水道，且岸线内侧陆域土地较为平坦宽广，建港资源优越，建国家一类口岸——东莞港。东莞市地处南亚热带浅海区，水域生境多样，生物区系复杂，是多种经济鱼、虾、藻类的繁育场，有鱼类88种、贝类18种、甲壳类21种。浮游植物有硅藻、甲藻、蓝藻等3门247种，其中硅藻占优势。平均生物数8.32万个/升、生物量0.17毫克/升。浮游动物有10个种群29属63种，生物量变幅在0.20~0.24毫克/升，平均0.22毫克/升。海域潮间带底栖动物有环节动物、软体动物、甲壳动物和鱼类等四大类32种。东莞市海域属伶仃洋经济鱼类繁育场保护区。东莞市滨海旅游资源特色明显，以历史名胜古迹等人文旅游资源为主，有鸦片战争遗迹纪念地、海战博物馆。东莞市港口资源丰富，狮子洋、伶仃洋的深槽紧靠东莞市的海岸线，麻涌镇的新沙，沙田镇的鳓沙、泥洲岛、西大坦，虎门镇的威远岛、沙角等拥有深水岸线和深槽通过的海域，是建设深水港区的良址，且深水岸线内侧的陆域土地多平坦宽广，又处在东江入海河口区，淡水资源条件好，陆域水、土资源组合优势明显。截至2017年底，全市海域水质均劣于第四类海水水质标准，海水中主要污染物为无机氮、活性磷酸盐，未发生较大海洋环境污染事故，未发生赤潮和咸潮。

（海洋渔业局）

【植被】 东莞市在历史上是森林茂密的地区，地带性森林植被类型为南亚季风常绿阔叶林，组成种类多样而富于热带性，由于人口激增，历代砍伐，使东莞原生性森林大幅减少，主要由壳斗科、樟科、山茶科、大戟科、桃金娘科、杜英科、山矾科、梧桐科等种类组成，其中大多数是热带亚热带分布种，较常见的有樟树、阴香、铁冬青、华润楠、浙江润楠、假柿树、银柴、土蜜树、鸭脚木、蒲桃等。东莞市主要植被分为：常绿针叶林，林下植被常见有桃金娘、椭圆叶豺皮樟、岗松、芒萁、纤毛鸭嘴草、乌毛蕨、鹧鸪草、蜈蚣草等；针阔叶混交林，林下植被主要有野漆、椭圆叶豺皮樟、三桠苦、山乌桕、鬼灯笼和乌毛蕨、芒箕等；典型常绿阔叶林，常见种类红花荷、蕈树、黄樟、黄杞、青冈栎、网脉山龙眼等；季风常绿阔叶林，常见种类鸭脚木、乌榄、樟树等；常绿灌丛，常见种类鸭脚木、银柴、鼠刺、豺皮樟、九节、梅叶冬青、桃金娘等。其中山地、丘陵及未经开垦的岗地现状植被以人工林和次生林群落占优势，林下以灌木、蕨类植物或草本为主，沟谷等较为阴湿的山地多见攀缠植物。现状植被反映出由热带向亚热带过渡而热带性较强的特征，与南亚热带气候特点相适应。（林业局）

【气候】 东莞市属于亚热带季风气候，长夏无冬，光照充足，热量丰富，气候温暖，温度变幅小，雨量充沛，干湿季明显。2017年，东莞天气气候主要特点是：年总降水量为1769.4毫米，比常年平均值1831.7毫米略偏少3.4%，属正常年份；年平均气温为23.2℃，比常年平均值偏高0.6℃；年日照时数为1883小时，比常年平均值略偏少0.3%，属正常年份。年内降水分布不均匀，月降水极端化明显：有6个月降水量偏少20%以上，4个月降水量偏多。4月12日开汛，10月18日汛期结束，均比常年偏晚；汛期总降水量1568.8毫米，比常年平均值略偏多5.7%。年平均气温偏高，各月气温波动较大：全年高温（≥35℃）日数19天，为近10年来最多；年内日极端最高气温为37.9℃，为近10年来最高，无低温（≤5℃）天气出现。（气象局）

【矿产资源】 东莞市矿产种类少，矿产地不多，金属矿产十分短缺；非金属矿产中建筑用花岗岩、盐矿、芒硝较为丰富；矿泉水水质良好，具备一定储量，有较好的开发潜力。截至2017年底，发现矿产24种，矿产地（含矿点，下同）73处，其中能源矿产2种，矿产地5处；金属矿产8种，矿产地32处；非金属矿产13种，矿产地24处；水气矿产1种，矿产地12处。查明资源储量的矿产16种，勘查程度满足工业开采的矿种有盐矿、芒硝、建筑用花岗岩、矿泉水等。其中盐矿累计查明资源储量5907万吨，芒硝321.1万吨，矿床规模达到中型；建筑用花岗岩主要分布在樟木头镇、厚街镇、大岭山镇一带，查明资源储量2722千吨；矿泉水主要分布在清溪镇、樟木头镇等地，允许开采量1458立方米/日。（国土局）

【动植物资源】 东莞植物组成具有由热带到亚热带的过渡性质。截至2017年底，记录有高等维管植物1630种，本土珍稀植物100多种，包括广东五针松（黄练忠，2011种）、三尖杉、穗花轴榈、短萼仪花等（东莞植物志）。东莞植物以双子叶植物纲为主，占总数的83%。草本种类丰富，仅禾亚科有90种；在物种组成中，被子植物占绝对优势，蕨类植物和裸子植物种类则较少。东莞动物记录有爬行动物41种，隶属于2目8科30属，龟鳖目淡水龟科1种，其余40种为有鳞目，其中蜥蜴亚目鬣蜥科1种，壁虎科5种，石龙子科5种，以壁虎科和石龙子科物种为多；蛇亚目蟒蛇科1种，游蛇科22种，眼镜蛇科5种，蝰科1种，以游蛇科物种为多；其中国家一级保护动物1种，即蟒蛇；国家二级保护动物2种，即三线闭壳龟和大壁虎，列入IUCN（世界自然保护联盟）《世界自然保护联盟濒危物种红色名录》的极危等级物种1种，即三线闭合龟；易危等级物种3种，即蟒蛇、舟山眼镜蛇和眼镜王蛇，属于《濒危野生动植物种国际贸易公约》附录II的物种有5种：三线闭壳龟、蟒蛇、滑鼠蛇、舟山眼镜蛇和眼镜王蛇。两栖类18种，隶属2目7科13属，包括有尾目蝾螈科1种，无尾目角蟾科2种，蟾蜍科1种，蛙科3种，叉舌蛙科4种，树蛙科1种，姬蛙科6种。鸟类128种，隶属于13目38科，占全省记录鸟类510种的25.10%，其中雀形目有79种，占所调查鸟类总物种数的61.72%；鹳形目次之，9种，占7.03%，其他鸟类12目40种，占31.25%，个体数超过1000只的种群有树麻雀、红耳鹎、白头鹎和暗绿绣眼鸟，在市域广泛分布。其中国家II级重点保护动物11种，有黑耳鸢、普通鵟、蛇雕、游隼、领角鸮等；被列入濒危野生动植物种国际贸易公约（CITES）附录I的有1种，即游隼，附录II的有蛇雕、红隼、普通鵟、画眉、红嘴相思鸟等11种。兽类30种，隶属于食虫目、翼手目、鳞甲目、食肉目、偶蹄目和啮齿目等6目15科，其中，食虫目包括鼩鼱科1种；翼手目包括狐蝠科2种，菊头蝠科1种，蹄蝠科1种，长翼蝠科1种，蝙蝠科4种；鳞甲目包括鲮鲤科1种；食肉目包括鼬科3种，灵猫科2种，猫科1种；偶蹄目包括猪科1种，鹿科1种；啮齿目包括松鼠科2种，竹鼠科1种，鼠科8种。内陆水域中常见浮游生物8门110属。

（林业局　海洋渔业局）

【旅游资源】 东莞市是岭南文明的重要发源地，中国近代史的开篇地和改革开放的先行地，既有滨海、水乡、森林、湿地等自然风光，也有林则徐销烟池旧址、虎门炮台旧址和蚝岗贝丘遗址等历史人文景观。2017年，东莞市评出新“十景”：鳌台书院、大王山森林公园、龙凤山庄影视度假村、南社明清古村落、黄大仙公园、东莞市科学技术博物馆、粤晖园旅游景区、香飘四季华阳湖国家湿地公园、中国沉香文化博物馆。东莞是“中国优秀旅游城市”“中国最具投资价值旅游城市”和“中国十大特色休闲城市”。截至2017年底，东莞市境内有国家A级旅游景区21个，其中有鸦片战争博物馆、松山湖景区、广东观音山国家森林公园、东莞市科学技术博物馆、龙凤山庄影视旅游区、粤晖园旅游景区、东莞市香市动物园、东莞展览馆、东莞市广东东江纵队纪念馆、东莞市清溪银瓶山森林公园、

虎门鸦片战争博物馆　（虎门镇供图）

南社·塘尾明清古建筑群、可园博物馆、东莞市逸颐艺社博物馆、寮步香市文化旅游区、常平隐贤山庄等15个国家级AAAA旅游景区。除此以外，东莞市还有珠三角地区首个国家城市湿地公园——东莞生态园湿地景区；有企石镇江边村、茶山镇南社村和超朗村、石排镇塘尾村、寮步镇西溪村、塘厦镇龙背岭村等中国传统村落；有林则徐销烟池与虎门炮台旧址、却金亭碑、大岭山抗日根据地旧址、蚝岗遗址、广九铁路石龙南桥等国家级重点文物保护单位；有独具岭南水乡特色的华阳湖湿地公园；有石碣檀香岛乐活生态农场、麻涌菇菇花果园、东坑农业园、中堂百香岛等国家级、省级休闲农业与乡村农业示范点；还有东莞千角灯、龙舟制作技艺、"樟木头舞麒麟"、木鱼歌、"赛龙舟"、莞香技艺、寮步香市等国家级非物质文化遗产。

（旅游局）

【人口】 2017年，东莞市常住人口834.25万人，其中户籍人口211.31万人；城镇常住人口749.66万人，人口城镇化率89.86%，是广东省第三大人口城市。2017年出生户籍人口4.71万人，出生率22.22‰；死亡人口1.03万人，死亡率4.84‰；人口自然增长率17.38‰。人口密度每平方千米3391人，在广东省各地级市中居第一位。

（统计局）

【流动人口】 2017年，东莞市有流动人口438.60万人，其中男性230.1万人，女性208.5万人，总人数比上年增长2.38%。按流动人口来源地分析，广东（除东莞市外）、湖南、广西、湖北、四川、河南、江西等7个省（区）在东莞市流动人口340.9万人，占总人数的77.7%；按从事行业种类分析，务工、录（聘）用、投资经商、务农、服务等行业400万人，占总人数的91.2%；按主要居住地分析，虎门、长安、塘厦、厚街、寮步、大朗、凤岗、大岭山、常平等镇街流动人口246.8万人，占总人数的56.3%。

（公安局）

【民族】 截至2017年底，东莞市常住人口834.25万人，以汉族为主，常住少数民族人口约50万人，55个少数民族成分基本齐全。其中少数民族户籍人口1.89万人，有41个民族成分，约占全市常住少数民族总人口的3.8%。常住少数民族人数最多的是壮族、苗族、土家族、瑶族、侗族和布依族。

（民宗局）

【语言】 东莞市境内的本土方言包括粤方言和客家方言。粤方言区使用面积、人口均占全市的大部分。在32个镇街中，纯粤方言镇街有石龙、长安、沙田、洪梅、道滘、麻涌、万江、中堂、望牛墩、石碣、高埗、大朗、寮步、茶山、企石、石排、常平、横沥、东坑、桥头等20个。莞城、东城、南城、厚街、虎门、大岭山、塘厦、黄江、谢岗等9个镇街大部分甚至绝大部分讲粤方言（莞城只有1个300多人的罗沙上岭村讲客家话）；清溪、凤岗2个镇大部分讲客家方言；仅樟木头镇是纯客家方言镇。

（文广新局）

【民俗】 东莞市为岭南古邑，是广东省历史文化名城，岭南文化的发源地之一，节庆民俗贯穿全年，

2017年6月3~5日，"众来达杯"2017东莞龙舟锦标赛在麻涌镇华阳湖湿地公园举行 （东莞日报社供图）

端阳节、中秋节等均为非遗代表性项目。截至2017年底，比较有代表性的民俗有赛龙舟、粤曲粤剧、茶园游会、客家山歌、舞狮（龙、麒麟、凤）等。

端午节赛龙舟　东莞市民间流传近300年的习俗。水乡片及东江沿岸地区各镇街或乡村，从每年的农历五月初一开始，举办为期近一个月的传统龙舟赛，并根据当地潮汐大小，定出各自固定竞渡或趁景的日子，故又称“龙舟月”。其间，凡是举办赛龙舟的镇街或乡村，都会广邀周边乡镇前来游龙趁景，招呼附近前来观景的乡亲好友吃“龙船饭”、浸“龙舟水”。

粤曲粤剧　东莞市戏曲文化历史悠久，是粤剧艺术的重要发源地之一，是著名的“粤剧曲艺之乡”，涌现诸多粤剧名伶：何非凡、陈天纵、丁公醒、陈笑风、陈小茶、楚岫云、卢启光等。粤剧在东莞市有着深厚的群众基础，“粤韵金声”“粤剧黄金周”是东莞市传承和发展本土粤剧艺术的两大品牌活动。

茶园游会　东莞市茶山镇的民俗悠久，在明正德九年（1514年）就记载有“茶园游会”。每年农历三月二十五至二十七日，茶山镇居民及四方香客、游人会来到东岳庙举行祭祀活动，并抬出东岳大帝和民间吉祥神到镇内各地进行巡游，祈求风调雨顺、国泰民安。

客家山歌　东莞市清溪、凤岗、樟木头等镇的客家人唱山歌由来已久，流传下来的山歌，可分为放牛歌、割草歌以及四六联、白口联、平山民歌等，词曲不固定，一般都是即兴编唱。

舞狮（龙、麒麟、凤）　在东莞市历史悠久，源远流长，每逢新春及喜庆日子，人们喜舞狮以示吉庆，深受群众喜爱，其中长安镇被国家体育总局命名为“龙狮之乡”。舞麒麟则以清溪镇、樟木头镇较为出色。大朗镇、长安镇有舞龙，道滘镇有麒麟引凤等习俗。

各镇街还有一些特色的民俗风情，其中有沙田镇、中堂镇等地咸水歌，东坑镇的“二月二”卖身节，石排镇康王宝诞，望牛墩镇乞巧节，横沥镇牛墟等。

（文广新局）

2017年东莞市行政区划情况

镇（街道）	村、社区（个）	村名称	社区名称
莞　城	8		东正　市桥　北隅　西隅　罗沙　博厦　兴塘　创业
石　龙	10	西湖　忠维　林屋　蒲溪　新维　王屋洲　黄家山	中山东　中山西　兴龙
虎　门	30		虎门寨　东方　则徐　大宁　树田　白沙　沙角　怀德　博涌　镇口　村头　新联　九门寨　居岐　金洲南面　北栅　小捷滘　北面　陈村　东风　武山沙　黄村　南栅　龙眼　宴岗　赤岗　路东　新湾　民泰
东　城	23		岗贝　花园新村　东泰　温塘　桑园　周屋　余屋　鳌峙塘　峡口　柏洲边　上桥　下桥　樟村　梨川　堑头　主山　石井　同沙　光明　牛山　立新　火炼树　星城
万　江	29		万江墟　万江　石美　莫屋　拔蛟窝　黄粘洲　蚬涌　谷涌　小享　滘联　上甲　新村　新谷涌　共联　水蛇涌　大莲塘　牌楼基　严屋　大汾　流涌尾　金泰　曲海　坝头　胜利　官桥滘　简沙洲　新和　新城　坝新
南　城	18		鸿福　宏远　胜和　元美　亨美　三元里　篁村　新基　周溪　袁屋边　白马　石鼓　蛤地　西平　雅园　水濂　新城　宏图
中　堂	20	潢涌　三涌　湛翠　凤冲　袁家涌　吴家涌　鹤田　中堂　一村　东向　蕉利　槎滘　下芦　马沥　四乡	中心　斗朗　红锋　东泊　江南

续表

镇（街道）	村、社区（个）	村名称	社区名称
望牛墩	22	李屋 望东 扶涌 赤滘 五涌 下漕 上合 聚龙江 望联 洲湾洲涡 杜屋 寮厦 芙蓉沙 官桥涌横沥 福安 石排 官洲 朱平沙 锦涡	望牛墩
麻涌	15	麻一 麻三 麻四 大步 东太 新基 川槎 鸥涌 华阳 南洲 大盛 漳澎 黎滘	麻涌 麻二
石碣	15	石碣 唐洪 黄泗围 西南 单屋 梁家村 沙腰 刘屋 水南 四甲 鹤田厦 涌口 横滘 桔洲	城中
高埗	19	冼沙 卢溪 宝莲 塘厦 草墩 护安围 保安围 三联 横滘头 低涌 朱磡 新联 欧邓 芦村 高埗 凌屋 上江城 下江城	新创
洪梅	10	洪屋涡 新庄 梅沙 氹涌 黎洲角 夏汇 尧均 乌沙 金鳌沙	洪梅
道滘	14	南城 南丫 闸口 大鱼沙 小河 永庆 北永 昌平 厚德 九曲 大罗沙 大岭丫 蔡白	兴隆
厚街	24		竹溪 厚街 珊美 宝屯 三屯 陈屋 赤岭 河田 寮厦 汀山 环冈 大迳 新围 桥头 南五 新塘 涌口 双岗 溪头 沙塘 宝塘 下汴 白濠 湖景
沙田	18	中围 和安 大流 泥洲 杨公洲 福禄沙 阇西 民田 先锋 西大坦 穗丰年 大泥 齐沙 稔洲 义沙 西太隆	横流 滨港
长安	13		长盛 涌头 霄边 咸西 锦厦 新安 乌沙 新民 沙头 上沙 厦岗 厦边 上角
寮步	30	西溪 凫山 石龙坑 石步 良边 富竹山 塘唇 向西 霞边 上屯 下岭贝 竹园 上底 药勒 刘屋巷 浮竹山 陈家埔 井巷 小坑 长坑	寮步 塘边 横坑 岭厦 新旧围 缪边 牛杨 泉塘 坑口 良平
大岭山	23	太公岭 大塘朗 下高田 连平 鸡翅岭 马蹄岗 金桔 大沙 百花洞 大塘 水朗 杨屋 矮岭冚 颜屋 大片美 梅林 元岭 大岭新塘 旧飞鹅 大环	大岭山 农场
大朗	28	高英 洋乌 洋坑塘 松柏朗 黎贝岭 松木山 犀牛陂 水平 宝陂 石厦 杨涌 沙步 新马莲 佛子凹 蔡边 水口	大朗 佛新 巷头 屏山 竹山 巷尾 求富路 长塘 黄草朗 大井头 圣堂 长富
黄江	7		新市 田美 三新 梅塘 宝山 北岸 长龙
樟木头	10		圩镇 樟罗 百果洞 樟洋 石新 柏地 官仓 裕丰 金河 樟新

续表

镇（街道）	村、社区（个）	村名称	社区名称
凤 岗	12	雁田 官井头 油甘埔 凤德岭 塘沥 黄洞 竹塘 竹尾田 三联 五联 天堂围	凤岗
塘 厦	21		塘厦 林村 石潭埔 四村 振兴围 大坪 莆心湖 平山 诸佛岭 桥陇 龙背岭 石鼓 田心 横塘 蛟乙塘 凤凰岗 莲湖 沙湖 石马 清湖头 塘新
谢 岗	12	黎村 窑山 南面 大龙 大厚 赵林 稔子园 五星 曹乐 谢岗 谢山	泰园
清 溪	21	浮岗 上元 清厦 铁松 铁场 谢坑 青皇 大埔 长山头 三中 九乡 三星 渔樑围 厦垅 大利 土桥 重河 松岗 罗马 荔横	清溪
常 平	33	岗梓 塘角 苏坑 袁山贝 金美 还珠沥 朗贝 桥沥 卢屋 九江水 朗洲 陈屋贝 司马 霞坑 漱旧 漱新 黄泥塘 元江元 横江厦 沙湖口 白石岗 松柏塘 上坑 木棆 下墟 板石 田尾 白花沥 桥梓 麦元 土塘	常平 新民
桥 头	17	田头角 李屋 朗厦 岗头 屋厦 禾坑 邓屋 邵岗头 东江 山和 石水口	莲城 田新 桥头 大洲 迳联 岭头
横 沥	17	石涌 隔坑 半仙山 田头 田坑 横沥 村头 长巷 田饶步 六甲 村尾 水边 新四 山厦 月塘 张坑	恒泉
东 坑	16	东坑 坑美 角社 塔岗 黄麻岭 初坑 凤大 黄屋 寮边头 长安塘 新门楼 井美 彭屋 丁屋	草塘 骏达
企 石	20	铁岗 深巷 湖美 博夏 上洞 江边 旧围 清湖 东平 上截 下截 东山 莫屋 杨屋 新南 南坑 铁炉坑 企石 霞朗	宝石
石 排	19	石排 福隆 庙边王 下沙 沙角 黄家坣 赤坎 向西 水贝 田寮 横山 埔心 谷吓 塘尾 李家坊 田边 中坑 燕窝	太和
茶 山	18	上元 茶山 下朗 横江 增埗 卢边 寒溪水 南社 塘角 博头 冲美 粟边 孙屋 超朗 京山 刘黄	茶山圩 茶溪
合 计	592	350	242

（民政局）

经济建设

【经济建设概况】 2017年，东莞市经济呈现出稳中有进、进中向好的良好态势，经济结构不断优化，经济质量持续提升。全年实现地区生产总值7582.12亿元，比上年增长8.1%，增速分别比全国、全省快1.2个和0.6个百分点，经济总量名列全国大中城市第19位。人均地区生产总值突破1.35万美元，接近高收入国家或地区水平。第一、二、三产业增加值分别为23.36亿元、3593.84亿元和3964.65亿元，三次产业比例为0.3：47.4：52.3。其中，先进制造业、高技术制造业增加值分别比上年增长13.7%和15%，占规模以上工业增加值比重为50.5%和39%。来源于东莞市的财政收入1647.2亿元，比上年增长5.0%，市一般公共预算收入592亿元，增长11.2%。全市进出口总额12264.4亿元，比上年增长7.5%，总量排名居全国各大城市第五位、全省第二位。其中出口总额7027.4亿元，比上年增长7.4%；进口总额5237亿元，增长7.6%。

【实体经济发展】 2017年，东莞市出台一系列政策措施，推动实体经济发展。

重点企业规模与效益倍增计划实施 以市政府一号文出台意见，围绕政策、产业、土地等五大要素推出20条措施，选取214家市级、1054家镇级试点企业，“一企一策”解决企业个性难题。全年市级倍增企业主营业务收入超过6000亿元，比上年增长21%以上；税收超过140亿元，增长29%以上，形成一大批可复制推广的经验，得到国务院督导组和省的肯定。

深化供给侧结构性改革 实施供给侧结构性改革实施方案和“三去一降一补”（去产能、去库存、去杠杆、降成本、补短板）五个行动计划，落实省降低制造业成本若干政策，出台东莞市“实体经济十条”（《东莞市贯彻广东省降低制造业成本若干政策措施全面推进实体经济企业规模与效益倍增实施方案》）36项措施，全年为企业减负370亿元。全市规模以上工业企业实现每百元主营业务收入成本下降0.96元，利润总额增长47.2%。

打造智能制造全生态链 截至2017年底，东莞市建成109条经济适用型示范线，长盈、华贝项目纳入国家智能制造新模式应用项目。“机器换人”专项资金申报项目2698个、总投资386亿元。全市规模以上智能装备制造业企业163家，累计完成工业增加值63.25亿元，比上年增长30.8%。

狠抓重大项目建设和招引 引进历年投资规模最大的紫光芯云产业城、凤岗京东都市智能产业新城、清溪科技生态城等重大项目。完成重大项目投资513.6亿元，比上年增长16.9%，带动全市完成固定资产投资1712.83亿元，增长10.0%。新引进亿元以上内资项目175个，协议金额1194.6亿元，增长41.9%；引进千万美元以上外资项目95个，金额29亿美元，发展后劲进一步增强。

【创新驱动发展战略实施】 2017年，东莞市实施创新驱动发展战略，提升企业创新能力。

培育壮大创新主体 实施高新技术企业“育苗造林”行动和科技企业孵化器“筑巢育凤”计划，全市高企数量从2028家增至4077家，新增高企后备企业2400家，总量居全省地级市第一；2004家规模以上工业企业设立研发机构；109家企业获得省级工程技术研究中心认定；全市科技孵化器总数90个，孵化面积160多万平方米，在孵企业及项目数超过2500个，累计毕业企业及项目1000多个；新型研发机构数量达34个，省级新型研发机构数量达25个，累计服务企业超过4万家，引进孵化科技企业840多家。

提升创新能力 全年全市R&D（研究与发展）投入占比达2.5%，升至全省第三；技术自给率66.45%、技术进步贡献率60.02%，分别比上年增加0.97个和0.47个百分点。国内有效发明专利量1.40万件，位居全省地级市第一。中国散裂中子源获得第一束中子束流。东莞材料科学与技术省实验室进入全省首批启动的4个实验室行列。新增省创新科研团队5个，与北大、清华等38个知名高校和新型研发机构共建名校研究生院。

推动科技金融融合 设立市级产业投资母基金，带动形成总规模超50亿元的“1+N”（“1”为产业投资母基金，“N”为产业投资子基金群）产业投资基金体系；备案登记基金增至387只，比上年增长87.9%；推动金融机构为科技企业发放贷款268.1亿元，增长37%；专利质押融资62.8亿元，占全省专利质押总额的58.2%；境内外上市企业、新三板挂牌企业分别增至43家和202家；企业通过IPO（首次公开募股）、增发、发债等累计融资116.5亿元，直接融资占比提高5个百分点，升至20%。

【对外开放呈现新格局】 2017年，东莞市深化对外开放，形成一批在全国有良好示范相应的改革做法。

构建开放型经济新体制综合试点试验 在全国率先实行“以企业为单元”的加工贸易监管模式等改革，形成两批25项具有良好示范效应的改革做法。复制推广113项自贸试验区改革试点经验。口岸“三互”（信息互换、监管互认、执法互助）大通关实现全覆盖。推进国际贸易“单一窗口”建设。省市共建深化商改综合试验基地揭牌。

推动对外贸易加快发展 推动加工贸易创新发展，加工贸易进出口占比48%；新增境内外注册商标1372个，比上年增长25.7%；新认定高新技术企业170家，增长7.6%；委托设计（ODM）+自有品牌（OBM）产品出口2796亿元，占比提升至75.3%；高新技术产品出口2892.4亿元，占比41.2%。加快培育新模式、新业态，跨境电商快速发展，清溪保税物流中心（B型）、国际邮件互换局兼交换站投入运营，国际小包出口8821万件，比上年增长24.3%，总量排全国第四；全市跨境电商进出口159.0亿元，增长7.66倍，其中出口151.5亿元，增长14.27倍。

营造良好营商环境　深化商事制度改革，推动工商注册制度便利化工作及时到位、落实事中事后监管等相关政策措施社会反映好，获国务院通报表扬。全市新登记市场主体22.3万户，比上年增长28.3%，总数达100.1万户，居全省地级市首位。

推进“一带一路”倡议　开通俄罗斯进口班列，中欧双向班列启动，东莞始发国际班列货物贸易额比上年增长42.1%；对“一带一路”国家及地区出口约1200亿元，增长10%。承办2017海丝博览会。与美国威尔逊郡、利百伦市和剑桥市签订友好合作备忘录。东莞驻美国（旧金山）经贸办事处挂牌。全市“走出去”企业达370家，投资总额超过11.6亿美元。

【区域协调发展水平提升】 2017年，东莞市提升区域协调发展水平，统筹组团发展，扶持次发达村镇发展，推进对口帮扶和援建工作。

加快园区统筹组团发展　在不改变行政架构和空间范围的前提下，将全市划分为6大片区，谋划14个重点发展先行区，增强片区发展合力。松山湖片区“1+6”（“1”为松山湖园区，“6”为寮步镇、大朗镇、茶山镇、石排镇、石龙镇、大岭山镇）统筹组团发展试点取得突破性进展，松山湖在全国高新区的综合实力排名上升至23位；滨海湾新区面积扩容至83.2平方千米，成为粤港澳大湾区城市群发展规划重大发展平台；水乡片区生产总值比上年增长9.3%，快于全市1.1个百分点。

扶持次发达镇村发展　设立三年30亿元的专项资金，建立市直部门共同帮扶、重大事项议事协调等机制，推动次发达镇加快发展。8个次发达镇生产总值平均比上年增长10.2%，快于全市2个百分点；70个次发达村（社区）村组两级经营纯收入增长14.5%，快于全市5.5个百分点。

推进对口帮扶和援建工作　开展东莞韶关对口帮扶，产业共建新签约项目117个、投资规模326.6亿元。推进韶关、揭阳精准扶贫精准脱贫工作，完成到村帮扶项目1317个，到户项目12.7万个，帮助2.01万人实现脱贫。落实东莞昭通“1+8”合作协议在全国首创劳务协作扶贫援建模式。援藏援疆援川进展顺利，援建资金100%到位。探索合作共建新疆兵团41团草湖镇，推进兵团草湖广东纺织服装产业园和西藏巴宜区小康示范镇村建设。与牡丹江市签订对口合作框架协议，完成“五个一”（开展一次领导交流活动、推动一批干部挂职交流、开展一次对口合作经贸交流会、推动一批对口合作项目落地、组织一次机关干部及企业家“龙江行·广东行”活动）工作任务。

（市委政策研究室）

资料链接：

“1+8”指的是“1”是东莞昭通两市签署合作框架协议；“8”是东莞昭通两市的组织、发改（经信）、教育、人社、农业、卫生计生、扶贫、旅游等部门在示范点建设、干部人才交流、产业协作、教育协作、劳务培训与输出、农业协作、医疗卫生协作、旅游协作等领域开展交流协作。

政治建设

【“两法衔接”机制健全】 2017年，东莞市政府电子政务网推进“两法衔接”信息共享平台建设，扩充“两法衔接”（行政执法与刑事司法衔接）联席会议成员单位至48家，全年各级行政执法机关录入信息共享平台行政处罚案件123件，比上年上升2.32倍；录入移送涉嫌犯罪案件194件，上升28.5%；录入动态信息11条；公安机关录入立案决定237件，上升10.2%。

（摘自《东莞市2017年全面依法治市工作总结》）

【行政权力制约监督】 2017年，东莞市强化人大、政协监督。办理人大代表建议171件、政协委员提案419件，办结率100%。依托“东莞市建议提案在线”，公布建议提案及答复情况，实现沟通率和满意率100%。强化审计监督。推动审计全覆盖，全年查出违规金额13.3亿元，损失浪费金额9103.9万元，管理不规范资金152.96亿元，出具审计报告和专项调查报告70篇，移送处理事项21宗。强化行政监察。查处基层“为官不为”等“四风”（形式主义、官僚主义、享乐主义和奢靡之风）问题，查处“不作为”问题13件40人，暗访并督促整改问题3个，追究责任11人次。开展行政效能投诉及热线红牌工单督办监察工作，全年受理效能投诉814件，处理率100%；督办红牌工单1181张，促使政府工作部门改善服务质量和提高工作效率。强化行政机关出庭应诉。出台《进一步加强和改进行政应诉工作的意见》等，对行政机关负责人出庭应诉工作提出新要求。全年以东莞市各级行政机关为被告的一、二审行政诉讼案件1394件。

（摘自《东莞市2017年全面依法治市工作总结》）

【政务信息公开】 2017年，东莞市出台《关于全面推进政务公开工作的实施意见》《东莞市政务公开重点任务分工及进度安排（2017—2020年）》，推进重点领域信息公开工作，完善重点领域信息发布平台建设。全年处理市民向市政府提出的政府信息公开申请135件，涉及信息公开行政诉讼2件。打造微信、网站、手机App、人工在线客服系统以及在线自助与人工协同的“12345”政务大平台，全年接听来电128万次，派出工单10.3万张，工单办结率98%，咨询类回访满意率99%。东莞“12345”热线服务水平经第三方评估平台2017年检测评估为全国第十。

（摘自《东莞市2017年全面依法治市工作总结》）

【社会基层治理】 2017年，东莞市加快“智网工程”建设，建成1个市级、33个镇级“智网工程”指挥调度中心（综治信息中心）和599个村级“智网工程”指挥调度工作站；全市入格事项增至20大类83项，主要涉及消防、食药监、安监等内容。依托“智网工程”，铺开“中心+网格化+信息化”建设，强化镇街综治中心违法犯罪防控、矛盾纠纷化解、安全隐患排查作用。全年全市各级综治中心共排查防控违法犯罪4508件，处理4345件，办结率96.4%；排查消除公共安全隐患5.24万件，处理5.17万件，办结率98.7%。开展“全民创安·一呼百应”工作，全年通过“一呼百应”机制，群众提供案事件有效线索2172条，救助走失人员1244人。深化“平安细胞”建设，全市平安村居、平安家庭、平安校园创建覆盖率达100%、99.8%、96.8%。深化“平安建设促进会”建设，全市成立33个镇（街道、园区）“平安建设促进会”，40个行业分会、190个村（社区）分会。

（摘自《东莞市2017年全面依法治市工作总结》）

【预防和化解社会矛盾机制健全】 2017年，东莞市下发《东莞市行政调解职责清单》《关于进一步做好行政调解工作的通知》，列举国土资源、农村土地承包经营等14类调解类别、51项调解内容，减少行政诉讼案件的发生。化解社会重大矛盾，全市各级综治信访维稳中心排查矛盾纠纷7981件，成功化解率98.15%；公安机关处置群体性事件比上年下降14%，没有发生重大群体性事件；30人以上劳资群体性事件下降85%，保持低位运行。推进人民调解工作，推动成立“东莞市金融纠纷人民调解委员会”，发挥市医调委、交调中心、家调委等人民调解组织作用，全市各级人民调解组织调解纠纷1.15万件，调解成功率98%。完善信访工作制度，加强网上信访大厅建设，健全网上受理信访制度，信访微信公众号和手机APP上线使用，全年受理网上信访事项1.11万件，比上年增长24.4%；按时受理率99.7%，按时办结率99.5%。

（摘自《东莞市2017年全面依法治市工作总结》）

【简政强镇事权改革】 2017年，东莞市出台《东莞市全面推开简政强镇事权改革实施意见》和《关于全面推开简政强镇机构改革实施方案》，将简政强镇改革推开到其他17个镇（街道）。在机构改革方面，各镇（街道）的内设机构一般设置为“4办7局”［“4办”指党政办公室、人大办公室（人大工作委员会办公室）、政法办公室、组织人事办公室，“7局”指宣传教育文体局、经济科技信息局、商务局、住房规划建设局、卫生和计划生育局、社会事务局、农林水务局］，同时将原来由市级部门管理的人力资源分局、交通运输分局、社会保障分局、文化市场综合执法分队等4个派出机构和粮所、医院、人力资源服务中心、社保基金中心等4个事业单位下放给各镇（街道）管理。在事权下放方面，将大量原来由市级部门承担的事权下放给各镇（街道）行使，各镇（街道）承接上级下放的事权达3600多项。 （市编办）

【政府职能转变】 2017年，东莞市推进政府职能转变，优化市民办事环境。

行政审批制度改革 出台第六批、第七批行政审批事项改革目录，取消事项339项；出台第二批、第三批清理规范行政审批中介服务事项目录，清理规范事项46项；出台《东莞市政府部门行政审批中介服务事项清单》，明确85项行政审批中介服务事项的事项名称、设定依据、实施机构、机构性质、服务时限等。

行政审批标准化建设 出台《东莞市行政许可事项目录（2017年）》，公布实施41个市政府工作部门涉及的409项行政许可事项；出台《东莞市一门一网式行政许可和服务事项指导目录》，指导各有关部门完成市级863项行政许可事项标准的编制录入、合规性合法性审查、部门确认及赋码发布，在全省各地市中率先完成市级许可事项标准工作；启动公共服务事项标准编制工作，完成591项市级公共服务事项编制录入、审查及发布工作。

动态调整权责清单 对照法律、法规、规章等职权依据的立改废释、行政审批制度改革、部门机构职能调整等，对全市各政府工作部门的权责清单进行调整，重新公布57个政府工作部门保留的各类职权事项8865项。 （市编办）

文化建设

【文化建设概况】 2017年，东莞市有市民艺术中心1个，文化站33个，公共图书馆（室）653个，公共电子阅览室589个，公办博物馆18个，民办博物馆36个，文化广场755个，电影放映单位125个。全市有广播节目42套，电视节目56套。全年发行报纸7894.88万份，其中《东莞日报》5697.34万份；电影放映140万场次，观众2200万人次。

【文化产业发展】 2017年，东莞市申报国家历史文化名城，完成海战博物馆基本陈列《鸦片战争》升级改造、东莞展览馆基本陈列调整优化，推进袁崇焕博物馆、蒋光鼐博物馆建设，规范和促进民办博物馆发展。推动网吧、歌舞游艺娱乐场所等传统文化行业转型升级。创办“文化创新学堂”，搭建文化创意人才培育平台。推动印刷行业向绿色化、数字化、智能化、融合化转型发展，全市印刷企业数量居全国地级市第一，总产值约占全省五分之一，居全省地级市第一。推动电影产业健康发展，电影票房收入连续六年居全省第三、地级市首位。

【文化体制改革】 2017年，东莞市完成市文化馆法人治理结构改革。推开简政强镇事权改革，完成事权下放工作。加强对外文化交流，推进莞韶文化精准帮扶，深化“深莞惠汕河”五市文化合作，提升东莞文化影响力。推进法治政府建设，提升依法行政效能。推动文化市场管理入格“东莞智网工程”，提升文化市场监管水平。

【文化工作走在全国全省前列】 2017年，东莞市获“全国版权示范城市”称号，成为全国第9个版权示范城市，也是广东省第一个获此称号的地级市。发挥作为国家公共文化服务体系示范区的作用，主动承担全国公共文化服务标准化试点任务，通过文化部验收，由试点转为示范，成为全国6个示范地区之一。完成国家数字文化馆试点建设，启用数字文化服务平台“文化莞家”，建成实体数字文化体验空间“艺塾云”。推动长安镇、东莞（塘厦）打工歌曲创作基地创建为第一批省级公共文化服务体系示范区和示范项目。《东莞市公共图书馆管理办法》生效，成为全国首个非省会地级市图书馆立法，也是《中华人民共和国公共文化服务保障法》颁布后首个出台的地方性图书馆政府规章。繁荣文艺创作，继续保持领先优势。音乐剧《啊！鼓岭》、广播剧《火凤凰》、歌曲《蓝色的路》获广东省第十届精神文明建设“五个一工程”奖；在广东省第七届群众音乐舞蹈花会上东莞参赛作品获5金6银1铜，连续四届蝉联全省音乐舞蹈花会金牌数量第一；在广东省2016年度群众文艺作品评选中东莞有20件作品获奖，排名全省第一。海战博物馆基本陈列《鸦片战争》获第十四届全国十大展览精品优秀奖。市文广新局被评为第一次全国可移动文物普查先进集体。

【市民文化获得感提升】 2017年，东莞市实施“全民艺术普及行动计划”，推出“东莞文化年历”“东莞文化四季”等品牌活动。举办第二届群众音乐舞蹈花会、东莞市第十三届读书节等系列大型文艺赛事和文化活动。推出高品质惠民演出，通过政府采购舞剧《沙湾往事》《朱鹮》等全国顶级艺术剧目供市民免费观赏，依托岭南画院、可园博物馆、市博物馆、东江纵队纪念馆、袁崇焕纪念园等文化场馆，常年举办书画文物鉴赏等精品公益展览和讲座。推出“东莞非遗墟市”，让市民参与非遗活态传承。全年举办公益文艺培训班237个、惠民培训582场、惠民演出666场，放映公益电影9858场，受惠群众300多万人次，丰富群众文化生活。推进文化馆、图书馆总分馆制建设，推动市镇资源共享、品牌共建。丰富和完善公共文化数字化供给，公共文化服务更加贴合市民需求。推进基层综合性文化服务中心全覆盖建设，建成第二批32个村（社区）示范点，完善基层公共文化设施。（文广新局）

社会建设

【社会建设概况】 2017年，东莞市坚持源头防控，突出创新基层治理，营造共建共治共享社会治理格局，连续三年获评“全国创新社会治理优秀城市”。完成向社会承诺的十件实事39项工作，其中，7项超额完成，占18%；32项全面完成，占82%。全年全市命案发案数比上年下降15.1%，破案率达97.5%。在2017中国地级市民生发展100强城市中，名列第二位。

【异地商会积分制管理评审】 2017年，东莞市继续开展异地商会积分制管理试点工作，市委政法委聘请南方舆情数据研究院，对近两年开展异地商会积分制管理评审试点工作情况进行评估，评出80分以上的异地商会14家，并分别给予奖励。两年来，试点工作取得良好成效，推动异地商会在创新社会治理中发挥更大作用，特别是在探索社会矛盾化解新机制、开展异地务工人员服务、发挥扶贫济困作用等方面成绩尤为突出，为多元主体协同参与社会治理凝聚强大合力，为推进东莞在更高起点上实现更高水平发展作出新的贡献。

【“平安细胞”建设推进】 2017年，东莞市综治办组织召开全市“深入推进‘平安细胞’建设工作会议”，提出在“平安细胞”建设工作全覆盖的基础上，重点开展平安校园、平安医院、平安企业、平安家庭的建设工作，并制订下发《关于深入推进“平安细胞”建设的工作方案》，全年全市创建平安校园1609所，占全市学校总数的96.8%；创建达标平安企业2478家，占创建计划总数的100%；二级以上医院创建平安医院50所，实现二级以上医院平安创建全覆盖；平安家庭创建覆盖率达99.82%。

【“平安建设促进会”工作深化】 2017年，东莞市有33个镇（街道、园区）成立“平安建设促进会”，40个行业分会和190个村（社区）分会，吸纳会员5572人，全年全市各“平安建设促进会”受理矛盾纠纷4207件，成功调解案件3958件，成功处置突发事件160件，开展宣传活动1666场次，在全市社会治安综合治理工作中发挥积极作用。

【平安文化建设全面铺开】 2017年，东莞市推进平安文化建设工作，倡导“人人友善、人人平安”理念，培育平安文化，引导广大市民特别是外来人员牢固树立平安意识，通过利用微信微博等新媒体、制挂平安标语、在市绿化广场安装平安景观石等等措施，促进平安文化氛围日渐浓厚。（市委政法委）

生态文明建设

【生态文明示范建设】 2017年，东莞市推动镇街生态文明示范创建，有28个镇街完成创建规划（方案）的编制工作，16个镇街的规划（方案）通过专家论证；谢岗镇完成省级生态镇申报程序；全年市级生态村（社区）创建活动，有8个村（社区）申报，全市有497个村（社区）创建为市级生态村（社区），覆盖率达83.8%。（环保局）

【资源节约建设】 2017年，东莞市按照“管用结合”的建设理念，构建“1+N”（“1”为产业投资母基金，“N”为产业投资子基金群）的分布式区域能源管理综合监管体系，完成二期系统的升级工作，初步建成集能耗数据收集分析、重点节能业务工作应用等多功能为一体的综合性管理平台。全年780家企业能耗数据与市平台实现实时对接，总体对接稳定率90%以上；超过596家企业能管中心项目建成并通过专家验收，其中58家达到甲级能管中心。对209家完成清洁生产审核的企业开展评估验收工作。编制《东莞市能源发展“十三五”规划》和《东莞市热电联产规划》，有序规划发展新型能源产业。编制《东莞市煤炭消费减量替代实施方案》等文件，推动产业转型升级，降低煤炭消费需求。华能东莞谢岗燃气热电联产项目一期开工建设，推进通明电力燃气—蒸汽联合循环扩建项目一期工程建设，新增热用户4家。（环保局）

【危险废物处理处置设施建设】 2017年，东莞市推进东莞市恒建环保科技有限公司扩建项目等5个危险废物处理处置项目建设。其中，东南部卫生填埋场项目领取重大项目绿色通道卡；东莞市恒建环保科技有限公司扩建项目取得危险废物经营许可证，开始试运行。（环保局）

【绿色发展】 2017年，东莞市推动绿色建筑、绿色出行等绿色发展，保护生态环境。

绿色建筑化发展 出台《东莞市“十三五”建筑节能与绿色建筑发展规划》。全年落实绿色建筑项目139个，总建筑面积456万平方米，占新建建筑面积比例49%。完成省住建厅下达的新增350万平方米绿色建筑任务。18个项目获得绿色建筑设计标识，总建筑面积193.73万平方米；1个项目获得运行标识，建筑面积17.64万平方米。

绿色出行 全年全市新增和更新新能源公交车408辆，新能源公交车增加至1719辆，占公交总运力31%。出台《新能源汽车产业发展“十三五”规划》《东莞市“十三五”电动汽车充电基础设施规划》。

绿色供应链管理试点 成立绿色供应链管理东莞示范中心，设立绿色供应链管理评价东莞指数，在家具、制鞋、电子、机械制造及零售服务等行业企业率先试行绿色供应链环境管理，选取38家企业作为第二批试点企业。举办第二届中国家居绿色供应链论坛，发布第二批绿色供应链管理试点企业东莞指数测试结果，向3家五星级企业、10家四星级企业代表颁发证书，成立第二批中国家居绿色供应链联盟。（环保局）

【环境教育基地创建】 2017年，东莞市环保局开展广东省“环境教育基地”“绿色学校”“绿色社区”创建工作，推动建成麻涌循环经济教育馆、市区环保热电厂、东城大气科普体验馆3个环境教育基地，全市累计达36个；石龙绿化西幼儿园、莞城第一幼儿园、虎门镇中心小学、道滘镇中心小学4所学校被评为2017年“省绿色学校”；石龙镇中山东社区、石龙帝景湾2个单位被评为“省绿色社区”；铁汉生态农业观光园、石龙镇金沙湾生态环境教育基地2个单位被评为“省环境教育基地”。（环保局）

【森林城市建设】 2017年，东莞市共创珠三角国家森林城市群，推进森林公园和湿地公园建设三年行动等各项工作，森林资源保护和发展工作成效显著，全市森林覆盖率37.4%，森林蓄积量329.19万立方米，林科所获评为第四批全国林业科普基地，市公安局森林分局获“全国优秀基层公安单位”称号，东城、清溪、道滘3个镇街获评为广东省森林小镇。（林业局）

【森林公园建设】 2017年，东莞市推进全市国有林场改革，编制《东莞市森林公园建设发展规划（2017—2026）》，大岭山森林公园完成石洞核心景区配套设施升级改造、白石山景区沙溪水库环湖景观绿化、观湖生态休闲广场、林场大道升级改造、核心景区林科园道路和小板栈道建设等工程，银瓶山森林公园完成三期建设项目勘察设计招标等项目前期工作，完成清溪片区溯影平台及望月阁、清园步道、清溪湖森林通道及十二排栈道、主入口广场及游客服务设施配套、谢岗片区步行道及观景亭等工程。十四大森林公园全年接待游客逾2000万人次。（林业局）

长安镇莲花山森林公园　　（张超满　摄）

【湿地保育】　2017年，《东莞市湿地公园建设财政补助实施方案》出台，建成麻涌新沙、道滘大罗沙湿地公园，开展谢岗银瓶湖、谢岗银山以及企石东清湖湿地公园项目前期工作，牵头实施河口生态湿地工程，首批试点袁山贝江心洲湿地、南畲朗大圳埔湿地和寮步河西溪河河口湿地建设，督导麻涌华阳湖国家湿地公园（试点）建设，协助麻涌镇编制完成华阳湖国家湿地公园验收实施方案。（林业局）

【绿化东莞大行动】　2017年，东莞市完成水源涵养林造林任务238.8公顷，完成幼林抚育任务1622.1公顷，开展京九铁路与东江水源涵养林东莞段景观林带补植工作，推广珍贵树种，在黄旗山城市公园种植2公顷珍贵树种试验林，在常平镇九江水种植6.67公顷珍贵树种试验林，建成乡村绿化美化示范点47个。举办大岭山森林公园首届森林马拉松、第八届中国（东莞）国际沉香文化艺术博览会、同沙生态公园大型公益徒步、清溪赏花行、桥头荷花节等活动。

（林业局）

【森林资源保护】　2017年，东莞市开展松材线虫病疫木治理，防治松材线虫病10公顷，开展薇甘菊防治4261.6公顷，基本完成全市古树名木资源普查的外业调查和系统录入工作；开展古树名木挽救复壮工程，对71株古树名木施行去除硬底化、打孔透气、病虫害防治等工作。查处各种破坏野生动物资源、乱捕滥猎和无证经营“国家三有野生动物”行为，检查酒楼、农庄、市场等单位512家（个），查获野生动物58只（条）。　（林业局）

【园林绿化建设】　2017年，东莞市建成区绿化覆盖面积4.65万公顷，建成区绿化覆盖率46.98%；园林绿地面积4.20万公顷，建成区绿地率42.46%；公园绿地面积1.57万公顷，人均公园绿地面积24.23平方米；城市绿化覆盖率51.59%，绿地率47.62%，城市人均公园绿地面积24.55平方米。

（城管局）

【海洋生态红线】　2017年，广东省人民政府颁布《广东省海洋生态红线》，东莞划定6个海洋生态红线区，面积40.75平方千米，其中限制类5个，禁止类1个。

（海洋与渔业局）

【水产养殖禁、限养区】　2017年，东莞市出台《东莞市东江流域供水通道敏感区域禁止养殖区和限制养殖区划定方案》，在全省率先划定东江流域供水通道敏感区域水产养殖禁养区和限养区，明确管控措施要求，规范养殖行为，减少水产养殖污染。举办5场渔业资源增殖放流活动，增殖鱼、虾苗903.2万尾。　（海洋与渔业局）

党政机关

PARTIES AND GOVERNMENT ORGANIZATIONS

市中心广场 （南城街道供图）

编辑：陈国雄

中国共产党东莞市委员会

市委重要决策

【全面从严治党推进】 2017年2月9日，东莞市印发《中共东莞市委关于深入推进全面从严治党进一步加强领导班子建设、干部队伍建设、党的作风建设的意见》。《意见》明确加强领导班子建设、干部队伍建设、党的作风建设的总体要求、核心内容和保障措施，提出要坚持全面从严治党，推动东莞在更高起点上实现更高水平发展。在加强领导班子建设方面，加强思想政治建设，选配忠诚干净担当的领导干部，提高各级领导班子履职能力，坚持民主集中制，加强党内监督，健全考核评价机制。在加强干部队伍建设方面，树立正确选人用人导向，加强干部队伍能力建设，严格党的组织生活制度，强化干部日常管理，健全干部队伍正向激励机制。在加强党的作风建设方面，深入贯彻落实中央八项规定精神，深入密切联系群众，营造干事创业良好氛围，深入推进党风廉政建设和反腐败工作。6月2日，市委印发《中国共产党东莞市委员会工作规则》，对市委的工作总体要求、组织和成员、职责、组织原则、议事和决策、监督检查和追责等方面作出规定，提出落实全面从严治党要求，加强和改进市委工作，推进党的建设制度化、规范化、程序化，提高党的执政能力和领导水平。6月14日，市委印发《关于成立中共东莞市委巡察工作领导小组的通知》，明确成立中共东莞市委巡察工作领导小组。8月1日，十四届市委第一轮巡察工作动员部署会召开，部署开展十四届市委第一轮巡察工作，市委书记、市人大常委会主任吕业升出席会议并讲话。8月23日，市委办公室印发《东莞市推进领导干部能上能下实施意见（试行）》《2017年度东莞市镇（街道）和市直单位领导干部考核评价工作实施方案（试行）》《2017年度东莞市镇（街道）和市直单位党委（党组）抓基层党建工作综合评价方案》，完善从严管理干部队伍制度体系，改进领导干部考核评价工作，形成能上能下的选人用人机制。12月1日，市委办印发《关于成立市深化监察体制改革试点工作小组的通知》，明确成立市深化监察体制改革试点工作小组，吕业升担任组长。12月19日，吕业升主持召开第22次市委书记专题会议，听取十四届市委第一轮巡察工作情况报告。同日，市委办公室印发《东莞市深化国家监察体制改革试点工作实施方案》，对深化国家监察体制改革试点工作作出具体部署。

【全面深化改革推进】 2017年，东莞市委全面深化改革领导小组召开5次会议，审议通过《东莞市2017年改革行动计划》《关于深化市属国有企业改革的实施意见》《关于加快培育发展新兴金融业态 推动实体经济发展的实施意见》《东莞市加快推进“互联网+政务服务”工作实施方案》等重要改革文件（报告）22份，部署经济与生态文明、民主法治、文化、社会、党建、纪检监察等六个改革专项领域、243项改革任务以及中央、省在东莞市安排的65项改革试点工作。全市打造改革品牌，成效显著，其中商事制度改革、土地节约集约利用、推动实施“中国制造2025”等改革工作获国务院通报表彰；构建开放型经济新体制综合试点试验工作经验获国家商务部等13部委联合发文在全国复制推广；社会治安综合治理体制机制改革、市镇村一体化文明创建机制改革、供给侧结构性改革、园区统筹体制机制改革、国有林场改革、外商投资“放管服”改革等多项改革工作获得国家和省的肯定。

【重点企业规模与效益倍增计划实施】 2017年2月10日，东莞市召开实施重点企业规模与效益倍增计划动员会。市委书记、市人大常委会主任吕业升参加会议并讲话。会议印发市人民政府《关于实施重点企业规模与效益倍增计划 全面提升产业集约发展水平的意见》，按照“选好选优、培优培强”的原则，在全市范围内从民营制造企业、高新技术企业、外商投资企业、上市或挂牌“新三板”及上市后备企业等四个类别选取200家企业为试点，支持其通过科技创新、发展总部经济、推进兼并重组、开展服务型制造、加强产业链整合、强化资本运作等集约化手段提升综合竞争力，力争通过3~5年，推动试点企业实现规模与效益倍增；在此基础上，建立“200+N”扶持机制，N为名誉试点企业，主营收入超50亿元且符合产业发展导向的重点企业可直接纳入，享受试点企业同等待遇；同时带动各镇街（园区）实施镇级“倍增计划”，推动镇街（园区）实施倍增的企业达到1000家。

【园区统筹组团发展战略推进】 2017年3月31日，东莞市举行园区统筹片区联动协调发展工作推进会暨松山湖片区直属分局成立揭牌仪式。市委书记、市人大常委会主任吕业升出席会议并讲话。会议提出，在不改变现有园区、镇、街道行政架构和空间范围的前提下，将全市划分为城区片区、松山湖片区、滨海片区、水乡新城片区、东部产业园片区、东南临深片区等六大片区，并谋划14个重点发展先行区，把园区打造成为带动片区组团发展的龙头引擎，统筹带动周边地区协同发展。4月6日，市委、市政府印发《关于推进园区统筹组团发展战略的实施意见》，明确推进园区统筹组团发展战略的总体要求和实施安排，提出调整优化片区划分、建立健全统筹发展机制、推进市直部门扩大事权下放范围和行政审批服务前移等工作任务，在松山湖片区先行开展试点，启动园区统筹组团发展工作。6月15日，市委办公室、市政府办公室印发《松山湖片区“1+6”统筹联动组团发展工作推进方案》，明确松山湖片区推进园区统筹组团发展战略的总体要求、主要目标、工作任务、时间进度以及保障措施，加快构建松山湖（生态园）与石龙镇、寮步镇、大岭山镇、大朗镇、石排镇、茶山镇“1+6”统筹联动组团发展的新格局，打造东莞科技产业创新中心。

【次发达镇村（社区）加快发展推动】 2017年4月7日，东莞市印发《关于设立扶持次发达镇产业发展专项资金工作方案》。4月10日，东莞市召开推动次发达镇加快发展工作动员会。市委书记、市人大常委会主任吕业升主持会议并讲话。会议明确按照“两年一大步、四年大跨越”的总体目标，由市财政和全市参与税收分成规模前10名镇街及松山湖共同出资，按照市、镇街（园区）6：4的比例，共同设立每年10亿元、三年共30亿元的扶持次发达镇发展资金池，用于帮扶洪梅、望牛墩、企石、谢岗、石排、道滘、中堂、东坑等8个次发达镇产业发展，确保“十三五”期间，8个次发达镇GDP均突破100亿元。9月5日，市委、市政府印发《关于加大统筹发展力度推动次发达镇、村（社区）加快发展的意见》，明确推动次发达镇、村（社区）加快发展的重要意义、指导思想、基本原则、主要目标和保障要求，提出推动次发达镇加快发展以及推动镇、村（社区）统筹联动发展、扶持次发达村（社区）发展等工作措施。

【创新驱动发展升级版打造】 2017年9月5日，东莞市印发《关于打造创新驱动发展升级版的行动计划（2017—2020年）》。《行动计划》提出“三个转变”的目标要求，即推动东莞从科技支撑产业向科技引领产业转变，从分散式创新向协同式全域创新转变，从服务自身发展为主向支撑国家重大战略需求转变，力争用三年时间，将东莞打造成为粤港澳大湾区的创新高地和具有全国影响力的科技产业名城，迈入国家创新型城市行列；明确建设“一廊”“两轴”“三带”的创新布局，即推进广深科技创新走廊东莞段建设，打造松山湖（生态园）创新核心、滨海湾创新核心，建设广深高速创新带、莞深高速创新带、广深铁路创新带；部署实施十大行动计划，即实施创新型城市“提速计划”、重大科学基础设施“鲲鹏计划”、科技创新平台“支撑计划”、核心技术攻关“攀登计划”、龙头科技企业“倍增计划”、新兴产业“引领计划”、创新人才“领航计划”、院士成果转化“玉兰计划”、国际科技合作“联网计划”、知识产权“护航计划”；落实促进“四个提升”的支撑保障，即思想认识再提升、经费投入再提升、政策环境再提升、管理机制再提升。10月12日，东莞市召开推进广深科技创新走廊建设工作动员暨系列重大科技创新项目及规划发布会议，介绍广深科技创新走廊东莞段规划情况，解读“创新驱动发展升级版”计划，启动广深高速创新资源带建设，发布中子科学城概念规划。

【城市品质提升三年行动计划推进】 2017年7月20日，东莞市印发《关于城市品质三年提升计划的实施意见》。《实施意见》提出紧紧围绕城市品质提升的核心任务，建立城市建设项目统筹平台和实施机制，以“中心城区强化、魅力小城建设、美丽幸福村居建设、交通设施提升、市政设施完善、公共服务设施完善、城市更新、TOD（以公共交通为导向的发展模式）综合开发、森林公园和湿地公园建设、城市管理提升”等领域为重点，聚焦“一心两廊三区四门户多节点”重点区域，建立“三年提升计划”工作体系与统筹机制，把东莞打造成为综合承载能力强、文化内涵丰富、城市特色鲜明、宜居宜业宜游的国际制造名城、现代生态都市。7月21日，全市城市品质三年提升计划工作动员会召开，全面部署城市品质三年提升计划各项工作，动员全市上下加大工作力度，掀起提升城市品质的热潮。

市委重要会议

【中共东莞市委十四届二次全会】 于2017年1月12日召开。全会审议东莞市提名广东省出席党的十九大代表候选人推荐人选名单。市委书记、市人大常委会主任吕业升主持会议，市委委员、候补委员参加会议。会议表决，东莞市提名广东省出席党的十九大代表候选人推荐人选79名，其中领导干部49名，生产和工作第一线党员代表30名。

【中共东莞市委十四届三次全会】 于2017年3月7日召开。全会圈选确定东莞市参加省第十二次党代会代表候选人预备人选，并确定召开市党代表会议有关事宜。市委书记、市人大常委会主任吕业升主持会议，市委委员、候补委员参加会议。全会以圈选的方式确定17名代表候选人预备人选，其中，各级党员领导干部7名，各类专业技术人员5名，各条战线先进模范人物5名。

【中共东莞市委十四届四次全会】 于2017年12月5日召开。全会学习宣传贯彻党的十九大精神，审议通过《中共东莞市委关于持续深入学习宣传贯彻党的十九大精神推动习近平新时代中国特色社会主义思想在东莞大地落地生根结出丰硕成果的意见》。市委书记吕业升就《意见（讨论稿）》向全会作说明，就贯彻省委十二届二次全会精神作工作部署。

全会认为，党的十九大取得一系列重大成果，作出划时代、开创性的历史贡献，具有重大的现实意义和深远的历史意义。党的十九大最重要的政治意义，就是选举产生以习近平总书记为核心的新一届中央领导集体，进一步确立和巩固习近平总书记在党中央和全党的核心地位，使党和人民有坚强的主心骨，新时代中国特色社会主义有最可信赖的领路人。这是党之大幸、国之大幸、民之大幸。确立习近平新时代中国特色社会主义思想为中国共产党必须长期坚持的指导思想，有了这一思想指引，什么样的麻烦和问题都能解决，什么样的风险和挑战都能战胜。最重要的历史意义，就是作出中国特色社会主义进入新时代、中国社会主要矛盾转化为人民日益增长的美好生活需要和不平衡不充分的发展之间的矛盾等重大论断，科学标定中国发展新的历史方位。最重要的实践意义，就是勾画中国社会主义现代化建设的时间表、路线图，开启全面建设社会主义现代化国家新征程。最重要的制度意义，就是通过党章修正案，为新时代推进党的建设新的伟大工程提供基本遵循。

全会指出，通过前一阶段的努力，全市学习宣传贯彻工作实现良好开局，贯彻落实党的十九大精神、再创东莞发展新局成为全市上下的共同意志、共同目标、共同行动。各级党组织和广大党员干部要坚持把学习宣传贯彻党的十九大精神作为首要政治任务和最重要的“纲”，牢牢把握学懂弄通做实的要求，强化思想认同，切实武装头脑，增强实践自觉，持续深入系统学习、调查研究、真抓实干，推动党的十九大精神往心里走、往深里走、往实里抓，推动习近平新时代中国特色社会主义思想在东莞大地落地生根、结出丰硕成果。

全会指出，习近平新时代中国特色社会主义思想实现马克思主义中国化的又一次历史性飞跃，开辟了马克思主义新境界、中国特色社会主义新境界、治国理政新境界、管党治党新境界，为新时代坚持和发展中国特色社会主义提供强大思想武器和行动指南。学习宣传贯彻党的十九大精神，最核心最根本的是要深入学习宣传贯彻这一指导思想，准确把握“8个明确”和“14个坚持”的思想内涵，增强政治认同、思想认同、情感认同，以学促干、知行合一，为把广东建设成为向世界展示习近平新时代中国特色社会主义思想的重要“窗口”和“示范区”作出东莞应有的贡献。

全会强调，要把坚决维护习近平总书记的核心地位作为第一位的政治要求，牢固树立政治意识、大局意识、核心意识、看齐意识，在任何时候、任何情况下都忠诚核心、拥戴核心、维护核心、捍卫核心，坚决维护习近平总书记一锤定音的权威，在政治立场、政治方向、政治原则、政治道路上始终同以习近平总书记为核心的党中央保持高度一致，坚决维护党中央权威和集中统一领导，坚决按照中央部署要求开展工作，用东莞的生动实践，有力证明习近平新时代中国特色社会主义思想无往而不胜的强大真理力量、思想力量、实践力量。

全会强调，要以习近平新时代中国特色社会主义思想为指引，坚定推动更高水平发展、实现在全面建成小康社会、加快建设社会主义现代化新征程上走在前列的价值追求。切实增强走在前列的使命担当，实现更高质量、更有效率、更加公平、更可持续的发展。增强转型发展的信心决心，用发展的眼光分析优势和短板，不断巩固和厚植发展优势，一项一项补强短板，把发展潜力充分释放出来。增强改革开放的勇气锐气，以改革的办法破解难题，用创新的思路谋划发展，持开放的理念拓展空间，推动东莞改革开放在新起点上续写新篇章。

全会强调，要坚持把习近平新时代中国特色社会主义思想作为根本指导思想，着力破解东莞改革发展的主要制约因素，助推实现“六大跃升”，不断开创新时代东莞社会主义现代化建设新局面。着力破解产业体系的结构性制约，从宏观、政府、市场三大层面深入推进供给侧结构性改革，落实东莞市“实体经济十条”，深化“倍增计划”，全力打造智能制造全生态链，加快建设现代化经济体系；着力破解开放模式的局限性制约，构建开放型经济新体制，以国际化高标准打造滨海湾新区，推动加工贸易创新发展，创新经济运行管理模式，厚植平台载体、加贸转型、营商环境三大优势；着力破解动能转换的胶着期制约，抢抓广深科技创新走廊建设历史机遇，落实创新型城市“提速计划”等十大计划，全力把中子科学城建设成国家综合性科学中心，推动成果转化、资源集聚、融合发展三大突破；着力破解资源配置的碎片化制约，深入推进园区统筹组团发展，缩小城乡和区域发展差距，切实增强发展的均衡性、协调性；着力破解社会治理的复杂性制约，扩大和优化公共服务供给，打造共建共治共享的社会治理格局，深化民主法治建设，推动社会和谐善治水平根本性提升；着力破解城市发展的滞后性制约，实施城市品质三年提升计划，推进美丽东莞建设，落实乡村振兴战略，加强精神文明建设，全面提升城市现代化水平。

全会强调，要认真贯彻落实新时代党的建设总要求，坚定不移推进全面从严治党。要坚持把政治建设摆在首位，增强“四个意识”，坚定“四个自信”，自觉在思想上政治上行动上同以习近平总书记为核心的党中央保持高度一致。严明政治纪律和政治规矩，严肃党内政治生活，加强党性锻炼，营造风清气正的良好政治生态；建设高素质专业化干部队伍，坚持正确用人导向，提振干部干事创业的精气神，加强干部培训和实践历练，统筹推进各领域人才队伍建设；加强基层党组织建设，创新党的基层组织设置和活动方式，推动基层党建与基层治理更紧密结合，使每个基层党组织都成为坚强战斗堡垒；持之以恒正风肃纪反腐，深入推进作风建设，强化监督执纪问责，深入开展反腐败斗争，扎实推进监察体制改革试点，为全面贯彻党的十九大精神提供有力政治保证。

全会号召，全市各级党组织和广大共产党员，要紧密地团结在以习近平总书记为核心的党中央周围，高举中国特色社会主义伟大旗帜，学习贯彻习近平新时代中国特色社会主义思想，不忘初心、牢记使命，改革创新、开拓进取，奋力推动东莞在更高起点上实现更高水平发展，努力在全面建成小康社会、加快建设社会主义现代化新征程上走在前列，为实现“两个一百年”奋斗目标和中华民族伟大复兴的中国梦作出应有贡献！

【市委常委会会议】 2017年，中共东莞市委召开常委会会议49次，会议议题主要涵盖以下内容：组织实施党中央、省委决策部署和市委全会决议、决定，审议通过重要党内规范性文件，讨论决定立法涉及的重大体制和重大政策调整，讨论重要地方性法规、市政府规章草案或草案中涉及的重大问题；研究向省委请示报告工作，讨论和决定下级党组织请示报告的重要事项；对全市经济社会发展和宣传思想文化工作、组织工作、纪律检查工作、群众工作、统一战线工作、政法工作等方面经常性工作中的重要问题作出决定；按照有关规定推荐、提名、任免干部；研究决定党员干部纪律处分有关事项等。

【市委书记专题会议】 2017年，中共东莞市委召开市委书记专题会议22次，会议议题主要涵盖以下内容：酝酿需要提交常委会会议审议的重要事项；研究市委重大问题、重点工作推进、重要举措落实以及重大突发事件处置等事项；讨论涉及干部人事、纪律检查、巡察方面的事项；研究市政府需提请市委先确定工作原则再进行决策执行的重要事项；研究市人大常委会党组、市政协党组提请的重要事项等。

【市委重要专项会议】 2017年1月5日，中共东莞市委召开东莞韶关对口帮扶工作第八次联席会议；1月16日，举行全市水污染治理工作现场会暨截污次支管网集中动工仪式；2月22日，召开市委政法工作会议；2月24日，召开深化东莞市文明城市创建工作会议；3月3日，召开东莞市更高水平发展十大行动计划推进大会；3月7日，召开全市城市工作会议；3月9日，举行市重大项目建设推进会暨项目集中签约、动工仪式；3月14日，召开全市创新驱动发展大会；3月23日，召开全市农村农业工作暨扶贫开发工作会议；3月31日，东莞市园区统筹片区联动协调发展工作推进会暨松山湖片区直属分局揭牌仪式举行；4月10日，召开东莞市推动次发达镇加快发展工作动员会暨村级换届选举工作会议；4月24日，召开东莞市落实中央环保督察反馈意见整改工作动员大会；5月3日，召开东莞市争创全国文明城市"四连冠"动员大会；5月4日，召开2017年东莞市双拥工作领导小组全体（扩大）会议；5月11日，召开全市推进"两学一做"学习教育常态化制度化工作会议；6月29日，召开全市卫生与健康大会；7月13日，召开昭通·东莞中山扶贫协作工作第二次联席会议；7月21日，召开全市城市品质三年提升计划工作动员会；7月25日，召开东莞市水污染治理工作现场会和精神文明建设工作会议；7月27日，召开市委常委议军会议；7月27日，召开全市维护稳定工作会议；8月1日，召开全市农村土地承包经营权确权登记颁证工作会议；9月26日，召开全市土地管理工作会议；9月30日，召开东莞市加大统筹发展力度推动次发达镇加快发展工作现场会、全市信访工作会议；10月12日，召开东莞市推进广深科技创新走廊建设工作动员暨系列重大科技创新项目及规划发布会议；10月13日，召开驻莞部队全面停止有偿服务军地协调领导小组暨任务部署会议、东莞市全面推进河长制工作部署会议；11月10日，召开东莞市金融工作会议；12月15日，召开全市水污染治理工作会议；12月27日，召开东莞市创建全国文明城市"四连冠"总结大会。

市委重要工作

【党的十九大精神学习宣传贯彻】 2017年10月26日，东莞市委书记、市人大常委会主任吕业升召开市委十四届第40次常委会议，传达党的十九大精神，研究贯彻意见，审议出台《中共东莞市委关于认真学习宣传贯彻党的十九大精神的通知》及《学习宣传贯彻党的十九大精神总体工作方案》。10月27日，吕业升深入虎门、长安、滨海湾新区宣传贯彻党的十九大精神。10月28日，东莞市召开传达贯彻党的十九大精神大会，进一步传达学习党的十九大精神，对学习宣传贯彻工作进行部署，吕业升出席会议并讲话，会议要求把学习宣传贯彻落实党的十九大精神作为当前及今后一段时期的首要政治任务，迅速掀起学习宣传党的十九大精神的热潮，组织开展"新时代·新征程·新东莞"专题调研，进一步完善东莞新时代社会主义现代化建设的工作思路和举措，切实用党的十九大精神指导东莞实践。会议强调，进入新时代，迈上新征程，建设新东莞，必须坚定习近平新时代中国特色社会主义思想引领，推动在创新转型发展、全面开放格局、区域协调发展、美丽东莞建设、社会和谐善治、文化繁荣兴盛上实现"六大跃升"，奋力在更高起点上实现更高水平发展，努力在加快建设社会主义现代化新征程上走在前列。10月31日，吕业升赴市社会服务管理"智网工程"指挥调度中心调研，向政法战线宣传党的十九大精神，并参加"智网工程"指挥调度中心揭牌仪式。11月10日，市委办公室印发《市领导同志开展调研督导学习贯彻党的十九大精神工作方案》《关于在全市党员干部中深入开展党的十九大精神大学习大培训实施方案》。11月13—14日，市委围绕"不忘初心、牢记使命、永远奋斗——推动党的十九大精神在东莞落地生根、开花结果"主题，部署开展为期两天的中心组专题学习活动，吕业升率队瞻仰广东东江纵队纪念馆，重温入党誓词，主持召开市委十四届第42次常委会议，开展学习讨论，谈心得体会。11月13日，东莞市举办市管正职领导干部深入学习贯彻党的十九大精神专题研讨班开班式暨省委宣讲团党的十九大精神宣讲报告会，吕业升出席会议并讲话。12月5日，中共东莞市委十四届四次全会召开，审议通过《中共东莞市委关于持续深入学习宣传贯彻党的十九大精神推动习近平新时代中国特色社会主义思想在东莞大地落地生根结出丰硕成果的意见》，会议强调各级党组织和广大党员干部要坚持把学习宣传贯彻党的十九大精神作为首要政治任务和最重要的"纲"，牢牢把握学懂弄通做实的要求，强化思想认同，切实武装头脑，增强实践自觉，持续深入系统学习、调查研究、真抓实干，推动党的十九大精神往心里走、往深里走、往实里抓，按照"坚定一个引领、实现六大跃升"的总体思路，着力破解东莞市发展的主要制约因素，推动习近平新时代中国特色社会主义思想在东莞大地落地生根、结出丰硕成果。

【习近平总书记对广东工作的重要批示精神学习宣传贯彻】 2017年4月12日，广东省委副书记、省长马兴瑞率调研组到东莞参加市委常委（扩大）会议，指导学习宣传贯彻习近平总书记重要批示精神，并开展调研工作。4月17日，市委书记、市人大常委会主任吕业升召开市委十四届第17次常委会会议，学习《中共广东省委关于认真学习贯彻习近平总书记重要批示精神的通知》，审议同意《东莞市学习宣传贯彻习近平总书记重要批示精神工作方案》。会议强调，要充分认识习近平总书记重要批示的重大意义，切实把思想和行动统一到中央和省委精神上来，把学习宣传贯彻习近平总书记重要批示精神作为首要政治任务抓紧抓实，以改革发展稳定的成果体现和检验学习宣传贯彻的成效。4月26日，东莞市举行习近平总书记重要批示精神宣讲报告会暨第60期“东莞学习论坛”，邀请省委宣讲团成员、省政府发展研究中心副主任李惠武作“努力完成好新时期广东的新使命”专题报告。吕业升出席会议。5月3日，东莞市召开深入学习宣传贯彻习近平总书记关于广东工作重要批示精神会议。吕业升出席会议并讲话。会议强调，全市上下要切实把思想和行动统一到习近平总书记重要批示精神上来，突出做好重点企业规模和效益“倍增计划”、构建开放型经济新体制试点实验、污染治理等八方面工作，在贯彻落实重要批示精神上走在全省前列，以优异成绩迎接党的十九大和省第十二次党代会胜利召开。

【习近平总书记系列重要讲话精神传达学习】　2017年，东莞市委通过召开常委会议等形式，深入学习贯彻习近平总书记系列重要讲话精神。7月24日，市委书记、市人大常委会主任吕业升主持召开市委十四届第30次常委会会议，传达学习习近平总书记关于甘肃祁连山国家级自然保护区生态环境破坏问题的重要批示精神以及中共中央办公厅、国务院办公厅有关通报精神和环保部视频会议精神。8月8日，吕业升主持召开市委十四届第31次常委会会议，传达学习习近平总书记7月26日在省部级主要领导干部专题研讨班上重要讲话精神，研究贯彻意见。11月8日，吕业升主持召开市委十四届第41次常委会会议，传达学习习近平总书记在瞻仰上海中共一大会址和浙江嘉兴南湖红船时的重要讲话精神，研究贯彻意见。12月11日，吕业升主持召开市委十四届第47次常委会会议，传达习近平总书记关于进一步纠正“四风”、加强作风建设重要批示精神，研究贯彻意见。

【“两学一做”学习教育常态化制度化推进】　2017年5月8日，东莞市委书记、市人大常委会主任吕业升主持召开市委十四届第22次常委会会议，传达全省推进“两学一做”学习教育常态化制度化工作会议精神，研究贯彻意见。5月10日，市委办公室印发《关于2017年推进“两学一做”学习教育常态化制度化的实施方案》。5月11日，东莞市召开推进“两学一做”学习教育常态化制度化工作会议。吕业升出席会议并讲话。会议强调，要切实把思想和行动统一到习近平总书记重要指示精神以及中央和省委的部署要求上来，进一步深化认识，提高站位，在巩固上年以来学习教育成效的基础上，以更加坚定的把握推进“两学一做”学习教育常态化制度化，不断把学习教育引向深入；严格按照有关要求，认真抓好各项重点任务落实，切实提升学习教育的针对性和实效性，确保融入日常、抓在经常；高度重视、精心组织，把推进“两学一做”学习教育常态化制度化作为加强党的建设的一项长期任务，落实责任，加强领导，持续用力，确保学习教育真正落到实处、取得实效。

【广东省第十二次党代会精神学习宣传贯彻】　2017年5月27日，东莞市委书记、市人大常委会主任吕业升召开市委十四届第24次常委会会议，传达中国共产党广东省第十二次代表大会精神，研究贯彻意见。5月31日，东莞市召开传达学习贯彻省第十二次党代会和省委十二届一次全会精神会议。吕业升出席会议并讲话。会议强调，各级各部门要认真学习，深刻领会、全面把握精神实质，迅速把思想和行动统一到省党代会精神上来，形成贯彻省党代会精神的高度思想自觉和行动自觉；要结合实际，系统部署，迅速掀起学习宣传省党代会精神的热潮；要按照省党代会精神和“四个坚持、三个支撑、两个走在前列”的要求，进一步强化在全国全省发展大局中的责任担当，努力在建设现代化先行区、推进供给侧结构性改革、实施创新驱动发展战略、构建开放型经济新体制、生态文明建设、联动协同发展、增进民生福祉、维护社会稳定、加强党的建设等九个方面争当表率，以更高水平发展的实际成效确保省党代会精神落地生根。6月5日，市委印发《学习宣传贯彻省第十二次党代会精神工作方案》的通知，对全市学习宣传贯彻省第十二次党代会精神作出具体部署。6月13日，市委召开学习贯彻省第十二次党代会精神省委宣讲团报告会暨市委中心组（扩大）专题学习会。

【全国“两会”精神传达贯彻】　2017年3月16日，东莞市传达贯彻全国“两会”精神会议召开。市委书记、市人大常委会主任吕业升出席会议并讲话。会议强调，各级各部门要把传达学习全国“两会”精神作为重要政治任务，结合本地区本部门实际，切实抓好学习贯彻；要坚定决心，切实以创新引领动能转换、经济转型；要狠抓落实，坚决维护社会和谐稳定；要扎实抓好当前各项工作，确保实现全年目标任务，以优异的成绩迎接党的十九大召开，为东莞在更高起点上实现更高水平的发展作出新的贡献。

【广东省“两会”精神传达贯彻】　2017年1月26日，东莞市委书记、市人大常委会主任吕业升主持召开市委十四届第六次常委会会议，传达省“两会”精神，研究贯彻意见。会议强调，要深刻领会省“两会”的精神实质，加快推进打造智能化制造转型生态链，实施重点企业规模和效益“倍增计划”、推动园区统筹片区联动发展、提升开放型经济发展水平、深化重点领域改革、打响环境整治攻坚战、优化公共服务供给、从严治党等各项重点任务，抓好当前各项工作，确保首季度“开门红”，维护社会安全稳定；做好新一届省人大代表候选人推选工作。

【更高水平发展十大行动计划推进】 2017年3月3日，东莞市召开更高水平发展十大行动计划推进大会。会议印发《十大重点督办项目工作方案》（征求意见稿）及《十大行动计划专项督查工作方案》，对全面推进十大行动计划进行具体部署，要求细化责任分工，严格对照时间进度，逐项完成十大重点督办项目、30项重点推进工作。市委书记、市人大常委会主任吕业升出席会议并讲话。会议强调，全市上下要增强责任感和紧迫感，把握突围之机，凝聚突围之力，坚决推进十大行动计划，打赢突围之战；要扭住重点任务，逐个攻破园区统筹片区联动协调发展、水环境治理等十大重点督办项目；要聚焦关键环节，在深入实施创新驱动发展战略、扶持次发达镇产业发展等方面精准发力；要紧盯体制障碍，在创新投融资机制、强化市级政务服务统筹等方面改革破题；要坚定决心谋突破，创新方法求实效，改进作风抓落实，以实实在在的工作成效兑现向全市人民群众作出的承诺；要进一步压实责任、从严督查问责，通过真抓实干，提振干事创业精气神，将各项工作任务落实到位。

【构建开放型经济新体制综合试点试验】 2017年4月6日，东莞市召开全市商务暨构建开放型经济新体制综合试点试验工作推进会议。市委书记、市人大常委会主任吕业升参加会议并讲话。会议强调，要以构建开放型经济新体制综合试点试验为契机，把创新体制机制作为重中之重，不断增创开放型经济发展新优势，为全市在更高起点上实现更高水平发展、率先迈上基本实现社会主义现代化新征程作出新的更大贡献。6月14—15日，由商务部、北京大学国家发展研究院组织的第三方评估组来莞对构建开放型经济新体制综合试点试验进行中期评估。截至2017年底，经过近两年的改革探索，东莞市构建开放型经济新体制综合试点试验形成三批40项具有良好示范效应的改革做法，加工贸易废料交易平台模式等5项改革措施获得国家部委复制推广，是12个试点中复制推广经验最多的地区。

【水污染治理推进】 2017年1月16日，东莞市举行水污染治理工作现场会暨截污次支管网工程集中动工仪式。市委书记、市人大常委会主任吕业升参加活动并讲话。会议强调，打赢水污染治理攻坚战，首战决战次支管网建设，各级各部门要以更大的决心、更高的标准、更实的举措、更严的考核，加大环境供给侧结构性改革力度，坚决打好水污染治理攻坚战。2月17日，东莞市召开截污次支管网建设进展约谈会，吕业升对截污次支管网建设进度落后的镇街进行约谈。3月16日，吕业升前往牛山污水处理厂、樟村水质净化厂、市污水设施工程建设现场指挥部、市环保局专题调研水污染治理工作。4月13日，吕业升赴常平镇督导水污染治理工作。4月24日，东莞市召开落实中央环保督察反馈意见整改工作动员大会暨石马河、寒溪河流域污染综合治理现场会。吕业升出席会议并讲话。会议强调，要全面增强“两河流域”污染综合治理的责任心和使命感，科学系统推进“两河流域”污染综合治理，坚决打赢“两河流域”污染综合治理攻坚战。7月12日，吕业升赴长安镇督导人民涌整治工作。7月24日，吕业升主持召开市委十四届第30次常委会会议，听取全市水污染治理进展情况汇报，研究下阶段有关工作。7月25日，东莞市召开全市水污染治理工作会议。吕业升出席会议并讲话。会议强调，要紧紧围绕截污次支管网建设、考核断面水质达标、水体污染整治等重点工作，加快推进水污染治理攻坚战各项工作，确保完成年度目标任务。7月31日，市委办公室、市政府办公室出台《东莞市全面推行河长制工作方案》，明确全面推行河长制工作的总体要求、组织体系、主要任务、保障措施，提出到2017年年底全市境内河湖全面建立河长制，构建市、镇、村三级河长制组织体系，到2020年年底基本实现“河畅、水清、堤固、岸绿、景美”总目标。8月15日，省长马兴瑞来莞调研国家考核水断面及黑臭水体整治情况。8月22日，吕业升赴东城街道、长安镇督导老围河、人民涌污染治理试验工作。9月8日，东莞市召开重污染河涌综合整治工作会议。吕业升出席会议并讲话。会议提出，总结推广重污染河涌污染治理试验经验，推进全市每个镇街至少一条重污染河涌综合治理示范工程，加快重污染河涌治理工作，到2018年春节前，完成全市约40条重污染河涌的综合整治；到2020年，完成全市约260条重污染河涌综合整治；到2022年，完成全市500多条河涌整治，全面消灭河涌黑臭现象。12月15日，东莞市召开水污染治理工作会议。吕业升带队考察黄江镇截污次支管网建设工程进展情况和塘厦镇重点污染河涌整治情况，参加水污染治理工作会议并讲话。会议强调，要以十九大精神激发新动力，增强打好水污染治理攻坚战的责任感和使命感，聚焦水质改善目标，推进精准治污，从严压实治水责任，确保水污染治理攻坚战深入推进。

【全国文明城市“四连冠”争创】 2017年2月24日，东莞市召开深化东莞市文明城市创建工作会议。市委书记、市人大常委会主任吕业升就东莞深化文明创建工作作专题汇报，中央文明办督查组反馈东莞深化文明创建工作调研督查情况，对东莞文明创建所取得的明显成效给予肯定。3月2日，省委宣传部巡视员、省文明办主任顾作义到莞开展文明创建工作专题调研。3月9日，省创建全国文明城市、县级文明城市工作座谈会在莞召开。5月3日，东莞市争创全国文明城市“四连冠”动员大会召开。吕业升出席会议并讲话。会议强调，要进一步深化认识，精准发力，统筹推进，着力构建齐抓共管工作格局，凝聚起冲刺决战的强大合力，确保实现全国文明城市“四连冠”。7月25日，全市精神文明建设工作会议召开，吕业升主持会议。会议强调，要充分认识蝉联全国文明城市的重大意义，明确责任，协调联动，形成合力，以优异的成绩圆满完成全国文明城市“四连冠”目标。8月2—3日，吕业升率队到北京市拜访中央文明办。8月11日，东莞市文明城市创建工作督导情况反馈会召开，通报东莞市文明创建工作情况，听取省文明办督导组反馈督导情况以及对东莞文明创建工作的建议。8月29日，吕业升主持召开市文明委工作会议。会议强调，各级各有关部门要抢抓有利机遇，以向十九大献礼的坚定把握，在确保经济稳中有进、进中向优的同时，抓紧抓实抓好全国文明城市复评工作，全力确保高分通过复评，努力实现全国文明城市“四连冠”。12月27日，东莞市召开创建全国文明城市“四连冠”总结大会，传达学习全国精神文明建设工作表彰大会及全省精神文明建设工作座谈会精神，通报2017年东莞市获得中央文明委、广东省文明委表彰的有关情况，举行“全国文明城市”亮证仪式。吕业升出席会议并讲话。会议强调，要珍惜荣誉，振奋精神开启新征程，坚持以习近平新时代中国特色社会主义思想为指引，深化认识、提高站位，增强深化文明创建的思想自觉和实践自觉，争创全国文明城市“五连冠”。

【村级换届选举】 2017年3月20日，东莞市委书记、市人大常委会主任吕业升召开市委十四届第14次常委会会议，传达广东省村（社区）“两委”换届选举工作座谈会精神，听取全市村（社区）换届选举准备情况，研究有关工作。3月27日，全省村（社区）“两委”换届选举工作电视电话会议在广州召开。市委、市人大常委会、市政府、市政协领导班子成员出席东莞分会场会议。3月31日，市委办公室、市政府办公室印发《关于成立东莞市村级换届选举工作领导小组的通知》，成立东莞市村级换届选举工作领导小组，吕业升担任领导小组组长。4月14日，市委办公室、市政府办公室印发《关于做好2017年全市村级换届选举工作的通知》，对全市村级换届选举工作作出部署。5月10日，吕业升带队赴东城街道督导村级换届选举工作。5月12日，吕业升赴大朗镇督导村级换届选举工作。6月8日，省委常委、组织部部长邹铭带队来莞调研村级换届选举工作。7月3日，吕业升召开市委十四届第28次常委会会议，传达广东省村（社区）“两委”换届选举工作座谈会精神，研究贯彻意见。截至2017年6月底，全市32个镇（街道）的592个村（社区）全部完成换届选举工作，选举产生村（社区）“两委”干部4012名，党工委书记、村（居）委会主任“一肩挑”比例为84.5%，村（社区）“两委”交叉任职比例为91%。

【东莞市委书记接受采访和发表署名文章】 2017年1月19日，东莞市委书记、市人大常委会主任吕业升在省十二届人大五次会议东莞代表团举行媒体开放日活动上接受《南方日报》、广东电视台等媒体采访，介绍东莞深入推进创新驱动发展、2021年GDP力争超过万亿元目标等情况。2月27日，吕业升接受香港《经济导报》专访，介绍东莞“倍增计划”和转型升级经验成果。3月28日，吕业升接受《南方都市报》专访，解读“东莞突围”目标以及“十大行动”出台的背景和意义。4月26日，吕业升接受新华社书面采访，介绍东莞基层精神文明创建的措施和成效。5月22日，吕业升接受《南方日报》专访，介绍东莞供给侧结构性改革、创新驱动发展、构建开放型经济新体制等方面的举措和成果。8月22日，吕业升接受《南方日报》专访，谈东莞市落实省党代会精神、打造创新驱动发展“升级版”工作情况。12月23日，《南方日报》刊发吕业升的署名文章《切实解决

2017年中共东莞市委机构设置情况

性质	级别	名称
市直机关	正处级	纪律检查委员会机关（监察局）、市委办公室、组织部、宣传部、统一战线工作部、民主党派办公室（不定级）、政法委员会、政策研究室、台湾工作办公室（人民政府台湾事务局）、直属机关工作委员会、老干部局、机构编制委员会办公室、市委第一、二、三、四、五、六巡察组（不定级）
	副处级	东莞市直属机关纪律检查工作委员会、企业工作委员会、社会组织工作委员会、市委督查室（不定级）
事业单位	正处级	市委党校（行政学院）、东莞日报社、广播电视台、党史研究室、接待办公室、粤桥山庄管理处、社会科学院（未定级别）
	副处级	

发展不平衡不充分的问题》。

（吉峰平）

附：2017年中共东莞市委书记、副书记、常委、秘书长、副秘书长名录

市委书记：吕业升
市委副书记：梁维东　张　科
市委常委：吕业升　梁维东
张　科　戚优华
骆招群（4月到任）　白　涛
王检养（3月免职）　郑　琳
杨晓棠　殷焕明（任至5月）
黄少文　杨东来（6月到任）
张冠梓（挂职，6月到任）
林　辉（挂职，3-9月）
市委秘书长：黄少文（任至6月）
陈志伟（6月到任）
市委副秘书长：谢小薇
安连天（任至2月）
黄荣峰　叶淦奎（2月到任）
陈东成（1月到任）

附：2017年中共东莞市委办公室主任名录

市委办主任：谢小薇（兼）

综合协调服务

【保密工作】 保密工作会议　2017年5月11日，东莞市召开全市保密工作会议。市委副书记张科在会上强调，全市各级保密组织要认清形势，增强做好新时期保密工作的责任感、使命感；把握重点，推动保密工作转型升级；要落实责任，推动保密工作各项部署落到实处。各镇街、各单位及时召开保密领导小组全体会议或保密工作会议，传达学习全市保密工作会议精神，部署做好全年保密工作。

保密监督检查　2017年，东莞市委保密委成员带队，围绕涉密定点维修维护、涉密信息系统、机关单位保密自查自评、党政领导干部保密工作责任制、涉密人员管理、涉密测绘成果、信息公开保密审查等内容，联合有关部门开展多个系统专项保密检查，累计检查镇街28个、单位31个。

保密行政审批审核　2017年，东莞市国家保密局对部门权责清单进行全面梳理完善，更新权责清单内容，明确权责事项运行各环节对应的责任事项、问责依据和监督方式。调整后的权责清单49项，其中行政许可1项、行政处罚7项、行政强制2项、行政检查1项、行政确认5项、行政奖励1项、其他32项，在市政府网上办事大厅公布。

首个国家安全与保密教育基地成立　2017年5月11日，东莞市首个国家安全与保密教育基地在东莞展览馆举行成立挂牌仪式，市委副书记、市委保密委主任张科，市委保密委员会成员出席仪式。市国家保密局通过将东莞展览馆设为市国家安全和保密教育基地，引导全社会关心和支持国家安全和保密工作，参与各类保密宣传教育活动，提升东莞市的国家安全和保密教育水平。连续3年在东莞展览馆举办国家安全与保密教育展览，每年参观人数均超过10万人次。

保密宣传教育　2017年，东莞市国家保密局创新方式，开展保密宣传教育。将保密教育纳入“三纪”班内容。保密宣传教育内容融入到全市纪律教育月活动中，通过案例教育的方式加强领导干部保密意识。将保密教育纳入全市普法规划。通过学法平台，保密宣传教育纳入机关单位学法用法活动中；利用“12·4全国宪法日”活动，在旗峰广场开展保密法宣传活动，演示手机泄密风险。运用新技术创新保密宣传教育方式。研发基于微信、QQ平台的保密知识自动应答业务咨询系统，建立保密宣传教育数据库，为全市保密工作人员搭建24小时网上业务学习咨询平台。

保密工作考核　2017年，东莞市国家保密局根据《机关、单位保密自查自评标准》对各镇街、各单位保密工作进行目标管理考核，评选出56个保密工作先进单位和56名保密先进工作者。

国家统一考试保密管理　2017年，东莞市国家保密局加强与教育、公安、卫生、人力资源等部门，做好高考、中考、司法考试、医师资格考试、公务员招考的保密监督管理和服务，对16个试卷保密室进行检查验收，派员全程参与考试试卷运送、保管、交接等环节的保密管理，确保国家统一考试的有序进行。

保密培训　2017年，东莞市国家保密局举办保密干部业务提升培训班、全市初任经管国家秘密人员岗位业务培训班等，近200人接受专业培训。对106个镇街、单位开展保密宣讲服务，培训机关工作人员2万余人，培训人数比上年增长1.5倍。东莞市委党校将保密培训教育纳入领导干部培训之中，在中青班、军转班、副科班、公务员初任班开设保密专题课程，接受保密教育领导干部600余人次。

（魏云青）

附：2017年东莞市国家保密局主要领导名录

局　长：袁鸣春

【信访工作】 领导接访群众　2017年，东莞市12名市领导在市委、市政府人民来访接待大厅通过视频接访和现场接访的方式，接待来访群众281批1058人次。各镇（街道）领导干部1947人次，接访群众1344批6274人次。

上级检查信访工作　2017年8月3日，广东省信访局副局长邓志平、省信访局督查处调研员季桂春到莞开展信访专项督导工作，到虎门镇、南城街道督导信访案件，听取汇报。2017年有关重点时期，省信访局均派出由专职或挂职的省信访督查专员，到东莞市指导做好信访工作。

信访渠道　2017年3月底，东莞信访微信公众号和手机客户端开通使用，信访群众可以随时通过手机平台表达诉求，信访部门可以随时通过手机平台发布主流声音。7月21日，市法律援助信访工作站在市委、市政府人民来访接待厅揭牌成立。

信访规范化建设　2017年，东莞市信访局加强信访受理、办理、答复、送达、录入及督查督办等六个环节的规范化工作，制定相关工作指引，开展信访基础业务规范化专项督导检查活动，通过网上抽查的方式，对各镇街以及信访量较大部门开展督促检查，及时查找工作不足和薄弱环节，落实整改措施，信访工作实效得到提高。

信访法规宣传　2017年6月30日，“东莞市信访法规宣传普及日”活动在市、镇（街道）统一开展，宣传《信访条例》和《广东省信访条例》。市一级宣传普及日活动由市信访局联合沙田镇虎门港，在沙田镇休闲公园向当地群众解答普及信访知识，邀请东莞电视台等市主要媒体采访报道。

信访专题调研　2017年，东莞市信访局聚焦轨道交通建设、民办代课教师待遇、信访干部队伍建设、信访事项答复及复查工作等信访热点难点问题，深入各有关镇街、部门开展专题调研。

信访业务培训　2017年5月10—11日，东莞市信访局举办2017年全市信访业务培训班，邀请省信访局、市农业局、市信访局有关业务负责人讲解政策法规及业务规范，沙田、塘厦镇作信访事项答复工作的专题发言及经验交流，市信访局对信访基础业务规范化进行点评答疑。各镇（街道、园区），市有关单位约140人参加培训班。（黎燕君）

附：2017年东莞市信访局主要领导名录

局　长：叶可阳（任至11月）
　　　　翟耀东（11月到任）

【市委督查工作】　2017年，东莞市委督查室梳理分解2017年市委常委会工作要点及十大行动计划，形成395项重点工作按季度跟踪反馈；筛查跟踪市委常委会决定事项和全市重大会议决定事项，推进51项重要决策部署落到实处；承办各级领导批示45件督办《广电舆情》23期，涉及事项56宗；撰写报省《督查专报》8期，被省采用4期，获省领导批示2期；编撰《工作落实动态》15期；深入开展督查调研，撰写调研报告6篇，获市领导批示15篇次。

决策督查　2017年，东莞市委督查室紧扣党的十九大、省第十二次党代会、市第十四次党代会、省委2017常委会工作要点、市委2017年工作要点等重大决策部署，形成8篇《督查专报》报省，其中4期获省委督查室采用，并有2期获省领导批示。制定《市委常委会2017年工作要点任务安排表》《十大重点督办项目和30项重点推进工作任务清单分解表》，明确395项重要部署责任分工；联合市政府督查室4次反馈《市委、市政府2017年重点工作进展情况表》。跟踪市委常委会决定事项和全市重大会议决定事项，推进学习贯彻习近平总书记系列讲话精神、优势企业倍增计划等51项重要决策部署贯彻落实。坚持深入督办。开展学习贯彻党的十九大精神、落实《中央八项规定实施细则》、黑臭水体整治、市委常委挂联系片区等37项专项督查，形成报告38篇，专项工作数量、撰写报告数量分别比上年增长48%、58.3%，推动工作落实进度。高效跟踪反馈。立项跟进市委书记调研指示29项，定期汇总；对重污染河流、内河涌整治等多个重点事项推进中的困难问题，开展协调、实地调研和回访督查。

督查考评　2017年，东莞市委督查室建立完善年初定目标方向、年中巡查督进度、年底考评督绩效、年中年底两报告等四项考评工作机制，确保督查考评工作规范有序，有效确立督查考评权威。开展部门年中巡查，通过召开7场巡查会议，对重点事项涉及的52个职能部门45个事项进行现场督导；镇街年中巡查中，通过召开6场巡查座谈会，实地督导巡查点12个，听取32个镇街汇报考评事项进展情况，梳理发现问题60个，督促落实整改任务。通过聚焦问题、点评分析、提出建议，明确各方工作着力点，推进工作落实，提升巡查实效性。选取包括“十大行动计划”十大重点督办项目、“倍增计划”、实施创新驱动发展、市政府十件民生实事在内共14个专题78个事项的266个任务目标作为部门、镇街考评具体事项，通过层层分解任务，责任落实到人，有效促动各部门各镇街瞄准年度目标，真抓实干，把市委、市政府重要决策部署落实到位。

舆情督查　2017年，东莞市委督查室督办《广电舆情》23期，涉及事项56件，办结56件。强化《广电舆情》事项质量观念和时效意识，严格把关，确保件件有回音。

批示办理　2017年，东莞市委督查室办理各级领导批示45件，办结45件。对突发、紧急或重大的领导批示事件进行核实，确保领导批示事项事事有着落。对一些办理难度较大的事项，多次召集有关单位开展督促协调。如根据市委主要领导指示精神，对东莞理工学院建设高水平理工大学需市协调解决事项，梳理出相关事项16项，其中解决11项，待省市有关政策出台即可解决3项，需市政府专题研究2项，完成市领导交办任务。

督查调研　2017年，东莞市委督查室开展农民公寓建设、实施重点企业“倍增计划”、截污次支管网建设、次发达镇加快发展、全市生活垃圾处理、麻涌镇全域旅游等6个专题调研，形成有情况、有分析、有建议的调研报告6篇，先后获市委书记、市长等市领导批示15次，促成相关政策的出台和完善。着力抓好调研建议转化工作，如《我市实施重点企业“倍增计划”的阶段性情况、存在问题及工作建议》获书记、市长批示后，按照主要领导批示精神，督促市倍增办、环保局、农业局、发改局、住建局、城管局等相关职能部门采取工作措施，出台和完善相关政策，推进关键环节取得突破，进而带动面上工作的进展，发挥参谋助手作用。

专项督查　2017年，东莞市委督查室围绕全市基层文明创建"补短板、促提升"，联合15个部门组成3个小组，对全市33个镇街、园区全覆盖连续实地督查，检查各类场所，为东莞市蝉联"全国文明城市"打下坚实的基础。做好十九大维稳工作，协助市委副秘书长对9个单位的19件信访隐患个案开展两轮督导化解工作，维护社会稳定。办理广电舆情事项中，建立多方联动机制，深入联系部门、镇街，协调广播电视台做好现场回访和复核。定期选取群众反映强烈或社会影响较大的问题实地回访复核，注重通过个案办理推动解决一批同类问题。　（邓志坚）

附：2017年中共东莞市委督查室主要领导名录

主　任：翟婷莹（任至11月）

【接待工作】　2017年，东莞市接待办接待重要宾客448批1.94万人次，批数比上年下降16.57%，人次下降18.35%。其中中央领导18批；省部级领导144批209人；批次下降17.24%；地、县级领导286批1.44万人次。到东莞的党和国家领导人有：第十六届、十七届中共中央政治局委员、常委李长春；中共中央政治局委员、广东省委书记胡春华；第十三届、十四届、十五届中共中央政治局委员，第九届全国人大常委会副委员长田纪云；第十三届中共中央政治局委员，第八、九届全国政协副主席杨汝岱；第十六届、十七届中共中央政治局委员，中国法学会会长王乐泉；第十六届中央政治局委员，国务院原副总理曾培炎；第十届全国人大常委会副委员长、秘书长盛华仁；第十二届全国人大常委会副委员长，民盟中央原主席张宝文；全国政协副主席梁振英；第十一届、十二届全国政协副主席、民进中央原第一副主席罗富和。

大型活动、会议接待　2017年，东莞市接待办统筹的大型活动接待工作有所增加，大部分活动都是首次举办，重点做好2017国际亚马锦标赛、2017海丝博览会、2017加博会、第三届智博会、第九届漫博会、第二届中国大学生跨境电商创业大赛、2017东莞高层次人才活动周、2017国际科技合作周等大型活动，以及2017两岸青年就业创业研讨会、2017中国城市规划年会、第三届"新型城镇化与法"高峰论坛、2017年国家科技部基础研究工作会、第十九期市长（书记）城建专题研究班、全省地级以上市政协外事侨务工作座谈会等大型会议的统筹协调，完成参加活动会议重要领导、贵宾的接待工作。

重要团队来访及市领导外出保障　完成江苏省代表团、湖南省政协代表团以及佛山市、中山市、江门市、梅州市、韶关市、吴川市、温州市、福州市、常熟市、益阳市、株洲市、梧州市、柳州市、北海市、乐山市、潍坊市、鸡西市、满洲里市、新疆生产建设兵团第三师图木舒克市等地市党政代表团接待工作；配合做好市党政代表团赴香港、广州、北京、武汉等地参访，赴韶关、云南昭通、新疆兵团第三师等地对口帮扶的外出考察服务保障工作。

规范公务接待管理　2017年，东莞市接待办规范公务接待，提升管理水平上作出一系列有益举措。规范管理，严格执行中央、省市对公务接待方面的有关规定；完善内部自主开发系统的后台数据统计分析功能，提升接待工作精准化水平。整合资源，梳理整合各镇街、市直部门饭堂资源，出版《莞饮莞食》一书，成为展示东莞本土接待菜式的全新载体。更新完善参观点数据库，将"热词"嵌入参观点资料中，提高资料查阅的针对性和便捷性。提升素质，举办季度业务研讨会，抓好干部基层挂职工作；推荐接待业务骨干赴基层及部门进行业务专题授课，使干部拓展视野、锻炼能力、提升水平。

（梁在烽）

附：2017年东莞市委、市政府接待办公室主要领导名录

主　任：梁　燕

组织建设

【党组织概况】　截至2017年底，东莞市有党的基层组织9234个（含"两新"组织党组织3754个），其中党委227个，总支部483个，支部8524个。全市有党员172996名，其中"两新"组织党员46043人（含流动党员18711人），女党员55938人，占32.33%；35岁及以下党员70956人，36岁至45岁党员43287人，46岁至55岁党员25825人，56岁至65岁党员12910人，66岁及以上党员20018人。大专及以上学历121784人，占70.40%，其中研究生及以上学历7866人；中专及以下学历51212人。农村党员52868人，占全市党员总数的30.56%。

【党员学习教育】　2017年，东莞市学习贯彻十九大精神。组建市委宣讲团赴各镇街、各部门宣讲400余场，开展"百场宣讲进基层"活动，听众13万余人次。发放学习书籍52.8万册，组织16.5万名党员参加"学报告、学党章"考学活动，党员干部登录"云课堂"学习"十九大精神"30余万人次，时长36万小时。党课下基层活动60余场，全市各党支部开展党课7218场次、专题学习研讨1.8万场次。完成全市1500余名市管干部的轮训，分类轮训基层党组织书记、党员骨干、党务工作者1.6万人次。推进"两学一做"学习教育常态化制度化。

【村级换届工作】　2017年，东

莞市村级换届选举工作完成。做实做细选前隐患摸查，对分阶段排查出的重点村（社区）、难点村（社区）和问题突出村（社区）实行分类指导、一村一策，推动解决突出矛盾问题。完成全市村（社区）以及辖下各类组织换届，592个村（社区）书记、主任“一肩挑”比例84.5%，4012名“两委”成员交叉任职比例91%，在100个试点社区选聘非户籍委员102名，实现新老交替和结构优化。加强村级“两委”班子建设，组织新任村级党组织书记轮训，将155个软弱涣散、经济落后、书记年纪较大或问题突出村的后备干部纳入市一级直接跟踪培养。出台并试点推行村级组织运作“1+9”系列制度，进一步强化村级党组织的领导核心地位。

【党的基层组织建设】 2017年，东莞市清理一批超配党组（党委）成员，规范运行方式，推动63个市直机关党组（党委）首次向市委常委会述职。新建“两新”党组织210个，建成园区党群服务中心63个，园区党建模式成为全国城市党建工作品牌。出台国有企业党的建设工作60条重点任务措施。成立市教育工委，全面加强教育系统党建和思想政治工作。加快党员管理信息化工程建设，完成全市党员和基层党组织信息采集。完成全市党费补缴工作。向全市462名满50年党龄老党员颁发“南粤七一纪念奖章”。推动驻点联系群众制度常态化长效化，全年走访群众73.6万户，解决问题1.89万个。33个村（社区）软弱涣散党组织100%实现转化。完成涉农“六大问题”整治任务，所有村（社区）建成公共服务中心。推进农村土地承包经营权登记颁证工作，完成应测绘调查耕地56万亩（3.73公顷），颁证率91.7%。

【人才工作】 2017年，东莞市强化党管人才工作格局，调整理顺人才工作职责分工。构建上下联动走访服务高层次人才格局，469名市镇领导干部走访联系819名高层次人才。人才政策进一步完善，2017年市镇出台60项人才政策。完善人才信息数据库，建立人才信息采集和人才资源统计工作机制，完成2017年全市人才资源统计报告。推进人才工作理论创新，编写《东莞人才发展报告2017》蓝皮书，“搭建新型人才理论研究平台”获2017年全国人才工作创新优秀案例奖。举办2017年东莞高层次人才活动周、第二期“蓝火计划”等系列活动。2017年底，全市人才总量172.67万人，其中高层次人才11.51万人，高技能人才6.98万人，省市创新创业领军人才71名，省市创新科研团队58个，省创新科研团队数量稳居全省地级市第一，博士后科研平台数量均居全省地级市第二。 （袁广发）

附：2017年中共东莞市委组织部主要领导名录

部　长：郑　琳

老干部工作

【老干部工作概况】 2017年，东莞市有离休干部（市直单位、镇属、转制企业、未转制企业）242人，易地安置离休干部19人，中央和省属单位离休干部23人，转制企业副处级以上退休干部82人，中华人民共和国成立前参加革命工作的老工人30人。

【老干部政治待遇落实】 2017年，东莞市坚持向老干部通报工作和征求意见，其中，1月16日，市委书记吕业升，市长梁维东，市人大常委会副主任潘新潮，市委常委郑琳、黄少文等市领导出席2017年东莞市老干部新春茶话会，在新春佳节来临之际，与老干部们亲切座谈，通报东莞市经济社会发展情况。坚持办好每季度老干部“学习论坛”，组织副厅级以上老领导前往惠州开展学习党的十八届六中全会精神和习近平总书记重要批示精神专题研讨班，组织全市离退休干部党支部书记前往顺德、梅州参加学习党的十八届六中全会精神、习近平总书记重要批示精神专题研讨班及学习贯彻党的十九大精神专题研讨班。加强离退休干部党支部建设，加强全市离退休干部党支部书记的培训力度，召开培训班、报告会、座谈会、参观学习等多种方式，搭建学习交流平台，引导离退休干部党支部书记发挥模范带动作用。

【老干部生活待遇落实】 2017年，东莞市向102名符合省有关文件照顾条件的退休干部发放生活补助、医疗补助和护理补助共计425.1万元。推动离休干部医疗费管理制度改革，与市卫生和计划生育局联合印制“老干部医疗保健卡”，210名离休干部凭卡享受就诊绿色通道待遇，在市人民医院（中心门诊部、第一门诊部、第二门诊部、红楼门诊部）、市中医院（总院、分院）、东华医院、第三人民医院、第八人民医院、东城人民医院开通门诊医疗费挂账服务，市人民医院、市中医院、东华医院、东城医院、康华医院开通住院医疗费挂账服务。全年全市约200名离休干部享受门诊诊疗挂账的便捷服务，为行动不便、长期患病的老同志34人提供“送医上门”服务95次。引入专业社工服务，联合社工机构开展“送学上门”、“外孙计划”、义务诊疗、义务理发等系列活动，2017年社工通过慰问探访、结对帮扶等方式服务老干部798人次，协助75名老干部协调解决93件实事。

【老干部活动开展】 2017年，东莞市组织近1000名离退休干部实地了解东莞最新动态，参观中国散裂中子源、唯美集团非公企业党建展览馆和中国建筑陶瓷博物馆、海战博物馆、可园博物馆、东莞市东江水务有限公司第六水厂等

2017年9月22日，东莞市离退休干部以“快闪”的形式高举五星红旗、齐唱《我爱你，中国》和《歌唱祖国》等经典歌曲　（老干局供图）

东莞市老年大学新校区鸟瞰图　（老干局供图）

一系列具有代表性的典型，引导老同志在感受变化、体验发展中助力东莞新征程。以才艺传递正能量，发挥东莞市老干部艺术团、老干部青松合唱团、关工委文艺队等团体的特长，围绕“喜迎十九大　永远跟党走”“迈向新时代　开启新征程”“文化惠民”等主题开展“正能量　基层行”活动，深入基层，联合各镇街、各部门举办一系列文艺汇演，鼓励老干部积极参与省、市各项公益演出，为超过1万名观众带来精彩演出，得到社会好评。东莞市老干部青松合唱团在“夕阳秀”第十六届全国中老年合唱节以总分第一名获金奖。以翰墨展现正能量，围绕“翰墨凝聚正能量　助力东莞新征程”“大手牵小手　喜迎十九大　永远跟党走”等系列主题，与珠海、顺德等举办书画联展，组织市老年书画家协会、书画组等开展20多场书画展览，大批书画爱好者参加活动。在党的十九大召开前，市委老干部局、市文联在岭南美术馆开展“喜迎十九大、真情献给党”东莞市厅级以上老领导书画雅集活动，吸引10多家媒体的关注和报道。以创新模式激发正能量，创新“互联网+”模式，依托微信公众号组织离退休干部开展学“双100句”在线问答活动，通过市委组织部、老干部局及东莞日报公众号同步推送，8700余人参与学习问答，关注新增6600余人。联合东莞报业集团、东莞市城市形象推广办公室共同举办“我为祖国唱首歌”快闪活动，200名与祖国同龄、来自各行各业的离退休老干部参与，人民日报公众号、腾讯视频、《东莞日报》、《东莞时报》、东莞时间网、莞香花开等多家媒体推送活动内容和视频，活动点击阅读量达1260万次，社会反响热烈，市领导对活动给予肯定。

【老干部大学】　2017年，东莞市老干部大学开设32个专业，教学班151个，在校学员超过5500人次，教育质量和服务管理受到上级部门的肯定，获“全国示范老年大学”称号。正在建设的市老年大学新校区位于市行政中心南广场，总用地面积1.55万平方米，总建筑面积3.26万平方米，于2017年7月完成封顶，将为全市老年人提供1万个学位。

【关工委工作】　2017年，东莞市关工委组织1956个，其中镇（街）关工委32个，社区（村）关工委589个，居民小组454个，市属部门关工委101个，市普教系统关工委605个，高校3个，市公安系统34个，医院关工委11个，企业关工委127个。基层关工委达到“五有”（有班子、有队伍、有活动、有经费、有场地）要求的占80%。市、镇各级关工委通过“中国梦”系列活动、普法和科技教育、大学生社会实践活动等引领青少年培育和践行社会主义核心价值观。全市2万余名大学生参加社会实践活动，策划活动400余场，建成社会实践基地261个，开展专题讲座（报告会）121场，形成60余篇社会调研报告。全市各级关工委动员社会力量，组建关爱行动队伍，通过精准帮教方式，聚焦贫困学生、失足青少年、新莞人子女、

吸毒青少年等特殊群体，超过330名青少年得到帮助。（刘豫鑫）

附：2017年中共东莞市委老干部局主要领导名录

局　长：王建周

宣传文化

【宣传文化概况】 2017年，东莞宣传文化工作以迎接党的十九大、学习宣传贯彻党的十九大精神为主线，以习近平新时代中国特色社会主义思想为指导，全方位筑牢意识形态"护城河"和"防火墙"，实现全国文明城市"四连冠"，唱响正面宣传主旋律，弘扬先进文化正能量。

【党的十九大精神宣讲】 2017年，东莞市落实"学懂弄通做实"要求，推进十九大精神学习宣讲工作。召开全市社科理论界学习座谈会，开展理论征文活动，抓好十九大辅导读物征订发行，指导各级党组织专题学习十九大精神。组建市委宣讲团深入各地各单位开展集中宣讲，全年举办十九大精神专题宣讲600余场，直接听众15万余人次。开展十九大精神"百场宣讲进基层"活动，面对面互动式宣讲170余场，直接听众4万余人次。

【意识形态责任制工作落实】 2017年，东莞市编印《习近平总书记关于意识形态工作系列重要讲话汇编》1800余册发放各级领导干部学习，组织开展意识形态专题宣讲，明确各级党委（党组）领导班子主体责任。落实意识形态联席会议制度，定期召开分析研判例会，对各类意识形态阵地加强管理。全年未发生涉意识形态安全重大事件。

【资政课题研究】 2017年，东莞市开展改革开放史料征集，组织进行相关口述史访谈整理，完成《东莞改革开放史料选编》第一辑和第二辑的编辑出版，组织开展红色革命遗址建档立册、立碑保护等工作。围绕市委、市政府中心工作，开展"东莞推进城市管理和基层社会治理现代化"等系列课题研究，推出8个资政报告，组织开展30项哲学社会科学规划课题研究。

【宣传报道】 2017年，东莞市从宣传的供给侧改革发力，加强新闻策划和亮点推介力度，做好党的十九大、"倍增计划"、科技创新走廊、文明城市创建等50余个重要主题或活动的宣传。组织策划党的十九大全媒体采访、"粤造粤强——广东创新驱动、智能制造"主题采访走进东莞等多个大型主题采访调研活动，推出一系列正面深度报道。中央各媒体刊播涉莞正面报道2513篇，省直及驻莞媒体主报（台、网）刊播1.01万篇，分别比上年增长9.2%和13.6%。

【舆情处置】 2017年，东莞市建立和完善由全市新闻发言人共同参与的舆情应对紧急响应机制。启动24小时工作专班，优化完善舆情监测督办系统，强化全市舆情信息工作的监测、转办、指导、督办。及时妥善处理新丰托养中心受助人员死亡等约200件突发事件或敏感舆情。"唱响新东莞"的宣传策划、东莞创建舆情处置新机制等探索实践连续两年以高票被评选为全省舆情引导优秀案例。

【媒体融合发展】 2017年，东莞市推动媒体融合发展、转型升级。东莞日报社强化媒体平台建设，实现《东莞日报》第七次改版升级，在2017年度中国报协评比中，东莞报业被评为"精品级报纸"；东莞时间网获"2017年全国地市网络媒体最具创新力十强品牌"称号。东莞广播电视台对全媒体新闻中心进行媒体深度融合改革。在中央网信办《网络传播》杂志发布的全国重点新闻网站传播力11月榜单中，东莞阳光网多项指标名列前茅。"东莞发布（莞香花开）"获"广东最具影响力政务新媒体奖"和"融媒创新优秀案例奖"两项称号。

【东莞市连续四届获评"全国文明城市"】 2017年，东莞市推进实施"九个一百"文明示范工程（百个文明示范村（社区）、百条示范路街、百个志愿服务示范站点、百个示范企业、百个示范市场、百个示范小区、百个示范窗口、百个示范学校、百个文明家庭）建设，抓好文明示范社区、路街、企业、农贸市场等创建工作，辐射带动全市文明创建全面提升。印发《东莞市文明创建工作督导问责办法》，开展常态化督导检查和月度考评工作。年内通过全国文明城市复评，实现"四连冠"。

【社会主义核心价值观培育】 2017年，东莞市把培育和践行社会主义核心价值观作为文明创建的根本任务，贯穿文明创建的全过程、各领域，强化核心价值观的引领作用。继续深化"友善之城""好人之城""志愿之城""希望之城"建设，推进友善社区（村）、友善企业、友善窗口、友善小区创建。策划举办首届童谣创作传唱大赛，举办2017年公益广告作品大赛，推进公益广告宣传。组织十九大精神社会宣传，在重点部位打造大型宣传"景观带"和"宣传窗"。

【公共文化服务提升】 2017年，东莞市公共文化服务标准化试点工作通过文化部验收，从试点转为示范。创建"全国版权示范城市"，是广东省首个获此殊荣的地级市。举办中国音乐学院第七届考级大赛总决赛。加快国家数字文化馆试点建设，启用东莞数字文化馆"文化莞家"。组织实施"全民艺术普及行动计划"，创新推出东莞文化年历、东莞文化四季等品牌活动，组织举办第二届群众音乐舞蹈花会等文艺赛事，举办"首届东

虎门镇物业小区社会主义核心价值观公益广告　（虎门镇供图）

虎门镇主干道社会主义核心价值观大型公益广告　（虎门镇供图）

大朗镇富民大道社会主义核心价值观立体雕塑　（大朗镇供图）

莞全民尚艺节”，推动文艺活动“到人民中去”。

【文艺精品力作打造】 2017年，东莞市坚持正确导向，突出本土题材，推进电视剧《袁崇焕》《蒋光鼐》和长篇纪实文学《虎门销烟》的创作；本土题材原创音乐剧《虎门销烟》完成全国巡演100场。强化群文创作，在广东省2016年度群众文艺作品评选中，东莞20件作品获奖，获总分全省第一。《啊！鼓岭》等三部作品获广东省第十届精神文明建设“五个一工程”（一部好的戏剧作品、一部好的电视剧或电影作品、一部好的图书、一部好的理论文章、一部好电影）奖优秀作品奖，名列全省各地市前茅。

【文化产业发展】 2017年，东莞市出台《东莞市文化产业发展“十三五”规划》，推动文化产业加快发展。全市文化产业增加值占比达到5.2%，成为支柱性产业。完成2017年市文化产业发展专项资金验收及2016年度市文化产业发展专项资金评审工作。成功举办第九届中国“漫博会”，突出专业特色，实现从公众展向专业展转型的探索。组织一批文化企业成功参展第十三届深圳文博会。

【主题外宣活动开展】 2017年，东莞市组织开展“开往春天的地铁”等10余场东莞城市系列快闪活动，展现城市、人文、产业等方面崭新面貌；举办2017广东省集邮展览，召开东莞题材邮资票品发行座谈会；开展东莞城市宣传口号征集活动；针对重点目标人群继续开展五项分众化城市形象传播活动；依托海丝博览会、亚洲马拉松等大型活动赛事强化对外宣传，精心策划新闻热点，推出大量正面报道。

【城市外宣精品打造】 2017年，东莞市以“美丽东莞，向现代化启航”为主题，制作新版城市宣传片，在中央电视台全球展播。启动编撰东莞城市主题系列丛书，推出丛书第一本《鸟颜色》，向外界介绍东莞的生态之美和人文之美。与央视《舌尖上的中国》团队合作筹拍《寻味东莞》（暂名）美食系列纪录片；策划筹拍《海外东莞人》系列节目。围绕东莞非遗文化主题，在《世界遗产地理》杂志推出东莞非遗专刊。

【境外宣传推介东莞】 2017年，东莞市联合新华社策划开展“金砖国家看东莞”海外新闻宣传项目，在全球通讯社联盟（亚洲网）以及南非、巴西、俄罗斯三国主流媒体刊发深度报道。与《人民日报》海外版合作举办“2017中国新发现·东莞故事”采访活动。结合香港回归祖国20周年和香港珠三角工商界合作交流会在莞举办等契机，在香港主流媒体推出东莞系列报道，展示东莞转型升级以及莞港合作亮点。

【宣传亮点工作推介】 2017年，东莞市围绕“学懂弄通做实”的总要求，推进党的十九大精神学习宣传贯彻工作，使习近平新时代中国特色社会主义思想深入人心。通过全国文明城市迎检复评，实现“全国文明城市”四连冠，群众性精神文明创建取得丰硕成果。正面宣传高潮迭起，舆情引导卓有成效，东莞舆情处置机制及新媒体建设获得省级以上系列荣誉。东莞市荣获“全国版权示范城市”称号，公共文化服务标准化试点工作通过国家验收，3部作品获省“五个一工程”（一部好的戏剧作品、一部好的电视剧或电影作品、一部好的图书、一部好的理论文章、一部好电影）奖。 （吴建勋）

附：2017年中共东莞市委宣传部主要领导名录

部　长：杨晓棠

统一战线

【统战工作概况】 2017年，东莞市统一战线系统学习和贯彻落实党的十九大精神，围绕中央、省委关于统一战线工作的方针政策和市委的决策部署，推进各项统战工作开展，取得较好成效，促进东莞市政党、民族、宗教、阶层和海内外同胞关系更加和谐。东莞市获得全省统战信息工作一等奖，获得全省统战工作实践创新成果奖，获得全省统战理论政策研究成果一等奖1篇，三等奖1篇，优秀奖2篇。

【民主党派联合大调研】 2017年，东莞市开展“大力支持中小企业突围发展，促进我市产业结构调整升级，助力‘倍增计划’”的民主党派和无党派人士联合大调研，召开调研座谈会7场，发放调查问卷500份，赴杭州、苏州、无锡、温州、佛山等市取经，形成近6万字的调研报告，提出53条支持东莞市中小企业转型发展的对策建议。调研成果在民主党派负责人暑期座谈会上进行集中汇报，得到市委、市政府主要领导肯定，有关对策建议正通过部门办理转化为市委、市政府相关政策，展现民主党派、无党派人士作为市委决策参谋助手的作用。

【党外代表人士队伍建设】 2017年，东莞市各民主党派和知联会加强政治建设、组织建设、制度建设，巩固共同思想基础。编制党外干部培养、使用计划，健全与市委组织部单月沟通协调会制度，制定市委统战部向市委推荐党外干部工作制度，4名优秀党外干部被提拔为市管干部，推动民主党派配备专职副主委，农工党市委会率先配备专职副主委，配合省委统战部做好全国和省级人大代表、政协委员的推荐考察工作。安排5名党外代表人士到实践锻炼基地挂职并做好相关跟踪服务工作，举办系列主体培训班提高党外代表人士思想政治素质，完善党外代表人士信息管理系统，做好党外代表人士发现、培养、使用、管理工作。

【新社会阶层人士统战工作实践创新基地创建】 2017年，东莞市被列为全省3个新的社会阶层人士统战工作实践创新基地试点城市之一。面对这项新任务，争取市委工作支持，制订工作实施方案，开展“四类人士”摸底调查，搭建新的社会阶层人士信息数据库，增设新的社会阶层人士工作科，12月19日在全省地级市中率先成立新的社会阶层人士联合会。至年底，新的社会阶层人士联合会有会员182名，理事会成员涵盖新的社会阶层人士不同群体，覆盖面广，结构合理，层次较高，充满生机和活力，开创东莞市新的社会阶层人士统战工作新局面，相关工作得到省委统战部的好评。

【民族宗教工作】 2017年，东莞市协调处理涉民族因素纠纷，全年未发生涉民族宗教因素的重大群体性事件。东莞市被国家民委确定为全国第三批少数民族流动人口服务管理示范城市。开展民族团结进步宣传月活动，推进民族团结进步示范点创建活动，南城宏远社区获授“全国民族团结进步创建活动示范社区”称号。提升宗教工作科学化规范化水平，加强伊斯兰教临时礼拜点安全管控，全面摸底调查全市民间信仰活动场所，深入开展宗教乱象治理，加强宗教团体建设，指导市佛教协会成功换届。

【港澳台海外统战工作】 2017年，东莞市支持港澳莞籍乡亲社团组织建设，指导香港东莞社团总会第二届会董会就职典礼和11个镇街香港同乡会完成换届，推动成立3个镇街澳门同乡会。开展内容丰富形式多样的恳亲、考察及座谈联谊活动，联络旅港、旅澳乡亲4万余人。创新莞港澳青年交流联谊方式，举办田径赛、篮球赛、足球赛、夏令营等系列活动，促进三地青少年互动交往，推动设立粤港科创一号股权投资基金（简称青创基金）。举办国家级2017两岸青年就业创业研讨会，推动两岸青年创业基地和就业创业示范点建设，搭建两岸大学生人才培养、交流实习平台，至年底有50家企业落户青创基地，32个创业团队入驻青创示范点，在莞就业创业和实习台湾青年人数超千人。举办东莞第七次归侨侨眷代表大会、第十届世界东安恳亲大会和市海联会九届六次会员大会。响应“一带一路”倡议，利用东莞市统战资源为企业走出去牵线搭桥，促成30余家企业在马来西亚、印度尼西亚等国投资办企，促成20多家海外企业到东莞投资。

【统战部门助推非公经济发展】 2017年，东莞市举办“东莞企业品牌故事大赛”，展示独具特色的企业文化、企业追求，展现东莞改革开放四十年来鲜明的发展轨迹和城市精神。推动金融创新，成立东莞民营投资集团有限公司（莞民投），引导民营资本抱团发展，激发实体经济投资活力。发动非公经济代表人士参与2017年广东扶贫济困日暨东莞慈善日活动，捐款数额超过500万元；推进“千企帮千村”精准扶贫工作，至年底，东莞市参与精准扶贫企业86家，实施项目103个，投入总金额1.53亿元，帮扶73个贫困村的8639人。

【两岸青年就业创业研讨会】 2017年7月7—8日，由两岸企业家峰会主办，广东省台办、东莞市人民政府承办，中国青年企业家协会、全国台湾同胞投资企业联谊会和台湾天使投资协会协办的2017两岸青年就业创业研讨会在东莞举办。研讨会围绕“追逐梦想 开创未来”主题，开展就业创业成功经验介绍、两岸青年就业创业经验分享、“成功之路”大家谈、就业创业专题展览会、两岸大学生东莞台企实习平台签约仪式等活动，取得圆满成功，展示东莞城市形象。峰会大陆方面理事长曾培炎、副理事长盛华仁，峰会台湾方面理事长萧万长、副理事长江丙坤，广东省省长马兴瑞，国台办副主任郑栅洁，广东省委常委、统战部部长严植婵，省台办主任黄耿城，东莞市领导吕业升、梁维东、张科、骆招群、杨晓棠，各省市台办代表、部分海峡两岸青年就业创业基地和示范点负责人，两岸青年企业家，台湾青年学生等共800余人出席研讨会。

【归侨侨眷代表大会】 2017年9月19日，东莞市第七次归侨侨眷代表大会在市会议大厦举行，省侨联党组成员、副主席颜珂，市委副书记张科，市委常委、统战部部长骆招群，市政协副主席邓流文、梁佳沂等领导出席大会，356名归侨侨眷代表以及来自40余个国家和港澳台地区的80余位侨领齐聚一堂，共商发展大计。大会选举陈志超为东莞市侨联第七届委员会主席，卢健、郑燕娟、黎剑业、萧燕珍、罗爱武、王耀森为副主席，邓林基为秘书长，丁俊莉等86人为委员，王永雄等42人为常委。大会聘请骆招群、何跃沛、邓流文、梁佳沂、张丰年、梁麟、王惠棋、王赐豪、唐汉良和程超辉等10人为东莞市侨联第七届委员会荣誉主席，聘请来自40多个国家和地区的94名乡亲侨领为东莞市侨联第七届委员会顾问。

【东莞市新的社会阶层人士联合会成立】 2017年12月19日，东莞市新的社会阶层人士联合会成立大会召开。会议选举产生第一届理事会、监事会。广东众来达资产管理有限公司董事长、广东企业家投融资服务委员会会长莫灼威当选为第一届理事会会长。省委统战部副部长李阳春，东莞市委常委、统战部部长骆招群出席大会并讲话。东莞市是全省第一个成立新的社会阶层人士联谊组织的地级市。至年底，市新的社会阶层人士联合会发展会员182人（含市委统战部专职干部1人），其中民营和外资企业的管理技术人员88人，中介组织和社会组织的从业人员57人，自由职业者14人，新媒体从业人员22人。

【企业品牌故事大赛】 2017年12月26日，《品牌的力量》—东莞企业品牌故事大赛颁奖盛典在东莞玉兰大剧院举行，标志为期3个多月的“东莞企业品牌故事大赛”结束。东莞企业品牌故事大赛于2017年9月启动，旨在贯彻落实习近平总书记关于“推动中国制造向中国创造转变、中国速度向中国质量转变、中国产品向中国品牌转变”以及“讲好中国故事，传播好中国声音”的重要指示精神，由东莞市工商业联合会、东莞公共外交协会、东莞世界莞商联合会主办，得到市委统战部、市委宣传部、市经信局、市商务局、市文广新局、市工商局、市质监局、东莞报业传媒集团、东莞广播电视台等单位的支持和协助。该次大赛以“讲好品牌故事，展现莞企实力”为主题，以企业为单位，分别参加故事话本和故事演绎比赛，通过各镇街组织初赛，选出优秀作品后参加全市复赛和决赛，争夺“企业品牌故事奖”和“企业品牌故事演绎奖”。共489家企业报名参赛，其中不仅有传统的工艺企业，也有新科技新领域行业；不仅有各类型的中小企业，也有纳入全市倍增计划的龙头企业。参赛企业提交567个故事话本，525名演讲者参与演绎，评选出故事话本金奖10名、银奖20名、铜奖30名；故事演绎金奖10名、银奖21名、铜奖30名。中央、省、市、镇各级媒体特别是广大自媒体积极报道，引起社会各界关注。通过企业品牌故事展示东莞独具特色的企业文化、企业追求，展示莞商的特性与风采，同时也展现改革开放四十年来东莞区域发展轨迹和城市精神。 （孙振兴）

附：2017年中共东莞市委统战部主要领导名录

部　长：王检养（3月免职）
　　　　骆招群（4月到任）

政策研究

【政策研究概况】 2017年，东莞市委政研室围绕市委决策部署，把握“围绕大局、主动作为，精思善谋、参谋辅政”的要求，强化宏观谋划，统筹协调深化改革，完成各项工作任务。全年牵头起草重要文稿数百份，得到市领导批示223件，其中市委主要领导批示93件。

【学习热潮兴起】 2017年，东莞市委把学习宣传贯彻习近平新时代中国特色社会主义思想和党的十九大精神作为首要政治任务和最重要的“纲”。市委政研室围绕这一任务，协助市委在三个月内连续召开三次重大会议。在东莞市传达贯彻党的十九大精神大会上，市委提出“坚定一个引领、实现六大跃升”的总体思路，成为东莞市今后一段时期各项工作的行动指南。在市委十四届四次全会上，制定出台《中共东莞市委关于持续深入学习宣传贯彻党的十九大精神 推动习近平新时代中国特色社会主义思想在东莞落地生根结出丰硕成果的意见》，提出推动东莞实现“六大跃升”的目标要求。在市委十四届五次全会上，市委在全省全国率先以高质量为主题出台《中共东莞市委关于深入贯彻习近平新时代中国特色社会主义思想加快经济转型 推动高质量发展的意见》，提出从加快实体经济振兴发展、挺进创新型一线城市等六个方面重点发力的具体工作部署。

【专题调研】 2017年，东莞市委政研室按照市委“坚定一个引领，实现六大跃升”的总体工作思路，研究制订“新时代·新征程·新东莞”专题调研方案，推进方案实施。市领导率先垂范，带队调研，累计召开130余场座谈会、访谈6000余人次、实地走访100余个考察点，听取意见建议、查摆突出问题、剖析问题根源、研究对策措施，起草提纲、确定思路、修改报告。19个专题分别形成高质量的调研成果，重点聚焦梳理60余个问题，有针对性地提出破解难题的对策建议措施。

【2017年市委一号文研究制定】 2017年，东莞市委政研室深刻领会和消化吸收上级重要精神，深入研究确定2017年市委一号文的定位、方向和重点内容，会同有关部门起草2017年市委一号文《中共东莞市委关于深入推进全面从严治党进一步加强领导班子建设、干部队伍建设、党的作风建设的意见》，提出东莞市加强领导班子建设、干部队伍建设、党的作风建设的总体要求、核心内容和保障措施，推动从严治党在东莞落地生根，为东莞市实现更高水平发展提供坚实的组织保障。

【政研推动十大行动计划】 2017年，东莞市委政研室推动十大行动计划各项重要任务落实，发挥十大行动计划作为东莞突围着力点和更高水平发展主抓手的重要作用。组织筹备东莞市更高水平发展十大行动计划推进大会，会议以三级干部千人大会形式召开，彰显市委、市政府推动十大行动计划的坚定决心。坚持把推动落实十大行动计划各项任务贯穿于全年工作当中，掌握有关进度，开展基础调研，总结宣传推广有关经验，提供参谋服务，推动有关难题破解。起草构建开放型经济新体制综合试点试验、实施重点企业规模与效益倍增计划等重要情况报告以及市重点企业“倍增计划”动员会、城市品质三年提升计划工作动员会等一系列重要文稿，推动十大行动计划不断走向纵深。

【园区统筹组团发展战略实施】 2017年，东莞市委把园区统筹组团发展作为东莞实现更高水平发展的核心战略，对统筹发展方向、机制、成效以及重点工作进行系统部署。东莞市委政研室协助市四套领导班子赴松山湖高新区、水乡经济区、滨海湾新区考察调研，组织筹备园区统筹组团发展战略专题座谈会，开展基础调研和起草有关重要文稿；开展滨海湾新区发展定位、松山湖招商共享机制研究，提出对策建议等。

【政研推动创新驱动发展】 2017年，东莞市委将打造创新驱动发展升级版作为重大战略安排，提出要抢抓粤港澳大湾区和广深科技创新走廊建设重大历史机遇，提升东莞发展格局和发展层次。东莞市委政研室贯彻落实市委精神，参与东莞融入粤港澳大湾区建设有关设想，开展粤港澳大湾区建设课题相关研究，提出东莞发展定位和政策诉求，为市委、市政府科学决策提供参谋服务。协助组织筹备召开广深科技创新走廊建设工作动员会，围绕广深科技创新走廊东莞段建设、中子科学城等开展研究并完成重要文稿起草任务，对东莞抓住广深港科技创新走廊建设机遇、融入粤港澳大湾区建设具有重要意义。

【开放型经济新体制综合试点试验构建】 2017年，东莞市委政研室梳理构建开放型经济新体制综合试点试验的推进思路，深入开展调研，总结宣传推广有关经验，推动对外开放向更高层次跃升。牵头起草全省改革试点工作推进会议上关于《突出“五化”并举 推进开放经济经济体制机制创新》的经验发言，得到与会领导好评。东莞4项创新举措被中央改革办简报收录，5项经验获商务部等13部门发文复制推广，均在12个试点地区中数量最多。配合国务院发展研究中心开展“东莞市加快构建开放型经济新体制”专题研究，其中《关于支持东莞构建高水平开放型经济新体制的建议》以《要情》形式上报国务院，得到中央领导重要批示。

【政研推动全面深化改革】 2017年，东莞市委政研室协助市委全面深化改革领导小组召开会议5次，推动审议市委改革领导小组工作规则细则等重大改革文件22份；牵头起草《东莞市2017年改革行动计划》，明确六大专项领域35条243项具体改革工作，创新提出12项重点改革实事和15份重点改革文件。统筹推动民主与法治领域改革，组织筹备专项小组会议3次，推动审议改革文件7份。加强改革督察，配合中央、省委改革办来莞督察产权保护、统计改革等10余个重点项目，推动重大改革任务督办落实。加强改革协调和考评，坚持“一会双察”和“一账三联”协调机制，组织评选“倍增计划”等10个项目为2017年度改革项目“单打冠军”。

【政研推动重大改革】 2017年，东莞市委政研室牵头开展重大改革任务，围绕改革重点难点问题深入调研，破解梗阻难题，发挥重点改革的牵引带动作用。优化营商环境，牵头开展“互联网+政务服务”改革、“最多跑一次”改革、提高行政服务和行政监管效能改革，梳理发布“最多跑一次”首批事项1173个，推动提升政务服务一体化水平。推动供给侧结构性改革，修改完善《关于加快培育发展新兴金融业态推动实体经济发展的实施意见》，牵头起草东莞市在全省金融工作会议的重要发言，推动创新链、产业链和资金链三链深度融合；修改完善《关于深化市属国有企业改革的实施意见》，增强市属国企的战略引领作用和服务城市功能。推动不动产登记制度改革，提出改革对策建议；开展农村土地确权登记、“倍增计划”、供销合作社改革、生态文明制度改革、群团改革等多项重点改革的调研，推动多项改革难题破解。

【政研改革宣传】 2017年，东莞市委政研室强化精品意识，加强政研改革宣传，提升办刊工作水平。全年编辑出版《东莞调研》10期，首次编印合订本2部；《政策动态》42期、《政策预研》20期、《决策参考》3期、《2016辅政强基》1期；编辑出版《2016改革进行时》等图书4部；刊发《东莞改革工作简报》30期、《东莞改革工作专报》17期、《改革精神快报》17期、《改革工作月报》9期。其中2篇改革专报被省采用并上报中央改革办，4篇改革专报被省采用以简报形式向全省印发，单篇专题采纳数量位居全省第三。

【《东莞经济发展报告（2017）》蓝皮书出版】 2017年，东莞市委政研室与专业机构联合编辑《东莞经济发展报告（2017）》，并被社会科学文献出版社纳入“国家蓝皮书系列”公开出版发行。东莞市首次公开出版经济发展蓝皮书。

（袁诗敏）

附：2017年中共东莞市委政策研究室主要领导名录

主　任：叶淦奎

机构编制

【机构编制概况】 2017年，东莞市把机构编制工作放到“奋力在更高起点上实现更高水平发展，率先迈上基本实现社会主义现代化新征程”的大局中谋划，推进行政管理体制改革、政府职能转变、事业单位改革和登记管理，加强机构编制管理和监督检查。其中，编制结构优化、简化投资审批、事业单位转企改制等工作受到省的肯定和表扬。

【行政管理体制改革】 2017年，东莞市推进行政体制改革，理顺市镇权责关系、优化政府组织结构，完善行政运行机制。

园区统筹发展体制改革　按照“先试点后推广”的思路，探索创新园区统筹发展体制机制。在松山湖片区，通过新设或挂牌等方式，设立规划、发改、国土、交通、工商等五个片区直属分局，建立片区直属分局运行机制和片区招商引资工作运行机制，前移松山湖片区服务事项299项，委托松山湖行使招商相关事项12项。在滨海湾新区，撤销生态产业园区管理委员会、虎门港管理委员会和长安新区管理委员会，设立东莞港管理委员会，加挂“东莞市滨海湾新区管理委员会（筹）”牌子，作为市政府派出机构，通过更名或新设的方式，设立经济发展促进中心、电子口岸中心和市政建设中心等3个事业单位。

全面推开简政强镇事权改革　出台《东莞市全面推开简政强镇事权改革实施意见》和《关于全面推开简政强镇机构改革实施方案》，将简政强镇改革推开到其他17个镇（街道）。在机构改革方面，各镇（街道）的内设机构一般设置为“4办7局”，将原来由市级部门管理的人力资源分局、交通运输分局、社会保障分局、文化市场综合执法分队等4个派出机构和粮所、医院、人力资源服务中心、社保基金中心等4个事业单位下放给各镇（街道）管理。在事权下放方面，将大量原来由市级部门承担的事权下放给各镇（街道）行使，各镇（街道）承接上级下放的事权达3600余项。

城市管理和综合执法体制改革　出台《东莞市深入推进城市执法体制改革改进城市管理工作的实施方案》，完善和规范市镇两级对城市管理和综合执法部门的综合设置，并提请省编办将市城市综合管理局更名为市城市管理和综合执法局。

完善城市更新体制机制　通过在市国土资源局加挂牌子的形式，设立市城市更新局，负责全市城市更新和“三旧”改造等有关工作，明确市城市更新局会同市城乡规划局加强对全市城市更新工作的统筹协调。

【政府职能转变】 2017年，东莞市深化行政审批制度改革、调整权责清单，推进政府职能转变。

行政审批制度改革　出台第六批、第七批行政审批事项改革目录，共取消事项339项；出台第二批、第三批清理规范行政审批中介服务事项目录，共清理规范事项46项；出台《东莞市政府部门行政审批中介服务事项清单》，明确85项行政审批中介服务事项的事项名称、设定依据、实施机构、机构性质、服务时限等。

行政审批标准化建设　出台《东莞市行政许可事项目录（2017年）》，公布实施41个市政府工作部门涉及的409项行政许可事项；出台《东莞市一门　网式行政许可和服务事项指导目录》，指导各有关部门完成市级863项行政许可事项标准的编制录入、合规性合法性审查、部门确认及赋码发布，在全省各地市中率先完成市级许可事项标准工作；启动公共服务事项标准编制工作，完成591项市级公共服务事项编制录入、审查及发布工作。

动态调整权责清单　对照法律、法规、规章等职权依据的立改废释、行政审批制度改革、部门机构职能调整等，对全市各政府工作部门的权责清单进行调整，重新公布57个政府工作部门保留的各类职权事项8865项。

【事业单位改革和登记管理】2017年，东莞市出台相关制度政策，推进事业单位改革，加强事业单位登记管理。

国有林场改革　出台《东莞市人民政府关于印发东莞市国有林场改革实施方案的通知》，明确国有林场的公益性，将改革范围扩大至市国营黄旗林场、市国营同沙林场，组建市黄旗山城市公园、市同沙生态公园，实行“两块牌子，一套人员”管理，提高林场运作效能。

优化公办学校编制　撤销市家具学校、市纺织服装学校大朗校区，盘活教育系统编制资源；调剂增加中职学校、启智学校、莞城中小学、大朗中小学编制；根据招生情况统筹调整南城和万江的中小学校编制。

机关群团赋码发证　按照“分批发放，稳步推进”的工作思路，继续推进机关群团赋码发证工作，并6月底全面完成市镇两级机关群团的赋码发证任务，将所有机关群团登记信息在“广东机关群团统一社会信用代码管理系统”上公开。

事业单位法人治理结构试点　扩大事业单位法人治理结构试点范围，新增选定市文化馆作为试点单位。

【机构编制监督管理】2017年，东莞市落实中央“约法三章”等精神，严控机构编制规模，全市行政编制、行政执法专项编制、政法专项编制均在省下达数的范围内使用，事业单位编制总量没有突破2012年底的控制基数，市直单位普通聘员指标的核定数同比上年减少。年内，继续推进机关事业单位政务和公益专用中文域名注册工作，完成1670个中文域名的续费；推进机关事业单位网站标识工作，其中全市机关单位网站标识加挂率达100%。（黎兆杰）

附：2017年东莞市机构编制委员会办公室主要领导名录

主　任：祁达洪

机关党建

【机关党建概况】2017年，东莞市直属机关工委直管党组织92个，其中党委59个、党总支11个、党支部22个；所辖基层党组织1185个，其中党委65个（含二级党委8个）、党总支83个、党支部1037个，机关党员21564名。开展“双抓双促”党建主题活动、机关党建“领雁计划”、“机关党员讲学课堂”、“我身边的共产党员—微镜头”、“阳光热线”等工作，经验做法先后被《中直党建》《紫光阁》和省《跨越》杂志推介报道。

【机关党建责任落实】2017年，东莞市直单位党组（党委）抓机关党建工作实绩首次列入市级开展评价考核，制定机关党建实绩考评细则和评分表，明确21个方面55项任务，单位党组（党委）抓机关党建责任进一步落细落实。制定机关党组织书记、专职副书记、基层党支部书记责任清单、任务清单、考核清单“三个清单”，抓实述职评议考核。实施机关党建“领雁计划”，统筹规划培优训强机关党组织书记、专职副书记、基层支部书记“三支队伍”，举办5期培训班，机关基层支部书记完成轮训。

【党建专项整治】2016年，东莞市排查未按期换届的109个机关基层党支部在2017年全部换届完毕；2017年排查出组织设置不符合规定要求的党组织69个全面完成整改，机关党组织设置得到规范，党员教育管理覆盖到位。

【党支部标准化示范点创建】2017年，东莞市直属机关工委突出打造“一支部一特色一亮点”，43个机关党支部成功创建标准化建设示范点，抓好支部基础工作。开展“共产党员先锋岗”创建活动，机关党员发挥作用从优化窗口服务向服务发展、服务改革攻坚克难延伸，机关党组织围绕市委“一号文”部署，梳理商事制度改革等难点问题280余个，近2000名党员设岗攻坚，首批成功创岗48个。

【党建融合】2017年，东莞市直属机关工委以机关党建联系协作组、“机关党员服务微平台”、机关党员志愿服务为主要载体，为部门聚力解决业务难题搭建有效平台。机关党建协作组举办“对标看齐强党性，牢记初心勇担当”等主题活动19场，各机关党组织通过“微平台”发布党员延时服务、上

2017年12月30日，东莞市举办《阳光热线》听众见面会暨机关党员志愿服务阵地启动活动（市直属机关工委供图）

门服务和专题服务项目340个，在市图书馆设立首个机关党员志愿服务常设阵地，推动改革实践成果常态惠及更多基层群众。

【“阳光热线”工作】 2017年，东莞市直属机关工委强化责任落实、协调配合、督查考评制度机制，加强栏目推广宣传，首次举办“阳光热线”听众见面会；全年安排49个单位参加上线，平均满意度96.7%，处理问政平台咨询投诉件2.29万宗，群众满意度85%，发挥“阳光热线”推动机关作风建设和效能提升的平台作用。

（陈泽鑫）

附：2017年东莞市直属机关工委主要领导名录

书　记：黄　薇

党校工作

【干部培训概况】 2017年，中共东莞市委党校（东莞市行政学院、东莞市社会主义学院）完成计划内主体班76期6903人次，其中，培训市直处级领导干部1104人次，镇街领导干部742人次，科级干部1630人次，其他干部2661人次。协助省、市有关部门和兄弟党校举办各类培训班47期7753人次。网络学院完成8期319人次的在线培训及协助完成全市公务员学法在线考试等在线考试工作。干部培训云课堂手机APP全年用户访问总量近589万人次。

【党校教学改革】 2017年，中共东莞市委党校推进“教学品牌工程”，创新思路，拓宽渠道，加强教学改革各项工作，教学质量和水平有新的提升。突出主业主课，党的理论教育和党性教育在各主体班教学总课时中均占到70%以上，其中，党性教育占到20%以上。创新教学方式方法，推进研究式教学、案例式教学、结构化研讨等教学模式进课堂，在中青班、正科班尝试开展研究式教学，组织各教研部设置调研主题，安排教师对学员调研和撰写调研报告进行全程指导，并采取答辩的形式对调研报告进行评审；在中青班、正科班等主体班次开设以“如何提升东莞城市品牌”“东莞水污染治理瓶颈及对策”等为主题的结构化研讨课；在中青班、副科班等主体班开设以“生态文明建设的法制保障”为主题的案例式教学。全年新设28个专题，每门新课均通过试讲后进入课堂。新增东莞“一带一路”建设（东莞港、广东国际铁路物流基地）、东莞非公企业党建个案（唯美陶瓷）等6个现场教学点，全年在各类班次组织88次现场教学。推进领导干部到党校上课制度化，邀请多位市领导以及上级党校领导为干部学员作报告，相关镇（街）、市直部门领导也走进党校为干部学员上课，确保领导讲课占比不低于20%。开展公开课、教学督导等活动，全年开展公开课3次、教学督导5次，并及时组织教师交流讨论，促进教学水平的提升。探索开展“东莞市委党校课程体系建设研究”，形成“一个中心，两大主业，三个板块，七个学科，二十八个分支”的课程体系研究报告。首次召开干部培训教学规律研讨会，为深化教学改革、提高培训质量提供有力的理论支撑。推动精品课建设，把专题课分为党性教育类、理论教育类和能力知识类三大类，评选出《打造东莞法治化国际化营商环境》等11门校级精品课。在全省党校系统首届精品课评选中，中共东莞市委党校获评精品课1项、优秀课程2项。

【党校科研资政】 2017年，中共东莞市委党校取得科研成果191项，其中省级以上成果71项，发表理论文章64篇，32项成果获奖，其中18项获得省级以上奖励，部分资政报告获得市领导的重要批示。结合中央、省重要会议精神，聚焦市委、市政府中心工作和全市经济社会发展重大问题，开展“东莞城市更新路径选择”“揭西县南山镇火炬村红色资源整合与利用”“粤港创新小镇综合课题”等7项校内重点课题研究，将“共同价值分论——‘和平、发展、公平、正义、民主、自由’研究”设立为跨年度重点课题。同时，首次尝试校内一般课题立项全部设置为资政课题，开展“短平快”资政性研究，力争形成更多高质量的资政报告，确定立项“优势聚合、协同升级：珠三角国家自助创新示范区一体化建设中的‘华为’启示”等12项一般课题。连续第三年成功申报中组部党建研究所重点调研课题，承接并完成子课题“十八大以来党的基层组织建设的主要成效和经验研究”等任务。出版《莞邑论坛》5期（其中1期为学习宣传贯彻党的十九大精神专集），报送《东莞市情研究》7期，汇编《2017年度论文集》以及《探路——东莞全面深化改革系列问题研究（四）》。《习近平关于共同价值论述摘编》和《经典原著论述摘编》两书由中央党校出版社印发，作内部学习资料；《共同价值引论》由中央党校出版社公开出版。积极打造科研精品，评选出“共同价值引论”“共同价值与中华民族伟大复兴”等7项校内优秀科研成果。作为两个地市级党校代表之一，校主要领导受邀参加全国党校智库建设座谈会，并作会议交流发言，发言材料在《学习时报》上刊登。与全国应用哲学研究会、中央党校哲学教研部联合举办“全国应用哲学研究会2017年年会暨第二十次理论研讨会”，与省中特理论体系研究中心共同举办“学习贯彻党的十九大精神暨全面从严治党和国家治理体系与治理能力现代化”研讨会，有效提升校学术影响力和知名度。

【党校理论宣讲】 2017年，中共东莞市委党校紧扣中央、省和市重要会议精神及重大决策部署，配合市委开展党的十九大精神、习近平总书记对广东工作的重要批示精神、全面从严治党、意识形态建设、治国理政新理念新思想新战略等专题宣讲，安排骨干力量面向基层干部群众进行理论宣传185场次，其中以党的十九大精神为主题的宣讲73场次；安排教师接受《南方日报》、《南方都市报》、《东莞日报》、东莞电视台等媒体采访20余人次；廉政教育基地全年共接待216批次5700人次前来参观学习，充分发挥理论宣传阵地和党性锻炼熔炉的作用。

【党校宣讲党的十九大精神】 2017年，中共东莞市委党校学习宣传贯彻党的十九大精神。组织全体教职工和在校主体班学员集中收看十九大开幕式直播。选派14位教师分别到中央党校、中国人民大学和省委党校参加学习十九大精神专题培训班，为开展教学科研和宣讲工作打好基础。围绕党的十九大报告，分专题举办四期“文化沙龙”，召开“学习贯彻党的十九大精神理论研讨会”，营造出学习研讨的浓厚氛围。按照市委学习贯彻十九大精神的工作部署，组织骨干力量开展“提升全市干部培训效能”课题研究，成果获得市领导的肯定。举办1期市管正职领导干部和3期市管副职领导干部深入学习贯彻党的十九大精神专题研讨班。及时对其他主体班的教学计划作出调整，突出学习贯彻党的十九大精神这一主线。借助网络学院和干部培训云课堂手机App两大平台，把十九大精神的学习培训覆盖到全市各级党员干部，自上传相关课程后，日均有近5万人次登录

2017年2月27日，市委党校、市行政学院举行2017年春季开学典礼暨专题报告会（市委党校供图）

2017年8月1日，“全国应用哲学研究会2017年年会暨第二十次理论研讨会”在市委党校举行（市委党校供图）

学习。安排6名校领导和骨干教师参加市委宣讲团，组织教研人员撰写理论文章在《东莞日报》等报刊公开发表，安排教师接受媒体采访，运用校园网、微信公众号、电子显示屏、校刊、宣传栏等多种方式集中对十九大精神进行宣传，学习宣传贯彻十九大精神工作得到上级领导的肯定。

【东莞社会建设研究院】 2017年，东莞社会建设研究院承接市有关部门、镇（街）课题项目14个。推进研究成果转化，《东莞市困难家庭医疗救助暂行办法研究》以市政府文件的形式印发至各部门和镇街参考；参与起草的《东莞市物业管理办法》将由市人大审议通过后作为地方立法项目予以颁布实施；《粤港澳大湾区背景下滨海湾新区发展战略研究》得到市领导批转；《关于建设粤港创新小镇的政策建议》得到国务院港澳办复函批转，同时，《粤港创新小镇综合研究》积极申报课题成果的知识产权专利。承办6期培训班，采取“重点突破+灵活办班”相结合的方式，逐步打开人才培训的局面。出版《社会建设研究》2辑。 （莫淦坤）

附：2017年中共东莞市委党校主要领导名录

校 长：郑 琳

东莞市人民代表大会

人大重要会议

【东莞市十六届人大一次会议】 于2017年1月10—13日在市会议大厦举行。会议听取、审议和批准东莞市人民政府工作报告、审查批准东莞市2016年国民经济和社会发展计划执行情况与2017年计划草案报告及2017年国民经济和社会发展计划、东莞市2016年预算执行情况和2017年预算草案报告及2017年预算草案、听取、审议和批准东莞市人民代表大会常务委员会工作报告、东莞市中级人民法院工作报告和东莞市人民检察院工作报告。会议选举吕业升为市第十六届人大常委会主任，潘新潮、周楚良、李满堂、陈锡江、何跃沛、黄耀成为市第十六届人大常委会副主任，朱斌华为市第十六届人大常委会秘书长，叶绍波等30人为市第十六届人大常委会委员；选举梁维东为东莞市人民政府市长，白涛、张少康、杨东来、喻丽君、黄庆辉、万卓培为市人民政府副市长；选举王海清为东莞市中级人民法院院长；选举来向东为东莞市人民检察院检察长（待报省人

2017年12月18—20日，东莞市第十六届人民代表大会第一次会议召开 （市人大供图）

民检察院检察长提请省人大常委会批准）；会议选举李满堂为市第十六届人民代表大会法制委员会主任委员，选举陈俊荣、何伟光、成洪生为副主任委员，选举叶有广等9人为委员；会议选举周楚良为市第十六届人民代表大会财政经济委员会主任委员，选举叶绍波、詹文光为副主任委员，选举卫三芳等10人为委员。

【东莞市十六届人大二次会议】于2017年12月18—20日在市会议大厦举行。会议选举东莞市出席广东省第十三届人民代表大会代表，选举陈超为东莞市中级人民法院院长。

2017年1月10—13日，东莞市第十六届人民代表大会第二次会议召开（市人大供图）

东莞市行政中心 （南城街道供图）

2017年东莞市人大常委会机构设置

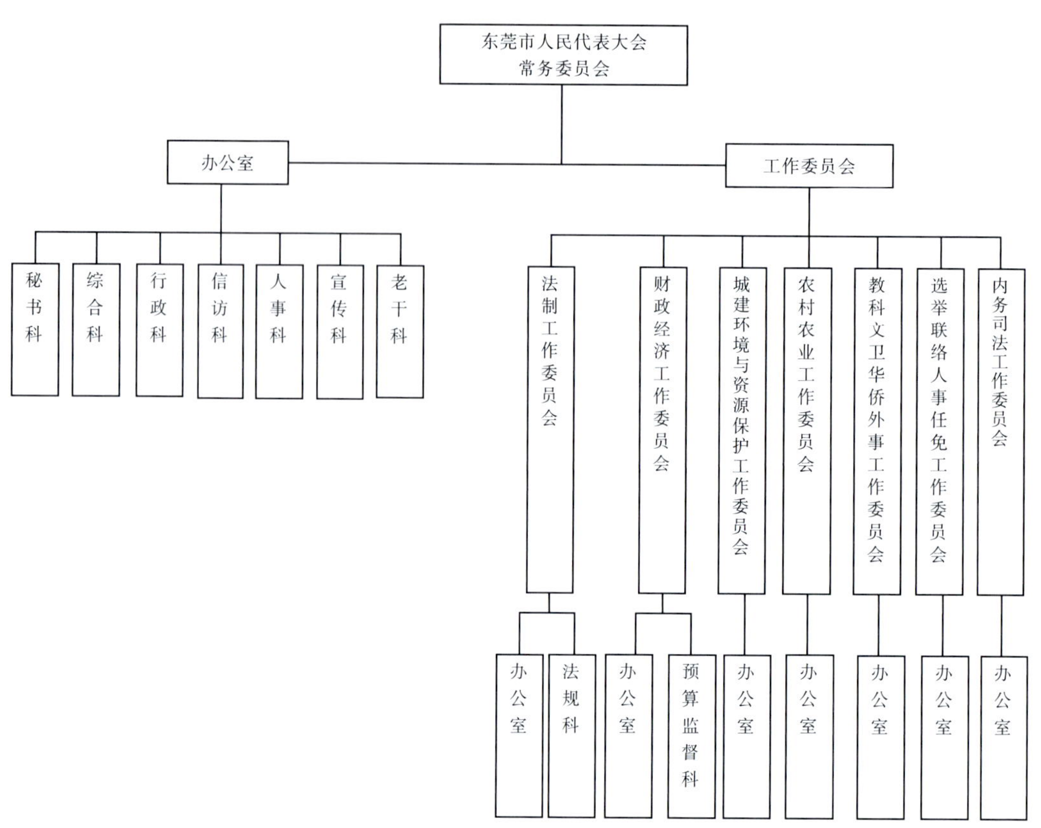

东莞市第十六届人大一次会议建议办理情况

案号	建议标题	建议人	主办单位	办理情况	沟通情况	代表满意度	备注
20170001	关于增加大朗镇总体规划用地规模的建议	陈焕明	规划局	B	F	满意	
20170002	关于在省道S357（莞樟路）杨涌段建设高架桥的建议	陈焕明	交通局	B	F	满意	
20170003	关于企事业单位和个人设立托儿机构的建议	戴凤萍	教育局	A	C	满意	
20170004	关于在水乡地区建设离岸创新中心的建议	蔡月艳	科技局	B	F	满意	
20170005	关于“三旧”改造项目土地出让金分成的建议	杜建军	三旧办	A	C	满意	
20170006	关于鼓励商改工促进产业转型升级的建议	杜建军	三旧办	B	C	满意	
20170007	关于简化产业用地控规调整程序的建议	杜建军	规划局	B	F	满意	
20170008	关于将激光产业纳入我市“十三五”期间重点发展产业的建议	叶建忠	经信局	A	F	满意	
20170009	关于扶持大宗交易平台建设的建议	叶建忠	商务局	A	F	满意	

续表

案号	建议标题	建议人	主办单位	办理情况	沟通情况	代表满意度	备注
20170010	关于推动全市园林景观提升的工作建议	叶健雄	城管局	B	F	满意	
20170011	关于全面整治违法建筑的建议	郭荣新	城管局	B	F	满意	
20170012	关于做好与深圳产业的深度融合与对接，促进高端人才转移的建议	王志明	组织部	A	G	满意	
20170013	关于协助我镇处理生活垃圾的建议	陈创业	城管局	B	F	满意	
20170014	关于加快解决停车难问题的建议	蔡国栋	发展和改革局	B	F	满意	
20170015	关于推进企业规模和效益“倍增计划”的建议	李国强	经信局	A	F	满意	
20170016	关于推进文明创建“补短板　促提升”工作的建议	张长河	宣传部	B	F	满意	
20170017	关于将家庭教育培训经费纳入市镇财政预算，打造家庭教育品牌的建议	王辉敏	妇联	B	F	满意	
20170018	关于深化我市中小学专业技术岗位聘用改革，实施岗位分等级聘用的建议	王辉敏	教育局	B	C	满意	
20170019	关于推进道路交通综合整治的建议	麦秀华	交通局	B	F	满意	
20170020	关于改善道路通行条件，增强道路交通安全的建议	黄家燕	公路局	B	C	满意	
20170021	关于莞惠公路（S357）谢岗段改线的建议	贾贵斌	交通局	B	F	满意	
20170022	关于进一步加快东部工业园企石园区发展建议	姚银芳	松山湖（生态园）	A	F	满意	
20170023	关于加强全市水环境污染治理的建议	姚灼轩	环保局	B	F、G	满意	
20170024	建议大力破除法治政府建设的瓶颈障碍	戴晓敏	法制局、编办、司法局	A	F	满意	分办
20170025	关于加强与规范学前教育的建议	李奎山	教育局	A	C	满意	
20170026	关于适应“机器换人”要求，实施农民工就业能力升级计划的建议	李奎山	人力资源局	A	G	满意	
20170027	关于进一步促进松山湖通信终端产业集群发展的建议	李奎山	松山湖（生态园）	A	C、F、G	满意	
20170028	关于进一步理顺交通信号灯及指示牌的建议	汤松涛	交警支队	A	F	满意	
20170029	关于开展社区卫生服务体系发展情况评估的建议	汤松涛	卫生和计生局	B	F	满意	
20170030	关于加快“三旧”改造步伐的建议	游锦轩	三旧办	B	C	满意	
20170031	关于开设一条市内轨道交通线路经过寮步的建议	谢卫东	发展和改革局	B	F	满意	
20170032	关于提高农村养老津贴的意见建议	戴晓敏	社保局	A	F	满意	
20170033	关于支持寮步大力发展沉香产业，建设“东方香都”的建议	刘裕昌	宣传部	B	F	满意	
20170034	关于加快推进东莞轻轨1号线与深圳地铁6号线支线无缝对接建设的建议	叶锦锐	发展和改革局	B	F、G	满意	
20170035	关于加快立项动工公常公路X232与莞深高速交汇节点改造工程的建议	李志东	交投集团	B	F	满意	
20170036	关于加快推进黄江中桥与虎岗高速大朗黄江出口之间大朗路口段建设的建议	陈泽深	交通局	B	F	基本满意	

续表

案号	建议标题	建议人	主办单位	办理情况	沟通情况	代表满意度	备注
20170037	关于加快立项建设松黄路（松山湖至黄京坑）的建议	罗定龙	交通局	B	F	满意	
20170038	关于要求升级改造莞樟路（黄江段）并架设跨线高架桥的建议	梁伟忠	交通局	B	F	满意	
20170039	关于继续加强东莞市各镇区食品安全监督管理，营造东莞市食品安全良好环境的建议	陈建钦	食药监局	A	F	满意	
20170040	关于我市“慕课”建设创新工作的建议	蓝小珍	教育局	B	F	满意	
20170041	关于提升生态环境质量，推动绿色东莞可持续发展的建议	谭静晶	环保局	B	F、G	满意	
20170042	关于进一步加强污水治理工作的建议	梁志刚	环保局	B	F、G	满意	
20170043	关于加快道路建设和改造，解决虎门港立沙岛及麻涌垃圾处理厂车辆进出问题的建议	郭旺	交通局	B	F	满意	
20170044	关于由市统筹实施挂影洲围南岸（东江南支流北岸）拆迁整治工程　打造东江堤围景观带的建议	黄锦田	水乡管委会	B	F	满意	
20170045	关于统筹挂影洲围资源打造东莞北部湾增长极的建议	翟志坚	水乡管委会	B	F	满意	
20170046	关于推动母乳喂养继续向前发展的建议	黎燕琴	卫生和计生局	A	F	基本满意	
20170047	关于进一步完善中堂镇对外交通路网建设的建议	陈叶强	交通局	B	F	满意	
20170048	关于进一步改善社保局扣缴农村参保人员保费方式的建议	袁家安	社保局	A	F、G	基本满意	
20170049	关于切实保障民生工程项目建设用地的建议	陈耀根	中堂镇	B	F	满意	
20170050	关于大力扶持发展都市休闲农业的建议	伍月莲	农业局	B	F	满意	
20170051	关于规范小学生写字坐姿和执笔方法的建议	丁丽如	教育局	B	F	满意	
20170052	关于进一步推进旅游发展的建议	姚伟民	旅游局	B	F	满意	
20170053	关于完善土地征收补偿工作机制的建议	黄小雄	国土局	B	F	基本满意	
20170054	关于加强我市法律援助工作的建议	黄小雄	司法局	A	F	满意	
20170055	关于开放网络小贷牌照申请　缓解小微企业融资难的建议	徐波	金融工作局	C	F	满意	
20170056	关于促进互联网金融与传统金融深度融合的建议	徐波	金融工作局	B	F	满意	
20170057	关于出台更多政策措施提高全市农用地使用价值和效益的建议	叶婵当	农业局	B	C、F	满意	
20170058	关于深化公立医院医疗体制改革的建议	吴玉华	卫生和计生局	A	F	满意	
20170059	关于市轨道交通通道预留横沥站点的建议	朱国平	发展和改革局	B	C	满意	
20170060	关于加大对民办学校扶持力度的建议	丁浩权	教育局	A	C	满意	

续表

案号	建议标题	建议人	主办单位	办理情况	沟通情况	代表满意度	备注
20170061	关于把仁和水河段纳入市运河整治工程建设项目的建议	陈细钿	水务局	A	F	基本满意	
20170062	关于加快东引河、寒溪河河道清淤治淤实施的建议	何植尧	水务局	B			
20170063	关于大力推动“东莞制造”走出去主动开展对外经贸合作的建议	蒋亚军	商务局	A			
20170064	关于加强东莞市医疗队伍建设的建议	谢广中	卫生和计生局	B			
20170065	关于在全市范围内加快实施市镇村统筹的建议	方健强	三旧办	B			
20170066	关于完善公共交通设施及配套设施建设的建议	王锦强	发展和改革局	B			
20170067	关于加快推进“三旧”改造“工改工”产业类改造的建议	王柏新	三旧办	B	C	满意	
20170068	关于实施东莞市新生儿血样采集并建立数据库的建议	林飞	卫生和计生局	C	F	满意	
20170069	关于推进我市重点企业规模与效益“倍增计划”全面提升产业集约发展水平的建议	方志文	经信局	A	F	满意	
20170070	关于全面二孩等政策背景下制定和落实教育应对策略的建议	陈添辉	教育局	A	F	满意	
20170071	升级“华南工业展览之都”，打造“广东国际会议之都”的工作建议	方志文	商务局	A	F	满意	
20170072	关于加大新形势下企业“欠薪不逃匿”防范化解的建议	冯润明	人力资源局	A	F	满意	
20170073	关于适度提高城乡居民养老保险金额的建议	郭锦成	社保局	A	F、G	满意	
20170074	关于妥善解决我市区域内“烂尾楼”的建议	何邦琴	住建局	A	F、G	基本满意	
20170075	关于加强东莞港疏港道路体系建设 降低企业物流成本 助推东莞实体经济发展的建议	冯志平	交通局	B	F	基本满意	
20170076	关于建设镇际联网路1号路工程的建议	李建生	规划局	B	F	基本满意	
20170077	关于提高从未缴费农保退休人员养老金的建议	陈树维	社保局	A	F	满意	
20170078	关于进一步加强人才培育工作的建议	何俊聪	教育局	B	F	满意	
20170079	关于提请东莞市两级人民法院慎重认定东莞市房屋租赁合同无效的建议	莫景坤	规划局	B	F	基本满意	
20170080	关于进一步加大对骚扰电话监管力度的建议	钟伟宏	公安局、中国移动	A	F、G	满意	
20170081	未雨绸缪，打造“医养结合”的新的养老模式	吕琦玲	卫生和计生局	B			
20170082	关于我市“三旧”改造中加强政府统筹力度和规划引领作用的建议	黎红	三旧办	B			
20170083	关于综合治理交通拥堵的建议	刘东兴	规划局	B			
20170084	关于在市区合理建设电子宣传栏的建议	何惠娴	宣传部	B			

续表

案号	建议标题	建议人	主办单位	办理情况	沟通情况	代表满意度	备注
20170085	关于强化业主委员会建设，推进物业小区自治的建议	陈钧权	房管局	A	F	满意	
20170086	关于加快推进医疗卫生和养老服务融合发展的建议	曾艺东	卫生和计生局	B	C、D	满意	
20170087	关于多渠道增加公办学校教师数量解决在岗教师严重不足的建议	胡嵘苹	教育局	B	C	满意	
20170088	关于破解中小微企业生存难题，营造招商引资大环境的建议	陈宝瑜	石排镇	A	F、G	满意	
20170089	关于推进军民融合深度发展的意见建议	于长江	民政局	B	F	满意	
20170090	关于石马河河段综合整治的建议	赖庆香	环保局	B	F、G	满意	
20170091	关于樟木头镇（官仓路段）交通阻塞整治建议	罗汝珍	樟木头镇	A	G	满意	
20170092	关于厚街镇环莞快速路与科技大道交汇处高架桥设置警示牌的建议	王秩西	城建工程管理局	A	F	满意	
20170093	关于扶持东莞市农产品“抱团上网”的建议	王秩西	农业局	B	C、D	满意	
20170094	关于我市道路（樟木头镇樟谢路）改造提升群众出行方便	蔡传胜	交通局	B	F	满意	
20170095	整合医疗资源构建区域内医联体的建议	杨红星	卫生和计生局	B	F	满意	
20170096	关于龙湾滨江片区着力软环境建设、形成地域文化	李娌	万江街道	A	F	满意	
20170097	关于加强教师队伍建设的建议	李建筠	教育局	B	C	满意	
20170098	关于全市“小升初”均衡招生的建议	陈锦辉	教育局	A	C	满意	
20170099	关于解决东莞市人民医院停车难的建议	叶毅桦	规划局	B	F	满意	
20170100	关于加快轨道一号线汽车总站站点TOD规划的建议	谭全河	规划局	B	F	满意	
20170101	关于积极解决我市小学生午间托管问题的建议	张燕妹	教育局	B	C	满意	
20170102	关于进一步扩展学校社会工作（驻校社工服务）的建议	胡毅超	教育局	B	F	满意	
20170103	关于继续加大对农村集体经济在社会公共支出方面减负力度的建议	尹志强	民政局	A	F	满意	
20170104	关于提高从未参保缴费老年人员养老保障的建议	杜应春	社保局	A	F	满意	
20170105	尽快启动万江新村社区至道滘镇小河村的镇际联网路	黄柱林	万江街道	B	F	满意	
20170106	关于上调东莞市医疗救济金比例的建议	杨沛林	民政局	B	F	满意	
20170107	关于加强校园安全管理的建议	黎炽锋	教育局	A	C	满意	
20170108	建议东莞市两级人民法院谨慎认定厂房租赁合同无效	董康	中级人民法院	A	F、G	基本满意	
20170109	关于莞穗大道（万江路段）人行隧道及天桥的建议	庚伟洪	万江街道	B	F	满意	
20170110	关于提高社区群众对三旧改造项目积极性，促进基层集体经济发展的建议	庚敬钦	三旧办	A	C	满意	
20170111	关于改善东莞社工人才流失的现象的建议	周汝彬	民政局	B	C、F	满意	

续表

案号	建议标题	建议人	主办单位	办理情况	沟通情况	代表满意度	备注
20170112	关于改善市民文明素质的建议	周汝彬	宣传部	B	F	满意	
20170113	关于整治城市“牛皮癣”的建议	张巧明	城管局	B	F	满意	
20170114	关于加强农村村组、工业区支付服务环境建设，减少现金需求和流通量的建议	张清山	人民银行	B	F	满意	
20170115	关于加快推进城市轨道交通规划建设的建议		发展和改革局	B	F		
20170116	关于探索发展基于中低速磁浮的“多制式”综合轨道交通规划的建议	卫三芳	发展和改革局	B	F	满意	
20170117	关于进一步重视学前教育，扶持民办幼儿园发展的建议	汤超荣	教育局	A	C	满意	
20170118	关于改善盆架子树花“香”扰民的建议	汤超荣	林业局	B	F	满意	
20170119	关于对一户一表供水设施改造资金给予财政补贴的建议	陈军	水务局	A	F	基本满意	
20170120	关于加强和完善房地产权补办工作的建议	古志勇	房管局	A	C	满意	
20170121	关于加强对市场外固定场所从事活禽经营执法力度的建议	祁家政	工商局	A	F	满意	
20170122	关于加快我市中医药文化产业发展，打造中医药文化名城的建议		卫生和计生局	A	F	满意	
20170123	关于解决宠物扰民问题，加强行业规范管理的建议	温家慧	农业局、公安局、工商局、卫生和计生局	A	F、G	基本满意	分办
20170124	关于推动精准医疗产业发展，成立区域细胞制备中心的建议	温家慧	卫生和计生局	B	F	基本满意	
20170125	关于我市建设与发展老年卫生保健体系，助推医养结合进一步落实的建议	洪茜	卫生和计生局	B	F	基本满意	
20170126	关于东莞市进一步优化村（社区）服务管理平台、推动基层社会治理大整合的建议	洪茜	民政局	A	F	基本满意	
20170127	关于加强托管教育行业管理的建议	刘亚亚	民政局	B	F	满意	
20170129	关于加快推进生活垃圾分类，实施源头减量的建议	叶有广	城管局	B	F	基本满意	
20170130	关于设立国道G107（大岭山段）来往机动车尾气排放检测专职单位的建议	詹文光	环保局	B	F、G	满意	
20170131	关于西湖区火车站周边排水问题的建议	陈德成	水务局	B	F	满意	
20170132	关于“三规合一”对项目落地的影响问题的建议	黄耀成	规划局	B	F	满意	
20170133	关于赣深高铁的交通配套问题的建议	黎雪琴	发展和改革局	B	C、D	满意	
20170134	关于大力发展高新技术产业的建议	曾环国	科技局	A	C、F	满意	
20170135	关于书业发展管理建议	温祝秀	文化广电新闻出版局	B	F	满意	
20170137	关于加大措施改善我市道路交通拥堵情况的建议	赵子扬	交警支队	A	F	满意	

续表

案号	建议标题	建议人	主办单位	办理情况	沟通情况	代表满意度	备注
20170138	关于科学合理地推进企业环保治理的建议	梁碧霞	环保局	B	F	满意	
20170139	关于加快扶持我市胆囊疾病研究所建设，打造省内优势专科名院的建议	梁婉红	卫生和计生局	A	F	满意	
20170140	关于推动“企业志愿者”发展的建议	王健平	团市委	B	F	满意	
20170141	关于对东江大道石龙段升级改造的建议	张恩铭	水务局	B	F	满意	
20170142	关于莞龙路下水道清淤的建议	陈德成	水务局	A			
20170143	茶山镇关于加快规划建设月湖路延长线的建议	谢柱成	规划局	B			
20170144	茶山镇关于对黄沙河温增桥（东城温塘——茶山增埗）进行升级改造的建议	刘植彬	交通局	B	F	满意	
20170145	关于加快实施技术工人技能提升计划的议案	黄庆辉	人力资源局	A	C、F	满意	
20170146	关于将东深二路（S255）、东深路与碧湖大道路口快速化改造的建议	朱国和	交通局	B	F	满意	
20170147	关于推动上市企业参与兼并重组和多种资本融合发展促进规模与效益倍增的议案	张绍日	经信局	A	F	满意	
20170148	关于加快东莞市闲置用地整合的议案	方桂萍	国土局	A	F	满意	
20170149	关于将地中海贫血的治疗纳入医保报销的议案	周炜茹	社保局	A	F	满意	
20170150	关于在环城路—广深高速望牛墩连接线扶涌村段加装隔音屏的议案	简任昌	城管局	B	F	满意	
20170151	关于解决珠三角城际轨道望洪枢纽站交通拥堵问题的议案	黄启光	水乡管委会	B	F、G	满意	
20170152	关于开展《民办教育促进法》执法检查的议案	成洪生	教育局	B	C	满意	
20170153	关于支持清溪加快对外交通建设　促进清溪加强对接深圳　积极融入深莞惠一体化的议案	范燕彬	交通局	B	F	满意	
20170154	关于解决跨界大气污染问题的议案	江　琳	环保局	B	F、G	满意	
20170155	关于加强镇（街）村（社区）项目合作，促进集体经济联动发展的建议	罗文洲	农业局	B	F	满意	
20170156	关于升级改造X195公路（石排段，即石洲—石横大道）的议案	刘学聪	公路局	B	C、F	满意	
20170157	关于推进东莞地铁交通覆盖至樟木头镇的议案	周伟森	发展和改革局	B	F	满意	
20170158	关于打通镇际、村际联网道路中的断头路的议案	陈榴基	交通局	B	F	满意	
20170159	关于加强主城区“三江六岸”统筹开发的议案	黄贵洪	规划局	B	F	满意	
20170160	关于在东莞普及心肺复苏急救技能推动公共场所配置AED的议案	洪茜	卫生和计生局	B	F	基本满意	
20170161	关于落实东莞市太平水道东引运河清淤疏浚工程的议案	曲洪淇	水务局	B	F	满意	

续表

案号	建议标题	建议人	主办单位	办理情况	沟通情况	代表满意度	备注
20170162	关于加快推动常虎高速虎门港支线二期工程建设的议案	孙景森	交通局	B	F	满意	
20170163	关于地铁2号线延长线（虎门火车站至虎门南站段）与深茂铁路同步建设的议案	孙景森	发展和改革局	B	F	满意	
20170164	以供给侧结构性改革思维创新要素配置，打造智能制造全生态链的议案	叶葆华	经信局	A	F	满意	
20170165	关于完善机构设置、设立城市更新资金池等方式加快推动东莞市“三旧”改造（城市更新）的议案	黄晓雯	三旧办	B	C	满意	
20170166	关于进一步推进我市投融资体系建设的议案	黄晓雯	财政局	A	F	满意	
20170167	关于立法整治泄露、倒卖个人信息以及实施电话推销骚扰等行为的建议	詹文光	中国移动	B	F	基本满意	
20170168	关于整治乱石挡路、“脏乱差”等行为的建议	詹文光	城管局	B	F	满意	
20170169	关于将市属大中型国有企业纳入相关人才政策 扶持范围的建议	张艳平	组织部	A	F	满意	
20170170	关于加快落实常平镇莞惠城际轨道沿线损坏房屋理赔工作的建议	梁登照	常平镇	B	F	满意	

说明：

1.“办理情况”是指：A、所提问题解决或基本解决；B、正在解决或列入计划解决；C、因条件限制或其他原因暂不能解决

2.“沟通情况”是指：A未沟通；B见面沟通；C座谈研讨；D现场视察；E上门走访；F电话联系；G信函；I其他

3.“代表满意度”反映三种情况：满意、基本满意、不满意

人大重要工作

【立法工作】 2017年，东莞市人大常委会把提高立法质量摆在首位，突出立法重点，加快立法步伐，完善立法机制，提升立法效果。审议《东莞市生态文明建设促进与保障条例》，根据市委精神，将《东莞市水乡特色发展经济区生态文明建设促进与保障条例》更名为《东莞市生态文明建设促进与保障条例》，适用范围由水乡经济区的生态文明建设调整为全市的生态文明建设，完成一审、二审程序。审议《东莞市饮用水源水质保护条例》，完成《东莞市饮用水源水质保护条例》草案稿和草案修改稿的一审、二审、三审程序，并经市人大常委会表决通过。及时将《东莞市出租屋治安消防安全管理条例》纳入2017年的立法计划，完成一审程序。继续跟进《东莞市城市管理综合执法条例》相关工作。完善地方立法起草工作机制，改由市政府制定印发起草工作方案，成立由相关副市长为组长，各相关部门领导为组员的起草领导小组，成立起草工作小组和专家小组，负责法规案的起草工作，常委会法工委派员全程参与，提高草案质量。完善修改审查工作机制，从以往只由常委会法工委征求意见，改由法工委、起草单位、立法基地各自先提出修改意见，避免立法工作的部门利益化倾向。在全市32个镇街建立基层立法联系点，审议草案修改稿均召开专题调研或论证座谈会，并通过基层立法联系点、立法基地及各类媒体，公开征求各方意见。配合全国人大《标准化法》等3部法律、省人大《广东省企业和企业经营者权益保护条例》等5部法规的立法调研工作，为上级人大立法提供参考。全市申请比照“设区的市”享有同等法律地位及镇（街道）比照行使县级政府行政执法权调研。举办市人大常委会2017年地方立法实务培训班，参加全国人大举办的第一期地方立法工作专题培训班，省人大举办的地方性法规点评会、立法工作会议、设区市法规专家论证会、地方立法工作培训班等，提高地方立法能力。民主科学编制2017—2021年立法规划和2017年立法计划。根据《东莞市制定地方性法规条例》的规定，于2016年6月启动公开征集2017—2021年5年立法规划和2017年立法计划建议项目。2017年6月20日，立法规划、立法计划报省人大常委会法工委备案并向社会公示。负责做好规范性文件备案审查工作，完成2份规章和15份市政府规范性文件的备案审查工作，根据市委备案审查联动机制审查市委、市政府规范性文件48件。

【人大监督】 2017年，东莞市人大常委会突出重点议题，改进监督形式，增强监督实效，助推市委重大战略部署更好落到实处。改用“每季度一次、持续监督”的方式，重点监督《加快推进水污染治理，持续改善我市水生态环境的议案》办理情况和“倍增计划”工作进展。加强预算监督，升级改造人大预算联网监督系统，探索街道（园区）预算监督工作新路径。加强司法监督，推动解决执行难问题。开展专项资金使用情况系列调研，重点对居家养老服务、同沙水库水污染综合整治、市民艺术中心及工人文化宫等3个民生项目进行绩效评价督导。开展全市养老服务业情况调研，推动老龄事业全面协调可持续发展。开展全民健身工作专题调研，促进全民健身深入开展。配合上级开展全市华侨权益保护情况专题调研，维护华侨合法权益。

【重大事项决定权行使】 2017年，东莞市人大常委会作出决议3项、决定10项。审议《东莞市生态文明建设示范市规划（2016—2025）》，收集意见建议16条，依法作出决议1项。审查批准全市2016年市级决算（草案）报告，审议2017年财政预算调整方案，依法作出决议各1项。作出补选市人大代表的决定4项，作出接受3人辞去人大代表职务请求的决定2项，作出许可司法机关对1名市人大代表采取强制措施的决定1项。

【选举和人事任免】 2017年，东莞市人大常委会坚持党管干部和人大依法任免相统一的原则，完善人事任免工作。组织召开2次人代会，选举产生东莞市第十六届人民代表大会常务委员会组成人员38人，市人民政府市长1人、副市长6人，市中级人民法院院长2人次，市人民检察院检察长1人；选出全市出席省第十三届人民代表大会代表24人；通过任命东莞市第十六届人民代表大会法制委员会组成人员13人、财政经济委员会组成人员13人。闭会期间，根据主任会议和“一府两院”的提请，依法任命干部209人次，免职干部40人次。

【人大代表工作】 2017年，东莞市人大常委会尊重人大代表的主体地位，把服务保障代表履职作为重要任务。提前谋划、争取省人大常委会支持，全市的省人大代表名额从14名增加到20名。举办3期新任市人大代表培训班，完成基层一线代表的履职培训。组织驻莞全国人大代表和广东省人大代表开展专题视察和专题调研，组织市人大代表同步参加省人大的远程学习培训。开展“市镇人大代表活动日”活动。完善代表列席常委会会议机制，全年邀请18名代表列席常委会会议9次；邀请各级代表289人次参加“检察开放日”、东莞市基准地价更新工作听证会、《固体废物污染环境防治法》执法检查等活动。出台《关于人大代表工作室规范化建设的意见》，21个镇的代表工作室向村一级延伸，全市村级人大代表联络点增加至201个，促进代表到工作室开展学习、交流、联系选民等活动。修订完善常委会走访代表和约请代表制度，常委会领导开展约请代表活动7次，约请代表42人次，加强市人大常委会组成人员同代表的联系、市人大代表同选民的联系。制定实施《东莞市人大代表小组和代表专业小组管理办法》《东莞市代表活动经费管理办法》，成立代表专业小组，提高代表活动经费标准，保障代表依法履职。综合采用常委会领导牵头重点督办、各工委分类督办、代表工作部门统筹督办、代表参与督办等措施，形成代表建议多层次、全方位的督办工作新常态。人大代表在十六届人大一次会议上提出的建议168件，解决或基本解决的58件，占34.5%；正在解决或列入计划解决的108件，占64.3%；暂不能解决的2件，占1.2%。人大代表对建议办理工作的评价，满意150件，基本满意18件。 （陈志昭）

附：2017年东莞市人大常委会及其机关领导名录

市人大常委会主任：

吕业升（1月到任）

市人大常委会常务副主任：

甄瑞潮（任至1月）

潘新潮（1月到任）

市人大常委会副主任：

周楚良　尹景辉（任至1月）

李满堂　杨靖波（任至1月）

陈锡江　何跃沛（1月到任）

黄耀成（1月到任）

市人大常委会党组成员：

2017年4月19日，市人大常委会视察市第一季度水污染整治工作完成情况

（人大常委会办公室供图）

尹景辉（任至9月）
杨靖波（任至9月）
黄庆辉（9月到任）
市人大常委会秘书长：
何跃沛（任至1月）
朱斌华（1月到任）
市人大常委会办公室主任：
王业宽（任至8月）
市人大常委会副秘书长：
梁少虾　周玉佳　吴　强

附：2017年东莞市人大常委会各工作委员会主任、副主任名录

法制工作委员会主任：陈俊荣
财政经济工作委员会主任：叶绍波
城建环资与资源保护工作委员会主任：何伟光（2月到任）
农村农业工作委员会主任：李雄华
教科文卫华侨外事工作委员会主任：成洪生（2月到任）
选举联络人事任免工作委员会主任：孙爱平
内务司法工作委员会主任：伍志鸿
法制工作委员会副主任：张建均（任至8月）
财政经济工作委员会副主任：卢晓航
城建环资与资源保护工作委员会副主任：张　琦
农村农业工作委员会副主任：杨　敏
教科文卫华侨外事工作委员副主任：刘学高　尹晓航
选举联络人事任免工作委员会副主任：袁俊凯
内务司法工作委员会副主任：李小敏

东莞市人民政府

政府重要决策

【重点企业规模与效益倍增计划】　2017年2月，东莞市印发《东莞市人民政府关于实施重点企业规模与效益“倍增计划”全面提升产业集约发展水平的意见》《实施重点企业规模与效益倍增计划行动方案》，提出着力推进供给侧改革，从总部经济、资本运作、兼并重组等六大路径发力，着力破解企业倍增发展的共性密码，促进企业做大做强做优，提升东莞产业综合竞争力和可持续发展能力。2017年全市市级倍增企业主营业务收入超过6000亿元，比上年增长27%以上；税收超过140亿元，增长29%以上，形成一大批可复制推广的经验，得到国务院督导组和省的充分肯定。

【实体经济十条】　2017年7月，《东莞市降低实体经济企业成本工作方案》印发，提出通过合理降低企业税费负担、融资成本、制度性交易成本、用能用地成本、物流成本，合理控制人工成本上涨，形成企业发展与宏观经济发展良性循环的格局。10月，印发《东莞市贯彻广东省降低制造业成本若干政策措施全面推进实体经济企业规模与效益倍增实施方案》，落实省降低制造业成本若干政策，出台东莞市“实体经济十条”36项措施。12月，印发《东莞市积极稳妥降低企业杠杆率实施方案》。全年为企业减负370亿元，全市规上工业企业实现每百元主营业务收入成本比上年下降0.96元，利润总额增长47.2%。

【创新驱动发展升级版打造】　2017年3月，东莞市召开全市创新发展会议。4月，印发《东莞市科学与技术发展“十三五”规划》。6月，印发《东莞市推动规模以上工业企业研发机构建设行动计划（2017—2019）》。11月，印发《东莞市引进组建重大公共科技创新平台管理办法》。12月，印发《东莞市核心技术攻关“攀登计划”实施方案（2017—2020年）》。全年全市通过高企认定2335家，高企数量达到4058家，高新技术培育入库新增1312家，累计培育入库企业3315家，总量均居全省地级市第一。

【开放型经济新体制综合试点试验】　2017年1月，《东莞市关于进一步加快电子商务发展的实施意见》印发。2月《东莞电子口岸建设工作方案》《东莞市推进国际贸易“单一窗口”建设工作方案》印发。7月，《东莞市促进外商投资与对外投资专项资金管理办法》《东莞市促进加工贸易转型升级专项资金管理办法》印发。全年全市一般贸易（含保税物流）占比46%。外企内销总额比上年增长19%，占内外销比重达38.1%，提高3.1个百分点。

【水污染治理攻坚战】　2017年5月，《东莞市东江水源地保护区规范化建设工作方案》和《关于〈加快推进水污染治理持续改善我市水生态环境的议案〉办理方案》印发。6月，《东莞市2017年度水污染防治工作目标和重点任务》印发。9月，《东莞市BOT污水处理厂经营权回购工作实施方案》印发。12月，召开全市水污染治理工作会议。全年全市新建截污管网767.8千米，新扩建9座污水处理厂，启动35座污水处理厂提标改造，铺开76条内河涌污染整治，推进国考、省考断面水质保障工作。完成67家涉水污染企业整治和退出，工业废水排放总量削减167.2万吨。10条列入国家督办的黑臭水体，7条基本消除黑臭现象。

【城市品质三年提升计划全面实施】　2017年1月，《东莞市新型城镇化规划（2016—2020年）》印发。2月，《关于推进海绵城市建设的实施意见》印发。6月，《东莞市综合交通运输体系发展“十三五”规划》印发。7月，《东莞市城市精细化管理暂行办法（试行）》印发。7月，召开全市城市品质三年提升计划动员大会，选定启动第一批次城市建设项目582个，投资规模达1880亿元，提出聚焦“一心两廊三区四门户多节点”，通过中心城区强化、魅力小城建设、美丽幸福村居建设、交通设施提升、市政设施完善、公共服务设施完善、城市更新、TOD综合开发、森林公园和湿地公园建设、城市管理提升等十大重点领域，做好城市品质提升各项工作。

【粤港澳大湾区规划建设对接】 2017年9月，东莞市对接粤港澳大湾区战略工作领导小组成立，加强工作统筹力度，从基础设施互联互通、提升市场一体化水平、重大合作平台建设等方面工作加大推进力度。规划8条地铁线路对接广州、深圳、惠州。推进深莞惠3+2经济圈建设。签订深化穗莞战略合作框架协议，加强在规划、产业等八个领域合作。

【园区统筹组团发展战略实施】 2017年3月，东莞市印发《统筹松山湖片区招商引资工作运行机制》《统筹松山湖片区直属分局运行机制》。10月，印发《东莞水乡特色发展经济区“十三五”规划》。3月底召开全市园区统筹片区联动协调发展工作推进会，提出在不改变行政架构和空间范围的前提下，将全市划分为六大片区，谋划14个重点发展先行区，通过园区统筹和片区联动协调，整合片区要素资源，实现优势互补、互利共赢。松山湖片区“1+6”统筹组团发展试点取得突破性进展。统筹滨海湾新区与东莞港建设，经省政府批准升格为省级开发区，设立管委会并将滨海湾新区面积扩容至83.2平方公里。水乡经济区科学谋划新城与片区发展定位，启动水乡新城建设，片区生产总值增长9.3%，快于全市1.1个百分点。

【“智网工程”建设】 2017年8月《东莞市商改后续监管和“智网工程”对接融合工作方案》印发。7月，召开全市社会服务管理“智网工程”总结会，完成网格管理员队伍整合组建、“智网工程”指挥调度平台建设、建筑物建档等基础性工作，完成“智网工程”建设各项任务目标。“智网工程”入格事项增至20大类83项，建成市镇村三级指挥调度平台。

【次发达镇村发展扶持】 2017年，东莞市设立三年30亿元的专项资金，建立市直部门共同帮扶、重大事项议事协调等机制，推动次发达镇加快发展。审定《扶持次发达镇产业发展资金池资金使用方案》《关于加大统筹发展力度推动次发达镇村（社区）加快发展的意见》，8个次发达镇生产总值平均比上年增长10.2%，快于全市2个百分点；70个次发达村（社区）村组两级经营纯收入增长14.5%，快于全市5.5个百分点。

【社会治理创新】 2017年3月，《东莞市消防工作“十三五”发展规划》《东莞市消防技术装备建设专项规划（2016—2020年）》印发。4月，《东莞市网络预约出租汽车经营服务管理实施细则（暂行）》印发。5月，《东莞市门楼牌管理办法》和《东莞市安全生产“十三五”规划》印发。全面开展寄递物流、危化品、建筑施工、道路交通等专项整治，打击违法违规行为，推进消防安全工程。全市排查整改各类安全隐患13.5万处，生产安全事故宗数、死亡人数、受伤人数分别比上年下降17.3%、12.3%和29.4%，未发生重大及以上安全事故。

【民生保障】 2017年1月，《东莞市人民政府关于加快发展体育产业促进体育消费的实施意见》印发。4月，《关于进一步完善我市住房限购政策的通知》《关于进一步提升教育现代化水平的实施方案》印发。5月，《东莞市异地务工人员随迁子女接受义务教育实施办法》《东莞市义务教育阶段异地务工人员随迁子女积分制入学积分方案》印发。8月，《东莞市关于加强基层医疗卫生服务能力建设的实施方案》印发。9月，《东莞市推进医疗联合体建设和发展工作方案》印发。全年全市完成11所公办学校新建扩建工程，新增中小学（幼儿园）64所，新增随迁子女义务教育公办和补贴学位6.8万个，比上年增长78.3%。民办义务教育优质学校比例达61.9%。低保标准提高到每人每月880元。40家医院接入国家异地就医联网平台。

【区域协作与对口帮扶】 2017年1月，东莞韶关对口帮扶工作第八次联席会议召开。会议围绕落实对口帮扶三年工作方案、开发建设华南先进装备产业园等重点项目、抓好县级对口帮扶工作、做好各项交接工作等5个方面要求，推动对口帮扶工作取得更大成效。11月印发《东莞市深化泛珠三角区域合作的实施意见》。全年开展东莞韶关对口帮扶，产业共建新签约项目117个、投资规模326.6亿元。推进韶关、揭阳精准扶贫精准脱贫工作，完成到村帮扶项目1317个，到户项目12.7万个，帮助2.01万人实现脱贫。落实东莞昭通合作协议，在全国首创劳务协作扶贫援建模式。援藏援疆援川进展顺利，援建资金100%到位。探索合作共建新疆兵团41团草湖镇，推进兵团草湖广东纺织服装产业园和西藏巴宜区小康示范镇村建设。与牡丹江市签订对口合作框架协议，全面完成各项工作任务。

【行政审批改革】 2017年7月，《东莞市人民政府关于取消65项行政审批事项的决定》印发。8月，《东莞市推进群众和企业到政府办事“最多跑一次”改革实施方案》印发。9月，《〈东莞市加快推进“互联网政务服务”工作实施方案〉的通知》印发。组建成立市镇两级政务服务管理机构，公布首批1173个“最多跑一次”事项清单，“一门式一网式”改革实现市镇村三级联动。

政府重要会议

【市政府常务会议】 2017年，东莞市政府召开市政府常务会议37次，讨论有关事项558项，主要包括：审议《东莞市食品药品安全委员会工作规则》《东莞市一门一网式行政许可和服务事项指导目录》《东莞市民政事业发展“十三五”规划》《进一步完善生态补偿机制的意见》《东莞市国有土地上房屋征收与补偿办法》《第二批清理规范市政府部门行政审批中介服务事项目录》《关于进一步提升教育现代化水平的实施方案》《东莞市义务教育阶段异地务工人员随迁子女积分制入学积分方案》《东莞市综合交通运输体系发展“十三五”规划》《东莞市水乡特色发展经济区“十三五”规划》《关于深化商事制度改革构建科学市场监管体系的实施意见》《东莞市社区综合服务中心建设运营管理办法》《东莞市社区综合服务中心建设运营“以奖代补”实施方案》《东莞市推动规模以上工业企业研发机构建设行动计划（2017—2019）》《东莞市“倍增计划”试点企业产业政策倍增扶持实施细则》《东莞市人民政府关于大力发展装配式建筑的实施意见》《关于做好公办小学学生校内午间服务的指导意见》《东莞市名校研究生培养（实践）补助资金管理实施细则（试行）》；审议《东莞市落实省民生实事开展农贸市场政府快检工作实施方案》《东莞市建立新型清理无证照经营长效机制工作方案》《东莞市困难家庭医疗救助暂行办法》《东莞市科普和学会科技服务项目实施办法》《东莞市湿地公园建设财政补助实施方案》《东莞市引进组建重大公共科技创新平台管理办法》《东莞市节约能源“十三五”规划》《关于“倍增计划”试点企业总部经济用地项目实施产权分割的操作办法》《东莞市政府重大行政决策事项目录》等文件，以及《东莞市核心技术攻关“攀登计划”实施方案（2017—2020年）》《东莞市小额创业贷款实施方案》《东莞市推进食品生产加工小作坊集中加工中心建设工作方案》《东莞市积极稳妥降低企业杠杆率实施方案》《关于建立我市失业保险单位缴费浮动费率的通知》《东莞市重污染河涌综合整治工作方案》《东莞市“科技东莞”工程专项资金财务管理办法》。

【全市性重要专项会议】 2017年，东莞市召开的全市性重要专项会议，主要有：全市安全生产和消防安全工作会议，全市城市工作会议，全市创新发展大会，市政府廉政工作会议，全市法治政府建设推进会，全市全面深化农产品质量安全监管工作会议，全市商务暨构建开放型经济新体制综合试点试验工作推进会议，东莞市推动次发达镇加快发展工作动员会，全市水务与三防工作会议，全市民政工作会议，全市住房城乡建设工作会议，全市交通运输工作会议，全市“三规合一”工作动员会，全市卫生与健康大会，全市社会服务管理“智网工程”上半年工作总结会议，全市应急管理工作会议，东莞市城市品质三年提升计划全市动员大会，东莞市电网及信息基础设施建设工作会议，全市深化商改构建科学市场监管体系工作会议，全市经信工作暨打造智能制造全生态链现场会，全市重污染河涌综合整治工作会议，全市土地管理工作会议，东莞市秋冬大气污染防治工作动员会议，东莞市贯彻省降低制造业成本全面推动实体经济企业规模与效益倍增会议，全市盘活存量土地、创新发展模式、全面提升重大项目承载力现场会，全市城市精细化管理暨违建治理工作动员会，全市重污染河涌综合整治工作会议，东莞市全面推行河长制工作部署会议。

【市政府工作会议】 2017年，东莞市政府召开并形成会议纪要的工作会议261次，研究部署主要事项有：研究虎门港综保区审批建设工作，研究山区片一体化交通规划建设工作，研究实施重点企业规模与效益“倍增计划”工作，研究截污次支管网投融资工作，研究解决不动产登记若干历史遗留问题；研究茅洲河整治工作，研究设立东莞仲裁委员会工作，研究吸收外资有关工作，研究推动5亿元以上大型工业企业研发机构建设工作，研究茅洲河界河治理工作，研究“1+6”园镇招商统筹工作，研究加快推进黄标车淘汰工作，研究东莞电子口岸、东莞市国际贸易“单一窗口”建设工作，研究市轨道交通建设及TOD综合开发工作，研究全市新建扩建学校工作，研究盘活市储备土地工作，研究“三旧”改造工作，研究东莞西站、虎门高铁站TOD综合开发工作，研究轨道交通一体化规划，研究水生态工程和轨道交通1号线PPP（政府和社会资本合作）工作，研究沙角电厂淘汰搬迁工作，研究全市国有企业改革工作，研究牡丹江市与东莞市对口合作工作，研究交通拥堵治理工作，研究广东欧珀移动通信有限公司等大型骨干企业有关问题，研究京东集团项目有关工作，研究打击走私工作，研究广东铁路国际物流基地产业（物流）园区总体规划建设，研究住房保障体系建设和松山湖人才房有关问题，研究产业保护线规划工作，研究盘活市储备土地工作。

重要政事

【重要政事活动】 2017年，东莞市政府举行的重要政事活动主要有：第九届中国加工贸易产品博览会，第四届广东海上丝绸之路国际博览会，第九届中国国际影视动漫版权保护和贸易博览会，第八届东莞台湾名品博览会，第三届广东国际机器人及智能装备博览会，2017中国（东莞）国际科技合作周、科研机构创新成果交易会，

2017两岸青年就业创业研讨会，在莞港资企业升级转型联席会议，东莞民营投资集团成立大会，东莞市开放大学揭牌仪式，粤港跨境直通快线启动仪式，清溪保税物流中心（B型）封关运行仪式，东莞国际邮件互换局启动仪式，东莞市城市更新局揭牌仪式，第二届“中国科技创新论坛”，滨海湾新区填海项目动工仪式，第十六届香港珠三角工商界合作交流会。

【东莞市政府十件民生实事】 2017年，东莞市政府十件实事涉及39项具体工作中，7项超额完成，32项全面完成。加强社会治安防控方面，全市现行命案发案数比上年下降15.1%，破案率97.5%；盗抢骗警情数下降18.96%。盗抢骗犯罪案件发案数下降13.86%，破案绝对数上升11.2%。完成21个固定治安卡点建设并验收合格。建成33个“平安文化”主题体验场所。开展社区行、入万家、校园行及交通、消防安全主题宣传活动活动1.4万场次，公安微信公众号推送专题信息1500余条次，推出公益宣传海报10万余份。水环境和大气污染治理方面，全市新建截污次支管网767.81千米。长安新区污水处理厂、塘厦林村污水处理厂及配套管网工程完工并投产运营。完成100家VOCs（挥发性有机化合物）污染企业整治，累计完成沙角电厂群8台10万千瓦以上煤电机组的超低排放改造。开展各类建设工程、混凝土搅拌站、工业堆场、干散货码头等792个扬尘项目清单更新及防治措施落实情况核查工作，完成391个扬尘防治措施不到位项目的整治。凤岗、樟木头、大朗、沙田等4个镇空气子站建成投入试运行。增加学校学位供给和扶持民办学校发展方面，向随迁子女提供积分入学学位79354个（含优惠政策），比上年增加44283个，增幅126.3%。对全市就读义务教育民办中小学校在校生给予财政补助，补助学校覆盖率、补助学生覆盖率均达100%。扶持民办普通中小学59所，每所资助10万元；扶持民办中职学校2所，每所资助40万元；对688所幼儿园发放集体办幼儿园和普惠性民办幼儿园补助资金7139.5万元；对23所新评等级的幼儿园发放等级幼儿园奖励金350万元；对符合条件的2.2万人次发放民办学校教师从教津贴经费5934.9万元。建成松山湖实验小学二期并投入使用。提高低保标准和养老保险待遇，强化食品药品安全保障方面，全市最低生活保障标准从原来610元/人/月提高到880元/人/月，全年发放低保金7945.69万元。对低保对象参加社会基本养老保险的个人缴费给予补助，全年支出1682.5万元。完成对全市参加社会养老保险的退休人员的养老保险待遇调整，调整后社会养老保险待遇人均增加101.34元，月人均基本养老金1465.45元。市食品药品检测中心建成投入使用。150家农贸市场快检室全部通过验收并开展快速检测工作。加大医疗服务补助，提高市民应急救护技能方面，将基本医疗保险年度最高支付限额提高到上年度职工年平均工资的8倍，同时优化住院基本医疗费用分段支付比例。增补重型地中海贫血等10个特定门诊病种，部分特定门诊病种限额标准提高500～3000元不等，同时患两种特定门诊病种的限额标准提高500元。符合条件的新生儿由政府补助80%筛查费用，全市完成新生儿遗传代谢病筛查标本44589例。全市33个镇街（园区）全部完成小学二年学生六龄齿免费窝沟封闭工作，累计实施窝沟封闭69603人，完成窝沟封闭牙齿数21.84万颗。全市有9个镇街实施幼儿园儿童免费涂氟，累计为228所幼儿园53179名儿童进行口腔检查和局部涂氟。开展普及性应急救护培训51500人次。优化城乡生态环境，提升生活垃圾处理能力方面，完成100个村（社区）的美丽幸福村居建设。大岭山森林公园观湖生态休息广场、银瓶山森林公园清溪湖森林通道、大屏嶂森林公园园区作业通道项目及白石山沙溪水库环湖通道绿化工程全部完工。建成麻涌餐厨垃圾处理项目、横沥环保热电厂一期技改再增容项目、麻涌垃圾处理厂一、二期工程项目。促进创业就业和帮扶困难群方面，发放小额创业贷款6.5亿元，促进创业13181人；全市城镇新增就业人数85011人，推动和帮扶11441名登记失业人员再就业；全市有126名应届困难家庭高校毕业生，实现100%就业。对全市0～15周岁符合条件的在民办康复服务机构接受康复教育的残疾儿童发放康复补助450万元。为2184名残疾人适配辅具，适配辅具件数达2454件。强化办证便民服务，及时提供内涝预报预警信息方面，市公安局办证大厅安装2套、各镇街（园区）分局办证厅各安装1套居民身份证自助受理领取设备。在机动车销售4S店、二手车市场设置机动车登记服务站，全市有77个新车服务站和10个二手车登记服务站开通业务，分流全市新车注册业务的60%，分流二手车交易过户业务的40%。建成8个城市内涝监测点，内涝观测数据正常采集并入库；通过微博、网站和短信对外发布8个内涝点的内涝实况及预报预警信息9次。保障市民便捷出行和提升文明交通意识方面，东江梨川大桥于2017年1月22日建成。东宝河新安大桥于2017年8月26日通车。各项交通安全宣传警示工作均完成年度目标。完善体育配套设施，优化公共文化服务方面，推动33个公共体育场馆向市民免费或低收费开放。建成全民健身路径200套、公共健身室100个。建成数字文化馆二期、6个试点镇街分馆。全民艺术普及活动、公益文艺培训课程、家庭教育讲座、家长持证上岗项目培训均完成年度目标。（市府办）

附：2017年东莞市人民政府市长、副市长、党组成员、秘书长、副秘书长名录

市　长：梁维东
副市长：张　科（任至1月）
　　　　杨晓棠（任至1月）

张少康（任至8月）
杨东来（任至8月）
喻丽君
白　涛（1月到任）
黄庆辉（10月免职）
万卓培
张冠梓（挂职，8月到任）
郭向阳（8月到任）
李德喜（挂职，10月到任）

市政府党组成员：
严小康
殷焕明（任至5月）
黄少峰
邓志广
邓浩全（任至1月）
吴志刚
陈仲球（7月到任）
梁杰钊（8月到任）

市政府秘书长：
邓浩全（任至1月）
吴志刚（2月到任）

市政府副秘书长：
冼冠华　张春扬　卢汉彪
温颂钧　罗　斌（任至2月）
梁杰钊（任至8月）
赖健伟　陈庆松
钟　彬（7月到任）
梁志刚（8月到任）
周婉虹（挂职，9月到任）

附：2017年东莞市人民政府办公室主要领导名录

主　任：
邓浩全（任至1月）
吴志刚（1月到任）

政务督查

【政务督查概况】 2017年，东莞市人民政府督查室优化督查机制，提高督查效率，推动市政府各项决策部署落地结果。一是抓好政府工作报告督办。按季全面督办355项市政府主要目标任务，精准对标落实进度不理想的若干事项以及存在隐患事项，集中用力，深入分析，向领导反映工作中存在的困难、提出有针对性的对策建议，形成合力推动各项任务完成。355项目标任务中，完成343项，完成率96.6%。二是抓好市政府常务会事项督办。按季督办市政府常务会议定事项，从单纯的事项跟踪，转到对议定事项的执行效果进行评估，提升督办实效。全年市政府召开37次常务会，形成需跟踪的决定事项487项，经督办完成433项，完成率88.9%。三是抓好市领导重要批示件督查。按照“每日登记、每周梳理、每月反馈”原则，专门对市长及常务副市长重要批示件进行跟踪督办，每月反馈办理结果，对当月无法办理完成的事项进行滚动跟踪。全年督办市长重要批示件81份、常务副市长重要批示件113份，解决一大批问题。四是抓好上级来莞各项督查任务。省委、省政府联合大督查第二督查组、国务院第四次大督查第十三督查组分别在4月和9月到东莞市开展实地督查。紧扣上级督查内容，做好自查自纠、路线安排、材料报送、会务布置等工作，完成上级督查任务，获得上级充分肯定。五是抓好各类专项督查。会同相关牵头单位针对经济监测、环莞快速路三期、莞番高速、截污次支管网、东莞西站站前广场、轨道交通1号线等30项重点工作，通过书面督查、实地督查等方式开展专项督查，针对部分性质严重的事项形成调查报告供市领导决策。六是抓好政务督查考评工作。联合市委督查室开展考评巡查，完成考评任务。

【民生实事跟进】 2017年，东莞市完成市政府十件实事。坚持每月督办反馈十件实事，对进展较慢的事项进行内部通报，通过送达督查通知书、实地查看、座谈协调等方式，想方设法破解制约因素。是年，东莞市政府十件实事共39项具体工作，7项超额完成，32项全面完成，兑现年内完成的承诺。完成东莞市承担省十件实事有关任务。全年对工作进展情况实行定期通报，根据省有关要求对实施情况开展专项督查。东莞市承担的省政府十件民生实事任务完成。

【人大代表建议和政协委员提案办理】 2017年，东莞市人民政府督查室办理169份人大代表建议和419份政协委员提案以及9份省建议提案，实现办结率和满意率两个100%。一是明确“一把手”责任。建立起由“一把手”亲自负责、集体研究落实的责任体系，明确各承办单位“一把手”要亲自部署交办工作、亲自审定办理计划、亲自协调难点问题、亲自审核回复意见。二是突出工作重点难点。东莞市人大确定8件重点督办建议、市政协确定8件重点督办提案，由市委、市政府主要领导各督办1件重点提案，市政府副市长领办所有重点建议提案。三是注重工作实际效果。会同人大、政协相关工委，通过现场察看、跟踪督办、专题协调等形式，分析研究有关问题，督促加快建议提案办理进度，把督查贯穿于办理工作的全过程，确保办理工作落到实处。2017年底对2016年建议提案办理开展“回头看”，通过开展自查、面对面回访代表委员等方式，对各办理单位2016年承诺事项的后续落实情况进行再跟踪、再督查，进一步巩固办理效果。（赵炜健）

附：2017年东莞市政府督查室主要领导名录

主　任：曾　鸣

应急管理

【突发事件处置概况】 2017年，东莞市政府对市突发事件应急委员会进行调整，更新成员名单，强化突发事件应对的组织领导，加强安全防范，完善突发事件处置机制，妥善处置3死1伤“长安镇火灾事故”，3死1伤“寮步镇交通事故”，5人死亡“常平镇社会安全事件”，全市启动防风Ⅱ级应急响应的“台风‘天鸽’，台风‘帕卡'来袭"，3人死亡"洪梅镇附近水域小艇翻侧事故"，涉"南城街道雅园社区部分村民因土地权益等问题上访"事件，"麻涌镇大步村部分村民因土地分红问题聚集"事件，"中堂镇中堂中学滋事伤人案"等一系列影响较大的突发事件，保障人民生命财产安全和社会稳定。

【突发事件风险隐患排查】 2017年，东莞市政府召开4次突发事件隐患评估与防范工作季度会商会，分析研判公共安全形势，制定每季度突发事件隐患评估与防范对策，组织有关单位按照"每月一检查、一汇总、一统一、一分析"原则，定期对辖区内的突发事件风险隐患进行全面自查，预防和减少突发事件的发生。全年全市排查出可能影响社会稳定的隐患和苗头性问题280条。对排查出的隐患，均建立专门的档案、台账，制订相关应对方案，落实专人跟踪。《东莞市风险点、危险源台账》登记排查出风险点、危险源2137项，其中红色等级26项，橙色等级109项，黄色等级566项，蓝色等级1436项。《东莞市重大事故隐患台账》登记排查出重大事故隐患24项，整改完毕23项。全市安监系统应急管理执法检查企业8230家，发现隐患问题5266个。

【应急平台体系建设】 2017年，东莞市完善市应急综合管理平台（一期）功能，规划平台（二期）建设，全面提升与省委应急指挥中心、省政府应急平台及市"三防"、气象、公安、消防、国土等部门专项平台的互联互通能力，初步建立标准统一的应急大数据系统，推动全市各级各类应急数据的动态管理和实时更新，建设"跨平台、跨部门、跨区域"应急平台"一张图"。2017年下半年，应急综合管理平台（二期）工程完成项目招标工作，建设内容主要包括市应急综合管理平台（二期）系统、镇街应急平台系统、部门应急专项数据对接系统等三个方面，在原有建设的成果基础上，逐步与各镇街及市应急委成员单位进行对接，实现系统和业务上的全面衔接，加大应急信息资源整合力度。

【应急预案体系完善】 2017年3月，东莞市印发《东莞市突发事件应急体系建设"十三五"规划》，加强"十三五"时期全市应急体系建设，提高应对突发事件和各类风险的能力，保障公民生命财产安全。是年，东莞市政府组织修订完善《东莞市自然灾害救助应急预案》《东莞市大面积停电事件应急预案》《东莞市食品事故应急预案》等专项预案，相关部门修编、完善约80份部门应急预案报市政府应急办备案。组织开展石油天然气管道突发事件应急演练、食品安全事件应急演练、东莞大堤防汛应急演练、红十字水上应急救援演练、轨道交通生产安全事故应急演练等多个专项大型演练活动，提高各应急队伍的应急处置和救援抢险能力，检验各类预案的实用性和可操作性。

【应急知识宣传】 2017年，东莞市通过多种方式、多种途径向公众宣传应急知识。《东莞市应急知识宣传手册》《你准备好了吗》等应急书籍向市民免费发放2万余本，委托东莞电视台、阳光网、电台、邮政等各大媒体播放应急系列小短片，增强市民对各种应急知识的了解，提高其自救自助能力，利用微信公众号等新媒体传播各类应急救护知识，通过市政府应急办公众号向市民每周推送不少于3篇应急知识科普文章。开展每年1次的气象应急知识宣传月活动、"5·12"防灾减灾日系列宣传活动、安全生产月活动等活动，提高全民应急意识与自救互救能力。2017年，免费进行应急救护培训6.03万人次，其中普及性应急救护培训4.75万人次；救护员培训9166人次；救护培训讲座3675人次。此外，还整合气象、三防及移动、联通、电信等通信公司资源，做好气象监测预警预报和信息发布服务工作，通过电视台、电台、"12121"电话、微博、微信、网站、手机短信等渠道，第一时间发布预警信号及时对全社会发布气象灾害预警信息，加强元旦、春节、中考、高考等重大节假日、活动期间的精准预警服务，增强各类气象灾害的预警响应能力。（李伟彬）

附：2017年东莞市政府应急管理办公室主要领导名录

主　任：张勇军

机关事务管理

【机关事务管理概况】 2017年，东莞市机关事务管理局贯彻落实党的十九大精神，以习近平新时代中国特色社会主义思想为指引，围绕市委、市政府中心工作，落实市第十四次党代会要求，为市级机关运转做好保障服务，并获"2017年度工作优秀市直单位"称号。

是年，东莞市机关事务管理局加强党的政治建设，提高政治站位。规范党组织管理，推动党支部改设党总支工作。推进"两学一做"教育，学党章党规、学系列讲话。推进服务型党组织示范点创建工作，打造"新党建、心服务、新后勤"党建品牌，被市直工委授予示范精品荣誉称号。坚持党建带动群团建设，机关饮食服务部被市授予市"巾帼文明岗"称号。

【机关事务管理制度建设】 2017年，东莞市机关事务管理局解决体制机制障碍，健全机构设置，增设公共机构节能管理科。理顺科室职责，对各科室职责分工进行整合、调整，解决之前科室职能交叉、效率低下等问题。加强和完善制度建设，修订、完善、补充全局管理制度20余项，形成《东莞市机关事务管理局制度汇编》并印发执行，形成以制度管人、管事、管物、管钱的工作格局。

【机关服务保障】 2017年，东莞市机关事务管理局贯彻落实中央八项规定，巩固公务用车制度改革成果，严格执行公车使用管理规定，降低公务出行经费支出。加强办公用房统筹管理，解决市直有关部门办公用房不足问题。加强机关运行经费管理，降低市直代管单位“三公”经费支出。创新服务理念，开展机关餐饮情况调研，推进饭堂菜式创新，提高餐饮服务质量。完善机关办公条件，推进多项设备更新改造，加强物业管理监管，推进日常管理标准化、精细化建设，推进机关后勤提质创优工作。

【公共机构节能】 2017年，东莞市机关事务管理局成功创建国家节约型公共机构示范单位，开展全市推广应用新能源汽车和充电基础设施设备建设工作、节水型单位建设、推广垃圾分类、开展节能宣传等工作，成为广东省6家被遴选推荐申报国家能效领跑者单位之一（广东省唯一的地级市行政机关创建单位），并通过验收，成功创建，带动示范效应日益突出。强化全市公共机构节能业务指导和监督考核，组织凤岗镇人民政府、市中医院等5家单位创建国家节约型公共机构示范单位。履行监管职能，印发全市公共机构节约能源资源“十三五”规划，落实和改进节能统计，加大节能监察力度，组织开展节能宣传周活动，推动全市公共机构节能工作开展，完成省、市下达的节能工作目标任务。 （卢奇聪）

附：2017年东莞市机关事务管理局主要领导名录

局　长：黄伟青

政务服务

【政务服务概况】 2017年7月17日，东莞市行政服务办和东莞市电子政务办合并组建东莞市政务服务办公室。整合全市政务服务、统筹协调“互联网+政务服务”和“一门式、一网式”政府服务模式改革工作。

【政务服务调研】 2017年，东莞市政务服务办形成“1+X+Y”政务服务政策和制度体系。赴深圳、佛山、广州、上海、杭州等市考察学习，到镇街综合服务中心和市有关部门调研，到相关镇街（园区）走访“倍增企业”，召开镇街（园区）综合服务中心主任工作座谈会，拜访中央和国务院有关单位，进行工作调研和交流学习。

明确政务服务改革思路　起草《关于加快推进政务服务改革的实施意见》提出推进简政放权、放管结合、优化服务，推进“互联网+政务服务”和“一门式、一网式”政府服务模式改革，对标国内外先进地区经验做法，实现全市政务服务工作快速赶超，在找问题、建平台、定标准、统数据、抓考核等方面下功夫，统筹推进行政审批制度改革，建设一体化政务平台，推进政务服务创新。

“数字政府”改革研究　根据省“数字政府”改革建设工作方向和要求，启动全市“数字政府”改革建设前期准备工作。调查摸底全市政府信息化建设有关情况，对全市各有关部门、各镇街（园区）信息技术机构及技术人员有关情况进行摸底调查。组织赴贵州省、福建省和南京市考察，学习先进经验，研究起草《东莞市“数字政府”改革建设方案》初稿。

【政府服务模式改革】 2017年3—5月，东莞市政务服务办赴部分尚未开放综合服务中心的镇街进行实地督促指导，明确要求加快建设进度。截至年底，全市有32个镇街（园区）基层综合服务中心对外开放，1个镇级综合服务中心仍处于工程建设阶段。2017年3月，联合市网建办、市编办及市民政局印发《东莞市一门一网式行政许可和服务事项目录》，指导各镇街（园区）开展事项进驻工作。

推行“一窗通办”　根据《关于规范镇街“一门集中”、“一窗通办”服务模式改革运行管理的通知》，对镇街综合服务中心的事项进驻、区域布局、综合窗口设置、服务流程等进行指导。截至年底，全市设置131个镇级综合服务窗口，配有201名综合服务窗口工作人员，镇级综合服务窗口月均业务数为1.15万宗。引导部分基础较好、条件较成熟的镇街（园区）综合服务中心按主题分类设置综合窗，采用“前台综合受理、后台分类审批、统一窗口出件”的办事模式，推行“一窗通办”，缩短群众等候时间，提高群众办事效率。

【网上政务服务】 2017年，东莞市按照《广东省政府办公厅关于做好2017年省级政府网上政务服务评估迎检工作的通知》，完成广东省网上办事大厅东莞分厅的事项切换，保持东莞分厅所有进驻事项与省发布的行政许可事项和公共服务事项实时同步。截至年底，全市在省目录管理系统中发布863项行政许可事项和591项公共服务事项，所有事项全部同步到东莞分厅。督促各部门按照网上政务服务评估工作要求，对本部门所有事项的办事指南准确度和在线服务成熟度进行整改完善。

建成使用东莞市政务服务数据交汇平台　利用全市政务信息资源共享平台的原有建设成果，搭建东莞市政务服务数据交汇平台。截至年底，数据交汇平台初步建成四大库，包括：事项目录库、佐证材料库、办事过程库、统一认证库，其中有49个部门在平台中注册863项行政许可事项、548项公共服务事项，电子证照84个、申请材料1.09万份，共享办事过程数据347万条。

实施两页系统升级改造　按照省下发的《广东省市民个人网页建设指南》和《广东省企业专

属网页建设指南V2.0》，通过公开招标方式，确定开发商实施两页系统的升级改造。两页系统按照省的建设指标完成开发，并实施上线。

【便民惠企政务服务】 2017年9月21日，东莞市政务服务办联合市工商局、市发改局、市经信局、市商务局、市检验检疫局及市住房公积金中心印发《转发广东省工商行政管理局等六部门关于在全省统一实施“多证合一、一照一码”改革的通知》。开展部门信息共享及业务协同、与省网上办事大厅进行数据对接等工作。

推行积分入学网上办理，改变过去群众奔波于部门之间开具各类纸质证明的状况，仅需在网上填写必要信息即可完成申报。通过改革，群众填写申报的信息从87项减到34项，下降61%；所需提交的纸质材料从22份变成3份，下降86%。全年全市积分入学申请量超过7.5万人，是往年的2.3倍。

【政务信息公开】 2017年，东莞市政务服务办组织市各部门负责政府信息公开的工作人员60人赴中国政法大学进行为期1周的专题培训，组织相关部门和镇街业务人员举办4场业务培训会和座谈会，交流分享政务信息公开经验和做法，提升全市政务信息公开水平。做好《东莞日报》政务公布版和《东莞市人民政府公报》编印工作。

政府信息公开和依申请公开工作 推进重点领域信息公开工作，完善重点领域信息发布平台建设，联合市财政局在政府门户网站重点领域信息公开专栏发布2017年部门预算和“三公”经费预算信息、2016年部门决算和“三公”经费决算信息。规范依申请公开工作流程，对镇街、部门依申请公开工作指导，处理市民向市政府提出的政府信息公开申请135宗，涉及信息公开行政诉讼2宗。

完善“12345”政府服务热线运行管理 坚持以服务面更广、影响力更大、运行机制更优、群众满意度更高为目标，着力从完善系统平台功能、推进部门联动参与、加强热线互联互通等方面开展工作，将“12345”热线打造成群众满意的优质政务服务品牌。前三季度，热线中心接听来电128万次，派出工单10.3万张，工单办结率98%，市民来电表扬约300余次，回访满意率（咨询类）达99%。经第三方评估平台对全国31个省（市）的334条“12345”热线的服务质量进行监测，东莞“12345”热线服务水平全国排名第十。

【政务数据共享】 截至2017年10月，东莞市有89个部门在市政务信息资源共享平台中注册信息资源目录，注册信息资源目录数1832项，数据项2.26万项，共享数据总量1.9亿条，共享数据比上年底增长1.38倍，平均月供各部门下载约5000次，注册27个部门85个证照批文信息。共享平台形成全市的“政务大数据汇聚中心”，为全市各项改革实施提供基础数据支撑。

政府数据开放 利用政府信息资源数据开放网站——“数据东莞”，汇集67个部门的752类信息资源、2760余万条信息。2017年5月27日，2017中国国际大数据产业博览会发布地方政府数据开放报告，揭晓全国政府数据开放十强名单，其中东莞获全国第六、全省第一的好成绩。

【政务建设】 2017年8月1日，东莞市“智网工程”网格化管理系统通过初验，“智网工程”基础数据库、基础云平台、标准规范体系建设完成，系统运行成效显著，截至10月中旬，智网系统中建档管理建筑物183.9万栋，建档管理出租屋15.9万套，建档管理市场主体12.5万个，建档管理人口61.75万，上报线索事件4.1万条。

政务网络安全 为做好十九大期间政务网络安全保障工作，与市网信办、市公安局网警支队、运营商一起成立“政府网站临时保障小组”，每天互通重要信息共同保障政府网站安全。落实对全市政务网站的漏洞处理工作，部署数据包回溯系统，重点记录异常服务器和重要服务器的一切网络行为，协助用户单位或公安提取证据和发现隐藏问题。部署入侵检测系统，自动发现异常行为并告警。优化日志分析决策系统，提高日志的检索能力。（朱忠诚）

附：2017年东莞市政务服务办公室主要领导名录

主　任：李志军（7月到任）

【东莞市在数字经济二线城市位居第六】 2017年4月20日，《中国互联网+数字经济指数（2017）》报告在杭州市发布。该报告由腾讯研究院编制，以腾讯用户的数字经济行为数据作为基础，汇集滴滴出行、美团点评、京东、携程等互联网公司的大数据，以指标的形式，精准刻画全国31个省、自治区和直辖市以及351个城市数字经济发展状况。在2017中国互联网+数字经济总指数城市20强中，东莞市排名第十，在数字经济二线城市中位居第六。该报告还显示，智慧民生成为各城市数字经济增长的动力来源之一，政府、服务、用户全面触网，增量用户大爆发，智慧民生与产业、创业创新呈现高度相关。在智慧民生分指数城市全国20强榜单中，东莞名列第六，比上一年度前进11位。

【东莞市政府数据开放排名广东省第一】 2017年5月27日，2017中国国际大数据产业博览会在贵阳市举行，发布“中国开放数林指数”（CHINA OPEN DATA INDEX）——《中国地方政府数据开放平台报告（2017）》。在全国政府数据开放情况评估中，排名前十分别为上海、贵阳、青岛、北京、武汉、东莞、佛山、广州、南海、无锡。东莞市在广东省排名第一，全国排名第六。此次发布的

《中国地方政府数据开放平台报告（2017）》由复旦大学数字与移动治理实验室基于多年研究积累和数据监测分析制作完成，由复旦大学与“提升政府治理能力大数据应用技术国家工程实验室”联合发布，报告对全国地方政府开放数据平台情况进行综合评价，形成指数报告，提出优化建议。在报告中，东莞市政府数据开放平台（“数据东莞”网http://dataopen.dg.gov.cn）在元数据覆盖率、数据多批次保存等方面获得满分5分，在开放API（应用程序编程接口）接口数量、动态更新情况、机构覆盖率等方面也取得良好得分。

资料链接：

数据东莞网

创建于2015年，是东莞市政府为落实《国务院关于印发促进大数据发展行动纲要的通知》要求而建设的政府信息资源数据开放网站。该站将东莞市各级政府部门形成和掌握的政务信息资源集中向社会公众开放。截至2017年5月，涵盖53个部门的369类信息资源，涉及314万多条数据。网站提供免费的查询、浏览、数据API接口等服务，并支持多种文件格式的数据下载。“数据东莞网”的数据资源均来自东莞市政府的“大数据中心”——“东莞市政务信息资源共享平台”，该平台汇集全市87个机关单位的1460类信息资源，3.3亿条数据，用于支撑各全市部门之间的数据共享利用，建成法人机构、自然人、空间地理等基础数据库。

【东莞市在2017中国智慧生活综合指数城市排行榜位居第六】 2017年7月31日，腾讯研究院、中国人民大学重阳金融研究院、知名调研机构益普索共同发布《2017智慧生活指数报告》，从城市、行业、用户维度，首次通过大数据和用户调研相结合的方式全面呈现智慧生活全景图。该报告衡量全国324个主要城市的智慧生活发展和普及状况，首次从社交、商业、民生等多维度展现智慧生活城市指数排行，2017年中国智慧生活综合指数最高的十个城市分别为北京、深圳、广州、上海、成都、东莞、重庆、长沙、苏州、佛山。东莞市排名第六。其中在智慧生活民生指数排行中，东莞市位居全国第五；在智慧生活商业指数排行中，东莞市排名稳居第五、六位。在智慧生活社交指数排行中，东莞市排名第五名。

【全国首个安全无线城市建成】 2017年10月17日，东莞智慧城市无线Wi-Fi项目启动发布会在松山湖控股大厦召开。大会宣布市民无线项目建成并投入使用，标志东莞市建成全国首个安全无线城市。

东莞市智慧城市无线Wi-Fi项目，是东莞市信息基础设施建设“大会战”重点工作之一，东莞市政府投入1.5亿元推动建设“智慧东莞”Wi-Fi项目。该项目由东莞市经济和信息化局和松山湖（生态园）管委会负责，由东莞智慧城市投资建设运营有限公司具体实施。无线城市建设是智慧城市建设的重要内容和基础保障，是完善全市宽带网络基础设施、提升信息服务水平的重要手段。该项目被列入东莞市2016年十件实事。东莞完成全市338个主要公共场所的Wi-Fi覆盖需求，上线并开通31641个AP，完成政务办公场所、医院、交通站场、文体场馆、教育机构、公租房的公共Wi-Fi覆盖，可为市民提供高品质的免费无线接入服务。市民首次登录只需要一次注册，日后就能使用一键登录，不仅能够使用它浏览网页，社交沟通，100M的光纤专线的互联网出口，甚至可以支持网民观看高清在线视频。截至9月30日，“无线东莞DG-FREE”公共无线网络平台注册用户180万人，日均使用量95万人次，日均在线时长1646万分钟，日均节省流量2.8万GB。

和其他城市的无线城市项目相比较，“智慧东莞”项目最重要的技术亮点是“安全”，除传统的审计监控系统，还额外架设1万多台无线安全设备，并建设无线安全防御系统、威胁感知系统等安全平台，安全防护投入占整个项目资金比重36%。针对东莞城市公共Wi-Fi建设遇到的安全风险和需求，项目合作方360企业安全集团专门制定一套以360天巡为依托的轻部署、强安全、易管理的新一代无线入侵防御解决方案，通过无线入侵防御系统、威胁情报大数据分析系统、安全监控预警中心、威胁地图以及安全运营服务为东莞城市无线安全建设打造一个无线安全管理的闭环。以“安全”为特色的东莞无线城市建设，开创全国智慧城市建设的新模式。 （王学林）

驻京、驻穗联络

【驻京联络】 2017年，东莞市人民政府驻北京联络处（简称“市驻京联络处”）围绕新时期国家、省对驻京机构的新要求，在联络部委、政务接待、信访维稳、联络乡情的基础上，以招商引资、招才引智、收集信息为工作重点，创造性地开展工作。

【招商引资】 2017年，东莞市驻京联络处坚持创新驱动发展的工作思路，以推动东莞产业转型升级，服务东莞地方经济社会发展为目标，围绕全市经济工作大局，推进招商工作。引导东莞市企业与清华同方合作，建设“京莞协同创新平台”，打造集项目孵化、人才集聚、基金投资、商务交流于一体的前沿平台；联系并报送招商项目，包括科力远混合动力汽车全产业链系列合作项目、“清溪镇客家文化特色小镇”项目、中科金控汽车产业项目、中国兵器工业集团与东莞市共建军民融合产业基金项目、“清华大学—东莞市人工智能联合实验室”项目、与曙光星云信息技术（北京）有限公司对接，引进智能机器人特色小镇项目等。

【招才引智】 2017年，东莞市驻京联络处建立30余名中央“千人”专家信息库。与涵盖多领域的智库机构建立合作，拜访海外留学人才基金会、民营高科技企业参军指导专家委员会、中科院中博联研究院等智库机构并建立联系。配合市领导和市直部门开展人才工作，会同市人才办、长安镇、智汇邦等单位共同筹建长安镇人才招聘专场。向市人力资源局引荐中博联研究院，邀请北京大学教授到东莞开展“市场有效监管”课题调研。委托中组部《千人》杂志下属北京千人智库科技有限责任公司、“千人网”下属北京智汇邦信息技术有限公司每年为东莞市推荐“千人”或准“千人”人才及项目。与北京礼美天下传媒专业机构合作，将东莞宣传专题在美国时代广场纳斯达克塔楼广告屏推送，为招引海外科技专才来莞发展发挥作用。

【乡情联络】 2017年，东莞市驻京联络处开展形式多样的联络乡情工作：组织北京莞籍学生参加袁崇焕诞辰433周年纪念活动；举办“奥森公园万步走”徒步活动、2017年北京高校莞籍大学生毕业欢送座谈联欢会、第五届莞籍大学生篮球赛、第四届“粤韵满京城”北京市大学生粤语歌唱大赛；举办2017年北京高校东莞学子迎新会，团市委、青促会、东莞中学、东华高级中学、世界莞商联合会等单位代表和学生110余人参加；举办科技工作座谈会，邀请容伊、陈柱成、容云等专家教授讲授作报告；举行利用全息技术修复东莞会馆的研讨会；举办北京高层次人才交流座谈会，邀请关心东莞发展的院士、全国知名专家、教授博导等人士参加，对人才兴莞、科技兴莞等提出意见和建议。

【信息报送】 2017年，东莞市驻京联络处通过拓宽渠道，有针对性、有重点地进行信息挖掘和调研，特别对军民融合、新材料、石墨烯、新能源等方面的信息进行重点关注，做到及时、准确、全面地向市领导报送高质量信息。全年编报59期信息，其中《驻京信息》31期398条、《驻京专报》1期、《专题汇编》14期、《国家产业政策月度报告及对东莞市经济发展建议》9期，向市委专门报送园区规划、港口、地方城市品质提升、科创走廊等信息4期。

【信访工作】 2017年，东莞市驻京联络处配合国家、省、市信访部门，协助市驻京信访工作组完成各项任务，建立和完善信访工作机制，把握依法办事、按制度和规定办事的原则，维护首都稳定，完成“党十九大”、全国“两会”等敏感时期的涉莞信访维稳工作。

【政务接待】 2017年，东莞市驻京联络处严格按照党中央“八项规定”精神，创新服务理念，完善接待制度，理顺接待程序，改进接待细节，提升政务接待工作整体水平，确保市委、市政府在京活动等重要接待到位、规范。（罗东明）

附：2017年东莞市人民政府驻北京联络处主要领导名录

党组书记、主任：尹可非

【驻穗联络】 2017年，东莞市人民政府驻广州办事处优化职能、规范管理，围绕信访工作、信息传递、政务引联、英才服务，进一步提升驻穗窗口的沟通联系作用。

【驻穗信访】 2017年，东莞市人民政府驻广州办事处加强社会管理职能，狠抓事前分析研判、增强事中处置能力、深化事后跟进化解，协助省、市有关部门做好信访工作，完成全国“两会”和党的十九大期间等的专项信访维稳任务。省人大常委会向东莞市政府发来表扬信，对东莞市人民政府驻广州办事处的信访工作给予肯定。

【信息传递】 2017年，东莞市人民政府驻广州办事处围绕穗莞深化战略合作工作要求，以信息收集为切入点，紧盯京津冀、长三角、珠三角等地前沿信息，加强与省、穗党政部门、各地驻穗机构交流，拓展信息收集采编渠道，获取一手资讯。编报《驻穗信息》35期，《专刊》12期，多视角提供先进经验，参阅价值不断提升，信息多次被市有关部门、镇街采用。获评“2017年度东莞市信息工作先进单位”。向省、穗有关单位和全国各地驻穗机构发送《东莞信息》24期，宣传东莞改革发展新面貌、转型升级新成就。

【政务联络】 2017年，东莞市人民政府驻广州办事处转变服务方式，规范服务制度流程，协助市有关部门在穗的拜访联系工作，承办紧急公文在穗传送；为东莞市来穗学习、参会、公务的人员提供后勤服务、会议保障等便利条件；做好莞籍东江纵队老同志的慰问工作；履行穗莞深化战略合作工作协调小组成员职责，主动拜访省、穗有关部门以及科研院所、行业协会，拓展协作引联渠道；组织全国驻穗机构代表到松山湖科技产业园、东莞华南设计新院、易事特集团股份有限公司、东莞加博会等地参观考察，推动穗莞两地的经济文化交流合作。

【英才服务】 2017年，东莞市人民政府驻广州办事处围绕市委、市政府实施“人才东莞”战略，充实发展莞籍在穗中青年专家、学者库，至年底有专家约300人；组织在穗莞籍专家、学者开展农业技术推广、医疗咨询、教育培训等点对点服务，支持家乡建设；加强与省团委、省属部分高校、团市委等单位沟通联系，为在穗莞籍大学生提供集平台性、服务性、创新性于一体的交流活动基地；组织大学生回莞参观创新创业孵化基地等活动，促进大学生健康成长，引导在穗青年学生为东莞市发展献策献力。

（廖剑锋）

附：2017年东莞市人民政府驻广州办事处主要领导名录

党组书记、主任：曾庆云

中国人民政治协商会议东莞市委员会

政协重要会议

【政协第十三届东莞市委员会第一次会议】 于2017年1月9—11日在东莞市会议大厦召开。中共东莞市委、市人大、市政府、市纪委、东莞军分区、市中级人民法院、市人民检察院、东莞理工学院、广东医科大学、东莞职业技术学院等有关领导应邀出席会议。广东省委督导组到会指导。住莞全国政协委员、住莞省政协委员、市政协特邀人士、市高层次人才代表应邀列席会议。社会各界代表142名旁听人员旁听开幕大会。十二届市政协主席李小梅作政协第十二届东莞市委员会常务委员会工作报告，副主席蒋小莺作政协第十二届东莞市委员会常务委员会关于十二届五次会议以来提案工作情况的报告。大会表彰2016年度市政协34件优秀提案、37件表扬提案和18个办理提案先进单位。委员们列席东莞市人民代表大会十六届一次会议开幕大会，听取并讨论市政府工作报告和有关报告。会议选举姚康为政协第十三届东莞市委员会主席，蒋小莺、邓流文、邓浩全、罗军文、李光霞、梁佳沂、程发良、陈树良为政协第十三届东莞市委员会副主席，选举吴润玲为政协第十三届东莞市委员会秘书长，选举丁群好等77人为政协第十三届东莞市委员会常务委员。会议审议通过提案征集情况报告、会议决议等。

2017年1月9日，政协第十三届东莞市委员会第一次会议召开

（谭志东 摄）

【东莞市政协十三届一次常委会议】 于2017年2月28日召开。会议就全市实施重点企业规模与效益倍增计划作有关情况通报。会议审议通过《政协第十三届东莞市委员会常务委员会关于设置专门委员会的决定》《2017年市政协常委会工作要点》《2017年市政协常委会和专门委员会工作计划》。会议任命政协第十三届东莞市委员会副秘书长以及部分专门委员会主任、副主任。

【东莞市政协十三届二次常委会议】 于2017年6月1日召开。会议审议通过《中国人民政治协商会议东莞市委员会委员履职工作规则（试行）》。会上，市委常委、常务副市长白涛应邀出席会议并就全市水环境污染综合整治工作进行情况通报。会后，由市政协正副主席带队，分组前往虎门、厚街、大朗、道滘、塘厦等镇视察东莞市水环境污染综合整治情况。

【东莞市政协十三届三次常委会议】 于2017年10月13日召开。会议围绕“推进区域均衡发展”召开专题议政会，市政府副市长李德喜应邀到会作情况通报，各专门委员会代表和有关委员提出意见建议。会前7—9月，各专委会围绕“推进区域均衡发展”主题，以推动次发达镇加快发展为重点，选取“加快发挥资金池资金效用”“加快推进次发达镇产业项目共引共建”“加快发挥市直部门共同帮扶机制作用”“加快打通次发达镇‘断头路’”“加快推进村集体经济统筹发展”等5个课题，开展近3个月的调研，召开13场调研座谈会，收集74条意见建议。会议还审议通过《关于吴润玲同志不再担任政协第十三届东莞市委员会委员职务的决定》。

【东莞市政协十三届四次常委会议】 于2017年10月16日召开。会议审议通过《政协第十三届东莞市委员会常务委员会第四次会议关于免去姚康同志市政协主席职务的决议》。

【东莞市政协十三届五次常委会议】 于2017年12月28日召开。市委常委、市纪委书记戚优华到会通报市纪委2017年有关工作情况，市委常委、副市长张冠梓到会听取《政府工作报告（征求意见稿）》意见建议，市政府秘书长吴志刚作《政府工作报告（征求意见稿）》起草说明。会议审议通过《关于召开政协第十三届东莞市委员会第二次会议的决定》，审议市政协十三届二次会议议程（草案）、日程（草案），审议通过《中国人民政治协商会议第十三届东莞市委员会常务委员会工作报告》《中国人民政治协商会议第十三届东莞市委员会常务委员会关于十三届一次会议以来提案工作情况的报告》，审议通过市政协十三届二次会议秘书长、副秘书长名单和市政协十三届二次会议编组、小组召集人名单，审议通过市政协十三届二次会议开幕、闭幕大会特邀、列席人员名单，审议通过市政协各专门委员会工作报告，审议通过有关人事事项，审议通过委托政协第十三届东莞市委员会主席会议在筹备二次会议期间代行常委会职权、处理其他需要解决的重要问题等事项。

【东莞市政协主席会议】 2017年，东莞市政协组织召开主席会议15次，讨论有关事项82项，主要包括：审议《政协第十三届东莞市委员会第一次会议开幕、闭幕大会特邀、列席及旁听人员名单（草案）》等8份东莞市政协十三届一次会议有关材料；审议《政协第十三届东莞市委员会常务委员会关于设置专门委员会的决定（草案）》；审议通过《政协第十三届东莞市委员会各镇（街道）政协小组组成人员名单》；审议《2017年市政协常委会工作要点（草案）》和《2017年市政协常委会和专门委员会工作计划（草案）》；审议通过《2017年市政协协商工作计划》；审议通过《全市镇街政协小组组长座谈会以及政协工作培训班召开方案》；审议通过《市政协2017年度重点提案确定方案》；审议《政协东莞市委员会委员履职工作规则（草案）》；审议通过《关于召开“解决倍增计划试点企业用地问题”专题协商座谈会的工作方案》；审议通过《2017年十三届市政协委员培训方案》；审议通过《市政协领导与市各民主党派、工商联负责人和无党派人士代表座谈会方案》；审议通过《东莞市政协提案工作研究会筹备工作方案》；审议通过《市政协2017年重点提案办理座谈会方案》；审议《关于吴润玲同志不再担任政协第十三届东莞市委员会委员职务的决定（草案）》；审议《政协第十三届东莞市委员会第十一次主席会议关于免去姚康同志市政协主席职务的决定（草案）》；审议通过《市各民主党派、人民团体提案工作座谈会召开方案》；审议通过《全市镇街政协小组提案工作座谈会工作方案》；审议通过《市政协十三届二次会议筹备工作方案》；审议《关于召开中国人民政治协商会议第十三届东莞市委员会第二次会议的决定（草案）》等12份东莞市政协十三届二次会议有关材料。

政协重要工作

【“广州东莞互联互通，发挥枢纽服务功能”对接交流会】 2017年6月13日上午，广州市政协调研组一行在东莞考察麻涌镇华阳湖、东江公路大桥、广州港新沙港务有限公司；下午广州市政协联合东莞市政协在东莞市召开“广州东莞互联互通，发挥枢纽服务功能”对接交流会。广州市政协主席刘悦伦出席会议并讲话。东莞市委副书记、市长梁维东应邀出席会议并致辞。广州市有关部门、省机场集团、广铁集团、广州港集团，东莞市有关部门、部分镇街负责人和企业代表参加会议并发言。

【书记、市长督办重点提案】 2017年10月9日、10月17日，市委书记、市人大常委会主任吕业升，市委副书记、市长梁维东分别就《关于完善利益共享机制，推动园区统筹发展的建议》《关于划定工业控制线，设立“工业保护区”的建议》重点提案召开调研座谈会，听取提案办理单位办理情况汇报，与委员共商良策。

【“市重点企业规模与效益倍增计划实施情况”专题视察】 于2017年4月12日召开会议。东莞市委常委、常务副市长白涛应邀出席会议并作专题情况通报。会后，市政协常委会成员分成5个小组，由市政协正副主席和副厅级干部带队，分别前往松山湖（生态园）、东城街道、寮步镇、清溪镇、凤岗镇进行实地视察，并召开座谈会，向镇街（园区）有关领导、部门及企业负责人了解情况并提出意见和建议。

【“解决‘倍增计划’试点企业用地问题”专题协商座谈会】 于2017年4月25日召开。会议听取意见建议并作讲话。市倍增办和相关镇街通报有关工作情况，市直有关部门负责人、部分试点企业委员、提案者参加协商讨论和听取意见建议。

【“加快经济转型，打造智能制造新高地”专题协商座谈会】 2017年6月28日召开。市经信局和东城街道、长安镇负责人通报有关工作情况，市政协委员、企业代表围绕协商议题建言献策，提出意见和建议。

【提案办理专题协商座谈会】 2017年7月28日召开，东莞市政协副主席蒋小莺主持会议。副市长喻丽君应邀出席会议，听取意见建议。会上，市环保局通报全市大气污染防治工作和相关提案办理情况。市政协委员、企业代表围绕如何加快推进该市挥发性有机物（VOCs）治理工作提出意见建议。市环保局等部门负责人参加协商讨论和听取意见建议。

【“推进我市水污染防治工作”专题协商座谈会】 2017年9月8日召开。东莞市政协副主席李光霞主持会议。市政府副秘书长张春扬通报东莞市水污染防治工作最新情况。市政协调研组介绍2017年5月赴浙江考察水环境综合治理工作有关情况。对标浙江和其他城市治水的成功经验，市相关职能部门和莞城街道、麻涌镇有关负责人，环保专家，部分市政协委员，党派成员等结合东莞市实际，围绕“水污染防治工作”进行协商讨论。

【“东莞精神卫生工作”专题协商座谈会】 2017年10月31日召开，由市政协党组成员安连天主持会议。副市长喻丽君应邀出席会议并讲话。会议通报东莞市政协调研组关于2017年开展的为期4个月的精神卫生工作调研情况，提案者、政协委员与市第七人民医院、市妇联、市心理咨询师协会提出意见和建议，并与相关部门负责人进行协商、讨论和交流。

【东莞市政协领导与市各民主党派、工商联负责人和无党派人士代表座谈会】 分别于2017年7月18日、12月20日召开。7月18日的座谈会上，东莞市政协副主席蒋小莺通报市政协上半年工作情况以及下半年工作计划，与会人员就如何进一步改进政协工作提出意见和建议。12月20日的座谈会上，市政协副主席邓流文主持会议，市政协副主席罗军文通报市政协2017年工作情况、2018年工作设想以及市政协十三届二次会议筹备工作情况。与会人员对市政协工作以及《市政协常委会工作报告（征求意见稿）》《提案工作报告（征求意见稿）》提出意见建议。

【《政协议政厅》广播节目】 2017年，《政协议政厅》广播节目举办48期，组织政协委员、各民主党派成员、职能部门负责人等约130人次参加节目。其中，举办《焦点关注》24期，邀请委员围绕“弘扬工匠精神”“推动劳务派遣行业健康可持续发展”等热点问题建言献策。举办《党派之声》12期，邀请市各民主党派代表介绍党派参政议政等情况。举办《委员访谈》12期，邀请委员讲述履职心得、创业故事，展现履职风采。

政协专门委员会工作

【提案委员会工作】 2017年，东莞市政协提案委员会征集提案519件，经审查立案419件，其中，所提问题解决或被采纳的141件，列入计划解决或拟采纳的258件，留作参考的20件，经市党政主要领导和市政协主席会议确定的重点提案8类13件。探索培育精品提案，注重在党派团体和镇街政协小组座谈会等会议中，有针对性地进行提案质量专题辅导并交办调研课题。促进提案办理协商，围绕推进VOCs治理、规范小学生午餐午托、推进共享单车有序发展、治理城市交通拥堵、加快散裂中子源项目建设等专题开展多层次提案办理协商。推动提案创新发展，筹备成立东莞市政协提案工作研究会。深化学术研讨，承办广东省政协提案工作学术征文研讨会，组织动员市政协委员、政协各参加单位参与征文活动。继续优化政协提案管理系统的功能设置，探索建立“东莞政协提案”微信公众号。全年编印《重要提案摘报》3期，《政协委员重要建议专报》2期。

【经济委员会工作】 2017年，东莞市政协经济委员会就“解决‘倍增计划’试点企业用地问题”开展专题调研，召开协商座谈会，形成专题调研报告，得到市委书记、市人大常委会主任吕业升以及市委副书记、市长梁维东批示。根据市政协常委会“推进区域均衡发展”专题议政安排，联合民建市委会开展关于“加快推进次发达镇产业项目共引共建”调研，并形成调研报告。协助市政协与广州市政协联合举办“广州东莞互联互通，发挥枢纽服务功能”对接交流会，推动穗莞互联互通有关工作达成共识。组织委员赴福建省泉州、三明和宁德等市学习考察新能源产业发展的先进经验及当地实施人才扶企等措施。组织委员参与市直有关部门开展的各项评议活动19个。协助全国政协和省政协在莞开展“推进金融体制改革防范系统性金融风险”“促进全省电商经济健康发展”等专题调研。

【教科卫体委员会工作】 2017年，东莞市政协教科卫体委员会围绕“东莞精神卫生工作”专题开展市内、省内调研，组织界别小组、提案者、心理卫生专家学者和职能部门负责人进行座谈，实地视察有关医疗机构，并召开专题协商座谈会。组织委员围绕“推进区域均衡发展”主题，就“加快发挥市直部门共同帮扶机制作用”专题进行调研。协助市政协领导做好重点提案《关于成立东莞市老年护理院的建议》督办工作。开展交流活动，走访有关教育机构，开展赠书活动。拜访广东省科学院，就资源共享、合作交流科研成果等达成合作意向。配合全国政协教科文卫体委员会来莞调研“深化教育综合改革，推进产学研用紧密结合”，协助省政协到莞开展“提振实体经济，推动全省制造业加快迈向中高端水平”专题调研。

【社会法制和人口资源环境委员会工作】 2017年，东莞市政协社会法制和人口资源环境委员会围绕党委、政府和群众关心的热点难点问题开展调研视察活动，组织开展立沙岛精细化工园区安全生产管理专题视察、餐厨垃圾处理工作专题视察、司法改革背景下法院队伍职业保障与激励机制专题调研和加快打通次发达镇“断头路”专题调研等活动，建言献策，推进相关问题的解决。召开“推进我市水污染防治工作”专题协商会，以深度调研为基础，创新协商建言形式，取得协商成果，调研报告得到市委副书记、市长梁维东批示。参与政府规范性文件制定和立法工作，组织委员完成2个条例的立法协商和20份文件的征求意见工作。安排政协委员担任公安、法院、社会保障等部门的特约监督员、行风评议员。组织委员参加《政协议政厅》广播节目9期。

【港澳台侨外事委员会工作】 2017年，东莞市政协港澳台侨外事委员会围绕“加快转型升级，打造智能制造新高地”主题开展调研，并召开专题协商座谈会，形成专题报告。根据市政协常委会“推进区域均衡发展”专题议政安排，围绕“加快推进村集体经济统筹发展”专题开展调研。与东莞公共外交协会组织协会理事赴北京外交学院举办第一期东莞公共外交协会“公共外交”专题培训班。组织举办东莞公共外交协会成立一周年系列活动，举办《东莞故事》首发式、“企业走出去与公共外交”沙龙。参与举办“东莞企业品牌故事大赛”，宣传推介东莞形象。与东莞公共外交协会组团赴埃塞俄比亚、肯尼亚和坦桑尼亚开展公共外交及经贸活动，拜访中国驻当地大使馆、投资机构、侨团和商会协会，考察埃塞俄比亚华坚工业园。在香港举办“学习党的十九大精神，助推东莞六大跃升”专题研讨会，组织参会委员学习党的十九大精神。协助省政协在东莞召开全省地级以上市政协外事侨务工作座谈会。

【文化文史和民族宗教委员会工作】 2017年，东莞市政协文化文史和民族宗教委员会围绕“历史文化遗产的活化与利用”专题，组织委员赴省内省外多地开展调研。及时反映政协委员重要建议，以专报形式向市政府主要领导报送《关于我市户外广告牌整治工作的建议》，得到市领导批示。协助做好《关于加强主城区“三江六岸”统筹开发的建议》重点提案督办工作。走访联系宗教界人士，增进沟通交流。加强文史资料工作队伍建设，落实全省政协文史资料工作会议精神，做好文史资料的征集编辑出版工作。依照“三亲”原则，征编方苞、莫淦钦、傅泽铭、李汉仪等莞籍人士口述或文献史料。出版《东莞学人文丛》张寿祺卷、张镇洪卷，《东莞历史文化专辑》李扬敬专辑和《张其淦纪念集》《李汉仪雕塑》等。（莫庆君）

附：2017年政协第十三届东莞市委员会主席、副主席、秘书长、副秘书长、办公室主任名录

市政协主席：
姚　康（1月到任，9月免职）
市政协副主席：蒋小莺　邓流文
邓浩全　罗军文　李光霞
梁佳沂　程发良　陈树良
市政协秘书长：
吴润玲（任至9月）
市政协秘书长候选人：
安连天（9月到任）
市政协副秘书长：张小聪　赖少瑜
张莉明
市政协办公室主任：张小聪

附：2017年东莞市政协各专门委员会主任名录

提案委员会主任：吕小华
经济委员会主任：莫淑华
教科卫体委员会主任：空缺（李炳球主持工作）
社会法制和人口资源环境委员会主任：卢沛超（任至12月）
港澳台侨外事委员会主任：陈国良
文化文史和民族宗教委员会主任：空缺（李炳球主持工作）

东莞市政协2017年重点提案

案号	提案题目	提案者	督办领导	具体负责
20170306	关于完善利益共享机制，推动园区统筹片区联动协调发展的建议	民进市委会	吕业升	市委督查室
20170366	关于划定工业控制线，设立“工业保护区”的建议	九三学社市委会	梁维东	市政府督查室
20170270 20170213	关于加快推进VOCs治理的系列提案	赫喜华等	主席会议	提案委员会
20170132	关于大力推行工程总承包（EPC）模式积极服务“倍增计划”的建议	尹洪卫	罗军文	经济委员会
20170164	关于成立东莞市老年护理院的建议	周柯等	梁佳沂	教科卫体委员会
20170377	关于争取广州知识产权法院在松山湖设立知识产权派出法庭的建议	程春华	李光霞 陈树良	社会法制和人口资源环境委员会
20170066 20170206 20170244 20170265 20170374	关于加强科技企业孵化器建设的系列提案	黎磊落等	邓流文	港澳台侨外事委员会
20170227	关于加强主城区“三江六岸”统筹开发的建议	万江政协小组	程发良	文化文史和民族宗教委员会

纪检、监察

纪检、监察重要会议

【中国共产党东莞市第十四届纪律检查委员会第二次全体会议】于2017年1月24日在市会议大厦举行。市委书记、市人大常委会主任吕业升出席第一次会议并讲话。全会审议通过市委常委、市纪委书记戚优华代表市纪委常委会所作的工作报告，并通过《中共东莞市第十四届纪委第二次全体会议决议》。南城、望牛墩、道滘、黄江、谢岗、东坑镇（街道）党委书记，市经信局、市卫计局、市城管局党组书记，东实集团党委书记向市纪委全会作述责、述廉、述德报告。

【纪检、监察专门工作会议】2017年2月16日，东莞市预防职务犯罪工作领导小组工作会议在市行政办事中心主楼召开。

2月22日，全市执纪审查工作会议在市行政办事中心主楼召开。

2月23日，2017年党风廉政建设分片座谈会（第一场）在市行政办事中心主楼召开，市环保局、住建局、水务局、城管局、城建局、人防办、公路局主要负责人参加会议。

2月23日，2017年东莞市预防职务犯罪工作会议在市行政办事中心主楼召开。

3月9日，2017年党风廉政建设分片座谈会（第二场）在市行政办事中心主楼召开，市工商局、质监局、安监局、食药监局、文广新局、旅游局党组书记参加会议。

3月14日，2017年党风廉政建设分片座谈会（第三场）在市行政办事中心主楼召开，南城、石龙、东城、万江、道滘等镇（街道）党委书记参加会议。

3月16日，2017年党风廉政建设分片座谈会（第四场）在市行政办事中心主楼召开，市气象局、盐务局、烟草局、东莞航道局、中移动东莞分公司党组书记参加会议。

3月28日，2017年党风廉政建设分片座谈会（第五场）在清溪镇政府召开，清溪、凤岗、谢岗、黄江、桥头镇党委书记参加会议。

3月29日，2017年党风廉政建设分片座谈会（第六场）在市行政办事中心主楼召开，虎门、石碣、厚街、大岭山、常平镇党委书记参加会议。

3月30日，2017年党风廉政建设分片座谈会（第七场）在市行政办事中心主楼召开，市财政局、发改局、经信局、科技局、商务局、经协办、供销社、国税局、地税局党组书记参加会议。

4月12日，2017年党风廉政建设分片座谈会（第八场）在市行政办事中心主楼召开，市民宗局、司法局、国土局、农业局、海洋与渔业局、国安局党组书记参加会议。

4月13日，2017年党风廉政建设分片座谈会（第九场）在市行政办事中心主楼召开，市教育局、社保局、卫计局、体育局和东莞日报社党组书记参加会议。

4月20日，市委巡察机构筹建工作会议在市行政办事中心主楼召开。

4月27日，2017年党风廉政建设分片座谈会（第十场）在市国资委召开，市交投集团、东实集团、轨道公司、东莞金控、东莞银行、东莞信托、东莞证券、东江水务、水投集团党委书记参加会议。

5月25日至26日，2017年全市纪检监察系统执纪审查业务培训班在市委党校举办。

6月13日，东莞市第三届“廉洁火炬杯”党规党纪知识竞赛决赛在市行政办事中心举行。

6月15日，东莞市落实中央环保督察反馈意见整改工作座谈会在市行政办事中心主楼召开。

6月21日，2017年党风廉政建设分片座谈会（第十一场）在市行政办事中心主楼召开，莞城、中堂、大朗、横沥、东坑、石排镇（街道）党委书记参加会议。

7月3日，中央纪委扶贫领域监督执纪问责电视电话会议召开，东莞市在市行政办事中心主楼收看收听会议。

7月17日，市委巡察机构干部任职会议在市行政办事中心主楼召开。

7月24日，市委巡察工作领导小组第一次全体会议在市行政办事中心主楼召开。

7月26日，2017年东莞市廉政小品曲艺创作大赛决赛在市文化馆举办。

2017年1月24日，中国共产党东莞市第十四届纪律检查委员会第二次全体会议召开　（市纪委供图）

7月27日，全市新调整的镇街领导班子正职集中谈话会在市行政办事中心主楼召开，市委常委、市纪委书记戚优华与15名新调整的领导干部进行廉政谈话。

7月27日，全省扶贫领域监督执纪问责工作电视电话会议召开，东莞市在市行政办事中心主楼收看收听会议，会后套开市扶贫领域监督执纪问责工作会议。

8月1日，十四届市委第一轮巡察工作动员部署会在市行政办事中心北楼举行。

8月3日，2017年党风廉政建设分片座谈会（第十二场）在市行政办事中心主楼召开，市总工会、审计局、科协、文联、残联、社科联和东莞广播电视台等部门主要负责人参加会议。

8月3日，市委巡察工作会议在市行政办事中心主楼召开。

8月8日，全市扶贫领域监督执纪问责工作会议在市行政办事中心主楼召开，市纪委监察局有关领导、市纪委机关各室（部）主要负责人，市纪委各派驻（出）机构主要负责人，市国资委纪委、松山湖（生态园）纪工委、滨海湾新区纪工委负责人，市委巡察办负责人参加会议。

8月10日，2017年党风廉政建设分片座谈会（第十三场）在市行政办事中心主楼召开，高埗、樟木头镇党委书记，市民政局、人力资源局、交通运输局、林业局、统计局、城乡规划局、团市委、妇联等部门主要负责人参加会议。

8月30日，全市执纪审查工作会议在市行政办事中心主楼召开，会议传达省纪委关于十九大前执纪审查安全工作要求，部署全市执纪审查工作。

9月7—8日，东莞市深入推进全面从严治党暨第十五期领导干部党纪政纪法纪教育专题研讨班在市行政办事中心北楼举行。市委书记、市人大常委会主任吕业升作开班动员讲话及辅导报告，市委副书记、市长梁维东传达“全省深入推进全面从严治党暨第十六期领导干部党纪政纪法纪教育专题研讨班”精神并作专题辅导报告，市委副书记张科通报2016年全国窃密泄密案件情况。培训班还组织参训学员参观市反腐倡廉和预防职务犯罪教育基地，集中观看警示教育片。

9月14日，市委常委、市纪委书记戚优华在市委党校作专题报告。

9月26日，东莞市新提任市管领导干部集体廉政谈话教育活动在市行政办事中心北楼举办。

11月11日，国家监察体制改革试点工作动员部署电视电话会议召开，东莞市在市行政办事中心主楼收看收听会议。

11月24日，市委巡察工作领导小组召开第二次全体会议，专题学习党的十九大精神以及上级有关文件精神，听取十四届市委第一轮巡察工作报告，并通报近期巡察工作安排。

12月4日，东莞市深化监察体制改革试点工作领导小组第一次会议召开，市委书记、市人大常委会主任、市深化监察体制改革试点工作领导小组组长吕业升主持会议。

12月28日，东莞市纪检监察系统学习贯彻党的十九大精神报告会在市行政办事中心北楼召开。

纪检、监察重要工作

【政治纪律建设】 2017年，中共东莞市纪委协助制定市委2017年1号文《关于深入推进全面从严治党进一步加强领导班子建设、干部队伍建设、党的作风建设的意见》，加强监督检查，督促管党治党责任落实。严把选人用人关，市纪委审核出席省第十二次党代会代表候选人初步人选考察对象24人次，审核全国、省、市人大代表、政协委员初步人选99人次，全市纪检监察机关共办理党风廉政情况回复400人次，立案查处违反组织纪律案件19件。严肃村（社区）换届纪律，开展村（社区）换届风气巡回监督，引导基层党员干部强化纪律意识，严防出现拉票贿选等妨碍换届纪律的问题，为全市村（社区）完成换届提供纪律保障。

【作风建设】 2017年，中共东莞市纪委把违反中央八项规定精神和“四风”问题作为“清风行”巡察和线索排查的重点，坚持暗访、查处、追责、曝光“四管齐下”，坚决防止不正之风反弹回潮。全市查处违反中央八项规定精神案件9件10人，通报曝光6批次7人次，形成有力震慑。组织全市党政机关、国有企事业单位，开展违规公款购买消费高档白酒集中排查整治工作。在元旦、春节、中秋、国庆等节假日期间，向全市党员干部发送廉洁提醒短信6万余人次。建立市镇暗访联动机制，全年暗访并督促整改作风问题3个，追究责任11人次。加大效能投诉处理力度，全年受理效能投诉814件。开展“为官不为”专项治理，严肃查处基层“为官不为”问题13个40人。制订《东莞市纪检监察机关贯彻“三个区分开来”治理为官不为的实施方案》，构建容错免责机制，将监督执纪问责与促进干事创业有机统一起来。

【反腐败斗争压倒性态势巩固】 2017年，中共东莞市纪委紧扣遏制腐败蔓延势头目标任务，持续保持高压态势。全市纪检监察机关受理信访举报1953件次，比上年上升23.5%；处置问题线索1298件，上升7.5%；立案569件，上升1%；处分547人，下降1.4%；查处市管干部35人。加大反腐败追逃追赃工作力度，抓捕涉案失踪人员1人，受到省追逃办肯定。对重复信访举报情况进行全面梳理和研究，逐级建立台账，分类施策，有效解决重复举报问题。落实监督执纪工作规则，制定执纪审查录音录像工作指引、审查组设立临时党支部暂行办法等配套制度，规范执纪审查工作。强化执纪安全服务保障工作，粤桥山庄被评为全国纪检监察系统先进集体。

【不正之风和腐败惩治】 2017年，中共东莞市纪委强化扶贫资金监督，制订《反映扶贫领域涉嫌违纪问题信访举报督办工作方案》，建立健全扶贫领域监督执纪问责工作协作机制。聚焦8个欠发达镇、42个欠发达村（社区）和镇、村（社区）两级干部，开展扶贫领域专项整治，督促相关单位对涉及的扶贫项目资金进行认真梳理、建立台账，严格监管措施。深化农村基层党员干部违纪违法线索排查，畅通信访举报渠道，加强对问题反映集中镇村的督查。全市排查线索1772条，立案509件，给予党纪政纪处分531人，有效化解农村基层矛盾风险，改善基层的政治生态。开展农村基层党风廉政建设示范点创建工作，推动农村基层党组织落实党风廉政建设主体责任。

【党内监督】 2017年，中共东莞市纪委健全谈话提醒常态化机制，全市开展谈话提醒2.52万人次，咬耳扯袖、红脸出汗成为常态。开展述责、述廉、述德活动，组织6个镇街党委书记和4个市直单位党组书记向市纪委全会进行“三述”并接受评议，及时反馈评议结果，督促做好整改落实。编制主体责任清单、建设并试点运用党风廉政建设主体责任评估系统。宣传贯彻问责条例和省委实施办法，用问责压实责任，全年问责党员领导干部42人。落实中央环保督查反馈问题的查处追责工作，问责市管干部4人。落实关于建立市县党委巡察制度的部署，协助成立市委巡察工作领导小组，组建市委巡察办和6个巡察组。开展两轮巡察，对6个镇党委进行全面政治体检，首轮巡察发现问题44个、线索20条。推动8个市直单位党组对其下属的18个单位开展“清风行”巡察活动。对2015年、2016年“清风行”巡察的镇街和市直单位，开展整改工作“回头看”，督促各项整改工作落实到位。

【监督执纪“四种形态”运用】 2017年，中共东莞市纪委坚持纪在法前，用好监督执纪“四种形态”。全市纪检监察机关运用“四种形态”处理1304人次，其中，第一种形态756人次，占比58%；第二种形态247人次，占比19%；第三种形态235人次，占比18%；第四种形态66人次，占比5%。开展纪律教育学习月活动，抓住“关键少数”强化廉政教育，举办市第15期领导干部党纪政纪法纪教育专题研讨班，对230名新提任市管干部开展集体廉政谈话教育活动。开展庭审警示教育，组织约1000人次党员干部旁听庭审。举办全市第三届“廉洁火炬杯”党章党规党纪知识竞赛和微教育答题活动、廉政小品曲艺创作大赛、“传家训、立家规、扬家风”活动、廉洁读书月活动。开设“廉洁东莞”官方微信公众号，升级改版市纪委监察局官方网站，加强新闻报道和舆情处置、舆论引导工作。持续推进市投资工程廉情预警评估系统建设，并在基层试点延伸使用。系统建成以来，对总投资385.14亿元的239个工程项目实施监督，发出预警344个，发出廉情评估提醒函、预警告知书54份。落实“以案治本”工作联动机制，推动办案部门、预防部门和案发单位形成工作合力。

【监察体制改革】 2017年，中共东莞市委带头担负改革试点主体责任，成立市深化监察体制改革试点工作小组，制订实施方案和时间表、路线图。严格“按图施工”，聚焦人员转隶，突出思想政治工作，做好市监委班子成员提名考察、市纪委监委内设机构设置、检察机关有关问题线索移交和资产划转、市监委办公和留置场所安排等工作。研究纪法衔接、法法衔接等关键性问题，制定监督执纪监察工作规程。加强宣传引导，密切关注舆论，保证改革平稳过渡和大局稳定。落实线索处置和执纪审查“两报告”工作，是年市纪委向省纪委报告线索处置92条，查办案件23件；市纪委各派驻（出）机构、镇街纪委向市纪委报告线索处置1801条，查办案件325件。巩固派驻机构改革成果，推进派驻全覆盖，促进派驻机构发挥“探头”作用。全年市纪委各派驻（出）机构初核问题线索186条，自办案件22件。

【纪检监察自身建设】 2017年，东莞市选派157人次参加中央纪委、省纪委举办的各类培训班。举办全市纪检监察系统执纪审查业务培训班，提升纪检监察干部执纪审查能力。建立健全常态化谈心谈话机制，加强纪检监察干部思想状况分析，分类实施常规工作谈话、人事调整谈话、关爱激励谈话、反馈提醒批评谈话和诫勉谈话，全年开展谈话761人次。自觉接受市委和省纪委的领导、监督，健全内部监督制约机制。坚持“小题大做”、有信必核、有案必查、违纪必究，坚决防止“灯下黑”。全年核查纪检监察干部问题线索21条，谈话提醒4人。 （廖清平）

附：2017年中共东莞市纪律检查委员会书记、副书记、常委名录

市纪委书记：戚优华

市纪委副书记：吴才华　叶柏茂
　曾广华　鲁　罡　陈　钊

市纪委常委：戚优华　吴才华
　叶柏茂　鲁　罡　陈　钊
　夏显辉（任至9月）　邓炳华
　黄　键　叶鑑波　张卫红
　古健康　吴汝涛

附：2017年东莞市监察局（预防腐败局）主要领导名录

局长：吴才华

民主党派·群众团体

DEMOCRATIC PARTIES · MASS ORGANIZATIONS

东城文化广场　（东城街道供图）

编辑：苏淑娴　刘　丹

民主党派·工商联

中国国民党革命委员会东莞市委员会

【民革概况】　截至2017年底，中国国民党革命委员会东莞市委员会（简称民革东莞市委会）完成支部调整工作，成立4个支部、1个支部筹备组；有11个支部、2个支部筹备组，设4个专门工作委员会，党员200人，其中年内发展新党员16名。党员主要为医疗卫生、教育和文艺、司法界的中高级知识分子，有中高级职称者148人，占76%，有省政协委员1人，市人大代表3人（其中市人大常委1人），市政协委员9人（其中市政协常委2人），市“特约监督员、监察员”4人。

加强各专委会人员配备，提高专委会履职效能；制定实施《民革东莞市委会支部量化考核办法（试行）》和实施细则，激发支部成员参与组织活动热情。广东都市丽人支部、虎门支部、东莞理工学院支部被评为“民革广东省组织工作先进支部”，沈晨光被评为优秀基层组织工作者，黎丽香被评为民革广东省机关工作先进个人。打造QQ、微博、微信立体宣传平台，加强与东莞广播电台、《东莞日报》、东莞阳光网、东莞时间网等主流新闻媒体的合作，加强“民革e家”信息交流平台的推广和使用。通过各种宣传渠道发布党派工作信息90多期，为展示民革动态开设多元化窗口。

【参政议政】　2017年，民革东莞市委会征集政协提案67件，立案市委会集体提案19件，政协委员个人提案13件，其中《关于促进东莞市科技企业孵化器发展的对策建议》被评为重点督办提案和优秀提案，《关于全面开展公立医院供给侧结构性改革，开创我市医改新局面的建议》及个人提案《关于采用磁浮制式加快建设“莞深惠专线”的建议》和《关于加大对暴力“伤医”行为的打击力度，保障医护人员人身安全的建议》被评为表扬提案；提交1篇民主党派暑期座谈会发言材料，1篇统战论文；向省委会报送2个提案；承办1期“政协议政厅·党派之声”栏目，参与3期电台节目；报送建议类信息33篇；暑期座谈会上，主委郑国洪作题为《打造莞深一体化产业平台，承接深圳优质企业转移》发言，其中加大土地整理与统筹，提升企业落户用地空间、提升和丰富滨海湾新区功能，建立深莞科技创新合作示范区等建议与市委、市政府的工作思路不谋而合。在民革全国组织建设社会服务参政议政工作表彰会上，民革市委会被授予民革全国参政议政工作先进集体，刘蕾被表彰为民革全国参政议政工作先进个人；在民革广东省第十三次代表大会上，民革东莞市委会荣获参政议政工作先进集体一等奖，郑国洪、刘蕾、肖隆东、周静、徐永彬、凌志稳、李佳、曾红玲等8人被表彰为参政议政工作先进个人。

【社会服务】 2017年，民革东莞市委会围绕社会主要矛盾转变，创新工作模式，继续推进“同心·博爱行”社会服务品牌创建工作。携手市委统战部和市司法局分别到对口帮扶村万江街道滘联村和韶关市浈江区群丰村开展“助学筑梦，兴教铸人”活动；响应市委统战部对口帮扶滘联社区疾病困难家庭提议，每月帮扶病患困难家庭2000元；与市人民医院联合开展“下基层，送健康”医疗义诊活动；与虎门镇联合开展宪法日系列普法活动，理工学院支部、东城支部联合举办普法宣传主题沙龙活动等。民革中央授予郑耀南、周静“民革全国社会服务工作先进个人”称号。

【祖国统一工作】 2017年，民革东莞市委会祖国统一工作委员会赴梅州、南京分别开展学习交流活动，学习在充分利用自身资源优势推动祖国统一工作向纵深发展的先进经验；5月，协办“近代史与国民教育考察交流会”，加强香港与内地之间的交流与合作，助力两地青少年国民教育的对接；11月，前往东莞市台商投资企业协会茶山分会座谈交流，与台商代表探讨两岸经贸文化发展现状，了解台商在东莞市投资、生活遇到的新情况以及对两岸关系的展望；加强与民革前辈后人联系，与蒋光鼐之子蒋建国沟通蒋光鼐纪念馆建设和文物捐赠事宜，与李章达后代，民革创始人李济深，何香凝后代及亲属参观《民主先驱李章达》展览及李章达故居。 （林宗辉 卢嘉欣）

附：2017年中国国民党革命委员会东莞市委员会主要领导名录

主 委：郑国洪

中国民主同盟东莞市委员会

【民盟概况】 截至2017年底，中国民主同盟东莞市委员会（简称民盟东莞市委会）有6个总支，19个支部，4个专门工作委员会，有盟员385人，其中年内新发展盟员37人。盟员中教育界223人，医卫界35人，其他界别127人。担任市政协副主席1人，市政协常委3人，政协委员6人，市人大常委1人，市人大代表1人，市特约人员12人次。

民盟东莞市委会被民盟广东省委会评为“坚持和发展中国特色社会主义学习实践活动”先进单位，文艺支部被民盟广东省委会评为“坚持和发展中国特色社会主义学习实践活动”先进集体，松山湖总支被民盟广东省委会授予“坚持和发展中国特色社会主义学习实践活动”突出贡献奖。

【参政议政】 2017年，民盟东莞市委会向市政协十三届一次会议提交集体提案22件，委员提案24件，其中，《关于推动东莞市众创空间发展的建议》被评为市政协重点督办提案；向民盟广东省委会提交的《关于“全面二孩”政策背景下加强我省女职工生育期间权益保障的建议》和《关于大力推进我省环境与健康的监测、调查和风险评估制度建设的建议》被采纳作为提交省政协十一届五次会议集体提案，《重视欠发达地区科普设施建设，促进全省科普教育均衡发展》作为委员提案，其中《关于大力推进我省环境与健康的监测、调查和

2017年12月7日，“莞盟普法行”走进常平中学初中部进行常见法律问题讲座

（民盟东莞市委会供图）

风险评估制度建设的建议》被评为省政协副主席督办重点提案；向市委统战部申报的课题《新形势下充分发挥民主党派民主监督作用的问题研究》和《基于东莞地区基层统战工作现状进行"大统战"策略的研究和探索》分别获东莞统战理论政策研究成果二等奖和优秀奖；创新调研方式，挑选专家盟员参与市委统战部组织的7个党派和知联会的联合调研，参加市内外多场关于《大力支持中小企业突围发展，促进我市产业结构调整升级》第一子课题《加大人才要素支持，助力中小企业突围发展》的调研。

2017年1月，民建东莞市委会举办"同心·思源·环保行"——关爱环卫工人活动 （民建东莞市委会供图）

【社会服务】 2017年，民盟东莞市委会资助贫困学生（奖励优秀学生、教师）242人次，号召盟员瞄准市内扶贫对象，进行重点施策，在常平镇、黄江镇、万江街道等地对贫困家庭生进行帮扶；承办一期民盟远程教育"烛光行动·千校计划"东莞市捐赠签约活动，为东莞中学、松山湖实验中学等9所学校捐赠价值378万元的北京四中数字校园平台资源，是"助学行"上的新举措；鼓励环保、法律、医卫等界别盟员深入基层，发挥所长，心系群众，提供服务，通过举办系列环保宣传志愿服务活动、法律义务咨询和普法讲座、健康义诊活动等，推进莞盟"环保行""普法行""健康行"社会服务品牌活动。（王雪萍 简锐姬）

附：2017年民主同盟东莞市委员会主要领导名录

主　委：程发良

中国民主建国会东莞市委员会

【民建概况】 截至2017年底，中国民主建国会东莞市委员会（简称民建东莞市委会）有1个总支，8个基层支部，成员175人，其中年内新成立水乡支部、清溪支部和松山湖支部，新发展会员31人。会员主要分布在经济界、教育界和公务员队伍。有民建广东省委会副主委1人、委员1人，市人大常委会副主任1人、市人大常委1人、市人大代表4人，有市政协常委3人、市政协委员12人。被民建广东省委会评为先进集体。

【参政议政】 2017年，民建东莞市委会围绕东莞市中心工作完成多项重点课题调研。关注实体经济发展，围绕"美丽东莞""倍增计划""助力中小企业突围发展""助推次发达镇发展"等市中心工作，深入调查研究，建言献策，取得丰硕成果。牵头做好2017年市各民主党派联合调研工作，与市政协开展2次联合调研，受到好评；2篇信息被省委统战部采用；1件提案被列为副市长督办重点提案，3篇提案被评为市政协优秀提案，3篇提案被评为市政协表扬提案。连续第六年被评为省民建参政议政先进集体，7人被评为省参政议政先进个人。

【社会服务】 2017年，民建东莞市委会继续实施社会服务工作品牌战略。深入开展"建华课堂"品牌社会服务活动，举办2期"建华课堂"；打造"同心·思源·环保行"社会服务品牌，多次开展慰问环卫工人爱心活动，捐款捐物20多万元；参与精准帮扶活动，举办参与7次相关活动，向贫困地区投入精准扶贫资金或物资10多万元；开展主题"文明出行，由我做起"公益宣传活动，助力市创文工作；多次走访会员企业，了解会员企业发展情况和遇到的困难，给企业带去温暖和鼓励。组织会员企业家参加民建中央"风险投资论坛""非公经济论坛"，企工委开展的"企业家说"交流活动，为会员企业提供学习交流和了解政策信息的平台。社会服务工作突出，被评为民建广东省委会社会服务先进集体。

（罗建锋 叶尧斌）

附：2017年民主建国会东莞市委员会主要领导名录

主　委：周楚良

中国民主促进会东莞市委员会

【民进概况】 截至2017年底，中国民主促进会东莞市委员会（简称民进东莞市委会）有8个支部、1个小组，7个专委会，会员160人，其中年内新发展会员16人。

会员中，教育界91人（高等教育界13人，普通教育界78人），政府及党派机关19人，经济界21人（公有制经济5人），医卫界9人，法律界6人，文化艺术界6人，出版传媒界2人，其他界别6人。担任市政协副主席1人，市政协常委2人，市政协委员5人，市人大代表3人。

【参政议政】 2017年，民进东莞市委会在市政协会议上，向大会提交集体提案和个人提案30件。集体提案《关于完善利益共享机制，推动园区统筹发展的建议》被列为市政协重点督办提案，并被市政协评为优秀提案。集体提案《关于加快制造业服务化进程，建设制造业服务型城市的建议》，政协委员个人提案《关于规范义务教育阶段民办学校招生行为，加大对公办教育投入的建议》《关于在我市中小学建立“创客教育实验学校”的建议》获年度表扬提案。5月，参加市教育局2017年人大建议、政协提案办理工作交流会，就市教育方面问题提出意见建议；6月，在市委常委、统战部部长骆招群走访市各民主党派机关座谈会上，主委梁佳沂就如何做好民主协商工作提出建议；9月，主委梁佳沂参加2017年市各民主党派负责人暑期座谈会，就东莞市招商工作提出5点建议；12月，主委梁佳沂参加市政协领导与市各民主党派、工商联负责人和无党派人士代表座谈会，对市政协的工作发表意见建议；参加《政府工作报告》征求人大代表、政协委员、专家学者意见座谈会，就报告部分内容提出建议；向民进广东省委会、市政协、市委统战部提交建言献策、社情民意信息30件，被市委统战部采用14件。

【社会服务】 2017年，民进东莞市委会被列为民进中央开展学习实践活动第四批联系点之一，是民进中央在广东设立的唯一的联系点。9月，全国政协副主席、民进中央第一副主席罗富和带队到莞开展学习实践活动联系点调研。东莞开明美术馆被设为民进中央开明画院采风创作基地、民进广东省委会学习实践活动基地、广东省开明画院创作展览基地，是民进中央开明画院在全国设立的第二个采风创作基地。11月，全国政协副秘书长、民进中央副主席朱永新等领导为三个基地进行揭牌。

2017年，民进市委会和东莞开明美术馆先后在寮步镇、东城街道、塘厦镇、松山湖等举办“相约香江—广东省开明画院美术精品展香市行”“闻鸡起舞2017年十二生肖全国中国画年度大赛作品巡展”“粤莞华章——广东开明画院院展”“南国撷英——民进画家进塘厦”“喜迎十九大，开明松湖展”“溢彩辉煌——庆祝中国共产党十九大胜利闭幕”等7场艺术展览，先后邀请民进中央、广东省委、苏州市、佛山市等开明画院到莞开展文化艺术交流活动，11月，联合虎门镇人民政府、东莞市博士创业促进会等单位举办第77期博士论坛——2017年中央开明画院院长艺术高峰论坛，邀请民进中央开明画院院长唐勇力，副院长林阳、常保立，副秘书长李强、李学伟、邵岩6位艺术大师就中国书画艺术从多角度、多方面进行深入探讨和交流，在虎门镇文艺界引起强烈反响；12月，民进中央开明画院执行院长、民进苏州市委副主委徐圭逊一行到东莞开明美术馆开展创作交流活动；4月和12月，广东省开明画院、佛山开明画院先后来到虎门镇开展历史文化古迹采风写生等创作活动。（黄建英）

附：2017年中国民主促进会东莞市委员会主要领导名录

主　委：梁佳沂

中国农工民主党东莞市委员会

【农工党概况】 截至2017年底，中国农工民主党东莞市委员会（简称农工党东莞市委会）有支部委员会4个，支部10个，专委会4个，其中2017年新成立东莞市委会监督委员会，成立望牛墩支部；有党员267人，其中年内新发展党员25人。成员主要分布在医药卫生界和教育界。党员中，有市人大代表8名，市政协副主席1名，市政协常委3名，市政协委员8名，镇人大代表3名。

年内，增补市委会秘书长为专职副主委；实职安排有新突破，有1名党员被任命为东莞市交通运输局松山湖片区直属分局局长、1

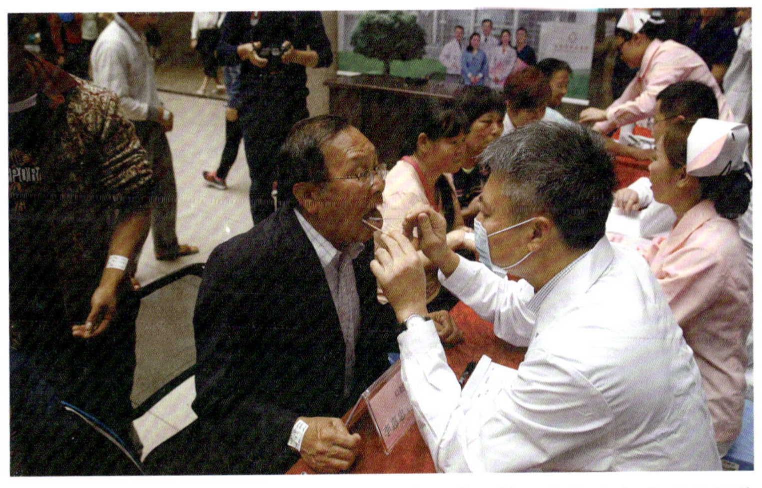

2017年11月14日，农工党东莞市委会举办第二十九届中国“国际科学与和平周”系列活动（农工党东莞市委会供图）

名党员被任命为高埗医院副院长。有1名党员被安排在东莞水乡管委会挂职任规划建设处处长助理。评选出五星支部1个，四星支部7个，三星支部4个。2017年是农工党学习实践活动的收官之年。与农工党中山市委会联合组织骨干党员在延安市委党校举行“不忘合作初心，继续携手前进”主题培训活动；组织全体在职党员前往福州开展“不忘合作初心，重走先辈道路”主题教育活动。获评“中国农工民主党开展坚持和发展中国特色社会主义学习实践活动先进集体”；东莞理工学院支部、莞城支部分别获评“参政议政工作先进集体”和“组织建设工作先进集体”；党员刘斌获“优秀党员”称号；周世明、关承恩获“先进个人”称号。

【参政议政】 2017年，农工党东莞市委会向市政协提交集体提案25件，有市政协委员个人提案18件，省政协委员个人提案5件，市人大代表建议5件。集体提案《关于加快广东（石龙）铁路国际物流基地建设的建议》被评为优秀提案，《关于建立我市医疗大数据平台的建议》被评为表扬提案。刘斌向省委会提交的提案《推动广东制造向广东智造转变，形成创新核心竞争力》被农工党省委会采纳并成为2017年省委书记重点督办系列提案。个人提案《关于加快推进我市VOCs治理的建议》和《关于成立东莞市老年护理院的建议》列入市政协重点督办提案。被市委统战部采纳的信息有40条，被省委统战部采纳3条，中共市委采纳6条。蒋四清获全市统战信息工作先进个人称号。

【联合调研】 2017年，农工党东莞市委会与市委政研室、市委党校联合开展《东莞基层和谐善治中的多元共治问题研究》专题调研，调研报告转化为市委会参加各民主党派负责人暑期座谈会上的发言，得到市委、市政府重视。派出骨干党员参加东莞市各民主党派、无党派代表人士联合调研《大力支持中小企业突围发展，促进我市产业结构调整升级》第一子课题《加大人才要素支持，助力中小企业突围发展》的调研，为课题提供有效意见和建议。

【社会服务】 2017年，农工党东莞市委会加强社会服务工作。

同心助医 东莞市人民医院支部组织党员专家，在莞城中心小学先后举办男女生专场讲座，向男女生宣讲青春期生理卫生知识。望牛墩支部、东城支部联合在望牛墩镇社区卫生服务中心开展“传播卫生知识，促进全民健康”义诊活动。松山湖支部联合市总工会深入企业，举办7期心理健康讲座。

法律讲堂 12月，莞城支部在《法律讲堂》基地为东莞理工学校新生进行5场普法教育。东城支部联合市妇联，开展“和谐家庭，法律智慧”专题讲座，深入各镇街基层妇联开展32场讲座活动。

环保东莞行 农工党东莞市委会、南城支部与市环保局联合举办2017（第十届）中国环境与健康宣传周活动，为市200多家省控重点企业负责人及企业界代表做题为《身边的水污染现状和危机》专题讲座。市委会主办、东城支部、望牛墩支部承办第二十九届中国“国际科学与和平周”系列活动，在高埗医院开展义诊活动；莞城支部、东莞职业技术学院联合承办“展示岭南情韵，弘扬中华文化”画展等活动。 （杨 莉）

附：2017年中国农工民主党东莞市委员会主要领导名录

主 委：李光霞

中国致公党东莞市委员会

【致公党概况】 截至2017年底，中国致公党东莞市委员会有基层支部10个，成员179人，其中年内新发展新党员42人。成员中有归侨7人，侨眷侨属24人，港澳台属15人，留学及访问学者13人，其他有海外关系59人。成员中界别分布以科教文卫为主体。中高级职称的人数125人。有市政协副主席1人，市政协常委2人，市政协委员7人，市人大代表2人。

【参政议政】 2017年，致公党东莞市委会组织开展多次专题教育活动，3月，赴泉州华侨大学开展第二期“致泉州，探海丝”培训班；4月，组织参观中国致公党中央党部旧址，开展党史教育；8月，赴广西民族大学开展“一带一路”发展战略与东盟知识培训班。在市政协十三届一次会议期间提交党派提案9件，个人提案12件。其中，1件被评为优秀提案，2件被评为表扬提案。向致公党广东省委会申报调研课题11篇，其中2篇获提案立项，2篇获社情民意信息立项，2篇获候补立项。立项率54.5%，是历年来获立项最多的一次。向市委统战部申报4篇统战调研课题，其中1篇获评全省统战理论政策研究创新成果，1篇获评全市统战理论政策研究创新成果二等奖；1篇获评三等奖；1篇获评优秀奖。

协助由致公党中央副主席兼秘书长曹鸿鸣带队的调研组“围绕我国海底光缆的建设问题”开展专题调研；协助致公党广东省委会社会与法制建设委员会开展由省委会副主委、广东省高级人民检察院副检察长黄武带队的“东莞市产业转型升级”专题调研；协助致公党广东省委会中山大学总支部开展以科技创新为主题的调研活动；协助致公党汕头市委会陈瑾主委带队开展“创建全国文明城市”为主题的调研活动等等。

向致公党广东省委会报送工作信息21条，向市委统战部报送工作信息51条，其中建言献策类信息31条，向市政协报送工作信息30条，其中社情民意信息11条。

【海外联谊】 2017年，致公党东莞市委会为进一步发挥“侨”“海”特色，3月成立海外联谊专委会，由张天保任专委会主任，戴松林、黎平担任顾问。通过成立专委会，较好地搭建海外联谊崭新工作平台础。11月，受香港致公协会邀请，参政议政工作委员会主任殷毓德、副秘书长黄小龙代表出席香港致公协会成立五周年庆典暨《粤港澳大湾区发展机遇与挑战》论坛。

【社会服务】 2017年，致公党东莞市委会坚持发挥东莞市侨联（致公党）法律顾问委员会平台力量，继凤岗镇、石龙镇后，5月，赴虎门镇开展“送侨法下乡”系列活动，通过现场派发侨法宣传资料、现场提供法律咨询服务、现场接受侨界群众来访等方式，为当地侨眷和侨属普法。其中，由中级人民法院支部编写的《您身边的案例启示》普法资料，在活动中获得好评。

12月，由社会服务专委会牵头，组织各支部对全市仅存的16位自梳女进行新春慰问。积极联合市侨联、常平镇政府，围绕自梳女陈列馆的筹建，主动搜集相关资料、物件，提出意见建议，获得常平镇政府肯定。（王文青）

附：2017年致公党东莞市委员会主要领导名录

主任委员：陈树良

九三学社东莞市委员会

【九三学社概况】 截至2017年底，九三学社东莞市委员会有支社11个、专门工作委员会6个，社员187人，其中年内新发展社员27人，转入社员3人，1名老社员病故。社员中科学技术界36人、教育界41人、医药卫生界57人、其他界别53人。有市人大代表2人，其中市人大常委会委员1人；市政协委员7人，其中市政协常委2人，市政协特邀人士2人。

9月3日，开通微信公众号“东莞九三”。全年向社省委、市政协、市委统战部报送动态类信息70余篇次，动态要闻及时在重要部门的网站、微博、微信公众号、杂志等平台发布，面向社会宣传党派工作。

【参政议政】 2017年，九三学社东莞市委员会向市政协十三届一次会议提交市委会提案14件、委员提案13件，其中1件提案被列为优秀提案，3件提案被列为表扬提案，提案《关于划定工业控制线，设立“工业保护区”的建议》被列为2017年市长督办重点提案。与民建市委会联合完成课题《关于加大资本要素支持，支持中小企业突围发展》，完成课题《关于我市中小企业突围发展的三对关系及一点建议》，在暑期座谈会上向市委进行汇报。完成并向市委统战部提交4份统战理论调研，其中《新媒体统战工作方法制度建设研究》获2017东莞统战理论政策研究成果三等奖。完成并向社省委提交7份课题，《关于推动装配式建筑与建筑生态构建的建议》和《关于促进非公经济企业参与精准扶贫的建议》入选成为社省委2018年参政议政课题。在供给侧结构性改革、倍增计划、提升城市品质、广深科技创新走廊、水污染治理等热点问题上完成若干份报告。参与中共东莞市委、市政府的重大决策通报或协商，在新春茶话会、民主党派负责人暑期座谈会、市政协领导走访民主党派座谈会、市委统战部领导走访民主党派座谈会、市各民主党派提案工作座谈会、政府工作报告征求意见座谈会等重要会议上，多次对市委、市政府的重要文件的征求意见稿提出修改建议，起到诤友作用。反映社情民意，先后就“共享单车”“农村选举”“学历认证”“莞深一体化”“台风防御”“广深科技走廊”“污水治理”等社会热点发表评论，提出应对方法或建议，全年向市委统战部提交建议类信息39篇，3篇被省委统战部采用，1篇被市委办采用，22篇被市委统战部采用。

年内3次参加电视台、电台、阳光网等多媒体平台参政议政节目，通过多媒体平台向广大群众宣传党派情况和成绩，提高党派社会知名度。

【社会服务】 2017年，九三学社东莞市委员会继续整合人才资源，开展社会服务工作。4月28日，将环保科普行送进大朗镇崇文小学，让小学生们透过AR、VR、3D眼镜等新多媒体方式，更感性、更深刻地接触学习环保知识。6月3日，联合东莞科技馆、东莞理工学院机械工程学院，在东莞科技馆举行智能制造与机器人论坛，吸引行业专业人士、高校师生、民主党派人士、普通市民等100多名听众聆听和互动。先后到企石镇、石碣镇、东坑镇、厚街镇、桥头镇、石排镇和东莞市疾病预防中心、市关工委等地方开展讲座，向广大领导干部和群众讲解正确养生观念和方式，灌输“未病先防”的健康理念，受惠人数超2000人。10月19日，在长安脉冲电子（东莞）有限公司举行“送医到基层，服务新莞人”活动，为新莞人员工进行中医体质辨析及健康教育讲座。4月13日，举行老年人口腔保健知识讲座，为10多名民主党派退休老同志指导牙齿保护、疾病预防、清洁用品选用等知识。参与东莞市各民主党派和市知联会对口帮扶万江街道滘联社区疾病困难家庭活动，协助对口帮扶滘联社区2户患病困难家庭，每月资助每户医药费1000元，利用党派医卫资源帮助患者。11月7日，前往望牛墩镇上合村开展扶贫慰问活动，11月11日，前往虎门镇南面村开展扶贫慰问活动，为贫困户送上粮油、生活用品等慰问品，为他们送上温暖和关怀。与市红十字会、市轨道交通有限公司紧密沟通协调，推动在东莞轨道交通2号线地铁站设置救命神器——自动体外除颤器（AED），方便有需要病患及时得到施救。

（卢力森）

附：2017年九三学社东莞市委员会主要领导名录

主　委：周爱军

东莞市工商业联合会

【工商联概况】 截至2017年底，东莞市有经济类商协会340多家，其中东莞市工商业联合会（总商会）团体会员138家，包括镇（街道）商会32家，行业商会、异地商会106家，会员3.5万余名，市工商联会员中，有全国人大代表2人，全国政协委员1人；省人大代表3人，省政协委员8人，省政协常委1人；省工商联副主席1人，副会长2人，常委5人，执委5人；市人大代表43人；市政协委员118人。

【光彩事业】 2017年，东莞市工商业联合会（总商会）前往重点帮扶对象石排镇田寮村，开展2017年扶贫慰问活动，走访低保户并送上慰问金。制定“东莞市总商会公益金捐赠和管理使用办法”制度，设立公益金，引导支持非公经济人士积极参与社会公益事业。“2017年广东扶贫济困日暨东莞慈善日活动”捐赠50万元，号召各基层商会和会员企业捐款，市工商联及各镇街工商联（商会）团体商协会及会员企业捐款500万元以上。推进“千企帮千村”精准扶贫工作，发动民营企业与贫困村建立结对帮扶关系，组织86家民营企业参加省委统战部、省工商联、省扶贫办联合举办的“广东省推进‘千企帮千村’精准扶贫行动大会”。7月，组织20家商协会参与东莞市“双百拥军行”活动，慰问驻莞部队官兵。

【基层商会建设】 2017年，东莞市工商业联合会（总商会）及各镇街工商联（商会）重点发展团体会员，吸引广大行业协会、异地商会加入，团体会员大幅增长。莞城街道、厚街镇、黄江镇、石龙镇、麻涌镇、塘厦镇、长安镇、企石镇等8个镇（街）工商联被确认为“广东省五好镇（街）工商联”，32个基层工商联中有17个基层工商联被认定为“广东省五好镇（街道）工商联”，数量过半；10个商会被评为“广东优秀商会示范点”；22个镇（街）工商联被评为“市工商联（总商会）先进镇（街）工商联”，31个商（协）会被评为“市工商联（总商会）先进商（协）会”。召开多次秘书长工作会议和培训班，交流经验做法，提高规范化管理水平；3月，召开两场秘书长座谈会，邀请全市各团体会员商（协）会和32个镇街工商联秘书长参加。5月，开展“镇（街）工商联秘书长高级研修班”培训工作，组织32个镇（街）工商联秘书长和工商联机关部分工作人员40人赴南京大学商学院参加培训，提升工商联工作能力和服务能力。9月，在中国人民大学举办“镇（街）工商联常务副主席研修班”，提高镇街工商联领导能力。11月，组织6名企业家参加“广东省新生代非公有制经济代表人士学习十九大精神暨文明使者经验交流会”，提高非公经济代表人士的政治素质。

【参政议政】 2017年，东莞市工商业联合会（总商会）建立东莞市工商联兼职副主席（副会长）轮流参与重要会务和调研活动制度，就参政议政专题建言献策，确立2017年调研主题——“促进我市营商环境进一步优化”。《降低东莞实体经济制度性交易成本研究》与《优化办事流程、提高办事效率》调研报告分别上报市委统战部、政协提案议案委员会和市政府作为调研成果。4月，接待省工商联副主席卢小周一行，协助开展上规模民营企业调研活动。5月，接待省工商联党组成员、副主席陈昆一行开展法律调研工作，各企业代表就自身在保护企业和企业经营者权益方面的经验做法提出意见和建议。7月，接待市国土局、市房管局开展调研，共同为企业不动产登记抵押过程中遇到的困难寻求解决办法。“两会”期间，全国人大代表、市工商联副主席、参政议政委员会主任黄建平提出的“关于实体经济振兴发展的建议”和全国政协委员、市工商联名誉主席张华荣提出的“以差异化融资促进‘一带一路’

2017年12月4日，东莞企业品牌故事大赛新闻发布会召开

（市工商联供图）

发展”提案受到关注。分别向人大、政协提交议案提案数十份；向各级党政部门提出建议、上交情况简报数百余份。

【会员服务】 2017年，东莞市工商业联合会（总商会）调动和发挥执委会成员积极性，建立健全一系列工作及会议制度，加强商协会与机关自身建设。2月，第十一届执委会第一次主席（会长）会议召开，提出新一届执委会工作思路和2017年工作要点。8月，成立非公经济维权工作委员会，为会员企业提供精准服务，促进非公经济健康发展。市工商联主办，市总商会调解仲裁中心、清远仲裁委员会和北京市盈科（东莞）律师事务所承办的“以专业仲裁机构化解金融风险”主题座谈会召开，以便更好地为金融机构提供更高效便捷服务；与市检察院联合开展以“服务和保障非公企业健康发展”为主题的预防工作活动，共同维护非公企业经济权益。为进入“倍增计划”的会员企业提供服务和支持，发现引导条件成熟的企业进入“倍增计划”，市工商联有118家会员企业入选“倍增计划”。协助省工商联开展上规模民营企业调研活动，推荐3家企业入围“中国民营企业500强”榜单，1家企业入围“中国制造业500强”。

【对外交流】 2017年，东莞市工商业联合会（总商会）发挥外联作用，先后接待广西省崇左市、黑龙江省牡丹江市、四川省宜宾市、四川省绵阳市、贵州省黔东南苗族侗族自治州、吉林省吉林市、广东省江门市、浙江省绍兴市上虞区等40余家兄弟工商联来访。组织会员参加沙特（吉大）中国城招商会推荐会、吉尔吉斯斯坦贸易活动、印度尼西亚各县联合会自治展览会、2017广东公共外交之经贸合作项目对接会、江门—深圳招商会、第十三届中国兰州投资贸易洽谈会等系列活动，为企业“走出去”搭建沟通平台。3月，东莞市人才资源促进会到访，就搭建资源整合平台进行沟通对接，实现优质项目和人才资源共享；8月，参加莞港两地工商联与企业家交流会，共谋莞港经济文化发展。

【东莞企业品牌故事大赛】 2017年，东莞市工商业联合会（总商会）为贯彻落实十九大会议精神与习近平总书记“讲好中国故事，传播好中国声音”等重要指示精神，东莞市工商业联合会、东莞公共外交协会、世界莞商联合会共同举办“东莞企业品牌故事大赛”活动。大赛以“讲好品牌故事，展现莞企实力”为主题，以企业为单位，分别参加故事话本和故事演绎比赛，通过各镇街组织初赛、全市复赛、决赛三轮筛选，争夺“企业品牌故事奖”和“企业品牌故事演绎奖”。有489家企业报名参赛，提交567个故事话本、525名演讲者参与演绎。 （林玉婷）

【世界莞商联合会】 截至2017年底，世界莞商联合会有会员930名。8月1日在东莞市松山湖成立松山湖莞商联合会；8月26日在泰国曼谷成立莞商联合会泰国办事处；9月6日在马来西亚吉隆坡成立马来西亚莞商联合会；9月16日在美国旧金山成立旧金山湾区莞商联合会；促成东莞市与美国旧金山市的友好交流，旧金山市政府把2017年9月16日定为“东莞日”。

第七次会员大会召开 2017年4月25日，举行世界莞商联合会第七次会员大会。莞商会600余名会员，以及来自加拿大莞商联合会、澳洲莞商联合会、新疆喀什莞

2017年4月25日，世界莞商联合会第七次会员大会召开 （莞商联合会供图）

商联合会的30余名分会代表出席会议。会长尹洪卫作工作报告，通报换届7个多月主要会务工作情况，部署下一阶段重点工作任务。会议审议章程修订、成立监事会等系列文件。

莞民投集团成立　2017年8月29日，东莞民营投资集团有限公司成立。计划注册资本200亿元，首期注册资本100亿元，是东莞民间资本最高规格、最有意义、成员组成最具代表性的投资平台。莞民投集团由莞商会和150多家知名莞企发起，900多名会员参与，以产城建设、基金股权投资、金融类金融三大板块为主，坚持“用金融的思维做产业、围绕产业布局做金融”经营理念，积极探索可持续发展的商业模式，计划5年形成投资规模近千亿元，集股权、产业与金融于一体的大型综合性金控集团。莞商从“单打独斗”竞争转向产业生态群体的“抱团发展”竞争，更好地发挥民营企业的资本优势、资源优势和市场竞争优势，加快引导莞商进入资本时代，提升东莞民间资本的运营水平和竞争力，促进东莞市产业乃至行业的升级转型和动能转换。　（莫柳婵）

附：2017年东莞市工商业联合会（总商会）主要领导名录

党组书记：梁应昌
主　席：莫浩棠

附：2017年世界莞商联合会主要领导名录

会　长：尹洪卫

群众团体

东莞市总工会

【工会概况】　截至2017年底，东莞市工会组织有镇（街道）总工会33家、市直属工联会33家、市直属单位工会29家、省属单位工会29家，全市工会组织6.04万家（其中基层工会2.11万家），工会会员374万人。

2017年3月15日，东莞市总工会召开第十五届委员会第三次全体（扩大）会议　（总工会供图）

【维权维稳】　2017年，东莞市总工会注重维权机制和载体建设，加强与人力资源、信访、司法等部门联动，召开“全市维权维稳和预防化解劳资纠纷会议”，构建工会维护职工权益大格局。促进工资集体协商“提质生效”，从源头上预防和化解劳资矛盾。全市建工会企业中有2.56万家企业建立集体协商制度，建制率90.1%，全市新增33个行业建制，新挖掘67家建制典型，使集体协商成为职工与企业的“双赢”机制。依托工会律师团成立市工会劳动争议调解中心和人民调解委员会，建立起市、镇、村、企业四级劳动争议调解网络，120名工会律师担任200家非公企业工会法律顾问，全年为职工提供法律咨询2053人次，代拟法律文书72件，代理仲裁诉讼案件146件，为职工挽回经济损失2720万元。发挥市、镇两级劳资纠纷应急处置队伍和工会律师作用，引导职工依法理性维权。市工会组织接受职工投诉242宗（比上年下降51.65%），其中劳资纠纷投诉147宗。南城汤姆森公司关停、大岭山兴雄鞋厂员工静坐、麻涌中纺粮油公司员工安置等32起群体性事件均得到妥善处置。

【基层建设】　2017年，东莞市总工会根据市委统一部署，镇（街道）、村（社区）工会统一集中换届，推动镇街总工会主席由镇街领导班子兼任，村（社区）工会联合会主席由“两委”班子领导担任。全市32个镇（街道）总工会完成换届工作，工会主席、专职副主席及其他委员均按条件配备落实。在村（社区）工会联合会换届方面，全市587个村（社区）工会联合会进行统一集中换届，完成换届（村）社区工会联合会569个。创新建会入会方式，新增民主建会620家，新增农民工会员9.76万人，超额完成省总分配任务。推进工会规范化建设，推广裕元鞋厂民主建会经验，以民主选举为重点，推动非公企业工会规范化建设。完成民主换届958家，超额完成省总分配任务。开展争创模范职工之家、争做职工依赖“娘家人”活动，全市创建市合格职工之家590家，评选市先进职工之家100家，市先进职工小家50家。获评全国模范职工之家52家，全国模范职工小家35家；省模范职工之家115家、省模范职工小家57家；市先进职工之家400

家，市先进职工小家200家。

【普惠服务】 2017年，东莞市总工会加强新工人文化宫和先锋号建设。市人文化宫、工人电影院、工人书城、职工培训基地等配套场馆投入使用，服务职工群众近9万人次，初步形成“公益培训”“职工分享会”等深受职工欢迎的品牌活动。结合省总“三个一批”［一批社区（村）、园区工会联合会，一批社会化工会工作者队伍，一批会、站、家一体化的职工之家］建设要求，基层先锋号职工服务中心建设超过110家，开展活动463场，服务职工近40万人次，市镇村企四级服务网络规模渐显、更接地气。以“春送技能、夏送清凉、秋送助学、冬送温暖”为载体，进一步做实工会帮扶。向33家一线企业赠送防暑降温物品43万元，为260名职工儿女提供助学帮扶65.4万元；为1483名困难职工派发节日慰问金233.45万元，为30名重疾职工家庭发放救济金14.8万元。为1.82万名职工补贴购买“二次医保”，为771名职工理赔157万元，为患病职工解决后忧之忧；新建开放式“爱心妈妈小屋”30间，解决女职工哺乳困难；开展职工心理关爱讲座58场、职工法律讲座40场，近3万职工受益；为3800名女职工提供免费体检和“两癌”筛查服务，为4500多名女职工提供妇科检查和性健康咨询服务；发挥26名工会社工作用，开展形式多样的活动430多场，服务职工3.4万次。

【劳动竞赛】 2017年，东莞市总工会开展劳动竞赛和经济技术创新活动。围绕东莞市产业转型升级和“倍增计划”，开展工业机器人技术应用、智能制造、装表接电工等7项市级技能竞赛，搭建职工竞技大舞台。组织3193家企业参加全国“安康杯”竞赛，86万职工踊跃参与。制订《东莞市2017年劳动竞赛工作计划》，建立劳动竞赛层级管理制度，市、镇、企业三级劳动竞赛蓬勃开展，规模以上企业开展竞赛70%以上，职工参与率80%以上。弘扬劳模精神、劳动精神和工匠精神。以市委、市政府名义召开庆“五一”大会，表彰一批先进个人与集体。组织以东莞电视台、《南方工报》为代表的七大媒体开展“中国梦·劳动美 展现劳模新风采”主题采访报道，掀起学劳模争先进、以劳动托起中国梦新热潮。推动劳模创新工作室的创建活动，选出何思模、黄丹等10个优秀工作室为东莞市劳模创新工作室，以劳模精神倡导勤奋劳动、创新劳动。发挥工会“大学校”作用，整合培训资源，创新培训模式，开展工业机器人、3D打印技术等12场技能培训班和33场安全生产知识培训班，推进现代化安全生产管理，促进职工素质全面提升。实施“工会培优计划”和“求学圆梦行动”，为15家企业发放职工讲座补贴，为74名上进职工发放学历补贴，为203名优秀产业工人发放技能补贴。开展职工阅读提升活动，全市建成职工书屋696家，书香企业活动覆盖职工群众。

（陈颖芝）

【市工人文化宫启用】 2017年4月29日上午，东莞市工人文化宫启用，面向职工群众开放，举办多项活动。包括场馆定向比赛、读书沙龙、作家见面会、咖啡推广品鉴和工人电影院“集赞”赠票等多项活动。原工人文化宫建于1952年，位于莞城西城楼侧。1999年，因建设东莞市文化广场需要，旧工人文化宫拆除。2008年6月东莞重新规划建设市工人文化宫，并将其列入市属重点工程，2015年底基本竣工。市工人文化宫建筑总面积超过2.43万平方米，包括服务楼、综合楼、工人电影院、工人书城、先锋号职工服务中心、户外球场、文化休闲广场等。综合楼位于市工人文化宫的西侧，楼高22.35米，共四层，占地面积0.25万平方米，建筑面积1.17万平方米，设有培训中心、工人书城等功能场馆和地下停车场。培训中心内设多功能培训厅、培训教室等11个功能室，可同时容纳500多名职工及工会干部进行培训。服务楼位于市工人文化宫的东侧，楼高18.6米，共三层，占地面积0.36万平方米，建筑面积0.71平方米。设有工人电影院、先锋号职工服务中心、工联咨询服务中心、文体服务中心等，以及公益讲座、烘焙等多功能室28间，可同时向1000余名职工群众提供服务、公益培训和文化休闲娱乐。

（苏淑娴）

附：2017年东莞市总工会主要领导名录

党组书记、主席：陈锡江

中国共产主义青年团东莞市委员会

【共青团概况】 截至2017年底，东莞市有共青团员21.52万人，其中学生团员16.92万人，占全市共青团员总数78.62%；有基层团委222个，其中一级团委94个（镇街团委32个，厂局团委36个，市属一级学校团委26个），二级团委128个［学校团委93个，“两新”组织团组织14个，村（社区）团委21个］，基层团总支790个，团支部1.12万个。2017年，全市获团中央、团省委表彰先进集体12个、先进个人73名。

【共青团改革】 2017年，共青团东莞市委推动以市委办名义印发《东莞市贯彻落实〈广东共青团改革方案〉实施意见》，聚焦解决突出问题，提出改革任务23项、改革措施96条，全市各级团组织结合工作实际谋划改革，形成以上率下抓改革工作局面。

团干部队伍结构改善 坚持拓宽来源渠道、坚持选管并重，打造专职、挂职、兼职相结合的团的领导机关干部队伍结构，除常态化公开选拔两批共24名基层一线挂职干部外，联合市委组织部发文部署挂兼职干部配备工作，遴选出16名来自各领域各行业的挂、兼职干部。开展全市镇街团委集中换届，镇街团委委员增加66名，专职团干部增加23名。

组织有效覆盖扩大　成立共青团东莞市城区片区工作委员会等6个片区团工委，推动形成团建工作联做、思想引领联抓、改革攻坚联推的互利共赢局面。推进新兴领域组织覆盖和工作覆盖，推进非公企业领域团建，加强与村（社区）团组织、青年文明号创建单位团组织结对。

基层青年群众代表比例提高　将青联、少先队和学校共青团改革纳入共青团改革“大盘子”来谋划，坚持统筹兼顾、一体推进。增选19名团市委委员、候补委员以及5名团市委常委，委员会和常委会中基层一线的比例分别达82.98%和55.56%。增补30名优秀一线劳动者为市青年联合会委员，一线青年劳动者比例提升到12.9%，增强青联组织的群众性、代表性。召开东莞市第八次少先队代表大会，有效提升少先队员代表和一线代表比例，完成少年先锋队东莞市工作委员会换届工作，加强全团带队和团教协作机制。

【青年创新创业】　2017年，共青团东莞市委承办常平杯·第四届“创青春”广东青年创新创业大赛，发动2314个项目报名参赛，线上线下服务创业青年6万多人次，以赛促创打造莞版青年创业热土。助力实施“倍增计划”，通过大调研大走访倾听青年企业家诉求，协助寻求解决措施。推动市青年企业家协会更新会长、理事团队。持续开展“展翅计划”大学生就业创业能力提升行动，开发高质量实习岗位3542个，举办岗前培训班、交流会、座谈会121场，建成大学生社会实践基地261个，不断营造青年“双创”浓厚氛围。

【脱贫攻坚】　2017年，共青团东莞市委推进“领头雁”农村致富青年人才培育工作，形成精准脱贫攻坚战中的骨干力量。发动青年联合会委员、青年企业家赴西藏自治区林芝市、新疆维吾尔自治区图木舒克市、云南省昭通市和广东省揭阳市开展济困扶贫、爱心助学工作，在青年就业培训、贫困学生资助、青年劳动力转移等方面初步建立对口帮扶机制。实施福彩育苗计划和福彩夏令营，服务异地务工人员子女。创新建立“微心愿”社会化的众筹平台，为267名困难青少年提供爱心助学助困帮扶服务。

2017年5月3日，东莞市各界优秀青年座谈会召开　（团市委供图）

【青年人才发展】　2017年，共青团东莞市委依托市青年人才成长促进会团结凝聚莞籍在外青年，健全北京、上海、广州武汉分会组织架构，组建当地高校联络员队伍，建立完善各地分会自主运作、市青促会支持督导机制。举办第十三届东莞大学生灯光会，为莞籍大学生联络乡情和学习交流搭建平台。以大学生社会暑期活动十五周年为契机，举办成果回顾展及系列活动300多场次，为2万多名东莞大学生提供社会实践平台。2017年“圆梦计划”报名人数达1.15万人，占全省总报名人数四分之一；资助人数和资助力度位居全省地市第一。重视青少年事务社会工作人才发展，年内为1800多人次提供专业培训。

【莞港澳青少年交流深化】　2017年，共青团东莞市委重视资源整合，推进香港青年协进会等17个港澳青年社团的长期合作交流，开展港澳青少年交流活动50多个，联系服务青年2500多人。推动莞港青年交流促进会完成换届，策划组织“鼓动星扬”“信暖工程”“同根同心”等系列莞港澳青年交流活动，吸引凝聚港澳地区青少年投身粤港澳大湾区建设。

【宣传载体创新】　2017年，共青团东莞市委初步形成以“青春东莞”为核心，基层团属微信号为支线的共青团新媒体微信公众号矩阵，“青春东莞”全年吸引阅读量280多万，2017年影响力位列全国地市团组织前十，黄江镇、厚街镇、虎门镇等16个镇街团委微信号进入全省50强榜单。完善东莞“青年之声”平台建设，线上吸引公众用户26万多名，收集青年心声。探索成立东莞共青团大数据与新媒体发展中心，建立高校新媒体联盟，发布《激情马拉松　品质新东莞》等一批新媒体文化产品。开展“中国好网民”“向上向善好青年”以及“最美南粤少年”活动，网络点赞投票超过1400万人次。

2017年9月12日，2017东莞市志愿服务巡礼暨“益苗计划”志愿服务项目大赛总决赛举办　　（团市委供图）

【青少年权益维护】　2017年，共青团东莞市委发挥市综治委预防青少年违法犯罪工作小组组长单位作用，落实预防青少年违法犯罪工作联动机制。突出引入社会工作帮扶青少年，深耕“莞香花”青少年帮教服务品牌，连续6年组织社工进驻收教所、戒毒所、拘留所，推进社区矫正青少年帮教服务，实现5类重点青少年帮教服务全覆盖，年内帮教服务青少年近5万人次。响应青少年自护教育、防范青少年性侵害、假期安全等社会关注热点，举办青少年权益维护主题论坛、大型宣传、法制宣讲等活动30多场次。围绕全市禁毒工作攻坚年，承办广东省“6·3”虎门销烟纪念日活动，推出“亮出个性禁毒海报”等精品活动，吸引线上线下近100万人次青少年学生接受禁毒宣传教育。

【志愿服务品牌打造】　2017年，共青团东莞市委在展现东莞城市形象大型活动中主动作为，承接亚洲马拉松、中国城市规划年会等7个国际和国字号赛会的志愿服务，保障活动举办，擦亮“友善之城”名片。升级举办“益苗计划”志愿服务项目大赛，吸引14万名群众观看大赛直播，助力13个项目获得省级奖项、1个组织获得国赛铜奖，获奖数达全省第二。实施志愿者素质提升工程，深化东莞志愿者学堂授课内容，对志愿者领袖骨干、村（社区）志愿服务站站长、赛会志愿者开展轮训。推行志愿者守信联合激励计划，全面使用i志愿服务平台，实现志愿服务管理信息化，推广志愿者证6万多张，增强志愿者身份认同。

【团组织建设】　2017年，共青团东莞市委加强团组织建设。

严肃团组织生活　将坚持党的领导作为从严治团根本，全市共青团对标全面从严治党要求，明确从严治团整改清单，紧扣“强三性，去四化”（增强政治性、先进性、群众性；防止机关化、行政化、贵族化、娱乐化）目标，制定99项整改要求。狠抓“三会两制一课”落实，严抓软弱涣散团组织整顿，基层团组织建设的规范化水平得到提升。

团员教育管理抓好　坚持“严格标准、严格培养、严格程序”的团员发展要求，始终把政治标准放在首位，严格落实培养联系人制度、团支部考察制度。推动全市73%的中学建成团校，将20学时的团课学习作为发展中学团员的必经环节，中学生中团员人数占青年人数比例降为27.48%。加强入团仪式教育，狠抓团员的团员意识、组织意识和纪律意识教育，对不合格团员敢于动真格，提高团员先进性。

团干部管理从严　推进团干部“1+100”（每名团干部直接联系100名普通青年）等直接联系青年制度，综合运用干部协管、考核督查、青年评议等手段，强化对各级团干部监督，对发现的问题及时督促整改，坚决克服工作抓而不实、抓而不长和缺乏韧劲等问题。以提升政治理论和业务能力为抓手，分别针对基层团委书记、基层专职团干及中学团委书记举办专题培训班6场次。　　（李诗韵）

附：2017年中国共产主义青年团东莞市委员会主要领导名录

书　记：李亚鹏

东莞市妇女联合会

【妇联概况】　截至2017年底，东莞市妇女联合会（简称东莞市妇联）有镇街妇联32个、园区妇联1个、村（社区）妇联592个。市镇两级机关妇女组织507个，市镇两级事业单位妇女组织1203个，中央和省驻莞单位妇女组织31个。全市建有妇女维权与信息服务站6个、基层“妇女之家”663个、白玉兰家庭服务中心（室）116个、白玉兰创业就业服务中心32个、妇女创业孵化平台15个、白玉兰家事人民调解委员会32个。获“全国巾帼建功先进集体”和“全国维护妇女儿童权益先进集体”称号。

【妇联改革】　2017年，东莞市委出台《东莞市贯彻落实〈广东省妇联改革方案〉实施意见》，明确21项改革内容和75条改革措施。市妇联重视改革各项任务，完成8项改革任务，其中村（社区）妇代会改建妇联、镇街妇联组织区域

2017年10月14日，市妇联在东坑镇举办2017年东莞市家庭教育大讲堂（市妇联供图）

化建设、市妇联机关部门职能调整、专兼挂干部队伍建设等4项工作走在全省前列。要求长期推进的54项改革措施全部启动并持续推进。

镇街妇联组织区域化建设

推进镇街妇联组织区域化建设，组织动员各行业各阶层优秀妇女进入妇联组织并发挥作用，普遍建立妇联主席轮值、执委定期议事等制度，形成妇联牵头、各方协同的工作机制，构建起以镇街妇联为核心，辖区内各类妇女组织、各领域妇女共同参与的"一张网"组织体系。在全省率先完成"会改联"的基础上，推进村（社区）妇联执委增补工作，产生执委9877名，其中45岁以下占82.7%、大专以上学历占63.5%、中共党员2896人、非莞籍执委1197人。

市妇联机关部门职能调整

在不增加机构和编制的情况下，整合优化市妇联机关部门职能，将宣教组联部的宣传教育和家庭文明建设工作职能剥离，宣传教育工作纳入办公室工作职能，家庭文明建设工作纳入权益家庭部工作职能，社会组织拓展工作纳入组联发展部工作职能。调整后市妇联内设办公室、组联发展部、权益家庭部和妇儿工委办公室4个部室。

专兼挂相结合干部队伍打造

联合市委组织部开展市妇联机关兼职、挂职干部选拔工作，4名中层挂职干部到位，兼职、挂职副主席遴选工作启动。

【妇女创业创新】 2017年，东莞市妇联举办庆"三八"各界妇女代表座谈会，邀请市领导与120多名妇女代表面对面交流。联合市中小企业局举办女企业家"倍增计划"政策解读会，深度解读市政府"一号文"20条政策举措，助力女性法人企业倍增发展。有34家女性法人企业入选市"倍增计划"，107家入选镇街"倍增计划"。依托镇街专业孵化器建立15个妇女创业孵化平台，举办各类妇女技能培训班891期，参训妇女4.51万人次。加大小额贷款推广力度，全市有2710名妇女获得4.67亿元贴息贷款，贷款总额是2016年的2.2倍。深化"巾帼建功"行动，全市新增全国巾帼文明岗5个、省岗30个、市岗65个，新增全国三八红旗手1名、省三八红旗手6名。

【家庭教育惠民工程实施】 2017年，东莞市妇联家庭教育惠民工程连续三年纳入市政府十件民生实事，千场家庭教育大讲堂进村（社区）、家长持证上岗等项目纳入市政府主要目标任务。联合市教育局等八部门发布《东莞市指导推进家庭教育的五年规划（2016—2020年）》。全市举办家庭教育大讲堂1844场、父母学堂电台节目51期，惠及群众90多万人次。全面推广"家长持证上岗"项目，培训家长4.1万人次。

【平安家庭建设】 2017年，东莞市妇联联合综治、教育、红十字会等7部门共同实施"平安家庭"建设项目，并纳入市委、市政府重点工作督查考评事项。推进平安知识进社区、进学校、进企业，开展各类家庭安全讲座623场、生命体验活动129期、"平安家庭"实践工作坊761期、防艾禁毒宣传608场，全市有81万名中小学生观看"四防"安全宣传视频。

【家庭文明建设】 2017年，东莞市妇联联合市文明办开展"传递·和美"金点子项目，创新和深化寻找"最美家庭"活动内涵。与市邮政部门合作开展"传递·温暖"金点子项目，为广大家庭搭建易物交换平台，推动绿色家庭建设。联合市纪委、市文明办举办"传家训、立家规、扬家风"活动，征集优秀家风家训283篇。启动"书香飘万家"活动，举办亲子阅读夏令营、读书分享会335场。

【妇女儿童维权服务】 2017年，东莞市妇联在麻涌镇华阳湖湿地公园建立"平安家庭"普法主题乐园，采用寓教于乐的方式宣传法律及平安知识。开展"三八"维权周活动，举办法制讲座、外展宣传492场次，组织志愿者2676人次，派发宣传资料23万多份。实施"不敢说的秘密——家暴目睹儿干预计划"，入选省妇联"2017年度创新服务项目"。完善白玉兰家调委功能，与市中级人民法院建立家事调查员制度，与法院系统开展家事案件调解合作，调处家事案件374件。优化信访维权服务，全年处理妇女信访案件4475件、结案率100%，提供法律援助410件。

【妇女儿童发展规划实施】 2017年，东莞市妇联召开全市妇女儿童工作会议，部署新时期妇女儿童工作。抓住村、社区“两委”换届契机，推动女性进“两委”工作，女性进“两委”率达100%。动员7.07万名妇女参加“两癌”筛查，争取238.9万元帮助428人开展治疗。强化出生缺陷干预，组织1.08万对夫妇接受婚前孕前健康检查，联合市卫计局实施妇女增补叶酸预防神经管缺陷项目。举办2017东莞女工新年慰问活动，召开全市优秀女工表彰大会，引导广大女工融入东莞、扎根东莞。

【网上妇女之家建设】 2017年9月，东莞市妇联开通“东莞女性”微信公众号，联合镇街妇联打造新媒体矩阵，构建集女性资讯、创业服务、维权咨询、家教指导、特色活动等于一体的“网上妇女之家”。“东莞女性”微信公众号连续多期位列全省地市妇联微信公众号排行榜第一名、全国前五名。加强网上工作队伍建设，开展网上专题宣传，各级妇联网上工作全面活跃，宣传力、动员力、引领力全面提升。

【寻找“最美东莞女性”活动】 2017年，东莞市妇联联合市文明办开展寻找“最美东莞女性”活动，选树“自强自立、爱岗敬业、孝悌爱家、崇义友善、关爱妇幼”五个类别100位“最美东莞女性”，授予东莞市“三八红旗手”称号。举办“中国梦·莞邑情·巾帼美”2017最美东莞女性分享会，展示“最美女性”的感人事迹和人格魅力。开展“最美女性”走进高校活动，组织“最美女性”代表与在莞高校师生面对面交流，引导女大学生坚定理想信念、创造美好人生。

【巾帼关爱行动】 2017年，东莞市妇联举办白玉兰爱心公益汇活动，引领各级妇联凝聚社会力量关爱妇女儿童，全市实施各类公益服务项目506个。开展“爱心父母大联盟”活动，组织4638名“爱心父母”与3310名困境儿童结对助学助困。实施妇女精准脱贫项目，帮助290名贫困妇女增收161万元。开展莞韶流动留守儿童关爱活动，为韶关始兴县留守儿童建设“儿童之家”，捐赠物资20万元。

【东莞市关爱妇女儿童发展基金成立】 2017年，东莞市妇联联合市妇女儿童福利会共同发起成立关爱妇女儿童发展基金，首期募集善款超过1800万元。基金以“现金+实物+项目”方式开展公益活动，在做好扶贫关爱慰问活动同时，通过开展公益创投的方式，链接社会组织和社会资源，培育关爱妇女儿童公益服务项目。累计支出162万余元，资助“妈妈帮”特殊儿童妈妈手工互助联盟、向日葵成长计划——困境儿童扶助行动等18个公益品牌服务项目，涉及困境妇女技能提升、困境儿童助学助教、困难家庭亲子教育等方面。

（陈年标）

2017年11月25日，东莞市妇联开展东莞市“国际反家庭暴力日”宣传暨文明家庭骑行活动　（市妇联供图）

附：2017年东莞市妇女联合会主要领导名录

党组书记、主席：卢　英

东莞市科学技术协会

【科协概况】 截至2017年底，东莞市科学技术协会（简称东莞市科协）下辖东莞科学馆、东莞科技进修学院、东莞市科技咨询服务中心（东莞市科普中心）、东莞市翻译服务中心（东莞市对外科技交流中心）等4个事业单位。东莞市科协八届委员会委员148人，所属组织包括68个学会（协会、研究会）、33个镇（街、园区）科协、224家企业科协、2家高校科协。

年内，在机关科普部增挂科技项目评审管理办公室牌子，为科技项目评审工作提供组织保障。在机关办公室增挂党务办公室牌子，增设党总支专职副书记职务，进一步完善党务管理。组织开展对新申请加入科协团体会员的社会团体进行实地考察，全年新增团体会员14个。落实科协系统深化改革，起草《东莞市科协系统深化改革实施方案》，在市委全面深化改革领导小组第五次会议上审议通过。

【创新驱动助力工程】 2017年，东莞市科协组织第八届常委赴浙江省开展服务创新驱动发展的学习考察；配合中国科协，按要求完成中国科协创新驱动助力工程示范项目的申报工作；做好院士东莞企

2017年11月26日，2017年东莞市青少年（生物学）实验技能大赛举行　（市科协供图）

业行工作，促成中国自动化学会与广东佳禾智能科技公司的科研项目合作与技术交流，促成中国水产学会与东莞水产学会共建科技服务站。

【“科技东莞”工程项目评审】2017年，东莞市科协完善专家库建设，多渠道充实专家库，截至年底入库专家5090人，基本涵盖评审所需专业技术领域。全面启动“科技东莞”工程项目专家评审二期系统，采用语音邀约专家和无纸化评审系统，完成科技、经信、发改等职能部门移交的28个专项35个轮次1416个项目的评审，推荐专家11批次395名，为市委、市政府的科学决策提供专业、可靠意见。

【院士咨询委员会组建】2017年，东莞市科协起草工作方案，组建东莞市发展战略院士咨询委员会，在东莞市推进广深科技创新走廊建设工作动员会上，由市委书记吕业升授牌，首批加入咨询委员会的院士21名，院士何镜堂担任院士咨委会主任。

【院士工作站建设】2017年，东莞市科协完成对第一、第二批院士工作站建站单位年度考核工作，跟踪督促未通过的2家院士工作站做好整改；完善《东莞市院士工作站建设管理暂行办法》，进一步规范院士工作站的评审管理；协助相关企业申报国家级、省级院士工作站，做好关于在广东省开展2017年度全国院士专家工作站认证工作；全年新建立东莞市院士工作站7家，并由市长梁维东授牌。

【海外引智】2017年，东莞海智基地新建市级海智工作站2个，协助申报省级海智工作站1个；组织东莞市企业与境外科技企业开展项目对接、参加国际科技学术交流活动，走访60家本地企业、对接20家省内外事机构、建立和巩固本地企业资源库和国外资源库，累计洽谈科技项目51个、接待海外专家团体64人次、发出海外需求67项、向海外发布国内需求206项；组织赴日本开展海智引才活动，交流东莞产业情况，宣传东莞招才引智政策。

【学术交流】2017年，东莞市科协分别在10月的东莞市广深科技创新走廊建设工作动员大会暨系列重大科技创新项目及规划发布会上，和12月的东莞市高层次人才活动周期间，举办院士成果展活动，以图文和实物的方式展出院士团队与东莞市高新技术企业合作项目成果；指导市土木建筑学会、市现代信息服务协会等10个学会举办创新论坛10期，指导编印《2016东莞创新论坛》。10月，邀请外籍专家组织召开“中国散裂中子源多物理谱仪国际评审会”国际学术会议。

【科技工作者服务】2017年，东莞市科协为东莞市3402名符合条件的科技人员提供免费健康检查服务，为1000余人开展科技工作者职称晋升辅导系列培训；组织实施“2017年促进青年科技人才成长资助”评选工作，资助61人职称晋升、1人参加国内外学术交流及3本科技专著出版。做好2016年度、2017年度东莞市优秀科技论文、优秀科技建议、优秀金桥工程科技成果评选工作，选出优秀科技论文82篇，优秀金桥工程科技成果4项。

【企业科技服务】2017年，东莞市科协在全市企业一线科技工作者中推广新技术新方法，举办创新方法系列培训16期，培训3377名科技人员，助推“倍增计划”试点企业人才成长；开展科技工作者继续教育，通过举办学历提升教育服务、公需课培训、会计继续教育培训及各类短期技能培训，提升科技工作者综合素质。出版《东莞科技》杂志，扩大科技工作者学术交流平台。（叶志洪）

附：2017年东莞市科学技术协会主要领导名录

党组书记、主席：李文峰

东莞市归国华侨联合会

【侨联概况】 截至2017年底，东莞市归国华侨联合会（简称东莞市侨联）有镇街侨联32个、下属新侨组织2个、侨联法律咨询机构1个、村（居）侨联小组592个、侨留会分会7个，会员6000余人；东莞市侨界省人大代表1个，市人大代表12人、市政协委员13人（常委3人）。

年内，市委深化改革领导小组第五次会议讨论通过《东莞市侨联贯彻落实〈广东省侨联改革方案〉实施意见》和东莞市贯彻落实《广东省侨联改革方案》重点任务分工安排和推进时间表。9月19日，东莞市侨联召开第七次侨代会，广东省侨联党组成员、副主席颜珂等领导出席大会开幕式。大会选举产生第七届委员会和常委会，陈志超当选为东莞市侨联第七届委员会主席。高埗镇、大朗镇、厚街镇、常平镇等镇街侨联先后完成换届工作；8月11日，东莞市侨联归国留学人员联谊会松山湖会成立，8月27日，东莞市侨联归国留学人员联谊会长安分会成立。

【经济建设助力】 2017年，东莞市侨联组织侨界市政协委员及镇街侨联分别到厚街镇、茶山镇、虎门镇、企石镇等镇街，开展走访侨资企业活动；6月，由东莞市侨联指导、东莞侨联归国留学人员联谊会主办，东城街道侨联、世界莞商联合会、东莞侨留会东城分会等协办“2017东莞—（澳洲）珀斯经贸洽谈会”，有100多人参加活动，促成4个合作项目，为东莞留字号企业和青年企业参与国际合作和“一带一路”建设提供更多交流发展渠道；加强与东侨智谷电商产业园合作，签订共建“东莞市新侨创业就业服务中心”战略合作协议，设立“新侨创业就业基地”；12月，东莞市侨留会创业就业指导中心在松山湖挂牌成立。联合理工学院专家学者，就如何更好地发挥海内外侨团作用，共同参与国家“一带一路”建设开展专门调研，撰写《“一带一路”国家侨团建设和作用发挥研究》论文报送市委统战部。

【为侨服务】 2017年，东莞市侨联开展献爱心服务实践活动。召开全市归侨侨眷中秋座谈会，来自机关、社会、32个镇街的归侨侨眷代表、侨联干部等130多人参加。与东莞荣誉市民、华人世界慈善家何耀棣博士进行沟通和联系，促成何耀棣博士与市侨联和市教育局达成协议，从2019年起奖励东莞市中考成绩优秀学生和资助低保边缘家庭高中生完成高中学业，3年的奖助金约300万元。5月26日，联合市直工委、市侨联党支部送法下乡，与虎门镇侨联共同开展侨法宣传活动暨市侨联“两学一做”党员服务活动。

【宣传联络】 2017年5月，东莞市侨联协助做好第十届世界东安恳亲大会接待工作；6月，联合东莞市摄影家协会举办“莞港同心·荔影情浓”莞港摄影联谊活动；8月，组织镇街侨联赴台开展民间交流访问，拜访台北市东莞同乡会、中华两岸交流协会、台湾华侨协会总会及苗栗县青工总会等爱国社团；10月，凤岗镇被中国侨联确定并授予“中国华侨国际文化交流基地”称号；12月，与市外事侨务局联合主办、市侨留会协办“2017海外青年才俊聚东莞”的活动；市侨联组织全市各中小学校积极参加十七届世界华人学生作文大赛，推荐作品中有45篇征文获奖，市侨联连同东城镇、寮步镇、横沥镇、道滘镇和大岭山镇5个镇街侨联，获得第十八届世界华人学生作文大赛组织优秀奖；市侨联撰写的《应对香港本土主义思潮对策研究》获得2016年全省统战理论政策研究创新成果二等奖，获得2016年全市统战理论政策研究创新成果一等奖；由市侨联、致公党东莞市委会和常平镇联合多个镇街侨联一起筹建的“东莞自梳女陈列馆”建设修缮基本完成，进入物件搜集陈设阶段。（潘伟强）

附：2017年东莞市归国华侨联合会主要领导名录

党组书记、主席：陈志超（9月到任）

东莞市文学艺术界联合会

【文联概况】 截至2017年底，东莞市文联有内设机构4个（办公室、组联部、创作部、文艺评论部），基层文联组织37个，其中镇街文联32个，村级文联1个，行业文联5个（市农业局文联、市总工会文联、松山湖文联、金融文联、公安文联）。文艺家协会22个，分会和创作（培训）基地271个，有会员2.2万人，其中国家级会员473人，省级会员1557人。直属单位2个（东莞文学艺术院、《东莞文艺》杂志社），刊物4份（《东莞文艺》《南飞燕》《东莞摄影》《东莞书画》）。

【文艺创作】 2017年，东莞文联狠抓创新，文艺五大行动全面推

2017年10月17日至11月18日，东莞市首届全民尚艺节举办。图为10月17日“跨界：汉字艺术+制造”创意展览在21空间美术馆开幕
（市文联供图）

进。陈启文获第三届广东省中青年德艺双馨艺术家称号；陈启文、塞壬、丁燕等5位获得第十届广东省鲁迅文艺奖（文学类）。举办陈玺小说创作北京研讨会。东莞作者在全国第二届书法临帖作品展、全国第二届楷书作品展、全国第四届草书作品展等展览中展出作品10件。广东省第十四届美术书法摄影联展中，傅进南的国画《家园》、卢少球作品《工地夏日》等获优秀奖（美术类）。《莞香》获央视“舞蹈全民星”奖；《龙舟》获第九届“小荷风采”全国少儿舞蹈展演“小荷之星”称号。李志良的《东莞制造》在第七届大理国际影会上获金翅鸟最佳摄影师提名奖；黄翟建的作品《猎物》获“非洲野生动物”专题组金奖。崔臻和获第三届广东省中青年德艺双馨艺术家称号，歌曲《中国梦》获第十届广东省鲁迅文学艺术奖。刘艳荣获“风雅颂——第三届广东省朗诵大赛”金奖；帅志刚获2017年中央人民广播电台第五届“夏青杯”全国朗诵大赛广东赛区一等奖、全国总决赛三等奖。2017年第八届广东省小梅花大赛，市戏剧曲艺协会获得4个“金花十佳奖”，8个“银花奖”和3个集体表演优秀奖。市影视协会组织创作生产的影视作品获得一系列国内重要奖项。柳冬妩入选广东省首届签约文学评论家，其专著《粤派评论视野中的打工文学》入选“粤派批评”丛书，并在北京举行首发式。

【传统文化传承】 2017年，东莞文联继续推动《东莞历史名人评传丛书》创编，完成《张进修评传》《邓尔雅评传》等4本评传出版；编辑文集《东莞老手艺——历史时光里的民间记忆》；开展“发现东莞非遗之美”摄影活动，以东莞获得省级及省级以上非遗称号的39个项目为拍摄内容，用镜头为东莞非遗留影，传承东莞非遗文化。做好东莞文化的“固本扎根”行动，开展“寻找东莞手艺人”活动；推进“百千万”书法“三进”活动，即“书法楹联进百园、书法艺术进千企、道德春联进万家”，给城市增添文艺气息。凤岗镇与沙田镇创新模式将传统客家山歌、咸水歌编成快闪节目，实施“传薪”行动，延续东莞文脉，让东莞的传统文化薪火相传。

【文艺活动】 2017年，东莞文联组织举办“朗诵的二度创作和舞台呈现”“聚焦中国精神、创作有灵魂的文艺作品”等系列文艺沙龙活动，组织举办首届东莞全民尚艺节以及“东莞好”东莞文艺名家创作展演系列比赛活动，“道德春联进万家”东莞市百名书法家挥春送“福”公益活动，以及“共享：黄泽森、周汉标书画作品展”等。先后组织举办12期文艺沙龙、10次“到人民中去”文艺志愿服务和数十次文艺惠民活动。

【文联机构建设】 2017年，东莞市文联创新文联工作手段，加强东莞文学艺术网站建设，推动东莞文联微信公众号建设，打造集门户网站、微信公众号等于一体的网上文联方阵，实现文联工作数字化和网络化。在文艺作品传播、文艺人才服务、文艺资源开发和文联组织建设等方面，先后组织成立东莞市旗袍文化艺术协会，书法家协会厚街镇创作基地，硬笔书法协会桥头镇、莞城街道、大朗镇等小学教学基地，组织搭建“东莞美术新力量”东莞市青年美术家协会茶山镇、塘厦镇等创作基地平台，市收藏家协会、市微电影协会加入文联大家庭。樟木头镇和麻涌镇在文联机制和体制改革方面取得实质性突破，镇领导重视文艺工作，下发文件明确文联为副科级机构和相关待遇，成为全市首批实现编制、人员、经费、办公场所全保障的基层文联。

【首届东莞全民尚艺节】 2017年10月17日至11月18日，东莞市文联举办首届东莞全民尚艺节。活动采取“文联统筹、社会参与、镇街联动、市民体验”的方式，探索“艺术+制造+生活+市民+城市+创意”的融合渠道，围绕“欢庆十九大，到人民中去”的活动主题，按照“给东莞文艺探一条新路、给东莞制造找一个出口、给东莞城市添一丝情怀”的办节宗旨，组织8个板块190项活动，节目内容涵盖电音、摇滚、快闪、动漫、微电影和网络文艺等时尚文艺形式。策划举办跨界：汉字艺术+制造创意展览暨首届东莞全民尚艺节开幕式，“艺术+制造”文创文献特展暨首届东莞全民尚艺节闭幕电子音乐晚会等活动，群舞快闪《再唱山歌给党听》、群口快板快闪《共圆中国梦》、街舞快闪《舞动城市情怀》等系列活动，赢得社会各界好评。通过备战全民尚艺节，东莞各镇街文联、各协会的艺术人才队伍得到锻炼，业务水平进一步提高，文化经营人才开阔眼界，文联队伍整体素质明显提高，工作作风明显转变，逐步形成全民尚艺节工作机制和运作模式。 （许晓雯）

附：2017年东莞市文学艺术界联合会主要领导名录

党组书记：潘朝明

主　席：周汉标

东莞市残疾人联合会

【残联概况】 截至2017年底，东莞市加强残疾人组织建设，全市32个镇街残联均召开第七次代表大会完成换届选举工作，总结2011—2016年残疾人事业发展成绩及对2017—2021年的残疾人事业发展做出规划。全市建成30个镇街残疾人康复就业服务中心，全年发放康复就业服务中心运作补贴1091.75万元和学员补贴307.59万元，就近就便为1159名残疾人提供庇护性就业和日间照料服务；向符合条件的21个民办残疾人康复机构发放补助240万元；开展民办康复机构专业培训28期；2017年各镇街社区残协547个，残疾人专职委员481人；完成对全市4.01万名残疾人基本服务状况和需求的动态更新调查工作，为残疾人工作提供有力数据支撑。

【残疾人基本生活保障】 2017年，东莞市聚焦民生保障，着力改善残疾人生活状况，落实各项补助政策。为4613名困难残疾人发放生活补贴1027.64万元；为3.48万名残疾人发放元旦春节价格补贴2124.81万元；为4.13万名残疾人发放残疾津贴8281.84万元；为2.26万名残疾人发放医保救助1207.28万元；为3191户“一户多残”困难家庭发放补助957.3万元；为2851名重度残疾人发放居家照料津贴1032.12万元；为44名户籍困难残疾人发放大病、重病医疗救助27万元；为60名外地残疾人提供临时生活救济0.8万元，有效保障残疾人基本生活。

【残疾人康复】 2017年，东莞市加强残疾人康复，出台《东莞市残疾人基本康复服务目录及最低补贴标准（2017年）》，明确35项服务目录和补贴标准，确定94个东莞市第一批精准康复服务定点机构；为844名重度残疾人提供居家康复服务3.50万次；为4424名精神病患者提供免费服药、辅助检查和随访等服务；为3728名新增白内障患者施行复明手术；市康复医院接诊门诊患者1.37万人次，收治住院康复患者594人次，为2844名服务对象进行残疾等级评定，为全市7099名残疾人进行免费体检；残疾儿童首报登记332例；为81户困难残疾人家庭进行无障碍改造，为115名盲人提供定向行走训练；为306人次残疾人提供托养服务。

【残疾人教育扶贫】 2017年，东莞市加强教育和扶贫的力度。全年为797名残疾学生及残疾人家庭子女发放教育资助293.75万元；东莞市特殊幼儿中心、东莞市残疾人康复中心、东莞市康复实验学校为600多名残疾儿童少年提供康复教育服务；29个民办残疾人康复机构为1066名残疾儿童开展康复教育服务；东莞市玉兰实验幼儿园为143名儿童（含14名特殊儿童）提供融合教育服务；东莞市残疾人康复中心承办第一届全国“融合教育的发展与挑战”研讨会，吸引全国各地近500名融合教育工作者参加；12名残疾考生被高校录取；市康复实验学校承办广东省特殊教育“医教结合”研讨会。帮助五星村南园幼儿园增建教学楼，帮扶资金30万元，解决适龄幼儿教育需要；定期组织单位中层干部到五星村走访慰问8户低保困难家庭，帮扶干部通过入户或电话联系帮扶对象81人次。

【残疾人培训与就业】 2017年，东莞市依法保障残疾人劳动就业权益，有3442家用人单位按比例安排残疾人就业9703人，组织残疾人专场招聘会19场，为残疾人提供就业岗位367个，达成就业意向114人；举办市、镇技能培训班76期，培训残疾人1682人次；在“众创杯”残疾人公益赛中，获得团队组助残类金奖1个，优胜奖4个，企业组助残类优胜奖2个，其中“风信子的微笑”项目摘得团队组唯一金奖。

【残疾人宣传文化体育活动】 2017年，东莞市残联拓展宣传载体，全年出版《东莞残疾人》杂志6期，发行1.8万本；与东莞广播电视台合办电视手语新闻节目播出30多期；与东莞广播电台联合制作残疾人专题节目《爱心有约》56期；东莞市残联网站发布信息720篇，报送省残联网站95篇，中残联网站73篇；东莞市注重丰富残疾人文体生活，以残疾人重大节日活动为契机，各类残疾人专门协会举办各类活动80多次，参与的协会会员1570人次；组织开展东莞市第二十七次全国助残日活动，推出“善行东莞　助力圆梦”残疾人梦想征集活动；开展东莞市首个全国“残疾预防日”宣传咨询活动；在全市分片区举办5场文艺比赛，400多名残疾人参赛；在广东省成立首个“心目影院”，为视障朋友开展讲电影活动；在2017年世界残疾人田径锦标赛上，东莞市参赛运动员周国华和领跑员贾登璞、杨义飞获得3枚金牌；承办2017年全国硬地滚球锦标赛，参加全国残疾人乒乓球和射箭锦标赛，获得1金2银1铜；举办第二届残疾人运动会，320多名残疾运动员历时4个比赛日、5个比赛项目。

【残疾人权益维护】 2017年，东莞市残联维护残疾人权益，接待处理来信来访244人次，其中上门信访约213人次，办理市委、市政府信访办、市人大、市政协批转信访、网络信访等31件，完成7件政协建议提案；新办残疾人证3857人，新版残疾人爱心乘车卡697张；残疾人服务热线“12385”与市政府热线“12345”并线运行，残疾人维权渠道畅通。（李园园）

【《东莞市扶助残疾人办法（修订）实施》】 2017年2月21日，《东莞市扶助残疾人办法（修订）》（下称《新扶助办法》）施行，有效期为5年。

残疾人扶助适用范围扩大

《新扶助办法》把残疾军人纳入其中，把原办法中的困难残疾人明确为低保家庭残疾人和低收入家庭残疾人，根据东莞市经济社会条件，放宽部分扶助项目经济条件限制，不再以属于困难残疾人为前置条件；对残疾人在公办残疾人托养服务机构集中托养的，免收住宿、护理等费用；残疾人通过自学考试或成人高等教育，获得中专学历、大专学历、本科学历的，分别一次性奖励1500元、2500元、3500元。将免费乘坐市内公共交通工具范围从盲人和重度（一级）残疾人扩大到所有残疾人。针对残疾人的特殊困难和需求，对低保家庭残疾人每人每月发放困难生活补贴200元；每两年为残疾人提供一次标准为400元/人的免费体检；对有无障碍改造需要的肢体、聋、盲三类残疾人家庭免费提供无障碍改造服务；对低收入家庭残疾人、非低保家庭重度残疾人和非低保家庭精神病患者参加社会基本医疗保险个人缴费部分由市、镇街（园区）财政分担。

低收入残疾家庭负担减轻

《新扶助办法》减轻低保及低收入残疾人家庭负担，把残疾人及低保、低收入残疾人家庭子女纳入教育扶助对象，根据接受教育程度的不同给予一次性补助。根据各镇街（园区）持证残疾人数，每人每年补助50元补贴给镇街（园区）残联统筹开展残疾人培训工作；加强集中安置残疾人就业工作力度，解决中重度残疾人就业难问题，对残疾人集中就业（培训）机构（基地）给予场地、设备和无障碍改造补助，国家级每年15万元，省级每年10万元；提高村（社区）残疾人协会专职委员薪酬标准，安排残疾人就业；对自主创业的残疾人个体工商户参加社会保险给予全额补贴。

0~6周岁残疾儿童抢救性康复补助提高　参照广州市、深圳市等市做法，对符合相关规范要求的民办残疾人康复服务机构给予常态化补助，以减轻民办残疾人服务机构运营成本。对符合东莞市相关规范要求的一级、二级、三级民办残疾人康复服务机构，通过年度考核的，每年分别给予补助15万元、10万元、5万元，用于人才培训、服务能力提升等方面。通过省一级、二级、三级评审的民办残疾人康复服务机构，分别一次性奖励10万元、7万元、3万元。《新扶助办法》继续对在民办残疾人康复服务机构接受抢救性康复服务的0～6周岁残疾儿童进行补助。补助标准为:脑瘫儿童3万元/人/年，孤独症儿童2.5万元/人/年，听障、视障、智障儿童2万元/人/年。这三类标准都比过去增加5000元/人/年。

（苏淑娴）

附：2017年东莞市残疾人联合会执行理事会主要领导名录

理事长：冉红宇

东莞市社会科学界联合会

【社科联概况】 截至2017年底，东莞市社会科学界联合会（简称市社科联）与东莞市社会科学院（简称市社科院）合署办公。市社科联管辖6个高校分会，并与全市20多个社科类学会、协会、研究会联系，凝聚全市社会科学工作者。

3月，市社科联被评为“全国社科组织先进单位”，市社科联广东科技学院分会和东莞经济与城市发展研究会被评为“全国社科组织先进单位”。10月，市社科院被评为“全国先进城市社科院”。广东省决策咨询研究基地东莞产业转型升级研究中心在广东省21个基地年度考核中分数名列第一。市社科联组织撰写的一批决策咨政课题研究报告获得市领导3次批示肯定，为市委、市政府决策提供有益参考。

【社科课题评审及研究管理】 2017年，东莞市社科联发动东莞理工学院、东莞职业技术学院等市属高校和科研院所，申报东莞市社会科学课题，组织省内知名专家进行评审，确定立项课题126项，其中重点资助课题41项，涵盖经济建设、社会发展、文化建设、生态治理、法治建设等多个领域，形成系列研究成果，激发全市专家学者开展调查研究积极性、主动性和创造性。完成课题研究质量较高的被纳入决策咨政课题范围并以《东莞咨政内参》形式呈送市领导参阅。评出36个东莞社科规划优秀课题。举办东莞社科规划立项课题主要负

2017年2月28日，全市社科工作会议召开　　（市社科联供图）

责人专题培训班，提高社科课题研究人员调研水平、组织水平、写作水平和成果转化水平。继续完善《东莞社科规划课题研究“十大要领”》《东莞社科规划课题写作“五大准则”》《东莞社科规划课题行文“八大规范”》和《东莞社科类咨政课题研究“三大方法”》，进一步明确社科课题研究的操作程序、准备工作、相关要求和写作规范。完善《东莞市社科规划立项课题质量管理办法》，加强东莞市社科规划立项课题质量管理。

【社科基地建设】　2017年，东莞市社科联贯彻国家、省新型智库相关工作部署，以广东实践科学发展观研究基地（东莞农村城市化研究基地）和广东省决策咨询研究基地（东莞产业转型升级研究中心）为依托，采用“小基地、大智库”和“项目+人才+基地”的建设模式，以市社科联、市社科院相关研究人员为骨干，借助省市专家学者的外力外脑，整合政府与高校、镇街等优势资源，围绕东莞强化城市管理和基层社会治理开展系列课题研究。在高校、社科学会、部分镇街建立基地联系点，定期到联系点开展调研，组织联系点开展研讨交流，与联系点合作。通过学术研讨会、专家征求意见会、座谈会等形式，开展相关学术研讨。重点建设先进城市研究专题图书信息资料库、国内重点城市统计信息资料库和东莞市情电子信息资料库，推出一批重量级的研究成果。

【重大专项工作决策论证】　2017年，东莞市社科联按照全市财政绩效评估工作安排，配合市科技局等单位做好绩效评估。组织市社科院骨干力量做好绩效评价和专项调研，包括《2015—2017年高新技术企业培育专项资金项目绩效评价》《2015—2017年度“科技东莞”工程部分专项绩效评价》《“科技东莞”工程专项资金整合优化调研》《开放型经济格局下的东莞创新模式和比较优势研究》等，部分调研报告得到市领导批示肯定。联合市供销社做好东莞“放心菜篮子”食堂食材供应链系统服务平台项目可行性研究，到塘厦镇开展集体经济创新发展调研并撰写相关研究报告。

【社会科学普及】　2017年，东莞市社科联配合省社科联开展“2017年广东社会科学普及周”活动。指导和推荐东莞市香博园和逸颐艺舍博物馆参评，获广东省人文社会科学普及基地称号。指导一批重点社团开展富有东莞地方特色的社科普及活动，如指导市沉香协会在开展“莞香文化进高校”的基础上开展“莞香文化进镇街”活动。全年东莞市社科普及活动达100多场。推荐2名选手参加讲广东故事社科普及比赛，推荐5个项目参评省社科普及优质项目。指导市内社科社团举办社科专家讲座宣讲、专题咨询、理论研讨和其他人文社科普及活动，传播科学思想和科学方法。　　（曾慧妍）

附：2017年东莞市社会科学界联合会主要领导名录

主　席：王思煜

2017年东莞市社会科学院主要领导名录

院　长：王思煜

东莞市红十字会

【红十字会概况】　2017年，东莞市红十字会开展“三救三献”（救灾、救助、救护、无偿献血、造血干细胞和遗体、人体器官捐献）核心业务，全年完成应急救护培训6.03万人次；募集135万余元的捐款和价值100万余元的物资；红十字志愿者总人数超过3300名。年内，召开第一届理事会三次会议，审议通过《东莞市红十字会2016年度接收捐赠款（物）使用情况报告》，增补、更换部分红十字会理事会成员，新增各镇街（园区）分管社会事务的领导兼任市红十字会理事；镇街（园区）社会事务部门对接红十字会工作，完善市镇两级红十字会工作网络。

【应急救护培训】　2017年，东莞市红十字会普及性应急救护培训连续四年被纳入“市政府民生十件实事”，举办普及性应急救护培训308期培训4.75万人次，救护员规范化培训285期培训9166人次，开展普及性讲座48期3675人，累计培训6.03万人次，超出5万人次的年度任务目标。

【生命安全体验馆建设】 2017年，东莞市生命体验馆不断完善各项基础设施建设，是广东省使用率最高的同类体验馆。创新管理机制，由志愿者承担讲解任务，采取"精细讲解、充分体验"的教学模式，让体验者在体验过程中掌握逃生避险的知识技能，吸引社会各界纷纷组团预约体验，省内外多地红十字会前来参观交流。体验馆全年开班303次、宣教1.14万人次，宣教人数比上年增长51%。

【社会救助】 2017年，东莞市红十字会重大疾病救助项目为29名身患重大疾病的贫困群众提供累计17.88万元的救助；郭言小巨人爱心资助项目救助15名患儿，提供医疗救助金30万元，收到资助的小朋友均在维持治疗期，其中两人返校读书；继续开展小天使基金救助项目；开展博爱送万家活动和暮年阳光项目，救助独居老人、困难群众166人次；搭建助学平台，通过滇苗助学、红十字博爱图书角项目，筹募到4.8万元助学款，资助云南贫困学生58名，爱心营养午餐项目资助广东医科大学贫困大学生60名，拨付款项6.4万元；资助韶关市翁源县官渡中学购买图书1.21万元；开展东莞产业金融扶贫建设项目，拨付150万元援建新疆图木舒克市草湖镇中心区图书馆；拨付始兴县城南镇东一村精准扶贫项目救助款项10万元；协助市府办开展揭阳市蓬和村精准扶贫项目，拨付助学款项1.5万元。

【无偿献血】 2017年，东莞市红十字会全年组织红十字无偿献血志愿服务队参加活动3000多人次，为东莞市临床用血100%来自无偿献血提供有力保障，助力东莞市连续8次获广东省无偿献血先进城市。

【造血干细胞捐献】 2017年，东莞市红十字会完成10例造血干细胞捐献，累计为中华骨髓库提供500份资料，完成遴选2000人份，是同期全省红十字会系统成功捐献量最多、库容使用率最高的地市红十字会。市工作站连续5年被评为"广东省造血干细胞捐献工作先进工作站"，负责推动此项工作的红十字无偿献血志愿服务队被授予"优秀志愿服务组织"称号，23名志愿者获得总会、省会颁发的不同奖项。

【遗体、人体器官捐献】 2017年，东莞市红十字会协助省红十字会完成人体器官捐献38例，挽救多名器官衰竭者。

【志愿服务】 2017年，东莞市红十字会救护队为"健康中国·走遍东莞"公益健步行、莞城志愿者万米公益长跑等20多场活动提供应急救护保障；水上救援大队为第十三届全运会龙舟预选赛、麻涌镇龙舟锦标赛等大型赛事活动提供水上救护保障服务，服务市民上万人次；迎春鲜花义卖项目连续举办8年，为广东医学院贫困大学生爱心营养午餐项目筹集善款；"少年强——中小学生逃生避险、自救互救"项目走进市内10所中小学校，免费宣教学生1.20万人次；募捐箱管理服务队为重大疾病救助项目募集善款2万多元；推动开展新项目，将博爱护学岗项目的模式推广到5所学校，助力平安东莞、平安校园建设；成立暮年阳光项目，为社区孤寡老人提供精准物资帮扶；推进红十字青少年工作，组织学校红十字志愿服务队在校内外开展多场红十字知识宣传、应急救护技能普及活动，有效提升人道主义在青少年中的影响。 （彭小丽）

附：2017年东莞市红十字会主要领导名录

会　长：喻丽君

2017年东莞市红十字会业务情况

<table>
<tr><th>主要业务</th><th colspan="8">业务量</th></tr>
<tr><td>应急救护培训</td><td colspan="8">60350人</td></tr>
<tr><td rowspan="2">筹资募捐（单位：万元）</td><td>助学</td><td>救灾</td><td>助医</td><td>募捐箱项目</td><td>郭言小巨人项目</td><td>产业金融扶贫建设专项</td><td>生命安全体验馆建设</td><td>帮扶广医贫困大学生</td></tr>
<tr><td>11.49</td><td>24.04</td><td>5.76</td><td>2.53</td><td>1.78</td><td>50</td><td>2.29</td><td>1.95</td></tr>
<tr><td rowspan="4">人道救助</td><td colspan="3">博爱送万家</td><td>产业金融扶贫建设专项</td><td colspan="2">重大疾病救助</td><td colspan="2">郭言小巨人项目</td></tr>
<tr><td colspan="3">救助166人次</td><td>拨付150万元</td><td colspan="2">救助29人次，拨付救助金17.88万元</td><td colspan="2">救助15人，拨付30万元</td></tr>
<tr><td colspan="3">滇苗助学</td><td>精准扶贫</td><td colspan="2">爱心营养午餐</td><td colspan="2">地震救灾</td></tr>
<tr><td colspan="3">拨付4.86万元</td><td>12.71万元</td><td colspan="2">资助学生60名，拨付6.42万元</td><td colspan="2">24.04万元</td></tr>
<tr><td>造血干细胞捐献</td><td colspan="8">完成捐献：10例，完成遴选：2000人份，为中华骨髓库提供资料：500份</td></tr>
<tr><td>人体器官捐献</td><td colspan="8">协助省红十字会完成人体器官捐献38例</td></tr>
</table>

人力资源·社会保险·民政

HUMAN RESOURCES MANAGEMENT · SOCIAL SECURITY · CIVIL AFFAIRS

水濂山森林公园 （南城街道供图）

编辑：李缙文

人力资源

【人力资源工作概况】 2017年，东莞市人力资源局推进“十三五”就业创业政策实施，加强重点人才工作，推动职业技能培训，强化人事管理，构建和谐劳动关系。依托线上“互联网+”，线下举办“就业促倍增·倍增带就业”等主题宣讲会，推动用足用好就业创业政策。组成8个督导小组开展常态化指导督查，促进各项政策落地见效。开发就业创业资金监管系统，建立完善资金管理机制，全年核发各项就业创业补贴1.46亿元，惠及15.4万人次。城镇新增就业8.5万人，促进创业1.3万人，城镇登记失业率2.24%。全面实施外国人来华工作许可制度，办理外国人来华工作许可证2433个。加强与台港澳地区交流，办理台港澳人员就业证2279个。东莞市人力资源局获评2017年度市直单位工作优秀单位（社会建设类），促进城乡居民就业、窗口作风建设、基层调解组织建设等三项工作获2017年度全市“单打冠军”。中堂镇江南社区被评为国家充分就业星级社区，虎门白沙、东城主山、万江大汾等评为省级充分就业星级社区。

【重点群体就业】 2017年，东莞市人力资源局举办高校毕业生招聘会41场，促进2322家企业和7505名高校毕业生对接，现场达成就业意向2635人。举办就业创业指导培训班114期，培训高校毕业生1.6万人。首次启用广东省高校毕业生网上报到系统，接收2万多名本地生源高校毕业生报到，初次就业率超过99%。其中，对126名困难家庭高校毕业生落实“一对一”就业帮扶措施，实现100%就业。认定就业困难人员9819人，累计认定有效就业困难人员3.7万人。开展“就业援助月”“就业服务日”等专项活动，为14.87万人次登记失业人员提供“一对一”就业服务，对登记失业人员就业服务率100%，帮助1.14万名登记失业人员再就业。全市建立“村民车间”500多个，安置户籍劳动力近2万人。落实就业困难人员补助政策，向3.69万名就业困难人员发放就业补贴9751.5万元。

【大众创业】 2017年，东莞市人力资源局完善小额创业贷款政策，向3694人发放贷款6.5亿元，规模比上年增加近2倍，居全省第一。投入200万元鼓励10个市级创业孵化基地开展创业带动就业。组织推荐401个项目参加广东“众创杯”创业创新大赛，获2金2银1铜成绩。认定4个市级创业培训定点机构，首次开展初创企业经营者素质提升培训班，组织创业培训班、创业培训师资班90期，培训学员2627人。

【校企合作】 2017年，东莞市人力资源局举办第八届“校企合作洽谈会”，全国各地260多所院校与东莞市1000多家企业进行现场洽谈，现场达成合作协议2310份，输入毕业生5.6万人。组织54家企业赴东北地区和湖北、甘肃、湖南、云南等省开展校企合作回访及校园招聘活动，录用998人。

【劳务帮扶协作】 2017年，东莞市人力资源局全面落实国家、省、市精准扶贫部署，主动赴对口帮扶地区开展交流对接。组织输入云南省昭通籍劳动力6663人，招收昭通籍175名“两后生”在莞免费就读技工院校。依托定点劳务输入基地，新招新疆籍劳动力93人，服务758名疆籍少数民族员工在莞稳定就业和生活。与新疆生产建设兵团第三师在劳务协作、干部交流培训等方面达成合作意向，与师市职业技术学校签订技工教育合作协议。帮扶2000多名韶关籍劳动力在莞韶工业产业园区实现就近转移就业，落实经费补贴60多万元。

【创新创业人才引进】 2017年，东莞市人力资源局引进15名市创新创业领军人才，其中博士以上13人、硕士2人，涵盖电子信息、智能制造、生物医药、新材料等产业领域。新增3名省创新创业领军人才，累计6名。新增3名享受国务院特殊津贴专家，累计29名。扩大成长型企业人才扶持范围，将“倍增计划”试点企业纳入扶持范围并翻倍执行资助标准。投入662.12万元，促进引进人才712人。

【高层次人才活动周】 2017年，东莞市人力资源局承办“2017东莞高层次人才活动周”。高层次人才洽谈会吸引290名海内外高层次人才与47家企事业单位洽谈，现场达成求职意向253人次、项目合作意向23项。举办8场40个海外创新创业项目路演，18个项目达成合作意向。海外专家南粤行暨东莞行活动首次从松山湖延伸到东城、大朗、长安、道滘等镇街。新增智能制造专场对接会，吸引15家智能制造企业与12所著名高校现场对接，达成人才引进和项目合作意向4项。举办技能人才发展论坛和智能制造技能人才培养研讨会，提出实施“技能人才之都”战略计划。

【高层次人才培养】 2017年，东莞市人力资源局修订出台博士后管理工作实施办法，在建站资助、服务举措等多个政策标准领先全国。新增1个博士后科研工作分站，全市博士后科研工作平台69个，新增进站博士后24人，累计招收博士后179人，发放博士后培养工程资助592万元。东莞理工学院教授刘向阳入选2017年国家百千万人才工程人选名单，获“有突出贡献中青年专家”称号。

【招才引智活动】 2017年，东莞市人力资源局借助2017中国海外人才交流大会平台，推动市技师学院与白俄罗斯明斯克国立装备制造学院对接；邀请乌克兰两名院士到莞考察，与东莞理工学院、松山湖高新区达成初步合作意向。举办“名企名校行”、参加工信部博士专场招聘等系列活动，组织160多家重点企业赴厦门、长春、武汉等地高校举办专场招聘会，促进企业与人才达成录用意向880人次。联合教育部开展第二期“蓝火计划”博士生工作团项目，选派44名博士生进驻10家“倍增计划”试点企业及重点科技创新平台，协助企业解决技术难题73个。

【人才服务】 2017年，东莞市人力资源局贯彻落实人才入户政策，应用大数据优化积分入户业务流

2017年12月6日，2017东莞高层次人才活动周在东莞会展国际大酒店启动 （谢永忠 摄）

程，核准各类人才入户资格9.32万人（含随迁），比上年增长95%，其中条件准入5.54万人，积分制入户3.62万人，企业自评人才入户1552人。开展第二批职称评审权下放试点工作，向市园林绿化行业协会、市畜牧兽医学会、市水利学会、市电力行业协会等4个社会组织下放职称评审权限，累计向条件成熟的7个社会组织和2个用人单位下放职称评审权。全年受理职称评审申请8054人，考核认定4745人以及职称确认319人次。组织完成各类资格考试36项，考试人数6.93万人次。提供人事代理、档案管理等各类人才服务8.08万人次。

【技能人才培养】 2017年，东莞市人力资源局实施劳动力技能晋升培训补贴政策，组织开展劳动力技能晋升培训2.17万人次，为1.87万人核发补贴3877万元。推动镇街立足产业特点开展“一镇一品”技能人才培养，33个镇街开展智能制造、电子商务等精品培训课程，培养3226人，依托职教城整合职业教育资源，打造慕课联盟，向社会开放公益性学习课程69门893节。

【技工教育】 2017年，东莞市人力资源局加强技工教育，全市8所技工院校新招生1.09万人，在校生规模达2.35万人，落实技工院校免学费和助学金政策，2016—2017学年，1.44万人次享受免学费政策，补助金额2511.25万元；4058人次享受国家助学金78.26万元；266人享受技工院校建档立卡贫困家庭生活费95.76万元。创新技工教育办学模式，实施高技能人才国际培养计划，市技师学院率先在全省引进德国、英国等职教模式，开设国际班68个，在校生1853人，首届中德班116名毕业生实现100%就业。市技师学院深化校企合作，完成两家企业203名新型学徒制试点培养任务，与京东电商、华为机器、固高机器人研究院以及戴姆勒—奔驰等合作共建人才培养基地，与38家企业合作开办51个冠名班。

【技能人才激励成长】 2017年，东莞市人力资源局选树114名“首席技师”开展培育，在全社会弘扬工匠精神。新建4个技师工作站，鼓励企业培育高技能人才。举办智能楼宇、电梯维修、叉车司机、模具设计、毛织服装设计以及中式烹调等16项职业技能竞赛，吸引2841人参赛，454人获奖，118人获“东莞市技术能手”称号。东莞代表团参加全国智能楼宇和电梯安装维修技能大赛获3个一等奖。制定《东莞市企业技能人才评价实施手册》，完成19家次企业评价，涉及22个职业（工种），1585人获国家职业资格证书。

【公益性实训服务】 2017年，东莞市人力资源局面向全市职业院校和企业开展各项技能实训，接受职业院校学生、企业人员以及其他社会人员技能实训超过20万人次，实训设备使用率90%。建成东莞市制造业新材料馆，举办新材料技术论坛、2017年中国模具工业智造趋势峰会等技术论坛和交流活动。加强国际背景人才培养，与香港职训局、德国职教集团分别开展BIM建造工程管理、BBW机电一体化课程培训班，培训41名企业技术人员。

【技能鉴定管理】 2017年，东莞市人力资源局基本完成职业资格清理工作，全面落实职业资格目录清单管理制度，发布《东莞市可开考职业技能日常鉴定目录清单（2017版）》，编印新版《东莞市职业技能鉴定手册》。加强职业技能鉴定站管理，重新签订质量管理协议，支持承担鉴定业务。布局建设鉴定考点远程监控，提高技能鉴定质量。统筹做好鉴定考务工作。全年组织开展各类技能鉴定6.38万人次，核发国家职业资格证书3.97万本。

【公务员综合管理】 2017年，东莞市人力资源局完成2017年公务员招录工作，考生1.68万人报名参加考试，录用新公务员464人。举办首届新录用公务员导师制论坛，通过现场演讲、交流分享等形式，展现新录用公务员风采，提升导师制工作成效。完善公务员业务办理系统建设，推动公务员管理日常业务上线办理，实现公务员动态管理、实时监督和全程跟踪。先后赴广州、深圳、珠海等周边地市开展专题调研，并实地走访市内有关部门及镇街，起草形成《关于落实促进公务员队伍稳定发展情况报告》以及心理素质培训、健康休养等工作方案，试点开展5期心理调适培训班。分级分类开展精准化培训，全年举办专题培训班51期，培训公务员3800多人次，同时依托网络学院、云课堂等平台开展网络培训，培训对象覆盖全市公务员。

【事业单位人事管理】 2017年，东莞市人力资源局健全事业单位集中和自主相结合的公开招聘机制，组织两批151个事业单位集中公开招聘，指导234个事业单位自主公开招聘，招聘712人。制定事业单位工作人员培训管理办法，首次统一组织举办5期事业单位专题培训班，培训320人。全面实施中小学教师职称制度改革，实现评聘结合，指导全市297所学校完成教师2.3万人的岗位设置和聘用工作。引进事业单位高层次和短缺专业人才108人，在全市范围选拔198名“名医”和140名“名师”，发放特殊津贴1108万元。出台《东莞市机关事业单位聘员管理办法》和《东莞市机关事业单位聘员薪酬管理实施办法》，指导全市机关事业单位完成普通聘员的分档入轨工作。

【军转干部安置和服务管理】 2017年，东莞市人力资源局开展军转干部安置工作情况调研，继续推行考试、考核选岗与指令性分配相结合的“阳光安置”办法，完成199名军转干部安置任务，比上年增长23.6%。落实军转干部解困维稳，向企业军转干部发放生活困难补助金、节日慰问金314.5万元。优化自主择业军转干部服务，依托国家信息平台开展自主择业军转干部信息采集。

【劳资纠纷排查化解】 2017年，东莞市人力资源局多措并举预防化解劳资纠纷，维护劳动关系和谐稳定。人力资源信访案件、30人以上劳资群体性事件和劳动人事争议仲裁案件分别比上年下降9.2%、46.0%和11.2%，劳动关系整体保持稳定。制定实施《东莞市人力资源部门依法分类处理群众诉求清单》，门户网站对接市级网上信访平台及热线，形成“一站式”网上信访受理平台。升级改造劳动监察指挥中心，借助劳动关系风险预警系统排查化解1.06万条隐患信息，依托覆盖全市基层劳动监察网格开展12次排查行动，拓宽日常巡查覆盖面，劳动监察企业2.7万家，开展3项专项执法检查。

【欠薪综合治理机制】 2017年，东莞市人力资源局提请市政府出台全面治理拖欠异地务工人员工资问题实施意见，推动建立以副市长为召集人的欠薪治理联席会议制度。落实欠薪应急周转金制度，全市资金总额7900万元，牵头制定建设领域工人工资支付分账管理制度，配合市住建等部门落实建设领域实名制和分账管理制度。继续推进欠薪综合治理，会同市委维稳办建立欠薪企业主约谈机制，全年召开136场欠薪企业主约谈会议；联合公安部门建立完善联动工作机制严打欠薪涉嫌犯罪行为，向公安机关移送涉嫌欠薪犯罪案件48件。把欠薪违法企业纳入到全市企业信息公示和信用约束管理，向社会公布4批次43家重大违法用人单位。

【劳动争议调处机制】 2017年，东莞市人力资源开展兼职仲裁员办案，办案仲裁庭由4个增至20个，聘任兼职仲裁员增至64名，兼职仲裁员办理案件955件，占仲裁庭同期案件总数的20.2%。制定要素式办案试点方案、暂行办法以及文书格式，在市仲裁院及部分镇街先行试点。首次完成244名仲裁员等级评定，加强裁审衔接，启动巡回仲裁庭，全面提高仲裁办案效能，全市劳动人事争议仲裁法定审限内结案率100%，累计结案率93.7%。石龙人力资源分局被评为全国调解组织示范单位，东城人力资源分局和厚街社区人力资源服务站被评为省级调解组织示范单位。

【和谐劳动关系创建】 2017年，东莞市人力资源局继续推进创建和谐劳动关系示范区工程，建立和谐劳动关系示范点90个。组织举办构建和谐劳动关系宣传月、人力资源法律法规宣传月等普法活动400多场，通过“幸福e站”发布劳动保障典型案例7个，联合电视台摄制劳动人事争议仲裁“以案说法”节目两期，录制法制仲裁微视频两个。加强人文关怀，依托社工服务站开展系列关爱农民工服务活动382场，服务农民工及子女3.24万人次。 （周巧云）

附：2017年东莞市人力资源局主要领导名录

党组书记、局长：
游其晃（任至3月）
司　琪（3月到任）

社会保险

【社会保障概况】 2017年，东莞市社会保障的七大险种参保总数2561.28万人次。其中，社会养老保险（含退休）参保人数678.18万人；失业保险参保人数404.01万人；社会基本医疗保险参保人数566.09万人；工伤保险参保人数430.55万人；生育保险参保人数466.15万人；城乡居民基本养老保险（含退休）参保人数7.41万人；机关事业单位养老保险（含退休）参保人数8.89万人。

【基本医疗保险和大病保险待遇调整】 2017年7月起，东莞市调整社会基本医疗保险年度最高支付限额、分段支付比例待遇标准。参保人连续参保缴费满3年以上的，社会基本医疗保险基金累计支付每年度内因疾病发生的住院及特定门诊基本医疗费用最高支付限额，调整为东莞市上年度全市职工年平均工资8倍。同时，对住院基本医疗费用分段及分段比例进行调整，从以5万元为单位将基本医疗费用划分为四段，调整为以8万元为单位划分三段，基金支付比例从费用低到高分别为95%、75%、55%。重大疾病医疗保险起付标准由原来的3.5万元下调至3万元，提高大病保险对困难人群的精准保障。

【社区门诊待遇标准提高】 2017年，东莞市社会保障局与市卫生计生局等有关部门制订家庭医生服务签约的具体方案，制定家庭医生服务协议履约社保支付规则。按规定签订家庭医生服务协议并有效履约的参保人定点社区卫生服务机构就医（包括首诊、转诊至中心、抢救、急诊）发生符合规定的基本医疗费用，基本医疗保险基金支付比例从70%提高至75%。参保人社区门诊就医发生属于该市社会保险诊疗项目、医疗服务设施范围的项目，基本医疗保险基金支付标准从120元/项提高至150元/项，即单价在150元以下（含150元）的项目，按实际价格计算其基本医疗费用；单价超过150元的，按150元计算其基本医疗费用。

【基础养老和养老金待遇上调】 2017年1月起，东莞市将城乡居民基础养老金标准从300元/人·月提高到350元/人·月。同时，调整全市退休人员基本养老金。调整后，机关事业单位退休人员月人均基本养老金6888.23元，增幅4.35%；企业退休人员月人均基本养老金2412.77元，增幅6.03%；村社区退休人员月人均基本养老金1108.6元，增幅8.61%。

【生育保险部分待遇标准提高】 2017年4月起，东莞市调整生育保险部分待遇标准。怀孕未满4个月终止妊娠的参保人，享受生育津贴的产假天数由15天调整为15～30天（根据医疗机构意见确定）；怀孕满7个月终止妊娠的，享受生育津贴的产假天数由42天增至75天。

【社会基本医疗保险和生育保险费率结构性调整】 2017年11月起，东莞市基本医疗保险企业缴费费率从1.8%降至1.6%，生育保险费率按0.7%执行。结构性调整后，减轻企业社会保险缴费负担，全年预计为企业减负17.89亿元。

【医保支付方式改革】 2017年，东莞市社会保障局与市卫生计生局联合发布按病种付费2017年版病种目录。按病种付费病种105种，按病种分值付费病种1152种，实现按病种付费与定点医疗机构分级管理、医保基金预拨付、医疗行为及费用监控紧密结合。

【医保管理体制改革试点】 2017年，东莞市被确定为广东省医保基金管理体制机制改革试点，东莞市社会保障局协调市医改办及相关部门起草东莞市医保基金管理中心组建方案，推进市医保基金管理中心［后改为“健康保障局（中心）”］组建工作。

【跨省异地就医结算】 2017年6月19日，东莞市跨省异地就医实时联网结算系统通过国家跨省异地就医实时联网结算平台验收，接入国家异地就医联网平台，实现全市跨省异地安置退休人员异地就医住院医疗费用的直接结算。东莞市内40所医院介入国家异地就医联网平台。

【建筑业施工人员参加工伤保险费率调整】 2017年9月，东莞市社会保障局下发《关于建筑业企业施工作业人员参加工伤保险有关工作的通知》，对建筑业行业基准费率进行调整，从2012年的1%调整至1.3%。

【失业保险稳岗功能强化】 2017年，东莞市社会保障局为1922家企业经审核符合条件领取失业保险稳岗补贴，发放稳岗补贴6153.48万元。

【全民参保登记】 2017年7月，东莞市社会保障局会同市公安局、市教育局、市人力资源局进行户籍人员的数据比对工作，并利用各镇街（园区）的社区（村）基层服务平台经办队伍开展入户调查登记工作。经过1个多月时间逐户入户调查，于9月8日提前全部完成省布置的5.64万名户籍未参保人口的登记入户工作。

【医疗服务智能审核系统】 2017年，东莞市启动社保医疗服务智能审核系统的建设，通过数据对比、逻辑校验等方式，严格定点医药机构社保服务行为监管，提高医保基金防骗保、抗风险能力。

【社保卡即时补换】 2017年7月起，东莞市社会保障局在东莞银行率先开通即时补换社保卡新业务，换领新卡由以往30个工作日改为当场领取补办。东莞银行是东莞市第一家实现即时补换社保卡业务的发卡银行，在台商大厦的分行营业部与总行营业部投放2台制卡机。

【社保医疗O2O项目建设】 2017年，东莞市社会保障局建设社保医疗O2O项目，开通移动端医保统筹结算及医保个账网上支付业务医院。7月，该项目在康华医院上线。

【工伤预防试点成果推广】 2017年，东莞市再度被确定为国家工伤预防专项试点城市，在分析、整理长安镇多年工伤预防经验的基础上，东莞市社会保障局率先出版获人力资源和社会保障部认定的《模具行业工伤预防知道规范》，实现工伤预防城市试点工作成果的可复制、可推广及可见成效的工作目标。

【社保基金监督】 2017年9月，东莞市社会保障局社保基金电子监督平台与市人大联网监督系统对接，实现基金数据专线联网上传。发挥预算支出联网监督系统的作用，实现线上与线下相结合，一般监督与重点监督相结合，提升预算监督的科学化、精细化水平与实效。

【医养结合试点】 2017年12月，东莞市社会保障局与首个医养结合试点单位东坑医院护理院签订社会保险定点服务协议，在全市范围内开展医养结合探索迈开第一步。

【社保系统敬老服务】 2017年，东莞市开展形式多样的敬老服务，特别是注重以创建“全国敬老文明号”带动社保系统敬老爱老。打造“退管服务月”（注：“退管”是指退休人员社会化管理），创建“巾帼文明岗”，经常性开展专家义诊、走访慰问活动。截至2017年，全市有40个退管站点成功创建退管工作省级示范点。东莞市退管服务工作经验获人力资源和社会保障部认可并向全国推广。

【社保政策宣传】 2017年，东莞市社会保障局深入镇街、社区、企业以及行业协会，因地制宜，分专题、分形式开展宣讲活动，通过开展工伤保险集中宣传活动以及“服务上门　助力‘倍增’”社保卡上门服务等一系列社保政策宣传活动，扩大社保政策宣传覆盖面。全年举行社保政策宣传活动936场。“东莞社保”微信政务平台除提供办事流程，常见问题，缴费计算，经办机构、定点医院和社区门诊的位置查询等功能外，还提供人工社保答疑互动的联络接口。“东莞社保”微信政务平台关注人数152万人，头条推送阅读量突破30万次，“东莞社保”微信公众号被广东政务新媒体创新发展论坛评选为“广东基层新锐政务新媒体”。

（梁玉莹）

附：2017年东莞市社会保障局主要领导名录

党组书记、局长：邹　联

社会组织

【社会组织发展概况】　2017年，东莞市新登记社会组织324家（社会团体69家、民办非企业单位248家、基金会7家）。截至年末，依法登记的社会组织总数4424家。其中，社会团体912家（联合性517家、行业性147家、专业性172家、学术性76家），民办非企业单位3482家（教育类1795家、卫生类1家、文化类88家、科技类87家、体育类98家、劳动类174家、民政类980家、法律服务类4家、其他类255家），基金会30家。

【社会组织服务基地建设】　2017年1月24日，东莞市民政局下发《关于印发〈东莞市社会组织创新服务基地建设方案〉的通知》，通过对原市社会组织孵化基地改造升级，开展培育支持、互动展示、研究实践、信息数据等服务，打造与社会经济发展和社会建设水平相适应的社会组织枢纽型服务平台。基地技术服务团队全年开展精品课程22期，服务社会组织106家499人。

【社会组织发展扶持专项资金项目资助】　2017年，东莞市社会组织发展扶持专项资金资助项目32个，总资助金额596.9万元，撬动597.2万元社会资源投入社会建设。其中，社会治理类资助项目15个，资助303.32万元；公益性社会公共服务项目13个，资助241.22万元；其他社会公共服务资助项目4个，资助52.36万元。所有项目开展活动1423场，服务3.36万人。

【行业协会商会与行政机关脱钩】　2017年2月，市民政局、市发改局联合下发《关于印发〈东莞市深化全市行业协会商会与行政机关脱钩试点工作方案〉的通知》，选取10家行业协会、商会进行工作试点。在试点工作基础上，2017年12月11日，中共东莞市委办公室、东莞市人民政府办公室印发《东莞市行业协会商会与行政机关脱钩实施方案》，在全市全面推开脱钩工作。

优抚、双拥、安置

【优抚对象补助】　2017年1月起，东莞市对优抚对象抚恤补助标准按照自然增长机制进行调升。调升后，各类重点优抚对象的月补助标准在上年基础上实际增加50～223元，月抚恤补助标准478～3009元。全年为9633名优抚对象发放抚恤补助经费4776.75万元（含为3327名重点优抚对象发放抚恤补助金3842.44万元，为6306名60周岁以上农村籍退役士兵发放补助金934.3万元），为382名残疾军人发放残疾抚恤金、护理费698.78万元。在“东莞市城乡一体化社会保险管理与服务平台”系统上确认的优抚医疗补助金额810.98万元，为重点优抚对象缴付社会基本医疗保险费230.4万元。全年为户籍并享受市抚恤补助的重点优抚对象和困难复退军人家庭成员27人，发放10.6万元临时救助金。

【义务兵家庭优待】　2017年，东莞市义务兵家庭优待户数1519户，发放优待金2518.05万元，户均优待金1.89万元。其中，为44户非莞籍应征入伍高校生家庭每户发放1.90万元优待金。

【重点优抚对象慰问】　2017年春节、八一建军节、烈士纪念日期间，东莞市各级党委、政府走访慰问部分重点优抚对象，送上节日祝福和关怀。春节前，市、镇两级为3562名非低保对象的重点优抚对象发放春节慰问金424.2万元；为6306名非低保对象的60岁以上农村籍老兵发放元旦春节价格补贴384.67万元。市、镇两级为3535名重点优抚对象发放八一建军节慰问金424.2万元。在烈士纪念日前为47名烈士父母、202户“烈士证明书”持证人发放慰问金19.5万元。

【“关爱功臣送医送药”活动】　2017年，东莞市民政局会同广东江南医院、省假肢康复中心组成关爱功臣巡回医疗队，赴莞城、高埗、南城、常平、长安、大岭山、桥头、企石、石排等9个镇街为享受定期定量抚恤补助的“三属”（烈士遗属、因公牺牲军人遗属、病故军人遗属），在乡残疾军人，在乡复员军人，带病回乡退伍军人，“五老”人员（老党员、老游击队员、老交通员、老苏区干部、老堡垒户），烈士老年子女等重点优抚对象免费送医送药，“关爱功臣送医送药”活动受惠重点优抚对象1171人，药品、体检总费用36万元。

【重点优抚对象赴省优抚医院疗养】　2017年，东莞市民政局组织中堂、寮步、大岭山、常平、清溪、石龙6镇20名重点优抚对象到位于佛山市南海区西樵山的广东省第二荣军医院参加集中疗养；组织厚街、清溪、长安、黄江、大岭山、樟木头、塘厦7镇19名重点优抚对象到广东省第二荣军医院参加分散疗养。

【《东莞市军人抚恤优待实施细则》印发】 2017年6月，东莞市政府印发《东莞市军人抚恤优待实施细则》，规范军人抚恤优待工作，明确军人抚恤优待在国家政治和社会生活中的地位，完善军人抚恤优待制度，保障优抚对象合法权益。

【复退军人服务体系建设方案出台】 2017年7月，东莞市民政局、市信访局印发《关于进一步建立和完善我市复退军人服务体系建设的实施方案》，建立和完善"五有"标准的市、镇、村三级服务组织，明确服务内容，明确建立有关服务机制。

【优抚数据核查】 东莞市民政局印发并实施《2017年东莞市优抚数据核查方案》，明确核查范围、核查内容、核查指标和有关工作要求。全年抽查数据库中身份证扫描认证比例最低的镇街（园区），抽查人数40人，其中在乡复员军人20人。

【双拥活动】 2017年5月，广东省双拥办和东莞市双拥办组团慰问驻扎大岭山武警训练基地的武警广州指挥学院部队野营综合演练官兵。6月，在"2016《中国双拥》年度人物"推选活动中，黄江镇"兵妈妈"黄莲开获"2016《中国双拥》"年度人物入围奖。7月，举行"双百拥军行"活动授旗仪式，组织9家社会组织和企事业单位拥军团分赴驻莞部队慰问基层官兵。市几套班子领导、有关部门和镇街领导组成12个"八一"拥军慰问团，分赴驻莞团以上部队、省军区、省边防总队和省消防总队，向部队官兵致以节日祝贺和诚挚问候。8月，市政府组织拥军慰问团，前往汕头慰问海军"东莞舰"。9月市政府组团前往甘肃酒泉大漠戈壁，慰问驻莞某部跨区演训官兵。

【"幸福双拥·情定莞邑"军地青年联谊活动】 2017年11月，由东莞市双拥工作领导小组办公室主办，市总工会、团市委、市妇联、驻莞部队协办的2017年东莞市"幸福双拥·情定莞邑"军地青年联谊活动在驻莞某部营区举行。军地未婚男女青年、驻莞新闻媒体记者等200多人参加活动。

【退役士官安置】 2017年，东莞市向749名2016年自主就业退役士兵发放一次性补助金7629.24万元，其中市财政负担112.35万元，镇财政负担7516.89万元。6月，市民政局对省民政厅下达的15名拟安置对象开展档案材料审核、家访和面谈等，按照属地管理的原则完成年度安置任务。为有意愿的2016年东莞市退役士兵开展免费职业技能培训，并分别由东莞技师学院和广东科技学院承办。有退役士兵25人报读短期技能培训课程、67人报读高职考前培训、169人参加高职学习，支出经费379.34万元。9月，协调各镇（镇街、园区）和东莞军分区、组织、人力资源、公安、交警、社保等部门，分别为2017年秋季退役士兵办理报到、入户、关系转移、驾证换证、预备役登记等手续。全市接收自主就业退役士兵704人。

【退役士兵住房困难补助】 2017年9月，根据《东莞市退役士兵住房困难补助办法》，全市对存在住房困难的6名2016年退役士兵，按照每人1万元的标准发放住房困难补助金6万元，所需经费由市、镇财政按照5：5比例分担。

救　灾

【"全国综合减灾示范社区"创建】 2017年，东莞市减灾委员会选择常平镇土塘村、大朗镇圣堂社区、道滘镇蔡白村、厚街镇溪头社区、虎门镇九门寨社区、黄江镇长龙社区、石碣镇水南村、望牛墩镇洲湾村、茶山镇京山村、沙田镇阇西村10个社区（村）创建"全国综合减灾示范社区"。全市综合减灾示范社区累计96个。

【《东莞市自然灾害应急预案》修订】 2017年，对《东莞市自然灾害救助应急预案》进行修订。12月，市政府办公室下发《东莞市人民政府办公室关于印发〈东莞市自然灾害救助应急预案〉的通知》，明确应急响应条件、单位职责、专项救助标准，完善运行机制、监督管理工作，规范文字表述，增强预案的针对性和操作性。

【防灾减灾宣传】 2017年，东莞市减灾委员会结合"防灾减灾日宣传周""国际防灾减灾日"等主题活动日，在莞城东门广场、旗峰公园正门广场举行主题宣传活动。活动通过设置展板、发放宣传资料、开展现场咨询等方式，向现场群众讲解各类防灾减灾知识和避灾自救技能，开展现场演练、展示专业救援器材和装备，通过网络宣传防灾减灾知识，与市民互动，增强公众防灾减灾的意识和自救能力。

【救灾物资储备】 2017年，东莞市救灾物资储备中心按照《东莞市救灾物资储备方案》《东莞市救灾物资储备中心救灾物资采购管理工作规范》要求，处置一批存储年限到期的救灾物资，采购新的救灾物资3.5万件，价值143.52万元。

【自然灾害救助】 2017年，"6·16"洪涝灾害造成东莞市房屋倒塌2间，"天鸽"台风造成1人死亡，向受灾群众发放自然灾害救助金12.32万元。

社会工作

【社会工作概况】 截至2017年末，东莞市政府购买社工岗位服

2017年3月23日，东莞市举行2017年“岭南社工宣传周”启动仪式暨社工专业技能大赛决赛 （市民政局供图）

务1469个，全市民办社工机构48个，其中承接政府购买服务的社工机构18个，服务涉及禁毒、教育、残康、医务、司法矫正、救助帮扶、婚姻家庭、企业、青少年、妇女儿童等16个领域，全市社工开展小组工作2.3万个，开启个案5.4万个，即时辅导55.02万人次，完成家访及探访114.49万人次，组织志愿者活动70.92万人次。

【岭南社工宣传周活动】 2017年3月，东莞市民政局在全市范围内组织开展2017年“岭南社工宣传周”系列活动，围绕“专业社工全民义工，社工让社区更美好”主题开展“实务‘方程识’——社工专业技能大赛”“东莞社工，我想对你说”线上互动等活动，并在全市各镇街中心区分散开展形式多样、喜闻乐见的宣传活动，彰显社会工作与志愿服务在社区营造、社区发展中的功能作用，活跃行业氛围、展现社工精神面貌，调动全市社工、服务对象及志愿者的积极性，扩大社会工作的影响力。

【社会工作服务行业监测】 2017年，东莞市民政局委托市社会工作协会实施社会工作服务行业监测工作，通过定期收集机构信息，在薪酬调整、服务购买和税务调整等方面进行研究调查等方式掌握行业的发展动态和存在问题。截至年末，收集社会服务机构的月度行业监测数据168份，对全市社会工作服务点（站）在场地设置配置、站点人员配置、宣传资料使用、服务计划落实等方面情况进行有针对性的观察和站点员工访谈，监察社会工作服务点（站）926次。

【社工督导人才培训与监管】 2017年，东莞市民政局委托市社会工作协会对社会工作督导人才进行培训，组织开展1期督导培训、3期督导工作坊、3期见习督导培训、5期督导助理培训、2期省内参访活动、2期专题培训，1期省外参访活动，参与培训559人次。抽查社会工作督导人才298人次，电访受督导社工567人次，查处1名严重违反规定的督导助理。

地名管理

【地名命名更名与现状梳理】 2017年，东莞市民政局审核通过虎门数码大厦等49宗建筑物命名（更名）、银瓶站前路等101条道路命名（更名）。2月和5月，市民政局与市公安局分别联合下发《关于在清溪、常平、企石镇开展地名现状梳理暨门楼牌规范管理工作的通知》和《关于开展全市地名现状梳理暨门楼牌规范管理工作的通知》，通过以点带面、点面结合、示范带动、整体推进全市地名梳理工作。

【地名普查】 2017年，东莞市民政局完成12大类69小类9351个地名、3188个地名标志、53个历史地名的普查成果入库工作，并通过省检查验收。

【界线联检】 2017年2月，《东莞市民政局关于做好2017年行政区域界线及行政管辖范围分界线联合检查工作的通知》印发，市民政局指导东城石碣线等21个镇街规范开展第三轮联检工作。4月，与广州市民政局联合印发《广州市与东莞市行政区域界线联合检查工作实施方案》，完成83.58千米界线和20颗界桩的外业勘测和内业处理工作。继续实行市界签约委托管理制度，聘请专业公司对339.99千米市界和49个界桩附近地物地貌进行日常巡查和维护和资料归档。

基层政权与社区建设

【村（社区）公共服务中心改建】 截至2017年3月，东莞市593个村（社区）综合服务管理中心全部改建为公共服务中心，完成率100%。4月，市级检查验收组对各镇街公共服务中心进行检查验收，全市28个镇街的村（社区）公共服务中心建设被评为优秀等次，4个镇街被评为良好。

【《东莞市社区综合服务中心建设运营管理办法》出台实施】 2017年6月28日，《东莞市社区综合服务中心建设运营管理办法》印发。办法分为总则、设施建设、服务内容、运营管理、经费管理、监管与评估、资金奖励、附则等8个章节38条规定，计划从2017年1月1日起实施，至2020年12月底结束。与原《运营管理办法》对比，增加"设施建设"和"资金奖励"两个章节，同时针对当前存在问题增加相关条款。对各级部门职责分工、运营主体、服务内容、工作人员配置、经费管理等内容进行明确规定，以规范和引导东莞市社区综合服务中心建设和运营，提升全市社区服务水平。

【村级组织换届选举】 2017年4月10日，东莞市村级换届选举工作会议在石排镇召开，全面组织开展东莞市第七届村民委员会、第六届社区居民委员会换届选举工作。6月30日，全市32个镇（街道）的592个村（居）委会全部完成换届选举任务。新当选的2200名村（居）委会成员中，党员2060人，占比93.6%，比上届提高2.2%；党组织建议人选2190人，当选2110人，当选率96.3%，比上届提高2.7%；书记兼主任500人，"一肩挑"比例为84.5%；"两委"成员"交叉任职"人数1915人（不含非户籍委员），"交叉任职"比例90.5%，比上届提高2.8%；完成非户籍常住人口参选村（居）委会试点工作的村（社区）有78个，选举产生非户籍委员80名，非户籍常住人口参加村（居）委会选举试点任务完成。

【东莞市社区综合服务中心建设运营"以奖代补"实施方案】 2017年7月12日，市民政局和市财政局联合印发《东莞市社区综合服务中心建设运营"以奖代补"实施方案》。方案分为工作目标、奖励对象和范围、奖励标准、资金申请及拨付、经费安排、有关要求和其他事项共七部分，从7月12日起实施，至2020年12月31日结束。与原《"以奖代补"方案》对比，明确奖励对象和范围、优化奖励标准、完善资金拨付方式，以进一步调动镇街（园区）、村（社区）建设社区综合服务中心的积极性和主动性，提高社区综合服务中心服务能力和服务质量。

【城乡社区协商推进】 2017年10月12日，东莞市印发《关于推进城乡社区协商工作的实施意见（试行）》。意见分为指导思想、基本原则、试点安排、主要任务、工作要求5部分，对协商内容、协商主体、协商平台、协商程序等内容进行明确规定，推进城乡社区协商制度化、规范化和程序化，为构建党委领导、政府负责、社会协同、公众参与、法治保障的基层社会治理格局奠定基础。

【村（社区）干部培训】 2017年11月28日至12月1日，东莞市民政局组织村（居）委会主任、村（社区）公共服务中心负责人开展业务培训，其中，村（社区）干部培训班624人参训，分三期进行，重点讲授村（居）民自治、基层社会治理和公共礼仪等课程。第二期村（社区）公共服务中心主任业务培训班304人参训，主要培训民政、社保、法律等相关业务知识，以提升村（社区）干部的业务能力和服务质量。

【社区公共服务综合信息平台建设】 2017年，东莞市被列为全省社区服务综合信息平台建设试点单位之一。8月，完成平台各项功能开发和网页设计。11月23日，为做好平台的推广应用，市民政局委托开发公司组织开展2017年东莞市社区服务综合信息平台业务培训，指导各镇街、村（社区）推广使用社区公共服务综合信息平台。在市国防教育训练基地进行，全市各镇街（园区）社会事务局（办）、各村（社区）及社区综合服务中心运营机构相关负责人约730人参加培训。

【社区综合服务中心建设】 2017年，东莞市新建社区综合服务中心25个，全市有127个社区综合服务中心。市民政局先后开展4批检查验收工作和6批运营服务评估工作，拨付服务设施建设奖励资金约956万元，拨付运营服务奖励资金约1231万元。

社会救助和救助管理

【社会救助】 2017年6月22日，《东莞市人民政府办公室关于建立东莞市困难群众基本生活保障工作协调机制的通知》印发，将2013年建立的东莞市社会救助工作联席会议制度调整为东莞市困难群众基本生活保障工作协调机制。

最低生活保障　是年，东莞市最低生活保障标准从原来每人每月610元提高到每人每月880元，提标后全市有低保群众6103户、1.18万人，发放低保金7945.69万元；按照每人每月80元标准向低保对象发放食品、燃气及水电补助，支出补助金1135.66万元；对低保对象参加社会基本养老保险的个人缴费给予全额补助，支出资金1682.5万元。全市城镇低保人均补差每人每月783元，农村低保人均补差每人每月723元，低保标准和补差水平均位居全省前列。

特困人员供养　是年，东莞市将原低保对象中的城镇"三无"人员和五保供养对象统称为特困供养人员，其基本生活标准按东莞市城乡最低生活保障标准的1.6倍确定（每人每月标准为1408元），全年向特困供养对象763人发放特困供养资金1254.37万元。

医疗救助　是年，《东莞市困难家庭医疗救助暂行办法》印发。扩大医疗救助范围，在现行低保对象、特困供养人员医疗救助的基础上，将东莞市户籍低收入对象和支出型贫困对象纳入救助范围；提高医疗救助标准。特困人员不设年度医疗救助限额，最低生活保障对象、低收入救助对象和支出型贫困医疗救助对象，年救助限额均为

10万元；严格审核审批流程。依据申请对象提交的《申请医疗救助家庭经济状况核对授权书》，进行经济状况信息化核对；采用“一站式”结算和事后申请相补充的救助方式。低保对象和特困供养人员医疗救助采用“一站式”结算方式，低收入救助对象和支出型贫困医疗救助对象，采取事后申请的方式，其救助部分先由个人支付，再向民政部门提出医疗救助申请。全年支出低保医疗救助金5155.46万元，其中为低保对象购买基本医疗保险个人支出部分补贴742.33万元，为低保对象18.6万人次住院、门诊或特定门诊医疗费个人负担部分报销支出3844.73万元；为五保对象购买基本医疗保险个人支出部分补贴47.92万元，为五保对象1247人次住院、门诊或特定门诊医疗费个人负担部分报销支出520.48万元。

临时救助　全年全市对低保和低保边缘困难群体637人次发放临时救助金300.94万元。

自然灾害救助　是年，“6·16”洪涝灾害造成东莞市房屋倒塌2间，“天鸽”台风造成1人死亡，向受灾群众发放自然灾害救助金12.32万元。

救助申请家庭经济状况核查核对　是年，东莞市救助申请家庭经济状况核对中心分上、下半年对全市2.83万人次低保对象、特困供养对象、低收入对象进行最低生活保障家庭经济状况核对工作。通过走访入户等方式，对4670户困难群众开展“一人一户”情况核查、医疗救助对象情况核查、低保户消费月收入支出调查、最低生活保障续期救助对象入户核查等多项核查核对工作，对东莞市困难家庭数量进行统计和复核，为申请救助的家庭和个人提供更加便利、快捷的服务，更好地保障全市底线民生。

【救助管理】　2017年，东莞市救助管理站救助流浪乞讨人员6278人次，其中，未成年人340人次。全年实施救治救助流浪乞讨精神病人981人次。（杨清瑶）

社会福利

【救助范围扩大】　2017年2月27日，东莞市出台《关于印发〈东莞福彩关爱基金临时救助办法〉及〈东莞市医疗救济基金会救济办法〉的通知》，进一步扩大救助范围。是年市医疗救济基金会对患危、急、重病和意外受重伤的困难群众实施医疗救济，累计救济1344人次，发放救济金总额508.4万元；对61名符合《东莞福彩关爱基金临时救助办法》条件申请对象进行救助，救助金额140.5万元。

【公办养老机构优化提升】　2017年4月24日，东莞市民政局印发《东莞市民政局关于推进公办养老机构优化提升改革实施方案》，确定试点单位，启动公办养老机构优化提升改革。

养老床位建设　市民政局批准新开设4个养老机构，新增养老床位983张。每千名老人拥有床位数34.05张。

养老机构责任参保　7月13日，市民政局组织召开全市养老机构责任保险统保示范项目专题培训班，东莞市养老机构责任保险参保率100%，是全省第一个参保率达100%的地级市。

养老服务质量建设专项行动　10月24日，在省民政厅开展的“福彩杯”2017广东养老院服务质量建设专项行动之“老有所依　天使在身边”大型公益活动中，长安镇敬老院陈小书获2017广东省最美养老护理员提名奖、樟木头镇敬老院院长蔡小琴获2017广东省优秀养老院院长提名奖、东城街道敬老院获2017广东省最佳养老机构提名奖。

医养结合试点　3月15日，东莞市印发《关于促进医疗卫生与养老服务相结合的实施意见》，确定2家公立医院（东坑医院、洪梅医院），2个养老机构（沙田镇敬老院、福星女儿家护理院）开展医养结合试点工作。

居家养老“平安铃”服务　东莞市基本实现全市有养老服务需求村、社区100%全覆盖，全市享受居家养老服务老人总数1.69万人，基本实现需求老人人手一台平安铃目标。

养老护理员培训班　市民政局分别于3月、8月、9月、11月组织全市养老机构相关人员按养老护理员《国家职业标准》和相应等级的《培训教程》完成4期养老护理员和国家职业资格鉴定培训班工作，全市373名基层护理员参加培训。

【事实无人抚养儿童基本生活保障】　2017年8月22日，东莞市民政局、市委政法委等8个部门联合印发《东莞市农村留守儿童“合力监护、相伴成长”关爱保护专项行动工作方案》。全年为98名分散供养孤儿（含艾滋患儿）预拨全年基本生活补助费164.22万元、购买社会医疗保险5.65万元，发放“六一”儿童节慰问金2.94万元，向160名社会散居事实无人抚养儿童拨付基本生活保障金101.426万元。

【孤儿收养、安置】　2017年4月1日起，东莞市停征收养登记费，收养登记费和公告费均纳入市财政年度预算。全年依法办理收养登记70宗，补领收养登记1宗，解除收养登记2宗。全年安置成年孤儿3名，其中中堂镇安置2名，望牛墩镇安置1名。

【福利彩票发行】　2017年，东莞市销售福利彩票28.52亿元，销售总额在全省排名第三，完成省民政厅下达24.97亿元销售任务的114.2%，福彩市场占有率64.02%。筹集公益金8.09亿元，其中市级留成2.88亿元。

投注站标准化建设　对新设立、办理搬迁以及有升级改造意向的福彩投注站进行标准化建设，通过“存量优化”来推动“提质增效”，对面积35平方米及以上的投注站补助1～3.2万元。全年完成122个投注站标准化建设，合计补助230万元。

东莞福彩关爱基金　出台《东莞福彩关爱基金临时救助办法》，市财政每年预算安排1000万元注入“东莞福彩关爱基金”，用于临时救助。救助对象不分户籍，困难人员罹患重大疾病，一年内如自付医疗费用超过8万元，可申请“福彩关爱基金”，救助金额为1万元至5万元不等。

“走近双色球”活动　8月16日，东莞市举行“2017福彩双色球，邀您北京游，走近双色球”活动公开抽奖，抽出30名幸运彩民丁9月17日到北京见证“双色球”开奖过程，直观体现福彩“公开、公平、公正”的品牌形象。

中福在线销售厅规范管理　8月31日，市福彩中心与16个中福在线销售厅原运营公司签订的协议到期。9月1日起全市16个中福在线销售厅由市福彩中心自主运营，销量与回收前基本持平。

投注站销售队伍建设　制定《东莞市福利彩票发行中心关于对售出中得大奖彩票的投注站从业人员奖励办法（2017—2019年）》，对售出一等奖彩票的投注站销售员奖励2000元～5万元，凡奖励投注站销售员的，同时奖励投注站业主1000元～3000元，以激励导向增强投注站销售队伍的信心和活力。全年中出“双色球”一等奖14注，“刮刮乐”即开票一等奖46个，奖励销售员57个、投注站业主57个，发放奖金20.5万元。

慈善事业

【公益徒步活动】　2017年1月7日，由东莞信托有限公司、东莞市民政局、东莞市慈善会共同举办的第三届“与爱同行”公益徒步活动在松山湖举办，有2000多人参加活动，活动筹集善款120万元，用于扶老、助残、救孤、济困。

【2017年广东扶贫济困日暨东莞慈善日活动】　2017年，东莞市组织开展2017年广东扶贫济困日暨东莞慈善日活动，包括开展爱心捐赠、访贫慰问等系列活动，收到社会各界捐款6908.86万元。根据《广东扶贫济困红棉杯认定办法（暂行）》《广东省扶贫济困日活动办公室关于开展2016年度广东扶贫济困红棉杯认定工作的通知》等文件规定，经推荐（自荐）、评审、公示和认定等程序，市玖龙纸业（控股）有限公司获得“广东扶贫济困红棉杯金杯”；东莞世界莞商联合会、广东三正集团有限公司、东莞市光大房地产开发有限公司、东莞市桃源商住建造有限公司、东莞市潮汕商会、东莞市浙江商会和广东科技学院等7个单位获

2017年12月20日，东莞市慈善会在市民艺术中心举行“海豚计划”脑瘫儿童康复救助项目签约仪式

（市慈善会供图）

得“广东扶贫济困红棉杯铜杯”。

【东莞慈善救助平台暨“海豚计划”脑瘫儿童康复救助项目启动】 2017年12月20日，东莞市民政局联合市慈善会在东莞市民艺术中心星剧场主办东莞慈善救助平台暨“海豚计划”脑瘫儿童康复救助项目启动仪式。2017年为全市56名非莞籍脑瘫儿童提供康复救助。

“东莞慈善”救助平台 为适应“互联网+”时代的发展，市慈善会开发“东莞慈善”救助平台，推出“指尖上的慈善”，让爱心市民动动手指就能参与慈善，让困难群众足不出户就能申请求助。在“东莞慈善”救助平台上，可即时发布慈善动态、宣传慈善法规、推介慈善活动、开展网上募捐、接受求助申请、公示收支情况等功能。通过扫描二维码或微信搜索“东莞慈善”，进入东莞慈善救助平台，了解慈善动态，关注慈善热点，提交求助申请，参与慈善活动。点击“我要捐”，选择捐赠项目或特定捐赠对象，了解项目或捐赠对象的详情后，输入捐赠金额即可奉献爱心，善款将按照捐赠者的意愿使用。

“海豚计划”脑瘫儿童康复救助项目 东莞市慈善会专门设立500万元的脑瘫儿童康复专项基金——“海豚计划”启动，是专门针对非该市户籍的脑瘫儿童康复救助项目。为在东莞居住且工作、并在市内缴纳社保1年以上的非莞籍困难家庭0～6周岁脑瘫儿童提供抢救性康复救助。市慈善会向社会公开征集并筛选出12个“海豚计划”定点康复机构，其中，6个民办康复机构和医院自愿无偿支持5000元～1万元的康复项目，用于帮助患者康复治疗。该项目采取慈善会从专项基金中资助一部分、医院和民办康复机构减免一部分（选择公立医院进行康复治疗的不含此项）、患者自付一部分费用的方式，对符合条件的脑瘫儿童实施抢救性康复救助，由符合条件并签订协议的医院和民办康复机构具体实施。

资助对象：父母双方或一方在东莞居住且工作、近6年内在市内连续缴纳社保1年以上（含1年）的非莞籍困难家庭；0～6周岁，持有中华人民共和国残疾人证或持市级以上（含市级）相关资质医院出具诊断证明的脑瘫儿童；与东莞市慈善会签订《东莞市慈善会“海豚计划”脑瘫儿童康复服务合作协议》的脑瘫儿童康复机构接受康复服务。

申请方式：监护人陪同申请人到定点康复机构、各镇街社会事务局或市慈善会提交申请资料，获得审批后，定点机构在对资助对象评估的基础上，制订个别化康复训练计划，采取专业手段进行康复治疗；市慈善会凭代用券及相应发票进行结算；各定点机构应按承诺的资助标准抵扣资助对象康复服务费用。

12家定点康复机构和医院：东莞市妇幼保健院、东莞市第五人民医院、第八人民医院（东莞市儿童医院）、东莞市厚街医院、东莞市桥头医院、东莞市康复医院、东莞康华医院、东莞康怡医院、东莞长安港湾医院、东莞市梦立方康复发展中心、东莞市安安春竹儿童潜能开发中心、东莞富勤复康残疾人康复训练中心。

学生校外托管机构

【学生校外托管机构管理概况】 截至2017年底，东莞市注册登记学生校外托管机构876个，累计安置学生4.8万人。

【学生校外托管机构专项整治行动】 2017年6月6日，《东莞市民政局关于印发〈东莞市清理整治无证学生校外托管机构工作方案〉的通知》下发，部署开展专项整治行动。专项行动发出消防安全整改通知书480份，食品安全整改通知书239份，房屋安全整改通知书237份。

殡葬改革

【《东莞市殡葬事业发展“十三五”规划》】 2017年3月1日，《东莞市民政局关于印发〈东莞市殡葬事业发展“十三五规划”的通知〉》印发，具体明确“十三五”时期，东莞市殡葬事业发展的指导思想、总体目标、主要任务、重点工程和保障措施，为进一步深化全市殡葬改革，推动全市殡葬事业发展提供文件性、政策性依据。

【硬件设施设备升级改造】 2017年，东莞市殡仪馆投入1074.6万元安装10套燃气式火化机和尾气净化系统，年底完成并投入使用，新建小型污水处理站，确保尾气排放和污水排放达到环保要求。投入92万元升级改造家属休息区。完成消防系统工程升级改造，取得消防许可证。

【生态葬法】 2017年4月26日，东莞市举办第十五次集体海葬和第7次集体树葬公祭活动，182份骨灰抛洒大海和56份骨灰深埋树下，为符合海葬、树葬补贴条件的亲属发放补贴2.7万元。

【殡葬基本服务免费政策】 2017年，东莞市实施免除1.61万宗殡葬基本服务费用1927万元，减轻群众殡葬服务支出负担。 （杨清瑶）

附：2017年东莞市民政局主要领导名录

党组书记、局长：莫淦泉

外事·侨务

FOREIGN AFFAIRS · OVERSEAS CHINESE AFFAIRS

莞城文化广场 （莞城街道供图）

编辑：姚少华

外 事

【外事概况】 2017年，东莞市接待外宾73批620人次，办理因公出国团组129批468人次，办理外国人来华入境849批1369人次，受理APEC（亚太经合组织）商务旅行卡99批155人次。

【外事服务经济社会发展】 2017年，东莞市先后举办第10届中国加工贸易产品博览会、第16届亚洲马拉松锦标赛暨2017东莞国际马拉松、2017年广东21世纪海上丝绸之路国际博览会、2017中国（东莞）国际科技合作周·科研机构创新成果交易会等大型涉外活动。市委书记吕业升赴法国、瑞士和捷克开展经贸人文外事交流活动，在巴黎举办“2017东莞—巴黎经贸合作交流会”，现场签约9个项目，金额3.3亿美元。市长梁维东出访美国、墨西哥和古巴，考察学习旧金山、纽约两大湾区及麻州波士顿128创新走廊建设经验，见证东莞驻美国（旧金山）经贸代表处揭牌、旧金山莞商联合会成立以及旧金山之“东莞日”设立，深化东莞与欧美先进国家和新兴市场的交流合作。市外事侨务局授权世界莞商联合会为东莞市APEC商务旅行卡初审单位，此举为全省首创，切实为东莞市有实力的民营企业“走出去”提供便利。为东莞市80家企业（其中包括劲胜精密、岭南园林等20家“倍增企业”）“走出去”提供绿色通道，助力东莞企业在国际市场上赢得主动、抢占商机。举办在莞日资企业政企联络会议，协调解决企业在生产经营过程中遇到的实际问题，增强日商扎根东莞发展的信心。

【对外交流】 2017年，东莞市接待波兰科技和高等教育部副部长亚历山大·博布科，南非国家旅游部副部长伊丽莎白·萨贝泽，加拿大多伦多副市长黄旻南，美国风险投资学院主席克莱尔·菲尔菲德，

2017年10月24日，东莞市市长梁维东（右七）在市行政办事中心会见德国乌波塔尔市政府行政长官斯拉维奇（左七）一行 （市外事侨务局供图）

美国马萨诸塞州清洁能源代表团，澳大利亚技术科学与工程院院士伊恩·里德，陆逊梯卡华宏董事长路易吉·弗兰卡维拉等外宾，展示东莞的城市形象和营商环境，加强与德国、美国等国家在经贸、环保、教育、人文等领域的交流对接。邀请25个驻穗领馆的156位领事官员及家属到松山湖、寮步镇参加人文交流活动，增进各国领馆官员对东莞的认识。马来西亚—中国友谊园在东莞植物园奠基并完工，深化两国人文交流。派出麻涌龙舟队赴瑞士参加第26届艾格丽萨国际龙舟邀请赛并夺得混合组冠军，为东莞增添光彩。

【友城友协】 2017年，东莞市与美国威尔逊郡、利百伦市、剑桥市结为友好合作交流城市；与德国乌波塔尔市、美国威尔逊郡、汤加王国深入开展文化、教育交流对接。东莞市友协与韩中经济贸易促进协会、日本九州日中文化协会签署友好合作组织关系备忘录。民间外交健康发展，举办第四届国际友城青少年夏令营，邀请50名国际友城师生来莞参加活动；韩国湖西大学寒假短期班28名学生到东莞理工学院学习交流；东莞师生代表团赴韩国参加牙山友城夏令营。

【涉外安全】 2017年，东莞市开展预防性海外领事保护宣传，在“防灾减灾日”现场宣传活动中发放《中国领事保护和协助指南》《海外安全海外领事保护和协助知识普及》等宣传资料，向市民普及海外领事保护政策和出国安全知识；举办“一带一路”“走出去”重点企业政企联络会讲座，邀请省外办领导来莞授课；在地铁、公交车上播放预防性海外领事保护宣传片。 （周佩琪）

附：2017年东莞市外事侨务局（港澳事务局）主要领导名录

局　长：谢玉华

2017年东莞市外事侨务局接待海外团组情况

访问日期	团组	访问目的
2月14日	美国风险投资学院克莱尔·费尔费德一行	拜访交流
2月27日	伟创力集团公司南中国副总裁Richard Hopkins一行	拜访交流
3月17日	东莞市（外籍）荣誉市民	应邀参加东莞市荣誉市民座谈会
4月11日	俄罗斯进出口集团副总裁米哈伊尔·马莫诺夫一行	考察石龙并见证中俄贸易物流通道暨中欧班列启动
4月19日	沃尔玛全球执行副总裁贝思哲一行	拜访交流
4月28日	马来西亚联邦国土部秘书长拿督斯里艾德南一行	出席马中友谊园奠基仪式
5月9日	国际蓝联2019世界杯协调委员会主席伯顿·希普利一行	拜访交流
5月16日	加拿大多伦多副市长黄旻南一行	拜访交流
5月19日	美国马萨诸塞州清洁能源代表团一行	参加广东-马萨诸塞州清洁能源项目产业合作交流会
6月15日	省国际友城联络人代表团	参观交流
6月24日	25国驻穗领团	进一步了解本土文化及镇街特色产业
6月28日	以色列光启集团一行	拜访交流
7月20日	澳大利亚技术科学与工程院院士伊恩·里德教授等外国专家团和吉特智能装备等企业代表	拜访交流
8月4日	阿尔卑斯电气株式会社栗山年弘社长一行	拜访交流
8月10日	以色列驻穗总领事南可安一行	礼节性拜访，探讨进一步推进中以产业园园区发展
8月11日	美国风险投资学院主席克莱尔·菲尔菲德一行	拜访交流
8月14日	比利时驻穗总领事邵德辉一行	礼节性拜访，加强双方经贸、教育等领域交流合作
9月21—24日	斐济工业、贸易和旅游部部长法亚兹·西迪克·科亚一行等重要海外团组	应邀参加2017广东21世纪海上丝绸之路国际博览会
9月21日	南非国家旅游部副部长伊丽莎白·萨贝泽一行	拜访交流
9月22日	沙特王室成员、世界清真中心主席萨阿德一行	拜访交流
10月24日	德国乌波塔尔市政府行政长官斯拉维奇一行	深化两市合作
11月3日	美国田纳西州威尔逊郡郡长兰德·胡拓一行	礼节性回访
11月10—11日	陆逊梯卡华宏董事长路易吉·弗兰卡维拉骑士一行	拜访交流并举办陆逊梯卡华宏公司20周年庆典活动
11月28日	墨西哥等国驻穗领馆总领事	应邀参加2017广东国际机器人及智能装备博览会
11月29日	德国驻穗总领事冯马丁一行	探讨中德职业教育、友城交往等方面合作
12月1日	沃尔玛（中国）投资有限公司地产发展部副总裁梁大卫	汇报企业经营情况及未来在东莞市的发展战略
12月7—8日	波兰科技和高等教育部副部长亚历山大·博布科一行	应邀参加2017中国（东莞）国际科技合作周暨科研机构创新成果交易会

侨　务

【侨务概况】 2017年，东莞市有海外侨胞20多万人，海外莞籍社团46个；港澳同胞近80万人，莞籍香港社团58个、澳门社团8个。是年，瓦努阿图共和国东莞同乡会暨总商会成立，美国旧金山莞商联合会挂牌，澳门东莞大朗同乡会和澳门东莞东城同乡会成立。全年接待海外侨胞54批1325人次。

【侨务交流】 2017年3月，东莞市举办荣誉市民座谈会，130多名荣誉市民及其代表参会。7月和12月，分别举办2017海外华裔青少年中国寻根之旅·东莞夏令营、冬令营，来自美国、加拿大、马来西亚、澳大利亚、越南和菲律宾的150多名华裔青少年来莞学习交流。其中举办的夏令营活动是历年来参加人数最多、规模最大的一次。9月，举办2017海外侨团中青年骨干研习班，邀请来自13个国家31个海外侨团的33名侨团中青年骨干来莞交流学习。11月，举办2017海外青年才俊聚东莞活动，邀请来自12个国家的80多位海外青年才俊和30多名留学归国人员参加活动。是年，还相继举行中加文化交流演出晚会、“共建广深科技创新走廊—东莞基地”交流座谈会和“一带一路”跨境电商合作发展论坛，为海内外青年才俊搭建交流合作平台。组织市内侨资企业负责人赴四川参加“2017侨资企业西部行”考察活动，到云南省昭通市进行合作项目考察，赴广东省汕头市参加“侨梦苑”揭牌仪式，助推侨资企业转型升级。

【为侨服务】 2017年，东莞市为侨法律服务工作站成立，为侨界群众提供定点法律咨询和法律援助等服务。颁布《关于修订华侨华人子女及华侨学生在东莞市就读有关规定的通知》，进一步明确在莞华侨享有的权益。全年办理华侨回国定居证、“三侨生”证明、华侨华人及荣誉市民子女入学证明、华侨和港澳同胞身份证明、归侨侨眷身份证明68件；接涉侨信访9宗，协调解决7宗。发动海外社团、侨胞参与2017年广东扶贫济困日暨东莞慈善日，活动当天募集善款1.25万元。其间，还积极做好2017年省级困难归侨扶贫资金发放工作，全年发放救助资金12.35万元，惠及28名困难归侨。联合海外侨胞、香港社团等对市内欠发达村、困难归侨等开展敬老慰问活动。凤岗镇人民政府被评为“全国为侨公共服务体系示范单位”，为进一步完善全市为侨公共服务体系树立榜样。

【侨务对外宣传】 2017年，《看东莞》杂志社对侨刊版面和内容进行调整，增加中英文阅读版和电子版，使之成为全省第一本中英文侨刊。是年，该杂志在110多个国家和地区发行3.5万册；《看东莞》微信公众号粉丝数2456人，全年信息推送量126篇。

（周佩琪）

2017年11月18日，海外青年才俊聚东莞　（市外事侨务局供图）

2017年9月29日，东莞市为侨法律服务工作站成立　（市外事侨务局供图）

莞台合作·莞港澳合作

TAIWAN—DONGGUAN，HONG KONG—DONGGUAN AND MACAO—DONGGUAN COOPERATION

南城街道鸿福商圈　（南城街道供图）

编辑：郭佩文　张曼利

莞台合作

莞台经贸

【台商投资经营概况】　截至2017年底，东莞市有台资企业3551家，比上年增加104家；历年累计合同利用台资211.03亿美元，实际利用台资197.49亿美元。

2017年，东莞市新签台资项目177个，比上年增加68个，合同利用台资2.97亿美元，下降33.56%，实际利用台资2.68亿美元，下降30.12%。

列入市“倍增计划”的重点台企“劲胜精密”更名为“劲胜智能”，进军智能制造全生态链新高地。2017年，劲胜智能、百宏实业、正扬电子机械等企业全年业绩比上年增长30%以上；大型台资企业发展良好，明门（中国）幼童用品有限公司、东莞新能源科技有限公司、东莞莫仕连接器有限公司在2017年度东莞市规模效益成长性排名前20名。达创科技（东莞）有限公司、东莞富强电子有限公司、精成科技电子（东莞）有限公司、东莞东聚电子电讯制品有限公司、东莞徐记食品有限公司、东莞莫仕连接器有限公司、罗门哈斯电子材料（东莞）有限公司等一批台资企业在规模效益成长性、纳税额、实际出口总额、主营业务收入方面表现亮眼。

【松山湖（生态园）台湾高科技园建设】　截至2017年底，台湾高科技园引进项目366个，其中生物技术产业项目260个，投资总额106.6亿元，高端电子信息项目（集成电路设计）共56个，投资总额18.1亿元，其他项目（含青创项目）共50个，投资总额0.22亿元。

【台湾青年创业形成集聚效应】　2017年3月，901两岸青创联盟“海峡两岸青年就业创业示范点”获东莞市科技局颁发“901两岸青创联盟虚拟孵化器”证书。12月，松山湖台湾高科技园“海峡两岸青年创业基地”被评为省级“粤港澳台众创空间”。截至2017年底，青创基地入驻台资企业50家。进驻基地的项目涵盖生物技术、电子信息、互联网、新材料、VR、无人机、文化创意等各个新兴产业领域。901在各地虚拟孵化项目343个，其中台湾团队296个，服务420位台湾青年，并与全国各地近40个孵化器、基地达成战略合作关系。在东莞市各类企业就业的45岁以下台湾青年超过880名，在青创基地、示范点创业86名，实习生超过350名，初步形成集群效应。

【台湾金融机构在莞发展壮大】 2017年，东莞市支持玉山银行、彰化银行东莞分行、东联融资租赁公司等台资金融机构发展。截至2017年底，彰化银行东莞分行资产规模达15.89亿元，实现净利润0.51亿元，为31家企业提供贷款，贷款总额9.19亿元，其中台资企业占82.62%。玉山银行东莞分行资产规模21.17亿元，实现净利润0.02亿元，为72家企业提供贷款，贷款总额17.44亿元，其中台资企业占52.25%。

【国台办副主任郑栅洁一行到莞调研】 2017年7月6—8日，国台办副主任郑栅洁一行到莞参加2017两岸青年就业创业研讨会系列活动。7月7日，郑栅洁在研讨会开幕式上致辞表示，台湾青年来大陆发展，离不开个人的拼搏和努力，更需要两岸共同关心、社会各界共同帮助，相信两岸青年相互启发、密切合作，努力发挥“一加一大于二”的效应。调研期间，郑栅洁到东莞市台商协会、东莞台商子弟学校调研，分别与台商代表、台校教职工进行座谈，了解台商、台胞在经营、生活中遇到的问题。在与市台协历任主要会务干部座谈中，郑栅洁听取台商代表关于给予台胞“国民待遇”、参与“一带一路”、两岸社保互联、开放台资办学等意见和建议，并表示将梳理台商所提意见，协调相关部门去解决，争取把个案诉求问题逐一突破，再进一步转化为普惠性政策。

【2017两岸青年就业创业研讨会在莞召开】 2017年7月7—8日在东莞举办。由两岸企业家峰会主办，广东省台办、东莞市人民政府承办，中国青年企业家协会、全国台湾同胞投资企业联谊会和台湾天使投资协会协办。研讨会围绕“追逐梦想·开创未来”主题，开展就业创业成功经验介绍、两岸青年就业创业经验分享、“成功之路”大家谈、就业创业专题展览会、两岸大学生东莞台企实习平台签约仪式等活动。与会人员就台湾青年在大陆创业就业开展经验交流、招聘对接活动。在就业创业成功经验介绍分享环节，东莞台湾青年创新创业服务中心执行长林子凯等6名台湾青年介绍各省市典型青创园区环境和政策，广州台湾青年之家会长郑明嘉等5名台湾青年分享在大陆创业的经验。研讨会还邀请26位嘉宾与台湾青年学生现场互动，解疑释惑。在就业创业专题展览会上，12个大陆省市和全国台湾同胞投资企业联谊会、中国青年企业家协会、4家台资企业代表设立15个展馆，展示各地吸引台湾青年就业创业的政策措施，并为台湾青年现场提供3200多个工作岗位。

【两岸冷链物流产业合作示范城市申报取得突破】 2017年，东莞市商务局、台湾事务局开展申报两岸冷链物流产业合作示范城市筹备工作。8月17日，商务部调研组来莞考察冷链物流产业基础条件，并

2017年7月8日，2017两岸青年就业创业研讨会“成功之路”大家谈活动在东莞市举行　（市台办供图）

召开考察调研座谈会，将东莞列入第三批试点考核城市，申报工作取得突破性进展。

【2017东莞台湾名品博览会】 于2017年9月7—10日在东莞国际会展中心举行。台博会以“跨界资源整合·创新智造倍增”为主题。台博会期间，举办的活动有采购项目签约仪式、照明设计大赛颁奖仪式、永不落幕台博会——东莞台商电商启动仪式、台湾黑鲔鱼推介会等；并按展区特色划分为流行时尚区、现代居家生活区、创新创意区、台湾美食区、电子商务区五大区，设置近800个国际标准摊位，设立台商产业馆、台湾农业产品馆、青年创新创业馆和自动化产业馆四大专题馆，展示科技环保绿生活、文创美学及智能化生活的新体验。展会吸引19.6万人次参观采购，总交易金额29.86亿元。其中，专业采购商1.05万人次，一般民众超过18.55万人次；现场零售额1.26亿元，现场采购订单10.8亿元，一年内采购意向17.8亿元。

【台湾“三品会”一行到莞参访】 2017年9月22—24日，台湾工业总会理事长、台湾海基会副董事长、“三品会”会长许胜雄受东莞台商郭山辉、徐沆等邀请率该会一行24人到莞参访，与市领导梁维东、骆招群及东莞民营企业家座谈，考察松山湖园区及滨海湾新区。参访期间，许胜雄一行前往可园、台心医院、台商大厦、市台商协会、正崴公司生产车间等地参观。“三品会”由许胜雄于2011年6月在台北创立，创会会员包括33位台湾重量级企业家，至2017年会员包括大陆台资企业在内超过50名。

【台湾工业总会一行到莞参访】 2017年11月22—23日，台湾工业总会理事长许胜雄一行10人在省台办主任黄耿城、副主任方涛的陪同下到莞参访，市领导梁维东、骆招群分别与参访团进行座谈交流。市长梁维东表示，希望到莞参访的企业家通过在莞调研考察，进一步发掘自身的机遇和空间，共同参与粤港澳大湾区、广深科技创新走廊建设，一同打造“创新驱动升级版”。

【东莞台商“一带一路”商贸展销园区考察团到新疆考察】 2017年11月19—23日，东莞市台商子弟学校董事长叶宏灯率东莞台商“一带一路”商贸展销园区考察团到新疆考察，广东省台办副巡视员部先平，市政府台湾事务局局长吴小峰、市台商协会会长蔡俊宏和40余名台商代表全程参与。考察期间，东莞台商子弟学校校长王天才分别与疏附县、兵团第三师41团相关领导签订捐赠协议，分别捐赠60万元和45万元的奖教奖学基金。叶宏灯代表东莞台商与喀什疏附国际商贸城有限公司签订商贸展销园区建设协议，建成后的展销园区将主要展示台商生产的产品和台湾特色产品。

莞台交流

【莞台交流概况】 截至2017年底，东莞市有118批1265人次赴台开展基层、党际、妇女、教育等多领域交流合作；244批499人次赴台开展莞台商务培训。台湾工业总会理事长、金仁宝集团董事长许胜雄率台湾“三品会”一批重量级台商来莞考察；两岸企业家峰会理事长萧万长、中国国民党副主席郝龙斌、台湾原海基会副会长高孔廉、苗栗县县长徐耀昌、桃园市议会议长邱奕胜、台南市议员洪玉凤等来莞交流并参加重要涉台活动；台湾中华漕运文化协会、台南市安南区渊东社区发展协会等基层社区有19批483人次来莞，两地基层乡镇建立频繁密切往来；中国国民党桃园市党部第三次组团来莞交流，党部主委杨敏胜首次来莞，两地开展党务交流；粤台产业科技学院首批274名学生赴台湾合作高校开展为期一年的交流学习，为莞台职业教育、青年学子交流带来突破。

【台湾连江县观光局局长陈书福一行来莞参访】 2017年1月9日，台湾连江县观光局局长陈书福一行9人来莞交流，参观茶山镇南社古村落、可园和东莞展览馆等，实地考察东莞市的旅游资源，并围绕莞台两地旅游领域合作与省台办、市政府台湾事务局及市台商协会相关人员进行座谈。连江县观光局成员纷纷表示此行刷新对东莞乃至对大陆的认识，希望有机会带更多朋友来大陆感受祖国的历史文化底蕴。

【中国国民党桃园市党部来莞开展党际交流】 2017年3月21—25日，中国国民党桃园市党部主委杨敏盛一行19人来莞参访，这是桃园市党部第三次组团来莞开展党际交流，也是莞桃两地党务交流最深入的一次。在莞期间，杨敏盛分别与东莞市委副书记张科等领导及市直工委、市台商协会等座谈，就党务、青年等专项议题进行深入交流。交流团还前往东莞城市规划展览馆、台商大厦等地参观，对东莞市社会经济建设、城市面貌等进行深入了解。

【首届粤台幼教高峰论坛在莞举办】 2017年3月30日，在省教育厅、省台办、市教育局、市台湾事务局、广东教育学会的指导下，首届粤台幼儿教育高峰论坛在东莞台商子弟学校举办，吸引专家、教授及广东省各地幼儿园园长304人参加。东莞市政府台湾事务局副局长陈锡辉、台校董事长叶宏灯出席开幕式并致辞。此次论坛主题为“两岸学前教育本土化的理论与实践，形塑学前教育图像”，并对此开展专题演讲、分组研讨、深度交流、幼教产业用品展等活动。

【台湾苗栗县县长徐耀昌来莞开展农业交流】 2017年4月和9月，台湾苗栗县县长徐耀昌率团来莞开展农业交流并参加2017东莞台湾名品博览会，东莞市委常委、统战部部长骆招群热情接待徐耀昌一行。双方希望借助“一带一路”的契机，进一步加强联系与交流。徐耀昌赞扬东莞市政府对台商的关心与支持，表示东莞是台胞的第二故乡。

【台湾原海基会副董事长高孔廉来莞参访】 2017年6月6—7日，台湾原海基会副会长、东吴大学客座教授高孔廉一行来莞参观东莞台湾高科技园海峡两岸青年创业基地、台商大厦等，并与市领导会面座谈，进一步交换两岸深化交流的意见。高孔廉表示青创基地是值得同行借鉴的模范青创基地，东莞市台商协会更是值得钦佩的台商协会。

【台湾台南市知名人士洪玉凤一行来莞参访】 2017年6月11—12日，台湾台南市知名人士洪玉凤一行来莞参访，参观东莞市展览馆、可园博物馆、虎门威远炮台、虎门海战博物馆、麻涌华阳湖等。东莞市台湾事务局局长吴小峰与其会面座谈。双方希望通过这次的参访交流，增进了解，加深彼此的友谊，继续保持良好关系，进一步推动莞台两地向更大范围、更宽领域、更高层次发展。

【东莞市首创性搭建两岸大学生东莞台企实习平台】 粤台产业科技学院、联合报及市台商协会三方首创性共建大学生实习就业平台，就两岸合作开展大学生人才培养、交流实习、就业创业等事宜开展长期战略合作。2017年7月，三方达成并签署两岸大学生东莞台企实习平台协议。由市台商协会提供第一批15家130个台企实习岗位，以粤台学院为平台，组织台湾科技大学、台北科技大学、元智大学等8所院校的大四学生到东莞台企实习就业，并安排专人辅导，同时由联合报负责宣传推广，并协助联系台湾高校组织台湾大学生到东莞企业实习就业。

【第二届莞台大学生夏令营举办】 2017年7月10—19日，由东莞市政府台湾事务局、东莞职业技术学院共同主办，市莞台经济文化交流中心承办，东莞市台胞台属联谊会、台湾海峡友谊文化交流中心协办的“筑梦青春，感悟岭南”第二届莞台大学生夏令营在东莞举办。莞台14所院校124名师生参加夏令营。夏令营期间，营员通过在东莞、广州等地进行为期10天的参观交流，借此感受东莞深厚的历史文化及作为现代智造业名城、运动之城的魅力，了解东莞扶持台湾青年就业创业的优惠政策等。

【2017粤台大学生文化三创夏令营在莞开营】 2017年8月24日，由东莞理工学院主办的2017粤台三创文化夏令营开营仪式在学院莞城校区举行，副校长杨敏林为夏令营授旗，东莞市政府台湾事务局副局长胡国勇宣布夏令营开营。夏令营以“携手传承、交融创新”为主题，以两岸大学生对中华“非物质文化遗产”的传承、创新、创业为内容，东莞理工学院、台湾元智大学、佛光大学、朝阳科技大学四所高校41名师生代表参加。

【兴北华南校友联谊会来莞参访】 2017年11月25—26日，兴北华南校友会（台北大学及中兴大学）参访团一行34人来莞参访。在莞期间，参访团一行参加2017兴北华南校友会大会暨第二届理事长交接典礼，先后前往东莞台商子弟学校、可园、台商大厦、虎门林则徐纪念公园等地进行参观，走访市台商协会、松山湖青创基地等地，对东莞市经济社会建设、城市面貌等进行了解，感受东莞市经济社会的高速发展及东莞对台湾青年就业创业的扶持优惠政策。

【中国国民党副主席郝龙斌来莞参访】 2017年12月2日，中国国民党副主席郝龙斌一行来莞参访交流，市委副书记、市长梁维东会见郝龙斌一行，双方就经贸产业文化等领域进行深入交流，达成多项共识。

【粤港澳大湾区建设与台资企业创新力提升研讨会举办】 2017年12月18—19日，由清华大学台湾研究院与广东台湾研究中心东莞理工学院台湾研究所共同主办的粤港澳大湾区建设与台资企业创新力提升研讨会在东莞大朗镇举行。两岸共同市场基金会执行长陈德昇、原台湾新竹科学园区管理局局长王弓、国家发改委两岸产业合作专家咨询小组陆方召集人及清华大学台湾研究院常务副院长殷存毅等31位两岸专家、学者参加研讨会，结合东莞市委、市政府推进滨海湾新区的建设发展战略，为台商融入粤港澳大湾区发展建设建言献策，助推台资企业提升创新力，实现转型发展。研讨会期间，东莞市委常委骆招群和与会专家座谈会面，向专家学者介绍东莞经济发展情况及莞台合作情况，勉励与会专家继续为台企的创新发展提供智力支持。

【骆招群率团赴台开展党际交流】 2017年12月21—27日，东莞市委常委、统战部部长骆招群率东莞市党际交流团赴台开展党际交流和考察活动。在台期间，考察团与中国国民党桃园市党部开展基层党际交流，走访台达集团、明门集团、正崴集团、宝成集团和动力科技公司等在莞台企总部；会见台北市东莞同乡会，东莞市台商协会人员，通过考察台北市、桃园市、台中市、苗栗县、南投县和嘉义县等地，进行全面交流考察，增进两地党组织的联系，深化两地友谊，坚定台资企业扎根东莞发展的信心。

涉台机构

【东莞市台商投资企业协会举行24周年庆典】 2017年11月16

日，东莞市台商协会在东莞康帝酒店举行以“深耕基层 回馈乡梓”为主题的24周年庆典系列活动，活动包括第十一届第一次会员代表大会、“‘一带一路’暨粤港澳大湾区机遇与发展”论坛以及庆典晚宴。省台办副主任方涛、东莞市委副书记张科，东莞市台商协会荣誉会长张汉文及会长蔡俊宏分别在庆典活动上致辞。市台商协会成立于1993年，有近3000家会员企业和33个镇街（园区）分会，下设妇女联谊会、青年委员会，以及产业升级、海关咨询、旅游考察、公益事业等13个功能委员会和“马上办”中心等。

【东莞台商子弟学校】 2017年，东莞台商子弟学校除举办成年礼大典、毕业典礼和校庆系列活动等常态化活动，并举办首届粤台幼儿教育高峰论坛，为两地幼儿教育交流提供契机，搭建起增进共识、深化友谊的平台，对促进两地幼儿教育工作、提升科研内涵、辐射优质资源、实现优势互补、深化资源共享产生积极作用。台商子弟学校多次远赴新疆喀什，筹备为三师兵团捐赠事项，截至2017年底，东莞台商子弟学校毕业生总人数661名，其中15名被包括台湾大学、台湾清华大学、台湾政治大学等学校录取，部分学生申请中山大学、华南理工大学和厦门大学获批。

【东莞市台胞台属联谊会举行成立30周年庆典暨第八、九届理事会交接典礼】 2017年9月21日，东莞市台胞台属联谊会举行成立30周年庆典暨第八、九届理事会交接典礼。市委常委、统战部部长骆招群，广东省台湾同胞联谊会会长颜珂，台北市东莞同乡会理事长叶炯超，以及市政府台湾事务局局长吴小峰、市中小企业局、市商务局负责人等出席活动。大会选举东莞市培英教育投资有限公司董事长谢炜强为市台联会第九届理事会会长。

【台北市东莞同乡会参访团来莞交流】 2017年9月20—23日，台北市东莞同乡会理事长叶炯超一行18人应东莞市台联会邀请回莞进行参访交流活动。交流团一行先后到市规划展览馆、台商大厦、南社古村落、新沙港汽车滚装码头、华阳湖湿地公园以及海战博物馆等地参观，并出席东莞市台胞台属联谊会成立30周年庆典暨第八、九届理事会交接典礼。

【台心医院】 截至2017年底，东莞市台心医院接诊15万人次，体检2.4万人次，住院6000人次，总体呈现出门诊、急诊及住院病人数量逐月缓慢递增趋势。台心医院获“2016年度医院综合管理工作良好单位”称号；卫生部原副部长、十二届全国政协常委、全国政协教科文卫体系员会主任委员、中国医院协会会长、中国器官移植发展基金会理事长、清华大学医院管理研究院院长黄洁夫教授到该院参访。2017年8月4日，台心医院与东莞市人民医院签署合作协议，在医疗技术、人员等方面开展交流合作。

【台商大厦】 台商大厦商场于2017年12月24日营业，包括意大利米兰“ATTOS”“AROMA BABY”等品牌店相继开始营业。截至2017年底，大厦整体进驻情况良好，写字楼进驻办公用户329户，面积12.5万平方米。商场营业的商铺36户，面积1.1万平方米。

（范星星）

附．2017年中共东莞市委台湾工作办公室主要领导名录

主　任：吴小峰

附：2017年东莞市人民政府台湾事务局主要领导名录

局　长：吴小峰

莞港澳合作

港澳事务

【莞港澳合作】 2017年，东莞市新增港澳资企业599家，占新增外资企业64.8%。东莞市企业承接香港公司服务外包合同250个，合同金额30156万美元，占全市比重34.9%；东莞市企业承接澳门公司服务外包合同9个，合同金额0.63万美元，占全市比重7.3%。截至2017年底，接待港澳来莞交流团组65批3369人次；组织赴港澳学习考察团组46批224人次；办理因公临时赴港澳1702批2837人次。7月，在香港召开“深化莞港合作 打造对外开放新支撑”交流会、在莞港资企业升级转型联席会议，进一步完善“政企直通车”机制。12月，在莞举办第十六届香港珠三角工商界合作交流会，香港行政长官林郑月娥与东莞市委书记吕业升、市长梁维东，就高端医疗、养老产业、服务贸易等展开合作达成共识，进一步增强珠三角港商凝聚力。道滘镇与多家澳门企业分别签订“共建东莞贸易金融创新示范基地战略合作项目”“人工智能应用示范基地的战略合作项目”“粤港澳大湾区再生资源电子交易平台项目”等8个莞澳合作项目，进一步加深莞澳经贸合作。

【莞港澳合作重点领域交流密切】 2017年，东莞市加强与港澳重点领域合作。

科技产业合作方面 举办第六届中国创新创业大赛港澳台赛，吸引和带动更多港澳台创客来莞创业发展。截至2017年底，推动43家企业获广东省粤港招标项目0.85亿元经费资助，推动112家企业获市级粤港招标项目3.18亿元经费支持。深化莞港科技合作交流，推动香港部分高校、科研机构、科技企

业来莞参加2017科技合作周，并举办“粤（莞）港·香港科技成果专题展示活动”。

法律服务方面　加强莞港澳法律服务交流合作，承办省律师协会和香港律师会联合举办的风险管理教育课程推介会，探讨法律执业风险及粤港律师业合作、联营存在的风险与对策。

医疗服务方面　设立粤港澳大湾区毫火针疗法培训推广中心，为港澳地区开通中医特色疗法毫火针学习研究的绿色通道。

【莞港澳工作平台成效显著】2017年，东莞市与港澳合作平台建设成效显著。

松山湖（生态园）粤港澳文化创意产业实验园区　作为东莞市首批粤港澳服务贸易自由化省级示范基地之一，坚持以创新驱动文化创意产业的发展，成效显著。出台《东莞松山湖（生态园）港澳青年人才创新创业专项资金管理暂行办法》，加强园区对港澳青年才俊的吸引力。组织园区优秀企业参加第15届香港国际授权展、英国伦敦品牌授权展览会，与韩国、中国香港、中国台湾等地数十家企业达成品牌进驻合作意向，文化产业氛围日益浓厚。截至年底，园区内文化创意类企业500多家，覆盖动漫原创、创意设计、文化策划等12个文化产业领域。

东莞市外贸转型升级支援服务中心　举办14场转型升级宣讲活动，吸引500多家企业参加，成功为200多家企业提供有效咨询服务，推动企业新增境内外商标或引用母公司品牌360个，获得专利及知识产权300件以上。截至年底，有20家企业报名加入转型升级项目。

【莞港澳青少年交流合作硕果累累】　2017年，香港龙昌集团、捷荣集团、李永波羽毛球学校等港澳青少年活动基地，结合“香港回归20周年”及“粤港澳大湾区”两大主题成功举办首次香港回归20周年暨2017年莞港澳青少年“同珍杯”羽毛球邀请赛、第五届“莞香传情”莞港澳青少年成长营、莞港澳青少年科技教育交流活动、“莞港缘·回归情”莞港两地青年双向交流计划、“邹振先杯”粤港澳大湾区（东莞）青少年田径邀请赛、2017粤港暑期实习计划等活动。截至2017年底，东莞市共组织4648人次港澳青少年来莞交流。

（周佩琪）

莞港经贸

【莞港经贸概况】　截至2017年底，东莞市有港资企业6747家，累计合同吸收港资568亿美元，占全市比重61.5%；累计实际吸收港资431亿美元，占全市比重56.4%。其中，在莞港资企业中，投资额超0.1亿美元的有620家，占总数9.2%，涉及的总投资金额达314.9亿美元。

是年，东莞市与香港地区贸易总额1751亿元，比上年增长1.0%，占全市14.3%。其中，对香港出口1732.3亿元，比上年增长1.0%，占全市24.7%；对香港进口18.7亿元，增长4.5%，占全市0.4%。主要出口产品为自动数据处理设备及其部件、服装及衣着附件、通断保护电路装置及零件、静止式变流器、电话机。东莞市出口前300名企业中，港商投资企业有117家，占39%。

全年全市引进港资服务业企业1219家，累计合同外资74亿美元，行业涵盖批发和零售、租赁业、商务服务业、科学研究等领域，就近为东莞市企业升级转型提供产业支援服务。特别是利用CEPA框架协议，加快推进香港服务业进入内地市场，为制造业发展提供产业支援。东莞多次联合香港贸易发展局、香港投资推广署、香港工业贸易署等机构，中央、省属、市直有关部门，以及东莞市总商会、外商协会等组织开展一系列的宣传推广活动。截至2017年底，东莞设立25个港资CEPA项目，累计投资总额0.21亿美元，注册资本0.15亿美元，主要涉及物流、管理咨询、广告、印刷等行业。

【第十六届香港珠三角工商界合作交流会】　于2017年12月8日在东莞市举办。由香港工业总会、香港生产力促进局及珠三角工业协会作为主办方、东莞市人民政府作为名誉主办机构。香港特别行政区行政长官林郑月娥，广东省政府党组成员陈云贤，东莞市委书记吕业升、东莞市长梁维东等，省港澳事务办公室主任廖京山，以及近千名粤港两地政府、工商界代表人士出席活动。随着影响力逐步扩大，交流会发展成为粤港交流合作的重要平台。交流会主题为“先进制造创里程　莞港合作谱新章”，旨在提升莞港两地科技创新发展水平，推动香港与东莞在科技创新及先进制造的互动发展。交流会当日还举办“智能制造显优势，环保科技创先河”专题研讨会、参观东莞创机电业制品有限公司、参观东莞科技合作周等配套活动。

【在莞港资企业升级转型联席会议】　2017年7月5日，第19次在莞港资企业升级转型联席会议在香港会议中心召开。会议以“深入实施‘倍增计划’，推动在莞港企发展壮大”为主题，与会人员围绕会议主题进行交流。会议明确东莞市支持在莞港资企业转型升级和发展壮大，全力帮助企业破解遇到的发展难题，全方位提升服务水平，推动企业加快转型升级和倍增发展。香港特区政府驻粤办、香港贸发局、香港生产力促进局、香港东莞社团总会代表出席会议，分别推动在莞港企升级转型、实现倍增建言献策；香港五大商会、东莞市外商投资企业协会代表阐述在莞会员企业生产经营、转型升级过程中遇到的主要困难、问题及相关建议，市商务局、市经信局、市金融工作局、市财政局等就相关问题和建议进行现场答复。截至年底，召开19次莞港联席会议，解决港资企业转型升级问题超150个。

【莞港经贸交流系列活动】2017年7月5日，“深化莞港合作 打造对外开放新支撑”交流会议在香港召开。该次交流会以“深化莞港合作 打造对外开放新支撑”为主题，主要目的是通过深入交流，传递东莞市融入粤港澳大湾区建设、打造粤港澳大湾区国际制造中心的信心和决心，抢占大湾区建设的先机。香港特区政府驻粤办、香港五大商会等机构代表，各镇政府、街道办事处、园区管委会领导及近500家港资企业高层600余人参加会议。

2017年7月27日，粤港经济贸易合作交流会在港举行，东莞市代表团参加该次粤港交流会，先后出席粤港联手参与“一带一路”建设座谈会、深化粤港澳创新创业合作座谈会等活动，与香港政商各界就进一步深化莞港互利共赢合作、携手推进粤港澳大湾区建设进行交流探讨。会议期间，东莞市共落实投资项目9个，投资总额3.27亿美元，涉及电子信息、机械制造、五金模具及食品等行业，并实现贸易成交3.24亿美元，其中，出口1.76亿美元、进口1.48亿美元。（曾梓丹）

2017年东莞市投资总额前30名港资企业

序号	企业名称	镇区名称
1	玖龙环球（中国）投资集团有限公司	松山湖
2	玖龙纸业（东莞）有限公司	麻涌镇
3	广东理文造纸有限公司	洪梅镇
4	米亚精密金属科技（东莞）有限公司	凤岗镇
5	东莞粤海银瓶开发建设有限公司	谢岗镇
6	东莞联丰科艺金属有限公司	凤岗镇
7	东莞德永佳纺织制衣有限公司	麻涌镇
8	广东虎门大桥有限公司	虎门镇
9	广东四开机械能源产业有限公司	常平镇
10	中粮（东莞）粮油工业有限公司	麻涌镇
11	东莞建晖纸业有限公司	中堂镇
12	东莞超盈纺织有限公司	麻涌镇
13	广东中远船务工程有限公司	麻涌镇
14	东莞生益电子有限公司	东城区
15	东莞美维电路有限公司	东城区
16	广东生益科技股份有限公司	松山湖
17	广东劲胜智能集团股份有限公司	长安镇
18	东莞虎门电厂	市直
19	东莞中电九丰新能源热电有限公司	沙田镇
20	东莞粤海银瓶发展有限公司	谢岗镇
21	东莞市辰泰农业科技有限公司	樟木头镇
22	东莞南玻太阳能玻璃有限公司	麻涌镇
23	东莞玖龙码头有限公司	虎门港
24	东莞理文造纸厂有限公司	中堂镇
25	东莞观澜湖高尔夫球会有限公司	塘厦镇
26	东莞科维环保投资有限公司	横沥镇
27	东莞安琪食品有限公司	塘厦镇
28	维他奶（东莞）有限公司	常平镇
29	东莞嘉创房地产开发有限公司	凤岗镇
30	东莞创纪房地产开发有限公司	石龙镇

区域合作·扶贫开发

REGIONAL COOPERATION · POVERTY ALLEVIATION AND DEVELOPMENT

秀美水乡　（侯海明　摄）

编辑：王学林　施雪芬

《珠江三角洲地区改革发展规划纲要》实施

联席共商

【深莞惠、河源、汕尾五市"3+2"区域信用合作第三次联席会议】　于2017年1月10日在东莞市召开。会上，"3+2"区域五市共同签订并印发《2017年区域社会信用体系建设合作实施方案》。方案明确，2017年，五市将共同制定"3+2"区域统一的信用信息标准，完成信用信息的分级管理，实现基本信用信息的共享和信息定期更新，制定信用服务机构跨市服务导则，以及建立信用服务机构失信通报制度。在此次会议上，东莞、深圳、惠州、汕尾、河源五市先后分享各市的信用体系建设工作成果，深入探讨交流经验做法、问题困难及工作思路。

【深莞惠+汕尾、河源五市警务协作联席会议】　于2017年3月3日在惠州市召开。省公安厅办公室、刑侦局有关领导和深圳、东莞、惠州、汕尾、河源等五市公安局领导和有关警种负责人出席会议。五市公安机关就加强边界查缉联动、情报信息共享、治安重点区域整治、社会治安防控体系建设等方面警务协作进行探讨和研究。会上指出，五市公安机关要认识跨市警务协作的重要性，通过建立完善良好合作模式，实现情报数据鲜活共享，重点加强边界地区跨区域、多发性有组织犯罪活动的动态打击，维护社会治安稳定。

同时，加快"五市警务协作平台"测试启动工作，推动警务信息资源共享，解决打击防范、治安防控工作中需求迫切的警情、卡口、视频等数据交换共享问题。发挥警务协作机制效能，以打开路、打防结合，推进"飓风2017"专项行动，树立整体作战意识，以推动侦办边界地区、跨区域案件和重大团伙犯罪为重点，打击跨边界、跨区域、系列性、团伙性突出犯罪。争取当地党委、政府支持，促进和保障警务协作机制向更深层次、更大范围拓展。

【深莞惠三市交通部门联席会议】 于2017年4月1日在深圳市召开。会议协商深莞惠三市交通部门提交联席会议审议的跨区域交通规划、建设、运营和管理的若干议题。会议提出，建立三市交通部门三级协调架构，在各市交通部门内设跨区交通专门协调机构。另外，计划在观澜、塘厦、凤岗3地建设深圳港内陆港，发挥深圳市世界第三大集装箱港口的优势，推进海铁联运。会议还提到，将在新一轮总规及干线路网修编工作中，开展对深莞惠区域路网衔接进行专项规划研究，并开通多条跨界公交，另外加强深惠城际轨道的建设。

【在莞港资企业升级转型联席会议】 于2017年7月5日在香港召开。东莞市委宣传部、统战部以及市商务局、发改局、经信局、金融工作局、港澳事务局等部门参加会议，香港贸发局、生产力促进局以及香港东莞社团总会分别就如何推动在莞港资企业转型升级、实现倍增进行发言，香港五大商会、东莞外商协会代表分别阐述在莞会员企业生产经营过程中遇到的困难及相关建议，东莞有关部门进行有针对性的回应。

从2009年第一次会议以来，莞港联席会议召开19次，解决在莞港企的重大问题近150个，成为东莞市委、市政府深化莞港合作、听取香港业界声音、促进港企转型升级的最重要的平台之一。

【2017年深莞惠汕河旅游联盟联席会议】 于2017年11月13—14日在东莞市麻涌镇举行。东莞市、深圳市、惠州市、汕尾市、河源市旅游主管部门主要负责人及5市旅游业界代表出席会议。会议总结旅游联盟2017年旅游合作联动取得的成果，2017年，深莞惠汕河旅游联盟各成员单位依托各自优势旅游资源，为旅游企业搭建平台，开启区域协作的高效合作共赢模式，联盟五市以“活力广东·缤纷深莞惠汕河”为主题，以“花颂岭南东江　海阔五城万象”为口号，创新营销手段和方式，联合举办“万人互游深莞惠汕河城际互游活动”“贵阳、昭通联合宣传推广活动”“西藏旅游合作交流暨业界踩线活动”；联合参加“2017广东国际旅游产业博览会活动”“西欧旅游宣传推广活动”，编制“深莞惠汕河自驾游地图”，推介深莞惠汕河五市的旅游资源，展示五市良好的生态环境和区域旅游新形象，得到旅游业界的认可。联合签订《区域旅游市场联合执法暨市场监管协议书》，深入推进5市旅游市场联合监管合作，完善区域旅游市场综合监管机制，规范区域旅游市场秩序，维护旅游者、旅游经营者和旅游从业人员的合法权益，促进区域旅游业持续健康发展。

规划、协议

【《关于打造创新驱动发展升级版的行动计划（2017—2020年）》印发】 2017年9月5日，东莞市印发《关于打造创新驱动发展升级版的行动计划（2017—2020年）》。该文件提出，东莞市以建设广深科技创新走廊为主线，以散裂中子源等重大科技平台为支撑，以深化体制机制改革为动力，推动东莞从科技支撑产业向科技引领产业转变，从分散式创新向协同式全域创新转变，从服务自身发展为主向支撑国家重大战略需求转变，力争用三年时间，将东莞市打造成为粤港澳大湾区的创新高地和具有全国影响力的科技产业名城，迈入国家创新型城市行列。为此，东莞市实施十大计划：实施创新型城市“提速计划”、重大科学基础设施“鲲鹏计划”、科技创新平台“支撑计划”、核心技术攻关“攀登计划”、龙头科技企业“倍增计划”、新兴产业“引领计划”、创新人才“领航计划”、院士成果转化“玉兰计划”、国际科技交流合作“联网计划”、知识产权“护航计划”。

【《广州市人民政府　东莞市人民政府深化战略合作框架协议》签署】 2017年9月29日，广州、东莞两市签署《广州市人民政府　东莞市人民政府深化战略合作框架协议》。协议主要分为合作宗旨、合作原则、合作重点、合作机制四个部分，合作重点包括规划衔接、交通基础设施对接、港口航运合作、创新走廊共建、园区合作、产业发展协同、生态环境联治、公共服务共享八大领域的内容。成立由两市市委书记、市长组成的领导小组，负责重大事项决策和协调，领导小组会议由两市协商召开。协议提出，双方将优化两地创新走廊周边资源布局，协同引进重大科技创新平台、重点产业项目，构建协同有序、优势互补、科学高效的区域协同创新体系。以广州高新区、东莞松山湖高新区等国家级高新区为核心载体，与深圳共同建设形成沿广深轴线高度发达的创新经济带，把广深科技创新走廊打造成“中国硅谷”，辐射带动全省创新发展。

【《广州南沙新区　东莞市滨海湾新区战略合作框架协议》签署】 2017年9月29日，广州、东莞两市签署《广州南沙新区　东莞市滨海湾新区战略合作框架协议》。协议提出八个重点合作领域，主要包括规划、交通基础设施、产业、港口航运、科技创新、体制机制创新、岭南水乡特色文化、生态环境等方面的合作内容，并分别列出重点合作项目和近期工作任务，涉及经济社会各个合作领域。

协议提出，双方将依托南沙新区作为广深科技创新走廊重要节点和华南科创中心新高地优势和滨海湾新区创新基地的科技创新优势，加强双方在科技创新领域的交流和信息资源共享，协同引进重大科技创新平台、重点科技产业项目；发挥双方在粤港科技合作方面的引领示范作用，推动广州中国科学院工业技术研究院、广州市香港科大霍英东研究院、国家物联网标识管理公共服务平台、国家锂离子动力电池工艺装备技术基础服务平台、广州超算中心南沙分中心以及滨海湾新区粤港澳科技创新孵化器合作区、粤港澳青年创新创业基地、粤港澳科创智慧湾等重点项目建设，加快集聚国内外高端创新要素。

【《广州港务局　东莞港管理委员会推进港口发展战略合作框架协议》签署】 2017年9月29日，广州、东莞两市签署《广州港务局　东莞港管理委员会推进港口发展战略合作框架协议》。协议提出，双方将推进实施穗莞港口一体化。打造广州—东莞港组合港，实现广州港和东莞港港口资源整合，航线等航运资源共享，以广州港为龙头，加快两市市属国有港口企业整合。以粤港澳大湾区建设为契机，共建优势互补、资源共享的穗莞航运体系，科学规划港口资源，加快两市码头建设，打造世界级枢纽港。为打造世界级枢纽港，按照穗莞战略合作机制，两港密切合作，共同开发建设新沙港二期，拟建4个10万吨级通用泊位。

【中国建设银行向东莞市提供2000亿元授信支持】 2017年9月8日，东莞市政府与中国建设银行广东省分行、中国建设银行（亚洲）股份有限公司、建银国际（控股）有限公司、中国建设银行澳门分行签署《支持与服务东莞市全面落实粤港澳大湾区城市群发展规划合作协议》，东莞市滨海湾新区管委会与中国建设银行东莞市分行签署《支持和服务东莞市滨海湾新区建设规划合作协议》。按照协议，未来五年建设银行将向东莞市提供不少于2000亿元综合授信支持，全面支持东莞市落实粤港澳大湾区城市群发展规划，支持东莞城市品质建设、“一带一路”规划、科技金融发展、产业创新升级、完善公共配套服务，全方位提供包括传统项目贷款、城市更新改造资金、PPP（政府和社会资本合作）项目融资、债券承销等综合化融资服务，助推东莞市实现更高水平发展。多年来，东莞市与建设银行在基础设施建设、公共民生服务、重点企业融资等领域开展全方位、深层次的合作。2015年，双方签署五年授信支持600亿元的战略合作协议。截至2017年9月，建设银行各项贷款余额占东莞市贷款总额10%。

【“融入大湾区拓展新产业”战略合作签约仪式举行】 2017年3月16日，“融入大湾区　拓展新产业”战略合作签约仪式在东莞市道滘镇举行，来自香港、澳门、深圳、珠海等地的企业代表齐聚该镇，共同签订战略合作协议。该次签订的四份战略合作协议，莞澳大宗商品交易合作项目依托道滘镇贸易金融创新示范基地，建立澳门及葡语系国家产品的交易及展贸平台；影视文化创意园区项目，致力于聚集影视文化行业明星企业进驻道滘园区注册办公，打造泛娱乐生态链，孵化原创IP（知识产权），共同打造特色影视文创小镇；影视原创内容孵化项目，重点打造编剧中心，孵化原创剧本、原创IP，投资影视内容生产；中葡科技产业园项目，打造葡语国家与澳门科技成果转化平台、文化创意资源对接平台、产品内销平台，为企业提供研发、办公、生产、展销的组合空间，实现科技孵化支持、产业集群发展与金融股权投资三链融合，促进莞澳在动漫制作、网络游戏、创意设计等领域的产业合作更加紧密。

【东莞市道滘镇与澳门签订8项合作协议】 2017年3月31日，东莞市道滘镇组织商务办、投资服务中心、统战办等相关部门以及道滘商会、食品龙头企业代表前往澳门招商考察。其间，参观澳门葡语国家食品展示中心，对接澳门贸易投资促进局等澳门机构以及澳门企业，与多家澳门企业达成战略合作意向，并于4月1日在澳门万豪轩现场签订8项莞澳合作项目，包括：与融和商品交易所、协和珠宝交易所共建东莞贸易金融创新示范基地项目；中广发（融资）租赁项目；粤港澳湾区再生资源电子交易平台项目；汇晟牧业与澳门企业合作运营项目；东莞市水乡文道影视文化创意产业研究院与澳门永道有限公司的合作项目；与澳门永道有限公司、葡萄牙捷星科技投资有限公司共建中葡国际科技合作产业园项目；与澳门吉道研究院共建人工智能应用示范基地；道滘商会与澳门永道有限公司签订济川同创城市更新投资基金项目。

政策创新

【“粤港跨境直通快线”开通】 2017年11月7日，由黄埔海关与东莞市政府联合打造的“粤港跨境直通快线”开通，以莞产智能手机为代表的“东莞智造”货物可通过“粤港跨境直通快线”实现出口通关“提速度、降费用、简流程”。在“粤港跨境直通快线”模式下，企业可先将货物运至长安车检场内的空运集货仓，待收到空运指令后，企业将申报货物转移到打板仓，在海关的监督下完成贴标、打板等物流增值业务；若需查验，则以“边查验、边打板”方式实施顺势监管。承运车辆则由智能化卡口系统施封，通过绿色电子关锁及卫星定位装置，对货物全程实施以“跨境一锁，分段监管”为原则的自动化智能监管。粤港两地海关以电子关锁绿灯长亮为标志实现

2017年11月7日，“粤港跨境直通快线”启动仪式在长安镇举行
（李 俊 摄）

查验结果互认，借助智能化卡口自动验放系统，实现粤港无缝清关，确保货物全程无障碍快速直达香港机场。该模式减少载货清单申报、报关单附页补录、车次确认、人工施（验）解封、海关重复查验等8个环节，物流时间较改革前下降40%。

【东莞市粤港澳银政通暨个体工商户全程电子化登记改革】 于2017年8月10日全面启动。截至2017年8月，东莞有港澳资企业（不含分支机构）6666家，占全市外商投资企业的62.56%；港澳居民在东莞开办的个体户991户，占全省的11.8%。是省内首批试点粤澳、粤港商事登记银政通服务城市。

2017年5月19日，广东省工商局与广发银行合作在澳门举行粤澳商事登记银政通启动会，东莞、珠海横琴新区、佛山（含顺德）、中山和江门为试点地区；7月28日，与中国银行合作在香港举行粤港商事登记银政通启动会，东莞、惠州、江门、中山、佛山（包括顺德）和汕头为试点地区。东莞市成为全省可以全面开展粤港澳银政通业务的四个城市之一。东莞市工商局与中国银行东莞分行、广发银行东莞分行进行对接，形成东莞市办理粤港澳银政通业务的流程。具体操作是：港澳两地投资者在合作银行的网点提交在莞工商部门申请工商登记所需的申请材料，委托银行代办工商登记，待工商部门审核完成后，港澳投资者只需前往东莞市内相对应的合作银行网点，即可领取具有金融服务功能的电子营业执照。也就是说，工商登记和银行开户可以实现一站式办理，实现港澳投资者商事登记的就地受理及远程办理。

与此同时，东莞打造“互联网+政务服务”新样本，在原来推进企业全程电子化登记改革的基础上，率先在全省地级市中启动个体工商户全程电子化登记改革。个体经营者利用个人网银证书，通过网上全程办理个体工商户名称自主申报、开业、变更及注销等工商登记业务，即可享受“坐在家中，执照送上门”的便捷服务。

交流活动

【2017年首届深莞惠汕河五市网球交流赛】 于2017年3月18—19日在深圳市笔架山网球中心举行。该次比赛为团体赛制，五个城市进行循环赛，每一场对阵设置五个点，分别是百岁组、80岁男双组、70岁男双组、75岁混双组和60岁女双组。经过2天角逐，东莞网球队获得冠军，深圳网球队获得亚军，惠州、汕尾、河源三支球队分获三、四、五名。

【2017年“中国旅游日”东莞主题活动暨深莞惠汕河、莞韶城际互游活动启动仪式】 于2017年5月19日在东莞市寮步镇沉香博物馆举行，由东莞市旅游局、东莞市旅游协会主办，寮步镇人民政府承办。2017年的“中国旅游日”活动主题是“旅游让生活更幸福”。旅游展示会现场分为文明旅游宣传、工业旅游展示、旅行社推广、旅游景区推广、东莞旅游商品和特色美食展示7个展区共37个展位。在启动仪式上，为东莞、深圳、惠州、汕尾、河源、韶关市旅行社的代表授旗，倡导城市间的旅游合作。还发出文明旅游暨争创全国文明城市“四连冠”倡议，并为东莞市7家获“工业旅游示范点”的企业授牌，为寮步镇“广东省文化旅游融合发展示范区”揭牌。此外，还举行《从东莞出发》旅游专题片暨“发现东莞新精彩微摄影大赛”开镜仪式。

【非遗墟市城际联盟成立】 2017年5月20日，2017东莞文化四季之非遗季在东莞市文化馆开幕。启动仪式上，东莞市邀请广州、深圳、佛山、清远等周边9市成立非遗墟市城际联盟，联合9市非遗项目，扩大非遗墟市影响力。

首场城际非遗墟市随后在东莞市举行。来自东莞市的龙舟制作技艺、麒麟制作、醒狮头制作技艺、茶山公仔、矮仔肠制作技艺、庾家粽制作技艺、糖不甩等16个本土非遗项目，与来自广州市的榄雕、佛山市的彩灯、深圳市的潮俗皮影戏、清远市的瑶族银饰制作技艺、河源市的桂山茶传统制作技艺、云浮市的南乳花生技艺、韶关市的乳源瑶族刺绣、阳江市的风筝、惠州市的龙门年饼制作技艺等

18个精品非遗项目联合亮相。

资料链接：

2017东莞文化四季之非遗季

在广东省非遗保护中心、东莞市文广新局指导下，由东莞市文化馆主办，东莞市非遗保护中心、东莞市摄影家协会承办，各相关镇街文广中心、东莞广州美术学院文化创意研究院、省服装设计师协会等共同协办的一季主题性活动，是东莞市非物质文化遗产保护工作创新举措的一次集中展示。2017东莞“非遗季”时间为5—6月，活动期间每周六固定举办非遗墟市。此外，举办非遗文创产品设计大赛、非遗精品展演、东莞龙舟月系列活动、非遗原创服装设计、非遗征文颁奖暨朗诵会、“致敬非遗传承人”东莞市文化四季之非遗季闭幕式等系列活动。

【“深化莞港合作　打造对外开放新支撑”交流会议】　于2017年7月5日在香港召开。香港生产力促进局、香港东莞社团总会等各界代表近600人出席会议。会议指出，东莞市在全市选取包括179家港企在内的1260家试点企业给予扶持，对试点企业创新政策、产业、土地、资本、人才五大要素供给，通过创新驱动、产业链整合、业态和商业模式创新、总部经济、资本运营、兼并重组六大路径，力促企业在3—5年内实现规模和效益倍增。引进一批香港科技创新创业人才，联合打造更多科技企业孵化器，建设莞港澳台创新创业基地，力争到2020年，来莞创业的港澳台科技创新创业人才数量达300人以上，创新创业联合培优示范基地达10个以上，在粤港澳大湾区营造创新创业氛围。推动香港生产性服务业和高端服务业落户，在金融业方面，有近20个来自香港的外资金融机构在莞设立银行及保险分支机构或办事机构；文化创意产业方面，松山湖粤港澳文化创意产业实验园区等载体集聚超过800家香港企业。

【同心共赢——庆祝香港回归20周年·莞港合作专题图片展】　于2017年6月28日至7月28日在东莞展览馆举办。该次图片展由东莞市政府主办，市港澳事务局、东莞展览馆、《看东莞》杂志社联合承办。图片展全面梳理和回顾20年来莞港合作的做法和经验，分四部分向广大市民展示莞港两地在经济、社会、文化、教育等各领域交流合作所取得的成果。图片展中的图片记录莞港不同时期的人和事，证明莞港紧密合作的关系。主办方历时两个多月，向社会公开征集1500多幅图片，从中挑选出120幅反映莞港合作交流、莞港城市变迁的照片在该次展览中展出。

【2017年深莞惠汕河五地文艺展演举办】　2017年10月30日，由深圳市文体旅游局、东莞市文广新局、惠州市文广新局、汕尾市文广新局、河源市文广新局等文化部门联合主办，东莞市文化馆、深圳市群众文化学会、惠州市文化馆、汕尾市文化馆、河源市文化馆承办的共筑中国梦·同唱幸福歌——2017年深莞惠汕河流动大舞台五地文艺展演东莞专场演出在东莞职业技术学院足球场举行。深莞惠汕河五地文化部门的领导和现场数千名学生观看演出。当晚深莞惠汕河五地精品歌舞、小品相声等节目轮番上演，节目充满五地的文化特色，如惠州市的客家文化节目《涯系客家妹》，河源市的客家民俗歌舞《灯艺情》，汕尾市的渔歌表演《出海+捕鱼》，白字戏《无愧存心胸》，深圳市的街舞《JT DANCE》、相声《欢声笑语》等节目。东莞市则选送“太阳之子”组合，送上重唱歌曲《我们出发》。

【2017年第十六届香港珠三角工商界合作交流会】　于2017年12月8日在东莞市召开。该次合作交流会由香港工业总会、香港生产力促进局、珠三角工业协会主办，东莞市人民政府作为名誉主办机构，香港特别行政区政府驻粤经济贸易办事处、广东省粤港澳合作促进中心、东莞市外商投资协会联办，另有粤港两地数十个工商机构协办及支持。该届合作交流会旨在提升两地科技创新水平，进一步推动香港与东莞在科技创新及先进制造的互动发展。该合作交流会是一个延续16年的香港珠三角工商界年度盛事，这是第三次在东莞举行。活动中，香港工业总会和广东省人民政府港澳事务办公室，珠三角工业协会和东莞市外商投资企业协会分别签署合作备忘录。截至2017年底，广东省拥有港资注册企业5.4万家，全省累计登记注册香港永久居民个体工商户7022户。港资成为东莞第一大外商投资，全市有港资企业6485家，占外企总数的55.7%；累计实际利用港资424.4亿美元，占全市的55.8%。东莞出口前300名企业中，港资企业占25.7%。2017年以来，港资企业出口总额1199.8亿元，增长6.7%，占全市的21.7%。

项目实施

【粤港机器人学院】　粤港机器人学院由松山湖国际机器人产业基地采用基于项目和课题学习的办学模式，与东莞理工学院、广东工业大学、香港科技大学四方合作共建，借此从大学生本科教育开始，培养机器人产业的技术人才，并孵化优质创业项目。该学院定位于培养基础扎实，视野开阔，动手能力、合作精神和创业精神强的机器人和高端装备技术工程师和技术管理领军人才，2015—2017年，招收3届超过400名学生。粤港机器人学院在国内率先探索创新机器人人才培养模式:为学生设计基于项目和课题学习的全新专业课程，采用世界一流大学通用的全新教材，配备工程

松山湖国际机器人产业基地　　（松山湖高新区供图）

和实践经验强的导师，机器人学院学生前两年在学校培养，后两年到松山湖机器人学院实习或创业。

【从莞高速公路东莞段（含清溪支线）工程通车】 2017年1月12日，从莞高速公路东莞段通车。从莞高速公路东莞段（含清溪支线）工程位于莞深高速公路和博深高速公路之间，是东莞市“五纵四横六连”高速公路网的“第四纵”，属于广东省、东莞市重点工程，由主线和清溪支线两部分工程组成，于2011年3月全面开工建设，全线长57.7千米，设计时速100千米，项目投资112.06亿元，由东莞市交通投资集团承建。该工程开通石排站、东部快速路站、东莞东站、樟木头南站、清溪湖站、清溪站、塘清站7个互通立交，连通相关的地方公路，结束石排镇、企石镇、横沥镇、清溪镇不通高速公路的历史，形成东莞市内纵向高速公路相隔10千米的合理高速公路网络。这是十年来东莞区域内一次性通车里程最长的高速公路。

【东莞市长安镇与深圳市11号线碧头站公交线路开通】 2017年6月15日，东莞市长安镇与深圳市11号线碧头站的公交线路开通。这是第3条从深圳市出发抵达东莞市的跨市公交，此前2条公交线路为深莞1线和深莞2线，分别从凤岗镇、塘厦镇开出抵达东莞市。这条新开通的跨市公交线为“长安26路”，起始站为东莞长安汽车北站，终点站为深圳碧头地铁站北。该公交线路总里程21.9千米（双程），全程用时112分钟，发班间隔28分钟，首发早上6时30分从长安北站发班，末班22时从深圳碧头地铁站发班。碧头地铁站隶属深圳地铁11号线，连接福田中心区、南山、前海、机场、福永、沙井、松岗等片区，从碧头地铁站只需坐8个站就到深圳机场。

【首届“中国粤港澳大湾区国际精准医疗产业峰会暨松山湖国际精准医学园启动仪式”举行】 于2017年6月10日在东莞市松山湖高新区举行。松山湖（生态园）管委会、科特勒医学技术发展（东莞）有限公司、德国医谷相关负责人共同揭开“松山湖国际精准医学园”牌匾，并与首批入驻的7家海内外企业进行签约。

“松山湖国际精准医学园”是松山湖（生态园）与科特勒咨询集团及德国医谷合作建设的国际尖端医疗技术和精准医学产业中国转化创新中心。项目借助德国医谷运营模式，建立欧洲尖端医疗项目“加速器”和“弹射器”，引入国际相关研究机构，形成产业集群发展。随着“松山湖国际精准医学园”的启动，首届中国粤港澳大湾区国际精准医疗产业峰会随之举行。峰会主要分为产业讯息与国际合作两大主题，邀请两院院士、国内外精准医疗产业知名专家学者对医疗科技发展最前沿讯息进行演讲交流，并由英国驻广州领事馆领事讲述国际产业合作经验，由德国医谷等全球知名产业公司分享产业园区运营模式等。截至2017年6月，生物技术产业基地引进215家企业，初步显现产业集聚效应，形成生物技术产业链。

【东宝河新安大桥通车】 2017年8月26日，东宝河新安大桥通车。该大桥是全国首座采用混合梁结构的波形钢腹板梁桥，为跨市界道路桥梁工程，连接深圳市沙井镇和东莞市长安镇，是深莞惠三市衔接道路的8个国省干道项目之一，承担中短距离通过性交通和沙井镇与长安镇之间的城市区域交通功能。该桥东起深圳市沙井新河路，西至东莞市长安建安路，路线全长1.45千米，其中桥梁总长1.04千米。主桥跨越深圳市和东莞市分界的东宝河，线路设计为双向6车道，车速60千米/小时。其中，新安大桥东莞长安段于2015年11月动工建设，2016年10月完工。深圳、东莞长安两边分别组织验收，其中，东莞长安段于2017年6月底交工验收通过，深圳段于8月底验收通过，新安大桥通车后，长安前往深圳沙井仅需5分钟车程，比以前至少缩短40分钟的时间。该桥建成后缓解国道G107线和省道S358线的交通压力。

【东莞港宜家家居出口集拼仓项目启动暨莞盐驳船快线（湾区快线1号线）开航仪式举行】 2017年12月12日，全球最大的家具和家居品零售商宜家家居（下称“宜家”）在东莞港普洛斯现代物流园举行“东莞港宜家家居出口集拼仓项目启动暨莞盐驳船快线（湾区快线1号线）开航仪式”，标志这一全球家居业龙头在东莞开展业务。华南区域是宜家全球采购重镇，每年采购额超过40亿美元，其中在东莞市采购超过15亿美元。东莞港宜家家居出口集拼仓是宜家全球最大的出口拼箱仓，开仓后将使相关企业总体物流成本显著降低。

宜家出口集拼仓每年可直接带动2万标箱外贸货柜在东莞港完成出口，同时还将带来约1万标箱/年的内贸集装箱增量。此外，项目启动后，东莞区域的工厂整柜出口也有望逐步回流到东莞港。“莞盐驳船快线（湾区快线1号线）”由宜家家居、东莞港务集团与东莞市港湾创新供应链有限公司共同开通。该快线于9月底开始试运作，首次将东莞港与盐田港紧密连接在一起，为东莞企业出口提供一条稳定的新路径。（王学林）

经济协作

【经济协作概况】 2017年，东莞市人民政府经济协作办公室（简称“东莞市经协办”），推进韶关、揭阳两市新时期精准扶贫精准脱贫工作，围绕脱贫攻坚八项工程，聚焦贫困人口持续增收，建立脱贫增收长效机制；落实对口云南昭通东西部扶贫协作工作，推进“1+8”合作协议的落实，全面启动“携手奔小康行动”；做好对口支援巫山县工作和协调服务驻莞办事机构工作。

【精准扶贫精准脱贫工作“两”到位】 2017年，东莞市落实精准扶贫精准脱贫工作两到位（责任落实到位、帮扶资金落实到位）。年内，东莞市委书记吕业升、市长梁维东担任市扶贫工作领导小组组长和第一副组长。全市87个帮扶单位，全部成立由主要领导任组长的扶贫工作领导小组，建立“一对一”“二对一”和“第一家长”等帮扶贫困户联系制度，有1.64万名党员干部与对应的贫困户结对。6月16日，东莞市委书记吕业升率队赴韶关市曲江区大塘镇竹园村调研督导精准扶贫工作，慰问贫困户家中，代表东莞市向竹园村捐赠扶贫项目建设资金100万元。东莞市经协办加强沟通协调，严格驻村队伍管理，强化业务指导，加强工作督查，与驻村干部共同分析问题、研究对策，提升驻村队长解决农村基层问题、推动政策落实的能力，推进脱贫攻坚各项工作落实。全年落实帮扶资金5亿元，其中财政专项资金4.7亿元，帮扶单位自筹及动员社会各界捐赠资金0.3亿元。

【精准扶贫精准脱贫工作初见成效】 2017年，东莞市经协办围绕脱贫攻坚八项工程，聚集贫困人口持续增收，建立脱贫增收长效机制，脱贫攻坚工作取得明显成效。

相对贫困人口脱贫率持续上升。通过实施产业、就业扶贫，助力贫困户增收脱贫。全年完成脱贫6938户2.35万人，相对贫困人口的累计脱贫率76%。截至2017年底，有劳动能力贫困户人均可支配收入1.04万元，排在全省前列。

“三保障”（教育保障、健康保障、住房保障）政策有效落实。为符合条件的贫困户子女（小学至高中以及中职、大专在校生）向当地教育部门申请生活费补助9122人。相对贫困村无劳动能力全部纳入低保或特困人员救助供养，全部实现政策性保障兜底（其中纳入低保2.72万人）。配合有关部门做好危房改造调查摸底、登记造册和申报工作扎实推进。截至2017年底，危房改造完工1679户。

人居环境不断改善。开展农村环境整治和基础设施建设，改善困难群众生产生活条件。四是村集体收入稳步增强。截至年底，通过入股水厂、电站、合作社、购买商铺或投资光伏发电项目，启动545个集体经济增收项目，获得固定收益，增加贫困村集体经济收入696.29万元。

【东莞·昭通东西部扶贫协作政策出台】 2017年，东莞市出台《关于进一步加强东西部扶贫协作做好我市对口帮扶云南省昭通市工作的实施方案》《关于印发〈东莞·昭通扶贫协作规划（2016—2018年）〉的通知》《关于印发〈东莞市镇（街道）与云南省昭通市县（区）开展携手奔小康行动工作方案〉的通知》，进一步明确工作任务和目标，明确各部门、各镇街的职责和工作要求，确定东莞清溪、黄江、石碣、大岭山、莞城、樟木头等6个镇街分别与昭通镇雄、彝良、昭阳、威信、鲁甸、巧家等6个国家级贫困县（区）携手奔小康行动的结对关系。

【东莞·昭通东西部扶贫协作工作落实】 2017年，东莞市全面深入推进“1+8”合作协议的落实，推动相关部门抓好12项具体工作，包括干部互派、示范点建设、产业协作、劳务输出、旅游合作、教育合作、人才交流、社会帮扶等方面，重点推动房屋建设、实施危房改造工作，为一批贫困户解决居住问题，改善居住条件。是年，启动141个卫生室建设，危房改造开工619户，竣工274户。商定2017—2019年东莞、中山的中职学校在昭通每年定向招收一批初中毕业生，采取“0+3”合作模式，争取三年在东莞市就读毕业后在广东实现就业。2017年，招生1460人，其中建档立卡贫困学生1127人，占77%，9月到东莞市入学。

【东莞·昭通签订7个产业项目合作意向书】 2017年7月13日，在昭通市召开的东莞、中山、昭通三市联席会议上，东莞市6个镇（街）分别与对口县区签署“携手奔小康行动”框架协议，7个产业项目签订合作意向书，总投资约23亿元。

【劳务协作扶贫援建模式全国首创】 2017年，云南昭通和新疆兵团草湖都是东莞对口帮扶援建的地区，东莞将云南昭通和新疆兵团第三师四十一团两个帮扶的地区联结起来，推动两地开展劳务对接移民，在全国首创两地劳务协作扶贫援建模式。广东援疆驻兵团第三师（东莞）工作队按照解决草湖工业园区缺工问题与人口迁移入户相结合的工作思路，多次与广东省第五扶贫协作工作组密切磋商，通过提供安家补贴、住房保障、探亲交通补贴、培训补贴、收入保障、社会保障、医疗保障、子女就学保障、招工介绍奖励、创业贷款支持等一系列招工、落户优惠政策，推动昭通贫困人口向新疆迁移。2017年5月10日，兵团第三师四十一团、昭通市彝良县、广东省东莞市援疆工作队、广东省第五扶贫协作工作组，四方签署劳务协作（人口迁移）协议。双方合作协议主要围绕贯彻落实第二次中央新疆工作座谈会精神，进一步优化南疆人口结构，依托兵团第三师图木舒克市草湖产业园招工为试点示范，在2017—2019年，有序组织一批云南昭通市彝良县贫困家庭和富余农村劳动力到兵团41团草湖产业园转移就业和推动其落户。重点向建档立卡贫困户倾斜。截至2017年底，昭通先后输送3批次86人赴疆务工，其中有7户26人迁移户口入疆实边。

2017年7月10—12日，市经协办在市委党校举办全市精准扶贫精准脱贫培训班（市经协办供图）

2017年7月13日，东莞市、中山市、昭通市领导见证东莞市6个镇街与对口县区携手奔小康行动签约仪式（市经协办供图）

【东莞·昭通东西部扶贫协作工作扶贫亮点打造】 2017年，东莞昭通农产品产销对接，推动贫困户增收脱贫。广东省第五扶贫协作工作组入驻昭通后，挖掘昭通高原农特产品优势，发动东莞石碣润丰国际蔬菜交易中心与昭阳昌宏信达达成合作协议，在昭阳靖安、鲁甸龙树分别建立供港、供澳蔬菜基地，开展从生产到销售全产业链合作，推动昭通高原特色的冷凉“云菜”摆上莞深港澳餐桌，提升昭通农产品附加值，提高当地农户的农产品收入，推动当地贫困户增收脱贫。

【驻莞办事机构协调服务】 2017年，东莞市推进驻莞办事机构的协调服务工作。做好驻莞办事机构备案、变更、撤销、统计等日常业务工作，协调驻莞办事机构工作人员子女在莞就学，促进东莞市与省内外城市合作交流、资源共享。是年，在市经协办登记备案的驻莞办事机构20个，分别来自广东、广西、湖南、江西、河南、安徽、贵州、黑龙江、辽宁、重庆等10个省（直辖市、自治区）。走访湖南省郴州市、重庆市劳务办、化州市、东安县、临武县等5个驻莞办事机构，了解驻莞办事机构人员近期的工作和生活情况。据不完全统计，20个各地政府驻莞办事机构协调各地人员31批约3260人次来东莞务工；协助东莞有关镇街和部门处理各类纠纷43宗681人次。

【扶贫领域监督执纪问责】 2017年，东莞市经协办落实扶贫领域监督执纪问责有关工作会议精神，组织开展相关工作自查23批次170村次，抽查贫困村139个，重点检查责任落实、资金管理、建档立卡、大数据平台建设等情况。9

月下旬和10月中旬，东莞市经协办与市检察院组成联合检查组，分别对东莞市对口帮扶的韶关、揭阳及云南昭通等地进行专项巡查，了解当地县镇扶贫资金使用管理制度出台及执行情况，宣讲扶贫领域监督执纪问责有关常识。东莞市经协办通过开展明察暗访、工作巡查，发现的有关问题，以及针对整改进度相对较慢的贫困村，第一时间进行反馈和通报，对问题相对突出的，东莞市经协办主要领导对帮扶单位分管领导、扶贫办主任和驻村工作队长进行约谈，进一步提高思想认识，深入查找问题原因，落实整改进度，确保相关工作落到实处。

【对口支援巫山县】 2017年，东莞市投入200万元，支持巫山县培石乡移民集镇综合帮扶项目（新建改建）。（陈 晨）

附：2017年东莞市人民政府经济协作办公室主要领导名录

党组书记、主任：麦允谦

资料链接：

“八项工程”

《中共广东省委、广东省人民政府关于新时期精准扶贫精准脱贫三年攻坚的实施意见》强调，新时期精准扶贫精准脱贫时要从产业发展、劳动力就业、社会保障、教育文化、医疗保险和医疗救助保障、农村危房改造扶贫、基础设施建设、人居环境改善等多方面入手，实施八项工程，打出政策组合拳，确保贫困人口与全省人民一道实现全面小康。

“1+8”框架协议

其中“1”是指东莞、中山、昭通于10月22日签署的《扶贫协作框架协议》。按照《框架协议》，三市成立扶贫协作工作领导小组，建立领导互访、联席会议、信息交流等一系列机制和制度。“8”是指三市的扶贫组织、经信、教育、人力资源、卫生计生、农业、旅游等8个部门也签订相关协作协议，在示范点建设、干部人才交流、产业协作、劳务培训与输出、教育协作、医疗卫生协作、旅游协作等8个领域开展交流合作，携手脱贫攻坚。

“0+3”教学模式

指招收的昭通籍学生，在昭通就读0年，到东莞就读3年。

对口援建

【对口援建概况】 2017年，东莞市援藏援疆援川进展顺利，援建资金100%到位。探索合作共建新疆兵团41团草湖镇，推进兵团草湖广东纺织服装产业园和西藏巴宜区小康示范镇村建设。与四川省甘孜州九龙县、雅江县对口联系工作取得新进展，与牡丹江市签订对口合作框架协议，全面完成“五个一”（开展一次领导交流活动、推动一批干部挂职交流、开展一次对口合作经贸交流会、推动一批对口合作项目落地、组织一次机关干部及企业家“龙江行·广东行”活动）工作任务。印发《东莞市贯彻落实东西部扶贫协作座谈会精神切实做好新形势下对口支援工作的意见》《东莞市援建干部人才关心关爱工作的意见》《东莞市人民政府 第三师图木舒克市人民政府关于深化和拓展对口支援工作协议》《东莞市人民政府 第三师图木舒克市人民政府合作共建41团（草湖镇、草湖产业园）协议》《东莞市镇街与第三师图木舒克市农牧团场结对交流工作的意见》《东莞市镇街与林芝市巴宜区乡镇结对交流工作方案》《东莞市与牡丹江市间开展“五个一”活动方案》等对口支援和合作工作指导性文件和工作方案，推动援藏援疆援川和对口合作工作开展。

【对口援藏】 2017年，东莞市加强援藏项目建设和管理，推进4类10个计划内项目建设，改造升级嘎拉桃花园景区，带动乡村旅游的发展。争取计划外项目21个，资金794.42万元，10个村级卫生室的建成，有效解决农牧民群众看病难题。引进上市企业到林芝，组织5家农牧企业参加东莞农业博览会，展示雪域高原林下资源土特产，帮助林芝苹果、藏香猪鲜肉销售到东莞。引进教育人才196人次、医疗人才8人次，举办培训班32次，培训本地干部和专业技术人员947人次，协调巴宜区干部到东莞市挂职锻炼，为巴宜区经济发展注入新理念、带来新技术、提供人才支撑。组织巴宜区农牧、教育、医疗卫生等各类人员到珠三角地区参观培训69人次，选派巴宜区民间艺术团到东莞慰问演出，邀请东莞市各级党政机关、企事业单位和社会团体到巴宜区考察交流，密切两地的交流，增进两地人民的感情。

【对口援疆】 2017年，广东省统筹安排对口三师图市援疆资金6.36亿元（其中东莞市出资1.63亿元），位居对口支援兵团各师市的所有省市之首，启动实施项目27个，实现资金到位率、任务完成率、质量合格率三个100%和安全文明施工零事故的目标，受到国家对口援疆绩效考评组的肯定。重点推进兵团草湖广东纺织服装产业园建设、41团草湖镇合作共建工作、贫困地区劳动力向新疆转移就业和团场结对等工作。兵团草湖广东纺织服装产业园一期东纯兴30万锭项目和二期东恒兴30万锭项目实现全面达产；三期东湖兴40万锭项目开展生产车间建设；派出10名干部到第三师41团参与合作共建，支持41团草湖镇优化产业布局、加快产城融合、推进产业扶贫，实现合作共建良好开局，兵团第三师选派以41团草湖镇为主的24名干部来东莞挂职锻炼；创新采用“对口援疆与扶贫协作”相结合的工作方式，促成三师图市与云南昭通开展劳务协作试点，云南昭通有86人前来师市41团草湖镇就业生活，其中7户

2017年12月13日，牡丹江市与东莞市对口合作座谈会暨签约仪式现场（市发改局供图）

26人将户口迁入；东莞市17个与师市团场结对帮扶的镇街，连同后方民间社会机构全年累计向师市有关单位及团场捐赠援助资金1132万元，捐赠物资价值超过560万元；组织15场次招商推介会，签约35个项目，实现招商引资到位资金80.91亿元，比上年增长54%；聚焦智力支援，“传帮带”受援地教师68人，接诊3.89万人次，开展手术241台次，“传帮带”受援地年轻医务人员138人，培训医疗卫生人员8140人次，安排干部人才236人次赴广东参加业务培训。

【对口援川】 2017年，东莞市落实全年2316万元援建资金，配合省援川前方工作组推进5个规划内项目建设。推进两地加强联系的各项调研和商务活动。6月，四川省甘孜州委书记率甘孜州党政代表团一行莅莞考察交流，有效推进对口联系甘孜州九龙县、雅江县工作的开展，援受双方根据两市领导达成的共识，着力推动产业合作，利用市场的力量，实现有质量、可持续的发展；8月，在东莞市和雅江县的合作下，雅江县在东莞市举办松茸美食节，进一步加强两地的商贸合作和文化交流。

【东莞市与牡丹江市对口合作】 2017年11月，广东省明确东莞市与牡丹江市开展对口合作，签订对口合作框架协议。东莞市按照省发展改革委《关于我省与黑龙江省结对城市间开展“五个一”活动的函》的部署要求，与牡丹江市高效对接，于2017年12月与牡丹江市签署《对口合作备忘录》，共同组织开展“五个一”活动，推动两市对口合作全面展开。开展两市领导交流活动，增进了解，达成共识，明确目标任务；开展牡丹江市机关干部东莞行活动，奠定推进两地对口合作开展的认知基础；举办对口合作经贸推介会和合作项目落地活动，促成10个产业投资项目签约，投资总额达16亿元；两市市委组织部门对接，选派第一批5名牡丹江市机关干部到东莞市挂职锻炼。

（发改局）

法　　治

LEGAL SYSTEM

华阳湖湿地公园　（麻涌镇供图）

编辑：刘　丹

地方立法

【地方立法起草和审议】　2017年，东莞市人大常委会把提高立法质量摆在首位，突出立法重点，创新法规案起草和修改工作机制，改进调查研究工作方式方法，建立健全立法工作台账制度，增强立法工作实效。审议《东莞市生态文明建设促进与保障条例》。根据市委精神，将《东莞市水乡特色发展经济区生态文明建设促进与保障条例》更名为《东莞市生态文明建设促进与保障条例》，适用范围由水乡经济区的生态文明建设调整为全市的生态文明建设，完成一审、二审程序。审议《东莞市饮用水源水质保护条例》。完成《东莞市饮用水源水质保护条例》草案稿和草案修改稿的一审、二审、三审程序，并经市人大常委会表决通过。提前介入《东莞市出租屋治安消防安全管理条例》起草工作。及时将《东莞市出租屋治安消防安全管理条例》纳入2017年立法计划，完成一审程序。继续跟进《东莞市城市管理综合执法条例》相关工作。

【立法计划和规划】　2017年1月，东莞市人大常委会法工委根据《关于2017年立法计划的初步意见》《关于2017—2021年立法规划的初步意见》论证情况，形成《东莞市人大常委会2017年立法计划及2017—2021年立法规划（草案）》建议稿，报送省人大常委会法工委和市委。6月5日，市委常委会审议通过《东莞市人大常委会2017年立法计划及2017—2021年立法规划（草案）》，6月20日，报省人大常委会法工委备案并向社会公示。

【规范性文件备案审查】　2017年，东莞市人大常委会做好市政府规范性文件备案审查工作。完成《东莞市公共图书馆管理办法》《东莞市燃气管理办法》备案工作以及《东莞市国有土地上房屋征收与补偿办法》《东莞市异地务工人员随迁子女接受义务教育实施办法》《东莞市门楼牌管理办法》《东莞市绿道管理办法》《东莞市困难家庭医疗救助暂行办法》等各领域15件规范性文件的备案工作。根据市委备案审查联动机制要求，协助市委办对《关于推进园区统筹片区联动协调发展的意见（送审稿）》《关于完善矛盾纠纷多元化解机制的实施意见（送审稿）》《中共东莞市委　东莞市人民政府关于深化市属国有企业改革的实施意见（征求意见稿）》《东莞市深入推进城市执法体制改革改进城市管理工作实施方案》《关于印发〈石碣镇违法用地、违法建设联合执法实施方案〉的通知》《关于进一步加强城市规划建设管理工作的实施意见》等48件市委、市政府重要文件的合法合规性进行审查。

（吴　洋）

【政府立法】　2017年，东莞市法制局落实年度立法任务。按照《东莞市人大常委会2017年立法计划》《东莞市人民政府2017年规章立法计划》安排，局领导带队前往市公安局、城管局、规划局、房管局等部门调研指导政府立法工作，组织和参与立法项目调研、论证、听证、座谈等各类会议活动64次。严把立法审查关，完成《东莞市出租屋治安消防安全管理条例（草案）》的审查，提请市政府常务会议审议并报市人大常委会；审查并提请市政府出台《东莞市燃气管理办法》，审查并提交市政府常务会议审议《东莞市环境卫生管理规定》《东莞市新建改建居住区配套教育设施规划建设管理办法》《东莞市物业管理办法》。办理《广东省通信设施建设和保护规定（送审稿）》等省立法草案意见征集84件次。

编制下年度立法计划。科学制定立法规划和工作计划，编制并提请市政府印发东莞市2018年政府规章立法计划，编制并提请市政府审议2018年地方性法规立法计划建议后报市人大常委会，突出立法重点，推动立法准确反映全市经济社会发展需求。

（喻中胜）

政法委与综治工作

【政法概况】　2017年，东莞市政法系统围绕党的十九大期间维稳安保主题主线，抓住影响社会治安稳定的源头性、基础性问题，防范化解管控各类风险，营造共建共治共享社会治理格局，深入推进平安东莞、法治东莞和过硬队伍建设，确保全市社会大局和谐稳定，为全市经济社会平稳健康发展提供坚强保障。东莞市政法工作实现全国社会治安综合治理优秀市“三连冠”，首次获得全国综治最高荣誉“长安杯”。

是年，研究制定《政法系统关于贯彻落实市委〈关于深入推进全面从严治党加强领导班子建设、干部队伍建设、党的作风建设的意见〉的实施意见》，全面落实从严治党。全市政法系统先后涌现出“全国十大杰出青年法学家”提名奖获得者程春华，“全国刑申检察业务能手”张信贤，“全国优秀人民警察”陶峰、姜晓良、吴杰伟、赖信兵、王家晖，“全国模范人民调解员”李春梅、刘盛渊，“全国优秀公安基层单位”万江分局共联派出所等一批先进典型。

> **资料链接：**
>
> 全国社会治安综合治理优秀城市中央在政法综治维稳领域设立的最高综合性奖项，是彰显城市美誉度、社会和谐度、群众满意度的重要“金字招牌”。“长安杯”更是中国综治领域时间跨度最长（连续三届12年都站在全国领先的位置上，才有可能获得“长安杯”）、涵盖内容最多的一项综合考评，是对一个城市平安建设、社会治理创新、和谐社会建设及发展软环境等综合水平的最高褒奖。

【社会治安综合治理】　2017年，东莞市重视政法工作，连续11年将治安工作列为民生“十件实事”之首，并将提升社会治理能力列入推动东莞市更高水平发展“十大行动计划”。市财政对政法综治工作投入44.5亿元，比上年增长12.66%。

维护公共安全　开展“飓风2017”专项行动，总体成效在全省处于优秀等次。全年全市接报违法犯罪警情比上年下降16.8%，立刑事案件下降12.6%，破案上升3.4%；命案立案下降15.1%，全市社会治安呈现“三降一升”的良好局面，其中茶山、道滘、高埗、谢岗、望牛墩、洪梅、麻涌7个镇实现“零命案”。侦破公安部“3·13”专案，破获“4·18华夏传承”专案，并打掉一个横跨东莞、清远和湖北武汉的涉恶犯罪团伙，战果得到上级公安机关肯定。排查确定治安重点地区31个、突出治安问题34个。开展“平安校园”创建，持续开展流动人口和出租屋“双实”（实有房屋、实有人口）管理工作，加强铁路护路联防工作，在铁路沿线设有视频监控摄像头404个。推进道路交通重点整治工作，组建首支交警铁骑队，全市发生交通事故比上年下降14.8%。加强危险化学品、消防、工程建设、食品药品等重点行业领域安全隐患整治，实施高等级风险点危险源有效管控，推进易制爆危险化学物品和寄递物流专项整治行动。加强特殊人群服务管理，落实监护人责任和监护补助政策，市、镇两级财政预算2886.9万元专项用于监护补贴。推进社区矫正中心建设，实现镇街社区矫正中心全覆盖。开展无邪教“三个一”示范创建工程，以大岭山、石碣镇等2个镇以及30个村（社区）为重点培育对象，将东莞市打造成全国标杆性地级市示范点。强化综治政策工具运用，挂牌整治命案高发的8个镇街和治安问题严重的1个镇。

创新社会治理　全面铺开“智网工程”工作，建成1个市级、33个镇级“智网工程”指挥调度中心（综治信息化中心）和599个村级“智网工程”指挥调度工作站。全市基础网格2958个，配置网格管理员9756人，全市入格事项20大类83项。全面铺开“中心+网格化+信息化”工作，全市各综治中心排查防控违法犯罪4508件，排查消除公共安全隐患5.24万处。推进“雪亮工程”建设和重点公共区域视频监控全覆盖，全市一类高清视频点1.21万路，二类视频点1.58万路，地铁轨道视频点1191路，公交站台视频点377路，3.06万路视频图像全部实现互联互通。深化提升立体化防控体系建设，实行一体化运作工作模式，制定下发“1+6+N”工作指引，完成内部视频接入“两网双平台”，在全省公安机关社会治安防控体系建设成效评价中排名第四。推进平安文化建设，打造共建共治共享社会治理格局。开展“全民创安·一呼百应”工作，群众提供案事件有效线索2172条，救助走失人员1244人。开展“全民创安·以案说防”平安文化建设十大行动，全市开展“以案说防”活动1.4万场次。深化“平安细胞”建设，全市平安村居、平安家庭、平安校园创建覆盖率分别达100%、99.82%、96.8%。深化“平安建设促进会”建设，全市各级“平安建设促进会”受理矛盾纠纷4207件，调解案件3958件，处置突发事件160起。

【社会矛盾化解】 2017年，东莞市围绕做好党的十九大期间维稳安保工作主题主线，化解社会矛盾，维护社会大局和谐稳定，完成十九大维稳安保任务，工作绩效考评在全省名列第三、地级市第一。

维稳机制建设 成立市委党的十九大期间维稳安保工作领导小组及其办公室，强化统一指挥处置。出台《东莞市健全落实社会治安综合治理领导责任制实施办法》，压实党政“一把手”的第一责任、各镇街（园区）的主体责任和职能部门的主管责任。突出督导考评，分片对十九大维稳安保工作进行督导督办，对100处重点隐患化解情况和十九大维稳安保工作进行专项督导。落实重大决策社会稳定风险评估工作，全年对6项重大决策进行社会稳定风险评估。持续升级优化企业风险预警系统，健全欠薪企业主会议制度和企业信息员制度。

重点问题治理 聚焦基层农村“两委”换届选举、涉农涉土、涉环保、涉经济等重点领域的矛盾纠纷，开展预防化解社会矛盾“十二大专项行动”，解决一批影响基层稳定的源头性问题。先后妥善化解“10·27”押运员故意伤害案、大朗“1·21”案件和中堂“10·17”案件等引起的不稳定因素。全年全市各级综治信访维稳中心排查矛盾纠纷7045宗，化解6470宗，化解率91.83%；公安机关处置群体性事件比上年下降2.38%，没有发生重大群体性事件；人力资源部门处置的涉劳资纠纷引发的30人以上群体性事件下降50%，妥善化解省交办的7宗重大涉法涉诉信访案件。

多元调解 推动成立“东莞市金融纠纷人民调解委员会”，加强金融领域纠纷调解工作。发挥市医调委、交调中心、家调委等人民调解组织的作用，全年全市各级人民调解组织调解纠纷1.15万件，调解成功率98%。其中，市医调委受理案件258件，调解成功257件，协议履行率及群众满意率均达100%，获评“全国模范人民调解委员会”；市交调中心受理案件44件，调解42件。发挥东莞市弘扬法治公益基金会、东莞中立法律服务社作用，为群众提供各类公益法律服务。继续发挥“莞香花”“白玉兰”“心灵驿站”等知名社工服务品牌机构的积极作用，发动多元力量参与矛盾化解。引导异地商会发挥在完善社会服务、参与基层治理、维护社会稳定中的桥梁纽带作用，妥善化解一批矛盾纠纷。

【法治东莞建设】 2017年，东莞市继续深入推进法治建设，致力打造法治东莞升级版和营造法治化、国际化营商环境，为经济社会发展保驾护航。

法治建设强化 制定印发《东莞市2017年依法治市工作要点》，加强对全市依法治市工作的统筹部署。出台《东莞市党政主要负责人履行推进法治建设第一责任人职责实施办法》，落实党政主要负责人推进法治建设工作职责。全面落实《广东省建设法治化国际化营商环境五年行动计划》，复制推广自贸试验区改革创新经验67项，打造一流法治化营商环境。制订《东莞市关于推行法律顾问制度和公职律师公司律师制度的实施意见》，全面推动各镇街和市直部门落实法律顾问制度。

司法体制改革 实现法院院庭长办案规范化常态化，全年入额院庭长办结各类案件4.84万件，占全市法院结案总数的30.21%，相关改革项目入选全国法院首批司法体制改革典型案例。全面落实法官员额制，首次从基层法院法官助理中遴选初任法官29名。完善法官员额制配套措施，推行案件繁简分流，破解执行难。开展以审判为中心的诉讼制度改革，挂牌成立全省首个派驻水乡环境保护巡回检察室，率先在全省完成人民监督员选任工作。

公正司法 落实防止领导干部干预司法活动相关制度，全年未发现有违纪情况。审判质效稳步上升，全市法院受理各类案件18.28万件，比上年增长9.01%；办结16.02件，增长11.75%；一线法官人均结案335件，增长15.03%，受理、办结的案件数量以及法官人均结案数均创下历史新高。全市办理法律援助案件5037件，挽回经济损失5121万元。办理司法救助91件，救助困难群众161人，救助金额438.6万元。

法治创建活动 推开基层法治创建活动，提前一年完成省法治镇（街道）创建任务，全市397个村（社区）达到省级法治创建标准，创建比例68%，超过省要求50%的创建任务。组织实施2017年度法治惠民实事工程项目，解决群众关心的法治热点问题。建立东莞市律师工作联席会议制度，建立法官、检察官、警察与律师沟通、协调与监督机制，规范律师执业行为。完善国家机关“谁执法谁普法”的工作机制，建立东莞市普法联席会议制度。市法学会拓展司法实务研究、东莞法治论坛、“东莞法律沙龙”和《东莞法学研究》“四个平台”建设，切实提升服务大局水平；努力抓好党组织建设，全市33个镇街（园区）均成立法学会党支部。

【东莞市获全国综治工作最高荣誉“长安杯”】 2017年9月19日，中央政法委、中央综治委在北京召开全国社会治安综合治理表彰大会。会上，对2013—2016年度全国综治工作先进集体和先进工作者进行表彰。东莞市获“全国社会治安综合治理优秀城市”称号，实现“三连冠”，首次获全国综治工作最高荣誉“长安杯”。截至2017年底，东莞市委、市政府连续11年将治安工作列为“十件民生实事”之首，出台社会治安防控体系建设、命案防范、智网工程等多项指导性文件，全市32个镇街、592个村（社区）、132个工业园区（规模企业）统一建立综治信访维稳中心和工作站，大综治大调解工作格局日臻完善，工作经验在2015年全省现场会上被全面推广。2015—2016年，全市各级综治信访维稳中心排查矛盾纠纷1.60万宗，化解1.57万宗，化解率98.17%。2013—2016年，东莞市排查整治治安重点地区和突出治安问题228个，治安面貌实现大幅好转。建立健全医调委、交调中心、异地商会服务管理等第三方调解机制，发挥专业性、行业性人民调解组织对矛盾纠纷的预防化解功能，引导“莞香花”等知名社工服务品牌机构参与矛盾化解，形成互动共治良好格局。全面推动“一村（社区）一法律顾问”工作，全市592个村（社区）实现法律顾问全覆盖。建立劳资纠纷联动治理工作机制，推动全市企业风险预警系统建设，将全市35.6万个用工单位纳入监控，全市劳资群体性事件和欠薪逃匿案件呈现逐年下降趋势，2016年比上年分别下降68.65%和71.43%，全市划分基础网格3106个，配置网格管理员8314人，推动公安等8个综治成员单位入格，核定首批入格事项20类83项，提高精准管理水平。全市实现2.7万多路视频监控图像、454个卡扣采集点的互联互通；各级综治信访维稳平台实现对各自辖区视频资源的汇聚共用。加快落实综治视联网建设，推动实现全市各镇街综治信息中心全覆盖。

推动“全民创安·一呼百应”群防群治工作，促进警力和民力在治安防控工作上的互通互动，2016年4月启动后，全市建立“全民创安·一呼百应”岗点7474个，发动5.04万名群众参与，提供各类违法犯罪案件线索831条。深入推进“以案说防”活动，2016年东莞市举办“以案说防社区行”活动4200余场次，群众防范意识明显提升。2016年对比2012年全市八类主要刑事案件立案数下降18.16%。2016年对比2012年全市命案发案率大幅下降42.6%。加强对“黄赌毒”违法犯罪打击力度。

（严沛坚）

2017年11月10日，东莞市获“全国社会治安综合治理优秀城市”称号，实现“三连冠”，首次获全国综治工作最高荣誉“长安杯”

（市政法委供图）

附：2017年东莞市委政法委员会主要领导名录

书　记：黄少文（任至7月）
　　　　杨东来（7月到任）

法治政府建设

【依法行政指导】 2017年，东莞市法制局提请市政府印发《东莞市2017年依法行政工作要点》《东莞市政府重大行政决策事项目录》《东莞市重大行政决策合法性审查办法》《东莞市重大行政决策后评估办法》《关于进一步加强和改进行政应诉工作的意见》《东莞市行政调解职责清单》等系列指导性文件，进一步完善重大行政决策、行政应诉、行政调解等相关制度。

开展依法行政考评。完成全市2016年度依法行政考评工作，提请印发《关于2016年度全市依法行政考评结果的通报》《关于2016年度全市依法行政考评工作情况的综合汇报》，综合评定樟木头镇政府、市国土资源局等12个单位为优秀等次，厚街镇政府、市交通运输局等53个单位为良好等次。

组织做好省对全市开展2016年度依法行政考评的相关工作。提请印发《东莞市2017年依法行政考评方案》，牵头组织开展全市2017年度依法行政考评工作。

部署政府法制工作。提请市政府召开全市法治政府建设推进会、市依法行政领导小组会议，承办收听收看全省法治政府建设工作电视电话会议，分别组织召开全市镇街（部门）法制工作座谈会、法治政府建设落实情况督察座谈会等，督促各镇街、各部门贯彻落实法治政府建设任务措施，研究部署新形势下政府法制工作任务。

落实依法行政报告制度。提请市政府常务会议听取2016年法治政府建设情况报告，撰写《东莞市2017年法治政府建设情况报告》分别报送省政府和市委、市人大常委会，并按要求通过“中国·东莞”和“东莞市法制局公众网”政府门户网站等向社会公开。

【法律审查论证】 2017年，东莞市法制局开展法律审查论证。加强对重大决策、重要行政措施的合法性审查和法律论证，对市府办转来896份来文及重大政府合同（协议）提出法律审查意见，预防和消除决策中的法律风险。审查市城管局、环保局、国土局等上报市政府的行政强制措施、行政处罚、土地权属争议等42宗。

加强规范性文件管理。提请下发《东莞市人民政府2017年规范性文件制定（修订）计划目录》。办结《东莞市国有土地上房屋征收与补偿办法》《东莞市网络预约出租汽车经营服务管理实施细则（暂行）》等市政府规范性文件78件、党内规范性文件征求意见27件，前置审查部门规范性文件49件，备案审查镇街规范性文件125件。牵头组织开展并完成市政府文件（含规范性文件）全面清理工作，提请印发《东莞市人民政府关于保留、修订、废止、宣告失效文件的决定》，确保文件内容与现行法律、法规、政策相适应。在全市推行自由裁量权适用规则，督导各行政执法部门编制本系统行政处罚自由裁量权适用规则，按照部门规范性文件形式报市法制局审查后实施。按照省的部署，提请市政府印发《镇人民政府规范性文件统一合法性审查机制试点工作方案》，选取虎门、大岭山等7个镇，开展规范性文件统一合法性审查试点工作。

【行政复议和行政应诉】 2017年，东莞市法制局公正办理行政复议案件。探索推进行政复议委员会试点，全年收到行政复议申请603件，审结657件（含上年年结转147件），组织召开会议议决案件6件次，开庭审理案件4件次，网上公开行政复议决定文书355份。承办以市政府作为被申请人的行政复议案件29件。

依法代理行政应诉案件。代理以市政府为被告的行政诉讼案件294件，收到人民法院判决文书227份，败诉11件。落实行政应诉案件结果反馈制度，及时整理法院裁判文书呈送市政府，败诉案件作专题汇报。

完成行政复议、应诉案件统计工作。统计分析全市年度行政复议、行政应诉案件情况，提出改进意见建议，形成《东莞市2016年行政复议案件统计分析报告》《东莞市2016年行政应诉工作报告》并分别报省法制办和市政府。

【行政执法监督】 2017年，东莞市法制局加强行政执法资格管理。组织有关镇街、部门更新执法主体资料。举办4期执法人员培训班，组织质监局、农业局、横沥、东坑等部门、镇街751人学习《行政处罚法》《行政许可法》等法律法规并参加网上考试，完成779个执法证件的申领和发放。

开展行政执法案卷评查。举办行政执法案卷评查学习培训暨行政执法案卷评查会，组织镇街、行政执法部门业务骨干进行学习并交叉互评，查找存在问题，促进各行政执法部门提升执法规范化水平。

【法治培训教育】 2017年，东莞市法制局组织开展法治培训。落实“一培训两讲座”，协助市政府举办2017年全市领导干部法治专题培训班，提请市政府常务会议学习《民法总则》《水污染防治法》，督导镇街、部门落实法治培训要求。举办全市行政应诉及政府法律顾问、政府规章和规范性文件等各类依法行政专题业务培训班5期1800余人次，提升政府工作人员法治能力水平。

开展业务跟班培训。组织镇街法制办部分业务骨干到市法制局开展每期8周跟班学习，提高基层法制工作人员业务能力水平。

加大法制宣传力度。通过“东莞市法制局”政府门户网站发布政务公开信息399条，编印《依法行政动态》12期，发送“法制新知”宣传短信8140条次，及时通报传达法治政府建设相关信息。办结12345投诉建议、阳光热线和网站咨询等26件次。 （喻中胜）

附：2017年东莞市法制局主要领导名录

党组书记、局长：罗乐英

【公安工作概况】 截至2017年底，东莞市公安局有内设机构22个、直属机构4个、分局33个、派出所130个，其中地方公安派出所119个，森林派出所4个，边防派出所6个，地铁公安派出所1个。

2017年，东莞市公安机关以建设“平安东莞”为目标，抓好维稳、打击、防范、管理、服务等各项工作，维护东莞社会治安大局稳定。完成党的十九大期间、亚洲马拉松锦标赛等安保工作，强化“武装巡逻、动中备勤”，严打严防暴恐活动，开展“飓风2017”专项行动，重拳打击涉电诈、涉金融领域、涉黑恶、黄赌毒和涉电力等突出违法犯罪，开展打击“两抢”和“黑油”专项行动，综合施策，压减命案，加快推进治安防控体系建设，加强和改进派出所工作，推行“全民创安·一呼百应”机制，开展“以案说防”活动，不断改善交警、户政、出入境等窗口服务水平，加强交通、消防等安全管理，以贯彻学习党的十九大精神为抓手，加强队伍党风廉政建设和作风建设，公安工作再上新台阶。

全年全市接报“110”违法犯罪警情14.5万起，比上年下降18.7%；刑事立案7.3万件，下降12.6%，发命案118件，下降15.1%；破各类刑事案件2.7万件，上升3.38%；先后在25个镇街建成“出入境24小时自助办证厅”并投入使用，配备“一体机”95台；下放临时身份证签发等多项户政业务到镇街（园区）公安分局，方便群众办事。

全年全市公安机关获批集体一等功1个、个人一等功1个，集体二等功13个、个人二等功43个，集体三等功241个、个人三等功353个，集体嘉奖165个、个人嘉奖1266个。

是年，东莞市公安机关严格干部选拔任用规程，选好用好干部，强化各级公安机关执行力、战斗力。全年调整干部455人，其中提拔任用干部208人，轮岗交流干部185人，改任非领导职务62人。抓好战时激励，启动十九大安保“七项战时举措”（战时发动、战时宣传、战时表彰、战时练兵、战时慰问、战时减压、战时提拔），深入基层一线单位或民警家中送奖授奖，慰问民警及家属387人次、基层单位33个，及时鼓舞士气。保持对队伍违纪违法问题“零容忍、全覆盖”，全面整肃队伍作风。从市公安局层面明确规范、要求和标准，配套抓好培训、监督、检查和问责，防止队伍管理偏宽偏软，推动全面从严治党从严治警向纵深发展。弘扬正能量，激发队伍活力。举办年度“百佳”先进典型评选活动，选树表彰100名公安先进典型和优秀警嫂。积极参评“国优”“省优”评选活动，在五年一届的全国公安英模立功集体表彰活动和全省公安系统功模表彰活动中，东莞市公安机关有1个集体5名个人获“国优”，2个集体5名个人获“省优”，并有1个集体和1名个人获公安部一等功，获得荣誉档次之高、数量之多，均为东莞历史之最。成功举办“传承警志·为梦启航”——2017年东莞公安总结表彰暨荣休传承仪式，树立榜样，弘扬正气，提升民警荣誉感、归属感。同时，腾讯视频、网易新闻直播平台对这次仪式演出进行实时网络直播，参与人数33.3万人次，网友纷纷为先进典型点赞。

【“飓风2017”专项打击整治行动】 2017年，东莞市公安机关重点组织开展“飓风2017”专项打击整治行动，严厉打击人民群众反映最强烈、涉及面最广的电信网络诈骗犯罪、金融领域突出犯罪、“两抢一盗”（抢劫、抢夺、盗窃）犯罪、涉黑恶等突出犯罪，专项行动成效突出，获得全省总体成效排名第五名。其中打击“两抢一盗”犯罪、电信网络新型违法犯罪、黑恶势力犯罪等3项专项行动均获得全省排名第一名，打击金融领域突出犯罪专项行动排名第二名。打击电信网络诈骗犯罪专项方面，全市立涉电信网络新型违法犯罪刑事案件6040余件，比上年下降15.8%；破案1360余件，上升66.3%；刑拘416名，下降27.0%；执行逮捕360余人，上升19.6%；打掉电信诈骗犯罪团伙53个，端掉电信诈骗窝点54个。打击金融领域突出犯罪专项方面，全市立经济犯罪案件1993件，比上年上升32.1%；破案885件，上升22%；刑拘1827人，上升15.8%；执行逮捕968人，上升38.8%。打击“两抢一盗”犯罪专项方面，全市立涉“两抢一盗”刑事案件4.78万件，比上年下降20.9%；破案2万件，上升8.0%；刑拘5823人，上升24.4%；执行逮捕4801人，上升23.3%；起诉3502人，完成进度81.8%；抓获在逃人员88人，完成进度140.0%。打黑除恶专项方面，全市逮捕涉黑恶犯罪嫌疑人1880余人，完成进度133.4%；公诉涉黑恶犯罪嫌疑人3566人，完成进度177.6%；审判涉恶犯罪集团43个，完成进度860%；公诉制贩枪弹及持枪作案犯罪嫌疑人74人，完成进度160.9%。

【严厉打击刑事犯罪活动】 2017年，东莞市公安机关以打击“盗抢骗”、电信网络新型违法犯罪、涉黑恶犯罪等突出刑事违法犯罪以及命案打防管控为突破口，严厉打击各类刑事犯罪活动。快

创建平安花园小区——执勤人员培训　　（市公安局供图）

侦快破具有社会影响案件。坚持“打防结合”，强化快速反应和合成作战机制，快侦快破命案等重大恶性案件。统筹指导各镇街公安分局科学部署警力开展巡防工作，严防命案等严重暴力犯罪发生。全市立八类严重暴力案件4246件，比上年下降27.4%；破案2486件，上升2.3%；共发命案118件，下降15.1%；破案117件，破案率98%。以“飓风2017”专项打击整治行动为抓手，打击“两抢一盗”、电信诈骗和涉黑恶违法犯罪活动。通过开展打击“两抢一盗”专项行动，组建打击盗抢骗侵财犯罪工作专班，批量打击盗抢违法犯罪活动以及跨省系列团伙犯罪。通过开展打击治理电信网络诈骗专项行动，加强反诈骗中心建设，健全和完善反诈骗中心工作机制。加强宣传防范工作，提高人民群众防范意识和能力。加强对重点区域职业性犯罪打击力度。在深化打黑除恶专项行动方面。通过贯彻“打早打小”方针，搜集涉黑恶情报线索，建立完善涉黑恶犯罪信息库，加强各部门、各警种联动机制，严厉打击各类涉黑恶犯罪。全面铺开打击“两抢”犯罪专项行动。全市共发“两抢”案件7113件，比上年下降44.68%；刑拘“两抢”犯罪嫌疑人2010余人，上升40.0%；逮捕“两抢”犯罪嫌疑人1631人，上升33.14%，完成全年工作目标任务。严厉打击高速公路犯罪。通过对该类案事件进行重点打击，在重点服务区有针对性地开展伏击工作，破获高速公路犯罪案件137件，成效显著，有力遏制该类型犯罪行为。

【立体化治安防控】 2017年，东莞市公安机关坚持社会面防控不放松，严密社会治安防控网建设。强化巡逻防控。协调省公安厅警务飞行队，派直升机进驻东莞市公安机关现代侦查实战技能训练基地，开展特别防护期空中联合巡逻，开创东莞市空中、地面联勤巡逻防控工作先河。以重点部位武装定点执勤、公安特警屯警街面动中备勤、人员密集场所高峰勤务、公安武警联勤武装巡逻“四项机制”为抓手，最大限度将警力压向路面，全面加强社会面整体防控。推进卡点建设。为进一步加强十九大特别防护期期间巡逻防控力量，市公安局机关于10月15日组建14个建制战备大队，几百名民警白天上班，晚上分批到市中心区重点部位开展巡逻或应急处突训练、拉练。全市33个镇街公安分局参照市局机关模式执行。开展常态化应急处突实战演练。继续深入推进分警区处突演练，从9月5日起按照“不打招呼、不提前通知”的原则开展处突演练，组织开展10场分警区演练，拉练测试15个镇街公安分局。加强重点部位安保和行业场所管控。强化危爆物品、娱乐服务场所、旅馆业、寄递物流业、公交站场、校园、医疗机构、加油站点、“三电”、输油气管道、金融机构、武装守护押运等重点行业领域和风险点、危险源管控措施，逐级压实管控责任，逐一建档，确保底数清、情况明。加强和改进派出所建设。3月5日，东莞市政府印发《关于进一步加强和改进公安派出所工作的意见》，为进一步加强和改进派出所建设提供有力政策支持。东莞市公安机关出台《东莞市公安机关规范社区警务工作机制提升社区警务工作效能实施方案》，并在常平、清溪、企石公安分局开展试点建设工作。推动落实公安部《关于进一步减轻基层公安机关工作负担的意见》，从8个方面分30项内容为派出所减负。同时，落实派出所警力保障、加大派出所硬件投入力度，强化基层民警待遇保障等措施，提升派出所建设、保障力度，确保实现派出所减负增效。推进“以案说防”“一呼百应”专项工作。全市公安机关深入开展以案说防社区行、入万家、校园行和交通、消防主题宣传活动1万多场次；在33个镇街分别建成1个“平安文化”体验场所，评出东城、南城等10个示范场所。创作推出微电影《37℃蓝》、防电诈微视频《妖怪，放开我爷爷》，第一批“平安文化”作品，深入探索以案说防社区工作法等长效机制，打造推出“以案说防”平安文化宣传包。通过“一呼百应”机制，群众提供案件有效线索2172条，协助破获刑事案件326件、协助破获行政案件769件，其他案件有效线索1077条；救助走失人员1244人；其他服务救助群众1937起。

资料链接：

“全民创安·一呼百应”

2016年9月，东莞市开始在广东省率先建立“全民创安·一呼百应”体系。该体系特点之一是将各行各业从业人员组织起来，把大街小巷各类群体发动起来，打造全民创安群防群治工作新格局。

【治安管理】 2017年，东莞市公安局持续强化社会治安管理工作，成效明显。推进大型群众性活动安保。先后完成2017年市两会、黄旗公园新春祈福活动、CBA篮球联赛、中国音乐学院第七届全国考级大赛总决赛等178场重要节点和大型活动安保工作。推进安全事故预防整治。规范和督促全市11个烟花爆竹经销点做好流向登记制度，全市收缴烟花爆竹1562千克及散装烟花爆竹5780件。开展缉枪治爆专项行动工作，并针对在社会上引起关注的“牙签弩”问题，开展清查专项行动，收缴枪支224支，子弹2.69万发，“牙签弩”288把，管制刀具3595把。加强和改进派出所工作。强化对派出所人、财、物等方面保障。全市有47个公安派出所通过新建、扩建、置换、搬迁或修缮等方式解决派出所办公用房问题，达到急需改善用房保障派出所数的90%。通过建章立制，有效增强打防管工作效能。推动出台租赁房屋治安、消防管理方面地方性法规，理顺出租屋管理机制，明确相关部门监管职责和房

2017年3月24日，大岭山镇举行"全民创安，一呼百应"治安观察员聘任仪式 （市公安局供图）

屋租赁主体治安、消防责任。推动出台《东莞市门楼牌管理办法》，遵循"统一管理、方便群众，尊重历史、保持稳定"原则，全面规范全市门楼牌，逐步实现门楼牌地址信息标准化、管理规范化。出台《东莞市公安局关于进一步强化分局"一把手"扫黄禁赌工作主体责任规定（试行）》，完善扫黄禁赌工作责任体系。全市涉黄赌问题总体平稳可控，共立涉黄刑事案件348件，查处涉黄行政案件958件，刑事拘留531人，行政拘留2352人；立涉赌刑事案件523件。强化涉食、药、环、假案件侦办，全年共立刑事案件154件，刑事拘留111人。以反恐法和重点单位内保条例为依托，以企业内保为抓手，将全市寄递物流企业和物流园纳入治安重点单位进行管理，督促指导企业100%设置内部保卫机构或安全员，建立安全管理制度，全面落实"三防"（防汛、防旱、防风）措施。通过点面结合，有效加强重点行业、部位及社会面防控。强化校园安保，严格落实校园安保责任，严格落实"一校一警"要求，指导校园强化安全防范措施，设立"护学岗"1212个，并深入开展1724场"以案说防校园行"活动。强化医院安保，全市96家有提供住院床位的医院均建立警医联络机制，指导全市47家二级管理以上医院建立医院警务室，健全安全保卫制度，配齐配强保卫干部和保安人员。强化"三电"（电力、电信、广播电视）及输油气管道安保，加大对涉"三电"违法犯罪打击防范力度，共立盗窃破坏"三电"设施刑事案件331件，比上年下降43.7%。强化娱乐服务场所管理。对全市歌舞娱乐场所、游戏游艺经营场所、桑拿按摩场所、沐足经营场所、旅馆业、美容美发经营场所等6类6064家娱乐服务场所开展等级评定工作，实行动态升降制度，对不同等级场所实施相应管理措施。组织全市治安部门对九类场所开展随机抽查工作，实地检查场所1564个，发现并督促整改问题297个。推动成立市保安协会，组织开展保安员资格考试发证和自行招用保安员单位备案工作。全年通过保安员资格证考试1.53万人。强化巡防守护，最大限度将警力压向路面，全面加强社会面整体防控和重点防控。在重要节点、防护期，组织特警、辖区分局、派出所联合武警开展武装巡逻、动中备勤。

【户政管理】 2017年，东莞市公安机关以开展"共产党员先锋岗"创建活动为抓手，全面推行"放管服"改革，努力打造集门楼牌改革、户政审批改革、户籍业务改革和身份证办理改革等多项改革于一体（包括居民身份证自助办证和微户政等多项创新服务）的全新户政服务2.0版。全面推行"放管服"改革，推出延伸服务时间、非工作日时间户政服务，推广居民身份证自助受理设备，提供24小时办证服务；缩减业务审批环节，将人才入户审批及相关准迁证签发业务下放由各镇街公安分局办理，取消莞城、虎门公安分局辖下派出所受理、审批户政业务环节，集中在各镇街公安分局办理，告别办理户政业务既跑派出所又要跑公安分局状况；清理入户"暗门槛"，取消计生部门、居委会户口迁移前置审核环节，从10月1日起，公安机关在办理户口迁移业务时不再收取卫计部门和村（居）委会意见，从源头上杜绝因计生和村（居）委会阻挠而导致无法入户情况；推进非户籍人口在城市落户工作，出台《东莞市推动非户籍人口在城市落户实施方案》，积极调整、放宽入户门槛，取消积分制人才入户，探索实施以参加城镇保险和居住证为条件的稳定居住就业入户；夯实户政管理基础，创新门楼服务管理新模式，简化异地居民身份证办理手续；做好无户口人员登记户口工作及开展死亡未注销户口专项清理行动。截至2017年底，东莞市有户籍60.74万个，人口211.31万人。

【流动人口和出租屋管理】 2017年，东莞市公安机关强化落实流动人口和出租屋"双实"（实有房屋、实有人口）管理。加强流动人口采集登记，全年采集129万人。加大出租屋管理执法力度，加大对违规经营出租屋屋主、二手房东查处力度，落实经营者信息报备和治安管理责任，全年查处案件3747件。做好居住证办理和日常管理工作，贯彻实施国务院《居住证暂行条例》和广东省新颁布的《广东省流动人口服务管理条例》，督查全市各镇街公安分局和派出所加强学习、规范办证程序、建立材料档案、严格内部管理，加大宣传力度。持续做好居住证办理、签注（延期、地址变更）工作。全年办理居住证151.7万张，其中申领23.7万张，补换领证26.4万张，签注（延期和地址变更）101.6万张。

【出入境管理】 2017年，东莞市公安机关深化公安出入境管理改革创新，推出便民措施，全面强化外国人管理工作，取得一定成效。全年办理各类出入境证件、签证（注）208.6万证次，查处“三非”（非法入境、非法留居、非法务工）外国人2162人。推出便民服务措施，提升服务水平。先后在25个镇街建成“出入境24小时自助办证厅”并投入使用，为市民提供24小时“全天候”服务。在全市推广自助办证“一体机”，并将投放点延伸到派出所。全市配备自助办证“一体机”95台，33个镇街至少配备1台自助办证“一体机”。落实全国异地办理出入境证件便民措施。在省内异地办证基础上，2016年5月起，推出全国异地就近办证，为20余万非东莞市户籍居民办理证件，满足群众就近办证需求。提供出入境窗口延时服务。为方便群众在非工作时间办理出入境证件，东莞市公安机关在5—7月组织全市公安出入境部门，推出周六“学生办证专场”便民措施，取得良好成效。做好16项出入境便利政策措施实施工作。广东省推出支持广东自贸区建设和创新驱动发展16项出入境政策措施以来，东莞市公安机关推广落实适用于全市10项出入境政策。全年审批通过符合政策的申请2226宗，为外籍高层次人才和创新创业人才提供出入境和停居留便利，优化引才留才软环境。强化“三非”外国人管理工作，净化涉外治安环境。全年查处“三非”外国人617宗2162人，人数比上年增长68.4%。3—9月，组织全市公安机关开展清理整治“三非”外国人专项行动工作，行动期间查处“三非”外国人1060人。严控公民办证关，加强证件签发管理。开展打击利用虚假身份骗取出入境证件行动，在受理审批工作中发现双重户籍、骗取出入境证件案（事）件38件。查获1名在逃违法犯罪人员，并移交相关部门处理。

【轨道交通治安管理】 2017年，东莞市轨道2号线全年总客运量3934万多人次，工作日日均客运量11万多人次，周末、节假日日均客运量11万至14万人次，最高日客流为25万人次。轨道交通运营期间，东莞市公安机关民警在日常工作中，通过警务核录仪检查乘客109万人次，查获重点人员3101人次，抓获违法犯罪嫌疑人74人；指导安检过包件2815万多件次，查获各类违禁物品、危险品9.86万件；接报有效警情79起；涌现好人好事152宗。

【公安科技信息化建设】 2017年，东莞市公安机关推进全市公安科技信息化建设，促进服务实战效能大幅度提升。建设和整合全市视频、卡口点规划。确定“十三五”期间全市新增一类视频点8680个、二类视频点1.6万个建设及联网任务。整合全市数据资源。信息资源服务平台整合东莞市公安机关数据1247类21.7亿条数据；完成相应数据资源表数据目录梳理，整理出符合部、省级数据元标准规范的字段2.02万项；资源服务总线挂接1040个东莞本地数据服务，5688个全国数据服务，日均提供服务近2万次，实现市公安局在数据管理应用上质的飞跃。优化完善警务地图（PGIS）。完成“一呼百应”对讲机（9500台）、旅业、网吧、常住人口及暂住人口信息、高清视频点及社会视频点、全市卡点等数据对接。350兆无线数字集群通信系统建设。基本完成350兆无线数字集群（PDT）通信系统建设，无线网络覆盖率达95%。全网PDT系统运行稳定、信号覆盖良好，具备数模兼容、语音通信、短信等功能，为实现点对点、扁平化指挥调度提供有力通信保障。

引导群众使用出入境自助办证设备 （市公安局供图）

【经济犯罪侦查】 2017年，东莞市公安机关结合“飓风2017”打击金融领域突出犯罪专项行动，重拳打击各类经济犯罪活动。开展打击金融领域突出犯罪专项行动。市公安机关在全省打击金融领域突出犯罪专项行动中取得排名第二的优异成绩。在重拳打击网络传销及集资诈骗犯罪方面。全年立案件71件，比上年上升129%；破案50件，上升163%；刑拘177人，上升185%。集中打击地下钱庄犯罪。全年立案63件，比上年上升65.79%；破案37件，上升5.71%，破案任务完成率246.67%；刑拘76人，上升38.18%。全面打击假币犯罪。全年立案22件，破案15件，拘传4人，拘留30人，逮捕35人，协破2件假币犯罪案件，收缴假人民币1119.73万元，假港币1000元，假美元14.87万元，扣押涉案账款1.88万元。打击虚开骗税犯罪。全年共立虚开增值税专用发票案件432件，抓获涉嫌虚开犯罪嫌疑人197名，逮捕犯罪嫌疑人91名。发起全国涉税集群战役8次。缉捕外逃经济犯罪嫌疑人。全年陆续从东南亚、美国、中国香港等地劝返和抓捕9名逃往境外经济犯罪嫌疑人，超额完成省公安厅下达的任务。打击侵犯知识产权经济犯罪。全年立案182件，破案96件；刑事拘留犯罪嫌疑181人，逮捕121人，移送审查起诉117人；缴获假冒注册商标产品和标识物等物品一大批，涉案价值1.8亿元。协助外地公安机关抓获犯罪嫌疑人15人，缴获假烟258万支，价值390万元。

【地下钱庄犯罪团伙清除行动】 2017年6月东莞市公安局指挥多警种协同作战，20多个公安分局密切配合，出动600多名警力在全市统一展开收网行动，仅在三天时间内就打掉30个地下钱庄犯罪团伙，捣毁38个地下钱庄窝点，抓获80名涉案人员，涉案金额高达352亿元。

【禁毒工作】 2017年，东莞市公安机关严打各类涉毒违法犯罪活动。打击毒品违法犯罪方面：全年侦破毒品案件1065件，抓获犯罪嫌疑人1364人，逮捕犯罪嫌疑人1124人，查处吸毒人员1.22万人，强制隔离戒毒3607人。侦破千克以上毒品案件44件，侦破团伙案件42件，侦破省级以上目标案件44件，缴获各类毒品444.60千克。社区戒毒社区康复方面：全年登记在册吸毒人员6.03万人，其中，本地户籍9766人，占比16.19%，除去死亡、出国（境）人员外，还有9431人；在监管场所1928人，社会面吸毒人员7838人，其中戒断五年未复吸的2317人。全市社区戒毒社区康复执行率8月82.49%，9月83.94%，10月99.60%，11月96.63%，12月96.37%，远远超过70%的国家标准。社会面吸毒人员分类分级管控方面：全市全面深入开展社会面吸毒人员分类分级工作，取得明显成效。全市完成分级分类7668人，其中极端风险29人，高风险65人，中风险3327人，低风险1930人，戒断五年未复吸2317人，分类分级定级率达到97.83%。做好脱失吸毒人员查控方面：依照吸毒人员动态管控信息数据，利用信息化手段进行管控，组织力量查找脱失人员。对现有脱失逃跑和超期未报到、严重违反戒毒协议信息人员综合采取多种措施查找当事人，动员其报到、尿检并落实动态管控。通过全市各镇街禁毒办、公安分局多部门联动配合，全市查找脱失吸毒人员134人，完成率98.83%。 （谭林峰）

附：2017年东莞市公安局主要领导名录

党委书记、局长、督察长：
杨东来（任至7月）
郭向阳（7月到任）

交通安全管理

【交通安全管理概况】 2017年，东莞市汽车保有量263万辆，超过广州，排名全国第十、全省第一，机动车驾驶人271万人，由此带来的交通安全防护、疏堵保畅和车驾管服务工作压力空前。全市公安交警部门按照“补短板、促提升”工作思路，着力解决影响交通安全和群众关注的突出问题，推动全市道路交通安全环境持续好转。

是年，全市新增78个新车注册登记服务站和10个二手车转移登记服务站；机动车驾驶员考试启用科目三路考电子评判系统；推进警邮合作和网上办事，在各镇街投放车驾管业务自助终端机，为群众提供足不出户的车驾管服务，并促成新能源汽车号牌制作点落户东莞。交警部门在全市增设好易终端机32台。市民通过微信缴交交通违法罚款45.4万宗。

【交通事故预防】 2017年，东莞市排查整改安全隐患突出的重点路段9个；重点车辆的年检率、报废率99%以上；全市交警部门查处各类交通违法252.3万件，比上年上升20.69%，暂扣机动车30.2万辆，上升81.4%，查处涉酒驾驶4094件，上升99.1%，行政拘留2717人，上升72%，刑事拘留1220人，上升11%；完成8个交警执法站的建设，全市交管办（站）、交通安全劝导站、交警执法站建设率均达100%；全市33个镇街（园区）建成交通事故伤员抢救绿色通道，办理道路交通事故社会救助基金业务271件。全年发生伤亡交通事故3467起，死亡481人，受伤3627人，分别比上年下降4.91%、0.21%、7.83%。

【交通拥堵疏导】 2017年，东莞市公安交警部门首次组建交警铁骑队，发挥摩托车快速反应、灵活机动优势，英勇抓捕犯罪嫌疑人，及时处置交通事故，快速疏导交通拥堵，依法查纠交通违法，参加抢险救灾，热心服务市民群众，得到各级领导肯定和广大市民好评，被誉为东莞警队的“王牌之师”和“形象大使”。

交警部门在市区鸿福路两个路口实施借道左转新型交通组织形式，并建立交通信号配时调整长效工作机制，对市区181个路口和33条主干道绿波带进行整体交通信号配时优化；全市新增9个轻微交通事故快处快赔服务点，服务点总数达到16个，全年办理交通事故快处快赔业务2.28万件，“交通事故e处理”平台受理交通事故2726起。

【交通安全宣传】 2017年，东莞市交警部门不断拓宽宣传阵地，丰富宣传手段，推进文明交通宣传和以案说防工作，全年制作播出交通安全类节目948个，在各类报纸上发表交警类文章885篇，向重点车辆车主、驾驶人发送交通安全宣传短信430万条，开展“进学校、进社区、进企业、进场所、进家庭”交通安全宣传活动8034场次，开展在线执法156场。

（黄勇军）

附：2017年东莞市公安局交警支队主要领导名录

支队长：李中文

政　委：石松江

2017年4月28日，东莞市检察院反贪局“五一”节前抓获一名潜逃多年的犯罪嫌疑人　（市检察院供图）

检　察

【**刑事检察**】　2017年，东莞市检察机关受理审查逮捕案件8982件1.3万人，比上年增长16%和19.9%，受理审查起诉案件9847件1.39万人，增长8.3%和12.6%。参与省委、市委部署开展的“飓风2017”专项行动，重点打击“两抢一盗”、（抢劫、抢夺、盗窃）电信网络诈骗、金融领域犯罪、黑恶势力犯罪四类突出犯罪，批捕4413件6747人、起诉4008件6139人。依法办理涉案金额逾3亿元的陈某骗取票据承兑案、涉案金额1050万元的黄某冒充公检法等公职人员进行电信诈骗案等一批有重大社会影响的案件，有力震慑犯罪。

维护国家政治安全和社会稳定　严格执行“两高一部”《关于办理暴恐和宗教极端刑事案件的指导意见》，依法起诉涉恐案件、涉宗教极端刑事案件4件4人。突出抓好涉法涉诉信访工作，及时就地解决上访群众合法合理诉求，化解信访风险，引导群众依法反映诉求，共办理各类举报、控告和申诉信访1962件，对46名救助申请人发放司法救助金104.97万元。市检察院和第二市区检察院的控告信访接待室被最高人民检察院授予“全国检察机关文明接待室”称号。

维护公正有序的营商环境　严厉惩治破坏市场经济秩序犯罪、涉众型经济犯罪，共批捕579件996人，起诉540件984人，办理涉案金额1.8亿元的李某华等2人非法吸收公众存款案等重大案件，维护金融管理秩序。参与“国门利剑2017”联合专项行动，批捕案值1.6亿元的走私红酒案等一批重大案件。深入推进社会信用体系建设，开展行贿犯罪档案查询8095次，排除8家有行贿记录企业进入招投标程序。加强知识产权司法保护，办理假冒注册商标、假冒专利等侵犯知识产权案件63件88人。注重对涉外产权的平等保护，出台《东莞市检察机关开展外商投资企业知识产权保护行动方案》，依法办理的美国UL安全实验所涉外产权刑事申诉案，被最高人民检察院作为典型案例予以推广。

加强未成年人检察工作　全年受理审查逮捕侵害未成年人案件336件615人，受理审查起诉案件466件632人。对未成年犯罪嫌疑人秉持“教育为主、惩罚为辅”原则，坚持“少捕慎诉”，对涉罪未成年人不批捕64人，不起诉104人，不诉率比上年上升10%。落实合适成年人到场、犯罪记录封存、分案起诉等特别程序，最大程度对未成年人落实司法保护。与爱心企业、学校建立11个帮教基地，强化对涉罪未成年人的教育、感化和挽救。牵头公安、法院会签《询问未成年被害人、证人工作指引》，建立“一站式”取证制度，避免重复询问对未成年被害人造成“二次”伤害。市检察院未成年人检察工作办公室被授予“省五一劳动奖状”称号。

【**职务犯罪查办和预防**】　2017年，东莞市检察机关立案侦查贪污贿赂犯罪案件47件51人，比上年增长42.42%和13.33%，其中大要案占比82.98%，为国家挽回经济损失人民币5598.48万元、港币413.63万元。回应群众反映强烈的“为官不为”“为官乱为”问题，立案侦查渎职侵权犯罪案件11件13人，分别比上年增长37.5%和30%；依法介入安全事故及涉警突发事件90件。重拳打击民生领域职务犯罪案件，查处医疗卫生系统系列案15件15人，园林绿化系列案8件8人，涉农领域案件4件4人。

提升职务犯罪预防工作实效　推进换届选举职务犯罪专项预防工作，以“东莞市2017年村级换届选举九严禁”为宣传主题，开展覆盖全市各镇街的专题法制巡讲33

2017年3月28日，东莞市人民检察院派驻水乡环境保护巡回检察室挂牌成立 （市检察院供图）

场，近9000人次受教育。对东莞生态园公租房项目、市老年大学新校区、烟草局卷烟物流配送中心等重点工程开展同步预防，打造“双优”廉洁工程。推进集中整治和预防扶贫领域职务犯罪专项工作，深入对口帮扶贫困村进行实地考察，撰写调研报告提出多项针对性意见建议，促进相关单位加强项目资金管理，保障全市扶贫资金安全。

配合监察体制改革 坚决拥护、服从、支持国家监察体制改革试点，以高度政治自觉配合、扎实做好职能划转、人员转隶、业务衔接，用行动拥护支持改革。

【法律监督】立案监督和侦查活动监督 2017年，东莞市监督侦查机关立案68件，监督撤案498件，纠正漏捕238人，追加漏罪399件，追诉漏犯149人，发出纠正违法通知书117份，办理的徐某武等人走私、贩卖毒品案入选全省十大侦查监督典型案例。连续5年开展危害食品药品安全和破坏环境资源两个专项立案监督，监督行政机关移送涉嫌犯罪案件16件，监督公安机关立案18件。发挥“侦查活动监督平台”作用，明确25类监督指引，通过平台纠正侦查部门存在质量问题的案件321件。推进“两法衔接”信息共享平台建设，形成“有案必录、够罪必移、有漏必纠”工作格局，全市成员单位扩充至48家。强化另案处理人员信息平台管理，将1903名各类另案处理人员纳入监督范围，其中1034人通过诉讼监督得到处理。推进对公安派出所刑事侦查活动监督工作，全面落实驻所“三步骤、一台账”工作制度，与公安派出所建立“微驻所”平台，推动“驻所检察官办公室”工作常态化开展。

刑事审判活动监督 依法监督刑事审判活动，发挥抗诉的刚性监督作用，对认为确有错误的判决裁定，提出、提请刑事抗诉22件，上级院支持抗诉14件，法院改判6件。通过量刑环节强化事前监督，向法院提出量刑建议7111件，采纳率78.78%。

民事行政检察诉讼监督 全年提出、提请民事抗诉案件15件。推进民事执行监督专项活动，与法院联合开展执行案款清理工作，实现执行监督程序和检法工作的规范衔接，实际清理率和发放率在全省名列前茅。建立与法院定期沟通协调机制，着力推进审判监督工作，使审判监督由监督个案问题向解决类案问题转变。注重结合办案过程中发现的问题，有针对性地对食品药品安全、社会管理、社区矫正等领域存在的漏洞提出检察建议，发出检察建议书159份，采纳率95.6%。稳步推进公益诉讼工作，全年立案审查公益诉讼案件16件，履行诉前程序向行政机关发出督促履职检察建议13份，督促东莞市环境科学学会等有关机关、组织提起民事公益诉讼2件。

刑事执行检察监督 全面落实《最高人民检察院关于全面加强和规范刑事执行检察工作的决定》，开展刑罚变更执行同步监督工作，全年审查减、假、保案件1625件，纠正违法和不当情况169件。推动改变“一押到底”执法模式，审查羁押必要性案件5104件，提出无羁押必要性审查建议303件。开展判处实刑罪犯未执行刑罚核查工作，核查此类罪犯24人，监督纠正14人。扎实开展财产刑执行专项检察“回头看”活动，排查涉及财产刑执行案件1.02万件，其中执行5816件，总金额达9.9亿元。

【司法改革】 2017年，东莞市检察机关推进司法体制改革。遵循“面向办案、面向基层”原则，推进检察人员分类改革，组织开展第三批员额制检察官选任，选出36名员额制检察官，加上前两批共选任员额制检察官288名，全市86.3%的员额制检察官配置在办案一线，确保优质办案力量向一线集聚。全面推开“谁办案谁负责，谁决定谁负责”的司法责任制，建立新型办案组织221个，检察官在授权内独立办案，对案件质量终身负责。严格落实领导干部办案要求，推动领导办案常态化。全市员额制检察官办理各类案件2.66万件，领导直接办案9112件，其中院领导直接办案368件。坚持放权与监督并重，出台检察官联席会议、案件质量评查、司法业绩考核、检察委员会运行等规范性文件，形成事前防范与事中、事后监督的管理监督体系。

【智慧检务】 2017年，东莞市检察机关推进智慧检务工作。推动云计算、物联网、大数据等现代科技在检察工作中的应用。研发的业务数据分析研判与应用项目上线运行，大幅度提升工作效率和业务分析能力。完善升级以统一业务应用系统为基础的电子检务工程，对办案流程进行规范化设计，对重要环节实行节点控制，实现对司法办案更准确的监测、分析、预测和预警。研发涉案款物管理平台，实现涉案款物全程智能化、数据化管理。自主研发程序性信息自动告知平台，变被动查询为自动推送，通过系统向律师推送案件程序性信息1447次。推广应用网络信访和远程视频接访系统，创新“e信访”形式，拓宽信访渠道，更加便捷地回应群众信访诉求。

【全国首个环保巡回检察室】 2017年3月28日，东莞市在水乡片区成立全国首个环保巡回检察室，负责开展环境公益诉讼、监督行政执法工作。东莞市检察院派驻水乡环境保护巡回检察室与东莞市中级人民法院环境资源巡回法庭、广州海事法院巡回法庭共同举行揭牌仪式。

【东莞举办检察开放日活动】 2017年六一儿童节前夕，东莞市举办“防治校园欺凌，护航未成年人成长”为主题的检察开放日活动，检察院干警向师生代表们详细介绍什么是校园欺凌、它的主要行为表现、原因与特点分析、受到欺凌的表现以及遏制校园欺凌的建议。（袁　迪）

附：2017东莞市人民检察院主要领导名录

党组书记、检察长：来向东

法　院

【法院工作概况】 2017年，东莞市两级法院受理各类案件18.28万件，办结16.02万件，分别比上年增长9.01%、11.75%。其中，市中院受理各类案件2.24万件，办结1.98万件，分别比上年增长10.27%、18.84%。全市法院法官人均结案335.07件，比上年上升15.03%。全市法院有51个集体、86名干警受到市级以上表彰奖励，涌现出全国青年文明号市中院民一庭、全国法院先进集体市中院刑一庭、全国巾帼建功先进集体第一法院东城法庭、全国法院办案标兵柯颖等一批先进典型。

【刑事审判】 2017年，东莞市法院受理各类一审刑事案件1.02万件，比上年增加115件；办结9130件，增加354件。参与“飓风2017”专项行动，促进“平安东莞”建设。严惩涉恐怖、邪教、黑恶势力等危害国家和公共安全犯罪，办结相关案件1227件1243人。严惩绑架、抢劫、强奸等严重危害社会治安犯罪和黄赌毒犯罪，办结相关案件5466件7639人。严惩走私、危害食品药品安全、集资诈骗等破坏经济秩序犯罪，办结相关案件441件795人。严惩各类职务犯罪，办结贪污、贿赂、渎职案件51件82人。加强重大、疑难案件审判工作，成功审理“10·27”骏安押运公司押运员枪击案、广东省人民政府原副秘书长罗欧受贿案等一批大案要案。坚持落实宽严相济刑事政策，对738名被告人适用缓刑或免予刑事处罚。坚持罪刑法定、疑罪从无，对5名被告人依法宣告无罪。坚持严格规范减刑、假释案件审理，办结减刑、假释案件1780件。

【民商事审判】 2017年，东莞市法院办结各类民商事案件7.99万件，解决诉讼标的金额382.49亿元，分别比上年增长14.92%、7.67%。办结婚姻家庭、劳动争议、人身损害赔偿等涉民生案件2.82万件。办结买卖合同、股权转让等商事纠纷案件4.78万件。妥善处理金达房地产公司破产和解案等企业破产、强制清算案件25件，涉及债权总额超过67亿元。办结知识产权和涉外涉港澳台商事案件3923件。

【行政审判】 2017年，东莞市法院办结各类行政诉讼案件1414件，行政非诉案件3939件，分别比上年增长9.02%、17.79%。推进落实行政机关负责人出庭应诉机制，全年有152名行政机关负责人出庭应诉。推进“裁执分离”改革，裁定准予实施强制执行案件79件，依法支持违法用地、违章建筑专项整治，保障区域开发顺利推进。开展庭审观摩30场、培训授课43场，发出司法建议12件，推动行政机关提升依法行政能力。

【执行工作】 2017年，东莞市法院执结各类案件6.28万件，执行到位金额248.35亿元，分别比上年增长9.62%、12.2%。推进“攻坚2017”专项活动，开展执行案款清理、涉民生案件执行、涉金融债权执行等集中清理行动。建立“一网打尽”执行查控体系，与公安、国土、工商及各大银行等28家单位联动。完善失信被执行人联合惩戒机制，将不自觉履行的债务人纳入全国法院“失信被执行人名单”和银行征信系统，公开曝光失信被执行人和限制高消费6546人次，限制出境57人次，拘留、罚款272人次，移送追究刑事责任110人次。推进“执行转破产”工作，移送破产审查案件50件，涉及执行案件3268件。全面落实“互联网+司法拍卖”，全年组织网拍1959次，成交额37.39亿元，溢价率70.34%，位居全省法院前列。市中院全国首创为失信被执行人指定管理人，第一法院在全国率先与京东集团达成战略合作协议，第三法院被评为全国“基本解决执行难”示范法院。

【司法改革】 2017年，东莞市法院推进司法改革，落实司法责任制，树立司法公正的良好形象。

全面落实司法责任制 出台院庭领导权力责任“清单”，确保放权放到底，控权控到位。严格落实院庭领导带头办案，全市法院院庭领导承办案件4.84万件，比上年增长21.2%，占办结案件总数的30.21%。市第二法院“院庭长办案常态化”改革项目，入选全国法院首批司法改革典型案例。改革审判委员会制度，完善案件质量监督机制，深入开展庭审、裁判文书和审判质量评查活动，全市法院评查案件2399件、庭审179场、上网裁判文书765份。

全面推进案件繁简分流　全年引进行政机关、调解组织等第三方资源参与调解案件1.02万件，调解5018件，分别比上年增长2.74倍、2.41倍。全面建立多层次、全流程案件分流体系；全面组建速裁、快速执行团队，专门办理简单案件；市中院五个新型独立合议庭办结案件5071件，占全院办结民商事案件总数的45.71%，提升整体办案质效；推进简单案件裁判文书简化改革；市第一法院被评为“全国法院案件繁简分流机制改革示范法院”。

全面深化人员分类管理　落实法官员额制，严格执行员额法官遴选标准和程序。首次从基层法院法官助理中遴选初任法官29名，具有硕士以上学位的占20.69%。完善法官员额制配套措施，修订法官办案业绩考评办法；推进劳动合同制司法辅助人员制度改革，完善司法辅助人员职业激励保障机制。

全面推进审判机制改革深化立案登记制改革，全年网上立案5.36万件，位居全省法院前列；在全省率先启动跨域立案诉讼服务试点工作，全年跨域立案2.82万件；深化行政案件集中管辖改革，提升行政审判专业化水平；深化执行体制改革，初步实现全市法院执行工作一体化；深化知识产权“三审合一”改革，更好保护和激发各类主体创新创业动力；探索组建专业家事审判庭、破产审判（执行裁判）庭；市中院率先设立水乡环境资源巡回法庭，探索环境资源审判新机制。

2017年10月30日，东莞市第三人民法院桥头人民法庭挂牌成立

（市法院供图）

【司法为民】　2017年，东莞市法院树立司法为民理念，为人民群众办实事。

方便当事人诉讼　统筹推进诉讼服务大厅、网上诉讼服务中心、移动客户端、12368诉讼服务热线建设，让人民群众参与诉讼更加便捷；全面开通二维码网上缴费平台；市第二法院开通全省首个交通事故网上法庭，率先尝试网上视频调解，实现交通事故案件立案、送达、调解一站式处理；设立桥头人民法庭，在未设人民法庭的镇（街）全面设立巡回办案点，就地化解纠纷，减少当事人诉累。

落实司法公开要求　推进裁判文书、审判流程、执行信息和庭审直播四大公开平台建设，全年上网公布裁判文书4.33万份，开展庭审直播209次，超过80.1万人次点击观看。定期开展“法院开放日”活动，邀请社会各界人士和普通民众参观法院、旁听庭审115场481人次。加大法治宣传力度，送法进社区、进企业、进校园、到监狱开展普法教育。合办《法庭内外》法治专题栏目，截至2017年底，播出128期，获广东省广播电视奖二等奖。市纪委在市中院设立“廉政警示教育基地”，全年5次组织922名党政干部参加旁听。

维护特定群体权益　妥善化解家事矛盾纠纷，联合市妇联探索建立家事调查员制度。创新“社工+志愿者”少年审判工作模式，办结未成年人犯罪案件379件，封存犯罪记录171份。完善司法救助，依法为经济困难当事人减免诉讼费59.82万元，向刑事被害人、申请执行人支付救助金287.75万元。保障驻莞部队全面停止有偿服务，平等保护军地双方当事人合法权益，办结涉军维权案件20件。

【罗欧受贿案】　2017年11月10日东莞市中院一审以受贿罪，对广东省人民政府原副秘书长、省海防与打私办原主任罗欧判处无期徒刑，剥夺政治权利终身，并处没收个人全部财产。该判决发生法律效力。

【金达房地产公司破产案和解】　2017年2月13日，东莞市法院受理的首件房地产企业破产案件——金达房地产公司破产案以和解方式审结，涉及金融机构、购房消费者、施工企业等债权人350家，债权总额超过29亿元。　（杨　磊）

附：2017年东莞市中级人民法院主要领导名录

党组书记兼院长：

王海清（任至8月）

陈　超（9月到任）

司法行政

【司法行政概况】 截至2017年底，东莞市司法局内设机构8个，干部、职工48人；直属机构5个：市法律援助处、市公职律师事务所和3个公证处，市法律援助处和市公职律师事务所干部各8名，公证处有执业公证员37人；全市有镇街司法分局32个，工作人员436人，基层法律服务所32个，持有法律服务工作者执业证的73人；全市律师事务所212家，从业律师2570人；司法鉴定机构17个，司法鉴定员170人。

2017年，东莞市司法局发挥公共法律服务、法治宣传、法治保障职能优势，主动作为，率先在全省建立高标准维护律师执业权利中心、完成人民监督选任工作；建立东莞市律师工作联席会议制度、普法联席会议制度；推动以市委办、市府办名义出台《关于完善法律援助制度的实施意见》；行业性、专业性人民调解组织建设成效显著；律师、公证、司法鉴定行业平稳发展。综治工作（平安建设）考评在全省司法行政系统排名第一，法治广东建设考评在全省排名第二。全市司法行政系统获得省、市先进集体39个、先进个人82人次。

【公共法律服务体系建设】 2017年，东莞市司法局规范全市32个镇（街）公共法律服务中心管理，支持、鼓励有条件的镇街，探索推进以政府购买服务方式，配齐、配强两级实体平台工作人员；督促589名法律顾问与村（社区）全部重新签订合同，建立村（社区）法律顾问工作群660个，建立考核结果与个人执业诚信、评优评先挂钩工作制度。全市驻村（社区）法律顾问接访咨询1.25万件，开展“送法上门”2808场次，为村（居）出具法律意见书531件，为群众办理法律援助案件51件，参与调处纠纷397件，协助所在村（社区）追回拖欠款9640.58万元。

【人民调解】 2017年，东莞市司法局指导成立“东莞市金融纠纷人民调解委员会”；组织全市人民调解示范性培训班。全市有人民调解组织1425个，人民调解员1.38万人。全市开展排查活动822次，预防化解纠纷1260次。全市各级人民调解组织调解纠纷1.15万件，调解成功1.12万件，调解成功率98%。其中劳动争议纠纷6997件，婚姻家庭纠纷357件，医疗争议调解287件，交通事故纠纷调解155件，协议涉及总金额3.46亿元。司法部授予东莞市医疗争议专业人民调解委员会“全国模范人民调解委员会”称号。

【普法宣传】 2017年，东莞市司法局推动建立全市普法联席会议制度；将落实国家机关“谁执法谁普法”责任制纳入全市依法行政年度考评；组建“七五”普法讲师团、普法文艺宣传队等专兼职队伍；统筹组织“12·4”国家宪法日宣传活动；承办全省法治宣传教育“创新创先”工作推进会暨全省“法治文化建设示范企业”创建启动仪式，111家企业参与创建及申报宣传活动。推动市委深改组将公务员年度学法考试扩大到全市国家工作人员，组织2万多名公务员通过干部培训网络学院参加学法考试；利用市青少年法治教育实践基地培训学生4万余名；上线“阳光普法网”；由东莞市选送的作品在第十三届全国法治动漫微电影作品征集展播活动中获1个一等奖、2个二等奖、3个三等奖。开展“民主法治村（社区）”创建活动，全市422个村（社区）达到市级“民主法治村（社区）”创建标准，占全市村（社区）的72%；397个村（社区）参加省级“民主法治村（社区）”创建，占68%。

【社区矫正】 2017年，东莞市新增社区服刑人员751人，解除矫正717人，在册762人。实行手机和手环定位监控739人，电子监控率97%。推动32个镇街完成社区矫正中心以及社区矫正视频指挥终端建设，社区矫正信息化监控手段、效果和覆盖率位于全省前列。依托社区矫正中心，在村（社区）建成教育基地和社区服务基地102个，吸纳优秀驻村（社区）顾问律师、民警等优势资源参与教育矫治工作，依托村（社区）基层组织建立矫正小组751个，发展社区矫正志愿者1502人。全年接收刑满释放人员379人，安置379人，企业认证为安置基地119个。

【法律援助】 截至2017年底，东莞市有法律援助办事处32个，法律援助工作站23个，法律援助联络联络员962人，办理法律援助案件2160件，其中刑事法律援助案件2086件，民事法律援助案件3052件，行政诉讼案件22件，接待来访群众1.18万人次，接听法律咨询热线5233人次，为受援人挽回经济损失5121万元。市法律援助处获得全国维护妇女儿童权益先进集体和广东省法律援助工作先进集体称号。通过与市民政局与市社保局业务系统进行对接，共享申请人低保信息；启用省法律援助信息管理系统，简化审批程序，立案、审批、受理时限由上年的2~3日缩短到1个工作日。先后在市两级法院、市公安局3个看守所、市信访局、市医调委、市保险协会以及市总工会等设立法律援助工作站，打通方便群众“最后一公里”。推动以市委办、市府办名义出台《关于完善法律援助制度的实施意见》。

【律师管理】 截至2017年底，东莞市有执业律师2570名，律师事务所212家；全市律师代理诉讼案件3.21万件，办理非诉讼法律事务3.02万件，担任企业常年法律顾问6453家，全年律师服务收费6.40亿元。建立东莞市律师工作联席会议制度，在全省率先建立高标准维护律师执业权利中心，推进公职律师公司律师制度改革；完善律师事务所约谈机制，确立设所风险提示、重大事项变更、违法违规执业警示三种约谈形式，全年实地检查律师事务所148家次，约谈律师事务所61家次；建立律师投诉受理查处中心，健全投诉案件查处机制；推进律师参与法治政府建设和社会依法治理，全市律师担任331个党政机关法律顾问，7名律师被聘为人大常委会立法咨询和评估专家；2768人次律师通过市访前法律工作室、法律援助值班、看守所值班、工会法律服务律师团、普法宣讲团等平台。

【公证管理】 截至2017年底，东莞市有东莞公证处、东部公证处、南华公证处3个公证机构，执业公证员37名。办结各类公证案件8.9万件（其中国内经济公证1861件，国内民事公证7.57万件，涉外民事公证9170件，涉港、澳、台公证2464件），比上年增长1.71%，涉及社会资产总额481.86亿元，为超过12.08万人次提供公证服务。推动公证工作服务供给侧结构性改革，通过法律审查、程序监督等方式，参与农村土地、工程施工、现场监督、证据保全等事务，全市全年办结相关公证业务7512件；推行“公证零距离服务”活动，试行五大类公证事项“最多跑一次”，为企业、群众提供上门服务373次，为70周岁以上老人免费办理遗嘱公证282件；完成网上公证服务平台开发及办证系统配套升级项目，实现在线申请功能涵盖80%以上公证事项，网上服务平台人员及业务流程的配套设置逐步完善。

【司法鉴定管理】 截至2017年底，东莞市有鉴定机构17个，鉴定人170名，办理案件1.52万件，收入鉴定费2241.58万元。指导市司法鉴定协会换届，开展司法鉴定违法违规行为警示教育。

【国家司法考试】 2017年9月16—17日，国家司法考试在全国统一举行，东莞市考点设在东莞市光明中学。有3112名考生报名参加，比上年增加270人，增长9.5%，创历年报名人数之最，报名人数仅次于广州、深圳，位列全省第三。设考场106个（含2个备用考场），分初中部、高中部两个考点。实际参考2484人，缺考628人，缺考率20.18%。考试期间，省司法厅副厅长梁震前往考点进行巡视和指导。 （方德豪）

附：2017年东莞市司法局主要领导名录

党组书记、局长：郭瑞华

2017年2月16日，司法部法援司副司长林溪（右三）在广东省司法厅副厅长余继军（左三）陪同下到莞调研公共法律服务体系建设、医疗纠纷调解工作情况，并到市法援处检查工作 （市司法局供图）

2017年9月16—17日，国家司法考试在东莞市光明中学举行 （市司法局供图）

虎门镇中心区　（虎门镇供图）

编辑：刘　丹

东莞军分区

【东莞军分区概况】　2017年，东莞军分区着眼有效履行新的职能使命，抓好年度各项工作落实，全面建设和国防动员事业在新的起点上取得显著成绩。

是年，东莞军分区旗帜鲜明讲政治、抓政治、学政治，抓紧抓实铸魂育人工作，打牢高举旗帜、听党指挥的思想政治根基。始终把学习贯彻习近平主席系列重要讲话精神和迎接学习贯彻党的十九大精神作为首要政治任务和第一政治责任，以强军篇、国防动员篇为重点，分专题深学细研。全年完成4个专题共32天的军分区党委中心组带机关理论学习，每个专题有实施计划、有辅导授课、有学习资料、有讨论交流、有领导带学。加强学习保障，先后编印理论学习《汇编》10册，购发理论辅导书籍653册。重点抓好党的十九大精神学习贯彻，组织官兵职工同步收听收看十九大实况，及时掌握会议精神，跟进学习讲话要义。结合交班会、党委会和党小组会组织专题宣讲辅导，领导干部带头解读十九大提出的重大理论观点、重大方针政策、重大工作部署，印发《党的十九大精神学习资料汇编》（一）（二）和《十九大应知应会100题》小册子给官兵职工，兴起学习宣传贯彻热潮。结合改革进程和官兵思想实际，组织开展“维护核心、听从指挥”主题教育活动，推进“两学一做”学习教育常态化制度化，抓好经常性教育，讲好专题党课，努力把教育引导工作做到官兵心坎上。先后开展的军队规模结构和力量编成思想教育、“坚决维护核心、严守纪律规定”集中教育，强化官兵职工维护核心、看齐追随、服从命令的政治自觉和行动自觉。7月，结合开展“适应新体制，履行新职能，谋求新作为”学习教育，组织干部同步参加国防动员系统全体干部任职能力培训，组织收看《将改革进行到底》等3个辅导录像，落实好“四个深入谈”，围绕“七个拷问”开好党小组会，及时凝聚大家拥护支持改革的内在共识。彻底肃清郭徐流毒影响，加强反腐倡廉宣传和警示教育，先后14次组织官兵职工、转业待安置干部传达学习军委纪委《关于深入贯彻党的十九大精神以严格执纪执法推动全面从严治党和依法治军落实的通知》和上级各类违规违纪问题通报，组织观看《浴火强军》《不能轻视的代价》等教育片，结合配合军委国防动员部纪委工作组调查搞好群众性自我教育，进一步强化官兵职工正风气、守规矩、严纪律的自觉性，促进军分区党风廉政建设持续向上向好。坚持把学习教育成果融入到改革发展实践中去。团以上领导干部带头学习理论，带头听取意见，带头开展批评和自我批评，带头查找解决问题，推进实际工作。

【强军改革】 2017年，东莞军分区推进体制编制调整改革，推动改革强军部署在军分区落地生根。严格按照军委国防动员部、省军区明确的时间节点，预先筹划，提前预置，及早立起严规矩、树起高标准。收到新编制表后，第一时间召开军分区调整改革领导小组会议进行学习，研究部署军分区调整改革工作。根据既有人员结构和职能任务，对所有人员岗位和办公场所进行预置调整，所有机关干部即按预置岗位职能进入情况，弄清本岗位本领域的职责要求，掌握相关政策法规，系统梳理改革工作任务，研究制定具体贯彻措施，逐项列出工作计划，定期分工汇报调整整编工作进展和矛盾问题。召开军分区宣布调整整编命令大会，依令完成军分区本级调整改革。7月先后3次召开党委会，及时研究完善军分区改革落编后组织建设，探索加强新体制下党组织建设的措施办法，及时按改革进程做好干部落编定位、交流干部接收以及干部转业安置等工作。7月5日，召开驻军联席会议和军分区改革整编座谈会，向地方政府、全市武装系统、军分区退休转业干部通报改革任务完成情况。发挥牵头协调作用，整合多方力量支持东莞驻军改革。7月27日，协调召开市委常委议军会议，专题研究支持驻军改革事宜，争取地方支持东莞驻军改革经费1300万元，迅速形成新体制新形势下国防动员建设整体合力。对改革后战备值班、请示报告、人事管理和交接班等一系列日常事宜作出规范，形成具体运行规程，明确职能责任。深入查找解决改革后遇到的矛盾问题，研究制定具体实施办法，向省军区专题报告反映，达成起步就正规、运行就规范、开局就良好的目标。

【国防动员】 2017年，东莞军分区坚持主业主抓，把新时代国防动员职能任务的重点突出出来。筹划推进全市民兵轻舟分队骨干的轻舟操作驾驶集训和抗洪抢险演练，以及民兵情感联络分队集训，训练效果比往年均有加强。6月，分3批组织各镇街32支民兵应急分队集中轮训，人数众多而秩序不乱、标准不降。民兵应急分队比武竞赛考核组织规范严密，应急队伍建设水平和遂行多样化任务能力进一步提升，在抗击台风“洛克”“苗柏”，维稳处突方面起到重要作用，得到市委、市政府充分肯定。采取组织业务培训、机关挂钩指导等方法，完成基干民兵调整组建任务，并进行检查验收。以“规范征兵秩序、改进征兵风气、提高征兵质量”为目标，以提高大学生征集比例和廉洁征兵为重点，先后召开征兵工作形势分析会和全市征兵工作会议，编印《征兵简报》8期，军分区党委领导分工下基层检查督导，保持强大工作压势。完成全年新兵征集任务，兵员质量创新高。做好学生军训工作，指导拟制理工学院新生军训方案计划，挑选合格教员并组织岗前培训。组织市国防动员委员会成员单位和专业办公室参加省国防动员委员会业务集训，开展国防动员知识学习。按计划、按标准完成国防动员重点潜力6大类数据统计调查。

【军民融合发展】 2017年，东莞军分区立足独有优势和实践基础，着力拓展军民融合发展领域和深度。协助市发改局等军地单位，主动对接驻军和涉军企业，围绕东莞军民融合发展现实需求、面临困难等问题展开调研。组织全市专武干部到松山湖军民融合示范点参观见学，学习军民融合好经验。下半年，联合市双拥办开展驻莞部队随军家属安置政策修订调研。妥善协调处置东莞驻军空余土地转让、房地产租赁等问题，协助推进全面停

2017年6月30日，东莞军分区召开调整整编命令大会

（东莞军分区供图）

止有偿服务各项工作。协调配合地方利用东莞红色资源和现代传媒，抓好党史、国史、军史、国防动员史、东莞武装史学习宣传普及。结合征兵季，发挥虎门“近代史开篇之地”的效应，举行欢送新兵大会并宣传报道。协调市有关部门组织开展东莞市庆祝建军90周年文艺晚会群众性创演和“强军风采”群众性文化活动。3月，召开全市武装工作会议，组织镇街党委书记武装工作述职。在塘厦镇武装部组织基层武装部正规化建设试点先行，安排全市专武干部现场观摩学习。全年考核研究专武干部任命5项，每一项任命都严格程序、坚持标准，专武干部整体素质稳步提升。结合年终总结开展党管武装工作量化考评，组织党管武装工作先进单位和先进个人评选，全市党管武装工作制度落实、成效明显。9月起，部署东莞理工学院、东莞理工学院城市学院、广东医科大学、广东科技大学和东莞职业技术学院5所高校举办“中国梦强军梦我的梦”国防教育主题征文活动，评出获奖作品117篇，经宣传推广，在高校内外形成良好社会影响。协调地方有关部门研究制订《东莞市拥军优属实施办法》《2017年东莞市驻军随军家属就业安置实施方案》，配合市军转办做好军转干部核分、安置工作，会同市委组织部完善团职干部转业安置量化考评办法，协调市民政局抓好各项优抚安置政策落实。抓好精准扶贫工作落实，扶贫挂钩韶关南雄市古市镇丰源村，实地开展扶贫工作，投入经费43万元，帮助解决困难，赢得群众点赞。

【从严治军】 2017年，东莞军分区贯彻军委全面从严治党、依法从严治军部署要求，以坚持不懈、一纠到底的作风，持续强化安全稳定和正风肃纪。组织安全大检查活动，落实安全形势分析、检查讲评制度，按照上级要求，定期组织安全形势分析、条令知识和安全常识考核，每月至少组织一次安全教育和安全演练。机关编印《安全法规应知应会常识》和《安全防事故手册》，对官兵进行经常性安全教育。

突出重点环节、重点领域、重点时段、重点场所的综合整治，加强人、车、枪、弹、密的管理，与上级同步开展“严抓教育整治、严防敏感舆情、严控人员车辆、严管枪支弹药、严保要害目标、严肃追责问责”专项治理活动，确保部队高度集中统一和安全稳定。6月初对军分区本级、国防教育训练基地、民兵武器装备仓库落实安全检查活动情况进行普查，查找出9类31个问题，现场列出问题清单，明确整改措施、完成时限和责任人，确保不留死角。

加强预算项目开支的监督审计，严把经费开支进度关和报销凭证审核关，确保财经管理正规有序。上半年开展迎接军委审计署财务审计清查整改活动。

展开自查自纠，军分区纪委全程参与整改，清退各种不合理开支，补齐各类手续。下半年，结合国防动员部纪委在东莞开展工作，开展清理违规占用住房和财务自查自纠。10月初，协调市公安局和驻军单位开展重要军事设施周边安全隐患集中整治活动，确保重要军事设施不受破坏。党的十九大召开前后，协调市委宣传部、市公安局加强对驻地互联网涉军舆情监控引导工作，及时澄清、消除网上涉军谣言和不良言论及负面影响，并建立健全经常性工作联络、涉军舆情通报、重大舆情处置会商等机制。12月，按省军区要求，协调市委宣传部、市公安局对属地涉军网站和新媒体账号进行清理清查。

【2017年双拥工作领导小组全体（扩大）会议】 于2017年5月4日召开。东莞市委书记、市人大常委会主任、市双拥工作领导小组组长吕业升出席会议并讲话，强调要坚持走军民融合式发展之路，全面提高新形势下双拥工作水平，努力以军地协同发展的新成绩迎接党的十九大和省第十二次党代会召开。市领导梁维东、张科、黄少文、喻丽君，东莞军分区司令员李庆文参加会议。会议听取东莞市双拥工作报告。是年，全市双拥工作聚焦军地发展，在推进军民深度融合上实施新举措。制定出台《东莞市科技装备动员项目管理办法（试行）》，结合全市产业特点和创新驱动发展需要，加强军民两用技术应用研发和重大项目建设，促进地方生产力和军队战斗力的同步提升。同时，开展军民共建，筑牢争创全国双拥模范城“九连冠”的工作基础。

【“双百拥军行”活动授旗仪式】 2017年7月11日，东莞市在市会议大厦西门广场举行“双百拥军行”活动授旗仪式。“双百拥军行”拥军团代表、驻莞部队官兵代表等约200人参加活动。这次由市双拥办和市民政局联合发起的“双百拥军行”活动，得到全市社会组织和企事业单位积极响应，筹集资金100多万元，用于支持部队建设，受到部队官兵的欢迎和好评。

【庆“八一”主题晚会】 2017年7月21日，东莞市举行庆祝中国人民解放军建军90周年、东莞市爱国拥军促进会成立三周年电视文艺晚会。在这场以“爱国双拥固长城”为主题的文艺晚会中，处处都体现着军民同心、军地合作的特点，体现着东莞军地深度融合、亲密合作的双拥工作特点。

【“八一”拥军慰问团慰问部队】 2017年7月26日，在中国人民解放军建军90周年到来之际，吕业升、梁维东、姚康、张科、潘新潮、戚优华、白涛、郑琳、杨晓棠、黄少文、杨东来、林辉等市领导率东莞市“八一”拥军慰问团，分赴省军区、省消防总队和省边防总队，东莞军分区陆军某部，海军某部、武警东莞支队、大岭山武警训练基地、麻涌武警海关监管部队、市边防支队、市消防支队、东莞边防检查站等地，走访慰问部队官兵，致以节日问候，共叙军民鱼水深情。

【市委常委议军会议】 2017年7月27日，东莞市委书记吕业升主持召开市委常委议军会议，研究进一步加强镇（街）人民防空等工作，审议通过提请修订《东莞市双拥优属实施办法》等事项。

【东莞军分区领导为新兵送行】 2017年9月10日起，在东莞入伍的新兵陆续启程，前往北京、山东、江西等地服役。东莞军分区司令员、市征兵工作领导小组副组长李庆文，东莞军分区副司令员、市征兵办公室主任陈泽华，以及东莞军分区、各镇街有关负责人前往车站为新兵送行。

【祖孙三代接力从军】 2017年9月11日，东莞市沙田镇阁西村拐排村村民郭锦培一家怀着激动的心情，参加政府的送兵大会，把家里唯一的儿子郭浩贤送上远在山东淄博的陆军部队。郭锦培和父亲都曾经入伍当兵，对部队有一种特殊的情怀。祖孙三代接力从军，好家风薪火相传。

【烈士公祭活动】 2017年9月30日，东莞市在人民公园革命烈士纪念碑广场举行烈士公祭活动，缅怀革命先烈的丰功伟绩和崇高精神，寄托无限哀思。全市各界代表750人参加活动，表达深切悼念和无限敬仰。长期以来，为民族独立，国家富强和人民幸福，东莞人民进行不屈不挠的斗争，许多东莞优秀儿女献出宝贵的生命，其中，在民政部备案且授予烈士称号的有957人。东莞军分区官兵参加这次公祭活动。

【“幸福双拥·情定莞邑”军地青年联谊活动】 于2017年11月25日在解放军驻莞某部举行，由东莞市双拥办主办，市总工会、团市委、市妇联、解放军驻莞某部等协办，活动吸引近200名军地男女青年前来参加。活动通过创新“双拥”模式，着力解决军地单身男女青年的婚恋问题，帮助部队解决建设发展的后顾之忧，让官兵进一步安心本职工作，立志献身新时代改革强军事业，为东莞争创全国双拥模范城“九连冠”添砖加瓦。

【《东莞军事年鉴·2017》会审会议】 2017年12月4日，东莞军分区政治工作处组织驻军单位、市有关单位召开《东莞军事年鉴·2017》会审会议。解放军驻莞某部、武警东莞市支队的领导介绍编撰军事年鉴的做法和经验，各单位编辑按上级的要求对年鉴稿进行会审。东莞军分区政治工作处主任吴新征作总结讲话，要求各军事年鉴参编单位严把政治关、资料关、保密关，按时、按质、按量完成终审任务，同时对编好《东莞军事年鉴·2018》提出要求。

（贾少飞）

附：2017年东莞军分区主要领导名录

司令员：李庆文

政治委员：钟友国（6月到任）

武装警察

武警支队

【武警支队概况】 中国人民武装警察部队广东省总队东莞市支队（简称武警支队），组建于1990年9月。主要担负看押、看守、城市武装巡逻、抢险救援和处置突发事件等任务。

2017年，武警支队把学习习近平强军思想摆在重中之重的位置抓紧抓好。坚持区分党委中心组成员、机关干部和基层官兵三个层次不同要求深化学习；坚持创新载体学，在全部队常态化开展“学强军思想，干维稳大事，做习主席的好战士”学习实践活动，教育引导官兵把学习强军思想与干好维稳大事结合起来、与官兵成长成才期盼和崇高价值追求结合起来，在学与用、信与行的高度统一中立起习近平主席好战士的鲜明形象；坚持第一时间学，对习近平主席最新讲话特别是关于军队建设的论述，利用“三个半小时”及时学反复学，为踩实“学”这个基础，将相关评论编印成册、下发专门笔记本，定期组织学习笔记展评、心得交流，增强官兵对习近平主席的矢志追随和信赖拥戴。党的十九大召开后，支队党委班子第一时间按照“学懂弄通做实”要求，带头研读报告、先学一步，带头解读要点、学深一层，通过每日印制下发“十九大精神宣传海报”、滚动播报学习动态、配发辅导读本，引导官兵深刻领悟习近平新时代中国特色社会主义思想，在全部队迅速掀起学习热潮。

推进“维护核心、听从指挥”和“两学一做”两项重大教育 着眼两项重大教育在目标、内容、要求等方面内在一致性，按照资源共享、力量统合的工作思路，坚持统筹推进。在教育载体方面，运用大课堂、小课堂等教育平台，抓好学习教育，班子成员和政工干部带头备课讲大课，指导员负责小课辅导。在查找问题方面，梳理出官兵在思想作风、练兵备战、素质升级等12类共性问题，区分班子成员、机关党员干部、基层党员和普通官兵分别制订整改措施，形成解决问题合力。在检查指导方面，形成“一套班子部署协调、一个小组检查督导、一次会议阶段性分析”工作格局。支队做法先后在总队政治干部《纲要》培训和《学习教育简报》上交流、刊载。直属大队党委和三中队党支部被总队党委表彰为“先进基层党组织”，五中队特勤排被市团委表彰为“团员先锋岗”，并被推荐全省评选。

开展“红色基因代代传”工程 投入100多万元升级支队史馆、中队荣誉室、军人俱乐部、图

书阅览室和政治环境建设等。结合建党、建军和香港回归周年庆祝活动。7月，开展“党史国史军史武警史”专题教育月，邀请军地专家授课，组织观看辅导录像，进行大会交流，有效发挥“红色史脉”铸魂工程“奠基石”教育功能。注重发挥驻地红色资源优势，组织官兵到东江纵队纪念馆、榴花抗日纪念亭、鸦片战争博物馆拜谒先辈先烈，重温入党誓词，不断打牢官兵政治底色、提升忠诚度。

【备战勤务】 2017年，武警东莞市支队当好驻地“压舱石”“稳定器”。坚持每日覆盖检查、每周执勤讲评，强化勤务跟踪管控，维护正规执勤秩序。抓实“查隐患、找问题、补漏洞”活动，采取集中学习辅导、机关一线督导、联合隐患排查等有力措施，排查治理21处执勤隐患。坚持科技强勤，投入110余万元更新补充新哨位终端，投入160万元进行“三化”（正规化、信息化、数字化）改造。二中队完成总队赋予的执勤训练试点任务。全年完成首长来莞警卫、春运执勤、联勤巡逻和武装押解等任务，部队经受实战化检验。以特战分队干部骨干比武为牵引，以“魔鬼周”集训为抓手，大抓实战化训练，举办首届“兵头将尾”军事大比武，为获得前两名班长骨干现场记功，立起训练有为训练有功的鲜明导向，上半年参加总队狙击手集训考核，团体总分和1名个人成绩名列总队第二。开展常态化训练监察，加大对训练计划落实、干部跟班作业、训练场秩序监察力度，每周交班讲评，每月下发通报，增强“八落实”效果。按照实战化要求，对两个铺设塑胶跑道400米障碍场进行整改，对3个摔擒训练场和器械训练场进行改建。投入40余万元为基层单位购置三人协助攀登架、移动400米障碍等训练器材，所属单位训练设施基本达标。开展“战备月”活动。紧盯重大节日和敏感时期属地处突维稳，严格执行作战勤务值班制度，各要素值班人员全时值守，采取不打招呼战备拉动检查方式，常态抽查特勤排、应急班、应急小组紧急出动，强化战备意识。按照要求，系统规范部队编携配装，对指挥信息系统、战备库室建设和执勤方式优化等进行全面完善。采取不打招呼方式，定期组织机关前指带机动分队紧急出动，每周对基层中队应急力量进行网上拉动，最大限度贴近实战、锤炼队伍。

【基层建设】 2017年，武警东莞市支队坚持问题导向，针对影响和制约基层建设质量效益短板弱项，多措并举，精准发力，基层建设水平明显提升。基层党组织调整面比较大，不同程度地影响组织功能发挥。支队集中对所有中队党支部进行评估定位，量身定制“一队一案”帮建计划，逐个支部明确年度工作目标、思路和主要任务。严格落实领导带机关股室挂钩责任制，制订《党委机关按纲指导、考察帮建计划》，抓好选人、培训、考核、问责等环节落实，确保帮建绩效。下大力解决干部“三力”（活力、能力、动力）问题。支队走好“三步棋”：树导向，召开“七一”表彰大会，表彰优秀党员、优秀党务工作者，并把他们的事迹做成专题片，在电视台和新媒体进行宣传；开展庆祝建军90周年比武竞赛活动，制订《东莞支队营以下干部考核评价实施办法》，较好地激发大家干事创业热情。多关心，不间断开展“大谈心、过思想、解难题”活动，体谅官兵的难处、承认官兵的压力、尊重官兵的愿望，对官兵思想认识问题通过思想工作解决；对官兵成长成材方面的烦恼，支队采取鼓励参加学历升级、有针对性地安排摔打锻炼等途径进行解决；对个人和家庭存在的实际困难，只要是正当的、合规的、支队能做到的，就下决心办好。使组织关怀真正温暖官兵心坎。严管理，用好党管党员、党管干部这个武器，对履职不认真、工作不作为的两名干部进行约谈。

【基础设施完善】 2017年，武警东莞市支队开展“下基层、过中队、办实事”活动，坚持经费物资向战斗力聚焦、向一线倾斜，着力解决影响基层工作、生活的基础设施问题。后勤处长亲自带队，每周利用两天时间一个中队一个中队的查找营房、营产营具、电线线路、厨卫用品、训练设施、政工器材、电脑等设施设备方面问题，现场研究对策，制订整改措施，党委集体研究经费开支，专人负责抓好落实，确保经费用到实处、确实解决困难。全年投入经费205万元，基层基础设施得到进一步完善，基层普遍叫好。

【安全管理】 2017年，武警东莞市支队坚持“一纲、两责、三主、四群”的工作思路（“一纲”：安全工作“八个规范”；“两责”：人人都是安全责任主体，人人都负安全主体责任；“三主”：抓安全当主人、查隐患当主角、抓落实当主力；“四群”：群管、群防、群策、群力），不断提高安全工作“八个规范”落实质量。

依法管理促正规　开展“学规范、用规范、保安全”、作风纪律教育整顿等活动，定期组织观看警示录像片，学习事故案件通报，组织开展“四反”教育，不断强化官兵学法懂法、依法抓建、依规办事的思维习惯。坚持从领导干部严起、从党委机关纠起、从穿衣戴帽等具体事抓起，机关办公秩序、部队一日生活、官兵军容风纪和礼节礼貌更加规范。依托信息网和首长办公会，建立“工作清单、责任清单、落实清单”机制，督导各级狠抓工作落实，促进部队规范高效运行。

扭住关键求实效　盯住人员这个关键，对在外人员采取电话随访、通话截屏、微信定位等措施，确保人员管理不断线。协调东莞双拥办、人力资源局组织2批35人次安全技术培训，提高应对安全隐患能力素质；盯住车辆这个难点，落实每月警示教育日和联管责任制，集中保管基层官兵地方驾驶证，签订安全责任书，防止失管失控；盯住枪弹这个险点，抓实枪弹专项清理整治活动和“回头看”，对支队军械库和基层所有兵器室进行覆盖式排查，确保绝对安全；盯住保密这个盲点，组织官兵参观东莞市国家安全与保密图片展，抓实信息保密教育和网络病毒防控，严格手机和互联网使用管理，严守“十条禁令”“微信十不准”，杜绝失泄密问题发生；盯住治酒这个热点，认真学习贯彻习近平主席关于根除宴请喝酒的重要批示精神和各级关于治酒的指示要求，落实军委“十一条禁令”和总部“八个严禁”，严密组织治酒专题教育，层层签订禁酒承诺书，对营区全面清理，确保无任何酒具、酒瓶，使官兵在思想上认清酒的危害、在行动上根除宴请喝酒的不良行为。

抓实活动促防范　以全军安全大检查为契机，以“百日安全竞赛”活动为载体，狠抓安全工作“八个规范”常态落实，精准研判，严密组织重大活动、重大任务安全风险评估；完善机制，按照突出重点，狠抓节假日、敏感期部队安全管控；强化责任，按照“主官负总责、分管负主责、机关对口负责、检查人员具体负责”要求，共梳理安全隐患8类59处逐个清零，推进支队三级风险目标安防设施建设完善工作，群众性创安氛围不断浓厚，部队安全发展基础不断巩固。支队被武警部队表彰为“百日安全竞赛优胜单位”。

【班子建设】　2017年，武警东莞市支队加强班子自身能力建设，有效发挥核心领导作用。每次党委会先学民主集中制相关知识，坚持按政策规定、程序规则议事决策；一班人带头过双重组织生活，带头汇报思想，带头开展批评与自我批评，党委专题民主生活会质量较高，受到总队指导组肯定；对于棘手问题和官兵的意见建议，在与班子成员沟通交流基础上，正副书记不遮不掩，把问题摆上桌面，达成一致后再上会再实施，避免不必要的矛盾，机关反映在这样的氛围里工作不别扭、很舒心。一班人始终把纪律挺在前面，带头严守政治纪律政治规矩，班子成员带队参加总队党纪条规知识竞赛获优胜奖。贯彻“全面彻底”要求，带头肃清郭徐流毒影响、践行看齐要求，专题召开党委会，深入学习军委《意见》《措施》，围绕“12个重大问题”讨论辨析，逐人发言表明立场、划清是非界限。坚决贯彻落实党委决议，做到“会前充分酝酿、会上开诚布公、会后一个声音”，严格按首长分工负责制分头落实。一班人始终增强责任意识，强化担当精神干事业。加强政治能力训练忠诚担当，贯彻总部《加强党员领导干部政治能力训练三十条》和总队《加强政治生态建设十项举措》，结合两项重大教育、经常性组织生活、中心组学习，突出在把握政治方向、强化政治意识、提升政治素养上下功夫，努力提高与岗位职责相匹配的政治能力，始终保持昂扬的精神状态；解决棘手问题检验担当，党委敢不敢担当，集中体现在敢不敢解决棘手问题，敢不敢啃硬骨头，对于训练基地营区外用地租赁停偿工作，支队党委态度坚决，义正词严，有理有节表明态度、摆出事实，强力推进停偿清理整治，训练基地营区外用地租赁项目完成停偿工作；扑下身子实干践行担当，叫响“班子看班长、机关看班子”口号，“一班人”自觉做到哨位上抓执勤、操场上抓训练、课堂上抓教育、厨房里抓保障、官兵床前谈心交心，面对面、带着干。每逢大项任务、敏感时节，班子成员都亲自到一线、上哨位、进班排，与官兵同甘苦、共战斗，以自身实打实的行动促进工作落实。

【“魔鬼周”训练】　2017年，武警东莞市支队每个季度组织一次前指带特战分队为期7天“魔鬼周”极限训练。训练按照“仗怎么打、兵就怎么练”要求，训练中，每名特战队员身着防弹衣、头戴钢盔，携带手中武器，全副武装在暴雨中奔袭，在恶劣条件下进餐、在体力透支下射击、在染毒区里求生。先后完成扛圆木10千米竞技、特战小组战术综合演练、抗袭扰训练、山地追逃捕歼战斗及行军、房间突入救援、潜伏侦察、水下憋气、意志训练等30个科目。

【春运执勤】　2017年1月24日至3月3日，武警东莞市支队分36批次，动用兵力，完成2个火车站和1个高铁站春运执勤任务，协助春运部门疏导发送旅客约110万人次，救助伤病旅客6人次。

【联勤武装巡逻】　2017年，武警东莞市支队先后在重要时节及敏感期动用兵力担负东莞火车站、虎门高铁站、市行政中心广场、东莞东火车站、市汽车总站5个重点区域武装联勤巡逻任务，协助公安机关处置打架斗殴、纠纷等情况10余起，拾获上交物品10余件。

【武装押解】　2017年9月20日，东莞支队出动兵力、车辆，携带各类枪支、子弹，协同东莞市公安局完成东莞市第三看守所监管羁押对象转移途中武装押解任务。

【“兵头将尾”比武竞赛】　2017年，武警支队为树立训练有为、训练有位，训练尖子受尊重、有荣誉、得实惠的鲜明导向，提高部队实战化军事训练水平和遂行多样化任务能力起到积极推动作用，7月31日至8月1日，东莞支队举行“兵头将尾”军事大比武活动，来自基层中队的54名班长骨干在2天时间内展开多个军事科目的激烈角逐。

【“大练基本功”比武竞赛】 2017年12月19—22日，武警东莞市支队为推进党的十九大精神向实践延伸、向能力拓展，激发支队干部队伍“三力”（活力、能力、动力），切实立起任人唯贤选用导向，集中利用四天时间，组织营以下干部开展“大练基本功”综合比武竞赛。

【“学强军思想、干维稳大事、做习主席的好战士”学习实践活动】 从2017年10月18日起，武警东莞市支队开展“学强军思想、干维稳大事，做习主席的好战士”学习实践活动，按照“动员部署、统一思想，讨论辨析、纠偏正向，以学促干、查改结合，成果展示、总结提高”四个环节和步骤逐步推进，压茬进行，做到边学边干、边查边改，不断促进部队全面建设。是支队建设史上的一件大事，也是促进官兵全面发展、推进支队全面建设的创举，在支队强军兴军的新征程上写下浓墨重彩的一页。

【“两学一做”学习教育活动】 2017年，武警东莞市支队推进“两学一做”学习教育常态化制度化。支队主官和班子成员带头围绕四个专题上党课，党委专题分析学习教育形势3次，确保学习教育“精准滴灌”。开展承诺践诺和群众性讨论活动，利用交班会、支队网页、文电通知等载体，及时通报讲评学习教育开展情况。梳理汇编学习辅导资料，制作“口袋书”，组织观看庆祝香港回归20周年、建军90周年系列直播和《将改革进行到底》专题片，开展纪念建党96周年和建军90周年专题党课教育，使官兵在聆听领袖重要讲话中坚定信仰信念，在感触强国强军辉煌成就中坚定看齐追随。组织观看《永远在路上》《打铁还需自身硬》等教育片，清除思想障碍和模糊认识。9月，组织机关、基层党小组长进行业务培训，进一步规范党内生活、党费收缴等工作。开展体会交流、讨论辨析、主题演讲等活动，科学统筹，灵活组学，保证学习教育质量效果。从严规范落实党日活动和领导干部过双重组织生活，抓实重温入党誓词、党员承诺践诺、集中交流讨论、手抄党章讲话、党章知识竞赛等重点环节。统一购买《党章》《廉洁自律准则》《党纪处分条例》《中国共产党的九十年》等书籍发至全体党员，统一配发党员学习笔记本、习近平主席讲话刻印水杯，利用好政工网、警营广播、板报橱窗等宣传“小阵地”。7月，支队开展“七一”表彰活动，评选一批“优秀基层党组织”“优秀共产党员”“优秀党务工作者”，并将他们的先进事迹制作成专题片，在电视台和新媒体进行宣传，供全支队官兵学习，引导大家从身边人身边事上获取正能量。融入推进“红色基因代代传”工程，抓实“铸魂”活动，用东纵精神补足信仰之钙、加固信念支撑。通过学唱东纵队歌，制作东江纵队专题纪录片，探访邀请东纵老战士来队讲战斗故事和革命传统，配发《东纵战斗故事》连环画册，赴东纵纪念馆重温入党誓词，与榴花公园共建挂牌，拜谒革命英雄纪念碑，对支队史馆和基层荣誉室进行改建，优化营区政治环境建设等一系列举措，用东纵精神鼓舞官兵坚守初心、昂扬奋进，激发官兵“守莞邑热土，当东纵传人”的热血担当。11月28日，支队组织全体党员瞻仰榴花抗日纪念亭暨“重温入党誓词”主题党日活动，现场感受革命先烈抗日救国，解放全中国的初心，坚定牢记使命、不断奋斗的坚强意志。支队坚持党建带团建，积极开展争创团员先锋岗（队）活动，五中队特勤排被东莞市团委评为“团员先锋队”。

（范绍瑜）

附：2017年武警东莞市支队主要领导名录

党委第一书记、第一政委：杨东来
支队长：王泽利
政　委：贺　翔（任至5月）
　　　　祝俊业（5月到任）

边防支队

【武警边防支队概况】 2017年，武警东莞市边防支队应对多变的维稳形势，开展“固边系列”、“飓风2017”、“雷霆扫毒”、“国门利剑”、打击“盗抢骗”等专项行动，完成党的十九大、香港回归20周年、全国全省“两会”等7项重大安保任务，实现“大事不出、小事也不出”的目标。全年立刑事案件171件，侦破99件，破案率57.9%，比上年提升3.2%；受理治安案件393件，查处317件，查处率80.7%，提升8.5%；缴获各类毒品137千克。重点打击走私偷渡犯罪，查获偷渡案件13件，抓获偷渡人员231名；查获走私案件76件，缴获车辆、冻品、洋酒、柴油等走私货物案值4404万元，创历史新高。

加强立体化边境防控体系建设，接入省级治安缉查布控、人像识别和市级“两网双平台”视频监控、路面车辆识别等系统操控权限；创新推出码头岙口船舶分类管理模式，在全省边防首推出台《无证驾驶船舶案件执法指引》，开创沿海船舶治安管理新格局。

是年，武警边防支队全年召开党委会37次，决定重大事项90余项，制定年度重点工作项目库和为基层办10件实事的决定，党委议抓中心、攻坚克难能力显著提升。坚持正确选人用人导向，科学选拔任用24名优秀干部进入基层两级班子，基层堡垒结构得到优化，各级班子素质全面提升。加强作风建设，党委班子成员带头践行“两学一做”，持续深入反对“四风”、纠治“四个主义”，深入查摆作风方面存在问题29个，研究制定针对性整改措施36条，以实际行动强化作风转变、取信基层官兵。

推进“维护核心、听从指挥”主题教育和“两学一做”学习教育常态化制度化，举办2期学习党的十九大和总队第三次党代会精神培训班，配套开展“学原文、悟原理、话忠诚”专题教育，创新推出电视新闻节目《一线兵情直播间》，评选表彰第四届“模范警嫂”和“身边榜样”先进典型，王一粟在第五届“夏青杯”全国朗诵大赛公安赛区决赛中获优秀奖。深化“深知兵、真爱兵”活动，落实《暖心励警10项措施》，设立50万元暖心励警“关爱基金”，救济慰问困难官兵38人，推动协调解决家属就业6名、子女择优入学8名，首次将110名官兵家属体检纳入暖心励警工程，解决官兵后顾之忧。充分发挥战时政治工作效能，开展战地宣传、实施火线表彰、组织慰问演出，极大鼓舞部队士气。侦查队立集体一等功，全年2人立一等功，8个集体和15名个人受到地市以上表彰。

开展“条令学习月”、从严治警教育整顿、安全大检查、纪律作风学习月、警示教育和集中排查整改活动，严格落实军委禁酒令和公安部边防局“九条铁规”，层层签订《党风廉政建设暨安全工作责任状》，围绕枪弹管理、车船管理、酒驾醉驾问题进行专项整治，开展个别人员专项排查，专题召开加强教育管理暨两个经常性工作研讨会，排查重点关注对象2名，查摆整改各类问题18个，制定针对性措施21条，全年部队安全无事故。坚持挺纪在前、抓早抓小，牵头制定《驻莞边防部队交叉督察工作方案》，常态化开展督导检查，充分运用监督执纪四种形态，加强重点敏感领域监督，针对发现的隐患苗头和违纪问题，严肃追责问责，2名基层主官被提醒约谈、1名干部被诫勉谈话、10名违规战士被处罚，树立从严执纪、铁腕治警的鲜明导向。

【基层基础建设】 2017年，武警东莞市边防支队基层基础建设取得重大突破。全年争取地方财政经费4265万元。投资1400万元的“东莞市边海防与打私指挥中心建设项目”完成设计规划、开始招标。总投资2700万元的虎门港所新营区建设落地建设。道滘水上所新营区完成装修改造进驻办公、揭牌运行。争取775万元建设麻涌所、虎门港所海防监控码头，项目设计建设方案上报省海防委审批。先后投入1300余万元为基层办实事，建造2艘摩托艇、购置6辆执勤车辆和一批反恐防爆特种装备，维修船艇大队码头，完善5个基层单位训练场地，升级改造4个兵器室，基层基础实力得到稳步提升。拿出专项经费242万元对支队56套廉租住房进行装修改造，配齐生活家电家具，提升部队住房保障力度。

【第四届“模范警嫂”颁奖暨迎春慰问演出】 2017年1月22日，武警东莞边防支队第四届“模范警嫂”颁奖暨迎春慰问演出举行。活动回顾边防支队近年来取得的成绩，同时对全力理解和支持边防事业的官兵妻子代表进行表彰。晚会温馨感人，现场播放模范警嫂的视频，并搭配现场访谈和歌舞小品，重温近年来东莞边防支队屡破大案要案、完成执勤安保任务等成绩，同时还向一直在边防官兵身后无私奉献的警嫂致以感恩和敬意。活动评选表彰10名模范警嫂。

【“铁拳”反走私行动】 从2017年3月初起，武警东莞边防支队开展“铁拳”反走私行动，对东莞沿海一带的走私活动进行严打整治，重点针对油品、烟酒、电子元件等高利润走私物品的严查。市边防支队联合打私办、海关、渔政等职能部门开展24小时无间断海上巡查和陆上防控，破获各类走私案件12件，案值600余万元。缴获涉嫌走私红油160吨、涉嫌走私洋酒3000余瓶、走私电子元件200余件，捣毁走私红油加工点4个，查获涉案人员12人。

【主题教育活动】 2017年4月3日，武警东莞边防支队组织100名官兵代表，到东江纵队纪念馆开展“缅怀革命先烈重温入党誓词”主题教育活动。通过缅怀革命先烈，教育和激励支队全体官兵继承先烈遗志，发扬革命先烈爱国主义精神，树立官兵献身使命的责任意识。官兵们参观东江纵队纪念馆，通过聆听战斗故事，重温英雄事迹，加深对东纵精神的认识。

【虎门渔区青少年军营成长之旅】 2017年5月6日，“虎门渔区青少年军营成长之旅”项目结营仪式在虎门镇政府举行。该项目由“正阳”驻虎门社工联合东莞市公安边防支队共同发起，从2010年开启至2017年开展7届，共服务虎

2017年3月，东莞边防支队联合多部门捣毁一走私冻品贮存点

（东莞边防支队供图）

2017年7月31日，东莞边防支队船艇大队举办船艇服役20年庆典暨警营开放日活动（东莞边防支队供图）

门渔区483名青少年。“正阳”社工在当地服务时，发现这一特殊的群体，经过调研、评估，最终“正阳”社工与东莞市公安边防支队联合开展“渔区青少年军营成长之旅项目”。该项目引入勋章激励机制，对青少年开展生活技能训练、抗逆力培养、自我保护能力提升、亲子沟通、社区责任感培养等方面针对性的服务。从2010年至2017年，“渔区青少年军营成长之旅项目”招募483名符合条件的青少年。项目服务对象也拓展到整个虎门镇，为当地青少年提供一个安全、健康且有意义的假期。

【“军民一家亲”文艺慰问演出】 2017年7月26日，东莞市文化馆组织东莞文化志愿者走进驻莞边防部队，在市公安边防支队船艇大队进行“军民一家亲”文艺慰问演出。为官兵们带来11个精心准备的节目，有舞蹈、音乐、相声、杂技、快板、乐器演奏等，精彩的表演收获官兵们阵阵掌声和笑声。在演出间隙，主持人还与台下官兵们热情互动，热血男儿豪迈自信的歌声响彻整个军营，现场充满欢乐的气氛。（朱　涵）

附：2017年东莞市公安边防支队主要领导名录

支队长：余来勇（任至10月）
　　　　钟春生（10月到任）
政治委员：曾宇峰（任至6月）
　　　　　唐必翔（6月到任）

边防检查

【边防检查概况】 2017年，东莞边防检查站部队全面建设呈现向上向好发展的新态势：集中攻关，建设项目如期验收；3个总队级攻坚任务完成年度目标，2个停偿项目全部提前完成，总队攻坚任务见底清零，历史遗留和信访隐患问题得到彻底解决。时隔7年，东莞边防检查站党委重新迈入先进支队级单位党委行列。

是年，东莞边防检查站擦亮老典型，推动刘洋获评“全国优秀人民警察”和部局第五届“十大边防卫士”，提名“省道德模范”，并到北京大学等高校专题宣讲，引起强烈反响；发掘新典型，先后涌现出“省优秀人民警察”王瑞珍、“北大战士”胡司盾、“查控能手”仇玄亮等一批先进个人。出台《从优待警若干规定（试行）》，鼓舞士气。“以旗为峰、平安国门”的“旗峰”文化品牌建设初步形成，文化建设朝新高度迈进。13个单位、40名个人获部局、总队及市级以上表彰，创历年之最。

【口岸管控】 2017年，东莞边防检查站推动常平、太平和立沙岛化工片区口岸列入市一级重点防控目标，常平智能口岸纳入市政府整体规划，PDT数字集群系统纳入市局统一建设，管控体系建设取得新突破。首次实现29个海港码头监控100%覆盖，查验查缉更加严密。全年检查出入境人员70万余人次，检查监护出入境交通运输工具1.8万艘（列）次，确保口岸辖区安全稳定。

【边检服务】 2017年，东莞边防检查站完善“两评定一评估”制度，连续四年对码头和船舶代理公司实行风险等级管理。落实服务粤港澳大湾区建设措施，与市“单一窗口”试点平台100%对接，推出边检便民举措，企业节约通关时间50%以上。服务大型展会和旅行团体，为企业节省资金近千万元，救助受伤船员20人，以贴心服务赢得各界赞誉。承办总队提高边检服务水平10周年活动，进一步扩大影响力。

【边检部队管理】 2017年，东莞边防检查站刚性执行条令条例，开展从严治警教育整顿、安全大检查和个别人员专项排查，整改安全隐患。联合东莞边防支队首创片区部队交叉督查制度，正规化管理呈现新面貌。落实“两个责任”，对违规违纪问题一律严肃问责，“党委统一领导、纪委组织协调、部门齐抓共管”的工作机制更加巩固。

【边检综合保障】 2017年，东莞边防检查站保障经费连续三年实现大提升。修改《集中采购管理实施细则》，制订《工程建设项目招投标管理实施办法》，经费使用投向更准、质效更优。全年为基层办22件实事，推进解决官兵公寓住房、营区营房、办公设施、生活配套等问题，官兵生活工作环境得到显著改善，基础建设发展薄弱问题有一定改观。

【“扬帆行动小组”援藏助学】 2017年4月18日，《人民政协报》刊发《搭建援藏助学“爱心桥”——记广东东莞边检站女兵刘洋》，报道东莞边检站女兵刘洋在赴西藏帮助工作时，号召东莞边检站成立“扬帆行动小组”，为相隔万里的警民间搭起一座“爱心桥”。截至2016年，自愿加入援助工作的官兵人数由16人增至21人，前后资助28名贫困学生，6名学生完成小学学业。

【爱国主义夏令营】 2017年7月22日，东莞市虎门镇妇联携手虎门镇边防检查站、消防大队、沙角部队、东莞市正阳社会服务中心驻虎门镇白玉兰家庭服务中心共同举办的“暑假乐趣多，军旅梦启航”爱国主义夏令营在虎门边防检查站内开营。夏令营延续“爱国主义进校园”的理念，并突破传统的爱国主义教育方式，通过为期3天的夏令营，带领学生走出课堂，到部队近距离了解军人，体验部队生活和感受部队文化，培养爱国品质。

这次夏令营有60多名营员。开营仪式上，由虎门镇妇联相关负责人为营员佩戴夏令营徽章，由警官向营员代表授旗，希望营员们通过军营之旅体验，增强集体主义精神和组织纪律观念，培养吃苦耐劳精神和增强国防观念。仪式结束后，营员们在工作人员的带领下参观部队营区营貌、内务设置，观看警棍盾牌操等训练表演。

【“提高边检服务十周年”大型宣传活动】 于2017年8月19日在东莞市举行。内容包括：2008年东莞市常平口岸率先启用旅客自助查验系统，成为全国首家开通旅客自助查验系统的现役制边检站；东莞边检升级改造“智能验证台”，实现证件真伪快速检验、旅客信息自动收集、人脸特征识别、通道无盲区监视等功能。

【北大宣讲活动】 2017年9月23日，应北京大学邀请，东莞边检站政委黄鹏率边检官兵到北大开展宣讲活动。全国优秀人民警察、“十大边防卫士”刘洋以及备受关注的北大入伍士兵胡司盾到场向200多名北大师生讲述个人爱岗敬业事迹。

宣讲会上，刘洋讲述自己从一名入警大学生成长为一名全国边防卫士的历程，胡司盾分享自己入伍一年来的感想体会。

他们的精彩演讲，以及爱岗敬业的事迹，得到北大师生的肯定。宣讲会后，北大学子们还针对职业规划、人生价值、从军感悟等方面，与该站官兵进行互动交流，现场气氛热烈。

【东莞边检“女子科”屡获殊荣】 2007年5月，东莞边防检查站设立清一色的女检查员组成的虎门分站执勤业务一科称作“女子科”，这也是全省边防系统唯一的全女子科室。

十年来，虎门分站执勤业务一科的官兵始终坚守在服务人民群众的最前沿。经该科验放的出入境旅客数量超过146万人次。

虎门分站执勤业务一科的服务得到大家的认可，科室因此也屡获殊荣，先后获评省市级先进单位7次，总队级奖励12次，公安部边防局表彰6次，1人立个人二等功，19人立个人三等功。 （聂子松）

附：2017年东莞边防检查站主要领导名录

站　长：吴振标

政治委员：胡军锋（任至6月）

　　　　　黄　鹏（6月到任）

消　防

【消防工作概况】 2017年，东莞市公安消防支队确保部队管理和社会面火灾防控“两个稳定”，完成以十九大期间消防安保为中心的各项工作任务，开创全市消防工作和部队建设新局面。全年发生火灾1345起，比上年下降19.83%，造成6人死亡，下降57.14%，5人受伤，下降50%，直接财产损失3903.46万元，下降52.29%。

【消防设施建设】 2017年，东莞市公安消防支队在上年建14个消防站的基础上，新建消防站30个，新建消火栓1130个、取水点1219个，采购消防车71辆，新招合同制消防员233名。推动建立市级消防应急救援训练基地两期建设用地6.73公顷，增配石化区泡沫灭火剂200吨。

【火灾防控】 2017年，东莞市公安消防支队出台消防工作“十三五”发展规划、消防装备建设专项规划、中心城区消防专项规划，推动《东莞市出租屋治安消防安全管理条例》《东莞市市政消火栓管理规定》立法以及开展城市消防安全风险调研评估，消防安全主体责任更加夯实。建立镇街消防安全重点工作问题督办清单，消防安全责任更加落地。落实党委成员每月督导清单，队伍管理责任落实更加到位。全民创安理念深入人心，“平安社区”创建经验全省推广，消防立体化宣传教育平台建设经验，在全国消防部队新闻和舆论培训班上做经验介绍；依托“智网工程”综合管理平台夯实基层消防安全网格化管理工作经验，在全国“智慧消防”建设现场会做经验介绍。年内全市检查单位6.48万家，临时查封711家，“三停”629家，罚款1603.85万元，拘留223人，市、镇两级挂牌重点隐患73处；分别比上年上升42%、24%、23.33%、30.64%、57.04%、87.2%，灾害风险大幅减少，成功遏制“小火亡人”“小火成灾”的势头。

【消防能力提升】 2017年，东莞市公安消防支队党委班子在全省攻坚目标责任状考核中排名第二，并获评“先进支队级党委”，石龙大（中）队被评为全省基层建设标兵单位，横沥专职消防队被评为全省标兵专职消防队，支队班子队列会操、特勤实战化技能会操、上半年执法质量考评均获全省第二名，全年各项火灾防控专项工作考核均名列前茅。成功处置东莞黄江“2·22”森茂珍珠棉厂火灾、东莞洪梅“4·23”煤气罐爆燃事故火灾、东莞虎门港立沙岛“9·28”广东腾龙化工科技有限公司火灾等任务，完成增援珠海、澳门抗击“天鸽”等系列强台风、强降雨气象灾害救援任务。

【城市社区防火灭火救援现场会】 2017年3月31日，东莞举行城市社区防火灭火救援现场会，现场会推广东莞围绕“消防安全设施建设”这一主题，构建“人防、物防、技防、责防”全覆盖网络，探索消防安全管理长效机制。

【黄江“2·22”森茂珍珠棉厂火灾事故】 2017年2月22日17时5分，东莞消防支队接到报警：位于东莞市黄江镇长龙社区华裕街森茂珍珠棉厂发生火灾，火势较大，东莞支队指挥中心立即调黄江、塘厦、特勤一队、特勤二队、东坑、大朗、清溪、常平、樟木头、寮步、东城、战保等12个消防队共22辆消防车、1个供水车组、102名指战员赶赴现场进行处置。消防队于17时15分起陆续到达火灾现场，20时15分将火灾扑灭。发生火灾的建筑为五层厂房，钢筋混凝土结构，起火建筑占地面积约3000平方米，着火楼层为四、五层局部，过火面积约1500平方米，燃烧物质为珍珠棉，无人员伤亡。

【洪梅“4·23”煤气罐爆燃事故火灾事故】 2017年4月23日19时3分，东莞消防支队“119”指挥中心接到报警：称东莞市洪梅镇梅沙村一废品站内煤气罐发生爆炸，引燃旁边停放的3辆槽罐车，支队立即调派洪梅、特勤一队、特勤二队、道滘、望牛墩、沙田共6个大队、14辆消防车、68名消防员到场处置，支队全勤指挥部遂行出动。洪梅大队于19时13分到达火灾现场，火势于19时35分控制，20时15分扑灭。事故造成4人受伤（轻伤）。发生爆炸场所为一废品收购站，内停有车辆31辆，占地面积约1800平方米，过火面积约400平方米。

【广东腾龙化工科技有限公司火灾事故】 2017年9月28日2时4分，东莞消防支队接到报警：位于东莞市虎门港立沙岛广东腾龙化工科技有限公司B区1号厂房三层发生火灾，指挥中心立即调派东莞市公安消防支队虎门港、麻涌、中堂、洪梅、沙田、厚街、特勤、万江、战保、虎门共10个大队30辆消防车、125名指战员赶赴现场进行扑救，支队全勤指挥部随警出动。虎门港大队于2时18分到达火灾现场，3时18分火灾被全部扑灭。发生火灾的建筑厂房共三层，砖混结构，占地面积1773平方米，着火层1700平方米，分三个区间，火灾发生在三层存放间，过火面积约100平方米。着火层存放有20吨富马酸，65吨过硫酸铵，5吨乙二胺四乙酸四钠，火灾中无人员伤亡。

【“119”消防安全宣传月】 2017年11月9日，东莞“119”消防安全宣传月启动，各镇街同步组织消防安全宣传活动。东莞开出首列消防地铁，地铁车厢被布置成消防安全宣传廊，厢壁上随处可见简洁实用的消防安全常识，该专列共有6节车厢，一天运行20多趟，将至少运行一个月。

【立功受奖】 2017年，东莞市公安消防支队评选首届“莞邑十佳消防卫士”，立个人二等功2人，立个人三等功34人，被评为“东莞好人”1人，获东莞市道德模范提名1人。完成以党的十九大安保为主线的各项工作任务，得到社会各界充分肯定，支队被市政府授予集体二等功，石龙大（中）队连续12年被评为全省“基层建设标兵单位”。 （范钊弘）

附：2016年东莞市公安消防支队（公安消防局）主要领导名录

支队长：苏炜龙

政治委员：李 凌

人民防空

【人民防空概况】 2017年，东莞市人民防空办公室（简称市人防办）围绕“战时应战、平时服务、应急支援”使命任务，主动将人防工作融入经济建设、融入城市建设、融入服务民生，军事斗争人防准备不断拓展深化，“应战能力强、服务能力强、支援能力强”的现代人民防空建设取得长足进步，为新时代东莞改革发展提供人防支撑。市人防办获评全省人防建设目标管理考评先进达标单位、东莞市重大项目建设工作先进集体，胡斌、叶健忠被市相关部门评为先进个人。

【人防指挥通信建设】 2017年，东莞市人防办立足于城市防空袭斗争需要，扭住防空袭军事斗争核心任务，突出应战应急，人防组织指挥能力不断增强。重视101工程竣工验收备案工作。加强督促检查，制订工作方案，明确责任分工和时间节点，于12月完成竣工验收省级备案工作。做好镇街防空警报器控制系统升级改造方案编制工作。对全市防空警报控制系统建设现状开展摸底调查和技术分析，完成《东莞市镇街防空警报控制系统

2017年11月20日，东莞市人防办组织实施防空警报试鸣　（市人防办供图）

升级改造技术方案》编制和评审，市政府安排资金2789万元用于各镇（街道、园区）开展警报升级改造工作。组织开展防空警报试鸣演练。于11月20日组织一年一度的防空警报试鸣活动，结合防空警报试鸣组织开设人防作战指挥部、召开防空作战会议和发放防空警报等科目演练，有效检验全市人防组织指挥能力和防空警报设备性能，增强市民国防观念和人防意识。

【人防工程建设】　2017年，东莞市人防办抓住城市快速发展机遇，坚持将人防工程建设与城市建设相融合，抓好人防"结建"政策落实，推进人防工程建设增量提质增效，人防综合防护能力不断提升。编制《东莞市人民防空工程总体规划（2016—2035）》。主动跟踪和服务好市重大项目。市人防办主要领导多次率工作组到市重大项目现场进行指导，特别是轨道交通建设兼顾人防项目，实地解决建设单位遇到的困难和问题，有效推进项目人防建设落实。筹划公共人防工程建设。市政府十六届第7次常务会议研究决定启动1个地下公共人防工程建设，项目占地约2万平方米，计划投资1亿多元，建成后可提供400多个停车位。

【人防机关"准军事化"建设】2017年，东莞市人防办坚持开展人防宣传教育。以人防门户网站为阵地，做好人防法律法规和人防知识宣传。同时，利用人防网站发布人防工作动态类信息85条，行政审批类信息534条。结合防空警报试鸣日、"5·12"防灾减灾日等重大活动，在轨道LED屏滚动播放人防宣传片半个月，在部分小区电梯内张贴宣传海报1个月，向村、社区派发宣传标语600余条，向市民派发宣传资料1000份。依托市中小学德育教育基地，开展人防知识教育，全年组织培训班30期，培训学生3万余人次。加强内部控制机制建设。成立内控小组，制定预算、采购、资产、合同和公务接待等5项管理制度，重新修订《财务管理办法》和《保密工作制度》，进一步规范内部管理。加强镇（街道、园区）人民防空建设。7月27日，经市委常委议军会议讨论通过，明确镇（街道、园区）分管武装工作的班子成员分管人民防空工作，明确武装部门承担本区域人民防空管理工作，市府办、东莞军分区战备建设处联合印发《关于进一步加强镇（街道、园区）人民防空工作的通知》。配合市委办、市双拥办在市人防基本指挥所召开市委常委议军会议，宣传全市人防发展成果，展示人防队伍精神风貌，解决基层人防工作中的实际问题。（叶健忠）

附：2017年东莞市人民防空办公室主要领导名录

主　任：安连天（2—9月）
　　　　夏显辉（9月到任）

城建·环保

URBAN CONSTRUCTION · ENVIRONMENTAL PROTECTION

东莞市南城街道　（张嘉富　摄）

编辑：郭佩文　张曼利　贺　平

城乡规划

【城市品质三年提升计划】 2017年，东莞市推进城市品质三年提升计划，印发《中共东莞市委办公室　东莞市人民政府办公室关于城市品质三年提升计划的实施意见》，召开全市城市品质三年提升计划工作动员会，构建"1+10"工作体系，相继完成建设项目筛选，以及组织镇街编制三年计划等工作；围绕重点领域与重点区域，选定580多个建设项目。城市品质提升成为全社会共识，大部分镇（街道、园区）编制各自三年提升计划，推进各项工作。

【广深科技创新走廊】 2017年，东莞编制完成《广深科技创新走廊（东莞段）空间规划》中期成果，以及《广深高速公路（东莞段）景观提升规划》初步成果。10月12日，召开推进广深科技创新走廊建设工作动员暨系列重大科技创新项目及规划发布会议，介绍广深科技创新走廊东莞段规划情况，解读"创新驱动发展升级版"计划，启动广深高速创新资源带建设，发布中子科学城概念规划。

【国家自主创新示范区空间发展规划】 2017年，东莞市开展《东莞市国家自主创新示范区空间发展规划（2016—2025年）》（以下简称《规划》）编制工作。《规划》以自主创新发展为主题，对东莞市的空间、产业发展基础进行剖析，并形成对东莞自主创新发展优势和主要问题的判断，明确东莞市自创区的发展定位和目标，谋划全市自主创新示范区的总体布局。结合相关部门和镇街的近期工作计划，梳理、整合相关工作内容和重点项目，形成八大近期行动计划及近期建设项目库。《规划》成果主要包括以下6个方面的内容：城市自主创新发展基础评估、城市自主创新发展目标分析、自主创新示范区总体布局、自主创新示范区分区布局、自主创新发展保障措施以及规划图集等。

【东莞市规划展览馆】 于2017年1月9日免费对外开放。东莞市规划展览馆项目占地面积3.5公顷，总建筑面积1.5万平方米，总投资约2亿元。选址位于旗峰路西北侧，位于行政办事中心与旗峰公园之间的城市绿轴上。作为全国第一个水下展馆建筑，规划馆围绕“规划让城市更美好”的主题，以差异化的理念定位，全新的叙事方式，翔实的内容资料，先进的展示手段，突出市域重点区域和亲民特点，从规划的视角打造一个有态度、有温度的东莞规划公益性展览空间。至年底，接待各类团体598场次，接待游客27万多人次。

【滨海湾新区概念性规划编制】 东莞滨海湾新区建设是东莞市重大城市发展战略举措之一。2017年6月，东莞市起草《滨海湾新区概念性规划项目建议书》，完成基础调研工作。7月13日，召开前期研究专题研讨会，邀请香港、广州、深圳等地城乡规划领域的知名专家就新区的战略定位、发展策略、工作谋划等重大问题集思广益、出谋划策。8月4日，市长梁维东主持召开工作会议，明确新区定位、沙角片区深水港建设、基础设施建设等工作要求，进一步深化完善。9月，形成概念规划研究成果，并于9月15日通过专家评审。10月上旬，完成项目规划的成果编制，并提请滨海湾新区规划建设工作领导小组进行审议。

【2017中国城市规划年会】 于2017年11月18—20日在东莞市举办。这是中国城市规划年会首次在地级市举办。中国城市规划年会是中国城市规划领域学术水平最高、参与度最广、影响力最大的年度盛会。

会上，住房和城乡建设部副部长黄艳委托住房和城乡建设部城市规划司副司长张兵作《落实“十九大”新时代目标、方略和任务 转变城市规划的理念和方法》的报告；市委副书记、市长梁维东作题为“新时代新征程新东莞”的主旨报告；阿里巴巴集团技术委员会主席王坚作“城市大脑：从数据资源看未来城市的发展”主题报告；中国城市规划学会副理事长，东南大学建筑学院教授，中国工程院院士王建国作“从理性规划的视角看城市设计发展的四代范型”主题报告；中国城市规划学会副理事长，同济大学副校长、教授吴志强作“规划新时代与生态理性内核”主题报告；中国城市规划学会副理事长，清华大学建筑学院教授尹稚作“中国新型城镇化 大国大局大势”主题报告；中国城市规划学会理事，香港大学城市规划及设计系讲座教授，中国科学院院士叶嘉安进行题为《未来社会经济环境下的粤港澳大湾区发展与规划》的演讲；中国社科院城市发展与环境研究所所长、研究员潘家华作“全球转型发展的挑战与进程”主题报告；故宫博物院院长单霁翔作“坚持文化自信 做中华优秀传统文化忠实守望者”主题报告。

期间，开展7条专业线路的调研：从“可园-中兴路-大西路”调研东莞中心城区的历史与发展建设历程，探讨老城历史文化保护利用及新城高品质生态宜居城市的规划与实践，展现“新城依山、老城傍水、城市就在山水间”的空间格局；从“黄旗山城市公园—天安数码城—广东现代国际展览中心”，调研中心城区产业升级、环境品质提升的建设情况，展示东莞建设“国际制造名城，现代生态都市”的发展愿景；参观“松山湖国家高新技术产业开发区”，调研东莞开展园区统筹、创新驱动发展的具体实践，展示松山湖发挥国家自主创新示范区的创新引领作用，展示松山湖在构建“1+6”（一园六镇）

2017年11月18—20日，2017年中国城市规划年会在东莞市举行 （市规划局供图）

区域科技产业创新中心，并推动东莞制造向“东莞智造、东莞创造、东莞服务”提升过程中的初步成效；参观“海战博物馆、威远炮台”，调研东莞市历史文化遗产的保护和利用，了解东莞“中国近代史开篇地”的相关遗存研究与保护工作；参观“同沙生态公园”，调研同沙公园与治水攻坚战的工程实例，以点带面展示东莞市生态文明建设与水污染治理的建设成就；参观“华阳湖湿地公园”，调研华阳湖水生态环境修复的历程，展示东莞在完善欠发达地区基础设施建设、重塑岭南水乡风貌特色，以及不断提升城市治理水平的努力与实践；参观“生态园管委会”“湿地公园”和“南社古村”，调研东莞生态产业园“生态优先、治水为前、逐步完善基础设施建设，突出发展循环经济”的规划实践，探讨生态、产业、新城共融发展的路径及岭南古村落的保护。

【国家历史文化名城申报】 2017年6月，东莞市组织人员参加由住建部主办的历史文化遗产保护培训班，学习先进历史文化遗产保护的经验，并加强与住建部领导的沟通，继续完善历史文化保护体系，开展历史文化街区保护规划编制，推进各历史文化名镇、名村保护规划的编制，开展历史建筑数字化保护、历史建筑认定、挂牌及修缮工作。截至2017年底，完成历史文化街区、历史建筑、周边环境整治及标识系统建设工作；并完成第二批91处历史建筑挂牌工作；重新完善第一批历史建筑挂牌，开展历史建筑简介的普查和整理工作；委托测量团队对278处第一、二批历史建筑，进行实地测量建档等相关工作。

【“三规合一”试点工作开展】 2017年，东莞市推动“三规合一”工作。按照《东莞市“三规合一”工作方案》，“三规合一”工作分为试点先行、全市推广两个阶段。在试点工作阶段，完成“五个一”工作内容，包括一个试点地区“三规合一”工作、一个滨海片区空间战略规划、一个东莞市“三规合一”空间信息平台、一个东莞市“三规合一”协调监督评估机制、一套东莞市“三规合一”基础专题研究，并在全市推广“三规合一”总结试点工作经验。截至2017年底，完成“三规合一”试点初步工作成果、滨海片区空间战略规划初步方案、空间信息平台立项等工作。根据初步工作成果，试点地区差异图斑2.8万个，规模113平方千米，占试点地区面积的20%。

资料链接：

“三规合一”是将国民经济和社会发展规划、城市总体规划、土地利用规划中涉及到的相同内容统一起来，并落实到一个共同的空间规划平台上，各规划的其它内容按相关专业要求各自补充完成。

【规划研究】 2017年，东莞市开展水乡经济区规划编制及课题研究，修改各镇第二轮总体规划，开展《东莞水乡特色经济区田园规划工作实施研究》《水乡新城概念性规划》编制工作；并加强各镇街（园区）的建设规划，完成东莞市各镇街园区近期建设规划编制工作，修编《东莞市城市规划管理技术规定》，制定《东莞市城市设计工作指引》。（谢易霖）

附：2017年东莞市城乡规划局主要领导名录

局　长：黄宇东

住房和城乡建设

房地产业与住房保障

【房地产业概况】 2017年，东莞市完成房地产投资702.15亿元，比上年增长9.2%，其中住宅投资512.44亿元，增长16.7%。全市共核准预（现）售商品房955.47万平方米，比上年下降7.04%。全市新建商品房成交9.29万套，比上年下降14.36%；成交面积811.46万平方米，下降22.91%；成交金额1281.81亿元，下降11.52%；成交均价15796.32元/平方米，增长11.52%；新建商品住宅成交面积49844万平方米，下降35.78%，成交均价16549.76元/平方米，上涨20.25%；成交金额921.10亿元，下降24.32%。新建商品房网签销售面积811.54万平方米，比上年下降23.58%，销售金额1281.94亿元，下降12.16%，其中商品住房销售面积556.62万平方米，下降37.30%，销售金额921.19亿元，下降24.60%，销售均价1.66万元/平方米，上涨20.24%；非商品住房销售面积254.92万平方米，增长46.36%，销售金额360.75亿元，增长51.81%。

二手房存量房成交5.82万套，比上年下降12.03%；成交面积681.84万平方米，下降5.89%；成交均价5606.67元/平方米，上涨3.36%；成交金额382.28亿元，下降2.74%。其中，二手存量住宅成交5.39万套，下降13.4%，成交面积542.92万平方米，下降15.25%，成交金额346.86亿元，下降6.41%，成交均价为6388.9元/平方米，上涨10.44%。商品房备案8.46万宗，比上年下降31.11%；按揭登记6.55万宗，下降27.49%；抵押登记13.54万宗，增长13.5%，抵押金额2278.24亿元，增长45.2%。

截至2017年底，东莞市有房地产开发企业432家，其中一级资质企业2家，二级资质企业15家，三级资质企业59家，四级资质企业185家，暂定资质企业171家。

2017年8月，东莞市房产管理局完成建不动产补办产权手续系列政策文件修订草案，出台《关于降低制造业成本　支持实体经济发展　进一步改进不动产抵押登记工作的通知》，解决企业融资难题。

【保障性住房建设】 2017年，东莞市通过房屋修葺、租赁补贴、实物配租、租金核减等完成2273户中等偏下收入困难家庭及新就业职工、外来务工人员的住房保障。全年筹集保障房3.97万套，完成分配3.21万套。2013年底和2014年底前政府投资开工建设的公租房分别分配1.03万套和773套、完成任务的83.52%和103.6%。完成1.71万宗积分制入户申请居所情况审核评分、5986宗积分制入学申请居所情况审核评分。全年受理住房津贴业5030份，房改房37套；办理初次申请住房津贴业务1254人次，金额1109.73万元；津贴变动2867人次。出具个人房改情况证明114份。全年完成新增房产档案313406份，比上年增长40%；协助司法查询4432宗。

是年，东莞市编制完成《东莞市住房建设规划（2017—2020年）》《东莞市住房体系建设实施意见》，开展房屋空置率调查课题研究、农民公寓建设问题研究，初步搭建“东莞市住房租赁管理平台”，从顶层设计、创新体系等方面加强住房保障工作。

（吴维彬　张思瑶）

【房屋租赁】 2017年，东莞市房产管理局出台《东莞市非住宅房屋租赁登记备案业务工作指引（2017年修订）》，推行网上受理。受理房屋租赁备案登记189件，总面积64.88万平方米。其中办公楼登记备案36件、面积1.46万平方米，商铺用房登记备案102件、面积6.47万平方米，厂房登记备案32件、面积35.98万平方米，其他19件、面积20.96万平方米。

（张思瑶）

【房地产市场调控】 2017年，东莞市优化房地产市场监管措施，取消交楼标准样板房检查事项，推行质量担保保函差异化措施，创新预售款监管模式；开展规范开发企业经营行为专项整治行动。出台《东莞市人民政府办公室关于进一步规范我市房地产市场发展的通知》《东莞市人民政府办公室关于进一步完善我市住房限购政策的通知》等调控政策。遏制外来炒房行为，新建商品住房非户籍人口购房比例从2016年9月持续下降，2017年4月收紧限购政策以后，非户籍人口购房比例持续稳定在60%左右。

【房地产去库存】 2017年，东莞市新建商品房销售面积811.54万平方米，比上年下降23.58%，新建商品住房销售均价1.66万元/平方米，比住建部统计口径均价1.70万元/平方米，下降2.73%。全市商品住房和非商品住房的去库存周期分别为10.93个月和12.53个月，均控制在合理区间。（吴维彬）

2017年3月17日，第11批雅苑新村分房现场　（市住建局供图）

【房产管理工作规范化】 2017年，东莞市加强房地产管理规范化工作。

不动产登记　出台《东莞市不动产登记操作指南（征求意见稿）》《东莞市不动产登记业务办事指南（征求意见稿）》《东莞市不动产登记数据整合建库及应用实施方案》，于7月10日在全市启用不动产登记信息监管模块，开展数据整合、权籍调查、系统建设等工作。

物业立法　起草首个《东莞市物业管理办法（草案送审稿）》，填补东莞市物业管理法规政策的空白，建立物业服务规范化的长效机制。

中介机构管理　指导房地产中介协会制定二手房交易合同范本和《东莞市房地产经纪行业规范管理办法》，打击和查处发布虚假信息、囤积房源、雇佣或纵容他人炒作房价等违法行为，停止樟木头镇60家未年审经纪机构的网签资格。

【直管公房管理制度】 2017年，东莞市直管公房6698套，面积57.59万平方米，全年租金收入2588.8万元，公房维修支出444.72万元。建立公房管理制度，加大对公房维修招投标、施工验收监管力度，资金管理规范有序，经费使用公开透明。

【简政强镇事权下放】 2017年，东莞市发布《关于印发〈东莞市房产管理局2017年深化简政强镇事权改革实施方案〉的通知》，委托各镇人民政府（街道办事处）、松山湖（生态园）放权事项17项。

【房屋维修资金管理】 2017年，东莞市房产管理局制定详细维修资金使用业务指引，建立维修资金财务系统，全方位多层次推进维修资金宣传，维修资金管理使用日益规范。截至2017年底，归集的维修资金余额45.47亿元，比上年增长10.58%，全年办理维修资金使用业务56个楼盘、101批次。

【物业管理机构监管】 2017年，东莞市房产管理局依法依规处理物业管理投诉163宗，完成物业管理委托合同备案登记113份。完成物业服务项目招投标65个。全年办理中介机构备案登记及年审212宗、备案证变更39宗。

【房屋历史遗留问题解决】 2017年，东莞市房产管理局制定并印发《关于印发〈东莞市解决不动产登记若干历史遗留问题操作细则〉的通知》和《关于改进不动产抵押登记工作的通知》，为解决历史遗留问题提供政策支持。处理历史遗留问题14.24万宗，涵盖在办的所有不动产登记业务类型。东莞市房产管理局被市委、市政府评为“2017年度经纪建设类良好市直单位”、“2015—2017年争创全国文明城市四连冠工作突出贡献单位”、化解不动产登记若干历史遗留问题制度改革“单打冠军”。

【物业管理示范住宅小区评选活动】 2017年，东莞市松山湖国际金融IT研发中心、金地山湖城（一期）、万科大厦、中惠卡丽兰花园、东莞市高技能公共实训中心、丽港湾、东莞松山湖中心小学、粤丰大厦、富春山居、中央公园大宅、新世纪·明上居、景湖菁华花园、御山翠峰花园、永江花园、御湖半山华府、御景东方花园、丽景山河花园17个项目被评为“2017年度东莞市物业管理示范住宅小区（大厦）”。

【物业小区精神文明创建】 2017年5月25日，东莞市房管局联合寮步镇政府、东莞日报社、市物业管理行业协会在寮步香市一号举办社会主义核心价值观进小区暨东莞首届最美物业人发布会。评选出来自物业行业各个岗位的50名东莞首届“最美物业人”。（张思瑶）

附：2017年东莞市房产管理局主要领导名录

局　长：刘国军

建筑业

【建筑业概况】 2017年，东莞市建筑业实现增加值100.94亿元，比上年增长10.5%。总承包和专业承包建筑企业完成总产值297.42亿元，比上年增长21.3%；施工面积946.91万平方米，增长3.5%；竣工面积407万平方米，增长16.6%。总承包和专业承包建筑企业按施工产值计算全员劳动生产率为33.14万元/人，比上年下降2.7%。

【建筑市场管理】 2017年，东莞市对3510家在莞经营的建设行业企业建立信用档案，比上年增长48%。其中建筑施工企业2400家、工程监理企业192家、造价咨询机构99家、勘察企业108家、设计企业424家、工程质量检测机构14个，室内环境检测机构18个、招标代理机构96个、审图机构2个、安全鉴定企业43家、担保企业114家。施工总承包企业中，总承包一级企业11家，总承包二级企业88家。全年新增12个工程质量检测机构领取资质。2017年5月15日，市住建局印发《东莞市住房和城乡建设局建设工程质量检测管理暂行规定》，加强建设工程质量检测的质量管控和市场管理，规范工程质量检测机构检测行为。

全年东莞市处理建设领域劳资纠纷信访案件31件，涉及金额约4700万元，涉及人数约2300人。3月28日，《东莞市建设工程工人工资支付分账管理实施细则》印发，施工企业将建设项目工程款中的工人工资与其他款项实行分开银行账户管理，在商业银行设立“工人工资支付专用账户”用于支付工人工资。12月11日，《东莞市建设领域工人工资保证金管理暂行办法》印发，明确工程建设项目施工建设前，施工企业采取银行保函、国有保险机构保单保函方式按规定缴存用于保障工程建设项目工人工资的专项资金。

2017年6月2日，全省建筑施工“安全生产月”和“安全生产万里行”活动启动仪式暨现场观摩交流会在东莞市茶山镇鲁能铂锐花园项目工地举行　（市住建局供图）

【建筑工程质量安全管理】 2017年，东莞市监管建筑工程1507项，总建筑面积5712.02万平方米，造价2235亿元。开展混凝土结构实体质量监督抽测工作，建立工程质量检测监管平台，应用生产实时监控“黑匣子”加强混凝土质量监控，全年出动执法人员2.86万人次，检查工程1.16万项。开展安全防护用具专项检查、污水治理工程专项检查、基坑工程专项检查、全市建设工程质量安全专项执法大检查、建筑起重机械专项检查、高大模板支撑系统专项检查、工地扬尘专项检查、季度城际轨道交通工程安全生产专项督查等12次安全专项检查，全年出动执法人员5.46万人次，检查各类工地1.79万项次，发出安全执法文书6906份，通过视频监控远程监控，处理工程责任主体违规行为392项。全市建设工程质量安全处于可控状态。

【建设工程监理】 2017年，东莞市实行监理单位向政府质量监督主管部门报告质量监理情况制度，规定监理单位每周、月上报《质量监理周报》《质量监理月报》，质量监督部门及时对上报情况进行核实、处理，加强全市建筑工程施工过程质量管理，提升建设工程的质量水平。

【招标投标管理改革】 2017年，东莞市受理备案制项目发包登记事项356项，房建市政类项目完成招投标504个。其中，施工类186个，施工类项目预算金额184.84亿元，中标金额159.53亿元，平均下降13.69%；服务类项目312个；工程总承包（EPC）6个。启动《东莞市建设工程招标投标管理办法》修订，出台和修订相关示范文本，规范招投标异议和投诉处理制度；出台调整房建市政工程招标若干管理措施，简化投标流程，落实招标人负责制和投标人承诺制，推行全过程电子化招投标、银行电子保函；推行EPC和PPP新模式，在截污次支管网建设中先行先试EPC模式，推进环莞快速路三期PPP项目前期工作；改革园林绿化工程项目招投标机制。

【建设工程造价管理】 2017年，东莞市制发《东莞建设工程造价信息》杂志12期，发布建筑材料价格信息3.6万余条，引导市场合理定价；建设工程造价监测系统，实现与省工程造价监测系统对接。

【勘察设计管理】 2017年，东莞市经审查符合要求大中型建设工程初步设计审查167项，超限高层抗震设防审查9项；办结房屋建筑与市政基础设施工程施工图审查备案3212项；开展施工图设计文件质量抽查115项和勘察现场抽查20项。 （吴维彬）

美丽幸福村居

【特色连片示范区建设】 2017年，东莞市推进美丽幸福村居市级特色连片示范及单村建设，12月，印发《东莞市美丽幸福村居特色连片示范建设工作实施方案》，启动第一批特色连片示范区的申报工作。

【宜居城乡建设】 2017年，东莞市完成100个村（社区）建设。有74个社区获“2017年四星级广东省宜居社区”称号，常平镇桥梓村“传承爱莲文化建设爱莲湖景区”项目和沙田镇沙花园“宜居新城、秀丽社区”项目获得2017年广东省宜居环境范例奖。

（吴维彬）

美丽幸福村居——塘厦镇凤凰岗社区 （市住房和城乡建设局供图）

建设科技与信息化

【绿色建筑建设】 2017年，东莞市179个新建建筑项目执行绿色建筑标准，建筑面积517万平方米。6月，东莞市绿色建筑技术产品展示中心建成并对外开放，截至年底，该中心组织10次参观活动，接待参观1500人次。

【建筑节能减排】 2017年，东莞市新增节能建筑面积1125万平方米，设计、施工阶段执行节能强制性标准比例均为100%；完成太阳能光热、光伏等可再生能源建筑应用面积84万平方米；新增22栋建筑纳入建筑能耗监测平台，完成公共建筑节能改造面积61万平方米。经认定的新型墙体材料生产企业70家，年总生产能力1652.71万立方米。

【装配式建筑推广】 2017年，东莞市新增装配式建筑面积48万平方米，并印发《东莞市人民政府关于大力发展装配式建筑的实施意见》，明确东莞市装配式建筑近期、中期、远期的发展目标，开展配套政策措施研究、试点发展和宣传推广工作，扶持装配式建筑设计、部品生产、施工建造企业发展，鼓励东江之星、城市之光、凯达科技设计中心等试点项目按照装配式建造方式进行建设。

【建筑信息模型技术】 2017年，东莞市成立推进建筑信息模型技术发展的BIM技术联盟。同年，建成东莞市BIM技术联盟公益培训基地，举办10期BIM技术公益培训，受益人数约300人。树立东莞国贸中心、万科东江之星、万科城市之光等一批BIM技术应用示范项目。 （吴维彬）

附：2017年东莞市住房和城乡建设局主要领导名录

党组书记、局长：朱利民

重点工程建设

【重点工程建设概况】 2017年，东莞市城建工程管理局承建工程59项，其中在建工程15项，筹建工程32项，完工工程12项。东莞西站站前广场及配套设施、桑茶快速路及东延线、松山湖大道大朗段、市中心血站、虎门港边防派出所和公边某艇营区建设等12项工程开工；环莞快速路二期、市食品药品检测中心、莞樟立交等31座市区桥梁加固、余屋桥重建、第一人民法院审判综合楼、市公安局指挥及情报信息应用系统配套环境等12项工程完工。

是年，东莞市城建工程管理局被评为2017年度全市党内规范性文件备案工作先进单位、全市督查工作先进单位。

【市食品药品检测中心】 2017年9月完工。该项目位于东莞市松山湖畅园路东侧，总投资1.16亿万元，占地面积1.33万平方米，总建筑面积1.27万平方米，于2015年12月30日动工建设。

【桑茶快速路及东延线】 2017年12月动工建设。该项目全长约12千米，起于东城街道环城东路，经东城、茶山，终点接生态园东园大道，设计行车速度80千米/小时（茶京路及广深铁路段60千米/小时）。投资概算19.41亿元（不含征地拆迁和管线迁改费用，工程由市财政投资建设）。

【市中心血站】 2017年12月底动工建设。该项目位于东莞市莞城区田心路3号（即原东莞市卫生学校），估算总投资7339.29万元，项目用地7912.99平方米，总建筑面积1.22万平方米。工程包括新建业务用房1栋，其中，地上业务用房9900平方米，地下室2257平方米（含防空地下室1400平方米）。

【东莞西站站前广场及配套设施项目】 2017年10月12日动工，12月28日完工。该项目位于珠三角3条城际轨道线及东莞市轨道1号线交汇处（即位于水乡大道和望洪路交叉口东南角）。该工程由新建站前广场、新建站一路、改造站二路组成，站前广场面积3.21万平方米，站前路面积2.73万平方米，站前路总长912.44米。该项目主要建设内容包括站前广场和站前路。站前广场包括集散广场区、停车区、交通中转区、展示性绿地，站前路包括新建站一路和改造站二路。工程概算5209.9万元（不包含征地拆迁费）。 （庾小文）

附：2017年东莞市城建工程管理局主要领导名录

党组书记、局长：祁志强

【东莞实业投资控股集团有限公司】 2017年，东莞实业投资控股集团有限公司（简称“东实集团”）促进城市综合运营、环保产业、科技金融、公共服务四大板块业务，积极开拓城市更新、TID开发、安居工程等新业务领域。东实集团全年实现总收入14.58亿元，比上年增长50%；净利润4.37亿元，增长26%。截至2017年底，东实集团总资产409亿元，净资产276.94亿元，全资下属公司20家，员工5200余人（其中集团总部109人）。珠三角城际轨道虎门火车站TOD一体化规划获“2017年度广东省优秀城乡规划设计奖城市规划类二等奖”，麻涌垃圾处理厂主厂房获“2017年广东省建设工程优质结构奖”。

轨道交通建设运营 轨道交通2号线运行图兑现率99.97%，正点率99.94%，累计运行349.4万列千里，累计客流量3874万人次，日均客流量10.61万人次。轨道交通1号线初步设计取得广东省住建厅批复，勘察设计工作全部启动，望洪站上跨穗莞深城际段相关工程进场施工。1、2号线联络线主体结构施工完成。线网控制中心竣工投入使用。代表东莞市政府履行珠三角城际轨道出资任务，累计出资15.51亿元，推进1号线一期工程PPP投融资模式。完成企业债发行审批工作，取得国家发改委发行25.5亿元企业债的批复。

综合运营　推进城市更新业务。其中，虎门天伦项目完成销售并取得丰厚利润，清溪重河项目实现去化率50%，常平雄凯项目正在进行开工准备。东实集团首个土地一级开发地块——大朗西站地块首期55亩（3.67公顷）用地成功挂牌出让，地块成交价格21.22亿元，贡献轨道专项基金4.24亿元。洪梅梅沙片区居住项目65.34亩（4.36公顷）首期出让地块完成前期手续办理。南城袁屋边土地一级开发项目完成。南城国际商务区完成城市设计优化中期成果；综合管廊项目开工。参与的松山湖大学创新城一二期工程竣工，并投入使用，6个研发机构进驻办公。推进人才安居工程，首个项目——汇众中心启动。智网工程指挥中心、韶关众创装备中心、韶关梅岭安置房等工程完工。

环保产业　麻涌垃圾处理厂焚烧项目投产运营，总投资7.4亿元、占地84亩（5.6公顷），处理垃圾规模达1500吨/天，有效解决水乡片区"垃圾围城"的问题；餐厨项目完工并启动餐厨垃圾收运，总投资1.7亿元、占地18亩（1.2公顷），填补东莞市餐厨垃圾资源化利用的空白。东实集团循环经济环境教育基地揭牌对外开馆，全年接待4097人次。

科技金融　将股权投资与产业载体开发有效捆绑，设立创新型母基金"东莞道滘新兴产业发展基金"。完成省市股权投资专项项目4个，带动银行及社会资金4亿元，帮助部分企业提前实现倍增目标。通过"倍增贷""科技贷"等专项产品，将融资担保服务领域锁定在实体经济、科技型企业；发展合作银行8家，累计授信金额28亿元，综合放大倍数接近10倍。推动生益科技公司落实发行18亿元可转换公司债；推动扬州天启公司于2017年9月成功挂牌"新三板"。

援疆项目　兵团草湖广东纺织服装产业园一期30万锭、二期30万锭项目全面投产，三期40万锭项目开工建设。全年实现销售棉纱2.2万吨，销售金额4.3亿元，提供就业岗位2400个，产业援疆效果初步凸显。该项目引入标杆纺织企业德州恒丰集团进行托管，开创全国纺织行业的托管经营模式先河，成为全国纺织行业一种新的资本运作形式。同时，与兵团第三师探索设立"新疆草湖纺织服装产业发展基金"，推动纺织行业发展。

（黄冠华）

附：2017年东莞实业投资控股集团有限公司主要领导名录

党委书记、董事长：刘　波

水　务

【水务工作概况】　2017年，东莞市河长制工作全面推进，市、镇、村三级河长体系实现全覆盖。科学抵御6个台风和23场强降雨的侵袭，累计安全转移3.07万人，启动庇护场所809个，妥善安置2.79万人，最大程度保障群众生命财产安全。

全年全市用水总量18.73亿立方米，比上年增长1%，万元GDP用水量24.7立方米，下降9.1%。全市有水厂96家，其中，市级水厂7间，镇级水厂41间，村级水厂48间，全市日供水能力约750万立方米，全年供水总量16亿立方米，实际日供水438万立方米。

是年，东莞市水务局获2017年度全市优秀市直单位、东莞市2015—2017争创全国文明城市"四连冠"工作先进单位、2016—2017年度全省水利建设质量工作评价A级单位和水环境治理机制改革单位两个"单打冠军"，以及领导班子安全生产责任制考核优秀单位等称号。

【水生态文明城市试点建设】　2017年，东莞市打造水生态文明城市，规划投资148.85亿元，建设76个项目。试点期内，水管理、水污染防治、水生态、水安全、水文化共"五大体系"工程建设稳步推进，累计完成投资129.81亿元，占总投资匡算的87%，21项考核指标全部达到目标值。10月26日，东莞市水生态文明城市建设试点工作通过水利部的行政验收。

【河长制全面推行】　2017年，东莞市召开全面推行河长制工作部署会议，出台东莞市全面推行河长制工作方案，成立市、镇两级全面推行河长制工作领导小组及办公室。完善河湖名录修订工作，确定669条河流、122座水库、48个湖泊和17个山塘的河湖体系，设置市、镇、村三级河长918名。出台《东莞市全面推行河长制工作考核办法（试行）》等11项配套工作制度，制定《东莞市全面推行河长制——东江水源保护（2017—2019年）》和《东莞市全面推行河长制——河涌整治（2017—2019年）》两项行动计划，完成五大流域"一河一策"实施方案及河长工作手册等一系列文件的编制，全面完成河长制的建章立制工作，通过省河长办验收。

【水资源管理与保护】　2017年，东莞市155家取水户年下达计划取水量7.01亿立方米。配合广东省水利厅推进珠江三角洲水资源配置工程的前期工作。完成全市水资源战略研究，启动全市水库水功能区定位优化前期工作，推进松木山水库水功能区调整论证工作。推进城市节水工作，制订《东莞市节水型公共机构建设实施方案》，完成市委办等第一批公共机构（35家）节水型单位创建工作。启动创建国家节水型城市建设，推进全市用水方式转变。

【城市供水】　2017年，东莞市进一步优化东莞市第二、四水厂

2017年12月26日，市水务局组织开展2017年东莞市城市供水应急演练（市水务局供图）

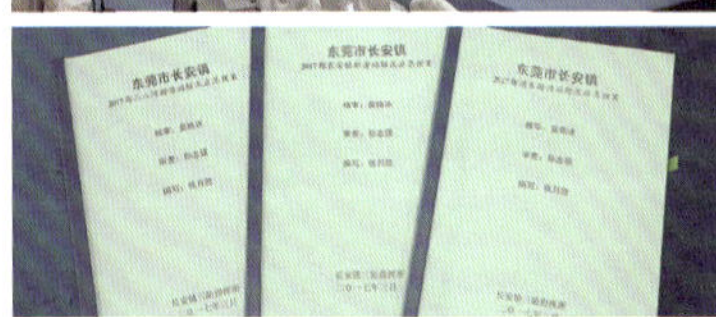

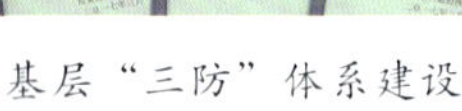

基层“三防”体系建设（市水务局供图）

取水口迁移方案。完成128个社区的村改居供水一体化建设。完成《东莞市镇村供水资源整合工作方案》编制，并报市政府审定，计划2020年关停镇村级水厂59间。是年，关停整合常平土塘水厂、石碣唐洪水厂和凤岗官井头水厂3家水厂。投入1.42亿元更新改造老旧供水管网573.23千米，城镇供水管网漏损率降为11.09%，达到国家规定的目标要求。出厂水水质综合合格率提升至99.83%，高于国标4.83个百分点。

【城镇排水】 2017年，东莞市修订完成《东莞市排水管理办法》专家评审稿。印发《东莞市易涝点整治近期实施计划（2017—2020）》，计划按照轻重缓急和难易程度，将全市131个易涝点分为四批次进行整治。推动鸿福西路东莞市民艺术中心片区内涝整治工程的前期工作；重点加快推进东城和南城共4个严重易涝点整治工程建设，其中，东城下桥河片区内涝整治工程完成97%工程量，南城绿色路原鹿场段内涝整治工程完工、袁屋边片区内涝整治应急主体箱涵工程完成50%工程量、金域中央片区内涝整治工程完成80%工程量。修改完善《黄沙河流域海绵城市试点示范区建设规划（2017—2025）》，编制完成《东莞市海绵城市试点示范区建设工作方案》征求意见稿，完成《东莞市海绵城市专项规划（2017—2030）》初稿，指导东城街道完成海绵城市示范项目——黄沙河东城段河道整治工程的前期立项工作，于11月动工建设。

【“三防”建设】 2017年，东莞市加强“三防”能力建设，组织开展东莞市供水、供电，东莞大堤、松木山水库防汛抢险等应急演练和军地冲锋舟实操集训，举办2期全市“三防”专题培训班。基本完成基层“三防”体系建设，启动市镇“三防”系统标准化建设。编制《东莞市沿海水乡片区堤防达标建设实施方案（2017—2020）》，新增完成10项城乡水利防灾减灾工程。提升“三防”指挥信息化水平，加强市“三防”指挥系统的维护管理，完成全市“三防”视频会商系统等信息平台的整改升级，启动全市第一批70个水库“三要素”项目建设，推进“三防”采集系统整改等各项前期准备工作。完善“三防”应急预案，启动市“三防”应急预案修编和“三防”工作手册的编制工作，组织市“三防”指挥部各成员单位编制应对“三防”灾害子预案和工作指引。强化物资调配保障，市级防汛物资仓库（沙田仓库）一期建设工程通过竣工验收，配套工程（二期）基本完成。

【重点水务工程建设】 2017年，东莞市加强河道防洪工程建设，基本完成陈屋边水闸重建项目主体工程建设，完成茅洲河界河段综合整治工程81.1%的工程量，完成东引运河—寒溪水流域桥头至企石水闸区段、虎门城区段两项河道清淤疏浚工程投资的41%和20%，拆除桥陇河综合整治工程（凤岗部分）3座阻水桥梁，加快推进石马河干流段各项防洪综合整治工程前期工作。加大水环境修复保护力度，累计完成12个全国中小河流治理重点县试点项目区建设。2017年度下达的75条内河涌整治任务全部动工，石马河河口东江水源保护一期工程、东引运河下游石鼓水闸至虎门水闸河道清淤清障应急工程、樟村泵站扩容升级改造、第三水厂生态补水等一批重点项目均按计划进入施工阶段。

【水利工程管理与保护】 2017年，东莞市完善水利工程管理机制，完成全市小型水利工程管理体制改革工作，启动河湖管理范围和水利工程管理与保护范围划界确权，依法审批水利工程管理范围内新扩改建工程建设方案35件。全面铺开全市河道管理范围内砂场整治工作，完成泗盛断面上游洗砂场整治活动并基本达到预期效果，完成编制《东莞市河道管理范围内砂场规划》《东莞市河道管理范围内砂场专项整治工作方案》，并报市政府审定。印发《东莞市河道管理范围内违章建筑清理专项行动》，明确分集中整治专项行动和清理专项行动两个阶段，做好启动专项行动有关准备工作。 （林晓文）

附：2017年东莞市水务局主要领导名录

党组书记：袁丽群（任至4月）
倪佳翔（9月到任）
局　长：袁丽群（任至4月）
倪佳翔（10月到任）

【东江水务有限公司】 2017年，东莞市东江水务有限公司（简称东江水务）成立东莞市东江二次供水有限公司和东莞市东江水务工程有限公司，并在市国资委的指导下进驻福地饮用水公司开展托管工作。东江水务下辖7家水厂、5家子公司和1个全市供水行业唯一同时拥有计量认证（CMA）和实验室认可（CNAS）双认证的水质监测站。东江水务全年供水量9.13亿立方米（含原水），比上年增加0.51亿立方米，增长5.97%，供水产销差率0.84%。7家水厂出厂水水质（9项）合格率均为100%，管网水水质（7项）合格率为99.9%。

水厂升级改造　在第六水厂升级改造生产自控系统取得成功经验的基础上，在各水厂进行探索应用，并制定相应目标，逐步推进自控系统升级改造。是年，第二、四、五水厂部分生产岗位初步实现中控管理，进一步优化人员配置。同时，在第二水厂改造次氯酸钠取代氯气消毒工艺的成功经验基础上，继续在各水厂推广运用。东城水厂、万江水厂投入使用，整个投加系统运行稳定，水质化验数据正常且符合国家标准，第三、四、五、六水厂也在稳步推进中。

完善管网建设　投资约2亿元的水乡大道供水干管在2017年全线通水。管道全长16.4千米，供水输送能力可达60万立方米/天，将满足道滘、麻涌、洪梅、望牛墩等水乡片区镇街近远期的用水需求，同时实现水乡片区的双水源环状供水格局，进一步提高其供水安全保障。东江水务结合松山湖高新区管委会路网建设，同步启动配套给水管道建设工作，新建配套给水管道工程26项，管道长度12.3千米。其中18条新建道路配套给水管道工程开工建设，完成给水管道安装7.8千米。在管网改造方面，东江水务对东城区乌石岗大岭脚片区、东莞市机关干部住宅小区和温塘皂一（1）新村片区开展管网更新改造，累计更新改造管网长度15.27千米。

科研技术创新　2017年，东江水务水质监测站完成地表水项目中的黄磷、四乙基铅、水处理滤料含泥量等40多个检测项目的开发；承担的“典型抗生素检测方法开发及东莞市城市供水抗生素污染风险分析”研究项目，开发17项常见抗生素的检测方法；与清华大学联合开展的“大孔炭技术的中试应用研究”项目，研究成果可为自来水厂的臭氧—生物活性炭深度处理工艺提供活性炭选型的技术参考；同时联合开展的“东莞市城市供水系统新兴消毒副产物检测和风险分析”项目，有利于全面了解东江水务属下各水厂供水系统的新兴消毒副产物生成情况。全年在国内知名期刊公开发表学术论文22篇，获得1项国家实用新型专利授权。

增效降本出效益　2017年东江水务通过拟订水厂设备淘汰计划推动低效设备淘汰工作，推进各水厂按最大需量计收基本电费。在东城、万江供水分公司开展能源管理中心系统建设，多管齐下降低管网漏损率等措施。截至2017年底，东江水务节省基本电费400万元，成功申请东莞市和莞城街道节能与循环经济发展专项资金28.8万元。

客服水平提升　截至2017年底，东江水务进驻松山湖、万江、莞城和东城综合服务中心，并在东江自来水公司各营业厅推出微信扫码支付缴纳水费服务，实现便民服务与时俱进。截至2017年底，96968热线接听来电8.2万次，接通率98.86%；处理工单1.6万件，其中，投诉工单793件（含外单位转办件67件），全部妥善处理，工单回访满意率99.93%，东莞市民对投诉处理结果满意度达100%。12月9日，东江水务在第六水厂举办第六届水厂开放日活动，接待近1200名市民，创历届开放日参观人数新高，进一步加深市民对供水工作的认识。

支援珠海供水系统　2017年8月，受15级超强台风“天鸽”影响，珠海市的供水系统遭受重创。东江水务迅速组建抢修支援队伍，连同抢修设备连夜奔赴珠海参与抢修，支援工作。经过7天的抢修，支援队20人先后完成6个点的管道抢修、修复消防栓7处、小区管道排气处理70多次、协助送水40

2017年9月8日，东莞大道延长线（架空段）东引运河管道吊装　（邓振达　摄）

吨，完成所分配的抢修任务，助力珠海恢复正常供水。（黄佩珊）

附：2017年东莞市东江水务有限公司主要领导名录

党委书记、董事长：罗沛强

党委副书记、总经理：黎泽钧

住房公积金管理

【住房公积金管理概况】 2017年，东莞市住房公积金实缴单位3.35万家，实缴职工151.74万人；缴存资金108.90亿元；新开户单位8631家，新开户职工41.56万人，净增单位7780家，净增职工18.51万人；提取住房公积金74.55亿元；发放个人住房贷款0.44万笔、22.74亿元；回收个人住房贷款18.03亿元；截至2017年底，缴存总额729.75亿元，缴存余额273.02亿元，提取住房公积金总额456.74亿元；累计发放个人住房贷款7.64万笔、270.79亿元，贷款余额148.55亿元；资金运用率54.41%。

【住房公积金归集管理】 2017年，东莞市降低企业缴存住房公积金成本。将住房公积金缴存比例由20%降至12%，缴存基数上限由职工月平均工资的5倍下调至3倍；职工月缴存额（个人+单位）上限由7934元调整为5519元；对缴存住房公积金确有困难的企业，允许企业按规定程序申请降低缴存比例至5%以下或者缓缴。是年，东莞市降低住房公积金缴存比例的企业有1462家、职工5.76万人，为企业减负5.19亿元。组建政策宣讲队，公开接受各镇街及企事业单位报名，上门为用人单位及职工开展政策宣讲和答疑活动。全年，开展53场现场宣讲活动，服务企事业单位800多家，服务缴存职工2600余人。开发行政执法案件管理系统，实现执法流程电子化、审批环节实时监控、执法信息实时统计；修订出台《东莞市住房公积金管理中心行政处罚自由裁量标准》，提高同一程度违法行为处罚额度。全年接待2924名职工追缴住房公积金的维权投诉，对其中的2128件进行立案处理，691件完成处理。受理处罚类案件1703件，其中开户类有1669件；355件处罚类案件完成处理。

【住房公积金服务】 2017年，东莞市在建设银行和邮政储蓄银行2家归集银行基础上，先后扩增6家归集银行，使全市住房公积金缴存、提取银行网点增至1005个。新增光大银行作为公积金贷款业务受委托银行，全市公积金贷款业务受委托银行增至17家。加入商贷信息互通范围的银行增至10家。是年，逐月划扣业务7.32万笔，其中，通过信息互通办理业务3.82万人，占非公积金还贷提取业务的54.88%。对接全国住房公积金异地转移接续平台，截至2017年底，办理异地转移接续业务量3845笔。针对二手房或备案时间超过一年的一手确权房住房公积金贷款申请，缴存职工可在网上提交住房评估申请，评估完成后，住房公积金管理中心发送短信通知缴存职工前往中心办事窗口办理贷款申请。全年住房公积金贷款网上评估申请量595笔。深入企事业单位开展上门办理业务服务。可上门办理的业务包括住房贷款还贷提取、租房提取、物业管理费提取、装修提取、开通自助服务、绑定提取账户等。自2017年4月以来，服务近5000人次。

（张志明）

附：2017年东莞市住房公积金管理中心主要领导名录

党组书记：王海明（任至9月）
林儒森（10月到任）

主　任：王海明（任至9月）
林儒森（10月到任）

市政建设

市政道路、桥梁

【道路设施管理】　2017年，东莞市维修沥青路面31.35万平方米，提升改造井盖1.29万套，修复人行道板17.29万平方米、盲道4000米，增设人行道护栏4300米、自行车道台阶500个。是年，完成环城路、东部快速路、东莞大道及松山湖大道道路检测评估工作。完成环城路同沙立交、环城路东莞军分区、南城中学路段及环城北路扶涌路段隔音屏建设工作。

【桥梁养护管理】　2017年，东莞市以市场化监理制全面落实市直管239座城市桥梁养护管理工作，开展经常性检查、定期检测、特殊检测评估，落实日常维修、标志牌和桥面沥青养护、航标维护等。是年，通过开展桥梁安全专项督查、桥梁安全管理培训，加强各园区、镇街城市桥梁监督管理。修编《东莞市城市桥梁检测和养护维修管理办法》，健全城市桥梁检测评估制度，完善城市桥梁养护岗位责任制度措施，强化城市桥梁信息化管理，进一步优化桥梁管理制度。

（陈佩珠）

城市供电

【供电概况】　2017年，东莞市完成供电量753.82亿千瓦时，比上年增长8.37%；客户年平均停电时间4.44小时；第三方客户满意度90分；最高负荷1496.05万千瓦，增长10.19%；投产110千伏及以上输变电工程13项，新增主变容量214.5万千伏安、输电线路128.97千米。东莞供电局连续多年获“中央和省驻莞机关先进单位”称号。

【供电客户服务】　2017年，东莞供电局全面加强主配网综合停电管理，推行停电时户数指标“熔断”机制和“一停电（限电）一解决方案”制度，落实“能环必零”制度，减少客户平均停电3.82小时。打造全覆盖的网格化客户经理体系，客户诉求解决率99.81%，居全省第一。构建配网故障停电信息“两个五分钟”和“三个一分钟”传递机制，提升故障停电响应效率。推行“供电方案一日通”，低压业扩报装平均时长、中压业扩配套平均用时分别比上年下降13.44天、77天。推行“互联网+电力服务”，微信关注数和绑定数分别达104.4万户、94.8万户，均为全省第一。打造输电电缆快速故障诊断及修复核心能力，实现故障诊断定位率提升50%，电缆接头抢修效率提升25%，首次实现110千伏电缆自主抢修。

【电网规划建设】　2017年，东莞市历时14年的110千伏泥洲工程投产，解决制约洪梅镇多年的单电源供电问题。东莞电网“大会战”工作得到东莞市委、市政府肯定，东莞市首次将电网规划建设工作及成效写入2017年政府工作报告。“多方参与决策的区域电网规划建设”管理成果获得国家现代化管理创新成果二等奖；推动东莞市政府印发《东莞市电网升级行动计划（2017—2020年）实施方案》，8月11日，东莞市委、市政府召开电网及信息基础设施建设工作会议，启动电网升级行动。逐步完善用户迁改工程联合管理机制，全年完成输配电线路迁改工程40余项，支持穗莞深城轨等24项省市重大项目的建设。

【电力安全生产】　2017年，东莞电网保持稳定运行，没有发生人身、电网、设备事故，首次实现全年没有发生四级及以上事件。落实防范电网风险28项重点工作，化

东莞市供电局用自主研发的激光远程清除装置清除线路上的飘挂物

（顾　萱　摄）

解三级事件及以上检修风险108项（一级风险7项，占全省30%），有效管控电网基准风险132项。以“悦分享 臻放心”为主题，深化“三不一鼓励”机制，推进“体系运作、全员参与、分享互助”安全文化建设行动，获评网、省公司安全文化示范单位。安全经验分享案例236个，比上年增长20%。“追根溯源，我身边的安全故事”主题征文和竞赛活动作品104件，形成优秀文化成果案例共享库。组织班组自主编制“我的2020”共257份，孕育班组特色文化。积极开展“政企联动”，完成793项隐患的整治。完成14回易受雷击的线路防雷改造，雷击跳闸次数比上年下降60%。完成10处重大防风防汛隐患整改，排查并整改41处“三跨”隐患，协调珠三角城轨公司、从莞高速公司确认13处跨越铁路、20处跨越高速公路隐患的整改责任。打造输电电缆快速故障诊断及修复能力，建立电缆故障模拟平台，成立电缆接头安装专攻团队，首次在110千伏彭周乙线、彭周乙白线抢修施工配合完成接头安装。完善应急指挥中心、现场指挥部的现代化指挥功能，建立信息化“沙盘”。全面评估应急风险，健全应急预案体系，提高应急预案的可操作性。组建各专业类型应急队伍和做好轮训规划，配置专用应急装备，提升应急队伍的实战能力。集结队伍完成对中山、珠海、茂名、湛江的抗风抢修支援，获网省公司嘉奖。

【转型综合能源服务公司】 2017年，东莞供电局成立聚润达运营平台，完成28家职工持股企业非公股权清退，实施集团化运营，布局六大业务板块，统筹开展多经企业整合发展，通过“三方协议”方式协同推动多经企业经营管理稳定。建立市镇两级政府能源合作协商机制，与松山湖、谢岗、麻涌、大朗等镇签订战略合作协议，推动建设松山湖综合能源示范区，明确“1+N+1”总体规划布局。成立莞能绿色综合能源服务有限公司，凤岗深证通数据中心、常平华叶国际数据中心等9个项目获得突破性进展，总投资19.62亿元；储备项目10项，总投资34.37亿元。打造市内30分钟充电圈，完成30个充电站布点，开工建设充电桩235条。投产凤岗行政中心光伏示范项目，完成虎门港岸电项目实施。支持焕发售电工作，完成2018年长协电量11.86亿千瓦时，合同电量14.12亿千瓦时，超额完成考核目标。

【科技创新能力打造】 2017年，东莞供电局搭建广东电网东莞集成创新中心和东莞电力行业科技孵化器，成立创新工作“一站式”服务中心，科技创新的支撑机制更加完善。与广东省电科院共建广东电网超导试验研究基地，搭建超导研究成果试验演示平台。化学实验室获CNAS认证，是全省地市局中唯一一家省级实验室。建立“机巡+人巡”巡维模式，线路机巡覆盖率达100%。建成省内首个配备10万级无尘车间的变电设备检修中心，为设备自主检修提供先进的硬件平台。自主研发“10千伏移动电缆旁路装置”，首次自主开展电缆旁路作业，带电作业化率60%。截至2017年底，64项成果获省公司科技奖励，获科技进步一等奖1项，技改贡献一等奖2项，职工技术创新一等奖5项。

【企业品牌形象塑造】 2017年，东莞供电局着力抓企业文化和科技创新，被评为南网第二批服务文化及安全文化示范单位，以“激光大炮”为代表的系列青创成果获央视等各级媒体传播。组建《南网总纲》百人基层宣讲团，常态化全覆盖做好社会主义核心价值观和南网总纲的学习宣传。构建以“电莞家”为核心的企业品牌，打造一批主题鲜明、深入人心的专业文化和班组文化。 （邝志聪）

附：2017年东莞供电局主要领导名录

党委书记、局长：宋新明

城市供气

【城市供气概况】 2017年，东莞市供气总量中天然气8.77亿立方米，瓶装液化石油气27.6万吨，天然气汽车加气1.19亿立方米，新建燃气管网280千米，全市燃气普及率98%。

【燃气安全管理】 2017年，东莞市加强监管，督促燃气经营企业全面落实安全生产主体责任。标本兼治，突出燃气安全隐患排查整治。提升能力，强化燃气应急救援演练。宣传，普及安全用气常识。联合执法，严厉打击“黑气”经营行为。全年出动执法人员2万多人次，取缔“黑气”窝点1575个，依法查扣液化石油气钢瓶3.8万个，处罚金额11.88万元，将65人移交公安机关处理。（陈佩珠）

【东莞新奥燃气有限公司】 东莞新奥燃气有限公司成立于2003年6月，是由新奥能源控股有限公司与东莞市能源投资集团（代表国资委）合资组建的混合所有制企业。2017年有员工1200多人，负责东莞市域范围内管道燃气的建设、输配、运营以及民用、工商业、汽车、船舶等各类用户的燃气供应和相关技术服务。

清洁能源推广 深化城市燃气“一张网”布局，强化气源获取能力。一方面加快重点工程建设，先后完成港口大道至虎门港高压项目主体工程，以及谢岗、樟木头门站与上游对接的规划审批，推动空白区域管网和深圳中压互联互通项目的工程建设，管网覆盖更加全面、布局更加完善；另一方面，聚焦能源结构的优化调整，运用动力外包、技术改造等并发模式，实现电厂、企业燃煤和生物质锅炉的快速替代，助力东莞“碧水蓝天工程”，并针对客户需求灵活营销策略，有效降低客户工程成本和用能成本。全年供气12亿立方米，比上年增长19%，累计发展天然气居民用户近86万户，工商业用户近4500家、汽车加气站30多座，为全市9000余辆天然气汽车提供加气服务。实现众生药业泛能站、豪丰工业园泛能站、热力公司东城科技园供冷一期等多个泛能项目的竣工或投产。

安全运营　打造"安全生产生态圈"，确保全年安全生产平稳运行。对内持续落实安全生产责任和创新安全管理，重点开展制度完善、新技术应用、隐患治理等工作，全年投入安全生产及技措技改资金近7000万元，完善8项安全管理制度，推广使用5项安全生产技术，开展安全检查1500余次，有效消除安全隐患；对外积极获取政府资源和政策支持，年内购置120辆燃气抢修专用摩托车，解决应急抢修快速反应的交通问题。

客户服务　成立客户服务管理中心，打造专业化的服务团队，并推动社群网格模式落地和e城e家平台推广。通过组织架构及管理模式的调整，促进客户服务"统一语言，统一标准，统一形象"，客户维修等待时间比上年下降20%、置换等待时间下降18%、零散工程等待缩短10%。全年开展进小区安全宣传300余场，参与东莞各镇街安全宣传咨询服务日活动30余场，"进家庭"40万余次，提高用户安全用气意识。（黄炜燮）

附：2017年东莞新奥燃气有限公司主要领导名录

董事长：陈仲新

公共照明

【公共照明概况】　2017年，东莞市做好市直管道路路灯及照明设施管养工作，保证亮灯率98%以上。全年更换光源及灯具1.26万套、镇流器1489个、触发器1553个，修复灯杆79支，维修电缆1.36万米，翻新路灯及景观灯饰2.74万套，清洗路灯及景观灯饰9.19万套。

【路灯照明设施信息化管理】　2017年，东莞市委托检测公司对市直管道路路灯光照度进行全面检测。启用广告和照明设施信息管理系统，运用网页版技术和数据库技术，实现对路灯照明设施信息化管理。（陈佩珠）

公共交通

【客运行业概况】　2017年，东莞市有汽车客运站31个，其中一级站6个，二级站6个，三级站16个，五级站1个，简易站2个，汽车客运配客点40个，城市候机楼1个；完成全市28家三级以上汽车客运站联网售票工作，可现实网上预售票。全市有客运班车企业23家，有莞籍跨省客运班车391辆，开通跨省客运班线277条；有莞籍跨市客运班车1089辆，开通跨市客运班线251条。

【公交行业概况】　2017年，东莞市有公交企业29家，公交车5553辆。其中，市区2家，水乡1家，镇内24家，跨镇2家。全市公交运力5553辆［含4665辆LNG（含气电混合）清洁能源、插电式混合动力和纯电动新能源公交车型］；公交线路不断完善，水乡新城公汽、东莞巴士运营规模不断壮大，全市有公交线路454条，其中东莞巴士运营线路77条，水乡新城运营线路28条。加强轨道交通2号线公交接驳，通过新增和调整一批公交线路，有118条公交线路接驳轨道交通2号线。

【出租车行业概况】　2017年，东莞市有出租汽车企业32家，其中出租汽车公司3家，整合为三大集团公司；公共出租车企业29家。全市营运出租汽车5980辆；出租汽车驾驶员7773人。

【公共交通节能减排】　2017年，东莞加强新能源公交车推广应用，全年新增和更新公交车408辆，全部为纯电动车辆。全市LNG清洁能源和新能源公交车4663辆，占公交总运力的84%，其中，全市新能源公交车1719辆，其中纯电动公交车900辆，插电式混合动力车辆819辆，占公交总运力的31%。

【交通设施规范管理】　2017年，东莞市落实轨道交通2号线旗峰公园站公共自行车系统试点项目的运营监管。规范共享单车停放秩序，在市区选取21处自行车停放区选址，引导市民自觉规范停放，制定《东莞市城市道路自行车停放区设置管理指引（试行）》。加强交通设施管理，修复交通标线9.8万平方米、各类标志牌1600块、波形护栏800块、防撞沙桶90个、反光柱100套，翻新隔离护栏7000米，增设标志牌130套、轮廓反光标1700个、LED分道牌130套。

【共享单车管理】　2017年，东莞市有共享单车50多万辆，在缓解城市交通拥堵，为民提供便捷出行的同时，存在乱停乱放、维护不及时、押金难退等问题。对此，东莞上线"电子围栏"，乱停放共享单车者将被扣分，低分者每次骑车要多付钱，不文明骑行者最严重还将被禁骑等系列管理措施加以解决。（陈佩珠）

园林绿化

【园林绿化概况】　2017年，东莞市建成区绿化覆盖面积4.65万公顷，全市建成区绿化覆盖率46.98%；园林绿地面积4.2万公顷，全市建成区绿地率42.46%；公园绿地面积1.57万公顷，人均公园绿地面积24.23平方米；城市绿化覆盖率51.59%，绿地率47.62%，城市人均公园绿地面积24.55平方米。

【园林绿化管理】 2017年，东莞市编制《城市绿地系统专项规划（2016—2035）》，指导茶山镇成功创建广东省园林城镇，完成东莞植物园工程一期建设；开展园林绿化工作、迎春花市运营模式、公园管理等一系列调研活动，提升园林绿化管理水平；组织专家研讨会促进精细化管理，开展业务培训和宣传活动，提高市民爱绿护绿意识；制订园林企业诚信管理方案，为规范园林绿化行业市场管理打基础；修订《东莞市城市绿化管理办法》，倡导节约型园林绿化技术、立体绿化的发展，进一步明确绿化保护和审批权限。

【园林绿化精品工程】 2017年，东莞市打造园林绿化精品工程，推进东莞大道R2线站点周边复绿，完成项目总进度80%以上；完成2017年中心广场区域优化提升及完善项目的方案设计；恢复市中心广场鸿福路两侧及市政府中心区域渠化岛时花种养，面积8000平方米；港口大道110千伏新和至宏远、万江电缆线路绿化景观修复工程等两个项目完成结算评审并做好相关交接工作；推进军分区莞长立交周边景观升级项目和环城路部分交通事故隐患点增设隐形护栏网项目立项申请工作；完成2017年市直管道路绿化改造及应急处理项目。

【东莞四星级森林公园】 2017年，东莞市大岭山森林公园、广东石门国家森林公园、广东省南台山国家森林公园、广东省南岭国家森林公园成为广东省首批被认定的四星级森林公园。

【绿道管理】 2017年，东莞市颁布实施《东莞市绿道管理办法》，制定《东莞市绿道升级行动规划指引》，为绿道管理工作提供制度支撑。开展绿道管理考核大检查工作，通过检查考核，各镇街互相学习、互相促进、互相监督，共同提高绿道管理质量和管养水平。举办“爱护绿道、绿色骑行”亲子绿道骑行活动，推广绿道亮点，宣扬绿道管理知识，展示东莞绿道魅力。

（陈佩珠）

环境卫生

【城乡环境“六整治”】 2017年，东莞市城管局33个督导组深入一线基层实地督导3200次，下发《督查通知》1200多份。全市清理积存垃圾69.4万吨、城市“牛皮癣”567.6万张，处理占道经营34.32万宗，增设公益广告牌1.2万个，打击“黑气”1500多宗，查处城市‘六乱’行为25万多宗，修缮道路31.35万平方米、人行道17.29万平方米，为东莞市成功蝉联全国文明城市“四连冠”提供坚实环境保障。市城管局获“东莞市2015—2017年争创全国文明城市‘四连冠’工作突出贡献单位”称号。

【市容环卫保洁】 2017年，东莞市通过日巡查、月度考评方式，对市直管环卫项目开展考评监督工作。不定期组织环卫保洁监理单在凌晨4点至早上8点对各环卫项目的普扫情况进行暗访；把每月日查工作由原来定期现场检查考核评分制度改为不定期、不通知、直赴现场的方式开展检查考核，通过突击检查与巡查相结合的方式对各路段保洁情况进行检查，使监督考评制度不流于形式，保证市直管环卫项目保洁工作开展。此外，做好全国文明城市、海丝博览会、加博会、智博会、全国规划年会、全国声乐等级考试、亚洲马拉松锦标赛等重大迎检活动环境保障工作。

【城乡环卫统筹】 2017年，东莞市每季度组织开展城乡市容环卫统筹管理考核工作，对全市各镇街及其村（社区）管理效果进行实地考评。全市完成以镇街为单位统筹村级环卫管理工作，建立城乡市容环卫统筹管理标准体系，生活垃圾“村（社区）收集、镇街转运、市处理”三级管理网络基本建成，并推进实施。 （陈佩珠）

城市管理

【城市精细化管理】 2017年，东莞市铺开城市品质三年提升项目。总投资近55亿元的67个城市管理项目纳入市城市品质提升三年计划项目库。是年，统筹完成亚莞马沿线路域整治提升等13个项目。2017年10月1日，启动《东莞市城市精细化管理暂行办法》，将城市管理考核问责落实到人，并纳入镇街党政领导班子年度考核内容。推进“数字城管”二期建设，全年采集受理案件10.8万件，处置率87.5%，结案率87%。东莞市“数字城管”平台被省住建厅列为全省数字城管建设样板工程。

【违法建设严查严控】 2017年，东莞市铺开存量违建信息普查。明确“五个一批”存量违建分类处理思路，得到省、市领导肯定。出台《东莞市历史遗留违法建筑信息普查工作方案》。开发建设普查系统，加强专项培训，制作操作手册和相关指南。狠抓新增违建查控。妥善处理涉及6个镇街的65个遥感图斑案件。实行拆违现场会机制，组织拆除塘厦林村（赣深高铁站）违法抢建、石排镇庙边王村中九路1.5万平方米违建等一批典型违建。联合塘厦镇政府、深圳龙华区政府，对莞深交界处一宗近6000平方米违建依法实施强拆，提升拆违工作威慑力。

【大型广告T牌拆除】 2017年9月2日，为吸取“8·31”东莞大道汇业大厦大型广告T牌倾倒事件教训，做好第16号台风“玛娃”的防御工作，东城城管分局对辖区3块审批手续过期且存在安全隐患的大型广告双面T牌采取紧急拆除措

执法人员依法查处占道经营行为　　（市城管局供图）

施，消除安全隐患。

【城管综合执法】　2017年，东莞市全市城管系统出动执法人员62.48万次，出动执法车16.77万次，联合执法3807宗，处理各类违法行为37.99万宗；推行“示范街、示范点、广告栏”试点建设，全市集中创建33条城市管理示范街，打造33个临时摆卖示范点，设立1000块便民广告栏；开展综合执法规范化建设，成立专项工作领导小组办公室，制定和公布市镇两级城管部门的权力清单和责任清单，以东城等七个分局为试点，建立健全制度，完善执法程序，规范办案流程；11月11日，在市中心广场主会场和全市28个分会场开展首届“东莞城管开放日”，进行新制服集体展示亮相、启动“12319”城管热线和城管微信平台。

【房屋征收管理】　2017年，东莞市牵头制定《东莞市国有土地上房屋征收与补偿办法》和修订《东莞市公共基础设施建设项目土地和房屋征收补偿包干结算标准规定》。开展2017年房屋征收价格评估机构年度备案和现场检查工作。完成6个整体征收项目以及望牛墩、中堂等镇部分征收项目征收补偿审核工作。牵头负责赣深客专铁路征地拆迁验工计价、款项审核拨付等工作。　（陈佩珠）

附：2017东莞市城市综合管理局主要领导名录

党组书记、局长：唐耀文

环境保护

【环境保护概况】　2017年，东莞市环境质量总体呈稳步改善态势。空气质量综合指数4.38，达标天数301天，达标天数比例82.5%，全省排名第17位、珠三角第5位。同时臭氧年评价浓度摘掉连续3年全省倒数第一的帽子，完成国家“大气十条”终期考核目标要求。主要大气污染物中，SO_2、CO达到国家一级标准；PM10达到国家二级标准。全市2个城市集中式饮用水源地水质（东江南支流和中堂水道）达标率100%。城市区域环境噪声昼间等效声级平均值为59.6分贝、城市道路交通噪声昼间等效声级平均值为70.3分贝，均处于一般水平。城市功能区噪声昼间除一类功能区年均值超标外，其余三类功能区年均值均达标；夜间一、四类功能区年均值达标，其余类别超标。

【水污染治理】　2017年，东莞市制订出台《东莞市水污染治理攻坚战工作方案》，市委、市政府先后6次召开大规模、高规格的治水工作会议，推进水污染治理攻坚战。全市新建截污次支管网767.81千米，是“十二五”期间和2016年共6年时间建成总数的1.5倍；新建扩建污水处理厂5家，新增污水处理能力44万吨/日，启动35座污水处理厂提标改造工程。推进“全国城市黑臭水体整治监管平台”督办的10条黑臭水体整治工作；纳入整治计划的75条内河涌中，有73条动工整治。在完成人民涌、老围河技术试验试点的基础上，铺开44条重污染河涌整治工作。茅洲河流域、石马河流域分别新建成截污次支管网43.7千米、175.9千米，分别完成新扩建污水处理厂1座（20万吨/日）、2座（共16万吨/日），茅洲河流域9条内河涌污染整治全面动工。是年，东莞市完成全市禁养区生猪清理工作，清理养猪场602个，生猪4.52万头，家禽场136个、家禽44.75万羽；制订出台《东莞市建设项目主要污染物排放总量管控实施方案》，严格实行控制区域和流域内污染物排放。

【大气污染治理】　2017年，东莞市制订实施《东莞市印刷及塑胶行业VOCs污染整治工作实施方案》《东莞市汽车和摩托车制造（表面涂装）行业VOCs污染整治工作实施方案》，重点推进印刷、塑胶、汽车及摩托车制造等行业VOCs污染整治，建立2826家企业整治名录，完成整治1891家；制订实施《东莞市“小散乱污”企业专项整治工作方案》，建立201家“小散乱污”企业台账。推进沙角电厂10台机组以及玖龙纸业6号机组超低排放改造。采取限行区管理、电子抓拍、路检执法、强制淘汰等措施，倒逼黄标车加快淘汰，淘汰黄标车1.19万辆。完成工业堆场、房建工程、水务工程、混凝土搅拌站等扬尘污染源核查工作，完成扬尘污染治理项目411个。推进集中供热工程建设，沙田基地建成1台100蒸吨/小时新锅炉和集中供热管道并投入运行；明确中堂造纸基地集中供热项目选址地块、红线及码头用地。推进430家中型餐饮单位开展油烟整治工作。

【土壤和固废污染防治】 2017年，东莞市印发实施《东莞市土壤污染防治行动计划实施方案》；开展土壤污染修复治理试点工程，石碣、麻涌、洪梅等3个土壤修复示范项目完成场地调查、修复方案编制工作；开展农用地重点行业企业用地土壤污染状况详查工作。完成《东莞市重金属污染综合防治“十三五”规划》初稿编制。全面更新危险废物重点监管企业名单、启动固体废物管理和申报登记工作。推动市医疗废物处置中心备用线转为常用线并完善环保手续，全年收运处置医疗废物9327.10吨。配合环保部开展打击进口废物加工利用企业环境违法行为专项行动，对全市32家进口废物加工利用企业开展专项检查，出具监督意见表18份，其中进口废纸意见9份，进口废塑料意见9份。

【环境执法监管】 2017年，东莞市环保系统累计出动环境执法人员6.57万人次，检查企业2.63万家次，发出行政命令3178宗，申请强制执行1600宗（其中行政处罚754宗，行政命令846宗），实施查封、扣押159宗，限产停产50宗。全年作出行政处罚4078宗、罚款1.289亿元，分别比上年增长12.0%和23.3%，移送涉嫌环境犯罪案件38件。推广使用环保移动执行系统，将无人机技术应用于日常执法，试点推进VOCs、餐饮油烟在线监控试点项目建设，对342家企业实行污染源在线监控，对全市591家重点排污单位进行环境信息公开。全市办理环保审批项目5790个（其中报告书147个、报告表5564个），登记表备案1.11万个，变更事项653个；办理辐射项目审批8个、完成输变电类项目验收76个（其中“清违”项目验收55个），颁发辐射安全许可证事项122项。信访维稳及环境应急管理方面，出台《东莞市环保领域信访问题法定途径清单》，依法分类处理环保信访问题。全年处理各类环境问题投诉2.26万宗、处理率100%；开展环保领域影响社会稳定矛盾问题摸排整治工作，推动全市环境应急物资库、专家库和物资信息网的建设工作，妥善处理突发环境事件1件，全市没有发生重特大以上环境安全事故。

【环境信息化建设】 2017年，东莞市以“一库、四网、一考核”为主要内容，推动全市水污染防治挂图作战信息平台建设。完成排污权交易综合监管系统建设。升级改造环境监控指挥中心。将市环境监测中心站网站并入市环保局公众网站，实施统一管理，启用环保公众网上全流程电子化审批系统。

【环境监测能力建设】 2017年，东莞市建成凤岗、樟木头、大朗、寮步、望牛墩、沙田镇虎门港6个环境空气质量自动监测站，全市形成“27+2”大气自动监测网络，完成大气超级监测站二期工程建设，推动建设3个国控、省控断面水文水质自动监测站，建立3个土壤环境背景长期定位监测点或综合监测点。 （张灿辉）

【垃圾填埋场整治】 2017年，东莞市完成东南部卫生填埋场征地并启动建设。梳理出39座亟须整治的填埋场，通过覆土—覆膜，建设雨污分流，渗滤液导排收集等污染防治措施，实施综合整治。采购全市垃圾填埋场集装箱式渗滤液，进行处理，出水满足国家《生活垃圾填埋场污染控制标准》。

2017年1月16日，全市水污染治理工作现场会暨截污次支管网工程集中动工仪式在万江中心涌污染综合整治试点工程现场举行 （市环保局供图）

【环保热电厂建设】 2017年，东莞市建成麻涌垃圾处理厂一、二期项目，并投产试运营；完成麻涌垃圾处理厂三期餐厨项目近期工程施工建设工作，并投产试运营；横沥环保热电厂一期技改再增容工程投入试运营；市区环保热电厂增加垃圾处理生产线及建设环保教育展示中心工程基本完成，并投入试运营；建成石排镇建筑垃圾消纳场。

【垃圾分类推进】 2017年，东莞市跟进各镇街生活垃圾分类试点工作，开展生活垃圾分类试点区域有害垃圾的收运处理；前往浙江省金华市、深圳市进行座谈交流，学习借鉴生活垃圾分类和资源化利用先进经验，同时前往相关部门就组织开展生活垃圾分类问卷调查、生活垃圾分类与再生资源回收体系的协同发展等相关问题进行座谈讨论；根据国家部委和省政府有关生活垃圾分类工作的要求，结合前期调研情况，制订《东莞市生活垃圾强制分类工作方案》；举办生活垃圾分类主题演讲比赛和知识讲座等。（陈佩珠）

【排水许可】　2017年，东莞市新增“因工程建设需要拆除、改动、迁移供水、排水与污水处理设施审核（因工程建设需要拆除、改动、迁移污水处理设施审核）”行政许可事项；新增“违反《城镇排水与污水处理条例》规定，城镇排水与污水处理设施覆盖范围内的排水单位和个人，未按照国家有关规定将污水排入城镇排水设施，或者在雨水、污水分流地区将污水排入雨水管网的（市环保局仅承担生活污水和水域水污染治理职责）”等10项行政处罚；新增“对城镇排水与污水处理设施运行保护和保护情况进行监督检查（污水部分）”等两项行政检查。截至年底，审批同意向33家企业下发排水许可证。

【治水工程建设】　2017年，东莞市印发《东莞市污水管网一体化运营工作实施方案》，由市石鼓污水处理有限公司从2017年7月1日起全面实施全市管网一体化运营工作。新建截污次支管网767.81千米；新建扩建污水处理厂5家，新增污水处理能力44万吨/日，启动35座污水处理厂提标改造工程。

【污水处理】　2017年，东莞市城镇二级污水处理厂合计处理量9.92亿吨，平均进水化学需氧量、氨氮浓度分别149.81毫克/升、15.08毫克/升，平均出水化学需氧量、氨氮浓度分别为16.52毫克/升、1.13毫克/升，削减化学需氧量、氨氮分别13.22万吨、1.38万吨。樟村水质净化厂（一级强化处理工艺）设计规模260万吨/日，由市水务投资集团有限公司运营，截至2017年底，处理量8.63亿吨。（张灿辉）

附：2017年东莞市环境保护局主要领导名录

党组书记：方灿芬（任至8月）
　　　　　蒋亚军（8月到任）
局　　长：方灿芬（任至10月）
　　　　　蒋亚军（10月到任）

节能减排

【节能减排概况】　2017年，东莞市单位GDP（国内生产总值）能耗下降4.4%，超额完成广东省下达4.2%的年度目标。电机能效提升囊括两个“全省第一”：到2017年底，东莞市累计完成259.6万千瓦提升量，全省排名第一；全省拨付电机能效提升资金7.71亿元，东莞市完成拨付资金2.78亿元，占比36.11%，全省排名第一。年内，先后完成对各镇街年度节能考核工作，并将考核结果报市政府审定后向社会公布；印发《东莞市“十三五”节能规划》，形成“十三五”节能工作纲领性文件；用好节能专项资金，对31个节能先进项目、273个能管中心建设项目、79个能管中心维护项目、39个清洁生产奖励项目、64个电机能效提升项目进行奖补5948.33万元，通过专项资金对节能与循环经济方面有突出贡献的单位进行奖补，鼓励社会资金向节能工作倾斜，助推东莞市完成节能目标任务。

2017年，东莞市深化结构减排、工程减排、监管减排。经广东省环保厅核定，全市化学需氧量、氨氮、二氧化硫和氮氧化物四项主要污染物指标削减量分别达8100吨、450吨、1800吨和4100吨，比上年分别削减8.95%、2.95%、2.25%和3.34%，完成省下达年度减排任务。

【能效倍增行动】　2017年，东莞市率先提出“能效倍增”概念，出台《东莞市用能单位实施能效倍增行动“1+6”工作方案》，通过贯彻实施“十三五”期间工业行业能耗控制实施方案、创建绿色工厂、实施绿色清洁生产、能源管理中心提质扩面、节能技术改造、开展工业能效对标等六大方案和一系列配套措施，引导工业企业提质增效，实现能效倍增。发布《关于组织能效倍增行动试点企业申报的通知》，从全市5000多家规模以上工业企业和800多家重点用能单位中遴选出500家试点企业参与能效倍增行动，其中，市重点用能单位名单内的市规模和效益倍增计划58家试点企业和12家名誉试点企业均需参与能效倍增行动。

【绿色发展转型】　2017年，东莞市出台《东莞市建设项目主要污染物排放总量管控实施方案》《东莞市建设项目环境准入负面清单（2017年本）》，加强主要污染物排放总量管控。全年，拒批不符合环保要求、产业政策等要求的项目79个。推进实施排污权有偿使用与交易、污染第三方治理、责任保险等改革举措，全面落实企业治污主体责任，促使企业自觉改善提升生产发展水平。全市重大项目242个，完成环保审批229项、占总数94.63%。深化“两高一低”企业整治，纳入整治范围的企业85家，完成整治46家，引导退出21家。开展绿色供应链环境管理试点工作，编制家具、制鞋行业绿色供应链管理工作指南，推动38家企业开展绿色供应链管理试点，协助企业建立绿色供应链管理体系，引导企业绿色发展转型。推进企业清洁生产，完成对61家重点企业进行评估验收工作。全年有1227家企业纳入信用评价范围，比上年参评企业增加46家。（经信局　环保局）

交通·邮政·通信业

TRANSPORTATION · POSTS · COMMUNICATION

长泰路与东莞大道交汇处　（聂新建　摄）

编辑：郭佩文　王学林

公路运输业

路桥建设

【公路建设概况】　2017年，东莞市公路项目完成投资25.88亿元，新开工项目11个，在建公路里程212.09千米；建成项目6个，建成56.38千米。截至年底，全市公路通车里程5262.33千米，密度213.48千米/百平方千米，公路密度位居全国前列。推进17个主干公路项目建设，建成梨川大桥、粤晖大桥、红海大桥、莞潢南路、水乡大道升级改造工程等5个项目5.78千米；新开工县道X231线清风公路升级改造、水乡大道延长线、粤海大道、29号路等4个项目31.81千米；推进疏港大道延长线、金龙路、东平东江大桥等8个项目建设；开展高埗大桥等9座桥梁修复加固工程。　（樊键忠）

【道路桥梁建设】　2017年，东莞市交通投资集团有限公司承担续建项目13个，新开工项目9个，筹建项目31个，在建项目累计完成投资34.26亿元，占年度投资计划232.07%。其中，8个市重大建设项目累计完成投资32.41亿元，占年度投资计划252.62%；市财政项目累计完成投资3.85亿元，占年度投资计划95.63%。

是年，该公司推行现代化工程管理，建立领导督导机制，定期召开专题会议协调解决各类问题，加快在建公路工程进度。从莞高速东莞段（含清溪支线）通车并联网收费；深外环高速东莞段、莞番高速征地拆迁工作进展顺利；东平东江大桥、从莞高速约场北互通涉及惠州征地问题基本解决。

【虎门二桥建设】　2017年，虎门二桥主桥、塔、锚基础工程完成全面进入主塔和锚碇锚体施工阶段。在相关部门的检查中，桩基无损检测合格率达100%，大部分构件钢筋间距和保护层厚度合格率达到100%。虎门二桥总投资111.8亿元，截至年底，虎门二桥主塔全部封顶，项目主桥下部结构施工全面完成；作为珠三角核心区内的重要过江通道，虎门二桥建成后将成为世界上跨径最大的钢箱梁悬索桥，预计2019年上半年建成通车。

【莞番高速公路桥头至沙田段开工建设】 2017年8月24日，莞番高速公路桥头至沙田段项目施工一标工程开工建设。莞番高速公路是东莞市“一环六纵六横三连”主干线路网的第三横，路线总体走向为东西向，起于东莞市桥头镇与惠州交界处，顺接河惠莞高速公路惠州段，经桥头、谢岗、常平、横沥、东坑、大朗、松山湖、寮步、大岭山、厚街，终于沙田镇，与虎门二桥及广深沿江高速公路相接。路线长64.48千米，项目批复概算221.66亿元，设特大桥2.97万米/14座（含互通立交主线桥，以下同）、大桥9215米/25座、中小桥723米/8座；设特长隧道3375米/1座（双洞平均长，以下同）、长隧道4156.5米/2座（其中下沉式隧道2520米/1座）、中隧道1493米/2座（其中下沉式隧道980米/1座）；设桥头东、桥头西（原桥头南）、黄泥塘（枢纽，原称常平东）、横沥、常平西、东坑、寮步（枢纽）、大岭山、新围、厚街南（枢纽）、沙田东、沙田（枢纽）互通立交12处；设管理中心1处、隧道管理所2处、集中住宿区2处、养护工区1处、服务区1处、停车区1处。

2017年12月28日，从莞高速东莞段（含清溪支线）联网收费

（唐建彬　摄）

【从莞高速东莞段联网收费】 2017年12月28日零时起，省道S29线从莞高速东莞段（含清溪支线）石排站、东部快速路站、樟木头南站、清溪站、清溪湖站、塘清站等6个收费站经广东省交通运输厅批准接入全省高速公路联网收费。从莞高速东莞段主线与常虎高速连通，清溪支线与龙林高速连通。通行费收费标准按照省交通运输厅、省发展改革委批复执行。车型收费基本费率按小型车0.6元/车千米计算，计重收费基本费率按0.12元/吨千米计算。国际标准集装箱车辆、ETC用户（包括非现金支付方式用户）车辆的优惠标准、跨路段行驶及计价进整办法等按照广东省相关规定执行。

【县道X231线清凤公路清溪段维修改造工程动工建设】 2017年2月28日，县道X231线清凤公路清溪段维修改造工程动工建设。该工程始于县道X231线清凤公路与省道S358线交叉点，桩号为K0+000，终点位于县道X231线清凤公路清溪镇与凤岗镇交界处，桩号为K4+975.901，路线全长4.98千米，项目总投资6996.41万元，主要对主线行车道、临街人行道及附属设施改造和一座旧桥进行加固。采用双向六车道标准，道路等

莞番高速公路桥头至沙田段线路平面图

（市交投集团供图）

级为一级公路兼城市主干路，设计速度为60千米/小时，沥青混凝土路面结构，其中厦坭桥全长32.3米，跨径组合为2×13米。县道X231线清凤公路项目串联起塘清路、谢坑路、莲塘路、葵青路，带动清溪镇“一轴一带五片区”城市发展。

【水乡大道延长线工程动工】 2017年8月4日，水乡大道延长线工程动工建设。该工程项目位于麻涌镇西部，起于东江北干流大桥广麻公路路口，沿现有新港路向南延伸，与水乡大道相接，路线全长4.17千米，工程总投资7.4亿元。该项目按照一级公路兼城市主干道标准建设，双向六车道，道路标准断面宽32.5米，设计车速为80千米/小时，采用沥青混凝土路面，设麻涌水道大桥、疏港铁路跨线桥等大桥2座，中桥4座。

【县道X235线九曲大桥重建工程动工】 2017年3月14日，县道X235线九曲大桥重建工程动工建设。该工程位于东莞市道滘镇，为东西走向，东联西部干道，穿越大汾南水道后连接道洪路，是道滘镇连接洪梅、望牛墩、麻涌等西部镇区的重要通道。路线全长407米，项目总投资约3500万元，设计速度60千米/小时，采用双向六车道一级公路标准建设，路基宽度16米，采用沥青混凝土路面，跨径布置为（3×16+18）+（2×30）+（18+3×16）米。九曲大桥上部结构采用装配式预应力砼小箱梁，下部构造桥墩采用桩柱式桥墩，桥台为肋板式桥台，均配钻孔灌注桩基础。

【东莞市交通投资集团有限公司所辖高速公路通行费收入26亿多元】 2017年，东莞市交通投资集团有限公司推进路桥工程建设、高速公路运营、公交线路优化、东莞通卡升级、驾考考场管理、金融投资发展等一系列重点工作。截至年底，合并报表总资产328.57亿元，净资产157.37亿元，所辖高速公路通行费收入26.19亿元，全资（控股）公司19家（含1家上市公司），其中东莞发展控股股份有限公司、东莞市路桥投资建设有限公司2家子公司被东莞市委、市政府评为“2017年度纳税亿元以上企业”，东莞发展控股股份有限公司被广东省交通运输协会授予“2017年度广东省交通运输最佳诚信企业”称号，东莞巴士有限公司被广东省交通运输协会授予“2017年度广东省交通运输行业优秀企业”称号，东莞市东莞通股份有限公司被认定为国家高新技术企业，常虎高速大岭山服务区被广东省交通运输厅授予“2017年全国优秀服务区”称号。（杜炜国）

附：2017年东莞市交通投资集团有限公司主要领导名录

党委书记、董事长、总经理：尹锦容

公路养护管理

【公路养护管理概况】 2017年，东莞市公路管理局管养公路包括国道1条、省道6条、县道26条及委托管养乡道11条，总里程约820千米，公路桥梁417座。在每两年一次的全省公路养护管理检查中，该局保持地级以上市普通干线公路综合情况排名前三位，年初被省交通运输厅评为“十二五”期全省普通干线公路养护管理先进单位。在全省2017年“徐工杯”筑路机械操作工职业技能竞赛中，该局省养队获团体二等奖，地养队获优秀组织奖，其中谢健荣获个人一等奖、被授予“广东省交通技术能手”称号。

【公路养护】 2017年，东莞市公路管理局管养的国、省道总体技术状况指数达92.6，优良路率99.6%，县、乡道总体技术状况指数达90.5，优良路率94.7%，路况水平保持全省前列。

是年，东莞市公路管理局公路养护机械化，管养的国、省道公路平均每5千米配备一辆清扫车，每3千米一辆养护车，每20千米一辆洒水车、一套齐全的养护机械组合，养护机械车辆设备配置标准超出交通运输部的配备参考要求，公路养护机械化水平走在全省前列，降低公路养护工人的劳动强度和路面作业的安全风险，提升工作效率。公路管理局以公路安全为重点，累计投入4426万元，完成国、省道公路229千米，县、乡道80千米的公路安全生命防护工程的任务，通过完善公路中央分隔设施、交通标志标线，封闭事故多发路段的中间路口等措施，提升公路安全保障水平。公路管理局重视桥隧安全管理工作，负责管养的重要桥梁隧道视频监控系统完成全面改造，通过探索通航桥梁智能防撞预警系统应用，加强公路、桥梁、隧道的信息化管理手段，为公路安全保畅通提供科技支撑。

【公路路网建设】 2017年，东莞市公路管理局完成省道S256线和S358线大修工程（包括市轨道交通2号线“三站一井”修复工程），省道S359线龙平西路、凤岗镇凤平南路升级改造等公路工程项目建设，推进市主干公路交通堵塞点改造工程噪声防治措施项目，以及县道X195线石洲—石横大道段、县道X249线东太路等9条县道公路升级改造前期工作；推进危旧桥梁整治工作，完成国道G107线涌头立交B、Q匝道桥修复工程，以及乡道Y008线凤岗水贝立交桥等县乡道桥梁维修加固工程。

是年，该局推进治理公路交通拥堵、协调打通“断头路”、提升公路门户形象等重点工作。实施公路交通环境“微治理”，投入约730万元，排查整治国、省、县道拥堵路段73处，通过优化公路平交口设计，完善标志标线及公路附属设施，调整红绿灯配时等“微治理”措施，优化交通管理。推进国道G220线油甘埔路口交通堵塞整治工程、国道G107线莞长公路快速化改造工程、省道S357线莞惠公路谢岗段路面大修工程等公路治堵工程，通过实施平交路口快速化、立交化改造，提升公路通行效率。推进县道断头路治理，深入各镇街开展实地调研，研讨断头路规划走向等具体问题，协助市交通局完成5个县道断头路建设项目的建议书编制工作。对国省县道公路与外市连接的20处门户路段制订整治提升计划（总投资3.96亿元），对标深圳市的标准，对门户路段公路路面、两侧的市政绿化设施及景观构造物进行提升改造。

【公路路政管理】 2017年，东莞市公路管理局路产索赔案件立案结案16件，收取路产赔偿费约16万元。加大对泥头车撒漏污染公路和偷倒垃圾等公路违法行为的治理力度，会同市公安交警部门、市交通综合执法局开展联合执法专项整治行动。全年，会同执法部门开展联合执法行动55次，制止或查扣污染公路车辆77辆，走进企业开展公路法律法规宣传教育和协调工作60次，督促企业规范做好运泥车装载和防撒漏措施。

市公路管理局提供靠前服务，指导路政许可申请工作，安排专人跟进，每周梳理办理情况，简化流程，确保5～10个工作日内完成审批。全年办结路政许可事项289宗，比上年增长80.6%。落实简政强镇事权改革工作，加强对县、乡道公路“占用、挖掘公路审批”等6类路政许可审批下放事项的业务指导。强化事中事后监管，在“双随机、一公开”抽查监管机制的基础上，实现路政执法监督全覆盖，每季度对路政许可、违法案件处理等情况进行全面检查和通报点评。全年检查许可事项、违法案件等425件，发现问题并整改31处。 （吴倩倩 李志东）

附：2017年东莞市公路管理局主要领导名录

党委书记、局长：陈志坚

公路运输管理

【交通规划编制】 2017年7月，东莞市政府通过交通运输局的提请并印发《东莞市综合交通运输体系发展“十三五”规划》。东莞市轨道交通与常规公交衔接规划等3项规划编制完成并于2016年12月报请市政府。其中《东莞市轨道交通与常规公交衔接规划》《东莞市公共交通规划修编（2013—2020）》《东莞市水乡特色发展经济区公共交通规划》于2017年初经市政府同意并印发。

【公路运输服务行业改革】 2017年，东莞市交通运输局深化公路运输服务行业改革。

开启购买公交服务新模式 与东莞巴士公司、市城巴公司、市水乡新城公汽公司、市小巴公司签订政府购买公交服务合同，对4家企业实施政府购买公交服务运营模式。

深化出租汽车行业改革 经市委市政府审议通过，出台《东莞市网络预约出租汽车经营服务管理实施细则（暂行）》和《东莞市出租汽车行业改革实施方案》，确定行业改革总体框架，进一步规范东莞市网约车行业的发展。

【公路运输服务保障能力提升】 2017年，东莞市交通运输局调整全市常规公交线路，推广新能源公交车，提升公路运输服务保障能力。

公交出行紧贴民生 通过调整全市常规公交线路，全年新增线路9条，调整线路46条，其中，优化市区公交资源配置，通过统筹东莞巴士公司承接城巴3条城区至松山湖的线路，释放城巴公司53辆运力，保障部分线路运行密度。做好轨道交通站点的公交衔接，全市有118条常规公交线路与轨道交通2号线沿线各轨道站点接驳，线网可覆盖全市大部分镇街（园区）中心路段以及主要商业、住宅及公共场所，便利群众公交与轨道交通接驳

2017年1月24日，市长梁维东（右一）率队到汽车总站慰问春节值勤人员 （市交通运输局供图）

出行。

跨市公交助推融入大湾区 是年，全市新增跨市公交线路4条，其中新增莞惠跨市公交3条，实现石龙镇与惠州博罗县园洲镇中心公交对接，新增深莞跨市公交线路1条，实现东莞长安汽车北站至深圳碧头地铁站北公交对接。截至年底，全市跨市公交线路增至14条。

新能源公交保障绿色出行 持续加强新能源公交车推广应用，全年全市新增和更新公交车408辆，全部为纯电动车辆。至年底，全市LNG清洁能源和新能源公交车增至4663辆，占公交总运力84%，其中，全市新能源公交车增至1719辆，其中纯电动公交车900辆，插电式混合动力车819辆，占公交总运力31%。

【“互联网+”运输服务率先发展】 2017年，东莞市全面启用智能公交管理平台，运用“互联网+”促进运输服务率先发展。

智能公交打造服务品质 对东莞巴士公司、市城巴公司、市水乡新城公汽公司、市小巴公司4家公交企业的运营数据实现线上监测。是年，东莞巴士、城巴、水乡、小巴的线路发车正点率和车次完成率分别为88%、91%，均高于80%，超额完成2017年市政府十件实事的相关公交服务目标。

推动网约车新业态发展 根据东莞市出台的网约车管理实施细则，对网约车平台公司、车辆和司机实施许可和认定管理，以新业态增量扩大高端服务供给能力，为乘客提供高品质、高档次服务。全年向神州优车、易到用车、呼我出行、斑马快跑、万顺叫车、AA租车、滴滴出行等7家网约车平台公司颁发网络预约出租汽车经营许可证；发放网络预约出租汽车运输证745张。 （樊键忠）

【东莞通公司实施股改创新移动支付应用】 2017年5月15日，东莞通公司举行股改合作签约仪式，新股东架构由东莞市交通投资集团、东莞市轨道公司和中国银联组成。股改后，东莞通公司通过对东莞通金融标准核心系统改造，推出金融标准东莞智慧通卡、具有虚拟卡功能的新版东莞通APP以及具有银联云闪付和二维码支付应用的地铁云购票机和公交刷卡机等产品，拓展市民支付渠道，谋划智慧交通出行，促进民生金融支付发展与交通出行服务环境优化，真正实现“一卡多用，一卡通用”。东莞通公司成为广东省内首个由中国银联直接投资的“城市一卡通”公司。

【机动车驾考服务实行企业化经营】 2017年，根据广东省政府、省公安厅有关深化驾考改革要求以及东莞市政府《关于市机动车驾驶人考试考场建设管理实行企业化经营有关问题的复函》，自是年开始，东莞市机动车驾驶人考试考场建设管理工作由市公安局交警支队正科级单位运营，转变为由东莞市交通投资集团有限公司实行企业化经营。东莞市交通投资集团有限公司下属子公司东莞交通实业发展有限公司成立机动车驾考服务中心，承接东莞市机动车驾驶人考试考场建设管理项目，启动科目三考试电子评判系统的投资建设，并建成东莞首个科目三电子路考考场（水濂考场），于2月20日投入使用。截至年底，驾考服务中心相继建成东莞市第二个科目三考场（企石考场），并按照10月1日起启用驾考新规的要求完成各科目考场的升级改造工作，同时推进中堂四乡、企石深巷2个一体化考场的筹建工作。交通实业公司通过加强社会辅助考试员及教练员培训、开放夜间训练、增设考试线路等措施清理驾考积压，科目三日均考能从最初的1000人提升至3000人。驾考服务中心全年接待考生137.2万人次，接待人数创近5年新高。

（杜炜国）

【公路运输市场秩序规范】 2017年，东莞市查处交通运输违法案件7466件，其中现场纠正未经立案程序案件1242件，立案6224件，办结案件（含现场纠正案件）6718件。8月15日，东莞市率先实施全面高速公路收费站出口治超非现场执法，截至年底，辖区高速公路收费站日通行超限货车平均数环比下降93%。运政方面，开展道路运输市场执法监管，推进打击非法营运汽车、出租汽车经营服务、危险货物运输、货运物流安全监管等专项执法，实施跨区域联动执法。治超方面，根据东莞市10条治超流动巡查路段分布情况，建设“一站式”流动治超卸货场6个。全年查处超限超载车辆2199辆次，高速公路非现场执法查处超限车辆921辆次，强制卸货31479.63吨。路政方面，制订《东莞市交通综合行政执法机构与公路管理机构业务协作方案》，协同处理案件，并通过搭建微信协作平台，及时发现和查处涉路违法行为；并制订《东莞市公路执法服务大走访活动实施方案》，在全市范围开展以“三服务两监督”为主题的公路执法服务大走访活动，深入运输企业和群众开展普法宣传。高速公路路政方面，开展高速公路车辆救援服务监管，排查涉嫌擅自占用高速公路桥下空间、在高速公路建筑控制区修建建筑物（构筑物）等违法行为。全年清理违法占用桥下空间搭建窝棚、堆放物品、摆摊设点等29处，面积11253平方米。港航方面，引入技术专家开展港口危险货物专项执法行动。同时，与航道、海事、港航等部门开展联合行动，加强交流联络，共同维护水上通行安全。 （樊键忠）

附：2017年东莞市交通运输局主要领导名录

局　长：黎达潮

水路运输业

【港航生产概况】 2017年，东莞市港航生产态势良好。东莞港年货物吞吐量居全省第四。港口方面，东莞市有港口企业70家，码头108座，泊位221个（其中万吨级及以上泊位29个），全港年设计通过能力11092.71万吨、集装箱172.9万TEU（标箱）、旅客70万人次；港区危化品仓储企业12家，储罐779个，共317.27万立方米。全年港口货物吞吐量1.57亿吨，比上年增长7.75%；其中，外贸货物吞吐量3225.98万吨，增长15.59%。集装箱吞吐量391.32万TEU，比上年增长7.44%；其中，外贸集装箱吞吐量32.73万TEU，下降3.15%。旅客吞吐量23.59万人次，比上年下降11.55%。水运方面，全市有水运企业36家，乡镇渡口9个，营运船舶411艘，110.50万总吨，177.45万载重吨，其中1万载重吨以上10艘。全年完成水路货运量6204.15万吨，比上年增长17.76%；货物周转量409.29亿吨千米，增长6.71%；水路客运周转量1526.81万人千米，下降13.11%。

【港航设施建设】 2017年，东莞市完成码头项目固定资产投资7.73亿元，新增码头3座，泊位8个，新增吞吐能力284万吨。推进全市7个港口重点项目，其中沙田港区西大坦作业区驳船码头工程、虎门宏业货柜码头迁建工程、沙田港区三期工程（9号、10号）泊位项目施工进展顺利，麻涌深粮粮食仓储码头扩建工程开工，虎门港宏川化工码头工程进行申报港口岸线使用。截至年底，完成沙角C电厂码头、飞虎石化码头的结构加固改造工程竣工验收；沙角A电厂码头完工，准备竣工验收工作；金明石化码头结构加固改造工程正在施工。东莞市虎门港麻涌港区海昌散杂货码头工程（一阶段）、东莞海腾港务有限公司码头结构加固改造工程、东莞市虎门港沙田港区立沙岛作业区鸿源航空油品码头扩建工程、广东省储备粮管理东莞直属库粮食码头工程、东莞虎门沙角C电厂煤码头结构加固改造工程、金鳌沙油库码头增加装卸化工品改建工程完成竣工验收。落实港口建设项目安全设施“三同时”，组织对6个建设项目开展安全条件审查和安全设施设计审查。全年完成初步设计批复1个、施工图设计批复2个、项目竣工验收6个、项目招标和备案4个。（樊键忠）

航道管理

【航道概况】 2017年，东莞航道局辖区有航道里程643千米，其中等级航道里程324千米，设置航标879座，标灯1517盏。辖区航道、航标和船舶各项维护技术指标全面达标，安全生产无事故，航道通航条件进一步改善，航道公共服务品质得到提升，辖区航道安全畅通，航道养护年保证率、航标维护正常率均达100%。倒运海水道航道整治工程完成投资3540万元，基本完成项目竣工验收各关键节点工作。省航道支持保障系统工程东莞项目通过交工验收。道滘航道养护基地用地取得不动产权证书。航道信息化三期建设通过验收。是年东莞航道工作会议确定的12个主要目标全部完成，二线经营收入2500万元，比上年增长9.6%；在全省航道系统年度效能考核中，东莞航道局获得优秀等次，排名第一位。

【航道建设】 2017年，东莞市倒运海水道航道整治工程完成全部投资，完成投资3540万元，重点推进项目竣工验收工作，先后完成生态补偿、竣前测量、实船适航试验、整治效果分析、工程结算等关键节点工作，环保验收、竣工决算申请竣工验收。省航道支持保障系统工程东莞项目通过交工验收，合同结算金额经省交通运输厅审核通过。道滘养护基地用地（应急中心）取得不动产权证书，完成码头、站场等基础工程的初步设计。航道信息化三期建设通过验收，完成2座RTK基站建设，初步建成东莞航道指挥监测系统。完成东莞航道通APP开发，系统正在调试中，预计2018年3月投入使用。配合省中心推进东江河源至惠州航道扩能升级工程的前期工作。

【航道维护与管理】 2017年，东莞航道局加强对骨干、主要航道的巡查，突出春运、洪水、枯水期等特殊时段的桥区航道、客运航道、礁石航段等的航标监管，全年维护航标879座，标灯1517盏，实施航道测量67宗。按期开通东江广园大桥双孔通航，协助省航道局完成太平水道客运航段疏浚专项工程，优化航道通航条件。完成辖区航标国标符合性审查，优化东莞水道、倒运海水道等重点航道及河口段、桥区段的航标配布，应用信息技术管理骨干航道的航标和延长巡标周期，提升航标维护质量。处理和恢复航标被碰95宗，处理航标器材被盗、被破坏事件3宗。制定航标设置、专项工程实施、船舶出航等作业流程28项。创新代管代设航标服务理念，通过在代管航标上试点应用航道信息化技术、召开代管航标业务座谈会等工作，全年代管航标730多座、标灯1370多盏。完成4艘在册船舶维修工作。全年发布航道通告43宗，公布辖区一至七级航道的维护尺度。全年辖区航道、航标和船舶各项维护技术指标均达上级规定标准。

【航道安全生产】 2017年，东莞航道局层层签订安全生产责任书，建立完善安全生产责任清单、风险源台账、安全档案以及各种记录，实施航道班组安全管理标准化工作，抓好重点领域重要时期安全工作，加强航道基建工地施工安全和社会涉航项目的涉航安全检查，强化桥区等重点航段的道标技术状态监督，做好元旦、春节、国庆等重要节假日航道安全管理工作，做好季节性极端天气安全防范，加强干部职工安全生产教育培训演练和

东江五环路东莞特大水道桥下河段 （张汉兴 摄）

宣传等，实现航道基建养护工程和航道运行安全生产零事故报告，持续辖区航道安全稳定形势，连续19年安全生产零事故。

在安全隐患整改排查方面，该局落实广深铁路东莞段5座铁路桥梁的桥涵标维护责任和标志更新。完成308座跨越等外航道桥梁的桥涵标设置排查整改，在10座跨越通航条件较好的等外航道的桥梁设置桥涵标，在全省航道系统中率先完成桥梁设置（维护）桥涵标整改工作。督促过河管道缆线、取水口业主设置专用标志工作取得突破，2家公司完成项目立项，落实经费准备整改。配合相关单位做好防范船舶碰撞桥梁专项治理，完成辖区一至七级航道101座桥梁通航安全隐患排查，通航净空尺度复核。完善航道站房防雷设施安装，航测所物资仓库实行标准化管理。重新开通广深高速川槎大桥通航孔。强化对业主自行维护助航标志桥涵标监管，向相关业主（或运行管理单位）发出航标异常整改函3份，并同时抄送市安监部门和交通综合执法部门。

【航道行政监管】 2017年，东莞航道局执法巡查航道近8000千米，累计对近80个涉航工程项目开展监管，向相关交通综合执法部门报告移交涉航违法案件26件，完成行政审批121件，办结率100%。全部审批项目均在规定期限内完成，在局门户网站上公布审批结果。全年未收到服务对象的有效投诉，连续12个月被东莞市行政审批电子监察系统评定为优秀档次。先后获得东莞市交通投资集团公司、中交一航局和中交一公局赠送感谢锦旗各1面。建立穗莞惠三市航道、交通综合执法机构协作机制，加强航道与穗莞两市港口管理机构沟通联系，4次牵头联同穗莞惠交通综合执法机构开展联合执法活动，打击损害航道、破坏航道设施的行为，辖区航道违法案件发生率显著下降。

【首次制定颁布实施五年航道工作规划】 2017年，东莞航道局强化规划先行引领作用，颁布实施《东莞航道局“十三五”工作规划》（下称《规划》）。这是东莞航道局建局19年以来第一次制定并颁布实施的五年航道工作规划。该《规划》从航道网络化升级、养护质量体系升级、行业治理能力升级等“八大升级工程”着手，布局五年工作，为推进东莞航道现代化建设提供规划保障。

【航道文化建设】 2017年，东莞航道局组织职工参与各类文化创作大赛，创作“廉政小品”《为你领航》、“最美航道人”之《平凡的航标工》两部航道文化作品，其中《为你领航》获东莞市廉政小品曲艺创作大赛优秀奖。完成《广东航道史（东莞篇）》编写并上报省局。启动《东莞航道志》修志工作，计划两年内完成出版；举办第二届职工运动会；组队参加省航道系统东片区羽毛球比赛，并获得团体亚军。 （李文峰）

附：2017年东莞航道局主要领导名录

党组书记：王海林

局　长：黎绍泓

水路运输管理

【港航市场秩序规范】 2017年，东莞市港航管理局维护和规范行业经营秩序，对74家次港口经营人核发港口经营许可证或港口危险货物作业附证；根据港区危险化学品仓储监管职责交接协议要求，督促交接的港口危险化学品仓储企业做好安全评价和设计复核工作，和消防部门对接推进换证工作，截至年底，该局对7家符合条件的仓储企业换发港口经营许可证。完成年度国内水路运输及其辅助业核查工作，维护水路运输行业经营秩序，对东莞市63家水路运输经营业户（其中水运企业35家，个体经营者28户）和26家水路运输辅助业进行核查，审验通过水路运输许可证84张。建立健全港航安全监管机制，坚持日常检查与集中行动相结合，全年检查港航企业1129家次，排解隐患1225处；审批危险货物港口作业申报7648宗；强化港口设施保安工作，督促对外开放码头开展保安评估，落实保安措施，领取港口设施保安符合证书，提升港口安保能力，组织海昌船务、联兴码头、阳鸿石化等8家企业完成申领、换领港口设施保安符合证书，对全市24家持有港口设施保安符合证书的对外开放港口企业开展港口设施保安年度核验。做好进出东莞港船舶的调度引航工作，全年安排进出港船舶1.43万艘次，比上年增长15.8%；协调引航船舶3342艘

次，增长16.0%。 （樊键忠）

海事管理

【海事管理概况】 2017年，东莞市海事管理业务量快速增长，东莞辖区进出港船舶44.5万艘次，比上年增长32.35%；水运运输量3.3亿吨，下降6.41%，其中：外贸货物3465.1万吨，占10.5%，增长24%；内贸货物2.95亿吨，占89.5%，下降15.7%；集装箱运输356万标箱，增长2.76%；危险品运输量2726万吨，增长13.3%。是年，辖区发生水上交通险情24宗，遇险人员261人，获救255人，搜救成功率97.7%。发生一般等级事故2起，比上年下降50%；死亡2人，下降50%；沉船0艘，直接经济损失4.1万元（下降97.3%）。全年完成船舶营运检验771艘次，比上年下降17.5%；完成船舶建造检验52艘次，下降24.6%；图纸审查23套，下降45%；船用产品检验27件次，下降84.6%。

是年，该局服务滨海湾新区建设，提前介入涉水施工项目，协调解决新区水域双重管辖带来的审批服务不便等困难，完成水域调整接管。服务“一带一路”倡议，支持中外运石龙码头安全发展，发挥专业优势协助企业规划航路航线等事宜，助力码头通过开放验收。助推水乡经济建设，支持华阳湖旅游项目发展，帮助完成36人次旅游船船员培训发证和14艘敞开型观光游船的检验发证。年内，参与东莞港“单一窗口”建设，推进“三互”大通关，试点口岸审批电子化，首次开展联合登临检查。完成海昌三期、联兴码头、宏业货柜等口岸开放。办理抵押登记29宗，帮助企业实现融资3.7亿元。发挥船检优势助推船舶产业发展，完成营运检验850艘次、建造检验53艘次、图纸审查22套、产品检验39件次。服务船员产业发展，签发内河船员证书证件1603份，签发海员证787本。征收港口建设费1.7亿元。

加强高速客轮、虎门轮渡、乡镇渡船安全监管，全年安全运输旅客861.5万人次。加强LNG水上运输监管，完成64航次大型LNG船舶进出港的交通组织、安全护航。制定政务办理服务规范，提升利企便民水平。牵头开展太平水道高速客船航线通航环境整治省、市安全攻坚，推动航道和地方政府投资近1500万元完成高速客轮航线疏浚。

【水上交通安全风险管控】 2017年，东莞海事局推进隐患排查治理，制订《水上交通安全风险管控和隐患排查治理双重预防机制工作手册》及考评体系，推行差异化风险管控和闭环管理，排查风险95个（其中二级风险8个，三级风险75个，四级风险12个），比上年增长1.64倍，消除风险46个，降级风险15个。

通航桥梁安全隐患排查　开展防范船碰桥专项行动，编制《桥梁水域通航安全工作手册》，“一桥一档”建立桥梁资料数据库，排查重点通航桥梁安全隐患36处，落实监管措施126项。“一桥一策”加强对桥区水域现场巡查和电子管控，辅助标绘116条电子检测线，发布安全提醒11.8万条，实施点名预警6531艘次。压实主体责任，安全约谈和走访船公司、码头、桥梁管理单位50余次，促成广深高速公路有限公司在川槎大桥上下游建成国内首例水上“限高架”并开工建设四乡大桥、新洲河桥水上“限高架”。通过联合调研、联合摸底、联合请示，与交通、城管等部门协同推动13座重点桥梁建设智能预警系统，得到市政府批复同意。

加强严管文化氛围　加强“四船”“三区”“两线”现场监管，强化汛期、台风等季节性、灾害性天气的预防预控，完成十九大特别监护期等重点时段监管。全年约谈航运公司48家次，督查73家次，发现缺陷224项。检查危险品船683艘次，滞留8艘次，实施履职检查1146人次，记分403人次。检查船舶9220艘次，实施行政处罚1509件，比上年增长27%。

完善齐抓共管格局　市委、市政府、海事局、安委办、打私办等协调解决流动渔船管理、船舶触碰桥梁等安全问题，借力破解难题。加强与涉水涉海部门的执法协作和工作协同，和海洋渔政、气象、港航等部门签订合作备忘录，开展执法合作、业务交流40余次，推动商渔船碰撞防范、水源水质保护等难点工作的开展。

【水上应急综合演习】 2017年11月30日，东莞市2017年水上应急综合演习在东莞港立沙岛作业区欧鸿码头进行。演习由东莞市政府主办、东莞市水上分中心承办，东莞海事局、东莞市交通运输局、东莞港管委会等多家单位参与。演习包括船舶溢油应急处置、船舶水上消防演练、船舶应急拖离演练三个科目，出动16艘演习船艇，100余名人员参加演习。

【“7·11”航海日活动】 2017年7月11日是第13个中国航海日，东莞海事局联合东莞电视台开展以“再扬丝路风帆　共筑蓝色梦想”为主题的航海日活动，并从海事微信公众号随机邀请东莞市7组家庭共同参与。海巡船沿江而下，途经东莞市城区，展现沿途一河两岸建设、内河码头分布及航路、水文情况等。同时，海事执法人员向广大市民朋友普及水上交通安全知识。

【业务品牌创建】 2017年，东莞海事局加强业务品牌创建，提升服务能力。

危防品牌创建　提炼形成危化品运输安全监管工作法，升级沙田、麻涌两大危防业务工作室，编制完成常见危险货物事故应急指南、涉船涉水环境风险排查治理指南等工作手册。举办案例分析会、危化品安全大讲堂8次。参与部局技术标准修订等课

2017年11月30日，东莞海事局承办并参与东莞市水上搜救应急综合演练（市海事局供图）

题研究4项。牵头编制《船舶违法排污调查示范教程》。

PSC品牌创建　建立“合舟”品牌理念体系，形成培养模式。组建船旗国检查履约研究小组，运行集中检查、案例分析、质量评估三个机制，PSC（港口国监控）检查107艘次（比上年增长22%），滞留9艘次，滞留率8.41%，增长8倍，检查数、滞留率、平均缺陷数三项主要指标位居广东局前三。打造全系列LPG/LNG（液化石油气、液化天然气）液化气船PSC检查特色优势，应邀向中国船东协会液化气船分委会交流介绍LPG检查和管理经验。建立PSC检查组学习基地、中远船务培训基地，开展学习研讨15次。

VTS品牌创建　推行“领航”品牌理念体系，完成文化专题片拍摄和画册印制。升级改造VTS（传播交管系统）硬件，更新网络专线，完善现代化VTS监管及辅助系统。深化VTS零事故行动，推进VTS中心、搜救分中心、智慧海事监控中心“三融合”，发布安全提醒64.38万条，实施交通组织152次，接收船舶报告11万艘次，VTS零事故连续天数700多天。

“船员莞家”品牌创建　启动船员管理品牌创建，建立“船员莞家”品牌理念体系，确定5方面18项工作措施，组建海事劳工履约研究小组，升级万江“阳光考场”，建成华南地区首家船员驿站和船员安全教育工作站，开展服务船员专项行动9次。（李玉芬）

附：2017年东莞海事局主要领导名录

局　长：陈楚坤
政　委：林立新

铁路运输业

【铁路概况】　截至2017年，东莞市拥有4条铁路，其中：广深准高速铁路、京九铁路、广梅汕铁路3条铁路在境内常平镇交汇，广深港客运专线在虎门镇设站。

2017年，广深港高速铁路在东莞境内段长约30千米；广深准高速铁路在东莞境内段长56千米，其中常平以上段与广梅汕铁路共线，常平以下与京九铁路共线；广梅汕铁路在东莞境内长度约43千米，其中常平以下至东莞市谢岗、惠州市沥林间23千米，常平以上与广深准高速铁路共线；京九铁路在东莞境内长约59千米，其中常平以上与广梅汕铁路共线，常平以下与广深准高速铁路共线。主要车站有高铁虎门站、东莞火车站、常平火车站、樟木头火车站、东莞东火车站等。

【铁路运输】　2017年，东莞地区主要火车站货物发送量累计78.41万吨，比上年下降24.63%；旅客发送量累计2220万人，比上年上升10.57%。

【高速铁路建设】　2017年，东莞市加快高速铁路建设，新建的赣深客运专线、深茂铁路均途经东莞市并设站，铁路网络进一步完善。其中，赣深客运专线塘厦站项目于12月22日动工建设；深茂铁路在虎门镇设站。（郭佩文）

【广深港高铁虎门站】　2017年，途经虎门站的高铁线路共20条，分别是从虎门出发至广州南、深圳北、福田、潮汕、长沙南、桂林北、永州、岳阳东、南宁东、武汉、南昌西、怀化南、邵阳、漯河西、郑州东、宜昌东、石家庄、西

2017年东莞地区主要火车站客货运输发送量

车站名称	货物发送量（吨）	旅客发送量（人）
合计	784085	22199951
东莞火车站	423332	5192729
常平火车站	276229	3377309
樟木头火车站	无	2315600
茶山火车站	84524	无
东莞东火车站	无	4437313
广深港高铁虎门站	无	6877000

安北、北京西和重庆北等站，平均每日开出130班列车。全年高铁虎门站共运送旅客1292.2万人次，发送旅客687.7万人次，到达旅客596.2万人次。（潘慧雯）

轨道交通建设

【轨道交通2号线运营服务概况】 2017年，东莞轨道交通2号线运营安全、平稳、有序，实现云支付购票机投放使用，累计开行列车9.84万列次，运营里程349.4万列千米，运送乘客3874万人次，日均客流量10.61万人次，正点率99.94%，运行图兑现率99.97%。截至年底，实现安全运营584天。11月9—10日，东莞市轨道交通有限公司组织召开2号线运营评估评审会，与会专家一致评审认为2号线具备从试运营转为正式运营的条件。

【安全管理】 2017年，东莞市轨道交通有限公司强化制度执行和风险掌控，落实隐患排查治理，全面掌握、实时监控在建工程及2号线运营情况。处理安保事件85件，识别危险源476项，完成第三方运营安全评价整改31项，修复设备故障7742件，开展应急演练62次；运营车辆系统故障率为0.011次/万列千米，列车退出正线运营故障率为0，均优于国家标准。全年轨道交通质量形势安全有序，未发生责任乘客受伤事件。

【资源开发】 2017年，东莞市轨道交通有限公司挖掘经营发展潜力，完成东莞通公司30%股份入股，实现地铁业务延伸发展；完成轨道交通2号线车站自助照相机、共享雨伞投放及平面广告媒体、列车拉手媒体等招商，完成格力电器、平安银行等创意内包车发布，实现2号线首个餐饮商业项目——虎门火车站KFC开业和东莞首个地铁TOD项目——轨道交通大厦主体开工建设。

【新线建设】 2017年，穗莞深轨道交通对接方案基本明晰，初步确定东莞轨道交通2号线、3号线与广州地铁22号线衔接，东莞轨道交通1号线与广州地铁25号线衔接，东莞轨道交通1号线与深圳地铁6号线支线衔接。1号线初步设计取得省住建厅批复，完成勘察设计类21个项目招标及征地拆迁镇街协议签订，望洪站上跨穗莞深城际段相关工程代建取得市政府批复并进场施工；完成1、2号线联络线主体结构施工，建成线网控制中心且部分投入使用；完成2号线三期、3号线一期工程报告初稿编制。

【履行社会责任】 2017年，东莞市轨道交通有限公司以轨道交通2号线为平台，履行社会责任，收到乘客感谢信和表扬信27封。做好城市规划年会、莞马等大型活动专项运输保障；联合举办“东莞市金融机构反洗钱宣传月启动会”“119消防主题宣传活动”和“世界无车日”等系列社会公益活动，配合市委组织部完成“开往春天的地铁”快闪活动，协助东莞报业集团完成“新春封面宝贝”展示。（陈诗伟）

附：2017年东莞市轨道交通有限公司主要领导名录

党委书记、董事长：刘　波
党委副书记、总经理：陈文胜

邮政业

【邮政业概况】 2017年，东莞市邮政业业务总量264.66亿元，比上年增长15.47%；业务收入167.20亿元，增长19.81%。其中快递业务量12.25亿件，比上年增长14.58%；业务收入147.68亿元，增长20.64%。快递业务量收位居全省地级市第一、居全国50个重点城市第七。全市邮政普遍服务营业场所238处，行政村通邮率100%。全市主要快递品牌49个，邮（快）件分拨中心46个，依法取得快递业务经营许可的法人企业358家，备案分支机构524个，快递从业人员超5万人。

【邮政普遍服务和特殊服务保障监督】 2017年，东莞市邮政管理局通过媒体宣传、企业培训、监督检查、委托第三方开展包裹寄递时限监测等方式，落实新修订《邮政普遍服务》标准。开展邮政普遍服务达标、邮票发行、邮政机要通信安全等监督检查，实现机要通信服务质量连续35年飘红。加大邮政普遍服务监督管理力度，对邮政企业立案处罚2件，罚款7.6万元，为全省系统单个案由处罚金额最高，并在全国率先作出对同一案件线索按不同案由处罚。

【寄递渠道安全违法行为查处】 2017年，东莞市邮政管理局开展邮政市场执法检查，检查邮政市场841人次，检查快递企业、邮政营业场所和邮政报刊亭350处，书面责令改正47次，行政处罚16件，罚款49万元，关停企业15家，约谈告诫7件。根据公安部门移交寄递企业违法收寄枪支弹药的案件线索，首次并连续按照《反恐怖主义法》规定立案处罚3件，对涉案寄递企业和直接责任人罚款32.5万元，关停企业2家。首次对寄递企业未按规定及时报告处理行业安全信息予以立案处罚。

【《关于解决行业末端配送车辆通行难问题的提案》起草提交】 2017年，东莞市邮政管理局协助省邮政管理局起草《关于解决我省快递末端配送车辆通行难问题的提案》，并于年内向省政协提交，促进从全省层面统筹研究解决行业末端配送车辆通行难问题。截至年底，省公安厅《关于做好快递末端收投车辆交通安全管理的工作意见》完成征求意见。

【邮政业安全生产监督管理】 2017年，东莞市邮政管理局推动企业落实寄递安全三项制度，建立定期通报机制，印发寄递安全三项制度通报7期。通过制订方案、联合多部门召开推进会、加强督导检查等方式，推进实名收寄信息系统推广应用工作。截至年底，全市实名收寄信息化率77.99%，呈逐月上升趋势。是年，该局安排70万元省级财政专项资金，补贴寄递企业配置X光机9台。开展寄递企业过X光机安检检查，书面责令改正7次。

【寄递渠道安全生产宣传教育】 2017年，东莞市邮政管理局宣传贯彻新修订《禁止寄递物品管理规定》，派发宣传资料3500份。向市委政法委争取安排20万元专项经费用于实名收寄宣传。联合市综治办和市公安、国安部门印发《关于严格执行邮件、快件实名收寄的通告》，加大实名收寄宣传力度，提升企业安全生产水平。联合市公安、"扫黄打非"办、安监等部门，举办寄递渠道安全管理人员培训班5期，培训企业主要负责人、安全生产负责人、安检员等超过1100人。 （黎葭飞）

附：2017年东莞市邮政管理局主要领导名录

党组书记、局长：林　蔚

【中国邮政集团公司东莞市分公司实现收入19亿多元】 2017年，中国邮政集团公司东莞市分公司实现收入19.50亿元，比上年增长11.34%。收支差、实际上缴利润持续排名全省第一。是年，企业获广东省总工会授予"广东省五一劳动奖状"，被东莞市委、市政府评为推动贸易投资便利化改革先进单位，企业党委获中国邮政集团公司授予的全国邮政党建示范党委等系列称号。

【东莞国际邮件互换局投产运营】 2017年9月28日，东莞国际邮件互换局建成启动运营。互换局位于东莞跨境贸易电子商务产业园内，建筑面积3.2万平方米，由东莞邮政公司统一进行专业化管理和规模式生产运作，一期出口邮件日均处理能力达80万件，二期日均处理能力预计达200万件。运作后东莞进出口邮件将不必绕行广州，通关后，可直接与全球200多个国家（地区）互换邮件，进出口邮件寄递时限预计可缩短半天至2天，支撑东莞跨境电子商务市场发展。

2017年9月28日，东莞国际邮件互换局兼交换站运营启动仪式在东莞跨境贸易电子商务中心园区举行 （市邮政分公司供图）

【国际寄递业务稳定增长】 2017年，东莞邮政发挥国际物流B2C渠道优势，助力东莞跨境电商发展，通过个人行邮方式发往国外的包裹8769万件，收寄规模在全国仅次于上海、深圳、广州，居全国第四。日均寄递量28.02万件，双十一峰值达60.98万件/天，全国排名第二。

【东莞纳入中欧班列运邮试点城市】 2017年4月22日，一批装载俄罗斯货物的集装箱铁路班列到达东莞石龙货场，8月17日，海关总署批准东莞纳入中欧班列运邮试点城市，标志着东莞向依托互换局打造华南唯一跨境火车邮路的发展布局迈出重要的一步。东莞邮政将发挥邮关口岸和火车跨境邮路的枢纽作用，助推东莞构建开放型经济新格局，服务国家"一带一路"倡议。 （石志会）

【"东莞2017广东省集邮展览"开幕】 2017年9月17—19日，"东莞2017广东省集邮展览"在东莞市石龙（中学）体育馆举行，来自全国的集邮领域专家、东莞文史专家、集邮爱好者等500多人参加活动。这是东莞市规模最大、规格最高、珍邮最多的一次集邮文化活动。9月17日开幕式同步举行《科技创新》邮票全国首发仪式。

【东莞邮政储蓄多项金融发展指标位列全省第一】 2017年，东莞邮政在互联网金融发展趋势和普惠金融发展要求基础上，推动城市金融转型方略，在渠道转型方面加快财富中心建设和社区化金融布局，提升普惠金融服务能力和水平。是年，通过东莞邮政渠道流到全国各地的资金总量694.4亿元，储蓄新开户数达96万户，累计1186万户。东莞邮政储蓄为中小企业提供消费贷、创业等多种融资服务，全年为中小企业提供贷款5501笔，贷款金额35.5亿元；为东莞市1100多家工厂企业提供代发工资服务，每月代发金额16亿元。是年，东莞邮政金融发展各项指标走在全省前列。期末余额规模连续四年位居全省首位；新增金融总资产、新增保险规模、新增点均金融总资产等关键指标跃居全省首位。截至年底，个人存款市场占有率7%，新增市场占有率21.2%。

【邮政文化助力城市品牌服务升级】 2017年，东莞题材邮票申请发行工作取得新突破。林则徐、关天培等东莞历史人物列入2018年《近代民族英雄》纪念邮票发行计划，《虎门销烟180周年》列入2019年邮票选题计划。石龙镇被授予“广东省集邮文化先进城市”称号，成为全省唯一获此称号的镇级城市。

是年，东莞邮政民生综合服务平台被列入东莞市委、市政府改革行动计划推进，车驾管、税务双代等政务代办项目全面铺开，政务代办业务服务群众170万人次。联合市妇联举办“传递·温暖”项目，在全市邮政网点与社区服务点共建135个暖心角，回收数万件居民闲置物品，惠及广大贫困家庭及贫困地区。连续举办“东莞市幼儿绘画比赛”，活动覆盖全市900余所幼儿园，牵动全市20余万户幼儿家庭关注。 （石志会）

附：2017年中国邮政集团公司东莞市分公司领导名录

党委书记、总经理：陈大灿

通信业

中国移动东莞分公司

【东莞移动公司概况】 2017年，中国移动通信集团广东有限公司东莞分公司（简称东莞移动公司）推进4G网络建设，构建技术领先体系，实现网络质量全面领先；落实“宽带东莞”战略，全面推动家宽入户工程，加快政企数字化发展，促进信息化与工业化的深度融合。是年，员工近2200人，服务网点超过6000个，平均每年为东莞市创造就业岗位逾3万个；用户规模约1100万户，年主营业务收入近百亿元，纳税2.28亿元；连续8年获评“广东省守合同重信用企业”，获“广东省用户满意服务明星企业”等多个奖项，公司团委获评“东莞市五四红旗团委”；一批集体获评东莞市青年文明号、五四红旗团支部、巾帼文明岗，多个个人获省级青年岗位能手、东莞市优秀共青团干部/优秀共青团员等称号；1项技术获国家专利；获QC（质量控制）国优2个、行优9个、省优1个、市优3个。

【4G网络建设】 2017年，东莞移动公司在全市完成超过1.8万个4G基站的建设，4G网络综合覆盖率99.36%，实现高等院校、交通枢纽、大型会展中心、自有营业厅、政府机关、四星以上酒店、大型商场、医院等八大重要场景100%4G覆盖及日均流量大于50M（兆字节）的室内站100%4G覆盖。4G网络速率方面，全市平均下载速率（路测数据）稳定在30Mbit/s以上，在广州、深圳、东莞、佛山4市个城市排名第2。截至12月，东莞移动4G客户规模872万户，全量客户占比77%，4G客户占比全省第一。4G的大发展助力流量保持113%的高速发展，整体客户人均每月流量提升至2.18G，其中4G客户人均每月流量2.72G，流量收入占比超过语音收入占比63%。

【“宽带东莞”战略】 2017年，东莞移动公司落实“提速降费、信息惠民”工程，语音与流量资费分别0.058元/分钟和0.038元/M，相较2015年（国家提出提速降费第一年）的0.074元/分钟和0.064元/M，分别下降21%和50%；落实信息基础设施建设“大会战”，重点推进光纤宽带网络工程建设，实现光纤接入能力的突破性提升。

【家宽入户工程】 2017年，东莞移动公司以镇区网格为基础，按照“一镇一服务站”的规划建设家宽服务站，打造以家宽服务站站长及社区经理团队为核心的网格运营机制，推进宽带网络光纤入户工程。产品运营上，打造以100M接入能力为主的固定宽带网络，向全市主推100M高品质高速率光网体验，全面提速不提价，并可免费体验4K高清电视业务，为广大市民提供全方位的家庭数字化服务。光纤宽带网络资源覆盖全市1256个小区、1607个城中村，覆盖家庭295万户（东莞家庭宽带网络规模预计为350万户），用户突破90万户。

【政企数字化发展】 2017年，东莞移动公司加快政企数字化发展，与政府机关开展电子政务项目合作。与东莞市电子政务办、东莞市公安局等单位开展相关项目合作，在交警、卫计和教育领域与主管部门开展“互联网+”试点，并参与“数字政府”项目建设筹备工作。在互联网接入方面，开展智慧东莞项目、华为搬迁项目、东莞深证通项目、vivo项目、OPPO项目；在物联网方面，聚焦五大产业集群（车联网、消费电子、智能家电、金融POS、智慧物流），开展产业合作，其中包含ofo车联网项目、联想物联网合作、拉卡拉物联等数个千万级项目。在IDC（互联网数据中心）方面，与BAT（百度公司、阿里巴巴集团、腾讯公司）互联网大客户、接入商/CDN（内容分发网络）、本地企业3大目标客户，加大本地合作共建机房储备夯实资源基石；并引入中移深圳等千万级大机柜型客户，世纪互联、广东唯一等大带宽型客户。

（江南梦）

附：2017年中国移动通信集团广东有限公司东莞分公司主要领导名录

党委书记、总经理：许永刚

中国电信东莞分公司

【东莞电信公司概况】 2017年，中国电信股份有限公司东莞分公司（简称东莞电信公司）客户数业务发展保持平稳增长，其中移动用户由2016年189万户提升至221万户，净增32万户，宽带用户由2016年133万户上升至137.4万户，净增4.2万户。营业额50.53亿元，缴税1.1亿元（除企业所得税和个人所得税）。

【提速降费】 2017年，东莞电信公司加速推进4G应用升级与光纤化改造，在新建小区推进光纤入户国家标准落实，在小区和自然村基本完成光纤化改造，在城中村推出公寓宽带产品，全面推动东莞“宽带城市”建设。截至2017年底，中国电信东莞分公司提供的宽带平均速率200M（兆字节）。推进东莞智慧家庭建设。推出天翼不限流量套餐，为家庭客户免费赠送光纤宽带、天翼高清互联网电视业务，打造智慧家庭服务圈。取消国内漫游费，实现长市漫一体，与东莞市民共享移动互联网发展成果。将“提速降费”优惠深入推广到全市范围。从2015年起，中国电信东莞分公司率先引领宽带提速的跨越式发展，至2017年，全市宽带户均速率从24M提升到84M，每M资费从3元降低至1元。

【智慧城市建设】 2017年，东莞电信公司顺应“互联网+”发展潮流，发展智能交通、远程教育等新兴服务业，增加服务新供给，发挥综合信息服务优势，参与智慧政务建设，运用数字经济提高基本公共服务水平。东莞电信公司以“智网工程”为主抓手，推进网格管理员队伍整编、信息化系统建设、市镇村三级指挥调度体系搭建和网格服务管理规范化建设等工作，提高基层治理水平；一呼百应调度指挥平台创新推行“全民创安·一呼百应”群防群治工作机制，全面提升出警效率；慕课平台对全市各中小学优质教育资源共享、师生互动、智慧课堂提供完善服务；全市校车监控为学生安全出行保驾护航；工业云平台为东莞工业企业转型提供低成本、高效率的云解决方案；智慧物联产业全面推进800M网络升级和NB-Iot网络部署，对“智能抄表、智能穿戴、万物互联”等行业应用带来影响，对东莞物联网行业的发展及应用提供发展契机。

【信息化基础设施建设】 2017年，东莞电信公司光缆线路累计255万纤芯千米，FTTH（光纤到户）端口规模累计超297万线，光节点超25万个，基本实现全市宽带用户100%覆盖；城域网出口带宽3600G；全市电信4G基站规模超10438个，比上年底新增2276座，核心城区4G网络覆盖率97%，并覆盖所有乡镇。同时，利用3G/4G广覆盖和Wi-Fi高速率特点进行综合组网，推进全市无线建设，Wi-Fi热点3081个。

是年，除加大对基础网络建设投入与建设力度外，在加快建设IDC（互联网数据中心）机房，巩固东莞数据中心地位方面也有成效。拥有IDC机架5100个，机房数自建4个，合建3个，并完成互联网国际出入口东莞节点建设工作，建筑面积10794平方米，内设网络机架数1091个。

【实名制客户服务体系构建】 2017年，东莞电信公司多种方式通知登记信息不完整、不准确的电信用户补办登记手续，对逾期未实名的暂停提供电信服务。在各个营销渠道严格校验用户身份信息，落实宽带及移动新用户入网实名制要求。面向城中村等流动人口密集区域，持续通过公寓宽带产品推广，为网络实名制做好用户、产品和技术保障。中国电信东莞分公司存量用户全面完成“实名制”登记工作。通过推进新媒体渠道推广，丰富客户触点，以及互联网化装维与大数据挖掘支撑，实现线上线下客户服务和客户需求快速响应。

【网络信息安全】 2017年，东莞电信公司配合政府推进“三线”（电力线、通信线、有线电视线）整治专项行动，助力文明城市建设，累计组织200场次宣传活动，整改升级用户线路15650户，完成144个村居“三线”整治工作。把关“实名制”，客户信息安全管理，抓安全生产与网络信息安全，维护企业和用户利益。（褚雨枫）

附：2017年中国电信股份有限公司东莞分公司主要领导名录

党委书记、总经理：胡志良

中国联通东莞分公司

【东莞联通分公司概况】 2017年，中国联合网络通信有限公司东莞市分公司（简称东莞联通公司）主营业务收入累计22.76亿元，纳税总额3270.99万元，移动用户规模307.24万户，年累计净增42.4万户；固定宽带用户规模41.96万户，年累计净增4.06万户。创建“全国文明单位”，获中央企业政研会党建课题优秀研究成果二等奖，连续9年评选为广东省“守合同、重信用”企业、广东省“巾帼文明岗”、东莞市“青年文明号”、“南城街道2017年度其他服务业纳税大企业”。

【信息基础设施网络建设】 2017年，东莞联通公司围绕“信息基础设施建设大会战及加快创建宽带中国示范城市”目标，推进信息基础设施网络建设。全年完成光纤资源建设新增端口15.35万个，基站及小站建设483站、室分建设386站；扩容3308个小区，移网无线五大服务能力综合评价在系统内全省名列前茅。完成十九大、财管论坛、“匠心网络万里行”应急通信保障全国巡演等22个重保任务。

【提速降费】 2017年，东莞联通公司响应国家号召，全面推动“提速降费”。东莞联通公司自9月起取消长途漫游费并下调部分国家国际漫游资费；推出视频日租卡、不限量冰淇淋套餐；上市沃+副卡共享产品，套餐不浪费、全家共享；全面推广全网通手机国标，给消费者网络选择权；实行宽带“百兆起步，千兆引领”，推行智慧沃家融合业务等。实现百万级新增用户的规模增长。

【产业转型升级】 2017年，东莞联通公司推动洪梅镇10多个村的视频监控系统项目、沙田/石排等镇街智网工程建设、交通源头治超管理系统项目等，推动全市平安社区建设，助力全市智网项目推进，提高社会综合治理水平。利用大数据的技术优势完成国家模具产品质量监督检验中心——智能化升级项目及安监局大数据平台维护项目；为东莞市妇幼保健院等解决医院信息化应用难题等，全面助力东莞经济社会发展转型升级。

打造领先的“大物移云智”互联网+核心设施及平台；投资10亿元规划建设中国联通华南数据中心（松山湖）；建立“沃云”基地及中国联通医疗云基地；全面构建特色的云集成服务体系；带来以东莞松山湖为核心的规模化区域中心的集聚效应，树立东莞互联网及云计算产业品牌。

通过4K内容引领、数字家庭应用、智慧社区应用、生活圈服务，致力于构建领先的数字家庭应用生态；依托一云一端，统一平台、集中入口、开放聚合，打造家庭互联网产业聚合入口；通过产业互联网云平台、大数据平台、沃支付平台、沃视频平台、沃云购平台，发挥全业务互联网化平台资源优势，整合应用，集合内容，扩展服务，打造“互联网家”家庭云平台，助力形成产业生态链。

（梁沁媛）

附：2017年中国联合网络通信有限公司东莞市分公司主要领导名录

党委书记、总经理：张海涛

中国铁塔东莞分公司

【东莞铁塔公司概况】 2017年，中国铁塔股份有限公司东莞市分公司（简称东莞铁塔公司）围绕《东莞市实施信息基础设施建设“大会战”加快创建“宽带中国”示范城市工作方案》的部署，满足三大电信企业（中国电信、中国移动、中国联通）的快速建网和稳定运营要求，拓展社会业务，助推东莞市信息基础设施实现高水平建设和发展。截至2017年，东莞铁塔公司在线运营无线通信基站数接近1.2万座，资产超过16亿元。全年公司营业收入5.1亿元，比上年增长34.21%，日均交付基站11.48个。2015—2017年东莞铁塔公司建设基站总量相当于行业过去30多年累计建设总量的66.80%。

【4G网络覆盖】 2017年，东莞铁塔公司通过统规统建、搭建多渠道选址体系、深化共建共享、创新技术方案等措施，完善东莞市4G网络覆盖，2015—2017年累计完成新建投资9.89亿元，承接三大电信企业塔类建设需求8837个，交付8395个，其中2017年建设交付通信基站4190个，比2015年增长243.46%，实现东莞市4G网络深度覆盖和通信网络城乡全覆盖，推动东莞市建设“宽带中国”示范城市和“互联网+”战略实施落地，为东莞市三年“品质提升”计划打下坚实基础。

【共建共享共赢】 2017年，东莞铁塔分公司按照“能共享的不新建、能共建的不独建”原则，多线条联动，制订和完善存量铁塔与新建铁塔融合共享方案，与各级经信部门、三大电信企业无缝沟通，大幅减少基站的重复建设。截至2017年，东莞市基站站址共享率由注入时10.03%提升至35%，其中交付站点共建共享比例79%，经东莞铁塔公司整合后，为东莞市减少重复新建基站3258座，节约投资12.48亿元，节省钢材5.22万吨，减少土地利用26.06万平方米，每年节约用

2017年9月7日，中国联通“匠心网络万里行”应急通信保障全国演练东莞站展示
（中国联通东莞分公司供图）

电量1.18亿千瓦时。

【助力信息基础设施“大会战”收官】 2017年，东莞铁塔公司在基站规划、公共物业开放、基站建设报批和科普宣传等方面的工作取得成效。推动东莞公众通信基站2.42万个宏基站站址纳入城乡衔接规划，且预留近1万根路灯杆和监控杆站址规划，成为全省唯一通过审批且完成坐标转换的地级市。按照站址级控制性详细规划和规划控制管理要求，规划内每个站点均获取合法建设身份，推动各行政部门完成报建审批。通过“线上+线下”开展无线科普知识进校园活动，联合市经信局、市教育局利用微课掌上通、阳光网、微信、电台、公交平台等各种宣传渠道，加强建设“宽带中国”示范城市的舆论宣传，加大对信息基础设施的科普和保护。提升公共站址资源的获取，截至2017年底，各级政府部门、村委（社区居委）开放1249个公共站址资源支持通信基站建设，东莞铁塔公司完成“大会战”基站建设任务3823个，超任务值295个，助力为期两年的东莞市信息基础设施建设“大会战”收官。

【基站建设创新】 2017年11月，第16届亚洲马拉松锦标赛暨2017年东莞国际马拉松赛事在东莞市中心广场起跑，该赛事级别高，人口密集，空间跨度大，安全、外观要求高，通信保障难度极大，东莞铁塔公司结合现场环境，创新设计新型微小基站，快速部署在沿途路灯杆，提高赛区网络容量，保障通信服务，展现东莞城市美好形象。以“莞马”为契机，东莞铁塔公司继续探索使用一体化塔房，“社会塔”和“通信塔”相互开放共享，集中供电降低引电成本等创新活动，为后期东莞滨海湾新区、粤海产业园、植物园等新型区进行基站统规统建、一杆多用，打造智慧城市奠定基础。（罗运广）

附：2017年中国铁塔股份有限公司
东莞市分公司主要领导名录

党委书记、总经理：齐　军

无线电管理

【无线电管理概况】 2017年，东莞市加强无线电监测和保障工作，在国家法定节假日、“十九大”等重大会议以及国家重大考试期间，组织各类保障行动71天、238人次，保障期间未发现违规信号，保证会议及考试的安全开展。在行政审批方面，全年受理无线电频率申请指配16宗、无线电台站设置申请154宗，处理无线电投诉22宗，先后为市公安局鉴定伪基站设备18套，维护无线网络运营的安全。查处166个传播假冒医药广告的非法广播电台，净化东莞市的广播环境。协助东莞业余无线电运动协会组织举办业余无线电台操作技术能力考试。

【信息基础设施建设“大会战”】 2017年，东莞市推动信息基础设施建设“大会战”工作，完成4G基站［RRU（射频拉远单元）］建设1.73万座，累计9.4万座，4G移动信号基本覆盖全市范围，3G/4G移动手机用户突破1392万户。东莞市全年新增光缆线路长度5.2皮长公里，光纤入户城市小区新增完成960个，光纤入户行政村25个；全市光纤覆盖能力大幅增强，光纤入户量累计238万户。

【“三线”整治】 2017年，东莞市对全市村居的架空管线进行清理维护、优化更新，引导各镇街结合全市创文工作部署，投入财政资金1514.7万元用于创文和“三线”（电力线、通信线、有线电视线）整治工作。截至2017年底，全市292个行政村开展“三线”整治，完成1.02万处隐患整治黑点，使东莞市村居“三线”面貌得到明显提升，为东莞市实现全国文明城市“四连冠”提供保障。

【公共服务区域免费Wi-Fi建设】 2017年，东莞市累计建设主要公共服务区域免费Wi-Fi项目3.1万个AP［无线访问接入点（Wireless Access Point）］点，覆盖全市主要公园、道路、广场、政府机构、办事中心、图书馆、医院等公共服务区域378处注册用户超190.2万户，日均使用量超102.3万人次，每天为用户节省流量2.69万GB（吉字节），为广大市民和企业提供免费、高速、安全的上网服务。

【信息基础设施建设统筹规划】 2017年，东莞市经济和信息化局牵头起草《东莞市通信基站站址专项规划（2016—2020）》《2017年全市村居“三线”整治工作方案》等一批政策文件，推动东莞市信息基础设施快速发展。推动共建共享能力提升。结合基站站址专项规划对全市范围内符合条件的公共物业进行整理和筛选，形成《东莞市通信基站公共建筑与设施开放目录》，为共建共享工作提供规范性指导。以保障马拉松赛事信号为契机，协助东莞铁塔公司在市中心广场及附近道路的路杆安装新型微基站，推动城市基础设施与信息基础设施更高水平的共建共享。

（叶应佳）

松山湖高新区　（松山湖高新区供图）

编辑：李缙文

松山湖高新区

【松山湖高新区概况】　松山湖高新区位于东莞地理几何中心，总规划控制面积103平方千米。2017年，松山湖高新区实现生产总值386.08亿元，比上年增长13.8%；税收总额148.11亿元，增长47%；固定资产投资总额148.59亿元，增长25.4%；规模以上工业总产值3039.78亿元，增长18%；规模以上工业增加值332.69亿元，增长18%。松山湖在国家高新区综合评价排名升至第23位。

【科技创新走廊建设】　2017年，松山湖高新区纳入广深科技创新走廊十大创新平台，中子科学城、生态园、东部工业园纳入全省37个创新节点。编制形成中子科学城概念规划初步成果，划定53.3平方千米规划范围，空间梳理和土地整备工作加快推进；东莞材料科学与技术省实验室启动建设，产业研究、核心区规划、基础设施规划、土地整备等一系列工作快速推进；东莞材料基因高等理工研究院启动建设。

【科技创新主体量质齐升】　2017年，松山湖高新区新增高新技术企业107家，高新技术企业总量253家，高新技术企业培育入库115家；规模以上工业企业研发活动经费总支出43.54亿元，研发占比12%；全年松山湖高新区专利申请总量8374件。规模以上先进制造业实现增加值304.69亿元，占松山湖高新区规模以上工业增加值91.58%，比上年增长18.5%，规模以上高技术制造业实现增加值313.18亿元，占松山湖高新区规模以上工业增加值94.14%，增长19.1%。实施孵化器建设行动计划，完善育成孵化体系建设，新增国家级孵化器2个、省级孵化器3个、省级众创空间4个、市级孵化器5个。

【创新服务体系日趋完善】 2017年，松山湖高新区出台《关于加快松山湖高新区科技创新平台体系建设的实施意见》，松山湖高新区首个由财政出资建设、委托企业运营的公共技术服务平台——运动控制精密测量实验室建成运营；完善科技创新服务链，推动广州知识产权法院东莞诉讼服务处以及东莞产权交易中心落户，省知识产权服务业集聚发展试验区通过验收；举办第三届“松湖杯”创新创业大赛。

【科技成果转化加快】 2017年，松山湖高新区推动清华大学韩敏芳团队的碳基固体氧化物燃料电池研发及产业化项目、信大融合研究院的可见光单向传输系统项目等一批高精尖项目在松山湖高新区产业化；推动中子科学中心建设高能前沿技术应用产业创新中心，促成其BNCT与东阳光集团合作转化；深入实施科技军民融合战略，东莞市三航军民融合研究院、东莞中船松山湖军民融合创新创业中心相继成立。

【科技金融融合】 2017年，松山湖基金小镇加快建设，东莞市产业投资母基金等22家投资及投资管理公司落户松山湖高新区；出台《促进科技金融实施办法》，完善科技金融服务平台，为科技型企业提供个性化融资方案，全年松山湖高新区各银行为企业提供银行贷款余额219.35亿元，其中为高新技术企业贷款30.38亿元；出台《鼓励企业上市挂牌奖励暂行办法》，全年新增“新三板”挂牌企业6家、东莞市上市后备企业4家，“新三板”挂牌企业总数26家、上市后备企业总数24家。

【产业转型升级】 2017年，松山湖高新区推进产业转型升级，促进经济发展。

“倍增计划”推进 “倍增计划”覆盖松山湖高新区71家企业，成立松湖倍增发展产业投资基金，落实领导挂点帮扶企业，“一企一策”解决企业个性难题，为企业拨付扶持资金5341.19万元，提供银行贷款35.56万元。倍增企业全年实现营业收入比上年增长24.2%，税收增长48.8%。

“4+1”主导产业体系 以华为为龙头的高端电子信息产业体量持续扩大，全年实现工业总产值2816.34亿元；机器人（智能装备）产业获批为科技部第三批国家创新型产业集群试点；新能源产业全年实现工业总产值147.17亿元，比上年增长26.4%；生物技术产业通过“莞榕计划”引进台湾、香港等地优质生技企业总数20家，松山湖国际精准医学园投入运营，再生医学产业园一期启动建设；文化创意产业发展态势良好，覆盖动漫原创等12个文化产业领域，全年工业总产值比上年增长48.9%；新材料等其他产业实现工业总产值31.33亿元，增长12.1%；服务外包合同金额合计2836.22万美元，增长63.7%。

招商引资 招商团队服务前移，项目落地流程时间压缩50%；主动“走出去”招商和靶向招商，先后赴青岛、潍坊、上海等地上门招商，成功引进歌尔股份、三生制药等一批投资规模大、产出效益高的优质项目，全年引进购地项目15个，资金120亿元，新增工商注册企业1729家，注册金额307.8亿元。

重大项目建设 通过提前介入、优化服务、强化履约管理等手

松山湖高新区 （松山湖高新区供图）

松山湖科技园区　　（张超满　摄）

段，37个重大建设项目累计完成投资112.7亿元，华为培训学院、长盈精密、中图半导体等一批项目超额完成年度投资计划。松山湖高新区管委会获评“东莞市重大项目建设管理先进集体”。

【省级人才改革试验区创建】 2017年，松山湖高新区出台一系列政策措施，吸引高端人才，创建省级人才改革试验区。

高端人才集聚　全年新引进院士6人、省领军人才4人、市特色人才33人，省创新科研团队5个、市创新科研团队8个，落地高层次人才创业项目10个。

人才服务工作优化　在全国首推“人才服务清单”制度，实行“一人一策”精准服务。人才大厦、高层次人才俱乐部等服务载体启动建设，松湖创业学院开班。协助人才入户，为企业及单位提供企业自评人才入户名额622个。全年完成267份人才积分入学申请。

引才留才环境日益完善　出台港澳青年人才创新创业专项资金管理暂行办法，完善与试验区建设配套的“领军人才集聚工程”“百名创新人才培养工程”“特色人才评审细则”“奖励贡献突出人才”等人才配套政策。举办广东省材料科学领军人才论坛、澳门招才引智推介会等活动。落实新引进人才生活补贴暂行规定等系列人才政策，全年拨付人才专项资金2.1亿元。松山湖高新区首个人才房项目幸福花园竣工，3386套人才安居住房投入使用。

【园区统筹组团发展】 2017年，松山湖片区推进园区统筹组团发展工作领导小组成立，出台《松山湖片区统筹联动发展战略研究》，建立起联席会议制度、跨部门协调会议制度、专责小组运作机制等创新性制度。全年召开片区联席会议4次，研究审议涉及片区统筹运作机制、规划设计、项目建设等重大事项33项。推动市发改、规划、国土、交通、工商等部门设置片区直属分局，实现行政审批事项窗口前移，片区行政审批事项办结时间相比直属分局成立以前缩短2~2.5个工作日。

统筹联动项目推进　松山湖金融产业集团挂牌成立，并与片区6镇成立6个合资子公司，初步建立“一镇一特色”开发项目库。与大朗镇合作的中子科学城、与大岭山镇合作的滨湖国际社区、与寮步镇合作的松湖智谷科技产业园、与周边接壤村的环境提升工程等一批标杆性项目启动实施；通过园区引荐12个招商项目与周边镇对接洽谈；东部工业园（企石辖区）初步形成统筹开发模式和利益平衡机制。

利益共享机制形成　建立教育、医疗、投融资平台、基础设施、联合招商、共建科技园区6个利益共享机制。其中，松山湖中心小学与寮步镇西溪小学实施共建并开学；松山湖社卫中心与市第三人民医院签约共建医疗联合体；举办松山湖片区2017年深圳推介会，现场签约项目29个，投资总额超250亿元。

【城市品质提升】 2017年，松山湖高新区改善城市环境，提升城市品质。

重大基础设施建设　是年，松山湖北站TOD完成概念规划并启动首期地块控规调整工作，南部国际社区城市设计纳入中子科学城统筹规划，有轨电车规划完成首期选线，完成莞番高速线位调整。跟踪协调中虎龙城际东莞段、赣深客专南沙支线、赣深客专增城联络线、市轨道交通1号线一期工程、深圳13号延长线等重大交通工程前期研究。松山湖城市候机楼、生态城市科普馆等一批公共服务设施建成使用。

公共服务供给日趋完善　全年在建及筹建学校、幼儿园16所，实验小学二期开学。医疗服务网络逐步健全，社区卫生服务中心完成升级改造，兰馨园、松科苑社区卫生服务站投入使用。生态园公租房、松涛美寓3386套房源交付使用。

生态环境保护和治理　成立松山湖高新区水污染治理工程指挥部，实施河长制，超额完成污水管网建设任务。北部工业园热电联产项目入选省级循环化改造示范项目。

精神文明创建　全年举办社会主义核心价值观主题活动70多场、各类群众性文化活动80多场；全面助力东莞“四连冠”文明城市创建工作，松山湖高新区获评“争创全国文明城市‘四连冠’工作突出贡献单位”。举办第九届漫博会、第16届亚洲马拉松锦标赛暨2017东莞国际马拉松赛等重大活动。

社会和谐善治　重拳打击突出违法犯罪，开展“飓风2017”专项行动，构建社会治安防控体系，松山湖高新区主要出入口实现高清治安视频全覆盖。“智网工程”指挥调度中心投入使用，安全生产应急救援指挥平台上线，城市网格化综合管理模式启动实施。完成十九大特别防护期安保维稳任务，安全生产、食品药品、交通、消防安全、维稳等方面形势总体平稳。

【改革创新】　2017年，松山湖高新区创新自创区政策体系，《松山湖高新区招商引资管理办法》《节能低碳专项资金管理暂行办法》《促进集成电路设计产业发展扶持办法》等陆续出台。推动实体经济降成本，全年为企业减税超过7亿元。

政府服务水平提升　成立政务服务中心，统筹推进政府服务模式改革。松山湖市民中心实行全国首创微信叫号，“一窗受理”深化为“分类通办”，智能表单系统实现部门全覆盖，全年办理业务33万宗，业务办理平均时长控制在10分钟以内；建立“一中心、多站点”政务服务体系，在绿荷居社区综合服务中心和城市会客厅率先建设政府服务分厅，承接公共服务事项157项。

国企运营领域聚焦　控股公司聚焦科技金融、科技地产、公共配套三大领域，参与合作成立松山湖基金小镇股权投资母基金、东莞倍增优选基金、粤科松山湖母基金，总规模40亿元；成立项目公司启动机器人与智能装备制造产业加速器建设，创新科技园等9个建成的科技孵化和产业化载体项目入驻达86.85%；与东实集团合作推动南部商业地块开发，南部高层次人才房项目建设前期工作正在开展。生技公司聚焦生物技术产业项目合作，出资参股4个生技产业公共服务平台建设，促成45家生技企业落户。　（梁巧玲）

附：2017年东莞松山湖高新区主要领导名录

党工委书记、管委会主任：
　殷焕明（任至5月）
党工委书记：黄少文（5月到任）

滨海湾新区

【滨海湾新区概况】　2017年4月，原长安新区更名“滨海湾新区”。滨海湾新区以引领东莞未来30年发展的历史使命担当，抓住粤港澳大湾区建设及广深科技创新走廊的战略机遇，理顺体制，为新区工作开展奠定保障基础。成立东莞滨海湾新区规划建设工作领导小组，组长由市政府主要领导担任。领导小组下设理顺体制机制工作小组等5个工作小组，明确责任分工，目标任务，定期召开会议，为新区发展定向靶标，解决新区建设难题。由市委副书记兼任新区党工委书记，领导班子配齐到位。10月12日，滨海湾新区、东莞港揭牌，人员到位、机构到位、保障到位。建立健全党群组织。机关党支部和国有企业党支部基本筹建完成，共青团、妇委会、工会和工联会的换届选举基本完成。基本理顺新区控股公司股权关系、滨海湾水域海事管理关系，逐步理顺东莞港与沙田镇的关系。新区发展定位提升到全面对接国家、省战略部署的高度，融入“一带一路”、粤港澳大湾区和广深科技走廊等重要战略建设。

【土地扩容】　2017年6月，滨海湾新区扩展为由原交椅湾（规划面积20.36平方千米）、沙角半岛、威远岛三大板块构成，总面积83.2平方千米，扩容3倍多。全年完成400公顷滩涂土地结构调整任务，17个填海项目中的粤港澳文化街、深圳海洋科技研发服务基地2个项目获得海域使用权证书，其余15个项目正在报批。抓紧推动沙角电厂等企业整体搬迁工作。

【规划编制】　2017年，滨海湾新区概念规划基本定稿。新区发展总体规划、城市总体规划编制工作启动，发展总体规划编制获得省政府同意开展编制工作。借鉴南沙、前海经验，创新规划编制模式，全面启动以城市总体规划为统领，同步开展城市总体规划、近期建设规划、相关专项规划等以及城市设计国际竞赛为一体的规划编制工作。前往深圳招商港口、广州港集团调研，委托设计单位编制沙角深水港区规划。

【东莞港资源整合】　2017年10月13日，东莞港沙田港区、麻涌港区、内河港区挂牌，年内开展穗莞港航对接项目工程费用摊统筹策略与方案专题研究、广州港出海航道坭洲段改线工程潮流数学模型试验研究等论证。新沙港二期明确总平面布置图和各泊位的开发主体，启动前期报批协调工作。西大坦作业区推进驳船码头、9号与10号泊位工程建设，驳船码头建成投产4个泊位。立沙岛化工区港口岸线资源整合利用研究报告完成终稿；完成审核虎门宏业货柜码头迁建工程码头扩建工程、广州海洋地质调查局海洋地质码头扩建工程等码头岸线使用需求；开展广州海洋地质调查局海洋地质码头扩建工程岸线评估工作。启动东莞电子口岸及国际贸易“单一窗口”的立项相关工作，完成编制上述项目的可行性研究报告，推进国际贸易“单一窗口”国家标准版在东莞进行试点，完善通关信息平台的有关功能和扩大互联互通范围等工作。

【东莞港货物吞吐量增长】 2017年，东莞港全港货物吞吐量完成15742.94万吨，比上年增长7.95%。东莞港务集团新增航线4条。中远海运集运开通“东莞港—越南胡志明”1条外贸航线，洋浦中良、阳光速航开通“东莞港—锦州港”、洋浦中良开通“东莞港—营口港”3条内贸航线，航线总数达24条，覆盖国内沿海、台湾和东南亚等地区港口。下属东莞保税物流中心累计完成进出园区货值142亿美元，比上年增长21%，位列全国B型保税物流中心第一位，为综保区的建设运营积累经验。塑胶粒中心初步建成并渐见成效，区域通关一体化在园区内落地；普通仓逐渐形成规模效应，13万平方米的普通仓全部满仓，并吸引京东、途虎养车等大型企业在东莞港开展业务，逐步形成规模集聚效应；引进世界知名企业宜家家居全球最大出口集拼仓落户，每年可直接带动2万标箱外贸货柜在东莞港完成出口，每年可为东莞带来超过20亿美元的出口额，并配套开通湾区快线1号线，打造“湾区快线”网络，构建以东莞港为中心，辐射整个粤港澳大湾区的水陆集疏运网络。

【基础设施建设】 2017年，滨海湾新区长安新河、海芯大道等基础工程开工；交通路网建设有序铺开，滨海大道、湾区大道等道路建设项目前期工作启动；形成《东莞滨海湾新区土地1.5级开发方案》，并邀请国内知名设计单位参与启动区概念性设计方案征集活动。制订《滨海片区“1+4”统筹联动组团发展工作推进方案》，并获片区联席会议通过，提交市委改革办审定；磨碟河流域综合整治、茅洲河河堤及景观（滨海湾新区段）建设等工程建设正有序推进。引进紫光集团芯云产业城、步步高智能制造基地等重大项目，投资总额超千亿元。与招商银行、正中投资集团等一批实力雄厚的优质企业签署全面战略合作框架协议，引进优质企业参与新区开发建设。

【投融资建设】 2017年9月，滨海湾新区财政分局成立，实行一级财政预算管理体制，为新区投融资建设创造良好条件。全面摸清新区2017—2025年重大基建项目建设资金需求，经初步测算，总投资额440亿元。推动银行与知名咨询机构，编制《2017—2021新区投融资规划方案》。推动10亿元新区建设首期启动资金于11月30日从市财政拨入新区财政户，为融资奠定基础；向省政府申报基建专项债券，探索通过政府发债筹集建设资金新路径。加强与多个金融机构对接，引进社会资本参与开发建设，东莞银行向新区授信8.13亿元，放款7290万元；工商银行、建设银行以及招商银行向新区授信1100亿元。 （刘伟东）

附：2017年滨海湾新区主要领导名录

党工委书记：张　科（2月到任）

东莞水乡特色发展经济区

【水乡经济区概况】 东莞水乡特色发展经济区（简称“东莞水乡经济区”）位于东莞市西北部，地处东江北干流和南支流流经区域，包括麻涌、中堂、道滘、洪梅、望牛墩、万江、石龙、石碣、高埗、沙田10个镇街，总面积510平方千米，占全市总面积的21%。区域内常住人口160万人。2017年4月，市委、市政府出台《关于推进园区统筹组团发展战略的实施意见》，将全市划分为六大片区，其中水乡新城片区范围包括洪梅、望牛墩、道滘、麻涌、中堂5镇，是水乡经济区的核心，并明确水乡新城是水乡新城片区发展的龙头和引擎，将建设成为东莞市城市副中心。

2017年，东莞水乡经济区实现生产总值1236.14亿元，比上年增长9.4%，高于全市1.3个百分点；税收总额220.04亿元，增长16.4%；固定资产投资、规模以上工业增加值、社会消费品零售总额分别增长9.6%、10%、13.7%。其中，水乡新城片区实现生产总值566.69亿元，比上年增长12%，高于全市3.9个百分点，GDP增速均高于全市平均水平；税收总额100.37亿元，增长29.2%，高于全市12.6个百分点；固定资产投资、规模以上工业增加值、社会消费品零售总额分别增长13.7%、13.6%、17.6%，均高于全市水平。

【水乡新城与片区发展定位】 2017年，东莞水乡经济区立足区位优势、交通优势和水乡特色优势，明确水乡新城总体目标是“岭南水乡、总部基地、国际商务港”，发展定位是：粤港澳大湾区东岸区域性现代服务业中心、广深科技创新走廊重要节点、对接穗深港台创新创意产业合作门户、东莞城市副中心和水乡经济区核心区。同时，明确水乡新城片区“总部经济+新兴产业”的产业发展定位，以及“现代新城+特色名镇”的城建发展定位。水乡新城重点发展总部经济，布局高端商务服务平台，打造以国际会议等现代服务业为支撑、各类商品交易平台为载体的大湾区国际商务港。片区各镇重点发

华阳湖湿地公园 （麻涌镇供图）

展新技术、新材料、新能源、新医药等新兴产业，结合特色小镇建设，以优化公共服务为着力点，打造多个战略新兴产业集聚区。

【体制机制创新】 2017年，东莞水乡经济区明确统筹发展思路和重点任务，落实市委、市政府园区组团统筹发展战略，研究制订水乡新城片区推进园区统筹组团发展工作方案。强化统筹开发，将东莞西站TOD（以公共交通为导向"的开发模式）纳入水乡新城统一规划、统一开发，由水乡管委会统一管理。完善水乡管委会职能和机构设置，推进市直部门行政审批服务前移工作，突出投融资平台建设，成立水乡投资控股公司，设立20亿元水乡发展基金。

【招商引资】 2017年，东莞水乡经济区按照“产城融合、产业先行”的发展思路，围绕片区“总部经济+新兴产业”的产业发展定位，实行全员招商计划，联合水乡新城片区各镇，开展联合招商、精准招商、高位招商。全年接洽客商200多批次，举办签约活动3场，引进东莞平安金融科技城、碧桂园产城总部及新能源科技园、翼航东升军民融合国际无人机产业基地等40个重点项目（群），达成合作协议项目14个，项目涵盖总部经济、产城融合、科技金融、文旅科技等范畴，签约金额超过1800亿元。

【水乡新城开发建设推进】 2017年，东莞水乡经济区围绕增强水乡新城在片区的辐射带动能力，高标准、高起点规划，完成水乡新城概念性规划，控制性详细规划、综合交通改善规划编制相继启动实施。成立水乡新城开发建设指挥部，明确工作机制，加快推进开发平台组建、城市更新、招商统筹等相关工作。加快推进水乡新城城市更新，按照“新型城镇化连片改造、打造粤港澳大湾区金融科技创新城”的思路，明确开发模式和城市更新工作方案。

【新兴产业集群和特色小镇融合发展】 2017年，东莞水乡经济区以“产业集群+特色小镇”融合发展为方向，导入新技术、新材料、新能源、新医药等战略性新兴产业集群，促进片区各镇产业建设和城市建设同步推进、同步升级，推动各镇至少建设一个“特色小镇与产业集群融合发展项目”。中堂镇作为试点，规划建设智能科技特色小镇，并推进规划设计、土地整理、招商引资。望牛墩镇谋划引入平安集团建设大健康产业特色小镇。

【基础设施建设和生态环境治理】 2017年，东莞水乡经济区发挥水乡管委会统筹、协调、督促作用，推动水乡大道、望洪路升级改造、疏港大道延长线、水乡大道延长线、水乡横向中通道、水乡横向南通道、望沙路等一批项目建设。推进水乡大道、望洪路升级改造，加快构建无缝衔接的基础设施网络。坚持生态环境优先，以“清存量、控增量”为思路，以水环境综合治理为核心，统筹、协调、督促水乡经济区各镇街全面推进生态环境治理。推进截污次支管网建设，全年新建截污次支管网225.05千米。推进9座污水处理厂提供改造和23座分散式污水处理设施动工建设。推进流域综合治理和内河涌污染综合整治，其中24条内河涌污染综合整治工程全面动工。推进生活垃圾等固废危废治理和污染土壤生态修复，其中麻涌垃圾处理厂（一、二期）建成投产。推进课题研究和品牌创建，其中“联合国人居奖”课题研究完成奖结题，水乡经济区入选2017年广东省循环化改造试点园区名单。 （罗钧豫）

附：2017年东莞水乡特色发展经济区管理委员会主要领导名录

党组书记、主任：陈仲球

开放型经济

OPEN ECONOMY

沙田镇·虎门港　（沙田镇供图）

编辑：陈建枝

对外贸易经济合作

【外经贸概况】　2017年，东莞市贸易大市地位不断巩固，连续15年保持进出口总额全国第五，全年外贸进出口总额12264.4亿元，比上年增长7.5%。其中，出口额7027.4亿元，比上年增长7.4%；进口额5237.0亿元，增长7.6%。新签外商投资项目925个，比上年增长1.07倍，合同吸收外资26.1亿美元、下降44.9%，实际利用外资17.2亿美元、下降56.2%；按照商务部统计口径，合同吸收外资131.3亿元、下降41.2%，实际利用外资160.7亿元、增长14.8%。新签“走出去”项目48个，涉及投资总额4550万美元。口岸进出口货运量3737.7万吨，比上年增长9.2%。其中，出口货运量649.4万吨，比上年增长4.2%；进口货运量3088.3万吨，增长10.4%。

【企业境外投资】　2017年，东莞市企业境外投资总额1.7亿美元，中方投资总额1.37亿美元。其中，有48家企业（属新设或并购）“走出去”，新增投资总额4900万美元，新增中方投资总额4550万美元；有19家企业对其境外企业进行增资，增资投资总额1.21亿美元，增资中方投资总额9100万美元。截至2017年底，全市有“走出去”项目370个。

【外贸结构优化】　2017年，东莞市对“一带一路”地区出口1275.2亿元，比上年增长16.1%。对金砖五国出口350.9亿元，比上年增长55.1%，其中，对印度出口增长64.0%，对南非出口增长23.4%。全市高技术产品出口2892.5亿元，比上年增长11.5%，占全市的41.2%。其中，智能手机出口比上年增长32.3%。民营企业进出口5761.4亿元，比上年增长13.2%，占全市的47.0%。一般贸易进出口4342.4亿元，比上年增长

29.4%，占全市比重（全口径）达45.9%。全市外资企业国内销售总额4205亿元，比上年增长18.5%，占内外销比重的37.4%。

【加工贸易企业自主营销渠道拓宽】 2017年，东莞市推动加工贸易与会展、电子商务、外贸综合服务等跨界融合发展，拓展加工贸易内外贸营销渠道。制定《品牌贸易展会推荐目录》，加强与国际展会机构的合作和招引，全年组织1389家企业参加境内外展会34场。举办2017加博会，达成商贸合作项目8100个，意向成交金额达998亿元。全市电子商务交易额4202亿元，比上年增长13.5%；电商网络经营主体5.5万户，网络经营主体总量全省地市排名第一；东莞邮政发出国际小包8821万件，居全国第四；全市跨境电商进出口159.0亿元，比上年增长766.1%。

加工贸易与国际会展相结合的营销渠道构建 根据东莞市的产业实际，按照“产业优先、效果优先、市场优先”三大原则，制定展会推荐目录，筛选出50个境外贸易型展会作为重点支持展会，为加工贸易企业开拓国际市场提供指引；引进大型展览会和会议，搭建展销平台，“2017中国城市规划年会”“中国家居制造大会”等高规格、高水平的展会、会议落户东莞；组织100多家企业参加美国消费电子展、中国香港春季电子展等品牌展会，总展览规模达4000平方米。

加工贸易与电子商务深度融合发展的线上销售渠道构建 推动传统加工贸易企业通过电商平台开拓市场。通过对接会、沙龙等方式向传统企业输送转型经验；通过知名国际电商平台推广活动为传统企业提供转型选择。

加工贸易与外贸综合服务相结合的营销渠道构建 为推动外贸综合服务企业发展，商务局通过不同途径向上级部门反映外贸综合服务企业面临的责任主体问题。9月25日，商务部等五部委出台《关于促进外贸综合服务企业健康发展有关工作的通知》，明确外贸综合服务企业的定义、身份和责任等问题。

【加工贸易企业自主品牌创建】 2017年，东莞市外资企业品牌创建进一步加快，全年新增国内注册商标1372个，累计1.38万个。全年外资企业获得国家、省著名商标、驰名商标、名牌产品数量43个，其中著名商标3个，省名牌产品39个，省出口名牌企业1个。

实施“三同”工程，助推“东莞制造”品牌影响力提升 选取玩具和婴童用品作为“三同”（同线、同标、同质）工程的首批产品，促进东莞出口优质产品内外销联动发展。截至2017年底，东莞辖区内入驻消费品“三同”工程的企业12家，94款产品通过“三同”确认，在公共服务平台上展示；有56款产品上线“三同”交易平台，有效地把东莞制造的高端消费品推荐给社会。

推动出口产品质量安全示范区建设 2017年2月，东莞出口玩具、婴童用品质量安全示范区获批“国家级出口工业产品质量安全示范区”称号，成为广东首个同时成功创建2个国家级质量安全示范区的地区。6月，全国出口工业产品质量安全示范区工作推进会在东莞召开。

东莞品牌海外展销中心建设加快推进 推动东莞品牌海外展销中心建设，先后在阿联酋和南非设立东莞品牌迪拜展销中心和东莞商品南非展销中心。截至2017年底，有56家企业进驻东莞品牌迪拜展销中心，带动出口额5600万元；54家企业进驻东莞商品南非展销中心，带动年销售额超过2000万美元。

【加工贸易企业向高端制造迈进】 2017年，东莞市推动加工贸易企业，开展技术升级、设备升级和服务升级，加快推动产品技术含量和附加值向高端发展。

推动加工贸易企业积极申报高新技术企业 召开全市高新技术企业申报辅导培训动员会议，为超过1000家企业开展高新技术申报培训；针对全市各镇街工作人员举办高企业务能力提升专题培训班，提升高企服务管理水平。

协助加工贸易企业提升技术改造和设备升级能力 组织多场专业技术领域的产学研对接活动，加强企业与市新型研发机构对接交流；组织推荐126家企业申报省级工程中心和重点实验室，推动虎门、横沥、桥头等三个专业镇建立协同创新中心；组织285家（次）加工贸易企业申报国家、省级进口资金贴息，涉及申报金额6.09亿元。

【加工贸易创新发展推动】 2017年，东莞市推动加工贸易创新发展，进一步促进外贸结构优化。制订《东莞市推动加工贸易创新发展工作方案》，以推动加工贸易企业自有品牌、自有技术、自有渠道建设为重点，开展培育扶持工作，外贸综合竞争力跻身全国前三。全市规模以上外资企业工业完成增加值1268.9亿元，比上年增长5.2%；全市委托设计（ODM）+自有品牌（OBM）混合生产出口比重提高到75.3%，提高0.7个百分点；新增研发中心或内设研发机构377个，增长56.4%；全市新增外资高新技术企业226家，累计464家。

“东莞制造”品牌战略推进 推进“三同”工程，促进东莞出口优质产品内外销联动发展。玩具、婴童用品两个国家级出口工业产品质量安全示范区通过国家认定。成功申报国家级WTO/TBT毛织产品（东莞大朗）研究评议基地。

重点企业规模与效益“倍增计划”推进 建立“倍增计划”服务工作机制，为企业提供需求导向型精准服务，通过集约化发展交流分享现场会等活动，引导企业更好地通过服务型制造实现

规模与效益倍增。2017年，全市214家试点企业进出口达1334.8亿元，比上年增长43.0%，高于全市35.5个百分点。

承办2017加博会 展会四天吸引来自全国15个省市及港澳台地区的859家企业参展，比上届增长6.4%；入场观展采购的人数达9.89万人次，增长6.7%，其中，专业观众达2.3万人次，增长15%；达成商贸合作项目（含合同、协议和意向）8100个，增长4.6%；意向成交金额998亿元，增长3.3%。

加工贸易管理模式创新推动 在全市200家加工贸易企业推行“以企业为单元”的加工贸易监管模式改革，解决原有“计划合同”加工贸易监管模式与企业市场化运作的制度矛盾。全面推广加工贸易废料网上交易平台，平台累计注册企业达4137家，成交项目1.25万个，成交金额达11.7亿元，平均溢价率23.6%。试点开展智能手机保税检测维修，推动华为机器、台达电子电源等企业试点开展保税维修业务，进出口近10亿元。

【“走出去”行业分布和投资地区情况】 2017年，东莞市“走出去”企业涉及行业数量依次为制造业、批发和零售业、交通运输、仓储和邮政业。其中制造业新增（含增资）19家，占比28.4%，中方投资额7300万美元，中方投资总额占比53.45%；批发和零售业新增（含增资）45家企业，占比67.2%，莞方投资总额5274万美元，中方投资总额占比38.63%；交通运输、仓储和邮政业新增（含增资）1家，占比1.5%，中方投资额1014万美元，中方投资总额占比7.43%。

全年，东莞市“走出去”企业投资地区情况依次为中国香港（含增资）36家，莞方投资总额8008万美元，占比58.66%；美国（含增资）7家，中方投资总额4160万美元，占比30.53%；埃塞俄比亚（含增资）3家，中方投资总额670万美元，占4.91%。

【“走出去”投资交流会】 2017年，东莞市先后与普华永道、香港联交所、德国工商会等机构协会以及境外经贸代表处合作，举办多场“走出去”投资专题宣讲会。其中，4月举办的“一带一路”企业投资与风险管理交流会上，由普华永道专家团队及各界代表分享多个议题，从互联互通投资新机遇以及外向型企业风险管理等方面与参会企业展开探讨。7月举办的《走进中东》专题讲座上，来自100多家关注中东市场发展的东莞企业踊跃参加活动。组织企业参加广东省商务厅举办的广东省“走出去”专项资金及海外风险统保平台政策宣讲会，推动企业学习省最新的资金奖励政策及海外项目投融资及风险管理知识，提升企业“走出去”管理水平。

【东莞驻美国（旧金山）经贸办事处揭牌】 2017年9月，在东莞市于美国硅谷举办的“中国·东莞—美国·硅谷科技创新推介交流会”上，市委副书记、市长梁维东，中国驻旧金山总领馆副总领事邓繁华等为东莞市驻美国（旧金山）经贸办事处进行揭牌。该办事处设立的目的是改变被动承接国际产业转移的现状，创新国际经贸合作资源的信息收集机制和企业“走出去”服务方式，全面加强与美国在产业、商贸、科技、人才和文化等领域的交流与合作，拓展国际产业合作的深度和广度。

【外经贸交流活动】 2017年，东莞市先后到法国、瑞士、捷克、以色列、爱尔兰、英国、古巴、墨西哥、美国等国家开展多场经贸、人文、科技交流活动。3月赴法国交流期间，举办“2017中国·东莞·法国·巴黎经贸合作交流会”，24家东莞企业组成代表团与法国当地企业进行对接洽谈，有九个项目举行现场签约，总金额3.3亿美元。9月赴古巴、墨西哥、美国开展交流期间，举办东莞硅谷科技创新交流会，东莞滨海湾新区、东莞市商务局、清华东莞创新中心等3个单位分别与Read Write加速器、Light Polymers公司、Kylli Inc公司、ProPrax公司等4家美国企业签订合作意向；在波士顿举行的新兴产业国际合作交流会上，实现明门集团对美贸易合作项目、和旺电器墨西哥配件产业园项目、卡莱（亚太）在莞新设项目等11个产业项目成功签约，总投资贸易金额14.25亿美元。

【重点外资项目落户】 2017年，东莞市跟进英联马利食品项目、维他奶饮料项目、华润电力项目、梅塞尔工业气体项目、安特普（RTP）工程塑料项目等重点优质项目，促成相关项目落户东莞。其中，英联马利项目于6月14日在广东省委书记胡春华等领导的见证下，在中国（广东）—英国经贸合作交流会上签约，计划投资1.75亿元在麻涌生产烘焙用食品配料和特种油脂等产品。8月，维他奶（东莞）食品饮料生产中心与常平镇签约，计划投资10亿元设厂，预计平均年产值超18亿元。华润电力控股有限公司与松山湖（生态园）达成

2013—2017年东莞市中欧班列货运情况

项目	2013年（10—12月）	2014年	2015年	2016年	2017年
班列数量（班次）	6	62	79	135	122
货运量（TEU）	176	3234	5706	7624	9602
货运量（吨）	1020	16700	35717	49885	59436
货物金额（万美元）	1040	15700	32431	33835	50885

合作意向，预计投资6亿元。

【中欧班列】 2017年，东莞市始发中欧班列122班次，占广东国铁七成以上；集装箱9602标准箱，比上年增长25.94%；货运量5.94万吨，增长19.15%；货物贸易额5.09亿美元，增长50.39%。4月，开通首趟俄罗斯进口石龙回程班列。

【2017中国加工贸易产品博览会】 于2017年4月20—23日在东莞市举办。展会吸引来自中国15个省市及港澳台地区的859家企业参展，比上届增长6.4%；入场观展采购人数9.89万人次，增长6.7%，其中专业观众达2.3万人次，增长15%；达成商贸合作项目（含合同、协议和意向）8100个，增长4.6%；意向成交金额998亿元，增长3.3%。

【2017广东21世纪海上丝绸之路国际博览会】 于2017年9月21—24日在东莞举行。展会面积从5万平方米扩大到10万平方米，参与国别从42个扩大到79个，国际“朋友圈”和影响力越来越大，在国际化、品牌化、专业化、市场化方向稳定向前，成为“引进来”与“走出去”的重要平台，达成签约项目758个，涉及签约资金2190亿元，比上届增长5.9%。依托海丝博览会，启动广东海丝跨境商品展示交易中心项目。 （曾梓丹）

2017年世界500强企业在东莞市投资情况

序号	企业名称	投资方式	外方投资者	所在镇街（园区）
1	东莞雀巢有限公司	外资	雀巢（瑞士）Nestle'	南城街道
2	东莞南城新科磁电制品有限公司	外资	日本东京电气化学工业公司（TDK）	南城街道
3	东莞兴宝化工有限公司	合资	伊藤忠（日本）Itochu	沙田镇
4	京瓷连接器（东莞）有限公司	合资	京瓷（日本）Kyocera	石龙镇
5	京瓷光电科技（东莞）有限公司	外资	京瓷（日本）Kyocera	石龙镇
6	东莞三星电机有限公司	外资	三星（韩国）Samsung	寮步镇
7	东莞麦当劳食品有限公司	合资	麦当劳（美国）McDonald's	城区等
8	东莞住商益安金属制品有限公司	合资	住友商事Sumitomo（日本）	沙田镇
9	东莞川电钢板制品有限公司	外资	日本钢铁工程控股公司（日本）Kawasho	长安镇
10	东莞杜邦电子材料有限公司	外资	杜邦（美国）E.I.Du Pontde Nemours	南城街道
11	东莞华润水泥厂有限公司	外资	华润集团	沙田镇
12	金霸王（中国）有限公司	合资	美国吉列公司（宝洁）	南城街道
13	东莞大华汽车维修服务有限公司	合资	怡和（香港）Jardine Matheson	南城街道
14	三井高科技电子（东莞）有限公司	外资	三井Mitsui（日本）	长安镇
15	汉高胶粘剂技术（广东）有限公司	外资	德国汉高henkel	虎门镇
16	东莞顶锋金属制品有限公司	外资	住友商事Sumitomo（日本）	常平镇
17	东莞宝田化工有限公司	合资	伊藤忠（日本）Itochu	沙田镇
18	三洋电子（东莞）有限公司	合资	三洋电机（日本）Sanyo Electric	塘厦镇
19	东莞歌乐东方电子有限公司	外资	日立（日本）Hitachi	东坑镇
20	东莞铁和金属制品有限公司	外资	新日铁（日本）Nippon Steel	南城街道
21	可口可乐装瓶商生产（东莞）有限公司	合资	Coca-Cola（美国）	南城街道
22	东莞石龙京瓷光学有限公司	合资	京瓷（日本）Kyocera	石龙镇
23	东莞美极有限公司	外资	雀巢（瑞士）Nestle'	茶山镇
24	东莞时力科技电子厂	来料加工	日本东京电气化学工业公司（TDK）	长安镇
25	罗门哈斯电子材料（东莞）有限公司	外资	罗门哈斯Rohm and Hass	东城区

续表

序号	企业名称	投资方式	外方投资者	所在镇街（园区）
26	东莞喜威液化石油气有限公司	合资	SHV Holdings（荷兰）	南城街道
27	东莞百音电子有限公司	外资	先锋电子（中国）投资有限公司	南城街道
28	广东福地日合偏光器件有限公司	合资	丸红商事（日本）MaruBeni	南城街道
29	安世半导体（中国）有限公司	外资	皇家飞利浦电子（荷兰）Royal Philips Electronics	黄江镇
30	先锋高科技（东莞）有限公司	合资	日本先锋株式会社	寮步镇
31	阿克苏诺贝尔涂料（东莞）有限公司	外资	阿克苏.诺贝尔（荷兰）Akzo Nobel	大岭山镇
32	先锋信泰（东莞）光学有限公司	合资	日本先锋公司	长安镇
33	东莞肯德基有限公司	外资	百事公司（美国）Pepsi co.	城区等
34	东莞三星视界有限公司	外资	三星电子（韩国）Samsung Electronics	厚街镇
35	东莞新长桥塑料有限公司	外资	三菱商事株式会社	沙田镇
36	京瓷办公设备科技（东莞）有限公司	合资	京瓷（日本）Kyocera	石龙镇
37	东莞住秀电子有限公司	外资	日立	凤岗镇
38	东莞创宝达电器制品有限公司	外资	美国泰科国际	常平镇
39	东莞日矿富士电子有限公司	外资	JX日旷日石金属株式会社	洪梅镇
40	东莞百悦电子有限公司	合资	日本先锋公司	南城街道
41	日立化成工业（东莞）有限公司	外资	日立化成工业株式会社	茶山镇
42	东莞沃尔玛百货有限公司	合资	沃尔玛Wal-Mart Stores（美国）	城区
43	泰科电子（东莞）有限公司	外资	美国泰科国际	厚街镇
44	三井高科技（广东）有限公司	外资	三井Mitsui（日本）	长安镇
45	东莞能率科技有限公司	外资	佳能（日本）Canon	寮步镇
46	东莞新科技术研究开发有限公司	外资	日本东京电气化学工业公司（TDK）	南城区
47	日立蓄电池（东莞）有限公司	外资	日立（日本）Hitachi	茶山镇
48	麦德龙物业管理（东莞）有限公司	外资	麦德龙Metro（德国）	万江区
49	东莞长安新科电子制品有限公司	外资	日本东京电气化学工业公司（TDK）	长安镇
50	日立金属（东莞）特殊钢有限公司	外资	日立（日本）Hitachi	茶山镇
51	日立粉末冶金（东莞）有限公司	外资	日立（日本）Hitachi	茶山镇
52	东莞百安居装饰建材有限公司	外资	Kingfisher（英国翠丰集团）	万江区
53	东莞住矿电子浆料有限公司	合资	住友商事Sumitomo（日本）	松山湖
54	东莞马士基集装箱工业有限公司	外资	马士基集团A.P.Moller-Maersk Group	麻涌镇
55	东莞家乐福商业有限公司	外资	家乐福（法国）Carrefour	东城区
56	博世激光仪器（东莞）有限公司	外资	德国博世	樟木头镇
57	杰斯比塑料（东莞）有限公司	外资	伊藤忠（日本）Itochu	松山湖
58	东莞杜邦华佳高性能涂料有限公司	合资	杜邦（美国）E.I.Du Pontde Nemours	万江区
59	东莞永佳中通汽车服务有限公司	合资	丰田汽车（日本）Toyota	厚街镇
60	东莞深赤湾港务有限公司	合资	新加坡丰益国际	虎门港
61	东莞市雅励金属材料剪切有限公司	外资	三星物产	大朗镇
62	益海（东莞）油化工业有限公司	外资	新加坡丰益国际	麻涌镇

续表

序号	企业名称	投资方式	外方投资者	所在镇街（园区）
63	东莞益海嘉里粮油食品工业有限公司	外资	新加坡丰益国际	麻涌镇
64	美达王板和精密金属（东莞）有限公司	外资	三菱Mitsubishi	松山湖
65	日铁商事（东莞）经济咨询有限公司	外资	日本新日铁	南城区
66	柯尼卡美能达商用科技（东莞）有限公司	外资	日本柯美	石龙镇
67	东莞京瓷置业有限公司	外资	日本京瓷	石龙镇
68	欧图（东莞）企业管理咨询有限公司	外资	德国奥托集团	万江区
69	东莞三星道达尔工程塑料有限公司	外资	韩国三星　法国道尔顿total	大岭山镇
70	沃尔玛（东莞）商业零售有限公司	外资	沃尔玛	莞城街道
71	嘉力时灯光设备（东莞）有限公司	外资	皇家飞利浦电子（荷兰）Royal Philips Electronics	凤岗镇
72	东莞汉莎产品技术咨询服务有限公司	外资	德国奥托集团	寮步镇
73	东莞乐艾电子科技有限公司	外资	韩国LG（乐金）	松山湖
74	东莞富士通电装电子有限公司	外资	富士通（日本）Fujitsu	洪梅镇
75	东电化（东莞）科技有限公司	外资	TDK	长安镇
76	伟创力电源（东莞）有限公司	外资	新加坡伟创力	市属
77	东莞旺市百利百货有限公司	外资	沃尔玛	莞城街道
78	华润水泥采购有限公司	外资	华润集团	沙田镇
80	益海（东莞）精细化工有限公司	外资	新加坡丰益国际	虎门港
81	东莞益海嘉里赛瑞淀粉科技有限公司	外资	新加坡丰益国际	虎门港
82	东莞三星高新塑料有限公司	外资	三星电子（韩国）Samsung Electronics	大朗镇
83	东莞欧尚超市有限公司	外资	法国欧尚	寮步镇
84	南方佛吉亚汽车部件有限公司	外资	法国标致	塘厦镇
85	液化空气（东莞）工业气体有限公司	外资	法国液化空气有限公司	虎门港
86	理光创想智造有限公司	外资	日本理光	凤岗镇

贸易促进

【商事认证服务】　2017年，东莞市贸促会出具商事认证项目3.44万份，比上年增长42%，其中签发原产地证3.26万份，增长50%；一般原产地证书2.12万份，增长30%；优惠原产地证书1.15万份，增长84%，按照FOB（船上交货价）金额1.74亿美元的10%计算，为莞企节约进口国关税金额1739万美元。签发ATA（暂准免税进口）单证册41份，比上年增长28%。自行出具商事证明书1164份；委托贸促总会、广东省贸促会出具商事证明书443份，比上年增长42%；代办领事认证669份，增长21%；签发单据认证4份；新增注册企业128家。

【中东、南亚经贸交流渠道开拓】　2017年5月和11月，东莞市贸促会先后赴沙特阿拉伯、阿曼苏丹国等中东地区及印度、孟加拉、斯里兰卡等南亚地区开展经贸交流活动，成功开拓东莞市与中东、南亚地区国家的经贸投资合作之路，帮助东莞市企业获得当地投资环境、贸易政策等一手信息，促成沙特王国王室集团投资东莞，协助东莞6家企业在“第十五届中国商品（印度孟买）展览会”“第三届（斯里兰卡）中国品牌展”等展会上获得超过300万美元的订单，促成东莞一酒店家居用品生产企业与印度Mani集团达成进一步洽谈的采购意向。

【国际化联络渠道畅通】　2017年，东莞市贸促会建立及巩固与境外商协会机构组织的联系，接待境外经贸代表团来访，与境外商协会机构保持信息互换，建立友好往来联络机制。与美国、巴西、俄罗斯、法国、罗马尼亚、沙特阿拉伯、阿曼苏丹国、印度、孟加拉、斯里兰卡、马来西亚、南非、墨西哥、以色列等国家商协会机构建立或保持联系；与阿曼华商商会、罗马尼亚布加勒斯特工商会签订友好合作备忘录；与南非豪登省贸易发展署、东莞莞非实业投资有限公司等签订三方框架合作协议；参加首届“中国—拉美国际博览会”，与相关拉美国家驻华使馆、工商机构建立初步联系。全年东莞市贸促会接待30多个国（境）外来访团体130多人次。

【企业参加涉外经贸活动】 2017年，东莞市贸促会先后组织举办“企业投资东南亚国家风险防范及应对策略讲座”“东莞—罗马尼亚企业自由商务对接活动”“2017中国（广东）—南非国际经贸洽谈会”等3场涉外经贸交流活动，组织近350名东莞市企业代表参会，邀请近100名来自罗马尼亚和南非的采购商现场与企业对接。举办“莞澳设计创新与制造融合对接会”，推动东莞制造与澳门设计对接。组织企业参加“墨西哥市场环境和中国企业在墨投资商机研讨会”“广东精品太平洋岛国巡回展”等5场省、市举办的国际经贸交流活动。为东莞市企业与捷克、马来西亚等国家企业对接搭桥引线，助推东莞企业对接海外市场。

【国际商会境外办事处设立】 2017年4月，东莞市贸促会在纽约设立首个东莞市国际商会经贸办事处，由美国东莞同乡会主席吴耀坤担任办事处主任，探索性搭建一个新的国际化交流平台，为有意在境外发展的商会会员企业提供多元化服务。

【境外经贸代表处发挥作用】 2017年，东莞市贸促会根据驻美国经贸代表处报送的经贸信息和信息简报，经过筛选配对，协助联系推动美国北卡生殖医学中心实验室与东莞相关医院进行技术合作，联系东莞市眼镜生产企业就智能眼镜合作项目进行对接。

【企业参加境外展览活动】 2017年，东莞市贸促会组织东莞12家企业参加“2017东盟（曼谷）中国机械制造展会”等3场境外展览活动，举办商贸对接，帮助东莞企业借境外展会开拓国际市场。

【商事法律服务】 2017年，东莞市贸促会采取一系列措施，为企业提供商事法律服务。

推动成立东莞仲裁委员会 东莞市政府批复原则上同意申请成立东莞仲裁委员会，并召开市政府专门工作会议，确定东莞仲裁委员会以社会团体的形式组织设立，并由东莞市贸促会牵头，与省司法厅、国家司法部沟通协调，争取支持，推动东莞仲裁委员会设立申请工作。

探索设立莞港澳台商事调解仲裁联盟 东莞市贸促会牵头成立莞港澳台商事调解仲裁联盟筹备工作小组；动员境内外调解、仲裁机构以及商协会等团体加入联盟，至年底有8个机构加入联盟。

与东莞市中级人民法院共同开展“诉调对接”，推广应用商事调解 东莞市贸促会与东莞市中级人民法院探讨进一步推动商事调解与诉讼对接，与东莞市中院民四庭共同探索法院特约调解的有效机制，协助民四庭调解涉外纠纷，并赴深圳前海人民法院及深圳市贸促会商事调解中心调研学习先进经验做法。东莞市贸促会下属东莞市商事调解中心作为东莞市中院的特约专业调解机构之一，接入市中院转来的案件开展商事调解工作。

举办首届东莞国际调解员培训班 东莞市贸促会与内地—香港联合调解中心联合在东莞市举办首届东莞国际调解员培训班，打造一支属于东莞的专业国际商事调解人才队伍，有15人获颁发国际专业调解员培训证书及东莞国际调解员证书。

【国际贸易摩擦预警应对】 2017年，东莞市贸促会利用全国贸促系统的资源，帮助企业了解行业在国外的反倾销、反补贴信息，协助组织东莞涉案企业参加应对协调会等，为企业寻求专业帮助搭建桥梁，为东莞企业遭遇知识产权侵权问题提供法律协助。组织企业参加“中国贸促会经贸摩擦应对和法律风险防范（汕头）培训班”，举办“美国市场经贸摩擦应对及法律风险防范讲座”，加强企业经贸摩擦应对培训及宣传。及时为东莞企业提供最新的贸易摩擦预警信息，全年发布国际贸易预警信息177条。

【第十届东莞国际茶业博览会暨第二届中华爱茶嘉年华】 于2017年5月19—22日在东莞市广东现代国际展览中心举办。茶博会面积1.5万平方米，参展企业152家，设置名茶展示区、名茶品鉴区、茶具文化区、茶文化博览区、东莞茶仓展示区、沉香文化区等特色区域。茶叶展品内容涵盖六大茶系茶品以及茶具工艺品等茶产业延伸产品，同时举办“千款莞藏靓茶鉴赏”“百款佳茗现场品饮”“美茶主义下午茶嘉年华”等多项配套活动，推动茶文化与茶产业的融合发展，提升东莞市作为“爱茶之都”的品牌形象。为期四天的展会，入场观众超过5.6万人次。

（黄晓芬）

附：2017年中国国际贸易促进委员会东莞市委员会主要领导名录

党组书记、会长：曾民盛

口岸管理

【口岸管理概况】 2017年，东莞市经市口岸进出境货物3737.68万吨，比上年增长9.25%，其中水运口岸3151.98万吨、增长12.4%，公路口岸579.76万吨、下降5.27%，铁路口岸5.94万吨、增长19.15%；经市口岸进出境旅客63.4万人次，下降3.19%；经市车检场进出境货运车辆77.5万辆次，下降15.36%；经市口岸进出境船舶1.68万艘次，增长0.5%。

【口岸功能拓展】 2017年，东莞市拓展口岸功能，增强口岸综合竞争力。

优化车检场整体功能 推动“超级中国干线”“粤港跨境直通快线”落地寮步车检场和长安车检场，实现与香港机场的无缝对接。

铁路客运口岸开通团体签注业务 2017年6月28日，东莞铁路（客运）口岸开通旅客往来香港团体旅游签注业务，填补东莞市旅检口岸开通团体旅游签注业务空白，方便市民出行。

配合推动东莞国际邮件互换局项目 2017年9月28日，东莞国际邮件互换局建成运营，实现关检一窗式改革，提供关检邮一站式服务，为东莞市跨境电商发展创建更加高效、优质的物流渠道。

【“三互”大通关改革】 2017年，东莞市深化寮步车检场“三互”（信息互换、监督互认、执法互助）大通关改革模式，推广至凤岗、长安车检场，同时在广东（石龙）铁路国际物流基地、邮政跨境电商园区、保税物流中心（B型）等口岸及监管场所内实施“三互”大通关模式。水运方面，东莞港沙田港区实现“三互”大通关模式，莞城龙通货柜码头、沙角港区宏业货柜码头、麻涌港区完成数据对接，并启用东莞港通关信息平台船舶申报系统。

【口岸基础设施建设】 2017年，东莞市落实口岸规划和工程建设等相关工作，为各驻莞查验单位的工作和生活提供保障。完成三大车检场“三互”大通关建设改造项目；凤岗车检场关锁施封区工程完工；常平口岸综合楼设施修缮改造工程（B）基本完工；东莞边防检查站虎门分站士兵宿舍楼设计方案获批。

【国际贸易“单一窗口”建设】 2017年7月11日，东莞市试点推进国际贸易“单一窗口”国家标准版，截至年底，货物申报量位居全省一，总申报量位居全省第四，完成国家、省提出年底前覆盖本地区30%业务量的目标任务。“单一窗口”国家标准版覆盖东莞市符合条件的所有口岸。

【虎门港扩大对外开放】 2017年3月8日、8月22日、11月1日，东莞市虎门港海昌5万吨级散杂货码头8号泊位、东莞联兴化工码头、虎门宏业货柜码头迁建工程对外开放；协调配合东莞港务集团于1月开通一条泰国/越南航线；配合滨海湾新区管委会做好沙角港区建设深水港规划论证调研工作。截至年底，东莞港对外开放一类码头24座，泊位51个，外贸航线为5条。

【免除查验环节费用试点】 2017年，东莞市关于免除查验没有问题外贸企业吊装移位仓储费用试点工作进展顺利。全年免除费用12.37万元，1500余家外贸企业受惠。

【寮步车检场压缩货物通关时间试点】 2017年，东莞市以寮步车检场作为试点，7月底制定《寮步车检场口岸经营服务单位操作时限指引》并公告执行。协助配合查验单位开展压缩通关时间工作，9月1日起对东莞市三个车检场实行新的工作时间，进一步提高通关效率。

【广东（石龙）铁路国际物流基地规划建设】 2017年，东莞市成立广东铁路国际物流基地项目工作领导小组，推进首批动工6个项目建设进度。粮食仓储及交易平台等部分项目进入实质施工阶段。

【清溪保税物流中心（B型）封关运行】 2017年5月17日，东莞清溪保税物流中心（B型）完成第一期建设后封关运行。清溪保税物流中心（B型）由海关总署等四部委联合批准设立，是东莞市政府布局在清溪，服务莞深惠三市尤其是东莞市东部地区企业的公共服务平台。批准建设面积0.23平方千米，计划总投资6亿元，分两期建设。至年底建成卡口、围网、仓库、海关及检验检疫查验场所、办公楼、信息化系统等满足保税物流中心运作的基础设施和监管设施，包括保税监管仓库7.7万平方米、露天堆场2.3万平方米。

【集装箱进出口环节合规成本专项治理行动】 2017年，东莞市组织制订专项治理方案，开展口岸集

2017年4月11日，东莞市开通“粤满俄”中欧回程班列，双向贸易通道打通 （市商务局供图）

装箱进出口环节合规成本专项治理行动，包括优化通关通检流程；减少监管环节；简化通关手续；降低外贸企业运营成本；协调口岸经营服务企业配合做好相关工作等。通过专项治理行动，通关时间和成本进一步降低，实现压缩货物通关时间1/3，集装箱进出口环节合规成本下降5%以上的目标。

（曾梓丹）

海关监督

【海关监督概况】 2017年，东莞海关监管中欧（中亚）班列货值22.1亿元；验放出境邮件1517万件，总值7.1亿元；保税检测维修试点企业进出口额达23.3亿元，比上年增长72.9%；推进“互联网+海关”建设，办理企业申报业务55.82万票。截至年底，黄埔海关在东莞市设有东莞海关、太平海关、新沙海关及黄埔海关驻凤岗办事处、黄埔海关驻长安办事处、黄埔海关驻常平办事处、黄埔海关驻沙田办事处7个正处级海关机构。是年，驻莞海关获评“中央和省驻莞单位年度工作优秀单位”，连续15年获得东莞市委、市政府年度工作表彰。

【海关改革】 2017年，东莞海关落实“压缩货物通关时间三分之一”要求，全年进出口平均通关时间比上年压缩59.4%、40.2%。开展“跨部门一次性联合检查”试点，实施联合查验80次。推进“互联网+海关”建设，办理企业申报业务55.82万票。推进“以企业为单元”改革，试点企业301家，开设账册243本；保税检测维修试点企业进出口额达23.3亿元，比上年增长72.9%。推进“边角料网上拍卖”，成交金额14.27亿元，平均溢价25.2%。落实“两简”案件改革，实现99%的案件当天立案当天办结。

【海关服务】 2017年，东莞海关参与东莞构建开放型经济新体制工作，落实总关出台的33条措施，服务“一带一路”倡议，石龙口岸通过验收，全年监管中欧（中亚）班列货值22.1亿元。发挥企业协调员作用，东莞市“倍增计划”企业进出口值1275.5亿元，比上年增长47.6%。推动“超级干线”发展，为企业节省成本40%。推动国际邮件互换局启动运作，验放出境邮件1517万件，总值7.1亿元。打造跨境电商发展快车道，力促跨境电商出口64.7亿元，占东莞片区42.7%。参与信用体系建设，全年培育AEO企业148家。支持保税物流快速发展，“两仓”进出口货物量42.7万吨，比上年增长62%。落实口岸查验配套服务改革，免除企业费用7.68万元。提请海关总署恢复东莞合法外贸数据80亿元。

【海关监管】 2017年，东莞海关率先试点“先期机检”作业模式，为黄埔关区全面推广提供经验。落实加强快件实际监管若干措施，查获多起伪报品名及禁限类物品进口案件。加强固体废物监管，查获固体废物128吨。提升后续监管效能，全年完成核查外勤作业916次，核查有效率27%。对518件违规、走私案件完成税款计核，保持实质性“零差错”。加强虚假贸易防控工作，全年一般贸易出口价格水平保持在绿色合理区间。开展“国门利剑2017”联合专项行动。与商务、国税、外汇管理局建立联系配合机制，打击虚假贸易，一般贸易出口价格水平处于合理区间。建立全员情报机制、完善全员打私机制、建立反走私信息预警机制。 （许乔娇）

附：2017年东莞海关主要领导名录

党组书记、关长：

黄　浦（任至12月）

陈　平（12月到任）

2017年太平海关主要领导名录

党组书记、关长：张家珍

2017年新沙海关主要领导名录

党组书记、关长：

黄军声（任至2月）

陈啸坪（2月到任）

2017年黄埔海关驻凤岗办事处主要领导名录

党组书记、主任：贺韶辉

2017年黄埔海关驻长安办事处主要领导名录

党组书记、主任：

高泳庄（任至2月）

陈　兵（12月到任）

东莞海关在寮步车检场用H986大型集装箱检查设备对货物进行查验

（东莞海关供图）

2017年黄埔海关驻常平办事处主要领导名录

党组书记、主任：
陈　兵（任至12月）
刘荣水（12月到任）

2017年黄埔海关驻沙田办事处主要领导名录

党组书记、主任：
潘英启（任至8月）
杨晓勇（8月到任）

打击走私综合治理

【打击走私概况】 2017年，黄埔海关缉私局立案侦办涉及东莞地区走私犯罪刑事案件36件，案值5.11亿元；黄埔海关缉私局和市公安边防支队查获东莞地区走私行为案件1563件，案值14.01亿元。

【打击走私联合专项行动】 2017年1—2月，东莞市开展元旦、春节期间打击应节商品走私专项行动，重点打击应节商品走私。3—12月，开展打击走私“国门利剑2017”联合专项行动，破获进口光电材料大案、走私红酒大案等。3—12月，组织开展打击走私“洋垃圾”专项行动，堵塞“洋垃圾”进入东莞市。7月至年底，开展打击走私象牙等野生动植物及其制品专项行动，确保象牙禁令落地。7月至年底，市打私办联合市禁毒委员会办公室开展打击毒品走私专项行动，查获6件毒品案件。

【走私热点整治】 2017年下半年，东莞市开展打击冻品走私专项行动，查获4件无合法来源进口冻品案件，查获无合法来源进口冻品300多吨。加强对卷烟制假贩私重点场所和零售店铺的检查，查处各类烟草涉私案件375件，查获涉案走私烟约1206万支，案值约780万元。严厉打击成品油走私活动，市公安边防支队查获红油近1200吨。整治走私汽车，防止走私汽车活动死灰复燃。

【反走私综合治理】 2017年，东莞市对行政执法部门查获的无合法来源进口物品进行处理，无主进口商品拍卖成交842万元。销毁“三无”船舶35艘、“红油”储存罐100多个。市打私办举办5场打击成品油走私宣传活动，万江街道在汽车总站设置反走私灯箱，南城街道在水濂山举办反走私徒步登山活动，石碣镇和中堂镇分别举办反走私骑行宣传活动等。

【海边防工作】 2017年，东莞市多部门联合分别于6月和10月开展两次渔船突击检查行动，消除水上隐患。6月下旬，东莞渔政支队联合市打私办，组织部分沿海镇街渔民在沙田镇先锋社区举办渔民海防和反走私培训班。建成虎门港海防视频监控设施，增强区域内发现违法活动的能力。（赵景耀）

附：2017年东莞市人民政府打击走私综合治理办公室领导名录

主　任：邝建华

检验检疫

【检验检疫概况】 2017年，东莞出入境检验检疫局监管东莞市进出口贸易货值达1.2万亿元。检验检疫出入境货物34.7万批，货值151.8亿美元，其中出境货物22.62万批，货值59.83亿美元；入境货物12.08万批，货值91.97亿美元。受理进境集装箱报检23.83万标准箱，检出携带疫情及有毒有害物质等不合格集装箱1.27万标准箱，检疫出入境船舶1.19万艘次，检验检疫出入境旅客和交通员工总数72.41万人次。

【检验检疫质量提升】 2017年，东莞出入境检验检疫局制订东莞检验检疫局质量提升行动工作方案。通过组织征文、献计献策等活动，带动全体干部职工为质量提升出谋划策。联合东莞市质监局向地方政府争取对质量提升工作的重视和支持，构建质量共治格局。2月获批国家级出口玩具、出口婴童用品质量安全示范区，并在东莞召开2017年示范区工作推进会，东莞示范区建设经验被作为样板向全国35个直属检验检疫局和56个地方政府推广。培育东莞大朗出口毛织产品质量安全示范区，迎接省级示范区验收。撰写《2016年东莞市出入境检验检疫情况的报告》报送东莞市委、市政府；编制《2016年度典型行业出口产品和进口敏感商品年度质量报告》报送东莞市政府和相关行业协会，促进地方进出口商品质量提升。促成全国毛织产品技术性贸易措施研究评议基地落户东莞，建设东莞大朗毛织产品自平台。开展通报评议和贸易关注工作。开展2017年技术性贸易措施影响调查工作，承担广东出入境检验检疫局近四分之一的调查任务，并编写《广东局纺织品重点专项调查报告》。

【检疫检验服务地方经济发展】 2017年，东莞出入境检验检疫局提前介入东莞清溪保税物流中心（B型）、东莞国际邮件互换局等工作点建设，助力各工作点运营。响应“一带一路”倡议，支持广东（石龙）铁路国际物流基地建设，促进中欧、中亚班列业务发展。中欧、中亚班列开通123班次，货值5.09亿美元，货运量占广东省国铁发运量的90%。宣传原产地优惠政策，引导出口企业利用优惠政策。全年新增企业备案数575家，签发原产地证32.53万份，签证金额77.17亿美元，为东莞出口企业减免国外关税4.66亿美元。撰写《东莞市外贸出口利用自由贸易协定情况分析》报送东莞市政府。

【口岸疫情和有害生物入境防控】 2017年，东莞出入境检验检疫局通过联防联控，强化口岸传染病疫情防控，全年监测到有症状旅客599人次，确诊病例128例，检出58批辐射超标，均排除涉恐嫌疑。加强对进口粮食饲料、木材等敏感动植物产品的检验检疫查验，检验检疫进口粮食和饲料561.7万吨，货值12.7亿美元；进口木材170.15万立方米，货值4.44亿美元。检出进境有害生物及违规4.6万批次，检出检疫性有害生物4808批次，其中圆斑木蠹象为全国首次截获，白点墨天牛、山松大小蠹、小麦线条花叶病毒为广东口岸首次截获。

【重点敏感进出口商品检验监管】 2017年，东莞出入境检验检疫局加强供港澳食品相关出口企业的日常巡查，确保供港澳食品保质足量供应，出口供港蔬菜46.26万吨，货值1.39亿美元，占内地供港蔬菜的40%。对重点、敏感进出口商品质量安全监管，检验监管进出口化工品、金属材料、矿产品、废物原料等商品4.14万批，货值57.72亿美元；检出8409批不合格，货值12.4亿美元，履行质量安全把关职责。开展对辖区进出口危险化学品安全综合治理，落实严厉打击“洋垃圾”专项行动；开展“口岸天平”行动，为企业挽回经济损失100.4万美元，其中23个典型案例被质检总局采用并通报。

【检验检疫法制稽查】 2017年，东莞出入境检验检疫局常态化开展行政处罚案件查处工作，保持打击检验检疫违法行为的高压态势。全年办结行政处罚案件85件，涉案货值3166.67万元，收缴罚没款45.2万元。开展出口打假专项工作，立案查处打假类案件2件。建立健全风险管理体系，完善信用管理工作。

【检疫检验业务改革】 2017年，东莞出入境检验检疫局加强与其他部门的交流沟通，深化合作协同创新。与满洲里出入境检验检疫局签订进一步深化业务合作协议，构建中欧班列通关合作机制。与东莞市食药监局、东莞市公安局签订合作备忘录，建立执法协作机制。与海关、邮政公司、地方政府签订“关、检、邮、地”四方合作协议，促进进出口邮件业务发展。与驻凤岗、沙田海关部门签订深化“三互”（口岸管理相关部门信息互换、监管互认、执法互助）合作联系配合办法，推进“三互”工作向纵深发展。与驻长安海关部门探索试点协同通关，促进贸易便利化。支持构建开放型经济新体制综合试点试验工作，其中三项改革措施被列东莞试点试验工作第一批改革成果；消费品“三同”（同线同标同质）工程、“三互”大通关改革等2项成果被商务部、国家发改委纳入到向全国复制推广的经验亮点清单。响应“倍增计划”，掌握企业核心诉求，实施“一企一策”，促进企业向“倍增计划迈进”。

【“同线同标同质”工程推进】 2017年，东莞出入境检验检疫局在全国范围内率先试点消费品“三同”工程，通过搭建公共服务平台和交易平台、制定对应管理制度、完善行业自律体系，扩大“三同”覆盖面和影响力，至年底有7家企业的56款产品上线销售。联合东莞市供销社推进食品“三同”工程，利用供销社成熟的销售网络推广“三同”工程，有51家出口食品企业上线“三同”平台。

【“三互”和“单一窗口”推广应用】 2017年，东莞出入境检验检疫局推进“三互”模式的复制推广，凤岗、长安车检场实施“三互”大通关模式，实现东莞车检场“三互”模式的全覆盖。启动国际贸易“单一窗口”（参与国际贸易和运输的各方，通过单一的平台提交标准化的信息和单证以满足相关法律法规及管理的要求）国家标准版推广工作，超前超量完成广东省推进任务，报检覆盖率多次跃居全省第一。

【检验检疫流程时长压缩】 2017年，东莞出入境检验检疫局研究制订压缩进出口货物检验检疫放行时长工作方案，推出16项细化工作措施，并选取10大类产品和业务类型，推动压缩检验检疫放行时长落实到位。另外，根据车检场和加工贸易实际情况，向上级提供e-CIQ抽批规则改善建设性意见。是年，东莞出入境检验检疫局的“检验检疫放行时长”“平均施检时长”等指标在广东出入境检验检疫系统名列前茅。

【检验检疫全程无纸化取得新进展】 2017年，东莞出入境检验检疫局推进检验检疫全程无纸化，组织召开政策宣贯及系统操作培训会，启动移动查验应用，是年东莞辖区内实施无纸化企业超过1900家，批次覆盖率超过总批次的90%。

【检验检疫科研】 2017年，东莞出入境检验检疫局组织申报2017年度广东出入境检验检疫局“科技兴检奖”4项，其中《基于虚拟仪器的多功能绕组温升测试系统的研制》获三等奖；组织申报2018年广东出入境检验检疫局科技计划项目5个：《塑料食品接触材料中光稳定剂迁移行为研究》《液态烃类溶剂中苯含量气相色谱法（毛细管柱）》《X荧光分析用PP塑料中铅、镉、铬、汞和溴标准样品的研制》《常见检测数据不确定度自动建模与测算系统》《电器产品低功率点检测装置的研制》；《进出口米粉检验规程》《进出口食用动物、饲料丁基羟基茴香醚检测方法》2项检验检疫行业标准通过质检总局组织的审定；《食品接触塑料制品中荧光物质检测及迁移规律研究》科技成果通过广东出入境检验检疫局的验收。

（蔡雪梅）

附：2017年东莞出入境检验检疫局主要领导名录

党组书记、局长：钟帮奇

农业·农村

AGRICULTURE · COUNTRY

东莞植物园　（张超满　摄）

编辑：陈建枝

农业、农村综述

【农业、农村概况】　2017年，东莞市推进农业供给侧结构性改革，落实各项强农、惠农、富农政策，农业农村经济持续稳定发展。农林牧渔业总产值39.05亿元，比上年增长（按可比价计算）2.1%；农村常住居民人均可支配收入2.91万元，连续7年高于城镇常住居民人均可支配收入增幅。东莞市村组两级集体总资产1603.5亿元，比上年增长5.3%；净资产1337.7亿元，收益率实现8年连升；纯收入134.1亿元，增长9%。全年没有发生重大农产品质量安全事故和重大动植物疫情。

【全国农村集体产权制度改革试点】　2017年，东莞市被确定为2017年度全国农村集体产权制度改革试点单位，并批复同意东莞市改革方案。10月25日，全市农村集体产权制度改革工作会议召开，市委常委杨晓棠动员部署深化农村集体产权制度改革工作。

【次发达镇村加快发展】　2017年，东莞市出台扶持次发达镇产业发展资金池政策，设立每年10亿元、三年30亿元的专项资金；落实首批10亿元资金，扶持8个次发达镇发展直接建设类项目、产业园区类项目及基金类项目47个，带动投资约130亿元。建立市直部门共同帮扶和重大事项议事协调等机制，为次发达镇单列和预留用地专项指标，通过“两减一增”核减耕地保有量及基本农田分别达1826.7公顷和1993.3公顷，新增建设用地规模506.7公顷。实施项目共引共建，完成重大项目投资46.8亿元，比上年增长21.4%，全年引进内资项目344个，增长10.6%；外资方面，新引进及增资项目107个，占全市8.6%。全年，8个次发达镇生产总值平均比上年增长10.6%，快于全市平均2.5个百分点，其中3个次发达镇实现GDP破百亿目标。扎实抓好次发达村和困难群众各项帮扶，落实3.87亿元帮助次发达村建设优质项目、基础设施项目52个。全年，70个次发达村村组两级集体经营纯收入比上年增长14.5%，快于全市平均5.5%。

【集体经济组织换届选举】 2017年，东莞市结合村（社区）“两委”换届开展集体经济组织换届。4—6月，全市农村（社区）集体经济组织开展换届选举工作。换届后，约95%的经联社理事长由村（社区）党组织书记兼任，经联社理事长与村（社区）党组织书记、村（居）委会主任三个职位“一肩挑”的占比约为82%。

【农村集体资产交易平台和“三资”监管平台建设】 2017年，东莞市成功开展集体资产交易1.2万宗，成交金额161.6亿元，总体溢价率13.9%。7月，“东莞村财”APP完成初期开发工作，在全市范围内试运行。截至年底，村民股东注册量约10万人，注册率8.6%。在第二届广东省电子政务与新型智慧城市发展大会暨广东省电子政务年会上，“东莞村财”APP被广东省电子政务协会评选为2017年电子政务优秀案例，是全市唯一获此荣誉的电子政务项目。12月13日，中央改革办到东莞市督察并参观南城街道集体资产交易中心。

【村组增资减债】 2017年，东莞市、镇、村各级继续抓好村组增资减债工作。总结推广镇街优秀经验做法，引导统筹发展、创新发展、多元发展；通过分享金融服务信息、举办金融知识培训等方式为金融机构与镇村搭建融资交流平台。至年底，全市村组非出租类收入占总收入27.9%，投资理财资金占货币资金58.9%，分别比上年提高0.8%和10.3%；收不抵支村109个，减少22个；高负债村组113个，减少30个。

2017年农业文化创意稻田项目——“鱼米之乡”稻田（市农业局供图）

【农村审计监督】 2017年，东莞市农村集体资产管理部门指导镇街开展村级经济责任后续审计和经济社主要干部离任审计，督促审计结果公开、审计问题整改和责任追究落实。截至年底，完成60个村的经济责任后续审计和325个村小组的经济责任审计。

【农村土地承包经营权确权登记颁证】 2017年，东莞市将农村土地承包经营权确权登记颁证作为全市农业农村工作头号工程，并纳入镇街党委书记年底向市委作基层党建工作述职的重要内容。建立市委常委挂片督导、层层约谈、排名通报等机制，落实方案表决、承包地确认、补签合同、颁发证书等确权工作关键环节各项举措。全市32个镇街完成镇街工作实施方案制订；基本完成全市承包地实测工作；颁证率超过93%，处于全省平均水平。

【农业经营主体扶持壮大】 2017年，东莞市培育发展新型农业经营主体，新认定8家市级农业龙头企业，广东万达丰农投蔬果有限公司、东莞市新泰粮食有限公司被省农业厅认定为广东省重点农业龙头企业。全年发放农业龙头企业各类扶持资金1462万元。新认定2个农民专业合作社示范社，全年发放扶持农民专业合作社各类奖励资金80万元。截至年底，全市有各类农民专业合作组织197个，其中市级市范社11个、省级示范社7个、国家级示范社2个；农业龙头企业32家，其中省级以上12家、国家级3家，32家农业龙头企业年销售收入达153.1亿元，带动全国范围内农户11.9万户，带动农户增收4.3亿元。推进农业品牌创建，全市拥有东莞荔枝、麻涌香蕉2个国家农产品地理标志登记保护产品，广东省名牌产品（农业类）51个（含林业、渔业），广东省十大名牌农产品2个，广东省名特优新农产品35个，“三品”认证农产品91个。

【家庭农场培育发展】 2017年，东莞市评定塘厦远昌果场等5个市示范性家庭农场，认定万江葡萄当家创意农场等14个家庭农场。截至年底，认定46个市级家庭农场，分布在麻涌、望牛墩、东城等21个镇街，其中水乡经济区26个，约占56.5%；涵盖粮食、果蔬、花木和水产等主导产业，其中种植业类39个，占84.8%；种养结合类3个，占6.5%；水产养殖类4个，占8.7%。

【农业产业园建设】 2017年，东莞市级农业产业园建设稳步推进，各园区新建成变配电站5座、现代化温室大棚4.77公顷；道滘园区现代化温室大棚（四期）项目建成并投产运营，累计引入11家农业企业及专业种植户进驻生产经营。全市启动建设的市级园区累计引进优质项目近50个，投产运营面积超1300公顷，年产品销售额2.7亿元。加快建设小型农业园，新认定石碣镇檀香岛生态农业园、广东汇一生态农业产业园为小型农业园。截至年底，全市认定并启动建设的小型农业园6个，累计投入超过5000万元，建成设施大棚5.26万平方米、机耕路15.18千米、排灌渠27.07千米以及配电设施、农田林网等一批基础设施。

【休闲观光农业发展】 2017年，东莞市继续开展创建休闲观光农业示范点活动，望牛墩镇获评全省休闲农业与乡村旅游示范镇，石碣檀香岛乐活生态农场、麻涌菇菇花果园获评全省休闲农业与乡村旅游示范点。认定广东汇一四季果园、百香岛都市农业观光园、东莞市水云山谷农业生态园3个市级休闲观光示范点。截至年底，全市休闲农业场所120多个，全年接待游客520多万人次，累计获认定的全国休闲农业与乡村旅游示范点2个，全省休闲农业与乡村旅游示范镇5个、示范点5个，市级休闲观光农业示范点10个。打造“一帆风顺”“鱼米之乡”等农业文化创意稻田项目，在国庆期间吸引超过15万人次前往参观。

【农业科技】 2017年，东莞市农业系统科研单位申报国家、省、市科技项目9个，立项8个，获资助经费139万元。5个项目成果达到国际或国内先进水平。科研成果获各类奖项7项，授权发明专利5项，以第一作者完成发表论文30篇。全市筛选评定并推介发布主导品种8个，主推技术5项，发放补助资金12.3万元。认定农业科技成果转化示范基地5个、科技示范户9个，发放补助资金59万元。开展科技下乡和各类农技培训300期，发放农资物品价值逾66万元，受益4万人。东莞市农业科学研究中心分别被农业部、省农业厅选为国家农业科学试验站和省级现代农业科技成果转化基地；东莞市香蕉蔬菜研究所牵头完成的“香蕉高效生态模式构建与产业化示范”项目获2016年度东莞市科技进步一等奖；东莞市农业科学研究中心郑芝波研究员获得广东省“最美农技员”称号。

【农业物质装备】 2017年，东莞市评定市级设施农业示范基地5个，发放奖励资金25万元。落实中央、省、市财政农机购置补贴资金700.078万元，补贴设施182.14公顷，包括温室大棚22.89公顷、节水灌溉设施52.72公顷、渔业过冬棚106.53公顷，农业机械357台（套），惠及农户（组织）211户次。截至年底，全市设施农业面积2373.3公顷，其中温室大棚194.98公顷，节水喷灌设施1464.67公顷。农业机械总动力达47.3万千瓦，农作物机械化综合水平为45.4%，水稻机械化综合水平达79.8%。

【农产品质量安全监管】 2017年，东莞市镇两级检测机构检测生产环节蔬菜、水果、食用菌等食用农产品11.98万份，屠宰环节生猪及其肉品样本66.77万份，农药残留、生猪“瘦肉精”检测合格率分别99.38%、100%。全市发出不合格农产品处理通知书59份，销毁不合格蔬菜产品12.2吨。全年未发生重大农产品质量安全事件。

【农业综合执法】 2017年，东莞市出台《关于进一步加强农资监管工作实施方案》，开展农资打假专项治理、农药专项联合整治，兽

2017年11月3日，“走进岭南水乡，体验创意稻田”活动启动仪式在麻涌镇古梅农业园举行（市农业局供图）

2016—2017年东莞市农业总产值

指标	2017年绝对值（亿元）	构成（%）	2016年绝对值（亿元）	构成（%）	2017年比2016年增长（%）
农业总产值	39.05	100	38.44	100	2.1
#种植业	28.21	72.2	27.01	70.3	5.9
林业	0.33	0.8	0.39	1	-2.4
牧业	2.78	7.1	3.5	9.1	-14
渔业	6.70	17.2	6.51	16.9	-4.2
农业服务业	1.04	2.7	1.03	2.7	0

注：农业总产值绝对值按当年价计算，增长速度按可比价计算

2016—2017年东莞市农村集体经济情况

指标	单位	2017年	2016年	2017年比2016年增长（%）
村组两级集体总收入	亿元	202.6	190.3	6.4
村组两级集体纯收入	亿元	134.1	123	9.0
村组两级总资产	亿元	1603.5	1522.1	5.3
村组两级总负债	亿元	265.7	266.1	-0.1
村级两级净资产	亿元	1337.7	1256	6.5

药生产、经营和使用环节整治，饲料违法添加使用抗生素兽药检查行动、“瘦肉精”专项整治，生猪屠宰监管“扫雷行动”等执法行动。全市农业系统出动执法人员7.86万人次，检查农资生产经营单位、种养生产基地、农批市场等单位和个人3.75万家次，查处农资和农产品案件30宗，涉案货值3.48万元，违法所得1.66万元，罚没款8.78万元；处理私屠滥宰投诉和举报27件，查处私屠滥宰窝点14个，无害化处理肉品3.08吨；查处动物防疫类违法案件2件，农业机械违法案件54件。

【政策性农业保险“扩面增品”】 2017年，东莞市在继续做好政策性水稻玉米保险基础上，推进实施岭南特色水果、生猪、家禽等6个新增险种。全年两造水稻、玉米总投保面积541.13公顷（次），全市岭南特色水果投保面积217.1公顷，其中香蕉191.5公顷，荔枝20.93公顷，木瓜4.67公顷，生猪投保2.96万头。投保面积较大的镇（街）有麻涌、洪梅、沙田、东城、中堂、道滘等。全年水稻、玉米种植保险保费支出16.47万元，其中中央财政保费支出5.77万元，市、镇两级财政保费支出各5.35万元；全市岭南特色水果、生猪等新增险种全年保费支出89.72万元，其中中央保费支出23.68万元，市、镇两级财政保费支出各22.57万元，农户自缴20.9万元。保险理赔方面，水稻、玉米种植保险全年出险赔付13.39万元、岭南特色水果保险全年出险赔付34.28万元，生猪保险全年出险赔付23.2万元。通过推广实施政策性农业保险，健全农业生产风险防范机制，提升农业抗风险能力。

【畜禽屠宰监管】 2017年，东莞市强化畜禽屠宰监管，保障肉品质量安全。全市实现生猪肉品冷链配送全覆盖，购置冷链配送专用车207辆，日均配送生猪肉品1万余头。28家生猪定点屠宰企业均按统一要求完成制度上墙、台账更新、肉品品质检验设备完善等工作。城区4街道生猪定点屠宰场全面整合至市中心定点屠宰场，该场日均屠宰生猪约2000头。较好完成生猪定点屠宰场水污染治理工作。

【东莞荔枝获准实施国家农产品地理标志登记保护】 2017年，东莞市荔枝协会申请对“东莞荔枝”实施国家农产品地理标志登记保护，经初审、专家评审及答辩，于4月获得农业部颁发的农产品地理标志登记证书。该协会授权东莞谢岗银峰荔枝专业合作社等8个合作社和2家荔枝生产企业，作为东莞首批使用“东莞荔枝”地理标志的对象。11月，《农业部优质农产品开发服务中心公告（第02号）》发布2017年度全国名特优新农产品目录，东莞荔枝被评为全国名特优新农产品，东莞市推荐的谢岗银峰荔枝专业合作社入选生产单位目录。

【“2017东莞给荔中国”莞荔宣传推介活动】 2017年，东莞市以“东莞荔枝”获国家农产品地理标志登记保护为契机，由市农业局、市委宣传部、松山湖管委会、市荔枝协会、市网络文化协会以及

问道电商、菜虫网等单位（企业）联合举办2017年东莞互联网荔枝节暨岭南“互联网+农特产品”品牌孵化创新创业基地揭牌仪式、“2017东莞给荔中国”启动仪式暨鲜果冷链物流高峰论坛、东莞荔枝休闲采摘以及线上线下宣传推介活动等系列活动，进一步打响东莞荔枝区域公共品牌。活动期间，通过菜虫网、顺丰速运（东莞公司）、问道电商等平台，带动市内外电商微商加大莞荔网上营销推介力度，形成莞荔线上线下热销的良好势头。全年东莞荔枝网上销售超过400吨。（黄椿颖）

附：2017年东莞市委农办、市农业局主要领导名录

市委农办主任、市农业局局长：张永忠

种植业

【种植业概况】 2017年，东莞市种植业产值28.21亿元，比上年增加1.19亿元。农作物播种总面积2.49万公顷，减少200公顷；其中，粮食总播种面积2780公顷，总产1.26万吨；蔬菜总播种面积2.04万公顷，总产41.73万吨；花卉种植面积946.7公顷，鲜切花产量3016万枝，盆栽观赏植物（包括盆景）1061.20万盆。水果总种植面积1.31万公顷，总产5.88万吨，其中荔枝9213.4公顷，香（大）蕉1880公顷，龙眼1273.3公顷，其他杂果713.3公顷（包括火龙果、番石榴、芒果、无花果、葡萄和百香果等）。

【农业“三项补贴”改革】 2017年，《东莞市农业“三项补贴”改革工作方案》印发，明确“三项补贴”改革的总体要求、实施内容和保障措施等。继续实行市级种粮补助政策，即种植水稻每造每亩补助150元（每公顷补助2250元）、种植玉米5亩以上每造每亩补助75元（每公顷补助1125元），全年发放种粮补贴资金131.78万元，惠及种粮农户1407户次。

【2017年广东（东莞）农业良种展示会】 于2017年12月6日在东莞市古梅农业园开幕。展示会由东莞市农业局、广东省农业技术推广总站、麻涌镇人民政府联合主办，以“推动农业改革创新，更好服务都市市民”为主题，以“农业良种荟萃、农业休闲体验、创意文化融汇、农旅融合发展”为特色，设立大田种植、大棚种植、创意农业三大展示区，整体展示面积4.8公顷，种植展示番茄、茄子、辣椒、叶菜、草莓、玉米、冬瓜、小冬瓜、南瓜、蟠桃观赏椒、五彩观赏椒、紫色稻、白色稻、枣红糯等优良适种品种近400个。（黄椿颖）

畜牧业

【畜牧业概况】 2017年，东莞市全面开展畜禽养殖污染整治，畜禽养殖效益有所减少，全市畜牧业总产值2.78亿元，比上年下降14%；肉类总产量1.11万吨，下降14.61%；生猪存栏0.82万头，下降87%；家禽存栏16万羽，下降79.6%；生猪出栏8.39万头，家禽出栏316.97万羽，分别下降26.98%、7.97%。

【饲料生产】 2017年，东莞市46家饲料企业（另新增3家企业未实际生产，不纳入统计口径）产量627万吨，比上年增长14.56%；总产值121.34亿元。配合饲料、浓缩饲料和添加剂预混料饲料总产115.77万吨，比上年下降2.35%；单一饲料511.23万吨，增长19.24%，单一饲料产量连续5年全省排名第一，添加剂预混料饲料产量连续2年全省排名第二。

【非法畜禽养殖污染整治】 2017年，东莞市农业局印发《东莞市畜禽养殖和农业面源污染综合防治方案》，组织开展全市畜禽养殖业全面登记造册，督促镇街落实非法畜禽养殖清理，定期核查清理整治任务。市农业局、市环保局共同督促各镇街落实防治畜禽养殖污染长效监管机制，严防非法畜禽养殖回潮反弹。截至年底，全面完成禁养区非法畜禽养殖清理任务。

【实施家禽H7N9免疫】 2017年7月，东莞市全面开展H7N9免疫试点工作。通过组织开展调查摸底、落实免疫措施、宣传技术知识，对全市应免家禽实施全面免疫，提高全市H7N9防控工作水平。

【动物卫生监督队伍建设】 2017年，东莞市农业局制订印发《东莞市动物检疫协检员聘用管理办法》《东莞市动物卫生监督夜间综合稽查方案》《动物卫生监督工作指引》等一系列制度文件，探索通过信息化、机械化手段提升监管效率，抓好业务培训和廉政教育，加强动物卫生监督队伍建设，强化动物卫生监督队伍检疫监管和监督执法能力。推动镇街落实畜牧兽医医疗卫生津贴，进一步保障基层兽医队伍稳定，确保农产品质量安全监管工作开展。（黄椿颖）

渔业

【渔业概况】 2017年，东莞市渔业人口1.8万人，专业从业人员1368人。有各类渔业船278艘，马力2.67万瓦。全市水产养殖面积6011公顷，经营户3000户。渔业经济总产值21.6亿元，渔业产值6.4869亿元，水产品总产量5.1399万吨。

【渔船更新改造】 截至2017年底，东莞市累计建成新渔船126

2016—2017年东莞市禽畜饲养与出栏量

指标	单位	2017年	2016年	2017年比2016年（%）
肉类产量	万吨	1.11	1.3	-14.61
生猪存栏量	万头	0.82	6.24	-87
生猪出栏量	万头	8.39	11.49	-26.98
“三鸟”存栏量	万羽	16	78.44	-79.6
“三鸟”出栏量	万羽	316.97	355.28	-7.97

注：“三鸟”指鸡、鹅、鸭

艘，新渔船功率占总功率72%。压减渔船50艘、功率3120千瓦，全面完成省下达给东莞的年度渔船“双控”任务。推进渔船“检管分离”改革试点，2家渔船修造企业成为试点企业，3艘钢质渔船通过“检管分离”模式获发检验证。

【渔业示范推广】 2017年，东莞市18个现代渔业项目完成验收，市财政投入242.8万元现代渔业奖补资金，引导社会投入254.4万元，整治标准化鱼塘133.33公顷，成功创建1个全国休闲渔业示范基地和7个农业部水产健康养殖示范场，新增无公害水产基地3个、无公害农产品3个。

【渔业品牌建设】 2017年，东莞市3家涉渔企业创建市级农业龙头企业，2家养殖场纳入市家庭农场，新增广东省名牌企业2家、名牌产品2个、名特优新农产品1个。组织4家水产企业参加中国农交会，松湖水产公司“松山玉女笋”连续3年获水产金奖称号、绿卡公司、三泰公司获渔业展区金奖。

【渔业科技推广】 2017年，东莞市与中国水产科学研究院珠江水产研究所和南海水产研究所分别共建水生动物疫病生态防控示范基地和黄唇鱼保护研究基地，共同开展笋壳鱼主要病毒调查和风险评估、黄唇鱼声学研究等项目，联合举办2期水产养殖科技成果推介会，推广新品种新模式。

【新渔业油补政策】 2017年，东莞市实施新渔业油补政策，出台《东莞市国内渔业捕捞和养殖业油价补贴政策调整总体实施方案》，发放2015年度、2016年度油补资金3000多万元，惠及777艘次渔船。

【休禁渔补助】 2017年，东莞市建立补助标准与市最低生活标准联动机制，休渔期补助从1500元大幅提高至3080元，禁渔期补助从1100元大幅提高至3520元，比省标准高46%和60%，全年发放补助资金271万元，受惠渔民865人，缓解渔民生活困难。

【渔业安全生产】 2017年，东莞市海洋与渔业局与东莞海事局签订合作备忘录、与东莞气象局签订共同推进构建“平安海洋”工作合作框架协议，将渔船船东及专业养殖户信息纳入市气象预警系统，提供精准预警预报服务。开展安全生产大检查，全年组织检查62次，排查渔船909艘次，排查整改隐患2处，做到检查全覆盖，隐患全整改，全年无渔船安全事故发生，无人员死亡。

【水产品安全】 2017年，东莞市出台《东莞市水产品质量安全体系建设实施方案（2017—2020年）》，建设水产品质量安全监管体系，全年检测水产品7651批次，超额完成全年任务，合格率99.1%，实现50亩以上水产养殖生产基地检测全覆盖。 （谢泳麟）

附：2017年东莞市海洋与渔业局主要领导名录

党组书记、局长：陈　俊

2017年10月20日，东莞市水生动物防疫检疫站、东莞市水产技术推广站挂牌成立 （市海洋与渔业局供图）

林 业

【林业概况】 2017年，东莞市森林覆盖率37.40%，森林蓄积量329.19万立方米，森林植被固碳187.15万吨，全市森林生态效益总值为72.94亿元。市林科所获评为第四批全国林业科普基地，成为广东省五所全国林业科普基地之一，市公安局森林分局获"全国优秀基层公安单位"称号，东城、清溪、道滘3个镇街获评为广东省森林小镇。

【珠三角国家森林城市群建设】 2017年，东莞市巩固国家森林城市创建成果，开展乡村绿化美化、美丽幸福村居、"小山小湖"社区公园等建设，建成美丽幸福村居112个，建成"小山小湖"社区公园100个，建成乡村绿化美化示范点47个。举办大岭山森林公园首届森林马拉松、第八届中国（东莞）国际沉香文化艺术博览会、同沙生态公园大型公益徒步、清溪赏花行、桥头荷花节等活动，生态文化氛围更加浓厚。

【绿化东莞大行动】 2017年，东莞市完成水源涵养林造林任务238.8公顷，完成幼林抚育任务1622.1公顷，开展京九铁路与东江水源涵养林东莞段景观林带补植工作，完成潮莞高速53.7公里生态景观林带管护和验收结算工作。开展珍贵树种推广，制订《东莞市珍贵树种推广种植方案》，在黄旗山城市公园种植2公顷珍贵树种试验林，在常平镇九江水种植6.67公顷珍贵树种试验林。

【森林公园建设】 2017年，东莞市做好森林公园建设发展规划工作，印发《东莞市人民政府关于印发东莞市国有林场改革实施方案的通知》，编制《东莞市森林公园建设发展规划（2017—2026）》，开展东莞市省级森林公园、市级森林公园生态保护自查工作，银瓶山森林公园三期建设项目完成勘察设计招标等项目前期工作。大岭山森林公园完成石洞核心景区配套设施升级改造、白石山景区沙溪水库环湖景观绿化、观湖生态休闲广场、林场大道升级改造、核心景区林科园道路和小板栈道建设等工程，银瓶山森林公园完成清溪片区湖影平台及望月阁、清园步道、清溪湖森林通道及十二排栈道、主入口广场及游客服务设施配套、谢岗片区步行道及观景亭等工程。全年十四大森林公园游客逾2000万人次。

【湿地公园建设】 2017年，东莞市出台《东莞市湿地公园建设财政补助实施方案》，建成麻涌新沙、道滘大罗沙湿地公园，开展谢岗银瓶湖、谢岗银山以及企石东清湖湿地公园项目前期工作。牵头实施河口生态湿地工程，袁山贝江心洲湿地、南畲塱大圳埔湿地和寮步河西溪河河口湿地为首批试点。督导麻涌华阳湖国家湿地公园（试点）建设，协助麻涌镇完成华阳湖国家湿地公园验收实施方案。

【全民义务植树】 2017年，东莞市农业局协调有关单位、镇街开展植树活动，全市出动98.46万

2017年东莞市森林公园建设情况

序号	森林公园名称	所属镇街	面积（公顷）	建设性质
1	大屏嶂森林公园	塘厦镇、黄江镇	2636.35	已建
2	大岭山森林公园	大岭山林场、大岭山镇、厚街镇、虎门镇、长安镇	7400	已建
3	银瓶山森林公园	清溪林场、樟木头林场、谢岗镇、清溪镇、樟木头镇	12337.81	已建
4	黄旗山城市公园	东城街道	1600	已建
5	同沙生态公园	同沙林场，东城街道，大岭山镇，寮步镇	4020	已建
6	水濂山森林公园	南城街道	2219.1	已建
7	南门山森林公园	凤岗镇	1357.5	已建
8	山水天地森林公园	清溪镇	1374.7	已建
9	黄牛埔森林公园	黄江镇	865.4	新建
10	碧湖森林公园	凤岗镇	160	已建
11	旗岭森林公园	常平镇	286.67	新建
12	威远岛森林公园	虎门镇	538.8	新建
13	宝山森林公园	樟木头镇	827.3	新建
14	观音山国家级森林公园	樟木头镇（属银瓶山森林公园范围）	657.18	已建
合计			35623.63	

水濂山森林公园 （市林业局供图）

人次参加全民义务植树活动，植树354万株，新建义务植树基地28个，尽责率98%。完成市几套班子领导义务植树活动，在黄旗山城市公园松子岭种下火焰木、中国无忧花约750株。

【森林资源保护】 2017年，东莞市加强森林资源保护，推进生态文明建设。

林地林木管理 审核征占用林地项目43个，涉及林地面积242.5公顷，采用GIS地理信息系统核对项目红线，办理非林地证明157份。审批林木采伐报告101宗，采伐更新面积158公顷，发出省放行木材运输证9491份。

野生动植物保护管理 严厉查处各种破坏野生动物资源、乱捕滥猎和无证经营“国家三有野生动物”行为，检查酒楼、农庄、市场等单位512间（个），查获野生动物58只（条）。审批办理广东省陆生野生动物及其产品经营利用准许证17份。

有害生物防治 开展松材线虫病疫木治理，防治松材线虫病10公顷，开展薇甘菊防治4261.6公顷。开展全市主要林业有害生物监测与预测预报，重点开展薇甘菊及松材线虫病2个重大林业有害生物疫情的专项调查，发布黄野螟暴发预警1次。签发植物检疫证书1.2万份，苗木质量检验证书116份，苗木标签116份，产地检疫合格证19份，全年未发生检疫事故。

森林火灾预防 严格执行《东莞专业森林扑火队管理制度》，完善区域联防制度，加强扑火队伍能力建设，开展突击集结8次，组织体能训练2次，应急演练3次，森林防火知识培训5期650人。

古树名木保护管理 开展全市古树名木资源普查工作，基本完成全市古树名木的外业调查和系统录入工作；开展古树名木挽救复壮工程，对71株古树名木施行去除硬底化、打孔透气、病虫害防治等工作；受理古树名木行政审批21宗。

【智慧林业工程建设】 2017年，东莞市完成林业智慧云工程第三期建设和数据录入工作，开发林业科学园智能导游系统，完成协同监管信息化系统的短信推送系统建设，更新审批事项电子监察自动报送程序，完善“行政审批事项目录管理系统”录入、管理、更新和维护，重新梳理、整合网上办事大厅事项，做好“双公示”工作，基本实现“最多跑一次”的办证要求。

【林业科普活动】 2017年，东莞市林业局举办林业科普活动6次、专题培训班2期、学术沙龙2期，宣传林业建设新进展、新理念。完成全市94个监测点的空气负离子浓度、湿度、噪音及粉尘、太阳辐射等生态环境数据测定和全市森林生态效益评估、森林生态系统碳汇计量。 （陈 馨）

附：2017年东莞市林业局主要领导名录

党组书记、局长：吴淑萍

工　业

INDUSTRY

华为南方工厂　（松山湖高新区供图）

编辑：李缙文

工业综述

【工业概况】　截至2017年底，东莞市拥有工业企业15.1万家，形成涉及30多个行业的完整制造业体系，其中制造业重点行业包括五大支柱产业——电子信息制造业、电气机械及设备制造业、纺织服装鞋帽制造业、食品饮料加工制造业、造纸及纸制品业以及四个特色产业——玩具及文体用品制造业、家具制造业、化工制造业、包装印刷业。全年规模以上工业企业实现增加值3316.97亿元，比上年增长10.0%，比全国、全省水平分别高3.4个、2.8个百分点，在全省排第3位，在珠三角排第2位。先进制造业、高技术制造业分别完成规模以上工业增加值1675.49亿元、1292.23亿元，分别比上年增长13.7%、15%，占全市比重分别为50.5%、39%。其中先进制造业占比首次超过50%，在珠三角9市中排第5位。

【"倍增计划"推进】　2017年，东莞市195家"倍增计划"规模以上工业企业完成工业增加值622.7亿元，比上年增长16%，占全市规上工业的18.8%，比全市水平高6个百分点，其中，14家企业规模以上工业增加值增速超过100%，提前实现规模倍增。13家名誉试点工业企业、182家非名誉试点工业企业分别比上年增长15.2%、16.8%，分别比全市水平高5.2个、6.8个百分点。195家"倍增计划"规模以上工业企业完成税收97.7亿元，比上年增长28.7%，占全市工业税收的比重为11.2%，其中41家企业税收增速超过100%，提前实现税收贡献倍增。13家名誉试点工业企业完成税收10.3亿元，比上年增长50.7%，远高于全市工业税收33.7%的增速。

【内源经济贡献突出】　2017年，东莞市民营企业是拉动经济增长的主力军。内资企业完成规模以

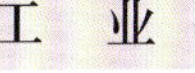

2017年东莞市规模以上工业主要产品产量

产品名称	计量单位	产量	比上年增长（%）
移动通信手持机（手机）	万台	35442.74	5.0
彩色电视机	万台	481.40	56.8
数字激光音、视盘机	万台	3680.63	-17.2
集成电路	万块	89519.43	23.4
光电子器件	万只（万片、万套）	972225.03	-1.7
电子元件	亿只	14510.82	17.3
汽车仪器仪表	万台	114.13	-10.2
光学仪器	万台（万个）	193.00	-17.6
眼镜成镜	万副	6496.83	-0.9
自来水生产量	亿立方米	16.80	5.9
大米	万吨	35.77	28.7
糖果	万吨	23.08	-2.7
服装	万件	137314.18	-1.8
轻革	万平方米	230.30	19.2
人造板	万立方米	24.73	20.6
纸制品	万吨	220.10	11.3
家具	万件	3851.53	-0.6
机制纸及纸板（外购原纸加工除外）	万吨	1518.42	0.7
塑料制品	万吨	122.49	-3.9
化学试剂	万吨	12.51	-4.7
瓷质砖	万平方米	2704.26	-18.9
金属集装箱	万立方米	811.25	124.5
电动手提式工具	万台	2998.52	11.5
数码照相机	万台	1.53	-95.80
模具	万套	7.15	9.9
锂离子电池	万只（万自然只）	43146.01	8.4
灯具及照明装置	万套（万台、万个）	24059.73	-7.7
电子计算机整机	万台	602.58	379.6
打印机	万台	50.32	-16.0
电话单机	万部	3055.90	-2.8

上工业增加值1593.78亿元，比上年增长16.6%，比全市水平高6.6个百分点，占全市比重48%，对全市工业增长贡献率75.4%。民营企业完成规模以上工业增加值1420.36亿元，比上年增长18.4%，比全市水平高8.4个百分点，占全市比重由上年的38.9%提升至42.8%，对工业增长贡献率73.1%。

【“机器人智造”集群态势初显】 2016年，东莞市提出以“机器人智造”计划为统领，发展机器人智能装备产业，探索一条全新的路径。作为广东省创新型产业集群建设试点，东莞松山湖（生态园）机器人智能装备创新型产业集群肩负推动东莞，乃至全省机器人产业发展重任。2017年，随着“机器人智造”计划的实施，东莞机器人智能装备产业迅速发展，集群化态势初显。

支柱产业

【支柱产业概况】 2017年，东莞市五大支柱产业（电子信息制造业、电气机械及设备制造业、纺织服装鞋帽制造业、食品饮料加工制造业、造纸及纸制品业）实现工业增加值2288.3亿元，比上年增长12.9%，五大支柱产业占全部规上工业增加值的比重69.12%，是东莞工业发展中的有力支撑点。五个支柱产业均实现正增长，除纺织服装鞋帽制造业外，其他四个产业均实现双位数增长，高于全市平均水平，造纸及纸制品业实现20.9%高速增长。五大支柱产业中，发展势头最为强劲的是电子信息制造业，2012—2017年，电子信息制造业工业增加值增速分别为18.1%、19.1%、16.9%、11.4%、19.2%和16.7%，年均增长16.9%。

【电子信息制造业】 2017年，东莞市电子信息制造业规模以上企业1077家，完成规模以上工业增加值1148.43亿元，比上年增长16.7%，比全市平均水平高6.7个百分点，拉动规模以上工业增长5.6个百分点，占全市规模以上工业比重34.6%，对工业增长贡献率55.9%。拥有华为终端、华为机器、欧珀移动、步步高等国内知名企业成为行业龙头，以及三星等一批世界500强企业，产业规模在广东省内仅次于深圳，位居第二位。全市11家手机整机企业主营业务收入比上年增长34.8%。55家“倍增计划”电子信息制造业企业（含名誉试点企业）完成工业增加值314.34亿元，比上年增长15.8%，完成税收增长30.7%。电子信息制造业产业链配套（如电池、结构件、覆铜板等）较为完善。大部分镇（街）电子信息制造业保持平稳较快发展，工业增加值增速在10%以上的镇（街）有25个，增速居前三位的是中堂、虎门和谢岗镇。是年，松山湖电子信息制造业工业增加值约占全市的25%，其产业规模居全市榜首。

【电气机械及设备制造业】 2017年，东莞市电气机械及设备制造业规模以上企业1375家，完成规模以上工业增加值590.93亿元，比上年增长10.4%，比全市平均水平高0.4个百分点，占全市规模以上工业比重17.8%，对工业增长贡献率18.3%，是除电子信息制造业外对全市工业增长贡献较大的产业。其中，电气机械及器材制造业实现增加值251.34亿元，比上年增长11.3%；仪器仪表制造业实现增加值64.39亿元，下降4.0%；通用设备制造业实现增加值99.58亿元，增长4.3%；专用设备制造业实现增加值95.36亿元，增长23.1%；汽车制造业实现增加值65.59亿元，增长19.3%；铁路、船舶、航空航天和其他运输设备制造业实现增加值14.66亿元，增长2.1%。拥有新能源科技、创机电业制品、长城开发科技、京瓷办公设备、京滨汽车、易事特等一批龙头企业，形成长安五金模具、横沥模具、虎门电子线缆、寮步汽车等规模较大的产业集群。

【纺织服装鞋帽制造业】 2017年，东莞市纺织服装鞋帽制造业规模以上企业818家，完成规模以上工业增加值275.34亿元，比上年增长0.2%，比全市平均水平低9.8个百分点，占全市规模以上工业比重8.3%，对工业增长贡献率0.2%。

华为公司数据中心 （松山湖高新区供图）

其中，纺织业实现增加值52.35亿元，比上年增长15.1%；纺织服装、服饰制造业实现增加值113.77亿元，下降4.8%；皮革、毛皮、羽毛及其制品和制鞋业实现增加值109.22亿元，下降0.7%。拥有以纯公司、都市丽人公司、搜于特公司、颖祺公司、远梦公司、百思特公司、小猪班纳公司等一批快速成长企业，形成“中国女装名镇”虎门镇、毛衫产品出口额稳居全国镇区级首位的大朗镇、厚街鞋业、东坑洋服男装、中堂镇牛仔服装等产业集群，纺织服装鞋帽制造业规模在广东省内，仅次于佛山市和广州市。

【食品饮料加工制造业】 2017年，东莞市食品饮料加工制造业规模以上企业114家，完成规模以上工业增加值97.31亿元，比上年增长12.6%，比全市平均水平高2.6个百分点，占全市规模以上工业比重2.9%，对工业增长贡献率3.6%。其中，农副产品加工业实现增加值42.07亿元，比上年增长36.4%；食品制造业实现增加值37.78亿元，下降0.5%；酒、饮料和精制茶制造业实现增加值17.46亿元，下降0.6%。拥有徐福记、可口可乐、雀巢、华美等品牌。是年，食品饮料加工制造业效益提升明显。

【造纸及纸制品业】 2017年，东莞市造纸及纸制品业规模以上企业204家，完成规模以上工业增加值176.26亿元，比上年增长20.9%，比全市平均水平快10.9个百分点，占全市规模以上工业比重5.3%，对工业增长贡献率9.3%。拥有玖龙、理文、金洲、建晖等全国闻名的大中型企业，产业规模位居广东省第一。在“两高一低”（指高污染、高能耗、低效益企业）引退政策引导下，完成新一轮的行业洗牌，2015年、2016年增速、占比、贡献率均低于2014年水平，但企业效益明显提升，去库存、降成本成效明显。由于产品价格上涨较快，是年经济指标出现好转势头。

特色产业

【特色产业概况】 2017年，东莞市四大特色产业（玩具及文体用品制造业、家具制造业、化工制品制造业、包装印刷业）完成规模以上工业增加值321.4亿元，比上年增长5.6%，占全市规模以上工业比重9.7%，对工业增长贡献率5.6%。

【玩具及文体用品制造业】 2017年，东莞市玩具及文体用品制造业规模以上企业272家，完成规模以上工业增加值114.66亿元，比上年增长2.9%，比全市平均水平低7.1个百分点，占全市规模以上工业比重3.5%。拥有金叶珠宝、泰泰福珠宝、金龙珠宝、金裕隆珠宝、明安运动等一批主营业务收入较大的企业。

【家具制造业】 2017年，东莞市家具制造业规模以上企业299家，完成规模以上工业增加值83.73亿元，比上年下降0.2%，比全市平均水平低10.2个百分点，占全市规模以上工业比重2.5%。拥有光润家具、大欣家具、赛诺家居、城市之窗家具、慕思寝室等一批主营业务收入较大的企业。

【化工制品制造业】 2017年，东莞市化工制品制造业规模以上企业210家，完成规模以上工业增加值69.03亿元，比上年增长5.7%，比全市平均水平低4.3个百分点，占全市规模以上工业比重2.1%。其中，石油加工、炼焦业及核燃业实现增加值3.67亿元，比上年增长26.9%；化学原料及化学制品制造业实现增加值65.36亿元，增长4.9%。拥有新长桥塑料、大宝化工、九丰化工、罗门哈斯电子材料、丰益油脂化学等一批主营业务收入较大的企业。

【包装印刷业】 2017年，东莞市包装印刷业完成规模以上工业增加值53.94亿元，比上年增长23.2%，比全市水平高13.2个百分点，占全市规模以上工业比重1.6%。拥有当纳利印刷、虎彩印艺、智源彩印、敬业印刷、天元印刷等一批主营业务收入较大的企业。

【电力供应业】 2017年，东莞市规模以上电力、热力生产和供应企业17家，实现工业增加值181.47亿元，占规模以上工业的比重为5.5%，增加值比上年增长1.1%，比全市平均水平低8.9个百分点。全年电力供需基本保持平衡，全社会用电量、供电量、售电量和工业用电量等用电数据稳中有升。全年完成全社会用电量760.68亿千瓦时，比上年增长8.36%；工业、第三产业、居民用电量分别为555.40亿千瓦时、107.21亿千瓦时、92.71亿千瓦时，分别增长9.76%、7.44%和2.34%。全市用电负荷从5月中旬起快速攀升，至8月底先后10次创历史新高，系统最高负荷为1496万千瓦（8月22日），比上年增长10.19%。

2017年，东莞市完成电网投资45.24亿元，建成15个项目、开工6个项目、储备6个项目、升级1569个项目，超额完成年度建设任务。电网升级行动整体进度良好，一批电网项目先后建成投产，优化完善厚街镇、常平镇、大朗镇、黄江镇、高埗镇及周边镇区电网网架，提高虎门镇、沙田镇、大朗镇、常平镇、松山湖、凤岗镇等地区供电容量，为城际轨道交通等一批重点工程项目提供可靠的供电保障。

产业转型

【工业转型概况】 2017年，东莞市拥有15.1万家工业企业，形成涉及30多个行业的完整制造业体系，其中市制造业重点行业主要包括五大支柱产业（电子信息制造业、电气机械及设备制造业、纺织服装鞋帽制造业、食品饮料加工制造业、造纸及纸制品业）以及四个特色产业（玩具及文体用品制造业、家具制造业、化工制造业、包装印刷业）。五大支柱产业实现工业增加值2288.3亿元，比上年增长12.9%，四个特色产业实现工业增加值321.4亿元，增长5.6%。五个支柱产业均实现正增长，除纺织服装鞋帽制造业外，其他四个产业均实现双位数增长，高于全市平均水平。其中，电子信息制造业完成1148.4亿元，占比达34.6%，比上年增长16.7%；造纸及纸制品业更实现20.9%的高速增长。

2017年东莞生产总值7582.12亿元，比上年增长8.1%。分产业看，第一产业增加值23.36亿元，比上年下降0.3%；第二产业增加值3593.84亿元，增长9.2%；第三产业增加值3964.65亿元，增长7.2%。三次产业比例为0.3∶47.4∶52.3。2017年，东莞市产业经济发展持续向好，主要呈如下特点：

工业经济稳中有进　完成规模以上工业增加值3316.97亿元，比上年增长10%，是自2014年以来最高增速，比上年同期提升3个百分点，比全国、全省水平分别高3.4个、2.8个百分点，在全省排名第3位，在珠三角排名第2位，稳居全省前列。

内源经济拉动显著　内资企业完成规模以上工业增加值1593.78亿元，比上年增长16.6%，比全市水平高6.6个百分点，拉动全市工业增长7.5个百分点。民营企业完成规模以上工业增加值1420.36亿元，比上年增长18.4%，比全市水平高8.4个百分点，对全市工业增长的贡献率为73.3%。

产业结构持续优化　先进制造业、高技术制造业分别完成规模以上工业增加值1675.49亿元、1292.23亿元，分别比上年增长13.7%、15%，占全市比重分别为50.5%、39%。五个支柱产业均实现正增长，除纺织服装鞋帽业之外的其他四个产业均实现双位数增长，其中电子信息业对工业增长贡献率为55.9%。2017年智能手机出货量超3.56亿台，占全球22%，实现主营业务收入超4500亿，比上年增长28%。华为、OPPO、vivo手机出货量进入全球前六，稳居全国前三，全球每4部智能手机就有一部为东莞产品牌。

【“倍增计划”实施】　2017年，东莞市经信局牵头实施重点企业规模与效益倍增计划，选取214家市级试点企业和1054家镇级试点企业，从科技创新、总部经济、资本运作、兼并重组、服务型制造、产业链整合等六大路径推动企业实现规模与效益倍增，取得阶段性成效。从规模看，2017年，195家规模以上“倍增计划”工业企业完成增加值622.65亿元，比上年增长16%，比全市水平高6个百分点。13家名誉试点企业完成规模以上工业增加值308.37亿元，比上年增长15.2%，占全市的9.3%。从效益看，195家规模以上“倍增计划”工业企业完成税收97.7亿元，比上年增长28.7%；13家名誉试点企业完成税收增长50.69%。东莞市实施“倍增计划”的有关政策措施，获得省委、省政府的肯定并被作为先进经验在全省推广。

【智能制造全生态链建设启动】　2017年，东莞市率先提出智能制造全生态链建设战略，全面构建智能制造生态体系。一是开展智能制造示范项目申报工作。劲胜精密国产智能车间建设获得工信部全国推广，长盈精密、华贝电子被列入国家2017年智能制造综合标准化与新模式应用项目，110条经济适用型示范线成功启动建设。二是推进智能制造公共服务。建立智能制造专业服务资源池，有26家专业系统服务机构单位进行备案，启动280多家企业开展诊断工作。举办智能制造专业技术培训活动37场，培训人数超3200人次。三是继续实施“机器换人”行动。截至2017年底，“机器换人”专项资金申报项目2698个，总投资386亿元。2017年，东莞市工业投资比上年增长14.4%，拉动全市固定资产投资增加5.2个百分点，增速排名珠三角第4位；工业技改投资增长30.1%，对工业投资的增长贡献率为123.1%。工业投资、技改投资均超额完成省、市目标。四是加快推动机器人智能装备产业发展。强化以需引供，招引沈阳机床、众为兴等一批重大项目。认定首台（套）重点技术装备项目16个，推动拓斯达、捷荣技术等骨干企业A股上市。全市拥有规上智能制造装备企业163家，预计全年实现主营业务收入170亿元，比上年增长30%。

【工业信息化水平提升】　2017年，东莞市加强信息基础设施建设，推进企业信息化应用，培育信息产业，工业信息化水平显著提升。

信息基础设施建设走在全省前列　全年新增光缆线路长度5.2万千米；新增光纤覆盖216.9万户；新建4G基站（RRU）1.54万座，累计建成9.43万座，总量居全省第三；新开通公共Wi-Fi接入点（AP）6191个，建成公共免费Wi-Fi接入点（AP）3.1万个，覆盖市主要公共服务区域。东莞获“宽带中国”示范城市最佳实践奖。

企业信息化应用取得新突破　开展“两化（信息化与工业化）融合”引导工作，为超过1000家企业提供“两化融合”评估诊断服务，扶持44个市级“两化融合”项目。全市累计52家企业成为省级“两化融合”贯标试点，累计24家企业通过国家“两化融合”管理体系标准评定。

信息产业培育取得新发展　培育打造8个工业云公共服务平台，推动超5100家企业利用云计算服务提升管理效能。培育扶持工业大数据应用示范项目22个。引导首个广东省工业大数据创新团队落户东莞，成立市内首家国有控股大数据专业服务公司。松山湖高新区认定为珠三角综试区省级大数据产业园，石龙镇成为省级企业数据资源综合利用试点。

【能源监测保障走在全省前列】 2017年，东莞市在全国率先启动涵盖行业中类的能效对标工作，将能耗控制指标由原来的市镇两条红线细化到141个行业中类。推进全市企业能源管理中心建设，全市能耗数据在线监测企业数达780家，监测数量居全省第一。节能技改步伐进一步加快。继续推进电机能效提升和注塑机伺服节能改造，电机系统和注塑机伺服节能改造量连续三年均保持全省第一。电力能源保障进一步加强。全面启动电网升级行动计划，截至2017年底，建成110千伏及以上电网工程项目15个、开工6个，储备6个，累计完成电网投资45.24亿元，完成全年投资141.46%。严厉开展打击"黑油"专项整治行动，"黑油"猖獗行为得到有效遏制。

【内资招引】 2017年，东莞市引进内资项目3299个，协议投资金额1581.14亿元，比上年增长34.67%；实际投资金额741.27亿元，增长11.91%。在引进大项目方面，新引进亿元以上项目175个，比上年增长54.87%。其中新引进5亿元以上重大产业项目63个，比上年增长46.51%；协议投资金额872.44亿元，增长41.43%；实际投资金额56亿元，增长23%。引进包括总投资300亿元的东莞凤岗京东都市智能产业新城项目、总投资50亿元的松山湖（生态园）蓝思科技项目、总投资12亿元的樟木头悦目光学器件项目、总投资11.7亿元的虎门智能终端工业园项目等一批重大产业项目。

【企业服务水平提高】 2017年，东莞市制造业成本进一步降低。出台《东莞市贯彻广东省降低制造业企业成本支持实体经济发展若干政策措施　加快推进企业"倍增计划"实施方案》，预计2017年至2020年可帮助企业实现减负350亿元。融资租赁工作迅速推进。设立省市共建中小企业融资租赁专项资金，2017年在"智造东莞"平台进行融资租赁业务备案的业务数量达1959笔，涉及企业924家，撬动金融机构为东莞市企业提供融资额超44.5亿元。公共服务体系健全完善。创新实施企业服务券政策，资助166家企业购买2000多项专业服务，合同总额达1.65亿元。大数据企业服务平台成绩斐然。"智造东莞"平台注册企业会员近7000家。倍增计划政府服务平台全面建立，处理试点企业问题诉求超过900宗。实现电力、金融、税务等10多个部门的数据共享互联。经济运行分析水平有效提高。对外发布东莞市重点制造业企业PMI指数（采购经理指数）。

工业企业选介

【维沃通信科技有限公司】 该公司成立于2011年10月，位于长安镇。以移动通信终端产品设计、生产和服务为主营范围。生产销售各类电话机，手机，手机配件、饰品，手机周边设备，各类通信终端设备，电脑及周边设备，打印机，锂离子电池，电源，掌上电脑及家用电器；销售电子元器件及各类原材料，五金交电；电子产品软、硬件技术开发与销售。2017年东莞市实际出口总额排名第四位，主营业务收入排名第三位。拥有员工3万多人。采用ORACLE ERP，Mentor valor MES，自主开发vivo WMS系统。SMT拥有几十条panasonic NPM双轨线和Fuji NXT3代双轨线，单线设计每小时产能40万点，月产50亿点的SMT能力，并配备美国MPM丝印机、德国ERSA回流炉、法国VI在线AOI检测仪器、韩国科祥SPI 3d锡膏厚度检测仪、英国dage的X-ray检测仪，确保SMT品质具有行业高水平的效能。vivo装配线配备行业领先的安立、罗德与施瓦茨、安捷伦综合测试仪器1000多台，普及使用自动音频测试、自动拍照测试、自动点胶机和自动贴标线等行业领先设备。生产及服务严格按照ISO9001质量管理标准、产品集成开发（IPD）等体系科学、规范的管理模式运行，对各类规范指导进行管理。对质量管理进行全面的策划和实施，主要分为设计控制、来料控制、生产控制和出货检查等过程品质保证，形成一套系统、优质、高效的质量管理体系。

【东莞三星视界有限公司】 该公司成立于2001年，坐落厚街镇高新科技工业园，占地14万平方米，有员工4700名，是韩国三星集团旗下的三星视界公司（SAMSUNG DISPLAY CO，.LTD）投资成立的外资企业，注册资本1.2亿美元。从组装TFT—LCD显示产品起步，产品不断更新换代。2017年，主要生产新一代梦幻显示器件AMOLED显示屏，主要客户为三星电子及国内知名手机厂商（如步步高vivo、OPPO、金立、华为、酷派等）。年产值204.78亿元，出口总额199.69亿元，比上年下降30.53%，纳税总额5.75亿元。通过增资扩产、整合资源，产品升级、引进先进的自动化生产设备，从原材料入库的自动化智能仓储系统、自动物流设备AGV、到出货自动包装系统等。实现产品及生产自动化转型升级。东莞三星视界有限公司相继获"广东省劳动用工守法企业""安全生产先进企业""优秀职工之家"等称号，并获广东省总工会颁发的"广东省五一劳动奖状"。　（叶应佳）

附：2017年东莞市经济和信息化局主要领导名录

党组书记、局长：叶葆华

商贸流通业

COMMERCE

麻涌镇　（麻涌镇供图）

编辑：李缙文

商贸流通业综述

【城市商业网点规划出台】 2017年6月，东莞市人民政府印发《东莞市城市商业网点规划（2016—2025年）》。该规划是为适应东莞市大商业环境，特别是产业经济、交通格局以及人口结构的变化，推动商业资源合理配置，优化全市商业网点布局和提升城市商业品位而编制。规划中，商业网点总体布局由城市主商业中心组团、城市副商业中心组团、镇街商业中心、社区商业中心等四级商业功能区组成，提出大型零售网点、商品交易市场（专业市场）、物流园区、电子商务产业园、专业会展场馆及特色商业街的规划布局，为东莞市城市商业的规划建设提供导向指引。

【社会消费品零售】 2017年，东莞市消费品市场实现社会消费品零售总额2687.9亿元，比上年增长8.79%，增速全省排名第十五，珠三角地区排名第7。批发零售业实现零售额2511亿元，比上年增长8.75%，占社会消费品零售总额的93.4%。其中，批发业实现零售额176.8亿元，比上年增长24.9%，增幅提高7.1个百分点；零售业实现零售额2334.2亿元，增长7.7%，增幅回落5.6个百分点。汽车消费实现零售额620.9亿元，比上年增长1.11%，增幅回落16.12个百分点。

【消费促进】 2017年，东莞市挖掘汽车、家电、建材、食品、餐饮等传统消费潜力，结合各镇（街、园区）产业优势和风俗文化特点，发动有关商（协）会、大型商贸流通零售等企业，采取线上线下互动，互联网+体验店形式，采取有奖销售、以旧换新、促销打折、分期让利等手段，办好各类促消费活动，营造消费氛围，扩大消费需求。全市单店面积3000平方米以上商家举办各类型的促消费主

东莞企业获评“广东老字号”名单

序号	企业名称	成立时间	注册商标名称
1	东莞市东糖集团有限公司	1935年	东糖
2	东莞市食品有限公司	1954年	旗峰
3	东莞市金燕粮油食品有限公司	1956年	金燕
4	广东省东莞国药集团有限公司	1955年	东莞国药
5	东莞市石龙李全和麦芽糖食品商店	1856年	李全和
6	东莞市邓福记食品有限公司	1929年	邓德记
7	广东省东莞电机有限公司	1958年	环球牌
8	卢家青年面档	1938年	卢家青年面档
9	东莞市横沥牛行市场服务管理有限公司	明　末	横沥牛行
10	东莞市真宜食品有限公司	1908年	矮仔祥

题活动583场，直接带动消费约5亿元。

【东莞市3家企业入选第五批广东老字号名录】 2017年8月，广东老字号工作委员会公布第五批“广东老字号”名录。东莞市的卢家青年面档、东莞市横沥牛行市场服务管理有限公司和东莞市真宜食品有限公司3家企业榜上有名。截至年底，全市有10家企业获“广东老字号”。（曾梓丹）

资料链接：

老字号是指历史较为悠久，拥有世代传承的产品、技艺或服务，具有鲜明的岭南传统文化背景和深厚的文化底蕴，有一定的社会认知认同度，形成良好信誉的商号、商标或品牌。其商号、商标或品牌必须发源于广东，具有岭南特色，创立时间50年或以上，经营活动累计时间超过30年，仍在开展经营活动。广东老字号工作委员会组织评审小组对申报企业的经营现状，包括生产厂房、经营场所等进行严格评审，并对企业申报材料进行研究讨论和审核。经过初审、现场评审、专家委员会终审等程序，最终确定该批老字号名录。

商品经营

【成品油市场供应】 截至2017年底，东莞市取得成品油批发经营资格企业15家，取得成品油仓储经营资格企业13家，取得成品油零售经营资格加油站318家。全年成品油市场供应充足稳定，全市加油站零售量245.09万吨，比上年增长5.88%，其中汽油178.23万吨，增长7.79%；柴油66.86万吨，增长1.11%。中石化、中石油（含中油BP）、中海油三大集团公司系统内加油站销售成品油164.34万吨，比上年增长3.52%，其中汽油114.07万吨，柴油50.27万吨；系统外加油站销售成品油80.75万吨，增长11.02%，其中汽油64.15万吨，柴油16.59万吨。

【车用天然气销售】 截至2017年底，东莞市建成天然气汽车加气站42座，其中具备LNG（液化天然气）加气功能汽车加气站34座。全年CNG（压缩天然气）销售量3.07万吨，比上年下降27.53%；LNG销售量8.65万吨，增长10.09%。（叶应佳）

【生猪产销联建】 2017年，东莞市开展生猪产销联建工作，推进供莞生猪网上交易，生猪供应稳定，满足市民肉食消费需求。全年新认定生猪定点供基地2批97个，全市定点基地总数658个，年供莞能力1246.71万头。全市定点基地供莞生猪实行网上交易，日均网上交易约6000头。全市定点屠宰场屠宰生猪420.36万头，生产合格肉品36.76万吨，比上年增长13.54%。（黄椿颖）

物流业

【物流业概况】 东莞市于2015年申报成为全国物流标准化试点城市，围绕服务标准化体系、管理标准化体系、技术标准化体系、信息标准化体系四大专题建设。2017年，全市17个试点项目拉动社会资金投入3.15亿元，仓库改造面积25.93万平方米，使用标准托盘17.93万个，带板运输率52.05%，商品损耗率下降至0.27%，车辆周转率提升0.86次/天，装卸工时效率提高11.03吨/小时，装卸搬运单位成本下降6.47元/吨，企业物流成本占主营业务收入比重下降7.16%，直接带动就业人数2996人。全年有4个冷链项目共获省1405万元的资金扶持。

【保税物流发展】 2017年，东莞市海关特殊监管场所进出口总额1995亿元，比上年增长9.3%，占全市外贸进出口总额16.3%。全市有保税仓库23个，出口监管仓库21个（结转型12个，出口配送型9个），保税物流中心（B型）2个，是全国唯一拥有2个B型保税物流中心的城市。其中，东莞保税物流中心（B型）于2010年封关运作，业务量逐年增长，并拓展新业务、新功能；东莞清溪保税物流中心（B型）于2017年5月通过验收，并封关运作。　　（曾梓丹）

会展业

【会展业概况】　截至2017年底，东莞市拥有广东现代国际展览中心、常平会展中心、虎门会展中心等专业展馆，每年举办展会60场。以中国加工贸易产品博览会（简称“加博会”）和广东21世纪海上丝绸之路国际博览会（简称“海丝博览会”）等为代表的一系列高规格大型展会，带动东莞众多产业迸发出新的活力，而东莞会展业也得到蓬勃发展。6月，由中国会展经济研究会、《第一会展》杂志、中国会展联盟、各省市会展行业协会联合举办的“第十四届中国会展业高峰论坛·中国会展产业发展大会”在杭州举行，东莞市获“2017年度中国十佳会展城市”称号；加博会和海丝博览会两大展会获“2017年度中国品牌展览会·金奖”。11月，商务部中国会展经济研究会举行“2017中国城市会展业竞争力指数发布会”，发布中国城市2016年会展业竞争力状况，东莞入选“2017中国最具竞争力会展城市”。

【中国加工贸易产品博览会】由商务部、国家知识产权局和广东省人民政府共同主办、省商务厅和东莞市人民政府承办的2017中国加工贸易产品博览会（简称“加博会”）于4月20—23日在东莞市广东现代国际展览中心举办。加博会展览面积6万平方米，坚持“1+6”专业化模式运作，即一大主题展、六大专业展。展会4天，全国15个省市及港澳台地区859家企业参展，比上届增长6.4%；入场观展采购人数9.89万人次，增长6.7%，其中专业观众2.3万人次，增长15%；达成商贸合作项目（含合同、协议和意向）8100个，增长4.6%；意向成交金额998亿元，增长3.3%。展会期间举办各类活动42场，其中大型配套活动17场、新品发布活动13场、专业采购对接会12场。省政协主席王荣、市委书记吕业升等参加相关活动。

【广东21世纪海上丝绸之路国际博览会】　2017广东21世纪海上丝绸之路国际博览会（简称“海丝博览会”）于9月21—24日在东莞市举办，其中主题论坛于9月22日在广州市举办。共有79个国家和地区参展参会，其中，国内及境外56个国家和地区1682家企业设展，参展国比上年增加4个，境外企业占比67%。其中，伊朗、俄罗斯和罗马尼亚为首次设立国家馆。俄罗斯组团参展，使金砖5国齐聚海丝博览会。展会设置粤港澳大湾区板块，向与会客商展示粤港澳大湾区发展商机。省委书记胡春华，省长马兴瑞，省委副书记、广州市委书记任学锋等出席展会相关活动。展会接待海内外观众25.1万人次，比上届增长5.5%，其中专业买家入场3.1万人次，增长10.7%。展会达成签约项目758个，涉及签约资金2190亿元，比上届增长5.9%。
（曾梓丹）

2017年9月21-24日，2017广东21世纪海上丝绸之路国际博览会在东莞举行
（市商务局供图）

拍卖业

【拍卖业概况】　2017年，东莞市有拍卖企业41家，其中注册资本1200万元以上8家；拍卖从业资格人员182人，其中拍卖师101人。全年举办拍卖会229场次，总成交额23.77亿元。由行业协会牵头，加强与新闻媒体合作，通过与文化活动、慈善义卖活动等合作，加大对拍卖行业的宣传，提高社会认知度。鼓励拍卖企业与集团产业融合，拓展拍卖资源；支持企业提高服务水平，培养客户群；鼓励企业专注于艺术品、农产品、汽车等领域深耕细作，提升专业服务能力；支持拍卖企业整合资源联合发展，注重品牌建设，增强市场竞争力。

【拍卖业监督管理】　2017年，东莞市商务局联同镇街商务部门对全市拍卖企业进行行业摸排调研，加强日常监督管理。对拒不参加年审或年度核查不合格且无心经营的拍卖企业，完善拍卖企业退出机制。发挥行业协会作用，及时向拍卖企业传达并解读拍卖政策新动向，如新修订的《拍卖管理办法》、《拍卖监督管理办法》、网络司法拍卖、文物艺术品进境税率和二手车限迁及拍卖师国家职业资格等；建立和健全行业自律机制，协助政府部门加强行业管理，对于披着“拍卖外衣”、打着“拍卖旗号”扰乱拍卖市场秩序行为，做好市场调研及数据收集，提请有关部门开展专项整治，维护拍卖行业规范有序发展。（曾梓丹）

再生资源回收行业

【再生资源回收行业概况】2017年，东莞市领取营业执照且办理备案手续的回收站有620多个。全年回收废钢铁15.9万吨，废有色金属2.09万吨，废纸24.59万吨，废塑料17.96万吨，行业总成交额6.58亿元。

【再生资源回收市场后续监管】2017年，东莞市商务局督促镇街商务部门及时发现和处置再生资源回收行业风险点、危险源，提升行业安全风险防控能力和水平，促进行业安全生产和平稳健康发展。修订《东莞市商务局加工贸易废料网上交易管理暂行办法实施细则》，健全完善加工贸易废料网上交易平台功能。根据协同监管系统推送的再生资源回收企业注册登记信息，结合日常巡查情况，指派专人做好收集统计再生资源回收经营者的基本信息、经营数据及年报统计工作。截至2017年底，12345政府热线转来关于再生资源的诉求件32件，全部办结。同时规范投诉处理，与镇街加强沟通协调建立核查处理工作机制，督促镇街专人跟进，现场核查，按时反馈，做好后续落实整改工作。（曾梓丹）

供销合作商业

【供销合作商业概况】2017年，东莞市供销合作系统实现销售总额13.35亿元，比上年增长4.6%；创税3088.5万元，增长4.5%；利润总额4265.9万元，增长1.3%。是年，东莞市供销合作联社被广东省供销合作联社评为综合业绩评价一等优胜单位。

【再生资源市场】截至2017年底，东莞市在交易平台注册的加工贸易企业3444家、回收企业762家，成功交易项目7888个，总交易额突破9亿元，交易溢价率28%。加工贸易废料平台被商务部、海关总署等13个中央部委列为复制推广构建开放型经济新体制综合试点经验在全国推广。

【农副产品配送平台搭建】2017年，东莞市石碣供销社以石碣镇石供农副产品配送中心为基础，开发并运营面向单位和个人的农产品电商平台，将供港蔬菜、出口“三同”（同线、同标、同质）产品等配送至周边多个镇街30多个集体食堂，服务人数2万多人，配送范围延伸至东莞市莞城、松山湖、沙田、企石等镇街，全年配送销售额1200万元。

【传统经营模式调整】2017年，东莞市茶山供销社开办茶园商场母婴商品专营店专攻母婴市场；清溪供销社面向企业消费和幼儿教育将文具部升级为多元综合性文创中心；虎门粤华家电拓展线上网络销售平台渠道，全年家电销售额2.15亿元；莞香情自有品牌产品登录中国移动“岭南优品”、农商行“荷包社区”等销售平台，将产品推向大市场。

【供销系统监管规范形成】2017年，东莞市供销合作联社下发《关于进一步强化财经纪律的通知》等制度性文件，规范资产处置和资金管理，强化对一把手的监管，守住改革底线。制定《人事管理办法》，建立健全系统内企业选人、用人和退出等机制。借鉴国资企业做法出台并实施薪酬改革方案，规范薪酬管理，增加员工收入，调动积极性。聘请会计师事务所对系统内进行离任审计、任中审计、经济效益审计，以审计堵塞漏洞。（莫志良）

附：2017年东莞市供销合作联社主要领导名录

党组书记、主任：黄程垵

专营专卖

【烟草专卖】2017年，东莞市烟草专卖局（公司）以提高发展质量和效益为中心，适应经济发展新常态，推进供给侧结构性改革，形成产品结构不断优化、市场管理更加规范、质量效益同步提升的良好格局。全年实现卷烟销售收入100.03亿元，比上年增加2.56亿元，增长2.62%；销售卷烟34.18万箱，增长0.62%；实现税利26.40亿元，增加0.81亿元，增长3.18%；全年缴纳税金18.73亿元，增加0.64亿元，增长3.7%；全年实现利润10.15亿元，增加0.26亿元，增长2.64%。获东莞市2017年度纳税突出贡献奖（名列全市第3名）和“2017年度主营业务收入前20名企业”称号。

【烟草市场管理】2017年，东莞市烟草专卖局（公司）查处各类涉烟违法案件1954件，其中5万元以上案件197件，比上年增长19%。查获涉案卷烟9921.22万支，比上年增长39%，其中假烟6773.44万支，增长1.83倍；私烟1205.78万支，下降16%；非烟1942.02万支，下降41%；涉案总价值7442.74万元，增长73%；抓获犯罪嫌疑人96人、刑拘53人、逮捕27人。

【企业管理信息化系统上线】 2017年，东莞市烟草专卖局（公司）重视管理信息化建设，上线企业管理信息化系统。召开局（公司）第四届优秀QC成果发布会，并承办省局（公司）第三届优秀QC成果发布会，累计完成课题64个，产生效益1153万元。（郭小兵）

附：2017年东莞市烟草专卖局（公司）主要领导名录

党组书记、局长、总经理：管伟华

【食盐专卖】 2017年1月1日起，全国盐业体制改革，食盐可以跨区域进行经营销售。东莞市盐务局应对盐业体制改革，落实食盐储备、盐业体制改革准备工作分工和盐业体制改革实施方案等工作。

是年，化解跨区经营中的矛盾，加强盐改过渡期内的食盐安全监管工作，规范食盐生产、批发等经营行为，严格防止不合格食盐进入食盐市场，确保食盐质量安全和供应安全，保证盐改过渡期的食盐市场秩序稳定。年内，东莞市食盐储备任务由广东省盐业集团东莞有限公司负责承储，全年全市食盐储备量8800吨，其中3500吨为省级储备量，5300吨为市级储备量，全部储备完整入库，储存于茶山镇南社村南塘路中铁二局仓库。（周　翔）

附：2017年广东省东莞市盐务局（广东省盐业集团东莞有限公司）主要领导名录

局长（总经理）：陈永华

电子商务

【电子商务概况】 2017年，东莞市电子商务交易额4202亿元，比上年增长13.5%；全市跨境电商进出口额159.0亿元，增长766%；全市电子商务网络零售交易额401.7亿元，增长13.5%；服装、手机数码和家居家装位列前三，其中服装类交易额120.9亿元，手机数码类交易额80.8亿元，家居家装类交易额58.5亿元。

【东莞国际邮件互换局兼交换站启用】 2017年9月28日，东莞国际邮件互换局兼交换站启动运营，实现关检一窗式改革和关检邮一站式服务。是年，东莞邮政全年发出国际小包8821万件，比上年增长24.3%，日均28.1万件，最高80万件，寄递时限较以往缩短0.5—2日。

【电子商务政策扶持引导加强】 2017年，东莞市修订出台《东莞市关于进一步加快电子商务发展的实施意见》和《东莞市电子商务专项资金管理办法》，确立跨境电子商务创新发展、生产制造企业应用电子商务转型发展、区域电子商务聚集发展、涉农电子商务特色发展等4个扶持方向，从7个层面15个重点方面激励电子商务快速发展。全年拨付专项资金2656万元，惠及32家企业的40个项目。

【传统制造企业拓展电子商务渠道】 2017年，东莞市商务局联合亚马逊、谷歌、eBay等大型电商平台举办15场电商平台对接会，帮扶传统制造企业利用电商平台资源和服务，拓展产品销售业务，全年新增亚马逊卖家超过1000个，应用谷歌推广业务企业超过500家。联合聚大、元创、尚睿、联泰等知名电商企业（园区），举办5场总裁沙龙，10场“东莞制造+互联网”对接活动，5场亚马逊实操培训。4月，组织东莞电商企业参加2017加博会，并举办亚马逊“全球开店”活动。9月，组织东莞电商企业参加2017海丝博览会。

【电子商务宣传培训系列活动】 2017年，东莞市以市电子商务联合会、市跨境电子商务协会和17个镇街（园区）电商协会为主体，联合各行业协会，联系制造企业，通过市镇两级有机互动，举办各类电商活动50多场，组织赴杭州、广州、顺德等市开展调研考察活动。

【涉农电商发展】 2017年，东莞市举办2017第三届东莞互联网荔枝节，推动荔枝上线天猫、京东、苏宁、顺丰优选等线上主流平台，打响东莞荔枝品牌，荔枝线上销售额近800万元，比上年增长近2倍。探索举办2017京东东莞互联网月饼节，线上销售月饼2.2万盒，实现销售额超过300万元。

【电子商务统计系统搭建】 2017年，东莞市电子商务统计监测系统建成，并与商务大数据系统进行联调测试，实现与商务大数据系统对接。（彭　涛）

长安万科广场　（陈康水　摄）

旅游业·餐饮业

TOURISM · CATERING

粤晖园　（道滘镇供图）

编辑：陈建枝

旅游业

【旅游业概况】　2017年，东莞市实现旅游总收入488.9亿元，比上年增长9.64%，其中国际旅游外汇收入15.96亿美元，增长2.71%；国内旅游收入381.15亿元，增长11.37%。接待游客总人数4141.85万人次，增长9.23%，其中国内游客3738.18万人次，增长10.19%，接待入境游客403.67万人次，增长1.03%。接待过夜游客2161.48万人次，比上年增长7.66%。

全市国家A级旅游景区21个，其中AAAA级旅游景区15个，约占全省AAAA级景区的8.7%，数量位居全省第三。2017年12月新增寮步香市文化旅游区、常平隐贤山庄2个AAAA级景区；星级酒店33家，其中五星级14家、四星级12家，四星以上星级饭店数量在全省排第三位；有旅行社133家，其中出境游组团社14家，国内游组团社88家，分社31家，服务网点360个，全年新增出境游组团社2家、国内游旅行社14家、分社14家、服务网点75家。

【东莞隐贤山庄、香市文化旅游区获评国家AAAA级景区】　2017年12月，东莞隐贤山庄、东莞香市文化旅游区被省旅游景区质量等级评定委员会评为国家AAAA级景区。

东莞隐贤山庄位于常平镇，地理位置优越，交通方便，为明代贤臣李觉斯隐居于此而得名，国家原主席杨尚昆为“隐贤山庄”亲笔题名。隐贤山庄占地面积近33.33公顷，山灵水秀、景色迷人，布局优美雅致，浑然而成。景区于1998年对外开放，景区以隐贤湖为中心，内有中国最大的以2000多吨天然汉白玉雕刻而成的普慈观音圣像，高28.9米。

东莞香市文化旅游区位于寮步镇中心区，占地20公顷，依傍着神仙岭和龙船山，有“仙迹留香，祥龙献瑞”美好寓意。景区内景点丰富、特色鲜明，有中国首个香文化主题博物馆——中国沉香文化博物馆，中国唯一一座莞香敬佛的寺庙——香慧寺，东莞首座具有唐朝建筑风格的山塔——香远塔，是中国传统香道文化实践基地，是融合历史人文景观和自然生态景观于一体的文化旅游景区。

【稻香饮食文化旅游区获评国家AAA景区】 2017年1月，东莞万好食品有限公司投资建设和运营管理的稻香饮食文化旅游区被批准评为国家AAA级旅游景区。东莞万好食品有限公司于2015年斥资近2亿元，通过改扩建厂房、建设稻香饮食文化博物馆、完善旅游公共配套、丰富旅游项目等主要工作，于2015年10月建成集食品加工、采购、配送、游览、餐饮、娱乐、休闲等功能于一体的综合旅游区。

【第三批工业旅游示范点创建认定】 2017年，东莞市经过社会公示、督查检查整改情况等流程，评选出广东盛元中天生物科技有限公司、东莞市大益茶业科技有限公司、东莞市肥仔秋食品有限公司、东莞市鑫源食品有限公司、东莞市静怡酒业有限公司、赛诺家具用品有限公司、广东恩典皮具服饰科技有限公司为东莞市工业旅游示范点。4月28日，召开东莞市工业旅游现场推进会，组织19个镇街旅游主管部门以及35家工业旅游企业代表参加会议，参会代表一行到松山湖广东盛元中天生物科技有限公司和厚街镇鑫源食品有限公司参观工业旅游项目，参观后召开交流座谈会。

【寮步镇入选第二批“省级全域旅游示范区”】 2017年5月15日，广东省旅游局公布第二批“省级全域旅游示范区”创建单位名单，寮步镇入选。截至年底，东莞市有4个“省级全域旅游示范区”创建单位，分别是麻涌、樟木头、清溪、寮步镇。

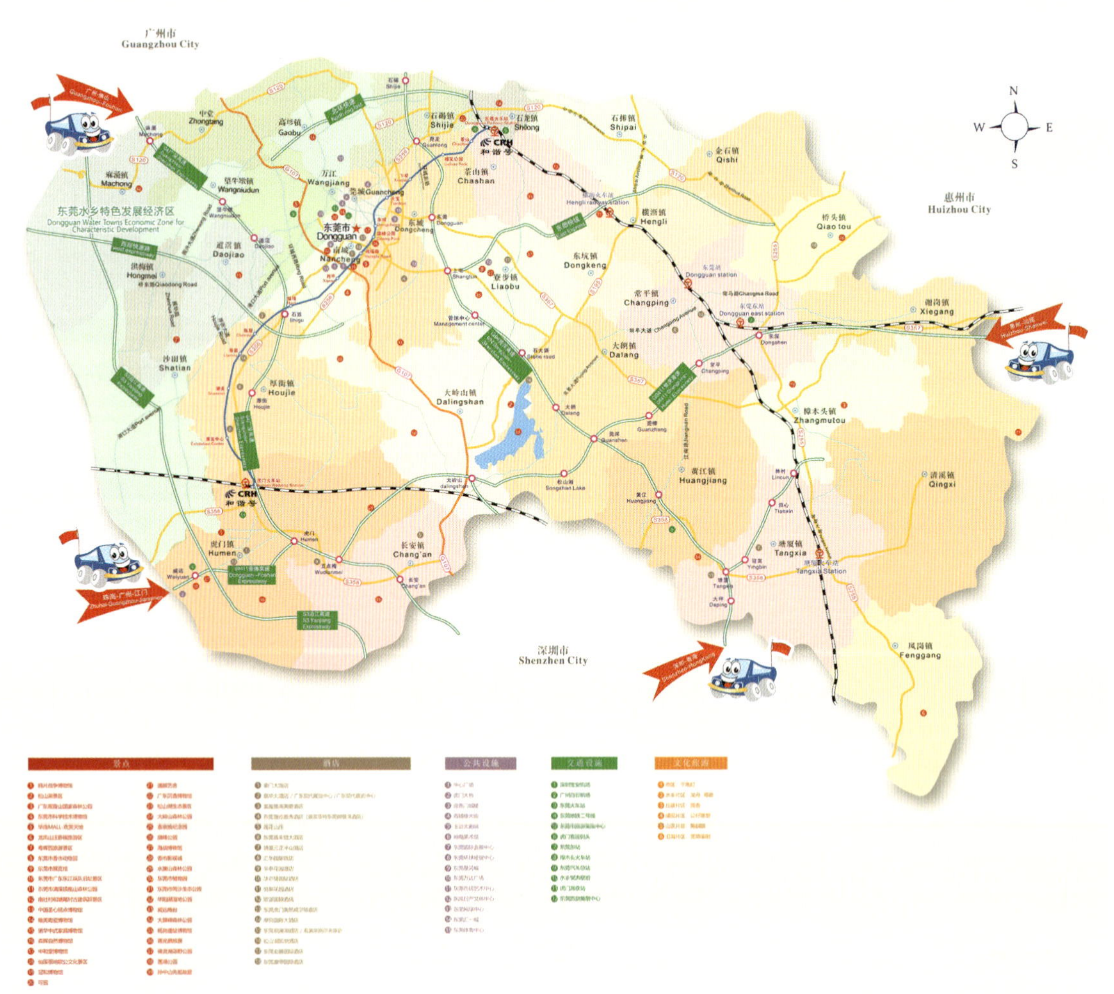

东莞旅游示意图　　（市旅游局供图）

【“中国旅游日”系列活动】2017年5月19日，围绕“旅游让生活更幸福”活动主题，东莞市旅游局及9个镇街分会场举办活动26项，发动A级旅游景区、工业旅游示范点、旅游商品企业、星级饭店、旅行社等企业推出旅游优惠措施，举办东莞旅游展示会，设立文明旅游宣传、工业旅游展示、旅行社推广、旅游景区推广、东莞旅游商品和特色美食展示7个展区37个展位，“中国旅游日”启动仪式后，邀请惠州、汕尾、河源、韶关等合作友城旅游业界代表到茶山镇开展旅游踩线活动。

【“新发现 新精彩”微摄影大赛】2017年5月19日，东莞市启动“新发现 新精彩”微摄影大赛，以宣传东莞旅游为主线，得到广大摄影爱好者、市民和旅游企业的响应，收到作品2000多件，入围作品于7月至8月在东莞时间网、东莞旅游官方网站、游东莞、东莞旅游微信公众号等平台进行网络展示，经过网络海选和专家评审两轮评选，于9月上旬选出一等奖作品1件、二等奖2件、三等奖4件、优秀奖20件，以及网络人气奖3件。10月17日，“新发现 新精彩”2017东莞微摄影大赛优秀作品展在市图书馆举办开幕仪式，展出约100件优秀作品，展现东莞旅游的新风情、新风采、新风貌。

【东莞旅游（香港）推介会】2017年6月15日，以“智造精彩 莞香天下”为主题的东莞旅游（香港）推介会在香港稻香迎潮分店举行。东莞市委常委、宣传部部长杨晓棠率领市旅游局、市旅游饭店协会、市旅行社行业协会、相关镇街、部分旅游企业代表一行赴港开展旅游推介，亚游旅游交流中心副主任崔素香，广东省旅游局国际合作交流处副处长张蕊青，香港中国旅游协会常务理事兼秘书长陈立志及香港旅游同业代表出席推介会。推介会上，市旅游局局长林儒森、香港旅行社代表大航假期旅行社董事长陈燕萍、香港中国旅游协会常务理事兼秘书长陈立志分别致辞，市旅行社行业协会与香港中国旅游协会签署合作协议，市寮步镇、市旅游局分别对旅游资源、旅游线路和旅游产品作推介。随后，寮步镇进行香道表演，传播莞香文化。最后，莞港旅游业界开展工作交流。

【“旅游+”推广】2017年，东莞市旅游局联合市农业局开展“走进岭南水乡 体验创意稻田”活动启动仪式暨东莞市百名旅行社总经理农业旅游踩线活动，并利用各种宣传平台加大活动宣传报道，新闻媒体刊播报道30多篇，提升东莞休闲农业旅游的知名度。全市各农业园主动完善旅游基础设施配套，寓教于乐，吸引游客参观游玩。“旅游+体育”方面，凭借亚洲马拉松锦标赛平台，宣传提升东莞城市形象。紧扣马拉松主题策划推出“亚马足迹”“近代开篇”“莞乡风情”“精彩东莞”4条特色旅游线路；推出“跑亚马 游东莞”活

虎英公园　　（东城街道供图）

动，提供100个免费旅游名额，吸引近万人参与互动，向选手和市民展现东莞城市魅力；11月24日的“亚马”博览会搭建特装展台，集中展示东莞的旅游资源和旅游产品；各大新闻媒体报道120多篇，网络搜索“莞马旅游”等关键词结果超过620个，宣传市旅游资源和农品。

【深莞惠汕河区域旅游合作】 2017年，东莞市旅游局作为深莞惠汕河区域旅游联盟的轮值主席单位，着力构建深莞惠汕河五地之间资源共享、优势互补、客源互送、信息互通、共同双赢的协作机制。组织五市于2017年6月和7月分别到贵阳、昭通和西藏进行旅游推介和合作交流；牵头筹备2017广东旅游产业博览会。以“活力广东·缤纷深莞惠汕河”为主题，“花颂岭南东江，海阔五城万象爱生活”为口号，凸显五市充满活力、积极向上的城市形象。10月11日，五市联合赴意大利、德国和法国进行境外旅游推介活动。进一步向欧洲三国宣传广东五市的旅游资源和城市发展成果，拓展五市区域旅游入境游市场份额，提升深莞惠汕河区域旅游吸引力和知名度。

【旅游宣传督导】 2017年，东莞市旅游局向各镇街、旅游企业和市民游客印制派发17万份宣传资料，营造浓厚的宣传氛围。专项督导和每月检查并举，联合镇街（园区）旅游管理部门对132家旅游企业进行近200家次的督导检查。贯彻落实国家《旅游不文明行为记录管理暂行办法》，坚持正面宣传引导和反面惩戒，发挥旅游对精神文明建设的作用。8月15日在寮步镇中国沉香博物馆开展“与文明同游”宣传活动，建立文明旅游自愿者中心，传递文明旅游理念。

【《从东莞出发》文化旅游季播栏目】 2017年，东莞市旅游局和东莞广播电视台联合制作大型季播旅游栏目《从东莞出发》，从8月12日起每周六晚在东莞2台播出。节目采用“纪实+体验”的风格，挖掘一个地区、景点的历史文化和旅游资源，打造全域旅游、全民旅游的新概念。收视率在同时期内容中排行前五，微信、视频等内容通过阳光网、腾讯等各大网站发布后，累计点击超过100万次。

虎门威远炮台 （虎门镇供图）

【虎门“中国近代史开篇地”文化旅游品牌】 2017年11月，东莞市旅游局会同市文广新局、滨海湾新区、虎门镇制订虎门“中国近代史开篇地”文化旅游品牌工作方案，牵头组建工作组开展专题调研，并于12月4—6日邀请保继刚等8名国内知名旅游专家开展实地考察，召开专家咨询会，为打造品牌工作提供良策。

【旅游厕所革命】 2017年，东莞市旅游局围绕卫生环境、设备安全、文明氛围等方面，分三个阶段对全市A级旅游景区、旅游集散中心以及各镇街申报示范点的旅游厕所进行督导检查，派出检查人员45人次，检查厕所156座次，免费向企业派发文明旅游宣传画2000份，全年计划完成旅游厕所新改扩建设105座，其中新建50座，改扩建55座。截至9月，新建完成30座，改建完成30座。

【旅游监管体系信息化】 2017年，东莞市旅游局发动景区、旅行社、星级酒店等旅游企业接入全省旅游安全应急管理平台，借助省级平台对接整合气象、交通、环保等资源，构建旅游安全体系、动态维护旅游安全隐患目录、实现景区客流的智能预警。完成市AAAA级景区的视频数据对接工作，加强对重点景区信息化和安全管理工作。全年开展各类旅游安全检查30余次，检查旅游企业近200家，组织大型旅游安全宣传活动2次、组织安全培训2次、组织安全演练1次，定期组织开展突发事件隐患评估和对策会商，全年没有发生旅游安全责任事故。发布一期旅行社诚信“红黑榜”，发布红榜企业10家、黑榜企业1家。 （田 恬）

附：2017年东莞市旅游局主要领导名录

局　长：林儒森（任至9月）
　　　　董　红（9月到任）

2017年东莞市旅游业情况

项目	单位	2017年	2016年	2017年比2016年增长（%）
获评一星以上宾馆（酒店）	家	33	38	-13.16
四星级宾馆（酒店）	家	12	12	0.00
五星级宾馆（酒店）	家	14	16	-12.50
客房（获评一星以上）	间	9666	10354	-6.64
床位（获评一星以上）	张	13176	14324	-8.01
开房率	%	59.16	57.38	1.78
旅行社	家	133	112	18.75
国际旅行社	家	14	9	55.56
国内旅行社	家	88	80	10.00
非法人分社	家	31	23	34.78
全年接待人数	人次	41418524	37919755	9.23
国际及港澳台旅游者	人次	4036735	3995413	1.03
外国人	人次	1125421	1106222	1.74
港澳台同胞	人次	2911314	2889191	0.77
国内旅客	人次	37381789	33924342	10.19
旅游总收入	万元	4889010.58	4459221.47	9.64
其中：国际旅游外汇收入	万美元	159581.51	155377.18	2.71
外出旅游人数（旅行社数据）	人次	1623447	1480372	9.66
其中：国内旅游人数	人次	1469502	1313127	11.91
出国（境）游人数	人次	153945	167245	-7.95

2017年东莞市国家A级旅游景区名录

序号	名称	等级	地址	联系电话
1	鸦片战争博物馆	4A	东莞市虎门镇解放路88号	85512065
2	松山湖景区	4A	东莞市松山湖高新区	22890769
3	广东观音山国家森林公园	4A	东莞市樟木头镇石新区笔架大道	87700691
4	东莞市科学技术博物馆	4A	东莞市新城市中心区元美路2号	22835268
5	粤晖园旅游景区	4A	东莞市道滘镇粤晖路1号	88389236
6	龙凤山庄影视旅游区	4A	东莞市凤岗镇官井头大龙管理区龙凤山庄路	87562288
7	东莞市香市动物园	4A	东莞市寮步镇药勒管理区	82819988　82813399
8	东莞展览馆	4A	东莞市南城街道鸿福路97号	22834000
9	广东东江纵队纪念馆	4A	东莞市大岭山镇大岭村委会大王岭村	85651000
10	东莞市清溪银瓶山森林公园	4A	东莞市清溪镇石田二街53号	87386638
11	南社村—塘尾村古建筑群景区	4A	东莞市茶山镇南社古村 东莞市石排镇塘尾村古村路	南社：82680082 塘尾：86527111
12	可园博物馆	4A	东莞市莞城街道可园路32号	22227039
13	东莞市逸颐艺舍博物馆	4A	东莞市横沥镇彩霞路129号	81172888
14	香市文化旅游区	4A	东莞市寮步镇祥富路1号	83526066
15	隐贤山庄	4A	东莞市常平镇丽城隐贤山庄大道8号	83395737
16	唯美陶瓷博物馆	3A	东莞市高埗镇北王路草墩桥侧	81133333

续表

序号	名称	等级	地址	联系电话
17	森晖自然博物馆	3A	东莞市莞城街道可园路博厦社区	22227899
18	中国圣心糕点博物馆	3A	东莞市茶山镇茶山工业园（B区）	86414332
19	仙溪福地欧公文化景区	3A	东莞市石龙镇新城区欧仙路仙溪福地欧公文化景区	86103663
20	冠和博物馆	3A	东莞市樟木头镇莞惠大道中心广场三楼	86269189
21	稻香饮食文化旅游区	3A	东莞市横沥镇西城科技园三区稻香集团	88975122

2017年东莞市旅行社名录

序号	许可证号	旅行社名称	电话	传真	企业地址	邮编
1	L-GD-CJ00105	东莞市国际旅行社有限公司	22458168	22473428	东莞市莞城街道东城大道188号新华大厦三楼	523008
2	L-GD-CJ00106	东莞市中国旅行社有限公司	22008888	23091678	东莞市南城街道元美路华凯广场A栋二层	523071
3	L-GD-CJ00107	广东国泰国际旅行社有限公司	22088888	22225333	东莞市南城街道体育路26号盈峰中心	523000
4	L-GD-CJ00108	东莞康辉国际旅行社有限公司	22488666	22001666	东莞市南城街道莞太路63号鸿福广场二、三楼	523075
5	L-GD-CJ00109	东莞市腾龙假日国际旅行社有限公司	23362789	23361488	东莞市东城街道东城中心A2区A二层19号商铺	523129
6	L-GD-CJ00110	东莞市景鸿国际旅行社有限公司	22313888	22326555	东莞市东城街道东城南路联和大厦七楼	523129
7	L-GD-CJ00111	东莞市东华国际旅行社有限公司	22663333	22623333	东莞市东城东路5号东华大厦一至二楼	523110
8	L-GD-CJ00112	东莞市四海国际旅行社有限公司	22339888	22337732	东莞市莞城街道东城大道东平街223号	523000
9	L-GD-CJ00113	东莞市青年国际旅行社有限公司	22239388	22228961	东莞市莞城街道新芬路42号	523007
10	L-GD-CJ00401	广东江南假期国际旅行社有限公司	81182668	82209855	东莞市常平镇沿河东三路18号威盛商务大厦三楼	523560
11	L-GD-CJ00415	广东五湖四海国际旅行社有限公司	28056248	28056925	东莞市南城街道鸿福路108号中盛商务大厦312号商铺	523000
12	L-GD-CJ00400	广东文康国际旅行社有限公司	81768867	85421838	东莞市长安镇长盛社区长中路107号2铺	523850
13	L-GD-CJ00338	东莞市致尚假期国际旅行社有限公司	22001121	22001211	东莞市南城街道鸿福路200号第一国际汇一城5号办公楼611号	523000
14	L-GD-CJ00352	东莞市胜景游国际旅行社有限公司	81287886	89026343	东莞市长安镇锦厦东门中路百汇金融大厦十一楼15号	523000
15	L-GD00273	东莞市万旅国际旅行社有限公司	85087788	85087000	东莞市南城街道鸿福元美西路8号华凯广场B幢605号	523960
16	L-GD00263	东莞市丰行旅行社有限公司	22388888	22388880	东莞市莞城街道罗沙路126号金沙大厦六楼	523008
17	L-GD00264	东莞市讯通旅行社有限公司	22488786	22498698	东莞市莞城街道莞太大道5号讯通大厦八楼	523009

续表

序号	许可证号	旅行社名称	电话	传真	企业地址	邮编
18	L-GD00265	东莞市阳光旅行社有限公司	22825888	22827393	东莞市南城街道鸿福社区簪花路华凯豪庭办公楼（活力中心）1006-01号	523000
19	L-GD00266	东莞市明珠旅行社有限公司	22335888	22300700	东莞市南城街道西平宏伟路19号东方创业大厦A区五519-520室	523009
20	L-GD00267	东莞市南湖旅行社有限公司	22112257	22112253	东莞市莞城街道南城路南城大厦十楼1002室	523007
21	L-GD00268	东莞市南方观光旅行社有限公司	22501177	22508366	东莞市莞城街道园南路6号	523007
22	L-GD00271	东莞市华夏旅行社有限公司	22386666	22385828	东莞市南城街道元岭新街4号	523000
23	L-GD00272	东莞市广之旅旅行社有限公司	22480230	22500948	东莞市莞城街道东纵大道地王商务中心十一楼10室	523000
24	L-GD00269	东莞市君达假期旅行社有限公司	23139668	23135678	东莞市南城街道鸿福西路东莞国际商务大厦1002号	523000
25	L-GD00274	东莞市幸福假期旅行社有限公司	22761432	22243528	东莞市东城街道东莞大道11号台商大厦2单元办公1201号房	523000
26	L-GD00275	东莞市新华旅行社有限公司	85569955	85569977	虎门镇连升中路17号新华旅游大厦	523900
27	L-GD00277	东莞市金运旅行社有限公司	89973333	89973332	东莞市莞城街道南城路1号南城大厦十楼3号	523000
28	L-GD00276	东莞知行国际旅行社有限公司	22227856	22227856	东莞市南城街道胜和商住广场B座16F号B单元	523000
29	L-GD00278	东莞市南方阳光商务旅行社有限公司	22222260	85128525	东莞市南城街道港口大道9号宏远康城大厦2201-2204	523898
30	L-GD00280	东莞市欢泰旅行社有限公司	85044444	85198388	东莞市虎门镇太沙路81号粤华童装城一楼A106号	523900
31	L-GD00284	东莞市东行天下旅行社有限公司	22638738	21683228	东莞市南城街道宏远宏景中心C16号铺	523000
32	L-GD00283	东莞市畅游天地旅行社有限公司	22229917	22116234	东莞市莞城街道莞太路城区工业园联丰楼401号	523000
33	L-GD00285	东莞市优游旅行社有限公司	22336999	22308699	东莞市东城街道新世界花园东城支路5号A铺	523000
34	L-GD00281	东莞市会通旅行社有限公司	22880005	23394436	东莞市南城街道莞太路美佳大厦首层	523001
35	L-GD00290	东莞市天马旅行社有限公司	82824444	82824422	东莞市常平镇东园南路16号裕隆大厦1208室	523573
36	L-GD00289	东莞市松山湖旅行社有限公司	22890202	22897688	东莞市松山湖管委会控股大厦五楼	523808
37	L-GD00286	东莞市宏途旅行社有限公司	23039032	23039066	东莞市南城街道黄金花园丰硕广场十一楼1106室	523000
38	L-GD00282	东莞市金泰旅行社有限公司	85199981	85199986	东莞市虎门镇人民南路91号之十	523900
39	L-GD00291	东莞市康泰旅行社有限公司	89995666	89990060	东莞市长安镇乌沙环南路4号之一	523850

续表

序号	许可证号	旅行社名称	电话	传真	企业地址	邮编
40	L-GD00292	东莞市飞马旅行社有限公司	33215681	23107272	东莞市寮步镇坑口三正乐事大街22号铺	523000
41	L-GD00294	东莞市捷旅旅行社有限公司	22886628	22819090	东莞市南城街道莞太路81号亨美工贸大厦75号商铺	523000
42	L-GD00293	东莞市车游天下国际旅行社有限公司	23392222	23390668	东莞市南城街道胜和体育路3号体育中心体育馆东面首层北段2号A铺	523000
43	L-GD00921	东莞市益生旅行社有限公司	82388238	82383666	东莞市长安镇长盛社区中兴北街68号益生大厦一楼商铺	523850
44	L-GD00966	东莞市瑞翔旅行社有限公司	88998666	88991234	东城街道东城中路辉煌大厦七楼D区28-33号	523000
45	L-GD00967	东莞市众信旅行社有限公司	87001666	87002666	东莞市虎门镇金桥商住楼太沙2号商铺	523900
46	L-GD00968	东莞市潮流假期旅行社有限公司	22361519	22361519	东莞市南城街道胜和社区体育中心足球场东区三楼	523000
47	L-GD00969	广东中旅（东莞）旅行社有限公司	23188777	23096188	东莞市南城街道新城市中心区会展北路东莞市会展国际大酒店首层二排商铺区110A号	523000
48	L-GD01025	广东风华国际旅行社有限公司公司	22010355	22013477	东莞市莞城街道东城大道248号	523000
49	L-GD01024	东莞市环宇旅行社有限公司	89779956	22888358	东莞市南城街道宏成国际五金机电批发城	523000
50	L-GD01129	东莞市华南旅行社有限公司	22453913	22453913	东莞市南城街道新城市中心区簪花路18号	523000
51	L-GD01256	港中旅（东莞）国际旅行社有限公司	23329888	23326663	东莞市南城街道胜和路华凯大厦物业首层13号	523129
52	L-GD01307	东莞市国通旅行社有限公司	23032223	23032226	莞城街道东城南路东升大厦一楼4号	523000
53	L-GD01343	东莞市晨华旅行社有限公司	22201168	22992111	东莞市南城街道东莞市新城市中心区元美东路东侧东莞市商业中心二期百安中心A幢903号	523000
54	L-GD01352	广东飞扬旅行社有限公司	23396988	23399123	东莞市南城街道三元里社区公寓一号楼四楼A01号	523000
55	L-GD01353	中国国旅（广东东莞）旅行社有限公司	23135388	22021260	东莞市莞城街道金牛路41号亚洲大厦一楼	523000
56	L-GD01405	东莞市猎狐旅行社有限公司	23329936	23327237	东莞市东城街道主山高田坊联动大厦六楼608号	523120
57	L-GD01490	东莞市中港旅行社有限公司	22255278	22255119	东莞市南城街道胜和花路顶好大厦A405号	523000
58	L-GD01774	东莞市行知旅行社有限公司	22761666	22369246	东莞市南城街道鸿福西路中段阳光大厦19号	523000
59	L-GD01785	东莞市乐游天下旅行社有限公司	28823536		东莞市万江街道共联社区东晨商厦B座二楼	523000
60	L-GD01801	东莞市华粤旅行社有限公司	88881886	88881846	东莞市中堂镇107国道新鹤田路口耀鸿大厦地面铺103单元	523000

续表

序号	许可证号	旅行社名称	电话	传真	企业地址	邮编
61	L-GD01832	广东东旅国际旅行社有限公司	22477878	22466009	东莞市莞城街道学院路林科所综合大楼287号	523000
62	L-GD01916	东莞市玩美假期国际旅行社有限公司	81616520	85059146	东莞市虎门镇连升北路600号嘉达明苑3A2号	523000
63	L-GD01968	东莞市出行易旅行社有限公司	33333339	88989666	东莞市东城街道桑园村银贵路2号（广仁驾校一楼）	523000
64	L-GD02032	东莞风光旅行社有限公司	85117666	85112746	东莞市虎门镇虎门大道37号	523000
65	L-GD02089	东莞市庆华旅行社有限公司	22412168	22419556	东莞市南城街道莞太路38号二楼之二A区	523000
66	L-GD02090	东莞市汇顺旅行有限公司	22326888	22326222	东莞市东城街道东城南路联和商业大厦七层708室	523129
67	L-GD02111	东莞新景界东青游国际旅行社有限公司	23629838	22100202	东莞市南城街道东骏路28号东骏豪苑一期商铺B铺105A	523000
68	L-GD02118	东莞市东之旅旅行社有限公司	22022827	22022283	东莞市莞城街道金牛路41号亚洲大厦三楼302室	523000
69	L-GD02119	东莞市莞之旅旅行社有限公司	83331536	83331537	东莞市常平镇振兴三街15号	523000
70	L-GD02120	东莞市南方之旅国际旅行社有限公司	85582800	85033068	东莞市厚街镇中兴路49号裕丰大厦6CD号	523000
71	L-GD02156	东莞广越旅行社有限公司	22687688	23025288	东莞市莞城街道香港街八达电子城4楼）	523000
72	L-GD02157	东莞市飞越梦旅行社有限责任公司	22993210	23022297	东莞市南城街道西平宏伟东四路明致商务中心B区第六层B605号	523000
73	L-GD02185	东莞市山水旅行社有限公司	22881118	22233777	东莞市东城街道东城中路422号格兰名筑5栋商铺01、02号房	523000
74	L-GD-02223	东莞驴妈妈国际旅行社有限公司	22762136	22333555	东莞市莞城街道创业社区莞太大道十一号一楼	523000
75	L-GD-02224	东莞市中航旅行社有限公司	33539051	22111179	东莞市南城街道建设路16号西区3、4号铺位	523000
76	L-GD-02225	东莞市凤凰假日旅行社有限公司	22889118	22889109	东莞市南城街道江南世家A096号	523000
77	L-GD02249	东莞市平安假期旅行社有限公司	26267966	26267866-819	东莞市莞城街道兴塘社区东城大道65号2座4号六楼方中大厦604号	523000
78	L-GD02250	东莞市绿野旅行社有限公司	222248743	22248743	东莞市莞城街道罗沙社区莞龙路叫尾工业区智慧小镇创意产业园二期D栋201室	523000
79	L-GD02248	广东新纪元国际旅行社有限公司	22115107	22115771	东莞市南城街道莞太路与建设路交汇处福民大厦北楼709号	523000
80	L-GD02254	东莞市途乐旅游有限公司	82079099	87884658	东莞市塘厦镇花园新街北九巷五号	523000
81	L-GD-02271	东莞市康旅国际旅行社有限公司	23181222		东莞市南城街道宏伟路1号景湖时代花园14栋03号铺	523000

续表

序号	许可证号	旅行社名称	电话	传真	企业地址	邮编
82	L-GD02281	东莞市说走就走旅行社有限公司	22661355	22666155	东莞市莞城街道街道创业路80号一楼	523000
83	L-GD02307	广东广青国际旅行社有限公司	22883995	22883551	东莞市南城街道宏伟路金地格林小城罗兰院29号	523000
84	L-GD02314	东莞市非凡旅行社有限公司	86112515	86185776	东莞市石龙镇上塘西路22号	523000
85	L-GD02335	广东美程国际旅行社有限公司	22469333	22880105	东莞市东城街道主山社区东纵路208号东城万达广场B区6幢办公室1509	523000
86	L-GD02391	东莞小雅旅行社有限公司	89876373	23299826	东莞市万江街道金泰社区周屋基碧海大厦二楼201、202	523000
87	L-GD02414	东莞市星星之旅旅行社有限公司	22491277	22315449	东莞市南城街道胜和簪花路综合楼三楼A区	523000
88	L-GD02428	东莞市快车旅游有限公司	85181763	85103303	东莞市虎门镇博涌社区卢屋创富大厦五楼518室	
89	L-GD02462	东莞市嘉华旅行社有限公司	85928888-6615	85980186	东莞市厚街镇家具大道1号广东嘉华酒店主楼三十七层	
90	L-GD02498	东莞市火车头旅行社有限公司	23308292	23093228	东莞市莞城街道兴塘社区东平街223号B306-1室	
91	L-GD02499	东莞宝中旅行社有限公司	22039118	22033808	东莞市莞城街道创业社区莞太大道5号讯通大厦D5号商铺	
92	L-GD02500	广东易途国际旅行社有限公司	89977525	22242187	东莞市南城街道鸿福西路国际商会大厦510-2号	523000
93	L-GD02541	东莞市新里程旅行社有限公司	22013812	22013857	东莞市东城街道文华路333号财源国际广场十二楼1201号	
94	L-GD02542	东莞市小麦国际旅行社有限公司	23293380	23293380	东莞市莞城街道莞太路34号东莞创意产业中心园区11号楼203A号室	
95	L-GD02688	广东智慧国际旅行社有限公司	26265080		东莞市莞城街道向阳路恒大金碧华府4座商铺327号房	
96	L-GD02689	广东世纪中润国际旅行社有限公司	22498206		东莞市莞城街道创业社区八达路169号中环大厦510单元	
97	L-GD02740	中青国际旅行社（东莞）有限公司	88031195	88033851	东莞市南城街道胜和社区胜和广场D座1408	
98	L-GD02775	东莞口岸国际旅行社有限公司	22027766	88013256	东莞市南城街道胜和社区福民大厦北楼十二层03号	
99	L-GD02776	东莞市卓鹰旅行社有限公司	27231213	88030068	东莞市南城街道新基路15号新基大厦201室	
100	L-GD02777	广东联安旅行社有限公司	27285288	27281788	东莞市南城街道周溪众利路84号聚大电商产业园微信楼619-620	
101	L-GD02784	东莞美好时光国际旅行社有限公司	21228888	22222283	东莞市南城街道胜和社区建设路16号树熙大厦（南城科技大厦）0809室	
102	L-GD02785	东莞市爱尚旅行社有限公司	89837799	89837799	东莞市东城街道樟村文华路299号田禾东城国际食品交易C区18栋137号	

续表

序号	许可证号	旅行社名称	电话	传真	企业地址	邮编
103	L-GD-CJ00004-DGFS001	广州广之旅国际旅行社东莞分公司	22480230	22500948	东莞市莞城街道东纵大道地王商务中心1107号	523015
104	L-GD-CJ00039-DGFS001	深圳中国国际旅行社有限公司东莞分公司	22388000	22100202	东莞市南城街道南城体育馆	523007
105	L-GD-CJ00001-DGFS001	中国国旅（广东）国际旅行社股份有限公司东莞分公司	22386331	22386330	东莞市莞城街道金牛路亚洲大厦三楼310-311室	523000
106	L-GD-CJ00003-DGFS001	广东省中国青年旅行社东莞分社	22337222	22338807	东莞市南城街道三元里社区财津商务大厦十二楼1201-1216号	523000
107	L-GD01451-DGFS001	广州名扬国际旅行社有限公司东莞分公司	81706666	86625838	东莞市石龙镇红棉路一号第一层1F150-2号	523321
108	L-JS-CJ00107-DGFS001	南京途牛国际旅行社有限公司东莞分公司	81288994	81288994	东莞市东城街道温塘庆丰花园独立商铺12号	523000
109	L-GD-CJ00017-DGFS001	广东中信国际旅行社有限公司东莞分公司	22885111	22885100	东莞市南城街道胜和簪花路顶好大厦A座四楼407房	523000
110	L-JS-CJ00070-DGFS001	同程国际旅行社有限公司东莞分公司	33352100	22503676	东莞市东城街道岗贝雍华庭49A号	523000
111	L-GD-CJ00201-DGGCFS001	广州市金马国际旅行社有限公司东莞市莞城分社	23322880	23322880	东莞市莞城街道东城大道266号望族家园5号铺之一	523000
112	L-GD-01317	广东光大国际旅行社有限公司东莞分公司	22230999	23025077	东莞市莞城街道东城大道金澳花园A座315号	523000
113	L-GD-CJ00025	广东风光国际旅行社有限公司东莞分公司	22458168	22473428	东莞市莞城街道东城大道192号	523000
114	L-GD-CJ00032	广东南方传媒国际旅行社有限公司东莞分公司	88016116	88016040	东莞市莞城街道兴塘社区东城西路海联大厦五楼	523000
115	L-GD-00386	清远市开心假期旅行社有限公司东莞分公司	33353253	3333814	东莞市企石镇铁炉坑村长和墟西兴街41号	523000
116	L-GD-CJ00228	腾邦旅游集团有限公司东莞分公司	22998311	22998311	东莞市南城街道新城社区鸿福路102号汇成大厦406-407	523000
117	L-GD-CJ00056	深圳市宝中旅行社有限公司东莞分公司	22020555	22033808	东莞市莞城街道创业路莞太大道5号讯通大厦九楼903室	523000

续表

序号	许可证号	旅行社名称	电话	传真	企业地址	邮编
118	L-GD-CJ00069	广东省拱北口岸中国旅行社有限公司东莞分公司	22025777	22029991	东莞市南城街道莞太路与建设路交汇处福国大厦北楼1209房	523000
119	L-GD-CJ00018	广东和平国际旅行社东莞分公司	22809686	22809687	东莞市南城街道新城市中心元美路黄金花园17号二层	523000
120	L-JS-CJ00107	南京途牛国际旅行社有限公司东莞厚街分公司	81288994	85752389	东莞市厚街镇珊美村陈家坊松山公园侧路17号	523000
121	L-JS-CJ00318	华人国际旅行社有限公司东莞分公司	86186188	86186189	东莞市石龙镇中山东社区裕兴路金沙首层商铺78号	523000
122	L-JS-CJ00009	广东熊猫国际旅游有限公司东莞分公司	22206717		东莞市东城街道岗贝社区东城西路雍华庭都市E站1502	523000
123	L-GD-CJ00301	广东青之旅国际旅行社有限公司东莞东城分公司	22509669		东莞市东城街道主山东纵路208号东城万达广场B幢办公楼办公601号	523000
124	L-BJ-CJ00423	盈科美辰国际旅行社有限公司东莞分公司	22998806	23012821	东莞市莞城街道向阳路恒大华府5座商铺305号房	523000
125	L-GD-CJ00052	深圳市海外国际旅行社有限公司东莞分公司	88016660	88016969	东莞市莞城街道可园南路33号福禧大厦七楼707室	523000
126	L-GD-CJ00041	深圳市口岸中国旅行社有限公司东莞分公司	26266148	26266147	东莞市南城街道胜和银丰路银城大厦4A09号	523000
127	L-GD-WZ00022	深圳前海大航假期旅游有限公司东莞分公司	82818306	82818309	东莞市寮步镇寮步社区蟠龙花园40号地铺	523000
128	L-GD-CJ00485	深圳市悦中旅游有限公司东莞分公司	82527649	82527649	东莞市凤岗镇塘沥村东深公路旁龙福花园E栋商铺76-2号铺	523000
129	L-GD-02006	平远县山水漫画国旅旅行社有限公司东莞分公司	22248070	22248070	东莞市莞城街道创业社区莞太大道5号讯通大厦七楼716室	523000
130	L-JS-CJ00070-DGNCFS002	同程国际旅行社有限公司东莞南城分公司	33352100	22503676	东莞市南城街道宏伟路5号未来世界花园一期商铺13号	523000
131	L-GD-CJ00256	深圳市大自然旅行社有限公司东莞分公司	81587998	89026343	东莞市长安镇锦厦东门中路121号百汇金融大厦十一楼13室	523000
132	L JS CJ00107 正	南京途牛国际旅行社有限公司东莞长安分公司	82198577	82198577	东莞市长安镇长盛社区长青南路1号万科中心2栋101室	523000
133	L-GD-02237	广东洲际国际旅行社有限公司东莞分公司	81207541	28057701	东莞市南城街道鸿福路77号天诚康桥华苑首层109号商铺	523000

餐饮业

【餐饮业概况】 2017年，东莞市钻级酒家22家，其中5钻酒家20家；住宿和餐饮业生产总值比上年增长1.8%，固定资产投资3.01亿元、增长7.4%，住宿餐饮业零售额176.88亿元、增长9.3%。

（陈建枝）

【餐饮业质量安全提升三年行动计划实施再动员会】 2017年7月28日，东莞市组织召开餐饮业质量安全提升三年行动计划实施再动员会。各镇街（园区）分局（监督站）分管领导和业务骨干、市餐饮行业协会和市团膳行业协会负责人、市管餐饮单位法定代表人或负责人及其食品安全管理员约350人参会。会上，餐饮科对《东莞市餐饮业质量安全提升三年行动计划（2017—2019）》的制定过程及其主要内容进行详细解读，并通报各项目标任务的完成情况。

（陈建枝）

【“2017中国·雅江松茸美食节”走进东莞活动】 2017年8月3日，四川甘孜“山地旅游节”之“2017中国·雅江松茸美食节”在东莞市举行。来自东莞、广州、深圳约70家餐饮企业齐聚一堂，有125道松茸原创菜式出炉参与评选。享有“中国松茸之乡”美誉的雅江县是东莞对口支援的地区，该次活动旨在以美食节为平台促进东莞市旅游餐饮业与雅江旅游餐饮业的合作交流，提升“中国松茸之乡”雅江的知名度和美誉度，促进雅江旅游业的综合发展，丰富雅江松茸的文化内涵。（陈建枝）

【钻石名菜和招牌美食评选】 2017年5月9—11日，东莞市举行钻石名菜、招牌美食评选，活动吸引东城、南城、万江、长安、厚街、石排、寮步、常平、清溪等镇街32家餐饮企业参与，其中既有五星级酒店、五钻酒家，有特色餐吧、西餐厅、主题餐厅和异国特色餐厅，又有地道农庄和菜馆等。菜系涵盖中餐、日餐、法餐、泰国菜、川菜、粤菜和东莞特色菜。该次评选出22道钻石名菜、28道招牌美食、13家最佳婚宴场所以及12个最受欢迎连锁餐饮品牌。

（曾梓丹）

塘厦三正半山酒店

2017年东莞市钻级酒家情况

序号	企业名称	等级
1	东莞市锦绣饮食有限公司	五钻
2	东莞东海海都饮食有限公司	五钻
3	东莞世博唐宫海鲜舫有限公司	五钻
4	东莞市大朗帝豪花园酒店	五钻
5	东莞市常平美怡登酒店	五钻
6	东莞市塘厦三正半山酒店有限公司	五钻
7	东莞市富盈酒店有限公司	五钻
8	东莞市莞香楼饮食服务有限公司	五钻
9	东莞市常平海霞酒店	五钻
10	东莞市中堂中明海鲜酒家	五钻
11	东莞市丰泰花园酒店有限公司	五钻
12	广东嘉华酒店有限公司	五钻
13	东莞市樟木头三正半山酒店有限公司	五钻
14	东莞市华尔登国际酒店有限公司	五钻
15	东莞市江龙大酒店有限公司	五钻
16	东莞市天悦酒店有限公司	五钻
17	东莞市欧亚国际酒店有限公司	五钻
18	东莞市老饭店有限公司	五钻
19	东莞海都六福饮食有限公司	五钻
20	东莞市石排海霸酒楼	五钻
21	东莞市名厨御膳饮食服务有限公司麻涌分公司	四钻
22	东莞市明湖饮食管理有限公司	三钻

2017年东莞市最佳婚宴场所和最受欢迎连锁餐饮品牌

2017最佳婚宴场所		2017最受欢迎连锁餐饮品牌	
序号	店家名称	序号	品牌名称
1	东莞石碣富盈酒店	1	溢发烧腊
2	东莞迎宾馆	2	鹤留山
3	东莞厚街富盈酒店	3	三禾寿司
4	稻香集团	4	非烤勿扰
5	欧亚国际酒店	5	水墨田塬
6	江龙酒家	6	冠菌火锅
7	锦绣酒楼	7	稻香集团
8	名厨御膳（麻涌店）	8	横沥牛庄
9	美怡登酒店	9	粤姐开饭
10	拉文德法式铁板料理	10	连盛茶餐厅
11	东海海都酒家	11	秦关面道
12	海都六福喜宴	12	伯顿西餐
13	东莞老饭店		

2017年东莞市钻石名菜和招牌美食

钻石名菜			招牌美食		
序号	企业简称	获奖菜式	序号	企业简称	获奖菜式
1	莞香楼	莞香鸡	1	莞香楼	南乳吊烧鸽
2	湖景西餐厅	时尚海鲜锅	2	拉文德法式铁板料理	普罗旺斯海鲜汤
3	棠心鲍	棠心鲍有汁乳鸽	3	湖景西餐厅	法式香煎鹅肝
4	顺风山庄	古法烧肉	4	泰好玩—泰味小馆	泰好玩冬阴功汤
5	粤姐开饭餐饮连锁	砂锅牛三鲜	5	莞鱼1985	功夫酸菜无骨青竹鲩
6	东城南北行	三珍金汤竹笙酿	6	粤姐开饭餐饮连锁	霸王化皮烧肉
7	东城南北行	小米雪花嫩肋排	7	一哥山顶农庄	德庆竹篙粉
8	祈康膳坊	松露有机黄豆腐	8	祈康膳坊	翡翠野米石榴球
9	东莞石碣富盈酒店	鸿运乳猪全体	9	伟记烧鹅	伟记烧鹅
10	奇香菜馆	奇香鸡	10	联丰酒家	梁坤云吞王
11	海灞酒店	金汤白雪藏龙	11	东莞石碣富盈酒店	龙腾四海
12	稻香集团	松露带子百页卷	12	奇香菜馆	咖喱龙虾
13	美怡登酒店	美怡归心	13	海灞酒店	香芒猪颈肉
14	欧亚国际酒店	话梅汁大虾	14	稻香集团	上汤野米炖白菜
15	浓味家宴	客家焖老鹅公	15	稻香集团	松软叉烧包
16	江龙酒家	灌汤黑椒烧鹅皇	16	稻香集团	稻香烧鹅皇
17	东莞厚街富盈酒店	梅子大叶鳗鱼卷天妇罗	17	美怡登酒店	浓情蜜意
18	锦绣酒楼	黄金鳕鱼	18	長和茶餐厅	荔枝柴烧鹅
19	约吧西餐	匈牙利式炖牛肉	19	龙门客栈	荷花风骚肉
20	名车悦膳	沉香鸡汤	20	海月食府	招牌琵琶乳鸽
21	东越馆	泰式粗盐焗鱼	21	东莞厚街富盈酒店	紫苏豆腐虾球
22	牛顿喜马拉雅岩盐餐厅	澳洲安格斯战斧牛扒	22	东莞厚街富盈酒店	黑松露脆皮鸡
			23	锦绣酒楼	白玉翠虾
			24	约吧西餐	香酥鸡翅花
			25	日本东莞商会	大师有礼之川椒鸡
			26	名车悦膳	生醉活辽参
			27	东越馆	冬阴功过桥鱼
			28	东越馆	喷令咖喱鲜鱿鱼

金融业

BANKING

众创金融街 （南城街道供图）

编辑：王学林 贺 平 郭佩文

金融业综述

【金融业概况】 2017年，东莞市金融业实现增加值474.32亿元，居全省地级市首位，比上年增长7.4%，占地区生产总值6.3%，居全省地级市第二位。全市有银行、证券、保险等金融机构129家，另有小额贷款公司、融资性担保公司、融资租赁公司等新兴金融业态机构超100家，金融机构密集程度居全国地级市前列。全市各项存、贷款余额12497.5亿元和6986.5亿元，均居全省地级市第二位，增量分别排名全省地级市第一、第四位。全市证券交易额成交量累计3.21万亿元，约占全省1/10。全市累计实现保费收入468.1亿元，占全省（不含深圳）14.29%，连续八年位居全省地级市首位。村镇银行数、“新三板”挂牌企业数和在中国证券投资基金业协会登记的基金管理机构数均居全省地级市第一。

【金融业综合政策出台】 2017年，东莞市相继出台《关于加快培育发展新兴金融业态推动实体经济发展的实施意见》《东莞市鼓励企业利用资本市场扶持办法》《东莞市促进融资担保和小额贷款行业发展实施办法》《东莞市推进普惠金融发展实施方案》等政策文件，培育发展股权投资基金业，推动东莞市企业在境内外上市步伐加快，坚持提高直接融资比重与防控金融风险并重，为构建更高水平金融供给打开新局面。

【社会直接融资渠道拓宽】 2017年，东莞市推动境内外上市企业增至43家（年内新增10家，为历年最多），增量居华南地区地级市第一；新三板挂牌企业增至202家，居华南地区地级市首位、全国地级市第三位；在区域性股权交易市场挂牌企业超500家。此外，设立总规模526亿元的市镇两级引导基金，增强众创金融街、龙湾梧桐资本小镇、松山湖基金小镇等载体的集聚效应，带动153家备案基金管理机构落户（管理基金387只，居华南地区地级市首位），助推一批制造业企业提速发展。据统计，东莞市社会直接融资比重提升至22.8%，比上年提高5.8%。

【金融科技产业融合发展推进】

2017年，东莞市政府与各类市场资本合作成立包括60亿元“倍增计划”产业并购基金、50亿元产业投资基金等在内的不同类型引导基金，撬动金融资源加速向初创科技企业、高成长企业和“倍增计划”试点企业配置。推动民间资本合作组建首期注册资本100亿元的东莞民营投资集团，开展产业投资、股权投资及类金融投资等创投业务。支持东莞科技创新金融集团开展政策性融资担保业务；将“拨贷联动、贷贴联动、贷奖联动”试点工作从3家银行科技支行向全市推广，引导19家合作银行重点开发推广一批非抵押、非担保公司担保的新型信贷品种。

2017年3月13日，东莞信托专项基金签约仪式举行

（市人民政府金融工作局供图）

2017年4月26日，由东莞市人民政府指导、松山湖（生态园）管委会主办、广东佰顺资产经营管理有限公司协办的松山湖基金小镇启动工作会议举办

（市人民政府金融工作局供图）

【金融资源配置效率提升】

2017年，中国建设银行股份有限公司广东省分行等10家金融机构与东莞市政府签订框架合作协议，授信金额4400亿元。辖内金融机构组建跨金融、企业管理、财务等多领域的专家组建智库，走访“倍增计划”试点企业100家次，有针对性地为企业提供财务安排、上市辅导、并购重组等方面的专业化服务，银行机构推出“东莞倍增贷”“云税贷”等多款创新产品，满足214家倍增试点企业的融资需求。截至年底，东莞市倍增企业贷款余额285.1亿元，比年初增长19.1%，增长率为同期全市各项贷款余额增长率的2.84倍；倍增试点企业中新增上市企业7家、“新三板”挂牌企业4家，实现直接融资近52亿元。（周锐钊）

【全省唯一拥有信托、证券总部的地级市】 2017年3月29日，由21世纪经济研究院、21世纪经济报道、南方财经全媒体集团联合出品的《2016年城市金融竞争力指数报告》发布。该报告选取25座城市，从宏观、金融机构实力、融资能力、金融绩效、软环境、监管机构和交易所六大二级指标入手，根据50多项三级指标，测算样本城市的金融竞争力指数。从测算结果看，前十名分别为北京、上海、深圳、广州、南京、天津、成都、西安、重庆、杭州。东莞市位列第24名。该报告指出，东莞市是广东省唯一拥有信托、证券总部（东莞信托、东莞证券）的地级市。

【26个金融项目集中签约】

2017年3月9日，东莞市有26个金融类项目集中签约，授信或募资金额约2800亿元。在集中签约的26个金融类项目中，产业基金和类金融项目有22个，总规模411亿元，包括：总规模100亿元的前海股权交易（东莞）中心的龙湾梧桐资本小镇暨水乡天地创新要素聚集示范

园区项目等；银行授信类项目有4个，总授信额度2400亿元，包括中国人寿广东分公司、广发银行总行授信1000亿元等。

【普惠性科技金融试点】 2017年2月28日，东莞市科技局、中国建设银行东莞市分行联合召开普惠性科技金融试点工作启动仪式，标志东莞市开启普惠性科技金融试点工作。该政策一改原来的政府推荐制，由省科技厅与中国建设银行开创性设计出一套专属评价小微科技企业创新综合实力的评价体系《小微科技企业“技术流”“能力流”科技创新综合实力评分卡》（简称“技术能力流评分卡”）。该体系从中小微型科技企业的技术创新能力（称为“技术流”）和科技企业及企业核心团队的运营驾驭能力（称为“能力流”）两大方面考察科技企业的综合实力。省科学技术厅、建设银行广东省分行选取广州、东莞、佛山、珠海4个地市和粤东西北的汕头、湛江、清远3个地市进行试点，而东莞市是全省首个启动工作的试点城市。“技术能力流评分卡”适用对象广泛，满足以下标准之一即可：进驻省级及以上科技企业孵化器或众创空间的在孵科技企业；企业名下有一项授权且有效的发明专利，企业名下有1项有效的软件著作权，企业名下有2项有效的实用新型专利，企业名下有3项有效的外观专利均可适用。使用“技术能力流评分卡”的项目可获得建设银行24项融资和综合服务，如当技术能力流得分大于或等于50分，在东莞地区的企业最高可获400万元的“税易贷”信用贷款，得分大于或等于60分，企业最高可获200万元的“科技信用贷”贷款额度。

（王学林）

附：2017年东莞市人民政府金融工作局主要领导名录

局　长：何锦成

中国人民银行东莞市中心支行

【金融调控】 2017年，中国人民银行东莞市中心支行引导金融机构加大对“东莞制造2025”战略、“倍增计划”等重点领域的金融支持力度，向实体经济“输血造血”。截至年底，东莞市金融机构本外币各项贷款余额6986.26亿元，比年初增加440.61亿元，增长6.7%；各项存款余额12497.97亿元，比年初增加952.87亿元，增长8.3%；存贷款余额稳居全省第4位。运用货币政策工具，支持经济薄弱环节。运用再贷款、再贴现等多种货币政策工具，引导金融机构调整信贷结构，降低社会融资成本，推动供给侧结构性改革。2017年，累计提供21.5亿元的货币政策工具资金（支小再贷款5亿元，再贴现资金16.5亿元），惠及企业300多家。截至年底，小微型企业贷款余额1440亿元，比上年增加206亿元，增长16.7%，占全部企业贷款的46.6%，占比提高5.7%。

【辖区金融风险防范化解】 2017年，中国人民银行东莞市中心支行加强金融风险监测。构建金融业重大事项报告、银行账户管理、异常资金监测、跨境资金流动监测、金融及类金融行业风险监测等全方位、立体化的金融风险监测体系，加强对金融风险趋势演变的动态掌控。强化交叉性、跨市场金融产品的风险监测和预警，通过参与地区涉众金融领域形势分析暨防控金融风险联席会议等形式，共同研判金融风险形势，共商风险防范应对之策，守住不发生区域性、系统性金融风险的底线。推进存款保险工作，建立辖区存款保险投保机构风险监测工作机制，制订《东莞市存款保险突发事件应急预案（试行）》，完善辖区金融安全网建设。

加强金融机构监督检查　是年，中国人民银行东莞市中心支行牵头开展全市金融系统社会治安综合治理和平安金融创建工作，举办“平安金融”大型宣传活动，营造平安和谐的金融环境。开展“两综合、两管理”（综合执法、综合评估，开业管理、运营管理）工作，建立“双随机一公开”（在监管过程中随机抽取检查对象，随机选派执法检查人员，抽查情况及查处结果及时向社会公开）制度，对辖区各类金融机构开展综合执法检查和专项业务检查，指导和督促金融机构合规稳健经营，夯实辖区金融稳定的微观基础。

开展金融风险专项整治　联合有关部门开展互联网金融风险专项整治、处置非法集资、涉众金融领域矛盾纠纷专项治理、打击治理电信诈骗、“微盘”交易平台和违规交易场所排查处置等风险防控工作，重点牵头对第三方支付、黄金交易、虚拟货币等领域开展专项风险整治行动。打击洗钱、地下钱庄、假币犯罪等各类金融违法活动，规范金融市场秩序。是年，联合公安部门开展3次打击利用离岸公司和地下钱庄专项行动，破获地下钱庄非法经营案件46件。

【金融改革创新发展】 2017年，中国人民银行东莞市中心支行推进绿色金融、科技金融改革创新发展。落实全市绿色债券联络机制，指导东莞银行发行第一期20亿元的绿色金融债，并指导东莞农商行规划发行绿色金融债，加强对绿色产业项目的扶持，绿色金融理念得到传播和贯彻。围绕推动广深港科技创新走廊和“智慧东莞”建设，继促成市政府与中国银联开展战略合作后，协调推动中国银联以战略投资者身份入股东莞通公司，东莞市成为省内首个采用PBOC（中国人民银行）标准建设“城市一卡通”的城市。

推进开办企业服务便利化　优化业务流程，加强银行考核，压缩银行账户开立办理时间，企业开户便利度显著提升。围绕粤港澳大湾区发展战略，指导辖区银行机构推出全国首家“粤港澳商事登记银政通”服务，助力粤港澳大湾区建设。截至2017年，辖区中国银行、广发银行为6家港澳企业完成工商企业注册，实现商事登记离岸受理及远程办理。探索商事主体电子证照银行卡模式，极大降低企业办事成本，提高行政审批效率。

推进跨境人民币创新业务发展 坚持服务实体经济，促进贸易投资便利化，支持人民币“走出去”，宣传推广跨境人民币创新业务。2017年，东莞市跨境资金收入1059.68亿美元，支出857.84亿美元。全市跨境人民币结算额2140亿元，占同期跨境本外币收支总额的22.4%，净流入206亿元。截至年底，全市设立人民币资金池49个，全年办理人民币资金池备案业务12笔，人民币资金池收支总额14亿元。

【外汇管理服务水平提升】 2017年，中国人民银行东莞市中心支行将跨境资金流动管理作为服务实体经济发展的重要抓手，采取适时开展窗口指导、合理引导购汇需求、强化资金监测、开展业务核查等多项措施，监督和指导辖内金融机构规范开展业务，防范跨境资金异常流动风险，维护辖区外汇收支基本稳定。

妥善处理防风险与便利化 通过定期召开银企座谈会、约谈、风险提示函、分类管理、核查检查、行政处罚等一系列管理工具的应用，准确传导外汇管理政策，为银行、企业稳健发展提供针对性的专业服务。联合公安部门搭建地下钱庄交易对手快速查处通道，查处地下钱庄交易对手。落实外汇违法信息披露和检查情况通报制度，加大失信惩戒力度，完善地方外汇信用体系建设，震慑各类外汇违法行为，维护外汇市场秩序。

推进东莞市构建开放型经济新体制综合试点试验工作 抓住广东自贸区发展机遇，抓落实外汇管理改革新举措，鼓励辖区机构通过境外融资降低融资成本。2017年5月，办理辖区首笔自用熊猫债融资备案业务，金额合计8亿元；截至年底，累计办理265笔企业全口径跨境融资业务，折合18.77亿美元，帮助企业拓宽多元化的融资渠道；累计办理中资企业跨境融资业务1969.87万美元，帮助企业引入境外低成本资金。扶持有能力、有条件的本土企业开展对外投资活动，支持企业投资和经营“一带一路”等国家战略建设和能够促进国内产业结构升级、技术进步为目的的跨境并购及国际产能合作项目，推动跨境贸易投资便利化。

【金融服务基础设施和体系完善】 2017年，中国人民银行东莞市中心支行完成货币发行、国库经理、支付结算、开户受理、征信管理等各项工作任务，为实体经济发展创造良好的金融基础环境。截至年底，办理国库收支业务3607万笔，金额2753亿元，其中办理各级预算收入业务3589万笔，金额1772亿元；大小额支付系统发起业务2040.52万笔，收到业务2254.43万笔，清算金额合计33.58万亿元；受理个人信用报告查询业务21.55万笔，颁发开户许可证11万份，发放机构信用代码证9.76万张。

优化金融服务手段 推进普惠金融建设，推广非现金支付结算工具、小面额现金供应和兑换机制、残损人民币整袋交接等多项政策。完善金融统计体系，创新搭建东莞特色产业、大宗商品价格走势以及资管产品监测分析机制，提升金融研究服务水平。指导东莞市金融消费权益保护协会设立东莞市金融消费纠纷人民调解委员会，并成立专家库和调解员队伍，完善东莞市第三方非诉调解平台建设，满足社会主体不断增长的金融服务需求。截至2017年底，全市34家商业银行累计发行金融IC卡超过4700万张，位列全省地级市前列；指导金融消保协会调解案件28件，案件标的额6.46亿元，案件数量及金额均居全省首位，并率先实现全省首宗诉中调解，取得良好社会效益。 （倪佩敏）

附：2017年中国人民银行东莞市中心支行主要领导名录

行　长：张清山

银行业

【银行业概况】 2017年，东莞市银行业主动适应经济发展新常态，保持平稳健康发展的良好态势。全年全市有银行机构38个（含信托和代表处），网点数量1399个，从业人员2.65万人，小额贷款公司17家。

存款余额较年初有所增长 是年，东莞市本外币各项存款余额12497.97亿元，比年初增加952.87亿元，增长8.3%。其中，非金融企业本外币存款余额3841.73亿元，增加627.30亿元，增长19.5%；广义政府本外币存款余额2753.13亿元，增加401.73亿元，增长17.1%；非银行业金融机构本外币存款余额370.99亿元，减少272.45亿元，下降42.3%；住户存款余额5160.71亿元，增加217.14亿元，增长4.4%。

贷款余额较年初有所增长 是年，东莞市各项贷款余额6986.26亿元，比年初增加440.61亿元，增长6.7%。其中，住户贷款余额3616.94亿元，增加595.34亿元，增长19.7%；非金融企业及机关团体贷款余额3313.13亿元，减少156.34亿元，下降4.5%。

全市银行业金融机构实现拨备前利润253.55亿元，比上年增长2.4%；实现净利润138.75亿元，增长4.4%，扭转上年负增长势头。全年全市金融业增加值474.32亿元，占地区生产总值的6.3%。

【信贷投放结构】 2017年，从贷款投向看，东莞市贷款余额居前四位的行业分别是制造业（712.44亿元）、批发和零售业（653.68亿元）、房地产业（448.40亿元）、租赁和商务服务业（410.30亿元），贷款行业投向符合东莞产业特点。

小微企业贷款大幅增长 2017年，东莞市银行机构小型企业贷款余额1240.47亿元，比年初增加131.79亿元，增长11.9%；微型企业贷款余额199.69亿元，比年初增加74.34亿元，增长59.3%。分部门看，2017年，东莞市住户贷款余额3616.94亿元，比年初增加595.34亿元，增长19.7%；非金融企业及机关团体贷款余额3313.13亿元，比年初减少156.34亿元，下降4.5%。

房地产贷款增加较多，去库存政策作用明显 全年全市房地产贷款余额3331.12亿元，比年初增加540.28亿元，是全市新增贷款总量的1.23倍，增长19.4%，增速比上年下降22.4%，其中个人住房贷款余额2727.73亿元，比年初增加340.74亿元，占房地产贷款增量的63.1%，延续上年大量增加趋势。

【东莞市金融消费纠纷人民调解委员会揭牌】 2017年9月15日，东莞市金融消费权益保护协会设立东莞市金融消费纠纷人民调解委员会，并成立专家库和调解员队伍，完善东莞市第三方非诉调解平台建设。是年，中国人民银行东莞市中心支行指导金融消保协会调解案件28件，案件标的额6.46亿元，案件数量及金额均居全省首位，并率先实现全省首件诉中调解。

【东莞移动支付创新项目落地】 2017年，东莞市交投集团、东莞市轨道公司、中国银联于5月15日举行东莞通公司股改签约仪式，并于8月18日举行第一次股东大会，中国银联入股东莞通公司，标志东莞市移动支付创新项目落地。随着合作项目的开展，东莞市成为广东省首个采用PBOC（中国人民银行）标准建设“城市一卡通”工程的城市。

【全国首家“粤港澳商事登记银政通”服务推出】 2017年8月，中国人民银行东莞市中心支行指导辖区中国银行、广发银行推出全国首家“粤港澳商事登记银政通”服务，实现商事登记离岸受理及远程办理，助力粤港澳大湾区建设。截至2017年底，辖区中国银行、广发银行为6家港澳企业完成工商企业注册，实现商事登记离岸受理及远程办理。 （倪佩敏）

银行业监管

【银行业支持供给侧结构性改革】 2017年，东莞市推进辖内银行业供给侧结构性改革，引导金融活水流入实体经济。搭建市支柱特色产业、重大工程建设、“东莞制造2025”、转型升级“机器换人”和“倍增计划”项目信息共享平台，推动银行机构落实与地方签署的系列战略合作协议，持续增强信贷投放行业结构与东莞产业结构调整的协调性。截至年底，东莞市银行机构对制造业、房地产业、租赁和商务服务业、批发和零售业等支柱行业贷款5299.04亿元，占全部贷款余额的76%，较好满足东莞支柱行业发展对银行信贷的需求。通过落实绿色信贷统计制度、企业环境信用评价红黄蓝绿牌预警制度、涉环保违规企业名单共享制度，提示银行机构关注预警企业风险，科学化解过剩产能。至年底，东莞市落后产能重点关注行业贷款余额下降至0.72亿元，均为正常类贷款。支持科技金融发展。鼓励投贷联动机制研究和实践探索，争取创新投贷联动融资模式的先行先试资格。截至年底，东莞银监分局支持成立3个科技支行专营机构，18家主要银行与政府合作推广的“科创贷”等新型信贷品种。银行业小企业金融服务理念不断深化，涌现“信贷工厂”“银税合作”等多种贴合中小企业需求的金融服务模式。至年底，全市银行业小微企业贷款余额1791.67亿元，比上年增长13.61%，贷款户数超7.53万元，支持东莞市以小微企业为主体的实体经济发展。农村金融服务“三大工程”（金融服务进村入社区、阳光信贷和富民惠农金融创新三大工程）和“村村通”工作取得实效，实现乡镇金融网点全覆盖，使更多居民享受到便利的基本金融服务。稳步推进社区支行和小微支行的建设，批复设立社区、小微支行52家。

【金融风险防线筑牢】 2017年，东莞市银行业以体制机制改革为契机，完善风险管理体系建设，实行全面风险管理，不断提高风险管控能力，银行业资产质量持

2017年4月19日，东莞银监分局联合市公安局、学校及银行业金融机构等相关单位开展系列“送金融知识进校园”活动，提高在校学生金融风险识别及防范能力 （吴志伟 摄）

续提升。开展“三违反”“三套利”“四不当”和市场乱象整治等系列工作，重拳整治金融乱象，惩处违法违规行为，强监管严监管的态势基本形成，辖内银行业合规、审慎经营意识得到增强，强化服务意识，专注主业，经营行为趋于理性规范。开展涉众型金融不稳定问题专项治理，协调处置非法集资、银行从业人员涉及犯罪等重点领域问题。推动互联网金融专项整治，联合镇区开展校园网络借贷清理整顿，牵头组织对本地13个P2P（点对点网络借款）网贷机构开展现场检查。指导银行机构支持市反诈骗中心工作，配合查询银行账户1.13万个，止付、冻结银行账号914个，止付、冻结资金5797.69万元，堵住网络和电信诈骗漏洞，保护人民群众财产安全。

【银行业改革开放】 2017年，东莞市优化金融供给，培育新型银行机构种类及业务品种。支持两家个点法人机构开办信贷资产证券化业务和发行二级资本债券，推动东莞银行做好全市首家金融租赁公司筹建准备工作，为辖区筹建设立直销银行、财务公司提供政策支持，宣讲民营银行设立的相关政策，加大引导民间资本进入银行业力度。持续深化东莞开放型经济体系建设。配合市政府推进莞台金融合作试点、CEPA（《关于建立更紧密经贸关系的安排》的英文简称）政策落实、建设开放型经济试验区、建设自由贸易试验区的示范延伸区和优先拓展区等部署工作，鼓励玉山银行东莞分行、彰化银行东莞分行加大对东莞台资企业的服务力度。推动法人机构完善公司治理改革。指导法人机构将党建工作要求写入公司章程，加强股权股东管理，深入推进农合机构改制，召开村镇银行联动监管会议，指导四类法人机构健全“三会一层”架构和制衡有效、激励兼容的运行机制，督促董事会、高管层切实履行内控合规职责。鼓励银行机构尝试推出特色产品和服务，拓宽发展空间，提高综合竞争力；推进中小企业信贷业务，加快中小企业信贷专营机构建设；加快农村金融产品和服务创新，支持发展特色现代农业，推进新农村建设，确保农村有效信贷需求得到满足。

【金融消费者权益保护】 2017年，东莞市从多个维度持续加大消费者权益保护力度，为消费者获得安全的金融服务营造良好外部环境。全面推行银行理财及代销产品销售录音录像制度，采用暗访抽查、舆论监测、信访核查等方式对专区销售和“双录”执行情况全面开展后评价，遏止违规私售风险的蔓延。推广投诉事项快捷处置机制，提升不涉及违法违规的信访投诉处理效率及消费者满意度，将纳入投诉事项快捷处置机制的银行业金融机构从4个扩大至11个，督促银行业金融机构落实投诉处置主体责任。开展银行业消费者权益保护工作考核评价，组织辖内15家银行业金融机构开展2016年度银行业消费者权益保护工作考核评价，并对考核评价结果进行全辖通报，形成以评促改、以评促建、以评促管的良好工作局面。多渠道加强金融知识宣传普及，组织银行业金融机构开展“金融知识进万家”“送金融知识进校园”“送金融知识下乡”等多项宣传教育活动，提升金融消费者的金融知识水平，取得良好成效。（彭丹月）

附：2017年东莞银监分局主要领导名录

党委书记、局长：
刘震新（任至2月）
朱先威（4月到任）

银行选介

【中国农业发展银行东莞市分行】 截至2017年，中国农业发展银行东莞市分行各项贷款余额53.31亿元，比上年增加1.89亿元，增长3.67%；日均贷款余额53.97亿元，增加8.78亿元，增长19.44%。各项存款余额7.27亿元，比上年增加1.4亿元，增长24%。日均存款余额8.96亿元，比上年日均增加5.65亿元，增长1.7倍。全年，市农发行推进清单管理，开展各项专项整治及专项排查活动，抓好信贷管理、计划管理、财会管理和内控管理等基础工作，不良贷款保持为零，继续保持“四无”（无不良贷款、无重大责任事故、无违纪违规、无刑事案件）。

2017年，该行粮油贷款客户39个，粮油类贷款余额40多亿元，占全行贷款总额80%以上。市农发行围绕东西部扶贫协作和“万企帮万村”开展服务脱贫攻坚工作，两次深入东莞市对口帮扶云南省昭通市进行考察调研，推进东西部扶贫协作项目落地，开展扶贫贷款认定工作，支持国丰公司到国定贫困地区安徽省颍上县收购小麦和虎门公司招收贫困地区人员到该企业务工。（金梦慧盈）

附：2017年中国农业发展银行东莞分行主要领导名录

党委书记、行长：李定成

【中国工商银行股份有限公司东莞分行】 2017年，中国工商银行股份有限公司东莞分行（下称“工行东莞分行”）结合实现东莞市“六个跃升”工作目标，连续18年跻身工行全国地级市分行30强之列。截至2017年底，各项存款余额1176亿元，各项贷款余额795.7亿元，全年纳税总额3.57亿元，多年保持安全运营，获东莞市“税收突出贡献奖”等奖项，辖内单位和优秀个人获全国妇联“巾帼文明岗”和“广东金融五一劳动奖章”。

与东莞市滨海湾新区管委会签署战略合作协议 为响应粤港澳大湾区城市群发展规划，运用工行总行“珠三角区域信贷政策”，与东莞市滨海湾新区管委会签署战略合作协议，服务东莞市转型发展，参与城市品质提升、建设美丽东莞。响应国家“一带一路”发展战略，联合南非标准银行加强海内外银企互动交流，利用工商银行全球品牌优势，帮助莞企走出国门、走向世界。

支持东莞市重点企业规模和效益“倍增计划” 坚持将服务地方建设和实体经济作为业务发展的依托点和着力点，加大对东莞市基础设施、轨道交通、水务治理和“倍增计划”等方面的金融支持，支持东莞市企业规模和效益倍增计划，定制专属“倍增计划”系列产品，创新推出“小企业倍增贷”专属融资产品，全年累计向东莞市倍增计划实际发放融资近70亿元，惠及近百家倍增企业，服务实体经济。

金融创新拓宽企业融资渠道 该行深度推进“e-ICBC3.0”与“智慧零售银行”建设，加大对普惠金融和新消费领域的创新力度，创新推出“工银安全卫士”“融安e信”“AI投”等特色产品，打造“支付+融资”“线上+线下”和“渠道+实时”等多场景应用。是年，工行东莞分行在多个业务领域实现突破，在结构化证券投资、核心供应链线上保理、出口应收账款池融资等多个领域实现“零”的突破，进一步拓宽企业融资渠道，全年累计为东莞市先进制造企业提供信贷资金近百亿元。 （欧伟龙）

附：2017年中国工商银行股份有限公司东莞分行主要领导名录

党委书记、行长：许长明

【中国农业银行股份有限公司东莞分行】 2017年，中国农业银行股份有限公司东莞分行本外币各项存款余额1144亿元，比上年增加91.2亿元；本外币各项贷款余额675亿元，其中，实体贷款比上年增加99.1亿元。党廉、运营和安全保卫考核居系统第一，全年无案件、无重大差错、无重大事故，实现安全平稳运营。获评第五届“全国文明单位”、“珠三角金融行业最具社会竞争力商业银行”、“市民最喜爱品牌”、“最优服务银行奖”、“东莞最受用户喜爱银行卡”。

支持实体经济 围绕政府基础设施重大项目开发建设情况，倾斜信贷资金支持，发放政府基础设施建设贷款45.6亿元，重点支持轨道交通2号线、从莞高速、东莞港码头、路桥投资建设等大型基建项目；为先进制造业发放贷款34.3亿元，并严格控制“两高一剩”和过剩产能信贷投放；发展普惠金融，通过政府风险补偿基金、信用保证保险、财政直补担保等模式，帮助小微企业提高贷款成功率、降低申贷成本，每月小微企业申贷成功率均超过80%，小微企业贷款增长率18.5%，并积极落实小微企业收费减免政策，取消收费项目20余项。

助力乡村振兴 启动互联网金融服务“三农”“一号工程”，融合“惠农e贷”网络融资、“惠农e付”支付结算、“惠农e商”农村电商三大功能，让广大农村和农民能享受到更加方便快捷的现代金融服务；支持农业产业化龙头企业、新型农业经营主体等重点领域，涉农贷款比上年增加8.6亿元；开展“美丽村居”行动，与364个行政村签订《金融综合服务计划》，为村民、居民提供扫码支付、掌银、信使等互联网金融工具，并定做资产配置方案。

加快金融创新 创新实施“一优一新”专项信贷政策，推出政府增信贷、知识产权质押贷、股权质押贷、园区贷、供应链融资、纳税贷六大类中小企业信贷产品，满足优质中小企业的多元化融资需求；全面推广“企业注册易”“银政e线通”系统，实现新设企业注册、开户一站式电子化办理；自主研发农村集体资产网上交易保证金系统、镇街财政集中支付系统、法院代管款系统等多个业务处理系统，有效提高财政性资金运行效率和使用效益。

提升服务质效 建设智能化、数字化银行，全年投产大额存取款机300台、超级柜台279个，提升业务办理效率，有效解决网点排队难题；推行“2017美在农行·创星行动”，以“环境雅、功能全、服务优、团队专、风控严”为标准创建星级网点，不断升级优化网点软硬件设施，导入网点规范化管理，为广大客户提供一流金融服务；组织开展“六个走进”“金融知识进万家”“电信网络诈骗专项整治月”等宣传活动，维护消费者权益。 （谢航宇）

2017年，中国农业银行东莞分行推行“机器解放人”工程，全网点实现智能化、数字化服务 （中国农业银行东莞分行供图）

附：2017年中国农业银行股份有限公司东莞分行主要领导名录

党委书记、行长：冯必凤

【中国银行股份有限公司东莞分行】 截至2017年底，中国银行股份有限公司东莞分行本外币各项存款余额964.91亿元，比上年增加92.30亿元，本外币各项贷款余额713.23亿元，增加70.61亿元，存贷比73.92%，实现营业净收入29.69亿元。全年实现零大要案目标，获评“全国工人先锋号”“2017年度税收突出贡献奖”“2017年度东莞金融卓越品牌企业奖”“2017年东莞市民喜爱金融品牌”。

服务实体经济　支持重大建设项目36个，为从莞高速、广深珠、深圳外环等大型民生市政基建项目核定授信总量100亿元，为“轨道交通1号线工程”项目批复总量70亿元；牵头为省、市重点援疆项目“兵团草湖广东纺织服装产业园30万锭纺织示范项目”提供内部银团贷款3.38亿元；为“五大支柱产业”和“四大特色产业”投放信贷资金30亿元，服务民营企业授信客户超1000户，授信余额223亿元。同时，配合“三去一降一补”，严控僵尸企业、过剩行业投放，严格执行收费政策，取消或减免对公贷款承诺函手续费、企业银行承兑汇票敞口风险管理费等多项服务收费，仅银行承兑汇票敞口风险管理费一项就为企业减负1984.46万元。

金融创新服务　完成辖内70个机构智能柜台投产，累计投放智能柜台设备173台，客户等候时间平均压降24%；研发投产税单自助打印、工商查册系统，上线新版手机银行，线上可办理超200项金融业务，实现“一机在手，共享所有”；推动“支付促存”、加大GPI项目推广、优化现金服务流程，服务效能显著提高。

科创企业扶持　加大科创企业扶持力度，重点支持有创新能力和发展潜力优质中小企业和民营企业，协助市政府制定“倍增企业”清单，举办多场“倍增企业”专场投贷联动直通车，中小企新模式贷款余额超48亿元，为227户科技型企业申请纳入风险补偿池，纳入金额累计14亿元。

履行社会责任　投放“教育通宝”产品10.3亿元，服务教育企业174家；投放“医疗通宝”8250万元，与市人民医院等医疗机构合作云医院智慧医疗项目，缓解“看病排队难”问题，为市民发放社保卡超161万张；作为独家合作银行成功发放东莞市首批粤港银政通电子证照卡；与团市委合作，为6.1万名志愿者办理注册志愿者证；开展“金融知识进万家”，宣传、普及金融知识；推动精准金融扶贫，抽调优秀干部到韶关市新丰县长引村驻村扶贫；筹建青年志愿者服务队，开展多项志愿活动；在全市设立88个“中行温暖角”，为城市公共服务者提供饮用水、雨伞、充电装置等服务设施。　（刘飞悦）

附：2017年中国银行股份有限公司东莞分行主要领导名录

党委书记、行长：冯伯仲

【中国建设银行股份有限公司东莞市分行】 2017年，中国建设银行股份有限公司东莞市分行一般性存款时点余额1138亿元，比上年新增62.39亿元；各项贷款余额670亿元，新增135.1亿元，其中公司类贷款新增33.2亿元、个人类贷款新增101.9亿元；中间业务收入9.5亿元；拨备前利润24.78亿元、税前利润21.15亿元、经济增加值11.77亿元，3项指标均在系统排名第一。是年，分行获各类荣誉489项，其中国家级19项，省、市级470项，包括“第五届全国文明单位”“2012—2017年度企业文化建设优秀单位”“总行级企业文化建设示范单位”“第五届中国建设银行文明单位”等。

支持地方经济建设　是年，该行与东莞市政府签署粤港澳大湾区、滨海湾新区战略合作协议，分别给予2000亿元、500亿元综合授信支持；与松山湖科技园签署战略合作协议，给予300亿元综合授信支持；与东实集团签署75亿元战略合作协议；向天宇网络公司提供20亿元住房租赁专项融资服务。发挥基础建设领域传统优势，为交投集团、东财公司、东莞生态园、虎门港等市重点基建项目提供综合融资支持，支持城市建设及市属企业发展，至年末，市政类基础设施项目及市政客户贷款余额49.62亿元。围绕市政府公布的首批214家“倍增企业”，开展“倍增计划

2017年9月8日，建行广东省分行与东莞市政府在东莞市签署《支持与服务东莞市全面落实粤港澳大湾区城市群发展规划合作协议》

（李　建　摄）

企业”授信服务全覆盖活动，实施差别化审批绿色通道，全年实现有效授信客户覆盖199户，授信金额167亿元。

服务产业转型升级　是年，该行与东莞市政府签订《创新财政投入方式推进科技金融产业融合发展合作协议》，对科技型企业办理非抵押类非担保公司担保类贷款，给予优先支持。针对高新企业强化服务产品创新，先后推出专利权质押贷款、“投贷联”等业务产品，为东莞市1760家高新企业提供基础金融服务，服务覆盖率87%；为880家高新企业提供信贷支持，融资余额143亿元；纳入政府风险补偿金池贷款17亿元，支持企业511家，在全市18家签约银行中居于首位；为308家企业申请政府贴息，金额2156万元，降低企业融资成本。

落实普惠金融　是年，该行与东莞市科技局携手，启动普惠性科技金融试点工作，成为全省首个落实普惠性科技金融合作、首个落地普惠性科技金融专项资金池的试点城市行；以云税贷产品上线契机，加大对中小微企业的信贷支持力度，推进普惠金融工作，全年为3345家企业发放普惠金融领域贷款32.9亿元。　（李　建）

附：2017年中国建设银行股份有限公司东莞市分行主要领导名录

党委书记、行长：

范　题（9月离任）

李宝生（9月到任）

【交通银行股份有限公司东莞分行】　截至2017年底，交通银行股份有限公司东莞分行（简称交通银行东莞分行）资产总规模197.6亿元，各项存款余额185.6亿元，各项贷款余额116.7亿元。

2017年，交通银行东莞分行推动东莞综合交通体系建设，支持东莞港建设，成为东莞港最大授信银行，参与地铁1号线获取代理行资格、番莞高速项目银团贷款提供金融服务；是年交通银行东莞分行乔迁新址，以全新的企业形象、更加良好的金融服务助力发展；助推东莞倍增计划发展，交通银行东莞分行重视计划实施情况和名单客户，走访了解倍增企业名单客户；支持粤港澳大湾区项目建设，与滨海湾新区财政、控股公司建立沟通，加深合作关系，配合新区项目推进，投入更多资源，配套完善的合作服务。

是年，交通银行东莞分行参与“支付服务‘芯’贴心，惠普金融伴你行”大型央行支付结算暨防范电信诈骗网络诈骗知识普及活动，做好金融知识宣传普及工作，向群众讲解防范电信网络诈骗犯罪常识。在东莞市妇女联合会的指导与帮助下，交通银行东莞分行举行“最红心齐舞”沃德杯广场舞东莞站比赛，选出近19支代表队，近400人次参加。　（尹健斌）

附：2017年交通银行股份有限公司东莞分行主要领导名录

党委书记、行长：王　峰

【广发银行股份有限公司东莞分行】　截至2017年底，广发银行股份有限公司东莞分行有51个营业网点，遍布32个镇街。本外币各项存款余额592.95亿元，比年初增加69.92亿元，增长13.37%。存款规模在东莞36家同业中排名第六，在东莞股份制银行中排名第一，广发信用卡在东莞地区累计发卡210万张。是年，获评东莞主流媒体颁发“金口碑品牌”“2017东莞最具社会责任感企业”“2017东莞金融卓越品牌企业奖”“东莞最具创新性银行”“东莞最佳消费信用卡银行”“2017东莞市民喜爱行业品牌”“年度优质财富管理机构”“2017年度金质产品创新银行”。

助力地方经济发展　为“倍增计划”企业开通融资服务绿色渠道，配合政府部门及行业协会开展专场融资对接会53场。对“倍增计划”企业一对一服务，制订个性化融资方案。申请专项额度支持，加大对科技型小企业和市镇倍增计划小企业支持力度。与东莞市政府、中国人寿广东省分公司达成1000亿元基础设施建设项目金融信贷支持合作协议，实现政、银、保协同共赢，服务区域实体经济发展。

履行社会责任　10月13日，东莞中学举行2017年奖学金颁奖大会，广发银行将第19届奖学金颁发给东莞中学品学兼优的学生。10月31日，CBA联赛主赞助商中国人寿携手广发银行亮相“CBA第一馆”东莞篮球中心，广发银行以“CBA联赛官方合作伙伴”身份，展示“要投就投中国人寿，要刷就刷广发卡”生活场景，开启金融行业体育营销新主场。　（康惠萍）

附：2017年广发银行股份有限公司东莞分行领导名录

党委书记、行长：陈若鹏

【中信银行股份有限公司东莞分行】　截至2017年底，中信银行东莞分行自营存款余额490亿元，其中，对公存款余额390亿元，个人存款余额100亿元。贷款余额338亿元。是年，中信银行东莞分行加快业务发展，服务实体经济，履行社会责任，获评人民银行东莞分行2017年度外汇监管评级“A级”，反洗钱工作获人民银行东莞分行表扬和市公安局感谢，在全市金融行业和媒体评选活动中，获评“卓越综合融资服务银行奖”“行业影响力奖”“金质客户体验银行奖”“卓越零售银行品牌奖”“市民最喜爱银行品牌”。

助力地方经济发展　支持东莞市重点产业、重点项目和倍增计划企业，支持创新产业、绿色金融项目，贯彻执行国家普惠金融、优化农村金融服务、扶贫工作政策，提升对小微企业服务质量。

创新金融服务模式　深化“授信服务+交易银行”金融服务模式，搭建电子商务服务平台、跨境贸易服务平台、互联网金融支持平台，为各类境内、跨境企业提供专业金融服务；开展“金融知识进万家”“金融知识进校园”活动，开展“奉献友爱青春绽放”志愿者活动，组织志愿者到东莞市明昕言语训练中心等单位开展爱心捐赠。

（林传光）

附：中信银行股份有限公司东莞分行领导名录

党委书记、行长：张建强

【中国光大银行股份有限公司东莞分行】 中国光大银行股份有限公司东莞分行（简称“光大银行东莞分行”）成立于2009年12月，截至2017年底，设立6个网点，包括分行营业部、虎门支行、厚街支行、长安支行、大朗支行、东城支行。是年，光大银行东莞分行一般性存款余额101.04亿元，其中对公时点存款达到91.05亿，比上年新增20.25亿元，在上级分行系统内余额排名第二；储蓄时点存款9.99亿元，新增2.56亿元，在上级分行系统内余额排名第七。一般性贷款余额40.68亿元，其中对公一般性贷款余额为27.08亿元，比上年增加12.23亿元；对私贷款余额13.60亿元，增加2.96亿元。

光大云缴费平台 作为中国最大的开放式缴费平台之一，光大“云缴费”推出便民缴费新举措，搭建普惠金融新体系，与东莞多家企事业单位联合推出线上缴费服务，辐射万江、南城、松山湖等多个镇区，让用户可以足不出户完成水电费、物业费等缴费，打造“金融+生活”便民生态圈。

合规风控建设 提出“讲合规、强基础、增规模、提效益”工作方针，建立合规风控独立体系，完善制度及合规管理流程；加强对员工合规案防培训，将风险管理和业务发展相结合，提高风险识别能力；持续保持合规案防工作高压态势，通过对业务、财务、人员全方位排查，强化全员风险防范意识。

（张蜜蜂）

附：2017年中国光大银行股份有限公司东莞分行主要领导名录

党委书记、行长：游建皓

【平安银行股份有限公司东莞分行】 截至2017年底，平安银行股份有限公司东莞分行各项存款余额120.20亿元，比年初增加24.68亿元，增长25.84%；各项贷款余额102.85亿元，比年初增加8.3亿元，增长8.78%。资产总额187.6亿元，比年初减少33.91亿元，下降15.31%；负债总额183.30亿元，比年初减少35.70亿元，下降16.30%。受外部市场经营环境影响，同业资产负债都有所减少，系统内存放款项46.54亿元，下降58.36%；存放同业款项82.61亿元，下降27.68%。

截至2017年底，分行表外业务余额13.38亿元，比年初减少6.79亿元，下降34%。担保类12.34亿元，表外业务占比92.23%，比年初减少4.99亿元，下降28.79%。金融资产服务类1.04亿元，表外业务占比7.77%，全部是委托贷款业务，较年初减少1.8亿元，下降63.38%。主要受总行战略方针，做精公司业务，逐步退出传统业务，推动零售业务导致。盈利水平显著提升，与上年同期相比，分行2017年拨备前利润9.28亿元，增加3.37亿元，增长57.13%，拨备后利润3.27亿元，增加1.79亿元，增长120.22%，增长显著。

金融创新发展 分行发展投行业务，主要以债券承销、股票质押等债承及资本市场业务为主。另外，为迎合轻资产、轻资本企业生态的发展趋势，分行依托橙e网，布局产业互联网金融，橙e网定位于“供应链金融+互联网金融”应用平台，继承平安银行在供应链金融服务领域的领先优势，并推动基于企业交易行为和交易数据的金融创新，拓展传统业务空间；截至年底，分行整体存贷款规模达成总行要求，公司存款余额73.74亿元，较年初新增18.49亿元，增长25.07%；贷款根据总行要求达成提质增效进行把控，年末贷款余额16.04亿元。

风险水平保持可控 分行开展“三违反”“三套利”“四不当”及“十大市场乱象”专项整治排查工作和案件风险排查等活动，巩固日常业务风险管理，强化合规风险意识；围绕“法治教育年”的主题，全方位开展各项案防合规宣传教育培训与文化建设活动；开展党风廉政建设活动、一年两次大规模的员工行为管理方面排查，加强员工合规意识及合规理念；加强合规制度建设，使合规经营的理念更加深入人心；在反洗钱方面，报送重点可疑交易专报及线索6条、组织或参与反洗钱培训7次、开展洗钱风险专项排查3次、支行网点成功拦截的“六假”事件46笔，有效遏制洗钱犯罪活动。2017年11月26日，平安银行东莞分行响应中国人民银行东莞市中心支行号召，开展“反洗钱在行动.东莞”为主题反洗钱公益宣传活动。（雷惠明）

附：2017年平安银行股份有限公司东莞分行主要领导名录

党委书记、行长：

张金星（任至3月）

于　洋（3月到任）

【上海浦东发展银行股份有限公司东莞分行】 截至2017年底，上海浦东发展银行股份有限公司东莞分行本外币一般性存款余额189亿元，本外币贷款余额160亿元。本外币一般存款日均162亿元，不良贷款率0.21%。

是年，上海浦东发展银行股份有限公司东莞分行在浦发银行全国二级分行综合排名第一；虎门支行通过千佳复评，保持中国银行业文明规范服务千佳网点；长安支行当选中国银行业文明规范服务五星级营业网点。

6月，上海浦东发展银行股份有限公司东莞分行成为东莞市公积金归集银行，8月与东莞市公积金中心确定以“公积金上门提取服务”为“共联共建”项目，成为东莞市首家为缴存职工提供上门提取公积金的银行；并举办228场上门提取服务活动，范围覆盖东莞市23个镇街，服务人群约10万人次。

（雷转君）

附：2017年上海浦东发展银行股份有限公司东莞分行主要领导名录

党委书记、行长：莫沃林

【华润银行股份有限公司东莞分行】 截至2017年底，华润银行股份有限公司东莞分行资产总额43.17亿元，存款余额41.38亿元，比年初增加1.86亿元，增长4.71%，其中储蓄存款1.59亿元；各类授信余额36.24亿元。是年，华润银行股份有限公司东莞分行通过政策引导和过程控制，实现行业结构调整、贷款结构调整与风险控制的互促互进，在控制风险和商业可持续的前提下，推动绿色信贷流程、产品和服务创新，建立绿色通道，根据业务需要，将审查资源向绿色信贷产品倾斜，优先支持绿色信贷产品和服务的发展；开展“健康益起跑”线上线下活动，号召市民参与跑步运动，强身健体，弘扬体育精神，被东莞市爱心志愿者协会授予“爱心单位”称号。

（刘 恋）

附：2017年华润银行股份有限公司东莞分行主要领导名录

行 长：管礼江

【东莞银行股份有限公司】 截至2017年底，东莞银行股份有限公司资产总额2612.83亿元，比上年增加291.92亿元；负债总额2431.77亿元，增加276.48亿元，存款余额1746.80亿元，增加171.26亿元；贷款余额1008.68亿元，增加83.85亿元。是年，获东莞市“2017年度税收突出贡献奖”“2017年度主营业务收入前20名企业”；在英国《银行家》杂志的世界银行排名中位列全球银行

2017年8月24日，东莞银行股份有限公司韶关分行签订华南装备园入园企业资金扶持战略合作协议举行（东莞银行供图）

业384位（核心资本）、全国商业银行57位。

支持倍增计划 主动为倍增企业定制综合金融服务方案，向301家市、镇两级倍增企业授信，占倍增企业总数25.5%，授信总额137.42亿元。

创新科技金融发展 创新科技金融管理机制，加大科技创新创业企业的支持力度，科技企业授信客户387户，授信余额75.83亿元。

助力地方基础设施建设 推动政府产业基金项目，助力交通、民生、环保等项目融资需求，参与道滘、中堂、常平、石碣、东坑等镇街产业基金项目，参与份额19.68亿元。8月25日，东莞银行与东莞市滨海湾新区签署全面战略合作协议。

参与莞韶对口帮扶工作 与东莞、韶关有关方面，签署华南先进装备产业园入园企业资金扶持战略合作协议，为莞韶对口帮扶提供全面金融服务。筹措资金131.58万元，支持韶关市贫困村18个扶贫项目建设。

直销银行业务运行 12月，直销银行业务系统上线试运行，并启动把电子银行部转型为直销银行事业部。

履行社会责任 举办第十届“因专业而优越”东莞银行宏远篮球夏令营活动；组织志愿者120人次前往企石镇铁岗村、乐昌市两江镇等地开展访贫慰问，走访慰问40个贫困学生、18户贫困家庭儿童，并慰问孤寡、残疾人士；坚持筹办东莞银行教育基金、“东莞银行·东莞中学奖教奖学金”、“东莞银行扶志助飞公益项目”，7月1日，东莞银行在全市率先上线即时补换社保卡新业务。 （黄梓欣）

附：2017年东莞银行股份有限公司主要领导名录

党委书记、董事长：卢国锋

党委副书记、副董事长、行长：程劲松

【东莞农村商业银行股份有限公司】 2017年，东莞农商银行通过打造“零售金融、产业金融、小微金融、同业金融”四大金融品牌，提高服务实体经济质效，获评“全国最佳农村商业银行”“广东省自主创新示范企业”“东莞市2017年度税收突出贡献奖”“东莞市2017年度主营业务收入前20名企业”等，连续3次被银监会评为全国标杆农商银行，成为全国首家主体信用等级为AAA地市级农商行。截至年底，东莞农商银行集团资产总额3741.88亿元，位居全国地市级农商行首位，全国农信系统第6位；各项存款余额2248.88亿元，各项贷款余额1393.56亿元，

2017年11月27日，东莞农商银行广东自贸试验区南沙分行开业
（东莞农商银行供图）

存贷款规模连续22年位居东莞市银行业首位。

以零售金融提升客户服务水平 将零售金融作为业务发展中流砥柱，重点提升全渠道服务能力。对于线下渠道，加速推进网点智能转型，打造标杆星级网点，提高在行优质服务水平；对于线上渠道，通过优化手机银行、微信银行、O2O荷包社区，上线“D+Bank”直销银行等线上渠道，让客户体验互联网场景化智能金融服务。

以产业金融对接实体经济升级 以产业金融为业务发动机，通过对东莞市产业发展情况深度调研，拟订由高端制造、新一代信息技术、大园区、城市现代化、大环保、大教育、大医疗、模具、家具、食品饮料等产业集群组成的十大产业，作为“十三五”期间重点支持发展产业，并在2017年陆续推出“绿融通”“校融通”“银医通”等综合产业金融服务品牌，助推东莞产业转型升级发展。

提升小微客户服务体验 将小微金融定位为业务播种机，以“全面经营所有小微企业、全面经营小微企业的所有业务”为理念，建立小微客户成长平台和东莞市成长型企业联合会服务平台，创新推出“企业手机银行”“小微一卡通”两大结算产品，以“易微贷”、“利微贷”及“捷微贷”三大系列信贷产品，解决小微企业在结算与融资等方面各种难题，切实提升小微客户服务体验。（孙　璐）

附：2017年东莞农村商业银行股份有限公司主要领导名录

党委书记、董事长：王耀球
党委副书记、行长：刘晓东

【东莞信托有限公司】 截至2017年底，东莞信托有限公司资产总额43.25亿元，存续信托项目184个，管理信托资产规模459.71亿元。2017年为客户分配收益18.16亿元；公司实现净利润3.95亿元，缴纳税款2.09亿元。

产融结合助推企业倍增 联合多家市属国有企业，发起设立倍增企业优选股权投资基金，首期基金“倍增1号基金”成立，规模为1.22亿元，择优投资“倍增计划”名单企业以及东莞“1+6”区域内的优质企业；并联合虎门镇属企业筹备发行“倍增2号基金”，推动支持“倍增计划”企业发展。

拓展政府投资基金 东莞信托作为东莞市首个基础设施基金——东莞莞信基础设施和公共服务投资基金的实际管理人，与拟投资项目管理方洽谈投资项目，对东莞市水生态三期建设工程项目转型PPP模式进行论证，推动形成水生态三期建设工程项目投资的落地方案；东莞信托通过多种方式支持滨海湾新区基础设施建设，首个资金规模达6600万元的方案确立。

加强风险管理 制（修）订多项制度，涉及信托业务操作、风险资产管理、档案管理、合作机构管理、公司采购、反洗钱工作等方面，提升公司治理水平，完善风险防范机制。通过有保有压、定期排查等方式加强存量业务的管理。完善业务发展风险指引，制定《2017年信托业务发展指引》，从业务源头上防控风险；对存量续做客户采取优化担保措施并加强监管；退出风险隐患较大的项目，通过对部分项目增加抵押物等手段降低项目风险；贷后检查与风险排查相结合，加强对市场化项目的风险管理，及时掌握客户的风险变化及制定风险管理方案。

加强客户管理 推动产品采购与资产配置力度，加强资产配置团队的人员配置，并与外部机构达成采购产品合作；通过举办多种形式的客户活动，提升客户对公司的认知程度。

履行社会责任 向对口帮扶韶关乐昌市三溪镇仕坑村捐赠50万元，并将捐赠资金入股经营性资产形成收益用于提高仕坑村建档立卡贫困户的家庭经济收入；根据实际需要将财政定点帮扶资金用于对口帮扶大朗镇佛子凹村的环境整治项目。多次赴对口帮扶村进行实地调研、捐赠和慰问，组织员工向贫困户捐资捐物；并举办“东莞信托·与爱同行”公益徒步活动，全年向“东莞市慈善会东莞信托慈善基金”捐款120万元。（廖　雁）

附：2017年东莞信托有限公司主要领导名录

董事长：黄晓雯

【中国邮政储蓄银行股份有限公司东莞市分行】 截至2017年底，中国邮政储蓄银行股份有限公司东莞市分行各项贷款211.5亿元，新增18.6亿元。各项存款509亿元，其中个人储蓄存款新增50亿元，排名全市银行业第1位。信贷不良率0.3%；并获得“2017年度东莞诚信服务示范单位”“2017年度东莞最具社会责任感企业”“中国邮政储蓄银行2014—2017年度先进集体”等称号。

提升服务实体经济能力　该行与东莞市人民政府签署战略合作协议。重点支持“倍增计划”，向计划内80余家企业提供融资支持45亿元。围绕企业技术升级、设备更新改造，推出动产设备贷、科技贷；参与轨道交通、治污治水等重大基础设施项目建设，创新推出污水处理贷、民营医院贷；提供外汇结算、外汇贷款、境外人民币融资性担保等融资支持超过15亿元。

提升践行普惠金融能力　向中小企业投放资金超过110亿元，发放小额创业贷款5亿元，帮助3000余名创业者解决融资难问题。优化自助设备1300台，投放新型全功能自助机具40台，日均服务人次超过20万，累计为超过4000家企事业单位办理公积金归集业务，提取金额超过10亿元。

构建和谐金融环境　实施“阳光信贷”，减免个人结算转账、对公结算转账等50余项费用。先后推出信用卡“9折加油”“10元观影”“1元洗车”“悦享购物”“悦享美食”“清凉一夏”等优惠活动。成立金融消费者权益保护委员会，开展“普惠金融知识万里行”假币辨识、电信诈骗等宣传活动300余场，并获得“东莞市2016—2017年度反电信诈骗工作先进单位”称号。　（任东东）

附：2017年中国邮政储蓄银行股份有限公司东莞市分行主要领导名录

党委书记、行长：张胜春

【东莞长安村镇银行股份有限公司】　截至2017年底，东莞长安村镇银行股份有限公司（简称“东莞长安村镇银行”）下辖1个总行营业部、5家支行，资产总额达31.10亿元，各项存款余额25.97亿元，实现营业收入0.91亿元，税后净利润0.32亿元。东莞长安村镇银行股份有限公司农户和微小企业贷款余额占各项贷款余额比重为92.12%。是年，东莞长安村镇银行推出手机银行、企业网银业务，并成功签约东莞市移动支付智慧交通项目，拓宽服务渠道。根据长安镇经济特色及发展情况，重点推广“租金质押担保贷款”“个人二手房贷”；完善“红利贷”等产品。　（莫婉湘）

附：2017年东莞长安村镇银行股份有限公司主要领导名录

董事长：李志锋
行　长：麦永康

【东莞厚街华业村镇银行股份有限公司】　截至2017年底，东莞厚街华业村镇银行股份有限公司下辖总行营业部1个，一级支行1个，员工43人。资产总额5.39亿元，各项存款余额4.40亿元，各项贷款余额3.90亿元。是年，东莞厚街华业村镇银行股份有限公司适应本土“三农”及小微企业金融服务需求，推出宅基贷、租金质押贷、小额快易贷、村民小易贷、光伏贷、园易贷、社员贷等具有村镇特色的担保类、信用类信贷产品。年末涉农和小微企业贷款合计占总贷款余额91.53%。信贷投向涉及批发零售业、农林牧渔业、制造业、住宿餐饮业、居民服务和其他服务业，支持当地实体经济发展。（钟浪龙）

附：2017年东莞厚街华业村镇银行股份有限公司主要领导名录

董事长：杨国梁
行　长：黄柱恒

【玉山银行东莞分行】　2017年，玉山商业银行东莞分行丰富金融产品种类、拓宽结算服务渠道，向顾客提供更完整服务，开办借记卡业务与机构顾客理财业务。截至年末，分行资产总计21.17亿元、吸收存款15.76亿元、营业收入7167.63万元，保持零逾放佳绩。是年，分行延续台湾母行“金融业的模范生，服务业的标杆”经营理念，开业至2017年保持着零投诉纪录。在中国人民银行东莞市中心支行指导，东莞市金融消费权益保护协会开展2017年度金融消费权益保护评估工作中，分行综合评估得分97分，评估等级为优异。（杨翠珊）

附：2017年玉山银行东莞分行主要领导名录

行　长：吴怀宽（任至3月）
　　　　赖锦宏（3月到任）

2017年3月22日，东莞邮储银行大厦奠基仪式
（邮政储蓄银行东莞分行供图）

【彰化商业银行股份有限公司东莞分行】 2017年7月，彰化商业银行股份有限公司东莞分行获全国银行间同业拆借中心批准，可透过全国银行间同业拆借系统办理人民币同业拆借业务。客户群体以公司客户为主，在服务大陆地区台资背景企业客户的同时，兼顾当地企业客户拓展，为不同类型客户提供综合性金融服务。截至2017年底，彰化商业银行股份有限公司东莞分行资产总额折合人民币15.89亿元，比上年增加3.69亿元；负债总额5.12亿元，增加3.69亿元；吸收存款余额4.23亿元，增加3.48亿元，增长4.64倍；发放贷款余额3.95亿元，增加1.99亿元，增长98%，均为正常类贷款，无不良情况。全年营业收入4248.91万元，比上年增加1266.58万元；税前利润总额2982.95万元，实现净利润2237.22万元。 （陈红娣）

附：2017年彰化银行东莞分行主要领导名录

行　长：张琼文

保险业

【保险业概况】 2017年，东莞保险业实现总保费收入468.09亿元，比上年增长5.14%；总保费规模占全省14.29%，连续8年领跑广东省地级市。其中，人寿险公司保费收入343.74亿元，比上年增长1.85%；财产险公司保费收入124.35亿元，增长15.46%。财产险公司保费中，非车财产险保费收入达到19.27亿元，比上年增长47.18%，占财产险公司总保费15.51%，增长3.34%。

截至年底，东莞市产、寿险公司纳税8.31亿元，代缴个税7.18亿元，合计纳税15.49亿元；产险公司代收车船税2.2亿元。全市产、寿险公司有保险从业人员7.62万人，比上年增长7.0%，其中营销人员6.77万人，占总人力88.85%。全市保险业有效机动车保单达490.5万件，有效非车财险保单1284.9万件，有效人身险保单1281.5万件；机动车保险保额2.7万亿元，非车财产保险保额1.7万亿元，人身险保额6.5万亿元，合计总保额10.9万亿元；机动车保险赔付52.2亿元，非车险赔付3.8亿元；人身险赔款支出12.5亿元，满期给付26.7亿元，死亡医疗给付7.8亿元；产、寿险公司合计赔给付103亿元。 （严传彪）

附：2017年东莞市保险行业协会主要领导名录

会　长：侯　勇

【中国人民财产保险股份有限公司东莞市分公司】 2017年，中国人民财产保险股份有限公司东莞市分公司（简称人保财险东莞市分公司）实现保费收入41.43亿元，比上年增长15%。

政企专动，寻求发展　加强政企互动，承保东莞市社保重大疾病医疗保险，开出首张农民工工资履约保单保函，实现悬赏执行保险的落地，与东城、南城街道、农行东莞分行签订战略合作协议，开展社会公共治理类保险业务，加强银保业务的合作。

科技创新　成立创新小组，创新业务发展模式，开展互联网保险探索，与互联网金融企业保持沟通，做好承接落地履约保证保险业务前期工作；与中国科学院合作，通过中国科学院国云科技的IT与大数据整合能力，与企业经营状况大数据监控平台结合，联合向政府推进生产企业工人工资履约保证保险业务。

机构调整　梳理业务机构，开展同质类机构合并。强化承保与理赔的融合，实施服务拉动战略，加强理赔、客服的服务创新，实现承保、理赔一体化。

凝聚员工共识　中层干部纳入东莞市委组织部干部培训体系，与东莞东城、南城街道签订战略合作框架协议，与横坑社区、东莞市职业技术学院、农业银行东莞分行开展党建互动，以党建为切入点，全面开展业务合作。 （何惠知）

附：2017年中国人民财产保险股份有限公司东莞市分公司主要领导名录

总经理：王焱辉（任至9月）
　　　　杨松柏（9月到任）

证券业

【证券业概况】 2017年，东莞市有证券营业部109家，股票账户数475.85万户，比上年增长14.8%；全年证券交易额3.21万亿元，比上年增长9.37%。

【上市公司概况】 2017年，东莞市继续落实各项帮扶措施，协调解决企业上市遇到的困难。东莞上市公司有43家，当年新增10家，其中境外上市公司17家，境内上市公司26家。2017年，A股上市公司总市值2053亿元，占东莞2017年国内生产总值的27%。（周锐钊）

【东莞证券股份有限公司】 东莞证券股份有限公司是国有控股的全国性综合类证券公司。2017年，公司实现营业收入19.92亿元，净利润7.51亿元，行业排名第32位，较上年上升5位；公司净资产收益率13.06%，高于同期29家A股上市券商。

投行业务　2017年，东莞证券股份有限公司IPO（首次公开发行）发行家数比上年增长150%，发行募集规模增长336.62%，发行家数和募集资金规模均跻身行业前30名。债务融资业务方面，2017年，东莞证券股份有限公司发行厦门工学院ABS（“资产支持证券化”融资模式）项目，实现资产支持证券零的突破。“新三板”业务方面，截至2017年，公司新三板挂牌业务全国排名第13位，累计帮助266家企业成功挂牌。

经纪业务 2017年，东莞证券股份有限公司经纪业务网点在全国有75个。公司经纪业务通过加强网点成本优化管理，启动“金钻财富”高端客户财富管理服务，打造智能投顾“财富小宝”等举措，提升客户服务、增加市场份额。

资管业务 2017年，东莞证券股份有限公司资产管理业务以打造“旗峰理财”品牌作为长远目标，其中旗峰1号集合资产管理计划获“2017年度最受欢迎固定收益类券商资管产品”称号。

私募基金子公司 2017年，东莞证券股份有限公司子公司东证锦信向私募基金子公司转型，成立东证佰顺基金、锦宏一号pre-IPO股权投资基金；联合东莞信托等公司拟共同发起成立“东莞市倍增优选股权投资基金”；启动虎门倍增基金方案，并推动东坑、东城倍增基金及产业基金进行；作为共建松山湖基金小镇的合作方，配合东莞市政府推动松山湖基金小镇建设。

履行社会责任 2017年，东莞证券股份有限公司纳税总额2.95亿元，并连续三年获东莞市委、市政府颁发的“年度税收突出贡献奖”。公司动员各方力量助推产业扶贫，建立扶贫公益经费保障机制，推进韶关百顺村、湖南江华、云南鲁甸三个对口帮扶点扶贫工作。全年捐赠各类物资38.43万元，完成百顺村26户87人脱贫户脱贫工作，脱贫完成率65.9%。

（罗　欣）

附：2017年东莞证券股份有限公司主要领导名录

党委书记、董事长：陈照星

【全省首家在创业板上市的机器人企业】 2017年2月9日，广东拓斯达科技股份有限公司（股票代码：300607）在深交所创业板上市。该公司成为广东省首家在创业板上市的机器人生产企业，也是东莞市首家从“新三板”摘牌并成功IPO的企业，也是2016年以来第二家IPO成功的“新三板”企业（第一家是江苏中旗）。广东拓斯达科技股份有限公司是东莞机器人产业的代表企业之一，自2007年成立以来，拓斯达一直保持较快的速度发展。2014年就被《福布斯》评为“中国非上市潜力企业百强”第30名；2015年，被国家工信部电子信息产业发展研究院评为“中国工业自动化领军企业”；2016年，被评定为广东省首批机器人骨干企业。招股说明书显示，拓斯达是国家级高新技术企业，专注于工业机器人的研发、制造、销售。主要客户包括世界500强企业在内的国内外知名企业近3000家，销售服务网络遍布全国，产品远销亚、美、欧、非等30多个国家。2017年1月23日，该公司以定价发行方式（18.74元/股），公开发行1812万股，募集资金总额3.4亿元，将按轻重缓急用于工业机器人及智能装备生产基地建设项目、工业机器人及自动化应用技术研发中心建设项目、营销与服务网络建设。上市首日，拓斯达股价顶格涨停，收报26.99元，上涨44.02%，公司市值近20亿元。

【国云科技股份有限公司登陆“新三板”】 2017年4月19日，国云科技股份有限公司挂牌敲钟，登陆新三板。国云科技成立于2010年4月，是中科院、东莞市地方政府、广东电子工业研究院及创投公司等多方共同投资的股份制国家高新技术企业。总部位于松山湖国家高新区。截至2017年4月，该公司在自主安全云计算领域，拥有授权专利42件，累计申请专利470件。国云科技核心产品G-Cloud云操作系统在全国50多个城市应用或部署。其承建的国内政务应用最多的电子政务云平台“东莞市政务云”，支撑政府上千个应用服务，为政府节省IT（信息科技和产业）开支过亿元。国云科技还致力打造自主大数据引擎，拥有企业孵化器。依托国云科技的自主大数据引擎，打造线上的虚拟孵化器。通过线上与线下的结合，延伸孵化链条，辐射更多的创新科技企业。

（王学林）

2017年11月22日，东莞证券股份有限公司与东莞港务集团签署资本市场战略合作协议（东莞证券股份有限公司供图）

期货业

【期货业概况】 2017年，东莞市有独立法人资格期货公司1家，期货营业部10家，全年累计代理交易额7154.39亿元，比上年增长46%。

【华联期货有限公司】 2007年，华联期货有限公司完成股权变更和增资扩股，由东莞证券股份有限公司、东莞信托有限公司控股，注册资本增加至1.76亿元。

2017年3月，该公司成为首批通过商品期权现场检查的期货公司之一。6月，经上海国际能源交易中心董事会批准，该公司成为上海国际能源交易中心会员。截至2017年底，该公司以“依托东莞，深耕华南，辐射全国”的经营思路扩张，设立东莞分公司、东莞常平营业部、广州营业部、揭阳营业部、佛山营业部、温州营业部、上海分公司、福州分公司8家分支机构，同时依托控股股东东莞证券股份有限公司全国范围内的营业网点，为该公司提供中间介绍，将该公司品牌推向全国。（周锐钊）

【东莞信托专项基金签约仪式举行】 2017年3月13日，东莞信托专项基金签约仪式举行。东莞信托与东莞实业投资控股集团有限公司、东莞市长安新区控股有限公司、东莞市松山湖控股有限公司、道滘镇人民政府分别签署“城市更新发展投资基金”“长安新区基础实施和公共服务投资基金”“松山湖倍增发展产业投资基金”“道滘镇基础设施和公共服务投资基金”四个基金的框架合作协议，发挥信托功能，撬动和引导社会资本，投入东莞市重大项目建设，推进产业结构调整。

【松山湖基金小镇启动工作会议举办】 2017年4月26日，由东莞市人民政府指导、松山湖（生态园）管委会主办、广东佰顺资产经营管理有限公司协办的松山湖基金小镇启动工作会议举办。东莞松山湖基金小镇是由政府引导、市场化运营的新兴金融产业集聚区，依托地处粤港澳大湾区核心区域的优越区位优势，特别是松山湖强大的高新技术产业优势和优美的环境配套，通过统一规划，完善配套、集聚产业，聚焦政策，资金引导，人才引领、精细服务、专业化运作和多方联动，建设集“基金链、科技链、产业链、人才链、教育链”五链融合为特色的基金业生态圈。

【东莞市“倍增计划”资本运作专题现场交流会举办】 2017年6月22日，由东莞市倍增办主办、东莞市府金融工作局承办、东莞农村商业银行协办的东莞市“倍增计划”资本运作专题现场交流会举办。活动围绕资本运作专题分享经验、展开交流，引导企业通过合适自身的资本运作手段，实现规模与效益倍增。

【东莞民营投资集团有限公司成立大会召开】 2017年8月29日，东莞民营投资集团有限公司成立大会召开。莞民投作为东莞民间资本最高规格、最有意义、成员组成最具代表性的投资平台，将探索可持续发展的商业模式，集中关注“三个板块”、十个方面，即产城投资建设板块、基金股权投资板块和金融类金融板块，以及地标性总部、三旧、小镇、TOD（以公共交通为导向的开发）、基建、银行、保险、基金、股权和资金管理等，打造成为集股权、产业及金融相结合的大型综合性金控集团。（周锐钊）

【东莞发展控股股份有限公司】 东莞发展控股股份有限公司是东莞市属唯一一家国有控股上市公司（证券代码000828），主营业务为高速公路投资运营、融资租赁及商业保理业务，注册资本10.39亿元。2017年，公司实现营业收入14.52亿元，营业利润11.06亿元，分别比上年增长16%、9.19%；总资产102.17亿元，净资产56.84亿元，分别比上年增长14.61%、10.89%，资产规模突破百亿元，主体信用评级由“AA”正面提升为“AA+”稳定。

实业板块　成立莞深高速公路分公司，专门负责高速公路管理运营，建立高速公路板块垂直、高效、统一的管理机制。同时开展收费车道改扩建、路面高清监控改造工程，推广快处快赔等措施，确保通行服务能力。是年，莞深高速经营业绩再创新高，实现通行费收入10.93亿元，比上年增长5.68%。

金融板块　融资租赁业务、商业保理业务稳中有进，围绕基础设施、公共交通、医疗教育、新能源等领域推进业务发展，全年实现营业收入3.3亿元。截至年底，两家公司的业务总规模超过50亿元。融资租赁、商业保理业务实现良好的资源共享和产品互联，通过提供多样化的金融产品形式，支持实体经济的转型升级和健康发展。

股权投资　推进股权投资模式的多元化，参股9家企业，投资领域涵盖证券、信托、水务、新能源等各方面，全年实现股权投资收益2.35亿元。（陈迪莎）

附：2017年东莞发展控股股份有限公司主要领导名录

董事长：张庆文

董事、总裁：萧瑞兴

莞深高速公路　（张满枝　摄）

财政·税务

FINANCE · TAXATION

同沙生态公园 （曹永富 摄）

编辑：贺 平

财 政

【财政收支】 2017年，东莞税收总收入2010.6亿元，比上年增长16.6%，首次突破2000亿元，规模仅次于深圳、广州。一般公共预算收入完成592亿元，比上年增长11.2%，规模和增速均居全省第四。一般公共预算收入中，税收收入完成478.9亿元，税收占比80.9%，收入质量位居全省第一。非税收入方面，全年实现非税收入113.2亿元。汇总一般公共预算、政府性基金预算和国有资本经营预算收支，全年征收收入814.5亿元，加上上级补助收入、新增债券收入、置换债券收入、上年结转结余等，财政总收入1077.5亿元。是年，财政总支出1057.6亿元，主要包括拨镇街及园区分成支出407.9亿元，市直部门基本支出71.3亿元、一般项目支出161.8亿元、基本建设支出114.2亿元、政府债券支出112.9亿元。收支相抵，结余19.9亿元。

【供给侧结构性改革】 2017年，东莞市落实供给侧结构性改革降成本行动，打造企业减负升级版，降低企业税费、融资、人工、物流、用地、用能等外部成本，以“倍增计划”为契机，引导企业利用先进技术挖掘降成本潜力，通过内外发力实现减负与提质的双重效益，全年为企业减负370亿元，释放市场活力、优化营商环境。

【投融资体制改革】 2017年，东莞深化投融资体制改革，构建政府融资项目库，推动10亿元产业投资母基金落地，以水生态三期和环莞三期为突破点，推广应用PPP模式，财政杠杆撬动作用显著增强。搭建政府融资项目储备库，动态反映东莞市投融资规模及政府付费额度，平滑年度财政支出。推动政府引导基金高效运转，参与设立6只股权投资基金，实缴规模24.6亿元，实现财政资金的有效放大。推广应用PPP模式，新增入库PPP储备项目4个，涉及投资266.7亿元。深化科技、金融、产业三融合，全年拨付风险补偿金及贷款贴息7563万元，引导合作银行发放贷款44.9亿元，惠及企业705家。

【预算管理制度改革】 2017年，东莞市推进预算管理制度改革，启动中期财政管理，探索跨年度预算平衡机制，编制政府综合财务报告，推进预决算及“三公”信息公开，强化财政资金统筹，预算管理更加科学规范。深化镇街国库集中支付改革，实现预算资金全覆盖，推动镇街财政管理迈入规范化、制度化的轨道。

【财政管理水平提升】 2017年，东莞市提升财政管理规范化、精细化和科学化水平。开展绩效评价工作，严把项目库入库评审关口，累计核减55个项目2.1亿元，核减率34%。强化政府债务管理，全年置换存量债务111.9亿元，优化债务结构、减轻利息负担。连续5年推进200万元以上大额资金专项检查，各类违规问题明显减少，依法理财观念深入人心。通过节能减排财政政策综合示范城市验收，获得总额12亿元中央奖励资金。完成全市593个村（社区）基层公共服务综合平台建设，实现公共服务事项“一站式”办理和“一条龙”服务。推进法规税政、政府采购、资产管理、会计监督、投资评审、票据监管等工作，财政管理更加有力，服务保障能力不断增强。

【财政推动次发达镇发展】 2017年，东莞市聚焦经济社会发展关键领域和薄弱环节，针对次发达镇产业规模不大、创新不足、经济不强现状，从2017年起连续3年，筹资设立每年10亿元共30亿元扶持次发达镇产业发展专项资金（简称资金池），用于扶持望牛墩、洪梅、企石、谢岗、石排、道滘、中堂、东坑8个次发达镇产业发展，通过构建精准的扶持、激励政策体系，鼓励次发达镇加快引进培育支柱产业和重大项目，增强内生发展动力和“造血功能”，加快补齐镇街间发展不均衡短板，提高区域协调发展水平。是年，8个次发达镇实现生产总值724.48亿元，比上年增长10.6%，高出全市平均水平2.5个百分点，其中3个次发达镇实现GDP“破百”。

【财政支持实体经济发展】 2017年，东莞市投入1.5亿元，支持“倍增计划”，推动试点企业实现规模与效益的倍增；投入1.8亿元，加快对外贸易发展；投入8970万元，鼓励企业开拓境内外市场；投入7563万元，推进金融、科技、产业融合，支持科技型企业发展；投入5700万元，鼓励企业上市和挂牌新三板融资；投入4654万元，对成长型企业进行重点扶持；投入3470万元，支持举办加博会、海博会、台博会、智博会；投入2756万元，发展跨境电子商务。

【财政支持创新驱动战略】 2017年，东莞市投入3.6亿元，开展高新技术企业“育苗造林”行动；投入3亿元，推进“机器换人”，引导传统制造企业实施智能化改造；投入1.1亿元，鼓励开展专利申请，加强知识产权保护；投入6538万元，引导企业加大研发投入；投入7450万元，引进处于国内外先进水平的科研创新团队；投入6089万元，支持企业加强质量管理和标准建设；投入3263万元，推动工业企业开展新一轮技术改造；投入3495万元，落实孵化器“筑巢引凤”计划，加快新型研发机构及科研创新平台建设。

【财政推动区域协调发展】 2017年，东莞市投入10亿元，支持滨海湾新区建设；投入14亿元，用于水乡管委会运营及成立控股公司和开发基金；投入15.9亿元，对镇街基本公共服务的财力性补助；投入20.9亿元，补助村（社区）治安、环卫、行政管理等基本公共服务支出；投入3.9亿元，支持全市70个次发达村（社区）加快脱贫步伐；投入4.7亿元，对口帮扶韶关、揭阳，落实省精准扶贫、精准脱贫三年攻坚任务。

【财政投入环境综合整治】 2017年，东莞市推进水生态工程建设，超额完成年内新建500千米截污次支管网目标，加快污水处理厂网一体化。投入10.1亿元，开展挂影洲中心涌、运河、石马河、茅洲河等水环境综合整治；投入1.4亿元，加强运河河堤建设及沿线景观综合整治；投入1.4亿元，推进全市医疗废物无害化处置及焚烧生活垃圾飞灰处理；投入5948万元，支持清洁生产，发展循环经济；投入9342万元，推广应用新能源汽车。

【财政提升城市综合品质】 2017年，东莞市投入14亿元，启动地铁1号线建设，支持地铁2号线运营；投入6亿元，支持立沙岛互通立交、环莞快速路二期、东莞大道延长线、铁路东莞站配套工程等建设，加快基础交通设施互联互通；投入6亿元，试行政府购买公交服务，优先发展城市公共交通；投入1.9亿元，加快植物园、市儿童医院、市老年大学新校区等建设，投入3亿元，开展城市更新连片改造，加快旧工业区活化更新；投入1.4亿元，实施美丽幸福村居建设工程。

【财政提升社会保障水平】 2017年，东莞市投入13.1亿元，补助城乡一体社会养老保险、门诊医疗保险、生育保险缴费支出，将城乡居民基础养老金从300元/月提高至350元/月；投入8703万元，将最低生活保障标准由610元/月提高至880元/月，并将低保对象参加社会养老保险的个人缴费部分改由财政全额负担；投入8740万元，支持残疾人康复就业中心运作，为残疾群体发放残疾津贴、春节价格补贴；投入1.1亿元，安装居家养老平安铃，提供居家养老服务，发放高龄老人津贴；投入6940万元，补助低收入人群的工资差额，为小额创业贷款提供担保和贴息；投入1105万元，推进廉租房建设，为特色人才提供住房补贴。

【财政支持卫生强市建设】 2017年，东莞市加大公共卫生投入，支持创建国家卫生强市。投入1.4亿元，提升基本医疗保障水平；投入1.4亿元，用于购置二类疫苗；投入5993万元，补助市属公立医院养老保险改革支出；投入3998万元，为市民免费提供“两癌”筛查、唐氏综合征产前筛查及新生儿耳聋基因筛查；投入2000万元，支持广东医科大学附属医院建设；投入1953万元，加强卫生计生人才培训；投入1309万元，发放名医特殊津贴，强化医疗专家引领带动作用。

【财政教育投入】 2017年，东莞市投入26.3亿元，用于补助镇街教育经费及保障市属学校经费；投入2亿元，推动民办教育规范化、标准化建设，向民办学校购买义务教育阶段优质学位；投入1.1亿元，推动学前教育加快发展；投入4000万元，加强对市属学校的校舍维护；投入5075万元，补助民办中职学校免学费教育；投入4415万元，支持东莞职业技术学院创建省示范性高等职业院校及省一流高职院校。

【财政扶持大学生创新创业】 2017年，东莞户籍大学毕业生自谋职业、自主创业，可申请到最高8万元贷款，合伙经营或组织创办中小企业，申请小额贷款最高额度为20万元，东莞市财政局对符合条件小额担保贷款据实全额贴息。

（陈俊辉）

附：2017年东莞市财政局主要领导名录

党组书记、局长：罗军文

税　务

国家税务

【国家税务概况】 截至2017年，东莞市国家税务局在职在编干部职工907人，管辖征管户数62.63万户，负责征收管理税种有增值税、消费税、企业所得税、储蓄存款利息所得个人所得税、车辆购置税。全年全市国税系统组织税收收入1506亿元，其中组织国内税收收入1075.01亿元，为东莞市组织可支配财力240.33亿元，为经济社会发展提供财力支撑。是年，东莞市国家税务局获评“全国文明单位”，纳税服务科获评“全国巾帼文明岗”，推动东莞成为全国百佳国税地税合作示范市；东城税务分局干部庾国清获评全国百佳“优秀办税服务厅主任”，1人获评“广东国税好人”，1人获广东国税好人“爱岗敬业”类别好人提名，2人获评“东莞好人”。

【出口退税额连续五年居广东省第一位】 2017年，东莞市办理出口退（免）税710.01亿元，比上年增长16.83%，为出口企业提供资金流保障。其中，办理出口退税481.16亿元，比上年增长24.98%，连续5年居广东省第一位。全面推广出口退（免）税无纸化管理，为7493家生产型出口企业和131家外贸型出口企业开展出口退（免）税无纸化管理，累计无纸化申报出口退（免）税384.40亿元；下放部分外贸企业出口退税审批权，全市生产企业及部分外贸企业实现出口退（免）税分局“一站式终审”，惠及全市9成以上出口企业，通过对不同类别出口企业实施差异化管理，加强低位企业监管，优化高位企业服务。

【东莞国税局被评为“全国文明单位”】 2017年，东莞市国家税务局推进“全国文明单位”创建工作，与税收工作同部署、同规划、同落实，成立精神文明创建小组，编印300页的《创建材料汇编》和文明工作纪实宣传手册，升级“莞香”国税文化体系，集成绩效、党建等4大文化品牌集群，打造东莞税收主题体验馆系列文明建设景观，举办文化大讲堂、分片区道德讲堂8场，深入企业、学校等单位开展“双C”［“双C”共建品牌项目，即Charity（公益）与Culture（文化）双共建］活动2场，利用“双学”（学党章、学条例）云端平台，推送各类学习资讯、文明风尚信息近千条，获评“全国文明单位”。

【减税优惠政策落实】 2017年，东莞市国家税务局全面深化营改增试点改革，累计为东莞市纳税人减轻税收负担115.03亿元，助推供给侧结构性改革。是年，全面落实国务院6项减税政策及小微企业、高新技术企业、资源综合利用、软件产品即征即退等各项税收优惠，为153.74万家次小微企业减免增值税14.93亿元、12.88万家小微企业减免所得税超过9亿元，为161户纳税人办理软件产品增值税即征即退税收优惠超45亿元，为89户纳税人办理资源综合利用增值税即征即退税收优惠超14亿元，为1328家高新技术企业办理高新技术企业优惠、研发费加计扣除优惠等，合计减免所得税40.31亿元。税收智库作用不断增强，开展服务制造业转型升级、助力“倍增计划”等专题深度调研，将以税资政“东莞品牌”推上总局舞台，相继得到多位省市领导的重视和肯定，税收工作站位和税收话语权不断提升。

【办税效率位列全省第一位】 2017年，东莞市国家税务局开展6大类“便民办税春风行动”，出台6大类28项服务举措，取消3项审批事项和455项资料清单，探索VR办税模式，打造静音工程和纳税人

2017年3月1日，东莞市国家税务局、地方税务局举行“春风吹进大企业”政策宣讲会　　（黄　焱　摄）

心声墙，推行办税无纸化，不断优化办税流程，提升办税效率，推进“互联网+纳税服务”，逐步形成网上办税为主、自助办税为辅、实体办税服务厅兜底的24小时办税服务新模式。全市办税服务厅平均办理时间缩短至1.56分钟，位列全省第一位。“掌上办税”功能不断拓展，网上办税比率持续保持在全省前列。

【“国地税服务深度融合机制改革”获评市改革项目“单打冠军”】　2017年，东莞市国家税务局深化和健全国地税合作机制体系，在全市办税服务厅实现“一窗一人一机”联合办税服务，构建起“前台一家受理、后台分别处理、限时办结反馈”服务模式，实现8大类133项基本业务范围开展“一窗受理”。松山湖、长安国税、地税联合进驻政务大厅，实现“一网式”政务服务，对接政务中心排队叫号系统。在全省率先升级改造POS机直解系统，率先打造国地税联合委托代开系统，5个创新示范项目被列为国税地税合作亮点项目并在全省推广，创建为全国百佳国地税合作市级示范区，“国地税服务深度融合机制改革”项目获评为2017年全市改革项目“单打冠军”。

【依法治税规范管理】　2017年，东莞市国家税务局全面推行法律顾问制度，聘请常年律师顾问。试点推进“三项制度”，建立税收执法公示平台，全面监督执法过程，防范执法风险，促进公正文明执法。规范行政处罚裁量权工作，实时监控各项行政许可审批时限，打造“执法一把尺子、行为一个准绳、处罚一个标准”的“链条式”规范管理。与公安、海关、人民银行等单位协作，发挥税警合作机制作用，打击虚开发票等违法行为，是年，税警联合召开联席会议312场，维护全市正常市场秩序。

【税收普法宣传】　2017年，东莞市国家税务局推进法治基地建设，创新“税法进校园”宣传模式，将税法课程覆盖至全市所有中小学，打造2个税法普及教育基地，构建社会协同、公众参与的税收普法宣传教育体系。税法进校园品牌活动“以文说税”获东莞市读书节优秀团队组织奖，公益广告《营改增，改变无处不在》在全国税收公益广告比赛获得第二名，松山湖国税分局创建为广东省国税系统第三批省级法治示范基地。

【税收营商环境优化】　2017年，东莞市国家税务局落实深化“放管服”改革30条措施，加大简政放权力度，全面推行“五证合一”（五证：营业执照、组织机构代码证、税务登记证、社会保险登记证和统计登记证）、“两证整合”（两证：工商营业执照、税务登记证），助力商事制度改革。构建“实名办税+分类分级+

信用积分+风险管理”闭环征管体系，健全风险管理体系，提升放管结合质效。专项订制自由贸易试验区发展服务措施，优化境外税收服务，支持东莞市外贸发展和“一带一路”发展战略。

【税收政策宣传辅导】 2017年，东莞市国家税务局通过《南方都市报》《东莞日报》等媒体和国税网站、东莞国税微信平台、12366热线等平台开展税收政策解读和指引，印制各项办税指南、宣传单张106.75万份，以纳税人学堂为主阵地，开展纳税人培训302场，辅导纳税人1.98万人次；开展6项减税政策的宣传辅导，通过东莞国税信息网、税企通、微信等渠道，开展针对性培训辅导，录制2个培训视频教程，通过网上纳税人学堂供纳税人学习；更新录制六项减税政策暨小规模纳税人动漫宣传视频，通过微信平台、网上学堂、办税服务厅海报机进行宣传；联合地税部门开展“春风吹进大企业”专题宣讲会，在基层开展多场纳税信用宣讲会，帮助企业了解纳税信用评价及“走出去”涉税政策。

【纳税信用评价体系建设】 2017年，东莞评出A级纳税人2.27万户，B级纳税人11.68万户，C级纳税人1.70万户，D级纳税人9934户，其中，A、B级纳税人13.94万户，占全部评级纳税人的83.83%，比上年增长28.51%。为提升纳税守信含金量，市国税局推进银税互动，丰富银税合作服务内容，广东首个“微业贷”项目落户东莞，以“智慧贷款”“轻松申请”“即点即用”“周转灵活”特点，实现信用贷款从申请到使用全程线上服务。是年，通过“银税互动”助力3119家企业获取贷款35亿元，其中，“科保贷”项目为3家企业审批贷款650万元。围绕市委、市政府构建“信用东莞”体系建设，将纳税信用融入社会信用大环境，建立部门间信用信息交换共享，建立联合信用奖惩机制，扩大纳税信用社会影响力，助力形成“一处失信，处处受限”信用监管框架。

【市国税局协助华坚集团向埃塞财政部门申诉减免税款30万美元】 东莞华坚集团是国内较早赴埃塞俄比亚投资设厂的鞋业集团。2017年，该集团得知埃塞税务部门拟按10%税率对其在埃塞企业所得股息征税时，东莞市国税局立即协助华坚集团向埃塞财政部门递交申诉信，“根据中埃税收协定，应按5%的税率征收股息税”。经沟通，华坚集团最终减免税款30万美元。 （曾浩林 尹燕珊）

附：2017年东莞市国家税务局主要领导名录

党组书记、局长：曹益镇

地方税务

【地方税务概况】 截至2017年，东莞市地方税务局在编干部职工919人，管辖全市纳税户64.7万户，负责企业所得税、个人所得税、房产税、资源税、车船税、城市维护建设税、城镇土地使用税、土地增值税、印花税、契税、耕地占用税、资源税等11项税种的征管，纳税人销售其取得的不动产和其他个人出租不动产的增值税代征，以及社会保险费、教育费附加、地方教育附加、工会经费、残疾人就业保障金等5项规费的征收工作。2017年，东莞市地方税务局做好组织收入、征管改革、纳税服务、队伍建设、管党治党等各项工作，获评“广东省文明单位”，连续15年被评为“中央和省驻莞单位年度工作优秀单位”；万江分局获评“广东省巾帼文明岗”；松山湖分局刘继群被国家税务总局评为“先进工作者”。

【税费收入组织】 2017年，东莞市地税系统组织税费收入982.95亿元，按入库额计算比上年增长6.7%，可比增长（剔除营改增影响，下同）17.5%。税收收入477.77亿元，入库比上年增长0.5%，可比增长22.4%；其中中央收入160.15亿元，可比增长34.5%；省级收入79.44亿元，可比增长20.9%；市级收入238.18亿元，可比增长16.0%，占全市一般公共预算收入的40.2%。社保费收入448.95亿元，比上年增长14.7%；其他规费收入56.23亿元，增长3.1%。

【税收优惠政策落实】 2017年，东莞市地方税务局实施税收优惠政策宣传、解读、辅导、跟踪全流程管理，参与市政策宣讲团，分片区、多渠道开展优惠政策宣讲培训，建立跨部门优惠政策信息共享机制，加强重点税收优惠政策效用分析，结合纳税人实际需求，及时调整优化管理措施和备案流程，在落实好现有优惠政策的基础上，确保国务院6项减税新政、省“实体经济十条”等优惠政策应知尽知、应享尽享。是年，累计减税降负130.6亿元，其中税收减负95.5亿元，比上年增长18.3%，高新技术企业优惠减免6.1亿元，研发费加计扣除优惠减免3.6亿元，改善民生减免52.7亿元，小微企业税收优惠政策惠及面达100%。

【税收服务地方决策】 2017年，东莞市地方税务局成立服务“倍增计划”办公室，编制发布科技创新、资本交易、并购重组、城市更新等4个专题税收指引及政策汇编，开通服务试点企业“绿色通道”，与“倍增计划”企业签订预约定价安排，多家试点企业提供“一企一策、一事一议”订制式服务，助推“倍增计划”落地生效。聚焦东莞经济发展热点问题，开展“三旧”改造、“倍增计划”试点企业税收情况、东莞反避税情况等专题经济税收分析和调研，形成一批优秀成果，为党政领导决策提供参考。其中，制造业转型升级专题

2017年9月26日，东莞市地方税务局联合市国家税务局举办大企业税务风险防御系统税企合作签约仪式
（市地税局供图）

调研成果获省委、省政府主要领导批示。

【国地税合作】 2017年，东莞市地方税务局联合国税部门开展纳税信用评价，评出A级纳税人2.28万户，推进“银税互动”扩面升级，全年帮助3119家企业获得贷款35.1亿元，国地税联合税收分析获国家税务总局肯定，作为全国唯一地市代表在总局专题会议上作经验交流。

【电子办税率居全省第一位】 2017年，东莞市地方税务局构建“资源优化、流程简化、渠道电子化”便民办税体系，推广房产交易智能办税新模式，实现办税网上预受理、信息采集自动化、评估计税智能化，纳税人上门办理二手房交易时间从8分钟减至2分钟；上线电子退库系统，实现退库全程无纸化，办理效率提速3倍；率先试点税务证照O2O体系，实现线上开具、共享应用、互通互认、邮政配送。电子办税率升至98.7%，位居全省第一位。

【税收执法规范】 2017年，东莞市地方税务局规范税收执法，修订完善东莞地税权责清单，推进行政执法公示、执法全过程记录、重大执法决定法制审核“三项制度”试点，创建全省地税系统法治税务示范基地，以点带面加强基层法治建设；助推信用体系建设，加大反避税工作力度，办理全省地税最大一件转让定价调整案件与单笔最大金额转让定价前期管理案件。加快推进稽查信息化建设，试点电子取证并实现本地化改造，增设远程指挥和执法记录系统，打造移动稽查执法指挥中心；强化社保费欠费清缴，全年移送法院强制执行社保费欠费254件，涉及金额3899.2万元；妥善解决纳税人涉税诉求，全年依法分类处理行政复议案件、信访事项22件，办理依申请公开信息8件。

【征纳互动深化】 2017年，东莞市地方税务局以全省纳税人学堂建设试点为契机，建立健全“网络培训为主、实体培训为辅”线上线下双向互动模式，首创“省市联动、实体培训与网上视频同步直播”在线税收宣讲，组织纳税人实体培训辅导627场、培训人数5.3万人次；建设电子办税一站式体验厅，设自助办税区、移动办税体验区和政务信息查询区，让纳税人享受实体与虚拟互动的“网路”办税新体验；做好“12366”话务远程支持，“12366”热线服务质效监测考评居全省地税第二名；联合国税走访企业界人大代表、政协委员，实现全市重点企业走访全覆盖；试行“不确定事项报告制度”，鼓励企业及时报备税收政策不明确的经济行为，为新经济新业态企业降低涉税风险。

【税收改革创新】 2017年，东莞市地方税务局成立转变征管方式办公室，推行分类分级管理，开展转变征管模式专题调研，拟订改革方案，构建具有东莞特色的征管改革模式；组织开展数据专项治理，完成4批60多万条问题数据清理工作，国地税共管户正确关联率提升至99.1%；拓展涉税信息共享，全年获取涉税数据4419.11万条，查补收入28.2亿元；打造东莞版大企业税务风险防御系统（TRD）项目，促进税务管理与企业内控共融；利用工商信息及网络爬虫采集互联网涉税信息，开展资本交易风险管理入库税额8.9亿元；深化国地税合作，联合委托邮政代开发票；实现联合办税全市覆盖，共建办税服务厅实现8大类133项基本业务“一窗受理”；共同制定风险管理战略，以“四联五统”方式开展大企业风险管理；协同推进房地产税收一体化管理，设立项目登记台账178个，查补收入1.7亿元。

（林立煌）

附：2017年东莞市地方税务局主要领导名录

党组书记、局长：钟毅民

经济监督管理

ECONOMIC SUPERVISION AND MANAGEMENT

松山湖高新区中心研发区　（松山湖高新区供图）

编辑：李缙文

发展规划管理

【经济运行监测】　2017年，东莞市发展和改革局（简称“东莞市发改局”）贯彻执行《东莞市2017年国民经济和社会发展计划》，加强宏观经济运行监测和分析，组织召开月度经济点评会4次，季度经济形势分析会2次、半年经济形势分析会1次，通报全年经济运行1次，及时发现苗头性、倾向性问题，提出有针对性和可行性的措施对策，全年全市经济总量比上年增长8.1%，分别高于全国和全省1.2个和0.6个百分点，高于“十三五”规划年均8%的水平。起草《东莞市2017年国民经济和社会发展计划执行情况与2018年计划草案》，研究提出2018年全市经济和社会发展主要指标预期目标。

【规划编制实施】　2017年，东莞市发改局统筹做好全市“十三五”规划编制和组织实施工作，协调推进各部门完成全市28项“十三五”重点专项规划编制，并承担总体规划和能源发展、战略性新兴产业发展、现代服务业发展、低碳发展、新能源汽车产业发展和水乡经济区发展6个重点专项规划的编制工作。建立健全国家、省、市“十三五”规划落实机制，研究制订《国家、省“十三五”规划纲要涉莞事项贯彻落实意见及分工方案》，抓好组织实施。加强市级发展规划编制管理，落实《东莞市市级发展规划编制管理办法》，优化调整市级发展规划的立项和编制工作。配合和参与国家和省开展粤港澳大湾区发展规划纲要、沿海经济带发展规划、泛珠三角区域合作发展规划和滨海湾新区发展总体规划编制工作，争取将东莞滨海湾新区纳入粤港澳大湾区重大发展平台。

【园区组团发展统筹】　2017年，东莞市发改局履行市园区统筹办工作职能，推进园区统筹组团发展战略工作。开展研究，形成《关于推进园区统筹组团发展的意见》和《松山湖片区“1+6”统筹联动组团发展工作推进方案》。按照“园区带动、效益最优、功能相近、延续稳定”的原则，在不改变行政架构、不增加行政管理层级的前提下，在“一中心四组团”的基础上，将全市划定为6大片区，分别是城区片区、松山湖片区、滨海片区、水乡新城片区、东部产业园片区和东南临深片区，并谋划14个重点发展先行区。3月，启动松山湖片区试点工作。市规划局、市发改局、市工商局、市交通局、市国土局5个市直部门松山湖片区直属分局揭牌。松山湖片区通过搭建制度框架、建立共享机制，推动规划、产业、交通、环境、教育、医疗等统筹建设，构建起统筹协调发展良好格局。滨海片区高规格打造滨海湾新区，在较短的时间内整合83.2平方千米的土地，明确新区范围、理顺体制、落实机构人员、完成概念性规划编制，经省政府同意明确粤港澳协同发展先导区的定位，引入清华紫光、步步高等优质项目，增创转型发展新动能。水乡新城片区以水乡新城建设为重点，成立水乡新城开发建设指挥部、水乡投资控股公司以及水乡发展基金，推进征地拆迁和交通基础设施建设，推动重点产业项目加快落地。

【重大项目建设】 2017年初，东莞市安排重大建设项目230个、预备项目107个，年中动态增补建设项目19个、预备项目55个，全年完成投资513.6亿元，占年度投资计划119.6%，比上年增长16.9%；省重点项目完成投资160.0亿元，占年度投资计划113.8%。全年推动新开工项目43个，投产项目36个。全年市重大项目继续落实以市领导挂钩督导为核心的系列工作制度，开展16次督导活动，解决“明白卡”问题27个，形成解决方案223个；召开8次市领导挂钩督导重大项目情况通报会，研究解决113个突出问题；开展两次重大建设项目现场巡查，走访重大项目主管单位61个，巡查项目278个，现场察看项目工地83个，现场解决和处理问题86个；建立进度预警及协调处置机制，根据项目建设进度滞后情况、问题解决情况以及办理前期手续滞后情况，全年提出预警504次；出台《关于促进市重大项目土地利用的实施方案》，严格执行重大项目退出机制，盘活用地资源。

【固定资产投资】 2017年，《东莞市财政投资建设项目前期工作办法》《东莞市应急抢险工程管理暂行办法》出台，从建立项目库、加强前期工作分工、项目分类管理等方面寻求突破，提高政府投资项目审批效率，缩短项目实施周期，促进政府投资项目加快建设。为探索全市投资管理新机制，市发改局开展固投专题调研，形成调研报告，起草《关于促进有效投资增长的实施意见》，对审批流程、共享机制、考核机制等机制体制进行优化；完善企业投资项目负面清单管理制度，全面更新企业投资项目立项流程，精简资金证明、节能审查等前置手续，缩短企业投资项目备案时限，促进有效投资加快增长。全年完成固定资产投资1712.8亿元，比上年增长10%。

【供给侧结构性改革】 2017年，东莞市发改局制订深化供给侧结构性改革2017年行动计划。推动东莞市昊上钢材实业有限公司拆除35吨中频炉1套、45吨中频炉2套等落后设备，实现整厂关停退出，淘汰钢铁产能65万吨；推动中堂南天玻璃厂拆除一条平拉玻璃生产线，淘汰玻璃产能35万重量箱；关停2家市属国有企业，推动3家民营“僵尸企业”基本完成国税、地税等相关证件的注销手续。全市商品房去库存周期为10.9个月，供不应求的局面有所改善；非商品住房上库存周期为12.6个月，去化速度加快。新增境内外上市企业8家，带动全市企业实现直接融资500亿元；全国股转系统挂牌企业200家，居全省地级市首位。出台“实体经济十条”，全年为企业减负370亿元。推动53个补短板重大项目建设，完成投资205亿元，交通、电力、电信、水利、环保等民生基础设施进一步完善。

【创新驱动】 2017年8月，中国散裂中子源（CSNS）首次打靶成功，提前实现获得中子束流的目标。东莞市发改局依托中国散裂中子源项目，加快推进松山湖材料实验室建设和南方光源预制研究，构建大科学装置集群，高起点谋划中子科学城。对接国家先进制造基金，推进在东莞市设立总规模100亿元的区域子基金。系统推进信息惠民和智慧城市建设，获“2017中国新型智慧城市惠民服务优秀城市”。完善《关于大力推进大众创业万众创新的实施意见》，组织和指导常平、石龙等镇申报省级双创示范基地，支持长安镇建设省级双创示范基地并争取建设国家级双创示范基地。

【交通规划建设】 2017年，东莞市发改局履行综合交通运输发展规划和交通发展重大事项综合协调职能，加快推进交通基础设施的建设，提升城市品质和内涵。加大交通重点项目协调，推进莞番高速、环莞快速三期及滨海湾新区、粤海银瓶创新区交通基础设施建设；开展城市轨道交通第二轮线网规划及建设规划调整，加强与广州和深圳的轨道交通规划对接。珠三角城际轨道东西向干线莞惠城际全线开通，珠三角“1小时生活圈”再添新通道。继广深港客专之后，东莞市第二条高铁——赣深客专东莞段开工建设。地铁1号线前期准备工作基本就绪。

【经济体制改革】 2017年，东莞市发改局承担市经济体制和生态文明体制改革专项小组办公室工作，协调解决经济体制改革进程中的重大问题，推进经济体制改革试点（试验区）工作。深化行业协会商会与行政机关脱钩试点，推进企事业单位公务用车制度改革。将简政强镇事项全面推开至非中心镇街，贯彻落实市委、市政府关于推进“一门一网”式改革、行政审批制度改革的工作要求。牵头市盐业体制改革工作，制订并以市府办名义出台《东莞市盐业体制改革工作方案》，全面推进全市盐业体制改革。深化价格机制改革，推进农业用水综合改革，推进医疗服务价格改革，建立和实施污水处理费与收费水量处理率联动机制，制定机动车停放服务收费管理实施细则，优化民办中小学校教育成本审核及调定价机制。

【绿色低碳发展】 2017年，东莞市发改局以创建国家生态文明先行示范区为抓手，加快推动绿色低碳发展。印发《东莞市2017年生态文明先行示范区建设行动计划》，争取1.6亿元中央专项资金支持截污管网、污水处理厂等环保治污项目建设。印发《东莞市低碳发展“十三五”规划》《东莞市重点排放企业碳排放信息报告、核查暂行办法》，完成对全市145家重点排放企业历史碳排放信息盘查工作，督促纳入国家、省控排市场的企业做好2016年度企业碳排放信息报告核查和配额清缴履约以及2017年碳配额发放工作，推动碳普惠制试点建设。制订实施分布式光伏建设运营管理办法，全年新增光伏发电机规模65兆瓦。加快充电设施规划布局，建成集中式充电设施100多座，充电桩1500个。

【粮食调控管理】 2017年，东莞市发改局推进粮食储备管理体制改革，研究粮食仓储设施建设方案，通过对全市分散粮库的统筹整合，达到科学储粮、确保安全、提高监管的目的。强化储备粮日常监管，落实轮换计划，严格把好储备粮入库、出库和储存环节的质量安全关，市级抽检粮食样品180个，代表数量8.75万吨，合格率100%。优化储备粮检查机制，开展“粮食安全隐患大排查快整治严执法”集中行动和“放心粮油”产品抽检等专项检查，同时加强粮食市场管理。开展粮食熏蒸作业实操演练、粮食消防安全、军粮供应等应急演练活动。

【社会信用信息管理】 2017年，东莞市发改局升级完善公共信用信息管理平台和“信用东莞”网。制订《东莞市建立守信联合激励和失信联合惩戒制度工作方案》，推进各领域签署联合奖惩备忘录或制度联合奖惩实施意见。同时将省定期推送的黑名单数据嵌入市资源共享平台，提供有关部门信用核查。 （方宇观）

附：2017年东莞市发展和改革局主要领导名录

党组书记、局长：
　　朱斌华（任至2月）
　　罗　斌（2月到任）

国土资源管理

【国土资源管理概况】 截至2017年底，东莞市辖区内土地调查总面积24.6万公顷。农用地面积10.3万公顷，其中纯耕地面积1.34万公顷、园地面积3.1万公顷（可调整园地面积1.4万公顷）、林地面积3.4万公顷（可调整林地面积2700公顷）、草地面积836公顷（可调整草地面积836公顷），其他农用地面积2.38万公顷（可调整地类面积5489公顷）；建设用地面积11.65万公顷，其中城镇村及工矿用地面积10.53万公顷、交通运输用地面积8027公顷、水库及水工建筑面积3190公顷；未利用地面积2.65万公顷，其中水域及水利设施用地1.39万公顷、其他草地1.02万公顷，其他土地面积2346公顷。

2017年，东莞市因土地节约集约利用成效受到国务院通报表扬，并获333.33公顷用地指标奖励；东莞市国土资源局获评全国国土资源行政复议行政应诉工作成绩突出单位，获全省节约集约用地三等奖、“三旧”改造三等奖、市直单位年度工作经济建设类优秀单位、市重大项目服务保障先进单位，获化解不动产登记若干历史遗留问题制度改革和松山湖片区“1+6”园区统筹发展体制机制改革两项“单打冠军”。

【土地规划】 2017年，东莞市坚持新增建设用地指标由市统筹分配，优先保障重大项目和民生工程用地需求。全年省下达东莞市新增建设用地指标901.20公顷，农地转用指标815.06公顷。实际上报省市批次235个，占用新增用地892.79公顷，农地转用791.4871公顷。

【耕地保护】 2017年，东莞市耕地保有量3.64万公顷，基本农田面积2.04万公顷，均超额完成省下达的指标任务。全年东莞市批准占用耕地255.45公顷，全部采取有偿受让补充耕地形式进行补充，实现年度耕地占补平衡。

【地籍管理】 2017年，东莞市完成2016年度土地变更调查工作任务，按时上报全市2016年度土地变更调查与遥感监测工作成果，并通过省和国家的验收。

【不动产统一登记】 2017年，东莞市成立不动产统一登记专项工作小组，开展数据整合、权籍调查技术保障、信息平台建设、不动产登记流程规范等4个专项工作。截至年底，全市不动产登记登簿21.7万宗，上报省级平台的登记率100%。全市颁发不动产权证28.3万本，不动产登记证明13.3万份；处理不动产历史遗留问题14.2万宗，涉及房屋面积1677.7万平方米，土地面积716.3万平方米，基本涵盖商品房大确权、一手办证和二手交易等不动产登记所有业务；

全年办理抵押登记13.5万宗面积3236万平方米，金额2278亿元。

【土地利用】 2017年，东莞市出台《关于进一步完善土地供应管理解决制造业企业用地历史遗留问题的通知》，推进制造业企业完善历史用地手续，走“原地倍增”“少地倍增”的集约化发展道路。全年向省国土资源厅申报建设用地33个批次，涉及65个项目，用地面积578.62公顷，其中新增建设用地395.45公顷，农用地转用面积320.22公顷，取得省国土厅批复24宗379.78公顷。全年办理土地供应业务154宗，面积555.21公顷。

2017年9月22日，东莞市举行2018年度土地储备专项债券预审会

【“三旧”改造】 2017年，东莞市完成“三旧”改造面积442.9公顷（其中旧城镇21.1公顷、旧厂房323.8公顷、旧村庄98公顷），直接拉动投资172亿元，其中社会投资金额167亿元。

【土地市场】 2017年，东莞市通过挂牌出让用地85宗，面积355.77公顷。其中，住宅用地19宗，面积80.71公顷；商服用地4宗，面积4.73公顷；工矿仓储用地51宗，面积232.65公顷；科教用地10宗，37.41公顷；地下空间1宗，面积0.28公顷。

【矿产管理】 2017年，东莞市强化矿产资源总体规划管控，统筹生态修复与矿产开发，加快矿业转型和绿色发展，深化勘查开采监管方式改革，维护良好矿业秩序。11月，省国土厅予以批复同意组织实施《东莞市矿产资源总体规划（2016—2020年）》，全面实施矿业权人勘查开采信息公示工作，全年东莞市征收采矿权使用费8000元。

【测绘管理】 2017年，东莞市测绘地理信息财政投入9119.21万元，完成全市建成区112.25平方千米1：500地形图修补测、东莞市北斗地基增强系统项目建设、数字城市地理空间框架2017年更新和东莞市地理国情监测信息系统建设。

【执法监察】 2017年，东莞市国土资源局推动联合执法、“裁执分离”、信用惩戒等制度常态化，重点打击偷倒余泥渣土破坏农用地、违法占地建设“小产权房”等违法行为，通过国家土地例行督察、卫片执法检查验收。

（肖 情）

【土地储备】 2017年，东莞市按照“一个平台、两级联动”的土地收储机制，全市收储土地纳入市土地储备库统一管理。镇街（园区）报送历史遗留储备土地纳入市土地储备库148宗517.66公顷，全市储备土地新增入库51宗195.62公顷，办理土地出库手续151宗571.7公顷。截至年底，市土地储备库在库土地1564.7公顷，其中市级储备土地681.86公顷（含拟收储土地）、镇级储备土地882.84公顷。

【储备土地利用管理】 2017年，东莞市推进莞城鳒鱼洲地块的活化更新工作，解决市第四高级中学12.78公顷用地问题，保障东莞西站站前广场建设2公顷征收工作，落实水濂公园站点地块林地指标7.79公顷、推动7.81公顷土地入库。是年，东莞市土地储备信息管理系统外业巡查子系统运行，实现储备土地信息化、数字化、科学化巡查管理。日常土地巡查中通过系统记录巡查路线和地块现状信息形成地块巡查日志，投入使用航拍无人机，利用无人机快速、高效、全方位察看的特点，提高土地巡查效率。同时，制止侵占、破坏、倾倒余泥等违法侵占储备土地的行为。年内结合在库土地实际，在不影响土地供应的前提下，对收储地块、拟收储地块分类管理，采取临时租赁的方式加以利用，既有利于对收储地块的管理，又有利于明确拟收储地块的权责。全年市级储备土地临时租赁租金收入501.8万元。

【土地收储改革】 2017年，东莞市国土资源局围绕《东莞市加快轨道交通建设及TOD综合开发“1+N”政策文件修编工作方案》，开展“1+N”政策研究，编制《东莞市轨道交通站点周边土地专项储备管理办法》《东莞市轨道交通1号线站点周边范围内土地收储工作方案》，推进轨道交通站点周边范围内土地收储工作。深入探讨储备土地参与土地1.5级开发、土地使用权作价出资试点工作，盘活政府预控储备土地，加快南城国际商务区、鳒鱼洲地块等土地预热，解决远景规划与近期开发诉求的矛盾。

【土地储备专项债券首发】 2017年，东莞市土地储备专项债券首发，完成8400万元债券的分配使用。谋划2018年土地储备专项债券申报，组织多部门共同会审，确保申报2018年度土地储备专项债券的科学性、严谨性。

（卢惠锋）

附：2017年东莞市国土资源局主要领导名录

党组书记、局长：刘　杰

附：2017年东莞市土地储备中心主要领导名录

主　任：黄锦发（任至8月）
　　　　黄沛文（8月到任）

国有资产监督管理

【国有经济概况】 2017年，东莞市国有资产整体质量较好，国有资产保值增值水平提升，总体经营情况态势良好。截至年底，市属国有企业资产总额4208.55亿元，比上年增长6.68%；净资产1014.47亿元，增长20.94%；资产负债率75.89%，下降2.88个百分点（其中非金融企业资产负债率为42.2%，下降10.13个百分点；金融企业资产负债率90.38%，下降0.11个百分点）；国有资本保值增值率108.34%，增加4.22个百分点。全年市属国有企业营业总收入323.08亿元，比上年增长9.35%；实现利润总额72.83亿元，增长8.27%；实现净利润59.28亿元，增长10%。市属国有企业实缴税费总额40.78亿元，比上年增长10.85%。国有资本经营预算收入56264万元，预算支出53357万元。

【国资国企改革】 2017年，东莞市委、市政府印发《关于深化市属国有企业改革的实施意见》，文件的出台从体制机制上解决制约国资国企发展的深层次问题，明确东莞市国资国企改革的方向。市委常委会、市府常务会审议通过《东莞市市属国有企业重组整合总体实施方案（送审稿）》，明确市属国有企业重组整合的方向和路径。是年，电化集团引进战略投资者进行战略重组，签订《关于对东莞市电化实业集团及其下属企业实施整体重组的合作意向书》，进入实质性谈判；交投集团优化交通道路环境，实现东江梨川大桥和从莞高速东莞段如期通车；东莞通公司引进市轨道公司和中国银联战略投资者进行股改合作；东莞市福民集团公司的清产核资和工商变更股权划转工作；金控集团股权归集整合，无偿划转莞邑公司持有东莞银行的股权，金控集团发起设立东莞资产管理有限公司以处理不良贷款和风险资产。

【国资国企监管】 2017年，东莞市人民政府国有资产监督管理委

2017年1月20日，中共东莞市国资委党委成立大会暨国资工作总结会议召开

员会印发《关于加强和改进国有企业党的建设集中修订市属企业公司章程的通知》，指导各市属企业修改公司章程。调整东莞市交通投资集团有限公司、东莞金融控股集团有限公司等11家企业的董事会、监事会和经理层，任免和调整企业高管人员和董事会、监事会成员29人次；完成新影文化产业投资有限公司董事会、监事会的换届工作。东莞市人民政府出台《东莞市市属企业负责人薪酬支付与管理办法》，东莞市国资委出台《东莞市市属企业负责人经营业绩考核评价办法（试行）》，明确市属企业负责人经营业绩考核的原则、内容、方式。按照“分类考核”原则，与各市属企业签订经营业绩责任书，按照“一企一策”科学设置考核内容，确定考核评价评分标准、核心工作难度系数，将考核工作细化；通过购买社会服务方式，引入第三方会计师事务所开展考核，确保考核的专业、公正、客观性。全年有21家监管市属企业参与经营业绩考核评价，90分以上的11家，80分至90分的8家，80分以下的2家。

【国企历史遗留问题解决】 2017年，东莞市人民政府办公室及相关部门出台《东莞市关于推进国有企业职工家属区“三供一业”分离移交工作方案》及相关维修改造标准，落实“三供一业”（供电、供水、供气和物业）各项移交接收工作的指导单位和接收主体，组织成员单位、移交单位与接收单位进行对接，确定移交事项。在莞国有企业“三供一业”分离移交涉及供水移交4493家、供电移交4581家、物业移交4050家、无供气移交需求，移交接收双方签订分离移交（框架）协议，进入具体实施阶段；并处理福地总公司地块“三旧”改造问题、市建筑工程总公司破产重整、市汽车工业集团改制时资产评估报告合并报表计算方法错误导致的历史遗留问题。

【国资企业产权登记和内部审计】 2017年，东莞市国资国企完善产权登记和管理，改革产权登记办理流程，应用“广东省国家出资企业产权管理信息系统”对国有企业进行产权登记。审核把关占有、变更和注销产权事项，按程序进行报批、备案。全年办理东莞资产管理有限公司、东莞市产业投资母基金有限公司等24项占有等事项；东实集团、东莞港务集团增资等22项变动登记事项；东莞市松山湖在水一方苗木有限公司等6项注销登记事项。内部审计小组完成6家市属企业的内部审计工作，督促企业完善国有产权代表、重大财务事项、内部审计等监管体系，加强产权管理、财务监督、综合绩效评价、薪酬管理、收益管理、经济运行动态监测等工作。

【国有资本经营预算】 2017年，东莞市18家市国资委监管的下属企业上缴国有资本经营预算收入5.63亿元，其中利润收入1.7亿元，股利、股息收入3.85亿元，其他国有资本经营预算收入752.75万元。将国有资本经营预算用于支持企业发展，全年纳入国有资本经营预算支出的项目7个，预算支出5.34亿元，主要包括解决东盈公司被列入“特困企业”问题、东江水务收购东城自来水公司、东莞港务集团投资西大坦9.10号泊位项目。

（陈月婷）

附：2017年东莞市人民政府国有资产监督管理委员会主要领导名录

党委书记、主任：任洪杰

工商行政管理

【工商行政管理概况】 2017年，东莞市工商行政管理局（简称“东莞市工商局”）围绕全市构建开放型经济新体制和重点工作部署，深化改革创新。4月，东莞市因推动工商注册制度便利化工作及时到位、落实事中事后监管等相关政策措施社会反映好，获国务院通报表扬。

【市场监管体系构建】 2017年，东莞市工商局升格市场监管体系建设统筹协调机构，打造协同创新平台，融合“智库”资源，提升市场监管体系的统筹规划、协同推进和创新能力。坚持制度先行，起草出台《关于深化商事制度改革构建科学市场监管体系的实施意见》，并选取厚街、道滘、横

2017年9月28日，东莞市深化商事制度改革综合试验基地揭牌

沥、大朗4镇进行试点，探索先行经验。8月，市政府组织召开全市深化商事制度改革构建科学市场监管体系工作会议，总结推广试点经验，在全市全面铺开科学市场监管体系建设。推动商改后续监管全面融入“智网工程”，实现市场监管和社会治理有机融合。将信用监管作为先导工程，企业信息公示和信用约束管理“两张清单”发布，部门涉企信息归集共享机制基本建立，全市归集政府部门涉企信息数据1400万条，对外公示900万条，共享经营异常名录信息5.5万条。开通工商登记机读资料网上打印和企业信用微信查询服务，累计查询260.72万人次，网上打印查询证明5.51万份。探索市场和行业协会政社协同多元共治模式，科学市场监管体系建设按照既定目标有序推进。

【商事制度改革深化】 2017年，东莞市工商局采取省市共建方式建设东莞市深化商事制度改革综合试验基地，争取省工商局支持，复制推广包括自贸区在内的各项优先政策，为全省深化商改探路。率先推开粤港澳商事登记银政通服务，将全程电子化工商登记业务覆盖面拓展到全市所有个体户，全面实施“多证合一”改革，牵头制作开办企业全景式路线图指引，探索经营范围自主智能申报，推进简易注销改革，助推全市开办企业便利度提升。全市新增市场主体22.31万户，比上年增长28.32%，其中，新增企业10.15万家，增长23.47%。实有市场主体100.09万户，比上年增长19.11%，市场主体总量和新增量、企业总量和新增量均位居全省地级市首位。12月，《2017年度广东各市开办企业便利度评估报告》发布，东莞市连续两年位列全省前三、地级市第一。

【工商服务水平提升】 2017年，东莞市工商局深化商标品牌战略，牵头起草《关于深入实施商标品牌战略服务更高起点上实现更高水平发展的意见》等文件，协调市中级法院共建倍增企业商标保护机制，开展品牌强镇试点，推动全市品牌经济发展。全市累计注册商标18.58万件，比上年增长18.49%，驰名商标76件，著名商标264件。开展“守重”（守合同重信用）公示活动，公示省“守重”企业2018家，比上年增长28%。

【民生热点问题整治】 2017年，东莞市工商局助推全市实现全国文明城市“四连冠”。加大虚假登记违法行为查处力度，吊销市场主体1.77万户，锁定相关人员5.52万名。理顺打击“黑油”工作机制，查扣“黑柴油”709.9吨，移送经信、公安部门64件。打击各类商标侵权行为，查处侵犯太原钢铁（集团）有限公司注册商标专用权案，货值5000万元。开展“阿里巴巴打假地图”等系列网监专项行动，立案查处各类网络经营违法案件290件。整治违背社会良好风尚和不良影响广告，监测互联网金融、医药、房地产等重点领域广告5.2万条次。强化消费维权，新增消费维权服务站62个，维护消费安全和市场稳定。强化打传规直，捣毁涉传窝点31个，现场解救被骗群众7人，遣散涉传人员114人。加强商业秘密保护，开展流通领域手机、汽车及配件销售、沐足、美容美体等行业专项整治，全市工商系统查办各类经济违法违章案件3631件，调解消费投诉1.99万件，为消费者挽回经济损失4634.55万元。

【协会转型路径探索】 2017年，东莞市工商局围绕全市经济社会和个私协会发展实际，对协会发展路径进行整体规划、科学定位，加快推动协会转型发展。探索创新个私协会管理模式和工作机制，强化协会自身建设，指导协会完成换届选举，组建新一届领导架构。各工商分局引导督促会员依法经营和诚信自律，增强协会的公信力和影响力。引导市、镇个私协会发挥桥梁纽带作用，加强与莞商会等社会组织的合作交流，通过组织参加商贸合作推介会、交流考察活动等方式，为会员企业牵线搭桥、拓宽发展渠道，搭建综合服务平台，促进个私经济发展。 （郑泽锦）

附：2017年东莞市工商行政管理局主要领导名录

党组书记、局长：陈锡稔

质量技术监督

【质量技术监督概况】 2017年，东莞市质量技术监督局（简称“东莞市质监局”）以推进供给侧结构性改革为主线，实施质量强市和标准化战略，做好特种设备安全监管，服务经济社会发展大局。推动质量品牌建设，成立东莞质量与品牌发展研究院。持续开展质量提升行动，牵头建立东莞市标准化协调推进联席会议制度。模具国检中心通过国家质检总局评审并获得国家认监委授权，生态家居省站、电子信息配件省站获批筹建，东莞质检中心获得照明电器和信息技术设备两类产品的CCC指定实验室资质。在省政府对市政府进行的2017年度质量工作考核中，东莞市再次获评最高等级A级。

【质量强市建设】 2017年，东莞市印发《2017—2018年质量强市建设行动计划》和《东莞市发挥品牌引领作用推动供需结构升级实施方案》。联合东莞理工学院成立东莞质量与品牌发展研究院并完成2个课题研究，指导5家企业申报省政府质量奖，向省品牌研究院推荐78个产品申报省名牌。全市拥有183个省名牌产品，位居全省第三位。联合镇街（园区）建立由400余家制造业企业组成的质量品牌重点培育对象企业库。开展质量培训，召开质量分析和提升会议29场，培训876家企业1016人次，开展首席质量官和卓越绩效培训12

场，培训749人次。

【产品质量提升】 2017年，东莞市质监局开展产品质量提升行动，对重点消费品、消防产品、机械设备、食品相关产品等实施6527批次的监督抽查，不合格发现率5.9%，对228批次一般不合格企业予以责令整改，对156家严重不合格企业予以执法查处。开展电线电缆产品质量专项整治及提升行动，重点对全市电线电缆行业获得生产许可证和3C认证的144家生产企业进行全覆盖的专项检查。开展电动自行车配件产品质量安全风险监测，根据上级部署联合镇街（园区）对24家缺陷汽车销售商开展召回情况监督检查。

【质量检测技术服务】 2017年，东莞市质监局开展国家智能加工装备质检中心和省无线智能互联设备产业计量测试中心的申报筹建工作。省质监局批复同意筹建生态家居省站、电子信息配件省站。智能制造装备省站通过省质监局组织的资质认定首次现场评审并于9月取得资质证书。东莞质检中心获得照明电器和信息技术设备两类产品的CCC指定实验室资质。模具国检中心通过国家质检总局评审并获得国家认监委授权，在长安镇举行揭牌和试运行启动仪式。标码所完成商品条码注册936家、商品条码续展1246家、企业委托制定的产品标准513份。质检中心完成检验并出具检验报告6.6万份，联合中国质量认证中心创新开发全国首个模具先进制造能力评价体系，对国内21家模具企业完成先进制造能力评价。特检院检验特种设备11.62万台次，免征费用1.38亿元。计量院完成检定强检计量器具34万台/件，免征费用2363万元。

【标准化战略实施】 2017年，东莞市质监局牵头建立东莞市标准化协调推进联席会议制度，修改东莞市企事业单位参与标准化工作奖励支助办法。鼓励企事业单位参与标准化工作，对全市企事业单位参与的358项标准化项目工作支助奖励3249.8万元，推动全市企事业单位主导或参与制修订国家标准30项、行业标准30项、地方标准9项。开展3期标准化总裁高管班和一期国际标准化培训论坛，培训人数超过200名。新成立东莞市投资基金管理行业、虎门电商行业、东莞市皮革制品行业等3个标准联盟，新发布联盟标准18项。东莞市累计成立产业标准联盟26个，发布联盟标准254项。

2017年8月10日，东莞质量与品牌发展研究院揭牌（市质监局供图）

【特种设备安全监管】 2017年，东莞市质监局深化电梯社会化监管模式改革，全市在用电梯100%确权，92.5%购买保险，对25家电梯制造单位进行分级管理打分评价，对4726台“老旧”电梯进行专项检验，对1600台电梯维保质量进行抽查。开展气瓶安全监管改革工作，研究制订《东莞市气瓶安全监管改革实施方案》。狠抓安全隐患排查治理，开展瓶装燃气充装和销售单位联合执法检查、危险化学品综合治理、大型游乐设施专项监督检查、有色金属行业起重机械安全生产专项检查、粉尘涉爆企业特种设备专项整治和蒸压釜安全检查等多项专项检查和治理。检查特种设备生产、使用单位1.39万家次，排查治理隐患2613处，立案查处特种设备违法案件90件。开展特种设备安全知识专题讲座7场，培训企业负责人和特种设备作业人员6000余人，开展大型公开的特种设备应急救援演练活动6场，向市民发送安全宣传短信125万条，派发各类宣传资料10万余份。

【民生计量】 2017年，东莞市质监局推动43家污水处理厂落实出水电磁流量计的检定和更换工作，为环境监测数据的准确可靠提供技术保障。完成56家制造计量器具许可证获证企业和72个资质认定获证检验检测机构的监督检查、314家加油站的专项计量监督检查、15家定量包装商品生产企业的净含量监督抽查。对1701台（件）在用强检工作计量器具的计量性能、150批次定量包装商品的净含量、10批次用能产品的能效标识、10批次计量器具的产品质量进行监督抽查和检验。开展“5·20世界计量日”宣传咨询和免费检测活动，做好民生计量宣传工作。

【“智慧质监”项目建设】 2017年，东莞市质监局推动“智慧质监”信息化项目建设，搭建高水平项目体系架构，完成中心机房改造升级工程，建成一体化的数据中心架构，建立“市场主体”“人口信息”“空间地理”三大基础数据库，建成“一数一源、一企一档、一人一档”的模块化数据中心架构。采集一般企业信息180余万家、重点企业信息5000余家、特种设备信息35万件、持资质证人员信息7万条，实现与省质监局、市各相关部门、市质监局内部的数据共享交换。设计开发质监网上办事大厅和微信公众号，实现企业质监业务全流程网上办理。设计开发行政审批、特种设备和应急管理系统，实现行政审批、特种设备和应急业务的信息化处理。

【简政强镇事权下放】 2017年，东莞市质监局理清市、镇、村三级职责事权，推进简政强镇事权下放，结合实际情况拟订22项下放事项并与镇街（园区）衔接，通过办事窗口前移提升办事效率。

【特种设备行政审批】 2017年，东莞市质监局完成第二轮行政审批标准化工作，全面更新完善11个事项的办事指南，办理特种设备行政审批业务3.27万台套、特种设备作业人员考核2.51万个和其他审批及各项业务2723项，办理782个产品的标准备案和1083个产品的执行标准登记。

【质监稽查执法】 2017年，东莞市质监局受理举报投诉案件线索1292条，立案查处各类案件440件，涉案货值779.33万元，收到罚没款1001.39万元，查办大案要案16件，移送公安机关追究刑事责任3件。

【法治质监建设】 2017年，东莞市质监局组织召开案审会33次，集体审议案件369件，处理陈述申辩35件、听证1件，处理行政复议25件、行政上诉1件。做好普法工作，制订领导干部学法计划和普法计划，举办东莞市质监局第一届法律知识竞赛，举办1期行政执法业务培训讲座和1期特种设备监察执法程序及文书制作培训会。完成《东莞市质量技术监督局行政处罚自由裁量标准》修订工作。实施行政执法案件统计分析报告制度。制定《东莞市质量技术监督局行政执法案卷评查指引》，并于4月中旬开展2017年首次行政执法案卷评查。 （巫树谋）

附：2017年东莞市质量技术监督局主要领导名录

党组书记、局长：胡炽海

物价管理

【物价运行概况】 2017年，东莞市主要商品价格总体呈震荡走势，与上年比，鸡蛋、蔬菜价格下降幅度较大，猪肉市场各环节价格下降，肉鸡批发价小幅下降，成品油、液化石油气价格有所上升，其余主要商品价格在合理区间震荡运行。

粮油价格 粮食市场价格呈现小幅下行趋势，平均零售价每500克3.37元，年环比下降1.46%。其中，除晚籼米零售价格环比微升0.67%外，其余品种价格均下降。食用油价格由上年第三季度开始上涨到2017年第一季度，第二季度价格开始回落。全年食用油平均零售价每桶88.52元，环比上升1.97%。其中，花生油零售价每桶117.16元，环比上升1.28%；调和油零售价每桶59.88元，环比上升3.37%。

肉蛋价格 生猪平均出场价每千克16.15元，环比下降16.97%；总肉平均批发价每500克10.34元，环比大幅下降13.69%；猪肉平均零售价每500克18.37元，环比下降1.55%。10个品种肉鸡监测价格互有升降，平均批发价每500克8.59元，环比下降2.39%，白羽肉鸡价格下降8.96%降幅最大，天农麻鸡价格上升12.62%升幅最大。鸡蛋零售价格由上年第二季度开始，一路下降到2017年第二季度，第三季度开始止跌回升。全年蛋零售价每500克5.51元，环比下降8.26%。

蔬菜价格 前2个季度蔬菜价格呈下降趋势，第三季度蔬菜价格大幅回升，第四季度价格与第三季度持平。30种蔬菜监测价格全线下降，平均零售价每500克3.53元，环比大幅下降11.75%。

成品油、液化气价格 成品油价格全线上升，平均购进价每吨6197.82元，环比上升11.83%，价格升至近2年新高。其中，95号汽油平均购进价每吨6495.14元，环比上升10.71%；92号汽油平均购进价每吨6237.50元，上升11.79%；0号柴油平均购进价每吨5860.83元，上升13.15%。液化石油气零售价格连升5个季度，全年液化石油气平均零售价攀升到近两年新高。14.5千克瓶装液化石油气平均零售价105.38元/瓶，环比上升13.01%。

【价格调控】 2017年，东莞市居民消费价格总指数比上年上涨1.4%，低于全省0.1个百分点，在全省21个地市中由高到低排第14位，总体价格运行与经济运行相适应，物价变动合理可控。主动适应经济发展新常态，深化价格改革，运用价格杠杆促进东莞经济健康发展。增设食盐零售价格监测点12个、食盐批发价格监测点1个、农副产品批发市场价格监测点3个，全市执行报价任务的监测点190个，增设农资价格、平价商店农副产品监测等任务，全年上报各类监测报表2.85万份，价格监测信息及监测情况分析147篇。通过优化锚定指标、降低启动临界值、缩短启动时间等措施对机制进行完善。通过履行保供稳价协议，加强生产、流通、销售3个环节的有机衔接，稳定蔬菜和肉类等农副产品市场供应，确保市场平稳运行。出台加强新建商品住房销售价格备案管理的配套政策，受理741批次房价备案申请，抑制房价过快上涨。

【价格改革】 2017年1月起，东莞市大工业电度电价和一般工商业电度电价每千瓦时统一降低2.33分。同时取消试行车辆通行费年票制，全年为企业和车主减负约17亿元。4月起，取消城市公用事业附加（每千瓦时1.4分）。7月起，将国家重大水利工程建设基金和大中型水库移民后期扶持基金的征收标准每千瓦时降低0.18分，大中型水库移民后期扶持基金的征收标准每千瓦时降低0.21分。通过一系列电价政策，全年为企业减轻用电成本21.42亿元。6月起，东莞市启动污水处理费与收费水量处理率联动机制，各类别的实际征收标准分别调整为：居民0.93元/吨、非居民1.21元/吨、特种行业1.40元/吨，提高污水处理率及治污成效。8月，《东莞市农业水价综合改革实施方案》出台。此外，启动联动机制降低全市工商业管道天然气价格，每立方米下降0.15元，全年降低企业用气成本5700万元。全年审定105所民办中小学校收费标准，其中新办学校3所，调整学杂费102所。落实好涉企收费目录清单制度，全面清理行政事业性收费、政府定价的经营服务性收费和行政审批中介服务收费。取消试行车辆通行费年票制等17项收费，停征出入境检验检疫费等25项收费，降低电信网码号资源占用费等8项行政事业性收费，减负超20亿元。

【价格监督检查】 2017年，东莞市发改局组织节日期间价格检查、电力价格专项检查、涉企收费专项检查，确保国家政策落实和物价稳定。全年受理价格投诉举报1013件，立案查处价格违法行为97件，实施经济制裁51.11万元。为应对不断出现的新情况、新问题，对一些反映集中的价费矛盾，及时提出解决对策。

【价格认定】 2017年，东莞市各类违法、违纪案件和行政执法案件涉及财物价格认定1.68万件，涉及金额5.24亿元。其中，办理公安机关查办的各类违法犯罪案件涉及财产价格认定1.67万件，涉及金额3.43亿元；办理纪检监察机关查办的各类违法违纪行为涉及财产价格认定10件，涉及金额2971万元；办理工商、食药监、打私、海关等行政执法机关查办案件涉及财产价格认定68件，涉及金额1.51亿元；办理扣押、追缴、没收充公物价格认定5件，涉及金额17万元。是年，东莞市发改局获全国价格认定工作质量奖。 （方宇观）

安全生产监督管理

【安全生产概况】 2017年，东莞市安全生产监督管理局（简称“东莞市安全监管局”）履行安全生产监管职责，发挥综合协调作用，开展隐患排查治理，强化安全保障能力建设，深化安全生产宣传教育，构建安全监管长效机制，提升安全监管水平，为全市经济社会发展提供坚实保障。全年发生各类生产经营性事故1465起、死亡315人，其中工矿商贸事故143起、死亡128人。市安全监管局被市委、市政府评为2017年度工作优秀市直单位；作为2016年国家“道路运输平安年”活动成绩突出市级管理机构，粤港澳安全知识竞赛广东省赛区冠军、工会组冠军，获得两项2017年度全市“单打冠军”。2017年实施行政处罚次数、实施经济处罚次数同比上升幅度在全省安监系统中排名第一，经济处罚金额排名全省安监系统第四。

【安全生产责任落实】 2017年，东莞市安全生产委员会（简称“东莞市安委会”）提请市几套班子领导多次赴镇街（园区）督导安全生产工作，以问题为导向，督促各镇街（园区）吸取事故教训，做好各项安全生产工作，落实安全生产工作责任。以市安委会名义对全市32个镇街及市有关单位、园区党政领导班子年度安全生产履职情况进行考核。提请市政府警示约谈一段时期内连续发生较大影响生产安全事故的镇街（园区）和部门主要领导，实行生产安全事故“一票否决”。逐一制定市安委会成员单位和镇街（园区）安全生产责任书，由市长代表市委、市政府与市安委会各成员单位和各镇街（园区）主要负责人进行签订。增加市民宗局、市人防办、市民政局、市供销社、市地震局、市公路局等部门为市安委会成员单位，进一步织密安全监管网络。投入市安全生产专项资金1500万元，专门用于扶持安全生产基础设施建设、推动技术进步、宣传教育等项目。

【安全生产监管执法】 2017年，东莞市安委会推动各镇街（园区）和各有关部门全面开展安全生产大检查和以火灾防范、危险化学品、建筑施工、道路交通、特种设备、冶金工贸、职业病危害等为重点的行业领域专项整治，确保党的十九大、全国“两会”和省第十二次党代会期间全市安全生产形势稳定。大检查期间，全市打击严重违法违规行为231起，排查重大事故隐患24处，停产整顿生产经营单位436家，关闭取缔违法违规和不符合安全生产条件的企业191家，移送司法机关55起。构建安全风险分级管控和隐患排查治理双重预防机制，推动各行业领域组织开展风险点、危险源和重大事故隐患分析、评估、排查、整治工作。全市各行业领域全年排查出风险点、危险源2137个，其中红色等级26个、橙色等级109个、黄色等级566个、蓝色等级1436个，对排查出的风险点、危险源，均要求有关单位落实管控措施；排查出重大事故隐患24处，均落实挂牌督办。部署开展集中打击“四黑”专项整治行动，推动经信、城管、安监和交通运输4个部门牵头打击“黑油”“黑气”“黑危化品”“黑危险货物运输车辆”，以治安拘留、刑事追责、行政处罚等手段处置一批突出的非法违法、违规违章行为，消除一批重大或长期得不到治理的安全隐患。市安全监管局推动隐患排查治理常态化，坚持采取明查暗访、随机抽查、“回头看”检查、交叉检查等多种方式，常态化进行隐患排查整治。全市安全监管系统共监督监察各类生产经营单位3.37万家，查处一般事故隐患8.36万处，监控重大危险源60处，实施行政处罚1009次，处罚罚款3333.06万元。其中，出动执法检查人员1.38万人次，检查危险化学品企业6651家次，发现隐患2411处，整改2388处，整改率99.05%，下达整改指令书846份，责令停产停业整顿20家，消除一批安全隐患。在职业卫生监管方面，监督检查用人单位1.14万家次，查处问题2万个，责令限期改正1.87万个，经济罚款617.37万元。

【安全生产长效机制】 2017年，《东莞市安全生产“十三五”规划》印发实施，提出“十三五”时期安全生产事业发展的目标、任务和措施，重点实施全民安全生产知识普及、从业人员职业病危害预防、安全生产风险评估和防控、“智慧安监”信息化建设等4大工程，确保安全发展与城市发展相适应。印发《东莞市危险化学品安全监管“十三五”规划》，提出27项主要任务和实施危险化学品风险点危险源监控信息系统建设、危险化学品生产储存企业自动化控制建设、化工园区安全管理一体化建设、化工安全复合人才培养、危险化学品企业职业病危害治理等5大工程。印发《东莞市推进安全生产责任保险工作实施方案》，发挥保险在安全生产中的风险控制和社会管理功能，探索建立安全生产与保险良性互动、多方共赢的激励约束机制，保障企业及有关人员的合法权益，促进安全生产。提请市政府印发实施《东莞市危险化学品安全综合治理实施方案》，力争用3年时间，管控各行业涉及危险化学品的风险点、危险源，启动实施人口密集区危险化学品企业搬迁工程，初步建立危险化学品信息共享机制，巩固油气输送管道安全隐患整治攻坚战成果，夯实危险化学品安全生产基础，提升安全保障水平，遏制危险化学品重特大事故。推动安全生产诚信体系建设，建立安全生产信用信息双公示门户网站，对特种作业人员持证、企业安全生产许可及违法处罚等情况进行公示，提高市场主体生产经营活动的透明度，为约束和惩戒违法失信企业（个人）提供依据。

【安全生产基层基础建设】 2017年，东莞市安全监管局印发《关于进一步加强村（社区）安全办建设的通知》，从提高准入门槛、加大投入力度、提升人员素质、增强工作成效4个方面，加强村（社区）安全办建设，夯实安全生产基层基础。长期聘请市级安全生产总顾问1名，为全市社会安全发展规划设计、优化产业布局、安全监管决策部署、突发事故应急救援处置等工作出谋划策。

【立沙岛安全监管分局成立】 2017年，东莞市安全监管局成立立沙岛安全监管分局，专职负责立沙岛安全监管；强化封闭管理，对进入立沙岛车辆实施视频监控，限制未经授权车辆进入立沙岛；整合立沙岛现有的视频监控、水文监测、应急物资管理等信息系统，对进入立沙岛的人员、车辆、货物等实施重点管控；推动优化产业规划，合理布置功能分区，科学划分仓储、生产区域，降低区域风险，预防连锁事故发生。

【安全生产培训】 2017年，东莞市安全监管局举办1期生产安全事故调查培训班、2期领导干部安全生产综合素能提升研修班、3期安全生产行政执法培训班和2期镇街（园区）专职安全员培训班，分别组织培训安全监管领导干部90多人、安全生产执法人员460多人、镇街（园区）专职安全员298人，提升履职能力。重点开展企业主要负责人和安全管理人员培训考核，推动实施特种作业培训补贴。全年培训考核危险化学品生产经营单位主要负责人和安全管理人员3052人，发证2312个；培训考核一般行业企业主要负责人和安全管理人员9349人，发证5913个。6月起，对新考取特种作业操作证的东莞市

2017年东莞市生产经营性事故

类别	事故		死亡		受伤	
	数量（起）	比上年增长（%）	人数（人）	比上年增长（%）	人数（人）	比上年增长（%）
工矿企业事故	143	23.28	128	0.79	33	−35.29
生产经营性火灾事故	643	−15.06	5	−58.33	2	0
生产经营性道路交通事故	679	−23.96	182	−17.27	649	−29.15
渔业船舶事故	0	−100.00	0		0	
合计	1465	−17.33	315	−12.26	684	−29.41

户籍或常住人员实施培训补贴，每人每证补贴1000元，提高从业人员培训考证率。

【安全生产宣传教育】 2017年，东莞市安全监管局围绕“全面落实企业安全生产主体责任”活动主题，开展安全生产宣传咨询日、安全生产知识竞赛、生产安全事故警示教育、安全生产访谈、安全生产志愿者服务等系列贴近实际、贴近生活、贴近群众、贴近基层的安全生产宣传教育活动，推动企业树立安全生产红线意识，落实安全生产主体责任。安全生产宣传咨询日活动当日共派发各类宣传资料2万多份，约5000人参加。继续联合《东莞日报》每月出版2期《安全生产导刊》，传播安全生产好人物、好声音、好文化、好经验；开展“以案说法”活动，宣传高空作业、粉尘涉爆、危化品储存和职业病防控等案例；利用“东莞安监”微信公众号推送安全生产政务信息以及大量安全资讯，提高群众对安全生产的关注度；利用电台、电视、微信等媒体以及户外广告牌、户外LED等载体，宣传安全生产工作的经验做法，曝光安全生产违法违规行为，普及安全生产知识。突出重点行业领域企业、重点场所、重点时段，通过微信线上线下互动、专题讲座、趣味游戏、免费派发宣传资料、有奖问答等形式，开展“安全生产进社区”系列宣传活动，向广大企业从业人员传递安全生产理念。 （苏炳坤）

附：2017年东莞市安全生产监督管理局主要领导名录

党组书记、局长：李建武

食品药品监督管理

【食品药品监督管理概况】 2017年，东莞市“强化食品安全监管”连续11年列入市十件实事，农贸市场快检室建设、食品抽检、市食品药品检测中心建设等省、市民生实事提前或超额完成。食品安全示范市场、示范街建设、化妆品示范区建设走在全省前列。全市未发生系统性、区域性食品药品安全事故。东莞市食品药品监管局被评为2017年度工作优秀市直单位、东莞市2015—2017年争创全国文明城市“四连冠”工作突出贡献单位、东莞市社会治安综合治理工作先进集体、东莞市预防职务犯罪先进单位。通过省特级档案管理目标认定，全市系统获市级以上集体表彰16个，获市级以上个人表彰35人次。

【食品安全工作评议考核】 2017年，东莞市食品药品安全委员会办公室推动出台《东莞市食品安全工作评议考核办法》，市政府与各镇街（园区）政府签订食品安全责任书，首次将食品安全工作纳入镇街（园区）领导班子年度工作考评约束性指标，首次开展市食药安委成员单位考核评议；调整市食药安委成员，修订市食药安委工作规则、成员单位食品安全工作职责，加强食药安委成员及镇街间信息通报、联合执法、应急处置、宣传教育等方面的合作，组建第三届市食品安全专家委员会。

【食品药品许可审批】 2017年，东莞市食品药品监管局深化审批制度改革，全市发放（含变更）食品（含保健食品）、药品、化妆品、医疗器械许可证5.82万个。试行食品生产许可审查监督抽查和现场核查观察员制度，推动全市29个食用农产品批发市场基本实现出具统一票据。强化新业态监管，全市核发小作坊登记证203张；推行小餐饮承诺制，核发小餐饮食品经营许可证5321张；划定食品摊贩经营区域39个，核发食品摊贩登记证819张；第一类医疗器械产品备案工作以“零问题”通过省局交叉检查；制定和实施企业自建网站备案管理制度。

【食品药品后续监管】 2017年，东莞市食品药品监管局构建日常检查以网格化监管为模式，飞行检查以“双随机”（企业信息和执法人员的随机抽取、随机对应）监管为模式，日常检查与飞行检查相互衔接，“网格化”监管和“双随机”监管互为促进的监督检查新机制。在市镇村三级划定网格2952个，到位协管员9550人，开展网格巡查11.58万次，向镇街分局（监督站）提交线索2090条，由此查办案件35件。在全市“智网工程”表彰的典型案例中，涉及食品药品领域6件，占12%。商改后续监管、未经许可从事食品药品经营和经批准的食品药品经营单位等3大类27项列入入格事项，全市系统处理商改后续监管任务5.42万条，占全市总量的59.16%。飞行检查企业3.14万家次，发出书面整改告知4584份，约谈重点单位3125家次，开展明查暗访58次。

【食品药品抽检】 2017年，“食品检验量从每年每千人2批次提高到3批次”被列入广东省十件实事，东莞市镇两级投入2534.14万元，落实市级抽检任务2.13万批次，实际完成抽检2.14万批次。按照问题导向，对食品生产、食品经营（含专项）、餐饮服务、流通环节食用农产品分别抽检2154、5592、8417、5100批次，合格率分别为97.2%、99.1%（内在质量）、97.8%、95.9%；首次开展网络销售食品抽检，抽检100批次，合格率99%；抽检保健食品、药品、化妆品、医疗器械167、1082、241、57批次，合格率分别为100%、96%、97.9%、91.2%。落实全市农贸市场快检室3年全覆盖计划，市镇两级投入奖励资金2400万元2016—2017年建成300个农贸市场快检室。全年快检食用农产品102.29万批次，合格率99.78%，处置不合格产品1.82万公斤。快检室及快检总数均为全省第一。落实农贸市场食用农产品政府快检，投入1671.62万元，检测

116.28万批次。

【食品药品专项整治】 2017年，东莞市食品药品监管局制订全市食品药品安全风险隐患大排查大整治工作实施方案，不断消除带有区域性、系统性特点和"潜规则"性质的食品药品安全隐患。开展食品、保健食品欺诈和虚假宣传整治、工厂企业集体食堂专项整治、药品流通领域违法经营专项整治、化妆品专项整治、医疗器械经营冷链专项整治、打击互联网制售假冒伪劣食品药品违法犯罪行为等整治行动。全市查办食品药品违法案件1430件，组织处理协查函件200份，集中销毁假劣食品药品约40吨；向公安机关移送涉嫌犯罪线索100条，移送案件15件，出具假药认定意见18批；向法院申请强制执行11件。

【食品安全示范创建】 2017年，东莞市被省食安办列为省级食品安全示范城市创建试点单位，明确东城、寮步、松山湖为东莞市首批食品安全示范县（区）创建试点单位，在全省首建50个食品安全示范市场，打造完成8条省（市）级食品安全示范街、11个省（市）级化妆品市场安全治理示范区、1个省级放心肉菜示范超市。实施餐饮业质量安全提升工程，新增餐饮A级单位233家，全市B级以上餐饮单位占比37.35%，比上年上升10.86%；完成餐饮单位"明厨亮灶"建设1.49万家，占比37.8%，全市学校食堂实现100%覆盖。

【食品药品监管信息化建设】 2017年，东莞市食品药品监管局开展网格化智能综合监管平台、行政许可审批系统等信息化建设。"智慧食药监"平台入库监管对象11.06万家，市级重点监管企业入库2767家，平台登记监管记录2.27万条。推进"互联网+政务服务"信息惠民工作，做好行政许可事项、公共服务事项的审批标准编写及上线工作。

2017年，东莞市新建150家（共300家）农贸市场快检室

（市食药监局供图）

【食品药品检测中心建成使用】 2017年，东莞市投资1.16亿元的市食品药品检测中心建成，市食品药品检验所完成实验室整体搬迁，并按计划开展新址实验室试运行工作。市财政投入1696万元，市食品药品检验所新增仪器设备120台（套）。完善提升与省医疗器械质量监督检验所共建的实验室，松山湖新址通过CMA认证。

【食品药品应急保障】 2017年，东莞市食品药品监管局制定《东莞市食品安全风险交流研判会商制度》，定期召开食品安全风险交流研判会商会。与市委党校联合开展食品安全隐患专题调研，在《东莞市情研究》刊登《东莞市食品安全主要风险隐患与对策建议》调研报告。全市99个药械、化妆品安全监测点，收集不良反应报告7196份。修订《东莞市食品安全事故应急预案》，在全省率先举办食品安全事件（Ⅲ级）应急演练。与中国经济信息社合作对舆情全天候即时监控，发送舆情249期，发布风险警示5期。处置"毒玉米"、加料木耳、问题威士忌酒等舆情事件。处置食品安全事故，全市发生食物中毒事故7起，中毒42人，死亡1人（误食野生蘑菇），均为历年最低。完成莞马、中国城市规划年会等重大活动和重要接待保障36件，保障1253餐次15万人次，实现"零事故"和"零投诉"。

【食品药品安全宣传】 2017年，东莞市食品药品监管局重点打造六大科普宣传活动品牌：在官方网站全新打造"能量全天候"专栏，为市民提供权威专业、贴近生活的食品药品安全资讯；在户外建成首批东莞市食品药品安全科普教育基地4个、保健食品安全科普知识进社区示范点33个；"东莞食品药品监管"微信公众号全年发布微信图文516条；开展"食品安全周""安全用药月""食品药品安全大课堂"三大集中宣教活动，累计开展现场咨询、专题讲座等各类活动820场次，派发各类折页、单张资料27.15万份。

【食品药品监管能力建设】 2017年，东莞市食品药品监管系统总体增加编制37名。实施"诊断检查"，深化分级、分类培训，提升培训针对性和精准度，自办培训班、培训工作会议16期次2500余人次。结合简政强镇，向分局所在镇街（园区）、水乡5镇分别新增下放职权113项（总308项）、105项（总190项），累计下放比

73.89%，比上年提高37%。

【农贸市场及其周边整治】 2017年，东莞市食品药品监管局按照全市文明城市创建“补短板，促提升”工作，重点对全市393个农贸市场及其周边食品店、餐饮店、药店无证经营、未落实索证索票等进行坚决查处，清理无证经营376家，发出责令改正2563份，约谈369家次，查处违法销售食用农产品案件18件。

【食品医药产业发展】 2017年，东莞市有食品（含保健食品）、药品、化妆品、医疗器械生产经营单位26.55万家，全市规模以上（主营业务收入2000万以上）企业年总产值750亿元，销售总额超580亿元。全市食品（含保健食品）、药品、化妆品、医疗器械企业中，有24家列入市“倍增计划”企业及后备企业，2家入围2017年东莞市主营业务收入前20名企业名单，6家企业纳税亿元以上。 （叶建荣）

附：2017年东莞市食品药品监督管理局主要领导名录

党组书记、局长：尹锡棋

【审计概况】 2017年，东莞市审计局依法履行审计监督职责，加快推进审计全覆盖。全年完成审计项目54个，查出违规金额13.31亿元、损失浪费金额9104万元、管理不规范金额153亿元，促进整改落实有关问题资金42亿元，促进拨付资金到位5.82亿元，出具审计报告和专项调查报告70篇，提交专题审计报告、信息44篇，移送处理事项21件。

【政策跟踪审计】 2017年，东莞市审计局加强对供给侧结构性改革、科技领域创新、振兴实体经济等政策措施落实情况的审计监督，揭示个别资金政策未有效发挥效果、有些配套政策未完善等问题，促进中央和省重大宏观调控政策落实到位，推动加快产业转型升级、转变经济发展方式。同时，注重及时反馈跟踪审计结果，定期向市政府和省审计厅汇总上报政策落实跟踪审计结果。

【财政审计】 2017年，东莞市审计局以促进财政做大增量、盘活存量、优化结构、提高绩效为目标，深化预算执行、财政决算和重点专项资金等审计，重点关注财政收支的真实合法效益、重点专项资金绩效，以及贯彻中央八项规定精神情况。全年开展市本级财政预算执行、镇街财政决算等审计项目14个，揭示个别预算项目执行率低等问题，推动提高财政资金合理配置和高效使用。市本级预算审计工作报告经市人大常委会审议通过后通过局门户网站向社会公告，增强审计监督效应。

【领导干部经济责任审计】 2017年，东莞市审计局落实从严治党具体要求，深化领导干部经济责任审计，加强对涉及资金量多、行政权力大等重点部门单位和镇街党政领导干部用权履责情况的审计，完成经济责任审计项目17个，审计党政和企事业单位主要领导干部21名，促进领导干部依法作为、主动作为、有效作为。

【政府投资审计】 2017年，东莞市审计局围绕优化经济发展空间布局、加快投资领域改革，关注政府重大投资项目的规划布局及资金管理使用情况，重点跟踪审计援疆、重大建设项目、重大基础设施等投资项目，揭示在建设进度、工程招投标、成本核算等方面及投资管理体制机制方面存在的薄弱环节和风险隐患，促进工程建设安全、有序、有效进行，提高投资效益。

【民生政策资金审计】 2017年，东莞市审计局回应民生关切和社会热点，从人民群众关心的医疗、文化、交通、社会福利等问题入手，开展民生审计，关注疾病预防控制中心、社会福利中心、市图书馆等单位落实民生政策资金情况，促进统筹民生改善与经济发展，加快补齐民生“短板”。

【资源环境审计】 2017年，东莞市审计局树立“绿水青山就是金山银山”的科学理念，对洪梅镇开展领导干部自然资源资产离任审计试点，探索审计方式方法，逐步构建自然资源资产指标体系，研究建立相关审计制度，为建立常态化资源环境审计机制打下基础。同时，加大对环境监测、生态补偿、河道整治等相关资金和项目的审计力度，重点关注水资源保护、生态保护等过程中贯彻落实环境保护政策情况，促进自然资源资产节约集约利用，维护生态环境安全，推动绿色低碳发展。

【企业审计】 2017年，东莞市审计局推进国有企业审计全覆盖，组织开展对市交通投资集团公司2016年度资产负债损益情况的审计，重点关注企业执行国家重大政策措施、资产负债损益的真实合法效益情况，以及提质增效、结构调整、发展潜力、风险管控和内部管理等情况，推动企业完善治理、突出主业、提高效益，促进国有企业深化改革和做强做优做大，实现国有资产保值增值。

【内部审计工作指导监督】 2017年，东莞市审计局推进与内审机构的互联互通，加强对内部审计的指导和监督。指导督促内审机构开展专项审计和审计调查，及时反映各类违法违规行为，为单位和领导提供决策参考、强化管理服务、防范经济风险，发挥内部审计“免疫系统”基础防线作用。由局领导按片区与镇街对口联系，经常到镇街内审机构进行指导，听取意见和建议，促进解决实际问题，为推动东莞内审工作做好服务。强化业务培训与经验交流，承办2017年全省内部审计指导监督工作座谈会，组织200人次镇街内审人员参加内部审计培训班。组织全市内审机构开展相关课题理论研究，东莞银行内审机构1篇论文获省内审协会理论研讨优秀论文一等奖，松山湖内审人员1人获中国内部审计先进个人称号。（梁文彪）

附：2017年东莞市审计局主要领导名录

局　长：卢炳辉

统计调查

【统计调查概况】　2017年，东莞市统计局以供给侧结构性改革为统领，适应经济社会发展趋势性变化，精准把握引领经济发展新常态下统计事业发展的新形势新要求，围绕全市统计工作会议的总体部署，提升统计工作服务中心大局的整体水平，为东莞在更高起点上实现更高水平发展提供坚强的统计保障。东莞市统计局被人力资源和社会保障部、国家统计局评为“全国统计系统先进集体”。

【统计制度改革】　2017年，东莞市统计局适时修订完善镇街GDP核算方案，使之更好地与国家和省的核算制度相衔接。开展城市商贸综合体统计调查，在全市范围内开展城市商业综合体统计调查，完善城市商业综合体的调查方案，为制定相关政策与规划提供依据。推动5000万元以上投资项目入库联网直报。建立投资项目信息库。截至年底，全市5000万元以上在库统计项目799个。建立全市固定资产投资调度联席会议制度，形成上下联动、部门协作的固定资产投资调度工作机制。将R&D经费纳入GDP核算。按照省的统一部署，东莞市统计局重新测算全市R&D纳入GDP核算情况，调整GDP核算方法，修订历年数据。

【统计分析研究】　2017年，东莞市统计局编印《东莞发展动态》55期，包含特刊7期、动态48期。其中，《东莞在构建粤港澳大湾区中的定位设想分析报告》和《东莞经济运行情况报告》分别获评2017年度全省各地优秀统计分析报告一等奖和二等奖。东莞市统计局适时推出“喜迎十九大”系列统计分析11篇，涵盖各行业、各领域，以生动的内容、详实的数据、多维的视角，展现党的十八大以来东莞经济社会发展的喜人“成绩单”。

【统计学术研究和交流】　2017年，东莞市统计协会有会员1800多名。全市33个镇街、园区全部成立统计协会分会，其中10个镇街成立具有独立法人资格的统计员活动中心。东莞市统计协会与各镇街（园区）分会、统计员活动中心通过整体谋划、点网共建、创新协作等方式，推进统计学术研究和交流，搭建更多展示、锻炼和提高统计人员业务素质的平台。

【统计服务创新】　2017年，东莞市统计局将东莞经济运行情况以H5形式在“莞香花开”等微信平台推送，多维度展示东莞经济社会发展新亮点新成绩。举办第八届“统计开放日”现场活动，结合“广东统计新动能　服务新常态”的主题，邀请新闻媒体和专家学者参观松山湖科技产业园代表企业和产品展示，现场介绍东莞“三新”经济概况，展示东莞统计调查事业发展改革情况。

【统计法治建设】　2017年，东莞市统计局组织开展全市“双随机”统计执法检查工作。建立东莞统计“双随机”执法人才库，全年完成数据质量重点检查和“双随机”抽查企业586家。协助市委、市政府出台《关于进一步加强和改进统计工作的意见》，完善统计制度方法。12月4日，举办以“学习贯彻十九大精神，切实开创依法统计新局面”为主题的统计法治宣传活动，宣传统计法律法规，并现场提供统计业务和法律法规等方面咨询服务。（赖卓辉）

【常规调查和专项调查】　2017年，国家统计局东莞调查队采取多举措提高数据质量，完成规模以下工业抽样调查、采购经理调查、新设立小微企业和个体经营户跟踪调查、规模以下服务业抽样调查、限额以下批发零售住宿餐饮行业抽样调查、建筑业小微企业抽样调查、小微企业投资年报、流通消费价格调查、城镇低收入居民基本生活费用价格调查、工业生产者价格调查、固定资产投资价格调查等常规任务。根据国家统计局和广东调查总队的调查方案，因地制宜制订东莞实施方案，着重把好数据质量关。督促镇街强化基层调查机构和队伍建设，保障基层调查机构建设、人员配备和调查经费。定期集中调查对象进行统一的业务培训和数据评估会议，定期走访调查对象，了解情况，现场指导调查和面对面进行业务培训，并帮助解决调查过程中遇到的具体问题，确保基层调查数据真实可靠。加强调查数据对比分析，评估数据合理性。做好日常数据整理、分析，通过数据的纵横向对比，进行调查数据评估及质量监控，提高调查数据质量。制定《农民工市民化进程动态监测主要审核指标和填报注意事项》《东莞市规模以下工业抽样调查报表制度资料汇编》《东莞市规模以下工业企业抽样调查回访制度》等制度，明确调查业务工作的各项具体要求，对实际调查过程中常见的问题进行规范。

【全市调查数据质量核查】　2017年，国家统计局东莞调查队推进“数据造假、买数卖数、以数谋私”专项治理。4—5月，在全市范围内开展2017年调查数据质量核查工作。核查小组对主要畜禽监测调查、农民工监测调查等9个调查专业，在各专业各镇街自查的基础上，抽取若干调查样本进行现场面访核实。对照镇街全面自查、分组现场核查中发现的问题，做好数据核查工作总结，以问题为导向，提出整改措施和意见，各专业落实整改措施，提高数据质量。

【住户调查样本轮换】 2017年，住户调查样本轮换是国家统计局东莞调查队重点工作之一。通过向市政府申请追加专项资金，加大对调查户和辅助调查员的补贴力度，同时印制宣传海报、小册子和环保袋，采购摸底调查礼品等分发至各镇街、村（社区）。5月，以数据质量专项核查为契机，明确各级政府和部门职责，形成上下联动、各尽其职的工作格局。研读调查方案，掌握轮换的整体思路和实施细则。8月，分两批直接对国家点及分市县点村社区辅调员进行业务培训。通过实际案例，从落实村级单位到入户摸底调查进行全面培训，对调查过程知识作细致讲解，并将住户调查样本轮换新旧方案的差异对比贯穿于整个案例培训中。邀请东莞电视台、东莞日报等媒体记者深入调查小区、调查户进行跟踪采访，让公众深入了解住户调查工作。8月底至9月初，分别对24个镇街的中选小区进行实地督导，通过加强数据核查、业务培训和基层沟通，狠抓样本轮换数据质量。9月底，召开基层辅调员开户培训会议，指导辅调员严格按照制度要求落实中选样本户，保证样本的随机性、多样性。11月中下旬，针对每户调查户试记账存在问题，分批下点一对一进行记账辅导，与调查户面对面沟通，排疑改错，指导调查户规范记账。

【统计调查法治宣传】 2017年，国家统计局东莞调查队学习《关于深化统计管理体制改革提高统计数据真实性的意见》《统计违纪违法责任人处分处理建议办法》等文件，落实统计管理体制改革各项工作任务。将统计法治宣传渗透融合到各调查专业培训中，相继在小微商业、小微建筑业、规下服务业、住户调查、规下工业抽样调查等12场培训会议上开展法治宣传，结合最新执法案例进行警示教育。9月20日，结合第八届“中国统计开放日”的“统计新动能，服务新常态”宣传主题和城乡一体化住户调查样本轮换工作宣传要点，在社区开展统计调查现场宣传活动。12月4日，东莞调查队联合市统计局、中堂镇统计办在在中堂镇文化广场联合举办以“学习贯彻党十九大精神，切实开创依法统计新局面”为主题的法治统计宣传、咨询活动，现场派发《中华人民共和国统计法及统计违法违纪行业处分规定》和《中华人民共和国统计法实施条例》等宣传资料400多本。

2017年3月10日，东莞市召开2017年全市调查工作会议

（国家统计局东莞调查队供图）

【统计调查服务】 2017年，是国家统计局东莞调查队实施写作分析“丰羽强翅”行动的第二年。围绕调查信息报送要点的通知要求，通过落实各科室工作任务，完善学习、保障机制，推进调查信息和分析报告的撰写工作。1—12月，报送调查报告40篇，调查信息41篇。其中，获国家局网站采用4篇，获总队网站采用33篇，市两办采用6篇，获市领导批示2篇。另外，发布CPI月度新闻稿12篇。快速完成东莞企业“降成本”提效益调研、卫生领域简政放权医疗机构调研、新政后房地产市场运行情况调研、基层对十九大期盼调研等任务。围绕热点，挖掘开发好各类调查数据。围绕领导关心、社会敏感、群众关注的经济运行和社会民生热点、难点问题，挖掘现有资源，撰写进城务工人员城市认同感创九年新高、共享单车骑行情况调研、家庭医生签约情况调研、纸制品价格快速上涨情况调研等调查分析、信息。 （陈德斌）

附：2017年东莞市统计局主要领导名录

局　长：梁佳沂

党组书记：叶力强

附：2017年国家统计局东莞调查队主要领导名录

党组书记、队长：王志勋

科　学

SCIENCE

银瓶山　（市林业局供图）

编辑：梁炜强

科技综述

【科技概况】　2017年，东莞市认定通过高新技术企业2335家，高企总量4058家，比上年翻一番，高企总数稳居广东省地级市第一；高新技术培育入库企业通过1312家，累计高新技术培育入库企业3313家，新增数量和累计数量位居地级市第一。引进省市创新科研团队58个、创新创业领军人才55个，其中省创新科研团队31个，居全省地级市第一。全社会R&D投入164.8亿元，占GDP比重2.41%，完成省下达的目标任务，占比排名首次跃升至全省第三。全市专利申请量和授权量分别为81275件和45204件，分别比上年增长56.92%和58.28%，均位居全省第三位；其中，发明专利申请量和授权量分别为2.04万件和4969件，分别增长30.92%和34.95%，分别位居全省第4位和第3位；PCT国际专利申请量1829件，增长1.09倍，位居全省第三位。截至2017年底，国内有效发明专利量1.71万件，位居全省第三位。科技企业孵化器98个，其中国家级15个、省级32个，孵化面积168.7万平方米，在孵企业2880多家，累计毕业企业约1000家。众创空间60个，经认定的国家级19个、省级29个。

2017年，全市获第十九届中国专利优秀奖6项，第四届广东专利奖9项，其中金奖1项；获2016年度省科学技术奖4项，其中省科学技术奖特等奖和一等奖各1项，“东莞横沥镇模具产业协同创新体系的建设与实践”科技项目获2016年度广东省科学技术奖特等奖。东莞市被评为2016年度国家知识产权示范城市工作先进集体；在广东省创新驱动考核中位居第三位；东莞市成为全省首批普惠性科技金融试点城市、首批科技计划中后期监理和验收工作省市协同改革试点城市；市科技局首次被科技部评选为全国科技管理系统先进集体。

【科技创新环境优化】 2017年，东莞市打造创新驱动发展升级版，制订《关于打造创新驱动发展升级版的行动计划》，围绕“一廊”“两核”“三带”（一廊：广深科技创新走廊东莞段；两核：松山湖和滨海湾两大创新核；三带：广深高速、沿江高速莞深高速广深铁路三条创新带）总体思路，对接广东省科技创新走廊建设，实施“科技创新平台‘支撑计划’”等十大行动计划，提升科技创新对产业升级的支撑力。3月14日，召开全市创新发展大会，贯彻全省创新发展大会精神，全面部署区域创新驱动发展工作；10月12日，召开全市推进广深科技创新走廊建设工作动员暨系列重大科技创新项目及规划发布会议，介绍广深科技创新走廊东莞段规划情况，解读“创新驱动发展升级版”计划，启动广深高速创新资源带建设，发布中子科学城概念规划，拉开东莞新一轮创新驱动发展大幕。加强基层创新驱动机构建设，多数镇街成立创新驱动发展领导小组，长安、大朗、茶山等约10个镇街独立设置或筹划独立设置创新办。

【科技创新主体培育】 2017年，东莞市认定通过高新技术企业2335家，高企总量4058家，比上年翻一番，高企总数稳居全省地级市第一；高新技术培育入库企业通过1312家，累计高新技术培育入库企业3315家，新增数量和累计数量继续位居地级市第一。兑现高企奖励，拨付上年获认定的高企奖励资金3.59亿元，以及省级高企培育专项资金4.28亿元。召开高企培育发展工作联系会议，加强部门与高企的沟通协调，推进解决高企培育发展工作中存在的问题和困难。落实高企所得税减免优惠政策及企业研发费用加计扣除政策，全年为1495家高企办理上年度高企优惠及其他税收优惠，减免税额28.03亿元，比上年增长50.4%；为1230家企业办理研发费加计扣除87.51亿元，对应减免税款21.87亿元，增长60.5%。东莞市科技局建立局领导挂点定期联系倍增试点企业的工作机制，每两个季度一次开展面向倍增企业的实地走访或座谈，了解企业经营发展情况，推动解决企业的问题诉求；将企业研发补助、创新券、专利贯标、专利资助、研发机构建设、高企奖励等扶持政策上列入“倍增计划试点企业产业政策倍增扶持资助目录”。安排专人跟进倍增服务平台所提事项信息线上平台提出的诉求。

【科技研发机构建设】 2017年，东莞市筹建松山湖材料实验室（首批4个广东省实验室之一）、东莞先进光纤应用技术研究院、东莞材料基因高等理工研究院，全市拥有省级新型研发机构25个；开展中国科学院工程热物理研究所东莞新能源研究院、东莞市三航军民融合研究院、东莞高能前沿技术应用产业创新中心，暨南大学研究院二期等研究院的引进、组建、扩建等相关工作；组织开展规模以上工业企业自建研发机构备案，全市新增备案机构1340个次，累计受理并审核备案建有研发机构的规模以上企业2696家；全市126家企业申报省级工程技术研究中心，109家获认定。寮步镇和南城街道分别被认定为省技术创新专业镇（智能制造）和省技术创新专业镇（金融服务），全市累计认定省级技术创新专业镇36个（有5个镇分别被认定2个特色产业的省级技术创新专业镇），覆盖全市31个镇街。

【科技企业孵化器建设】 2017年，东莞市科技企业孵化器98个，其中国家级15个、省级32个，孵化面积168.70万平方米，在孵企业2880多家，累计毕业企业约1000家。众创空间60个，其中，经认定的国家级19个、省级29个；组织受理2018年科技企业孵化器和科技四众平台资助申请，2018年拟资助44家运营主体、227家在孵企业和2个投资机构，拟资助金额约2500万元。

【“双创”工作】 2017年，东莞市建设科技创业学院，并实现第一期实验班开班。科技创业学院出资方及出资额已确认，注册企业名称“东莞市优培创业咨询有限公司”，注册资本323万元；落实联合培优政策，天安数码城和常平科技园申报莞港澳台科技创新创业联合培优示范基地认定，有49位港澳台籍人士认定为港澳台科技创新创业人才。成立市名校研究生院筹建办公室，3月，获市编委批准在东莞市电子计算中心加挂东莞市名校研究生培育发展中心的牌子。中心与复旦大学、华中科技大学等21所高校，北京大学东莞光电研究院、东莞深圳清华大学研究院创新中心等16个新型研发机构签订《研究生联合培养意向书》，推动44所高校的413名研究生报名来莞实践，报到研究生344人。

【科技项目实施】 2017年，东莞市获2017年省科技发展专项资金12.73亿元，比上年增长79.8%。在2017年度广东省企业研究开发省级财政补助项目中，东莞市有1117家企业获总额6.2亿元的财政资助，居广东省地级市首位；全年全市有5个项目获省应用型科技研发专项立项资助3000万元，立项项目数量和金额均位居全省地级市第一。组织企事业单位申报2017年度市科技计划项目715个（不含专利类项目），立项数464个。实施2017年市重大科技项目，围绕智能制造和高端装备（机器人）、高端电子信息、新能源汽车、新材料与节能环保、生物医药等领域进行重点扶持，重大科技项目立项11个，立项金额5400万元。制定《东莞市重点产业核心技术攻关目录》，明确未来3年东莞市核心技术攻关方向主要集中于智能制造和高端装备、以移动互联与器件为核心的高端新型电子信息、云计算与大数据、新能源汽车、新材料、生物医药共6个技术领域；结合东莞的产业规划方向和产业发展实际，出台《东莞市核心技术攻关“攀登计划”实施方案（2017—2020年）》。落实2016年度广东省企业研发省级财政补助项目，为全市553家企业拨付4.2亿元，受惠企业数量和补助资金规模在省内各地级市中均排名第一。

【创新科研团队引进】 2017年，东莞市有5个团队获省第六批创新科研团队项目立项，获广东省财政立项资助8000万元，累计引进省市创新科研团队58个、创新创业领军人才55个，其中省创新科研团队数31个，居全省地级市第一。

【科技金融结合】 2017年，东莞市开展普惠性科技金融试点工作，截至2017年底，全市累计投放普惠性科技金融贷款856笔，投放贷款金额11.24亿元；三融合签约合作银行累计发放贷款2573笔111.37亿元，惠及企业1265家，平均每家企业获信用贷款约880万元；符合条件、纳入风险补偿覆盖范围的信用类贷款2415笔累计77.94亿元，惠及企业1245家；分批向18家签约银行推荐符合条件纳入信贷支持计划重点企业1692家，支持和鼓励合作银行对推荐企业发放信用贷款，全年为科技企业发放贷款预计达500亿元。全年全市专利权质押融资总金额65亿元，占全省专利质押融总额48%；广东东阳光药业有限公司以18件发明专利作为部分出质物，获32.23亿元贷款，创广东省单笔专利权质押融资金额历史新高。组织全市科技金融专员举办科技金融专员培训班，通过理论学习及实地参观，增强队伍素质，提升业务能力；从广东省科技厅是年度划拨到东莞市的省科技发展专项资金中安排200万元，重点支持东莞市相关科技金融工作站和科技金融服务机构开展人才队伍建设及业务培训、科技金融数据库搭建、科技金融服务活动开展等，推动科技金融服务体系建设；新增建设9个科技金融工作站，总数47个，完善市、镇（街道）、园区联动的科技金融公共服务体系。高效运作创新创业种子基金，引导民间资本投资市内注册的种子期、初创期等创业早期科技型中小微企业，有投资企业9家，投资额1044万元，引导受托管理机构投入522万元；发展科技保险，降低科技企业开展科技创新的风险，是年，推动94家企业参与投保，保额164.6亿元，保费828.57万元，发放保费补贴274.35万元；推动专利金融工作，举办“科技金融合作银行”工作座谈会、专利质押融资和专利保险项目对接会，促成建设银行、浦发银行创新专利质押融资业务新模式，推出“科技信用+专利质押”融资新产品；推荐申报上市后备企业，帮助企业利用多层次资本市场挂牌融资，推荐7家科技型企业通过复审，认定为东莞市上市后备企业。

【科技合作】 2017年，推动东莞市中俄国际高技术转移中心项目建设，在东莞及莫斯科分别设置专门的办公场所，搭建项目对接平台，促成多个中俄项目对接；促进中俄学术交流与人才引进，与东莞理工学院合作在俄罗斯莫斯科成立“东莞理工学院俄罗斯交流中心”，合作开展海外高层次人才引进、科技项目引进和科研成果孵化工作；开展项目推介活动，邀请俄罗斯来莞举办“俄罗斯新西伯利亚州高科技项目推介会”。组织市有关单位前往德国、比利时、瑞士三国开展生物医药大健康产业交流合作活动；组团前往俄罗斯、波兰开展国际科技交流合作活动，学习莫斯科、华沙开展国际科技交流合作及科研运营管理的先进经验；组织赴澳门参加莞澳人才联合培优论坛及有关交流活动，推动东莞市与澳门高校在联合培养研究生方面的合作。

【知识产权强市创建】 2017年，东莞市开展新一代通讯技术专利导航项目，立项3项专利微导航项目；推动市知识产权交易服务中心组建线下运营团队，市知识产权交易服务中心完成知识产权交易系统开发和验收，截至2017年底，经服务中心交易的合同金额达1319.9万元，实现151项专利技术的成功对接，整合科技成果信息2.9万条，专家2972人，高校院所250所。发布东莞市工业机器人产业专利导航成果，成立东莞市机器人和智能装备产业专利联盟。举办10期知识产权专业人才培训班，1900多人参加；完成两批专利资助项目；认定25家2017年度专利优势企业；企业贯彻《企业知识产权管理规范》国家标准数量367家。举办“走进科技载体、服务创新创业”、粤港知识产权与中小企业发展（东莞）研讨会等各类宣讲活动88场，4800多人参加；在《中国知识产权报》和《东莞日报》宣传东莞市知识产权工作成效和获得东莞市专利金奖的项目。市知识产权局2017年处理各类专利行政案件271件，比上年增长67.28%，其中立案专利侵权纠纷案件88件，假冒专利案件30件，展会专利侵权纠纷案件104件。继续实施重点企业知识产权保护直通车制度，认定知识产权保护重点企业136家，其中9家被省认定为“省知识产权保护重点企业”；认定5个“东莞市知识产权保护重点市场”。成功在松山湖挂牌成立广州知识产权法院东莞诉讼服务处，全年向广州知识权法院移送诉讼证据90宗，接受群众来电来访咨询133批次。新增3个知识产权维权援助中心工作站，签署《电子商务领域知识产权执法维权合作协议》，开启电子商务专利行政执法模式。设立家具行业专利纠纷调解处、第二代半导体产业专利联盟、东莞市机器人和智能装备产业专利联盟等组织，协调解决行业内部发生的知识产权纠纷，增强应对国际知识产权纠纷与诉讼的整体保护能力。

【2017年赢在东莞科技创新创业大赛】 2017年6月5日，赢在东莞科技创新创业大赛首次将赛事放在国内外创新资源聚集的城市和国家举办，增设深圳赛区和美国赛区。自6月启动以来，吸引476个项目参赛，其中深圳赛区和美国赛区吸引110多个项目参赛。累计在东莞市内的松山湖、厚街、长安、寮步和东莞职业技术学院，以及在深圳和美国等地举办共10场决赛路演，吸引2500多人次前往观赛，经过初赛评审、复赛答辩和决赛路演等筛选，最终评审得出77个大赛获奖项目，奖励资金1253万元。

【2017中国（东莞）国际科技合作周】 于2017年12月8—10日在东莞市国际会展中心和会展国际大酒店举行，由科技部与广东省政府共同主办，科技部国际合作司、广东省科技厅、广东省科学院、中国科学院广州分院和东莞市人民政府联合承办，同期举办科研机构创新成果交易会，第二届中国科技创新论坛，全国对俄科技合作基地联盟第十次会议，2017东莞高层次人才活动周等活动。该届合作周以“科技合作、产研对接、共创未来”为主题，设立展览总面积2.5万平方米的6大主题展览、18场科技论坛、83场项目路演和万江、凤岗、松山湖等3个子会场活动，举办十大科技项目签约、十大企业技术难题招标、十大科技成果拍卖等专题活动，聚集近30个国家和地区的495家科技单位参展，有314家来自中国科学院、全国地方科学院系统的科研机构以及海外有关科研机构，包括26家中国科学院所属科研机构、45家中央部属及新型研发科研机构、98家地方科学院所属科研机构、21家广东省科学院所属科研机构、33家国际科研机构、86家孵化高科技企业参展，重点展示科创成果1286项，发布科创成果上万项；吸引来自美国、澳大利亚、白俄罗斯、加拿大、英国、法国、德国等国家和港澳台地区的境外嘉宾260多人和国内外各大高校、科研机构、科技服务机构和科技企业的境内嘉宾1600多人，超过10万人次观（听）众参与。围绕粤港澳大湾区建设，规划1000平方米的“粤港合作·香港科技成果馆”，专题展示香港高校、科研机构及科技企业的最新科技成果和粤（莞）港科技合作成果。（王少波）

2017年东莞市获第十九届中国专利奖、第四届广东专利奖项目情况

序号	奖项及类别	专利号	专利名称	获奖单位/个人
第四届广东专利金奖				
1	第四届广东专利金奖	ZL201410043062.0	电子设备充电装置及其电源适配器	广东欧珀移动通信有限公司
第四届广东专利优秀奖				
1	第四届广东专利优秀奖	ZL201410352664.4	一种具有自动安全点火功能的燃气具	东莞市海新金属科技有限公司
2	第四届广东专利优秀奖	ZL201010562411.1	一种温拌沥青混合料用橡塑合金及其制备方法	广东银禧科技股份有限公司
3	第四届广东专利优秀奖	ZL201010044463.X	主从式相机配置的智能激光切割系统及其切割方法	广东大族粤铭激光集团股份有限公司/暨南大学
4	第四届广东专利优秀奖	ZL201210038195.X	锂离子电池及其正极材料	东莞新能源科技有限公司
5	第四届广东专利优秀奖	ZL201410684283.6	一种在线式UPS的控制装置及在线式UPS	易事特集团股份有限公司
6	第四届广东专利优秀奖	ZL201110387735.0	天线布置改良的金属面壳移动终端	维沃移动通信有限公司
7	第四届广东专利优秀奖	ZL201530385387.2	手机	广东欧珀移动通信有限公司
第四届广东发明人奖				
1	第四届广东发明人			夏可瑜（东莞市升微机电设备科技有限公司）
第十九届中国专利优秀奖				
1	第十九届中国专利优秀奖	ZL200910215814.6	一种活血化淤、益气养阴的中药制剂及其制备方法	广东众生药业股份有限公司

续表

序号	奖项及类别	专利号	专利名称	获奖单位/个人
2	第十九届中国专利优秀奖	ZL201210038195.X	锂离子电池及其正极材料	东莞新能源科技有限公司
3	第十九届中国专利优秀奖	ZL201310288113.1	一种分布式环境下的资源快速部署方法	国云科技股份有限公司
4	第十九届中国专利优秀奖	ZL201410352664.4	一种具有自动安全点火功能的燃气具	东莞市海新金属科技有限公司
第十九届中国外观设计优秀奖				
1	第十九届中国外观设计优秀奖	ZL201230403846.1	游戏耳机（CH-9016W）	佳禾智能科技股份有限公司
2	第十九届中国外观设计优秀奖	ZL201530385387.2	手机	广东欧珀移动通信有限公司

附：2016年东莞市科学技术局（知识产权局）主要领导名录

局　长：吴世文

防震减灾

【防震减灾概况】 2017年，东莞市未发生地震事件。截至年底，东莞市建成测震台、强震台、烈度台、GNSS（全球导航卫星系统）基准站、重力联测、地下流体观测、群测群防等专业地震监测台站（点、网）29个，具备对辖区及周边地区1.5级以上地震的监测能力。是年，东莞市地震局获评全国地市防震减灾工作先进单位、广东省市县防震减灾工作先进单位、东莞市年度工作优秀市直单位（社会建设类）、东莞市安全生产责任制Ⅱ类抽考单位（领导班子）考核优秀。

【地震监测】 2017年，东莞市地震局执行震情监测应急处置值班制度，实现监测值班法定节假日、双休日、夜间“全覆盖”，及时处置对东莞产生社会影响的8月8日四川九寨沟7级地震，做好党的十九大重要防护期东莞地区地震安全服务保障，全年报送《震情周报》52期、《震情简报》13期。加强地震监测台站运行巡查维护，做好地震趋势会商和群测群防工作，新增东莞市第七高级中学、洪梅中学、同沙水库管理处等3个地震宏观观测站，提高地震监测能力。

【中南片区地震应急流动测震台网演练】 2017年12月20日，2017年中南片区地震应急流动测震台网演练在东莞市东城同沙生态公园举行，广东、广西、湖南、湖北、海南5省（区）省级地震部门派出流动测震组参加演练。东莞市地震局协助广东省地震局完成此次演练服务保障工作。

【地震预警信息接收终端安装】 2017年，东莞市地震局协助广东省地震局实施“珠江三角洲地震烈度速报与预警台网建设项目”，在东莞军分区、东莞市住建局、东莞市轨道公司、沙田石化基地、东莞供电局、东莞中学高中部等14家单位安装地震预警信息接收终端，开展地震超快速报和地震预警功能示范。

【《东莞市防震减灾“十三五”规划》印发】 2017年10月18日，经东莞市人民政府同意，该规划印发实施，规划主要内容包括东莞市防震减灾工作发展环境、指导思想、发展目标、主要工作任务和重点工程项目，科学务实部署东莞市“十三五”期间防震减灾工作。

【《东莞市中心城区及松山湖开发区抗震防灾规划（2017—2030）》印发】 2017年8月28日，经东莞市人民政府同意，该规

2017年12月12日，中国散裂中子源地震安全监测与警报系统建设项目验收会在东莞举行　（东莞市地震局供图）

划印发实施，规划对东莞市中心城区及松山湖开发区提高综合抗震防灾能力作出具体的规划布局和建设指引，填补东莞市城市总体规划中抗震防灾专业规划的空缺。

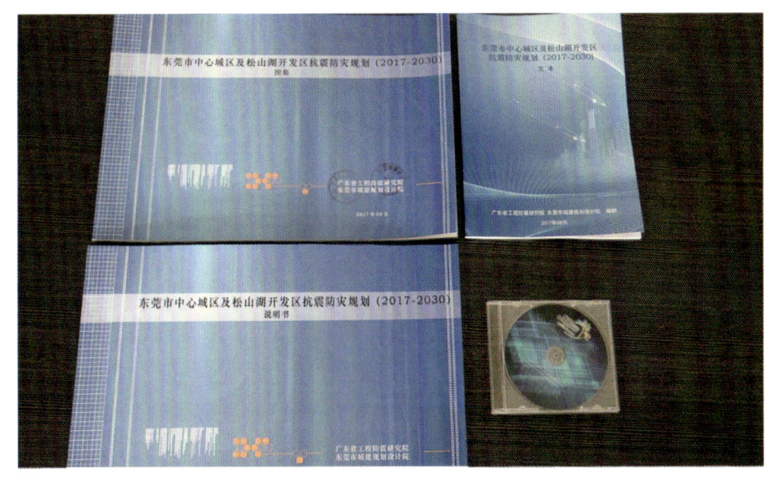

2017年8月28日，《东莞市中心城区及松山湖开发区抗震防灾规划（2017—2030）》印发实施　（东莞市地震局供图）

【中国散裂中子源地震安全监测与警报项目】 2017年，该项目在中国散裂中子源建设项目上科学布设6个地震安全监测点、监控室、展示屏，经公开招标由广东省地震工程实验中心中标。开展地震监测仪器设备采购、仪器墩施工以及光纤数据传输线路架设等工作，年底完成项目验收。项目为国家重大科学装置提供地震安全监测以及发生地震、爆破等突发事件的警报服务，得到中国科学院、中国地震局、广东省地震局领导专家的肯定。

【地震安全风险管控和隐患排查治理】 2017年，东莞市地震局对东莞市地震灾害风险点危险源排查管控清单中的1家化工厂、5所中小学校舍采用电话了解、现场核实等方式跟踪核实整治进展，会同镇街相关部门督促其落实排查整治措施。截至年底，有2所学校按程序开展整治，1所学校采用临时搬迁、拆除重建方式进行整治。

【抗震设防服务】 2017年，东莞市地震局落实“放管服”和“一门式一网式”改革要求，取消行政许可审批事项，做好“地震安全咨询”公共服务，为重大建设工程、学校医院等人员密集场所建设工程抗震设防要求的落实提供咨询服务。围绕市委、市政府中心工作，对是年230个市重大建设项目、107个市重大预备项目开展地震安评跟踪服务。

【减隔震技术推广应用调研】 2017年，东莞市地震局分别到深圳市应急办（地震局）、汕头市地震局开展建筑工程减隔震技术推广应用调研，并形成调研报告，依据有关政策文件以及住建部门、地震部门相应职责，结合实际就减隔震技术推广应用提出合理化建议。

【国家地震安全示范社区】 2017年，东莞市南城街道新城社区完善防震减灾工作体系、健全地震应急管理制度，开展建筑物抗震性能普查、防震减灾科普宣传、地震应急疏散演练等工作。8月，南城街道新城社区被中国地震局认定为国家地震安全示范社区。

【地震应急避险场所管理】 2017年，东莞市地震局配合东莞争创全国文明城市“四连冠”工作，协助东莞市住建局报送4个地震应急避险场所作为城市避难场所现场考察点，督导检查整改后全部达到迎国检标准。联合莞城街道共同做好东莞人民公园地震应急避险场所应急启用预案编制，优化志愿讲解服务，发挥科普宣传阵地效应。

【市级地震部门安全生产工作职责界定】 2017年9月6日，东莞市地震局成为市安委会成员单位。地震灾害属自然灾害类，安全生产属事故灾害类，两者管理机制不同。经征询广东省地震局明确：省、市地震部门的安全生产工作职责涵盖的范围和层面不同，其安全生产工作职责不能简单套用。东莞市地震局结合东莞市实际，依法依规实事求是界定市级地震部门安全生产工作职责，相关意见被市安委会采纳。

【防震减灾宣传教育】 2017年，东莞市地震局在市委、市政府接待办、市商业学校、市岭南学校、茶山镇京山社区、中堂镇中心社区等开展地震科普讲座36场，参加讲座人数1.2万人。在玉兰大剧院、东莞理工学院城市学院、万江黄冈理想学校等开展较大型地震应急疏散演练10场，演练人数约2万人；8月30日，在谢岗镇黎村组织开展一次省、市、镇、村四级联动的地震监测应急专业演练。举办全市2017年地震应急工作培训班。“5·12防灾减灾日”“7·28唐山地震纪念日”期间，在莞城东门广场开展现场宣传；联合厚街镇应急办在厚街镇竹溪中学、竹溪小学开展为期一周的防震减灾科普系列活动；联合东莞报业集团开展“我是地震监测员”和“我是地震应急避险场所小小设计师”小记者社会实践课；联合东莞市邮政局在全市32个镇街邮政业务大厅450台LCD视频播放防震减灾公益宣传广告。通过系列活动提高市民防震减灾意识和应急避险能力。　（黄远峰）

附：2017年东莞市地震局主要领导名录

局　长：陈伟东

气　象

【气候概况】　2017年，东莞市年总降水量1769.4毫米，比常年平均值偏少3.4%，属正常年份；年平均气温23.2℃，比常年平均值偏高0.6℃；年日照时数1883小时，比常年平均值略偏少0.3%，属正常年份。年内降水分布不均匀，月降水极端化明显：有6个月降水量偏少20%以上，4个月降水量偏多。4月12日开汛，10月18日汛期结束，均比常年偏晚；汛期总降水量1568.8毫米，比常年平均值略偏多5.7%。年平均气温偏高，各月气温波动较大：全年高温（≥35℃）日数19天，为近10年来最多；年内日极端最高气温为37.9℃，为近10年来最高，无低温（≤5℃）天气出现。

是年，东莞市气象局被评为第五届“全国文明单位”、全省气象部门综合考评特别优秀单位、2017年度工作优秀中央和省驻莞单位、2017年度安全生产责任制考核优秀单位。

【1月及9月月平均气温位居历史同期最高】　2017年，东莞市1月平均气温17.2℃，较常年平均值（14.6℃）偏高2.6℃，居历史同期首位。9月11日起，东莞国家基本站最高气温基本维持在33℃以上，高温黄色预警信号持续生效11天，月平均气温29℃，较常年平均值（27.5℃）偏高1.5℃，居历史同期首位。

【初雷偏迟雷击事件多发】　2017年3月31日，东莞市出现中到大雨降水过程，伴有年内第一次雷声，与正常年份相比，2017年初雷偏迟。据不完全统计，年内发生40起雷击事件，造成直接经济损失269.2万元、间接经济损失538.4万元。

【入汛后最大范围暴雨】　2017年，东莞市5月15—16日晨暴雨过程，强降水时段出现在15日夜间至16日晨，最大时雨强普遍为50—80毫米，局部为100毫米，最大降雨量为中堂镇164.9毫米。该次过程具有强降水时段集中、时雨强、累积雨量大、影响范围广等特点。东莞市汛期出现12次大范围强降水过程，局地洪涝灾害严重。

【初台偏早影响频繁】　2017年，有6个台风对东莞市造成风雨影响，分别是“苗柏”“洛克”“天鸽”“帕卡”“玛娃”“卡努”。“苗柏”为年内登陆广东首个台风，登陆时间（6月12日）较常年（6月27日）偏早。8月下旬至9月上旬，“天鸽”“帕卡”“玛娃”相继登陆广东，普遍带来强风暴雨降水，两周内3个台风登陆广东并影响东莞市，影响之频密历史罕见。“天鸽”引发明显风暴潮增水，造成东莞市沿海片、水乡片海水倒灌，影响严重。“玛娃”带来暴雨到大暴雨，东莞市发布分镇暴雨红色预警信号。

2017年东莞市气象资料情况

项目	单位	数量
雨量	毫米	1769.4
平均气温	℃	23.2
日照时数	小时	1883
暴雨日数	日	7
热带气旋	个	6
低温	日	0
高温	日	19
霜日	日	0

注：所有数据除特别注明者外，均来源于东莞国家基本气象站。

【近10年极端日最高气温】　2017年，东莞市出现9次高温天气过程，高温日数19天，为近10年最多。其中8月18—22日高温持续时间5天，8月22日录得日最高气温37.9℃，为2017年录得最高气温，也是近10年来录得极端日最高气温。

【12月降水量少森林火险指数高】　2017年12月，东莞市维持晴朗干燥天气，东莞国家基本站录得0.2毫米降雨量，较常年同期（30.3毫米）偏少99.3%，属历史同期最少第四位。森林火险指数维持较高等级。

2017年3月23日，2017年度全市气象工作会议在市行政办事中心主楼一楼多功能厅召开　（陈汝婷　摄）

【全年灰霾日数增加】　2017年，东莞市灰霾日数15天，主要出现在1月和3月，比上年增加3天。

【首度发布城市内涝预报预警信息】　2017年，东莞市建成8个城市内涝监测点，实时监测城市内涝，及时向公众发布内涝预报预警信息，纳入2017年东莞市政府十件民生实事工作内容。是年，东莞市气象局牵头在市区选择8个内涝点安装内涝监测设备，初步建成集实时雨量监测、内涝监测、雨量预报于一体的城市内涝决策指挥辅助平台——内涝预报验证系统，实时监测发布内涝预报预警信息9次。

【气象现代化】　2017年3月23日，东莞市政府召开全市气象工作会议，研究部署气象现代化工作。“平安海洋”气象保障工程东莞市财政匹配资金1000多万元。健全预警信息发布传播体系，突发事件预警信息发布平台对接融入东莞市政法委“智网工程”，进行网格化有靶向发布；利用东莞报业集团500个街区显示屏发布预警信息。健全高级别气象灾害停工停课机制，与东莞市人力资源局合作，将台风、暴雨高级别预警（台风黄色、橙色、红色或者暴雨红色预警信号）停工机制写入劳动合同范本；与东莞市教育局合作，健全高级别气象灾害预警自动停课机制。是年东莞公共气象服务满意度位居广东省第三、地级市第一。

【基层气象灾害防御能力提升】　2017年，东莞市政府印发《东莞市人民政府办公室关于印发镇级气象灾害防御权责清单指导目录的通知》，明确镇级政府气象灾害防御和公共气象服务17项法定职责，同时明确承担气象灾害防御和公共气象服务的组织管理部门为镇街农林水务局（办）。分四次召开全市镇街气象灾害防御座谈会，指导督促镇街落实东莞市气象事业发展“十三五”规划，履行气象灾害防御法定职责。与东莞市减灾委合作，将气象灾害防御治理融入全国综合减灾示范社区创建，从灾害信息传播、风险排查、应急演练、宣传教育等方面明确创建标准，建成96个气象综合防灾减灾示范社区。东莞市贯彻落实《广东省气象灾害防御条例》工作获广东省人大常委会执法检查组肯定。

【防雷体制改革】　2017年，东莞市政府印发《东莞市人民政府办公室关于做好优化建设工程防雷许可有关工作的通知》。东莞市人工影响天气办公室更名为市防雷减灾管理中心（加挂市人工影响天气办公室），通过财政专项方式增设10个岗位，主要负责协调指导全市防雷减灾工作。

【公共气象服务和气象科普宣传】　2017年，东莞市气象局发布《重大气象信息快报》44期，《天气报告》13期，《重大气象信息专报》6期，向各镇街、部门1.8万名应急责任人发送决策气象服务短信3000多万条；联合市政府应急办、三防办和三大通信运营商全网发布气象灾害防御短信3次。年内发布预警信号8种182次，及时启动气象灾害应急响应9次。气象网站点击率年均200多万人次，“东莞天气”微信用户数12.77万个、总阅读量150万次，“东莞天气”新浪微博粉丝数78.56万。年内东莞市气象天文科普馆接待公众近万人次，团体约90个。3月开展全市第九个气象灾害应急知识宣传教育月活动。

【气象行政服务】　2017年，东莞市气象局进驻网上办事大厅事项5项，其中行政许可事项4项，进驻率100%；公共服务事项1项，进驻率100%。是年，气象行政服务窗口办结防雷装置设计审核63宗、防雷装置竣工验收59宗、施放气球单位资质认定1宗。　（樊晨萍）

附：2017年东莞市气象局主要领导名录

党组书记、局长：凌汉强

科学技术普及

【科普阵地建设】　2017年，东莞市创建广东中食营科生物科技有限公司食源性功能肽科普馆、东莞松山湖高新技术产业开发区东莞生态园、东莞市第三人民医院医学科普教育基地3个“省科普教育基地”；开展“互联网+科普工作”，东城街道成功申报科普信息化试点县（市、区），东莞科学馆等6个单位成功申报“科普中国”落地应用e站。

【青少年科普竞赛】　2017年，东莞市科协联合市教育局、市科技局等部门组织东莞市青少年机器人竞赛、东莞市中小学生天文知识竞赛和东莞市青少年（生物学）实验技能大赛等10项大型全市性青少年科学教育活动，吸引青少年学生9908人次参加。创新活动方式，首次通过网络投票评选出机器人最佳作品奖。东莞市优秀队伍代表在第十七届广东省青少年机器人竞赛取得优异的成绩。组织在天文知识竞赛中获奖的9支队伍前往韶关市新丰县进行户外天文观测，现场指导师生进行观测。

【青少年科普活动】　2017年，东莞市科协开展第八届中科院老科学家科普报告希望行活动，邀请8名国家级科技专家，深入22个镇街举办41场主题科普报告会，报告会主题涵盖防灾减灾、地球知识、核试验、军事航空、航天遥感、医疗卫生等多个领域，惠及群众、师生2万多人；东莞科学馆到全市各镇街、中小学校、社区和企业开展25场“流动科学馆”巡展、21场“健康新生活”系列讲座、10场“科普讲座进校园”活动以及天文系列讲座、培训班、观测等品牌科普活动；举办“自然科学体验夏令营”、“爱眼小天使”暑期夏令营和“科技体验·快乐成长”青少年无人机夏令营4期，科学主题亲子创作活动10场，全年服务公众约8万人次。

【“创客”培育】 2017年，东莞市科协先后组织多场“东莞市创客导师”培训班，培训围绕“创客”主题，内容包括“数字化制造与STEAM教育课程、学校如何开展3D打印创新课程”等课题。开展科普讲师培训3期，参训人数超180人，通过培训招募科普讲师28人。暑假期间，招募100位优秀学生赴香港参加青少年科技创意交流活动。

【全国科普日活动】 2017年，东莞市科协在全国科普日期间，各基层单位、直属单位联动举办300多场主题活动，参与群众4万余人次，发放科普宣传资料3万多份。其中市科协联合市科技馆、南城街道科协共同主办东莞市第二届创客梦想汇活动，吸引4000余名市民参加；东莞市青少年活动中心组织开展两场科技体验活动，1800多名学员参加；清溪镇科协开展科普进校园、社区、企业系列活动，黄江镇科协联合北岸社区主办科普日系列宣传活动，1000多人次参加；石排镇科协组织该镇中心小学学生参观计量院科普活动；虎门图书馆举办为期一个月的“汽车环保与技能”科普展览；东莞市护理学会医院、街道、社区及工厂开展疾病预防保健讲座、健康咨询、义诊等活动。东莞市科协被中国科协评为2017年全国科普日活动优秀组织单位。

【科普惠民】 2017年，东莞市科协配合开展全市食品安全宣传周活动和防灾减灾日主题活动，发放防灾减灾、食品安全等知识小册子，宣传普及专业知识。东莞科学馆举办“无人机科普展览”“国防教育暨海洋知识科普展”和“昆虫世界科普展”等3场主题展览和相关体验活动，二、三楼主题展厅常年对外开放，完成展厅展示环境和主题展区的升级改造，增设互动展品35件，并配合相关展品组织互动科学实验、科学小竞赛等活动。一楼影视报告厅向公众播放公益3D科普电影240场次，全年场馆接待观众及参观团体约20万人次。

【科普管理】 2017年，东莞市科协组织编写印发《东莞市“十三五”全民科学素质工作规划》，提出在新形势新要求下东莞市“十三五”全民科学素质提升工作努力的方向；草拟《东莞市科普和学会科技服务项目实施办法》，于9月以市府办的名义印发，该办法对各类科普阵地和学会科技服务站的资助和扶持及监督管理等内容进行详细的阐述；11月，组织召开东莞市科普工作会议，市委、省科协领导，中国科普研究所专家，全市各镇街科协和学会负责人、科普阵地代表约160人参加会议。

（叶志洪）

社会科学

【咨政课题研究】 2017年，东莞市社科联组织市社科院骨干科研人员开展“东莞强化城市管理和基层社会治理”系列咨政课题研究，推出8期咨政报告，将报告汇编成书，供各级领导内部参阅。研究报告吸纳市内外业内人士的意见建议，为市委、市政府科学决策提供智力支持。研究报告以《东莞咨政内参》形式呈送市领导参阅，报告中提出的思路建议被吸收进相关政策文件，研究成果转化成党政部门的决策依据推动付诸实践。

【《东莞优化人口资源环境促进高水平可持续发展研究》】 2017年，东莞市社科联策划推出《东莞优化人口资源环境促进高水平可持续发展研究》报告，根据可持续发展必备的“人力、水利、土地、财政金融、创新驱动和现代产业等资源及环境质量”七维要素，构建由“资源水平、资源结构、资源效率、资源耗费、环境质量”5个一级指标、80个二级指标的分析框架，运用2010—2015年“十一五”末至“十二五”末数据，对东莞市资源环境可持续发展能力进行评价，分析东莞市资源环境可持续发展取得的成效、优势和瓶颈。围绕“三提高、两强化”（提高劳动人口红利发展能力，提高建设用地整备产出能力，提高创新驱动转型发展质量，强化财政绩效评价约束功能，强化环境污染治理责任约束）提出一系列具体建议。

2017年3月28日，市社科联举办全市社科立项课题负责人培训班
（东莞市社会科学界联合会供图）

【《东莞优化公共资源配置提升基本公共服务质量研究》】 2017年，东莞市社科联策划推出《东莞优化公共资源配置提升基本公共服务质量研究》报告，从“基本公共服务财政支出、基本公共教育、基本医疗卫生、基本公共文化体育、基本社会服务、残疾人基本公共服务”6个领域，选取若干指标，对“十二五”东莞市基本公共服务发展态势和质量进行分析评价，对全省21个城市基本公共服务质量进行比较分析，从“政府重视程度、均等化程度、财政投入水平、人力资源素养、设施保障能力、资源配置效率、社会效益”7个维度进行民意调查分析，对调查研究中发现的短板和问题，就东莞市如何优化公共资源配置，提升基本公共服务质量提出若干建议。

【《东莞完善常住人口服务体系促进本外居民社会融合研究》】 2017年，东莞市社科联策划推出《东莞完善常住人口服务体系促进本外居民社会融合研究》报告，对东莞常住人口结构、外来常住人口实际融入东莞情况以及本地人和外地人相互融合的状况进行调研分析，指出应完善积分入户政策体系、就业保障服务体系、新型社会矛盾综合调处体系、社区综合服务体系、城市人文关怀体系等多方面入手，完善城市常住人口综合服务体系，推进东莞的城市形态、文化神态、市民心态内外和谐，构建多元包容、本外融合的城市社会。

【《东莞统筹城乡一体化创建打造高品质现代城市文明研究》】 2017年，东莞市社科联组织相关研究人员赴长三角实地调研、与东莞市镇街、村（社区）以及企业（工厂）相关人员进行访谈、组织问卷调查、委托东莞阳光网网络调查，推出《东莞统筹城乡一体化创建打造高品质现代城市文明研究》报告，指出要按照“产城提质、全域共享、绿色引领和多元包容”的基本思路，从以下五个方面着手建设高品质现代城市文明：以文明创建顶层设计为突破，完善文明创建“一体两翼”的组织架构体系；以建设东莞志愿服务综合体为突破，打造兼容文化、文明、养老、救助于一体的志愿服务范本城市；以规划建设“东方莞香城”为突破，整合形成文化与旅游融合发展的大尺度文化景观；以引入网格化智慧城管为突破，深化建设干净整洁、文明有序的城市环境；以城市更新改造为突破，塑造具有国际制造业名城气派的现代城市风貌。

【《东莞推进社会治理精细化促进社会和谐善治研究》】 2017年，东莞市社科联策划推出《东莞推进社会治理精细化促进社会和谐善治研究》报告，总结东莞在基层社会治理方面的好做法，在借鉴先进城市经验的基础上，对东莞推进社会治理精细化提出五点建议：全方位健全社会治理体系，推进制度设计精细化；多视角拓展社会治理模式，推进政策落地精细化；多层面凝聚社会参与力量，推进协同治理精细化；多途径完善柔性治理机制，推进服务方式精细化；高水准推进“智网工程”建设，推进治理手段精细化，促进基层社会和谐善治。

【《东莞建设样板社区创新城市管理路径研究》】 2017年，东莞市社科联策划推出《东莞建设样板社区创新城市管理路径研究》报告，将东莞样板社区分为“改居分治型、现代自治型、园区城市化型、成熟商住型”体制创新与完善类和“都市生态型、文化旅游型”功能修复与再造类两大类六小类。结合东莞市体制改革、农村城市化、新型城镇化、城市品质提升三年行动计划等工作推进的需要，结合各类城市品牌创建、形象塑造需求，分类编制各类样板社区创建的标准，提出创建的理念、原则、模式和思路，对都市生态型样板社区和文化旅游型样板社区两类功能性社区的创建提出详细的思路和措施。

【《东莞缓解城市交通拥堵优化交通出行环境研究》】 2017年，东莞市社科联组织相关研究人员在赴长三角、厦门、昆明等城市实地调研、组织高校调查队伍在市区选取5种类型10个路段调研的基础上，推出《东莞缓解城市交通拥堵优化交通出行环境研究》报告，指出要借鉴国内外先进城市和地区缓解交通拥堵、优化交通出行的经验做法，完善交通协调治理机制，抓紧制定需求管理措施，遏制机动车数量大幅增长；优化城市路网规划设计，加强轨道交通、公交接驳建设，增强公共交通比较优势，推进公交运营绩效评价；加快发展城市智慧交通，推动交通管理精准高效；坚持问题导向，持续开展交通秩序专项违法整治；强化道路交通安全教育，坚持共建共治共享，引导更多社会力量参与交通治理。

【《东莞打造创新型城市品牌奋进创新型一线城市研究》】 2017年，东莞市社科联策划推出《东莞打造创新型城市品牌奋进创新型一线城市研究》报告，运用科技部、国家发展改革委印发的《建设创新型城市工作指引》编制的《创新型试点城市指标体系》，对东莞市打造创新型城市品牌资源条件进行分析，借鉴科技部、国家统计局、欧盟委员会、经济合作与发展组织、中国科学技术信息研究所、中国创新型城市评价课题组研发的创新型城市指标，研发出《创新型城市评价指标体系》；选取2017年GDP预期超过7000亿元的22个城市，运用2015年全国地级以上城市数据进行对标分析，指出东莞市奋进创新型一线城市要按照两步走的总体战略思路进行规划。第一步，到2020年跻身2015年水平的创新型一线城市行列；第二步，到2025年全面跻身创新型一线城市行列。报告对照创新型试点城市指标体系，结合东莞市的短板不足，提出对策建议。（曾慧妍）

教 育

EDUCATION

东莞理工学院城市学院　（市教育局供图）

编辑：刘　丹

教育综述

【教育概况】　截至2017年底，东莞市有幼儿园1077所，比上年增加61所，其中公办（集体办）园200所，民办园877所。全市在园幼儿34.74万人，比上年增加1.58万人，入园率103.2%。有小学329所（不含九年、十二年一贯制学校），小学在校生76.51万人，比上年增加2.64万人，户籍学龄儿童小学入学率100%，小学毕业生升学率100%。有初中193所（不含完全中学、十二年一贯制学校），初中在校生22.91万人，比上年增加1.32万人，户籍适龄少年初中入学率100%，初中毕业生升学率98.5%。有普通高中学校41所（含完全中学和十二年一贯制学校），在校生8.1万人，比上年增加1201人；普通高中招生2.8万人。有中职学校27所（含技工学校6所），全日制在校生7.98万人，比上年增加3500人；中职学校招生2.9万人。有特殊教育学校2所，在校生640人，比上年增加19人。经批准开办的民办幼儿园877所，比上年增加59所；民办普通中小学285所，其中小学122所、初中9所、九年一贯制学校138所、完全中学1所、普通高中1所、十二年一贯制学校10所、十五年一贯制学校4所；民办中职学校12所（含3所民办技工学校）。民办学校在校生97.24万人，分别为幼儿园27.6万人、小学50.21万人、初中13.47万人、普通高中2.9万人、中职学校3.08万人。有5所独立的成人高等教育机构（专修学院4所、成人高校1所）、32所乡镇成人文化技术学校、718所民办培训机构，各类成人教育机构培训总量66.02万人次。有3.18万人报名参加成人高考，3.96万人次报名参加全国高等教育自学考试。有普通高等院校9所（其中普通本科院校5所、高职院校4所），高校全日制在校生11.84万人，高校教职工7078人。

【教育投入】 2017年，东莞市教育总投入229.07亿元，比上年增加15.11亿元，增长7.06%。其中，国家财政性投入136.6亿元（含中央和省财政补助5.76亿元），比上年增加1.9亿元，增长1.41%。

落实义务教育民办学校公用经费和教科书补助政策 全年全市对民办学校的在校生给予学杂费减免，补助标准（含公用经费和教科书补助）小学每生每年1270元，初中每生每年2155元。全年下拨各级补助经费8.93亿元。

保障市镇两级教育经费投入 全年全市根据二级办学教育经费分担的有关规定，市财政按规定下拨直属学校教育经费46.79亿元（不包括教育收费4.82亿元），并继续加大对镇街教育经费投入，全年下拨镇街教育补助经费19.95亿元。同时，镇街财政相应投入教育经费64.1亿元，保障学校正常运作。

加强学校硬件基础建设 全年全市学校基建总投入13.7亿元，新建、扩建、改建公民办学校（幼儿园）66所（含跨年度建设学校及幼儿园），竣工建筑面积51.85万平方米。截至2017年底，生均校舍面积小学9.29平方米，初中17.22平方米。

民办教育经费投入持续增长 全年全市民办教育经费总投入94.03亿元，比上年增加12.76亿元，增长15.7%，民办教育经费占全市教育经费总投入的41.05%。

【市属学校基建工程建设】 2017年，东莞市完成东莞市商业学校东校区新建学生宿舍和食堂工程建设、虎门中学二期学生宿舍工程建设、东莞市纺织服装学校校园道路及排水系统修复工程建设。推进雅园新村幼儿园工程建设，东莞启智学校新校用地手续办理。统筹、指导常平中学体育馆项目、市第四高级中学体育馆项目、市纺织服装学校教学实训楼和学生宿舍楼项目、东莞高级中学新疆校区礼堂及学生宿舍项目、市汽车技术学校教学楼及学生宿舍楼项目、塘厦中学学生宿舍楼项目、市第七高级中学教学楼续建项目、长安中学学生宿舍楼项目、市教师进修学校校舍扩建项目、新建市中小学德育基地项目等10所市属公办学校开展项目前期工作，履行各项审批程序。

【师资队伍建设】 2017年，东莞市加强师资队伍建设，提升教师素质。

完善校长绩效考核 对市直属校长绩效考核考核方案进行完善，调整校长考核等次，增加第三方机构评价学校创新发展和学校满意度评价两个环节，把对校长绩效考核与学校工作考核结合起来，引入第三方机构和家长评价，提高考核的客观性和科学性。

加强干部挂职培养 东莞市教育局加强机关干部和学校干部培养，继续从局机关中选派干部到农村挂职锻炼，从市直属学校中层干部中选派5人到局机关挂任科长（主任）助理。

引进教育人才 东莞市完善公开招聘，组织4场公开招聘公办教师活动，聘用715名公办教师。其中研究生96人，本科619人，分别占总数的13.4%%、86.6%。同时，修订调入本省外市公办学校在编在职教师的资格条件和程序，不断拓宽教师引进渠道。

教师职称评审 新增并聘任中小学正高级教师8名，中小学高级教师265名，完成中小学教师职称改革后第二次岗位聘任和职称评审工作，有效化解高职低聘矛盾，激发教师积极性。

教师交流制度 东莞市继续推动义务教育阶段学校校长、教师交流，健全教师交流制度。颁布市属学校教师交流和公办初中跨镇街教师交流工作的通知，进一步促进义务教育阶段学校教师交流，搭建起非义务教育阶段学校教师交流平台。

教师支教 东莞市根据广东省教育厅的要求，选派18名中小学教育工作者赴韶关支教，选派1名教师到香港担任教学指导教师，选派5名教师到西藏林芝地区支教和1名教师在当地教育局挂职锻炼，选派17位教师到新疆支教。

民办学校教师津贴管理 2017年，发放民办学校从教津贴5285.64万元，获得从教津贴3.71万人次，进一步发挥从教津贴对稳定民办学校教师队伍的作用。

奖教奖学 实施名师津贴，完成名师工作考核，发放名师津贴445万元。认定748名市优秀教师和50名市优秀教育工作者，新增1名广东省“特支计划”教学名师。推动义务教育阶段学校校长、教师交流，其中：交流校长92人，占校长总数16.7%；交流教师3159人，占教师总数16.6%。

【教师培训】 2017年，东莞市教育局组织100个培训项目，参加培训教师10万人次，其中市专项经费重点项目培训班35个，培训4.47万人次。教师信息技术应用能力提升工程培训7.3万人。获评市第三批名师培养对象50人、名校（园）长培养对象20人和教育名家培养对象5人。遴选第二批民办学校骨干教师培养对象165人、骨干校长培养对象35人。幼儿园专任教师大专以上学历达83.87%，小学专任教师本科以上学历达71.89%，初中专任教师本科以上学历达91.89%，普通高中、专任教师研究生或硕士学位及以上学历达15.36%，中职学校专任教师研究生或硕士学位及以上学历达15.06%。

【依法治教】 2017年，东莞市完善行政许可流程管理，推进行政执法公示，实施行政审批结果双公开。落实行政审批标准化，编制行政审批事项办事指南和业务手册。向镇街（园区）新增下放3项职权事项。加强政府信息公开，及时更新政府信息公开目录和内容，向社会主动公开市教育局及其下属单位财政预算、决算9份，“三

开展智慧课堂平板教学试验（市教育局供图）

公”（公务用车购置及运行费、因公出国出境费、公务接待费）经费预算、决算9份。推进教育信息公开，全市287所公办中小学校依托学校网站建立信息公开专栏。依法做好政府信息依申请公开，按期答复行政复议申请。推进依法治校，基本实现全市中小学“一校一章程”以及“一校一法律顾问”，开展“依法治校示范校”“依法治校达标校”创建，全市有“依法治校示范校”203所，“依法治校达标校”209所。

【教育督导】 2017年，东莞市教育局组织督学全员培训，加强督导队伍建设；按国家和省有关要求推行督学责任区制度，指导全市32个督学责任区开展督导工作，加强对学校经常性督导。继续推进基础教育均衡优质标准化发展，全市有省、市一级公办普通高中24所（含广东省国家级示范性普通高中7所），市一级民办普通高中10所；公办义务教育标准化学校比例达100%，民办义务教育标准化学校比例达99.3%。

【学校安全管理】 2017年，东莞市教育局组织开展各类主题教育、安全宣传、专题培训活动18次，参与师生418万人次，发放宣传资料52万册。强化校园安保工作，联合公安部门落实重点时段校门口见警察、见警灯、见警车；规范校车安全管理，完成11个镇街停靠站点建设，联合交通部门查处非法接送学生案件2起，校车逾期未年检、标牌未续期29车次。加强火灾隐患、校园禁毒、防范溺水等工作，开展校园安全大排查大整治专项督查行动，全年排查整治安全隐患237处，全市溺亡学生人数比上年下降14.3%。全市创建平安校园1563所，覆盖率96.8%；全年全市学生非正常死亡人数比上年下降8.0%。

【教育信息化】 2017年，东莞市教育局按“三通两平台”（即宽带网络校校通、优质资源班班通、网络学习空间人人通，建设教育资源公共服务平台、教育管理公共服务平台）要求打造教育信息化“慧环境”，为教育教学提供强有力支撑。

教育城域网　建成宽带出口20G的全市高速教育城域网，学校接入千兆宽带，部分学校准备接入万兆宽带，逐步实现全市Wi-Fi统一实名安全登录。

教育信息化装备　市级财政投入建设20套智慧课堂设备、14个微课制作室，分布于各镇街，带动其他学校改善信息化环境。

教育数据中心　采用购买服务的形式建成市教育数据中心，加强网络信息安全建设和管理，逐步实现统一认证授权、数据共享交换，构建东莞教育大数据体系。

教育信息化平台　整合、开发教育资源、教学应用、教育管理、教师发展、家校互动共五大体系超过50个信息化平台，实现全市师生、家长“1人1号”即可登录使用有授权的所有平台。

教育网络信息安全　联合公安局印发《东莞市教育行业网络安全工作方案》，各级教育门户网站集群化管理，各级教育信息系统清理整合、集中托管，进一步加强网络安全防护能力。

【国家教育资源公共服务平台试点】 2017年，东莞市教育局依托国家数字教育资源公共服务平台试点，打造“教、学、研”三位一体的教育资源公共服务体系。积极融入国家数字教育资源公共服务体系建设，形成国、省、市一体化优质教育资源三级联动共享机制，310万名东莞师生、家长可以同时共享到各级平台的优质教育资源，包括应用于教师“教”的课件素材、学生“学”的自主学习微课、教师“研”的教学课例等，全市可通过网络实现校际间的教研互动与资源共享，促进校际均衡发展。汇聚各类数字化教学资源81.4万个，电子期刊、多种版权的电子图书4千种，专业慕课课程135门，下载次数83万次。

【莞式慕课】 2017年，东莞市继续推进“莞式慕课”教学改革，确立116所慕课试点学校和石龙镇、松山湖2个试点镇（园区），通过公开招标开展“义务教育阶段民办学校教学资源建设、运维和研训等服务”项目工作，东莞市教育局教学资源应用平台（dg.etiantian.net）上线，新建设慕课资源2.05万节，习题20万道，教学素材6万个，所有慕课资源推送5.93万节次，其中向民办学校推送2.26万节次；各学科送课到校3661

节；举行教学资源应用研训57场，参加人数1.67万人次。截至2017年底，市教育资源公共服务平台有优课、微课、教学设计、教学案例、典型习题、精选试题等各类数字化教学资源34万多个，其中优课、微课有3.9万节，下载总量达46.6万次。参加国家“一师一优课、一课一名师”活动，晒课总数1.99万节，晒课率75.9%，评出市级优课621节，有179节获省级优课奖，90节获部级优课奖，晒课的数量和获奖的数量均位于广东省前列。开展“优课教研室”全国网络直播活动、广东省初中数学“同一堂课”网络教研活动，赴川、渝地区进行信息化教学改革调研，召开东莞“慧教育”智慧课堂（翻转课堂）试点应用启动会、东莞市2017年中小学慕课试点工作现场会、义务教育阶段教学资源建设与应用研训活动、“慧教育·融合创新”智慧课堂展示活动，编撰《2017年东莞市慕课试点工作现场会交流材料》，开展东莞市第三届优秀慕课创新案例评选活动，征集慕课创新案例462个，积累一批优秀改革经验。市教育局副局长何炳基应邀在第五届中国南方教育高峰年会上做题为《用心打造“莞式慕课”，让每一个学生受到最适合的教育》的主旨演讲。

【慕课教育信息化工程】 2017年，东莞市实施慕课教育信息化工程，全市共享优质慕课课程资源。建立符合普通高中、职业教育、终身教育学习生态的慕课学习平台，购买慕课课程135门，引入中国大学慕课全部课程资源，让全市师生、市民只要能上网就可以随时随地学习感兴趣的课程，充分扩大优质教育资源覆盖面；支持智慧课堂教学改革试验。项目遴选高中、初中、小学10所试点学校，利用平板电脑开展智慧课堂平板教学试验，采用先学后教的方式，教师依托信息技术能实时掌握学生学习动态，实现精准教学，提升教学效率。开展超过200节公开课，10场“慧教育·融合创新”智慧课堂展示研讨现场会，现场观摩的教师近2000人，网络直播观看的教师近16万人；支持托管、帮扶等教学教研工作。建成教师协作平台，融合网络协同备课、互动教研等功能，为公办、民办教师结对帮扶提供便利，便于名师带动年轻老师、薄弱学校老师提升专业水平。建成探究学习平台，支撑校际之间多个班级的学生开展第二课堂、课外实践的协同项目式探究学习。构建职业教育信息化管理体系。建成职业教育3个市级应用子平台，12个校级应用子模块，融合管理、教学、实训一体化的信息化应用平台，将传统教学优势与互联网技术融合实现线上与线下、理论与实践的混合学习方式，提高教学效率。

2017年5月，由教育局编印刊行的《东莞教学研究》慕课专刊和《东莞市2017年慕课试点工作现场会交流材料》（市教育局供图）

【全国“网络学习空间人人通”培训基地落户东莞市】 东莞市大朗镇巷头小学利用信息技术解决师资不足、探索家校互动新模式，创新应用微课掌上通将网络学习空间概念延伸到移动端，2017年9月被教育部授予“全国中小学网络学习人人通培训基地”称号，同时还是联合国互联创未来项目校、全国首批教育信息化试点校。每年轮训全国各地中小学校长、骨干老师，对外宣传东莞教育信息化特色应用。

【教育装备】 2017年，东莞市中小学校（含公办、民办）教学仪器设备总值26.21亿元，其中：实验室和功能室仪器设备原价7.31亿元，有多媒体教室2.46万间，建校园网学校495所，校园网建成率89%；全市中小学校有计算机15.09万台，教师与计算机比例达1：1，学生与计算机比例为8.7：1，其中小学8.6：1，初中9.6：1，高中6.2：1，全市中小学校图书馆藏书2500.45万册。全市中小学校教学班课室2.1万间，其中，配备一体机/电子白板的课室为7578间，占比36.14%；配备“幕布+电脑+投影仪”的课室为1.28万间，占比61.13%，配备其他多媒体教学设备的课室486间，占比2.32%，未配备多媒体教学设备的课室88间，占比0.42%。

是年，对50所义务教育阶段民办学校教育信息化基础设施建设给予财政奖励，总金额2898.5万元；7项课题获全国教育技术课题立项；全市中小学校师生在广东省优秀自制教具、创客、实验操作与创新技能、实验教学、教育技术优秀论文等竞赛活动中获得省级一等奖15项，二等奖15项，三等奖28项。

【教育科研】 2017年，东莞市推进教育科研制度建设，印发实施《东莞市教育局教育科研课题管理办法》《东莞市教育局优秀教育教学成果评审推广办法》2个规范性文件。年度规划课题申报项目1114个，数量历年最多，经评审，批准立项677个；开展“精品课题”培育，批准25项课题立为市第四批“精品课题”；开展东莞市“慧教育”专题研究项目申报，批准立项60个；组织省市级立项课题鉴定，471项课题通过结题验收；组织开展东莞市第十四届教育教学成果评审，评出获奖项目328个；组织申报2017年度广东省“强师工程”项目，15项课题获批准立项；组织申报2017年广东省中小学教育创新成果奖，共有84项成果获奖，获奖总数位列全省第一；推荐48项成果申报2017年广东省教育教学成果奖（政府奖），26项成果获奖（其中中职类5项、基础教育类21项）；推荐10所学校参与广东省教育研究院举办的基础教育实验基地学校评选，均通过立项；开展2017年市教育学会论文评选，收到参评论文498篇，评出获奖论文250篇。

【教育发展研究】 2017年，东莞市加大有效扩充教育资源研究，开展“补齐教育短板，提升教育公共服务品质”专题调研，形成《扩大公办优质教育资源迫在眉睫——基础教育发展不平衡不充分的问题与对策》调研报告；专题开展“东莞市教育资源配置研究”调研，形成《东莞市基础教育学位资源需求与对策研究》调研报告。加大教育优质均衡发展研究，开展集团化办学、办学模式改革专题调研，形成《东莞市推行基础教育集团化办学工作思路》《关于赴镇江杭州考察学习办学模式改革的调研报告》；推进义务教育公办学校托管民办学校研究，课题《提升民办学校办学水平路径的实践研究——基于托管模式探索》申请并获准省立项。深化教育综合改革研究，局领导带头开展专题调研，形成《地市推动教育管办评分离的制度设计和实施路径研究报告》《关于中小学校长职级制专题调研报告》《东莞高校校企合作办学情况调研报告》《打造“莞式慕课”，推动东莞教育供给侧改革》等9份调研报告。省立项课题《构建公益普惠性学前教育公共服务体系的政策研究》和《保障外来务工人员子女接受高水平义务教育的改革研究》经专家评审结题。

【教师专业发展】 2017年8月27—30日，在中国教科文卫工会主办的第一届全国中小学青年教师教学竞赛决赛中，东莞中学教师韩松锦获全国初中组一等奖。

2017年11月至12月，在省总工会、省教育厅主办的首届广东省青年教师教学能力大赛决赛中，东莞市50名参赛教师全部获奖，其中一等奖25人、二等奖14人、三等奖11人；有5名教师以学科（专业）组决赛第一名进入总决赛，来自莞城中心小学的教师彭才华最终摘取小学组总决赛桂冠，并将按程序授予广东省五一劳动奖章；东莞市教育局因在比赛组织工作中表现突出，获主办单位颁发“优秀组织奖”。

【语言文字工作】 2017年，东莞市有6所学校创建省级语言文字规范化示范校、4所学校创建省级规范汉字书写教育特色校。组织参加中央电视台“中国汉字听写大会”获第三名；参加广东省第八届规范汉字大赛，获特等奖、一等奖、优秀指导教师等四项指标名列第一，取得三连冠，市教育局局连续3年被评为优秀组织奖。举办东莞市“中国汉字听写大会”、第九届东莞市中小学规范汉字书写大赛、中华经典诵读比赛等，参与师生达50万人，东莞市电视台播出新闻节目12次，印刷宣传海报1.8万张，播出广告2200条次。有序开展普通话水平测试，完成培训测试1.5万人次。 （刘晓东）

基础教育

【学前教育】 截至2017年底，东莞市有幼儿园1077所，其中公办、集体办幼儿园200所，民办幼儿园877所。在园幼儿34.74万人，入园率103.2%。全市幼儿园教职工4.67万人，其中园长、教师2.52万人，教师学历达标率99.86%，大专以上学历占83.87%。全市“广东省规范化幼儿园”1023所，公益普惠性幼儿园765所，省、市一级优质幼儿园522所，其中省一级幼儿园17所，市一级幼儿园505所。

【发展学前教育第三期行动计划（2017—2020年）落实】 2017年，东莞市落实国家、省的教育方针政策，研究制定《东莞市发展学前教育第三期行动计划（2017—2020年）》，以“挖潜提质，促普惠优质均衡发展”为战略重点，强化政府责任，健全工作机制，加强师资建设，扩大资源总量，提升办园质量。根据《东莞市公益普惠性幼儿园认定、扶持和管理办法》，认定公益普惠性幼儿园765所。加大对集体办幼儿园和普惠性民办幼儿园的专项扶持力度，将基本补助标准从原来每班每年0.6万元提高至0.75万元，向688所符合条件的集体办幼儿园和普惠性民办幼儿园拨付奖补资金7139.5万元。全年培训幼儿园教职工5324名，继续发挥幼儿园名师、名园长工作室的引领作用。贯彻《3～6岁儿童学习与发展指南》，与东莞广播电视台联合策划制作《宝贝豆丁·快乐的幼儿园》系列宣传片，宣传科学教育理念。加强教研指导，印发实施《东莞市幼儿园课程游戏化建设的实施意见》。指导筹备成立

“东莞市学前教育协会”。

【九年义务教育】 截至2017年底，东莞市有小学329所，在校生76.51万人，比上年增加2.64万人，户籍学龄儿童小学入学率100%，小学毕业生升学率100%。全市有初中193所，在校生22.91万人，增加1.32万人，户籍适龄少年初中入学率100%，初中毕业生升学率98.5%。

【随迁子女义务教育】 2017年，东莞市义务教育学校非东莞户籍学生80.12万人，比上年增加2.51万人。非东莞户籍小学生63.58万人，增加1.51万人，其中在公办小学就读的非东莞户籍小学生14.49万人；非东莞户籍初中生16.54万人，增加9932人，其中在公办初中就读的非东莞户籍初中生4.2万人。

【普通高中教育】 截至2017年底，东莞市有普通高中（含完全中学和多层次学校高中部）41所，在校生8.1万人，比上年增加1201人。东莞高级中学内地新疆班招收新生189人。市内地新疆高中班在校生735人。

【特殊教育】 2017年，东莞市特殊教育学校在校生640人，户籍“三残”（智残、体残、肢残）儿童入学率98%。完善残疾生入学机制，加强随班就读和送教上门管理及指导，建立特殊教育干部教师全员培训体系，培训765人次。

【学生思想道德建设】 2017年，东莞市教育部门坚持以社会主义核心价值观教育为主线，深化中小学德育主课程教学改革，增强学科德育意识，促进全员育人、全学科育人和全过程育人。丰富德育课程资源，征集德育微电影、微视频、微课作品226份；加强校园文化建设，创建全国文明校园1所、省文明校园2所、市文明校园186所，广东省书香校园13所。组织参加全国中职班主任基本功比赛和省中职德育课教师基本功比赛，获国家一等奖2个，省一等奖3个，位居全省前列；组织参加省师德征文评比，市教育局被评为省优秀组织奖。重视德育科研，获批省德育专项立项4项，获批数量位居全省地级市前列。强化师德建设，开展东莞市2017“最美教师”推选活动，推选出10名“最美教师”；开展师生典型事迹汇编，分别推选出60名教师和55名学生典型事迹汇编成册《最美是您》和《你是最棒的》。树立榜样，推选出710名市级优秀学生，24名省优秀学生和26名省宋庆龄奖学金获得者。开展师德师风宣讲团全市宣讲活动、“朝阳读书”、“拥军爱国跟党走—不忘初心好少年”、民族团结进步宣传月、“法治进校园”巡讲等活动，提高学生的思想道德素质和法治精神。加强“三生德育”（生命德育、生活德育、生态德育）研究，搭建起德育工作交流平台，编印20期《德育工作简报》。全年新认定9个市中小学生社会实践基地，市青少年活动中心、市中小学德育基地等10所公办校外教育实践单位，开设培训项目500多个，组织开展活动500多项，参与人数51.1万人次。开展“励志助学”教育志愿服务活动，注册志愿者3.38万人，共开展服务活动项目768个。

远程同步课堂教学 （市教育局供图）

【体育教育】 2017年，东莞市抽取1.2万名学生进行体质健康状况监测并形成分析报告，动态把握学生体质健康变化趋势。创建国家级青少年校园足球特色学校12所、省级青少年校园足球推广学校40所，麻涌镇和南城街道被评为省校园足球工作试点县；全国青少年校园篮球特色学校16所。全年举办中小学生体育竞技赛事12项，参与人数达1.03万人。组织参与国家和省级学生体育赛事，获国家级奖项3个，省级奖项6个：其中2017年中国中学生健美操比赛初中组团体总分第一名和高中组团体总分第二名，2017全国高中篮球联赛男子组第三名，2017—2018中国高中男子篮球联赛（广东赛区）男子组冠军，2017年省体育传统项目学校篮球比赛男子组冠军，2017年“省长杯”青少年校园足球比赛中职男子组冠军，2017年省中学生健美操啦啦操联赛总决赛团体总分第一名，2017年省中学生乒乓球锦标赛初中组团体总分第一名，2017年省体育传统项目学校乒乓球比赛初中组团体总分第一名。

【艺术教育】 2017年，东莞

市推动各中小学校围绕“一校一品”“一校多品”创建艺术教育特色项目，创建“全国中华优秀文化艺术传承学校”2所。举办中小学师生才艺展示活动，文艺演出和艺术作品展览4场，展出书画作品845幅，演出节目60个，参与师生3000人次。举办中小学生器乐、舞蹈、书法、绘画比赛及中小学教师美术作品展，参与师生7000人次。

【卫生教育】 2017年，东莞市开展学校卫生健康宣传教育工作，举办全市中学生健康知识素养竞赛活动，参与学生132人。对312所学校卫生开展监督工作，落实晨检、午检和学生因流感症状等情况缺课登记工作，做好新生入学预防接种证查验、补种工作，与市卫生计生局联合开展学校结核病防控工作专项督导，加强学校传染病防控。

【中小学心理健康教育】 2017年，东莞市举办全市心理健康教育教师专业技能比赛，组织教师参加省心理健康教育教师专业技能比赛，获一等奖3个，二等奖1个，居全省前列。全市新认定21所市级心理健康教育特色学校。开展“生命护航进校园”主题巡讲活动，提高心理危机识别与干预能力，参与教职员工6.4万人。

【家庭教育】 2017年，东莞市打造家庭、学校、社区三合一的现代综合育人体系，加强全市中小学校家访工作，联合东莞广播电台合力打造家庭教育“空中学堂”，全年播出30期，东莞慧教育微信公众号和微课掌上通的推送点击量100万，受到广大家长热烈欢迎。组织学校家庭教育管理干部70多人赴山东潍坊培训，提高对学校家庭教育工作认识和能力。

【普通高考】 2017年，东莞市普通高考再创佳绩。全市参加高考考生3.2万人，其中：普通类考生2.63万人，高职类考生0.57万人。在普通类考生中，第一批本科上线5584人，比上年增加743人，增长15.35%；本科以上上线1.61万人，增加1145人，增长2.26%；专科以上上线2.57万人，增加1630人。在高职类考生中，上线总人数4183人，比上年增加1822人。全市总录取2.51万人。其中第一批本科院校录取5439人，比上年增加523人，增长10.6%；本科以上院校录取1.6万人，增加712人，增长4.70%。（刘晓东）

职业教育

【职业教育概况】 2017年，东莞市有中等职业学校27所（含技工学校6所），其中公办13所，民办14所；有省级以上重点中职学校15所，其中国家级重点10所；省级示范性中职学校4所，其中有2所国家示范性中职学校建设立项学校。中职学校在校生7.98万人，其中省级以上重点中职学校在校生6.35万人，占整个中职学校在校生人数79.6%；招生2.9万人，其中接收广东省东西两翼和粤北山区的“双转移”学生2.84万人。全市中职学校有教职工5262人，其中专任教师3772人；有“双师型”（教师和技师）教师1331人，占专业教师的80.9%。2017年，东莞市中职学生升学就业率98%。

【现代职业教育综合改革示范市创建】 2017年，东莞市政府将创建“广东省职业教育综合改革示范市”作为市政府主要目标任务。每季度定期向市领导汇报进展，落实创建责任，定期跟踪督办。加大财政投入，完善配套政策，开办产业配套专业，推动学校等级建设，做好迎接省评估验收的准备工作。

【整合中等职业教育资源】 2017年，东莞市继续深化中职教育资源整合工作，撤销办学条件不达标中职学校。根据《东莞市中职学校资源整合实施方案》要求，做好撤销东莞市家具学校、市纺织学校大朗校区的学生分流、教师分流和校产处理工作。市家具学校、市纺织学校大朗校区于9月停止招生并撤销。

【重点中职学校建设】 2017年，督促指导市体育运动学校、五星职业技术学校和南博职业技术学校等3所学校，按照省重点中职学

2017年4月14日，人力资源和社会保障部部长尹蔚民（前排右三）到东莞市技师学院观看学生调酒技能表演（东莞市技师学院供图）

校评估体系和标准，进一步改善办学条件，扩大办学规模，抓好内涵发展，提高教育质量，做好迎评工作。6月，市体育运动学校通过省专家组评估验收，10月成功创建成为省重点中职学校。11月，五星职业技术学校和南博职业技术学校通过省专家组评估验收。

【中等职业学校对外合作办学】 2017年，东莞市电子商贸学校、市汽车技术学校从9月起开办日本课程班，加上德国课程班和台湾课程班，全市有7所中等职业学校12个专业参与中外合作办学，每年招生规模800人。组织首届台湾课程班199名学生赴台进行为期2个月学习培训，199名学生全部考取国际技能证。

【校企合作配套政策制定】 2017年1月，由市教育局和市人力资源局制定的《东莞市职业院校定点实习实训基地认定和管理办法》印发，8月又制定《东莞市职业院校定点实习实训基地认定实施细则》和《东莞市职业院校定点实习实训基地经费管理办法》，有力的促进了校企合作。

【东西部职业教育扶贫】 2017年秋季学期起，东莞市将连续3年定向招收一定数量的云南昭通应届初中毕业生到东莞市公办中职学校就读，毕业后由学校推荐在东莞市就业。2017年9月招收1293名昭通学生在东莞市中职学校就读。

（刘晓东）

附：2017年东莞市教育局主要领导名录

党组书记、局长：梁凤鸣

东莞职教城

【东莞职教城概况】 东莞职教城包括东莞市技师学院、东莞市高技能公共实训中心、东莞理工学校和职教城公共服务区4个功能模块，总规划建筑面积43万平方米，总估算投资20亿元。截至2017年底，东莞职教城完成投资18亿元，容纳全日制在校生1.5万人，参加年职业技能社会培训鉴定5万人次。

【职教慕课】 2017年，东莞职教城按照“高起点、高标准、高质量”要求，遵循统一规划、分步实施原则，探索打造职教城内职业慕课联盟，将原来的网校升级改造，吸纳职教城内各院校单位的优质职业课程、实训课程，率先建立一个实现东莞市职业教育网上学习，实现园区内公共资源线上线下整合，实现师生共享，并逐步向社会开放的职教资源共享平台。截至2017年底，累计打造智能化、数控、烹饪等课程，其中上线课程69门，893节课时，在线访问点击量超3万人次。

（温泽枫）

附：2017年东莞职教城主要领导名录

主　任：陈　杰

东莞市技师学院

【东莞市技师学院概况】 东莞市技师学院于1987年12月经广东省人民政府批准，由东莞市人民政府创办，隶属东莞市人力资源局，是“广东技工教育前20强单位”“国家级高技能人才培训基地”“人社部企业新型学徒制试点单位”“全国职工教育职业培训先进集体”“东莞市文明标兵单位”“东莞市最具影响力教育品牌”“东莞市最具品牌价值国际教育单位”“2017年度东莞杰出教育品牌”，东莞市唯一的一家公办国家重点技工院校。学院拥有2个校区，总占地面积约38公顷，总建筑面积30.9万平方米。其中东城校区建筑面积9.1万平方米；职教城校区建筑面积21.8万平方米，总投资7.8亿元，2013年9月投入使用。

2017年，学院有在校生1.1万人，其中高技生占95%。学院设有智能制造学院、国际学院、东城学院、电子商务学院、交通运输学院、食品科学与工程学院、商贸管理学院、人文学院等8个二级学院，常设专业41个，80个方向，开展中级技术、高级技术+大专、预备技师+本科和面向企业在职员工的技师+本科等多层次办学，学生毕业可相应获得技师学院毕业证书、高等院校毕业证书，以及相应的职业技能等级职业资格证书，参加中德、中英、中美、中加、中澳等国际合作班学习的学生还可获得在欧洲及世界都享有极高声誉的学历、职业资格证书；取得国内学士学位的毕业生，可到德国就读研究生，部分毕业生可到德国就业，入读中美国际合作班的学生在校期间将会安排2次赴美国英语培训游学营，在该游学营中通过ESL（English as a Second Language）英语水平考核的学生，可在中技毕业后直接申请美国大学，无需再提供托福、雅思等其他语言考试成绩。

【师资队伍建设】 2017年，东莞市技师学院有教职工615人，其中专职教师517人，全部具有本科及以上学历，硕士学位以上超过15%，教授1人，高级讲师、高级实习指导教师、高级技师125人，讲师、技师144人，一体化专业骨干教师达到75%以上，教师队伍中拥有大批省级督导员、考评员和省市优秀教师及技术能手。

学院重视师资队伍建设，通过引进学科带头人、选送骨干教师到国外培训、激励学历技能提升等长效机制，培养出大批优秀人才，先后分批派出150人次到德国、新加坡等国家和中国香港地区培训进修。学院还从各行业聘请66名技术骨干、行业专家兼职任教。学院教师职业素养和业务水平较高，科学科研成果斐然，累计获省级以上科研成果奖300项，编写各类专业教材70多种，经国家出版社出版的教材有70多部（本）。

【国际合作办学】 2017年，东莞市技师学院与美国、加拿大、澳大利亚等国知名院校合作开办中美、中加和中澳国际合作班。开设专业24个、班级68个、在校生1853人。学院的"市场化的导向，国际化的标准，工厂化的教学"的办学模式受到国家人力资源和社会保障部赞扬。学院首届中德合作班2013年开办，116人名毕业生全部获得IHK职业资格证书，实现100%就业，转正后平均工资6000元以上；首届中英合作班2014年开办，76人次获得ASFI一或二级职业资格证书并全部高质量就业；发挥"德国BBW大学中国（东莞）师资培训基地"的作用，承办2期"德国职业教育教学法师资研修班"，培训师资60人。

【教育教学发展】 2017年，东莞市技师学院参与人社部第三批课改项目（现代物流牵头单位和工业设计参与单位）、人社部教材实验项目工作和推广部一体化课改数字资源，对汽车、电气、切削、数控、钳加工等5个专业投入120套iPad进行数字课堂应用培训与推广；申报人社部19门实验教材；完成全国技工院校现代物流专业一体化师资培训任务；成为全国首批10个"3D打印技术应用专业示范基地"，省级教研立项课题《多专业融合"学业+创业"模式研究》结题。

【校企合作】 2017年，东莞市技师学院与企业紧密合作，将教学内容与企业生活流程相连接、将培训与就业相连接，遵循"校企同生"原则，采取"建立学习型工厂""引厂进校，共建实训基地""冠名培养""招生即招工、进校即进企，量身打造""签订协议，共建共育""顶岗实习、工学交替"等"校企双制"模式，推行工学结合，校企共育企业亟需的技能人才。2017年7月，学院完成人社部企业新型学徒制试点工作；联姻京东大学电商学院共同开展电商专业和京东电商实训孵化基地建设，深化电商生态布局；携手固高科技深圳有限公司打造政、校（产学研）、资本、用四维一体的创新孵化基地；牵手天弘（东莞）科技有限公司共建产学研基地及人才培养基地；与东莞市巨冈机械工业有限公司、粤铭大族激光科技有限公司等23家企业签署校企合作协议，成为戴姆勒铸星教育集团校企合作院校（为全国18所合作职业院校中唯一的一所技师学院）；与广东气派科技有限公司签署"庆泰模式"合作协议，打造"招生即招工、进校即进企"校企合作升级版。截至2017年底，与东莞博克家具制品有限公司等35家企业，开办49个类似"招生即招工"形式的班级。部分企业将补贴标准进行提高，如"世楷班"，世楷家具公司每月对在校学习期间的学生给予每月800元生活补贴，在企业实习或教学的学生每人1500元教学实习补贴。

【技能大赛创佳绩】 2017年，东莞市技师学院在用世界技能大赛标准培育技能精英，打造学院技能"名片"的同时，组织学院师生参加各级各类技能竞赛，以赛促教，

东莞市技师学院 （东莞市技师学院供图）

以赛促学，取得较好成绩。在国家级竞赛中获得1个一等奖、12个二等奖、15个三等奖、2个优秀奖、2个优秀指导老师；省级竞赛中获得32个一等奖、33个二等奖、37个三等奖、25个优秀奖、7个优秀指导老师、1个省技术能手；市级竞赛中获得5个一等奖、25个二等奖、30个三等奖、17个优秀奖、2个优秀指导老师、1个优秀组织奖。承办第二届广东省技工院校技能大赛电气自动化设备安装与维修项目比赛、2017年广东省西式面点师职业技能竞赛、2017年东莞市“济川杯”PLC工业设计安装与调试职业技能竞赛等赛事。还成功建设第44届世界技能大赛烘焙项目集训基地，为选手提供全方位优质服务，为第44届世界技能大赛烘焙项目获得金牌做出应有贡献。

【校际合作】 2017年3月2日，广东省技师学院、深圳技师学院、东莞市技师学院校际合作签约仪式在广东省技术学院举行，共同签署《校际合作框架协议》。将在世界技能大赛、校企合作、国际交流与合作、优质师资共享、新型学徒制试点等方面开展交流与合作，积极探索国内国际技工教育前沿领域的重大问题，取长补短，协同发展。

【校际交流】 2017年，东莞市技师学院承办技工院校高技能人才培养联盟第二次全体会议，全国120多家技工院校200多名代表与会并参观考察学院。活动期间，由人社部原副部长、全国人大外事委员会副主任委员王晓初，全国政协副秘书长、民进中央副主席、中国教育学会副会长朱永新等11人组成的调研组到学院就发展现代职业教育进行调研。全年来院参观交流的院校、企事业单位近200家（次）。

【技能培训】 2017年，东莞市技师学院继续做好企业员工职业技能培训，利用政府的财政补贴优惠政策，与企业合作开展对其内部员工进行技能提升的培训，年培训鉴定1.7万人次。

（周　辉）

附：2017年东莞市技师学院主要领导名录

党委书记兼院长：刘海光

东莞市高技能公共实训中心

【东莞市高技能公共实训中心概况】 2017年，东莞市高技能公共实训中心是直属市人力资源局的公共服务管理型公益性事业单位，位于东莞市横沥镇东莞市职教城，占地面积13.33公顷，建筑面积5万平方米。东莞市高技能公共实训中心根据东莞产业布局现状和发展趋势设置高新技术、汽车技术、工业自动化、现代制造业以及现代服务业5个实训中心，具有公益、高端、服务、引领的特点；各种设备品种多、精度高、技术先进、通用性强、加工范围广、配套性好，总值逾2亿元。

截至2017年底，东莞市高技能公共实训中心发展成为集职业技能实训、职业技能鉴定、职业技能竞赛、技术交流和实训项目研发为一体的立足东莞、面向珠三角地区，公共技能服务平台。

【高技能人才实训】 2017年，东莞市高技能公共实训中心完成各类技能实训21万人次，在全国高技能公共实训中心或实训基地中位居第二位。

2017年，东莞市高技能公共实训中心与香港职训局、德国BBW职教集团等机构合作，开展BBW机电一体化系统、BIM建造工程管理等国际课程培训，培养具有国际背景高技能人才127人；完成高精密磨床技术改造和智能制造两项新工艺研发，达到国内领先水平，获8项专利和省机械类科技进步奖三等奖；举办2017年中国模具工业智造趋势峰会，吸引500多名全国各地行业精英参加，由世界500强企业嘉宾作世界前沿技术主题报告；建成模具数字化博物馆和糖艺专项实训室，引进北京发那科机电有限公司共建培训中心，开发更加符合东莞企业和社会需求的培训课程体系；牵头组建“技能人才之都”培训教材开发专家队伍，制定教材开发计划，为打造东莞市“技能人才之都”提供有力支持。

【技能竞赛】 2017年，东莞市高技能公共实训中心创新技能竞赛形式和内容，打造竞赛品牌，先后承办东莞市智能楼宇管理师、现代制造技术等7项竞赛，共吸引226多家院校企业1110多名选手参赛；创新性的整合峰会、课程培训、竞赛、技术战斗营等专业技术活动，为企业员工和职业院校师生提供广阔的高水平交流平台。

2017年，东莞市高技能公共实训中心组队参加智能楼宇国赛，用不到2个月时间完成高强度训练，取得11名选手9人获奖、3人获全国一等奖的优异成绩，实现东莞市在全国性职工竞赛一等奖零的突破。

（刘　斌）

附：2017年东莞市高技能公共实训中心主要领导名录

主　任：李伟锋

东莞理工学校

【东莞理工学校概况】 东莞理工学校创建于1985年，2000年被评为国家级重点中专，2012年成为国家中等职业教育改革发展示范学校创建单位；被评为“广东省中等职业教育先进单位”“广东省文明单位”，是“国家制造业和现代服务业技能紧缺人才培训基地”“国家职业技能鉴定所”和东莞市中职教育的龙头学校。

学校位于横沥镇东莞职教城

内，占地28公顷，总建筑面积16万平方米，其中实训建筑面积3.6万平方米，全校教学、实习仪器设备总值1.14亿元。设有数控、汽车、计算机、电子、财经、媒体等6大类专业群共18个专业方向，其中数控技术应用、汽车运用与维修、软件与信息服务等3个专业为广东省重点建设专业。2017年，学校有专任教师331人，均具有本科或以上学历，其中具有硕士学位60人，具有高级职称92人；“双师型”教师占专任专业课教师总数的92%。在校学生5511人。

2017年，学校坚持为学生的可持续发展服务，立足东莞、对接产业、融合发展、建设品牌，深化校企合作，拓宽办学思路，建设特色课程，培养职业素养和职业技能并重的服务地区经济发展的复合型技能技术人才。2017年12月学校入选第三批全国职业院校数字校园建设实验校，成为首批“广东省中学示范团校”创建单位；学生参加各级各类技能大赛，成绩优秀。在2017年省级以上技能大赛中，获全国一等奖1项，省一等奖2项、二等奖10项，三等奖8项。其中，在2017年在全国职业院校技能大赛中职组“北京现代杯”汽车营销比赛中，杨金红、刘莉2位学生以总分第二名的成绩夺得全国一等奖。

【新工科建设】 2017年，东莞理工学校开展产教融合，对接新产业，建设新工科。学校与企业合作建立工业机器人专业，成为教育部首批遴选的“工业机器人应用人才培养中心”；与清华大学合作开设全国中职首个大数据专业；与国家半导体照明工程研发及产业联盟合作建立“全国LED产业产教融合（东莞）职业教育集团”和光电专业。与广东省物联网协会合作建立物联网专业。引进德国先进的职业教育理念，根据德国职业教育标准与经验，改革教学方法，完善课程体系，提高学习办学水平及教师专业与职业教学能力，培养具有德国技术能力标准的专业技术人才，促进专业可持续发展。

【合作新平台搭建】 2017年，东莞理工学校在与新西兰怀卡托学院开展合作的基础上，拓宽合作办学路径，深化与东莞台商育苗基金会合作，组织台湾课程班学生赴台湾学习交流，参加第十二届海峡两岸（粤台）高等教育论坛首届“高校创新电子综合素养技能邀请赛”夺得中职组总冠军。与东莞市凤岗金垦五金加工厂合作，引入当时国内先进柔性生产线和机器人技术，搭配ABB机器人、三菱加工中心、肯信加工中心、友佳车削中心等设备，构建“工业4.0”概念智能制造实训车间。与深圳赛百敦自动化设备有限公司、深圳宏友精益自动化有限公司、宏友电子科技有限公司合作，在学校注册成立集团公司——东莞宏友智能科技有限公司，校企共同建立智能装备零配件制造车间、智能装备制造车间、机器人智能制造车间等生产实训一体化的生产实训基地，为东莞机器人制造领域培养专业技能人才。

【新评价体系构建】 2017年，东莞理工学校构建并完善职业化培养体系，全面开展职业素养教学，开发职业素养课程、职业素养沙盘实训平台，制作大型职业素养教育视频，培养学生职业素养能力，让学生更好地实现职业化。学校启动“中职学校教育教学质量监测与引导体系”广东省现代职业教育综合改革示范试点项目，结合心理学研究成果、职业人成长规律、社会特点以及企业调查结果进行研究与提炼，提取符合中职学生成长的主动性、合群性、学习动机等8个核心维度，以学生行为为监测点，形成学生自我认知、班级建设等一系列反馈报告，从而引导、促使学生进行自我检测与自主调整。

（曹运岚）

附：东莞理工学校主要领导名录

校　长：巫　云

广东省东莞卫生学校

【广东省东莞卫生学校概况】 广东省东莞卫生学校创立于1958年，是一所公办全日制省级重点中等卫生职业学校。校园位于道滘镇，占地面积15.4公顷，建筑面积7.19万平方米。是东莞市医学专业技术人员继续教育基地，广州医科大学、中南大学成人教育东莞卫校教学点、广东省全科医学教育理论培训基地和卫生专业技术资格人机对话考试机构、东莞第二十一职业技能鉴定所。主要承担全市中等卫生职业学历教育、医药卫生类成人继续教育与培训等工作任务。同时为全国计算机信息高新技术考试、高职高考“3+证书”化学技能证书、医药商品购销员等证书的考点。学校先后获评“广东省特级档案管理单位”“广东省普通中等专业学校文明校园”“东莞市直属机关文明单位”“东莞市依法治校示范校”“广东省依法治校示范校”。

2017年，广东省东莞卫生学校开设护理、助产、药剂、制药技术、康复技术5个专业。全校635名学生参加2017年全国护士执业资格考试，通过率82.8%，比上一年有所提升。105名在校生参加医药商品购销员证中级资格考试，高职高考“3+证书”化学技能证书E级以上等考试通过率超过95%。2017届毕业学生835人，根据职业规划找到合适工作，就业人数805人，就业率96.4%。

截至2017年底，全校教职工185人，其中专任理论教师84人，实验教师14人，行政教辅42人。高级职称42人，中级职称44人，博士1人，硕士27人，在读研究生22人，本科生99人，“双师型”（指同时具备教师资格和职业资格，从事职业教育工作的教师）教师66人，广东省护理专业学科带头人3人。全年有5人次参加教材编写，其中任副主编1人次，编委4人次。其中2本教材属于全国十二五规划教材。学校教师在《卫生职业教育》和《广东职业技术教育与研究》等杂志发表论文31篇。在市教育局教育教学论文评比中，送审15篇文章，有10篇文章获奖，其中一等奖2篇、二等奖4篇、三等奖4篇。在东莞市预防医学会举办的优秀论文评选中，学校2篇论文获优秀奖；1位教师的论文获得第五届省中小学班主任工作论坛论文一等奖。学校教师申报省"十三五"教育科研规划2017年度（下半年）青年教师发展专项课题1项，1项课题获广东省结直肠盆底疾病研究重点实验室开放课题自主项目费用10万元。3项课题获得市教育局立项，2项课题结题。学校承担的东莞市科技局重点课题《东莞市流动人口育龄妇女孕前孕期保健知识现况分析及干预》达到国内先进水平。

【中高职衔接】 2017年，广东省东莞卫生学校完成2015级中高职三二分段转段考核工作，分别与广东食品药品职业学院护理专业、药物制剂专业，肇庆医学高等专科学校药学专业，广东体育职业技术学院体育保健专业开展三二分段招生工作，录取206人。此外，学校2017级三二分段合作院校的招生专业增加至5个，招生人数计划增加至240人。学校28人参加高职高专院校自主招生考试，录取13人，录取比例比上年增长31%。303名学生报名参加3+证书高考（指高等院校高职班招收中等职业学校毕业生招生考试），有88人被录取，录取率29%。

【技能大赛获佳绩】 2017年，广东省东莞卫生学校在首届全国职业院校护理专业教师教学能力大赛中，两位老师分获二等奖和优秀奖，学校获团体三等奖；全国职业院校助产大赛（中职组）比赛中，2名学生获一等奖，1名学生获二等奖；2名学生获三等奖，2名教师获优秀指导教师，学校获团体二等奖。

在2017年广东省中职学校学生组护理技能竞赛中，学校2名学生一等奖、2名学生获二等奖，4名教师获优秀指导教师，学校获团体一等奖和优秀组织奖；在中药传统技能竞赛、2017年东莞市职业院校技能大赛（英语技能）等竞赛中，学校师生发挥出色，获佳绩。学校女子篮球队在东莞市卫生计生系统第九届“卫生杯”篮球赛中获冠军，成功卫冕。

【职业技能培训】 2017年，广东省东莞卫生学校报读广州医科大学的考生有1026人，录取907人，录取率88.4%。学校教师除承担普通中职教学任务外，完成学校成人高等医学教育2017年护理系、医学基础部、药学及医技系等系部228门课程，合计1.25万个学时的教学任务。学校配合市省全科医学培训中心、市医学会、市卫生和计划生育局做好培训工作，承担全市全科医生、社区护士、医师定期考核等培训教学任务，以及执业医师监考、各项竞赛的指导等工作。组织342人参加全科医生转岗培训和全科岗位培训。组织183名考生参加全科岗位培训统考。协助卫生计划生育局组织1085人参加医师实践技能操作考试；1974人参加医师定期考核培训和业务水平测评。此外，在鉴定考试工作中，协助东莞第二十 职业技能鉴定所全年组织1571人进行育婴员、计算机信息高新技术、生殖健康咨询师工种共21个批次职业技能鉴定。

（宋海燕　马东宁）

附：2016年广东省东莞卫生学校主要领导名录

党总支书书记、校长：甘　赞

东莞市经济贸易学校

【东莞市经济贸易学校概况】 东莞市经济贸易学校创办于1958年，原名为“东莞县农业技术学校”，为首批国家级重点中专学校。2003年更名为“东莞市经济贸易学校”，2011年与同为“国家级重点”的东莞市职业技术学校合并，成立新的“东莞市经济贸易学校”（简称东莞经贸学校）。东莞经贸学校是东莞市教育局直属的中等职业技术学校。2013年成为国家中等职业学校示范学校创建单位，是教育部、财政部、人社部批准的东莞市仅有的2所国家示范学校建设单位之一，2015年通过广东省专家组验收，2017年通过教育部验收。

学校坐落于东莞市莞城区，分设校本部（学院路校区）和莞城校区（新风路校区），总面积10.67公顷，总建筑面积10.94万平方米，固定资产总值2.27亿元。校园环境舒适优雅，文化底蕴深厚，教学、学习及生活设施配套完善，有理实一体化的大型实训场室96间，数字化教学资源丰富，辐射带动效果显著。确立“立足区域经济，面向现代服务业，培养高素质劳动者和技能型人才”的办学目标，坚持“育人为本，面向市场，做强服务，争创一流”的办学理念，秉承“崇德尚能，知行合一”的校训，形成“诚信、阳光、敬业、创新”的校风，办名校，铸名师，打造阳光学生、阳光校园。

2017年，学校有教职员工499人，在校学生4069人。学校是东莞市会计电算化培训基地，广东省中职课程改革试点学校，广东技术师范学院教学实习基地，广东省中职校长挂职培训基地，国家计算机技能鉴定培训基地，国家物流师职业资格认证基地、物流人才储备基地，全国青少年道德培养实验基地，全国重点建设职业教育师资培训实践实训基地，是东莞市中职教育办学规模最大的全日制公办学校之一。

【师资队伍】 截至2017年底，东莞市经济贸易学校形成一支师德高尚，教学水平高，年龄、学历、职称、学科结构合理，数量规模能满足教学工作需要，适应现代职业教育要求的专兼职教师队伍。整体师生比约为1∶15。全部专任教师中专业教师占60%，专任教师高级职称达到31.39%，具有研究生学历或学位的专任教师比例20%，“双师型”教师比例59.85%，“双师型”教师在专业教师中比例达到95%，技师级达30%以上。专业教师企业工作经历每年平均1个月以上，拥有5名市级教学名师和一支来自企业行业、相对稳定的兼职教师队伍，兼职教师占专任教师的5%以上。

【教学成果】 2017年，东莞市经济贸易学校坚持“双证书”（技能证和毕业证）制，学生双证率99%，毕业生就业率100%，通过高考、三二分段及自主招生等方式考试升学率94%以上。学生参加各项技能竞赛获得市级以上奖217项，其中省部级以及国家级奖91项。学校还是东莞市“未成年人思想道德建设示范基地”和“全国青少年道德培养实验基地”。自2013年国家示范学校建设立项以来，《中国教育报》《南方日报》等媒体先后对学校示范校建设和办学成果进行报道，办学经验辐射到省内外同类院校，被全国各地多所学校引用、借鉴。

【办学特色】 2017年，东莞市经济贸易学校立足东莞地方产业办学，打造财经、信息技术类、商贸、旅游服务4大特色专业群；依托行业，联合企业、国内外高职院校，开展“订单”式培养、“三二分段”式培养、国际联合办学；突出职业技能和职业素养，对接产业，培育特色，打造品牌，扎实推进专业教学改革。建校59年来，毕业生遍及珠三角地区，深受社会、行业企业好评和认可。

（张　蓉）

附：2017年东莞市经济贸易学校主要领导名录

校　长：颜辉盛

党委书记：陈仲良

东莞市电子科技学校

【东莞市电子科技学校概况】 东莞市电子科技学校成立于1993年，坐落于东莞市塘厦镇环市南路2号，是国家级重点职业学校、广东省示范性中职学校、全国中职教学合格评估首批试点通过学校和广东省绿色学校。学校占地10.67公顷，建筑面积9万多平方米，连续十多年获市教育局办学质量一等奖。2017年，全日制在校生4500多人，教职工300人，其中专任教师246人，硕士研究生78人，全国优秀教师1人，广东省专业名师、东莞市专业带头人多人。曾在2013年、2015年、2016年、2017年连续四年获国家教育部主办的全国职业院校技能大赛一等奖，参与208集央视动画片《吉祥宝宝》，3D电影《吉祥宝宝之我是食神》，网络大电影《宠物校花》《险金风云》等电影制作，摘得2017年省长杯中职组冠军。学校自1993年开办以来为东莞本地乃至珠三角地区产业经济转型发展培养2万余名技能型人才。

【办学模式】 2017年，东莞市电子科技学校深化校企合作，牵手和深化与联想、华为、阿里巴巴、京东、大疆科技等世界500强企业合作办学，推行“岗位定向、专班培养”的办学模式，校企共建联想、华为、中兴、大疆、用友、长影集团等近20个专业班，组建有

2017年10月22日，东莞市电子科技学校首批5名中职生赴新加坡工作　（东莞市电子科技学校供图）

110个单位加盟的东莞电子职教集团，增强办学实力。

【人才培养】 2017年，东莞市电子科技学校按照省级实训中心建设要求，建设电子、机电、计算机、财经、动漫、艺术等6个“五位一体”实训中心，拥有SMT、联想PC+、电梯、无人机、机器人、影视动漫、华南3D打印、电子商务、360、网络等现代化实训中心，专业设备先进。其中，学校电子信息、通信技术、电梯技术、物联网、IT服务、会计事务、体育专业等多个专业方向与东莞职业技术学院、广东省体育职业技术学院、广东科贸职业学院、广东交通职业技术学院等多所高职院校开展三二分段联贯教育直升大专，有3名学生考入体育院校本科；电子、计算机等专业与新西兰国立联合理工学院合作办学，先后有三批29名学生赴新西兰深造。学校致力于打造具有高技能国际化教育背景的“国际工匠”，与新加坡、台湾地区教育及企业部门合作，有5名电梯专业学生未毕业即被新加坡其士公司录取。 （王 利）

附：2017年东莞市电子科技学校主要领导名录

党委书记、校长：肖胜阳

东莞市机电工程学校

【东莞市机电工程学校概况】 东莞市机电工程学校原名长安职业高级中学，1994年建校，2013年改为现名。2017年有师生员工近3000人。学校坐落在长安郊野公园南侧，校园占地面积5.68万平方米，建筑面积5.66万平方米，资产总值1.19亿元。学校获评国家级重点中等职业学校、全国中等职业学校德育工作先进集体、全国职业院校装备制造类示范专业点、教育部国防教育特色学校、广东省首批“书香校园”、广东省首批“绿色学校”、广东省语言文字规范化示范校、广东省培育和践行社会主义核心价值观示范点、广东省依法治校示范校、东莞市文明单位、东莞市文化建设标兵学校、东莞市智能制造专业技术培训基地等。获2014年职业教育国家级教学成果奖二等奖1项，获2017年广东省教育教学成果一等奖2项、二等奖1项。

【师资队伍建设】 2017年，东莞市机电工程学校有专任教师158人，具有副教授、高级讲师等高级职称的教师21人，专业教师“双师型”（具备学历证书和技能证书的教师）占82%，拥有教育部职业院校文化素质教育委员会委员、广东省名班主任培养导师、广东省名班主任、东莞市名师等，师资力量雄厚。

【办学特色】 2017年，东莞市机电工程学校以“德技双高”为办学理念，构建“全员参与、全程管理、全方位渗透”的“牵手德育”管理模式，创立“学生成长十字箴言”“超市模式第二课堂”“校园经典歌曲对抗赛”“说出你心中的故事访谈式德育校会”“校园快乐广播操”等系列校园文化品牌，实践“车间进校”“企业课堂”“岗位学制”“企业联合培养基地”“企业项目训练中心”等“双元制”人才培养模式。2011年，“学生成长十字箴言”党建带团建案例曾在教育部官方网站登载，2015年，学校的“培育和践行社会主义核心价值观‘东莞经验’”入选中宣部全国基层思想政治工作创新典型案例汇编供全国学习。2013年，东莞市机电工程学校发起组建东莞市首家职业教育集团——东莞市模具（国际）职业教育集团。2016年与广东劲胜智能集团股份有限公司、广东隆凯股份有限公司建设东莞市智能制造专业技术培训基地。

【专业设置】 2017年，东莞市机电工程学校开设模具制造技术、数控技术应用、机电技术应用、智能化控制技术、网站建设与管理、计算机网络技术、会计电算化、商务英语、社会文化艺术等9个专业。其中模具制造技术专业是全国职业院校装备制造类示范专业点；从2013年起，学校该专业竞赛队学生连续多年获广东省职业院校技能大赛模具制造技术赛项冠军。 （谢汝亮）

“企业项目训练中心”智能制造车间 （东莞市机电工程学校供图）

附：2017年东莞市机电工程学校主要领导名录

校长、党支部书记：曹永浩

成人教育

【成人教育概况】 截至2017年底，东莞市有5所独立成人高等教育机构、32所乡镇成人文化技术学校（其中12所省级示范成人文化技术学校）、718所民办教育培训机构，年培训量66.02万人次，成人高等学历教育规模4.93万人。2017年6月28日，万江街道被广东省教育厅评为“广东省社区教育实验区”；截至2017年底，东莞市创建“全国社区教育实验区”1个、“全国社区教育示范乡镇”3个、“广东省社区教育实验区”23个。

【“全民终身学习活动周”活动】 2017年4月，东莞市获全民终身学习活动周工作小组、中国成人教育协会授予“2016年全民终身学习活动周优秀组织奖（地市级）”，长安镇获“2016年全民终身学习活动周优秀组织奖（县区级）”。

2017年10月16—20日，东莞市举行“2017年全民终身学习活动周”活动，全市33个镇区全部参加，各镇区通过举办开幕式、宣传社区教育成果和提供免费培训课程等模式，鼓励更多市民参与终身学习活动，参加免费教育咨询和课程培训活动的单位、社区和培训机构460个，提供公益教育咨询和课程培训项目1300多个，免费培训名额15万多个。2017年10月31日，广东省2017年全民终身学习活动周总开幕式暨社区教育论坛在寮步镇举行；2017年11月，寮步镇成人文化技术学校被中国成人教育协会评为“2017年事迹特别突出的优秀成人继续教育院校（培训机构）”。2017年11月，东莞市“尚荷教育”被全民终身学习活动周工作小组、中国成人教育协会评为“2017年终身学习品牌项目”。

【成人高考】 2017年，东莞市成人高考报名3.18万人，其中报考专科起点升本科类1.15万人，高中起点升本科、专科2.03万人，报考人数在全省排第三位。录取2.72万人，录取率85.58%。其中高中起点升本科、专科录取1.75万人，录取率59.62%；专科升本科录取9688人，录取率86.46%。

【自学考试】 2017年，东莞市自学考试报考3.97万人次，报考9.23万科次。非学历证书考试（包括中英合作专业）报考7243科次。自学考试毕业1927人，其中本科1036人、专科891人。

（刘晓东）

民办教育

【民办教育概况】 截至2017年底，东莞市经批准开办的民办幼儿园877所；民办普通中小学285所，其中小学122所、初中9所、九年一贯制学校138所、完全中学1所、普通高中1所、十二年一贯制学校10所、十五年一贯制学校4所。民办学校在校生94.18万人，其中幼儿园27.60万人、小学50.21万人、初中13.47万人、普通高中2.90万人。2017年，吸纳民间资金23.48亿元投资兴办民办教育，共建成投入使用的中小学、幼儿园63所，向社会提供学位4.06万个。

【民办教育扶持】 2017年，东莞市完成44所民办义务教育标准化学校和47所民办市一级学校的验收和发文认定工作。全市民办义务教育标准化学校274所，占比99.3%，基本实现标准化学校全覆盖；全市民办义务教育市一级以上学校156所，优质学校比例61.9%。向1.95万名教师发放从教津贴5285.64万元。获得2017年省级民办教育发展专项资金的民办学校45所、获得市民办中小学扶持专项资金的民办学校61所。

【民办教育管理】 2017年，东莞市规范民办学校管理，将无证中小学、幼儿园排查工作纳入市社会服务管理“智网工程”，依靠社区网格管理员排查辖区内无证中小学、幼儿园。指导镇街清理整顿长安阳光幼儿园等8所无证幼儿园，分流安置幼儿300多人；参加2017年度检查的民办学校1160所，其中年检合格的1143所，占98.5%；限期整改的8所，占0.7%；年检不合格的9所，占0.8%。截至2017年底，东莞市民办教育协会有单位会员789个，个人会员57个。

是年，东莞市教育局下发《关于明确民办教育培训机构使用名称和许可证编码等问题的通知》《关于进一步明确民办教育培训机构放权审批备案等问题的通知》，全面加强培训机构管理。组织镇街清理无证机构工作，特别是在寒暑假前，取缔无证和超范围经营机构，社会反响很大，遏制无证经营和超范围培训的行为。为加强对民办教育培训机构管理，将“民办教育培训机构持证率”纳入各镇街党政主要领导年度考评项目。督促各镇街党政领导统筹属地清理规范无证教育培训机构，净化教育培训市场。制订《东莞市教育局2017年深化简政强镇事权改革实施方案》，组织全市镇街进行放权简政业务培训，并实地到镇街指导审批和档案管理工作，实现审批管理过渡。

（刘晓东）

东莞台商子弟学校

【东莞台商子弟学校概况】 东莞台商子弟学校创立于2000年9月，由广东省教育厅直接管理，举办者是东莞市台商投资企业协会，创办人是时任东莞市台商投资企业协会会长、现为学校董事长叶宏灯。台校是一所公益性学校，建校资金来源于以台商企业为主体的、包括潢涌村等社会各界人士捐助，所收学费全部用于学校日常营运及发展上，学校董事会负责决策与督导校务经营、监督校产（社会公共财产）管理。创办宗旨是：培育优质子弟、增进家庭和谐、开展社会公益活动、助推两岸文化教育交流；办学理念是：全人教育、温馨校园、终身学习；经营策略是：策略联盟、科技资讯、知识管理；以台湾教育模式办学。师资来自两岸（台湾约占70%）及外国，使用经广东省教育厅、省台办审查核准的台版教材，学历两岸承认。

该校是一所包括幼儿园、小学、初中、高中的全日制住宿型学校。2017年，在校学生近2500人。教学质量不断提升，历年高中毕业生98%升上两岸的大学（余下2%选择海外升学），其中大多数进入台湾的大学：台湾大学、台湾“清华大学”、台湾交通大学、成功大学、台湾“科技大学”、淡江大学等；进入大陆大学的有北京大学、清华大学、浙江大学、复旦大学、中山大学、厦门大学等。

【中华文化教育馆启用】 每年3月底是东莞台商子弟学校的传统文化实践周。2017年除例行举行的高二学生成年礼大典之外，还举行中华文化教育馆启用仪式。台校以培育学生全人发展为目标，为更好地落实中华文化教育，将行政大楼丽德楼三楼改造为占地500平方米、以中华文明为核心的教育空间。其中包含原有的“典范墙”“文化廊”“思源堂”，还有全新设计的“丽德书院”“华夏厅”“国艺堂”。“丽德”出自易经，意为效法天地精神之“天行健君子以自强不息”；“华夏厅”取材自华夏五千年文明的精华内容，搭配国文与社会科课程，以现代媒体科技展现出来，提高学生的学习动机和兴趣；“国艺堂”则用于培养学生书画、茶道、古筝等文艺情操。中华文化教育馆旨在结合浓郁的文化情境、创新的教学方法、动静的交互活动以及人文科技整合的新媒体，成为优质中华文化的教育基地。 （冯鸽葳）

附：2017年东莞台商子弟学校主要领导名录

董事长：叶宏灯
校　长：王天才

高等教育

【高等教育概况】 截至2017年底，东莞市有普通高等院校9所，分别为东莞理工学院、广东医科大学（东莞校区）、东莞理工学院城市学院、广东科技学院、中山大学新华学院（东莞校区）、东莞职业技术学院、广东创新科技职业学院、广东亚视演艺职业学院、广东酒店管理职业技术学院。按类别分，有本科院校5所、高职院校4所。全市高校的学科专业设置涵盖除军事学、哲学和历史学以外的10个学科门类，有本科专业点168个，专科专业点133个；有省级重点学科13个，特色示范专业建设项目省级23个、校级44个。拥有各类实验室和实训中心847个，省重点实验区6个，各类实习基地1845个。全市普通高校全日制在校生11.84万人，比上年增加6849人；毕业生2.82万人，毕业生就业率94.3%。全市普通高校教职工7078人，具有副高级职称及以上的1666人，专任教师5257人，其中研究生学历3336人，占专任教师的63.4%。

【中国大学生跨境电商创新创业大赛东莞赛区启动】 2017年2月25日，第二届中国大学生跨境电商创新创业大赛东莞分赛区启动，大赛将促成跨境电商企业与院校间深度合作，打造大学生创新创业平台。该大赛是由东莞市政府和清华大学国家服务外包人力资源研究院联合举办，旨在以“互联网+”理念带动传统制造业和外贸升级转型。

东莞理工学院

【东莞理工学院概况】 2017年，东莞理工学院有普通全日制学生2.04万人，成人高等学历教育学生1.07万人，联合培养研究生130名。设有15个学院、43个本科专业。有教职工1394人，专任教师1110人，其中，正高职称176人，副高职称328人，博士492人；院士（双聘、特聘）6人，柔性引进中国工程院院士1名，外国院士1名，“长江学者”10人，国家杰出青年基金获得者10人，海外杰出人才8人，“千百十工程”国家级培养对象1人，省级培养对象10人。2017年4月22日，东莞理工学院迎来建校25周年，诺贝尔物理学奖得主、中国科学院院士杨振宁在东莞理工学院建校25周年庆典活动来到校园，为杨振宁科研楼奠基。25年来，学校先后培养的11万学生扎根珠三角地区，投身“智造业”主战场，强有力支撑东莞城市发展，支撑珠三角乃至广东创新驱动发展。

【高水平理工科大学建设】 2017年，东莞理工学院编制实施《东莞理工学院“十三五”发展规划》，谋划2016—2020年发展。部署开展专题调研，把握二级组织机构发展现状，明确方向。制订实施《东莞理工学院2017年效能提升活动实施方案》，建立校能提升网，督促二级组织机构全面落实岗位责任制、限时办结制、首问责任制等方面制度。引进各类高层次人才112人，优秀青年博士252人，招收博士后10人，3人获得中国博士后科学基金资助。学校各方面发展迅速，中国大学综合实力排名229位，理工类大学位居83位。

【师资队伍建设】 2017年，东莞理工学院制订《第二轮岗位分级聘用专业技术岗位指标分配方案》《第二轮岗位聘用专业技术、工勤技能岗位设置及评聘工作方案》，出台《引进人才科研启动专项经费管理办法（试行）》。修订和完善港澳台籍人才招聘办法、双结构师资队伍建设、专业技术职务评审与聘用等制度文件。派出153名教职工赴清华、北大研修。新增国家“百千万人才工程”1人，新增珠江学者特聘教授、青年珠江学者、东莞市科技创新领军人才各1人，实现东莞市学校“国家百千万人才工程”“珠江人才计划”“珠江学者”领军人才零的突破。

【教育教学】 2017年，东莞理工学院完成教育部本科教学审核评估工作，特色产业学院建设等被教育部列为新工科示范性项目，修订完善9个教学质量管理与评估文件。其中，联合360企业安全集团成立网络空间安全产业学院和网络空间安全创新研究院发布《东莞理工学院二级学院教学质量指数编制办法》，推进中华工程教育学会工程教育认证。新增4个专业，完成5个专业申报，全年课程立项项目37个，36个省级项目、32个校级教育教学改革项目验收，14个项目省级教学改革立项，8个项目省质量工程立项，2个项目获省教学成果一等奖和二等奖。

【学生工作】 2017年，东莞理工学院出台《加强学风建设专项行动综合方案》，成立学生社区知行学院，设立7个社区分院，开设知行课程38门。组织全校团支部参与全省团日活动竞赛，6个团支部获省级重点项目经费支持。坚持以“挑战杯”竞赛为龙头，推动学生创新创业，获“挑战杯”全国赛三等奖、省赛一等奖。2个项目入选中央财政支持地方高校发展专项资金120万元经费支持。2017年实际录取5285人，超额完成录取计划，新增重庆市一本招生，新增公办合作办学机构和地方专项2个招生名额，中法联合学院首次省内一本招生。456名同学通过“展翅计划”平台与实习单位对接，举办224场宣讲会和招聘会，提供6000个岗位、4万个就业需求，毕业生初次就业率88%以上。联合培养研究生130人，发表SCI高水平论文2篇，申请发明专利4项，获国际专业竞赛一、二等奖。新开辟成人高等学历教学校外教学点5个，录取成人高等学历教育新生5077人。

【学科建设和科学研究】 2017年，东莞理工学院“环境工程”“机械工程”“动力工程及工程热物理”学科获批为省优势重点学科，“环境工程省级重点学科”获批2017年中央财政支持地方高校发展专项资金项目资助。新增广东省工程技术研究中心5个。完成26个重大项目评审，安排资金9亿多元，申报“珠江人才计划”创新创业团队中，“电催化氧化技术原理与应用创新团队”获批广东高校科研创新团队。各类纵向项目申报336个，获立项项目16个，国家级项目30个，省部级项目43个。专利申请608件（发明专利387件），授权专利197件（发明专利58件），新型专利104件，软件著作权17件，成功转化专利34件，转化金额82.75万元。加强横向科研项目合作，合同经费达8892.2万元，科研总经费4.6亿元。参研的科研成果获国家技术发明二等奖，杨志峰团队治理河涌污染试验获成功，在广东水污染治理中发挥积极作用。成立资产经营有限公司，投融资基金1亿元，吸引30余家企业入驻大学科技园。建“东莞市智能制造专业技术培训基地”和被授予“东莞市智能制造系统服务重点单位”称号。

【国际交流与合作】 2017年，东莞理工学院与法国国立工艺学院、美国新墨西哥大学、英国爱丁堡龙比亚大学、英国谢菲尔德大学、澳大利亚悉尼科技大学等40多所世界知名大学签订合作与交流协议。获教育部批准与法国国立工艺学院成立中法联合学院。新建“俄罗斯交流中心”和“澳大利亚创新中心”。与澳大利亚斯威本理工大学共建国际联合实验室和博士研究生。与汤加王国教育部达成留学生招生合作。招收来自14个国家96名留学生。启动“4+1”工管复合型中美本硕联合培养项目，建立金融学专业国际班。派出700多名学生赴国（境）外交流学习，32名教师赴国内外知名大学、机构访学。

（彭晓波　张颂平）

附：2017年东莞理工学院主要领导名录

党委书记：成洪波

院　长：李　琳

东莞理工学院城市学院

【东莞理工学院城市学院概况】 东莞理工学院城市学院是2004年经教育部批准，由东莞理工学院、广东鸿发投资集团有限公司合作举办。学院位于寮步镇，占地81.87公顷，总规划建筑面积66万平方米。截至2017年底，学校设有13个教学单位，包括工商管理、机械工程、保险学等40个本科专业；建有90个专业实验室、205个校外教学实践基地、14个研究中心。2017年，有全日制学生2.02万人，专任教师669人。学院建设成为办学设施齐备、教学实验设备充足、教学教务机构健全合理的新型本科院校。学院以诺贝尔物理学奖获得者杨振宁博士亲笔提写的“学而知不足”为校训。

2017年，学院组织开展“两学一做”学习教育，落实民主生活会制度，开展党委中心组（扩大）学习活动。做好学院党员发展教育工作，全年组织343名入党积极分子参加院党校学习，发展党员196名，转正党员138名。学院干部和党员的思想政治素质得到进一步提高，党组织在学院稳定健康发展中的政治保障作用凸显。思想政治建设、组织建设、作风建设、制度建设、反腐倡廉建设等方面取得新的成绩。

【体制机制创新】 2017年，东莞理工学院城市学院优化内部治理结构，先后成立外语系、电子工程与智能制造学院、商学院，探索二级学院发展路径；设置党务工作部，独立设置新闻中心、团委、督导办，明确职能分工，促进改革发展。开展中层干部换届工作。各二级单位行政正职全部换届调整到位，绝大部分二级单位行政副职配备完成；党总支（直属支部）书记采取专职和兼职方式基本配齐，专职副书记采取公选或轮岗方式全部调整到位。完善薪酬体系与绩效考核体系。形成新修订的绩效考核制度体系。定岗定编工作进展顺利。

【创新强校工程】 2017年，东莞理工学院城市学院全年立项建设75项“创新强校工程”科研项目，包括10项广东省重大科研项目，49项国家级、省级、院级大创项目，资助项目建设经费125万元。“创新强校工程”年度考核取得历史性突破，以62.05分的历史好成绩，在全省24所民办高校中排名14位。“质量工程”建设成绩优异。学院8个省级“教学质量与教学改革工程”项目通过验收，学院省级“质量工程”项目建设和管理工作取得阶段性成果。

【教学工作量化管理】 2017年，东莞理工学院城市学院全面推进教学工作量化管理，学院依据《东莞理工学院城市学院教学工作量及课时酬金计算暂行办法》《东莞理工学院城市学院教科研积分奖励办法》《东莞理工学院城市学院教学服务工作管理办法》等教学、教研管理制度，全面推进教学工作的量化管理，进一步提高教学管理工作的制度化、规范化水平。

【人才培养】 2017年，东莞理工学院城市学院以应用型人才培养为目标，强化实践类课程的教学管理，加强教学全过程的跟踪督查。全面加强校企合作，加强校外教学实践基地建设，新建12个实践基地；加大与企业单位合作力度，开设“注册会计师3+1创新班”、ACCA班等多个协同育人创新班。聘请校内外兼职创业导师50多名，推动学院“双创”教育。创业孵化基地迎来首个成功注册的创业公司。

【师资队伍建设】 2017年，东莞理工学院城市学院重视高层次人才引进工作，尤其加大对台湾高层次人才引进力度，与台湾地区第三方单位签订人才引进合作协议，拓宽人才引进渠道。多渠道引进各类人才，其中正高职称1名，副高职称4名（含博士3名），博士6名，同时从台湾高校引进6名高层次人才。

继续支持青年教师攻读博士学位、做访问学者，重点选派骨干教师分赴台湾高校、北京师范大学进行研修学习。15名教师认定高校教师资格，认定工作通过率100%；教师职称评审工作连续3年居省内同类院校前列。

实施青年教师导师制，开展系列沙龙活动、教师讲课比赛、开展现代教育技术专题培训，着力提高课堂教学质量，探索互联网背景下的教育教学模式改革创新。学院教师队伍的职称结构、学历结构、年龄结构呈现良好发展态势。

【交流合作】 2017年，东莞理工学院城市学院通过多层次、多形式、宽领域国际交流与合作，积极塑造国际化形象。与美国、英国、澳大利亚、加拿大等国家和中国台湾、中国澳门地区的30多所高校进行课程对接、交流生派遣、专业发展等不同层次与形式的合作与交流。选派学生出国出境学习64人次；保荐15名参加澳门城市大学、澳门科技大学保研项目；选派39名赴台湾参加一学期交流交换项目；金融学“2+2”国际班招生；建立大学生海外实习基地，派送6名同学赴美带薪实习，受到学生好评。

【教学保障】 2017年，东莞理工学院城市学院图书馆藏量逐年增长，纸质及电子图书种类不断丰富，校园网络及设备维护正常，数字化校园建设稳步推进。商科虚拟仿真实践教学基地建成并投入使用，带动学院各类实践教学整体发展；实验室安全工作得到落实，全年无实验室事故发生。后勤保障体系改革有序开展，校园安全管理与消防责任落实到位，全年无重大安全事故发生。 （李玉嵩）

附：2017年东莞理工学院城市学院主要领导名录

院长、党委书记：王卫平

广东医科大学

【广东医科大学概况】 广东医科大学为广东省属重点建设大学。2017年，有全日制在校生近2万人，设有普通本科专业25个，覆盖医学、理学、管理学、法学、工学、文学、经济学等7个学科门类。有博士学位授权一级学科1个，硕士学位授权一级学科1个，硕士学位授权点26个。拥有省级攀峰重点学科、省级优势重点学科以及省级特色重点学科等，珠江学者岗位计划设岗学科1个。面向全国26省和港澳台地区招生，其中12个专业列入一本招生。设有国家级住院医师规范化培训专业基地和药物临床试验机构。有4所直属附属医院，9所非直属临床医学院，29所非直属附属医院，80所临床教学医院，合作教学机构遍布广东省各地，形成良好的校院、校企协同育人机制。

【教育教学】 2017年11月13—16日，教育部高等教育评估中心对广东医科大学进行本科教学工作审核评估。专家组认为学校办学总体上处于上升态势，凝聚力很强，总体评价认为：办学定位明确，思路清楚；明确人才培养目标，保证人才培养质量；教学资源持续改进，保证教学基本要求；制定教学质量标准，建立较完善的教学质量保障体系；传承办学传统，形成人才培养特色。

2017年6月24日，广东医科大学首届博士研究生毕业。学校党委书记、校长卢景辉为傅晓霞、陈文江、赵江浩3名首届博士研究生授予学位。为国家、为社会输送高层次医学人才。

新增2所直属附属医院 广东医科大学与佛山市顺德区政府共建附属妇女儿童医院、附属第三医院，优化临床教学和实习基地建设，拓展学校医疗服务空间和范围，为发展全科医学和妇科、儿科等专业提供良好条件，也为将来专业认证工作奠定坚实的基础。

【学科建设】 2017年，广东医科大学临床医学获批为广东省攀峰重点学科，公共卫生与预防医学和药学获批为广东省优势重点学科。据《2017年中国大学及学科专业评价报告》，医学影像学专业2017年全国排名第11名，进入全国20强。通过临床医学博士学位授权点的专项合格评估。药学、基础医学、公共卫生与预防医学、生物学、医学技术等5个学科获批一级学科硕士学位授权点，药学获硕士专业学位授权。

【科研成果】 2017年，广东医科大学刘建强博士研发的纳米孔稀土金属有机骨架材料、新拓扑结构储氢材料等科研成果进入国际先进行列。张晶晶博士课题组联合中国科学院生物物理研究所阎锡蕴院士课题组，进一步为靶向CD146治疗中枢炎症性疾病提供新的理论基础。全年获各级各类科研项目298个，获资助经费3820万元。其中国家自然科学基金项目32个，经费1161万元，国家海洋局产学研合作项目2项，经费1800万元。

【科研平台建设】 2017年，广东医科大学新增国家海洋局重点平台1个：南海海洋生物医药资源研发公共服务平台获3500万元资助经费；新增东莞市重点实验室3个，协同建设东莞生物医药创新平台；新增校级协同创新中心3个，校级重点实验室4个。举办首届“环北部湾生物医药高峰论坛”，协办环境有害因素与公共健康国际学术会议、中欧生命科学论坛等学术会议。

【国际交流与合作】 2017年，广东医科大学先后与40余所境外及港澳台地区高校及机构开展各类交流合作项目，签订24所国（境）外高校合作协议。其中，联系拓展与美国安德鲁斯大学、美国加州州立大学圣伯纳迪诺分校、英国爱丁堡龙比亚大学、哈德斯菲尔德大学、胡弗汉顿大学、爱尔兰都柏林大学、澳大利亚格里菲斯大学、昆士兰科技大学、波兰热舒夫大学、芬兰于韦斯屈莱应用科技大学、塞尔维亚贝尔格莱德大学、葡萄牙里斯本工商管理大学、日本大阪滋庆学园、日本国际看护师育英会、日本九州国际教育学院、马来西亚城市大学等国外高校及机构的交流合作项目，开拓国际化办学新途径。主要项目包括：“3.5+0.5+1”模式的工商管理硕士项目、“1+1国际硕士学位项目”、预防医学专业本科“3+2”双学位项目、“1+1+1”模式硕士生联合培养项目等。

【人才队伍建设】 2017年，广东医科大学引进高水平人才28人，其中国内外著名大学博士6人、特聘教授6人。首次拥有教育部“长江学者”特聘教授、国家“百千万工程”有突出贡献的中青年专家、教育部跨世纪优秀人才、国家杰出青年科学基金获得者等1人；首次聘任美国国家科学院和美国人文与科学院双院士1人；首次入选广东省青年珠江学者1人；首次获得广东省自然科学基金杰出青年项目1人。唐旭东老师被广东省妇联授予“三八红旗手”荣誉称号。

【招生与就业】 2017年，广东医科大学本科总招生4445人，其中硕士招生389人，博士招生9人。本科毕业生4927人，硕士毕业生343人，博士毕业生3人。2017届本科毕业生就业率97.23%。其中，法医学、中药学、公共事业管理等3个专业的就业率100%，药学、护理、食品与质量安全、劳动与社会保障、东莞校区临床医学专业等5个专业就业率均超过99%。研究生就业率97.99%。2017年本科毕业生考取硕士研究生603人，其中被录取到北京大学、北京中医药大学、中山大学、山东大学等211（含985）国内知名院校的毕业生149人。

【护士“授帽”仪式】 2017年5月12日，是第106届国际护士节，为弘扬南丁格尔提灯精神，位于东莞松山湖的广东医科大学护理学院为500多名即将走上实习岗位的护士举行“授帽”仪式，其中70名男护士引人注目。

【校园文化建设】 2017年6月，广东医科大学在第十四届“挑战杯”广东大学生课外学术科技作品竞赛终审决赛中斩获一等奖2项、二等奖3项和三等奖9项，其中作品《新型MOFs材料的合成及药物控释研究》入选第十五届“挑战杯”全国大学生课外学术科技作品竞赛，荣获三等奖，实现国家级奖项零的突破。在由中国青年报社团联合全国数百所高校开展的“2017寻找全国大学生百强暑假实践团队”活动中，学校获评为“全国最佳暑期实践大学”称号，全国仅10

所大学获得此奖项；“旗帜飘扬”三下乡服务队获评为全国“最佳实践团队”称号，获该项称号的团队仅10个。 （范雪香 李娇）

附：2017年广东医科大学主要领导名录

党委书记、校长：卢景辉

广东科技学院

【广东科技学院概况】 广东科技学院是国家教育部批准设立的一所以工学为主，管理学、经济学、文学、艺术学等多学科协调发展的全日制普通本科院校。2017年，学院有全日制在校学生1.7万人，专任教师781人，其中具有硕士及以上学位教师占专任教师的78.6%。学院设有机电工程系、计算机系、管理系、财经系、外语系、艺术设计系、公共基础课部、思想政治理论课教学部、继续教育学院、国际教育学院、创新创业学院等六系两部三院，开设本科招生专业27个。

【教学科研】 2017年，广东科技学院以迎接教育部本科教学工作合格评估为核心任务，加强本科教学质量与教学改革建设，抓好创新强校工程项目建设。12月，学院接受教育部本科教学工作合格评估专家组的考察评估。学院新增电气工程及其自动化、信息管理与信息系统、环境设计、日语等4个本科专业，共有本科专业27个。开设的物联网工程、网络工程、服装设计与工程、物流管理、国际经济与贸易、财务管理、金融工程等7个本科专业通过省学位办学士学位授予权评审，获得学士学位授予权专业12个。

学院加强教师队伍引进与培训，积极搭建平台，鼓励和组织教师参加校内外各类技能竞赛，有效提升教师教育教学能力。组织167位青年教师参加岗前培训并取得岗前培训合格证书，另有73位教师取得教师资格证书，选派2名教师赴省内知名院校访学，67名教师在院内讲课、说课、多媒体课件比赛获得好成绩。

学院重视信息化建设，注重以信息化建设引领本科教学改革。建设云桌面实验室47间，安装部署云桌面系统2472个，实现跨学科实践教学资源共建共享。学院利用云平台，建设27个本科专业教学资源库，建设空间在线课程300门。经教育部批准，学院成为“网络学习空间人人通”专项培训基地。

2017年，学院科研工作水平获得提升，获评“全国先进社科组织”称号，全年获批院外立项课题39项，院内科研项目64项，院内“创新强校工程”（研究类）项目2项，申请专利48件。教职员工共发表论文995篇，其中核心期刊59篇（含双核心18篇）、被三大检索系统收录41篇，外刊22篇、译文32篇，发表论文质量明显提高。

学院推进人才培养“创新班”计划，开设“机器人创新实验班”“冷链物流管理创新班”等创新班12个。全年学生参加各类学科专业竞赛获得388项奖励，其中国家级78项、省级242项、市厅级68项。主要奖项有：在2017年广东

位于南城街道西湖路的广东科技学院 （广东科技学院供图）

2017年，广东科技学院接受教育部本科教学工作合格评估 （广东科技学院供图）

省大学生数学建模竞赛中获得包括一等奖2项在内的多项大奖，在首届全国高等院校投资理财规划大赛国家级赛项中获团体一等奖，在第三届东莞大学生科技创新节中的企业模拟经营大赛、无动力环保小车比赛、商务英语翻译大赛（笔译组和口译组）均获一等奖等。另外，学子在“挑战杯”“蓝桥杯”全国总决赛等多项大赛中均取得较好成绩。

2017年6月25日，广东科技学院毕业生毕业典礼
（广东科技学院供图）

【招生就业】 2017年，广东科技学院超额完成招生计划。学院计划招生4799人，实际录取新生4819人，招生计划完成率104%。理工科一次录满2400人，首次实现学院本科理工科类招生第一次不需要补录就完成计划。学院第一次全部录取新生分数线均突破省二本线，一次出档人数以及投档分数线都创历史新高，高分段生源人数较多，生源质量再一次得到大幅度提升。实际报到新生4392人，其中本科4210人，报到率为91.5%，比上年提高2个百分点。

学院积极推进校企合作，做好毕业生就业工作。学院与企业协同，利用就业信息网为学生提供“一站式”就业服务。先后引入近百家行业龙头企业、标杆企业进入校园招聘，举办2018届毕业生供需见面会，400余家企业参加。2017届毕业生初次就业率94.36%，最终就业率99.75%。

【学生工作】 2017年，广东科技学院注重加强学生工作队伍建设，落实《辅导员职级制岗位设置与聘任管理办法（试行）》，选送多名教师参加广东省辅导员岗前培训、辅导员职业能力提升专题培训班，并在第六届广东省高校辅导员职业能力大赛中获三等奖3项，召开第一次团员代表大会、学生代表会。开展网络思政与学生舆情监控专项工作，关注学生思想动态，及时排除网络舆情隐患。开展校园文化活动，54个学生社团累计开展活动432次，参与师生4.3万人次，暑期有300多名师生参加“三下乡”社会实践活动，活动效果受到相关政府部门好评。积极参与志愿者服务第16届亚洲马拉松锦标赛暨2017年东莞国际马拉松比赛、中国音乐学院第七届考级大赛总决赛等大型活动社会服务，向社会各界展示学子积极向上的精神风貌，获得各级政府部门好评。

【创新创业】 2017年，广东科技学院创新创业工作开拓进取，逐渐凝练具有“广科特色”的创业品牌。开设“创意教育”“商业模式创新”等16门选修课程，构建较为完善的创新创业课程体系。成功申报为东莞市级SYB创业培训定点机构，举办SYB创业培训班，培养31名国家认证的SYB创业培训导师。先后开设5期23个SYB创业培训班，培训学生690名。举办第一期创业精英班、农产品电商特训营、跨境电商创业特训营。逐步建立“创新创业教育—创新创业实训—创新创业实践”的三级创业教育体系。

学院举办第二届“南博杯”创新创业大赛、大学生职业规划大赛和“第十一届大学生模拟招聘大赛”。学生获得第二届中国大学生跨境电商创新创业大赛总决赛一等奖1项和三等奖4项、“金湾杯”第七届广东省大学生职业规划大赛本科组二等奖，在第六届中国创新创业大赛2017赢在东莞科技创新创业大学生赛总决赛中获得一等奖以及2个二等奖、2个三等奖，包揽10个奖项中的5个。组织申报大学生创新创业训练项目，35个项目获批国家级、省级大学生创新创业训练项目，获得财政资助20万元，遴选100个院级大学生创新创业训练项目。

【国际交流】 2017年，广东科技学院加强国际合作与文化交流，拓展品牌建设国际视野。学院与英国安格利亚鲁斯金大学合作共建的英语（国际商务管理）国际班开班；选派21名学生分赴台湾树德科技大学、圣约翰科技大学和中原大学进行为期一学期的研修，并举办第二届海峡两岸大学生文化交流活动，接待台湾树德科技大学10名师生来学院交流学习；开展暑期赴美国带薪社会实践项目，有44名学生参与，活动效果获得参加学生的肯定；举办莞港青少年志愿工作者双向交流活动，先后接待90名香港师生来访和组织42名广东科技学院师生赴香港交流考察；开拓国际交流与出国留学项目，有15名学生参加境内外大学生文化夏令营活动，9名参与国际合作项目的学生先后被国外知名大学录取；举办首届中美大学生文化交流活动，接待美国威斯康星州立大学17名师生来访交流。初步构建畅通、成熟、稳定的国际交流合作平台。　（毕会东）

附：2017年广东科技学院主要领导名录

院　长：王国健

党委书记、省政府督导专员：梁瑞雄

东莞职业技术学院

【东莞职业技术学院概况】　东莞职业技术学院于2009年成立，是广东省第三批示范性高等职业院校立项建设单位，广东省一流高职院校立项建设单位。截至2017年底，校园面积62万平方米，校舍建筑面积33.95万平方米，实验实训场所8.9万平方米。固定资产13.36亿元，其中教学仪器设备1.38亿元。设有机电工程学院等14个二级教学院系（部）。2017年，学院有普通全日制在校生9800人，各类成人学历教育及自考学生1000人；教职员工655人，其中专任教师470人，高级职称192人，博士44人，具有硕士以上学位教师359人，双师素质教师357人，专任教师中有行业、企业经历的占50%以上。历年培育专业带头人30名，骨干教师163名；南粤优秀教师3名，东莞市优秀教师3名，广东省技术能手2名，东莞市技术能手3名，东莞特色人才6名，“千百十人才培养工程”校级培养对象7人，广东省优秀青年教师培养计划培养对象4人，广东省高层次技能型兼职教师2人。2017年，东莞职业技术学院参加全国职业院校技能大赛，有32个项目13支代表队获得省一等奖，17支代表队获得省二等奖，19支代表队获得省三等奖。并且获得国赛二等奖3项，国赛三等奖2项。在“挑战杯”广东大学生课外学术科技作品竞赛中，获得特等奖1项、一等奖2项、二等奖2项、三等奖3项。实现在“大挑”省赛中特等奖零的突破。在“挑战杯——彩虹人生”大赛中，获省三等奖以上19项，获奖数量创新高。

【校企合作】　2017年，东莞职业技术学院结合东莞产业布局情况，着力打造电子信息技术等6个协同创新中心。3个工程技术研究中心被认定为省级工程技术研究中心，实现省级科研平台零的突破。东莞市机器人技术服务平台挂牌，成为全省首个工业机器人市级创新平台。学校与中智国际工程技术（北京）有限公司，联合筹建国内第一个安全生产风险管控研究机构——东莞市安全生产风险管控科学技术研究院。拟采用民办非企业单位形式组建，为东莞市的安全生产工作当好决策参谋、提供技术支撑。

【教育教学改革】　2017年，东莞职业技术学院现代学徒制试点工作进展顺利。在电气自动化技术专业试点基础上，申报获批电子信息工程技术、机械制造与自动化、工商企业管理、酒店管理4个省级试点专业，试点规模和人数逐渐扩大。

混合式教育模式成效初显　建筑学院大岭山教学点启用，园林技术专业并入建筑学院，联合岭南园林股份有限公司共建岭南园林学院。

专业建设科学规范　成立学前教育系，发挥学前教育专业办学优势；2017年9月新增政府采购与管理、体育运营与管理2个专业。

【招生就业】　2017年，是东莞职业技术学院建校以来招生规模最大的一年，共招收3830人，增加自主招生、现代学徒制招生专业4个，选取计算机应用与技术、会计等两个专业开展中外联合培养招生模式。开展毕业生就业推荐工作，完善就业线上线下双指导功能，年终就业率99.94%；举行SYB创业培训活动，以创业促就业。

【对外交流】　2017年，东莞职业技术学院推进合作办学。与加拿大不列颠哥伦比亚理工学院合作举办计算机应用技术专业专科层次合作办学项目，与澳大利亚阳光海岸大学举办中外学分互认项目，与德国梅克伦堡州施特拉尔松德市手工业协会共同开办“中德汽车检测与维修师班”。全年举办1个中外合作办学项目和4个学分互认、联合培养项目。

开展对外合作交流　选派39名交流生分赴台湾、美国、新西兰等地交流学习；选派12名人员赴新加坡、英国开展职业教育调研；承办2017年莞台大学生夏令营，参与2017年粤港暑期实习（社会实践）活动。

持续推进对口支援　赴新疆第三师图木舒克职业技术学校捐赠教学物资，与克拉玛依职业技术学院开展交流。赴省内罗定职业技术学院、茂名职业技术学院和阳江职业技术学院等兄弟院校，帮助其提高教学改革和专业建设水平。学校对口支援新疆第三师图木舒克职业技术学校工作入选教育部《高校定点扶贫典型案例集（2012—2015）》，成为全省10所高职院校之一的职教援疆工作典型案例向全国推广。　（高梅玲）

附：2017年东莞职业技术学院主要领导名录

党委书记：朱益民

院　长：贺定修

中山大学新华学院

【中山大学新华学院概况】　中山大学新华学院是中山大学与广东东宝集团有限公司按新机制新模式申办，于2005年经教育部批准设立的综合性全日制普通高等学校。分设广州和东莞2个校区，占地总面积137.07公顷（含配套用地40

公顷）；校舍建筑总面积44.51万平方米；2017年，聘有教师1163人，其中专任教师931人，具有高级职称348人，硕士及以上学位751人；在校生2.23万人，其中1.8万人在东莞校区就读。2016届毕业生以99.9%的就业率在省二本高校中排名第二。

2017年，围绕“协同创新”“创新强校”开展工作，结合中长期发展规划和内涵发展实际情况，加强顶层设计，继续坚持“学术强校、质量立校、特色兴校、开放办学”发展方略，以“中国需要清华，中国也需要新华”为发展愿景，推进学校体制机制改革、教师队伍建设，优化学科专业结构，深化教学综合改革，加快教学质量内涵建设。2017年1月，据艾瑞深中国校友会网发布的《2017中国独立学院排行榜300强》，学校综合得分96.7分，位居全国300所独立学院第29名，在广东省16所独立学院中排名第6；据浙江树人大学中国民办高等教育研究院发布的《2016中国民办高校（本科）及独立学院科研竞争力评价研究报告》，学校居中国独立学院科研竞争力排行榜第12名、广东省第4名。2017年3月，广东省全省性社会组织等级评估专家组莅临学校实地考察，对学校基础条件、内部治理、业务活动与诚信建设、社会评价等方面进行综合评估。7月，由广东省民政厅主办的2016年度全省性社会组织等级评估工作授牌仪式在广州大厦举行，中山大学新华学院被评为民办高校中唯一的5A级社会组织。

【教育教学质量】 2017年，中山大学新华学院致力提高教学质量含金量，提升人才培养质量。

推进“互联网+”课程建设，建立配套“学分银行”制度 学校“慕课荟萃”平台汇聚400多门优质网络课程供学生选修，传统课堂和网络课堂教学相结合，有效提高教学质量。建立“学分银行”制度，制定《中山大学新华学院学分认定和转换管理办法（试行）》，探索以学习者为中心的弹性学习制度和完善的学习成果认证机制，满足学生多样化学习和自主发展的需要，自主开发的“学分银行信息管理系统”进入试用验收阶段，有1.76万人次选修“慕课荟萃”平台网络课程并取得学分。

“逸仙新华班”人才培养模式改革 遴选74名有特长学生组成2017级“逸仙新华班”，阶段式总结“2+2”制、“三导师制”“激越四段式”教学方法和学生自主网络学习方法改革，凝练经验，进一步应用于“逸仙新华班”学生的特长培养、科研能力和人性修养等方面的培养。

“创新强校”工程 获得省财政厅下拨“创新强校工程”专项资金230万元，学校配套资金531万元。制定《中山大学新华学院2017年“创新强校工程”省财政专项资金分配及学校资金配套方案》。

“教学质量与教学改革工程”项目 获“2017年度广东省本科高校教学质量与教学改革工程项目”立项8个；省级“新工科研究与实践项目”立项1个；“广东省教育厅关于开展省教育厅与思科（中国）创新科技有限公司产学合作协同育人项目”立项1个；5个项目入选2017年度国家级大学生创新创业训练计划项目名单，30个入选省级立项。

【六大人才计划】 2017年，中山大学新华学院落实人才强校战略，推进“六大人才计划”。增加教师184人，其中高层次人才24人，云集教育部“长江学者”特聘教授、国务院政府特殊津贴专家等。“双百”计划引进博士10人，遴选并培养青年骨干教师20人；“督导倍增计划”增加督导4人；“校外导师导研导教计划”“博士导研计划”初见成效，首批“百名骨干教师计划”培养对象万智萍在北京大学核心刊物发表论文5篇，以学校为单位申请实用新型专利发明7项，主持或参与项目5个；青年教师武亮入选计划以来发表北京大学核心论文4篇，主持或第一参与项目4个，其中主持教育部人文社会科学青年基金项目1项等。

【科学研究】 2017年，中山大学新华学院科研成果质量提升。教师发表学术论文405篇，其中高水平论文133篇；获得省部级科研项目立项11个，包括教育部人文社会科学研究一般项目、国家民委民族研究项目和广东省哲学社会科学“十三五”规划项目等；横向项目方面，会计学院与上海恒企教育培训有限公司合作开展题为“恒企教育CMA证书高端培训课程体系研发项目”研究，由恒企教育提供300万元/3年的研究经费；探索产学研发展方向与路径，授权专利有突破，获得国家专利4项，软件著作权登记1项。

【合作交流】 2017年，中山大学新华学院坚持开放办学，开展对外合作交流，落实各项合作项目，逐步健全教育国际化及多元化的合作平台。与美国拿撒勒大学、加拿大拉瓦尔大学、法国服装设计学院、英国班戈大学、爱尔兰科克大学等国外优质大学签订10份合作备忘录或项目协议；与新加坡珍宝国际餐饮集团签订1份校企合作协议；选派6名学生分别赴国（境）外4所大学学习，19名学生赴美国拿撒勒大学游学，1名学生赴丹麦参加听力夏令营，16名学生赴意大利进行服装设计采风，3名教师赴美国合作高校进修学习。

【学术研讨】 2017年，中山大学新华学院举办7场国际及全国学术研讨会：“中国社会语言学会首届高峰论坛”“2017年中国生理学会心血管生理学术研讨会”“中美康复教育高峰论坛”“第二届地方政府与区域治理学术研讨会”“2017年中国非物质文化遗产学科建设研讨会暨全国高校非遗保护研究联盟会议”“2017年广东省医学会高压氧医学学术会议暨2017年高压氧治疗与呼吸治疗研讨会”及“首届中澳临床药学论坛”等。聚集各相关领域专家，立足区域发展，着眼国家需求，联通中外学术前沿，在给师生带来前沿科学资讯的同时，彰显学校为区域及国家发展添砖加瓦的决心，提升学术影响力。

【省市级竞赛】 2017年6月，广东省首届测绘地理信息行业职业技能竞赛暨“南方测绘杯”第五届全国测绘地理信息行业职业技能竞赛广东省选拔赛在中山大学新华学院东莞校区举行。学校作为协办单位，在比赛设施、会务准备、宣传报道及安全保卫等方面提供支持，为确保大赛举行，组织志愿者650人次为大赛提供优质服务，营造安全、和谐的竞赛环境。大赛组委会为学校颁授“特别贡献奖”。10月，中山大学新华学院在东莞校区承办以“科技创新，引领未来”为主题的第三届东莞市大学生科技创新节之商务英语翻译大赛决赛，东莞市8个高校56名选手参加。中山大学新华学院学生杨鸿基获得笔译组冠军，教师高平与黄越悦获得优秀指导老师称号。

（潘　梅　邓玉珉）

附：2017年中山大学新华学院领导名录

党委书记：周　云

校长、党委副书记：王庭槐

广东创新科技职业学院

【广东创新科技职业学院概况】 广东创新科技职业学院是2011年2月经广东省人民政府批准、教育部备案、广东省教育厅主管的一所全日制普通民办高等职业院校。投资方为东莞市金河田实业有限公司，性质为民营企业。

2017年，学院下设信息工程学院、财经学院、机电工程系、建筑工程系、管理系、艺术设计系、外语系等7个二级学院（系），30个专业。有全日制专科学生1.34万人，教职员工749人，专任教师569人，具有高级职称教师121人，占21.3%，研究生以上教师277人，占48.7%。

学校坚持“高起点、高标准、严管理、创新路、铸特色”办学方针，推进教育创新，深化教学改革，实施校企合作、工学结合，突出强化技能训练，提高学生实践技能水平。学校毕业生以其适应性强、专业技能力强、综合素质好而受到用人单位普遍欢迎和充分肯定，毕业生就业率均高达98%。

2017年，广东创新科技职业学院坚持以服务为宗旨、以就业为导向，走产学研结合发展道路，深化工学结合。主要依托办校主体企业及所在行业优质资源，按照企业生产实际需求，共同探索课程设置、培养标准、过程监管。积极推进以真实生产场景为授课场所，校企专兼师资团队共同实施教学，从而推动人才培养模式、教学模式、教学方法手段改革，为打造专业特色奠定基础。在机电类专业推进对接办学主体企业“东莞金河田实业有限公司”推动“三结合”（即培养模式与举办企业优质资源结合；课程设置与生产实际流程相结合；课堂与生产车间相结合）人才培养模式改革。烹调工艺与营养专业对接东莞鼎盛时代餐饮有限公司推进“八合一”常态化实践教学模式改革，实现“教室与餐饮厨房合一”“学生与学徒合一”“教师与师傅合一”“教学内容与工作任务合一”“教学用具与生产工具合一”“作业与产品合一”“教学与服务合一”“育人与效益合一”教学模式等。创意设计类专业中推进“企业项目植入课程”的教学模式改革，使原来学生在课程中仅仅停留在“作品—产品”环节，提升到“作品—产品—商品”，开发学生的创新思维。

【奖学情况】 2017年，广东创新科技职业学院设有学生奖学金6项，包括国家奖学金、国家励志奖学金2项；校级特等奖学金、一等奖学金、二等奖学金、三等奖学金4项。其中国家奖学金获得名额6人，金额4.8万元；国家励志奖学金名额245人，金额122.5万元，两项共127.3万元；学校特等奖学金2000元，无人数比例要求；一等奖学金800元，按照学生总数5‰设定；二等奖学金500元，按照学生总数1%设定；三等奖学金300元，按照学生总数2%设定。

【办学成果】 2017年，广东创新科技职业学院坚持以就业为导向，深化教学改革，人才培养质量稳步上升，毕业生基础知识好、动手能力强、职业素养高，深受用人单位青睐。学校前三届毕业生，整体就业率维持在98%左右。2015届、2016届、2017届毕业生对就业满意度的综合评价分别为96.64%、97.14%、99.09%，其中2017届毕业生3407人，参与调查3256人。2017届毕业生对就业满意度的综合评价比2015届和2016届略有提升。近三年有682人次在省级以上的单项比赛中获奖，2015—2017年，326名品学兼优学生加入中国共产党。（蒋满华）

附：2017年广东创新科技职业学院主要领导名录

党委书记：叶小明

校　长：张岳恒

东莞开放大学

【东莞开放大学概况】 东莞开放大学（原东莞市广播电视大学）成立于1979年，2017年7月，省市两级编制委员会发文同意学校更名为东莞开放大学，于同年9月17日举行揭牌仪式。业务上隶属于国家开放大学，行政上受市政府、市教育局领导，是东莞市第一所公办高等学校。作为一所新型高等学校，学校坚持举办大专、本科、中职学历教育，以及社区教育、老年人教育、职业培训等非学历教育。2017年，学校学历教育在校生首次超过1万人，大专、本科招生3252人，名列全省市级开放大学第一名。

【教学模式】 2017年，东莞开放大学坚持服务地方，方便市民就近入学，构建覆盖全市教学网络，探索搭建多级社区教育体系，学校各类分教点增至36个，覆盖全市26个镇街。学校开展以分教点负责人、业务骨干为主体的社区教育业务培训，加强办学体系建设。学校重视满足学生个性化需求，全面引入“直播室”教学模式，谋求构建“小专业”合理的学习支持服务体系，打破单一面授的传统教学方式，逐步形成“线上线下”并存的混合式教学模式。

【中职学生学历提升“立交桥”构建】 2017年，东莞开放大学充分发挥自身优势，探索搭建学历提升“立交桥”办学模式，以实现职业教育中专、大专、本科学历无缝衔接。学校相继与多所中职学校开展合作，有1000多名中职学生选择以“课程注册”形式，在校连读大专课程。至此，中职学生学历“立交桥”搭建完成并通车。

【就业平台】 2017年，东莞开放大学逐渐形成特色化的开学文化，即将新学期开学与校园公益招聘会结合，邀请不同领域的企事业单位来校招贤纳才，打造学生就业服务平台。莞城志愿者协会、莞城摄影沙龙、莞城摄影志愿服务队等社会组织也现场设点，方便学员现场免费咨询志愿者业务、办理志愿者证等。

【教学科研】 2017年，东莞开放大学立项各类课题7项，其中广东远程教育科研基金课题4项，广东开放大学教育教学改革课题2项，市教育局课题1项。在职教师发表学术论文44篇，其中2篇被北京大学核心期刊采用，内容涵盖教改、资源建设、智慧校园建设等选题。学校鼓励教师参加各类比赛20人次，共获奖15项，其中2人获得国家开放大学举办的全系统内教学大赛奖项。 （张佑健）

附：2017年东莞开放大学主要领导名录

校　长：阳　涌

广东亚视演艺职业学院

【广东亚视演艺职业学院概况】 广东亚视演艺职业学院位于东莞市塘厦镇，2000年1月获广东省教育厅批准成立，2002年1月由广东省人民政府批准为自主招生、实施全日制学历教育的职业大专院校，是华南地区艺术教育品牌院校。

截至2017年底，设有影视表演、艺术设计、影视制作、音乐舞蹈等艺术类院系。

【办学理念】 2017年，广东亚视演艺职业学院坚持产学结合及特色教学的办学理念，坚持德育育人、人才培养并重的教学原则；深化产教融合、校企合作、推行现代学徒制试点工作，推动形成具有职业教育特色的人才培养模式。学院与中央电视台综艺频道“我爱满堂彩”栏目、浙江卫视、湖南卫视娱乐频道、中山日报报业集团、东莞市职业技能鉴定中心等单位合作，使学生未走出校门就具备专业技能。

【专业建设】 2017年，广东亚视演艺职业学院设有26个专业，包括戏剧影视表演、播音与主持、影视编导、广播影视节目制作、数字媒体艺术设计、音乐表演、舞蹈表演、视觉传播设计与制作、服装与服饰设计、环境艺术设计、人物形象设计、影视动画、摄影摄像技术、工商企业管理、财务管理、会计、人力资源管理、社区管理与服务、数字媒体应用技术、计算机应用技术、电子商务技术、公共文化服务与管理、现代流行音乐、服装设计与工艺、室内艺术设计、首饰设计与工艺，形成融汇艺术专业与非艺术专业的综合性艺术院校。

学院还是音响调音师及录音师国家职业资格技能鉴定点、演出经纪人资格证考点和中国舞蹈家协会舞蹈教师培训基地、CCAT考试中心，每年办有相关培训班，推动学院双证教育工作。与培训机构合作，开展会计从业资格、报关员水平测试培训，对学生实施学历证书和职业资格证书“双证书”培养体制。

【师资队伍】 2017年，广东亚视演艺职业学院拥有强大的师资团队，一大批来自中央戏剧学院、北京电影学院、上海戏剧学院、中央音乐学院、北京舞蹈学院、莫斯科国立柴可夫斯基音乐学院、俄罗斯新西伯利亚舞蹈学院、中央电视台、长春电影制片厂等单位的艺术家、专家教授汇聚。学校聘请全国知名作曲家、歌唱家、影视表演艺术家、著名制作人为客座教授，每年不定期邀请他们来学校讲座，开设名师大讲堂。

【教学科研】 2017年，广东亚视演艺职业学院摄影摄像专业学生与香港浸会大学传媒系共同完成微电影《迴》的拍摄，在各大院校展播；服装设计专业学生参与广东省高等职业院校技能大赛暨2017年全国职业院校技能大赛获银奖、铜奖；原创儿童舞台剧《书梦奇缘》在东莞各地演出近30场次。原创剧《穿越心灵》，获得东莞市文化馆资金支持，在东莞市城市艺术空间惠民演出。原创小品《当我老了》获得广东省第五届大学生艺术展演活动第一名。部分学生参与《托管班的那些事》的拍摄。学生参加第一届广东大中专学生艺术设计手绘技能大赛获二等奖，10余位同学获得优秀奖。参加广东省第五届大学生艺术展演大赛获得一等奖、三等奖。相继完成数部电影剧组在学校海选男女主角和艺人及湖南卫视大型节目“我想和你唱”的演员选拔。学生参加第三届东莞大学生科技创新节，获得大学生企业经营模拟沙盘竞赛一等奖；获2017年第一届全国跨境电子商务技能全国总决赛三等奖。有5项课题获得2017年东莞市社科联哲学社会科学规划立项。（朱珍佶）

附：2017年广东亚视演艺职业学院主要领导名录

院　长：叶旭全

广东酒店管理职业技术学院

【广东酒店管理职业技术学院概况】　广东酒店管理职业技术学院位于厚街镇，是一所以培养现代服务业中高端专业技术和管理人才的高等职业院校。2016年2月29日，经广东省人民政府批准成立，同年4月27日国家教育部依法备案，纳入国家普通高考招生计划。

截至2017年底，开设酒店管理、旅游管理、餐饮管理、物业管理、会展策划与管理、商务英语、烹饪工艺与营养、西餐工艺、中西面点工艺、茶艺与茶叶营销、酿酒技术（调酒与酒品鉴赏方向）、会计、金融管理、工商企业管理、市场营销、电子商务、物流管理、计算机应用技术、软件技术、机电设备维修与管理、健身指导与管理、空中乘务、室内设计艺术、人物形象设计等26个专业。有全日制在校学生4144人，专任教师近200人，60%具有研究生以上学历。学院面向业界特聘一批由资深高管和高级技师组成的实操教师团队，精心指导学生的专业技能。

【环境设施】　广东酒店管理职业技术学院由华南理工大学建筑设计院何镜堂院士领衔团队设计，彰显“低碳环保　绿色清新”的建设理念。规划占地面积6.54公顷，总投资15亿元，以高标准建设教学、实训、文体及生活设施。校园内绿水环绕、树木成行，与建筑布局相映成趣，构成和谐优雅的育人环境。

【办学特色】　2017年，广东酒店管理职业技术学院倡导“德能并进　学以致用”的校训精神，以现代服务业职业新人的高规格，借助课程、课堂、活动等多种载体，将养成教育贯穿到人才培养的全过程，培养学生具有高尚的道德情操、丰厚人文素养和高超的技术技能。依托粤港澳大湾区发达的酒店与现代服务业，学院努力构建国际化、开放型的办学格局。截至2017年底，学院与全球最大的酒店管理集团——万豪国际集团签署联合办学战略合作协议，与澳大利亚South West TAFE等国外知名高校建立合作关系，联合培养国际品牌酒店技术人才和管理人才。

【学生就业】　2017年，广东酒店管理职业技术学院推进校企合作，与广州、深圳等大湾区核心城市的近百家高端酒店、金融保险等现代服务企业签订校企合作协议，为学生实习就业开拓广阔空间。

【校园文化】　2017年，广东酒店管理职业技术学院倡导“阳光广酒　释放正能量”的校园文化，鼓励学生自主开展社会实践和文化社团活动。建有读书社、篮球社、琵琶社、话剧社、创新创业协会、英语协会等几十个社团，同时开展篮球赛、演讲比赛、技能大赛等竞赛活动，为学生提升素质、发挥特长、完善个性创造广阔舞台。

【奖勤助贷】　2017年，广东酒店管理职业技术学院学生可通过生源地或校园地贷款方式申请助学贷款。在国家奖学金、国家励志奖学金、国家助学金之外，学院还设有新生助学金和勤工助学岗。全年获得新生助学金受资助学生90名。此外，学院还分批、分期选拔和资助品学兼优在校生、毕业生到国内外品牌酒店实习或就业，为学生成长成才就业保驾护航。（王　敏）

附：2017年广东酒店管理职业技术学院主要领导名录

院　长：王培林

广东酒店管理学院　（广东酒店管理学院供图）

文　化

CULTURE

始建于明代的西城楼　（莞城街道供图）

编辑：刘　丹　陈国雄　郭佩文

文化综述

【文化建设实现高水平发展】
2017年，东莞深入贯彻落实党的十九大精神，坚持以人民为中心的工作导向，坚定文化自信，补齐短板、提升效能，推动全市文化广电新闻出版（版权）工作在更高起点上实现高水平发展。

全市有市民艺术中心1个，文化站33个，公共图书馆（室）653个，公共电子阅览室589个，公办博物馆18个，民办博物馆36个，文化广场755个，电影放映单位125个。全市有广播节目42套，电视节目56套。全年发行报纸7894.88万份，其中《东莞日报》5697.34万份；电影放映140万场次，观众2200万人次。

【文化工作走在全国前列】
2017年，东莞市坚持以党的十九大精神为统领，以“打造广东标兵、走在全国前列”为目标推进重点工作。获“全国版权示范城市”称号，成为全国第9个版权示范城市，也是广东省第一个版权示范地级市。发挥作为国家公共文化服务体系示范区的作用，承担全国公共文化服务标准化试点任务，通过文化部验收，由试点转为示范，成为全国6个示范地区之一。完成国家数字文化馆试点建设，启用数字文化服务平台“文化莞家”，建成实体数字文化体验空间“艺塾云”。推动长安镇、东莞（塘厦）打工歌曲创作基地成功创建成为第一批省级公共文化服务体系示范区和示范项目。《东莞市公共图书馆管理办法》落地生效，成为全国首个非省会地级市图书馆立法，也是《中华人民共和国公共文化服务保障法》颁布后首个出台的地方性图书馆政府规章。繁荣文艺创作，继续保持领先优势。音乐剧《啊！鼓岭》、广播剧《火凤凰》、歌曲《蓝色的路》荣获广东省第十届精神文明建设“五个一工程”奖；在广东省第七届群众音乐舞蹈花会上东莞参赛作品获5金6银1铜，连续四届蝉联全省音乐舞蹈花会金牌数量第一；在广东省2016年度群众文艺作品评选中东莞有20件作品获奖，排名全省第一。海战博物馆基本陈列《鸦片战争》获第十四届全国十大展览精品优秀奖。市文广新局被国家评为第一次全国可移动文物普查先进集体。

【市民文化获得感提升】 2017年，东莞市坚持以人民为中心的工作导向，全面实施“全民艺术普及行动计划”，创新推出“东莞文化年历”“东莞文化四季”等品牌活动。举办第二届群众音乐舞蹈花会、东莞市第十三届读书节等系列大型文艺赛事和文化活动。推出高品质惠民演出，通过政府采购舞剧《沙湾往事》《朱鹮》等全国顶级艺术剧目供市民免费观赏，依托岭南画院、可园博物馆、市博物馆、东江纵队纪念馆、袁崇焕纪念园等文化场馆，常年举办书画文物鉴赏等精品公益展览和讲座。创新推出“东莞非遗墟市”，让市民参与非遗活态传承。全年举办公益文艺培训班237个、惠民培训582场、惠民演出666场，放映公益电影9858场，受惠群众300多万人次，丰富群众文化生活。推进文化馆、图书馆总分馆制建设，推动市镇资源共享、品牌共建。丰富和完善公共文化数字化供给，公共文化服务更加贴合市民需求。加快推进基层综合性文化服务中心全覆盖建设，建成第二批32个村（社区）示范点，完善基层公共文化设施。

【文化基础设施建设】 2017年，东莞市申报国家历史文化名城，完成海战博物馆基本陈列《鸦片战争》升级改造、东莞展览馆基本陈列调整优化，推进袁崇焕博物馆、蒋光鼐博物馆建设，规范和促进民办博物馆发展。推动网吧、歌舞游艺娱乐场所等传统文化行业转型升级。创办“文化创新学堂”，搭建文化创意人才培育平台。2017年东莞市文化产业实现增加值预计380亿元，居全省第四。推动印刷行业向绿色化、数字化、智能化、融合化转型发展，全市印刷企业数量居全国地级市第一，总产值约占全省五分之一，居全省地级市第一。推动电影产业健康发展，电影票房收入连续6年居全省第三、地级市首位。深化文化体制改革，完成市文化馆法人治理结构改革。全面推开简政强镇事权改革，完成事权下放工作。加强对外文化交流，推进莞韶文化精准帮扶，深化深莞惠汕河五市文化合作，提升东莞文化影响力。推进法治政府建设，不断提升依法行政效能。推动文化市场管理入格“东莞智网工程”，全面提升文化市场监管水平。

文艺活动

【文化惠民演出】 2017年，东莞市实施全民艺术普及行动计划，提升市民艺术素养。在整合东莞文化惠民工程资源的基础上，推出“全民艺术普及行动计划”“东莞文化四季”“文化年历”等品牌项目，凸显“学、演、展、诵、谈”五大服务特点，强化社会办文化机制。全年举办惠民演出活动666场，其中包括精品演出331场（东莞城市艺术空间——市内业余文艺团队演出167场、精品采购演出47场、“蒲剧场”品牌展演21场、志愿者大舞台演出40场、市外交流团队演出40场、精品展演16场等），镇街自主演出335场。举办237个公益文艺培训班，共招收学员超过3300人；与全市33个镇（街）文广中心进行合作，共举办96个公益文艺培训班，举办惠民培训582场。

【文化品牌项目】 2017年，东莞市文化部门启动市文化馆与镇街共建的品牌项目，包括与莞城共建的工农8号“先锋集结号”，与厚街镇共建的“周六故事会”，与长安共建的“sing动长安”电视歌王争霸赛等，有效整合资金、人才等资源，提升原有项目的质量，强化品牌影响力。

【地方文化活动】 2017年，东莞市文化部门组织协调地方文化活动，丰富文化惠民活动形式。举办广东省第三届非物质文化遗产传统美食节暨2017“茶园游会”、“同饮一江水”（越唱越红）广东打工者歌唱大赛、第二届东莞（寮步）莞香花文化艺术节、第八届中国（道滘）美食文化节暨第二届东莞（水乡）新型旅游展、2017年游龙趁景等镇街特色活动，协助举办2017年东莞龙舟文化月和龙舟锦标赛等大型活动。统筹镇街、局直属单位开展重大节庆或专题性文化活动1000多项。

【群众文艺创作】 2017年，东莞市文化部门立足东莞文化特色，繁荣群众文艺创作。宣扬廉政文化，举办廉洁读书月活动及廉政小品曲艺创作大赛。与沙田镇联合主办“大沙田放歌——第二届东莞市诗歌大赛”。举办东莞市第二届群众音乐舞蹈花会。完成第三届东莞市美术书法摄影联展作品评审工作，并选拔作品参加广东省第十四届美术书法摄影联展。2016年度全省群众文艺作品评选中，东莞选送的20件作品获8金5银7铜和总分62分的好成绩，总分连续4年排名全省第一。2017年广东省第七届群众音乐舞蹈花会中，东莞以5金6银1铜的好成绩，总排名连续4届蝉联第一。东莞合唱团获“2017中国（黔东南）国际民歌合唱节暨国际合唱联盟世界声音对话”活动“最佳合唱团”称号。

东莞市长安戏剧曲艺协会粤剧团成立25年来，共排演近60部（首）粤剧粤曲，其中包括20多部体现东莞题材的作品，包括《思源》《思进》《浪淘沙》《路》等。2017年，该粤剧团推出本土原创粤剧《浴火凤凰》，以抗日名将叶挺和东莞长安镇乌沙李屋村人李秀文的爱情故事为题材，获广东省第十三届艺术节戏曲类剧目二等奖第一名。

【专业文艺团队】 截至2017年底，东莞市有文艺团队24个，包括东莞市桥头金荷艺术团、东莞塘厦松雷音乐剧剧团、东莞塘厦农民工艺术团、东莞市巷头朗声木偶粤剧团、东莞市荔香粤剧团、东莞市红伶粤剧团、东莞市艺青粤剧团、东莞市摩登影子音乐剧团、东莞市水乡风情艺术团、东莞市精战杂技艺术团、东莞市度香亭杂技艺术团、东莞市魅力岭南艺术团、东莞保利文化演艺团、东莞市维亚艺术团、东莞儿童艺术剧团、广东心灵之声艺术团、东莞市残疾人艺术团、东莞市龙吟艺术团等。

2017年，东莞塘厦松雷音乐剧剧团创作的音乐剧《洒干倘卖无》获得广东省第十届精神文明建设“五个一工程”优秀作品奖，同时获得第十三届广东省艺术节综合类剧目二等奖第一名，并获优秀表演奖、优秀导演奖、优秀音乐创作奖等三个单项奖。东莞保利文化演艺团创作的音乐剧《虎门销烟》在全国40多个城市完成100场巡演。

东莞儿童艺术剧团自成立以来，先后打造全英文儿童音乐剧《白雪公主和七个小矮人》、中英文儿童剧《阿拉丁神灯》、生活常识普及剧《菜园宝宝》、正能量儿童剧《熊猫超人》等。2017年，东莞儿童艺术剧院推出大型民族奇幻儿童剧《龙的传人》。

（张玉纯）

【文艺家协会活动】 2017年，东莞市有文艺家协会19个。年内，各协会开展各种文艺活动，丰富群众文化生活。

作家协会　东莞市作家协会组织策划“东莞青年作家训练营”活动，根据会员级别、职称级别对东莞作家进行系统培训，组织开展文学沙龙活动，邀请名家进行交流，协助会员在省级以上文学期刊发表作品。指导和协助各分会开展形式多样的文学活动，全面提升东莞作家创作水平。

书法家协会　东莞市书法家协会联合厚街镇人民政府举办三年一届的全市书法最高奖“鳌台书院奖”东莞市第九届书法篆刻大赛，协办“袁崇焕杯”全国第二届书法大赛和广东书法最高奖“南雅奖”永久落户东莞（长安），举办“喜迎十九大、真情献给党”东莞市厅级以上老领导书画雅集活动、“博艺杯”东莞市第六届书画大赛、东莞市首届“东莞好”诗书画印专题创作大赛、2017年市文联诗书画摄影巡展、“到人民中去·东莞艺术名家送欢乐下基层”系列展览等

2017年10月25日，“首届东莞全民尚艺节‘写好中国字，做好中国人’东莞青少年万人汉字书写大赛”在东莞市42个赛区同时举行，全市有7.8万名青少年参加比赛　（市文联供图）

系列活动；配合市文联“繁星”行动，主办庆祝建党96周年东莞市书法名家邀请展、庆祝新中国成立68周年东莞市书法名家邀请展、庆祝香港回归20周年东莞市书法名家邀请展等，并把2017年的书艺活动列为庆祝东莞市书法家协会成立35周年系列展览。

文艺评论协会　东莞市文艺评论协会举办“广东四大名园与岭南文学艺术”沙龙等文艺活动，东莞市文艺评论家在学术期刊和权威报纸发表文艺评论近百篇。《粤派评论视野中的打工文学》入选广东省人民出版社重点图书“粤派评论”丛书，东莞地域文学艺术理论批评取得丰硕研究成果。

影视协会　东莞市电影电视艺术协会联合广东33小镇主办的《纪录东莞》纪录片展映活动，莞少时—林建勋“一起走过的日子”电影月之影圈名人讲座，别样情怀之莞产片交流，举办东莞本土电影《失败先生》首映会。“影人影视—2017年第二届电影人的莞邑盛典”于东莞工农8号先锋剧场举行。

民间文艺家协会　东莞市民间文艺家协会召开市民协主席团会议，集中学习贯彻落实习近平总书记对广东的重要批示精神，安排会员到“中国民协第十六期深入学习贯彻习近平总书记文艺工作座谈会重要讲话精神专题研讨班”中学习，前往深圳市博物馆参加第三届中国（深圳福田）剪纸艺术作品展。

青年诗歌学会　东莞市青年诗歌学会桥头分会揭牌成立，“东莞市青年诗歌学会佳辉学校创作基地”授牌仪式在石碣镇佳辉学校举行。市青年诗歌学会应市古梅西园市场经营管理有限公司之邀，组织会员实地体验麻涌“大步巡游”这一本土传统民俗文化盛典，组织会员举行“诗行莞邑·鹿城踏歌”走进清溪采风活动。“为您品诗”诗歌沙龙活动在岭南文创中心举行。

硬笔书法协会　东莞市硬笔书法协会举行全民尚艺节之“写好中国字，做好中国人”全市青少年万人汉字书写大赛。在全市42个赛区同时举行，全市7.8万名青少年参加这次比赛。创建8个“东莞市硬笔书法教学基地”。

舞蹈家协会　东莞市舞协举办东莞市第六届单、双、三个人风采舞蹈大赛，承办由中国舞蹈家协会社会舞蹈教育委员会、中国舞蹈家协会舞蹈考级中心广东省舞蹈考级领导小组主办、东莞市舞蹈家协会承办的中国舞蹈家协会教学成果展演。

摄影家协会　东莞市摄影家协会举行《聚焦中国精神，创作有灵魂的文艺作品》专题讲座，《发现东莞制造之美》摄影作品展，就启动5个省市的全国巡展，走过上海浦东、广西柳州、第17届平遥国际大展等。举办超过60场的摄影入门培训、名家讲堂分享等各类培训、讲座活动，超过3000人次获得学习机会，在东莞掀起一股学习摄影的热潮。

美术家协会　东莞市美术家协会举办“大美东莞”活动系列，“南国丹青”——东莞画家写岭南系列活动，“首届东莞全民尚艺节”之“到人民中去”活动，城市艺术空间惠民活动——东莞市美协头像速写赠送活动。

社会艺术教育协会　东莞市社会艺术教育协会协办的“秀儿宝贝杯”——“放飞梦想”东莞市第二届艺术教育成果大赛颁奖典礼在玉兰大剧院大礼堂举行，在东莞电视台1号演播大厅举办“东莞市第六届百人古筝义务教育音乐会”。

戏剧曲艺协会　东莞市戏剧曲艺协会举行到人民中去——“粉墨传承扬粤韵”东莞市文联文艺志愿者“送欢乐下基层”走进万江粤剧曲艺专场。办好“粤唱粤好”粤剧曲艺欣赏会，“莞邑红豆”少儿粤剧曲艺欣赏会等活动。

曲艺家协会　东莞市曲艺家协会举行“到人民中去”——“今夜笑不停”东莞市文联文艺志愿者“送欢乐下基层”走进南城文化广场曲艺专场，创作组织30个少年儿童，完成庆祝十九大召开的快闪快板《喜迎十九大，共圆中国梦》活动，获得最具创意奖和优秀组织奖。

楹联学会　东莞市楹联学会联合市书法家协会共同开展一个以歌颂祖国，赞美家乡的楹联书法展览。在东莞市袁崇焕纪念园举行第三届“小雪”雅集活动，对《东莞楹联选集》进行详细策划讨论。

音乐家协会　东莞市音乐家协会组织会员观摩学习在东莞市玉兰大剧院举办的“绽放的玉兰”2017年东莞市音乐家协会中外声乐精品音乐会。“毛娅：钢琴教学法系列讲座之钢琴教学中的疑难杂症”讲座在东莞市南城区贝达艺术中心音乐厅举行。

国标舞协会　东莞市国标舞协会在塘厦镇体育馆举行“2017东莞市第九届国际标准舞锦标赛”，承办“春之圆舞曲”2018年新年舞会，举行“艺起舞|东莞市艺术沙龙暨首届东莞全民尚艺节国标舞沙龙”。

中华诗词学会　东莞市中华诗词学会每月举行1次雅集，健全机构，加强队伍建设，发展会员200名，建立1个学会会员微信群，印制学会会员通讯录。

朗诵艺术家协会　东莞市朗诵艺术家协会主办“朗吟中国梦诵唱莞香情”“让所有梦想都开花”美文美声欣赏会、在大岭山举行广播剧《往事飘过的香》实景欣赏会等。

旗袍文化艺术协会　东莞市旗袍文化艺术协会在东莞市观音山举行千人“母仪观音山与美丽同行”的大型旗袍秀活动、成立“旗袍协会妇女委员会”，完善东莞市旗袍文化艺术协会组织架构、参加湖南卫视国际频道举办的“2018全球旗袍春晚”海选，引领东莞市女性追求简单快乐，传播“真，善，美”，传递正能量。

（许晓雯）

附：2017年东莞市文化广电新闻出版局主要领导名录

党组书记、局长：陆世强

传播媒体

报　刊

【报业概况】　2017年，东莞日报社（东莞报业传媒集团）拥有《东莞日报》、《东莞时报》、东莞时间网等媒体和各媒体官方微博、微信，以及东莞报业传媒集团有限公司、东莞时报传媒发展有限公司、东莞日报印刷厂、万家通报刊发行物流有限公司、时间数字传媒发展有限公司、多维新媒体广告有限公司、广东经济出版社东莞编辑出版中心、东莞报业文化传播有限公司等8家子分公司，员工872人。东莞日报社发挥主流媒体舆论引导作用，做好新闻宣传报道，服务党政中心工作，各项工作实现稳中有进，卓有成效。《东莞日报》入选2016—2017年度中国报刊经营价值“全国城市日报20强”，在2017年度报纸印刷质量检测中获得“精品级报纸”称号。全年旗下各媒体获2016年度广东新闻奖8个、第十届东莞新闻奖54个。

【报刊新闻报道】　2017年，东莞日报社以做好党的十九大召开宣传舆论工作为重点，完成全国省、市“两会”，省第十二次党代会，习近平总书记对广东重要指示批示精神，东莞倍增计划，东莞十大行动计划，东莞创文迎检工作等重大专题宣传130余项，配合党政中心工作。党的十九大胜利闭幕后，报社将学习宣传贯彻十九大精神作为首要政治任务，推出“读报告听民声”“新时代新征程新东莞”学习宣传贯彻党的十九大精神等系列报道，在2个月的宣传报道中，旗下各媒体发稿800余篇、图片400余幅，共计60余万字，为全市掀起学习贯彻十九大精神热潮营造浓厚氛围。

【报刊优化升级】　2017年，东莞日报社实现《东莞日报》第七次改版升级。加强“独家时事”等栏目，强化党报属性；主动对接新媒体，强化媒体融合；内容强调“短新实”，版式视觉更简洁流畅，强化报纸精致化。完成《东莞时报》优化升级。调整版面结构，以服务家庭生活为主要发展方向，精品化、垂直化，贴近本土、生活，新闻产品重点凸显有用、有趣、互动三大价值属性。编辑出版中心积极向专业书商方向转变，全年完成图书（包括内刊杂志）编辑出版量超过40本（册）。

【采访调研活动】　2017年，东莞日报社围绕东莞市委、市政府中心工作，主动作为，精心策划，先后启动“走基层促倍增”和“东莞城市品质提升”两次大型采访调研，作为活动成果的《关于“企业规模与效益倍增计划”调研情况报告》《城市品质三年提升报告》，获得市委市政府主要领导高度认可，认为报告数据翔实、质量很高，并要求有关部门吸取报告有关建议。

【中央厨房2.0版本运行】　2017年4月，东莞日报社开始运行中央厨房2.0版本，该版本采编一体化功能进一步优化，为实施“两小时交稿制度”提供技术支撑以及实现24小时发稿机制，并实现重大新闻的第一时间发布、多渠道发布，成功搭建全媒体、多方位、广视角的传播渠道，在“两会”“亚马&莞马”“抗击台风”等重大报道中发挥重要作用。

【报刊公益广告发布】　2017年，东莞日报社坚持把公益广告作为宣传党的路线方针政策、引导社会舆论、传播精神文明的重要手段，组织《东莞日报》、《东莞时报》、东莞时间网、党报阅报栏等媒介，围绕中心工作，发布大量主题鲜明、重点突出、形式活泼的公益广告，取得较好的社会效益。全年发布平面媒体公益广告、网络公益广告、杂志公益广告、阅报栏公益广告和宣传短片等合计版面价值7000多万元。　　　（黄佳珣）

附：2017年东莞日报社（东莞报业传媒集团）主要领导名录

党委书记、社长、总编辑：曾平治

网络媒体

【新媒体概况】　2017年，东莞日报社新媒体围绕“一网一端一微”三个核心目标开展新媒体建设。微信矩阵有持续更新的微信公众号20个，总粉丝量突破210万人，头条平均点转化率提高至8.9%，超“10万+”文章共49条，比上年增长330%。其中，东莞时间网微信公众号总粉丝量超48万人，月均阅读率逾100万人，共产生13条“10万+”推文。东莞时间网日均页面浏览量“25万+”，全年推出60个专题，其中“倍增计划在行动”“喜迎十九大”“学习宣传贯彻十九大精神”等专题获得良好传播效果，并获得“2017年全国地市网络媒体最具创新力十强品牌”称号。新版“i东莞”App自4月上线以来，先后推出LBS新闻、直播、视频报纸、小游戏服务、语音播报等功能，在视觉界面、用户体验等方面均有较大提升，总用户突破“30万+”，获得“2017全国地市网络媒体手机客户端综合实力十强品牌”称号。

【新媒体报道亮点频现】　2017年，东莞日报社运用新媒体手段，扩大新闻影响范围。东莞“两会”期间，东莞时间网官微、“i东莞”App、东莞时间网、《东莞日报》、《东莞时报》官方微博实现联动式报道，推出创意H5“360度看两会红包拆不停”，东莞时间网官微连续产生2条“10万+”

推文。尝试大型赛事直播，6月首试对东莞龙舟赛直播，以"i东莞"App为核心平台，同时在"今日头条""腾讯"等7个平台呈现，3天逾"350万+"人次观看，传播效果取得重要突破。此外，创作一系列优秀的H5作品，其中，东莞获全国文明城市"四连冠"当天推出的《我要上头条，贺四连冠》浏览量"20万+"、与市纪委合作的《2017年党风廉政知识问答》浏览量"18万+"。

【新型产品探索打造】 2017年，东莞日报社新媒体围绕教育行业主动出新品，先后推出积分入学、高考志愿通、小升初学习视频等产品，其中积分入学使用逾5万人次，高考志愿通登录查询页面约2万人次，小升初学习视频点击量达11.2万人次；与局办联合打造新型政务产品，与市纪委、市委宣传部、市城管局、市住建局、团市委、供电局等单位开展问答、竞答类合作，其中参与"2017年党风廉政知识问答"达18.6万人次；围绕热点新闻开展图文视频直播，直播东莞国际马拉松赛、大学生篮球联赛、漫博会、农博会、高考等热门新闻，多条直播点击率达到"5万+"。

【媒体融合经营新形式】 2017年，东莞日报社新媒体创新媒体融合经营方式，针对农博会、暑期、发行、电商以及各类经营活动开发H5、视频产品超过70种，尤其是为第三届农博会策划制作以微视频为表现形式的创意微信宣传广告，阅读量超过15万人，是东莞日报社第一条阅读量达到"10万+"的广告宣传微信（非纯新闻内容或互动活动）推文。 （黄佳琦）

新闻出版和版权保护

【新闻出版管理】 2017年，东莞市完成全市报刊年检和新闻记者证年度核验工作，完成4家报刊出版单位年度核验和324宗新闻记者证年度核验审核。完成16宗新闻记者证申领材料审核和报送申领。完成54家出版单位开展连续性内部资料性出版物延期审核，审批新办连续性内部资料性出版物4宗，审批一次性内部资料性出版物92份，出版《东莞出版审读》3期。推荐莞城北隅社区获评"全国示范农家书屋"，谢岗镇黎村农家书屋管理员罗红梅获评"全国优秀农家书屋管理员"。

【全国版权示范城市创建】 2017年，东莞市成功创建全国版权示范城市。完成东莞市版权示范单位、示范园区（基地）和优秀版权作品认定扶持工作，认定9家东莞市版权示范单位、1个东莞市版权示范园区（基地）和13件东莞市优秀版权作品。指导广东艾力达动漫文化娱乐有限公司、广东葫芦堡文化科技股份有限公司、广东爱车小屋实业发展股份有限公司、东莞中国科学院云计算产业技术创新与育成中心和广东智高文化创意股份有限公司成功申报"广东省版权兴业示范基地"。深化"版权服务进展会"，完成第九届漫博会版权服务工作站的各项工作，并将版权服务进展会延伸到市内其他重大展会。全市两家著作权登记代办机构在省版权局办理著作权登记4060多件，比上年增长15.67%，全市企业和个人软件著作权登记1.2万件，增长3.35倍。7月17日，国家版权局考核东莞市创建全国版权示范城市工作；8月8日，国家版权局发文授予东莞"全国版权示范城市"称号；11月9日，第九届漫博会首日，国家新闻出版广电总局党组成员、副局长，国家版权局专职副局长周慧琳向东莞市颁发"全国版权示范城市"牌匾，东莞市委书记吕业升代表东莞领牌，东莞成为全国第九个、广东省地级市第一个"全国版权示范城市"；11月23日，在2017年全国版权社会服务工作会议上，东莞作为全国唯一地级市代表介绍经验。

【印刷发行管理】 2017年，东莞市完成3000多家印刷企业和1000多家出版物发行单位年度核验工作，并登录信息管理平台进行数据录入及更新。组织企业完成全国新闻出版统计抽检工作。开展印刷发行企业审核审批，全市新设立印刷企业149家，印刷企业变更备案172家、注销备案136家；新设立出版物发行单位195家，出版物发行单位变更备案31家、注销备案21家；出版物印件1105宗，4.52万种；包装装潢和其他印刷品来（进）料加工备案263宗，出口总重量14.97亿千克，出口总值50.67亿元。

开展法规及业务培训，6月20—21日，分4批次对各镇街（园区）文广中心印刷发行审批管理人员和全市印刷企业负责人约3000人进行法规培训；7月5日和7月26日在大朗镇和厚街镇举办2场"绿色印刷环保政策宣讲会"，邀请环保专家解读有关印刷环保方面政策问题；每月10日和25日，组织新设立印刷企业经营者进行岗前法律法规培训，全年有170家印刷企业、190位经营者参加培训。

（张玉纯）

广播、电视、电影

【广播、电视、电影概况】 截至2017年底，东莞市有广播电视台1个，影视制作经营机构53个，拥有公共广播节目10套，公共电视节目65套，有线数字电视用户140.1万户（其中高清用户97.9万户、宽带用户43.2万户），建有加入城市电影院线的影院125家。

【广播电视安全播出】 2017年，东莞市广播影视管理部门围绕确保党的十九大广播电视安全播出，重点做好春节、全国两会、国庆、十九大等重要保障期的安全保障工作。

【公共服务体系构建】 2017年，东莞市广播影视管理部门深化文化惠民，构建完善广播影视公共服务体系，实现公共服务均等化。送电影下乡、进社区、进企业、进学校，深入到工业区、新莞人聚居地实施公益放映，整合利用原有资源，利用安装的GPRS定位监控系统，完善放映管理，推进活动提质增效，让广大群众、新莞人享受到优质的公益电影服务。全年放映公益电影9858场，受惠群众275万人次，超额完成省下达的放映任务。

【广播影视产业】 2017年，东莞市广播影视管理部门加强产业政策宣传，做好政策引导和行政服务工作，促进广播影视产业发展。省广电网络东莞分公司做大做强广电网络产业，拓展网络应用，研发推广新业务，提升网络产值，有线电视用户数140.1万户，其中高清电视用户数97.9万户，有线电视宽带用户43.2万户。全市影院125家，电影票房收入7亿元。 （张玉纯）

【东莞广播电视台】 东莞广播电视台成立于2005年3月。2017年，全台有员工600多人，旗下设有2个电视频道（新闻综合、公共）、3个广播频率（综合、交通、音乐）、7个网络平台产品（东莞阳光网、手机阳光网、东莞阳光台移动客户端、东莞广播电视台微信公众号、东莞阳光网微信公众号、东莞广播电视台官方微博、东莞阳光网官方微博）。东莞广播电视台3个广播频率市场份额达70.54%，连续12年稳坐东莞地区收听市场头把交椅；电视公共频道全天及黄金时段在东莞地区收视排名双第一，其中，《都市剧场》播出的《下一站婚姻》以收视率5.36%，收视份额23.98%的优异成绩获得全省影视剧场年度收视第一名；东莞阳光网为“东莞第一门户网站”“广东十大全国重点新闻网站”之一。

打好舆论宣传主动仗 紧扣党的十九大、省第十二次党代会、东莞“两会”、文明城市创建、“治水”、“六大跃升”等重大主题，策划推出“新时代新征程新东莞——学习贯彻党的十九大精神”“砥砺奋进的五年”“倍增计划在行动”“治水攻坚战”“全媒体生态行”等一系列主题鲜明、导向正确、效果良好的新闻报道，多次受到市领导的批示肯定和口头表扬。

对外宣传亮点频现 主动对接中央和省级重点媒体，报送新闻素材、协助来莞采访，争取上级媒体正面报道东莞市经济社会发展亮点。是年，中央电视台刊播涉莞正面报道65条，广东卫视《广东新闻联播》栏目刊播69条，广东电台共刊播630条；上送稿件被广东电台采用率有9个月排名全省第一、有3个月排名全省第二。

承办中国音乐学院第七届全国考级大赛（总决赛） 2017年10月1—2日，由中国音乐学院与市人民政府主办、东莞广播电视台承办的中国音乐学院第七届全国考级大赛（总决赛）在东莞广播电视中心举办，来自全国25个赛区的3200多名选手及随行家长、老师等近万人参加。东莞广播电视台举全台之力、集全台之智筹办这次大赛，在办赛模式、赛事组织和赛事接待上大胆创新，向外界展示东莞广电人能干大事、能干成大事的良好形象，赢得中国音乐学院肯定。大赛提升东莞城市形象，被写进东莞市政府工作报告，成为2017年“东莞工作亮点纷呈、城市形象不断提升”的生动事例。

首次承办中国音乐学院全国社会艺术水平考级活动 2017年6月，东莞广播电视台被中国音乐学院授予“中国音乐学院全国社会艺术水平考级东莞市考点”和“中国音乐学院教学实习实践基地”牌子，成为该校在东莞地区的独家授权单位。8月，东莞广播电视台首次承办中国音乐学院全国社会艺术水平考级（东莞考区）活动，分别在东莞广播电视中心主考场和全市6个分考场同时举行，报名人数4200多人次，创造东莞考区历年来人次最多、规模最大、社会反响最热烈的纪录。

开展“黑广播”专项整治行动 2017年，东莞广播电视台主动向有关部门报告“黑广播”情况，并促成有关部门成立由市“扫黄打非”办牵头，公安、工商、东莞广播电视台等单位组成的专项整

2017年6月16日，虎门二桥控制性工程坭洲水道桥进入上部结构主体工程施工。图为东莞广播电视台记者采访虎门二桥建设者

（东莞广播电视台供图）

治行动领导小组。其间，东莞广播电视台组织技术人员每周在全市范围内对“黑广播”信号进行拉网式收测、摸排、定位和上报，配合有关部门的打击查处工作，遏制“黑广播”的猖獗势头。8月21日，广东省新闻出版广电局专门发文，对东莞广播电视台主动监测和参与打击查处“黑广播”工作给予全省通报表扬。

精品工程屡创佳绩　2017年，东莞广播电视台获得国家级奖项4个、省级奖项43个。其中，东莞电台交通广播（FM107.5频率）获得2016年度全国广播收听市场风云榜“城市电台车载收听TOP20”第一名。《宝贝豆丁》栏目入选国家新闻出版广电总局“2016年度全国少儿节目精品发展专项资金扶持”项目。广播短消息《李克强总理勉励东莞企业加速新旧动能转换，提升综合竞争力》分获2016年度广东新闻奖和广东省广播影视奖一等奖。电视消息《人大代表“小目标”解决民生大问题》获得第26届广东人大新闻奖一等奖。《平安东莞》栏目入选广东省广播电视创新创优“十佳”栏目。“影视剧场”连续两年获得“广东省年度最佳收视奖”。“阳光微电影”项目连续四年入选广东省重点网站“一网一品牌”创建项目。

新兴媒体强势发展　2017年，东莞阳光网微信公众号粉丝量突破80万（较年初增加50万），日均阅读量达15万，分别比上年增长247%和114%，成为东莞地区微信粉丝集群“第一大号”；东莞阳光台App新增用户超过10万。在中央网信办《网络传播》杂志发布的“全国城市网站传播力2017年11月榜”中，东莞阳光网微信传播力排名第一，移动端传播力排名第二，网站综合传播力排名第三。

（凌文通）

附：2017年东莞广播电视台主要领导名录

党委书记、台长：梁轼文

非物质文化遗产

【非物质文化遗产概况】　截至2017年底，东莞市形成国家级、省级、市级、镇街级的非物质文化遗产名录体系，有市级名录以上120项，其中含省级以上名录39项，国家级名录8项。

【首创“非遗季”】　2017年5月20日，东莞市启动“非遗季”，在近两个月的“非遗季”里，举办“叶任和纪念展”“千角灯影像展”“大步游会影像展”“非遗文化与服装艺术论坛”“2017年东莞市非遗进校园活动启动”“东莞非遗项目参展第六届成都国际非遗节”“东莞非遗项目参展广东省非遗周”“首届东莞非遗文创产品设计大赛启动”“致敬非遗人——非遗季闭幕晚会”等系列活动。与广州、深圳、佛山、韶关、阳江、河源、云浮、清远、惠州等9市成立非遗墟市城际联盟，全面展示各地非遗项目的产业转变成果，此举属全国首创，被誉为“全省非物质文化遗产保护的示范性创新举措”。

【“非遗+互联网”平台启用】　2017年9月23日，百度百科东莞非遗线上平台启用，全市省级以上非遗项目资料（含图片、视频）上线。在全国最大的搜索引擎可以搜索到东莞非遗项目，这也是东莞非遗保护数字化工程的一项重要成果。联合阿里巴巴策划推出的“中国非遗传承鱼塘”启动，并率先推动东莞非遗项目集体上线闲鱼App，首批上线的东莞非遗技艺共计10种，为全国首创。

【非遗进校园品牌活动】　截至2017年底，东莞市开展非遗进校园活动达5年，经调整、完善，成为“年年有新内容，镇镇有新举措”的品牌活动，形成“有展示，有体验，有思考，有表现”多元立体式非遗进校园活动。2017年，利用《东莞时报》媒体平台，推出学生非遗体验征文比赛，举办颁奖晚会，推送获奖文章专版，出版获奖文章专集，丰富非遗进校园活动的内涵，全年开展非遗进校园活动20场次。编辑出版面向中小学生的东莞非遗丛书，总括东莞市非遗保护与传承情况，单独详细介绍东莞千角灯、龙舟制作技艺、赛龙舟、莞香制作技艺等国家级项目，是东莞非遗进校园活动常态化发展的新探索。

【非遗保护跨界融合发展】　2017年，东莞非遗保护推动跨界合作向更广泛的领域发展，与东莞市摄影家协会举办“发现东莞非遗之美”摄影活动，与广东省服装服饰行业协会、广东省服装设计师协会合作举办“东莞非遗服装设计活动”，并在“广东服装周期间”推出48套以东莞非遗项目为题材的服装，成为服装周一大亮点。与腾讯网东莞、东莞市酒店餐饮技师协会联合主办的“矮仔祥”东莞首届腊味节是最大亮点，跳出非遗保护的狭隘视野。　（张玉纯）

东莞市非物质文化遗产名录

序号	项目名称	项目类别	保护单位	获市级名录	获省级名录	获国家级名录	传承人情况
1	灯彩（东莞千角灯）	传统美术	莞城区文化服务中心	第一批（2007年）	第一批（2006年）	第一批（2006年）	张金培，国家级第三批（2009年）；张树祺，省级第二批（2011年）
2	龙舟制作技艺	传统技艺	中堂镇文化广播电视服务中心	第一批（2007年）	第二批（2007年）	第二批（2008年）	冯怀女，国家级第三批（2009年）；霍灼兴，省级第一批（2008年）
3	麒麟舞（“樟木头舞麒麟”为国家级名称）	传统舞蹈	樟木头镇文化广播电视服务中心	第一批（2007年）	第一批（2006年）	第三批（2011年）	蔡玉财，省级第一批（2008年）；刘伟团，市级第二批（2014年）
4	木鱼歌	曲艺	东坑镇文化广播电视服务中心	第一批（2007年）	第三批（2009年）	第三批（2011年）	李仲球，省级第二批（2011年）；黄佩仪，市级第三批（2016年）
5	龙舟月（“赛龙舟”为国家级名称）	传统体育、游艺与杂技	万江区文化服务中心	第一批（2007年）	第三批（2009年）	第三批（2011年）	
6	彩扎（麒麟制作）	传统美术	清溪镇文化广播电视服务中心	第一批（2007年）	第二批（2007年）	第四批（2014年）	黄素明，省级第一批（2008年）；黄志成，省级第一批（2008年）
7	传统香制作技艺（莞香制作技艺）	传统技艺	东莞市尚正堂莞香发展有限公司	第二批（2010年）	第四批（2012年）	第四批（2014年）	黄欧，省级第四批（2014年）；汤锦华，市级第二批（2014年）
8	寮步香市	民俗	寮步镇文化广播电视服务中心	第一批（2007年）	第二批（2007年）	第四批（2014年）	
9	咸水歌	传统音乐	沙田镇文化广播电视服务中心	第一批（2007年）	第二批（2007年）		黄锦玉，省级第一批（2008年）
10	东莞龙舞	传统舞蹈	大朗镇文化广播电视服务中心	第一批（2007年）	第二批（2007年）		叶旭筹，省级第一批（2008年），2009年过世；叶伍槐，省级第一批（2008年）
11	醒狮	传统舞蹈	石排镇文化广播电视服务中心	第一批（2007年）	第二批（2007年）		王裕坤，省级第一批（2008年）
12	莞草编织	传统技艺	厚街镇文化广播电视服务中心	第一批（2007年）	第二批（2007年）		梁女，市级第一批（2010年）
13	乞巧节	民俗	望牛墩镇文化广播电视服务中心	第一批（2007年）	第二批（2007年）		陈杰芳，省级第一批（2008年）；黄妍，省级第一批（2008年）
14	东坑卖身节	民俗	东坑镇文化广播电视服务中心	第一批（2007年）	第二批（2007年）		

续表

序号	项目名称	项目类别	保护单位	获市级名录	获省级名录	获国家级名录	传承人情况
15	塘尾康王诞（“康王宝诞”为省级名称）	民俗	石排镇文化广播电视服务中心	第一批（2007年）	第二批（2007年）		
16	草龙舞	传统舞蹈	企石镇文化广播电视服务中心	第一批（2007年）	第三批（2009年）		
17	莫家拳	传统体育、游艺与杂技	桥头镇文化广播电视服务中心	第一批（2007年）	第三批（2009年）		莫柏许，省级第三批（2012年）；莫锦满，市级第三批（2016年）
18	石龙醒狮头制作技艺	传统美术	石龙镇文化广播电视服务中心	第一批（2007年）	第三批（2009年）		郭润棠，省级第二批（2011年）
19	盆菜（“长安大盆菜”为省级名称）	民俗	长安镇文化广播电视服务中心	第一批（2007年）	第三批（2009年）		
20	舞木龙	民俗	厚街镇文化广播电视服务中心	第一批（2007年）	第三批（2009年）		
21	端午游木龙	民俗	常平镇文化广播电视服务中心	第一批（2007年）	第三批（2009年）		
22	中堂龙舟景	民俗	中堂镇文化广播电视服务中心	第二批（2010年）	第三批（2009年）		
23	麒麟引凤	传统舞蹈	道滘镇文化广播电视服务中心	第一批（2007年）	第四批（2012年）		刘东良，省级第三批（2012年）
24	茶山公仔	传统美术	茶山镇文化广播电视服务中心	第一批（2007年）	第四批（2012年）		林暖钦，省级第三批（2012年）
25	七夕贡案	民俗	道滘镇文化广播电视服务中心	第一批（2007年）	第四批（2012年）		
26	横沥牛墟	民俗	横沥镇文化广播电视服务中心	第一批（2007年）	第四批（2012年）		
27	麒麟舞（清溪麒麟舞）	传统舞蹈	清溪镇文化广播电视服务中心	第二批（2010年）	第四批（2012年）		黄鹤林，省级第三批（2012年）
28	白沙油鸭制作技艺	传统技艺	虎门镇文化广播电视服务中心	第二批（2010年）	第四批（2012年）		方咸仔，省级第三批（2012年）
29	厚街腊肠制作技艺	传统技艺	厚街镇文化广播电视服务中心	第二批（2010年）	第四批（2012年）		陈什根，省级第三批（2012年）
30	道滘裹蒸粽制作技艺	传统技艺	道滘镇文化广播电视服务中心	第二批（2010年）	第四批（2012年）		李志平，市级第一批（2010年）；卢细妹，省级第四批（2014年）
31	客家山歌（清溪客家山歌）	传统音乐	清溪镇文化广播电视服务中心	第一批（2007年）	第五批（2013年）		刘国权，省级第四批（2014年）
32	客家山歌（凤岗客家山歌）	传统音乐	凤岗镇文化广播电视服务中心	第一批（2007年）	第五批（2013年）		杜带娣，市级第二批（2014年）
33	麒麟舞（塘厦舞麒麟）	传统舞蹈	塘厦镇文化广播电视服务中心	第二批（2010年）	第五批（2013年）		黄汉光，省级第四批（2014年）
34	莞草编织技艺	传统技艺	道滘镇文化广播电视服务中心	第一批（2007年）	第六批（2015年）		叶小玲，女，市级第三批（2016年）
35	厚街濑粉制作技艺	传统技艺	厚街镇文化广播电视服务中心	第二批（2010年）	第六批（2015年）		余球，市级第一批（2010年）

续表

序号	项目名称	项目类别	保护单位	获市级名录	获省级名录	获国家级名录	传承人情况
36	石龙新昌鼓制作技艺（扩展项目）	传统技艺	石龙镇文化广播电视服务中心	第二批（2010年）	第六批（2015年）		叶任和，市级第一批（2010年）
37	庾家粽制作技艺（扩展项目）	传统技艺	东莞市花园粥城服务有限公司	第三批（2014年）	第六批（2015年）		庾美莲，女，市级第三批（2016年）
38	高埗矮仔肠制作技艺（扩展项目）	传统技艺	高埗镇文化广播电视服务中心	第三批（2014年）	第六批（2015年）		吕衬禅，女，市级第三批（2016年）
39	庙会（茶园游会）	民俗	茶山镇文化广播电视服务中心	第三批（2014年）	第六批（2015年）		
40	过洋乐	传统音乐	莞城区文化服务中心	第一批（2007年）			
41	貔貅舞	传统舞蹈	横沥镇文化广播电视服务中心	第一批（2007年）			吴子成，市级第一批（2010年），2012年去世；吴满水，市级第二批（2014年）
42	东莞龙舞	传统舞蹈	长安镇文化广播电视服务中心	第一批（2007年）			
43	草龙舞	传统舞蹈	横沥镇文化广播电视服务中心	第一批（2007年）			
44	粤剧	传统戏剧	长安镇文化广播电视服务中心、望牛墩文化广播电视服务中心	第一批（2007年）			
45	木偶戏	传统戏剧	大朗镇文化广播电视服务中心	第一批（2007年）			陈绍初，市级第三批（2016年）
46	粤曲	曲艺	道滘镇、麻涌镇文化广播电视服务中心	第一批（2007年）			黄日辉，市级第二批（2014年）
47	龙舟说唱	曲艺	石碣镇文化广播电视服务中心	第一批（2007年）			
48	彩扎（麒麟制作）	传统美术	石龙镇文化广播电视服务中心	第一批（2007年）			
49	灯笼仔制作技艺	传统技艺	石龙镇文化广播电视服务中心	第一批（2007年）			叶安，市级第一批（2010年）
50	客家服饰制作技艺	传统技艺	樟木头镇文化广播电视服务中心	第一批（2007年）			
51	“百岁”制作技艺	传统技艺	中堂镇文化广播电视服务中心	第一批（2007年）			胡葵，市级第一批（2010年）
52	凉帽制作技艺	传统技艺	桥头镇文化广播电视服务中心	第一批（2007年）			邓佰稳，市级第一批（2010年）
53	交盘会	民俗	石碣镇文化广播电视服务中心	第一批（2007年）			
54	放河莲花	民俗	道滘镇文化广播电视服务中心	第一批（2007年）			
55	东莞粥品	民俗	东莞市花园粥城饮食有限服务公司	第一批（2007年）			

续表

序号	项目名称	项目类别	保护单位	获市级名录	获省级名录	获国家级名录	传承人情况
56	东莞小吃	民俗	东莞市花园粥城饮食有限服务公司	第一批（2007年）			
57	海月风帆传说	民间文学	厚街镇文化广播电视服务中心	第二批（2010年）			
58	盲佬话	民间文学	洪梅镇文化广播电视服务中心	第二批（2010年）			
59	老人歌	传统音乐	东城区文化服务中心	第二批（2010年）			
60	哭嫁歌	传统音乐	大朗镇文化广播电视服务中心	第二批（2010年）			
61	客家山歌（市级扩展项目）	传统音乐	大岭山镇、塘厦镇文化广播电视服务中心	第二批（2010年）			
62	红漆描花传统木屐制作技艺	传统技艺	石龙镇文化广播电视服务中心	第二批（2010年）			梁锦泉，市级第一批（2010年）
63	李全和麦芽糖、糖柚皮制作技艺	传统技艺	石龙镇文化广播电视服务中心	第二批（2010年）			李凤丽，市级第一批（2010年）
64	冼沙鱼丸	传统技艺	高埗镇文化广播电视服务中心	第二批（2010年）			
65	糖不甩	传统技艺	东坑镇文化广播电视服务中心	第二批（2010年）			
66	焙荔枝干	传统技艺	大朗镇、常平镇文化广播电视服务中心	第二批（2010年）			
67	客家酿酒	传统技艺	清溪镇文化广播电视服务中心	第二批（2010年）			张凤英，市级第一批（2010年）；张叔恩，市级第三批（2016年）
68	阴菜	传统技艺	东坑镇文化广播电视服务中心	第二批（2010年）			卢善波，市级第一批（2010年）；卢国华，市级第二批（2014年）
69	厚街什锦菜头制作技艺	传统技艺	厚街镇文化广播电视服务中心	第二批（2010年）			王慧婵，市级第一批（2010年）
70	寮步豆酱	传统技艺	寮步镇文化广播电视服务中心	第二批（2010年）			
71	土法凉茶“春明茶”	传统医药	大朗镇文化广播电视服务中心	第二批（2010年）			刘金玉，市级第二批（2014年）
72	浸冬瓜水	传统医药	常平镇文化广播电视服务中心	第二批（2010年）			
73	开灯习俗	民俗	东城区文化服务中心、洪梅镇文化广播电视服务中心、大朗镇文化广播电视服务中心	第二批（2010年）			

续表

序号	项目名称	项目类别	保护单位	获市级名录	获省级名录	获国家级名录	传承人情况
74	东莞传统婚俗	民俗	东城区文化服务中心、麻涌镇、常平镇、横沥镇文化广播电视服务中心	第二批（2010年）			
75	疍家传统婚俗	民俗	沙田镇文化广播电视服务中心	第二批（2010年）			
76	客家传统婚俗	民俗	凤岗镇、大岭山镇文化广播电视服务中心	第二批（2010年）			
77	入伙习俗	民俗	东城区文化服务中心	第二批（2010年）			
78	喊惊习俗	民俗	东城区文化服务中心、东坑镇文化广播电视服务中心	第二批（2010年）			
79	中秋习俗	民俗	东城区、麻涌镇、桥头镇文化广播电视服务中心	第二批（2010年）			
80	祝寿习俗	民俗	黄江镇文化广播电视服务中心	第二批（2010年）			
81	新年习俗	民俗	常平镇文化广播电视服务中心、东城区文化服务中心	第二批（2010年）			
82	端阳节	民俗	望牛墩镇文化广播电视服务中心	第二批（2010年）			
83	古琴音乐（岭南派）	传统音乐	莞城区文化服务中心	第三批（2014年）			王可逊，市级第二批（2014年）
84	竹塘麒麟舞	传统舞蹈	凤岗镇竹塘村委会	第三批（2014年）			张马通，市级第三批（2016年）
85	中国象棋（凤岗）	传统体育、游艺与杂技	凤岗镇文化广播电视服务中心	第三批（2014年）			
86	龙形拳	传统体育、游艺与杂技	塘厦镇文化广播电视服务中心	第三批（2014年）			林效明，市级第三批（2016年）
87	道滘蟛蜞酱制作技艺	传统技艺	道滘镇文化广播电视服务中心	第三批（2014年）			
88	莞城花灯制作技艺	传统技艺	莞城区文化服务中心	第三批（2014年）			王浩均，男，市级第三批（2016年）
89	樟木头麒麟制作技艺	传统技艺	樟木头镇文化广播电视服务中心	第三批（2014年）			
90	万江新村腐竹制作技艺	传统技艺	万江区文化服务中心	第三批（2014年）			
91	大步巡游	民俗	麻涌镇文化广播电视服务中心	第三批（2014年）			

续表

序号	项目名称	项目类别	保护单位	获市级名录	获省级名录	获国家级名录	传承人情况
92	东莞传统建房风俗	民俗	南城区文化服务中心	第三批（2014年）			
93	东莞卖懒习俗	民俗	南城区文化服务中心	第三批（2014年）			
94	鸦片战争民间故事	民间文学	虎门镇文化广播电视服务中心	第四批（2016年）			
95	金鳌传说	民间文学	万江文化服务中心	第四批（2016年）			
96	节马传说	民间文学	虎门镇文化广播电视服务中心	第四批（2016年）			
97	银瓶山传说	民间文学	谢岗镇南面村村民委员会	第四批（2016年）			
98	紫霞道人传经传说	民间文学	大岭山镇文化广播电视服务中心	第四批（2016年）			
99	黄大仙传说	民间文学	企石镇文化广播电视服务中心	第四批（2016年）			
100	兴塘醒狮	传统舞蹈	莞城街道办事处兴塘社区居民委员会	第四批（2016年）			
101	莞城粤剧	传统戏剧	莞城文化服务中心	第四批（2016年）			
102	道滘木鱼歌	曲艺	道滘镇文化广播电视服务中心	第四批（2016年）			
103	莞城龙形拳	传统体育、游艺与竞技	莞城文化服务中心	第四批（2016年）			
104	双手洪拳	传统体育、游艺与竞技	厚街镇文化广播电视服务中心	第四批（2016年）			
105	陈氏太极拳（张志俊功夫）	传统体育、游艺与竞技	横沥镇文化广播电视服务中心	第四批（2016年）			
106	茶山绸衣灯公	传统美术	茶山镇文化广播电视服务中心	第四批（2016年）			
107	林旁粽制作技艺	传统技艺	虎门镇文化广播电视服务中心	第四批（2016年）			
108	洪梅花灯技艺	传统技艺	洪梅镇文化广播电视服务中心	第四批（2016年）			
109	保安围扣肉	传统技艺	高埗镇文化广播电视服务中心	第四批（2016年）			
110	东莞腊猪头皮制作技艺	传统技艺	东莞市真宜食品有限公司	第四批（2016年）			
111	糍粑制作技艺	传统技艺	樟木头镇文化广播电视服务中心	第四批（2016年）			
112	中式茶点烘焙技艺	传统技艺	南城文化服务中心	第四批（2016年）			
113	东莞荔枝蜜酿造技艺	传统技艺	清溪镇文化广播电视服务中心	第四批（2016年）			

续表

序号	项目名称	项目类别	保护单位	获市级名录	获省级名录	获国家级名录	传承人情况
114	寮步面豉制作技艺	传统技艺	东莞市寮步美味副食品有限公司	第四批（2016年）			
115	苏木红团制作技艺	传统技艺	东莞市谢岗镇居民股份经济联合社	第四批（2016年）			
116	荔枝柴烧鹅制作技艺	传统技艺	东莞市谢岗镇居民股份经济联合社	第四批（2016年）			
117	东莞莞香制作技艺	传统技艺	清溪镇文化广播电视服务中心	第四批（2016年）			
118	方氏正骨	传统医药	虎门镇文化广播电视服务中心	第四批（2016年）			
119	南社九大簋	民俗	东莞南社创意文化旅游发展有限公司	第四批（2016年）			
120	黎村谭公诞	民俗	东莞市谢岗镇黎村股份经济联合社	第四批（2016年）			

注：1. 市级名录四批共120项，其中含省级以上39项，国家级8项。

2. 七夕贡案市级保护单位为望牛墩镇、道滘镇，2007年望牛墩镇成功申报省级第二批名录，名称为“乞巧节”；2012年道滘镇成功申报省级第四批名录，名称为“七夕贡案”。

文博事业

【文博事业概况】 截至2017年底，东莞市拥有市级以上文物保护单位135处，其中全国重点文物保护单位7处，省级文物保护单位22处，市级文物保护单位106处；全市建成博物馆54座，其中民办博物馆36座，博物馆年观众量1054万人次，博物馆对东莞社会经济贡献率不断提升。

【文物博物保护】 2017年，东莞市文物博物保护工作以申报国家历史文化名城为统领，实施“文物保护利用”和“城市历史文化特色强化”两大工程，推进文物保护利用和博物馆建设，弘扬优秀传统文化。实施文物保护与利用工程。利用2017年度文物保护利用专项资金，完成讴歌亭、上甲谢氏宗祠等文物维修工程6项；申报第八批全国重点文物保护单位、第九批广东省文物保护单位，着力提升文物等级；召开全市文物工作会议，进一步落实文物安全责任制，组织开展文物巡查、执法网格化管理，不断强化文物保护管理。

【城市特色强化工程】 2017年，东莞市实施城市特色强化工程。完善蚝岗遗址博物馆设施建设，完成《东风西渐——“一口通商”时期广东海上丝绸之路图片展》全市巡展，举办《莞邑故事——东莞历史文化名城史迹展》，推进市博物馆新馆、袁崇焕博物馆筹建工作，彰显东莞作为岭南文明重要起源地、粤海第一门户的城市的历史地位；海战博物馆基本陈列《鸦片战争》获评第十四届全国十大展览精品优秀奖，完成威远炮台铁炮复原、鸦片战争博物馆馆藏铁炮修复保护工作，打造“中国近代史开篇”品牌。以中国人民抗日战争全面爆发80周年为契机，以广东东江纵队纪念馆为主要阵地，举办7个主题展览，策划3个流动图片展赴全国各地展出6次，举办主题纪念活动3个，扩大华南抗日根据地影响力和辐射力；全面完成东莞展览馆基本陈列调整优化，全面展示东莞城市历史文化特色与价值，凸显改革开放先行地城市内涵。进一步完善博物馆体系，有效彰显东莞历史文化。

【博物馆服务水平提升】 2017年，东莞市提升市属国有博物馆服务水平，市属博物馆全年征集藏品954件（套），举办及引进精品展览67场，提升博物馆公共文化产品供给水平。创新博物馆公共文化服务方式，举办互动活动63项合计225期。帮扶引导和规范非国有博物馆发展，督促完善法人登记、陈列展览、藏品管理运营、藏品保管等；组织年度扶持资金申报、核查、评审、公示，扶持补助鑫源食品文化等7座民办博物馆，落实市属博物馆分片帮扶制度，指导麻涌小英雄粤剧博物馆、福木源紫檀家具博物馆完成展览调整优化陈列大纲。 （张玉纯）

2017年东莞市博物馆情况

序号	名称	性质	建筑面积（平方米）	展厅面积（平方米）	所在地
1	鸦片战争博物馆	国有	35000	9000	虎门镇
2	东莞市博物馆	国有	5800	1200	莞城街道
3	可园博物馆	国有	41771	2534	莞城街道
4	广东东江纵队纪念馆	国有	5001	3989	大岭山镇
5	东莞展览馆	国有	26000	10000	南城街道
6	东莞市袁崇焕纪念园	国有	10582	860	石碣镇
7	东莞科学技术博物馆	国有	40000	10000	南城街道
8	东莞蚝岗遗址博物馆	国有	2659	1260	南城街道
9	石龙博物馆	国有	2600	700	石龙镇
10	石龙镇信息产业展示馆	国有	1000	800	石龙镇
11	石龙镇举重博物馆	国有	560	560	石龙镇
12	石龙东征博物馆	国有	1500	450	石龙镇
13	塘厦城市展示馆	国有	2600	700	塘厦镇
14	凤岗历史博物馆	国有	1500	1400	凤岗镇
15	沙田水文化展览馆	国有	800	500	沙田镇
16	容庚故居纪念馆	国有	203	203	莞城街道
17	李任之生平事迹陈列馆	国有	200	200	常平镇
18	卢子枢艺术纪念馆	国有	350	350	虎门镇
19	中国建筑陶瓷博物馆（唯美陶瓷博物馆）	非国有	10000	16000	高埗镇
20	钱币博物馆	非国有	3000	2400	东城街道
21	冠和博物馆	非国有	3305	3000	樟木头镇
22	诺华中式家具博物馆	非国有	8000	4000	道滘镇
23	森晖自然博物馆	非国有	7800	6500	莞城街道
24	观音山古树博物馆	非国有	2000	2000	樟木头镇
25	旗峰山艺术博物馆	非国有	10000	5782	东城街道
26	东莞饮食风俗博物馆	非国有	1000	880	万江街道
27	圣心糕点博物馆	非国有	16000	3000	茶山镇
28	陈伯陶史迹陈列馆	非国有	210	210	中堂镇
29	东莞粤剧博物馆	非国有	3800	500	道滘镇
30	蚝岗民俗文物馆	非国有	1798	900	南城街道
31	啤酒博物馆	非国有	167333	3000	松山湖
32	石龙奇石馆	非国有	180	180	石龙镇
33	潢涌陈列馆	非国有	2050	2050	中堂镇
34	开合箱盒文化博物馆	非国有	1200	720	东城街道
35	东桥艺术品博物馆	非国有	914	2892	大岭山镇
36	尚正堂莞香文化博物馆	非国有	880	880	东城街道
37	婚庆微雕艺术博物馆	非国有	1030	1500	凤岗镇
38	稻香饮食文化博物馆	非国有	576	550	横沥镇
39	天得茶文化博物馆	非国有	4000	4000	长安镇
40	众生药业公司展示馆	非国有	609	500	石龙镇
41	正业仪器装备科技馆	非国有	1500	1500	松山湖

续表

序号	名称	性质	建筑面积（平方米）	展厅面积（平方米）	所在地
42	石源馆	非国有	500	400	松山湖
43	东莞婚礼博物馆	非国有	1000	300	东城街道
44	逸颐艺舍博物馆	非国有	6000	5000	横沥镇
45	东莞市第八人民医院院史陈列馆	非国有	198	198	石龙镇
46	麻涌“小英雄”粤剧博物馆	非国有	2100	1100	麻涌镇
47	成铭热熔胶博物馆	非国有	480	400	高埗镇
48	佰媚堂岭南婚俗博物馆	非国有	4500	350	茶山镇
49	牛文化展示馆	非国有	1000	800	横沥镇

2017年东莞市市级以上文物保护单位

序号	名称	年代	地点	级别	公布登记日期
1	林则徐销烟池与虎门炮台旧址	清	虎门镇	全国重点文物保护单位	第二批，1982年2月23日
2	东莞可园	清	莞城街道	全国重点文物保护单位	第五批，2001年6月25日
3	南社村和塘尾村古建筑群	明—清	茶山镇 石排镇	全国重点文物保护单位	第六批，2006年5月25日
4	却金亭碑	明	莞城街道	全国重点文物保护单位	第六批，2006年5月25日
5	大岭山抗日根据地旧址	抗日战争	大岭山镇	全国重点文物保护单位	第六批，2006年5月25日
6	蚝岗贝丘遗址	新石器时代	南城街道	全国重点文物保护单位	第七批，2013年5月18日
7	广九铁路石龙南桥	1911年	石龙镇	全国重点文物保护单位	第七批，2013年5月18日
8	燕岭古采石场遗址	明—清	石排镇	广东省文物保护单位	第四批，2002年7月17日
9	村头村遗址	新石器时代	虎门镇	广东省文物保护单位	第三批，1989年6月29日
10	松岗遗址	明—民国	清溪镇	广东省文物保护单位	第七批，2012年10月20日
11	卫佐邦墓	清	东城街道	广东省文物保护单位	第五批，2008年11月18日
12	道滘大坟	清	道滘镇	广东省文物保护单位	第七批，2012年10月20日
13	金鳌洲塔	明	万江街道	广东省文物保护单位	批三批，1989年6月29日
14	横山康王庙	清	石排镇	广东省文物保护单位	批四批，2002年7月17日
15	黎氏大宗祠及古建筑群	宋—明—清	中堂镇	广东省文物保护单位	第四批，2002年7月17日
16	方氏宗祠	明	厚街镇	广东省文物保护单位	第五批，2008年11月18日
17	苏氏宗祠	明—清	南城街道	广东省文物保护单位	第五批，2008年11月18日
18	榴花塔	明	东城街道	广东省文物保护单位	第七批，2012年10月20日
19	余屋进士牌坊	明—清	东城街道	广东省文物保护单位	第七批，2012年10月20日
20	云岗古寺	明—清	石排镇	广东省文物保护单位	第七批，2012年10月20日
21	蒋光鼐故居	1930年	虎门镇	广东省文物保护单位	第四批，2002年7月17日
22	国殇冢	1949年	道滘镇	广东省文物保护单位	第四批，2002年7月17日
23	容庚故居	清	莞城街道	广东省文物保护单位	第五批，2008年11月18日
24	牛眠埔洪仁玕避难遗迹（含永培书室遗址、福音堂、鼎和堂、张彩廷纪念碑、张声和夫妇墓）	清	塘厦镇	广东省文物保护单位	第五批，2008年11月18日
25	朱执信纪念碑	民国	虎门镇	广东省文物保护单位	第五批，2008年11月18日
26	石龙公园史迹（含周恩来演讲处、李文甫纪念亭、莫公璧殉难纪念碑、凯旋门）	民国	石龙镇	广东省文物保护单位	第七批，2012年10月20日

续表

序号	名称	年代	地点	级别	公布登记日期
27	雁田抗英指挥部旧址	1899年	凤岗镇	广东省文物保护单位	第七批，2012年10月20日
28	万福庵贝丘遗址	新石器时代	企石镇	东莞市文物保护单位	
29	龙眼岗贝丘遗址	新石器时代	石排镇	东莞市文物保护单位	第八批，2004年1月8日
30	宋皇姑赵氏墓	宋	东城街道	东莞市文物保护单位	第四批，1989年1月7日
31	陈莲峰墓	明	虎门镇	东莞市文物保护单位	第四批，1989年1月7日
32	熊飞墓	明	东城街道	东莞市文物保护单位	第四批，1989年1月7日
33	李桤墓	明	桥头镇	东莞市文物保护单位	第四批，1989年1月7日
34	叶永青家族墓	明	茶山镇	东莞市文物保护单位	第八批，2004年1月8日
35	郑瑜墓	明	虎门镇	东莞市文物保护单位	第八批，2004年1月8日
36	温皋谟家族合葬墓	明	寮步镇	东莞市文物保护单位	第八批，2004年1月8日
37	黄旗胜迹	宋	东城街道	东莞市文物保护单位	第七批，1993年6月22日
38	迎恩门城楼	明	莞城街道	东莞市文物保护单位	第三批，1982年8月24日
39	东岳庙	明	茶山镇	东莞市文物保护单位	第五批，1989年5月31日
40	大汾古桥	明	万江街道	东莞市文物保护单位	第七批，1993年6月22日
41	单氏小宗祠	明	石碣镇	东莞市文物保护单位	第七批，1993年6月22日
42	郭真人古庙	明	虎门镇	东莞市文物保护单位	第七批，1993年6月22日
43	黄氏宗祠	明	企石镇	东莞市文物保护单位	第七批，1993年6月22日
44	逆水流龟村堡	明	虎门镇	东莞市文物保护单位	第七批，1993年6月22日
45	王氏大宗祠	明	石排镇	东莞市文物保护单位	第八批，2004年1月8日
46	钟氏祠堂	明	寮步镇	东莞市文物保护单位	第八批，2004年1月8日
47	孙杜古桥	明	石龙镇	东莞市文物保护单位	第八批，2004年1月8日
48	鸡啼岗黄氏宗祠	明	黄江镇	东莞市文物保护单位	第八批，2004年1月8日
49	彭氏大宗祠	明	东坑镇	东莞市文物保护单位	第八批，2004年1月8日
50	丁氏祠堂及丁屋村古围墙	明	东坑镇	东莞市文物保护单位	第八批，2004年1月8日
51	埔心村古建筑群	明—清	石排镇	东莞市文物保护单位	第八批，2004年1月8日
52	福隆文阁	明—清	石排镇	东莞市文物保护单位	第八批，2004年1月8日
53	江边村古建筑群	明—清	企石镇	东莞市文物保护单位	第八批，2004年1月8日
54	迳联村古建筑群	明—清	桥头镇	东莞市文物保护单位	第八批，2004年1月8日
55	西溪村古建筑群	明—清	寮步镇	东莞市文物保护单位	第八批，2004年1月8日
56	半仙山村古建筑群	明—清	横沥镇	东莞市文物保护单位	第八批，2004年1月8日
57	桥梓村古建筑群	明—清	常平镇	东莞市文物保护单位	第八批，2004年1月8日
58	文光庙	明—清	大朗镇	东莞市文物保护单位	第八批，2004年1月8日
59	大井头村古建筑群	明—清	大朗镇	东莞市文物保护单位	第八批，2004年1月8日
60	金刚经云石塔	清	莞城街道	东莞市文物保护单位	第三批，1982年8月24日
61	巍焕楼	清	道滘镇	东莞市文物保护单位	第七批，1993年6月22日
62	薰莱亭	清	桥头镇	东莞市文物保护单位	第七批，1993年6月22日
63	叶氏宗祠	清	大岭山镇	东莞市文物保护单位	第七批，1993年6月22日
64	马山古迹	清	大岭山镇	东莞市文物保护单位	第七批，1993年6月22日
65	慕香书室	清	凤岗镇	东莞市文物保护单位	第八批，2004年1月8日
66	郑氏宗祠	清	虎门镇	东莞市文物保护单位	第八批，2004年1月8日
67	礼屏公祠	清	虎门镇	东莞市文物保护单位	第八批，2004年1月8日
68	浮竹山文阁	清	寮步镇	东莞市文物保护单位	第八批，2004年1月8日

续表

序号	名称	年代	地点	级别	公布登记日期
69	兰田别墅	清	横沥镇	东莞市文物保护单位	第八批，2004年1月8日
70	颂遐书室	清	常平镇	东莞市文物保护单位	第八批，2004年1月8日
71	陈氏家祠及胜起家祠	清	中堂镇	东莞市文物保护单位	第八批，2004年1月8日
72	福庆桥	清	中堂镇	东莞市文物保护单位	第八批，2004年1月8日
73	铁场客家围	清	清溪镇	东莞市文物保护单位	第八批，2004年1月8日
74	清厦客家围	清	清溪镇	东莞市文物保护单位	第八批，2004年1月8日
75	恬甲村古建筑	清—民国	南城街道	东莞市文物保护单位	第八批，2004年1月8日
76	中山路民国建筑群	民国	石龙镇	东莞市文物保护单位	第八批，2004年1月8日
77	保安圩古街	民国	大朗镇	东莞市文物保护单位	第八批，2004年1月8日
78	新埠正街	民国	横沥镇	东莞市文物保护单位	第八批，2004年1月8日
79	翟氏宗祠	明—清	莞城街道	东莞市文物保护单位	第九批，2012年11月6日
80	宋氏宗祠	清	南城街道	东莞市文物保护单位	第九批，2012年11月6日
81	白衣庙遗址	南宋—清	南城街道	东莞市文物保护单位	第九批，2012年11月6日
82	李氏大宗祠	明—清	南城街道	东莞市文物保护单位	第九批，2012年11月6日
83	陈氏宗祠	明—清	南城街道	东莞市文物保护单位	第九批，2012年11月6日
84	何氏大宗祠	明—清	万江街道	东莞市文物保护单位	第九批，2012年11月6日
85	陈氏大宗祠	明—清	万江街道	东莞市文物保护单位	第九批，2012年11月6日
86	元信陈公祠	清	万江街道	东莞市文物保护单位	第九批，2012年11月6日
87	节度陈公祠	清	厚街镇	东莞市文物保护单位	第九批，2012年11月6日
88	莫氏祠堂	明—清	麻涌镇	东莞市文物保护单位	第九批，2012年11月6日
89	李氏宗祠	明—清	东坑镇	东莞市文物保护单位	第九批，2012年11月6日
90	福隆当铺	明—清	石排镇	东莞市文物保护单位	第九批，2012年11月6日
91	谷吓文阁	清	石排镇	东莞市文物保护单位	第九批，2012年11月6日
92	埔心古塔	清	石排镇	东莞市文物保护单位	第九批，2012年11月6日
93	海月岩	宋	厚街镇	东莞市文物保护单位	第五批，1989年5月31日
94	神仙水	明	厚街镇	东莞市文物保护单位	第七批，1993年6月22日
95	观音山古迹	明	大岭山镇	东莞市文物保护单位	第七批，1993年6月22日
96	崖山古迹	清	谢岗镇	东莞市文物保护单位	第七批，1993年6月22日
97	殷氏宗祠	明	大岭山镇	东莞市文物保护单位	第八批，2004年1月8日
98	洪全福故居	清	凤岗镇	东莞市文物保护单位	第八批，2004年1月8日
99	大沙村西门楼	清	大岭山镇	东莞市文物保护单位	第八批，2004年1月8日
100	大片美游击队税站旧址	清	大岭山镇	东莞市文物保护单位	第八批，2004年1月8日
101	广东人民抗日游击队东江纵队路东干部训练班旧址	抗日战争	清溪镇	东莞市文物保护单位	第三批，1982年8月24日
102	东莞县博物馆旧址	民国	莞城街道	东莞市文物保护单位	第五批，1989年5月31日
103	欧仙院	民国	石龙镇	东莞市文物保护单位	第六批，1990年2月1日
104	孙中山先代故乡旧址	清—民国	长安镇	东莞市文物保护单位	第八批，2004年1月8日
105	霄边农会旧址	清—民国	长安镇	东莞市文物保护单位	第八批，2004年1月8日
106	张廷辅墓	民国	南城街道	东莞市文物保护单位	第八批，2004年1月8日
107	李任之故居	民国	常平镇	东莞市文物保护单位	第八批，2004年1月8日
108	东江纵队第一支队三龙大队部及驻军营地旧址	民国	高埗镇	东莞市文物保护单位	第八批，2004年1月8日
109	东圃小学旧址	民国	高埗镇	东莞市文物保护单位	第八批，2004年1月8日

续表

序号	名称	年代	地点	级别	公布登记日期
110	高埗大桥旧址	中华人民共和国	高埗镇	东莞市文物保护单位	第八批，2004年1月8日
111	太公岭村抗日旧址	民国	大岭山镇	东莞市文物保护单位	第八批，2004年1月8日
112	东莞县新二区区府旧址	民国	大岭山镇	东莞市文物保护单位	第八批，2004年1月8日
113	东莞中学民国建筑建筑群（含民国教学楼、报功祠）	民国	莞城街道	东莞市文物保护单位	第九批，2012年11月6日
114	明伦堂财产信条碑亭	1937年	莞城街道	东莞市文物保护单位	第九批，2012年11月6日
115	讴歌亭	1921年	莞城街道	东莞市文物保护单位	第九批，2012年11月6日
116	虎门医院旧址	1933年	虎门镇	东莞市文物保护单位	第九批，2012年11月6日
117	郡驸公祠	1923年	厚街镇	东莞市文物保护单位	第九批，2012年11月6日
118	济川善堂	1936年	道滘镇	东莞市文物保护单位	第九批，2012年11月6日
119	崖山碉堡	1943年	塘厦镇	东莞市文物保护单位	第九批，2012年11月6日
120	莫萃华故居	20世纪20年代	洪梅镇	东莞市文物保护单位	第九批，2012年11月6日
121	邓蓉镜、邓尔雅故居	晚清	莞城街道	东莞市文物保护单位	第十批，2014年9月15日
122	主山黄氏宗祠	明清	东城街道	东莞市文物保护单位	第十批，2014年9月15日
123	乌石岗黎氏宗祠	明—民国	东城街道	东莞市文物保护单位	第十批，2014年9月15日
124	绍贤家塾	1937年	东城街道	东莞市文物保护单位	第十批，2014年9月15日
125	温塘文阁	清	东城街道	东莞市文物保护单位	第十批，2014年9月15日
126	周屋周氏宗祠	明清	东城街道	东莞市文物保护单位	第十批，2014年9月15日
127	余屋余氏宗祠	明清	东城街道	东莞市文物保护单位	第十批，2014年9月15日
128	修鳌峙塘围堤记碑	1948年	东城街道	东莞市文物保护单位	第十批，2014年9月15日
129	雅园张氏宗祠	清—民国	南城街道	东莞市文物保护单位	第十批，2014年9月15日
130	雪松李公祠	1917年	南城街道	东莞市文物保护单位	第十批，2014年9月15日
131	五玉翟公祠	清中期	南城街道	东莞市文物保护单位	第十批，2014年9月15日
132	上甲谢氏宗祠	明清	万江街道	东莞市文物保护单位	第十批，2014年9月15日
133	耕乐祖祠	清—民国	万江街道	东莞市文物保护单位	第十批，2014年9月15日
134	耕读祖祠	清—民国	万江街道	东莞市文物保护单位	第十批，2014年9月15日
135	谷涌庾氏宗祠	清—民国	万江街道	东莞市文物保护单位	第十批，2014年9月15日

注：全市有市级以上文物保护单位135处，其中全国重点文物保护单位7处，省级文物保护单位20处，市级文物保护单位108处

文化场馆

【图书馆】 东莞图书馆于2005年9月28日开馆，建筑面积4.46万平方米，设有内地首家漫画图书馆、全国首家自助图书馆、全国首家粤剧图书馆、东莞书屋等多个馆中馆。此外，在莞城区新芬路另设9000余平方米的少年儿童图书馆。

2017年，东莞图书馆依托260余万册馆藏文献资源，坚持开展公益性文献服务、阅读推广和社会教育活动，全年接待读者350万余人次，书刊文献外借254万余册次，举办各类读者活动1850次。

在公共图书馆法制化建设方面。组织并参与起草《东莞市公共图书馆管理办法》，参与《中华人民共和国公共图书馆法》条文解读工作，开展行业法规宣贯，配合组织召开“两法”宣贯工作会暨图书馆评估定级工作部署会。

创新图书馆基层服务形式，依托总分馆体系搭建绘本馆网络，探索与社会力量合作开展“城市阅读驿站”建设项目，探索开展松山湖图书馆委托共建。圆满完成第十三届读书节，成功举办动画中国——经典动漫同读共赏暨2017东莞动漫之夏活动、“我讲书中的故事”儿童故事大王比赛、儿童礼仪、莞芽故事会等青少年特色阅读服务，举办市民学堂、市民空间等系列化讲座培训活动。全年收藏地方文献5842种1.85万册；收录图书、期刊、报纸、音像资料等

地方文献5.7万种；加强地方文献开发，编辑出版《名人笔下的东莞》《雕塑东莞》《伦明全集》一至五卷。继2008年实现东莞市在国家社科基金项目上零的突破后，2017年“图书馆服务体系层级结构与效能优化研究”再次获国家社会科学基金项目立项。

2017年，通过“全国文明单位”复查，获“广东省第七届盲人诗歌散文朗诵暨第三届盲人散文创作大赛优秀组织奖”“2017东莞动漫之夏活动优秀案例奖”等。

【文化馆】 2017年，东莞市文化馆启动“东莞市全民艺术普及行动计划”，并被纳入2017年东莞市政府十件实事之一。全年举办惠民演出活动666场，公益文艺培训班237个，与全市33个镇（街）文广中心合作，举办惠民培训582场。推出“东莞文化四季”项目，按一年四季的时序推出4个主题艺术季活动。培育社会文化消费，与其他单位联合推出“莞香花开”2017年东莞文化年历活动项目，传承发扬传统文化。打造爱心文化馆，与其他单位共同发起成立“东莞星星联盟”，打造自闭症儿童文化帮扶平台，打造全省首个“心目影院”。举办东莞市第二届群众音乐舞蹈花会、东莞市第三届美术书法摄影联展、2017年东莞市群众文化论文评选。在2016年度全省群众文艺作品评选中，东莞市获8金5银7铜和总分62分的好成绩，总分连续4年排名全省第一，广东省第七届群众音乐舞蹈花会中，东莞市获得5金6银1铜的好成绩，成绩总排名连续4届蝉联第一，展示东莞作为全国公共文化服务体系示范区的综合实力和排头兵风采。东莞合唱团获“2017中国（黔东南）国际民歌合唱节暨国际合唱联盟世界声音对话”活动“最佳合唱团”称号。

“东莞市文化馆总分馆体系研究”入选国家公共文化服务体系制度设计研究课题。承接文化部《中国全民艺术普及发展报告（2015—2016年）》撰写任务，参与起草“全民艺术普及社会化”发展情况报告，撰写“东莞市文化馆功能布局”作为地方经验列入发展报告中，宣传推广全民艺术普及的东莞经验。完成国家数字文化馆试点二期工程建设，推进文化馆总分馆建设，建成第一批6个镇街分馆，“文化莞家”微信公众号成为东莞首批66个“南方号·东莞矩阵”政务新媒体之一。

【影剧院】 2017年，东莞市有东莞玉兰大剧院、东莞市民艺术中心星剧场、塘厦演艺馆、东城影剧院、常平影剧院、莞城文化周末影院、望牛墩影剧院、长安影剧院、道滘粤韵馆、高埗影剧院、石碣影剧院、霄边影剧院、石排影剧院、凤岗影剧院、清溪影剧院、莲城影剧院、万江石美影剧院等17座剧院（影剧院）。

东莞玉兰大剧院是东莞市文化广电新闻出版局属下的公益性事业单位，为东莞标志性文化建筑，建筑面积4.03万平方米，拥有1个1600座的大剧场和1个400座的多功能小剧场。2017年，组织181场国内外演出及活动，其中自营演出91场（A类45场，B类39场，C类7场），公益演出54场，全年平均上座率69%，平均票价190元。坚持文化惠民，开展公益活动，截至2017年底，“绽放的玉兰”公益活动举办152场，深受市民喜爱。星剧场是东莞市文化馆管辖的公益性剧场，建筑面积1.2万平方米，可容纳915人观看演出，2017年组织演出175场，展览6场，其中自主演出66场，半公益演出109场，全年平均上座率75%。

【美术馆】 2017年，东莞市有岭南美术馆、莞城美术馆等2家国有美术馆，东莞二十一空间美术馆、东莞市开明美术馆等5家民营美术馆。其中，岭南美术馆是市文化广电新闻出版局属下的公益性事业单位，在省内外具有较大影响力；莞城美术馆是莞城街道属下的公益性事业单位，是广东省首个镇街美术馆。

2017年，岭南美术馆策划举办48个常规及大型艺术项目，其中，“文脉传薪——2017中国写意油画学派名家研究展”在中国美术馆展出；举办“艺术与欣赏”公共教育及文化惠民活动数十场（次），编辑出版20本国画、油画、水彩、陶艺等内容的书籍；组织画家参加各类重要艺术展览，其中，在国家级大展中有3件作品获得优秀奖，10件作品入选；在省级美展中有1件作品获得铜奖，2件作品获得优秀奖，4件作品入选；在市级美展中有3件作品获奖（2件获得铜奖，1件获得优秀奖）；征集藏品180件（套）；开展学术性研讨会、讲座5场次及专项课题研究4项。

2017年，莞城美术馆举办22个展览，其中巡展2个。莞城美术馆策划“天骨超俊——张穆艺术研究展”和“十年如一——莞城美术馆开馆十周年馆藏汇报展”。莞城美术馆自主策划的“永恒的朴素——余本作品展”在陕西省美术博物馆展出。《“行进中的美术馆——莞城美术馆馆校共创美育基地”：在前行中蜕变，在蜕变中前行》案例，被评为“公共文化建设现场”——2017广东公共文化服务优秀案例。 （张玉纯）

党史·地方志·档案

党　史

【党史征研】 2017年，东莞市委党史研究室按照“一突出、两跟进”要求，围绕纪念改革开放40周年，开展改革开放时期史料的征集编纂工作。征集1984年至2017年时间段的史料2800余份，涉及经济建设、政治建设、文化建设、社会建设、生态文明建设和党的建设各个方面的重要文件、领导讲话、工作报告、总结汇报等。完成《东莞改革开放史料选编》第一辑（1978—1984）和《东莞改革开放史料选编》第二辑（1984—1988）的编辑出版工作。以纪念改革开放40周年活动为契机，推进口述史征集整理工作。围绕“创建太平手袋厂”“建设高埗大桥”“农村经济体制改革”“发展外向型经济”“发展乡镇企业”“发展商品农业”等专题，采访欧阳德、黎桂康、郑锦滔、洪钢、陈矛、王贺畴、李育禺、郑焕深、袁美谦、赖洪均、林新福、钟超、陈松基、刘广文等老同志20余人次，并整理采访录音。开展新民主主义革命时期历史的征集研究。撰写《东莞解放实录》专题，整理反映东莞解放的有关历史档案、报刊资料、亲历者的回忆文章及历史图片，东莞解放大事记等。做好抗战时期图片资料整理工作，共整理归档图片1672张。开展《广东改革开放实录》第三辑专题研究，撰写专题《东莞建立社会主义市场经济体制的探索与实践》。开展《广东改革开放实录》第四辑专题研究，撰写党史专题《打基础办实业走正道——东莞践行科学发展观的历程》。

【党史宣教】 2017年，东莞市委党史研究室继续开展全市革命遗址立碑工作。对上年完成的第一批革命遗址的立碑工作进行巡查，加强维护。开展第二批革命遗址［东江纵队铁东大队大队部遗址、中共东莞县委交通情报站遗址（牌）、东宝惠边人民抗日游击大队成立遗址、长山口战斗遗址、富竹山伏击战遗址、中共东宝联合县委机关遗址（牌）、水乡地区地下党联络点遗址、低涌战斗遗址、远丰战斗遗址、李本立故居共10处遗址］的立碑保护工作。做好全市红色场馆和历史资源摸底建档立册工作，会同市文广新局汇总红色场馆和红色历史资源名单，连同工作进展等情况专题报告市委，为全市红色场馆和历史资源摸底建档立册。研究报送红色革命遗址保护利用重点项目规划方案，并按要求在全市范围推荐8个新民主主义革命时期的红色革命遗址，遴选申报改革开放时期重要纪念地。强化阵地意识，对社会舆情关于党史部分进行把关。提高政治站位和政治觉悟，在社会舆情中主动作为，对涉及党史部分把好政治关、史实关。重点关注微信、微博等自媒体，针对部分自媒体发布的不正确、不严肃、有误导倾向的文章，及时整理并与有关部门通气。（黄勇胜）

附：2017年中共东莞市委党史研究室主要领导名录

主　任：蔡建勋

党史编研

【《东莞改革开放史料选编》（第一辑）（第二辑）】 2017年，东莞市委党史研究室编辑的《东莞改革开放史料选编》（第一辑）（第二辑）出版。《东莞改革开放史料选编》第一辑（1978—1984）主要选编的是自1978年12月党的十一届三中全会召开至1984年9月中共东莞县第五次代表大会召开前，涉及改革开放和社会主义现代化建设的重要文件、领导讲话、工作报告、总结汇报等。《东莞改革开放史料选编》第二辑（1984—1988）主要选编的是自1984年9月中共东莞县第五次代表大会召开至1988年6月中共东莞市第七次代表大会召开前，涉及改革开放和社会主义现代化建设的重要文件、领导讲话、工作报告、总结汇报等。

地方志

【地方志工作概况】 截至2017年，东莞市二轮修志编纂出版209种地方志，其中：出版镇街志33部（含名镇志1部）、部门专业志41部、村志44部，出版《东莞年鉴》17卷、镇街（园区）年鉴24卷、部门年鉴24卷。2017年，以市府办名义印发《东莞市地方志事业发展规划（2016—2020年）》。完成全市1765个自然村落历史人文普查核查、《全粤村情》东莞卷全六册总纂、复审、终审，并提交省政府地方志办交付出版。年鉴工作再上新台阶，《东莞年鉴》2017卷于9月出版，创办镇街（园区）年鉴13种（新办4种），镇街（园区）数量居全省各地市第一位。启动《石龙名镇志》《塘尾名村志》《南社名村志》的编修工作。11月，中指组秘书长冀祥德、省政府地方志办主任陈华康等一行来莞调研，考察虎门、南城等镇街，肯定东莞市地方志取得的成果，表扬东莞市“多业并举，齐头并进，特点鲜明，成绩斐然”。12月，在全省市县地方志工作专题培训班上，副省长黄宁生肯定东莞市在年鉴编纂、名镇志名村志编修、镇级方志馆建设等工作方面成绩显著。

【《东莞市地方志事业发展规划（2016—2020年）》制定】 2017年，经过东莞市政府常务会议专题研究并审议通过，以市府办名义印发《东莞市地方志事业发展规划（2016—2020年）》，这是东莞市第一个以市政府名义印发的地方志事业发展五年规划。规划“十三五”期间全市地方志事业发展的指导思想、基本原则、总体目标、主要任务、保障措施，确立打造名志大市、年鉴强市等主要任务、重点项目，推进依法治志，推进地方志事业改革发展再上新台阶。

【《全粤村情》东莞卷一至六册交付出版】 2017年，东莞市完成全市1765个自然村落的普查工作，完成普查表填报、《调查》初稿撰写、镇街初审、实地核查和总纂、复审、终审工作，《全粤村情》东莞卷六册全部提交省政府地方志办交付出版。

加强与高等院校等单位的学术交流与合作。3月17日，经过公开招投标，东莞理工学院文学与传媒学院中标，参与普查资料审核及总纂等工作，引入东莞理工学院文传学院专家团队200多人，自然村落普查工作得以快速推进。做好实地调研指导，召开全市自然村落普查工作培训。市志办先后到全市32个镇街进行实地调研指导，召开30多场培训会，8月30日，市志办在东莞理工学院召开《全粤村情》东莞卷总纂培训会，广东省自然村落历史人文普查工作学术委员会委员、历史学研究员、省情专家陈泽泓做专题指导。制定行文规则；规范审核内容、程序，形成由各镇街审核校对、专家通审通读、市志办复审、市普查工作领导小组终审的审核程序。

资料链接：

2015年，广东省委、省政府部署开展自然村落历史人文普查工作，由各级党委、政府领导，地方志工作机构牵头实施。这是贯彻落实习近平总书记重要讲话精神的重大举措，也是贯彻党的十九大报告提出乡村振兴战略的具体举措，属全国首创，中国社科院将其列入国情调研项目。广东省将自然村落历史人文普查成果结集成《全粤村情》公开出版发行，共110卷、600册。东莞市自2015年12月开展普查工作，有6300多人参与。

【市镇两级年鉴编纂数量与时效居广东省前列】 2017年3月，东莞市委、市政府以东委办名义下发《东莞年鉴2017年卷编纂规划与实施意见》，市志办按编纂规划要求及工作计划，全程控制进度，《东莞年鉴》2017卷于9月出版发行，出版时间保持居全国同类年鉴前列。这是第17卷《东莞年鉴》。

2017年，东莞市出版13部镇街（园区）年鉴出版，分别是续编出版大朗、虎门、寮步、长安、厚街、塘厦、麻涌、南城等镇街年鉴和《松山湖（生态园）高新区年鉴》，新编石碣、樟木头、凤岗、桥头等镇街年鉴，出版数量居全省各地市之首。《长安年鉴》2016卷经推荐，作为广东省5部专业年鉴之一参评，在2017年全国地方志优秀成果评审中获评为提名年鉴，是全国唯一获奖的镇级年鉴。

年内，市志办完成《广东年鉴》《中国城市年鉴》《粤港澳大湾区城市群年鉴》等组稿任务。

【镇、村志编修稳步推进】 2017年，《谢岗镇志》出版，实现东莞市镇志全面完成。推动“中国历史文化名镇”石龙镇、“中国历史文化名村”南社村和塘尾村编修名镇志名村志，申报表、编修规划、志书篇目等材料通过省政府地方志办审核，进入向中指组申报阶段，完成资料收集、篇目报送，进入初稿撰写阶段。市志办还协助省政府地方志办做好2017年全省地方志机构新任主任暨能力提升培训班一行到虎门镇、茶山镇南社村开展现场教学。为规范村志编修，印发《关于做好村志村鉴编修工作的指导意见》，指导村一级修志编鉴，东城街道《火炼树社区志》通过审核。

【地情资源开发利用深化】 2017年，东莞市志办向省政府地方志办申报的“石龙风情”“塘尾风情”“南社风情”3个地情资源开发利用项目全部获批立项，稳步推进。大朗镇通过自然村落普查收集的大量资料，创作汇编《大朗姓氏探秘》，记载22个大朗姓氏故事，是全市首本镇街姓氏探秘书籍。南城方志馆根据清朝苏泽东组编的禁食鸦片文学作品《梦醒芙蓉集》，出版《〈梦醒芙蓉集〉诗歌书法作品选》，在2017年“国际禁毒日”开展宣传活动；根据《南城区志》“人物编”所记载的历史人物事迹，运用对联形式将历史人物的生平事迹进行概括，出版《联话南城历史名人》，并收入“南城历史地情文库”系列丛书。望牛墩镇挖掘该镇名人资源，出版《望牛墩名人志》《望牛墩历代诗文选》。

【市镇两级方志馆建设】 2017年，东莞市方志馆保存5.65万册地方志。大朗镇方志馆（全省首个镇级方志馆）收藏地方志7000多册。南城方志馆（全省首个街道方志馆）搜集名人著作116种312卷（册）；收录家谱族谱约1400种1.2万册，涉及156个姓氏。截至2017年底，中堂潢涌、麻涌新基、桥头邓屋、常平桥梓和大朗求富路、长塘、圣堂、巷头等村（社区）建有村志村史馆。市委、市政府多次召开市新方志馆建设选址协调会，市志办多次参加实地调研，到国土局等有关单位沟通选址事项。12月，市志办赴广州、深圳调研方志馆建设事项，调研深圳方志馆、深圳档案馆、广东省方志馆、广州市方志馆、广州市档案馆，向市政府提交调研报告。

【地方志信息化工作获中指组通报表扬】 2017年，东莞市情网上传志书3450万字，图片3900多幅，访问人数321万人次，访问数位列全省地级以上市前五位。在7月举行的2017年全国地方志系统信息化工作会议暨信息化研究会年度会议上，中指组肯定东莞市信息化工作，市志办张德全获通报表扬。

【读志用志】 2017年，东莞市志办结合自然村落历史人文普查工作送书下乡，将读志用志深入到村，把修志成果惠及村民。向各单位、各镇街赠送2187套《东莞年鉴》，12月6日，市志办向全市614所中小学赠送682本《东莞年鉴》2017年卷，让师生通过地方志，更快地了解东莞、热爱东莞。

【资料年报】 2017年，东莞市有171个单位需报送2016年年报，主体为市各单位。截至11月，报送完成率100%。173个单位需报送2015年年报，报送完成率100%。150个单位需报送2001—2014年报，报送完成率100%。为东莞市的三轮修志打下史料基础。

（郭佩文）

附：2017年东莞市人民政府地方志办公室主要领导名录

主　任：李文蔚（10月到任）

档　案

【档案馆库建设】 2017年，东莞市档案局开展建设全市档案中心调研工作，统筹建设市级国家综合档案馆、市直机关档案托管中心和全市数字档案馆，并将调研到的有关情况报告市主要领导，开展下一阶段工作。以中心镇为重点，建设档案馆镇街分馆，东城档案馆2017年1月4日成立，建筑面积4175平方米。年内推进长安和清溪镇街档案馆建设。

【档案信息化建设】 2017年，东莞市档案局加强档案信息化建设。完成《东莞市档案数据中心管理平台项目》的招标工作，项目计划2018年完成。加快馆藏档案数字化步伐，经市财政同意2017—2018年两年共拨款705.15万元开展馆藏档案数字化专项工作，2017年扫描馆藏档案107万页/幅。东莞市档案信息网的改版及集约化，推进市档案局“一门式、一网式”政府服务模式改革，优化公众网站结构布局。2017年，市档案局档案信息网站被市人民政府办公室评为优秀网站；全年网站点击量78万余人次。

【国家重点档案抢救】 2017年，东莞市档案局把东莞明伦堂档案开发研究和出版以及东莞市档案馆《抗日战争档案汇编》两个项目成功申报为2017年度国家重点档案保护与开发项目，2017年，国家专项资金到位。

【档案服务大局中心】 2017年，东莞市档案局引导全市各级档案部门从实际出发，做好档案利用、宣传、安全等工作，为党的十九大胜利召开营造良好氛围。紧贴市领导决策和社会热点，编印4期《档案资政参考》，内容分别是：《东莞区域战略布局发展的情况简报》《香港回归20年来，莞港合作的情况简报》《90年代初期至今，东莞市污水处理情况简报》《东莞建立地级市30年的发展历程情况简报》。完善推广声像档案工作机制，全年参加拍摄全市重大会议、重大活动和市党政主要领导重要政务活动共299次，参与制作国家、省、市等领导照片相册一批。

【档案服务经济建设】 2017年，东莞市档案局结合推进供给侧结构性改革、振兴实体经济服务等，做好企业档案指导服务，指导东莞发展控股股份有限公司、常虎高速管理处、东莞市输变电工程公司等企业的档案工作。按照《东莞市重大建设项目档案管理办法》和《东莞市档案工作分级督导方案》的规定，要求项目主管部门或项目所在镇街（园区）对市重大建设项目的档案工作实行组织落实，督促项目建设单位做好档案登记并及时报送市档案局。配合市农业局开展土地承包确权档案工作，参加由市农业局组织的农村土地确权工作督导，对各镇街农村土地确权档案工作进展情况进行调研，了解存在问题和困难，提出工作意见和建议，督促镇街落实主体责任。按照省档案局的要求，开展精准扶贫档案管理服务工作。

【档案服务民生】 2017年，东莞市档案局联系市教育局相关部门，在调研和了解学校档案工作现状及需求的基础上，结合东莞市学校档案工作实际，共同修订《东莞市中小学档案建设工作指引》。结合党建工作，组织党员为市特幼中心、市救助站等机构提供档案指导服务。全年接待查阅利用单位308个，提供利用档案1850余卷又2440余件，照片档案5580余张；公布公开现行文件520余份；通过网站和手机查阅利用公开现行文件和开放档案1.24万人次。

【档案服务社会教育】 2017年，东莞市档案局利用档案馆作为教育实践基地的平台，接待市社会组织管理局、市食品药品监督管理局、东莞理工学院和南城阳光六小等单位的干部职工和师生370余人来馆参观；开展爱国主义教育活动，《一座城市的记忆——百年东莞图片展》送高埗低涌中学巡展，参观师生2000余人次；开展4期学生暑期档案教育社会实践活动，发挥档案馆作为东莞市爱国主义教育基地、东莞市未成年人素质拓展基地、全国中小学档案教育社会实践基地的作用。

【依法治档】 2017年，东莞市档案局完善档案行政审批，参与“一门式、一网式”政府服务模式改革，推广网上办事。实施聘请法律顾问制度。依法实施档案工作执法检查常态化，通过档案行政执法检查与档案目标管理复查相结合的方式，对各单位、各镇街的档案工作进行督导，全年对57个单位进行复查，对12个存在问题的单位发出整改通报，限期整改。以档案工作目标管理认定为抓手，推动39个单位完成档案工作目标管理认定。严格执行分级督导机制，各主管单位和镇街对338个下属单位、村（社区）开展复查工作。引入社会力量参与档案事务，对每一个档案中介服务机构实行严格的备案登记，并定期在门户网站进行公布有关情况。以统一社会信用代码为索引，完善档案中介服务机构信息归集、公示机制，依托市政务信息资源共享平台建立统一的数据归集通道，推动中介服务机构信息电子化、标

2017年3月13—27日，《一座城市的记忆——百年东莞图片展》在高埗低涌中学巡展　（低涌中学供图）

准化记录存储，落实市政府部门涉企信息统一归集工作。

【档案资源建设】　2017年，东莞市档案局加强档案资源建设，全年接收各单位档案139卷又9894件。加大名人档案工作力度，收集、征集容庚、许光明、李衍达等名人纸质档案75件、实物档案1037件、照片154张。开展海外征集档案工作，赴澳大利亚、新加坡、马来西亚征集有关东莞历史的档案资料59件。做好东莞方言建档的后续工作，建立和完善方言档案管理系统，并发挥东莞方言档案视听体验室的教育功能。

【档案编研】　2017年，东莞市档案局整理编写《图说中华民国时期的东莞医疗卫生》和《东莞市档案馆指南》等编研资料；与市委党史研究室联合编印《东莞改革开放史料选编》（第一辑1978—1984）、（第二辑1984—1988）；编印《东莞地区明清档案文献选编》88册。

【档案宣传】　2017年，东莞市档案局加大档案普法的宣传力度，以《档案法》颁布30周年为契机，宣传新修订的《档案法》。在局（馆）内开展《国家安全法》培训教育等活动。开展“6·9”国际档案日宣传活动，组织全市档案工作人员参与国家档案局组织的档案法律法规知识竞赛，举办“档案人眼中的东莞”拍摄活动、档案馆公众开放日活动、“档案——我们共同的记忆”主题征文活动等，效果明显。充分利用自身的宣传阵地，编印《东莞档案》，并通过公众网站、微信群、QQ群等宣传东莞市档案工作动态。　（梁锐华）

附：2017年东莞市档案局（馆）主要领导名录

局（馆）长：连希波

体育·卫生

SPORTS · HEALTH

2017年11月26日，第16届亚洲马拉松锦标赛暨2017东莞国际马拉松比赛举行 （郑琳东　摄）

编辑：张曼利

【体育概况】 2017年，东莞市财政投入1768万元改善基层公共体育设施，建设200套全民健身路径、100个公共健身室和6个小型足球场，升级改造40个篮球场。投入5683万元的市体育中心整体升级改造工程启动，滨江体育公园、市网球中心等市属体育场馆通过举办赛事和开展培训等加大开放运营力度，提高使用率。横沥镇体育公园、石碣镇运动体育公园投入使用。新增33个公共体育场馆向市民免费或低收费开放。

是年，东莞市出台《东莞市体育社会组织登记事项前置审查工作细则（暂行）》，加强体育社会组织的管理。组织352名运动员参加广东省第四届体育大会，夺得团体总分第四名、获优秀组织奖和体育道德风尚奖；东莞市参加省篮球联赛，蝉联冠军，实现三连冠；市足协举办首届全市足球联赛，市篮球协会、网球协会、武术协会等众多体育单项协会举办或承办各类体育赛事活动。

截至年底，体育彩票销售总额16.03亿元，筹集市级体彩公益金1.21亿元。各类企业、体育协会开拓体育市场，承办众多商业赛事，推动体育产业发展为东莞市经济贡献新亮点。

【全民健身活动】 2017年，东莞市开展“我要上全运”为主题的系列群众体育活动，举办“全民健身日”及“东莞市第二届户外运动节”等活动。有6000多名运动员参加东莞市运会23个项目的角逐。其中，南城街道、虎门镇、东城街道获奖牌榜前三名，虎门镇、东城街道、莞城街道获总分榜前三名。通过市运会宣传带动，外树形象、内聚合力，推动全民健身运动开展，取得运动成绩和精神文明的双丰收。全市开展各类全民健身赛事约430场，参与人数超过30万人次。麻涌镇承办全运会龙舟大赛预

2016年12月30日，东莞市迎2017年新年环城跑举行　（市体育局供图）

选赛、市龙舟锦标赛和主办国际龙舟嘉年华活动；厚街镇举办以展示城镇工业旅游新貌及宜居生态环境为主题的半程马拉松；道滘镇举办独具特色、全民参与的第五届运动会；市游泳协会再次扩大赛事规模，举办“7·16全民游泳健身周”横渡东江等活动。

【健身服务水平提升】　2017年，东莞市社会体育指导员服务站工作开展常态化，开展全民健身志愿服务203次；新增二三级社会体育指导员3000名，全市32个社会体育指导员站开展公益培训140场次，培训人数4800人次；市滨江体育公园举办千人公益培训；国民体质监测工作收集数据1.06万例；“中国体育彩票”广东省国民体质监测万里行暨全民健身志愿服务（东莞站）活动在厚街镇举行。

【体育执法】　2017年，东莞市不断优化行政许可事项审批，组织工作人员参加执法培训和考试，逐步建立体育系统执法队伍。强化高危体育项目经营的安全生产的监管，开展夏季游泳池安全大检查，举办5期游泳救生员技能培训班，共469人参加。

【体育产业】　以2017年出台的《东莞市人民政府关于加快发展体育产业促进体育消费的实施意见》为指导，东莞市财政投入234万元扶持体育社会组织发展；促进体育与东莞企业产品展销、与东莞旅游资源相结合；服务东莞市职业体育俱乐部，完善市羽毛球专业队建设；东城街道举办体育产业群创业经营心得分享会，为体育产业发展搭建交流平台、共享发展经验。

【竞技体育水平跃升】　2017年，东莞市健儿再度扬威国际赛场，市体校输送的惠子程、张子为和石龙镇邓世伟、大朗镇吴瑞庭等8名健儿在射击、举重、田径三级跳远等项目夺得3金4银1铜。在第十三届全运会上，市体校、市游泳中心等8个单位输送的95名运动员参加比赛，12人在7个项目上获金牌，9人在6个项目上获银牌，9人在4个项目上获铜牌，有58人进入参赛项目前八名。东莞市有2人获广东省政府集体嘉奖，7人获省政府个人记大功，5人获省政府个人记功。市委书记吕业升先后两次作出专门批示，褒奖东莞健儿，激励全市体育工作者继续努力，再创佳绩。

【业务训练取得新实效】　2017年，东莞市完成广东省第十五届运动会运动员的注册和资格审查，完成省运会前的文化考试和体能测试，将有663名运动员参加省运会23个项目的比赛；全年参加24个项目的省青少年锦标赛，各项目均达到赛前预定目标。其中：射击项目继续蝉联团体总分第一名；游泳取得历史性突破，超越广州市，获得团体总分第二名；“省长杯”青少年足球赛卫冕冠军。承办省跳水锦标赛等多项赛事。市体校获评广东省重点中等职业学校。31人考上本科院校，8人考上大专院校。其中，1人考上清华大学，另有5人考上北京体育大学等重点大学。

（麦惠澎）

【首届东莞龙舟锦标赛】　2017年6月3日，由东莞日报社发起，市体育局、市文广新局、市旅游局、麻涌镇政府5个单位联合主办的“众来达杯”2017东莞龙舟锦标赛在麻涌华阳湖湿地公园举行，麻涌、万江、沙田虎门港、中堂、望牛墩、道滘、石碣、高埗、石龙等9个镇街组织龙舟队参赛，最终麻涌龙舟队夺冠。这届龙舟锦标赛，采用媒体牵头、政府支持、社会参与的全新方式，整合各方资源，避免单方操办的缺陷，形成“媒体+政府+社会”的新型办赛模式，在巩固和提升竞技体育水平的同时，延续与活化东莞地方文脉，彰显东莞敢为天下先的龙舟精神。

【第二届东莞大学生篮球联赛】　2017年4月18日，由东莞日报社牵头主办的第二届东莞大学生篮球联赛在东莞职业技术学院体育馆开幕。东莞理工学院、广东医科大学、东莞理工学院城市学院、中山大学新华学院、广东科技学院、东莞职业技术学院、广东创新科技职业学院、广东酒店管理职业技术学院、广东亚视演艺职业学院、东莞市技师学院等10所高校受邀参赛，历时1个多月，最终东莞理工学院城市学院夺冠。为东莞“运动之城”建设注入全新的元素。

（黄佳珣）

附：2017年东莞市体育局主要领导名录

党组书记、局长：黄慧红

卫生

【医疗卫生概况】 2017年，东莞市有医疗卫生机构2446个，其中，医院类机构97个、基层医疗机构2308个、专业公共卫生服务机构41个；有床位2.97万张，其中，医院类机构床位2.91万张、妇幼保健院700张、专业疾病防治院120张。全市每千常住人口床位数3.58张；全市医疗卫生机构在岗人员6.02万人，其中，卫生技术人员5.06万人，包括执业（助理）医师17506人、注册护士2.29万人，全市每千常住人口拥有执业（助理）医师、注册护士分别为2.10人、2.74人。

是年，东莞市人民医院夺得国家级医养结合试点单位、全国计划生育优质服务先进单位、国家卫生城市、全国青年文明号；蝉联“国家卫生城市”称号，冠心病重症监护室获全市卫生计生系统首个“全国青年文明号”称号。指导9个镇开展国家卫生镇复审并通过省级考核；指导企石镇创建国家卫生镇。农村自来水普及率、无害化卫生厕所普及率均达100%。

【医药卫生体制改革】 2017年，东莞市调整成立市深化医药卫生体制改革（建设卫生强市）工作领导小组，统筹协调领导深化医改和建设卫生强市工作。出台《东莞市卫生与健康“十三五”规划》《东莞市区域卫生规划（2016—2020年）》《东莞市深化医药卫生体制综合改革实施方案》。继设立市属公立医院院长专项资金后，设立镇街公立医院院长专项资金，资金规模为每年3000万元。启动重点专科建设项目补助及奖励的申报评审工作。推进寮步镇、茶山镇、大岭山镇与广东医科大学合作共建附属医院，由市财政一次性资助经费3000万元。公立医院实施全面预算管理，所有三级公立医院完成设置总会计师岗位。市第七人民医院试行“收支两条线”管理。继续实施取消药品加成政策（中药饮片除外），全市公立医院药品费用下降5.17亿元，实际为群众减轻医药费用负担7929万元。设置4个急（抢）救药品常态储备点。出台市级重点药品监控目录。有3所医院开办药学门诊。制定各公立医院医疗费用控制指标，执行医疗费用公示制度。

【社会办医】 2017年，东莞市社会办医疗机构增至1889个，占全市医疗机构数的77.2%，其中，社会办医院50所，占全市医院总数的51.5%。社会办医疗机构实有床位数、住院量、门诊量分别占全市医疗机构的30%、25.3%、25.3%，三项指标均名列全国前茅。

【疾病预防控制】 2017年，东莞市建立防治重大疾病工作联席会议制度。全市无甲类传染病发生，报告乙、丙类传染病26种81052例。艾滋病等重大传染病疫情上升势头得到有效遏制。全市免费接种扩大国家免疫规划疫苗合计323.45万剂次，比上年增长18.7%。开展儿童口腔疾病综合干预项目，实施免费窝沟封闭6.96万人次，共21.84万颗牙齿，免费局部涂氟7.26万人次，超额完成2017年度市民生实事预定目标。高血压、糖尿病规范管理率分别增至78.78%、78.65%。严重精神障碍患者规范管理率84.95%。肺结核患者健康管理率99.85%。推进梅毒综合防治示范区工作。开展放射卫生监测项目、重点职业病监测与职业健康风险评估。

【卫生应急】 2017年，东莞市有效处置人感染H7N9流感、登革热、手足口病等急性传染病疫情，做好各类突发公共事件紧急医学救援工作，保障广大人民群众生命安全和身心健康；及时向上级部门报送突发急性传染病疫情信息和突发事件紧急医学救援信息。统筹协调做好全市各类重大活动的医疗卫生保障和突发事件应急处置工作，切实保障有关人员的健康安全，确保活动进行。组织开展全市卫生应急技能竞赛，提升全市卫生应急能力。东莞市卫生应急代表队参加全省卫生应急技能竞赛，获广东省决赛团体二等奖。

【信息化建设】 2017年，东莞市社区卫生服务信息系统实现升级改造并上线使用。选取东莞市人民医院等6个医疗机构作为全市预约服务统一平台建设项目试点，面向市民提供预约服务。“健康东莞APP”上线投入使用，下载2.2万人次。“东莞市卫生计生局”微信公众号发布文章273篇，关注人数超过5万人次，总阅读量超过200万次。东莞市卫生计生系统新协同办公平台一期上线使用。

【医政管理】 2017年，东莞市人民医院、东华医院通过广东省“三甲医院”复审，东莞市常平医院、大朗医院通过“二甲医院”评审。东莞市妇幼保健院挂牌为南方医科大学非直属附属医院。东莞市人民医院、第三人民医院成功创建国家级胸痛中心。出台《东莞市加快推进临床重点专科、特色专科建设指导意见》，新增市级重点专科15个、特色专科9个。成立市临床病理、药事管理、消毒供应、脑卒中等医疗质量控制中心，发布全市脑卒中溶栓地图。举办全市优质护理服务突出个人评选活动，推进优质护理服务工作向纵深发展。实施全市公立医院绩效考核，开展全市二、三级医院医疗质量和医疗服务评价，对全市各级各类医疗机构进行医疗质量巡查以及院感暨消毒供应管理专项督查。全市二级以上医院推广使用医院感染监测平台。举办全市“综合病例下站点式”护理技能竞赛活动，派员参加全省

“综合病例下站点式”护理技能竞赛，3人获二等奖、4人获三等奖，东莞市卫生计生局获优秀组织奖。

【基层卫生】 2017年，东莞市建成使用社区卫生服务机构403个。全市社区卫生服务机构诊疗量1871万人次，为历年最高，占全市医疗机构门诊总量的27.5%。全市基本公共卫生服务项目经费人均补助标准达55元。所有社区卫生服务机构均开展家庭医生签约服务，组建家庭医生团队1068个，签约群众267.34万人，一般人群和重点人群签约服务覆盖率分别达到32.39%、67.83%。全市居民健康档案电子建档率81.21%。完成省基层医疗卫生机构管理信息系统试点建设。举办全市基层卫生岗位练兵和技能竞赛活动。寮步镇、大朗镇社区卫生服务中心获评“全国百强社区卫生服务中心”。

【妇幼保健】 2017年，东莞市常住人口孕产妇和婴儿死亡率分别为7.38/10万、2.52‰，低于广东省平均水平。全市完成1.08万对夫妇免费婚前孕前优生健康检查，免费提供预防艾滋病、梅毒和乙肝母婴传播、地中海贫血防控、妇女“两癌”筛查等10个妇幼公共卫生服务项目，财政补助经费7096.55万元。实施新生儿遗传代谢病筛查补助项目，完成新生儿遗传代谢病筛查4.5万例。东莞市人民医院、康华医院取得产前诊断技术服务资质。东莞市妇幼保健院获评“全国卫生计生系统先进集体”。

【科研教育】 2017年，东莞市卫生计生系统科研立项472项，比上年增长42.6%；获得东莞市科技进步奖35项，其中一等奖3项；各级各类继续医学教育项目797个，增长23.4%。东莞市中医院、东华医院被认定为国家第二批住院医师规范化培训基地，新增5所住院医师规范化培训协同医院。东莞市财政对东莞市人民医院、中医院住培基地分别给予基地建设补助500万元，按每个培训人员每年3万元的标准补助给培训基地及协同医院。完成住院医师规范化培训师资准入培训640人，全市住院医师规范化培训人数累计580人。建成2个住院医师规范化培训临床技能培训中心。推进建设2个全科医生实训中心。全科医生培训累计1667人。特殊专科护理岗位护士准入规范化培训279人。东莞市人民医院被认定为中华医学会临床药学分会临床药师学员培训中心。市级临床药师规范化培训累计完成三期，共48人。

【人才建设】 2017年，东莞市卫生计生局开展新一轮“暖心工程”调研活动，到各医疗卫生机构走访高层次人才近1000人。出台《东莞市公立医院引进和培养医学领军人才杰出青年医学人才医学学科带头人医学学科骨干实施方案（试行）》，培养镇街公立医院医学领军人才1人、杰出青年医学人才2人、医学学科带头人11人、医学学科骨干446人。2人获评“全国卫生计生系统先进工作者”。出台卫生计生人才和卫生管理干部培训方案，实施13项卫生计生人才培训项目和11项管理干部能力提升培养项目。选派6名市属医院学科带头人、36名业务骨干分别到港澳台著名大学院校、国内著名医疗卫生机构进修培训。选派6人赴美国分别参加“2017中美医院管理论坛”及“梅奥诊所医院管理者论坛”，交流学习先进管理经验。对引进和培养的医学领军人才、业务骨干和优秀人才，896人给予补助，共3872万元。按时足额发放专职精神病防治医生工作岗位补助津贴，给予市级精神卫生服务机构专职精神病防

2017年1月18日，东莞市人民医院与谢岗医院医疗联合体新院区建成投入使用　（市卫生计生局供图）

治医生补助2万元/年/人，镇街（园区）医疗卫生机构专职精神病防治医生补助1万元/年/人。

【中医药工作】 2017年，东莞市加强市国医馆、市中西医结合医院筹建工作。成立东莞市中医“治未病”指导中心。遴选市级名中医师承项目20个。有369个社区卫生服务机构提供中医药服务。东莞市虎门中医院“粤港澳大湾区毫火针疗法培训推广中心”项目被列为首届粤港澳大湾区卫生与健康合作论坛合作项目之一。宣传贯彻《中医药法》，实施中医诊所备案制。首次举办“我的中医故事我来讲”主题演讲比赛活动。

【援建与扶贫】 2017年，东莞市组织派出1名援藏干部、2名援藏医务人员、10名援疆医务人员、3名援外医生、1名省内扶贫干部、15名对口韶关支医人员、6名对口昭通帮扶人员，在各领域取得良好成效。向新疆第三师、林芝市巴宜区分别捐赠一批价值450多万元、230多万元的医疗器械。推进揭阳市惠来县厚山村精准扶贫精准脱贫工作，累计帮助9户实现脱贫。向麻涌镇麻一村提供帮扶资金39.85万元。

【卫生与健康大会】 2017年6月29日，东莞市委、市政府在市行政办事中心召开全市卫生与健康大会，贯彻全国、全省卫生与健康大会精神，研究部署推进卫生强市和健康东莞建设。东莞市委书记、市人大常委会主任吕业升主持并讲话，省卫生计生委主任段宇飞出席并讲话，东莞市政府市长梁维东对全市卫生与健康工作作总体部署，寮步镇、谢岗镇、麻涌镇作交流发言。东莞市人大、市政府、市政协有关领导，东莞市卫生计生局及市有关部门、各镇街（园区）党委、政府主要负责人，卫生计生系统有关负责人，400人参加会议。

【医疗联合体建设】 2017年，东莞市出台《东莞市推进医疗联合体建设和发展工作方案》，组建36个医疗联合体、21个专科联盟，所有公立医院、社区卫生服务中心全部参与医联体建设。东莞市首个医联体—东莞市人民医院与谢岗医院医联体新院区建成投入使用，谢岗医院2017年业务量比上年增长45.02%。东莞市第三人民医院与松山湖（生态园）社区卫生服务中心签约组建医联体。43所医院组建东莞市胸痛中心联盟，东莞市中医院与33所社区卫生服务中心组建治未病专科联盟。

【医疗机构药品跨区域联合集中采购改革启动】 2017年，东莞市出台《东莞市推进公立医院药品跨区域联合集中采购改革试行方案》，依托深圳市确定的第三方药品集团采购组织，启动医疗机构药品跨区域联合集中采购改革。全市公立医疗机构先行完成第一批药品采购，保障临床短缺药品供应和降低药品虚高价格。

【5所区域中心医院建设启动】 2017年，东莞市印发《东莞市建设区域中心医院行动计划（2018—2022年）》，成立市建设区域中心医院工作小组，按照园区统筹片区协调发展部署，选定东莞市第三人民医院、第五人民医院、塘厦医院、常平医院、麻涌医院启动建设区域中心医院。

【首批医养结合试点单位建成投入使用】 2017年，东莞市出台《关于促进医疗卫生与养老服务相结合的实施意见》，鼓励医疗机构开展养老服务和养老机构开展医疗服务，选定东坑医院、洪梅医院、沙田敬老院、万江福星女儿家，4个单位为首批试点单位，出台《东莞市护理院收治对象规范（试行）》，明确东莞市护理院收治对象范围。东坑医院护理院（东坑医院养护中心）、万江福星女儿家护理院建成投入使用，为老年人提供治疗期住院、康复期护理、稳定期生活照料以及临终关怀一体化的健康和养老服务，其中：东坑医院护理院首批入住40多名老人。

【首批“东莞名医”评选】 2017年，东莞市落实《东莞市名医评选实施办法（试行）》，在东莞市卫生计生系统从事医疗、预防、保健、疾控、中医及科研等领域工作且在东莞医学界有较大贡献的卫生专业技术人员中，评选一、二、三类名医，评选出第一批东莞名医198人。出台《东莞市名医年度考核工作意见》，对第一批东莞名医实行动态管理，从德能勤绩廉表现和业绩成果进行2017年度综合考核，给予优秀、合格者一次性发放特殊津贴，共641万元。

【第16届亚洲马拉松锦标赛暨2017东莞国际马拉松医疗卫生保障】 2017年11月26日，东莞市卫生计生局牵头负责第16届亚洲马拉松锦标赛暨2017东莞国际马拉松医疗卫生保障工作，实现“零死亡”目标，保障3万名参赛人员的生命安全。在赛道沿途设置37个医疗救助点，赛事现场配置800余名医疗人员和800名医疗志愿者，包含2个直升机救援组、由132名医护人员组成的医者跑团；安排40辆救护车、40辆携带AED（自动体外心脏除颤器）摩托车服务赛事，增设2架直升机转送伤员，开通东莞市人民医院等7个直升机停机点。救治伤员637人，其中：轻症609人，中症27人，重症1人。

【全国首家人类胆石博物馆落成开馆】 2017年8月15日，东莞市南城医院举行人类胆石博物馆落成开馆仪式。该博物馆是全国首家人类胆石博物馆，由东莞市胆囊疾病研究所筹建，设立于东莞市南城医院内，集教学、临床、科研、科普等多功能于一体，设有胆道VR漫游动画系统和人体虚拟电子显示模型，保存着来自全国32个省、市、自治区及美国、马来西亚、法国、澳大利亚等国家和中国香港、中国

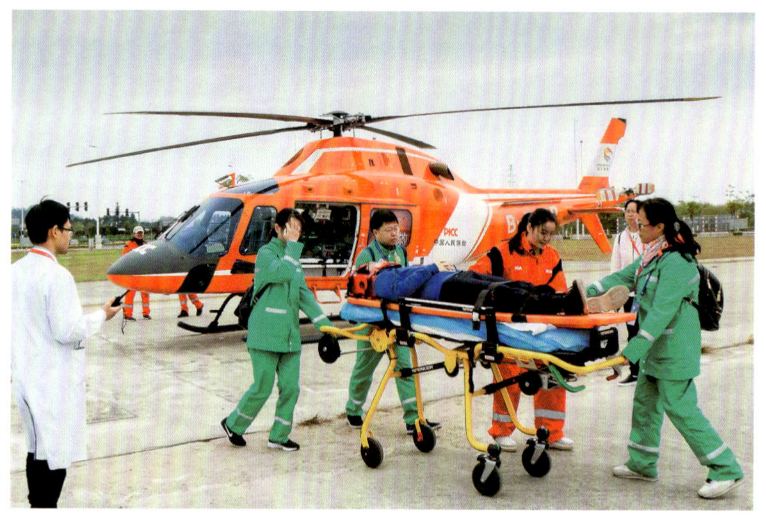

2017年11月26日，东莞市卫生计生局牵头负责第16届亚洲马拉松锦标赛暨2017东莞国际马拉松医疗卫生保障 （市卫生计生局供图）

台湾等地区的人类胆道结石标本2300多份。 （张明远 吴宝辉）

附：2017年东莞市卫生计生局主要领导名录

党组书记、局长：叶向阳

疾病预防控制

【疾病预防控制概况】 2017年，东莞市组建的急性传染病防控应急队伍，参加2017年广东省卫生应急技能竞赛，获团体二等奖，个人二等奖、个人三等奖各一名。“东莞疾控”微信公众号月影响力稳居“全国疾控机构微信公众号排行榜”前5位，并成为全国疾控机构中最具影响力的公众号之一。

【公共卫生事件】 2017年，东莞市累计报告突发公共卫生事件有人感染H7N9禽流感疫情、流行性腮腺炎暴发疫情、本地感染登革热疫情、水痘聚集性疫情、输入性登革热病例、食源性诺如病毒感染事件、诺如病毒感染性腹泻暴发事件和误食野蘑菇食物中毒事件。针对各类突发公共卫生事件，疾控中心均第一时间奔赴现场，开展流行病学调查与监测，及时向发生事件单位和相关部门提出防控意见，采取科学有效的防控措施，确保疫情的控制、事件的平息。每季度组织有关专家和专业技术人员开展突发公共卫生事件风险评估，每年、每季度、每月定期和适时地对登革热、手足口病和流感等重点传染病疫情开展风险评估，形成报告报上级卫生计生行政部门和业务指导部门，为制定东莞市公共卫生政策提供可靠的依据。开展季度风险评估4期，登革热和流感专题风险评估各1期，指导全市开展疫情防控工作。

【艾滋病防控】 2017年，东莞市落实“四免一关怀”政策。开展免费的自愿咨询检测、抗病毒治疗、母婴阻断等工作；同时引进社工，为艾滋病患提供专业的社工服务，并招募同伴教育员参与到关怀工作中。推动戒毒药物维持治疗工作。是年，增设虎门、中堂和大朗三个戒毒药物维持治疗延伸服药点，进一步扩大覆盖面，提高服务的可及性。指导17个镇街（园区）建立自愿咨询检测门诊，优化原有的工作模式，开展“即时检测”的工作模式，提高自愿咨询检测的工作质量。不断完善艾滋病监测网络，设立各类监测哨点7个，开展哨点监测工作。截至年底，收集样本2660份，完成哨点样本的血清学检测和数据上报。以“属地管理”原则，各镇街（园区）疾控中心负责辖区内艾滋病感染者/病人的随访管理，做好艾滋病感染者和病人的疾控服务。现住址在东莞市的HIV感染者和AIDS病人随访检测比例为93.96%，达到国家考核要求（80%）。每季度出版《东莞市艾滋病防治工作简讯》和进行艾滋病防治主要措施落实质量分析，每月进行艾滋病疫情分析，及时了解和分析全市的艾滋病疫情和防治工作的质量。强化督导检查，结合数据质量评估的要求，于每年7月进行现场督导和自查，及时发现和解决工作中存在的问题。

【免疫规划】 2017年，东莞市免费接种扩大国家免疫规划疫苗323.45万剂次，比上年上升18.70%。加强疫苗可预防疾病监测和疫情防控。继续维持无脊灰状态，通过加强AFP病例主动监测力度，强化宣教活动，确保建立牢固的免疫屏障，巩固维持东莞市无脊灰状态；加强麻疹防控工作，通过在全市开展适龄儿童的含麻疹成分疫苗的查漏补种工作，并在全市范围内开展入园、入学儿童预防接种证查验，要求各镇街（园区）出台本辖区相关实施方案，做好摸底、补种和评估。全市累计接种含麻疹成分疫苗约34079剂次，接种率均≥95%。开展和做好应急接种和群体性预防接种、免疫规划疫苗针对传染病及预防接种相关突发公共卫生事件报告和监测、人群免疫水平监测、预防接种异常反应的监测与调查诊断补偿和预防接种从业人员培训、宣传教育等工作。根据《广东省预防接种单位管理工作指引（2015版）》的要求，确保预防接种工作科学规划、安全有序进行。全市新增预防接种门诊8所，产科接种点3个。全市现有预防接种门诊77所，特需预防接种门诊4所，产科预防接种点82个。上半年完成对全市66个产科预防接种点开展预防接种工作督导评价，了解产科预防接种点工作现况，做好产科预防接种点预防接种技术指导。

【卫生监测】 2017年，东莞市疾控预防控制中心开展食源性疾病及食品安全风险监测、国家生活饮用水及水性疾病网络试点监测、公共场所卫生监测、集中式消毒餐（饮）具监测以及以碘缺乏病监测和饮水型地方性氟中毒监测。首次独立开展对轨道交通2号线的卫生学评价，做好公共场所卫生保障，确保人民群众身体健康和生命安全。继续开展学校卫生综合评价、学生因病缺课监测和学生常见病监测。截至年底，完成33所学校的教学环境与生活环境监测，跟进全市中小学校症状监测，收集整理590所学校上报的2016—2017学年的“学校预防保健”报表和537所学校上报的“学生疾病发生情况报表”，做好学校卫生监测。开展全市各镇街（园区）鼠、蚊、蝇、蟑螂、白纹伊蚊和布雷图指数6个项目的监测，开展白纹伊蚊对5种药物的抗药性监测，采集53份白纹伊蚊标本进行登革热病原学监测，完成41个医疗机构、11个托幼机构的消毒质量监测，完成国家监督抽检4所医院肠镜的任务。

【慢性非传染性疾病监测】 2017年，东莞市疾病预防控制中心伤害病例漏报率2.06%，比上年下降91.04%。全市错填率5.06%，下降47.99%。8月，产品伤害监测工作纳入国家监测点。在老年人、高血压患者、2型糖尿病患者健康管理方面，探索基本公卫服务中老年人、高血压患者和2型糖尿病患者管理新模式，落实培训、季度督导、编写规范等措施。根据全市基本公卫绩效考核结果显示，全市高血压患者规范管理率78.78%。全市2型糖尿病患者规范管理率78.65%。在居民慢性病及其危险因素监测方面，东莞市继续开展居民慢性病及其危险因素监测工作，选取沙田镇、石龙和樟木头镇为监测点开展相关工作。并根据《2016年东莞市常住居民慢性病及其危险因素监测报告》的监测结果，对慢非传防控提出科学建议，对推动慢非传防控起到积极作用。

【卫生检验】 2017年，东莞市疾病预防控制中心根据《东莞市镇街（园区）疾病预防控制中心卫生检验实验室能力建设五年规划（2016—2020年）》的部署安排，对樟木头等7个试点镇街（园区）疾控中心的实验室启动全面的试点建设工作。2017年初，向试点镇街疾控中心印发《关于2017年基层实验室建设工作安排的通知》（东疾控〔2017〕26号）文件，为下一步试点建设工作提出进度安排；完成对试点镇街疾控中心实验室图纸设计的技术性指导工作；对试点镇街疾控中心相关检验技术人员共130多人次进行相关业务培训，并指导其基本完成辖区内疾控中心实验室管理体系文件的编写；完成试点镇街疾控中心32种329台实验设备的采购、现场安装、调试和验收工作，并签订《协议书》，明确仪器设备的产权归属和使用方责任；完成《东莞市疾控机构监测检验系统》的开发并投入使用，保障试点镇街疾控中心通过信息系统的使用进行日常卫生监测检验的管理；继续组织相关专业技术人员对试点镇街疾控中心专业技术人员的现场培训，推进基层疾控实验室资质认定工作开展。

是年，东莞市疾病预防控制中心完成食品、食具、公共场所、饮用水、卫生用品、消毒监测、医疗污水、地方病、游泳场所等常规检测2.63万份，13.12万项次；应急监测检验146份，472项次。其中，根据相关文件要求，按照广东省食品安全风险监测“由能力较强地区作试点、示范带动全省整体水平提高”的工作思路和能力建设战略目标要求，开展食品全项目检测，覆盖蔬菜、水果等21类食品品种，可检测金属元素、生物毒素等八类化学污染物及有害因素共177项检测项目。

【健康教育与促进】 2017年，东莞市以提升健康素养水平和健康促进能力为重点，开展多种形式的健康教育活动和促进行动。举办全市健康教育业务骨干人员技能培训班3期、培训560人次；举办全市城乡居民健康素养知识与技能大赛活动，全市33个镇街（园区）组队参赛；举办全市中学生健康素养知识竞赛活动，全市22所初中学校和21所高中学校组队参赛；开

2017年9月16日，2017年“9·20”全国爱牙日义诊活动举办

（市疾病预防控制中心供图）

展全市城乡居民健康素养和烟草流行监测，结果显示居民健康素养水平13.06%，吸烟率26.55%；开展全市健康素养促进行动项目，抓好寮步镇第三批全国健康促进区项目创建，完成东莞市第五人民医院戒烟门诊项目建设，督导石碣镇、茶山镇和万江街道3个省级以上“行动”示范区完成省级复查；开展控烟工作，营造无烟环境，全市205个单位申报创建广东省无烟单位。

此外，由东莞市疾控中心统筹运维的“东莞疾控”微信公众号，坚持做群众想看、爱看、看得懂的科普推文。截至2017年底，关注人数达10万人，推送科普文章500多篇，累计阅读量200多万人次，月影响力稳居“全国疾控机构微信公众号排行榜”前5位。累计三次荣登全国疾控机构微信公众号排行榜冠军。在全国2017年中国健康科普大赛中，获得图文类一等奖。“东莞疾控”微信公众号成为全国疾控机构中最具影响力的公众号之一。（谢伟光）

附：2017年东莞市疾病预防控制中心主要领导名录

党委书记、主任：张巧利

卫生监督

2017年10月13日，“卫生监督机构开放日”活动中，与会代表跟随执法人员对医疗美容机构开展监督检查（市卫生监督所供图）

【卫生监督概况】 2017年，东莞市卫生监督所配合市卫生计生局举办“关注美容　卫监同行”的卫生监督机构开放日活动；开展游泳场所“你点名我监督”和健康校园宣传活动等，依法履行监督职责，切实提高执法水平。截至年底，受理投诉案件273宗，查处案件24宗，罚款4.55万元；对33个镇街（园区）66个监督对象开展飞行检查、129个监督对象进行暗访。

【卫生监管模式创新】 2017年，东莞市卫生监督所作为全省试点单位，开展卫生计生监督执法全过程记录；联合各镇街开展“双随机”监督抽检；首次推行传染病防治分类监督综合评价和餐具、饮具集中消毒服务单位卫生监督量化分级；完成市卫生监督平台与“智网工程”信息化系统对接。

【医疗机构监督】 2017年，东莞市卫生监督所落实医疗机构校验、不良执业行为记分管理和医疗机构“黑名单”公示制度。加强医疗广告监督监测。组织开展医疗机构依法执业专项督查、严厉打击非法医疗美容、查处违法违规应用人类辅助生殖技术、打击“黑广播”等专项整治行动。截至年底，公示医疗机构“黑名单”62个。

【公共卫生监督】 2017年，东莞市卫生监督所联合各镇街做好国家卫生城市复审迎检；完成轨道交通2号线15个站场的竣工验收及核发卫生许可证；完成33所学校的卫生综合评价；保障“亚马”等重大活动公共卫生安全。

【职业卫生监督】 2017年，东莞市卫生监督所做好医疗卫生机构辐射防护监督监测，监督检查市内哨点机构44个；开展职业健康检查机构、职业病诊断机构、职业病鉴定机构和放射卫生技术服务机构的专项检查。（王文娟）

附：2017年东莞市卫生监督所主要领导名录

所　长：肖文忠

社会生活

SOCIAL LIFE

寮步镇香市公园　（寮步镇供图）

编辑：苏淑娴

婚姻、家庭

【婚姻登记概况】 2017年，东莞市国内结婚登记1.7万对、离婚登记4567对、补领登记3391对；涉外结婚登记170对、离婚登记55对、补领登记119对、出具（无）婚姻登记记录证明18份。

【婚姻登记费停征】 2017年，东莞市根据《广东省民政厅办公室转发民政部办公厅关于做好停征婚姻和收养登记费有关工作的通知》，婚姻登记机关4月1日起停收婚姻登记费。

【周末和法定节假日提供婚姻登记服务】 2017年5月1日起，东莞市根据《广东省民政厅办公室关于切实推进周末和法定节假日提供婚姻登记服务的通知》婚姻登记机处或婚姻登记机关在周末和法定节假日提供婚姻登记服务，更好地满足群众婚姻登记服务需求。　（杨清瑶）

计划生育

【人口和计生概况】 2017年，东莞市常住人口834.25万人，出生9.81万人，出生人口性别比104.01，出生率13.95‰，自然增长率12.4‰。其中，常住人口二孩出生5.99万人，增长13.88%；户籍人口二孩出生3.01万人，增长63.59%。

【计划生育综合服务管理】 2017年，东莞市以计生目标管理责任制考核为导向，落实排名预警机制，强化基层计划生育经常性基础性工作。加强部门协作联动，开展流动人口集中服务管理专项行动，推进流动人口计生双向管理，完成流动人口动态监测调查。落实一票否决制，完成计生审核5526例。开展打击“两非”专项行动，确保出生人口性别比维持正常水平。户籍人口政策生育率98.47%，比上年上升0.25个百分点。

【计划生育利益导向】 2017年，东莞市按时足额发放计生养老奖励金7505.49万元、计生节育奖488万元、计生特殊家庭扶助金371.98万元，计生养老奖励力度继续保持在全省前列。全面推广计生家庭意外伤害保险，全年保费1888.5万元，为6.2万个家庭提供保障。启动“新市民健康城市行”活动，创建一批东莞市流动人口健康促进示范单位和家庭。

【“生命之舞”青春健康教育国际合作项目开展】 2017年，中国计生协会确定东莞市为“生命之舞”青春健康教育国际合作项目新增试点。经市计划生育协会研究决定，南城街道作为东莞“生命之舞”项目建设示范点。9月13日，荷兰“生命之舞”项目组织官员萨德·哈荣到南城街道考察“生命之舞”项目建设情况。上半年开展8项大型活动，参与“启发”青少年1850人，参与“教育”青少年607人，青春先锋93人；完善开放多个活动场地，为青少年活动提供硬件保障。举办4场大型联心之旅活动，发动学校、企业、社区青少年参与，培训200多人。 （张明远 吴宝辉）

资料链接：

“生命之舞”

2004年创办于荷兰，致力于促进青少年安全负责任的性行为，终结艾滋病、非意愿妊娠和性暴力，是全球最成功青年项目之一。

妇女、儿童

【妇女儿童发展环境优化】 2017年，东莞市全面打响水污染治理攻坚战，新建截污管网767.8千米，新扩建污水处理厂9座，城市污水处理厂集中处理率为95.38%。深入开展大气、固废等污染防治，完成2068家重点企业VOCs（挥发性有机物）整治、391项扬尘污染治理，淘汰黄标车1.19万辆。全市空气质量达标天数301天。加快修复城市生态功能，全市建成公园绿地1500处，人均公园绿地面积22.99平方米。加强市镇村三级水厂水质检测，更新改造老旧供水管网573千米。城市生活用水水质合格率为99.83%，农村生活用水水质合格率为99.76%。

【出生缺陷综合防控项目实施】 2017年，东莞市把新生儿遗传代谢病筛查项目纳入市政府十件实事，完成新生儿遗传代谢病筛查人数4.5万例。投入2968.4万元，推进预防艾滋病、梅毒和乙肝母婴传播和地中海贫血防控、新生儿疾病筛查、补服叶酸等妇幼重大公共卫生服务项目。全面实施婚前和孕前、孕期健康检查和新生儿疾病筛查，强化孕前、产前和新生儿期三道出生缺陷防线。为1.09万对夫妇提供免费婚前孕前优生健康检查，为2.29万名待孕妇女免费派发叶酸，新生儿疾病筛查率96.81%，艾滋病检测率99.96%、梅毒检测率99.94%、乙肝检测率99.98%。出生缺陷率呈逐年下降趋势。

【妇幼卫生服务体系建设】 2017年，东莞市孕产妇系统管理率92%，7岁以下儿童保健管理率99.37%，孕产妇死亡率0，新生儿死亡率1.43‰。健全危重症孕产妇和新生儿急救网络，设立24小时急救呼叫热线，实行全市统一调度、专家轮值制度。完成第二轮（2015—2017年）妇女“两癌”检查项目，市财政累计投入4335.34万元，为21.97万名妇女提供宫颈癌和乳腺癌筛查。开展妇幼健康送基层和妇幼健康优质服务活动，实施儿童口腔疾病综合干预项目，妇女儿童卫生保健服务水平提高。

【妇女儿童健康素质提高】 2017年，东莞市落实国家扩大免疫规划，新增预防接种8间，产科接种点3个，推广“小豆苗”手机APP软件。免费为适龄儿童接种国家扩大免疫规划疫苗323.45万剂次，各类免疫规划疫苗接种率均在95%以上。加大公共体育设施建设力度，新增全民健身路径200套、公共健身室100个，新增免费或低收费公共体育场馆33个。妇女经常参与体育锻炼的人数比例42%，城乡妇女体质达到《国民体质测定标准》合格率93%。

【儿童教育均衡发展】 2017年，东莞市坚持公益普惠性原则，推进公办幼儿园建设，新建公办幼儿园5所。加大对集体办和普惠性民办幼儿园扶持力度，对688所符合条件幼儿园拨付补助资金7139.5万元。全市有幼儿园1077所，在园幼儿34.74万人，学前三年毛入园率为103.15%，首次超过省市规划目标。拓宽随迁子女就学渠道，全市为义务教育阶段随迁子女提供积分入学学位7.93万个。

【困境儿童受教育权利保障】 2017年，东莞市向普通高中、中职学校1.18万名学生发放国家助学金305.73万元，向符合条件民办中职学校5.42万名学生减免学费8482.64万元，向2981名贫困学生发放生活费补助315.1万元，向2333名低保家庭子女发放助学金595.6万元，向1079名困难家庭学生提供教育基金会助学补助257.74万元。创新残疾儿童教育体系，义务教育阶段残疾儿童在校生870人。

【妇女儿童劳动权益保障】 2017年，东莞市发放各项就业创业补贴1.4亿元，惠及女性7.46万人次，其中就业困难女性6.58万人次。落实《女职工劳动保护特别规定》，推进女职工权益专项集体合同全覆盖。执行《女职工劳动保护特别规定》企业比重90.2%，签订女职工专项集体合同2.84万份，覆盖女职工152万人。加强劳动监察，开展女职工、未成年工保护专项检查，严禁使用童工，巡查企业2.7万家。继续推进为万名女工送健康活动，免费为3800名女工提供“两癌”筛查，为2600名女工购买安康互助保障计划。加快公共场所母婴室建设，新建“爱心妈妈小屋”30家。

【妇女儿童人身权益依法保护】2017年，东莞市严厉打击侵害妇女儿童犯罪行为，破获拐骗儿童案件4件，审结侵害妇女儿童刑事案件45件、婚姻家庭类案件151件。深入学校、家庭、社区，举办禁毒宣传咨询讲座活动6500多场，检查各类文化经营场所6万余家次。落实国家司法救助制度，做好法律援助工作，为74名妇女儿童提供司法救助，为1972万名妇女儿童提供法律援助。（陈年标）

老年人

【老年人概况】截至2017年底，东莞市户籍60周岁以上老年人31.59万人，占户籍总人口（211.31万人）14.9%。其中，60～69周岁17.84万人，70～79周岁8.57万人，80～89周岁4.40万人，90～99周岁7609人，100周岁以上157人。

【老龄委成员单位调整】2017年9月，东莞市老龄委新增市科学技术局、市国土资源局两个成员单位。市老龄委成员单位33个，成员35人，副市长喻丽君担任主任。

【老年人优待】2017年，东莞市贯彻落实《东莞市老年人优待办法》《东莞市民政局关于东莞市老年人优待办法的实施细则》《东莞市民政局敬老优待卡管理规定》等文件，发放莞籍敬老优待卡2.74万张、非莞籍敬老优待卡3238张，为13.73万名70周岁以上户籍老年人发放高龄津贴1.2亿元。

【老年人意外伤害综合保险】2017年，东莞市继续实施“银龄安康行动”，由福利彩票公益金市级留成资金中出资，为东莞户籍75周岁以上老年人和五保户、低保户中的60周岁以上老年人每人购买一份意外伤害综合保险。保险费标准为30元/人·年（实际中标价25元/人·年）。投入234.21万元为9.37万名符合条件老年人购买意外伤害综合保险；理赔受益4600人次，理赔金额1111万元。12月8日，东莞市老龄办获2017年度“银龄安康行动”突出贡献奖。

【“敬老月”系列活动】2017年10月，东莞市组织开展以“关爱老年人，欢庆十九大”为主题的“敬老月”系列活动，开展走访慰问送温暖、为老志愿服务、老年维权优待、敬老爱老主题教育行动、老年文化体育等活动。各镇街（园区）、社区（村）、单位联手打造一批专题敬老活动品牌，推动东莞市敬老活动，营造尊老爱老的社会氛围。其中比较突出的是石龙镇第七届“敬老文化节”。“敬老月”期间，市老龄办开展第八届老年人文化艺术节、青少年敬老书画作品大赛、启动第三届全国“敬老文明号”创建等活动。

【青少年敬老美术作品大赛】2017年4—11月，东莞市举办敬老爱老助老主题教育活动之第三届青少年敬老书画作品大赛。大赛以“智慧生活，老少共融”为主题，由市老龄办、文联主办，市民政局、教育局、团委、妇联、关工委、美术家协会、书法家协会协办，市青少年活动中心、中国人寿东莞分公司承办，收到参赛作品1万多幅，评选出875个个人奖项、送出531份老年人意外险作为奖品。

【第八届老年人文化艺术节】2017年10月12日至12月11日，东莞市举办第八届老年人文化艺术节。由市政府主办、市老龄工作委员会承办，设舞蹈、声乐、粤曲等9个项目，44个代表团1705名老年人报名参赛，参赛节目230个、参赛作品312件。经过14场比赛，评出28个金奖、55个银奖、81个铜奖、108个优秀奖。12月11日，艺术节闭幕式暨获奖优秀节目汇报演出在玉兰大剧院举行，省、市、镇街（园区）有关领导及1800多名老年人参加，市老干中心、莞城街道、南城街道、常平镇等代表团表演9个节目，并为获得金奖的节目（作品）代表进行颁奖。

【老年人文化交流活动】2017年，东莞市组织老年艺术团参加全国性、国际性文艺赛事，屡获佳绩。首届国际民族舞蹈模特艺术节，获特等金奖、雪莲花金奖及最佳组织奖；第十六届全国中老年合唱节，获紫牡丹金奖和优秀组织奖、钢琴伴奏奖；第十六届全国中老年模特舞蹈艺术展演活动，夺得金奖；第十三届中国文化艺术交流巡演活动，获得最高奖项钻石奖。

【敬老先进个人、集体评选】2017年，东莞市组织开展全国敬老爱老助老模范人物、第二届全国“敬老文明号”“老有所为”先进典型人物等评选活动，其中茶山镇敬老院王妙仪、横沥镇隔坑村社区服务站谭翠莲、东城街道敬老院邓淑娴、大朗镇敬老院陈带福获评全国“敬老爱老助老模范人物”；石龙镇社会事务局、东城街道办事处社会事务办获评第二届全国“敬老文明号”；塘厦镇邝耀水获评“全国老有所为先进典型人物”。

【老龄宣传】2017年，东莞市开展老年人防范电信网络诈骗和非法集资宣传月活动，发放1700条宣传横幅到各镇（街、园区）悬挂，在市中心区主要路口12个报刊亭联播屏播放老年人防诈骗宣传资料，提高老年人防范意识。开展《广东省老年人权益保障条例》普法教育宣传活动，组织律师为社区老年人讲解条例、解答疑问，通过在市中心区主要路口12个报刊亭联播屏、20个报刊灯箱及市全线地铁电视上投放动漫宣传片和宣传

画，发放600幅宣传画报到各社区（村）悬挂，提高老年人自我维权意识。（杨清瑶）

残疾人

【残疾人概况】 截至2017年底，东莞市有各类残疾人8.10万人，约占全市户籍人口4.03%。其中视力残疾1.13万人，听力残疾2.04万人，言语残疾1725人，肢体残疾2.07万人，智力残疾4081人，精神残疾7871人，多重残疾1.49万人。

【残疾人节日活动】 2017年，东莞市围绕全国助残日、国际残疾人日等重大节日组织开展主题活动，丰富残疾人生活，弘扬扶残助残传统美德及残疾人“平等、参与、共享、融合”现代文明理念，推动形成全社会关心残疾人事业、关爱残疾的良好氛围。

全国爱耳日 2017年3月3日是第十八次全国爱耳日，也是第5次“国际爱耳日”，活动主题为“防聋治聋，精准服务”。东莞市残疾人康复中心联合东莞市卫生和计划生育局、东莞市残联直属各事业单位开展聋健儿童融合运动会、听力残疾预防、新生儿听力筛查及聋基因检测与分析专题培训班、听障儿童少年绘画比赛和展览、听力知识宣传册派发、听力障碍与听力干预的相关知识现场咨询、助听器电池赠送等系列宣传活动，向市民普及听力残疾预防及救助政策等知识，促进社会公众树立听力保护意识，养成良好用耳习惯。

全国助残日 2017年5月21日是第二十七次全国助残日，主题是：推进残疾预防，健康成就小康。东莞市残联联合东城街道残联、广东狮子会第三（东莞）专区在东莞黄旗山旗峰公园正门广场开展文艺表演、业务咨询、手工艺品义卖与展示、无障碍体验、“善行东莞 助力圆梦”残疾人梦想爱心对接等活动，联合市卫计局、药监局、环保局、安监局、红十字会等十几个部门在现场开展残疾预防宣传，营造良好的助残氛围。

全国爱眼日 2017年6月6日是第二十二次全国爱眼日，主题是：“目”浴阳光，预防近视。市盲人协会与爱尔眼科医院开展爱眼护眼健康教育讲座，爱尔眼科医院专科医生讲解如何保护眼健康相关知识，为残疾人普及预防眼疾及护眼相关知识。

肢残人活动日 2017年8月11日是第八个全国肢残人活动日，主题为：参加康复，融入社会。市肢残人协会组织50名肢体残疾人参观市康复医院和市残疾人体育训练中心，了解和体验残疾人康复训练先进医疗设备，现场举办康复知识讲座，帮助残疾人学习更多康复知识。

国际聋人节 2017年9月24日是第六十届国际聋人节，主题是：提升职业技能，传承民族文化。市聋人协会联合镇街残联组织约60名聋人参观东莞市唯美陶瓷博物馆及市唯美陶瓷文化有限公司，了解传统陶瓷文化、进行陶瓷DIY制作，体验陶瓷制作工艺艺术，为推动残疾人了解和参与传承民族文化提供契机。

国际盲人节 2017年10月15日是第三十四届国际盲人节，主题为：阅读精彩传万家。市盲人协会组织40多名盲人在东莞市残联四楼会议厅举办阅读朗诵活动，残疾人朗诵自己喜欢的作品、分享体会。

国际残疾人日 2017年12月3日是第二十六个国际残疾人日，市残疾人专门协会组织市各类残疾人参观东莞市香市动物园活动，通过赏景游园及游戏互动活动，拓宽各类残疾人交流渠道，引导更多残疾人走出家门，平等参与社会生活。

【残疾人民生实事】 2017年，东莞市残疾儿童康复救助项目、建设社区康园中心、为约2000名户籍残疾人免费发放辅助器具项目、对全市0～15周岁符合条件的在民办康复服务机构接受康复教育的残疾儿童发放康复补助等项目均被纳入省、市十件民生实事。为505名6周岁以下残疾儿童提供康复救助；为2184名残疾人免费适配2454件辅具；为416名0～15周岁户籍残疾儿童少年发放补助450万元；建成30个镇街残疾人康复就业服务中心并投入使用，为1000多名智障、精障和重度肢体残疾人就近就便提供日间照料、辅助性就业服务，改善残疾人生活状况，推动东莞市残疾人事业发展。

【公益助残】 2017年，东莞市整合社会资源，开展各类公益志愿助残活动。东莞市残疾人福利基金会以预防残疾为重点内容，开展帮助全市白内障患者的“复明行动”公益项目，为近2000名白内障患者提供445.92万元补贴。组织26期雷锋月志愿服务活动，开展助残志愿服务组织领袖培训班，培训志愿者达100多人次；32个镇街基本建成助残志愿服务队，组织助残志愿服务活动180余次，组织志愿者1400余人次，服务时数累计超5000小时，营造良好的扶残助残社会氛围。（李园园）

新莞人

【新莞人社工服务】 2017年，东莞市人力资源局开展新莞人社工服务试点工作拓展至12个镇街，设置24名新莞人社工岗位，为新莞人提供法律政策、婚姻家庭、社会调查和心理咨询等推进社会融合的专业服务。依托社工服务站开展“小候鸟”夏令营等系列关爱农民工服务活动382场，服务农民工及子女3.24万人次。以关爱农民工为题创作的新莞人服务项目5次获得国家级大赛奖项。关爱新莞人农民工社工服务获得《南方都市报》、《中国社会工作》杂志、《东莞日报》等国家省市媒体6次刊登宣传，镇街级刊登宣传22次。十八大以来，新莞人社工开展个案服务

1737个，开展小组活动401个，开展活动1588场次，其中进厂企321场次、进学校354场次、进社区762场次，其他151场次，服务群众18.3万人次。

【关爱农民工活动】 2017年，东莞市人力资源局联合各镇（街）新莞人服务管理中心开展新春慰问困难群众活动，按要求筛选慰问对象，实地走访困难新莞人家庭，了解困难新莞人家庭工作生活情况，向困难新莞人家庭送上节日问候并发放节日慰问品。结合寒暑假、传统节日等特点，牵头开展“关爱小候鸟、开心过暑假”暑期小候鸟关爱活动、“喜迎中秋国庆、爱国爱莞爱家”关爱活动、“平安回家、共享成果”关爱活动等各种主题活动多维度关爱新莞人群体。联合东莞市青少年活动中心开展“情暖童心·莞爱童行——与‘小候鸟’同成长爱心传递”夏令营活动，为50名来自全国各地的“小候鸟”免费安排为期三天两晚夏令营活动。横沥镇隔坑社工服务站首创新候鸟医保护幼苗计划，首期在东莞市横沥镇、石龙镇、石排镇、樟木头镇以及凤岗镇等镇街铺开，为200名成绩优秀或积极参与志愿服务的贫困新莞人子女购买重大疾病及意外伤害险，向农民工家庭提供意外安全及重大疾病预防知识教育，对患有重大疾病的新莞人子女及其家庭成员提供心理疏导，并发动联络社会帮扶资源。

【“智网工程”建设】 2017年，东莞市人力资源局突出抓好“智网工程”网格管理员队伍建设工作，会同市直职能部门对镇街智网工程队伍建设工作进行指导和督查。完善工作制度，起草实施《东莞市村（社区）网格管理员招录培训指导意见》，参与《东莞市网格管理员工作绩效考核奖惩暂行办法》等8份制度文件的修改定稿。推进队伍整编工作，全市完成基础网格划分3010个，配备9756名网格管理员。组织开展全市街园区系统管理办员第二期专题业务培训；开办首批上线功能模块培训班，培训业务骨干98人；在23个镇街铺开智网工程操作培训，培训业务骨干2039名。继续推进第二、三轮队伍建设督导，深入镇街开展网格管理员配备情况调研，督促镇街推进队伍整编工作，实地指导网格管理员熟悉掌握网格基本情况及网格化作业要求。

【农民工专题调研】 2017年，东莞市人力资源局会同相关单位对全市农民工工作进展情况进行专题调研，对各镇街（园区）农民工工作进展、成效和亮点经验进行收集，编印2017年农民工工作半年情况材料27份，汇总形成《东莞市推进外来人口基本公共服务均等化情况分析报告》。借助新莞人信息服务管理系统对新莞人基本情况和主要特点进行统计分析，形成《东莞市新莞人数据统计分析报告》。深入镇街开展调研走访，搜集全市新莞人服务管理中心历史沿革、人员配备、队伍建设、重点工作开展等情况，形成专题调研报告。发动农民工工作领导小组成员单位开展十八大以来开展服务管理农民工工作情况搜集整理，形成《党的十八大以来东莞市异地务工人员服务管理工作情况报告》。协助市政协、市委办、市委农办等单位做好农民工服务、农民工参政议政等相关调研会议11次。配合国家专项督查组开展农民工工作实地督察，通过企业实地考察、召开专题座谈会、问卷调查等方式，收集农民工在就业创业、劳动权益保障、住房保障、子女教育、社会保险、农民工子女教育等方面情况。 （周巧云）

【第二届“华美巴士，爱心回家”公益活动】 2017年1月21日，由华美食品集团与嘟嘟巴士举办的第二届“华美巴士，爱心回家”公益活动发车仪式在东莞火车站茶山侧广场启动，近200张免费车票助外来务工人员返乡。有4辆大巴从茶山镇发车，分别开往湖南省、江西省、湖北省和广东省其他城市等地。活动分2批次、2个会场发车。除茶山镇，第一批次爱心大巴于1月20日在深圳市北西广场发车。华美食品集团作为茶山镇本土企业，也是烘焙行业龙头企业，在企业高速发展的过程中积极承担社会责任、注重与社会和谐发展，参与配合茶山镇打造友善之城、开展精神文明创建的工作。多年来向福利院、受灾群众、养老院、学校等捐赠累计价值上千万元，为社会做出积极贡献。 （苏淑娴）

2017年3月9日，石龙镇富华电子厂开展关爱新莞人返岗送温暖活动（吴慧聪 摄）

宗教事务

【宗教概况】　截至2017年底，东莞市经市民族宗教事务局批准登记的宗教活动场所68个。其中，佛教寺（庵）43个，道教宫观6个，基督教福音堂8个、聚会点8个，天主教堂1个、活动点1个，伊斯兰教聚礼点1个。另有外国人宗教活动临时地点1个。全年新增登记宗教活动场所2个：东莞市基督教常平聚会点、白云寺。东莞市各宗教和睦相处，宗教领域保持稳定和谐。

【简政强镇事权改革】　2017年，东莞市民宗局通过行政委托方式，向镇街下放16项事权，以筹备设立宗教活动场所审批、宗教教职人员备案等事务为主，包括与部分信仰伊斯兰教的少数民族相关的土葬处理证明等社会服务事项。6月27日，举办简政强镇业务培训班，各镇街民宗工作干部60余人参加培训。培训班以业务介绍、实操讲解为主，采用大量业务工作事例，讲解民族宗教事务行政审批、日常服务管理等主要下放事项的工作重点、原则、程序，明确业务工作细节和依法行政的工作要求。通过培训，为各镇街承接和行使下放的民宗事权打下工作基础。通过全面推开简政强镇事权改革，群众可以在镇街直接办理大部分民宗事务。

【宗教活动场所开展“三证合一”赋码】　2017年，东莞市民宗局开展宗教基础信息数据库资料完善、宗教活动场所统一社会信用代码赋码工作。5月，对全市宗教活动场所基础信息数据进行采集、审核、汇总后上报省民族宗教委。6—11月，对在“广东省组织机构代码管理中心”办理组织机构代码的宗教活动场所的信息数据进行核准，与省民族宗教委进行多轮全面数据修正和完善。12月，省民族宗教委对经审核、符合赋码条件的宗教活动场所进行赋码。东莞市有63个宗教活动场所符合条件完成赋码。

【省首届正一派道士传度活动在莞举办】　2017年7月22—24日（农历六月二十九至闰六月初二），广东省道教协会首届正一派道士传度活动在东莞虎门郭都真人古观举办，来自全省各地道观50多名度生传度成为道士。中国道教协会副会长、广东省道教协会会长赖保荣道长，东莞市民宗局副局长何兆法以及虎门镇统战办主任陈淦棠出席此次活动。此次传度活动由中国道教协会副会长、广东省道教协会会长赖保荣道长任组长，东莞市郭都真人古观住持陈罗玄道长任传度师，东莞市郭都真人古观程三伟道长任监度师，东莞市郭都真人古观张罗新道长任保举师。法会流程有开坛、请水、安监斋、扬幡、挂榜、参神拜祖、诵经、拜忏、传度、落幡下榜、谢师回将、送神。严格按照正一派传度仪规进行，依科演法，如法如仪。传度期间，进行为期3天培训，通过开展讲经、学习启示、演礼，聆听《传度的意义》《入道修持》《道教经典精要》《三皈九戒》等道学课程，旨在传承道教正一法脉，弘扬道教正统科仪，严持正一规戒，纯正信仰教风，提高道学素养，培养教职人才。是广东省首次举办正一派道士传度活动，也是东莞市首次举办道教教职人员传度培训班，是全省以及东莞市道教界的一件具有里程碑意义的大事。

【2017年佛教放生护生活动】　2017年7月15日，东莞市佛协在高埗镇滨江广场（高埗亲水公园），举行“东莞市佛教协会2017年大型佛教放生护生活动”，全市佛教界人士和1000多名信众参加，市民族宗教事务局、市海洋与渔业局、高埗镇政府领导出席活动。

【第二届东莞国际佛事文化用品展览会】　2017年8月25日，第二届东莞国际佛事文化用品展览会暨广东佛教文化艺术论坛开幕式在东莞市厚街镇广东现代国际展览中心3号馆举行。广东佛教文化艺术论坛由广东省社会科学院和广东省民族宗教研究院指导，广东省禅宗文化研究基地、广东省省情调查研究中心主办，广东岭南禅宗文化研究中心、广东省岭南禅宗文化发展基金会、东莞慧和展览有限公司协办。广东省人民代表大会常务委员会原副主任陈坚等有关领导、佛教界高僧大德及有关团体、企业负责人、媒体记者、各界人士数百人参加开幕式。东莞市佛教协会会长释了空法师在开幕式上作开示。展会规模比上届扩容50%，融入更多佛文化元素，从深层次丰富展会文化内涵。展会有来自全国各地、港澳台地区、及周边佛教国家的佛像、佛具、禅服、沉香、崖柏、禅茶、佛灯等约400家优秀的佛事用品生产企业、素食生产商参展。其中东莞佛事展盛凡、万发、丰凡、汉铜、一琉等行业龙头企业参展。广州市荔湾根艺协会、东莞市沉香协会、东莞东普公益慈善会等组团赴会参展。北京御相文化、海南金海瑰宝工艺品、广州龙印香道、国杰优品、台湾鑫贤等一批新面孔首次亮相东莞佛事展。

【东莞市大岭山观音寺首届文化论坛暨觉悟方丈升座庆典】　2017年12月3日，东莞市大岭山观音寺举行寺院落成、佛像开光暨释觉悟法师荣膺方丈升座庆典，以及观音寺首届文化论坛开幕式。省委统战部副巡视员柯维良、省民族宗教委副巡视员陈洁施、市民族宗教局局长简任昌等有关领导出席庆典。全国各地法师、专家学者、护法居士、社会贤达、佛教信众等4000多人参加庆典。12月3—4日，举办为期两天，以“众缘会聚，和合共生”为主题的首届大岭山观音寺文化论坛，论坛收到71篇论文，有80多位专家学者与法师参与。

【“宗教文化”与“公共外交”研讨会】　2017年12月6日，东莞市公共外交协会在宝山芙蓉寺组织召开“宗教文化”与“公共外交”研讨会。市公共外交协会会长李小梅等30多人参加会议。市佛教协会会长了空法师汇报东莞市佛协在弘扬佛教文化、开展对外友好交往等方面情况，并就打造东莞观音文化精品，助力“一带一路”，促进公共外交事业方面作展望和规划。市民族宗教局副局长何兆法报告东莞市宗教工作情况。

【市佛协换届】 2017年12月28日，东莞市佛教协会召开第三次代表大会。省委统战部副巡视员柯维良等领导出席会议。大会审议通过第二届佛协工作报告，修改《东莞市佛教协会》章程，选举产生第三届佛协理事会，选举释觉悟为第三任会长，释演然、释法成、释法慧、释惟觉、释有鼎、释恒悟为副会长，陈永峰任秘书长，释海印、释至信、释理智、释理应任常务副秘书长，释登超、释锐添、释普能任副秘书长，礼请释自度、释了空为名誉会长。对2018—2022年市佛教工作做出规划。（林　睿）

民族事务

【东莞市获批全国第三批少数民族流动人口服务管理示范城市】 2017年12月12日，国家民委办公厅发布《关于确定第三批少数民族流动人口服务管理示范城市的通知》，确定22个城市被评为全国第三批少数民族流动人口服务管理示范城市，东莞市获国家民委评选为全国第三批少数民族流动人口服务管理示范城市，是广东省唯一入选城市。开展少数民族流动人口服务管理示范城市建设是贯彻落实中央有关民族工作会议、文件精神的重要举措，是国家民委一项持续开展的重点工作。东莞历史上是单一汉区，2017年全市有少数民族近50万人，55个少数民族成分齐全。市委、市政府重视城市民族工作，加强和改进少数民族流动人口服务管理的对策措施，各级各部门坚持从民族团结、社会稳定大局出发，结合少数民族群众生产生活需要，做好少数民族群众服务管理工作，成效显著，全市民族关系和谐，民族交流密切，各族群众安居乐业。

【第一批全省民族团结进步创建活动示范单位】 2017年1月，东莞市陆逊梯卡华宏（东莞）眼镜有限公司，东城街道岗贝社区、桑园社区，东莞市纺织服装学校、东莞高级中学等单位被省民族宗教委命名为“第一批全省民族团结进步创建活动示范单位”。

【全省社区民族工作培训班在东莞举办】 2017年3月27—30日，第二期全省社区民族工作培训班在东莞市举办，全省各市民族工作干部、90个民族工作重点社区负责人近200人参加培训，培训班实地考察南城街道宏远社区。宏远社区立足于社区实际，围绕促进社区民族“共居、共学、共事、共乐”的工作中心，坚持制度和经费两个保障，打造“专属窗口”服务阵地、“民族之家”活动阵地、“报刊专栏”宣传阵地，建立社区干部、各类志愿队、文艺宣传队、模范人物队“四支队伍”，推进民族团结进步模范社区建设，打造平等、团结、互助、和谐的社会主义新型民族社区，得到与会单位一致好评。省民族宗教委党组副书记、巡视员李秀英为宏远社区“全国民族团结进步创建活动示范社区”揭牌。

【全市民族宗教工作联络员业务培训】 2017年7月26日，东莞市民宗局举办全市民族宗教工作联络员业务培训，市相关部门，各镇（街）民族宗教工作部门工作干部，以及各村（社区）联络员600多人参加。培训围绕宗教基本情况、宗教活动场所管理、社区民族工作、矛盾纠纷调处，以及如何做好非法宗教活动处置工作等内容，进行具体分析、辅导，系统学习民族宗教理论政策以及业务实操知识，提高市、镇、村（社区）民宗干部工作水平。

【少数民族服务优化】 2017年，东莞市民宗局组织开展4次少数民族代表人士季度座谈会议，听取代表人士意见建议，了解少数民族领域情况动态，协助解决有关问题。加强对涉新疆企业和带队干部走访联系，重点向新接收新疆籍员工的厚街绿杨鞋业有限公司进行民族政策宣传，指导其尊重员工风俗习惯，完善清真饭堂、文娱活动室等设施，强化内部管理，为员工在莞务工提供良好环境。协调东莞迎春花市为新疆籍流动经商人员入场经营提供便利，引导新疆籍流动经商人员入室开店经营，协助办理证照，逐步规范少数民族经商行为。与新疆和田地区民族宗教部门建立协作机制，签订工作协议，共同做好新疆籍流动人员服务管理工作。组织有关部门和镇街到宁夏银川等地进行清真食品监制调研工作，到深圳市、汕头市等地开展回民墓地调研，形成报告供省市领导决策。

【宗教团体和宗教活动场所建设加强】 2017年，东莞市为全市四个宗教团体提供每年各10万元工作经费补助，通过政府购买服务方式为每个团体选派1名工作人员，增强团体工作力量。贯彻落实省有关开展伊斯兰教临时礼拜点“回头看”工作要求。对礼拜点全面进行安全排查，及时发现整改安全隐患，协调长安镇社会事务局、消防、公安等部门对长安镇礼拜点租用建筑消防楼梯的紧锁问题进行整改；加强礼拜点的安全管控，筹集资金为全市9个伊斯兰教活动场所增设安检门；强化对礼拜点的教育引导工作，通过邀请省民族宗教委、省伊协领导到伊斯兰教活动场所进行逐一走访指导、举办礼拜点管委会成员及阿訇培训、举办在莞穆斯林朝觐知识培训和中道思想学习等，推动礼拜点人员不断提升素质，落实管理职责，夯实礼拜点整治工作成效。邀请市消防支队为宗教活动场所负责人举办2期消防安全培训班，提高宗教活动场所消防安全意识。

【城市民族工作互检互学活动】 2017年5—6月，东莞市牵头组织河源市、潮州市、阳江市、肇庆市分三阶段，深入到社区、企业、乡村、宗教活动场所等10多个基层单位开展城市民族工作互检互学活动，通过实地观摩、座谈交流、互相点评等方式相互借鉴先进经验，参加人数超200人次。

【民族宗教领域稳定维护】 2017年，东莞市完善处置民族问题工作方案及指引，制订《2017年全市民族领域社会矛盾化解工作方案》，组织指导各镇街、有关部门滚动排查和及时调处涉民族领域矛盾纠纷。妥善应对大朗镇“1·21”故意伤害致死案件、寮步镇“2·4”交通事故、厚街镇皮料纠纷等涉民族因素纠纷事件22起，注意做好相关少数民族群众的思想教育工作和相关事件的善后处理工作，民族领域保持总体稳定。成立安全隐患排查工作组，每月定期开展安全形势研判会商，分析民族宗教领域存在的安全稳定隐患，研究落实防范应对措施。重点做好伊斯兰教斋月和“两节”（开斋节和古尔邦节）期间安保工作，加强走访慰问和巡查，协调有关方面及早落实节日期间安全保卫措施，节日期间全市穆斯林群众保持稳定，宗教活动有序开展。

【民族团结宣传教育】 2017年，东莞市通过民族团结进步宣传月系列活动以及走进去宣传、带出来培训等多种形式，拓宽民族团结宣传教育的广度。6月14日，市民宗局有关人员走进东莞日报社主编轮训课堂为150多名主编、记者作民族宗教宣传工作专题辅导报告，助推报社提升民族宗教宣传工作政策理论水平。7月13日，会同市社会主义学院以“纠纷的解决”为主题，举办2017年东莞市少数民族代表人士普法培训班，围绕少数民族群众日常生产生活中容易遇到的各类纠纷讲授正确处理纠纷的方法和程序。9月27日，市民宗局、市委宣传部召开少数民族代表学习习近平总书记对广东工作重要批示精神培训会。9月宣传、统战、教育、民宗部门以“知边疆 赞边疆——民族团结成就系列宣传活动”为主题开展民族团结进步宣传月活动，制作一批以民族团结为主题，介绍国家民族政策、民族英雄事迹和边疆工作的大型户外公益广告，投放到市区各民族团结进步示范点和主要路段，指导各有关镇街、单位、学校做好宣传工作，如指导南城街道举办“少数民族家谱族谱展”、纺织服装学校举办民族团结表彰大会等等，全市举办活动300多场次、悬挂标语800多条、电视滚动播放宣传标语2000余次，营造民族团结良好氛围。省新疆工作队、市公安、城管、工商、民宗等部门对全市300多名疆籍流动经商人员开展走访专项活动和政策法规宣传教育，针对生产生活中有关问题举办6期集中培训，促进疆籍流动经商人员更好地融入城市生活。累计培训维吾尔族、回族、东乡族、彝族等少数民族人员600多人次，提升少数民族代表遵纪守法意识和协助政府处理工作能力。（李敏瑜）

消费者权益保护

【消费者权益保护概况】 2017年，东莞市消费者委员会接待来电、来访、来信咨询投诉2.06万人（次），接到消费投诉1.99件。其中受理消费投诉1.40件，调解成功7867件，为消费者挽回经济损失3851.66万元。投诉主要集中在家用电子电器类、服装鞋帽类、交通工具类、日用商品类和食品类。其中网购渠道消费和汽车领域消费成为新的投诉热点问题。市消委会在企业中建立的消费维权服务站，处理消费者投诉2195件，其中成功调解1921件，调解成功率87.52%，为消费者挽回经济损失169.31万元。

【“3·15”消费维权活动】 2017年，“3·15”期间，东莞市消委会围绕“网络诚信 消费无忧”主题，以把“3·15”打造成为一个具有强大社会公信力的消费维权品牌为目标，开展消费维权宣传活动，协调、动员各职能部门、行业协会、工商企业，参与“3·15”宣传咨询活动。通过召开新闻发布会、实名披露点评2016年消费维权典型案例、约谈消费投诉热点行业企业以及全市各镇街开展亮点纷呈的“3·15”消费维权宣传活动等形式，利用各大媒体平台进行宣传报道，增进职能部门与消费者之间的沟通，提高消费者维权意识和自我保护能力，营造“诚信经营、放心消费”的良好社会氛围。通过适时发布消费提示、警示以及参与东莞电台“消费之声+3·15维权热线”消费维权公益节目、开展食品安全周消费宣传教育活动等形式，加强对消费者的消费教育，提高消费者的维权意识，引导消费者科学、理性消费。

【消费维权】 2017年，东莞市消委会加强与全市各行业协会在消费维权多元共治方面的沟通和协作，通过与消费投诉问题多发行业协会签订消费维权工作协议，建立消费投诉处理的对接机制，发挥行业协会在规范行业经营行为、加强行业自律、具备行业专业知识方面的积极作用，推动行业内消费维权热点问题的有效化解，构建消费维权多元共治的新局面。与东莞市汽车行业协会、美容美发行业协会等14个行业协会签订消费投诉处理对接协议，建立消费维权服务站。针对当前网络购物成为热门消费方式的现状，在全市各镇街全面推广网上消费维权服务站建设工作。推动34家第三方交易平台或电子商务企业完成建站工作，全市有网上消费维权服务站36个，为消费者提供更加便捷有效的维权渠道，实现多层次、多渠道受理网络消费投诉，提升消费维权效能，保护消费者合法权益。（郑泽锦）

镇 街

URBAN AND TOWNSHIP

南城街道 （南城街道供图）

编辑：张德全 张曼利 梁炜强 李缙文 苏淑娴

莞城街道

【莞城街道概况】 莞城街道位于东莞市北部偏西，东江下游南支流东岸，地处东莞市区中心。截至2017年底，辖区面积11.2平方千米，下设8个社区，常住人口16.87万人，户籍人口18.71万人。

2017年，莞城街道生产总值177.32亿元，比上年增长6.1%；规模以上工业增加值31.6亿元，增长7.7%；固定资产投资总额27.4亿元，增长14.9%；进出口总额151.2亿元，增长5.6%，其中出口总额105.8亿元，下降5.8%。

是年，莞城街道创建广东省“互联网+创新创业”示范镇、广东省宜居社区、广东省创建无邪教示范镇（社区）、广东省“五好”镇街工商联和退休人员社会化管理服务站省级示范点等5个项目获得2017年度全市“单打冠军”（对部门镇街的单项工作考核机制，鼓励镇街、部门根据自身实际，在单项工作的考核中争当全市、全省乃至全国第一）。

【经济转型升级】 2017年，莞城街道致力实施“倍增计划”。出台街道“倍增计划”扶持奖励办法，每年安排3000万元财政专项资金，引导和支持企业通过科技创新、发展总部经济、加强产业链整合、强化资本运作等路径实现集约发展，推动规模与效益的倍增。2017年，辖内25家倍增试点企业实现营业收入57亿元，比上年增长19%；实现利润总额12亿元，增长10%。

推动创新驱动发展 成功申报广东省“互联网+创新创业”示范镇，其中，“东莞科技在线”科研众包平台被认定为“市级科技四众平台”和第一批“省级科研众包培育平台”；V-Work梦工场被确定为“省级众创空间试点单位”。新增国家高新技术企业35家、新增4个市级科技企业孵化器。截至年底，莞城街道拥有国家高新技术企

2017年8月2日，莞城街道进行自查文明城市复评工作 （刘中 摄）

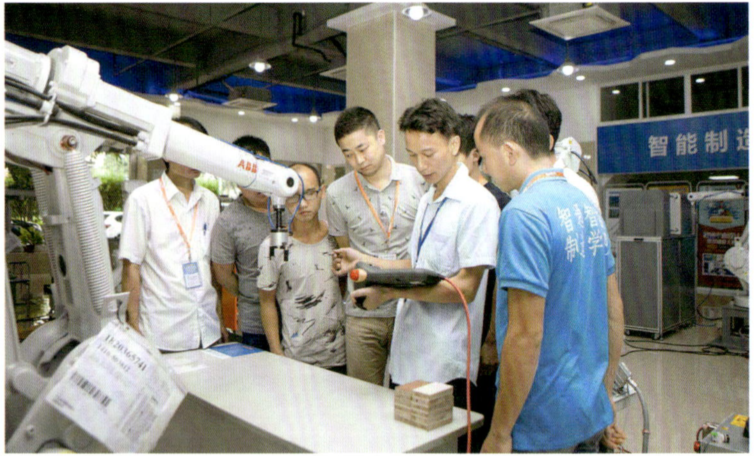

市“倍增计划”试点企业：广东智通人才连锁股份有限公司

（莞城街道供图）

业69家、国家级众创空间1个、省级科研众包培育平台1个、市级科技企业孵化器9个、市级众扶平台1个。

推进重大项目建设　推进2个市重大建设项目（那智建信精密轴承项目、广东宏达云计算中心项目）和1个市重大预备项目（广电大数据产业中心项目一期），总投资15.2亿元，累计完成投资5.68亿元。2017年度计划投资1.8亿元，实际完成投资2.42亿元，超额完成年度计划。

【城市品质和内涵提升】　2017年，莞城街道提升城市品质和内涵。完成“三旧”（旧城镇、旧厂房、旧村庄）改造项目供地14宗，土地面积37.29公顷；其中天宝广场、百晟花园、巨汉广场、宏达广场等8个项目动工建设，土地面积16.45公顷，推动城市有序更新。推进运河两岸自行车道改造提升、西城楼维护保养、文化广场改造前期设计咨询等工作，努力改善老城形象。做好文物保护工作，其中容庚故居申报国家级文物保护单位，迎恩门城楼、邓蓉镜、邓尔雅故居和东莞中学民国建筑群申报省级文物保护单位。

是年，莞城街道做好水污染防治工作全面落实河长责任制，完成辖内5条河涌的实施方案编制工作。对珊洲河进行生物治理，基本消除黑臭现象。推进珊洲河系统截污次支管网工程建设，完成方案设计、专家评审、工程概算财审等前期工作。

是年，莞城街道深化文明创建工作弘扬社会主义核心价值观，开展各类精神文明建设主题活动，宣传弘扬东莞好人、道德模范等先进事迹，如：“东莞妈妈”芬姨获“广东好人”称号，莞城张树祺等4人获市“名城名匠”称号，莞城居民丁玉焜勇救溺水者，步步高小学获评国家、省文明校园，是全市唯一一个全国文明校园。做好文明城市迎检复评工作，出台一系列政策措施改善环境，包括对辖区内市场改造升级及实行以奖代补，对莞太路、八达路沿线铺位进行突击整治等。

【社会和谐善治】　2017年，莞城街道开展“飓风2017”等专项行动，重拳打击各类违法犯罪，违法犯罪警情比上年下降33.69%。抓好安全生产和消防安全工作，查处并整改安全生产隐患94处、火灾隐患949处。开展社会隐患排查132次，化解各类矛盾纠纷118宗。

推进“智网工程”建设　建成街道“智网工程”指挥调度中心和8个社区指挥调度站。划分78个社区基础网格，以“一格两员”的标准配备156名专职网格员。截至2017年底，完成采集建筑物地标库存信息10.7万条、出租屋信息0.73万条、市场主体信息1.2万条，巡查隐患信息1670条，处置隐患信息1350条。

优化公共服务供给　财政投入文化、教育、体育、医疗、就业、社会保障、公共安全等经费6.71亿元，比上年增长16.49%。优化教学环境，完成阮涌小学扩建、中心幼儿园装修等工程，规划扩建中心小学分校。坚持举办文化周末晚会演出12年，连续三年承办“中国美术家协会水彩画艺术委员会年度提名展”，推出94项“菜单式”公共文化服务和公教活动进基层。加强体育工作，莞城代表团获东莞市第九届运动会团体总分第

2017年，莞城街道全面实施河长制。图为东莞运河莞城段 （莞城街道供图）

三名。进一步改善社卫中心医疗环境，推行家庭医生签约服务。

【全面从严治党】 2017年，莞城完成街道简政强镇机构改革，有序承接上级下放事权。完成社区基层换届选举工作，8个社区100%实现社区党工委书记、居委会主任“一肩挑”，并完成社区党工委下辖（不含非公、“两新”党组织）45个党支部及2个党总支的换届选举工作。以加强学校领域党建工作为重点，推进基层党建标准化建设。开展驻点联系群众工作，上门走访群众2.31万户，收集群众意见建议338条，解决328条，占97%。

（陈雪庭）

附：2017年莞城街道党委、人大、办事处主要领导名录

党委书记：曲洪淇（6月到任）

人大联络委主任：

张建均（7月到任）

办事处主任：陈慧贞

2016—2017年莞城街道主要经济社会指标

指标	单位	年份	
		2016	2017
户籍人口	人	182173	187141
常住人口	万人	16.64	16.87
面积	平方千米	11.17	11.2
生产总值	万元	1596846	1773237
第一产业	万元	0	0
第二产业	万元	318961	358519
第三产业	万元	1277885	1414718
总用电量	万千瓦时	57059	
全社会固定资产投资总额	万元	238416	274052
社会消费品零售总额	万元	1160089	1267605
外贸出口总额	万元	180220	1057730
实际利用外资	万美元	1536	113
地方财政总财力	万元	98929	127491
各项税收总额	万元	400843	402428

注：2017年总用电量数：受四个街道供电合并城区供电分局影响，不能分出四个街道用电量数据

石龙镇

【石龙镇概况】 石龙镇位于东莞市北部。截至2017年底，辖区面积13.83平方千米，辖7个村、3个社区，常住人口14.36万人，户籍人口7.48万人。

2017年，石龙镇实现地区生产总值100.16亿元（第一产业45万元，第二产业48.73亿元，第三产业51.42亿元），比上年增长3.90%；规模以上工业增加值45.15亿元，增长1.70%；全社会固定资产投资总额19.66亿元，下降6.34%；总用电量7.83亿千瓦时，增长3.85%；社会消费品零售总额44.98亿元，增长9.20%；实际利用外资158万美元，下降55.62%；外贸出口总额194.57亿元；税收总额19.04亿元，增长3.59%；地方财政总财力9.17亿元，增长9.64%；全镇村组资产总额19.75亿元，增长6.8%；资产负债率16.2%；总收入2.07亿元，增长1.9%；纯收入1.2亿元，增长4.5%。获全国乡镇（街道）劳动争议调解综合示范单位、全国敬老文明号、全国巾帼文明岗、全国无邪教示范镇、全国健康促进区、广东省2017年企业数据资源综合利用试点地区、广东省“五好”镇街工商联、松山湖片区“1+6”园区统筹发展体制机制改革等8个全市“单打冠军”，市环保责任年度考核获全市第一，获全省社会治安综合治理先进集体称号，师德建设获广东唯一全国奖，体育管理服务中心获评全国群众体育先进单位，社区卫生服务中心获评2017年全国优质服务示范社区卫生服务中心。

【统筹协调发展】 2017年，石龙镇加强与松山湖片区产业、功能、交通、配套、空间、生态环境的六大统筹融合，实现片区联动发展新优势。先后与松山湖金融产业控股集团成功组建合资项目公司，推进松山湖中科云富创业投资有限公司在石龙成立产业投资基金，与广东机电职业技术学院合作打造松山湖（石龙）电子信息公共中试平台，广东（石龙）铁路国际物流基地项目纳入松山湖片区统筹发展共建主题园区以及先行启动区，东莞市第三人民医院成为松山湖片区区域中心医院，与松山湖（生态园）社卫中心率先共建医联体，促进医疗资源总体配置效率和利用率双提高。

【实体经济发展增强】 2017年，石龙镇启动实施镇级“倍增计划”，遴选出镇试点企业25家，制订出台5大项共14小项的扶持培育措施，5家市级试点企业实现工业增加值14.39亿元，比上年增长12.53%；众生药业入选省企业竞争力500强和市纳税亿元企业，开普互联完成“新三板”上市挂牌，津威启动建设黄洲第二分公司项目，京瓷办公设备科技有限公司入选全市百亿级企业，总投资约2亿元的京瓷办公感光鼓增资扩产项目成功纳入市新建重大项目。全镇R&D投入占GDP比达4.3%，有8个项目申报市自动化改造项目专项资金，完成投入9000多万元。现代信息服务园进驻企业40家，中科信息港改造完成并移交使用。商贸旅游、电子商务等现代服务业蓬勃发展，全镇市场主体1.47万户，比上年增长22%。

【对外开放合作平台建设】 2017年，石龙镇铁路集装箱办理站工程动工，水运二类口岸通过省验收并实现对外开放，中外运码头改扩建方案报请交通部审批，东江北干流南岸整治工程一期拆迁任务完成，东莞港内河港区在石龙港挂牌成立，首趟往来石龙至俄罗斯沃尔西诺的双向对开班列启动，中欧、中亚等国际班列实现常态化运营，并尝试开通回程班列，全年始发国际班列122列，出口货物贸易额5.09亿美元。依托“一带一路”（丝绸之路经济带和21世纪海上丝绸之路）平台，引导镇内企业开拓国际市场，广安电气检测中心服务延伸至新加坡、哈萨克斯坦等国家，开拓东南亚业务。探索与松山湖共建东莞国际技术转移中心，吸引国内外科技商务服务机构集聚，促进更多境内外优质项目落地东莞。

【城市品质内涵提升】 2017年，石龙镇启动城市品质三年计划，梳理出6大类共33个示范项目。南二桥扩建工程累计完成投资6969万元，新桥实现通车，旧桥维修加固。东莞火车站TOD综合开发征地报批及土地置换工作推进。市儿童医院完成一标主体工程，二

广东（石龙）铁路国际物流基地　　（石龙镇供图）

东江环绕的石龙镇　（石龙镇供图）

标装修工程正在实施，累计完成投资2.8亿元，占总投资额83.36%。推进东江北干流南岸整治工程和旧城历史文化街区活化改造工程，探索提升和整合沿江路、中山路及太平路的交通和业态。打好环境治理攻坚战，全面推行河长制，截污次支管网建设进度排名全市前列，投资1490多万元实施美丽幸福村居建设项目22个。启动智慧石龙信息服务平台（一期）工程，构建集政务、商务、民生一体化的“掌上通”服务平台，推进公共区域免费Wi-Fi一张网。

【社会和谐善治水平提高】 2017年，石龙镇以共建共治共享为抓手，着力保障改善民生。深化平安石龙建设，重拳打击突出违法犯罪，推进信访突出问题专项治理。落实安全生产制，确保没有发生重大安全生产事故。建立食品安全风险预警互动管理平台，汇星商业中心创建为省级食品安全示范广场，全镇农贸市场快检室建设覆盖率100%。加强基层治理，石龙“友善社区”项目入选东莞市2017年度基层社会治理改革创新市镇共建十大优秀项目。在全市率先开办老年大学，石龙镇敬老院被选定为市级医养结合试点单位，“平安铃”服务登上全国养老产业白皮书。保障困难群众基本生活，全年发放低保金、残疾人津贴等各类补助2000多万元。全面落实就业创业扶持政策，发放各项就业创业补贴240多万元，惠及2000多人次。

“举重之乡”雕塑　（石龙镇供图）

【科教文卫事业发展】 2017年，石龙镇举办第七届中华龙民俗文化节、敬老月等系列活动。获广东省集邮文化先进镇。教育事业再结硕果，慕课教育品牌进

2017年东江北干流石龙南岸整治工程 （石龙镇供图）

一步擦亮，高考、中考再创佳绩，高考重点本科人数创新高，中考连续14年大幅超市平均分。“健康强镇”战略推进，成功创建为全国健康促进示范区，家庭医生签约服务等健康管理项目普惠于民，编制并推广使用本土原创性教育教材《护航青春》。市第三人民医院成功创建中国胸痛中心和中国卒中中心，成为莞北地区唯一同时具有“双中心”的三级甲等综合医院；市第八人民医院北院区老年医疗养护中心获全国“敬老文明号”称号，是全市唯一获此称号的医疗卫生单位；社区卫生服务中心获“全省百强社区卫生服务中心”称号。做好文明创建工作，获评市争创全国文明城市“四连冠”工作先进单位。

【政府服务效能优化】 2017年，石龙镇主动加强政府自身建设，提升政府服务效能。石龙镇综合服务中心启用，群众办事更加便捷高效。完成村（社区）“两委”（共产党员支部委员会和居民委员会）换届选举，开展镇领导干部驻点普遍直接联系群众工作，累计走访各类联系对象2.14万户次，完成走访率100%，解答群众咨询、解决矛盾纠纷和群众实际困难518个，办结率96.82%。主动接受人大和政协监督，听取和征求社会各界意见建议，落实人大代表意见建议39份，部门答复率和代表满意率100%。加强反腐倡廉教育和廉政风险防控，完善廉政制度建设，贯彻执行中央八项规定，坚持整治“四风”（形式主义、官僚主义、享乐主义和奢靡之风）问题，营造风清气正的政治生态。（姚小琴）

附：2017年石龙镇党委、人大、政府主要领导名录

镇委书记：刘林宏

镇人大主席：周年有

镇　长：叶建华

2016—2017年石龙镇主要经济社会指标

指标	单位	年份	
		2016	2017
户籍人口	人	72779	74788
常住人口	万人	14.2	14.36
面积	平方千米	13.83	13.83
生产总值	万元	914812	1001560
第一产业	万元	46	45
第二产业	万元	446278	487279
第三产业	万元	468488	514236
总用电量	万千瓦时	75415	78318
全社会固定资产投资总额	万元	209909	196570
社会消费品零售总额	万元	411914	449815
外贸出口总额	万元	194569	194568
实际利用外资	万美元	356	158
地方财政总财力	万元	81983	87550
各项税收总额	万元	184582	190379

注：2017年总用电量数：受四个街道供电合并城区供电分局影响，不能分出四个街道用电量数据

虎门镇

【虎门镇概况】 虎门镇位于东莞市滨海片区，珠江口东岸，粤港澳大湾区几何中心。截至2017年底，面积178.5平方千米，下辖30个社区，常住人口63.94万人，户籍人口14万人。

2017年，虎门镇地区生产总值563.86亿元，比上年增长8.1%；规上工业增加值155.6亿元，增长7.7%；社会消费品零售总额225亿元，增长7.5%；实现进出口总额354.37亿元，增长11.8%；实际利用外资4648万美元，增长16.1%；镇本级可支配财政收入28.4亿元，增长14%；各项税收总额83.3亿元，增长6.5%；截至年底，各项人民币存款余额718.5亿元，增长6.2%；各项人民币贷款余额487.4亿元，增长8.8%。全镇市场主体8.8万户，增长16.3%；全社会用电量49.4亿千瓦时，增长9.8%，其中工业用电33亿千瓦时，增长10.8%。7个市重大产业项目完成投资近20亿元，超额完成年度投资计划目标。社区集体两级总资产149.1亿元，增长2.5%；集体两级总收入19.6亿元，总支出6.6亿元。全年受理农村集体资产交易立项1550宗，成交标的金额14.4亿元。

【重大项目建设】 2017年，虎门镇有中国电子东莞产业园、康源电子增资扩产、以纯集团总部、宏业货柜码头迁建、虎门农副产品仓储物流、名店国际综合物流、虎门万科云广场、虎门滨海大道8个市重大项目，虎门第四中学新校、虎门外语学校2个市重大预备项目。其中，中国电子东莞产业园、名店国际综合物流、虎门滨海大道被纳入省重大项目。8个市重大项目完成年度投资额23.3亿元，超额完成年度投资计划。其中，滨海大道主线全线通车，宏业码头迁建项目（一期）投产，以纯集团总部主体竣工。

【创新驱动发展战略实施】 2017年，虎门镇围绕产业、科技、金融、城市融合发展的战略部署，实施创新驱动发展战略。全镇新增认定国家高新技术企业98家，高企总量169家；有40家企业的141项产品被认定为广东省高新技术产品；全镇专利申请量3135件，其中发明专利357件；有专利授权2095件，其中发明专利161件；新增规模以上企业研发机构36家，有规模以上企业自建研发机构145家，占规模以上工业企业的40.3%；有科技上市企业4家（创业板1家、“新三板”3家），上市后备企业3家；有科技企业孵化器3家。企业研发投入方面，规模以上企业研发投入（R&D）金额10.81亿元，比上年增长13.55%。金融支撑不断强化。指导企业开展上市融资，新增市级上市后备企业2家。启动虎门倍增优选股权投资基金，撬动1亿元社会资本参与倍增计划。富民融资担保公司实现担保业务230笔，担保总额超过2亿元。融入广深创新科技走廊建设。中国电子东莞产业园、东莞市虎门服装协同创新中心和虎门信息传输线缆公共服务平台，分别作为创新园区和专业镇平台，入选广深科技创新走廊（东莞段）创新资源项目库，总投入约78亿元。做大做强电子信息产业。2017年全镇规模以上电子信息企业实现工业增加值75.4亿元，增长16%，比全镇规模以上工业增速高出8.3个百分点。举办2017虎门国际电线电缆展览会，与余姚市电线电缆协会等6家行业协会开展战略合作项目。虎门信息传输线缆公共服务平台建设有序推进。

虎门镇全景俯瞰 （王敬新 摄）

【服装服饰产业发展】 虎门镇服装服饰产业集群，规模居全国镇级服装产业集群之首。截至2017年底，虎门有服装服饰生产加工企业2200多家，总生产面积251万平方米，从业人员超过20万人，年工业总产值约450亿元；服装服饰市场区域面积约7平方千米，总经营面积245万平方米，有40个专业市场、1.5万经营户，年销售额超900亿元；服装服饰注册商标5万多个，有中国驰名商标2个，广东省著名商标、名牌产品18个。11月17—20日，虎门举办第22届中国（虎门）国际服装交易会暨2017虎门时装周，主会场设在虎门会展中心，同时设20个分会场。期间举行32项活动，包括开幕典礼2场、专题活动6场、高端论坛7场、潮流发布会12场等。该届展会主会场吸引12万人次的专业采购商和普通观众，向外界全方位展示时尚虎门、魅力虎门、活力虎门的新形象。

2017年11月17日，第22届中国（虎门）国际服装交易会暨2017虎门时装周开幕 （虎门镇供图）

2017年6月3日，"无毒青春·健康生活"广东省"6·3"虎门销烟纪念日活动在虎门镇举行。图为在活动现场举行的"粤禁毒·益同行"线上马拉松启动仪式 （虎门镇供图）

【集体经济发展】 2017年，虎门镇社区集体两级总资产149.1亿元，比上年增长2.6%；总负债25.3亿元，净资产123.8亿元。集体两级总收入19.6亿元，比上年增长4.7%。其中，出租收入占总收入74.1%。虎门镇"三资"（资金、资产、资源）管理和集体资产交易平台自2012年11月2日完成第一宗交易，截至年底，两级交易平台受理交易立项9817宗。其中，镇级平台受理交易3138宗，社区平台受理交易6679宗，有1676宗交易实现溢价收入。

【基础设施建设】 2017年，虎门镇推进基础设施建设，滨海大道主线12.3千米实现全线通车，环莞快速二期（虎门段）基本完工，建成虎门大道东临时便道，基本完成水运路、体育路、科达路、社岗路等一批微循环路网建设，开展威远桥大修工程，完成省道大修市政工程（虎门段）第一标段施工。投入水利工程建设资金3456万元，完成大沙河下游整治工程、德隆围水闸重建工程、太平涌临时挡潮闸工程、中国电子产业园项目横岗渠盖板、鲫鱼渠护栏等工程建设。小区巷灯改造为LED灯和节能灯1500多盏。确保路灯亮灯率99.5%。开办户外广告设置规范培训班，近150人参训。绿化养护面积78.15万平方米，行道树约2万株，时花3575平方米。开展60个绿化工程，复绿、增绿1.9万平方米。

【环境治理】 2017年，虎门镇加强大气污染治理、水污染防治和环境执法，建设美丽的生态环境。

大气污染治理　督促沙角电厂群落实超低排放技术改造，完成治理84家印刷企业、塑胶企业VOC污染整治、检查整治23家锅炉企业、淘汰黄标车218辆。是年，虎门镇空气质量综合指数4.57，有效达标天数291天，达标天数比例82.7%。

水污染防治　编制"一河（湖）一策"综合治理方案，出台

宏业货柜码头新址 （王敬新 摄）

5项河长制配套制度。完成大沙河下游整治、太平涌水闸修建、德隆围水闸重建等一批水利基础设施项目。加快截污次支管网建设，全年新增管网长度20千米，累计建成截污管网84千米。官涌河纳入重点河涌整治项目，治理工作扎实推进。配合做好宁洲污水处理厂二期工程，推动两座电镀污水处理厂升级改造。"一口一策"整治5个入海排污口。依法清理36个违法用海构筑物。

强化环境法治 实施网格化监管和双随机抽查制度，开展多次交叉检查执法以及饮用水源地保护区内环境监管专项等10多项环保专项行动，依法从严查处环境违法行为。2017年累计出动环境执法人员3825人次，检查企业376家次，发出责令改正违法行为决定书133份、行政处罚告知书119份、行政处罚决定书128份，罚款490.03万元，实施查封、扣押5件，限产停产2件，申请法院强制执行案件118件。

【社会治理】 2017年，虎门镇综合服务中心投入使用，首批进驻部门24个、进驻窗口84个。"平安虎门"加快建设，建成警民联防值勤点419个，新增视频监控系统前端采集点290个，建成"以案说防"预防犯罪主题体验馆。开展专项行动，破获一批重大案件，打掉各类犯罪团伙73个。推进"智网工程"，建成智网工程指挥调度中心，划分网格147个，入格事项83项，配备网格员452人，基本实现社会服务管理网格化全覆盖。持续完善消防基础建设，建成政府专职消防队1个，消防执勤分站2个，完善重点单位微型消防站75个、社区消防站29个。开展危险化学品、建筑施工、工贸企业等重点领域专项整治工作，狠抓"三小"（小档口、小作坊、小娱乐场所）场所、出租屋和高层建筑等消防专项整治，清理整治一批安全生产和消防隐患。安全生产形势总体平稳，未发生较大以上安全生产事故。全面做好矛盾纠纷排查化解，调处各类矛盾纠纷546宗，调处成功率94.3%。

【民生实事】 2017年，虎门镇加大财政投入，办好各项民生实事。

教育事业 筹建虎门四中新校，推进虎门五中扩建、虎门梅沙小学、博涌小学新校前期工作。新增民办幼儿园6所，增加学前教育学位2490个。建成虎门中学学生宿舍楼（二期），增加住宿床位1400个。新建虎门五中篮球场，扩建威远小学、南栅小学足球场，更新10所公办小学多媒体教学平台。全镇义务教育公办学校积分制招收随迁子女1306，优惠政策招收企业人才子女555。虎门中心小学获评第一批全国青少年校园篮球特色学校，5所中小学获评广东省青少年校园足球推广学校。

医疗卫生 启动虎门医院住院楼和专家楼扩建工程，推进虎门中医院整体搬迁前期工作。做好登革热等疫情防控工作。推进"全面两孩"政策实施。

就业创业 全年为8816人次和101家企业办理各项就业补贴1012万元。虎彩印艺成功创建市级"技师工作站"。加强人才引进服务，发放"企业自评"人才入户卡48张。

扶贫济困 全年向全镇低保155户308人发放低保金248万元，为低保户购买养老保险64万元；落实医疗救助政策，发放救助金

27.2万元，为民政对象（低保、五保、孤儿）购买农医保约22万元。成立虎门慈善会，开展虎门迎春慈善万人行活动，认捐善款超过6400万元。

【文体建设】 2017年，虎门镇文体建设取得新成就。

文化事业 推进全镇篮球联赛、“小虎成长计划”、影像虎门艺术中心常年展览、虎门文化大舞台、少儿现场书法大赛、产业工人新春歌会、中国象棋公开赛、“文化惠民”工程等八大文体品牌活动常态化，全年惠及群众近50万人次，产业工人新春歌会成为文化部2017年“百姓大舞台”品牌活动之一。全年粤曲、书法等八大文体培训基地培训2000多人次。其中，“小虎成长计划”青少年暑期系列文体活动，通过艺术培训、体育培训及比赛、夏令营、实践等方式，成为虎门镇家长和青少年最受欢迎的暑期校外活动。全年影像虎门艺术中心举办展览12个，出版《影像虎门》季刊和名家作品集8本，接待各级艺术名家、文艺爱好者及游客突破25万人次，比上年增长25%。承办文化部2017年“百姓大舞台”品牌项目——产业工人新春歌会。文化精品层出不穷，在各类文化大赛获金奖10个，其中国家级1个、省级3个、市级6个。其中，舞蹈作品《大大军服心中梦》获第九届“小荷风采”全国少儿舞蹈展演“小荷之星”金奖。书法协会吴智勇的篆刻《24枚篆刻作品》获第十届广东省鲁迅文学艺术奖。吴智勇作品《谁堂刻印留痕》获广东省第十四届美术书法摄影联展（书法类）金奖。朗诵协会何智辉朗诵的作品《可爱的中国》获“风雅颂”第三届广东省朗诵大赛金奖。蒋光鼐博物馆于12月28日动工建设。完成逆水流龟明末古村堡第二期修缮工程。启动村头贝丘遗址公园保护设计工作。申报《节马传说》为省级民间文学类非遗项目，是东莞首个省级民间文学类非遗项目。

体育事业 虎门镇获“2017年度东莞市体育工作先进镇街”和“2017年度东莞市体育工作单打冠军”。虎门代表团参加东莞市第九届运动会（获金牌129枚、银牌87.5枚、铜牌100枚），以团体总分6342分六届蝉联全市团体总分第一名，同时获金牌总数第二名奖及体育道德风尚奖。虎门运动员张全在全国第十三届运动会赛艇比赛中获冠军，获省人民政府个人记功。虎门运动员在2017全国帆船冠军赛和2017全国皮划艇静水冠军赛中获金牌3枚；在2017年全国青年跆拳道锦标赛中获金牌1枚；在省青少年赛艇锦标赛和省青少年皮划艇（静水）锦标赛获金牌9枚；在省青少年跆拳道锦标赛中获金牌3枚，助力东莞取得金牌榜第一。

【精神文明建设】 2017年，虎门镇文明创建工作在全市镇街文明创建测评排名中保持良好水平，被评为“东莞市争创全国文明城市‘四连冠’工作先进单位”。成功申报东方、博涌、新湾三个社区为市文明社区，实现市级文明社区全覆盖。实施文明示范工程，创建南栅社区等36个示范点和“匠心企业”等10个示范点。加强典型引领，让身边的好人好事不断涌现，全年新增“东莞好人”4名，累计“东莞好人、道德模范”50名。创新举办虎门镇“文明大家谈”系列活动8场。全年制作宣传广告9860张（幅），推出一批特色鲜明的文化墙，公益广告面积26万多平方米，同时利用镇内外媒体，开展文明创建宣传。 （姜 阳）

附：2017年虎门镇党委、人大、政府主要领导名录

镇委书记：叶孔新

镇人大主席：孙景森

镇　长：曲洪淇（任至8月）

　　　　邓卫洪（8月到任）

2016—2017年虎门镇主要经济社会指标

指标	单位	年份	
		2016	2017
户籍人口	人	135689	139980
常住人口	万人	63.58	63.94
面积	平方千米	178.5	178.5
生产总值	万元	4976610	5638632
第一产业	万元	19276	18852
第二产业	万元	1716255	1914209
第三产业	万元	3241079	3705571
总用电量	万千瓦时	450114	494063
全社会固定资产投资总额	万元	1208987	1000092
社会消费品零售总额	万元	2091339	2249154
外贸出口总额	万元	2010193	1999725
实际利用外资	万美元	4003	4648
地方财政总财力	万元	248742	283601
各项税收总额	万元	785126	832677

东城街道

【东城街道概况】 东城街道位于东莞市中心区。截至2017年底，总面积105.9平方千米，下辖23个社区和2个国营林场。户籍人口11.39万人，常住人口48.73万人。

2017年，东城街道实现国内生产总值471.3亿元（第一产业1870万元，第二产业157.8亿元，第三产业313.3亿元），比上年增长8.5%；全社会固定资产投资74.2亿元，增长15.3%；总用电量4亿千瓦时，增长28.4%；社会消费品零售总额150.2亿元，增长8.2%；实际利用外资1340万美元，下降92.1%；外贸出口总额340.4亿元，增长2.9%；各项税收总额（含市属部分）120.96亿元，增长6.7%；街道本级一般公共预算收入23.5亿元，增长5.1%。在全市镇街领导班子年度量化考核中，东城街道获评“一等奖镇街”，并获全国群众体育先进单位、全国敬老文明号、全国无邪教示范镇（社区）、全国文明村镇、广东省森林小镇、全省防汛防旱防风防冻先进集体、广东省宜居社区、广东省家庭文明建设示范点、义务教育均衡发展、劳动争议调解综合示范点、“倍增计划”、贸易投资便利化机制改革、高新技术企业孵化育成体制机制改革、教育资源供给机制改革等14项全市“单打冠军”。

【产业升级】 2017年，东城街道实施企业“倍增计划”“一企一策”精准服务，推动企业加快壮大，74家试点企业主营业务收入304亿元。实施供给侧结构性改革与重点企业倍增计划工作获得改革单打冠军。创新推进跨境电商集群发展，建成启用东莞国际邮件互换局兼交换站，日均发送国际邮件近30万件，截至年底，全街道形成200多家电商企业集聚发展的产业集群。打造智能制造全生态链，劲胜精密成功通过智能制造国家级示范项目验收，晖速通讯成为信息化应用的标杆企业。开展产业项目招引培育，新引进300万元以上的内资项目802个，其中亿元以上项目13个，比上年增长85.71%。推动企业对接资本市场，实现海外上市企业1家，“新三板”挂牌企业和上市后备企业分别增加至11家和9家。合作成立9只总规模85亿元的产业基金，启动6大领域43个项目的战略合作。

【改革创新】 2017年，东城街道高新技术企业“育苗造林”成效显著，高新技术企业从146家增至309家，总数位居全市第三，新增155家进入省高新技术企业培育库。企业创新能力不断提升，工业技改投入累计增加13.2亿元，新增省级企业工程技术研发中心7个、市级2个。先进制造业和高技术制造业增加值分别比上年增长15.5%和16.9%，成为工业增长的主要动力。新增专利授权量和发明专利授权量分别为2673件和227件，位居全市前列。13家企业获市知识产权保护重点企业认定。创新平台建设取得突破，培育孵化基地和众创空间，新增国家科技企业孵化器培育单位、国家级众创空间培育单位、省级众创空间试点单位、市级科

晨曦中的同沙生态公园 （东城街道供图）

技众创空间各1个。新增市级科技孵化器6个。改革攻坚步伐不断加快，率先启动粤港澳银政通和个体工商户全程电子化登记改革，启动商事制度改革综合试验基地建设，省工商局专门出台1号文支持东城综试基地改革。营商环境持续优化，新增市场主体1.6万户，总数达7.11万户。加快“互联网+政务服务”改革，重点抓好事项标准化工作，推动538项办理事项基本实现“最多跑一次”。

【城市建设】 2017年，东城街道投入1.1亿元实施121项社区文明创建项目，城市面貌和文明风尚焕然一新。投入9615万元加快17条道路改造升级，10项水利工程实施；开发改造“小山小湖”地块9个，完成社区宜居项目52个，6个社区获评广东省宜居社区。启动彩色林建设，获评广东省休闲宜居型森林小镇。以空前力度弥补环境突出短板，下桥河内涝整治、牛山片区截污次支管网等9项工程推进，老围河黑臭水体整治成为全市样板工程。固废、大气、土壤等污染协同防治取得成效。推进城市更新改造，成立城市更新委员会，完善土地出让金管理、城市更新利益共享等机制体制，强化城市更新宏观调控。重点推进改造面积29公顷的8个改造项目，其中完成改造3个。推进重点工程建设，完成东华医院扩建、生益电子增资扩产，推动4项市重大项目开工建设。

【社会治理】 2017年，东城街道升级立体化社会治安防控体系，打击和惩治各类违法犯罪活动，接报违法犯罪警情比上年下降20.1%，刑事立案数下降9.5%。推进社会和谐善治，“智网工程”全面建成运作，22大类117小项治理事项实现网格化管理。推动解决留用地补偿问题、农村土地确权、基层综合平台建设等基层治理专项工作，获评全市基层平台建设先进镇街。保障公共安全，各类安全事故比上年下降55.53%，无发生较大以上安全事故，获全市安全生产优秀镇街。加大城市综合执法力度，清理城市“六乱”（乱搭乱建、乱堆乱放、乱设摊点、乱拉乱挂、乱贴乱写乱画、乱扔乱吐）违法行为2.3万宗，拆除各类违法建筑3.81万平方米。被确定为广东省食品安全示范区首批创建试点单位。做好金融风险防范和化解工作，妥善处理联华集团债务危机。

【民生事业】 2017年，东城街道坚持民生优先发展，全年用于民生领域财政支出18.07亿元，占总支出76.37%，群众幸福感和获得感提升。开展社保扩面征缴工作，发放社会保障待遇4.8亿元，惠及参保群众155.32万人次；为1.08万人次居民发放各项劳动就业补贴1269.3万元；扩大老人生活补助范围和标准，发放各类生活补助2096.7万元。提高公共服务规模和质量，新增中小学公办教育学位1600个，为1500多名新莞人子女提供优质教育服务，获评“广东省促进义务教育均衡发展先进集体”。新增光明、桑园、柏洲边等卫生服务设施，健全基层医疗卫生服务体系建设。深化“新家庭计划”国家试点工作，服务群众6.3万人次。开展各类文化惠民活动，丰富群众精神文化生活。乐健东城形成品牌，获评“全国群众体育先进单位”。开展对口帮扶和精准扶贫工作，东城新丰产业共建开展，协助引进17个总投资14.6亿元的产业项目，帮扶村贫困户脱贫率85%。投入4500多万元，推进援疆和市内扶贫等工作。

【商事制度改革综合试点试验基地建设】 2017年，东城街道会同市工商局，在东莞市跨境电子商务产业园区内共建省级的“东莞市商事制度改革综合试点试验基地”。该试验基地探索复制推广包括自贸区在内的各项优惠政策，加深在营造便利化准入环境、扶持新业态发展、推动金融与产业融合、打造一体化综合服务平台、实施商标品牌战略和构建科学市场监管体系等领域的合作共建，全力打造全市创新政策汇聚的高地、创新资源汇聚的园地、创新企业汇聚的基地。

【“倍增计划”实施】 2017年，东城街道出台东城版“倍增计划”实施意见，在普惠性政策上做好加法，构成东城“倍增计划”22条扶持措施，实施“一企一策”精准服务，搭建专业服务池，建立线下挂点服务机制，帮助企业解决问题，激发企业“潜能”倍增，推动企业裂变式增长。在全市开展“倍增计划”中实现两个“第一”（试点企业数量实现位列全市镇街第一、第一个推出镇街级“倍增计划”服务平台）。实施“倍增计划”以来，东城相关经济指标和社会反响良好，“倍增计划”初见成效，多家试点企业工业总产值/主营业务收入对比上年实现倍增，半数以上企业工业总产值/主营业务收入比上年增长超过20%。

【义务教育均衡发展】 2017年，东城街道解决外来务工人员随迁子女接受义务教育问题，通过学生分流、新建学校、调整政策等多渠道解决大班额问题，缓解学位紧张现状。在公、民办学位满足需求的基础上，扩大入读公办学校和入读民办学校给予学费补贴的人数比例。全年提供小学公办学位390个，补贴学位523个；初中公办学位175个，补贴学位410个。按照市企业人才子女入学办法和东城街道“倍增计划”企业人才子女入学办法，在公办学校安排企业人才子女学位213个。优质教育资源惠及到更多的外来务工人员随迁子女，做到教育资源普惠共享，不断促进教育公平。是年外来务工人员随迁子女在公办学校就读的比例28%，根据新招生方案，外来务工人员随迁子女入学比例将于2018年达到40%，2019年达到50%。是年，东城街道被广东省教育厅、广东省人力资源和社会保障厅评选为“广东省促进义务教育均衡发展先进集体”评选。

【东城街道获“广东森林小镇”称号】 2017年9月，东城街道获广东省林业厅认定为“广东省森林小镇”。东城街道森林覆盖率42.83%，镇区绿化覆盖率55.23%，初步建成具有休闲宜居特色的森林小镇。通过森林小镇建设，形成以乔木为主，花草点缀、休闲娱乐设施配套的村镇森林生态景观，实现城乡居民“出门300米见绿、500米见园”的愿望。通过建立一批内容丰富、设备齐全、各具特色的生态文化平台，组织一系列公众参与的生态文化宣传活动，镇财政投资建设的各级各类公园均免费向公众开放，实现心中播绿和市民享绿双丰收。

【东莞国际邮件互换局落户东城街道】 2017年9月28日，东莞国际邮件互换局兼交换站（以下简称互换局）建成启用。互换局坐落于东城街道东莞跨境贸易电子商务中心园区内，占地面积1万平方米，建筑面积3.2万平方米，分为关检作业区和邮政作业区，采用国内领先的“电子申报，自动分拣，智能查验”通关模式，日均处理能力峰值200万件，运作后能有效缩减国际邮件周转时限，支撑东莞跨境电商市场发展，对东莞构建开放型经济新体制综合试点试验城市具有重要战略意义。（李舒婷）

附：2017年东城街道党委、人大、办事处主要领导名录

党委书记：邓　涛（7月到任）

　　　　　陈志伟（任至7月）

人大联络委主任：詹耀东

办事处主任：邵宏武

2017年8月10日，东莞市粤港澳银证通暨个体商户全程电子化登记改革启动仪式（东城街道供图）

2016—2017年东城街道主要经济社会指标

指标	单位	年份	
		2016	2017
户籍人口	人	104706	113889
常住人口	万人	48.11	48.73
面积	平方千米	105.9	105.9
生产总值	万元	4131408	4712712
第一产业	万元	1912	1870
第二产业	万元	1409087	1578154
第三产业	万元	2720410	3132689
总用电量	万千瓦时	312936	
全社会固定资产投资总额	万元	643268	741553
社会消费品零售总额	万元	1387678	1501671
外贸出口总额	万元	3308000	3404000
实际利用外资	万美元	16898	1340
地方财政总财力	万元	223781	235205
各项税收总额	万元	1134742	1209620

注：2017年总用电量数：受四个街道供电合并城区供电分局影响，不能分出四个街道用电量数据

万江街道

【万江街道概况】 万江街道位于东莞市西部，地处粤港澳经济走廊，临近珠江入海口。截至2017年底，辖区面积48.6平方千米，下辖29个社区居委会，户籍人口9.2万人，常住人口24.94万人。东江及其支流环绕全街道，水岸资源丰富。素有“鱼米之乡”“曲艺之乡”“书画之乡”之称。

2017年，万江街道实现地区生产总值128.07亿元（第一产业0.3亿元，第二产业44.66亿元，第三产业83.11亿元），比上年增长7.0%；实现规模以上工业增加值29.6亿元，增长7.5%；规模以上先进制造业增加值增长27.7%，高技术制造业增加值增长34.5%；实现社会消费品零售总额64.1亿元，增长8.5%；税收总额20.14亿元，下降3.25%。社区集体经济发展方面，社区两级总资产46.8亿元，增长4.7%；经营总收入6.29亿元，增长12.5%；纯收入4.05亿元，增长18.3%。

2017年，万江街道获评国家义务教育质量监测实施优秀组织单位（县级）、广东省宜居社区、广东省社区教育实验区、广东省创建无邪教示范镇（社区）、金融供给侧改革等5项市“单打冠军”。

【发展质量提升】 2017年，万江街道产业结构进一步优化，实现规模以上工业增加值29.6亿元，比上年增长7.5%。出台《万江街道扶持产业发展奖励暂行办法》《万江街道促进电子商务发展暂行办法》《万江街道促进楼宇经济发展实施办法》等政策文件，安排5000万元产业发展专项资金。规模以上先进制造业增加值比上年增长27.7%，高技术制造业增加值增长34.5%。7家市倍增计划企业实现工业总产值24.1亿元，比上年增长13.63%；街道倍增计划试点企业中，19家规模以上工业企业实现工业总产值38.6亿元，增长22.6%；4家规模以上服务业企业实现营业收入2.1亿元，增长57%。新登记市场主体6635户，增长30.56%；实现社会消费品零售总额64.1亿元，增长8.5%。

【重点项目推进】 2017年，万江街道加强重点项目督导工作，每半月印发《万江街道2017年市重大项目和18项重点工程情况通报》和每两个月印发《万江街道部分重点项目推进情况简报》，及时通报项目情况，强化沟通，解决问题。全年计划重点推进的18个重点项目，有16个按进度推进，2个完成；6个市重大项目完成总投资3.03亿元。引进微科光电（投资4.5亿元）、三惠实业（投资3.5亿元）、尚甲都市产业园（投资2.2亿元）、利扬芯片（投资1.23亿元）等重要产业项目。抓好重点项目承载平台建设，引进社会资源推进龙湾滨江片区连片“三旧”改造，新增“三旧”改造项目3个，制定街道土地统筹方案、“三旧”改造地价款分配方案等政策文件，理清街道集体资产部分历史遗留问题。

【科技创新驱动深化】 2017年，万江街道实施高新技术企业“育苗造林”行动计划，全年新增96家高新技术企业，总数181家，比上年增长94.6%；169家申报高新技术企业培育库。新增1家科技企业挂牌“新三板”，截至年底万

万江龙湾湿地公园　　（万江街道供图）

万江街道龙湾梧桐小镇 （万江街道供图）

江科技企业挂牌“新三板”数量9家，另有3家科技企业筹备挂牌“新三板”；新增2家上市后备企业，总数4家。科技孵化器、众创空间有新突破，东莞尚甲都市产业园、东莞市上耕众创虚拟孵化器被认定为市级科技孵化器，其中，东莞尚甲都市产业园被评定为B档科技孵化器，被授予“科技创新发展示范园”称号。出台创新驱动发展升级版行动计划，发布广深科技创新走廊万江段建设规划。规模以上企业建设研发机构覆盖率50.53%。企业R&D投入2.04亿元，比上年增长23%。新增省工程技术研究中心4个。举办首届万江智能制造行业劳动技能大赛、2017中国（东莞）国际科技合作周万江分会场系列活动。

【城市配套建设】 2017年，万江街道坚持打好治水攻坚战，新建截污管网19.9千米，建成分散式污水处理站1座，开展7条中小流域清淤及修复工程；全面推行河长制，在全街道53条河流设置各级河（涌）长34名，实现街道、社区二级河（涌）长体系全覆盖。开展大气污染防治，完成VOCs整治企业42家。启动城市品质三年提升行动计划，36个项目逐步铺开。规划建设、改造升级道路11条9.58千米，启动3个人行天桥项目。完成对万江公园、金鳌洲公园等3个公共设施更新、植被美化等升级改造。有20个社区成功创建美丽幸福村居。加大“两违”（违法用地和违法建设）整治力度，规范社区民房建设管理。农村土地承包经营权确权登记颁证率99.2%，完成市进度要求。

【公共服务扩面】 2017年，万江街道力促教育内涵式提升、特色化突破。加强教育规划顶层设计，编制《东莞市万江街道教育事业发展“十三五”规划纲要》，修订完善《万江街道奖教奖学实施方案（2017年修订）》。推进公办中小学品质提升工程建设，投资1亿元建设中心小学金丰分校，投入4500万元对辖区公办中小学校舍及教学设施进行升级改造。通过广东省标准化学校认定，街道省标准化学校达100%。巩固发展社区教育，6月万江街道被评为“广东省社区教育实验区”，新增办证培训机构7个。

2017年，万江街道推进文化、卫生、医疗等公共事业发展。完善分级诊疗制度，推进家庭医生签约服务，累计建立居民电子健康档案19万余份、家庭医生签约7.7万人。26个社区综合文化服务中心挂牌，推进大汾社区基层综合性文化服务中心试点建设。建成东莞图书馆首家绘本馆，全年举办30场绘本阅读、东莞龙舟文化节、各类文化惠民演出、培训、公益电影等活动500场次。全年社保支付养老、失业、工伤、医疗等各项待遇4.08亿元，发放残疾人津贴465.44万元。举办各类大型专题招聘会4场，逾2000人达成就业意向。发放各类就业补贴、技能晋升培训补贴约1000万元。落实帮扶资金约2200万元精准推进市内、市外扶贫。

【行政效能提升】 2017年2月，万江街道政务服务中心揭牌，中心有18个部门进驻，开通服务窗口23个，办理各类业务234项。政务服务中心提高相关业务办理“最多跑一次”的覆盖率，不断改革创新，完善一系列政务服务举措，2017年受理业务6.33万宗，服务办事群众日均人次约200人。万江街道推进各项登记制度改革，推广全程电子化工商登记工作，24小时受理登记业务。全年街道市场主体总数首次突破3万户，主体总数达3.23万户，比上年增长26%；其中新登记市场主体6677户，增长32.06%，实现辖区经济主体稳步增长。

【精神文明建设】 2017年，万江街道设置社会主义核心价值观宣传画面积2000余平方米，开展道德讲堂活动12次；把学习宣传贯彻十九大精神作为首要政治任务，悬挂各类横幅90余条，设置广告画20余幅，户外广告面积达3000平方米，印发各类文明宣传手册1.5万份。精神文明建设持续深化，启动文明示范工作建设，建成文明示范项目36个；6个单位（社区）获市文明单位（社区）、标兵单位（社区）称号；承办东莞市2017年第一季度“东莞好人”入选名单发布仪式；开展各类志愿活动1000余场次，组织志愿者达2万人次，服务群众达100万人次。宣传载体不断加强，成立万江政务传媒中心，并创办《万江》周讯，每周印发1万份，全年出版31期，实现信息互通、资源共享。搭建官方微信公众号“魅力万江”，及时传递权威声音。

【社会治理完善】 2017年，万江街道推进“智网工程”，完成72个基础网格划分，组建一支144人的网格管理员队伍，建成街道、社区两级指挥调度平台，入格事项有20大类83项，截至2017年底，数字城管完成处置率79%。开展“飓风2017”专项行动，重拳打击“两抢”“黑油”“黄赌”等违法犯罪行为；强化“一呼百应”工作，建成标准化的警民联防点452个，全年协助破案取得实效案例180个，开展“以案说防”活动280场，通过“平安万江”公众号定期推送安全防范知识。共联派出所获“全国优秀公安基层单位”称号。开展信访突出问题治理专项行动。全面整治无证校外托管机构。对辖区路巷地名进行全面梳理并数字化。开展粉尘涉爆、危险化学品、“四黑”（黑作坊、黑工厂、黑市场、黑窝点）、食品药品违法犯罪“清网行动”等专项整治。建成微型消防站101个，9个社区创建消防安全社区。各类安全事故宗数、死亡人数分别比上年下降52.78%、38.89%。（何洁珊）

万江金鳌州公园 （万江街道供图）

附：2017年万江街道党委、人大、办事处主要领导名录

党委书记：黄贵洪

人大联络委主任：陈榴基

办事处主任：谭全河

2016—2017年万江街道主要经济社会指标

指标	单位	年份	
		2016	2017
户籍人口	人	87425	92193
常住人口	万人	24.55	24.94
面积	平方千米	48.6	48.6
生产总值	万元	1157444	1280749
第一产业	万元	3103	3034
第二产业	万元	406486	446609
第三产业	万元	747855	831106
总用电量	万千瓦时	139628	
全社会固定资产投资总额	万元	282049	238331
社会消费品零售总额	万元	591275	641438
外贸出口总额	万元	329001	349347
实际利用外资	万美元	4147	959
地方财政总财力	万元	404256	241095
各项税收总额	万元	208204	201435

注：2017年总用电量数：受四个街道供电合并城区供电分局影响，不能分出四个街道用电量数据

南城街道

【南城街道概况】 南城街道位于东莞市中南部，是东莞市的新城市中心，是市委、市政府所在地。截至2017年底，街道土地总面积56.62平方千米，下辖18个社区，常住人口31.84万人，户籍人口10.91万人。

2017年，南城街道完成生产总值435.6亿元，比上年增长8.6%；税收总额136.5亿元，增长1.1%；一般公共预算收入20.64亿元，增长8%；固定资产投资总额70.4亿元，增长18.2%；社会消费品零售总额220.7亿元，增长7%；各项人民币存款余额2517亿元，占全市五分之一，增长4%。在全市2017年度总结大会上，南城获12项“单打冠军”，被评为领导班子工作良好镇街。

【现代服务业发展】 2017年，南城街道服务业继续成为街道经济增长的重要支撑，三大产业比例0.03∶10.09∶89.88，辖区聚集各类金融机构277个，其中银行区域总部21个。众创金融街进驻各类金融机构87个，汇集金融人才超6000人，累计向全市中小微企业和个人提供融资1205亿元。境内外上市公司从16家增加到18家。南实集团与天安数码城公司成立的“天安宏信股权投资基金”落地，金融科技产业进一步融合发展，街道获评为全市唯一一个金融服务类别的省技术创新专业镇。实体经济提质增效，将“倍增计划”作为推动新一轮发展的重大机遇，遴选确定6家市级和37家街道级试点企业，全年43家试点企业主营业务收入412.9亿元，其中12家增幅超过50%；缴纳税收29.89亿元，其中16家增幅超过50%。出台《鼓励优质总部企业落户暂行办法》和《鼓励企业上市暂行办法》。电子商务行业发展态势良好，成立南城电子商务协会，一定规模电商企业从338家增加到350家，团贷网被评为省电子商务示范企业，盛世商潮营业收入7.7亿元，比上年增长183.25%；宏远国际快件中心运营半年出口额57.7亿元。全年街道出口总额286.7亿元，实现稳步回升。

【重大项目建设】 2017年，南城街道抓好重大项目建设。凯达科技设计中心、南方物流电商综合项目、东莞烟草物流配送中心等8个市重大项目完成投资12.5亿元，占年度计划108%。重点企业增资扩产稳步推进，金霸王公司新厂房建成，新增2条先进电池生产线投产，海金杜门二期厂房和杜邦厂区改造工程推进。总部基地建设进度加快，一期和二期项目完成计划投资78.2%和60.2%，万科大厦、浙商大厦建成投入使用。

【科技创新】 2017年，南城街道向168家科技企业发放奖励和配套资助809万元。全年新增首次认定的国家高新技术企业120家，总数242家，总数比上年增长84.7%。新增国家级科技企业孵化器1个、省级孵化器2个，有市级以上科技企业孵化器9个，其中国家级孵化器4个，数量位居全市第二，占全市四分之一。全年发明专利申请量2237件，发明专利授权量1461件，创年度新高。通过企业知识产权管理规范认证的企业从1家增加到18家。街道在2017年度市创新驱动发展工作考核中获第五名，并获“省科普示范镇街”“高新技术企业孵化育成机制改革”两项单打冠军。

【综合改革】 2017年，南城街道参与构建开放型经济新体制综合

鸿福桥 （巫业通 摄）

试验试点，鼓励支持辖区企业参与“一带一路”建设，华坚集团埃塞俄比亚工业园项目获中央级媒体的报道和肯定。推进“放管服”和商事登记及后续监管改革，全年新增登记市场主体1.6万户，总量6.4万户，比上年增长超25%；其中新增企业1.2万户，总量4.3万户，增长超33%，企业总量位居全市各镇街第二位。

2017年，南城街道完善南城办事大厅、网上办事大厅和社区综合服务中心建设，推行“最多跑一次”和“一门式”“一网式”改革。发挥全市首个国地税联合办税服务厅作用，提供国地税服务从6大类83项增加到9大类242项，全年累计办理业务25万余起。推进“营改增”全面扩围，落实小微企业、高新企业、制造业等一揽子税收优惠政策，有效降低税负成本。发挥省内首个集征信服务、金融消费权益保护和企业信用信息查询的“三位一体”金融服务平台作用，全年累计为企业和个人提供21万余笔征信查询服务。

2017年12月28日，南城街道“东莞市推进教育现代化先进镇（街）复评”暨“广东省教育强镇（街）”复评督导验收意见反馈会召开。南城街道“广东省教育强镇”“东莞市推进教育现代化先进镇街”通过复评并通过验收 （南城街道供图）

2017年12月16日，南城街道开展“你好南城”2017年全民健身生态行登山环湖活动 （南城街道供图）

【城市建设】 2017年，南城街道实施《南城街道城市品质三年提升计划》，整理投资规模100万以上的项目159个，总投资规模约82亿元。全年投入近5700万元用于新建道路和原有道路、桥梁升级改造，投入1600余万元用于城市内涝整治和截污管网建设等市政设施建设，投入6700余万元用于完善学校、停车场、公园等公共服务设施，投入2900余万元用于城市景观提升。胜和路、元美路沿街楼宇，以及宏远立交桥、鸿福大桥和辖区5座人行天桥的灯光夜景亮化工程完成，鸿福路街心休闲广场建成使用。

2017年，南城街道推动土地利用方式由增量扩张向存量盘活转变，成立街道城市更新办，推进成熟片区旧改项目，启动“三旧”改造手续办理项目20个，面积134.67公顷，占标图建库73宗用地面积36.54%。制订《南城街道与社区（村小组）集体土地合作开发利益分配的工作方案》《南城街道“三旧”改造地价款收益分配细则》，以互惠互利、共同发展的原则，促进土地资源利用效益最大化，加快城市更新步伐。

【生态环境建设】 2017年，南城街道开展水濂山水库、西平水库、水濂湖水库系统错接漏接整改工程，推行“河长制”，对黑臭水体和内河涌进行全面整治，其中示范项目白马大氹截污清淤工程于年底完成并实现消除黑臭。开展大气、固废和土壤等污染防治，加大黄标车淘汰力度，督导1050个商事主体完成环境影响登记表备案，推进“两高一低”（高能耗、高污染、低水平的行业）企业引退工作，工业废水总排放量实现削减20.4%。

【城市文明建设】 2017年，南城街道18个社区成功创建市文明社区，创建率100%，水濂山公园被命名为省级社会主义核心价值观建设示范公园，街道蝉联全国文明单位称号，并被评为全市争创全国文明城市“四连冠”突出贡献单位，全年涌现出“广东好人”2名，“东莞好人”6名，市道德模范1名。继续支持宏远篮球等文化体育品牌发展，坚持文化体育事业全民参与，南城代表团在市第九届运动会上历史性获金牌总数第一，蝉联市运会男子篮球冠军。南城被评为市体育工作先进镇街。文化服务阵地进一步夯实，开展各类群众性文化活动，“篁溪雅韵”文化品牌进一步擦亮，南城“和谐男声”合唱团组建，以蚝岗遗址历史文化为题材的舞蹈《蚝岗好儿郎》获省第七届音乐舞蹈花会比赛银奖。档案馆、方志馆、展览馆不断完善，创办方志文史类杂志《篁溪》，编纂出版“南城历史地情文库”系列丛书，丰富城市内涵。

【社会治理】 2017年，南城街道全面推广“全民创安·一呼百应”群防群治机制，推进治安视频监控“智能大网”系统建设，在公安机关推行铁骑勤务，完善立体化、信息化社会治安防控体系。以开展“飓风2017”专项行动为重点，依法严厉打击各类违法犯罪活动。全年接违法犯罪警情8175起，比上年下降19.62%；刑事立案3128件，下降10.2%；行政案件受理3045件，下降29%；命案发案2件，下降71.4%，辖区治安形势持续好转。

2017年，南城街道开展“平安细胞”创建工作和“以案说防”宣传活动，水濂山平安文化主题公园被评为全市十佳平安文化场所。全面开展“七五”普法宣传，17个社区获评市级“民主法治村（社区）”，宏远社区获全国民族团结社区称号。着力化解各类矛盾纠纷，南城街道被评为全市社会治安综合治理优秀镇街。

【公共服务】 2017年，南城街道贯彻以人民为中心的发展理念，全年投入12.21亿元用于民生事业，占一般公共预算支出66.94%，公共服务实现均衡发展。投入4.64亿元兴办教育，中心小学分校（宏图小学）建设进展顺利，将于2018年9月投入使用。推行“一校一策”挖潜措施，全年新增公办中小学、幼儿园学位1500个，铺开中小学“慕课”试点工作，小学素质教育成果喜人，两所初中中考成绩领先全市平均分15分以上，考取重点本科255人，其中清华大学4人。民办教育规范发展水平持续提升。东莞中学南城学校“公托公”办学模式经受实践检验，创新推出向南实集团购买临聘教师服务措施。街道通过“省教育强镇”和“市教育现代化先进镇街”复评。

2017年，南城街道推进社保扩面征缴工作，全年各项基金征缴总数18.39亿元，比上年增长19.36%。落实就业创业政策，发放就业优惠补贴486万元，惠及4580人次；发放劳动力技能培训补贴约370万元，惠及1759人次。落实基本养老金上调，有8403名企业退休职工和退休居民受惠。扶贫帮困成效明显，发放低保生活保障金35万元，发放困难学生助学金16万元，发放老年人及困难群体节日慰问金560余万元，惠及1.02万人次。发放残疾人津贴约250万元，帮扶115名残疾人就业。

（张秋敏）

附：2017年南城街道党委、人大、办事处主要领导名录

党委书记：陈桂明

人大联络委主任：邱　刚

办事处主任：梁寿如

2016—2017年南城街道主要经济社会指标

指标	单位	年份	
		2016	2017
户籍人口	人	94869	109136
常住人口	万人	30.91	31.84
面积	平方千米	56.62	56.62
生产总值	万元	3920288	4356219
第一产业	万元	1258	1261
第二产业	万元	530606	439692
第三产业	万元	3388424	3915266
总用电量	万千瓦时	113908	
全社会固定资产投资总额	万元	595479	703983
社会消费品零售总额	万元	2061833	2206956
外贸出口总额	万元	2828889	2867292
实际利用外资	万美元	3813	581
地方财政总财力	万元	207983	206431
各项税收总额	万元	1349929	1365461

中堂镇

【中堂镇概况】 中堂镇位于东莞市西北部，全镇面积60平方千米，其中陆地50平方千米，水域10平方千米，距广州市区46千米，距东莞市区12千米。截至2017年底，下辖20个村（社区），户籍人口81203人，常住人口14.08万人。

2017年，中堂镇完成生产总值102.3亿元（第一产业1亿元，第二产业52.6亿元，第三产业48.7亿元），比上年增长10.1%；规模以上工业总产值301.6亿元，增长11.5%；税收总额20.2亿元，增长36.5%；地方财政总财力12.5亿元，增长30.4%；财政一般公共预算收入9.4亿元，增长19.2%；固定资产投资18.3亿元，增长13.5%。经济增速和总量取得历史性新突破。

2017年，中堂镇获水乡特色发展经济区工作落实第二名和全国综合减灾示范社区、全国文明村、国家级充分就业社区、国家第一批绿色村庄、广东省创建无邪教示范村、广东省交通安全文明示范社区、广东省家庭文明建设示范点等7个“单打冠军”。

【产业转型发展】 2017年，中堂镇以产业转型升级为重点，逐步提升中堂镇产业层次。全年累计认定国家高新技术企业27家、新申报40家；申报各类专利680件，比上年增长1.08倍，授权321件，增长83.4%；3家企业挂牌“新三板”，建成3个省市级工程中心、1个镇技术创新平台。加强对全镇企业R&D数据的动态监测和督导，初步统计R&D投入3.52亿元。推动传统企业技改升级。重点加快造纸产业基地提质增效，启动排污专管工程建设，开展集中供热项目前期工作，同步促成现有造纸企业技改升级、环保设备提标改造，达到节能减排降耗效果，促成7家“两高一低”企业转型发展。科学整合土地空间，重点规划穗莞深城轨中堂站TOD经济开发区、槎滘产业园、下马四生态岛地块、120省道升级转型产业带、107国道汽车商贸带等产业载体，为产业发展提供平台资源。

【重大项目建设】 2017年，中堂镇发挥重大项目作为发展引擎的作用，推动重大项目建设提质提效。突出抓好槎滘产业园智能科技特色小镇的项目招引工作、高水平谋划穗莞深轻轨中堂站TOD片区、下马四片区建设，加快120省道产业带升级转型步伐。全年新引进项目18个，计划总投资60.28亿元。运用市“资金池”设立一个共8亿元的产业发展资源储备基金，加快资源要素整合，确保优质项目落地建设。全年重大项目引进由原来1个增加到5个，总投资49亿元，比上年增长4.9倍。其中，新增的热电联产、诚捷智能装备、制糖厂整体搬迁等项目被纳入2017年市重大预备项目。

【环境优化】 2017年，中堂镇推动完成生态保护与建设示范区规划，截污次支管网一期13.3千米工程，二期工程38.18千米完成60%；推进湛翠涌、四乡涌等河涌治理前期工作。城乡环境美化工程有序实施，完成8个村（社区）的美丽幸福村居建设，潢涌、一村、下芦获国家第一批绿色村庄；启动砂场整治清理行动，整治城市“六乱”、在建违法建筑，年内新增违法用地11宗完成整改。城镇建设有序开展，推进万利金工业城、大新围片区、开达玩具厂、林昌制衣厂

中堂镇中心区新貌　　（中堂镇供图）

等一批“三旧”改造项目建设，完成110千伏进太甲乙线迁改方案、中洪路施工图设计等，增设新兴路隔离护栏、中心区停车位、道路标线等，基础设施建设不断优化。在全国生态保护与建设示范区中期评估中，中堂镇在全国143个创建名单中排第39名，省内5个创建单位中排第2名。

2017年1月20日，中国共产党中堂镇第十四届代表大会第二次会议召开（中堂镇供图）

【社会管理】 2017年，中堂镇推进平安中堂建设，全面提升社会服务管理水平。推进“雷霆”“清源”两大行动，实施“织网”“强基”两大工程，着力维护良好社会治安秩序，提高群众安全感，狠抓社会治安综合治理，保持对各类刑事违法犯罪活动的打击态势，推进“飓风2017”“两抢”“黑油”整治等专项打击行动，抓获各类违法犯罪嫌疑人663名，“盗抢骗”警情比上年下降31%。推进“雪亮工程”“智网工程”建设，布建161个“一呼百应”警民联防执勤点，建成江南市际治安检查站、平安文化示范广场，开展“以案说防”活动90余场。提升全镇打防管控工作效能，侦破5个盗抢团伙、查处4个涉黄场所、捣毁5个赌博窝点，社会治安明显改善，全年实现违法警情下降34.9%、刑事立案下降10.5%、刑事破案上升2.5%。

【民生实事】 2017年，中堂镇聚焦谋福祉惠民生，群众幸福感和获得感提升。投入2.3亿元发展教育，升级现代教育设施设备，落实奖教奖学，筹备新建3所公办幼儿园等。建立居民健康档案，打造科学育儿项目，铺开公共卫生服务。落实民生保障资金4920.16万元，开展济困养老、助残等工作；落实精准扶贫脱贫，促进市内16户、市外124户贫困户稳定脱贫。建成并启用20个村级服务中心。开展“就业服务日”活动，为群众提供就业创业服务，推动江南社区成功创建为第四批国家级充分就业社区。开展群众性精神文明创建，培育和践行社会主义核心价值观，潢涌村获全国文明村、省创建无邪教示范村和省家庭文明建设示范点等称号，全年4个村（社区）、2个单位、3所学校、3个家庭获评市

中堂镇中心文化广场　（中堂镇供图）

文明称号，助力东莞成功创文“四连冠”。

【基层党的建设】 2017年，中堂镇聚焦领导班子，干部队伍和党的作风“三大建设”，全面加强从严管党治党。出台镇委一号文件，推动党的建设向纵深发展。创建潢涌村、中心社区、汇文小学3个镇党建标准化示范点，带动推进基层党建标准化建设。强化党员干部教育管理，领导班子带头推进驻点直接联系群众和“两学一做”学习教育常态化制度化，督导抓好20项村级“书记项目”。修订村级年度绩效评价办法，用好干部考核“指挥棒”。完成江南社区党工委整顿转化，对2个单位开展“清风行”巡察试点工作并督导整改9方面问题，运用好监督执纪“四种形态”，开展谈话提醒506人次。

【党代会和人代会召开】 2017年，中堂镇先后召开中国共产党中堂镇第十四次代表大会第二次会议、中堂镇第十七届人民代表大会第二次会议。会议部署全镇经济社会发展的主要任务，明确坚定在更高起点上实现更高水平发展的价值追求，坚持稳中求进工作总基调，实现率先全面建成小康社会、2021年跨越生产总值万亿元、跨越“中等收入陷阱”、动能转换与经济转型取得根本性突破、社会和谐善治水平得到根本性提升等五大主要目标。

【中堂燃气热电联产项目开工建设】 2017年，中堂燃气热电联产项目开工建设。该项目位于东莞市中堂镇吴家涌，项目拟用地面积15.47公顷，其中农用地15.38公顷（耕地15.38公顷，不涉及基本农田），建设用地0.10公顷。规划建设4台9F级天然气热电联产机组，该期建设2台9F级天然气热电联产机组，通过中间抽气为中堂镇及麻涌镇德永佳工业园片区用热企业提供工业蒸汽。项目配套建设厂外供热管网、厂外天然气供气管道及，厂外取水工程及厂外取水管道。其中供热管网总长26.2千米，包括直埋管道14.4千米，架空管道11.8千米；厂外天然气供气管道6.5千米，厂外取水工程及厂外取水管道0.5千米。该项目全部建成投产后，每年向东莞提供电量约46亿千瓦时，提供热量约900万吉焦。年营业收入近40亿元，年纳税不低于1.4亿元。

【潢涌村获“全国文明村”称号】 2017年11月17日，潢涌村被评为全国文明村。潢涌村一直在文明创建工作中奋发有为，从“东莞市文明村”到“广东省文明村”再到“全国文明村”，潢涌在政治建设、经济建设、文化建设、社会建设和生态文明建设发展得到较大提高。从1995年获“东莞市文明村”开始，潢涌走出一条全民共建共治共享的文明创建之路。每年从村集体收入中拨款400万元作为精神文明建设经费，完善设施场所，保障创建活动开展。每两年拿出150万元奖励文明户和文明户标兵。截至2017年底，全村有3000余户文明户，59户文明户标兵。同时加强生态文明建设，总投入9000余万元，按“三年一小步，五年一大步”分步推进实施，前期投入1000余万元，改造村容村貌，开展生态保护和内河涌环境整治，加强水土与传统古村落活化保护等。 （郭庆超）

附：2017年中堂镇党委、人大、政府主要领导名录

镇委书记：尹照容（任至9月）
叶沃昌（9月到任）
镇人大主席：郭陈明
镇　长：姚铸锐

2016—2017年中堂镇主要经济社会指标

指标	单位	年份	
		2016	2017
户籍人口	人	79258	81203
常住人口	万人	13.94	14.08
面积	平方千米	60	60
生产总值	万元	912847	1023308
第一产业	万元	10565	10333
第二产业	万元	471127	525603
第三产业	万元	431155	487372
总用电量	万千瓦时	153021	156210
全社会固定资产投资总额	万元	161264	183000
社会消费品零售总额	万元	317682	356474
外贸出口总额	万元	206397	250303
实际利用外资	万美元	3284	27
地方财政总财力	万元	95829	124974
各项税收总额	万元	148012	201964

望牛墩镇

【望牛墩镇概况】 望牛墩镇位于东莞市西北部，东江下游。截至2017年底，全镇总面积31.6平方千米，下辖21个村委会和1个社区居民委员会，常住人口8.62万人，户籍人口4.92万人。

2017年，望牛墩镇实现地区生产总值71.77亿元（第一产业0.55亿元，第二产业33.7亿元，第三产业37.52亿元），比上年增长12.5%；全镇固定资产投资总额17.23亿元，增长25.25%；总用电量9.48亿千瓦时，增长8.39%；社会消费品零售总额12.17亿元，增长10.17%；实际利用外资1024万美元，下降46.05%；外贸出口总额22.84亿元，增长23.9%；各类税收总额10.75亿元，增长30.23%；镇本级可支配财政收入5.63亿元，增长2.87%。

【经济发展提速】 2017年，望牛墩镇坚持稳中求进，推动经济发展提速。

经济总量稳步增长 实现生产总值71.8亿元，比上年增长12.5%，高出全市增速4.4个百分点，排名镇街第三。规模以上工业增加值28.9亿元，比上年增长12.5%;人民币各项存款余额77.2亿元，增长36.6%，市场主体突破5000户。

村组实力稳步增强 村组两级总资产15.6亿元，比上年增长13%；净资产11.6亿元，增长15.6%。

整体形象稳步提升镇街年度考评提升4位，获2017年度水乡特色发展经济区工作落实前三名，全国综合减灾示范社区、国家卫生镇、广东省休闲农业与乡村旅游示范镇、国家第一批绿色村庄等4个项目获全市“单打冠军”。

【产业效能提质】 2017年，望牛墩镇实施“倍增计划”，推动产业效能提质。

抓实“倍增计划” 推进供给侧结构性改革，制订实施企业规模与效益“倍增计划”行动方案和奖励办法，以“一企一策”“一事一议”的方式，推动企业加快发展。25家市镇倍增试点企业工业增加值比上年增长35.4%，规模以上工业增加值增长12.5%，产业效益整体提升。

抓实项目攻坚 获批的2亿元扶持产业发展资金池资金用于产业园区道路建设、土地统筹和产业中心建设，优化园区环境和产业项目承载平台。完成5个市重大项目投资6348万元。推动中集车辆零部件、凸版有余等一批重大项目提高产出效益。引进一批优质产业项目，其中亿元以上项目5个。

抓实创新驱动 引导企业加大研发投入，超额完成R&D经费投入目标；先进制造业增加值和高技术制造业增加值分别增长23.1%和31.1%；规模以上工业企业研发机构覆盖率32%，增长1.13倍；新增国家高新技术企业22家、培育企业18家，创新主体实现“量质齐升”。

【城市品质提升】 2017年，望牛墩镇狠抓环境再造，推动城市品质提升。

打好水污染治理攻坚战 新建截污管网35.3千米，年度建成千米数排名全市第三。河长制实现全覆盖，完成3条内河涌整治，望洪污水处理厂提标改造工作取得实效，有力保障泗盛考核断面水质。

开展环境综合治理行动 完成52家印刷及塑胶行业VOCs整

水乡公园　　（望牛墩镇供图）

治、9项扬尘治理，淘汰黄标车46辆。清理垃圾临堆点和非法畜禽养殖场。

实施城市品质提升计划　完成总规修编、土地利用规划中期调整和近规编制，提高衔接率。划定2.57平方千米魅力小城示范片区，围绕10个重点领域，从36个项目中选定第一批次城市建设启动项目。创建省级岭南水乡型森林小镇，新建美丽幸福村居16个。加快道路交通等基础设施建设，投入1.35亿元开展14条道路建设及升级改造工程，完成汇源路、龙泉路、镇南路等多条道路建设。启动电网升级行动，实现行政村光纤入户全覆盖。

提升城市精细化管理水平　严处城市“六乱”行为4600余宗。铁腕整治“两违”行为，查处整改违法用地43宗、面积约23.33公顷；拆除整改违建12宗、面积约7100平方米。农村土地承包经营确权登记颁证率93.8%，完成年度目标任务。

【社会事业发展】　2017年，望牛墩镇兑现承诺办好十件实事，镇财政总支出的50%用于教育、医疗等民生事业。

扶贫攻坚扎实推进　完成全年市内扶贫工作任务，15个次发达村村组经营性纯收入比上年增长12.9%，资产负债率下降2.5个百分点。开展韶关大塘镇对口帮扶，超额完成省下达的年度脱贫任务。

社会大局和谐稳定　加强社会矛盾纠纷排查调处力度，完成十九大特别防护期安保维稳各项任务。100个“一呼百应”联防点投入使用，“飓风2017”专项行动取得成效，重特大治安和刑事案件、命案零发生，全镇违法犯罪警情下降42%。镇“智网工程”指挥调度中心和23个调度工作站建成投入使用，实现镇村两级指挥调度平台资源共享、信息共融。狠抓消防安全、生产安全、食品安全、道路交通安全，严厉打击“四黑”违法违规行为，排查整改各类安全隐

望牛墩镇端阳龙舟竞渡活动　（望牛墩镇供图）

水乡记忆馆　（望牛墩镇供图）

患955处，全年未发生较大安全事故，安全生产责任制考核获评全市优秀等次。

文教事业蓬勃发展　全镇公益、普惠性幼儿园占比提升至91%，民办义务教育优质学校比例提升至67%。为通过积分制入学的随迁子女提供公办学位520个。持续推进精神文明建设，成功创建一批市级文明村、文明单位、文明校园和文明诚信市场。成功举办七夕风情文化节和端阳龙舟竞渡活动，望牛墩水乡记忆馆被评为市级非物质文化遗产传承基地。

民生保障日益完善。完成7户低收入困难家庭住房保障工作。发放就业创业补助600余万元，提供就业岗位3000余个，推动困难家庭高校毕业生100%实现就业。提供优生优育全周期一条龙服务，完成率117%，家庭医生签约服务覆盖率63%。新增1个农贸市场快速检测中心。有效抵御“苗柏”“天鸽”等灾害性天气。完成村级换届选举。

【全省休闲农业与乡村旅游示范镇】　2017年7月，广东省农业厅及广东省旅游局联合发文，公布2016年度全省休闲农业与乡村旅

水乡公园一角　（望牛墩镇供图）

游示范镇和示范点。其中，望牛墩镇被认定为东莞唯一一个全省休闲农业与乡村旅游示范镇。

望牛墩镇加大发展生态休闲农业旅游力度，整合丰盛农场、盛丰无花果种植场、丰源无花果种植场、洲涡珍珠火龙果基地、旺牛一号农场、思田农场、养生源蜜蜂王国、水乡公园和七夕公园等一批休闲农业旅游资源，结合该镇乞巧节和端阳龙舟节等特色旅游资源，打造休闲农业与乡村旅游业线路，加快休闲农业与乡村旅游业发展，2017年，接待游客17万人次，总税收达50万元。打造10个都市农业项目，其中农业休闲观光项目4个，特色种植项目4个，花卉苗木种植项目2个，推动休闲农业与乡村旅游业发展。

【望牛墩镇蝉联“国家卫生镇”称号】 2017年7月，全国爱国卫生运动委员会公布《全国爱卫会关于2016年国家卫生城市（区）和国家卫生县城（乡镇）复审结果的通报》。望牛墩镇等5个镇街通过“国家卫生县城（乡镇）”复审。

自成功创建国家卫生镇以来，望牛墩镇把巩固爱卫成果作为建设“生态水乡、休闲小镇”的一项重要举措，全面落实爱卫工作各项内容，坚持完善城市功能，环卫长效管理水平进一步提升。截至2017年底，望牛墩镇环卫作业全面市场化，实现全镇环卫统筹。镇中心区、一级道路和内街保洁时间达14小时，卫生服务更加科学，14座垃圾压缩站和32座二类以上公厕分布于全镇各村（社区），普及率100%，无害化卫生厕所和粪便无害化处理率100%。市政基础设施建设不断完善，在镇中路加装交通安全护栏，配套完善道路绿化，对望洪公路、宝华路等30余条道路、2846套路灯进行节能升级改造，亮灯率99%，村道路基本完成硬底化工作。　（陈晓燕）

附：2017年望牛墩镇党委、人大、政府主要领导名录

镇委书记：简任昌（任至9月）
　　　　　吴润玲（9月到任）
镇人大主席：陈艳芬
镇　长：叶惠明

2016—2017年望牛墩镇主要经济社会指标

指标	单位	年份	
		2016	2017
户籍人口	人	48361	49217
常住人口	万人	8.54	8.62
面积	平方千米	31.57	31.57
生产总值	万元	580416	717725
第一产业	万元	5605	5482
第二产业	万元	257012	337013
第三产业	万元	317799	375230
总用电量	万千瓦时	87493	94837
全社会固定资产投资总额	万元	137572	172308
社会消费品零售总额	万元	110489	121721
外贸出口总额	万元	184340	228394
实际利用外资	万美元	1898	1024
地方财政总财力	万元	54774	56345
各项税收总额	万元	82671	107465

麻涌镇

【麻涌镇概况】 麻涌镇位于东莞市西北部，与广州开发区一桥相通。麻涌南宋绍兴十年（1140年）立村，名“古梅乡”。由于河网密布，1263年改名为“麻涌乡”。1986年建镇，是远近驰名的“曲艺之乡”“鱼米之乡”。截至2017年底，面积87.2平方千米，下辖13个村、2个社区。户籍人口7.9万人，常住人口12.09万人。

2017年，麻涌镇实现地区生产总值220.05亿元（第一产业1.35亿元，第二产业126.47亿元，第三产业92.23亿元），比上年增长13.3%；全社会固定资产投资总额80.28亿元，增长20.22%；总用电量15.68亿千瓦时，增长4.28%；社会消费品零售总额175.7亿元，增长20.7%；实际利用外资1.5亿美元；外贸出口总额76.81亿元；各项税收总额40.48亿元，增长35.93%；地方财政总财力27.36亿元，增长60.6%。

2017年，麻涌镇获得东莞市2017年度镇街领导班子工作考评第一名，水乡特色发展经济区工作落实考核第一名；被评为2017年市治水优秀镇；取得“全国群众体育先进单位”“全国无邪教示范镇”“省级校园足球试点镇”“全国文明村镇”“广东省文明村镇”“美丽宜居小镇”“广东省‘五好’镇街工商联”“退休人员社会化管理服务站省级示范点”“绿色村庄创建”“广东省家庭文明建设示范点”“水环境治理机制改革”“扩充优质教育资源供给机制改革”12项全市“单打冠军”。

【经济建设】 2017年，麻涌镇实施企业“倍增计划”，加强招商引资，实施重大项目建设，推进经济建设。

倍增计划 成立“倍增计划”工作领导小组及倍增办，制定有关实施方案和工作指引，协助企业解决增资扩产、金融融资、用地报批、人才保障等120项问题。全镇26家倍增试点企业实现主营业务收入375亿元，比上年增长29%。

招商引资 引进内资项目11个（含增资），实际引进内资27.8亿元，比上年增长15.3%。成立东莞市麻涌汽车产业股权投资基金，助力汽车产业飞速发展；成立东莞市外商投资企业协会麻涌分会，优化商贸交流、信息共享等服务。

重大项目 落实重大项目领导挂点及项目经理责任制，制定项目督查表，每月至少组织召开一次协调会，帮助企业解决困难问题，推动中粮产业园、宏远汽车、珠三角汽车博览中心等9个省、市重大项目建设，完成投资23.7亿元，完成率120%，综合考核排名镇街第一位。

贸易发展 推进商事制度改革，促进市场主体活力竞相释放，在册登记市场主体总数11588户，比上年增长41.9%。做大贸易流通，实现粮油贸易额100亿元，电商贸易额135亿元。珠三角汽车博览中心5号馆开业不到一个月，汽车贸易额突破5000万元。

【科技创新】 2017年，麻涌镇制订发展规划，推进科技创新。

发展规划 规划新中心区、滨江区和临港产业区等科技创新

小桥、流水、凉棚、人家相映成趣 （麻涌镇供图）

带，规划将滨江区建设成与广州市琶洲产业对接的科技商业园区。依托粮油贸易产业链，推动粮油企业与东莞理工等一批高校建立产学研合作，提升粮油食品终端创新能力。落实创新驱动奖励政策，投入奖励资金820余万元。壮大高新技术企业“育苗造林”规模，推荐43家企业申报高企认定及培育。多渠道培育企业知识产权。全镇专利申请量和授权量为355件、213件，分别比上年增长16.4%、52.1%，总额8.86亿元排名东莞市第六名。完成技改投资17.6亿元，比上年增长40.3%。推动京东、安华数据等8个项目列入广深科技创新走廊市级项目。

广深高速沿线工程　率先打造广深高速、广深沿江高速景观“桥头堡”，完成广深高速高架桥喷画美化工程，结合“曲水岸香”美丽幸福村居项目，完善沿线川槎、鸥涌、黎滘等村的路网结构，实施滨水绿化改造，美化高压线塔和烟囱，实施村落建筑立面改造，形成高速沿线路段全新的城市面貌。

2017年11月10日，东莞市副市长李德喜（前左二）对麻涌临港工业和重点企业发展、生态环境治理等工作进行调研　（麻涌镇供图）

【城市品质】　2017年，麻涌镇拟订未来五年“一面一线两区三提升”的城市品质提升工作计划，召开全镇5000名党员干部参加的民生工程动工仪式，加快统一思想认识，凝聚工作合力。

绿化美化亮化　完成东环路、一横路、中心大道等道路绿化工作，对全镇水生植物养护工作实施市场化管理，绿化面积达2.1万平方米。投入保洁绿化养护费2000万元。投入1300万元完善提升13个主要路口和街头景观。投入5700万元开展夜景灯光工程，对麻涌华阳湖片区、一河两岸以及水乡大道等主要出入口实施“桥头堡”美化亮化，展示“七彩麻涌”文化。

城市配套　水乡大道延长线动工建设，建成车博大道北段、创业路等一批市政道路。文化艺术中心、水乡中心医院、大步小学项目动工建设，总投资达10亿元。完善全镇绿道网，优化公共自行车系统，加强对共享单车管理，提升四季花海绿道骑行体验，建设升级17座公交风雨亭。

空气质量　开展中央环保督查问题整改工作，全面强化空气污染治理，拆除锅炉22台，发放锅炉淘汰补贴2350.8万元。加强黄标车淘汰工作，成效排名东莞市第三位。推进节能降耗，建成28个能管中心项目，推动9家企业开展绿色清洁生产工作。新增光伏发电装机容量12.1兆瓦，完成量排名东莞市第一；累计建成光伏项目33.1兆瓦，总规模排名东莞市第一。空气优良天数排名东莞市第一。

水污染治理　建成截污次支管网25.9千米，完成率117%，完成率排名东莞市第六位。严格落实“河长制”，建立市、镇、村三级河长体系，实现河涌动态化管理，完成设置河长制公示牌45个，巡河247次，发现问题140余个，推出处理措施90余条。在东莞市“河长制”考核中排名第一，也是唯一获得优秀成绩的镇街，被评为东莞市全面推行河长制镇级示范区。

【全域旅游】　2017年，麻涌镇重点打造华阳湖的景观节点及周边旅游氛围，投资9600余万元建设以“古韵梅乡、炫彩华阳”为主题的光影水秀以及3D水幕电影项目，中央电视台《共同关注》《朝闻天下》等栏目对其进行报道。网友制作的《麻涌夜宴》《光影水秀剧场》等以华阳湖夜色为主题的视频在网上获得1100万的播放量。截至2017年底，全镇接待游客300万人次，旅游收入超过6亿元。

旅游基础配套　实施“厕所革命”，投入约1500万元对镇内30座公厕进行升级改造，增配10座环保旅游厕所，提升全镇公厕的硬件水平。对麻涌河一河两岸进行景观提升，打造“一河两岸”重要旅游节点。搭建特色文化元素人行天桥，在主要路口增设核心价值观背景墙和主题雕塑。开展智慧旅游系统建设，推动旅游信息资源共建共享。

乡村旅游　引导汇一果园、菇菇花果园、创艺生态园等项目开展农业观光旅游业务。出台政策对引进新的果树品种进行奖励或补贴，发展农业观光、采摘、亲子活动等增值业务。发展民宿产业，推动新基白房子项目加快建设，带动旅游消费。2017年，乡村游项目吸引游客50万人次，创造大量的农业旅游就业岗位。

系列文化活动　弘扬水乡民俗文化，推介水乡美食，举办全国狮王争霸赛、大步巡游、首届泼水狂欢节、国际龙舟嘉年华暨首届灯光音乐狂欢节、华阳湖迎新等活动，以节庆赛事促进旅游和经济发展。

【乡村振兴】 2017年，麻涌镇收回项目用地15宗，面积508亩（33.87公顷），推动珠三角汽车博览中心项目、原大步纸厂项目等一批改造项目上马。全面加快漳澎村社区公寓项目建设，促成麻三村临湖地块出租，麻四村水岸春天楼盘出售，解决大步纸厂历史遗留问题，切实引导土地二次开发与产业转型、功能升级、空间提升相适应。

农村集体经济 全镇各村分别制定未来三年发展规划，明确以“三旧”改造为抓手盘活土地，推进集体经济发展。稳步推进农村土地承包经营权确权登记工作，完成全镇30521亩（2034.73公顷）农地调查测绘和确权任务83.7%。村组两级集体总资产39.99亿元，比上年增长23.46%；净资产30.65亿元，增长20%；村组两级经营总收入2.36亿元，增长0.63%；经营性纯收入1.69亿元，增长7.5%。

农村集体资产管理 推动“两个平台”建设，提升网上交易比率，推广“东莞村财”APP应用。村组两级集体资产交易成交宗数173项，立项项目总金额6.13亿元，中标项目总金额10.45亿元，中标比立项总额溢价率70.45%。

美丽乡村建设 在建成“走进香飘四季”“古梅乡韵”等美丽乡村的基础上，对漳澎、大盛、华阳、南洲、鸥涌、川槎、黎滘等7个村实施美丽幸福村居改造，通过河涌清淤、村道升级、搭建牌坊凉亭、建设文化公园等方式全面建成“南繁盛景”“曲水岸香”“和乐漳澎”等项目，实现全镇14个村建成美丽、平安、文明乡村。

【社会和谐善治】 2017年，麻涌镇推进社会主义核心价值观宣传，全面强化精神文明创建活动。开展全国文明城市及全国文明村镇复评迎检工作，开展“九个一百”文明示范工程，打造文明示范点27个。

“智网工程” 实施城市精细化管理，完成调度工作站和镇“智网工程”指挥调度中心建设，把全镇14个村（社区）划分5个片区。推进“智网工程”的宣传与培训工作，开展管理系统及手机APP软件操作系统培训，做好建筑物、人口信息采集、巡检与处置等网格化管理工作，提升社会治理能力，完善社会服务管理。

安全生产 完善安全生产责任制，健全应急管理体系，科学防范应对突发事件。将镇内企业划分11个行业，建立微信管理群，建立安全生产专家库，定期组织专家检查指导。深化各类安全隐患排查整治，开展重点行业领域专项治理，强化安全生产监督管理，生产安全事故起数、死亡人数分别比上年下降42%和90.5%，全年无发生重特大安全生产事故。

平安细胞创建 围绕“六无”目标，开展创建平安村居、平安单位、平安家庭、平安交通、平安校园等活动。强化维稳中心调处化解能力，创新矛盾化解方式，统筹各部门建立联合化解机制等办法，着力排查化解各类社会矛盾纠纷。办理信访案件比上年下降20%，来访人次下降59%。

【民生计划】 2017年，麻涌镇采取各种政策措施，改善就业、教育、医疗等各项社会事业，提升居民群众的幸福感。

创业就业 开展创业就业调研，实施就业创业政策。以开展水乡美食节等重大活动为载体，通过组织观摩、体验、培训等环节引导村民创业。发放创业就业政策补贴资金1000余万元，惠及9800余人次。促进高校毕业生、就业困难人员等重点群体就业创业，举办专项招聘会3期、“就业服务日”活动12期，累计提供就业岗位5000余个。

古梅教育 改善办学条件，投入2000万元打造信息化教学，更新校园硬件设施。加快特色化教育创建，深入开展校园文化品牌建设，获评第一批广东省校园足球试点镇。在青少年科技、汉语文字、粤剧等国内外赛事中获得奖项700余项。重点加强教师队伍建设。在教学论文、微课、教学设计、课例评比等方面，获得市级以上奖项280余项。古梅第一中学中考各科总平均分575.79分，比市同级同类学校高8.2分，六大校上线84人。麻涌中学高考重本上线人数23人，创历史新高，目标完成率287.5%；本科208人，目标完成率160%。

医疗服务 兴建市水乡区域中心医院，按7：3的比例，总投入8亿元建设。投入463.6万元完善麻涌医院信息化，建设强化以社区卫生服务中心为主体，以站为补充的社区中医药服务网络，加强与市中医院的合作，让辖区群众在“家门口”享受到优质的中医药服务。

社会保障 举办华阳湖慈善晚会，筹集3592万元善款用于镇内慈善事业和扶贫济困。推进养老保险和医疗保险工作，完成社会保险扩面征缴任务，全年新单位参保登记417家，参保36万人次。提高补助水平规范救助工作，发放医疗救助金1524万元。发放最低生活保障金755万元、退役士兵一次性补助金228万元，残疾人各项事业费支出2055.86万元。

文体事业 麻涌融易足球队获2017金砖国家少年足球邀请赛季军、“中海龙”杯第二届全国少年（U12）足球邀请赛金杯组、全国青少年男子足球超级联赛华南大区2017年广东省“省长杯”足球联赛（甲组）冠军等。夺得第十三届全运会三人篮球赛青年组金牌、市运会篮球赛男子甲组第二名。获“众来达杯”2017东莞龙舟锦标赛冠军，勇夺第26届艾格丽萨国际龙舟邀请赛冠军。举办“古梅乐韵”品牌活动，十三届“香飘四季”文化艺术节、文化惠民演出、公益电影等文化活动700余场。宣传推广“鱼米之乡数麻涌”原创粤语专辑，出版首部介绍本土风俗人情的游记《七彩麻涌》。

【政务服务】 2017年，麻涌镇打造“数据大脑”项目，启动数据收集等工作，提升政务服务水平。

行政服务 推进“一门一网式”政务服务改革，实现审批服务事项一窗受理、网上办理，驻镇网上办事站申报办理率93%，驻村居网上办事点申报办理率80%。加大政府信息主动公开工作力度，受理信息公开申请201宗，主动公开政府信息644项。开展政府办事“最多跑一次”调研摸底工作，切实打造利民便民平台。

法治建设 执行规范性文件审查备案制度，提高规范性文件制定质量。推行权责清单清理工作，将权责清单进行挂网公示，接受群众监督。做好行政复议工作，运用法治思维和法制方式化解行政纠纷。开展法制宣传教育，分批次组织领导干部开展集体学法活动，提高全镇干部职工法律意识。完成漳澎平安文化主题公园建设，创建东莞市平安宣传示范村，推动全镇平安法治建设工作。

廉洁作风建设 举办廉洁修身专题辅导讲座，开展廉洁文化创作活动，营造风清气正廉洁氛围。开展机关清风巡查活动，严格落实“一岗双责”，强化政府投资项目廉情预警评估。深化领导干部经济责任审计，开展重大项目建设等行政效能专项督察。

【东莞市首个汽车产业基金】 2017年，麻涌镇设立规模为10亿元的汽车产业股权投资基金，由政府出资2亿元，募集10亿元社会资金，对镇内汽车企业进行融资服务，引进超过100家汽车零售商、批发商，并实现每年的规模相当于实缴基金规模6倍的汽车贸易规模，扶持镇内汽车产业发展，把麻涌打造为珠三角地区汽车服务业的龙头。

【水乡大道延长线】 2017年8月4日，水乡大道延长线动工，该项目北连广州东江大桥，南接东莞水乡大道，路线全长4.17千米，总投资7.19亿元，道路标准断面宽32.5米，双向6车道布置，设计车速80千米/小时，设计等级为一级公路兼城市主干道。该道路预计2019年7月建成通车，届时串联起水乡大道、中心大道和广麻公路，对实现东莞水乡片区交通一体化，推动麻涌粮油产业转型，发展现代电商产业有着重要意义。

【新型旅游名镇打造】 2017年，麻涌镇以“一面一线两区三提升”为抓手，全面提升城市品质，打造宜工宜商、宜居宜游的新型旅游名镇。“一面”指华阳湖国家湿地公园片区，“一线”指麻涌河一河两岸景观提升工程，“两区”指滨江区和新城市中心区，“三提升”指对城市景观、城市配套、人文魅力等三方面进行全面提升。

（陈运银）

附：2017年麻涌镇党委、人大、政府主要领导名录

镇委书记：陈建枝

镇人大主席：江 琳

镇 长：黄桥法

2016—2017年麻涌镇主要经济社会指标

指标	单位	年份	
		2016	2017
户籍人口	人	77098	79340
常住人口	万人	11.92	12.09
面积	平方千米	87.2	87.2
生产总值	万元	1859559	2200483
第一产业	万元	12839	13481
第二产业	万元	1041693	1264665
第三产业	万元	805027	922337
总用电量	万千瓦时	150367	156803
全社会固定资产投资总额	万元	667773	802801
社会消费品零售总额	万元	1258534	1757002
外贸出口总额	万元	680413	768111
实际利用外资	万美元	29565	14987
地方财政总财力	万元	170381	273644
各项税收总额	万元	299038	404825

石碣镇

【石碣镇概况】 石碣镇位于东莞市北部，地处广深走廊之间。截至2017年底，面积36.2平方千米，下辖14个村和1个社区，户籍人口4.94万人，常住人口24.15万人。

2017年，石碣镇实现地区生产总值167.7亿元（第一产业3.41千万元，第二产业104.96亿元，第三产业62.4亿元），比上年增长8.6%；全社会固定资产投资总额29.11亿元，增长10.81%；总用电量19.46亿千瓦时，增长5.59%；社会消费品零售总额45.92亿元，增长9.7%；实际利用外资0.26亿美元；外贸出口总额260.38亿元；各项税收总额35.85亿元，增长15.83%；地方财政总财力12.91亿元，下降33.61%。

2017年，石碣镇取得“全国文明村镇”“国家第一批绿色村庄”“全国综合减灾示范社区”“广东省五四红旗团委标兵（五四红旗团委）”“广东省创建无邪教示范镇（社区）”“广东省儿童友好社区”“推进供给侧结构性改革，实施企业规模与效益‘倍增’计划”7项全市“单打冠军”。

【经济建设】 2017年，石碣镇推动企业加入市镇“倍增计划”，推进重大项目建设，积极招商引资，实施创新驱动战略，促进经济发展。

市镇“倍增计划”推动东聚、五株、盈聚、广发、天龙阿克达等5家企业成功纳入东莞市“倍增计划”试点企业。27家倍增试点工业企业实现产值213亿元，比上年增长7.8%。

重大项目建设 全镇有6个市重大项目，其中市重大建设项目3个，计划总投资7.6亿元，全年完成投资1.8亿元，累计完成投资4.1亿元。

招商引资 全镇工商牌照数达23846个，比上年增长12.7%，注册资金206.2亿元，新增31.5亿元，增长18%。新签内资项目42个，全镇协议投资总额（除房地产、酒店外）8.2亿元，实际投资总额17.6亿元，增长14.5%。新签外资项目14个，比上年增长75%；增资11个，增长2.67倍；合同吸收外资2206万美元，增长34.5%。

创新驱动战略 新增认定国家高新技术企业64家，增长1.29倍。截至2017年底，全镇有国家高新技术企业105家，培育入库企业78家。

企业孵化 截至2017年底，华科城·石碣创新科技园引进科技企业86家，其中入驻科技企业52家，拥有自主知识产权企业27家，其中国家高新技术企业3家（其中2017年新增认定1家），在孵企业60%为科技企业，均被认定为市级孵化器和国家级科技企业孵化器培育单位，石碣华科中道创客工场被认定为广东省众创空间试点单位。成功争取省质量监督电子信息配件检验站落户石碣，与华中科大工研院签订加速器场地租赁合同，初步形成孵化器—加速器—电子检验站孵化链条。

【城市建设】 2017年，石碣镇完善城市功能布局，加强水环境整治，建设美丽村居。

美丽村居建设 单屋村、四甲村、梁家村实施检查验收，唐洪村抓紧推进收尾工程，沙腰村加紧推进创建项目建设；建立镇村文明联创机制，通过全国文明镇复评，实现“三连冠”，桔洲村获“全国文明村”称号，石碣电信分公司获

2017年11月2日，石碣镇挂影洲综合体项目合作框架协议签订 （石碣镇供图）

"省文明单位"称号，实现村（社区）文化公园全覆盖，提升城市精神文明水平。

城市功能布局　建立镇城市更新局与土地储备中心，盘活土地资源，完善优化城市功能布局。与保利华南公司签订合作框架协议，合作开发挂影洲产城融合示范区，总投资约200亿元。

水环境整治　构建镇、村两级河长制组织体系，推动落实"一河一长、一河一档、一河一策、一河一考"等河长制措施；四个批次截污次支管网工程同时开展。全镇截污管网建成60.6千米，截污率68%，在东莞市2017年度考核中排名第四；基本完成四村排渠、石碣泵站排渠和大洲排渠等3条内河涌的整治。

2017年8月31日，东莞市海富国信投石碣产业发展基金签约仪式举行（石碣镇供图）

2017年6月6日，纪念袁崇焕诞辰433周年系列活动举行（石碣镇供图）

【社会管理】　2017年，石碣镇通过打击犯罪、矛盾排查、安全生产大检查等方式，加强社会管理。

打击违法犯罪　开展"迎接十九大，忠诚保平安"、"飓风2017"、打击"两抢"等专项行动，对涉毒、涉盗抢等领域违法犯罪进行重点打击整治，立案1827件，比上年下降25.3%，破案826件，上升5.9%，未发生重大刑事案件、涉暴恐及个人极端暴力案件、重大群体性案件。

治安管控　推进"智网工程"，完成镇级指挥调度中心建设和15个村（社区）指挥调度中心站建设，推进辖区建筑物建档、出租屋建档及市场主体绑定等工作，实现镇村两级指挥调度工作体系高效运转；建立街面防控网、单位内部防控网、群众自防网"三个人防网络"，加强警社合作，实现单向管理向协同治理转变，强化社会面防控。

矛盾排查　建立健全"预防堵源头、排查早控制、调处全化解"的排查调处机制和纠纷排查网络，落实"日排查、周研判，敏感时期滚动排查"和风险评估预警预报制度，把矛盾和问题消除在萌芽状态和初发阶段。全镇全年受理信访案件381件次，办结率98.1%。

安全生产　全年组织召开12次"议安会"，生产安全事故宗数下降37.5%，强化交通安全、食品安全、建筑安全、消防安全等行业领域管理，开展安全生产大检查、危险化学品综合治理、夏季消防安全大检查等专项整治工作，全年未发生较大以上生产安全事故。

【民生事业】　2017年，石碣镇推进各项民生事业发展，确保全面实现小康。

社会保障　落实便民惠企政策，跨省异地退休人员住院费用实现直接结算。全年居家养老服务对象达709人，为独居老人安装平安铃705台，残疾人居家康复实现全覆盖，水南村成功创建"全国综合减灾示范社区"；全年发放就业创业专项资金587.1万元，推广"村民车间"，安置本地劳动力约300人。

教育事业　中考成绩连续五年超越东莞市平均线，2017年，超市线32.6分；万人升大、万人升本排名进入全市第一方阵行列，实施"三名工程""教师梯级成长工程"和"青蓝工程"。

2017年11月16日，石碣镇实现东莞市镇街公务员篮球（甲级）联赛“四连冠” （石碣镇供图）

确权登记颁证 14个村全部完成农村土地承包经营权确权方案表决。全镇农用地需确权面积6321.5亩（421.43公顷），实测率102.9%。12个村完成确权工作，确权登记颁证率95%。

扶贫攻坚工作 帮助镇内7户困难家庭实现稳定脱贫，开展对口帮扶揭阳惠来工作，投入2001.2万元，对村帮扶项目84个，当年脱贫率达35.5%；开展对口帮扶云南昭通工作，落实劳务协作、农业产业帮扶、医疗改革帮扶和环境改善等措施；实现与新疆兵团第三师44团互相交流，确定三年结对共建思路。

【基层公共服务】 2017年，石碣镇完成15个村（社区）综合服务管理中心更改为村（社区）公共服务中心的任务，镇级综合服务中心（一站式办事大厅）运行；完成鹤田厦、沙腰综合服务中心建设，成为东莞市率先实现社区综合服务中心全覆盖的镇街；镇“妇女之家”获省“妇女之家”示范点称号，桔洲村获省“儿童友好示范社区”称号。

【缅怀袁崇焕活动】 截至2017年底，石碣镇为弘扬传承袁崇焕精神，先后建成袁崇焕纪念园、崇焕中学、崇焕小学、崇焕大道，出版多部袁崇焕文化研究书籍，开展“赴京祭奠袁崇焕墓”“纪念袁崇焕诞辰”“袁崇焕精神走进社会”等活动。2017年4月，为纪念明末爱国英雄、著名将领袁崇焕，石碣镇举行“我们的节日——清明祭英雄”活动。来自社会各界代表600余人在清明节一起缅怀袁崇焕爱民忧民的感人事迹，弘扬袁崇焕爱国爱民、敢担当的精神。

（郑练淳　周洁静）

附：2017年石碣镇党委、人大、政府主要领导名录

镇委书记：罗晓勤
镇人大主席：叶仲球
镇　长：张拔海（任至8月）
　　　　刘建俊（8月到任）

2016—2017年石碣镇主要经济社会指标

指标	单位	年份	
		2016年	2017年
户籍人口	人	47716	49359
常住人口	万人	24.01	24.15
面积	平方公里	36.2	36.2
生产总值	万元	1459867	1677009
第一产业	万元	3394	3411
第二产业	万元	917183	1049618
第三产业	万元	539290	623981
总用电量	万千瓦时	184316	194641
全社会固定资产投资总额	万元	262695	291090
社会消费品零售总额	万元	418563	459181
外贸出口总额	万元	2411113	2603752
实际利用外资	万美元	2536	2638
地方财政总财力	万元	194433	129075
各项税收总额	万元	309985	358491

高埗镇

【高埗镇概况】　高埗镇位于东莞市北部，2017年被纳入城区片区。截至2017年底，面积34.6平方千米，下辖18个村、1个社区。户籍人口4.12万人，常住人口21.53万人。

2017年，高埗镇实现地区生产总值139.72亿元（第一产业6783万元，第二产业84.3亿元，第三产业54.75亿元），比上年增长6.7%；全社会固定资产投资总额16.73亿元，增长5.9%；总用电量13.28亿千瓦时，增长2.7%；社会消费品零售总额29.24亿元，增长8.2%；实际利用外资0.16亿美元；外贸出口总额143.73亿元；各项税收总额17.74亿元，增长13.3%；地方财政总财力8.98亿元，下降31.67%。

2017年，高埗镇取得“广东省文明镇”“广东省创建无邪教示范镇”“广东省五一巾帼奖”“国家第一批绿色村庄”4项全市“单打冠军”。

【高端产业发展】　2017年，高埗镇实施企业“倍增计划”，推进创新驱动发展，实现产业向高端发展。

推进企业“倍增计划”　制定行动方案和奖励办法，每年安排1500万元，连续五年，共安排7500万元“倍增计划”专项资金和创新驱动发展专项资金。23家东莞市、镇倍增试点企业完成总产值134.7亿元，比上年增长14.6%，规上工业增加值37.8亿元，占全镇规上工业增加值的43.8%，增长11.2%，4家市“倍增计划”试点企业（锂威能源、唯美陶瓷、华宏眼镜、顺力物流）完成工业增加值20亿元，增长11.5%。

推进创新驱动发展　推进高新企业“育苗造林”、科技企业孵化器“筑巢引凤”等行动计划，推动49家企业成功申报国家高新技术企业，累计高企76家，比上年增长1.71倍。规上工业企业设立研发机构的企业60家，覆盖率40.67%。全镇专利申请923件，比上年增长93.5%；专利授权503件，增长96.48%。有省级工程技术研究中心5个，市级工程技术研究中心4个。

推进优质项目引进　制定《高埗镇招商项目准入及奖励实施方案（试行）》，提高项目入户门槛。接洽优质项目63个，成功签约落户12个，总投资额24.4亿元。推动裕元集团出租空置厂房10.1万平方米，引进东山精密、觅智公司、赫曼米勒3个优质项目，企业全面投产后预计增加年产值约16.5亿元，年税收约5800万元。

推进重大项目建设　市重大项目华宏增资扩产项目完成投资9170万元，占年度计划103.03%，项目累计完成投资13.83亿元，占总投资17.3亿元的79.9%。高埗大广国际汽车项目（一期），总投资约18亿元，该项目纳入市重大项目，为高埗镇近年来首个新引进的市重大项目，并被推荐为省重大项目。

【生态文明建设】　2017年，高埗镇深化水污染治理，落实城市精

东江梨川大桥　　（高埗镇供图）

细化管理，推进生态文明建设。

深化水污染治理　加快截污次支管网建设，基本完成2017年建设任务27.28千米。铺开“河长制”“涌长制”，落实领导班子成员巡查督导，在全镇设立135个河长公示牌，建立河涌治理长效机制。中心涌综合整治工程正全面实施景观绿化工程，对阻碍景观工程的7户拆迁户实施集中拆除，三保路横排涌完成清淤工程和引水活源工程。开展畜禽养殖业污染专项整治，清理非法畜禽养殖场31个，生猪726头，清理率100%。

实施城市品质三年提升计划　围绕“一环、三轴、五区”的城市发展思路，以强化中心、魅力小城建设等8大领域，选定63个项目，进一步提升现代城市形象。重点推进滨江路东莞市政整治提升工程（“一环”亲水绿道），其中第一段（梨川大桥至旧水厂）5千米于1月中旬完成施工图编制工作。

建设美丽幸福村居　投资约3450万元，开展9个村的美丽幸福村居建设，其中芦村、草墩村、朱磡村、三联村4个村完成工程。宝莲村完成工程量75%，低涌村一标段完成工程量85%；塘厦村、横滘头村、新联村成功挂网招标。

完善基础设施建设　东江梨川大桥于2017年春节前试行通车；增加投入约1000万元，将莞潢南路升级改造为高埗镇迎宾大道。以党的十九大系列精神为布置主题，将北王路打造成极具新时代气息的红色大道。颐龙路西段升级改造工程0.97千米，正在进行道路基础施工，预计春节前通车。环城路与莞潢路立交连接工程市城建局完成图纸设计，正在开展征地拆迁。18个行政村（社区）成功创建为“东莞市生态村（社区）”，创建率94.7%。

落实城市精细化管理　铺开城乡环境卫生、城市道路设施等6项专项整治行动，查处整改城市“六乱”行为1.1万宗，拆除违章户外广告154块约1947平方米，清理城市“牛皮癣”29.8万处，清理卫生死角1.7万处，查处违法建筑8宗，完成“三线”整治点167个。制定《高埗镇民房建设管理工作方案（试行）》，划定具体民房成片建成区，进一步规范全镇民房建设管理，杜绝违法乱建的现象。

2017年2月4日，高埗镇开展城建八大亮点工程视察活动
（高埗镇供图）

【基层社会治理】　2017年，高埗镇受理群众来访案件76批次388人次，分别比上年下降17.4%和46.2%；办结72件，办结率94.7%。完成香港回归20周年庆祝活动等重要节点的安保维稳任务。

强化社会治安防控　深化“科技强警”，完成128个联防执勤点建设，75路高清视频建设。打造过硬警队，成立50人特警预备队，落实“五个要求”，健全考核管理制度，提升队伍执行力。推进“平安百茂物流园”试点建设，实现物流寄递业“三个100%”制度的落实，违法警情比上年下降31%，矛盾纠纷下降68%。开展“飓风2017”专项行动，接报违法犯罪警情2631起，比上年下降18%；刑事立案1178件，下降11.2%；刑事破案425件，上升5.5%，实现“两降一升”的阶段性目标，取得“零命案”的实质性成效。

推进智网工程建设　逐步建立健全工作体系，制定工作流程办法、内部管理制度、绩效考核奖惩办法等制度，确保网格化管理工作有章可循。科学划分75个基础网格，完善镇“智网工程”指挥调度中心及各村（社区）“智网工程”指挥调度工作站建设，配备专职网格管理员146人。网格员深入集贸市场、出租屋等场所，通过移动智能采集终端进行建档和基础信息采集工作，初步建立并完善网格化管理系统基础数据库资料。

加强公共安全监督　开展安全生产执法监察，查处一般事故隐患939处，整改率100%。发生火灾18起，比上年下降40%，抢救被困人员28人，无人员伤亡。查处各类交通违法行为8667宗，暂扣违法机动车辆4189辆。检查食品、药品8000批次，立案查处33件。开展打击“四黑”专项整治行动，查处黑油窝点30个，取缔黑煤气经营窝点37个，取缔黑危化点4个，查处非法危险运输3宗。加强公共卫生防控，无发生重大疫情。

【公共服务保障】　2017年，高埗镇办好首次十件民生实事。结合群众关注的热点难点重点问题，实施近年来首次“十件民生实事”，涉及33项工作51项具体任务，除

1项具体任务发生调整外，43项具体任务完成或基本完成，完成率86%，有7项具体任务没有完成。

深化基层精神文明建设　投入1.28亿元，继续深入推进“四大提升工程”“十大专项行动”，优化提升全镇发展软硬环境，大幅提升社会文明程度，成功创建为“2016—2017年度广东省文明镇”。三联村、横滘头村、农商行、低涌中学、叶桂兴等14个村、单位、学校、家庭分别获得东莞市“文明标兵单位（村）”“文明单位（村）”“文明校园”“文明家庭”称号。

实施文化兴镇战略　首次举办大型“元宵嘉年华”活动，时隔6年成功恢复举办龙舟锦标赛，联合团市委第一次举办“莞青力量·唱响东莞”东莞青年原创音乐会，充分彰显高埗文化魅力。“曲艺提升工程”成效明显，青少年曲艺培训基地学员参加省中小学粤韵操推广邀请赛荣获银奖；曲艺社社员参加全球微粤曲大赛，荣获成年组银奖和优秀奖。推进“一校一特色”“一校一品牌”建设，特色教育成果丰硕。

提升民生服务保障　完善分级诊疗制度，安排专家定期到中心门诊、冼沙站点坐诊，方便群众就医。及时足额支付各项社保待遇累计74.18万人次，合计3.33亿元。通过建设创业孵化基地、“村民车间”、谋划“农民创客”等措施，推动全民就业创业。发挥妇女创业促进会的带动作用，举办第一届妇女传统手艺迎春创业集市暨“年俗巡礼”活动，增强妇女增收创富和创业就业技能。为2326名妇女提供免费“两癌”筛查服务，为4230名幼儿及2598名老年人提供免费体检服务。为8708人次提供失业登记和就业推荐服务，对就业困难人员实现“一对一”帮扶；发放各项就业补贴489.35万元，惠及5443人。用于民生建设资金达2240万元，惠及群众4000余人，有效保障弱势群体基本生活。

实施精准扶贫脱贫　全镇4个次发达村，通过减轻公共管理负担、发展创收项目、盘活集体资产等措施，集体收入稳步增长。对口帮扶韶关市武江区7个贫困村及201户贫困户753人实现脱贫，脱贫率100%。推动新疆东风农场与莞香水果市场签订合作协议，设立水果专卖区，专营新疆水果。与云南昭通市搭建人才资源对接平台，补充镇内企业用工需求。

提升行政服务效能　投入440余万元建成镇综合服务中心及各村（社区）综合服务管理中心，为群众提供更为便捷、优质、高效的“一站式”服务平台，为群众办理即来即办事项办件业务数2.5万件次。

【2017年龙舟锦标赛活动】

2017年6月，高埗镇举办2017年“高新地产·漾城杯”龙舟锦标赛活动。此次龙舟锦标赛采用短途直道竞赛方式，起点在东莞市第四自来水厂（东江梨川大桥）对出河面，终点位于镇江滨广场平台，赛程近1200米。来自各村的18支龙舟队经过预赛、复赛、决赛三轮比赛，芦村龙舟队、低涌龙舟队、下江城龙舟队、护安围龙舟队、三联龙舟队、朱磡龙舟队等村代表队分别获得前六名。

此次龙舟节，在原有的基础上优化提升，突出亲水主题，综合文化、体育、旅游、美食等方面元素，让市民在观看龙舟锦标赛的同时，观看文化系列展示——旗袍快闪、“舞动全城SHOW”广场舞、国际标准舞表演、“莞青力量·唱响东莞，青春献唱贺龙舟”东莞青年原创音乐会，以及品尝各种水乡特色美食，深刻感受浓厚的历史底蕴，全面展示该镇独特文化和良好风貌的大型盛会。（林　郁）

附：2017年高埗镇党委、人大、政府主要领导名录

镇委书记：严继宗

镇人大主席：郑晓徽

镇　　长：张永艳

2016—2017年高埗镇主要经济社会指标

指标	单位	年份	
		2016	2017
户籍人口	人	40286	41169
常住人口	万人	21.45	21.53
面积	平方千米	34.6	34.6
生产总值	万元	1276036	1397178
第一产业	万元	6783	6634
第二产业	万元	772977	843027
第三产业	万元	496276	547517
总用电量	万千瓦时	129251	132764
全社会固定资产投资总额	万元	157979	167337
社会消费品零售总额	万元	268880	292372
外贸出口总额	万元	1005627	1437334
实际利用外资	万美元	762	1559
地方财政总财力	万元	131431	89801.6
各项税收总额	万元	156614	177389

洪梅镇

【洪梅镇概况】 洪梅镇位于东莞市西北部，紧靠东莞港立沙岛、新沙港区。镇内主干道与广深高速、沿江高速相连接，东莞西站作为重要枢纽设在洪梅北部，城际轨道穗莞深线、佛莞线、莞惠线在该站接轨。截至2017年底，面积33.2平方千米，辖9个村，1个社区。户籍人口2.45万人，常住人口5.86万人。

2017年，洪梅镇实现地区生产总值67.95亿元（第一产业0.62亿元，第二产业47.49亿元，第三产业19.85亿元），比上年增长10.2%；全社会固定资产投资总额17.71亿元，增长10.32%；总用电量5.5亿千瓦时，增长14.94%；社会消费品零售总额7.27亿元，增长10.37%；实际利用外资0.6亿美元；外贸出口总额27.05亿元；各项税收总额10.51亿元，增长39.67%；地方财政总财力10.5亿元，下降2.64%。

2017年，洪梅镇在东莞市镇街领导班子年度工作考评中排名第十四位，被评为2017年度领导班子工作良好镇、2017年度综合排名进步前三名镇。先后获“广东省卫生镇”“国家卫生镇”“广东省花灯之乡”“中国花灯之乡”“东莞市文明镇”“广东省生态镇”等称号。取得“全国巾帼文明岗”“退休人员社会化管理服务站省级示范点”“国家卫生镇”“绿色村庄创建”4项全市“单打冠军”。

【产业发展】 2017年，洪梅镇实施“倍增计划”，扶持理文、富之源等16家东莞市、镇试点企业做大做强。截至年底，4家市倍增试点企业产值104.55亿元，比上年增长20.7%，实现税收6.77亿元（含免抵税额），增长90.3%。其中，理文公司实现工业总产值80.98亿元，比上年增长4.6%，实现税收5.06亿元，增长109.3%。全年，申报并获批的资金池项目10个，拨付使用资金近2亿元，撬动各方资金投入72.6亿元，资金放大26倍；理文高档生活用纸项目一期进入投产阶段。2017年，洪梅镇成功引进辰达智能研发总部等20个优质产业项目，11个东莞市重大项目完成投资9.91亿元，超额完成年度计划的19.4%。新增高企8家、高培3家，专利申请量330件，授权专利量225件；海新公司荣获第十九届中国专利优秀奖和第四届广东专利优秀奖。排查全镇50亩（3.33公顷）以上产业项目的产值和税收情况，盘活近400亩（26.67公顷）的历史遗留存量用地和9.5万平方米的旧有厂房，有效解决联合技术高端安防、海新高端洗碗机等优质项目的用地需求。定期监测项目投资进度和产出效益，推动京东1号店由分公司转为独立法人公司，富之源公司纳税额大幅提升。

【城乡环境】 2017年，洪梅镇

洪梅镇城镇环境 （洪梅镇供图）

按照现行控规及开发意向实施新一轮新城建设，完成全镇总体规划修改方案，洪金路还建工程落成，站前公园、中心区垃圾中转站等配套设施加快推进，协调望沙北路升级工程、疏港大道延长线等道路建设。建成截污次支管网11.58千米，压实镇、村两级“河长制”责任，完成乌沙涌、金鳌沙涌等内河涌整治1.91千米。开展工业企业节能技术改造，规上工业企业产值能耗、增加值（现价）能耗分别比上年下降8.13%、9%。深化燃煤工业锅炉、黄标车淘汰等专项整治行动，空气达标率84.3%。完成森林小镇规划编制，投入1650万元统筹推进美丽幸福村居建设工程，乌沙村、尧均村、金鳌沙村、洪屋涡村4个村的项目全部完成。持续开展“六整治”专项行动，城乡“脏、乱、差”现象得到较大改善；巡查处理13宗违法建筑和23宗违法违规用地，“两违”现象得到有效遏制。

【基层治理】 2017年，洪梅镇推行“五四三”民主管理制度及村级重大事项“干群合议”制度，村民自治能力进一步提高。创新村财管理方式，引导村级闲置资金发展投资型经济，实现农村集体资产增值保值。各村经营总收入6878万元，比上年增长6.5%，纯收入4254万元，增长11.8%，收不抵支村减少1个，全镇无高负债村组；农村集体投资理财资金占货币资金总额的52.9%。落实领导干部驻点普遍直接联系群众制度，走访群众完成率达100%，解决洪屋涡世丽片区村民出行难、尧均新建垃圾站运行等热点难点问题。

【平安建设】 2017年，洪梅镇推进“智网工程”建设，划分42个基础网格，指挥调度中心及各村指挥调度站全面建成使用。开展“飓风2017”专项行动，完善“以案说防”工作机制，妥善化解“涉农涉土”纠纷等引发的群体性事件，各类信访案件比上年下降25.9%，

2017年8月28日，洪梅镇截污次支管网工程动工仪式举行（洪梅镇供图）

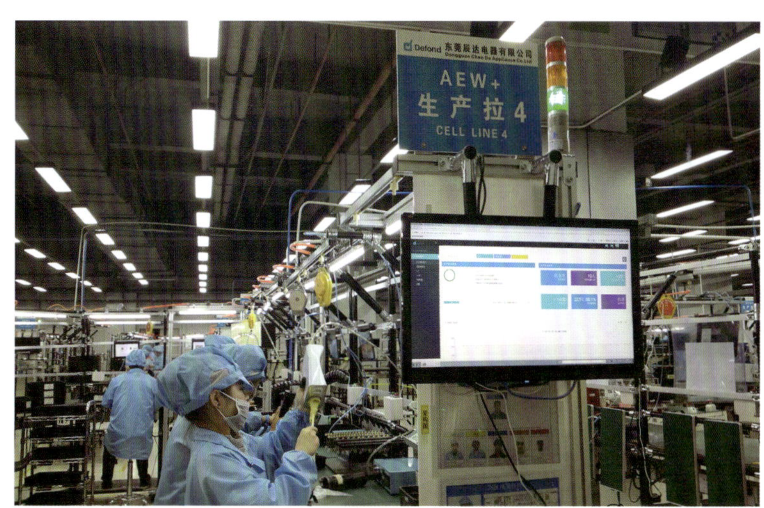

东莞市辰达电器有限公司工业4.0智能制造示范车间（洪梅镇供图）

洪梅镇花灯节（洪梅镇供图）

辖区违法犯罪警情下降6.05%，盗抢骗警情下降14.65%，实现持续近5年无命案发生的防控目标。落实安全生产责任制，整治大批“四黑”窝点，消除一批安全生产事故隐患。提升社会创新和服务能力，工会、团委、妇联等群团组织枢纽功能得到进一步强化。

【民生事业】 2017年，洪梅镇发展人民满意教育，实施“三名培养工程”，利用奖教奖学教育基金，提高教育质量和办学效益。全镇中考总平均分提高38.4分，重点中学上线率比上年提升82.3%，创下近年中考最佳成绩；提供积分入学学位310个，实现近三年外地户籍学生占比均超50%。推进医疗体制改革，家庭医生签约服务人数累计1.8万人。按时完成社保扩面征缴工作，投入1240.06万元，确保近2万参保人员正常享受社保待遇。推动就业创业，是年，应届毕业生就业率100%。解决困难群众的实际问题，发放各类生活保障金763.98万元。实施文化惠民工程，开展惠民演出、公益电影、文化培训等各类文化活动330多场，受惠群众达6万人次。

【政务作风】 2017年，洪梅镇优化行政服务，推动镇综合服务中心218项事项集中办理，进驻网上办事大厅事项265项，升级改建10个村（社区）公共服务中心。12345政府服务热线处理建议投诉326件，按时办结率100%。做好企业服务，开展“千干扶千企”和镇领导班子成员挂点联系重点工业企业活动，推动辰达总部等项目落户。优化营商环境，35家企业获广东省“守合同重信用”称号，新增广东省著名商标一个。推进法治政府建设，出台重大行政决策事项目录和重大行政决策听证事项目录。组织大批中层以上干部赴东莞市委党校、湖南大学等地学习，激发全镇上下干事创业的热情和活力。

【广东理文绿色高档生活用纸项目】 广东理文造纸有限公司是东莞市14家“倍增计划”名誉试点企业之一，也是洪梅镇的支柱性龙头企业。2017年，该公司实施“倍增计划”，全年工业总产值80.98亿元，比上年增长4.6%，实现税收5.06亿元，增长109.3%。为加快企业发展，理文公司投资30亿元在现有厂区南面，建设“广东理文高档生活用纸生产线项目”。该项目纳入市级重大项目，项目全面运营后预计年产值达30亿元，实现税收3.75亿元，亩均税收贡献达108.6万元。

【第十三届中国民间文艺山花奖·优秀民间艺术表演奖（民间鼓舞鼓乐）评奖活动暨2017广东省第六届花灯文化节】 2017年2月9日至11日（农历正月十三至十五），洪梅镇举行以“点亮花灯、传递幸福”为主题的第十三届中国民间文艺山花奖·优秀民间艺术表演奖（民间鼓舞鼓乐）评奖活动暨2017广东省第六届花灯文化节。该届花灯节将花灯文化与鼓舞鼓乐创造性地结合起来，既融入各地风格鲜明、特色浓郁的鼓舞鼓乐表演元素，又展示突出花灯传统文化的点灯习俗及“岭南第一灯”的亮灯仪式，以鼓舞为乐，以花灯为景，献上一场高水平的民间艺术表演活动。花灯节期间，迎来全国各省市、自治区民间鼓舞鼓乐表演队伍450余人次，接待各地游客约20万人次，吸引30余家主流媒体的关注与报道。 （廖敬芳）

附：2017年洪梅镇党委、人大、政府主要领导名录

镇委书记：黄启光
镇人大主席：郭　旺
镇　长：梁志刚（任至7月）
　　　　刘学东（8月到任）

2016—2017年洪梅镇主要经济社会指标

指标	单位	年份	
		2016	2017
户籍人口	人	23838	24460
常住人口	万人	5.81	5.86
面积	平方千米	33.2	33.2
生产总值	万元	536652	679536
第一产业	万元	6305	6166
第二产业	万元	362318	474885
第三产业	万元	168029	198485
总用电量	万千瓦时	47845	54991.66
全社会固定资产投资总额	万元	160483	177050
社会消费品零售总额	万元	65888	72718
外贸出口总额	万元	206990	270506
实际利用外资	万美元	13069	5966
地方财政总财力	万元	107871	105020
各项税收总额	万元	75455	105142

道滘镇

【道滘镇概况】 道滘镇位于东莞市西部，处在水乡特色发展经济区核心区域、广深科技创新走廊地带，广深高速、沿江高速和莞惠城轨、穗莞深城轨、市轨道交通R1线贯穿镇区，设有莞惠城轨道滘站、R1线道滘站和道滘东站三个轨道站。截至2017年底，面积54.3平方千米，下辖13个村，1个社区。户籍人口6.01万人，常住人口14.25万人。

2017年，道滘镇实现地区生产总值104.59亿元（第一产业1.35亿元，第二产业49.31亿元，第三产业53.93亿元），比上年增长12%；全社会固定资产投资总额19.46亿元，下降10.98%；总用电量12.25亿千瓦时，增长8.79%；社会消费品零售总额21.76亿元，增长10.63%；实际利用外资0.08亿美元；外贸出口总额34.95亿元；各项税收总额18.43亿元，增长5.56%；地方财政总财力12.03亿元，下降19.28%。

2017年，道滘镇在镇街领导班子年度工作考评中，排名跃升至全市第18位，获评为2017年度领导班子工作良好镇街。

【经济发展】 2017年，道滘镇实施重点企业规模与效益“倍增计划”，建立“1+N”政策体系，设立2.5亿元倍增计划资金池，推动32家倍增企业（含试点企业）全年完成工业总产值82.16亿元，比上年增长12.1%，3家商贸及服务业企业全年营业收入8.21亿元，增长30.8%。引进盛元中天、搜于特时尚产业供应链基地等7个优质产业项目，推动搜于特总部、国立总部等5个东莞市重大项目完成投资4.03亿元。加强农村集体经济统筹管理，引导小河、蔡白等村累计投入2.66亿元投资理财产品和入股镇属物业，每年为村集体增收约1650万元。完善“科技道滘”工程、招商引资奖励等扶持政策，推动国立科技登陆创业板，金瑞、宝特等2家企业挂牌“新三板”，全镇累计培育上市企业3家、“新三板”挂牌企业11家，总量分别排名全市（含松山湖）第3位和第5位。推动华科城·创新岛产业孵化园获认定为2017年度国家级科技企业孵化器培育单位，新增沃府、亿鑫丰等2家省级工程技术研究中心和金坤、捷圣等35家国家高新技术企业。全年全镇先进制造业、高技术制造业分别实现增加值15.6亿元和8.49亿元，分别比上年增长16.3%和10.7%；申请专利1097件，获授权634件，分别增长66.5%和27.8%。支持搜于特、文一等企业创新商业模式，带动全镇完成限额以上批发和零售业销售总额52.6亿元，比上年增长37.7%，增速排名全市第5位。2017年，全镇实现生产总值104.59亿元，首次突破100亿元历史大关，比上年增长12%，增速排名全市各镇街第4位。

【城市建设】 2017年，道滘镇抓好“三规合一”试点工作，通过“两减一增”新增建设用地规模829亩（55.27公顷），初步完成工业保护线专项规划编制。实施城市品质三年提升计划，梳理形成财政投资约10亿元、涵盖100个项目的项目库。建成蔡白北岛环岛路一二期、南丫大桥、小河大桥、兴隆桥等路桥工程，修复破损路面约3万平方米。全面落实河长制，在东莞市率先清理堆砂场6个，消除白鹭排渠黑臭，完成禽畜养殖业清理和昌平排渠修复整治，全年新建截污次支管网28.4千米。2017年，获评水环境治理机制改革全市“单打冠军”和全市治水工作优秀镇街。推进精神文明创建，清理城

岭南水乡型森林小镇——道滘镇　（道滘镇供图）

市“六乱”24329宗、废品回收站158家，查扣非法摩托车和电动自行车3711辆，成功创建“广东省文明村镇”。创建国家生态文明建设示范镇，新增建成美丽幸福村居2个和彩色景观林带222亩，成功创建“广东省森林小镇”。另外，南丫、大岭丫等8个村获评国家第一批绿色村庄。

【社会管理】 2017年，道滘镇推进“智网工程”建设，全镇列管对象增加至10532个，建成镇村两级指挥调度平台，获评东莞市“智网工程”先进镇街。开展“飓风2017”“以案说防”等专项工作。接报违法犯罪警情1642起，比上年下降23.4%；立刑事案件820件，下降13.2%；破刑事案件417件，上升13%；全年保持零命案。累计接待处理各类矛盾纠纷501宗，“巾帼助飞行动”公益项目获评全市基层社会治理改革创新先进项目，综治中心规范化建设经验获全市推广。农村土地承包经营权确权登记颁证率91.27%，超额完成年度目标任务。加强消防安全、安全生产、食品药品安全、公共卫生安全等领域监管，累计检查各类单位4469家次，排查整改各类安全隐患2500多处，全年没有发生重大及以上安全事故。落实应急管理目标责任制，妥善处置台风“天鸽”、登革热疫情等突发事件，是年，获全国综合减灾示范社区全市“单打冠军”。

【民生事业】 2017年，道滘镇集中力量办好十件民生实事，累计发放各类社会保障和就业补助资金8195万元。坚持教育优先发展战略，累计投入2.48亿元支持教育事业发展，新增3所民办幼儿园，成立4个镇级名师工作室，推动济川中学新学生宿舍楼动工建设。举办第五届镇运动会，常态化开展“全民学艺”公益培训、粤剧曲艺进校园等活动，《一根盲杆》获中国公益广告最高奖“黄河奖”，道滘镇获评“中国曲艺之乡先进单位”。优化医疗卫生服务供给，建成职业健康体检中心，实现省级专家教授进社区下基层医院坐诊常态化，为群众减轻医药费负担345万元。举办“网商运营”公开课、“水乡周末”电商培训班和残疾人技能培训班，打造永顺电商产业园等青年创新创业孵化基地4个。发展社会公益慈善事业，实施公益创投项目20个和“巾帼关爱金点子计划”公益项目15个。推进揭西县坪上镇精准扶贫精准脱贫工作，帮助427人实现预脱贫，预脱贫率78.7%。

【改革深化】 2017年，道滘镇推进简政强镇事权改革，完成机构设置和人员调整，承接下放或委托管理事项3526项。推进“一门式一网式”政府服务模式改革，累计压减承诺办理时限576日，简化优化办理环节76个，规范或减少申请材料70件，有效提升行政服务效能。抓好东莞市科学市场监管体系建设、个体工商户集群注册、粤澳商事登记银政通等改革试点，全年新增注册市场主体2645户，比上年增长38.5%；企业年报率95.7%，排名全市第1位。推进财政预决算、公共资源配置等重点领域信息公开，办结政府信息公开申请31宗。

【道滘镇获首批“岭南水乡型森林小镇”称号】 2017年，道滘镇水域面积占全镇总面积的26%，森林覆盖率18.25%。近年来，道滘镇确立“林水相依，林水相连，依水建林，以林涵水”的森林小镇建设思路，开展以水为中心的环境整治工程，实施城市绿化、美化工程，构建绿地系统空间，开展水乡生态林网建设。全镇建成粤晖园、蔡白湿地公园、大岭丫百里水岸长廊、东江南支流一河两岸绿化长廊等绿化亮点工程，备受外界关注和好评。2017年，道滘镇被评为“广东省首批岭南水乡型森林小镇”，这是东莞市唯一一个获得该称号的镇街。

【道滘镇第五届运动会】 2017年9月23日至10月30日，道滘镇举办第五届运动会。运动会设游泳、田径、篮球、象棋等13个大项、140个小项比赛。参与比赛的村（社区）、单位32个、运动员1800余名，运动会工作人员250余名，各项赛事观众3万余人次。经过一个多月的比赛，获得道滘镇第五届运动会团体总分前八名的村分别是蔡白村、南城村、大岭丫村、北永村、永庆村、厚德村、闸口村和南丫村。

【道滘镇第3家本土企业上市】 2017年11月9日，道滘镇新材料企业——广东国立科技股份有限公司成功在深交所创业板上市。国立科技成立于2002年，是一家集研发、生产、销售和技术服务于一体的低碳、环保、再生高分子材料及高分子材料制品供应商，主要产品包括EVA环保改性材料及制品、TPR环保改性材料及制品、改性再生工程塑料等三大系列，产品被广泛应用于高档鞋材、成品鞋、电子配套产品、运动器材、家用电器、汽车汽配等领域。国立科技是继搜于特、银禧科技后，道滘镇第3家上市的本土企业。道滘镇把推动企业上市作为招商引资和企业转型升级重要抓手的集中体现，将推动并支持更多的优质企业抢抓机遇，加快上市步伐，借力资本市场实现跨越发展。

【第八届中国（道滘）美食文化节】 2017年5月27日至6月1日，第八届中国（道滘）美食文化节暨第二届水乡新型旅游展、第二届道滘新艺术节在道滘镇举行。活动以“赏心乐食夏日 至善至美水乡”为主题，共设1个主会场和8个分会场。主会场设在济川广场，8个分会场分别是华科城、粤韵馆、粤晖园、龙洲湾、粮仓、蔡白湿地公园、儿童乐园和济川体育馆。

该届美食节具有5个新特点。一是新科技，推出全信息屏走廊、智能厨房、AR展示、3D打印月饼、取饭宝等；二是新体验，推出现代舞《三更雨愿》、可食用餐具、3D装饰贴画、创意航模、逐鹿绕花等；三是新视野，引进葡萄牙土风舞、拉丁舞，设置澳门和葡语国家食品专区，推出国际影像展示以及天山工作室展出的风靡全球的电影、动漫人物原型；四是新平台，依托权威交易所构建食品大宗交易平台，依托线上平台推动线上营销，依托新型旅游平台推动旅游产品营销、文化创意互动；五是新慈善，把公益慈善的理念、友爱之城的氛围融入活动中，让游客感受并汇聚起点滴无尽的暖流。

该次活动汇聚20多个省市和港澳台代表团、300余家食品企业、50家新型旅游企业，累计接待游客突破65万人次，国内外相关报道近1000次，订货金额突破5亿元，拉动消费突破4亿元，其中道滘特色食品销售额达3亿元。同时，“乐公益、微慈善”成为该届活动的一道靓丽风景线，累计筹集善款近70万元，进一步彰显友善之城的无限魅力。

【新兴产业发展基金成立】2017年7月11日，道滘镇新兴产业发展基金项目启动，通过加大投资融资改革力度，增强金融对经济的支持作用，推动经济实现规模和效益的倍增。道滘镇新兴产业发展基金是利用次发达镇扶持专项资金设立的第一个基金；是水乡管委会直接参与设立的第一个基金；是水乡地区乃至所有次发达镇设立的第一个母基金。该基金是由道滘镇政府、东实集团、东莞科技金融集团共同发起设立，基金规模3亿元。

2017年3月20日，道滘镇召开“春分行动”暨实施重点企业规模与效益倍增计划动员大会，并首次成立经济发展“智囊团” （道滘镇供图）

2017年5月27日，第八届中国（道滘）美食文化节暨第二届水乡新型旅游展、第二届道滘新艺术节开幕 （道滘镇供图）

母基金将根据道滘镇的战略规划、地域特点、产业特点以及东实集团、东莞科技金融集团在产业资源和金融资源方面的优势，发挥财政资金的撬动作用和逐级放大效应，双方将在母基金的基础上有针对性地推动设立产业子基金，并携手瀚晖投资、华信资本、弘道基金等专业投资机构和社会资本，共同形成总规模约20亿元的母子基金体系，重点投资于能源环保、新型材料、智能装备等“六新”产业、道滘镇区域内的市镇倍增计划企业，以及科技产业载体开发等。

【道滘镇作品获中国公益广告最高奖“黄河奖”】 2017年，第24届中国国际广告节中国公益广告黄河奖颁奖典礼在创谷·长沙（国家）广告产业园举行，道滘镇文广中心原创的4部公益广告作品摘得中国广告最高奖黄河奖。

该届黄河奖收到海内外各类广告作品4708件，其中年度影视类共评出金奖3件、银奖7件、铜奖10件和优秀奖112件。文广中心以道滘本土故事而创作的反映社会主义核心价值观核心内容的4部公益广告作品获奖。其中，《一根盲杆》获铜奖，是东莞市首个获得国内公益广告最高奖—黄河奖等级奖的单位。另外《梨园躬耕人》《因为有你社会更温暖》《老有所医老有所依》3部作品获优秀奖。文广中心获奖的4部作品均由文广中心团队完成，作品的获奖不仅是道滘镇专业制作领域上的一个大成果，更向全国同行和业界人士展现道滘民风淳朴、友善互助、和谐团结的精神风貌以及秀美的水乡风光。

【华科城·创新岛产业孵化园认定为国家级科技企业孵化器】 2017年9月4日，华科城·创新岛产业孵化园获认定为2017年度国家级科技企业孵化器培育单位。该园位于道滘镇，占地105亩（7公顷），是由广东华中科技大学工业技术研究院与道滘华科鼎城产业孵化有限公司主导建设运营的东莞市西部首个科技企业孵化器。为吸引孵化众多的科技型、创新型企业在道滘镇落地生根，华科城·创新岛产业孵化园以其花园式创业空间和完善的公共服务设施，以及政策、融资、技术、培训等各方面创业孵化服务，吸引86家企业进驻，其中包括3家研究院，13家国家级高新科技企业。还成功协助2家企业挂牌“新三板”上市。华科城将致力于构建“创业苗圃—孵化器—加速器—专业园区”全孵化链条体系，为科技型中小企业提供专业化的技术服务、金融服务及其他孵化服务，打造新三板及创业板上市企业的摇篮。该园的目标是引进超过200家科技创新企业，力争成为东莞市乃至广东省科技企业孵化器的标杆。

【莞惠城轨道滘段开通】 2017年12月28日，莞惠城轨常平东—道滘段开通运营，小金口站—道滘站每天开行动车31对。莞惠城际铁路道滘往常平东方向首趟动车于7：05时发出；常平东往道滘方向末班动车于21：49时发出（惠州小金口站21：00时发车），道滘往常平东方向末班动车于22：06时发出。莞惠城轨全线开通后，东莞市境内的站点有常平南站、大朗站、松山湖北站、寮步站、东城南站、西平西站、道滘站、东莞西站8个站点，加上前期开通的10个站点，莞惠城轨全线共18个站点。列车跑完莞惠城轨全线约需要1个小时40分钟，从东莞市区到惠州，只需要1个小时。（卢润志）

附：2017年道滘镇党委、人大、政府主要领导名录

镇委书记：邓　涛（任至8月）
谢卫东（8月到任）
镇人大主席：赖锡池
镇　长：陈旭林

2016—2017年道滘镇主要经济社会指标

指标	单位	年份	
		2016	2017
户籍人口	人	58783	60100
常住人口	万人	14.14	14.25
面积	平方千米	54.3	54.3
生产总值	万元	900844	1045886
第一产业	万元	13813	13509
第二产业	万元	427742	493068
第三产业	万元	459289	539309
总用电量	万千瓦时	112573	122509
全社会固定资产投资总额	万元	218613	194561
社会消费品零售总额	万元	196673	217618
外贸出口总额	万元	66524	349485
实际利用外资	万美元	1257	834
地方财政总财力	万元	149070	120327
各项税收总额	万元	174649	184261

厚街镇

【厚街镇概况】 厚街镇位于珠江三角洲东岸，穗港经济走廊中段，北连东莞市区，南邻虎门港，东倚大岭山，西南毗连沙田，西北与道滘、洪梅等隔河相望。广深高速公路、省道S256线、环莞快速路、东莞市域轨道交通R2线及规划中的穗莞深城际轨道、番莞高速等纵贯全境，广深港客运专线新东莞站坐落其中。截至2017年底，面积125.7平方千米，下辖24个社区。户籍人口10.85万人，常住人口43.85万人。

2017年，厚街镇实现地区生产总值396.56亿元（第一产业1.28亿元，第二产业176.31亿元，第三产业218.97亿元），比上年增长6%；全社会固定资产投资总额48.72亿元，下降13.39%；总用电量35.77亿千瓦时，增长6.05%；社会消费品零售总额179.97亿元，增长7.68%；实际利用外资0.26亿美元；外贸出口总额562万元；各项税收总额63.1亿元，增长14.25%；地方财政总财力25.57亿元，下降4.29%。

2017年，厚街镇蝉联“国家卫生镇”称号，被授予“广东省写字教育强镇”称号，名列全国综合实力百强镇第17名，获“劳动争议调解综合示范点”等7个东莞市“单打冠军”。

【经济发展】 2017年，厚街镇实施“倍增计划”，加强招商引资，推进重大项目建设，经济持续发展。

倍增计划取得实效 实施倍增计划，制定15项倍增计划扶持政策，统筹安排慕思寝室用品、鼎泰机器人等企业用地约400亩（26.67公顷），支持老凤祥等民企申报市智能制造示范项目，解决金龙珠宝产权历史遗留问题以及永益食品公司已建厂房补办房产权属问题。东莞市、镇两级“倍增计划”试点企业全年实现营业收入246.26亿元，比上年增长19.68%；纳税总额10.17亿元，增长9.88%。

招商引资持续向好 全年引进300万元以上内资项目105个，协议投资24.65亿元，实际投资32.47亿元，分别比上年增长36%和15.3%；外商投资新签和增资项目57个，增加30个，合同外资4627万美元，增长8.33倍。

重大项目效应凸显 8个市重大项目累计完成投资9.35亿元，信泰黄金、东一电商项目动工，金诺珠宝产业园、酒店管理学院（一期）建成投产。其中，金诺珠宝产业园成功引进梦工场等企业11家，实现满园运行，产值超亿元。

【产业发展】 2017年，厚街镇加速传统产业提升改造和会展业对外开放，促进商贸服务业健康发展。

传统产业加速提升改造 组建东莞市鞋包品牌联盟，召开京东·东莞市鞋靴箱包产业对接交流会，推动“黄金小镇”产业转型升级基地项目落地。成立绿色供应链东莞示范中心，推进家具等产业绿色发展。

会展业加速对外开放 依托“一带一路”战略实施，与意大利罗马、土耳其伊斯坦布尔等6个城市以及香港确立新的展贸合作关系，全年举办各类展会33个，总展览面积193万平方米，承办全国性产业会议30个及规模150人以上各类展会节事活动超500个。成立东莞市名家具“一带一路”产业投资发展有限公司，并与巴西中拉公司签署战略合作协议。

商贸服务业健康发展 汉邦66广场、张博名车广场等2个大型商业网点落成开业。建立“众家

2017年3月16日，第37届国际名家具（东莞）展览会开幕 （厚街镇供图）

联”电商平台，累计成交量突破6亿元。工业旅游接待游客25.7万人次，拉动消费近2.86亿元，分别比上年增长8%和10%。鑫源食品被评定为市工业旅游示范点，全镇示范点4个。

【创新驱动】 2017年，厚街镇实施创新驱动战略，促进经济社会发展。

创新平台 家具协同创新中心、环保科技研究院、鼎昊高新技术产业园等一批平台项目启动建设。新后街产业创新园被认定为“东莞市级孵化器”。创新企业深化落实各级奖励措施，对84个单位330个项目发放创新驱动发展奖励金695万元。推进企业技术改造，全年工业技改投资18.01亿元，比上年增长70.6%。培育高新企业，新增国家高新技术企业74家，全镇有国家高新技术企业129家，完成两期118家次广东省高新技术企业培育入库申报。全镇规上工业企业在东莞市备案自建研发机构131个，占比例39.9%。南兴装备斥资7.4亿元兼并唯一网络，实现互联网推动智能制造发展。

创牌创标 新增3个省名牌产品及1个省著名商标，全年累计创有各类名牌名标73个（件），新增数量和总量长期位居全市前列，著名商标总数排名全市第一。全镇专利授权1951件，专利申请3169件，分别比上年增长26.77%和65.05%，均排名全市第五。知识产权快速维权援助中心全年受理专利侵权纠纷案件104宗，专利快速预审710件，并与东莞国际名家具设计研发院签订《电子商务领域专利维权合作协议》，强化电商平台和家具知识产权快速维权。

【城市建设】 2017年，厚街镇完善城市规划，推进城市建设。

城市规划 完善2016—2020年镇总体规划，开展“三规合一”和厚街镇工业保护线规划编制工作，完成穗莞深厚街镇TOD综合开发规划、《厚街镇近期建设规划》草案成果，以及北部片区控规斯凯奇项目用地、工业城南非珠宝项目用地等5项规划调整，启动教育园区D01街坊等13个控规调整项目。

城市建设 省道S256线大修工程、文化中心大楼及体育休闲公园等各项基建工程建设有序推进。黑水陂河连通渠至出水口拓宽工程、沙溪水库休闲亲水绿道工程（一、二期）等16个工程项目完工，总投资3.48亿元；完成福东路（二期）工程、综合办事大厅等27个项目前期工作并进入施工，总投资14.10亿元。展开工业西路延长段等14个项目前期工作，总投资5.6亿元。

城市更新 盘活厂房面积15万平方米，全年新增“三旧”改造申请入户5宗合计304亩（20.27公顷）。启动商会大厦、轻出地块、文华地块等“三旧”改造前期工作，推进楷模家具总部、贸奕等2个“工改工”2项目建设，盘活产业用地165.45亩（11.03公顷），楷模项目纳入东莞市重大项目。完成原骏轩地块商住项目改造。

【环境治理】 2017年，厚街镇加强环境治理，改善人居环境。

城市环境治理 组建镇环卫所接管镇中心区西区及工业城范围的环卫清扫保洁、垃圾运输等工作。落实厚街西环路、汀山及环冈周边环境综合治理，重拳打击违法倾倒淤泥垃圾。截至2017年底，累计清理“卫生黑点”8444处，处理垃圾2.6万吨，升级改造垃圾中转站25座。推进“厕所革命”，升级改造公共洗手间21座，城市卫生获得群众好评。

社区环境治理 投资约4112万元推进第四批14个社区创建美丽幸福村居，投资约8923万元推进57个村容村貌升级改造项目建设。完成221个电力线、有线电、通讯线“三线”黑点的整治工作，整理线路约15万米。启动新围大迳“运动小镇”项目，打造“体育+旅游”生态发展新模式。

大气治理 完成300余家家具或制鞋企业的污染整治工作，淘汰关闭落后产能企业95家，淘汰改造锅炉企业28家，完成112家企业串联式废气治理技术改造。

水治理 完成19.328千米截污次支管网建设，启动2018—2020年截污次支管网前期工作。实施“河长制”，协助完成沙塘污水处理厂二期厂区工程，涌口污水提升泵站建成并部分投入运行。全力推进示范河涌整治工作，探索治水措施。

【民生保障】 2017年，厚街镇加大民生投入，改善人民群众生活质量。

社会保障 投入1.99亿元促进社会保障和就业工作，新登记参保组织4821户，完成核付工伤、医疗、养老、失业、生育等五大保险共6.85亿元。全镇企业退休人员基本养老金平均达1850元，村（社区）退休人员基本养老金平均达1110元。发放低保救助金、五保供养金等各类补贴403.54万元，实现社区居家养老服务全覆盖，全镇有6437人次老年人享受居家养老服务，与533名服务对象签订家庭医生签约制服务。

文化教育 全年投入5.16亿元发展文化教育事业。白濠小学教学楼二期等4项工程竣工使用，竹溪中学体育馆和师生宿舍楼等4项工程开工建设，湖景小学等5项工程展开前期规划工作。成功创建“广东省写字教育名镇”，组建中心小学及竹溪小学2个管弦乐队。全年累计提供积分制学位2503个，比上年增加1508个。推进图书馆新馆及新文化中心建设，完成白濠、宝屯2个基层综合性文化服务中心建设，启动环冈社区鉴观公祠修缮工作。鳌台书院获“广东楹联文化创作基地”称号，并被评为“东莞新十景”之一。“厚街发布”获评省“十大最具传播力企鹅号”。群文活动品牌“周六故事”纳入东莞市镇共建项目。厚街鑫源公司成为省第三批非遗传承基地。

医疗卫生 通过“国家卫生

镇”复审。厚街镇卫生服务站建成启用，厚街镇医院、仁康医院实现网上预约缴费等全流程服务。圆满完成东莞市九运会成年篮球、击剑、射箭、射击（飞碟）4个项目的赛区任务，镇运动员获市九运会金牌47枚。举办第二届厚街半程马拉松比赛、全镇羽毛球联赛等群众赛事，助推全民健身热潮。

【社会管理】 2017年，厚街镇加强社会治安综合治理，创建平安和谐社会环境。

社会治安推行“合成作战·同步上案”打防管控新机制，探索开展全省治安防控体系建设试点工作，全镇建有一二类联网视频点7026个、一类和社会高清卡口70个，形成镇中心区、社区、主干道、7个出入口卡口的四级路面查控防护圈。建设人像采集识别系统，日均采集人像信息30万人次。深化“全民创安·一呼百应”模式，创建“一呼百应”执勤点2374个。全年立刑事案件3186件，比上年下降19.8%，破获刑事案件1617件，上升8.1%；打掉各类团伙33个；创下2017年内216天无“双抢”、243天无抢夺、323天无抢劫的纪录。推进平安厚街镇建设，“平安村居”实现全覆盖。深化“智网工程”建设，推进教育等9个部门入格、工商“4+2”事项“入网”作业，全镇“智网工程”入格部门19个。创新开展“精神障碍患者网格化管理项目”，被评为东莞市基层社会治理改革创新优秀项目。是年，厚街镇获评全市创建平安东莞暨社会治安综合治理考评第二名；厚街镇公安分局获得“全省雷霆扫毒专项行动先进单位”称号。

2017年2月17日，厚街镇举行家具专业镇创新平台建设项目启动仪式（厚街镇供图）

2017年3月6日，厚街镇公安分局会展警务区成立（厚街镇供图）

综治维稳　全年受理信访案件257件823人次，分别比上年下降8.2%、13.4%，其中，集体上访27件502人次，分别下降15.6%、24.9%。开展欠薪隐患治理，欠薪逃匿案件大幅减少。依法成功化解少数民族“羊皮”贸易纠纷上访、汀山村84个宅基地等信访维稳积案、个案20件，全年无重大信访维稳事件发生。

安全管理　构建“四级”消防站联勤联动体系，工业城消防站建成并投入使用，沙溪执勤分站展开筹建工作。结合“智网工程”检查各类生产企业15737家次，发现安全隐患163处，全镇规模以上工业企业100%完成安全生产标准化达标创建工作。全镇火灾情况实现“三降一平”，并连续三年未发生亡人火灾事故。加大食品药品巡检力度，累计出动执法人员3495人次，检查各类经营单位3724家次，保障市民舌尖上的安全。

【第37届国际名家具（东莞）展览会】 2017年3月16日，为期5天的第37届国际名家具（东莞）展览会在厚街镇广东现代国际展览中心开幕。该届展会采用“1+4”的办展模式，同期举办机械材料展、家具饰品展、中式家具文化展，并首次增设“名家具出口展”，启用包括“展贸一体化”核心项目—名家居世博园在内的9座展馆，展出规模76万平方米，容纳来自中国大陆、香港、台湾及海外的1253家参展商参展。展会期间，接待来自全球150多个国家和地区的专业观众21万人，比上届增长38%，创历届名家具展的新高。其中，海外买家人数超1万人。展会影响力进一步扩大，境内外70多家媒体近150名记者与会采访报道。

【2017中国（东莞）国际纺织制衣、鞋机鞋材工业技术展】 2017年3月29日至4月1日，2017中国（东莞）国际纺织制衣、鞋机鞋材工业技术展在厚街镇举行。展会展出面积3.5万平方米，有来自国内、日本、德国、意大利、美国、瑞士等国家及地区的383家企业参展，接待国内外专业买家超2.5万人次。展会汇聚纺织制衣、鞋机鞋材两大行业内的知名厂商，展示产业最高发展水准的缝纫设备、器材、耗材和生产技术，同期举办缝制设备及制衣企业新技术产品商贸交流会、鞋款设计比赛等10余场配套活动，为专业性高、行业影响力大的品牌展会。

【2017中国加工贸易产品博览会】 2017年4月20—22日在厚街镇广东现代国际展览中心举行。展会按照“1+6”专业化模式进行展区设置，设1个主题馆和6个专业展，展出总面积6万平方米，全国有15个省市以及港澳地区859家知名企业参展，比上届增长6.4%。展会期间接待海内外观众9.89万人次，比上届增长6%；其中，专业观众达2.3万人次，增长15%。展会达成商贸合作项目（含合同、协议和意向）8100个，比上届增长4.6%；意向成交金额达998亿元，增长3.3%。展会期间，举办各类活动42场。其中，举办2017世界智能手机及移动终端产业大会等大型配套活动17场，新品发布活动13场，专业采购对接会12场。

【第十七届广东国际汽车展】 2017年4月29日至5月2日，第十七届广东国际汽车展示交易会（春季）在厚街镇举行，展出总面积14万平方米，吸引国内外85个知名汽车品牌参展，展出1000台全新整车；四天展期内共接待参观观众21.3万人，现场预定成交车辆1.77万台。2017年10月1—6日，第十七届广东国际汽车展示交易会（秋季）在厚街镇举行，展出总面积15万平方米，吸引国内外百余个知名汽车品牌参展，展出1500辆全新整车；四天展期内共接待参观观众28.5万人，现场预定成交车辆25592辆，总成交额逾51亿元。

【2017广东21世纪海上丝绸之路国际博览会】 2017年9月21—24日在厚街镇广东国际展览中心举行。展出总面积约10万平方米，有国内外1682家企业参展。其中，来自境外（含港澳）79个国家和地区的参展企业1134家，占参展企业总数的67.4%；境内参展企业548家，占32.6%。展会沿用“1+6”的办展模式，设主题展区和海上丝绸之路旅游文化展、国际建筑装饰材料及工程机械展、海上丝绸之路特色食品及农产品展、国际茶文化精品展、国际陶瓷文化精品展、国际丝绸文化精品展等6个专业展区，展出内容涵盖“一带一路”建设成果、商机、跨境电商物流、信息技术产品、旅游文化、建筑装饰材料及工程机械、特色食品及农产品、茶叶、陶瓷、丝绸等领域。展会期间接待25.1万人次入场观展采购，比上届增长5.1%。其中，专业观众达3万人次，达成各类签约项目758个，涉及签约资金2190亿元，比上届增长5.9%。

【广东国际机器人及智能装备博览会】 2017年11月28日至12月1日，2017广东国际机器人及智能装备博览会在厚街镇广东国际展览中心举行。展会采取政府办会、企业办展的模式和市场化、国际化、专业化的办展思路，展览面积约11.6万平方米。展会云集美国哈斯、德国罗德斯、奥地利威猛巴顿菲尔以及日本发那科等国内外自动化及智能装备行业龙头企业，参展商数达1450家，比上届增长6.6%；展位数6107个，增长8.9%。展会期间举办2017全国机械工业经济形势报告会等19场主题配套活动，吸引逾12万人次买家和专业观众入场，“东莞智造”名片进一步被擦亮。（王锦霞）

附：2017年厚街镇党委、人大、政府主要领导名录

镇委书记：万卓培（任至3月）
詹文光（3月到任）
镇人大主席：方活力
镇　长：蒋亚军（任至11月）
叶可阳（12月到任）

2016—2017年厚街镇主要经济社会指标

指标	单位	年份	
		2016	2017
户籍人口	人	104031	108538
常住人口	万人	43.52	43.85
面积	平方千米	125.7	125.7
生产总值	万元	3620158	3965635
第一产业	万元	13063	12776
第二产业	万元	1594226	1763138
第三产业	万元	2012868	2189721
总用电量	万千瓦时	337265	357700
全社会固定资产投资总额	万元	562544	487166
社会消费品零售总额	万元	1671340	1799686
外贸出口总额	万元	6076224	562
实际利用外资	万美元	9782	2640
地方财政总财力	万元	267223	255747
各项税收总额	万元	552257	630988

沙田镇

【沙田镇概况】 沙田镇位于东莞市西南部，东江南支流出海口与狮子洋交汇处。是全国重点镇、中国港口物流重镇、全国首个龙舟之乡、中国水上民歌（咸水歌）之乡、国家卫生镇、广东省教育强镇、广东省园林城镇、广东省生态镇、广东省文明镇。截至2017年底，面积117.7平方千米，下辖16个村，2个社区，户籍人口4.64万人，常住人口17.99万人。

2017年，沙田镇实现地区生产总值133.8亿元（第一产业2.24亿元，第二产业50.84亿元，第三产业80.72亿元），比上年增长9.3%；全社会固定资产投资总额61.6亿元，增长19.8%；总用电量16.32亿千瓦时，增长8.59%；社会消费品零售总额33.38亿元，增长12.2%；实际利用外资0.88亿美元；外贸出口总额233.25亿元；各项税收总额26.91亿元，增长5.49%；地方财政总财力22.5亿元，下降21.01%。

2017年，沙田镇获东莞市2017年度镇街领导班子工作优秀镇街（连续四年获评优秀镇街）、治水工作优秀镇街，以及全国无邪教示范镇（社区）、全国综合减灾示范社区、广东省儿童友好社区、国家卫生镇、滨海湾新区开发建设模式改革、水环境治理机制改革6项全市“单打冠军”。

【项目招引建设】 2017年，以沙田镇临港现代产业带纳入《广深科技创新走廊规划》省级创新节点为契机，优化产业布局，实施精准招商和产业链招商，引进一批与临港现代产业关联度高、附加值高、投资强度高的大型项目。成功引进思贝克科技港湾新城、创胜智能制造产业园等16个优质项目，投资总额706.2亿元。推进项目建设，健全重大项目台账管理及专报制度，完善领导挂点督导、信息共享和诉求反馈等机制，定期组织现场巡查督导，每月召开项目推进工作会，集中研究解决报批报建手续、征地拆迁等工作难题，15个省市重大建设项目完成投资25.7亿元，超额完成年度投资计划，推动擎天材料等东莞市重大项目开工建设和沈恒粮油等10个亿元以上项目试运营，推动益海嘉里等8宗外资项目完成增资4679万美元。

【转型升级】 2017年，沙田镇制订重点企业规模与效益倍增计划行动方案，筛选27家试点企业开展“倍增计划”，落实企业服务实施细则，实行挂点联系和走访帮扶，强化动态跟踪监测，协调解决企业反映的困难诉求，发挥每年2000万元专项资金带动作用，推动27家市镇试点企业完成主营业务收入合计424.8亿元，比上年增长24%；4家市试点企业税收1.03亿元，增长52.3%，23家镇试点企业税收5.7亿元，增长34.4%。加大科技扶持力度，协助企业做好科技项目申报，重点培育高新技术企业，新增国家高新技术企业25家、企业研发机构23个，完成技改投资6.7亿元，企业专利申请1120项，专利授权661项，实现大型工业企业研发机构全覆盖。推动豪辉科技和广山新材料成功挂牌新三板。发展电子商务，组织启盈国际快件中心、启盈国际保税物流2家企业申报“国际、省电子商务示范园区（基地）”奖励，推荐中外运申报市电子商务示范企业，发挥电子商务示范企业的引领示范作用。

【城市规划建设管理】 2017年，沙田镇以“魅力湾区、创新港城”为目标，利用“一江两岸”、泥洲岛等空间及滨海岸线资源，深化面积23.42平方千米的港湾新城规划建设。推进“三规合一”试点工作，完成工业保护线专项规划初步方案。加快交通路网“内联外拓”，疏港大道泥洲段、沿江大道延长线、作业区中路、天宅西路、河西二路5条道路建成通车，石化二路等5条道路动工建设。建成穗丰年水道景观工程等12项民生工

沙田新貌 （沙田镇供图）

程，港湾大桥以及泥洲岛公租房完成前期立项工作。深化农村环境综合整治，建成美丽幸福村居一期工程。严格“两违”治理，实施辖区违建全面监控，严厉打击违建抢建行为。开展城乡环境“六整治”专项行动，开展环境卫生、户外广告等专项整治。有序推进“三旧”改造，加快港湾新城、横流社区、民田旧工业区、西太隆旧工业区等片区改造进展。完成虎门二桥征地拆迁任务，推进莞番高速（沙田段）征地拆迁工作。

2017年8月23日，东莞市委副书记、市长梁维东（前左二）到沙田镇指导防御台风工作（沙田镇供图）

【环境治理】 2017年，沙田镇全面打响水污染治理攻坚战，成立河长制工作领导小组，明确35条河流的镇、村级河长，落实河长管河护河责任。加快推进截污管网建设，基本完成截污主干管网收尾工作，建成截污次支管网32.6千米，推进沿线污水接驳。完成新村涌和泗沙河整治工程，编制完成泗盛河等5条河涌“一河一策”实施方案。强化泗盛断面水污染治理，基本实现东江南支流沙田段沿线全面截污，加大对企业及排污单位的执法力度。开展涉水污染源普查，电镀印染专业基地污水处理厂工业用水回用率提升至50%以上，完成非法养殖业清理。抓好工业园区集中供热，推动挥发性有机物治理，完成立沙岛临时垃圾堆放场综合整治。推动节能、降耗、减污、综合利用等关键技术研究和推广，建立兆生家具等绿色供应链管理试点。

2017年6月6日，“我们的节日”——2017沙田镇龙舟巡游活动在沙田淡水湖举行（沙田镇供图）

【集体经济发展】 2017年，沙田镇完善集体资产交易管理制度，通过集体资产交易平台成功交易50宗。基本完成农村土地承包经营权确权登记颁证工作。统筹利用各村（社区）闲散土地以及10%留用地，继续推出有稳定收益的项目，鼓励参与产业投资、物业投资，促进集体经济逐步向多元化转变，村组两级总资产34.6亿元，比上年增长6.3%；经营总收入3.3亿元，增长5.9%；经营纯收入2.1亿元，增长6.9%。加快农业生产、销售现代化，扶持发展本土特色种养业，加强先锋渔港整治，促进海鲜渔货交易、加工等特色海洋渔业发展，发放渔农补贴约2600万元。结合穗丰年湿地公园建设，成立专业合作社，带动乡村游、渔家乐发展。

【民生事业】 2017年，沙田镇落实东莞市镇各级促进就业创业政策，加强职业指导、推荐就业等公共就业服务，发放就业补贴950万元，深化“村民车间”模式。扩大社保征缴面，积极推动社会保障全覆盖，保障职工权益。全面推进教育现代化，投资近2000万元建成实验中学体育馆、一小和二小新教学楼并投入使用，推动公办中小学触控液晶一体机全覆盖，提供406个积分入学公办学位。东莞市沙田广荣中学更名为东莞市沙田实验中学，中考成绩再创新高，达市五大重点高中正取线人数比上年增长66%。沙田医院新住院楼投入使用。社卫中心参与国家优质服务示范社区卫生服务中心创建，通过市、省两级评审。筹建大泥、立沙岛社区卫生服务站，构建起15分钟医疗服务圈。启用新敬老院，做好医养结合试点工作。提升社会救助水平，全年发放民生补助近2000万元，落实225户困难家庭最低生活保障，实施医疗救助，提供居家养老服务。落实对外扶贫资金，较好完成市外对口精准帮扶工作。

【文明创建】 2017年，沙田镇开展基层文明创建，打造站前路“艺术牌匾一条街”示范点，推动横流南路、沙田大道（镇标至进港北路）、进港北路示范路街创建，开展常态化文明督导。开展社会主义核心价值观等文明宣传活动，建设中华传统美德宣传走廊，新增大型公益宣传广告牌等，推动公益广告宣传实现全覆盖，承办第三季度“东莞好人”发布仪式。大泥村、大流村被评为市文明标兵村，杨公洲村、中围村、和安村被评为东莞市文明村，国税分局被评为市文明标兵单位，社保分局、社卫中心被评为市文明单位，实验中学、中心小学、沙田一小、沙田二小被评为市文明校园。举办龙舟巡游、文化惠民等群众性文体活动640场次，原创歌曲《蓝色的路》获广东省第十届精神文明建设“五个一工程”音乐作品奖，《哭嫁歌新唱》以音乐类总成绩第一名荣获省第七届群众音乐舞蹈花会音乐类金奖。

【社会治理】 2017年，沙田镇健全矛盾纠纷排查化解机制，围绕涉农涉土、涉劳资纠纷、涉建设工程、涉环境等重点领域开展专项治理，加强重点人群和特殊群体管控，矛盾纠纷化解率98.6%。加强派出所规范化建设，开展“飓风2017”专项打击行动，各类违法犯罪类警情比上年下降11.4%；立刑事案件下降6.2%。加强社会面治安防范管理，推进治安高清视频监控系统建设，扩大“一呼百应”工作覆盖面，深化群防群治。加快“智网工程”建设，建成镇指挥调度中心和14个村指挥调度工作站，采集、排查、治理各类社会安全管理信息。深化鲩沙花园协同善治，“耆乐人生”长者关爱项目被评为东莞市基层社会治理改革创新优秀项目。推进安全生产，全面落实安全生产责任体系，开展油气输送管道燃气治理“九类场所、十二项必查”、打击“四黑”等安全生产大检查专项行动，严格危险源监控，强化“三小”场所、出租屋消防安全管理，全面完成事故隐患整改。建设立沙岛立体化防控体系，开展全天候值班值守，推进封闭式管理，完成整岛10.3千米陆地边界全封闭围网，投入1400余万元新建三个闸口，实施人员、车辆及货物进出园区审查管控，加快封闭式管理信息化系统、高清社会治安视频监控系统开发，动态监控危化车辆运行。全年未发生重特大安全生产事故。

【党政服务】 2017年，沙田镇调整优化机关企事业单位党组织设置，新建“两新”组织党支部11个。推动“两学一做”专题教育常态化制度化，设立党员先锋岗32个。健全领导干部驻点普遍直接联系群众长效机制，联系走访群众2.6万户次，解决重点问题51个。组织班子成员、中层正副职和村（社区）“两委”干部228人次分别到国家行政学院、厦门大学和省委党校脱产培训。建立全覆盖的廉政风险防控机制，统筹干部考评、奖惩及问责工作，开展谈话提醒工作。完善重大行政决策事项听证、专家评审、法制审查等程序，格落实行政执法岗位责任制及行政执法合法性前置审查，推进“谁执法谁普法”责任制。全面开展行政审批标准化建设，将432项事项纳入综合服务中心集中办理，升级改造15个村级公共服务中心，梳理市下放事项1173项，提升“互联网+政务服务”水平。 （冼挺超）

附：2017年沙田镇党委、人大、政府主要领导名录

镇委书记：梁荣业（任至8月）
　　　　　贾贵斌（8月到任）
镇人大主席：刘振邦
镇　长：詹志斌

2016—2017年沙田镇主要经济社会指标

指标	单位	年份	
		2016	2017
户籍人口	人	44613	46358
常住人口	万人	17.87	17.99
面积	平方千米	117.7	117.7
生产总值	万元	1180318	1337973
第一产业	万元	22900	22396
第二产业	万元	453467	508368
第三产业	万元	703951	807208
总用电量	万千瓦时	150240.94	163154
全社会固定资产投资总额	万元	514244	616033
社会消费品零售总额	万元	297515	333803
外贸出口总额	万元	2258926	2332525
实际利用外资	万美元	8746	8786
地方财政总财力	万元	2849.2	225044
各项税收总额	万元	257731	269055

长安镇

【长安镇概况】 长安镇位于东莞市南端，东邻深圳市，南接滨海湾新区，西邻虎门镇，北倚莲花山，国道G107线、省道S358线、广深高速、虎岗高速、广深沿江高速贯通全镇，是广州、东莞与深圳交通往来的南大门。截至2017年底，面积89.5平方千米，下辖13个社区，户籍人口5.8万人，常住人口66.38万人。

2017年，长安镇实现地区生产总值550.36亿元（第一产业0.68亿元，第二产业317.07亿元，第三产业232.6亿元），比上年增长12.6%；全社会固定资产投资总额78.34亿元，增长19.55%；总用电量70.19亿千瓦时，增长9.03%；社会消费品零售总额153.67亿元，增长14.47%；实际利用外资0.85亿美元；外贸出口总额895.4亿元；各项税收总额148.39亿元，增长44.05%；地方财政总财力44.9亿元，增长7.64%。

2017年，长安镇获“6、9、10”成绩。即实现6个突破（GDP突破500亿元、进出口总额突破2000亿元、市场主体率先突破9万户等）；获9个东莞市第一名（税收总额、居组两级纯收入、专利申请量授权量等9个指标全市第一）；获全国综合减灾示范社区、广东省实施技术标准战略示范镇、市实施企业倍增计划等10项全市“单打冠军”。

【经济实力增强】 2017年，长安镇壮大手机产业，实施“倍增计划”，经济实力显著增强。

智能手机产业发展 以智能手机为引领的现代通讯产业和智能制造产业继续发展壮大，全年规模以上电子信息产值1466.5亿元，比上年增长24.5%；规模以上机械五金模具产值234.5亿元，增长16.1%。建成莞深智造技术装备工业城，规划建设8平方千米的智能手机特色小镇入选广东省特色小镇示范点。OPPO、vivo两大品牌智能手机发展势头迅猛，合计出货量1.5亿台。

企业倍增突破 实施“企业倍增”计划，系统出台16条支持政策，实行“一企一策”，从用地、人才、资金、政策等各方面对倍增企业进行帮扶，5年内每年安排5000万元作为“倍增计划”奖励资金。2017年，全镇40家东莞市镇倍增试点企业主营业务收入比上年增长29.7%。全年新增IPO上市企业2家、新三板上市企业1家、上市后备企业5家，上市企业总数达16家。实施品牌带动战略，全年新增注册商标2280件，累计注册商标1.25万件，比上年增长21.95%。

集体经济增长 推动镇属集团公司创新发展，完善内部管理，经济效益不断提升，实现产值158.4亿元，比上年增长14.3%。推动社区集体经济稳步发展，居组两级实现集体纯收入14.4亿元，比上年增长10.7%。

【重大项目招引建设】 2017年，长安镇推进步步高研发生产、长发光电、龙辉科技、欧珀增资扩产、旭宇光电等5个东莞市重大项目的建设，全年完成投资11.81亿元，占年度投资计划的130.5%。全镇实际利用外资0.85亿美元，比上年增长15.6%；实际利用内资14.8亿元，增长16.2%。

步步高研发生产项目 项目

长安镇万达广场 （陈康水 摄）

占地总面积954亩（63.6公顷），建筑总面积1.25平方千米，分别为步步高研发中心、vivo总部、vivo制造中心和vivo制造中心B项目，计划总投资37.5亿元。2017年，项目完成投资6.68亿元，占年度投资的133.6%；累计完成投资18.09亿元，占计划总投资的48.2%。小天才研发中心于2017年9月启用；vivo总部全部建筑物主体工程于9月封顶；vivo制造中心桩基工程完成；vivo制造中心B项目完成一期基坑工程施工图设计和工程前期准备工作。长发光电研发生产项目项目占地面积100.05亩（6.67公顷），建筑总面积0.12平方千米，计划总投资6.3亿元。全年完成项目投资1亿元，占年度投资计划的111.1%；累计完成投资6.34亿元，占计划总投资的100.6%。项目1号楼完成并通过验收；2号楼装修工程验收；5号楼和8号楼地下室完成；4号楼和6号楼完成十四层楼板。

龙辉研发生产中心项目　项目占地面积145亩（9.67公顷），建筑总面积0.21平方千米，计划总投资6亿元。2017年，项目完成投资0.80亿元，占年度投资计划的106.9%；累计完成投资3.02亿元，占计划总投资的50.4%。截至年底，项目6、7号厂房完成框架结构和砌体，9号宿舍楼完成主体砼框架及砌体，10号办公楼完成十三层主体框架，11号厂房完成钢结构安装，8号厂房完成三层结构，12号宿舍楼完成七层结构，13号宿舍楼正进行基础承台施工。

欧珀增资扩产项目　项目占地面积321.88亩（21.46公顷），建设总面积0.24平方千米，计划总投资10亿元。2017年，项目完成投资3.08亿元，占年度投资计划的154.0%；累计完成投资5.67亿元，占计划总投资的56.7%。截至年底项目完成总工程量的95%；主体工程全部完成，正在进行室外回填和砌体工作。

旭宇光电研发生产项目　广东旭宇光电有限公司旭宇光电研发生产项目占地面积约31亩（2.07公顷），建筑总面积约6万平方米，计划总投资3亿元。2017年，项目完成投资2500万元，占年度投资计划的62.9%；累计完成投资2800万元，占计划总投资的9.5%。项目勘察和初步设计方案完成，用地报批手续完成，于2017年11月动工。

【创新驱动深化】　2017年，长安镇落实创新驱动“1+13”系列政策、产业创新三年行动计划，开展“500干部帮扶500企业”活动，推动企业加强技术创新、更新生产设备。全镇新增高新技术企业200家，总数达350家，祥鑫等31家企业105个产品获评“广东省高新技术产品”称号。全年工业技改投入40.8亿元，比上年增长18.2%，推动162家企业开展“机器换人”，数量居东莞市第一；推动47家企业自建研发机构通过市科技局备案登记，累计备案企业131家。全镇拥有省级企业工程技术研发中心18个，为全市最多，有市级企业工程技术研发中心5个，国家认可实验室1个。启用国家模具质检中心等一批创新载体，为科技创新提供广阔空间资源。与西南交大开展合作，共建国家轨道交通研究中心华南基地；与天安数码城签约共建产业研究中心和众创空间。全年专利申请量15127件，比上年增长48.3%；授权量6142件，增长105.28%，两项指标均位居全市第一。加快发展电子商务，建设东莞首家B2C跨境电商饰品产业孵化园——蓝科饰品跨境电商产业园；创建阿里巴巴跨境电商镇区化LBS运营中心等电商主体。全年新增企业注册14634家、个体户注册6209户，全镇市场主体达9.7万户，居全市第一位。

【城市建设和管理】　2017年，长安镇加强基础设施建设、城市更新、环境整治和智慧城市建设，推进城市建设和管理迈上新台阶。

基础设施建设　实施城市品质三年提升计划，完成城市总体规划修编、近期建设规划编制，以及“两路一桥”道路交通、茅洲河沿线地区统筹发展、工业保护线等专项规划。完成10所公办学校、幼儿园的扩改建工程，增加5000余个学位。完成乌沙西路、东大路建设，启动海堤路、工业大道建设，东大路成为第一条与滨海湾新区对接的道路。开展精神文明建设“补短板、促提升”基础设施完善工作，完成“严管路”景观建设工程，新建绿道12千米、景观围墙8千米、大型宣传广告牌12个，修复破损路面近0.02平方千米。

城市更新　完成德政路、

2017年4月27日，香港大学—长安镇政府建筑与城市联合研究中心揭牌　（唐寿新　摄）

省道S358线等10个路口改造，通过改造平交路口、拓宽拥堵路段、优化红绿灯等措施，镇中心区交通拥堵黑点的交通能力提升30%～40%。全镇纳入“三旧”改造标图建库项目182个，面积13343.7亩（889.58公顷），完成万科中心、中正大厦、金色悦府、客天下、城中四季、广东小天才科技有限公司6个项目改造。其中，年内启用的小天才研发中心项目为长安镇首个“工改工”项目。开展违法用地和违法建筑整治，清拆违法建筑约2万平方米。

智慧城市建设　将“智慧政务、智网工程、智慧民生、智慧产业”四大领域列为智慧长安建设内容，全面铺开智慧城市建设。建成并启用镇综合服务中心大楼，总面积约9000平方米，进驻镇内29个部门，设置158个服务窗口，群众可在此“一门集中”办理814项事项。推动“智网工程”建设，建成社会治理大数据平台和可视化平台，两大平台系统整合镇内101个部门的日常业务数据，数据量达1000万条。完善网格队伍，增设长安镇网格管理中心，组成一支500多人的网格管理员队伍，负责综合信息采集、网格巡检、隐患排查、便民服务等80余项服务管理事项。

环境治理　按照“一网两厂三整治”的总体思路，全力打好以茅洲河流域为重点的水污染治理攻坚战。年内完成截污管网建设53千米，为东莞市最长；人民涌通过生物技术治理黑臭，水质明显改善；茅洲河界河段综合整治提前完成主体工程建设；长安新区污水处理厂建成投运。淘汰关闭企业61家、整顿规范75家。开展大气和固废治理，落实9家生物质成型燃料锅炉企业建立环保台账，开展家具及制鞋业废气治理。持续开展植树造林，推进莲湖路三期复绿工程，完成幼林抚育400亩（26.67公顷），补种苗木4000株。抓好海洋渔业资源改善，在交椅湾海域投放鱼苗30万尾。

2017年12月20日，长安镇举行饶宗颐美术馆奠基仪式（唐寿新　摄）

【社会治理】　2017年，长安镇加强社会治理，深化平安创建和法治建设，推进基层社会治理创新，各项工作取得新的进步。

公共安全　继续深化平安建设，17个行业系统平安创建率95%以上，13个社区的平安创建率100%。严打狠打各类违法犯罪，突出打击电信网络诈骗、网络金融犯罪、“两抢一盗”、黑恶势力犯罪等4类违法犯罪，全年接报违法犯罪警情比上年下降7.5%，刑事立案下降7.7%。加大力度做好矛盾纠纷调处化解，镇综治信访维稳两级平台全年受理案件调结率98.2%。截至2017年底，发生工商贸领域生产安全事故18起；全年交通事故立案数5083件，比上年下降37.6%。深入排查整治消防安全隐患，全年发生火灾事故120起，比上年下降11.8%。

法治建设　围绕公职人员、社区居民、企业经营管理及务工人员、在校学生四类重点学法对象开展普法教育活动518场次。完善“一社区一法律顾问”制度，全年社区法律顾问参加值班468次，接受群众法律咨询499人次。挂牌成立东莞中立法律服务社长安服务站，免费为市民提供法律咨询服务；承办东莞市首届“以法兴企”文化沙龙活动，建立政、企、法学法律专家三方互动沟通平台；年内获评广东省首个“新型城镇化法治研究基地”。发挥平安建设促进会的平台作用，年内吸纳会员56人，募集资金100余万元，受理各类民间矛盾纠纷58宗，成功调处56宗、办结2宗。

基层社会治理　引导有资质的社会组织承接政府转移职能，现全镇有社团组织18家，民办非企业158家，社区社会组织77家，年内各类社会组织落实政府购买服务项目13个，涉及金额291.23万元。创新商住小区业委会管理运行模式，以“小区共治，发展创新”为主题，举办首届业委会研讨会，全镇44个商住小区有21个成立业委会。

【民生事业】　2017年，长安镇加强民生事业财政投入，各项民生事业取得新成绩。

教育事业　完成10所公办学校扩建工程，增加学位供给5000余个，义务教育阶段公办学校招收随迁子女2025人，年内新增东莞市一级学校2所，市一级幼儿园2所。加大民办教育扶持力度，全面推行义务教育阶段购买民办学位政策，有4647名新莞人子女享受补贴。推进民办学校慕课联盟，推进双师教学、远程同步课堂，开展线上线下教研活动。办好长安“员工大学”和“全民终身学习活动周”活动，获得中国成人教育协会颁发的“2016年全民终身学习活动周成功组织奖”。通过“东莞市教育现代化先进镇”以及“广东省教育强镇”复评。

医疗事业　截至2017年底，各级各类医疗机构有131个，其中医院6家，门诊部47家，诊所27个，社区卫生服务中心1个，社区卫生服务站28个。加快公立医院综合改革，长安医院与深圳市南山医院疼痛科建立“专科联盟”，并与广东省人民医院建立区域合作关系，共建“广东地区人民医院联盟”。深化基层卫生综合改革，镇社区卫生服务中心作为家庭医生签约服务首批市级培训基地之一，建立71支家庭医生服务团队。社卫中心还与广州中医药大学第一附属医院建立“岭南中医康复联盟”。完善计生健康服务，创建流动人口健康促进学校2所、流动人口健康促进示范企业1家、流动人口健康促进示范家庭14户。

文化事业　做好文明创建“补短板、促提升”各项工作，抓好窗口单位、社区、企业、医院、学校、小区等9个类别30个示范项目的文明创建工作，将长安公园创建为广东省首批社会主义核心价值观（法治）主题文化公园，通过全国文明镇复评检查。成功创建为省公共文化服务体系示范区；建成并启用长安数字文化馆；成功举办第六届文化艺术节，并创演大型现代粤剧《浴火凤凰》，引入以象棋国际大师许银川命名的“许银川象棋馆”落户镇体育馆。

社会保障和服务　做好劳动就业服务，通过“春风行动”大型公益招聘会、校企合作洽谈会、“招工一条街”等措施，为广大求职者、高校毕业生提供1.3万多个岗位。推动户籍人口就业创业。截至2017年底，长安镇户籍人口就业2.78万人，比上年增长4.8%。全年引进人才引进各类人才入户3649人，发放“优才卡”300张。加强职业技能培训，发掘技术人才，有5人被评为2017年东莞市“首席技师”。推动社会保险全覆盖，全镇参保单位20342家。深化外来人口关爱服务，开展“春联送万家”“凝心聚力扬风采”“感恩母爱”等宣传服务活动70场次，吸引逾6万人次参与。

【智能手机小镇入选广东省特色小镇示范点】　2017年8月28日，广东省发改委公布广东特色小镇创建工作示范点名单，长安镇以智能手机小镇入选。长安镇智能手机小镇项目位于镇中心城区东北部，规划范围8平方千米，预计投入约140亿元。智能手机小镇以OPPO、vivo等智能手机龙头企业为带动，整合周边华为、金立、宇龙、小天才等智能手机、智能穿戴核心企业，以及劲胜、隆凯、金宝、光宝等配套企业，集聚智能终端（手机）产业高端创新资源要素，打造全球重要的智能终端（手机）产业创新基地。联合中国城市规划设计研究院和香港大学开展智能手机小镇规划建设，形成城市服务、创新研发、企业总部等5个相对清晰的功能组团，重点规划企业孵化培育、企业成长加速、企业总部核心3个区域。

【长安镇入选全省首批公共文化服务体系示范区】　2017年8月10日，广东省文化厅公布第一批省级公共文化服务体系示范区（项目）验收结果，长安镇通过验收，成为广东省8个省级公共文化服务体系示范区（镇）之一，是东莞市唯一入选单位。近年来，长安镇推动公共文化服务体系建设，与东莞市共建“东莞市文化馆群众文化理论研究基地”，开展数字文化馆建设，并按照“一社区一中心”的模式，推进社区综合服务中心试点建设，至年底建成4个社区综合文化服务中心，配备阅览室、舞蹈室、健身室、长者活动室、家庭服务室等“一站式”服务。　（黄　真）

附：2017年长安镇党委、人大、政府主要领导名录

镇委书记：何绍田

镇人大主席：王志明

镇　长：郭荣新

2016—2017年长安镇主要经济社会指标

指标	单位	年份	
		2016	2017
户籍人口	人	52579	58048
常住人口	万人	65.94	66.38
面积	平方千米	89.5	89.5
生产总值	万元	4630793	5503629
第一产业	万元	7132	6795
第二产业	万元	2823825	3170670
第三产业	万元	1799836	2325984
总用电量	万千瓦时	643749	701868
全社会固定资产投资总额	万元	655261	783384
社会消费品零售总额	万元	1342400	1536652
外贸出口总额	万元	6613558	8954014
实际利用外资	万美元	7355	8503
地方财政总财力	万元	417108	448983
各项税收总额	万元	1029707	1483947

寮步镇

【寮步镇概况】 寮步镇是广东省中心镇，地处东莞市地理几何中心，毗邻市主城区、松山湖（生态园）国家高新区。截至2017年底，辖区面积71.38平方千米，下辖10个社区、20个村，常住人口41.36万人，其中户籍人口8.63万人。

2017年，寮步镇实现地区生产总值264.25亿元（第一产业8891万元、第二产业142.35亿元、第三产业121.01亿元），比上年增长9.8%；全社会固定资产投资总额65.84亿元，增长19.3%；总用电量29.29亿千瓦时，增长7.35%；社会消费品零售总额279.68亿元，增长2.7%；外贸出口总额293.37亿元，下降17.5%；各项税收总额69.6亿元，增长12.4%；地方财政总财力27.57亿元，增长32.12%。被评为"全市领导班子年度工作优秀镇街""全国文明村镇""全国无邪教示范镇（社区）""国家第一批绿色村庄""广东省宜居社区""松山湖片区'1+6'园区统筹发展体制机制改革"等5项东莞市"单打冠军"。根据2017年第十三届中国中小城市科学发展指数研究成果，寮步镇居全国综合实力千强镇第30位。

【重大项目建设】 2017年，寮步镇建立健全重点项目建设每周一跟踪、每月一评估、每季一通报"三个一"督查落实机制和"一企一档"服务管理机制，推进重大项目建设。全年纳入市级重大项目6个，分别是香市科技产业园（松湖智谷）、波顿香料、富乔玻纤、特发信息光纤、中电新能源、中外运集团供应链项目，完成总投资9.5亿元。其中香市科技产业园等重点项目超额完成年度投资计划，启动招商工作。

【产业结构调整】 2017年，寮步镇聚焦产业"补链、扩链、强链"关键环节，以新型电子信息、智能制造装备、大数据产业等为重点开展精准招商。全年利用外资项目签约22个，实际利用外资8911万美元，比上年增长49.44%；引进内资项目87个，实际投资金额18.6亿元，增长17.7%。投资超3亿元的重点项目4个，分别是中外运物流仓储中心、东莞特种设备检测中心、志享大数据项目、东莞拓扑大数据处理中心。依托松湖智谷重大产业创新平台，加强与松山湖统筹招商，招引企业总部、研发中心、人才团队和产业链中高端项目，意向进驻优质企业项目197个。对接广深科技创新走廊建设和松山湖"1+6"园区统筹协调联动发展，实施高新技术企业"育苗造林"和"树标提质"计划，新增国家高新技术企业89家，总数189家，省级高新技术企业培育库入库143家。新增规模以上工业企

寮步镇中心区新貌　　（寮步镇供图）

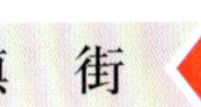

2017年11月15日，广东电信志享（华南）数据中心开业仪式在寮步百业工业城举行，该项目总投资4.5亿元，打造以数据中心为纽带的东莞云计算制造产业生态圈　　（寮步镇供图）

业自建研发机构备案57家，自建企业研发机构总数达162个。建有国家级博士后科研工作站2个、国家认可实验室1个、重点实验室2个、省级企业技术中心3个、省级工程研发中心13个、市级工程研发中心5个，鼎昊自动化孵化园被认定为国家级孵化器培育单位。新增专利申请量3090件、比上年增长44.87%，专利授权量2118件、增长63.43%；发明专利申请量356件、授权量130件，分别增长21.5%、26.2%。新增市专利优势企业2家，知识产权管理贯标企业13家。5家企业获市重大科技专项扶持、2家企业获市科技进步奖、7家企业获专利奖。开展智能化技术改造示范企业2家，机器人应用企业108家。工业技改投资10.7亿元，比上年增长83.8%；先进制造业、高技术制造业工业增加值分别增长29.9%、36.5%。促进科技、金融与产业融合，新增国内新三板挂牌企业2家，3家企业启动IPO转板工作。推动大数据、智能装备等新产业新业态集聚发展，创建广东省智能制造技术创新专业镇。全镇各类市场主体5.25万户，比上年增长27.3%。出台《寮步镇实施重点企业规模与效益倍增计划行动方案》和《寮步镇扶持企业创新发展实施办法》，实施企业规模与效益“倍增计划”作为头号工程，镇财政设立每年5000万元专项扶持资金，支持一批高成长性企业做优做强。纳入市级倍增试点企业17家，与松山湖园区并列全市第一。筛选出30家优质企业纳入镇级倍增试点企业，完善“17+30+N”政策扶持体系，“一企一策”全面加强企业服务，推动土地、人才、金融等资源要素向优质企业集中，着力破解企业发展瓶颈问题。41家市、镇倍增计划试点工业企业实现产值89亿元，比上年增长28.1%，拉动全镇规模以上工业产值增长4.7个百分点。凯金新能源和依诺电子两家企业实现倍增，9家增幅50%以上。深化“文化+旅游+产业”特色发展模式，推动莞香非物质文化遗产保护传承和文化旅游产业深度融合发展，丰富中国沉香文化博物馆、牙香街等香文化旅游载体，打响香文化旅游品牌。承办第十六届亚洲马拉松锦标赛暨2017年东莞国际马拉松半程赛，举办中国旅游日、第八届香博会、国际采香节等系列活动。香市文化旅游区创建为国家4A级景区，成为全市唯一拥有2个国家AAAA级景区、1个AAA级景区的镇。累计接待游客量约150万人次，实现旅游业总收入5.9亿元。围绕“发展全域旅游，建设美好生活”目标，启动广东省全域旅游示范区创建工作。

【城市品质提升】　2017年，寮步镇开展规划整合融合，编制《寮步镇近期建设规划（2017—2020年）》，理顺国民经济和社会发展规划、城乡规划、土地利用总体规划空间管理职能，推进“三规合一”，加强城乡发展空间布局的衔接与协调。实施城市品质三年提升计划，编制《寮步镇东部片区道路近期建设与品质提升实施规划》，推进与松山湖（生态园）接壤的村（社区）加快一体化发展步伐。与松山湖金融产业控股集团公司合资成立松寮实业有限公司，搭建城市更新投融资平台，统筹推进片区路网基础设施建设、“三旧”改造、盘活闲置土地物业资源，拓展城市产业发展空间，提升园镇统筹协调联动发展水平。引导牛杨社区、上底村等条件成熟片区实施整体连片改造。深化文明创建活动，推进城市精细化、数字化管理，巩固文明创建“补短板、促提升”工作成果，蝉联“全国文明村镇”称号。推进数字城管建设，出台《寮步镇数字化城市管理建设实施方案》，完成数字化城管系统与“寮步镇社会服务管理信息平台”衔接，配备社会服务管理信息平台移动终端，快速有效处置环卫保洁、违法建设、市政设施维护等城市管理工作，提升城市现代化管理效能。查处（含教育改正）城市综合管理各类违法行为2.76万宗，查处违反城市规划的违法建筑33宗，责令停止建设9宗，拆除违法建筑总面积1.16万平方米。打好水污染治理攻坚战，全面提速截污管网建设，完成配套园区建设截污次支管网13千米和市下达的第二批次23.6千米管网建设任务。启动截污主干管网截污口改造疏通工程。落实河长制，实行河长、涌长、段长分级包干督导机制，构建共同治污治水工作格局。推进内河涌综合治理，制订“一河一策”综合整治方案，开展寮步河清淤整治，持续改善水生态环境。统筹推进上底垃圾填埋场综合整治、垃圾收运处置专项整治、非法养殖场清理等工作，推进工业垃圾分类处理，加强环境污染执法监管。开展“两高一低”企业整治与引导退出工作，削减工业废水达4万吨，完成年度减排目标任务。

【农村经济发展】 2017年，寮步镇加强农村集体资产管理，促进村组增收节支减债，推行村级集体经济财务公开网上监控。集体资产交易平台完成交易473宗，为村集体增收达3600万元。村组两级集体经营纯收入6.3亿元，比上年增长9.3%，负债总额下降5.3%，资产负债率16.6%，下降1.3个百分点，收款率88.8%，收不抵支的村（社区）比上年减少3个。推进农村土地确权工作，登记颁证完成率92%，提前完成市下达的任务目标。强化镇村统筹，坚持规划引领、利益引导，探索连片改造利益分享机制，启动横坑万荣工业区、良边—石步连片“工改工”项目规划，打造新型产业载体。统筹推进镇级农业生态园建设，发展都市观光农业。

【社会治理】 2017年，寮步镇推进“飓风2017”“扫黄打非”等专项行动，建立全民创安“以案说防”“一呼百应”群防群治机制，布建警民联防执勤点380个，推进社区实有人口、实有房屋、实有单位信息采集登记和治安巡查防控等警务基础工作，加强寄递行业安全管理，严厉打击各类违法犯罪行为，社会治安持续好转，违法犯罪警情比上年下降15%。筑牢公共安全网，落实安全生产“党政同责、一岗双责”，开展安全生产大检查和交通安全、消防安全、校园安全等公共安全专项整治。上屯消防分站建成投入使用。启用社会治理信息平台和指挥调度中心，在东莞市规定入格事项的基础上增加城管和环保管理事项入格，入格事项共31大类115项。获评为东莞市“智网工程”先进镇。

【民生事业】 2017年，寮步镇扩大就业补助覆盖面，发放就业补助770万元，惠及群众8192人次，发放人才政策补贴255万元。为765名企业高技能人才发放技能晋升补贴173.59万元，发放成长型人才补贴21万元。新增158个企业自评人才入户指标，办理企业人才及随迁人员入户649人，营造良好企业人才服务氛围。通过广东省教育强镇和东莞市推进教育现代化先进镇复评，成为东莞市首个通过“双复评”的镇街。推动基础教育均衡优质发展，中考成绩连续16年位居全市前列。探索跨区域合作

夜幕下的东莞篮球中心 （寮步镇供图）

办学模式，推进西溪小学与松山湖中心小学开展集团化办学试点。实施积分制入学和“学位补贴”政策，为外来务工人员随迁子女提供义务教育阶段公办学位、民办补贴学位2922个，比上年增长69.9%，企业人才子女入读公办学位数增长53%。新建1所九年一贯制民办学校和3所民办幼儿园。投资1亿元，重建寮步医院新门诊大楼，提升医疗基础设施，推动寮步医院与广东医科大学合作共建三甲医院，打造区域医疗中心。寮步医院开通“移动智慧医院”平台，群众通过微信可以轻松实现预约挂号、费用支付、检验检查报告在线查询等服务。将“健康融入一切”，开展全民健康生活方式行动、健康素养促进行动等健康主题教育促进活动，普及健康单位、健康企业、健康家庭等健康细胞创建工作，创建国家慢性非传染性疾病综合防控示范区、广东省健康促进示范镇，寮步镇社区卫生服务中心获评为全国百强社区卫生服务中心。开展广东省食品安全示范镇创建工作，获评为广东省化妆品安全示范区。推进社保扩面征缴工作，工伤、养老、生育、失业、医疗等5项险种参保人数较上年均有所增长，生育保险、养老保险等待遇发放持续增长。修订完善《寮步镇困难家庭生活救助实施办法》，用好1000万元重大疾病救助专项资金和1000万元困难家庭补助资金，防止群众因病致贫、因病返贫。提高低保和困难家庭救助标准，将低保标准由720元提高到880元，受助群众补贴水平提高至1300元。发放低保和困难家庭救助金455万元。开展贫困助学，资助低保家庭和残疾学生113人次，发放助学金38万元。抓好对口韶关翁源、泷江对外扶贫工作，成立寮步泷江对口帮扶指挥部，建立两地联席会议制度，制订《寮步泷江对口帮扶总体方案》，实施对口帮扶“十大行动计划”，开展产业、教育、文化、基础设施、党建等系列对口帮扶活动。投入3000万元启动资金，推动寮步—泷江共建产业园项目建设。为翁源县10个相对贫困村投入500万元精准扶贫、精准脱贫引导资金。

【政务服务改革】 2017年，寮步镇推进政务服务模式改革，镇级综合服务中心办事大厅建成投入使用，整合21个部门办事窗口进驻，为企业和群众提供355项服务事项“一门式”集中办理。

【寮步镇社区卫生服务中心获评全国百强社区卫生服务中心】 2017年，寮步镇社区卫生服务中心立足社区，常态化开展创建健康家庭活动，建立健康数据库和标本库，以科研带动健康管理，先后参与（承担）医疗卫生科研项目23个，获全国百强社区卫生服务中心、全国心血管病人群筛查项目“全国先进项目奖”（是广东省唯一个获奖的城镇）、“五月血压测量月”项目优秀测量点称号。

【第八届国际沉香文化艺术博览会】 2017年12月8—12日，第八届中国（东莞）国际沉香文化艺术博览会在青洲香市文化产业园主会场和中国沉香文化博物馆、牙香街、香博园分会场举办。该届展会布展总面积超过5万平方米，其中主会场布展面积2.6万平方米。举办中国（东莞）沉香产业发展研讨会、国家林业标准《沉香》发布会、《沉香药用价值论坛》专家学术交流会、全国十大香艺师大赛、全国香行业评选活动、东莞市沉香产业技术研发中心成立揭牌、寮步香市特色小镇专家研讨会等八大主题活动。 （刘勋良）

附：2017年寮步镇党委、人大、政府主要领导名录

镇委书记：刘裕昌（任至3月）
梁荣业（8月到任）
镇人大主席：韩巧轩
镇　长：谢卫东（任至8月）
李　刚（8月到任）

2016—2017年寮步镇主要经济社会指标

指标	单位	年份	
		2016	2017
户籍人口	人	80124	86288
常住人口	万人	40.88	41.36
面积	平方千米	71.38	71.38
生产总值	万元	2305636	2642527
第一产业	万元	9091	8891
第二产业	万元	1178537	1423532
第三产业	万元	1118008	1210103
总用电量	万千瓦时	272827	292885
全社会固定资产投资总额	万元	552002	658388
社会消费品零售总额	万元	2724688	2796848
外贸出口总额	万元	3554696	2933682
实际利用外资	万美元	5963	8911
地方财政总财力	万元	208696	275726
各项税收总额	万元	622613	695321

大岭山镇

【**大岭山镇概况**】 大岭山镇位于东莞市中南部。截至2017年底，辖区面积95.53平方千米，下辖21个村、2个社区，常住人口27.95万人，其中户籍人口约5.26万人。

2017年，大岭山镇实现地区生产总值220.7亿元（第一产业3227万元，第二产业112.08亿元，第三产业108.3亿元），比上年增长9.5%；全社会固定资产投资总额45.59亿元，增长26.16%；总用电量25.27亿千瓦时，增长14.73%；社会消费品零售总额71.44亿元，增长8.11%；实际利用外资3876万美元，下降46.87%；外贸出口总额212.89亿元，增长20.65%；各项税收总额43.23亿元，增长17.76%；地方财政总财力29.02亿元，下降44.55%（2016年土地出让收入和“三旧”税费返还收入共计30.7亿元，而2017年无土地出让收入，无“三旧”税费返还收入）。大岭山镇排名全国建制镇综合实力千强镇第48位；被评为2017年度镇领导班子工作优秀镇（排名东莞市第10）、“智网工程”先进镇街和司法工作先进镇街；获“全国文明村镇”“全国无邪教示范镇村”“退休人员社会化管理服务站省级示范点”“国家第一批绿色村庄”“松山湖片区‘1+6’园区统筹发展体制机制改革”等5项全市“单打冠军”。

【**经济发展**】 2017年，大岭山镇实施镇级重点企业规模与效益倍增计划，出台资本市场、兼并重组、教育保障等13项措施扶持6家市级试点企业和30家镇级试点企业倍增发展，通过“倍增计划”政府服务平台收集和解决企业问题34个。2017年，36家市镇试点企业实现产值296.7亿元，主营业务收入286.8亿元，总利润9.8亿元，实际缴纳税额6.4亿元；其中，拓斯达科技、崧崴电子等17家企业实现主营业务收入增长超20%，海天磁业、伟创力电源等16家企业实现纳税增长超20%，汇成真空提前实现倍增目标，金材五金、汇兴精工制造等企业倍增成绩亮眼。年内增补良友电子五金项目为市重大项目，全镇有市重大项目6个，另有华威铜箔增资扩产项目、拓斯达自动化设备增资扩产项目、森源蒙玛实业家具制造项目、德普特电子触控显示一体化项目以及裕同环保包装及金属结构件项目。全年完成投资金额10.45亿元，完成率163.4%，其中，华威铜箔和拓斯达科技项目建成投产。大岭山镇被评为2017年度东莞市重大项目建设管理先进集体。全年新签及增资外资项目40个，涉及合同外资金额1.24亿美元，比上年增长88.6%；引进超亿元内资项目3个，协议投资金额7.4亿元。全镇创税亿元以上企业5家。“天安人工智能小镇”“客天下生态文旅特色小镇”项目签订投资框架协议，“天安人工智能小

大岭山镇广场　　（叶锐鑫　摄）

镇”项目被纳入广深科技创新走廊（东莞段）市创新项目。2017年新增国家高新技术企业39家、高新技术企业培育入库企业43家。全镇223家规模以上工业企业中有研发机构的91家，规模以上工业企业研发机构建有率40.8%。全镇有R&D活动的企业44家，R&D投入5.82亿元，比上年增长64.4%，完成率150%，排名东莞市第1。新增省著名商标2件、省名牌产品4个。“机器换人”专项资金申报项目26个，总投资1.76亿元。新增“新三板”挂牌企业1家（牧特智能）、“创业板”上市企业2家（拓斯达科技、金太阳研磨），实现“创业板”上市公司“零的突破”。新增专利申请1766件、专利授权885件，分别排名全市第10和第11。

【协调发展】 2017年，大岭山镇实施松山湖片区“1+6”统筹联动组团发展战略，与松山湖金融产业集团合资成立“东莞市湖岭实业投资有限公司”，为开展全域合作打好基础。以松山湖园区环境为标杆，加快环松山湖景观交通升级，建设路（金桔段）征地拆迁工作取得实质性进展，研发西四路（大岭山段）建设工程完成设计，大岭山松山湖融合带景观提升工程完成规划设计初稿。深化水环境协同治理，将马蹄岗片区生活污水接入松山湖科苑路截污管网，污水收集处理问题即将得到解决。

实施《大岭山镇镇、村统筹联动发展实施方案》，健全镇村联合招商、税收分成奖励、贴息低息借款、专项资金补助等一系列扶持措施，太公岭、梅林、大环因引进税收超千万元项目分别获得税收分成奖励164.1万元、53.7万元和92万元，大塘朗获镇财政2000万元贴息借款用于回购厂房。引导鼓励农村集体发展投资型经济，投资镇属企业优质项目、银行和信托理财等资金8.8亿元，累计收益3814万元。建立土地资源动态管理机制，高标准抓好畔山工业园地块、百花洞厚大路地块和大岭山大道旁矮岭冚产业区等土地资源的规划工作。完成百花洞项目区16.2公顷增减挂钩复垦工程，获得足额周转指标并分配到位。出台《大岭山镇“三旧”改造政府指导项目土地收益分配细则》，纳入“三旧”改造图斑72个702.4公顷，力祥鞋材等6个项目获改造批复。清理闲置土地22.19公顷，盘活存量土地17.01公顷，超额完成市下达任务。为大岭、大环两个次发达村申请扶贫专项补助资金1307.6万元，协助投资“华科城·博士创业园”项目和发展优质创收项目，预计每年创收104.6万元。帮助16户有劳动力的贫困户实现全部脱贫，提前完成三年市内扶贫任务。投入684.8万元，对惠来县溪西镇和隆江镇、云南省昭通市威信县、新疆兵团第三师49团实施对口帮扶，推进精准脱贫。

2017年9月29日，“东莞市大岭山家具产业科技创新中心”签约仪式（大岭山镇供图）

【城乡建设】 2017年，大岭山镇完成全镇总体规划（2016—2030年）修编、近期建设规划（2017—2020年）编制和工业保护线划定。体育公园网球场风雨棚建成并投入使用，完成3个美丽幸福村居建设，启动敬老院二期工程规划建设，市民花园、羽毛球馆、图书馆等示范项目正在加速推进。提升镇内交通设施建设，完善北入口综合交通规划，轨道交通1号线站场TOD综合开发范围初步划定，莞番高速、环莞快速和建设路延长线等道路统筹规划的正有序推进；完成市民花园周边道路改造和一批路灯、桥梁等基础设施，启动图书馆周边道路、大岭山大道升级工程设计，开展易涝点整治、路灯增设和莞长路（大岭山段）行道树树池整治等工作。新建第二、第三批次截污次支管共21.63千米，考核得分排名东莞市第13位。实施“一河一策”，以连平河为示范点，启动内河涌综合整治。投入79.2万元实施苗木补植、树干涂白、树木修剪等绿化养护工程。出台《大岭山镇农村环境提升专项资金管理办法》，投入约3000万元支持村（社区）实施环境提升建设，改善农村人居环境。开展大气、固废和土壤等污染防治，完成128家重点企业VOCs（挥发性有机化合物）整治，依法查处涉水、涉气环境违法企业25家。建成镇村两级“智网工程”指挥调度平台，组建专职网格管理员队伍，梳理入格事项83项，“智网工程”考核得分排名东莞市第9。成立交警铁骑队，队员12名。继续实施镇中心区主要街道停车收费，加强交通拥堵点治理，莞长路大片美路口、金山街等路段的交通秩序得到改善。投入4742

万元加强镇村环卫统筹管理，生活垃圾焚烧量提升至约300吨/日，逐步实现垃圾无害化处理。将“两违”整治纳入村（社区）“两委”量化考核内容，落实整改各类违法建筑610宗次。教育纠正城市“六乱”等影响城市市容市貌的违法行为5897宗次。

【社会管理】 2017年，大岭山镇增设高清视频监控100个、治安卡口5个和警民联防点252个，配置提升警用地理信息系统和车辆特征识别系统。开展“飓风2017”专项行动，重拳打击“两抢一盗”、电信诈骗、涉毒涉黄、涉黑涉恶等违法行为，接报违法警情比上年下降13%，刑事立案下降15%，破案率上升2.2%。开展“全民创安·一呼百应”活动，实施“群防群治”工程，“以案说防”工作排名东莞市第3，全镇平安细胞创建率100%，平安文化体验主题公园被列为十佳场所。落实安全生产“一岗双责”，加强对村级安全生产工作的督导考核。开展工矿商贸、危化品、“四黑”、建筑施工、道路交通、食品药品等专项排查整治活动，全年无重特大安全事故发生。实施消防安全“个十百千万”工程，新增消防车3辆，完成75家重点单位和23个村（社区）共98个微型消防站建设，强化消防安全“网格化”管理，实现火灾零伤亡。开展“猎豹”专项整治行动，严打套牌、酒驾、超速等交通违法行为。增加3个农贸市场快检室，摧毁“毒猪肉”链条精品案例在省厅综合情报大比武中获十佳优秀项目。落实领导亲自接访和包案责任制，完善应急值班制度，加大对涉法涉诉、劳资纠纷、土地纠纷等重点领域矛盾纠纷的排查力度，妥善化解马蹄岗涉土涉农问题、明辉家具厂劳资纠纷等不稳定因素。2017年受理信访案件740件，化解率100%。党的十九大安保维稳工作排名东莞市第2。成立中立法律服务站，建设大岭山法治公园，推动法治校园、平安建设示范村等创建工作，提高群众法制意识。

【民生保障】 2017年，大岭山镇新增民办幼儿园3所，成功创建省义务教育标准化学校2所、省依法治校示范校1所、市依法治校示范校3所、市一级学校3所，为一小、三小和连平小学完善硬件设施建设，实现标准化学校全覆盖。2017年秋季学期起，对入读民办（集体办）幼儿园的该镇户籍儿童每人每学年补贴3500元，该镇户籍适龄儿童享受公益普惠性学前教育占比100%。为异地务工人员随迁子女提供优质学位2677个，比上年增长72.9%。公开招聘22名公办中小学教师，13个镇级名师工作室启动运营，合同制教师基本实现与公办教师同工同酬。中考平均分连续五年超过东莞市平均分；该镇户籍考生考取本科以上的有169人，其中，考取博士研究生的有3人，考取硕士研究生的有18人。投入3000万元支持大岭山医院创建

2017年9月29日，大岭山镇公安分局在大岭山广场举行党的十九大维稳安保誓师大会　（大岭山镇供图）

市中西医结合医院，支持大岭山医院参加医联体建设，提升基层医疗服务能力。投入6434万元实施家庭医生式服务、购置医疗设备、实施基本药物制度和13项免费基本公共卫生服务等，提升社区卫生服务水平，社卫中心创建为全国优质服务示范社区卫生服务中心。在德普特公司建成全镇首个企业社区卫生服务站。设立50万元困难家庭临时救济专项经费。提高基本养老保险、最低生活保障、五保生活保障、优抚对象抚恤补助等标准，全年发放重大疾病救助及身故补助、医疗保险、养老保险、低保补助、就业补贴、老人生活补贴、残疾人生活补贴、计生特殊家庭补助等合计约8260万元。完成10户新增住房困难户住房修葺建设工作。鼓励就业创业，13个“村民车间”安置农村劳动力747人。完成镇总工会换届，切实维护职工合法权益。以东莞市争创全国文明城市“四连冠”为契机，实施文明示范工程，增设一批核心价值观公益广告，完成社会主义核心价值观主题公园建设。开展文化惠民工程，举办文艺演出10场、公益电影356场。各类志愿服务活动数增长278%。传承优秀文化传统，投入700万元专项资金加强大岭山镇抗日根据地旧址保护，“莞香小镇”项目纳入省特色小镇创建工作示范点，自制抗日连续剧《火凤凰》获省第十届精神文明建设“五个一工程”（一部好的戏剧作品、一部好的电视剧或电影作品、一部好的图书、一部好的理论文章、一部好电影）优秀作品奖。 （叶惠婷）

【广播剧《火凤凰》获广东省第十届精神文明建设“五个一工程”优秀作品奖】 2017年9月30日，广东省第十届精神文明建设“五个一工程”表彰座谈会在广州举行。其中由大岭山镇文化广播电视服务中心、广东东江纵队纪念馆联合创作的广播剧《火凤凰》在此次评选中获优秀作品奖。广播剧《火凤凰》是为纪念中国人民抗日战争暨世界反法西斯战争胜利70周年而精心创作。该剧故事以抗日战争时期为背景，讲述1938—1941年间发生在东莞和香港的抗日故事。剧本是以在抗战中涌现出来的、被称为“革命母亲”的李淑桓的真实故事创作而成，该剧以独特的视觉，讲述李淑桓送七子参加抗战的感人的故事。该剧结构完整，主题鲜明，构思精巧，又不乏动人细节。该剧被列为广东省委宣传部、东莞市委宣传部近年来重点扶持的文艺精品，是大岭山镇在文艺精品创作上的重大突破，提升大岭山镇文化形象和文化品位，促使全镇文艺创作生产跃升一个新台阶。 （梁炜强）

附：2017年大岭山镇党委、人大、政府主要领导名录

镇委书记：詹文光（任至3月）
陈福坤（3月到任）

镇人大主席：吴美娇

镇　长：麦炽帮

2016—2017年大岭山镇主要经济社会指标

指标	单位	年份	
		2016	2017
户籍人口	人	49720	52561
常住人口	万人	27.76	27.95
面积	平方千米	95.53	95.53
生产总值	万元	1940908	2207052
第一产业	万元	3300	3227
第二产业	万元	946048	1120847
第三产业	万元	991560	1082978
总用电量	万千瓦时	220251	252695
全社会固定资产投资总额	万元	361391	455926
社会消费品零售总额	万元	660821	714440
外贸出口总额	万元	1764518	2128900
实际利用外资	万美元	7295	3876
地方财政总财力	万元	523313	290192
各项税收总额	万元	371087	432290

大朗镇

【大朗镇概况】 大朗镇位于东莞市中南部，地处穗深港经济走廊，毗邻松山湖（生态园）国家高新区，与广州、深圳和香港同处一小时生活圈。截至2017年底，土地面积97.5平方千米，辖28个社区（村），常住人口31.6万人，其中户籍人口8.1万人。

2017年，大朗镇实现地区生产总值273.9亿元（第一产业2937万元，第二产业140.41亿元，第三产业133.19亿元），比上年增长8.4%；全社会固定资产投资总额63.13亿元，增长12.79%；总用电量37.74亿千瓦时，增长13.74%；社会消费品零售总额96.62亿元，增长9.28%；实际利用外资4545万美元，增长0.82%；外贸出口总额133.26亿元，增长0.35%；各项税收总额44.62亿元，增长19.66%；地方财政总财力44.27亿元，下降2.42%。被评为“中国毛织产品采购基地”“2017中国纺织服装行业十大活力集群”称号，通过全国文明镇复评，实现“三连冠”，获得8个市级“单打冠军”，在2017年全国综合实力千强镇中名列第39位。

【转型升级】 2017年，大朗镇推动毛织、装备制造、电子信息等三大支柱产业发挥实效，规模以上毛织业工业总产值96.2亿元，毛织电商销售额75.9亿元，比上年增长12.2%，被授予“中国WTO/TBT（《世界贸易组织贸易技术壁垒协议》）研究评议基地”称号；规模以上装备制造业总产值256.5亿元，增长18.7%。规上电子信息产业总产值200.8亿元，增长27.1%。以“倍增计划”为抓手，从政策、产业、土地、人才、资本等5大要素扶持试点企业发展，全镇40家市镇“倍增计划”试点企业工业总产值为109.8亿元，比上年增长20.9%，增速超50%的企业10家。推进高新企业“育苗造林”行动，全镇高新技术企业总数达140家，比2016年翻一番。“走出去”寻求项目发展，分别与满洲里中俄互市贸易区、绥芬河市等地签订友好区镇协议和对口产业合作协议，主动融入“一带一路”建设。全年全镇固定投资63.1亿元，比上年增长12.8%；招引内资项目总额25亿元，增长15%。全镇7个市重大项目完成投资11.5亿元，完成年度投资计划的142.1%，重大项目管理及进度评分排名东莞市第二，被评为市重大项目建设管理先进镇街。

【创新驱动】 2017年，大朗镇以散裂中子源项目成功打出第一道中子束为契机，配合推进中子科学城规划建设，制订中子科学城周边土地收储方案，协助做好散裂中子源周边交通升级改造工作。培育上市企业和上市后备企业，新增2家“新三板”挂牌企业、4家上市后备企业，与华为终端、台湾高科技产业园等联动发展，华为、联想等品牌手机在大朗镇整机生产，擦亮“东莞制造”金字招牌。推动近20家企业与国内外高校院所开展产学研合作，实现“政企学研”优势叠加，创新打造自主品牌。全镇124家规模以上工业企业自建研发机构，省级工程技术研究中心8个，市级工程中心5个，中国合格评定国家认可委员会实验室3个。全镇专利申请总量2210件，比上年增长100.5%；专利授权总量1263件，增长70.9%。发挥全程电子化登记、五证合一、简易注销等新政优势，注册最快1天完成，激发市场经济活力，全镇有市场主体5万余户，数量排名东莞市第八。在全市率先成立毛纺织行业管委会，整

中国散裂中子源项目鸟瞰图　　（大朗镇供图）

合行业资源，更好地服务管理全镇1万多家毛织企业。设立创新驱动基金，解决人才住房、入户、子女入学等问题，打造高层次人才“创新生态圈”。

【城市更新】　2017年，大朗镇采用“镇村企”合作模式，引导长塘、巷头等近10个社区（村）对迎宾路、美景路、松佛路等近10条主干道进行旧墙改造，改造总长近15千米、面积近80万平方米。通过升级改造路灯、升级绿化、疏通交通要点，把迎宾路、松佛路等近10条道路打造成“彩色路”，把美景路、长盛南路、富康路等3条道路打造成“星光街”，其中富康路被誉为大朗镇“银座”，被广东电视台等10多个主流媒体称赞为全省首个彩色新城。推进“两违”整治工作，全年拆除各类违法建筑2万多平方米，遏制违法乱建现象。加强镇村两级土地统筹力度，全年合作统筹地块面积达66.67公顷。查处城市“六乱”行为990宗，整治户外广告29宗。推进截污管网建设修复，建成23.2千米截污次支管网，推进“河长制”“一河一策”，在高英片区和水口排渠建成河涌水质净化应急处理设施，改善水体黑臭现象。推动“美丽幸福村居”建设全覆盖，市级生态社区（村）增至23个，覆盖率88%，营造整洁、卫生、有序的城市环境。建成廉政主题园、友善公园、平安文化主题公园等3个主题公园，其中平安文化主题公园被市公安局评为“东莞市十佳平安文化体验场所”，并入选东莞市两个“广东省社会主义核心价值观主题公园”之一。

【社会治理】　2017年，大朗镇累计投入2.8亿元开展综治维稳工作，落实“日排查、周研判、月分析”制度，拓宽网络信访渠道，妥善化解基层矛盾，全年受理群众信访案件批次比上年下降19%，人次下降65%，社会大局和谐稳定。投入近2500万元用于布设视频监控、购置执勤警用车辆，推进“飓风2017”行动、“以案说防”、“一呼百应”工作，全镇接报警情数比上年下降11%，破获刑事案件数上升6%。建成巷头消防分站，完善市政消防栓建设，狠抓出租屋和“三小”场所火灾隐患整治，全镇排查整改各类隐患3.7万多处，全年未发生较大及以上安全事故。建成“智网工程”镇指挥调度中心1个、社区（村）指挥调度站28个、基础网格112个，逐步构建完善市、镇、村三级指挥调度体系，基本实现90%问题隐患发现在基层、解决在基层。

大朗镇“星光大道”——富康路　　（大朗镇供图）

【社会民生】　2017年，大朗镇累计向教育事业投入超3.5亿元，占可支配收入超过20%。初高中教育质量连续7年保持在东莞市前列，全镇户籍人口万人升大学人数居东莞市第五。启动大朗中学新校区建设、黄草朗小学迁建、中心小学扩建等项目工程，建成后新增学位将超过2800个。大朗男子青年队获得全国“三对三”篮球男子青年组冠军，大朗女篮获市女子篮球联赛冠军。26个综合性文化服务中心全面进入建设阶段，加快规划大朗文化艺术中心。全年举办“我是民星”、“阳光文化之旅”公益巡演、“朗艺讲堂”等文化活动超过1000场。《大朗年鉴（2017）》《大朗姓氏探秘》出版，“一号关爱”、“爱·回家”、“希望图书室”、青年集体婚礼等项目受到人民群众好评。发展医疗卫生事业，大朗医院住院量、门诊量在东莞市镇（街）公立医院位居前列，升格“二甲”医院；大朗社卫跻身“全国百强”，社区卫生服务站增至16个，15分钟健康服务圈进一步优化，家庭医生式服务团队增至17个，促使医疗资源下沉到基层。促进户籍人口就业创业，累计发放448.4万元就业补贴，户籍人口就业率99.5%。宣传社会主义核心价值观，制作新闻、专栏、专题824篇，播放政策性公益宣传678条，户外宣传总面积8647平方米。推进“一村一品牌”建设，打造佛新社区“厨余回收再生利用”项目、水口村忠孝文化墙等特色品牌。全年有4名先进典型获评“东莞好人”，张战胜、秦梅家庭被评为“广东省十大优秀书香之家”，是东莞市唯一入选家庭。

【大朗镇村级换届选举】　2017年5月13日，大朗镇28个社区（村）完成换届选举工作，选举产生新一届村（居）委会成员82人，镇党委建议人选占100%，比上一届提高4%，交叉任职比例高达96.15%；全镇社区（村）人均得票率达87.7%，比上一届提高7.7%。该次选举有以下特色：选出4名非户籍委员，数量为东莞市之最；提高妇女干部在“两委”比例，选出3名女主任；年龄限制放宽到60岁（上届要求年龄限制为53岁）。换届选举通过大朗网、大朗党建网、荔香大朗微博、大朗组工微信等宣传载体，发布换届选举宣传信息17期、“九严禁”宣传手册（海报）500多份，推动群众踊跃参与选举活动，参选率达98.69%，整个换届选举过程风气端正、秩序良好，呈现民主、和谐、稳定的特点。

【中国散裂中子源首次打靶成功获得中子束流】 2017年8月28日，中国散裂中子源（CSNS）项目首次打靶成功，获得中子束流。此举是该工程建设的重大里程碑，实现首次获得中子束流的目标，标志着CSNS主体工程完工，进入试运行阶段。CSNS建成后将成为发展中国家拥有的第一台散裂中子源，和正在运行的美国、日本与英国散裂中子源一起，构成世界四大脉冲散裂中子源，在材料科学和技术、生命科学、物理、化学化工、资源环境、新能源等诸多领域具有广泛应用前景，将为中国产生高水平的科研成果提供有力支撑，为解决国家可持续发展和国家安全战略需求的许多瓶颈问题提供先进平台，成为广东省正在建设的国家科技产业创新中心的核心单元。

【第十六届中国（大朗）国际毛织产品交易会】 2017年11月1—3日，第十六届中国（大朗）国际毛织产品交易会在中国（大朗）毛织贸易中心举行。以“活力·新织城”为主题，集中展示智造、原创、时尚等产业潮流新趋势，着力打造国际商贸博览盛会，被评为“2017年度中国十佳特色展览会”。设中国·大朗毛织贸易中心为主会场，设环球贸易广场为分会场，在主会场西门外设机械专业展馆，展览面积超过20万平方米，有800多个搭建展位、2000多个铺位展位。展会上，大朗镇被中国纺织工业联合会流通分会授予“中国毛织产品采购基地”称号。11月4—6日，为交易会“开放日”，向社会公众开放。6天展期累计吸引约15万人次进场参观，中央电视台、中国新闻社、《南方日报》等近百家主流新闻媒体关注并跟踪报道，向全球展现东莞智造的全新魅力与转型成果。（陈学斌）

第十六届中国（大朗）国际毛织产品交易会开幕现场

（大朗镇供图）

附：2017年大朗镇党委、人大、镇府主要领导名录

镇委书记：谢锦波

镇人大主席：陈慧娟

镇　长：邓卫洪（任至8月）

　　　　张拔海（8月到任）

2016—2017年大朗镇主要经济社会指标

指标	单位	年份	
		2016	2017
户籍人口	人	77104	81190
常住人口	万人	31.27	31.58
面积	平方千米	97.5	97.5
生产总值	万元	2452937	2738993
第一产业	万元	2745	2937
第二产业	万元	1244721	1404135
第三产业	万元	1205472	1331921
总用电量	万千瓦时	331822	377400
全社会固定资产投资总额	万元	559672	631256
社会消费品零售总额	万元	884183	966227
外贸出口总额	万元	1327893	1332618
实际利用外资	万美元	4508	4545
地方财政总财力	万元	453717	442719
各项税收总额	万元	372886	446184

黄江镇

【黄江镇概况】　黄江镇位于东莞市东南部经济带的腹部，东连樟木头镇，西接大朗镇，北靠常平镇，南临深圳市光明新区。截至2017年底，辖区面积98平方千米，下辖7个社区，常住人口22.99万人，其中户籍人口3.2万人。

2017年，黄江镇实现地区生产总值173.42亿元（第一产业1438万元，第二产业92.92亿元，第三产业80.35亿元），比上年增长9%；全社会固定资产投资总额61.17亿元，增长57.95%；总用电量21.2亿千瓦时，增长11.46%；社会消费品零售总额46.11亿元，增长10.82%；实际利用外资6797万美元，下降8.77%；外贸出口总额399.3亿元，增长71.79%；各项税收总额35.8亿元，增长8.18%；地方财政总财力13.6亿元，下降77.48%。

【经济发展】　2017年，黄江镇以实体经济作为着力点，主动适应和引领经济发展新常态，全年实现生产总值173.42亿元，比上年增长9%，增速从2014年的4%到2017年9%的，三年时间总量增长近四成；规模以上工业增加值80亿元，增长17.5%，增速排东莞市第一位。“倍增计划”试点企业全年主营业务收入增长35%。对外贸易结束连续31个月的负增长，在2017年实现逆势上扬。引进内外资项目204个，协议投资总额达37.2亿元，比上年增长89.2%。承接深圳市优质产业转移持续深化，在深圳市麒麟山庄举办经贸合作交流会，签约投资额达43.7亿元的20个优质项目；引进天安数码城“国际创新生态城”项目。推进6个市重大项目建设，超过全年投资计划的四成。

【创新驱动】　2017年，黄江镇以创新驱动作为主引擎，实施高新技术企业“育苗造林”行动和“筑巢引凤”计划，新增国家高新技术企业54家，产值超亿元的高企达5家，占总数的11.1%；宜加智谷孵化器通过认定，实现孵化器建设“零”的突破。全年规模以上工业企业自建研发机构新增63家，覆盖率76%，产值5亿元以上的10家企业全部完成研发机构登记备案。引导企业加大自主知识产权研发投入，申请专利技术，提升自主核心竞争力。新增杰群电子和森佳机械2家市专利优势企业。全年专利申请量比上年增长49.4%；专利授权量增长41.5%。加大内资经济发展扶持力度，转换工业经济增长极，降低外源经济依赖程度。全年内资规模以上工业企业实现增加值比上年增长62.4%，占规模以上工业增加值的比重增长25个百分点。推进裕元工业区产业更新与整合，实现园区制造业从传统鞋业、五金塑胶业向高新技术制造业转型，推动产品不断向数字化、网络化、智能化转型。园区全年实现主营业务收入比上年增长32.3%，纳税总额增长54.8%。

【城市管理】　2017年，黄江镇着力从更高视野谋划，启动新一轮2016—2030年总体规划修编工作。践行“三规合一”（三规：国民经济和社会发展规划、城市总体规划、土地利用规划），开展黄牛

黄江镇中心区夜景　（黄江镇供图）

埔、黄京坑、龙见田三大片区控规编制工作。划定全镇工业保护线面积1137.2公顷，占全镇建设用地比例达30.1%。突出产城融合，以重点更新项目带动城镇发展蝶变。重点推进大冚村、田心村、灵狮村等改造项目，新增旧村、袁屋围村等5个“三旧”改造项目，拟改造面积216.25公顷。环城路、生态路等历史遗留“断头路”实现历史性突破。启动莞樟路东进段、黄朗路大朗段引桥、嘉宾路等道路升级改造。加快长龙输变电工程建设，滇西北800千伏输电线路工程塔基交地东莞市第一。投入1100万启动镇中心区、人民公园、绿道等重要节点灯光亮化改造工程。科学创建“136”治水思路，先后启动第二批次及第三批次黄牛埔水库、梅塘南片区、板湖水片区的工程建设，全年管网建设完成43.1千米，完成率107.8%，是2017年全市完成管网建设最多的镇街。实施完善河长制，完成大石坑排洪渠、大石坑支流、南山坑排洪渠3条内河涌整治。违法建筑得到有效遏制，全年拆除违法建筑近7万平方米。加强城市巡查力度，重点打击市场及周边乱摆卖、占道经营、噪声污染等现象。严格查控环境卫生，实行环卫包片负责制，落实“门前三包”。镇建成区绿化覆盖率持续提高。

【社会管理】 2017年，黄江镇统筹推进“智慧黄江”建设，以超一流目标打造社会治理新平台。镇社区两级“智网工程”指挥调度平台投入使用，覆盖全域的智网管理新格局基本形成。开展“网格员+楼栋长”试点。长龙社区创建为“全国综合减灾示范社区”。社区综合服务中心覆盖率高达70%。推进“一门式一网式”改革及事项标准化建设，真正做到效率、服务和群众满意度“三提升”。推进“一呼百应”建设，立体化社会治安防控体系更趋完善。高清视频监控补点和村级视频监控整合工作成效显著，350兆公安集群网工程建设稳步推进。打击突出违法犯罪，接报违法犯罪警情比上年下降11.3%，刑事案件立案下降10.7%。完成十九大安保任务。建立微型消防站60个，消防安全形势持续好转。落实区域负责制，开展各类安全生产专项整治和“打非治违”专项行动，坚决遏制重特大安全事故。发挥农贸市场食品快检室作用，提升全镇食品药品安全保障水平。成立镇街法学会党支部和东莞市中立法律服务社黄江服务站。黄江镇法律援助服务模式有效运行，被国家级期刊《民主与法制》宣传推广。社区法律顾问工作开展，基层法治基础不断夯实。“法治文化书吧”多样化开展，法律信仰不断厚植。田美社区“民主法治社区”创建工作作为典型范例在东莞市推广。全镇社区下辖党支部、集体经济组织、居委会完成换届选举。新当选支部书记与经联社理事长“一肩挑”比例达95%。7个社区居委会完成换届选举，新当选社区党工委书记与居委会主任“一肩挑”比例达100%。

【民生实事】 2017年，黄江镇开展全民参保登记工作，城乡居民养老金提高16.7%，基本医疗费用最高支付限额提高23.3%。全年筹得慈善款297.4万元，发放各类救济金和慰问金305.9万元。筹集对口韶关扶贫资金1321.74万元，帮

2017年2月4日，黄江镇黄牛埔水库（长龙片区）截污次支管网工程项目开工典礼举行 （黄江镇供图）

扶村集体增收幅度达120%。对口帮扶云南省彝良县，人才支持、劳务协作、产业协作成效明显。全镇系统内本科毕业生全部实现就业，应届高校毕业生初次就业率达95%以上，累计发放各种培训补贴77万元，提升劳动者就业能力和水平。新黄江医院投入使用，重新规划4条公交线路，方便群众就医乘坐。开展家庭医生服务签约活动。华南师范大学附属东莞学校小学部完成招生，伊顿外国语学校入驻。积分制入学人数比上年增长101%，异地务工人员随迁子女入读公办学校难问题有效缓解。黄江中学中考合格率、平均分均高于东莞市平均水平，高中录取率提升近10个百分点。培育和践行社会主义核心价值观，投入9000多万元用于主题宣传。组建“红马甲”志愿队，实施“三级路长制”，实现道路交通管理“无缝隙”。深化与《南方日报》《东莞日报》《南方日报》等媒体合作，《黄江周刊》发行量达72万份。举办全国车辆模型东莞站公开赛。

【行政服务】 2017年，黄江镇建立健全政府法律顾问制度，引入3名资深律师顾问参与辅助决策。开展食品药品、交通运输、建设工程等重点领域行政执法，整顿和规范市场秩序。依法办理信访事项，全年受理信访案件564件，办结率100%。主动接受人大、政协监督，定期向镇人大报告工作，完成20项人大建议和提案。行政效能投诉办结率超过90%，群众满意率100%。启动政府综合服务中心，27个办事窗口实现整合，全年接待办事群众约2万人次，办理业务1.7万件，公布497项“最多跑一次”事项，基本实现“数据多跑路、群众少跑腿”。（李超颖）

【黄江镇黄牛埔水库截污次支管网工程开工】 2017年2月4日，黄江镇举行黄牛埔水库（长龙片区）截污次支管网工程开工仪式，推进水污染治理各项工作。黄江镇截污次支管网工程项目共分为4期。黄牛埔水库（长龙片区）截污次支管网工程为第一期。工程建设主要服务于黄牛埔水库、长龙社区等区域（283公顷）的污水收集，预期可进一步改善黄牛埔水库水质。该工程一期工程总投资1.49亿元，建设工期为1年。（梁炜强）

附：2017年黄江镇党委、人大、政府主要领导名录

镇委书记：叶锦锐

镇人大主席：陈泽深

镇　长：李志东

2017年6月15日，黄江镇在深圳市麒麟山庄举行经贸合作交流会，签约20个项目，意向投资超43亿元（黄江镇供图）

2016—2017年黄江镇主要经济社会指标

指标	单位	年份	
		2016	2017
户籍人口	人	29528	31957
常住人口	万人	22.74	22.99
面积	平方千米	92.86	98
生产总值	万元	1455985	1734170
第一产业	万元	1435	1438
第二产业	万元	715803	929237
第三产业	万元	738615	803495
总用电量	万千瓦时	190201	212000
全社会固定资产投资总额	万元	387249	611661
社会消费品零售总额	万元	416062	461110
外贸出口总额	万元	2324384	3993000
实际利用外资	万美元	7450	6797
地方财政总财力	万元	605798	136434
各项税收总额	万元	330912	357975

樟木头镇

【樟木头镇概况】 樟木头镇是广东省中心镇，位于东莞市东南部。截至2017年底，辖区面积118.8平方千米，下辖10个社区（含1个新型社区），常住人口约13万人，其中户籍人口3.38万人。

2017年，樟木头镇实现地区生产总值106.06亿元（第一产业382万元，第二产业48.87亿元，第三产业57.16亿元）比上年增长8.3%；全社会固定资产投资总额28.42亿元，增长12.27%；总用电量10.72亿千瓦时，增长5.5%；社会消费品零售总额71.4亿元，增长13.41%；实际利用外资1878万美元，增长17.23%；外贸出口总额65.8亿元，增长4.48%；各项税收总额22.24亿元，增长10%；地方财政总财力13.16亿元，下降19.3%。在东莞市镇街综合量化考核评比中，获"领导班子工作良好镇"称号。

【经济发展】 2017年，樟木头镇三次产业结构优化调整为0.04∶46.07∶53.89，其中：第二产业增加值增长10.3%，增速高于第三产业3.9个百分点，占GDP比重比上年提高0.33个百分点，拉动GDP增长4.8个百分点。工业质量效益明显提高：五大支柱产业全部正增长，实现增加值比上年增长33.4%；先进制造业增加值增长45.1%，占规模以上工业增加值比重49.4%、提高15.6个百分点；正增长规模以上企业新增18家、总数达65家；工业税收5.5亿元，增长14%，高于税收总额增速4个百分点。第三产业稳步增长，限上批零和限上住餐业分别比上年增长23%、13%，增速均为近五年最高；金融业、交通运输仓储业、住宿餐饮业、其他服务业等拉动GDP累计增长1.9个百分点；塑胶产业从贸易向研发生产、电子商务拓展，塑胶贸易额增长29%、塑胶行业税收增长21%；旅游业在创建省级全域旅游示范区的带动下，全年游客超130万人次、增长18%，旅游收入6亿元、增长13%。全年工业技改投资6.8亿元，比上年增长94.1%，实现连续三年两位数以上增长，其他投资5亿元，增长3倍，房地产投资占固定资产投资总额比例44.1%，减少12.5个百分点，四年来首次降到50%以下。借实施市倍增计划契机，铺开百名亿企培育计划，对100家企业按四项类型、分两个阶段"一企一策"靶向扶持，百名亿企累计产值189亿元，比上年增长22%，产值超亿元企业新增9家、总数达45家。招商引资成果丰硕，引进中控智慧、悦目光学等3宗投资总额达21.5亿元的优质项目，全年引资81亿元，比上年增长2.8倍。重大项目建设步伐加快，通过实施"两会一警"机制，30个镇"三重"项目加快建设，其中6个市重大项目累计投资8.7亿元、完成年度投资计划104%，百樟荟特种空调、创能数控等项目建成投产，以博世激光、宜多果蔬等世界500强为代表的一批重点项目进展顺利。

【创新驱动】 2017年，樟木头镇推进创新驱动发展，高技术制造业占规模以上工业增加值比重33.2%，提高13.9个百分点；年专利申请量1535件，比上年增长84.7%；专利授权量779件，增长34.1%；高企培育取得突破，新增高企36家、总数达64家；怡丰锁业、启天智能装备分别获省市级新型研发机构认定，均实现零的突破；绿景RTD新城项目纳入广深科技创新走廊市级创新节点。深化商事登记改革，激发市场活力，新登记市场主体5778户，比上年增长

生态樟木头 （樟木头镇供图）

45.2%；登记在册市场主体首破两万户达2.3万户，增长30.6%。推进社会治理体制改革，镇指挥调度中心和9个社区指挥调度工作站全部建成使用，“智网工程”建设取得新成效；激发社区治理、群团组织创新活力，裕丰社区、樟罗社区、国税等创新基层治理工作获得国家级认定，“三工联动志愿服务模式”获评市级创新项目。深化农村综合改革，统筹推进土地确权、集体经济转型等方面改革，完成农村土地确权登记颁证年度任务；村组两级经营总收入2.7亿元，比上年增长6%；经营纯收入1.3亿元，增长18%；社区偿还债务6166万元，完成年度偿债任务137%，村组两级总资产负债率28.9%，债务额、负债率均降至10年来最低水平。推进诚信市场、守法市场建设，开展“双打双强”、打假等专项行动，侦破虚开增值税发票等涉税违法案件14件、涉税金额1.2亿元，打击“黑油”专项效能东莞市第一，有效规范行业市场秩序。构建“亲、清”的新型政商关系，开展政企座谈会、“大走访”、联系高层次人才等工作，解决企业诉求175宗，协助企业申报各类扶持资金近7000万元，为历年最高。

永林电子厂生产车间　（樟木头镇供图）

【城市建设】 2017年，樟木头镇基础设施投入1.8亿元，比上年增长80%。城市总体规划通过审批，近期规划编制完成。实施路网“外联内畅”工程，成功争取地铁R1支线延伸至樟木头镇，完成东城路口堵塞点整治、金洋路扩建等6项道路工程，启动富达路等12项“内畅”工程。公共设施逐步完善，滨河体育公园、市民休闲广场动工建设。加快“美丽幸福村居”建设，金河社区成功创建，柏地及裕丰社区进入验收环节，基础设施逐步完善，村容村貌明显改观。以推进水污染治理攻坚战为突破，提升生态文明建设水平。石马河综合整治取得重大突破，项目总体预算和建设规模获得市批复，争取市扶持资金8亿元。开展生态建设，超额完成年度节能减排任务，造林育林91.67公顷，配合市启动银瓶山森林公园樟木头景区建设，完成“广东省森林小镇”规划编制。结合“数字城管”等信息系统，狠抓卫生、绿化、公共秩序等管理水平提升，有序铺开东深路景观综合整治、“三个一”精品工程，查处城市“六乱”行为66宗，整治“两违”行为96宗、面积10.31公顷。深化文明创建“补短板　促提升”，实施“四大提升工程”和“十大专项行动”，打造核心价值观主题公园等26个示范点，创建一批省市文明单位，通过“广东省文明镇”复评，为东莞市“全国文明城市四连冠”工作做出贡献。挂牌成立城市更新局，制定旧改利益分配及强化管理等细则，绿景RTD新城、百果洞旧村改造等“三旧”改造项目取得实质性进展。

【民生事业】 2017年，樟木头镇教育质量持续提升，在东莞市率先实现省“义务教育标准化学校”和优质学校全覆盖，通过省“教育强镇”和市“推进教育现代化先进镇”复评验收；教育设施不断完善，实验幼儿园建成招生，樟木头中学改造及实验小学扩建等工程进展顺利。医院综合住院大楼加快建设，卫生服务站实现社区全覆盖，“家庭医生”签约完成省市下达任务，“医养结合”工作获评省创新项目。“文化惠民”工程深入实施，新图书馆、社区综合文化服务中心等文化设施即将向群众开放，涌现出麒麟舞、省鲁迅文学奖、市级非遗传承人等一批文化亮点，群众文化生活进一步丰富。全年民生投入5亿元，占财政支出64%，十件民生实事基本完成。完善促进就业创业机制及社会保障体系，户籍大学生初次就业率达100%，户籍人口就业率保持在98.8%的高位，社保扩面征缴完成，低保标准由每人每月610元提高至880元，救助补助及双拥优抚等政策全部落实。开展精准扶贫精准脱贫攻坚，完成市内扶贫任务，对口昭通巧家、韶关曲江扶贫投入1000多万元，完成年度扶贫目标。实施“1+15”维稳和矛盾滚动排查机制，开展“飓风2017”，劳资隐患排查化解等专项行动，违法犯罪警情比上年下降18%、信访量下降17%、矛盾纠纷化解率达97.2%，确保社会大局和谐稳定。推进安全生产大排查大整治，各类安全事故下降17.2%，生产安全事故宗数、死亡人数均下降60%，未发生重大及以上安全事故。

【政务优化】 2017年，樟木头镇启动“七五”普法，落实“谁执法谁普法”责任机制，通过统筹用好公共法律服务平台、“一社区一法律顾问”、法学会、平安促进会等载体，巩固“四调联动”良好局面。“民主法治社区”创建成效明显，巩固1个省级社区，建成5个市级社区。依法治镇工作推进，依法行政考评蝉联东莞市优秀等次。围绕“一门式一网式”部署启用政务服务中心，全年受理业务7万余件。推进“互联网+政务”，提升政务服务标准化、智慧化水平。承办“12345”热线，受理604件、比上年增长31.3%，办结率100%。坚持“人随事走，费随事转”原则，通过优化机构设置、分流冗余人员、购买社会服务等形式，提高政府运作效率。

【“十百千”全产业链倍增计划】 2017年，樟木头镇启动实施“十百千”全产业链倍增计划。“十”指培育一批以十亿元产值为代表的工业企业，3—5年实现工业产值倍增至400亿元左右；“百”指吸引百万游客，3—5年实现年游客量增长到300万人次左右；“千”指打造千亿元产值塑胶产业。

【百名亿元企业培育计划】 2017年，樟木头镇落实市倍增计划，实施百名亿元企业培育计划，每年设立2000万元培育基金，将其作为工业转型升级、“樟木头突围”的重大战略抓手。该计划按照“高新技术企业、上市企业、名牌名标及成长型企业”四个培育类型，挑选100家市场竞争力强、发展潜力大、示范带动效应强的企业，“一企一策”科学设定发展目标，分阶段设立至2020年、2025年的发展目标，分为“培育期扶持、达标期奖励”两个阶段进行帮扶。截至2017年底，“百名亿企”累计产值189亿元，比上年增长22%，产值超亿元企业新增9家、总数达45家。

【樟木头镇获得“治水工作优秀镇”】 2017年，樟木头镇截污次支管网建设工作超额完成年度建设任务，东莞市排名第四。其中：截污次支管网（2014—2015年）工程于4月竣工验收投入使用，总投资1.6亿元，总长38.7千米；截污次支管网（2016—2017年）工程于6月开工，总投资3.3亿元，总长35.9千米；截污次支管网（2016—2018年）工程采取EPC（设计、采购、施工）招标，完善前期准备工作，总投资3.7亿元，总长42.7千米；截污次支管网（2018—2020年）工程主要为查漏补缺，在完善PPP（政府和社会资本合作）招标流程中，总投资3.7亿元，总长42.7千米。内河涌整治方面，截至2017年底，整治官仓河ABCD段、思罗坑水库排洪渠、裕丰排渠、长坑排渠、上南水库排洪渠等8条河段和河涌。2017年，樟木头镇“水环境治理机制改革”获评全市“单打冠军”及“治水工作优秀镇”。

【樟木头镇樟罗社区获评“全国综合减灾示范社区”】 2017年，樟木头镇樟罗社区成立综合减灾领导小组，设立减灾专项资金，建立社区减灾工作档案，常态化组织辖区消防志愿者、社区居民开展消防演练，提供防灾减灾教育培训。该社区设有8个应急庇护中心，总面积2.8万平方米，可容纳近5000人。2017年该社区获得“全国综合减灾示范社区”。这项工作获评全市年度“单打冠军”。

【樟木头镇裕丰社区获“全国创建无邪教社区”】 2017年，樟木头镇裕丰社区把防处邪教工作纳入基层党建、精神文明创建、青少年法制教育和普法等考核内容当中，建立人口档案，逐一落实帮教责任人，配合部门打击邪教组织活动。2017年被评为国家级无邪教示范区。该工作获评全市年度“单打冠军”。（黄　科）

2016—2017年樟木头镇主要经济社会指标

指标	单位	年份	
		2016	2017
户籍人口	人	31452	33826
常住人口	万人	13.18	13.38
面积	平方千米	118	118
生产总值	万元	1003823	1060614
第一产业	万元	359	382
第二产业	万元	479058	488654
第三产业	万元	524406	571578
总用电量	万千瓦时	101602	107186
全社会固定资产投资总额	万元	253152	284219
社会消费品零售总额	万元	629563	713983
外贸出口总额	万元	629828	657722
实际利用外资	万美元	1602	1878
地方财政总财力	万元	163119	131635
各项税收总额	万元	203200	222397

附：2017年樟木头镇党委、人大、政府主要领导名录

镇委书记：周伟森
镇人大主席：蔡传胜
镇　长：周伟森（任至8月）
李惠明（8月到任）

凤岗镇

【凤岗镇概况】 凤岗镇地处东莞市东南端，东、南、西三面紧邻深圳龙岗、横岗、平湖和观澜。截至2017年底，辖区面积82.43平方千米，下辖12个村（社区），常住人口35万多人，其中户籍人口3.2万人。

2017年，凤岗镇实现生产总值273.14亿元（第一产业1928万元，第二产业145.27亿元，第三产业127.67亿元），比上年增长8.4%；全社会固定资产投资总额64.9亿元，下降16.78%；总用电量33.08亿千瓦时，增长10.41%；社会消费品零售总额58.86亿元，增长11.24%；实际利用外资5406万美元，下降80.93%；外贸出口总额162.44亿元，下降3.39%；各项税收总额54.78亿元，增长9.3%；地方财政总财力47.28亿元，增长31.69%。获镇街领导班子工作考核一等奖，“全国无邪教示范镇”“全国综合减灾示范社区”“全国文明村镇”“全国‘扫黄打非’进基层示范镇”“中国华侨国际文化交流基地”“全国为侨服务先进单位”“广东省五四红旗团委”等7个单打冠军。

【产业转型升级】 2017年，凤岗镇落实工作机制，通过以上督下、以上促下，推动重大项目各项工作的落实。有中集、天安数码城、金银珠宝产业中心、深证通、新中心小学等5个市重大项目续建项目，都市丽人智能产业项目为市重大建设项目，理光、康佳等2个项目为市重大预备项目，总投资额118亿元。年度投资计划6.8亿元，完成投资7.9亿元，占年度投资计划的116.2%。加大力度招引优质项目，成功招引金信诺项目和京东都市科技金融创新中心项目。金信诺项目投资额达8亿元，拟申报为市重大预备项目；京东都市科技金融创新中心项目投资额达300亿元，拟申报为2018年省重点预备项目，预计4—6年全部建成，建成投产后每年产值达400亿元、税收达30亿元。利用“三旧”改造“工改工”打造六大重点产业发展平台，其中4个纳入东莞市重大项目。中国证券期货业南方信息技术中心完成一期加固工程，并投产使用；黄金珠宝产业基地主体封顶完工，6月竣工；竹塘下围“工改工”项目通过表决，启动实施；都市丽人智能产业园完成报建手续，开始动工建设；天堂围长岭

凤岗镇全景 （凤岗镇供图）

工业区进行拆迁赔偿；开展五联安佳工业园项目建设。打造三大产业转型升级基地，都市智谷和天安数码通过审批。预计这些产业平台建成后，建筑面积400多万平方米，是凤岗镇承接更多优质企业和总部企业的重要载体。落实镇领导班子成员挂点帮扶制度，强化“一企一策”“一事一议”，抓好问题跟踪督办，推动总额3亿元的镇产业发展基金和城市更新基金投入运营，重点向倍增企业发展项目倾斜。全年50家倍增企业实现营收203.3亿元，比上年增长23.2%，6家翻倍以上增长，18家增长20%以上；带来税收贡献6.9亿元，增长20.2%，13家税收超千万元，1家超亿元。倍增企业拥有研发机构占比80%，高于全镇规上水平42.1个百分点，认定国家高新技术企业37家，占全镇“高企”数量36.6%。

2017年11月1日，凤岗镇传达贯彻党的十九大精神大会　（凤岗镇供图）

【城市品质提升】 2017年，凤岗镇推动10大类、36子类、近200个项目有序开展。截至2017年底，全部项目整体完工率约19.6%，完成全年工作目标。城市管理提升类项目完工率33.3%，交通设施提升类完工率32.6%，恒心路道路工程（平大路—科研路），被列入东莞市两会期间城市品质三年提升计划工作2017年成就展。落实河长制，镇内13条支流、4个水库各1名镇领导班子成员挂点，采取“一河一策”方式推动整治工作。抓好截污次支管网建设，计划投入15亿元，分四批次建设总长196千米，完成第一批次建设，第二批次6.3千米完成总工程量的95%，第三批次动工，第四批次计划建设120千米。开展内河涌整治，投入约1500万元开展虾公潭水的整治，完成总工程量的80%。抓好竹塘一期、虾公潭及雁田3座污水处理厂的提标工作，完成竹塘污水处理厂二期扩建。年内19个“三旧”改造方案获批复，4个连片改造单元获批，2个属新增连片改造试点，完成新增实施改造任务19.93公顷，完成改造任务11.5公顷。实行城市亮化工程，分别投入2000多万元、3000多万元，对镇中心区、雁田村实施灯光亮化工程。7路8桥的建设工作全面铺开，15条村道完成升级改造。实行路长制，镇内7条主干道分别安排1名镇领导担任路长，对主干道两旁景观进行全面整治提升以及18座人行天桥进行全面装饰亮化。培育和践行社会主义核心价值观，建设“九个一百”示范点，围绕东莞争创全国文明城市“四连冠”，落实常态化巡查督导机制，排查整改各类问题3313个，提高社会文明程度和群众文明素质。深化群众性精神文明创建活动，雁田村被授予“全国文明村”称号，一批村（社区）、单位、个人获市各类文明称号。

【社会管理创新】 2017年，凤岗镇投入4000多万元，推进“智网工程”建设，将全镇划分为136个网格，构建“一站式”社会治理体系，被评为2017年度东莞市“智网工程”先进镇街。完成镇综合服务中心和12个村（社区）公共服务中心建设，分别整合488项和97项对外办事事项，开启行政办事“一门式”模式。全年没有发生重大案（事）件，没有发生重大治安、消防、交通事故，完成党的十九大、庆祝香港回归20周年、省“两会”、村（社区）换届选举等维稳安保工作。全镇治安大局持续平稳，公安工作成效显著，违法犯罪警情比上年下降44.5%，“1·19”假药专案组立集体一等功。投入2300多万元提升消防救援装备，推进各项消防安全专项治理工作，铁腕开展火灾隐患排查整治，全年排查整改各类安全隐患1.6万处，生产安全事故宗数、死亡人数、受伤人数分别比上年下降23.3%、35.3%、52.8%，未发生重大及以上安全事故。

【民生事业】 2017年，凤岗镇投资2亿元的新中心小学获得18家企业、单位捐款8820万元，完成主体工程；总投资6000万元的第一幼儿园启动规划建设工作，对华侨中学、官井头小学、雁田小学校园实施升级改造，实施油甘埔小学、端风小学、成人文化技术学校校园文化建设工程。投资500万元的镇中心区安居楼工程基本完成。教育投入2.68亿元，累计投入1600万元购买民办学位，向随迁子女提供4923个学位，积分学位4093个（公办学位463个，民办学位3630个），优惠政策830个；教育质量稳步提高，慕课（翻转课堂）等创新教育在全镇公办学校全面铺开，

凤岗碉楼　　（凤岗镇供图）

华侨中学中考平均分、及格率均超东莞市平均水平（平均分超9.62分，及格率超8.89%），高考万人升本科率位列全市第三，新增优质民办学校（幼儿园）8所建成16套全民健身路径和6个公共健身室，规划建设碧湖体育公园和官井头社区体育公园，启动体育馆修缮工程。最低生活保障标准从720元/月提高至880元/月。累计投入161万元改善群众健康水平。其中，投入约120万元，完成市政府民生实事口腔窝沟封闭项目，25所小学约6000名二年级学生受惠；投入52万元，为1.3万名群众完成口腔涂氟项目、396名老人白内障筛查；免费“两癌”筛查1536人，免费孕前检查164对，免费母婴阻断5170人，地贫防控345对。建成10个村级综合文化站，举办文化艺术普及演出24场，讲座培训600多场，完成送电影下乡220场，受惠群众达20多万人次。完成纂香书室和廻龙庵文物修缮工程，启动杨官璘故居、江屋古村落升级改造与“一河两岸”客侨文化长廊建设工程。舞蹈《排屋囍歌》获广东省第七届群众音乐舞蹈花会舞蹈类比赛金奖。举办“我圆爸妈婚纱梦”、粤港澳千人鹊桥会等有影响力的活动；中华民族婚俗微雕博物馆开馆，龙凤山庄获评“东莞新十景”。村组两级总资产96.3亿元，比上年增长13.6%；村组两级纯收入7.6亿元，增长14.5%；村组资产负债率12.6%，下降1.5个百分点。

（罗文俊）

【中华民族婚俗微雕博物馆开馆】　2017年5月7日，中国首个民族婚俗微雕博物馆——中华民族婚俗微雕博物馆在广东省东莞市凤岗镇开馆。该馆设计注重传统建筑风格以及各民族的民俗文化特色，通过运用服饰、影像、生活生产用具等方式向外界展示中国56个民族的婚俗文化。该博物馆致力于传承和弘扬中华民族婚俗文化，引进婚庆微雕工艺元素，自行研发中国56个民族的56组婚俗微雕，建成中华56个民族婚俗微雕博物馆，创下新的上海大世界基尼斯纪录，获颁“馆藏最多民族婚俗微雕的博物馆”证书。

【首届粤港澳千人鹊桥会】　2017年12月30日，凤岗镇国家AAAA级旅游风景区龙凤山庄悬空玻璃鹊桥开通暨首届粤港澳千人鹊桥会举办。龙凤山庄玻璃鹊桥，总投资5000万元，横跨龙凤山庄同心湖，全长333米，悬空88米，惊艳3D地画与玻璃桥完美结合；首届粤港澳千人鹊桥会精彩纷呈，包括开幕式、相亲资料墙、悬空玻璃鹊桥约会、破冰游戏、玫瑰传情面对面相亲、悬空玻璃鹊桥许愿仪式。100多名红娘穿梭于温馨浪漫的龙凤山庄古堡主会场，为前来参加鹊桥会的单身朋友牵线搭桥，2160名单身男女参加首届粤港澳千人鹊桥会，126对成功牵手。（梁炜强）

附：2017年凤岗镇党委、人大、政府主要领导名录

镇委书记：朱国和
镇人大主席：巫惠平
镇　长：林　岚

2016—2017年凤岗镇主要经济社会指标

指标	单位	年份	
		2016	2017
户籍人口	人	28811	31478
常住人口	万人	31.76	32.01
面积	平方千米	82.43	82.43
生产总值	万元	2440587	2731375
第一产业	万元	1971	1928
第二产业	万元	1262335	1452709
第三产业	万元	1177281	1276738
总用电量	万千瓦时	299634	330815
全社会固定资产投资总额	万元	779867	649000
社会消费品零售总额	万元	529156	588627
外贸出口总额	万元	1681351	1624391
实际利用外资	万美元	28356	5406
地方财政总财力	万元	359042	472809
各项税收总额	万元	503460	547828

谢岗镇

【谢岗镇概况】 谢岗镇是东莞市的东大门，东面和北面与惠州市接壤，西与樟木头、常平、桥头三镇相连，处于深莞惠经济圈的几何中心。截至2017年底，辖区面积91平方千米，下辖11各村、1个社区，常住人口9.8万人，其中户籍人口2.2万人。

2017年，谢岗镇实现地区生产总值83.52亿元（第一产业1.38亿元，第二产业59.7亿元，第三产业22.41亿元），比上年增长14.1%；全社会固定资产投资总额15.17亿元，下降16.88%；总用电量10.36亿千瓦时，增长8.1%；社会消费品零售总额14.8亿元，增长7.5%；实际利用外资2099万美元，下降75.77%；外贸出口总额55.9亿元，增长21.1%；各项税收总额10亿元，增长11.1%；地方财政总财力8.32亿元，增长28.97%。获评东莞市镇街领导班子2017年度工作考评二等奖，排全市第17位，首次进入前20。获得“全国综合减灾示范社区”“退休人员社会化管理服务站省级示范点”“国家卫生镇”“绿色村庄创建”等4项“单打冠军”。

【实体经济发展】 2017年，谢岗镇围绕市政府2017年“一号文”，实施重点企业规模与效益倍增，按照“选好选优、培优培强”的原则，选取1家市级倍增企业、30家镇级倍增企业、5家后备企业，共36家存量优势企业进行重点培育。全年36家企业主营业务收入49.6亿元，比上年增长26.1%，24家为国家高新技术企业，占比67%。艾利精密公司、普莱斯新材料公司、四象智能公司、台容电子厂等4家镇级倍增企业提前倍增。市级倍增企业润星科技成为谢岗镇首家主营业务收入、产值分别超10亿元的民营企业，获评东莞市“2017年度规模效益成长性排名前20工业企业”“2017年度税收突出贡献奖”。开展各类研发活动和研发项目，全镇110家规模以上企业中，41家企业完成自建研发机构备案。鼓励企业研发和申请专利。各类专利申请量634件，比上年增长51%；各类专利授权量409件、增长50.9%，授权发明专利30件、增长1.14倍；实用新型授权量332件，增长71.1%。推动符合条件的企业申报国家、省高新技术企业，新增34家国家高新技术企业，57家企业申报省高新技术培育企业。全镇一般贸易41.1亿元，比上年增长49%；外企内销总额45.8亿元，增长47.7%；善募康全年产值35.6亿元，增长87.7%，成为谢岗镇首家产值超30亿元企业。

【城市更新改造】 2017年，谢岗镇建设截污次支管网，全年累计完成33.43千米，完成率127.1%，超额完成年度任务。启动莞惠城轨银瓶站TOD综合开发项目，基本建成银瓶站站前广场人行天桥，与碧桂园集团签订框架协议，共同规划开发。规划水塔山片区、嘉鑫工业区、冠任工业区、第三工业区等城市更新项目，通过更新改造，保留产业发展用地，盘活土地资源，推动产城融合发展。规划建设总面积183.13公顷的银山湿地公园、银瓶湖湿地公园2个市级湿地公园，完成总体规划方案，通过市林业局评审。推动美丽幸福村居建设，窑山村、大龙村、大厚村3个村基本建成，黎村村、谢岗村2个村正在建设中。规划建设“微管网”，以镇中心区23万平方米区域为试点，完成工作计划书编制。推动镇人民公园项目建设，完成一、二期设计和招标，正在办理三期用地手续。抓好公租房、安置区规划建设，抓紧开展规划调整等前期工作。完成银瓶合作创新区水系综合规划，获市水务局批复同意。启动海绵城市专项规划编制工作。研究设立发展基金，撬动社会资本投入基础设施、城市更新建设。推动房地产发展，

银瓶山　　（谢岗镇供图）

启动5公顷星汇翠峰、2.13公顷曹乐骏雅苑2个商住项目建设，基本完成1.67公顷眼口商住地块前期工作，通过法律手段，着手解决广场南路、杏花村、金满湖等有历史遗留问题地块。

【海绵城市建设】　2017年，谢岗镇将全镇域打造为海绵城市建制镇，在银瓶创新区的城市道路、绿地公园、建筑小区、水污染综合整治等开发建设中落实海绵城市建设理念。成立海绵城市和生态旅游发展办公室，成立银瓶创新区海绵城市建设工作领导小组，全面统筹推进海绵城市建制镇的工作。推进《银瓶创新区海绵城市专项规划》、海绵城市建设技术导则和政策体系文件编制工作，规划5个海绵城市建设工程，分别为曹乐水系统综合治理片区、南面石鼓河水系整治、银瓶湖生态湿地示范园、粤海湖生态雨洪公园、中心湖海绵化整治。

【行政服务优化】　2017年，谢岗镇出台自建房建设导则、管理办法。完成镇、村两级政务服务中心建设，推动17个部门262项公共服务事项进驻，全年受理各类行政审批和审核服务事项3207件，“一门式一网式”改革持续深入推动。城市更新局成立。推动简政强镇，接收交通、人力资源、文化执法等8个市直属单位，承接市下放777项事权，补充一批人员到各单位并进行培训。

【民生实事】　2017年，谢岗镇制订迎检工作方案，实施“十二大”行动，动员全镇上下，全方位开展整治提升工作，全力支持东莞市“全国文明城市四连冠”创建工作。全力保障十九大特别防护期的安全稳定。开展“飓风2017”专项行动，严厉打击各类违法犯罪活动，全年违法犯罪警情数比上年下降35.78%，命案零发案，端掉1个邪教窝点，侦破1件涉案面值10亿多元的虚开发票案。深入治理信访

2017年6月26日，谢岗镇举行国际禁毒日宣传活动　（谢岗镇供图）

问题，制订《谢岗镇维护社会稳定工作方案》，布置重点信访问题排查化解行动等十大行动，妥善处置群体性事件和突发事件。有效净化社会环境，社会大局保持和谐稳定。完善“智网工程”建设，入格事项增至8个部门20大类83项，建成镇、村两级指挥调度平台，充实一批网格人员。开展“以案说防”和“一呼百应”工作。创新安全生产管理，对全镇生产经营单位，实行三级量化动态管理。开展消防、安全生产各项专项整治，排查整改各类安全隐患2071处，未发生较大及以上安全事故。加强对劳资纠纷、欠薪逃匿等引发的不稳定因素的排查化解，处理欠薪企业63家，为群众追回工资1930万元。查办食品、药品违法案件21件，新增1个农贸市场快检室。村组两级集体总资产27.3亿元，比上年增长8.3%；村组两级经营总收入1.98亿元，增长8.3%，两级经营纯收入1.6亿元，增长7.3%。推动村组多元化投资，实现参股镇属厂房项目、购买理财产品等投资17.26亿元，全年产生收益8890万元，占村组两级经营总收入的44.9%。强化环卫统筹，每年投入2000多万元，实行全镇环卫外包服务，实现村（社区）环卫支出零负担。新增生活垃圾运往焚烧厂处理，实现100%生活垃圾无害化处理。实施凹坑填埋场雨污分流、覆膜及沼气导排工程，减少环境污染。开展创建省生态乡镇工作。完成8家“两高一低”企业提升改造，年减少废水排放量12.22万吨。常态化整治泥头车，查处泥头车违规违法行为110次，查扣车辆94辆。坚决遏制违建行为，拆除违建26宗，拆除面积4080平方米。查处城市“六乱”行为3658宗。建成启用市人民医院谢岗院区新院区，启动医院二期规划设计。开展黎村小学改造二期工程规划建设工作。《谢岗镇志》出版。成立镇全媒体中心，抓好镇电视台、银瓶通讯、活力银瓶公众号、便民谢岗等平台建设，全面加强宣传工作。基本完成历史文化发掘和资料整理工作。原创歌曲《梦里中国》获市第二届群众音乐舞蹈花会比赛金奖。谢岗中学、振华中学被省评为“校园足球推广学校”，谢岗中学获评“全国青少年校园足球特色学校”。谢岗小学、振华学校通过“东莞市依法治校示范校”评估验收。华翔学校创建市一级学校。发放各项就业补贴179万元。投入各类保障补助资金920.6万元。发放优抚、优待金219.5万元。社保扩面征缴扎实推进，社会养老和医疗保险待遇水平稳步提升。国防动员、工会、共青团、妇联、市内外扶贫等工作有效推进。

【银瓶合作创新区建设】　2017

年，谢岗镇加强与粤海集团沟通对接，理顺政企合作机制。与粤海集团建立日常事务议事决策领导小组，共同商议日常事务，确定“合作开发、自持另租、直接出售”3种园区工业用地方式，按4∶6比例出资成立东莞市粤莞银创投资有限公司推进园区建设。为加快园区建设，成立银瓶创新区（粤海产业园）建设协调组、道路建设项目组、产业项目建设组等3个专职小组。建成谢常路及延长线银丰路段，打通断头路。总投资22.6亿元的29号路、粤海大道动工建设。推动大黎路、谢岗大道等道路前期工作。引进唯美新型装饰瓷板项目、东环科宇科技中心项目、深圳电子电气互连产业园等8个超亿元项目，累计总投资56.3亿元，投产后预计年产值81.4亿元、税收7.92亿元，签订北大医疗产业园、深圳创新产业园等项目框架协议。海普仓储项目开展4栋仓库工程桩基础工程。粤鲲智能制造项目（原大连机床智造项目一期）完成主体工程量的80%。华能热电项目完成桩基础工程量的81%，动工建设厂区主体建筑工程。粤海工业智造产业中心项目完成主体工程量的40%。润星增资扩产项目完成主体工程量的45%。

2017年1月18日，东莞市人民医院谢岗院区揭牌　（谢岗镇供图）

【莞惠银瓶站TOD科技小镇项目】　2017年12月1日，谢岗镇政府与碧桂园集团签订《莞惠城轨银瓶站TOD碧桂园科技小镇框协议》。以莞惠城轨银瓶站为中心的周边287.8公顷土地作为开发范围，以产城融合为原则，以政企合作开发为方式，计划打造为集“产、研、商、住、金融服务”于一体的科技小镇。

【《东莞市谢岗镇志》出版】　2017年12月，《东莞市谢岗镇志》出版。《东莞市谢岗镇志》收编内容时间上溯于谢岗各项事业的发端，下止于2015年，分正文和彩页两大部分。正文采取分类编辑法，类目、分目、条目组成框架结构的主体部分，记载谢岗镇自然、经济、政治、社会和民俗风情、人物等各方面的历史变化。彩页图文并茂地反映谢岗镇经济社会发展的面貌。

【市东南部卫生填埋场动工建设】　2017年12月，东莞市东南部卫生填埋场动工建设。该项目选址曹乐村鸡头山（土名），3月完成场地现状固定、青苗丈量、现场勘探等工作，启动项目征地宣传动员。4—6月，因曹乐村村级换届选举，该项目暂缓。8月，谢岗镇重新启动工作。12月9日，曹乐村涉及征地的黄曹、新围、芙蓉3个村小组，151户代表全部签名同意征地。（曾桂彬）

附：2017年谢岗镇党委、人大、政府主要领导名录

镇委书记：贾贵斌（任至7月）
　　　　　胡毅峰（9月到任）
镇人大主席：罗树华
镇　长：胡毅峰（任至10月）

2016—2017年谢岗镇主要经济社会指标

指标	单位	年份	
		2016	2017
户籍人口	人	21753	22357
常住人口	万人	9.76	9.81
面积	平方千米	91.0	91.0
生产总值	万元	731978	835231
第一产业	万元	14062	13753
第二产业	万元	522617	597415
第三产业	万元	195299	224064
总用电量	万千瓦时	95837	103584
全社会固定资产投资总额	万元	182563	151744
社会消费品零售总额	万元	137561	147881
外贸出口总额	万元	461443	558933
实际利用外资	万美元	8663	2099
地方财政总财力	万元	64503	83192
各项税收总额	万元	90164	100030

塘厦镇

【塘厦镇概况】 塘厦镇位于东莞市东南部，东连清溪镇，西邻黄江镇，北接樟木头镇，南与凤岗镇和深圳市观澜街道接壤。截至2017年底，辖区面积128平方千米，下辖21个社区，常住人口近50万人，其中户籍人口6万多人。

2017年，塘厦镇实现地区生产总值377.63亿元（第一产业1.57亿元，第二产业219.55亿元，第三产业156.51亿元），比上年增长8.1%；全社会固定资产投资总额64.17亿元，下降12.02%；总用电量50.42亿千瓦时，增长8.69%；社会消费品零售总额106.52亿元，增长6.09%；实际利用外资6269万美元，增长11.07%；外贸出口总额315.66亿元，增长2.38%；各项税收总额84.13亿元，增长11.93%；地方财政总财力31.59亿元，下降34.59%。获2017年度东莞市“治水先进奖”，以及“全国无邪教示范社区”“水环境治理机制改革”“广东省宜居社区”“广东省五四红旗团委标兵”“广东省实施技术标准战略示范镇”等6项全市“单打冠军”。

【实体经济发展】 2017年，塘厦镇电子信息、不间断电源、家用电器等支柱产业总产值407.13亿元，占规模以上工业总产值56.4%；内源型经济发展较快，民营规模以上工业企业增加值达66.52亿元，比上年增长16.4%；先进制造业、高技术制造业实现增加值81.77亿元和59.73亿元，分别占规模以上工业增加值的46.4%和33.9%。加工贸易企业转型指数在东莞市排名第三。推进重点企业规模与效益倍增计划，9家市级和48家镇级试点企业的发展势头强劲，实现增加值分别比上年增长17%和16.9%，比全镇平均水平高7.7个和7.6个百分点。重新修订出台《塘厦镇产业经济发展实施办法》，为未来产业发展指明方向。推动重大项目建设和招引，推进蓝思旺项目一期建成投产，全年完成投资2.29亿元，超过年度投资计划52.7个百分点。新引进联鹏装备公司、铭基电子公司、汉科电子公司等超亿元内资项目9个。全年引进内资项目85个，实际投资37.8亿元，比上年增长35%。引进欧银实业、国巨电子、裕华电路板等超千万美元外资项目3个，投资总额4735万美元。推动顺络电子公司、赢合科技公司、昕旺创智谷等13个大型优质项目集中签约，总投资145亿元，预计年产值284亿元、年税收贡献19.6亿元。举办2017塘厦高尔夫球博览会，高尔夫年产值22.58亿元，比上年增长5.6%。推广工业游，推动赛诺家居公司通过市工业旅游示范点的评选并获得授牌，全镇旅游业向标准化、品牌化方向发展。

【创新驱动发展】 2017年，塘厦镇制订《塘厦镇打造创新驱动发展升级版行动计划（2017—2020年）》，明确八大行动计划，为全镇创新驱动发展提供更有力的政策支撑。出台《塘厦镇科技创新奖励办法》，加大对国家高企、发明专利申请、创新科研团队等重点工作扶持力度，构筑从国家到地方完整的科技扶持政策体系。培育高企，全镇国家高新技术企业净增135家，总数达277家；广东省高

观澜湖高尔夫球场 （塘厦镇供图）

新技术企业培育入库268家，高新技术企业培育成效以及数量分别排名东莞第一和第三。组织推动志成冠军申报省院士工作站，发动5家企业申报市工程中心，推动冠佳电子等3家企业认定为省工程中心。截至2017年底，全镇拥有省级工程中心10个，市级工程中心5个、市级科技企业孵化器1个、省众创空间试点单位1家和电子电源专业镇创新平台。全年申请专利5099件，比上年增长72%，其中发明专利申请505件，增长10%。R&D（研究与开发）预填报数15.8亿元。推动3批次共49家规模以上企业研发机构备案登记工作，截至2017年底，全镇183家规模以上企业完成研发机构备案，备案率超50%，5亿元以上规模以上企业全部完成备案，是东莞首批2个完成“双达标”的镇街。办理工业技改备案证14宗，全镇纳入工业技改投资项目库企业60家，完成工业技改投资22.2亿元。推动4家企业申报市首台（套）重点技术装备项目、尔必地机器人申报市智能制造生产示范线，装备制造业蓬勃发展。创建东莞市技师工作站1个，全镇有11名企业技师被评为“东莞市首席技师”，约占全市新增首席技师的10%。科技企业获科技信用贷款贴息超过200万元。推动6家企业获得市科技保险资助、专利保险资助。新增2家挂牌“新三板”企业和2家上市后备企业，金融资本助力产业发展作用更加显著。

【企业服务优化】 2017年，塘厦镇强化收费管理，规范涉企收费，落实收费减免政策，免收使用流动人员调配费及绿化费，预计每年为企业减负2100万元；减免外资企业协作服务款1400多万元。落实宽进准入政策，实行全程电子化工商登记、“五证合一、一照一码”、企业简易注销等改革措施，推进电子营业执照、个体户简易注销。截至2017年底，有市场主体5.25万户，排名东莞第七；新增市场主体1.08万户，比上年增长31.26%。落实“千干扶千企”工作，累计解决企业反映的各类问题近200个。推动企业开拓市场。通过内销奖励、组织企业参加加博会和海博会、引导企业参与阿里巴巴等电商平台发掘客户等渠道，推动外资企业拓展内销市场，建立国外国内两边走的销售模式。

【城市建设】 2017年，塘厦镇以“三旧”改造推进集约节约用地，新增奇富特、永立等4个“三旧”改造项目动工建设，完成佳畅、三局实业等4个“三旧”改造项目竣工验收。推进存量土地盘活及闲置用地处置工作，盘活存量土地22.65公顷，处置闲置地5.49公顷，均超额完成任务。推进文明创建整治提升“十大行动”常态化，启动“九个一百”文明示范工作建设，完成38个文明示范点的创建。举行首届“名城名匠”推选活动，推选出10名“名城名匠”和20名“名城工匠”。为东莞实现全国文明城市“四连冠”作出积极贡献，推进友善之城、好人之城、志愿之城、希望之城建设。配合推进从莞高速、深圳外环高速项目的规划建设，实现从莞高速通车，基本完成深圳外环高速项目用地征收工作。启动赣深客专塘厦站片区的概念性规划，成立赣深客专塘厦段项目推进工作指挥部，为高铁项目的征收拆迁做足准备。完成实验小学路口、诸佛岭路口等6个路口的改造，改善主干道路交通堵塞问题。加强电网规划建设，基本完成中心区“一小时”特征电网规划。投资约9200万元完成72个配网基建常规项目，解决用电紧张及网架供电卡脖子问题。推进供水管网升级改造，完成50.05千米的供水管网改造。拆除户外广告189个，依法取缔黑气窝点137个，查扣416台违规泥头车、农用车，开展“三线”、城市“牛皮癣”等专项整治行动，全年查处“六乱”违法行为5751宗，“六乱”现象得到有效遏制。狠抓“两违”整治，拆除违法建筑27宗，合计9.04万平方米，严控新增违法用地、违法建筑增量。建成8个农贸市场快检室和2个食品安全示范市场，生猪肉品统一冷链配送全面铺开。完善三防体系建设，打造集三防值班室、气象服务站、会商室及应急监测配套设备于一体的指挥调度中心，提高三防指挥决策效率。启动石马河流域、桥陇河河道综合整治工程，做好“天鸽”“帕卡”等6个台风抵御工作，城市内涝问题得以有效改善。

【生态文明建设】 2017年，塘厦镇以管网建设和内河涌治理作为水污染治理攻坚战的两大战场，全年新建截污次支管网27.44千米，完成年度建设任务的107.64%。完成契爷石水河道清淤及水景观工程、鸡爪河河道清淤工程，基本消除黑臭现象。作为东莞市先行试点，率先启动4个分散式污水处理设施试点建设，完成2座建设任务。抓好“两高一低”企业整治工作，完成削减9.15万吨/年废水排放量的任务。推进“河长制”，实现镇村两级全覆盖。推进主要污染物总量减排工作，完成335家重点企业VOCs（挥发性有机化合物）整治。全镇空气质量达标天数309天。实施全镇生活垃圾收集外运无害化处理，彻底解决垃圾出路问题。开展垃圾填埋场治理工作，实现填埋场雨污分流、渗滤液达标处理排放。开展清拆回潮养殖场行动80次，清拆栏舍面积近30万平方米。

2017年，塘厦镇推进林相改造，完成3公顷幼林抚育工作。推动耕地保护工作，完成91.67公顷高标准农田建设。完成全镇“十三五”节能规划编制工作，推动27家企业通过重点耗能企业能管中心验收，有3家企业通过甲级验收。完成清湖头社区、平山社区、凤凰岗社区、龙背岭社区4个社区的美丽幸福村居建设。推动大坪社区、蛟乙塘社区等9个社区申报广东省宜居社区。

【社会治理】 2017年，塘厦镇铺开“智网工程”建设，完成181个基础网格100%登记注册，出租屋管理员、社区消防专职、社区计生员三支队伍683名网格管理员全部整编到位，镇、社区两级指挥调度平台运作顺畅。打击“两抢”违法犯罪，保持对黄赌毒违法犯罪严打高压态势。开展“飓风2017”专项行动，专项排名东莞前列。推进“以案说防”“全民创安·一呼百应”群防群治等工作。全镇违法犯罪警情比上年下降23%，刑事案件下降14%，全年没有发生造成影响的突发事件和群体事件。履行安全生产责任，开展“六类场所、十项必查”消防安全专项行动，推进消防安全“个十百千万”工程。开展重点行业领域安全生产大检查，推进打击“四黑”专项行动。全年没有发生群死群伤的火灾、交通、安全生产等事故，火灾起数比上年下降27%。化解管控各类矛盾风险，推进政治安全和社会矛盾20项专项行动。

【民生保障】 2017年，塘厦镇财政性教育总投入3.3亿元，向随迁子女、企业人才子女等提供7302个公办和补贴学位。为企业人才子女提供公办学位305个，比上年增幅91%。扶持和规范民办教育发展，推行向优质民办义务教育学校购买学位政策，支持户籍适龄学前儿童入读民办幼儿园。第三幼儿园基本完工。完善塘厦医院新院建设，完成凤凰岗、四村卫生服务站的建设。推广“家庭医生服务”，签约群众14.86万人，签约率30.7%。为328对夫妇提供免费婚前和孕前优生健康检查，累计建立居民健康档案52.8万份。创建东莞首个、也是唯一一个首批“广东省公共文化服务体系示范项目”。“同饮一江水”打工者歌唱大赛被国家文化馆评为2017全国文化馆（站）优秀群众文化品牌。全年组织公共文化“百千服务”进基层等文化惠民活动700多场次。音乐剧《啊！鼓岭》获广东省第十届精神文明建设“五个一工程”优秀作品奖；音乐作品《打工梦也圆》《小小的梦》获广东省群众文艺作品评选二等奖。组织编排群舞《家园》《绣》、麒麟舞《麒麟献瑞》走出国门，参加在哈萨克斯坦举行的2017阿斯塔纳世博会中国馆“广东活动周”演出。完善公共体育设施建设，科苑东体育公园实现全面对外开放。各项社保待遇进一步提高。最低生活保障标准提高到每人每月880元，发放总额51.78万元，比上年增长15%。开展“救急难”社会救助工作，引导社会组织、爱心人士、企事业单位参与社会救助。推进社会保险扩面征缴，超额完成社会保险扩面任务。做好住房公积金扩面，扩大住房保障惠及面，新开户缴存单位数完成全年任务的160.45%。做好市内、镇内结对帮扶和新时期精准扶贫工作，完成对口帮扶始兴县12个贫困村的贫困户脱贫退出率65%的任务。

【法治建设】 2017年，塘厦镇开展重大事项合法性审查和法律论证，预防和消除决策中的法律风险。完善政府规范性文件管理和党内规范性文件备案工作。强化行政监督，依法接受人大的监督，加强监察、审计监督。提高工作人员法治思维和工作能力，加强行政复议应诉工作。落实司法行政公共服务，推动13个社区创建成为“民主法治社区”，建成覆盖全镇的24个公共法律服务平台。

【政务服务】 2017年，塘厦镇推进政务服务模式改革，完成镇综合服务中心及22个社区公共服务中心建设并投入使用；建成“塘厦镇一门一网综合服务受理平台系统”，初步实现“一门集中、一网受理、一窗通办”，镇综合服务中心月均业务量近万宗，日均接待办事对象约600人次。办理党代表、人大代表、政协委员建议提案43份，办理12345政府服务热线和镇长信箱群众诉求2300多份。 （黄梓能）

【首届“名城名匠”推选活动】 2017年3—4月，塘厦镇举办首届“名城名匠”推选活动。推选活动评审委员会从75人当中择优评选出30名“名城工匠”人选。经过网络投票、评审委员会评定和社会公示后，对20位“名城工匠”和10位“名城名匠”进行颁奖表彰，以此激励更多奋战在工作一线的专业技术型人才扎根塘厦。最终评选出陈龙飞、黄金和、江志坚、林效明、刘远昌、罗建春、王全锋、姚志洪、于熙、钟辉泉为塘厦镇首届“名城名匠”，其余20位为“名城

2017年12月28日，市委书记吕业升（前排中）率队参加塘厦镇2017年引进重点项目集中签约仪式 （塘厦镇供图）

塘厦镇迎宾大道 （塘厦镇供图）

工匠”。

【2017（第九届）塘厦高博会】 2017年11月23—26日，2017（第九届）塘厦高博会在塘厦镇举行。设塘厦塘龙广场主会场和观澜湖东莞球会分会场两大会场，两大会场面积共约2.1万平方米，设立展位650个，汇集国内外上百家高尔夫知名品牌。两大会场吸引参观采购客商超8万人次，其中专业采购商8000多人，现场成交额9000多万元。高博会从2009年举办以来，连续举办9届，完成从“政府邀请”到“展商抢占”展位的实质转变，构建以“展会+赛事+论坛活动”的展会主体，成为华南区最具规模、最具影响力的高尔夫行业盛会。 （梁炜强）

附：2017年塘厦镇党委、人大、政府主要领导名录

镇委书记：黄耀成（任至8月）
　　　　　方灿芬（8月到任）
镇人大主席：叶浩昌
镇　长：黎雪琴

2016—2017年塘厦镇主要经济社会指标

指标	单位	年份	
		2016	2017
户籍人口	人	55357	61489
常住人口	万人	48.82	49.31
面积	平方千米	128	128
生产总值	万元	3398348	3776302
第一产业	万元	16091	15737
第二产业	万元	1990905	2195492
第三产业	万元	1391351	1565073
总用电量	万千瓦时	463871	504189
全社会固定资产投资总额	万元	729394	641700
社会消费品零售总额	万元	1004046	1065155
外贸出口总额	万元	3083275	3156585
实际利用外资	万美元	5644	6269
地方财政总财力	万元	482887	315872
各项税收总额	万元	751692	841336

清溪镇

【清溪镇概况】　清溪镇位于东莞市东南部。截至2017年底，辖区面积140平方千米，辖21个村（社区），常住人口31万人，其中户籍人口4.09万人。

2017年，清溪镇生产总值260.88亿元，比上年增长9.6%；规模以上工业增加值137.1亿元，增长8.5%；全年外贸进出口总值491亿元，增长6.8%，其中出口总值327.9亿元，增长5.2%；各项税收总额47亿元，增长8.6%；一般公共预算收入12.1亿元，增长10.77%；固定资产投资总额65亿元，增长3.9%；社会消费品零售总额57.7亿元，增长9.8%；村组两级总资产44.1亿元，增长4.3%；村组经营总收入6.9亿元，增长9.5%，其中村组纯收入4.5亿元，增长12.4%。在2017年度东莞市镇街领导班子年度考评中获得一等奖，名列第四，比2016年度提升2位；“倍增计划”等7项工作被市委、市政府评为全市“单打冠军”。在2017年度中国中小城市综合实力百强镇中，清溪名列第三十七，比2016年度提升2位。

【统筹发展】　2017年，清溪镇贯彻新发展理念，创新发展模式，通过统筹资源、连片更新，引进新型产业，提升重大项目承载力，推动城市升级、产业升级。建立“四三二”统筹发展模式［“四”是指成立城市更新局、招商局、清溪控股集团、清溪旅游集团四大统筹工作平台；“三”是指按照“政府主导、资源整合、多方参与、利益共享”的原则，针对原有土地权属企业、村集体和外部有实力的企业建立三种合作方式；“二”是指与国有金融机构达成合作意向设立“清溪镇城市更新专项基金”，并通过发挥该专项基金的杠杆作用，引入有实力的企业投资参与城市更新和统筹开发项目，构建起两大融资模式。实施“2+1”城市更新试点工作（“2”是指青湖、银山两个产业升级片区，“1”是指镇中心区）］。启动2017—2022年城市更新规划，计划改造面积506.67公顷，包括青湖和银山313.33公顷产业升级片区、聚富路延长线等城市中心片区193.33公顷改造。统筹土地厂房资源81.2公顷，其中旧厂连片改造44.53公顷、城市中心区改造36.67公顷。先行建设青湖片区占地14.5公顷“青湖湾科创中心”项目，园区项目之一“科创展示中心”奠基动工；位于青湖片区内、占地29.53公顷的米德兰改造项目，纳入2017年产业类项目年度实施计划。

【城市品质提升】　2017年，清溪镇实施城市品质三年提升计划，推出43个提升项目，涉及魅力小城建设、城市更新、城市精细化管

清溪镇中心区　　（陈伟君　摄）

理等7大领域。至年末，完成17个项目。落实镇领导班子成员“河长制”，重点对较大污染的5条内河涌进行6项综合整治；推进“三建两治”水污染治理工程，建设截污次支管网33.6千米；罗马垃圾填埋场垃圾及渗滤液综合治理项目挂网招标。重点跟进协调涉及清溪镇的4条高速公路、8个高速公路出入口、10条外联道路及相关轨道的规划建设。年内，建成5个高速公路出入口、3条外联道路。

【旅游规划】 2017年，清溪镇整合全镇生态文化资源，以创建“广东省全域旅游示范区”为抓手，实施“一轴一带五片区”（清凤公路景观轴，清溪河景观带，以及石壁山、清溪湖、铁场村、契爷石水库、大王山五大旅游片区）旅游规划，打造全域旅游示范区和国际旅游度假目的地。其中，与3家有实力的文旅企业签订框架协议，计划合作开发建设“古韵铁场村”“欢乐清溪湖”“运动大王山”三大旅游项目，计划总投资230多亿元，预计3年建成。

【民生实事】 2017年，清溪镇推进政务服务改革，镇综合服务中心受理业务量20.7万宗，群众满意度95.85%；试行市场主体“负面清单”管理，将83个市场主体纳入专项监督，追缴企业拖欠基建费用和拖欠镇属企业欠款5229万元。发放各类民生补贴1600万元；全镇各险种参保人数100万人次；为群众发放岗位和培训补贴279.62万元；加快华中师大附中、清溪医院新院等工程建设。向乐昌市坪石镇贫困村投入帮扶资金1231.79万元；落实到村帮扶项目41个、到户帮扶项目2083个；推进东西部扶贫协作，与云南省镇雄县签订框架协议，先后统筹2000万元帮扶资金；与市住建局、人行东莞支行等单位结对抓好市内帮扶工作，铁场村、九乡村两个次发达村集体收入稳步增长，基础设施逐步完善，有正常劳动能力的低保户脱贫率90%。

【社会治理】 2017年，清溪镇推进精神文明创建，培育和践行社会主义核心价值观，实现全国文明镇“四连冠”。推进“平安清溪”建设，全镇总警情较大幅度下降，其中违法犯罪警情比上年下降35%；立刑事案件下降15.4%，受理行政案件下降20.6%；全年没有发生重大刑事案件、重大安全生产事故和重大群体性事件，社会治安防控体系建设及十九大防护专项工作成效均排名全市第二位。被评广东省依法治省工作先进单位、广东省创建无邪教示范镇；长山头村被评为广东省交通安全文明示范村，是全省获得该荣誉的10个村之一。

【大湾区·清溪科技生态城项目】 2017年，清溪镇通过规划统筹青湖、银山两个产业升级片区

清溪山水天地森林公园 （张小龙 摄）

313公顷旧厂房和闲置用地，与深圳市投资控股有限公司合作共建“大湾区·清溪科技生态城”项目。预计投资500亿元，项目成熟期将培育和引进高新技术企业超过1000家，年产值1500亿元、年税收100亿元。其中，项目一期“清湖湾科创中心”于12月奠基动工，占地14.5万平方米，预计投资28.6亿元。该项目获市委、市政府批准，在全市先行先试新型产业用地（M0）政策。

【清溪保税物流中心（B型）运行】 东莞清溪保税物流中心（B型）2014年10月获海关总署、财政部、税务总局、外汇局批准设立，2016年11月3日通过验收，2017年5月封关运行。有9家企业进驻中心设立企业，18家企业进驻B保办公楼开展业务工作，承租海关监管仓库面积5.63万平方米，占总仓库面积73%，承租堆场1.43万平方米，占总堆场面积100%。业务种类也从单纯的即进即出业务拓展为保税仓储、进出口转关运输、简单加工等多个类型。截至年末，累计进出车辆6796辆，进出1.35万车次，进出报关单1.72万份，进出货运量5.75万吨，进出货值151.79亿元，征税税款1.08亿元。其中，一线进出境货值94.79亿元。

【清溪镇获评“广东省森林小镇”】 截至2017年底，清溪镇坚持走生态优先、绿色发展之路，把生态建设融入经济社会发展各方面，把森林小镇建设同美丽小镇、幸福村居结合起来，依托丰富的生态资源，挖掘当地生态文化，形成较大影响力和较高知名度的生态特色与优势。成立由镇长任组长的森林小镇建设领导小组，不定期召开工作会议，研究和部署创建各项工作，及时协调解决建设过程中遇到的各种问题。委托专业设计单位开展森林小镇有关专项规划工作，强化城市规划建设的文化意识，将客家文化、岭南文化元素融入森林空间和生态环境。2016—2017年两年投入10亿元资金实施“最美小镇”工程，开展环境整治，打造城市景观，加强城市管理，强化生态环保。通过“点、线、面”结合，在“点”上建设系列覆盖全镇的特色景观和城市雕塑，在“线”上编织自然山水景观带、低碳生态示范带、特色人文体验带、工业经济观光带、城市景观休闲带，在“面”上将清溪打造成为文化厚重、环境优美、经济繁荣的特色小镇。宣传环境保护法律、法规知识，弘扬生态理念，共建美丽清溪。2017年9月，被省林业厅评为“广东省森林小镇”。清溪镇该项工作获评全市年度“单打冠军”。

【清溪镇获评“广东省创建无邪教示范镇（社区）”】 2017年，清溪镇选取长山头村、青皇村、谢坑村、大埔村、铁场村5个行政村作为创建示范村（居），推荐长山头村作为优秀创建示范村。镇委政法办召开专项会议督导各创建示范村开展创建工作，明确责任落实，部署工作措施。组织党员干部收看反邪教警示教育宣传片，全面展开反邪教宣传工作，建立健全反邪教工作机制。各创建示范村无发现邪教人员，无发现邪教组织活动。各创建示范村反邪教工作建章立制，干部群众对反邪教工作知晓率90%。2017年3月，长山头村被省委政法委评定为“全省创建无邪教示范村（社区）”。清溪镇获2017年“广东省创建无邪教示范镇（社区）”。清溪镇该项工作获评全市年度“单打冠军”。

【清溪镇创建“广东省交通安全文明示范村（社区）”】 2017年，清溪镇加强辖区道路交通管理工作，从提高市民交通法规意识、确保交通安全着眼，从落实交通安全教育、措施着手，开展创建省、市“交通安全文明示范单位”活动。严格执行交通违法处理记分规定，提高驾驶人交通法制意识；排查整改道路安全隐患，整改事故黑点及隐患路段；开展交通安全大检查，加强安全隐患整改。开展整治“泥头车”行动，打击涉酒、涉毒驾驶违法行为，落实重点车辆的查控工作。开展创建文明示范单位活动，强化交通宣传，提升市民安全意识。土桥村、清溪中学、居民委员会、联升小学、长山头村5个单位获省级交通安全文明示范单位的称号。其中，4月长山头村被广东省文明厅、广东省公安厅、广东省教育厅、广东省司法厅、广东省交通运输厅、广东省安全生产监督管理局评为广东省交通安全文明示范村。清溪镇获2017

2017年6月28日，清溪镇与深投控合作协议签约仪式举行

年“广东省交通安全文明示范村（社区）”。清溪镇该项工作获评全市年度“单打冠军”。

【清溪镇获评“全国文明村镇”】 2017年，清溪镇加强领导，推进社会主义核心价值观融入行动、城乡环境升级改造和文明创建工程建设，整治城乡环境，提高集贸市场文明创建水平，严抓食肆管理，创建工作有序推进，获得全国文明村镇“四连冠”。清溪镇该项工作获评全市年度“单打冠军”。

【清溪镇获评“广东省依法治省工作先进单位”】 2017年，清溪镇实施“法治保障”工程，抓责任机制落实；实施“法治政府”工程，抓依法行政工作；实施“依法治理”工程，抓平安清溪建设；实施“法治教育”工程，抓法治环境营造。年内，清溪镇获评“广东省依法治省工作先进单位”。清溪镇该项工作获评全市年度“单打冠军”。

【清溪镇获评“国家第一批绿色村庄”】 截至2017年底，清溪镇通过发挥生态优势、打造宜居环境、营造文化氛围来留住胜景、留住传承、留住乡愁，全力打造“环境美、生态美、人文美、精神美”的绿色村庄。2017年，铁场村、铁松村、上元村、土桥村、荔横村、厦坭村、浮岗村、谢坑村、青皇村、长山头村、三中村、三星村、大利村、重河村、罗马村、松岗村、九乡村、渔樑围村18个村获评“绿色村庄”。清溪镇获评2017年“国家第一批绿色村庄”。清溪镇该项工作获评全市年度“单打冠军”。

【清溪镇获评“推进供给侧结构性改革，实施企业规模与效益‘倍增计划’”全市“单打冠军”】 2017年，清溪镇推动“倍增计划”工作，倍增试点企业总体保持良好发展态势。政策红利得到充分释放，镇财政设立3亿元专项扶持资金，加大力度支持“倍增计划”实施。试点企业主体作用显著提升，试点企业中有33家为国家高新技术企业、19家设立省级研发中心、2家A股上市、8家“新三板”挂牌。58家市镇两级试点企业2017年实现产值284.38亿元，比上年增长42.43%；纳税入库4.50亿元，增长6.4%。清溪镇“推进供给侧结构性改革，实施企业规模与效益‘倍增计划’”工作，获评全市年度“单打冠军”。

（李海波）

2017年2月6日，清溪镇综合服务中心揭牌仪式举行 （清溪镇供图）

附：2017年清溪镇党委、人大、政府主要领导名录

镇委书记：范燕彬
镇人大主席：姚伟民
镇　长：王耀明

2016—2017年清溪镇主要经济社会指标

指标	单位	年份	
		2016	2017
户籍人口	人	38888	40900
常住人口	万人	30.91	31.07
面积	平方千米	140.1	140.1
生产总值	万元	2294645	2608800
第一产业	万元	10056	9834
第二产业	万元	1318757	1486902
第三产业	万元	965832	1111942
总用电量	万千瓦时	294165	318515
全社会固定资产投资总额	万元	625103	649630
社会消费品零售总额	万元	525373	576970
外贸出口总额	万元	3116319	3279100
实际利用外资	万美元	6653	5317
地方财政总财力	万元	170683	143000
各项税收总额	万元	257456	469980

常平镇

【常平镇概况】 常平镇位于东莞东部。截至2017年底，辖区面积103平方千米，下辖33个村（社区）。常住人口38.95万人，其中户籍人口8.66万人。

2017年，常平镇实现地区生产总值330.59亿元，比上年增长4.5%；税收总额44.53亿元，增长15.2%；财政总收入24.48亿元，增长16.9%；全镇规上工业增加值96.44亿元，增长3.5%；社会消费品零售总额139.97亿元，增长7.5%。获全国文明村镇、全国综合减灾示范社区、广东省五四红旗团委标兵、广东省儿童友好社区、绿色村庄创建、军民融合创建驻点平台、高新技术企业孵化育成体制机制改革7项全市“单打冠军”。

【经济发展质量提升】 2017年，常平镇从政策、服务、技术、资本4方面促进企业规模与效益倍增，35家试点企业实现主营业务收入101亿元，比上年增长22%，其中有8家企业主营收入增幅50%以上，2家企业增速超100%。划定2377公顷的工业保护线，以空间管制保障工业发展。编制创新产业和业态示范工程实施指南，引导信息产业、先进材料产业、定制消费制造和终身服务业态创新发展。促进加工贸易转型，全镇外资企业新增研发机构22家。9个重大项目累计完成投资9.5亿元，新引进智创产研中心、维他奶食品饮料生产中心、华立装饰复合材料、固达高端数控装备制造等重大项目，总投资56.16亿元，增长122.9%。

【创新驱动发展战略实施】 2017年，常平镇落实市创新驱动发展升级版行动计划，R&D（研究与开发）投入6.8亿元，比上年增长11.7%。加大“双创”支持力度，专项扶持资金提升到1亿元。增强企业自主创新能力，全镇高新技术企业184家，比上年增长1.45倍，规模以上企业研发机构覆盖率44.1%。国际创新港、智创产业园成为广深科技创新走廊市级创新节点。国际创新港挂牌“东莞海智基地工作站”，超过70家科技型创新企业进驻，引进绿圃国际空间站、车库咖啡等9个创新平台。全镇建成、在建、拟建众创孵化载体21个，其中4个获得省、市级孵化器（众创空间）认定，其中百润爱创基地被评定为国家级科技企业孵化器培育单位。专利保护力度持续加大，全镇国内专利累计授权量9680件，专利授权量连续三年增长30%以上。发挥“互联网+创新创业示范镇”的引领作用，举办中美创新创业孵化育成平台联合路演、第四届“创青春”广东省青年创新创业大赛总决赛、科技之春音乐会，承办赢在东莞科技创新创业大赛深圳赛区比赛。常平镇获评市创新驱动发展工作考核评比优秀等级。

【城市品质提升】 2017年，常平镇坚持“人民城市人民建”，提交人代会审议通过《常平镇城市品质三年提升计划行动方案》，实施十大类67个城市建设项目，总投资77.19亿元。加强交通路网建设，投入5268万元完成东兴路、六横路、新南路等7项道路工程。莞惠城轨全线开通，常

常新公园 （骆维 摄）

平大道升级改造。智能化升级32个路口交通信号灯，设立交通事故快处快赔服务点，缓解交通拥堵。启动中心商业区17座商业连廊建设，优化商圈配套。完成东莞东站和常平站两个TOD（与公共交通为导向的开发）片区规划设计，推进地籍调查、土地征收等前期工作。改善村居环境，市镇村三级投入1.99亿元建设115个宜居项目，11个村完成美丽幸福村居建设市级项目。桥梓村爱莲湖景区项目获评广东省宜居环境范例奖。开展文明创建工作，清理“牛皮癣”17万张，拆除各类违法建筑135宗共5.4万平方米，包括疑似小产权房46宗。通过2017年度“国家卫生镇”复审，实现“全国文明村镇”三连冠，获评东莞市2015—2017年争创全国文明城市“四连冠”工作先进单位。

【生态环境保护】 2017年，常平镇建立治污工作联席会议制度，组建专业治污工作队，落实“周督导、周研判”，推进水污染治理。总长41.9千米的截污主干管网修复取得重大进展，截污次支管网建成42千米。推行“河长制”，覆盖全镇32个村（社区）、36条河流（流域），设立镇村级河长118人，实现河湖责任全覆盖。有序开展5条内河涌整治，完成白沙埔排站、朗洲泵站主干排渠等4条河涌整治，基本完成木棆河整治主体工程。完成17个内涝黑点整治，实施中心区排渠常态化清淤，建成新桥排站常平大道配套主排渠，有效缓解内涝问题。开展66.67公顷水源涵养林改造工程，抚育旗岭森林公园、九江水八宝岭259.9公顷水源涵养林，建成启用常新公园。开展大气、固废等污染防治，全年优良天气312天。笑金坑存量垃圾分筛处理试点项目通过市验收，垃圾处理能力2000立方米/日，同步实施垃圾渗漏液无害化处理，为全市存量垃圾处理提供样本示范。

【基层综合治理】 2017年，常平镇构建打防管控新格局，32个村（社区）基本实现治安视频监控覆盖，壮大群防群治队伍，建成“警民联防执勤点”763个。全镇“两抢”警情比上年下降55%，违法犯罪警情下降11%。推进社会矛盾隐患排查化解，实行领导包案，加强化解力度，综治三级平台受理信访案件1076宗，调处率99%。推进“智网工程”，投入652万元建成启用镇村两级指挥调度平台，整编网格员队伍250名，8个部门20大类83个事项入格管理。获2017年度东莞市“智网工程”先进镇街称号。开展消防安全、危化品、建筑施工、道路交通等专项整治，未发生重大及以上安全事故。

【民生实事】 2017年，常平镇财政民生投入12亿元，推进十件民生实事。加快实施常平中学初中部等一批教育基础设施升级改造工程。“平安校园”创建率100%，提供公民办学校积分入学学位4054个。振兴中学获全国机器人大赛双冠军、省中小学电脑机器人活动一等奖。每万户籍升大学、升本科人数均全市第一，教育综合实力全市第二。建成启用常平青少年宫，首期招生3080人，东莞文化馆常平分馆和木棆村综合文化服务中心相继建成。成立10个社会体育指导员服务点，数量全市第一。组

2017年8月31日，维他奶（东莞）食品饮料生产中心项目签约仪式举行 （骆维 摄）

2017年4月17日，常平“科技之春”音乐会举行（骆维 摄）

织开展各类体育比赛活动40多次，参加人数超过10万人次。在市运会上获得35.5块金牌。常平医院被确定为东莞市东部中心医院，成为东莞首家通过“新国标”评审的二甲医院。投入518万元完善社卫中心及站点医疗设备，为30万余人次提供转诊服务，超过10万名居民拥有自己的家庭医生。创建2个食品安全示范农贸市场和8个农贸市场食品快检室。做好韶关市曲江区与南雄县、新疆42团等市外帮扶。向镇内7个次发达村发放扶贫资金350万元。举办“广东省扶贫济困日暨东莞慈善日”活动，发挥常平慈善基金会和卢屋村专项基金等平台作用，全年筹集善款324万元。落实发放低保资金、优抚补助、高龄老人生活津贴等专项补助经费3322万元。新增4个社区综合服务中心，全镇社区综合服务中心9个。发放各类就业补贴1194万元，应届高校毕业生初次就业率100%。

【隐贤山庄获国家AAAA级旅游景区】 2017年12月，东莞隐贤山庄被评为国家AAAA级旅游景区。隐贤山庄旅游风景区位于常平镇，占地面积33.33公顷，于1998年对外开放，以中国传统文化与现代文化和中西合璧的特色，成为集家庭娱乐、礼佛观光、休闲度假于一体的旅游度假区，累计接待游客超过1300万人次。隐贤山庄投入1.2亿元进行整体升级改造，新建旅客服务中心和增添玻璃桥、动物园、摩天轮等游乐项目，在环境美化、旅游产品、服务接待能力、品牌推广、景区旅游吸引力等方面得到全面提升，获“东莞新十景”最具人气景点，成为常平镇娱乐观光文化旅游品牌。（陈沛权）

2016—2017年常平镇主要经济社会指标

指标	单位	年份	
		2016	2017
户籍人口	人	81860	86644
常住人口	万人	38.57	38.95
面积	平方千米	103.3	103.3
生产总值	万元	3052627	3305945
第一产业	万元	11926	11664
第二产业	万元	1280844	1376601
第三产业	万元	1759857	1917681
总用电量	万千瓦时	301173	322793
全社会固定资产投资总额	万元	558906	462775
社会消费品零售总额	万元	1301944	1399728
外贸出口总额	万元	3848389	2754704
实际利用外资	万美元	5966	8321
地方财政总财力	万元	145998	199706
各项税收总额	万元	386499	445331

附：2017年常平镇党委、人大、政府主要领导名录

镇委书记：黄庆辉（任至3月）
刘裕昌（3月到任）
镇人大主席：周少华
镇　长：朱默河

桥头镇

【桥头镇概况】 桥头镇位于东莞东部。截至2017年底，辖区面积56平方千米，辖11个村、6个社区，常住人口16.58万人，其中户籍人口3.94万人。

2017年，桥头镇地区生产总值143.2亿元，比上年增长11%；规模以上工业增加值82.9亿元，增长15.8%；社会固定资产投资32.6亿元，增长11.4%；社会消费品零售总额32.1亿元，增长8.8%；外贸出口总额302.86亿元，增长17.7%；税收收入23.37亿元，增长15.6%；农村经营性总收入3.91亿元，增长4.8%；经营性纯收入2.43亿元，增长6.2%；镇级财政收入8.2亿元，增长4.86%。通过“全国文明镇”的复评。获“中国包装优秀产业基地”“广东省民间文化艺术之乡”“广东省创建无邪教示范镇”“（莫家拳）广东省非物质文化遗产传承基地”称号。被评为“全市领导班子工作良好镇街”。桥头镇李屋村、屋厦村被评为“国家第一批绿色村庄”。桥头镇大洲社区、莲城社区被评为“广东省四星级宜居社区”。

【特色产业发展】 2017年，桥头镇加快环保包装产业发展，深化与湖南工业大学、南华大学等高等院校合作，加快推进环保包装产业协同创新中心10个子中心建设，其中人才培训中心由桥头镇与湖南工业大学开展“一镇一校”产学研合作，共建东莞包装学院，培训环保包装产业人才8000多人；产品检测中心被认定为东莞市工程技术研究开发中心、广东省工程技术研究开发中心和省级企业技术中心；材料应用研发中心为企业解决多个核心质量控制问题，技术成果转化与孵化中心推动嘉颐、创客中心等孵化中心基本建成，品牌创新与推广中心协助汇林、汉维等企业获得广东省名牌产品称号。

【重大项目建设】 2017年，桥头镇落实重大建设项目镇领导挂点机制，引进技术含量高、投资规模大、单位税收贡献多、带动能力强的项目，强化从项目洽谈到签约、落地，到开工建设全过程服务，确保项目早日建成产生效益。引进美盈森工业4.0智慧工厂，宏辉新精密机械等超亿元内资项目；引进秦匠建筑项目、中星增资项目、新技到资项目等超千万美元外资项目；日新传导增资扩产。新技电子液晶显示器项目、锐准镁合金生产项目、美盈森环保包装生产建设项目3项市重大项目实现投产。

【创新驱动发展】 2017年，桥头镇推进4家市级试点企业、6家市级后备企业和20家镇级试点企业倍增发展。在用好市扶持政策的同时，镇投入3000万元，在人才、用地、技术、资金等方面给予企业支持，解决企业生产经营难题，帮助企业加快发展。30家试点企业全年营业收入111.41亿元，比上

桥头镇 （桥头镇供图）

年增长61.91%；利润总额4.47亿元，增长51.95%；税收总额2.81亿元，增长55.83%。协助企业做好专利申请、科技项目申报、名牌名标创建，推动嘉颐建成环保包装科技孵化器，加快推进环保包装产业协同创新中心建设，引进湖南工业大学创新科研团队并设立博士（后）工作站，协助技塑、健润等企业挂牌“新三板”，美盈森、泰克威、汇林等9家企业申报为省工程中心，汉维等企业申报为省企业技术中心。全镇主营业务收入5亿元以上工业企业研发机构实现全覆盖。成立桥头电子商务协会，助力爱浦电商产业园建设，落实“育苗造林”行动计划，协助61家企业完成高新技术企业申报。全镇高新技术企业累计71家，其中新增38家。

桥头镇行政办事中心　（桥头镇供图）

【农村经济管理】　2017年，桥头镇加强农村集体资产管理，建立农村收支预算管理模块，提高集体资金使用效益；加大农村债权追收力度，盘活农村富余资金，促进集体经济增资减债。截至年末，农村集体经营性总收入3.91亿元，比上年增长4.8%；经营性纯收入2.43亿元，增长6.2%；农村年度积累资金7538万元，增长4.3%；农村资产负债率下降至11%，有10个村（社区）实现“零借款”。

【城市规划建设】　2017年，桥头镇开展近期建设规划修编，完善东部组团片区、东部工业园片区、石水口片区等13个项目的控规调整；启动实施城市品质三年提升计划，加快推进29号路、莞番高速（桥头段）建设，基本完成莞番高速公路（桥头段）的土地征收，推动第三批、第四批7个村的美丽幸福村居建设。春日地块改造项目恒丰商业楼及满都花园等“三旧”（旧城镇、旧厂房、旧村庄）改造项目基本完成建设，凯达峰景台、宏远帝庭山、石竹望景台、山水江南、三正逸品居等房地产项目主体工程基本完成。

【生态文明治理】　2017年，桥头镇打好治污攻坚战，分四期建设全长143.35千米截污次支管网，累计建成33.8千米，其中当年10.8千米建设任务全面完成，三期和四期工程加快推进。做好污水处理厂二期扩建工程和一期出水提标工程，建成石水口分散式污水处理站，完成东太湖排渠二期、石水口排渠等整治工程的建设任务，加强大气污染综合整治，建立畜禽养殖业长效巡查监管机制。

【社会管理创新】　2017年，桥头镇发挥高清视频监控系统作用，新增虎尾岭市际固定治安卡点，加强网络警察队伍建设，深化对网络舆情信息的监控。推进“飓风2017”专项行动，打击两抢一盗、电信诈骗、金融领域、涉黑恶、“黄赌毒”等违法犯罪活动，开展打击邪教犯罪，防范打击暴恐犯罪，强化对寄递企业和废品回收站监管，推进“以案说防”活动，维护全镇社会治安稳定。全年违法犯罪警情比上年下降12.8%，破案率上升12.5%，创建成为“广东省无邪教示范镇”。做好十九大维稳防护工作，成立维稳安保工作专班，实行全脱产和24小时值班工作制，确保社会大局稳定。完成“智网工程”指挥调度中心和全镇19个指挥调度站建设，整编建立176名网格管理员为主体的网格队伍，开展网格化管理运作。推进“平安细胞”建设，成立桥头法庭，发挥平安促进会、法学会等社会共治平台作用，“平安细胞”覆盖率95%以上。持续开展领导接访活动，落实领导包案制度，全年受理矛盾纠纷866宗，调处818宗，全镇各类信访案件办结率94.5%。落实安全生产“一岗双责”，开展各类宣传咨询活动，新建石水口片、李朗片消防分站，加强对企业生产、食品药品、消防交通、黑危化品等安全管理巡查力度，遏制各类安全事故发生。全年无发生重特大安全事故。

【服务效能建设】　2017年，桥头镇完成镇政务服务中心及17个村（社区）公共服务中心建设，持续提升办事窗口服务质量，为群众提供“一站式”办事服务。推进商事制度改革，抓好商事主体后续监管，推广“诚信通”信息查询系统，桥头工商分局率先在全市设立全程电子化登记服务中心，营造良好营商环境。

【民生实事】　2017年，桥头镇加大教育硬件投入，完成桥头中

桥头镇东深供水工程太园抽水站　　（桥头镇供图）

学、中心小学和第四小学慕课室建设，完成中心幼儿园升级改造，推进第一小学、第二小学运动场建设。落实“积分入学”机制，实施公民办学校二轮帮扶计划，创新完善“慕课”网络教学新模式，开展名师培育工程，提高合同制教师待遇，探索临聘教师管理新模式，师资力量不断壮大。桥头镇“尚荷教育”被中国成教协会评为“终身学习品牌项目”。举办第十四届桥头荷花节和第五届油菜花节，“一湖两花”品牌影响力持续扩大，桥头荷花节被省文化厅评为2017年广东公共文化服务优秀案例。开展文化惠民工程，建设村级综合性文化服务中心，打造各类文化创作精品，“群音会”入选市文化艺术品牌市镇共建项目，桥头莫家拳申报为第三批广东省非物质文化遗产传承基地。深化医疗体制改革，完善医疗软硬件，加强居民健康档案管理，做好儿童、老年人、妇幼保健等工作，家庭医生式服务基本实现全覆盖。促进群众就业创业，全年累计发放各类就业补贴310.6万元，举办招聘会30多场，帮助1000多名求职者成功应聘；开展各类扶贫济困活动，加大对五保户、低保户、贫困户等救助力度，做好揭西对口帮扶工作，落实镇欠发达村三年帮扶计划。

【市容环境整治】 2017年，桥头镇集中整治环境卫生、户外广告、占道经营、农贸市场等问题，落实违法建设巡查监督机制，查处整治违法建设行为。建立环境卫生长效治理机制，实施“牛皮癣”举报奖励制度，持续落实“门前三包”责任制，设置市民信息公开栏34块，更新增设一批公益广告和“核心价值观”特色宣传造型，进一步提升市容环境。　（陈镇光）

附：2017年桥头镇党委、人大、政府主要领导名录

镇委书记：莫厚良

镇人大主席：曾婉玲

镇　长：叶冠强

2016—2017年桥头镇主要经济社会指标

指标	单位	年份	
		2016	2017
户籍人口	人	38194	39445
常住人口	万人	16.52	16.58
面积	平方千米	56	56
生产总值	万元	1261685	1432269
第一产业	万元	4402	4306
第二产业	万元	727709	847739
第三产业	万元	529574	580224
总用电量	万千瓦时	172266	204023
全社会固定资产投资总额	万元	292925	326299
社会消费品零售总额	万元	295365	321383
外贸出口总额	万元	2589679	3028628
实际利用外资	万美元	9620	9693
地方财政总财力	万元	80927	90270
各项税收总额	万元	202639	233701

横沥镇

【横沥镇概况】 横沥镇位于东莞市东部。截至2017年底，辖区面积44.67平方千米，常住人口20.52万人，其中户籍4.2万人，下辖16个村和1个社区。

2017年，横沥镇地区生产总值127.4亿元，比上年增长9.6%；固定资产投资总额23.1亿元，增长18%；30家规模以上工业试点企业完成总产值96.13亿元，增长31.7%，占全镇规模以上工业比重41%；实现模具产值136亿元，增长15%。在2017全国综合实力千强镇排名中，位居第七十九名。获2017年广东省文明村镇全市“单打冠军”。

【协同创新发展】 2017年，横沥镇加快科技创新与产业深度融合，完善金融综合服务一体化平台建设，拓宽企业投融资渠道。全年完成工业技改投资6.75亿元，比上年增长34.5%；国家高新技术企业新增82家，累计148家；新增研发机构备案的规模以上工业企业38家，累计85家。全镇拥有国家级认可实验室3个、省级工程技术研究中心9个，广东正茂精机成功申报院士工作站。引进模具领域知名科研团队38个。

【环境质量提升】 2017年，横沥镇实施城市品质三年提升计划，计划实施68项，市镇社会投资30多亿元。推进水环境综合治理，全面实施河长制，落实“一河一策”，加快截污次支管网建设和重污染内河涌整治，完善“一河两岸三公园”设施，优化城镇环境，探索慢行系统，推行共享经济。推动金龙路、蓓蕾路、树人路等升级改造工程。推进55项镇村环境整治提升工程，开展环境综合整治，整治畜禽养殖污染，加快淘汰黄标车，加强环境污染排查执法，查处环保违法企业，提升环境质量。

【农村经济发展】 2017年，横沥镇探索农村集体经济发展新路子，以六甲村、田坑村、村尾村为试点，推动“一村一品牌”创建工作。推动长巷无花果场被认证为市级设施农业示范点、张坑花果山休闲农庄申报市级家庭农场。“三帮一”立体帮扶机制发挥，42个结对帮扶单位累计统筹帮扶资金470万元。持续完善农村集体资产交易平台和“三资”（集体资金、资产、资源）监管平台，加强农村集体经济组织重大事项审查，规范农村资金使用，被评为全市农村审计工作和村组增资减债工作先进镇街。全年村组两级经营总收入3.21亿元，比上年增长4.6%；村组两级纯收入1.78亿元，增长11.31%；村组两级资产负债率24.32%，下降2.61%。

【社会治理创新】 2017年，横沥镇社会治理协同创新中心投入运营，开展公益等各项服务及活动110多场，惠及2200多人次。深化“智网工程”效能，在全市率先完成基础信息采集工作并投入运行。开展“飓风2017”“以案说防”“全民创安·一呼百应”等专项行动，加强群防群治力度，重拳

横沥镇一河两岸航拍实景图 （横沥镇供图）

2017年2月23日，中央文明办检查组到横沥镇检查精神文明创建工作（横沥镇供图）

2017年5月26日，全国政协科教文卫体委员会调研组一行到横沥镇调研协同创新工作（横沥镇供图）

打击各类违法犯罪活动，路面“两抢”（抢劫、抢夺）犯罪警情比上年下降50.6%，接报违法犯罪警情下降8.1%，社会治安持续好转。开展危化品、食品药品等重点行业领域专项整治，严打“黑油”违法犯罪，推进“平安横沥”建设。

【民生实事】 2017年，横沥镇打造“五金模具设计”技能培训品牌，建成创新创业基地3个，新建青年车间5个，全镇就业率94%。投入社会保障和就业支出7450万元，医疗卫生支出8140万元。提供随迁子女积分制民办学校学位补贴807个，比上年增长12倍。投入教育支出1.83亿元，推动教育事业均衡发展。发放各类低保金、慈善金、高龄津贴、残疾人津贴及相关慰问金1160万元。开展文化惠民活动，丰富群众文化生活。

【横沥镇获评“广东省文明村镇”】 2017年，横沥镇推进卫生清扫保洁市场化运作，确保文明创建“十大行动、35项整治”计划实施到位。将社会主义核心价值观等文明精髓融入城镇建设，完成金牛公园、友善公园、体育公园三大主题公园建设，开展“十星级文明户”“美德在我家”等精神文明创建评选活动；出台落实《横沥镇未成年人思想道德建设工作指引》等制度，深化未成年人思想道德建设工作；累计建成道德讲堂48个。开展党的十九大精神宣传贯彻工作，推动十九大精神家喻户晓、深入人心。文明创建经验做法被中央电视台《焦点访谈》栏目宣传报道，并获“广东省文明镇”称号，被评为东莞市争创全国文明城市“四连冠”工作突出贡献单位。该项工作获评全市年度“单打冠军”。

（李沛欣）

附：2017年横沥镇党委、人大、政府主要领导名录

镇委书记：何植尧
镇人大主席：陈细钿
镇　长：覃　春

2016—2017年横沥镇主要经济社会指标

指标	单位	年份	
		2016	2017
户籍人口	人	39964	42015
常住人口	万人	20.39	20.52
面积	平方千米	44.67	44.67
生产总值	万元	1121967	1273546
第一产业	万元	5272	5156
第二产业	万元	610220	714676
第三产业	万元	505475	553714
总用电量	万千瓦时	161287	183638
全社会固定资产投资总额	万元	195900	231145
社会消费品零售总额	万元	283148	309787
外贸出口总额	万元	1004238	1085179
实际利用外资	万美元	12582	9765
地方财政总财力	万元	181094	125179.4
各项税收总额	万元	217110	251442

东坑镇

【东坑镇概况】 东坑镇位于东莞市中部。截至2017年底，辖区面积23.8平方千米，辖14个村、2个社区。年末常住人口13.45万人，其中户籍人口3.2万人。

2017年，全镇实现地区生产总值126亿元（第一产业1660万元，第二产业88亿元，第三产业37亿元），比上年增长10.1%，增速全市排名第八位；规模以上工业增加值90.7亿元，增长13%，增速全市排名第十位；社会消费品零售总额21.1亿元，增长8.9%；外贸出口总额158.2亿元，增长4.8%，比全市快2.6个百分点；各项税收总额20.17亿元，增长35.2%。在全市镇街年终综合考评中排名第六位，获领导班子工作优秀镇街，以及全国文明村镇、国家卫生镇、绿色村庄创建3项全市“单打冠军”。

【产业转型升级】 2017年，东坑镇对焦主导产业，加大企业培育力度。全年完成固定资产投资27.8亿元，比上年增长15.1%，工业投资占全镇固定资产投资61.4%。实施精准招商，推动华荣通信、华研新材料、楷亿电子等40个优质项目落户，协议投资总额约27亿元。实施“倍增计划”，市、镇倍增企业实现工业增加值65.7亿元，拉动规模以上工业增长11.1个百分点，其中富强电子年产值超100亿元，实现全镇百亿元企业零突破。用足用活市扶持次发达镇8000万元资金池资金，加快推动华荣公司总部用地项目、坚胜公司厂房物业回购项目和富港旧厂区改造一期等产业提升项目。

【重大项目建设】 2017年，东坑镇加大领导挂钩督导力度，优化“一对一”服务，提升项目审批效率，突破项目建设难题，推进市重大项目早日完工、早日投产。全镇2个市重大项目总用地面积15.3公顷，总投资12亿元。全年完成投资3.01亿元，完成年度投资额178%。佳虹电子研发项目二期厂房完成，维智项目三期工程加快建设中。

【创新驱动发展】 2017年，东坑镇出台创新驱动扶持奖励资金，每年安排500万元扶持奖励科技企业，推动富强电子成为全镇首家百亿元科技型电子企业，新能德被认定为市“专利优势企业”和“知识产权重点保护企业”。全年新增国家高新企业33家，累计56家；企业自建研发机构43个。金禄科技公司、康德威电气公司“新三板”挂牌上市。专利申请947件，比上年增长81.4%；授权617件，增长76%。东盈孵化器打造为市科技企业孵化器C级。

【各项改革深化】 2017年，东坑镇深化供给侧结构性改革，营造宽松便利营商环境。推进商事登记改革，落实“多证合一”“全程电子化”等多项改革措施，市场主体达1.1万户。推进农村综合改革，年末农村土地确权合同补签率98%。深化行政审批制度改革和基层社会治理综合改革，完成镇综合服务中心、16个村（社区）公共服务中心升级改造，打造优质政务服务；加快推进“智网工程”建设，全镇16个村（社区）的“智网工

东坑镇城市新貌　　（东坑镇供图）

程”指挥调度工作站投入使用。

【农村经济发展】 2017年，东坑镇农村集体资产总量24.72亿元，比上年增长5.7%；借款总量2.09亿元，下降15.9%；应收款总额为1.45亿元，下降14.0%；纯收入1.93亿元，增长9.1%；财务收支结构优化，高负债村组及收不抵支村保持0个，连续5年在市农村经济发展考评项目取得满分。

【城镇建设精细】 2017年，东坑镇围绕“建设美丽东坑”目标，强化城市精细管理。推动城市建设“串珠成链”，形成商业发展格局，精品特色凸显。建成东坑科技产业园、正崴科技园、三甲工业城等产业园区。围绕“魅力小城”建设、交通设施提升等七大重点领域，梳理建设项目57个，打造城市建管精品。围绕“新增违建零增长，存量违建负增长”目标，全面严控违建，拆改面积近2万平方米。促进生产、生活、生态融合，建设成以东坑农业园、亭岗岭为绿色双核，小山小湖点缀，绿道有机串联的整体生态文化格局。推进现代生态都市建设，建成300公顷东坑农业园和8.99千米绿道，加快“全国休闲农业与乡村旅游示范点”生态优势转化，打造出农业园等一批旅游产品，创建省生态镇。实施“四化一饰”（美化、文化、绿化、净化、灯饰）城市品位提升提质工程，推进核心价值观融入润化工程，开展“和谐家庭”“东莞好人”“道德模范”等群众性精神文明创建活动，率先出台《东坑镇村（社区）文明创建考核办法》，打造文明志愿服务品牌。建立精细化城市管理机制。成功创建全国文明村镇。

2017年4月14日，市委书记、市人大常委会主任吕业升（前排右三）到东坑镇走访市“倍增计划”试点企业新能德公司　　（东坑镇供图）

【美丽幸福村居建设】 2017年，东坑镇推进美丽幸福村居建设，结合各村实际，规划先行，注重统筹，以抓重点、打造特色为基础，实施美丽幸福村居环境整治、基础设施建设、扶贫解困和文化传承，推进美丽幸福村居建设各项工作。凤大试点村、丁屋村、彭屋村、坑美村、黄麻岭村等村美丽幸福村居建设项目全面完成综合验收。

【“三旧”改造】 2017年，东坑镇狠抓空间“扩容”，细化政府主导的“三旧”改造用地收益分配方式，以旧厂房连片“工改工”建设工业大厦、科技孵化器为着力点，推进“三旧”改造实施项目12个，新增建设面积10万平方米，完成改造5.33公顷，促进空间整合利用。以东坑科技产业园为扩容升级典范，同步加快建设与招商步伐，全年园区工业总产值39.5亿元，税收（不含免底调库）超1.5亿元。

【民生实事】 2017年，东坑镇推进生态文明建设，开展治水提质攻坚战，新建截污次支管网3千米及26座截流井。推动角社分散式污水处理设施建设，撤并镇屠宰场。镇村联防联控，有序推进河长制。将VOCs（挥发性有机化合物）污染整治，与锅炉和油烟整治、扬尘污染治理、黄标车淘汰工作同步推进。投入4.65亿元用于教育、社会保障、医疗卫生等方面，占一般公共预算支出的61.3%。推进教育均等化，公办中小学随迁子女数占比60%以上。东坑护理院成为全市第一个建成并投入运营的公立医养结合机构，家庭医生签约服务全面实施。深化结对帮扶工作，累计完成市外扶贫11项基建工程，实现218户867人脱贫。落实就业补贴政策，全年解决群众就业687人次。

【2017年“卖身节”】 2017年，东坑镇立足“古时卖身、今日创业、劳动光荣”人文价值，奉行“社会热心支持、民间自发参与、文化传承引导、社团周密组织”办节举措，继续以“农耕民俗嘉年华”形式，通过“龙狮欢舞，踏春送福”“莞邑瑰宝，古韵东坑”“百花迎春，美丽东坑”“吉祥耍乐，活力东坑”“职场推介，智慧东坑”“农家韵味，美食东坑”“踏春休闲，绿色东坑”八大主要活动项目，展示坑土农耕文化的独特内涵，擦亮“农耕古镇、精品特色、生态宜居”东坑品牌。

【东坑镇获评“全国文明村镇”】 2017年，东坑镇把全国文明镇创建作为建设特色精品小镇的有力抓手，镇主要领导多次深入一线、靠前指挥，包村督导，构建

美丽幸福村居——东坑村　　　　（东坑镇供图）

起镇村联动、部门联合、干群联创的“三联”创建网络，形成党政重视、各级落实、群众参与的全国文明镇创建大格局。率先出台《东坑镇村（社区）文明创建考核办法》，打造文明“5+”志愿服务品牌。通过注重从教育上“提”、宣传上“引”、典型上“推”、活动上“促”，实施城市品质再提升工程、文明阵地再扩面工程、市民素养再提升工程、民本民生再促进工程，打造崇德向善、文化厚重、和谐宜居的环境，成功创建“全国文明镇”，该项工作获评全市年度“单打冠军”。

【东坑镇获评“国家卫生镇”】 2017年，东坑镇启动国家卫生镇创建工作，着重规划完善硬件设施，升级改造镇际路网、村级路网、打造精品工程，夯实城市建设基础。坚持自我运营、镇村统筹、全效保洁，推动环卫工作“自营化”，控制环卫成本，实现村（社区）环卫“零支出”。建立“道路保洁机械化、垃圾收运密闭化、垃圾投放分类化”运行方式，实施高标准、精细化的过程管理。以创新部门联动工作机制、网格片区责任机制、巡查管理工作机制“三个机制”为抓手，促进管理科学化、精细化、智能化，提升城市建设管理水平，获评2017年“国家卫生镇”。该项工作获评全市年度“单打冠军”。

【东坑镇“绿色村庄创建”工作获评全市“单打冠军”】 2017年，东坑镇结合美丽幸福村居建设、人居环境、文明创建等工作，全面部署绿色村庄创建，加强路旁、水旁、宅旁、村旁、休闲地的绿化，号召属地村委会组织村民实行绿化包干，在房前屋后见缝插绿，增加村的绿化率，做好“四包”工作。促进各村提升绿化覆盖率，改善农村人居环境和生态环境，营造绿色氛围。全年建成区绿化覆盖率40.7%，建成区绿地率40.6%，林荫路推广率97.6%，并推动黄麻岭村、井美村、丁屋村、凤大村、彭屋村、坑美村、黄屋村、塔岗村8个村成功申报全国绿色村庄。该项工作获评全市年度“单打冠军”。　（李换珠）

附：2017年东坑镇党委、人大、政府主要领导名录

镇委书记：张耀洪

镇人大主席：苏庆中

镇　长：李　刚（任至7月）

　　　　王业宽（8月到任）

2016—2017年东坑镇主要经济社会指标

指标	单位	年份	
		2016	2017
户籍人口	人	31110	32121
常住人口	万人	13.38	13.45
面积	平方千米	23.8	23.8
生产总值	万元	1102297	1259793
第一产业	万元	1697	1660
第二产业	万元	760121	884494
第三产业	万元	340478	373640
总用电量	万千瓦时	109637	117488
全社会固定资产投资总额	万元	241325	277821
社会消费品零售总额	万元	193659	210985
外贸出口总额	万元	1509513	1581773
实际利用外资	万美元	884	2381
地方财政总财力	万元	74926	76720
各项税收总额	万元	149505	201669

企石镇

【企石镇概况】 企石镇位于东莞市东北部。截至2017年底，辖区面积58.21平方千米，下辖19个村、1个社区。常住人口12.22万人，其中户籍人口4.59万人。

2017年，企石镇地区生产总值70.2亿元（第一产业3622万元，第二产业40.65亿元，第三产业29.22亿元），比上年增长8.6%；规模以上工业增加值36亿元，增长12.4%；全镇社会固定资产投资25.8亿元，增长43.9%；进出口总额65.81亿元，增长11.3%；各项税收总额11.17亿元，增长11.7%；镇财政收入6.35亿元，增长9.1%；总用电量11.98亿千瓦时，增长13.1%；社会消费品零售总额19.5亿元，增长9.9%。其中，生产总值、规模以上工业增加值、社会固定资产投资、社会消费品零售总额等指标增幅高于同期全市平均水平。获市全国综合减灾示范社区等5项“单打冠军”。

【“倍增计划”推进】 2017年，企石镇采取多项措施推进“倍增计划”。成立镇“倍增计划”工作领导小组，并出台《企石镇重点企业规模与效益倍增计划“试点企业”遴选方案》《企石镇落实重点企业规模与效益倍增计划工作方案》等文件，落实扶持镇试点企业的16条措施。建立镇主要领导与试点企业“一对一”挂点服务机制，以“一企一策、一事一议”的形式，解决企业工业用地统筹、骨干员工子女入学、企业融资等问题。4家市级试点企业实现两位数增长；20家试点企业实现工业总产值51.2亿元，占规模以上企业总产值的34.2%，比上年增长40.2%，拉动规上工业总产值增长11.4个百分点；工业增加值12.6亿元，占规模以上企业工业增加值的35.1%，增长38.4%，拉动规上工业增加值增长10.9%；主营业务收入49.0亿元，增长40.6%；纳税总额1.5亿元，增长28.3%。

【创新驱动发展】 2017年，企石镇坚持把创新驱动发展作为核心战略和总抓手，落实省、市促进创新驱动发展举措，突出企业创新主体地位，强化创新对经济发展的支撑。全镇实现工业技改投资5.91亿元，完成全年任务107.4%；56家企业累计投入研发经费2.62亿元，完成目标任务的117.7%。全镇有效国家高新技术企业66家，高新技术企业培育入库企业42家；39家企业备案2017年东莞市规模以上工业企业自建研发机构，备案自建研发机构规模以上企业累计66家，占规模以上工业企业总数的近一半。申请专利936件，比上年增长51.7%；获授权专利619件，增长44.63%。建成国家级博士后科研工作站1个、省级企业技术中心3个、市级工程研发技术中心4个。推进“机器换人”，完成21个“机器换人”项目的现场验收，落实资助资金200万元。在镇科技金融工作站的协助下，累计促成企业科技金融贷款6600万元。

【园区统筹发展】 2017年，企石镇把握松山湖管委会统筹开发东部工业园企石辖区的机遇，成立园区统筹发展协调工作领导小组，主动与松山湖管委会、南城街道、莞城街道以及属地村协调对接，并与松山湖管委会就园区统筹范围、开发模式、利益平衡机制等问题基本达成一致。通过调研，对土地征收补偿等问题进行摸底，出台《企石镇促进重大优质项目招引落户收益分享试行办法》，探索镇村合作开发保障性厂房物业，保障被征地村土地未来收益，同时推进博夏村、铁岗村简易农民公寓建设，解决村民住房问题。同时，增补科技园土地统筹、兆丰园土地统筹、黄金湖

2017年11月7日，东莞市企石镇委主要领导带队赴南雄市主田、古市镇开展扶贫慰问活动　（企石镇供图）

土地统筹、镇村产业园土地统筹4个项目为2017年产业发展资金池项目，从产业发展资金池内部调剂资金9700万元，用于承接配套基础设施、厂房物业的建设，为重大项目落户提供平台。

【城市建设管理】 2017年，企石镇以城市品质三年提升计划为指引，完成《企石镇总体规划修改（2016—2020年）》《企石镇近期建设规划（2017—2020年）》《企石镇工业保护线专项规划》的编制工作，调整控规以适应城市发展需要，并重新启动新城镇核心区控制性详细规划编制工作。全年有江边村传统村落、多功能演艺厅、综合服务中心等11个城市重点建设项目投入建设。其中，东山大道改造、南坑村等8个村美丽幸福村居工程等项目高标准完成。“三旧”改造工作完成开确集团7391.6平方米工改商项目，总投资7500万元。抓好居民小区、道路广场和闲置土地绿化。开展爱国卫生运动，营造干净整洁、规范有序的市容环境，投入5300余万元用于市政公共设施维护。出台《企石镇民房建设审批工作方案》，规范全镇民房审批制度和建设标准；狠抓违法建筑清理工作，全年拆除违章建筑11宗，面积3180平方米。全年查处违法排污企业95家，整治挥发性有机物企业43家，清拆养殖场181个；制订飞鹅岭垃圾填埋场回顾性环境评估方案，建设渗滤液收集池；木棉片区分散式污水处理站开工建设，2016—2018年批次截污次支管网建设长度累计7.7千米；推行河长制工作以满分成绩通过市考核组验收，五八围排涝站、南坑排站主排渠等内河涌整治工程陆续立项或开工。

【民生实事】 2017年，企石镇以“培养名教师，培育名校长，打造名学校”为目标，加大学校硬件设施和师资队伍建设，抓好企石中学学生宿舍楼、东山小学教学楼、江南幼儿园的建设，累计投入教育经费1.78亿元，占镇财政总支出的

2017年4月13日，东莞市第三警区警务技能联合实战演练在企石镇文化中心广场举行 （企石镇供图）

28%。全年发放各类就业补助353万元，设立14个村民车间安置600多名本地户籍人员，举办多场“就业服务日”暨村级企业招聘会，为村民提供1000多个工作岗位，全镇应届高校毕业生就业率97.46%。实施“百千万文化惠民”工程，举办文艺演出、电影播放等活动377场次；举办“2017年企石镇千年秋枫文化节”，有22万人次参与，并创新性将民俗与动漫相结合，采用多元化艺术手段将文化节提升到省级主打文化品牌节日；重点推进黄大仙公园创建3A景区等工作，擦亮企石文化品牌。推行特色家庭医生签约服务，居民电子健康档案建档率115%，档案合格率99.7%。推进企石镇疾控大楼、社卫大楼建设，探索医联体建设，调整优化社区卫生服务站网点，医疗卫生资源配置优化，医疗服务水平提高，群众看病就医条件改善。建立健全以公共财政投入为主、慈善捐助和社会帮扶为补充的底线民生保障多元化供给机制。全年发放各类救助、补贴资金775万元，各类险种完成市下达的社会保险参保扩面任务；组织开展广东扶贫济困日暨东莞慈善日活动，募集慈善款104.3万元；发动全镇在职党员捐一日工资，形成“党员关爱资金”，对56户困难家庭实施精准帮扶。统筹使用市扶持资金为9个欠发达村建设基础设施、购买理财产品。收不抵支村从原来的7个减少到6个。做好对南雄市主田村、大坝村、丹布村、丰源村4村对口帮扶工作，投入帮扶资金242万元。

【社会治理】 2017年，企石镇坚持把社会和谐稳定作为重要工作来抓，投入公共安全管理经费9500万元，用于建设公安分局办案中心、安装视频监控设备、建设环镇智能围合系统和村级综合安防系统等，改善治安配套设施，提升科技强警能力。落实安全生产“一岗双责”制，开展消防安全、食品安全、燃气安全专项整治和日常检查，全镇安全生产形势稳定向好，全年未发生重特大安全生产事故。落实领导带头接访、带案下访、包案调处等工作制度，办理群众来信来访，化解矛盾纠纷，处置各类群体性事件，推动信访工作从被动调处向主动化解转变、从事后处置到源头治理转变，全年信访总量、集体上访均呈下降趋势。开展“飓风2017”专项行动，打击电信网络诈骗犯罪，破获案件18件；打击金融领域犯罪，打掉网络传销犯罪团伙1个、骗税窝点2个；打击“两抢一盗”犯罪，刑事拘留105人、逮捕73人；打黑除恶，端掉涉恶团伙

7个、持枪作案犯罪团伙1个，公诉涉恶犯罪集团1个。推行“一级巡防”模式，构建“全民创安·一呼百应”社会治安防控体系，全镇刑事发案率比上年下降20.1%，破案率上升7%。

【企石镇东山村获评全国综合减灾示范社区】 2017年，企石镇社会事务局联合东山村，以构建平安村为主线，以普及灾害预防、救护知识和救助技能为重点，通过举办专题展览、组织街头咨询等方式宣传防灾减灾理念；利用网络系统进行防灾减灾工作；通过建立监控系统网络，实现电脑、手机上网即时掌握社区最新情况。辖区防火安全制度、防汛安全制度、防控重大疫情应急预案不断完善，防灾减灾和灾后社会经济生产生活恢复能力不断提高，被国家减灾委员会、民政部评为“全国综合减灾示范社区”。该项工作获评全市年度“单打冠军”。

【企石镇“全国绿色村庄”创建获评全市“单打冠军”】 2017年，企石镇坚持因地制宜、统筹推进，将绿色村庄创建与城市品质三年提升计划、美丽幸福村居工程相结合，注重尊重自然，突出本土特色，以村委会作为绿色村庄的责任主体，通过宣传提高群众认识，引导村民参与绿色村庄创建工作。利用村庄闲置空地，实行绿化包干，在房前屋后见缝插绿，增加村的绿化率。是年，东山村、南坑村通过评审，被认定为“全国绿色村庄”。企石镇该项工作获评全市年度“单打冠军”。

【企石镇获评“广东省文明镇”】 2017年，企石镇建立工作例会制度、工作信息制度、督导问责制度、多方监督制度、“门前三包”网格化制度、反复巡查制度制度，制定《企石镇创建广东省文明镇工作实施方案》等文件，定期对创建成效进行考核。围绕环境卫生、交通出行、集贸市场管理、建筑工地围挡等方面开展整治工作，在各主干道、村（社区）、居民小区设置各类标语广告，开展公益宣传，举办“同在莞邑”系列活动12场、主题道德讲堂23期，全镇文明内涵进一步提升。是年，企石镇创建为“广东省文明镇”。该项工作获评全市年度“单打冠军”。

【企石镇宝石社区获评“广东省儿童友好社区”】 2017年，企石镇宝石社区围绕“和谐、平安、创新、发展”方针，完善社区服务功能，构建儿童服务网络。加大投入力度，为儿童开展各类活动提供场所，满足儿童的教育、医疗、文娱需求，并建成宝石社区巾帼志愿者队、白玉兰巾帼志愿者队等，为社区儿童提供多元化服务。打造“白玉兰”关爱困难单亲母亲、玩具图书馆、新候鸟感恩父母学习之旅、向日葵家暴庇护中心等亮点工程，营造关爱、平等、尊重的儿童成长成才环境。是年，宝石社区创建为“广东省儿童友好示范社区”。企石镇该项工作获评全市年度“单打冠军”。

【企石镇工商联获评广东省“五好”镇街工商联】 2017年，企石镇工商联制度更加健全，经费更有保障。选举新一届执委会成员，会员队伍壮大，会员结构更加优化。商会及时掌握了解企业在发展过程中遇到的难题，为企业提供全方位贴心服务，并密切联系税务、工商等职能部门，为民营企业上市梯度培育工程及高成长型中小企业培育工程等项目企业申报入库提供协助。创造经济效益的同时，企石商会履行社会责任，为各项公益慈善事业捐款超过5000万元。是年，企石镇工商联获“广东省‘五好’镇街工商联”称号。该项工作获评全市年度“单打冠军”。

（袁 林）

附：2017年企石镇党委、人大、政府主要领导名录

镇委书记：陈福坤（任至3月）
袁丽群（4月到任）
镇人大主席：麦阳柱
镇　　长：熊仕权

2016—2017年企石镇主要经济社会指标

指标	单位	年份	
		2016	2017
户籍人口	人	44843	45857
常住人口	万人	12.15	12.22
面积	平方千米	58.21	58.21
生产总值	万元	608549	702385
第一产业	万元	3704	3622
第二产业	万元	343441	406519
第三产业	万元	261404	292244
总用电量	万千瓦时	105975	119839
全社会固定资产投资总额	万元	179291	257973
社会消费品零售总额	万元	177404	194934
外贸出口总额	万元	467696	512507
实际利用外资	万美元	1822	1493
地方财政总财力	万元	58187	63494
各项税收总额	万元	99968	111680

石排镇

【石排镇概况】 石排镇位于东莞市东北部。截至2017年底，辖区面积48.7平方千米，下辖18个村委会和1个社区，常住人口15.77万人，其中户籍人口4.6万人。

2017年，石排镇生产总值98.09亿元，比上年增长11.3%，增速排名全市第五位；规模以上工业增加值44.27亿元，增长16.2%，增速排名全市第三位；固定资产投资总额39.31亿元，增长55.3%，增速排名全市第二位；社会消费品零售总额29.63亿元，增长11.4%，增速排名全市第六位；各项税收总额16.02亿元，增长18.8%；镇一般公共预算收入7.19亿元，增长21%。石排镇在全市镇街工作量化考核中，排名第十二位；获得“2017年度领导班子工作良好镇（街）第一名”“综合排名进步前三名镇（街）”和3项全市“单打冠军”。

【创新驱动发展】 2017年，石排镇利用市扶持次发达镇加快发展机遇，实施创新驱动发展战略，设立3年3900万元的科技创新专项资金，出台《石排镇推动企业创新驱动发展专项资金管理办法》，扶持高新技术企业、孵化器、产学研合作、工业技改等创新项目。打造科技创新平台，规划6.33平方千米自主创新示范区和1平方千米“科技小镇”，组建专业镇协同创新中心，签约同济大学孵化器项目，与市质监局共建省无线智能互联设备产业计量测试中心。全年新增高新技术企业49家；实现研发经费投入3.21亿元，比上年增长30%，按市统计口径占GDP比例3.27%，完成市定目标任务的127%，排名全市第五位；铭普公司、旭业公司获专利金奖，铭普公司获科技进步二等奖，谷麦公司、凯德公司获科技进步三等奖。

【重大项目建设】 2017年，石排镇以重大项目建设为抓手，推动重大项目招引。6月，集中签约20个投资强度大、成长性好、税收贡献大的优质产业项目，累计投资总额109.37亿元，年产值175.6亿元、年税收总额8.07亿元。12月，在松山湖片区2017深圳推介会上签约电子项目、科技小镇项目，投资总额113.1亿元；促进6个市重大项目落地建设，其中3个投产、2个即将竣工、1个加紧建设，全市重大项目年度考核排名第五位。

【“倍增计划”实施】 2017年，石排镇安排5500万元实施“倍增计划”，重点培育全镇40家“倍增计划”试点企业，围绕政策、产业、土地等要素，破解企业倍增发展的共性密码，“一企一策”解决企业个性难题，40家市镇倍增企业实现工业总产值83.9亿元、税收总额3.9亿元，分别比上年增长21.2%、40.3%，拉动全镇税收增长8.3个百分点，增加规模以上新入库企业80家。

【城市品质提升】 2017年，石排镇围绕建设宜居宜业宜游的滨江新城，强化城市建设和管理，提升城市品质。完善城市发展规划，构建“一心两轴一园四片”的城市整体空间格局（“一心”，即城镇公共中心；“两轴”，即综合发展轴和山水田园生态轴；“一园”，即石崇现代制造业产业园；“四片”，即中心片区、东江片区、红石山—塘尾片区和东部生态片区）。实施城市品质3年提升计划，多方筹集资金22.56亿元拟建

石排镇城市广场 （石排镇供图）

100个城市品质提升项目，如期建成石岗小学运动场、石崇大道辅道工程等10项城建重点工程。推动滨江新城宜居区等4个项目建设，推出2块土地面向市场招拍挂，滨江新城宜居区建设取得新进展。推进城市更新，加快华城轮胎厂地块、乐荣手袋厂地块、旧中心幼儿园地块和福隆第一工业区地块4个“三旧”改造项目动工建设步伐。完成赤坎村、横山村、下沙村、田边村4个市“美丽幸福村居”第一期建设，规划设计9平方千米重点区域“美丽幸福村居”连片示范建设和其中3平方千米核心区域“魅力小城”。

2017年4月10日，东莞市推动次发达镇加快发展工作动员会暨村级换届选举工作会议在石排镇召开 （石排镇供图）

【生态环境治理】 2017年，石排镇狠抓水污染治理，推进3个批次截污次支管网建设，累计完成管网建设长度16.03千米，超额完成市定目标任务；狠抓内河涌整治，基本完成1.2千米海仔河示范段整治，推行河长制工作年度考评排名全市第一位。狠抓城市环境建设，实施镇主干道路和石排公园广场景观提升工程。加强环境卫生整治，提升城市管理水平，通过国家卫生镇复审。开展文明创建“补短板、促提升”行动，环境面貌持续改善，社会文明程度不断提升，获评市2015—2017年争创全国文明城市“四连冠”工作先进单位。

【农村统筹发展】 2017年，石排镇促进农村均衡发展，设立2亿元“农村发展专项资金”，实施“一村一策”，推进18个村19个“一村一策”项目，推行村级产业项目税收返还政策，推动次发达村脱贫致富，帮助市定次发达村田寮村引进中德新材料项目，基本完成全镇农村土地承包经营权确权。全镇村社两级经营纯收入2.32亿元，比上年增长9.5%；村社总资产30.25亿元，总负债6.23亿元，村社两级集体总收入3.92亿元，增长5.4%，其中14个村超千万元。

【社会综合治理】 2017年，石排镇推进平安石排建设，设立1亿元平安石排建设专项资金，建成智网工程指挥调度中心并投入使用，推进“飓风2017”、打击“两抢”等严打整治专项行动，全年接报“两抢”犯罪警情183宗，比上年下降50.5%；立案214件，下降35%。抓维稳第一责任落实，完成党的十九大特别防护期安保维稳工作。落实安全生产监管责任，开展危险化学品、特种设备、建筑施工、道路交通、消防安全等安全专项整治，加大产品质量和食品药品安全监管力度，全年无发生较大以上安全生产事故。加强社会治理创新，创建石排“晴朗心灵关爱服务”项目并获得2017年度基层社会治理改革创新市镇共建项目优秀奖。

【民生实事】 2017年，石排镇持续加大对民生社会事业的投入力度，抓好十件民生实事落实，解决影响群众生产生活的突出问题。帮扶就业困难人员4642人次，组建“村民车间”19个，发放各类就业创业补贴340.79万元；全年发放各项社保待遇2.72亿元；开展扶贫帮困，成立镇慈善会，募集慈善资金5111.88万元，并做好揭西县精准扶贫和新疆建设兵团第三师第四十六团对口帮扶。投入3400万元用于学校硬件设施建设及各项经费补贴，发放奖教奖学资金190万元，为1608名随迁子女提供公办学位及学位补贴；落实“医药分开”改革，推行分级诊疗制度，推进家庭医生签约服务。

【石排镇“智网工程”指挥调度中心建成并投入使用】 2017年，石排镇建成“智网工程”指挥调度中心，总投资623万元。指挥调度中心大厅设有指挥调度坐席、业务坐席14个，显示大屏由一套4行8列共32张55英寸的液晶屏拼接而成，能提供满足多路VGA、多路视频信号输入，多路DVI输出，具有开窗、叠加、漫游、拉伸、缩放、透视等功能。10月，“智网工程”指挥调度中心投入使用。

【东莞市铭普光磁股份有限公司上市】 2017年9月，东莞市铭普光磁股份有限公司在A股市场上市，成为石排镇第一家本土上市民营企业。铭普光磁成立于2008年6月，是一家集研发、生产、销售于一体的高新科技企业。该公司为市“倍增计划”试点企业，2017年营业收入15亿元，纳税8168万元。截至年末，铭普公司累计申请专利

226件，获授权专利186件。先后被认定为国家高新技术企业、广东省工程技术研究开发中心、广东省创新型企业、广东省战略新兴培育企业、广东省守合同重信用企业、东莞市大型骨干企业、东莞市工程技术研究开发中心、东莞市专利优势企业、东莞市50强民营工业企业、中国电子元器件行业3A级信用企业。

【石排镇旅游发展规划出台】 2017年，石排镇统筹全镇文化旅游资源，编制为期8年的《石排镇旅游发展规划》。明确以岭南古镇生活休闲旅游区为目标，以红石文化为核心，以岭南绿色生态为基底，以“遗址资源+民俗资源+工业资源+滨江资源+生态资源”为内容，围绕“一核一环三区一带”［“一核”即红石古镇体验核（塘尾古村落+云岗古寺+埔心古村落），“一环”即红石生态文化游览环（东江滨水带+绿道+湿地公园+鲤鱼洲+东园大道），“三区”即岭南文化休闲体验区（燕岭古采石场遗址+原东江水泥厂+中坑醒狮民俗村等）、高新产业游览区（石崇工业园、石鑫产业园及周边）、智慧农业观光休闲区（沙角农业园及周边），“一带”即城心生态景观带（海仔河+潇溋湖+海仔湖+石洲莲池）］，打造以古镇文化为引擎、滨江娱乐+工业文创+田园休闲+美食购物为特色、乡村旅游为支撑的综合型旅游目的地，打造融古镇文化、工业文创、生态休闲及乡村旅游于一体的综合型旅游目的地。

【红石山燕岭古采石场遗址景区规划设计】 2017年，石排镇利用红石山文化旅游资源，结合石排生态、人文、民俗等特色，做好红石山燕岭古采石场遗址景区规划设计。红石山燕岭古采石场遗址景区项目位于石排镇燕窝村、中坑村、田边村3个村交界，面积13.58公顷，拥有红石山采石场、潇溋湖、海仔湖等优势环境资源，靠近生态园、鲤鱼洲、东江水泥厂、摩崖石刻等资源条件，以红石山燕岭古采石场遗址景区作为魅力小城建设的示范区、出发点，挖掘石排红石文化底蕴，将传统风貌与现代需求相协调，高端打造红石文化遗址公园，将其作为石排镇的“第一名片”。建设内容主要为交通系统、配套设施系统、公共服务系统、景观空间布局、小品配置等，景点重点布置书法碑刻区，盆景园、滨水区以及最核心的红砂岩遗址区。

【塘尾村“康王宝诞”民俗活动】 2017年8月，石排镇“百年古村　幸福相约”塘尾村康王宝诞启动仪式在塘尾古村东门广场举行。“康王宝诞”传统民俗在塘尾有300多年历史，是石排镇重要文化品牌，被列为广东省第二批省级非物质文化遗产名录。活动从8月22日持续到28日，内容包括康王出巡宝诞祈福和中坑明德醒狮队表演、古村系列文化展演活动、文艺晚会、“寻味石排”美食展、云岗古寺纳福放生，以及粤剧表演、千人宴、神灯竞投等民俗活动。

【石排镇海仔河示范段整治】 2017年，石排镇选取海仔河中心区（亿兆花园—公园南路段）作为重污染河涌综合整治示范项目，全长1200米，平均宽度26米，水域面积3.15万平方米，总投资3800万元。石排镇重点推进示范段两侧1.95千米截污次支管网建设，对沿河截污口开展全面截污，同步推进示范段清淤、活源及生态修复。通过整治，海仔河中心区示范段污染物浓度大幅下降，全面清除黑臭，基本达到V类水标准。统筹示范段周边环境进行一体化设计，以开放共享为原则强化护堤园林绿化，完成滨河绿道、北岸人行道、景观场地、河道护岸及水岸部分绿化等工

2017年9月29日，石排镇主要领导参加铭普光磁公司上市仪式　　（石排镇供图）

程，提升岸线景观绿化，配套建设园路、亲水平台等公共服务设施，满足当地居民休闲健身等活动需求。沿线截污、清淤工程完成，生态修复正常运营，滨河绿地一期景观工程基本完成。

【石排镇“国家绿色村庄”创建获评全市“单打冠军”】 2017年，石排镇对各村村内道路、坑塘河道、公共场所、农户房屋周边、庭院等进行绿化升级，建立种绿、护绿机制，实现沙角村、赤坎村、向西村、谷吓村、塘尾村、李家坊村、田边村、中坑村、燕窝村9个村绿化覆盖率不低于20%～30%，该镇9个村入围第一批国家绿色村庄。石排镇该项工作获评全市年度“单打冠军”。

【石排镇“广东省第二批家庭文明建设示范点”创建获评全市“单打冠军”】 2017年，石排镇埔心村以“传承、共融、和睦、重教”为家庭文明建设核心理念，利用云岗古寺、埔心村古建筑群、创意文化街等文物文化资源，开展特色家庭文化活动，设立家庭教育一条街、家庭文明彩绘墙、“最美家庭”宣传栏、家风长廊等，以文化引领家庭文明，以家庭文明促进社区和谐，并获评“广东省第二批家庭文明建设示范点”。石排镇该项工作获评全市年度“单打冠军”。

【石排镇“松山湖片区‘1+6’园区统筹发展体制机制改革”获评全市“单打冠军”】 2017年，石排镇主动融入松山湖片区“1+6”园区统筹组团发展，以建设珠三角国家自主创新示范区为契机，探索统筹、联动、协调发展的新模式、新路径，建立园镇教育资源、医疗资源、共建投融资平台、公共基础设施、联合招商、共建科技园区利益共享机制，实现园区合作开发、利益共享、风险共担，推动实现园区试点企业规模和效益倍增、地区生产总值倍增。是年，石排镇“松山湖片区‘1+6’园区统筹发展体制机制改革”获评全市“单打冠军”。 （叶家洛）

2017年6月28日，石排镇慈善文艺晚会举行 （石排镇供图）

附：2017年石排镇党委、人大、政府主要领导名录

镇委书记：刘学聪
镇人大主席：姚灿光
镇　长：翟耀东（任至11月）

2016—2017年石排镇主要经济社会指标

指标	单位	年份	
		2016	2017
户籍人口	人	45217	46149
常住人口	万人	15.8	15.77
面积	平方千米	48.7	48.7
生产总值	万元	831670	980919
第一产业	万元	8021	7844
第二产业	万元	476079	581756
第三产业	万元	347570	391319
总用电量	万千瓦时	167620	179132
全社会固定资产投资总额	万元	253059	393066
社会消费品零售总额	万元	266135	296345
外贸出口总额	万元	667242	769285
实际利用外资	万美元	6397	4230
地方财政总财力	万元	353821	91550
各项税收总额	万元	135214	160239

茶山镇

【茶山镇概况】 茶山镇位于东莞市中北部。截至2017年底，辖区面积45.4平方千米，下辖16个村和2个社区。年末常住人口15.91万人，其中户籍人口4.80万人。

2017年，茶山镇地区生产总值121.3亿元（第一产业0.5亿元，第二产业63.7亿元，第三产业57.1亿元），比上年增长9.2%；规模以上工业增加值64.1亿元，增长10.2%；全社会固定资产投资总额44.7亿元，增长33.5%；总用电量17.6亿千瓦时，增长6.3%；社会消费品零售总额36.6亿元，增长6.2%；实际利用外资0.5亿美元，下降48.6%；外贸出口总额73亿元，下降0.6%；各项税收总额21.4亿元，增长11.4%；镇本级可支配财政收入8.1亿元，下降69.9%；年末各项人民币存款余额142.6亿元，增长2.6%。在2017年度全市科学发展观考评中，茶山综合排名全市第五位；连续三年被评为年度工作优秀镇街，获全国文明镇、国家卫生镇、全国人社系统2014—2016年度优质服务窗口、全国综合减灾示范社区、广东省实施技术标准战略示范镇、绿色村庄创建、松山湖管委会片区“1+6”园区统筹发展体制机制改革试点镇7个全市“单打冠军”。

【创新驱动发展】 2017年，茶山镇创新主体培育取得重大突破，新增高企39家，超过历年总和，总数75家，超市下达目标任务的3倍；申报培育后备企业87家。研发投入占比2.6%，自建研发机构规模以上企业74家，比上年增长72%，覆盖率37%；实施“机器换人”项目企业32家，获市级补贴1100万元；申请专利1486件、授权930件，分别增长49.4%和46.2%；全镇拥有中国驰名商标、省著名商标11件。获评省实施技术标准战略示范镇。华源包装、毅达电子2家企业挂牌“新三板”，上市企业总数7家，上市后备企业3家。

【“倍增计划”实施】 2017年，茶山镇实施企业倍增计划，24家试点企业实现产值47.4亿元、主营业务收入36.1亿元，分别比上年增长18.4%和13.5%，企业规模与效益实现较快增长。全年引进内资项目139个，协议投资金额45.2亿元、实际投资金额18.9亿元，分别增长81.6%和24.7%，引进领亚电子、必拓光电、海益五金等8个亿元以上项目。新签外资项目15个、增资项目10个，实现合同利用外资2432万美元、实际利用外资4630万美元。组织20多家次企业参加全国糖酒会、海博会、加博会等大型展会，达成意向金额1.2亿元；东信利恒保税园区投入运营，企业对外开放合作发展平台更优、服务更便捷。时捷物流、迪卡侬物流、韬略运动器材3个重大项目实现投产；来利眼镜、新盟食品增资扩产等重点项目相继投产。

【文化旅游品牌打响】 2017年，茶山镇借助旅博会、旅交会及凤凰卫视《文化大观园》等交流宣传平台，茶山文化旅游品牌进一步

茶山镇南社古村落夜景 （陈培坤 摄）

打响。古村落景区接待游客突破100万人次、创收1000多万元。南社明清古村落获全市唯一的省旅游工作先进集体。

2017年12月28日，茶山镇举行“全国文明镇”揭牌仪式暨精神文明建设工作总结会 （茶山镇供图）

【宜业宜居环境改善】 2017年，茶山镇推进截污次支管网建设和内河涌整治。完成两个批次截污次支管网建设26千米，综合考核排名全市第二。全面推行河长制，完成东洲渠、上元渠、京山渠、茶山内河4条内河涌清淤疏浚工程，黑臭现象基本消失，宜居宜业环境有效改善。污水处理厂提标工程立项，垃圾填埋场渗滤液处理设施投入运营。省园林城镇创建推进，绿化覆盖率38.5%。

【镇村统筹发展】 2017年，茶山镇主动融入松山湖片区统筹组团发展，月湖路延长线、生态园7号路、桑茶快速路及东延线等路网建设协调推进。东莞火车站站前地区、东岳—珀乐“三旧”改造试点地区、古村落与生态园地区等3个重点发展先行区稳步推进，6个村被纳入松山湖村容村貌改造提升计划。镇村统筹发展势头良好，实行分类帮扶，完善扶持机制，次发达村享有更多更优惠的政策“红利”，4个村获补助600万元。土地确权颁证率98.2%。村组两级实现经营总收入5.3亿元、纯收入2.9亿元，分别比上年增长13.6%和11.9%。

【城市品质提升】 2017年，茶山镇深化文明创建工作，开展旧墙改造、绿化亮化、环境卫生整治等行动。“一村一品牌”项目推进，总投资1.2亿元的51个基建类项目完成37个，其余项目进展顺利。魅力小城建设取得重大突破，与时代地产签订合作协议，共同打造集产业、商住于一体的生态新城。4个村的美丽幸福村居项目稳步推进，村容村貌变得更加整洁美丽。城市更新发展步伐加快，超额完成省年度“三旧”改造任务，完成率213%。站前路、茶兴南路升级改造工程启动实施，中心区路网三期、茶山圩道路升级等工程有序推进，伟昌路、茶京路建成通车。清理违法建筑24宗、面积1.3万平方米。

【各项改革深化】 2017年，茶山镇推进商事制度改革，狠抓重点环节和关键领域，科学市场监管体系逐步健全，全镇发证率60.4%、清无率100%，两项指标均获得市考核第一名。市场主体突破2万户，增幅位居全市前列。简政强镇改革全面完成，整合设立行政事业单位34个，有效承接市下放事权770多项，镇一级管理权限更加宽泛、功能更加完善、服务更加高效。“一门式一网式”服务平台不断完善，镇政务服务中心、村（社区）公共服务站启用，基本实现群众办事“最多跑一次”。主动接受人大监督，人大建议办结率和满意率100%。

【民生实事】 2017年，茶山镇社会保障不断完善，发放社保待遇1.9亿元，比上年增长23%；成立香港茶山慈善基金会，筹集首期善款385万元。茶山中学中考成绩升至全市镇街公办初中第六位，五大校上线人数增加至96人，户籍生源入学率跃升至93.1%；每万户籍人口升大学人数连续两年位居全市第二；提供公办和补贴学位2250多个，随迁子女同步享受优质教育。茶山医院与广东医科大学合作共建取得阶段性成效，与中山大学附属第三医院建立专科联盟，服务质量持续走在全市前列；社区卫生服务水平不断提升，家庭医生签约服务5.1万人。举办茶园游会、南社忠孝文化节等活动；实施“文化惠民”工程，举办各类演出100多场，放映公益电影180多场，惠及群众35万人次。

【社会治理】 2017年，茶山镇“智网工程”启用，入格事项20类83项，实现社会管理“全覆盖”、服务“零距离”。十九大特别防护期安全稳定。涉军、涉农、涉土等矛盾纠纷问题深入治理，新洋电子、邦西制衣等劳资纠纷案件妥善化解。社会治安向好，推进“以案说防”“一呼百应”工作，破获一批涉毒、涉盗抢、涉黑恶等案件，警情数、立案数、破案率实现“两降一升”。新建高清视频监控密度每平方千米40路。“飓风2017”专项行动排名全市第一，连续两年实现“零命案”，东莞火车站茶山辖区持续保持“零发案”，群众安全感和满意度测评全市第一。安全生产和消防安全形势平稳，全年未发生较大及以上安全事故。

【茶山镇获评“全国文明镇”】 2017年，茶山镇按照“以镇带村、镇村共建、全域文明”创建理念，通过推动镇村产业兴旺发展、打造生态宜居环境、镇村联动促进乡风文明、抓民生促增收共享成果、抓实镇村干部队伍建设等举措推进全国文明镇创建，深化文明创建全域提升。通过开展文明创建，初步实现人的素质、城市环境、经济发展提升，呈现物质文明与精神文明建设互相促进、齐头并进的良好局面。11月17日，茶山镇被评为“全国文明镇”。茶山镇该项工作获评全市年度“单打冠军”。

【茶山镇获评“国家卫生镇”】 2017年，茶山镇加强卫生基础设施建设，提高卫生综合管理水平，促使环境卫生面貌有大变化，巩固发展省级卫生镇创建成果，争创“国家卫生镇”。6月23日，茶山镇被全国爱国卫生运动委员授予“国家卫生镇”称号。茶山镇该项工作获评全市年度“单打冠军”。

【茶山镇劳动监察综合服务平台获评全国人社系统优质服务窗口】 2017年，东莞市人力资源局茶山分局基层劳动监察综合服务平台被人力资源社会保障部评为“全国人力资源和社会保障系统2014—2016年度优质服务窗口”。该平台是集前台窗口、调解窗口、劳动监察联系点于一体的综合型多功能基层服务平台，在不增加人员、场所的前提下，通过整合现有资源、创新工作机制，在源头化解矛盾、妥善处置突发事件、遏制集体上访案件等方面，向企业、劳动者提供优质服务。茶山镇该项工作获评全市年度“单打冠军”。

【茶山镇京山村获评“全国综合减灾示范社区”】 2017年7月，茶山镇京山村投入10.3万元，开展全国综合减灾示范社区创建工作。成立综合减灾示范社区领导小组，编制完善社区灾害应急预案，建立应急物资储备仓库，完善避灾场所设施，组建防灾减灾志愿服务队、组织宣传演练活动。10月，通过市检查组实地评估考察。12月，被民政部评为“全国综合减灾示范社区”。茶山镇该项工作获评全市年度“单打冠军”。

【茶山镇获评“广东省实施技术标准战略示范镇”】 2011年4月，广东省质量技术监督局开展广东省实施技术标准战略示范区（镇）建设试点工作，将茶山镇作为东莞市3个试点镇之一。示范镇工作逐渐形成一套比较完善的标准化工作机制和制度，创建两个标准化公共服务平台，编制3个特色行业标准体系。2015年3月，省质量技术监督局组织专家对试点工作进行考核验收，茶山镇的示范镇建设考评得92分，达到“优秀”等级。2017年，试点满三年并通过验收，茶山镇被评为“广东省实施技术标准战略示范镇”。茶山镇该项工作获评全市年度“单打冠军”。

（蔡灼荣）

附：2017年茶山镇党委、人大、政府主要领导名录

镇委书记：黎寿康（6月到任）
镇人大主席：汤锡祥
镇　长：黎寿康（任至8月）
　　　　黄锦发（8月到任）

2016—2017年茶山镇主要经济社会指标

指标	单位	年份	
		2016	2017
户籍人口	人	46870	47986
常住人口	万人	15.82	15.91
面积	平方千米	45.4	45.4
生产总值	万元	1070327	1212888
第一产业	万元	4396	4749
第二产业	万元	559262	637382
第三产业	万元	506669	570756
总用电量	万千瓦时	165523	175914
全社会固定资产投资总额	万元	334686	446962
社会消费品零售总额	万元	345011	366475
外贸出口总额	万元	734686	730449
实际利用外资	万美元	9006	4630
地方财政总财力	万元	295499	81060
各项税收总额	万元	192761	214373

2017年各镇街主要经济社会指标（一）

镇（街）	指标					
	户籍人口（人）	常住人口（万人）	面积（平方公里）	国内生产总值（万元）	总用电量（万千瓦时）	全社会固定资产投资总额（万元）
莞城	187141	16.87	11.2	1773237		274052
石龙镇	74788	14.36	13.83	1001560	78318	196570
虎门镇	139980	63.94	178.5	5638632	494063	1000092
东城	113889	48.73	105.9	4712712		741553
万江	92193	24.94	48.6	1280749		238331
南城	109136	31.84	56.62	4356219		703983
中堂镇	81203	14.08	60	1023308	156210	183000
望牛墩镇	49217	8.62	31.57	717725	94837	172308
麻涌镇	79340	12.09	91.14	2200482	156803	802801
石碣镇	49359	24.15	36.2	1677009	194641	291090
高埗镇	41169	21.53	34.6	1397178	132764	167337
洪梅镇	24460	5.86	33.2	679536	54992	177050
道滘镇	60100	14.25	54.3	1045886	122509	194561
厚街镇	108538	43.85	125.7	3965671	357700	487166
沙田镇	46358	17.99	111.5	1337973	163153.62	616033
长安镇	58048	66.38	81.5	5503629	701868	783384
寮步镇	86288	41.36	71.38	2642527	292885	658388
大岭山镇	52561	27.95	95.53	2207052	252695	455926
大朗镇	81190	31.58	97.5	2738993	377400	631256
黄江镇	31957	22.99	98	1734170	212000	611661
樟木头镇	33826	13.38	118	1060614	107186	284219
凤岗镇	31478	32.01	82.43	2731375	330815	649000
塘厦镇	61489	49.31	128	3776302	504189	641700
谢岗镇	22357	9.81	91	835231	103584	151744
清溪镇	40900	31.07	140.1	2608800	318515	649630
常平镇	86644	38.95	103.3	3305945	322793	462775
桥头镇	39445	16.58	56	1432269	204023	326299
横沥镇	42015	20.52	44.67	1273546	183638	231145
东坑镇	32121	13.45	23.8	1259793	117488	277821
企石镇	45857	12.22	58.21	702385	119839	257973
石排镇	46149	15.77	48.7	980919	179132	393066
茶山镇	47986	15.91	45.4	1212888	175914	446962

2017年各镇街主要经济社会指标（二）

镇（街）	指标				
	社会消费与零售总额（万元）	外贸出口总额（万元）	实际利用外资（万美元）	地方财政总财力（万元）	各项税收总额（万元）
莞城	1267605	1057730	113	127491	402428
石龙镇	449815	194568	158	91747	190379
虎门镇	2249154	1999725	4648	291822	832677
东城	1501671	3404000	1340	438102	1209620
万江	641438	349347	959	241095	201435
南城	2206956	2867292	581	243598	1365461
中堂镇	356474	250303	27	68664	201964
望牛墩镇	121721	228394	1024	90662	107465
麻涌镇	1757002	768111	14987	273644	404825
石碣镇	459181	2603752	2638	129075	358491
高埗镇	292372	1437334	1559	89801.6	177389
洪梅镇	72718	270506	5966	105020	105142
道滘镇	217618	349485	834	120327	184261
厚街镇	1799686	8364581	2640	255747	630986
沙田镇	333803.3	2332525	8786	225044	269055
长安镇	1536723	8954014	8503	448983	1483308
寮步镇	2796848	2933682	8911	275726	695321
大岭山镇	714440	2128900	3876	290192	432290
大朗镇	966227	1332618	4545	442719	446184
黄江镇	461110	3993000	6797	136434	357975
樟木头镇	713983	657722	1878	131635	222397
凤岗镇	588627	1624391	5406	472809	547828
塘厦镇	1065155	3156585	6269	315872	841336
谢岗镇	147881	558933	2099	83192	100030
清溪镇	576970	3279100	5317	207096	469980
常平镇	1399728	2754704	8321	274534	445331
桥头镇	321383	3028628	9693	103737	233701
横沥镇	309787	1085179	9765	155622	251442
东坑镇	210985	1581773	2381	115880	201669
企石镇	194934	512507	1493	64968	111680
石排镇	296345	769285	4230	121390	160239
茶山镇	366475	730449	4630	192728	214373

人　　物

FIGURES

广东四大名园之一——可园　（莞城街道供图）

编辑：张曼利

新任职市领导

“新任职市领导”载录范围：2017年新任职的中共东莞市委书记、市委副书记、市委常委、市纪委书记，东莞市人大常委会主任、副主任、东莞人民政府市长、副市长、东莞市政协主席、副主席。

潘新潮　男，汉族，1966年11月出生，湖北广水人，1992年2月加入中国共产党，1988年7月参加工作，本科学历。

1984年9月至1988年7月，在中山大学汉语言文学专业学习，大学毕业；1988年7月至1991年7月，东莞市政府经济研究室信息科办事员（其间：1989年5月至1989年8月抽调参加省市基层廉政制度建设试点石碣工作队）；1991年7月至1992年4月，东莞市政府经济研究室综合科科员；1992年4月至1994年5月，东莞市政府经济研究室主办科员；1994年5月至1995年8月，东莞市政府经济研究室调研科副科长；1995年8月至1997年4月，东莞市委政策研究室、市政府经济研究室城镇科副科长；1997年4月至1999年6月，东莞市政府办公室综合科副科长；1999年6月至2001年1月，东莞市政府办公室综合科主任科员（其间：1998年3月至1999年12月在华南师范大学马克思主义哲学专业研究生课程进修班学习）；2001年1月至2003年3月，东莞市政府办公室综合科科长；2003年3月至2004年9月，东莞市政府督查室主任；2004年9月至2006年5月，东莞市政府副秘书长；2006年5月至2009年4月，东莞市委副秘书长（其间：2007年4月定为正处级；2007年9月至2007年12月参加省委党校中青班学习）；2009年4月至2011年12月，东莞市委副秘书长、市委办公室主任；2011年12月至2016年12月，东莞市委常委、市委宣传部部长（其间：2013年8月至

2013年9月参加广东省第14期领导干部美国高级培训班学习）；2016年12月至2017年1月，东莞市人大常委会党组副书记；2017年1月起，任东莞市人大常委会常务副主任、党组副书记。

白　涛　男，蒙古族，1968年4月出生，新疆伊犁人，1987年12月加入中国共产党，1990年6月参加工作，在职研究生，管理学硕士学位。

1986年9月至1990年6月，在华南理工大学化学工程系有机化工专业学习月，大学毕业；1990年6月至1995年2月，华南理工大学应用数学系辅导员、团委书记；1995年2月至1998年6月，华南理工大学应用数学系党总支副书记（正科级）；1998年6月至2000年1月，华南理工大学学生工作处副处长（其间：1995年9月至1999年3月在华南理工大学应用数学系管理科学与工程专业学习，硕士研究生毕业）；2000年1月至2003年6月，华南理工大学学生工作处副处长、校团委书记（其间：2001年2月至2001年5月在教育部中南教育管理干部培训中心思政班学习）；2003年6月至2005年8月，华南理工大学学生工作处处长、校团委书记；2005年8月至2009年7月，团省委副书记、党组成员（其间：2007年5月至2007年8月参加第10期广东省高级公务员公共行政管理知识中大牛津专题研究班学习）；2009年7月至2015年4月，河源市委常委、市委组织部部长、市委党校校长（其间：2012年7月至2012年8月参加第11期领导干部赴美国耶鲁大学高级培训班学习）；2015年4月至2016年12月，东莞市委常委、市委组织部部长、市委党校校长、市行政学院院长、市社会主义学院院长；2016年12月至2017年1月，市委常委、市人民政府党组副书记；2017年1月起，东莞市委常委，市人民政府常务副市长、党组副书记。

张冠梓　男，1966年8月生，山东兰陵人，1990年9月参加工作，1996年1月入党，北京大学法律系法律思想史专业，博士研究生（全日制教育：北京大学历史系中国古代史专业，硕士研究生），研究员。

1983年9月至1987年7月，山东省曲阜师范大学历史学系本科生；1987年9月至1990年9月，北京大学历史学系硕士研究生；1990年9月至1992年4月，北京市昌平区委党史办公室科员；1992年4月至1999年2月，中国社会科学院民族研究所研究人员（其间：1995年9月至1998年7月在北京大学法律系读在职博士研究生；1998年8月评为副研究员）；1999年2月至2000年5月，中国社会科学院民族研究所民族历史研究室副主任；2000年5月至2000年12月，中国社会科学院党组办公室青年工作处干部；2000年12月至2001年7月，中国社会科学院党组办公室青年工作处副处长；2001年7月至2002年8月，中国社会科学院党组办公室青年工作处处长；2002年8月至2002年10月，中国社会科学院党组办公室主任助理兼青年工作处处长；2002年10月至2005年8月，中国社会科学院党组办公室主任助理（其间：2000年10月至2002年11月中国社会科学院团委书记；2003年8月评为研究员）；2005年8月至2007年1月，中国社会科学院党组办公室副主任；2007年1月至2008年9月，中国社会科学院直属机关党委副书记（其间：2005年11月至2007年11月中国社会科学院法学研究所博士后）；2008年9月至2009年9月，中国社会科学院直属机关党委干部（出国免职）（其间：2008年8月至2009年8月在哈佛大学肯尼迪政府学院做高级访问学者）；2009年9月至2010年8月，中国社会科学院直属机关党委副书记（2010年7月提为正局级）；2010年8月至2011年1月，中国社会科学院直属机关党委常务副书记；2011年1月至2017年6月，中国社会科学院人事教育局局长；2017年6月至2017年8月，中国社会科学院人事教育局局长、东莞市委常委（挂职）、副市长（挂职）人选；2017年8月起，任中国社会科学院人事教育局局长，东莞市委常委（挂职），市人民政府副市长（挂职）、党组成员。

郭向阳　男，1967年8月出生，汉族，湖南湘潭人，1989年8月参加工作，1989年1月入党，中国人民公安大学公安管理专业，大学学历。

1985年9月至1989年8月，在中国人民公安大学公安管理专业学习；1989年8月至1990年8月，湖南省湘潭市公安局中山路派出所办事员；1990年8月至1991年8月，湖南省湘潭市公安局羊牯塘派出所副所长；1991年8月至1993年11月，湖南省湘潭市公安局羊牯塘派出所所长（1992年8月副科级）；1993年11月至1998年12月，深圳市宝安区公安分局石岩派出所科员、副所长（1994年8月）；1998年12月至2002年9月，深圳市公安局石岩派出所所长；2002年9月至2006年1月，深圳市公安局刑警支队二大队大队长（其间：2003年7月至2003年12月在罗湖分局挂任副局长）；2006年1月至2009年3月，深圳市公安局宝安分局副局长；2009年3月至2012年3月，深圳市公安局宝安分局政委；2012年3月至2013年12月，深圳市公安局政治部副主任；2013年12月至2015年7月，深圳市公安局交通警察支队（交通警察局）支队长（局长），兼市交通运输委员会（市港务管理局）副主任（副局长）、党组成员；2015年7月至2017年7月，深圳市公安局副局长、党委委员；2017年7月至2017年8月，东莞市人民政府副市长人选、党组成员，市委政法委第一副书记，市公安局党委书记、局长人选、督察长；2017年8月起，任东莞市人民政府副市长、党组成员，市委政法委第一副书记，市公安局党委书记、局长、督察长。

邓浩全　男，汉族，1962年3月出生，东莞寮步人，1989年8月加入中国共产党，1979年9月参加工作，广东省委党校研究生学历、高级管理人员、工商管理硕士。

1979年9月至1982年7月，东莞县寮步人民公社竹园小学民办教师；1982年9月至1984年7月，在广东老隆师范学校学习，中师毕业；1984年7月至1988年9月，东莞市（县）教育局办事员；1988年9月至1988年10月，共青团东莞市委办公室干事；1988年10月至1991年6月，共青团东莞市委主办科员；1991年6月至1994年5月，共青团东莞市委主办科员共青团东莞市委办公室副主任（其间：1989年10月至1992年9月在省委党校党政管理专业学习，大专毕业）；1994年5月至1996年10月，共青团东莞市委组织部部长、市直机关团委书记；1996年10月至2001年7月，共青团东莞市委副书记、市少工委主任（其间：1994年10月至1997年2月在省委党校经济管理专业学习，大学毕业；1997年9月至2000年7月在省委党校经济学专业学习，研究生毕业）；2001年7月至2003年1月，东莞市机关事务管理局局长；2003年1月至2003年12月，东莞市政府副秘书长、市机关事务管理局局长；2003年12月至2004年5月，东莞市政府副秘书长、市机关事务管理局局长、市政府办公室调研员；2004年5月至2004年7月，东莞市石碣镇党委书记；2004年7月至2006年9月，东莞市石碣镇党委书记、人大主席；2006年9月至2012年2月，东莞市物价局党组书记、局长（其间：2005年1月至2007年1月在华南理工大学高级管理人员工商管理专业学习，取得硕士学位）；2012年2月至2016年12月，东莞市人民政府党组成员、秘书长，市人民政府办公室党组书记、主任；2016年12月至2017年1月，东莞市人民政府党组成员、秘书长，市人民政府办公室主任；2017年1月起，东莞市政协副主席、党组成员（其间：2016年10月起，任广东省第五扶贫协作工作组组长、挂任广东省扶贫开发办公室副主任；2016年11月起，挂任云南省昭通市委常委、副市长）。

罗军文　男，汉族，1967年8月出生，广东兴宁人，1992年1月加入中国共产党，1987年8月参加工作，省社科院在职研究生学历。

1985年9月至1987年7月，在中山大学外经会计专业学习，大专毕业；1987年8月至1988年8月，东莞市财政局见习干部；1988年8月至1990年2月，东莞市财政局办事员；1990年2月至1992年1月，东莞市财政局外经科科员；1992年1月至1993年8月，东莞市财政局中企科主办科员；1993年8月至1995年1月，东莞市财政局中企科副科长；1995年1月至1996年1月，广东省财政监察专员办事处东莞组副主任科员；1996年1月至1998年5月，广东省财政监察专员办事处东莞组主任科员；1998年5月至1999年2月，广东省财政监察专员办事处东莞组组长；1999年2月至2001年12月，东莞市财政局监察法规科科长；2001年12月至2002年5月，东莞市财政局社会保障科科长；2002年5月至2003年6月，东莞市会计核算中心主任（其间：1999年10月至2002年9月在广东省社会科学院经济管理专业学习，在职研究生毕业）；2003年6月至2004年2月，东莞市财政局党组成员、副局长，市会计核算中心主任；2004年2月至2008年8月，东莞市财政局党组成员、副局长（其间：2001年9月至2004年7月在中南财经政法大学财政学专业学习，在职大学毕业；2008年3月至2008年7月参加省委党校2008年第一期中青二班学习）；2008年8月至2008年9月，东莞市寮步镇党委副书记、镇长候选人（副处级）；2008年9月至2011年6月，东莞市寮步镇党委副书记、镇长（其间：2011年1月定为正处级）；2011年6月至2011年7月，东莞市长安镇党委副书记、镇长候选人；2011年7月至2012年6月，东莞市长安镇党委副书记、镇长；2012年6月至2012年8月，东莞市财政局党组书记、局长，长安镇镇长；2012年8月至2017年1月，东莞市财政局党组书记、局长；2017年1月起，东莞市政协副主席、党组成员，市财政局党组书记、局长。

梁佳沂　男，汉族，1964年1月出生，黑龙江佳木斯人，1986年11月参加工作，研究生、哲学博士。

1980年9月至1984年7月，在北京工业学院光学系统设计与检验专业学习，大学毕业；1984年7月至1986年11月，在北京工业学院参加研究生课程；1986年11月至1991年7月，在英国伦敦大学电子工程系学习，博士研究生毕业；1991年7月至1999年1月，英国布鲁耐尔大学博士后研究员、高级研究员；1999年1月至2002年1月，英国ERA技术有限公司主任工程师兼项目督导；2002年1月至2003年7月，英国英特讯有限公司董事长；2003年7月至2004年3月，东莞市松山湖管委会委员（副处级）；2004年3月至2005年7月，东莞市松山湖管委会委员（副处级）、市留学人员创业园管理办公室主任；2005年7月至2009年6月，东莞市松山湖管委会委员（副处级）、科技教育局局长，市留学人员创业园管理办公室主任；2009年6月至2009年9月，东莞市松山湖管委会委员（副处级）、科技教育局局长，市留学人员创业园管理办公室主任，民进东莞市委会主委；2009年9月至2012年6月，东莞市松山湖管委会委员（副处级）、民进东莞市委会主委；2012年6月至2016年2月，东莞市统计局局长、民进东莞市委会主委、民进广东省委会常委；2016年2月至2017年1月，东莞市统计局局长，市人大财政经济委员会委员、民进东莞市委会主委、民进广东省委会常委；2017年1月起，东莞市政协副主席，市统计局局长，民进东莞市委会主委、民进广东省委会常委。

程发良 男，汉族，1967年11月出生，安徽和县人，1992年9月参加工作，在职研究生、理学博士。

1985年9月至1989年7月，在安徽大学分析化学专业学习，大学毕业；1989年9月至1992年7月，在中山大学分析化学专业学习，硕士研究生毕业；1992年9月至2000年10月，东莞理工学院应用化学系教师（其间：1995年3月至1997年12月在中山大学分析化学专业学习，博士研究生毕业；1995年11月评为讲师；1999年12月评为副教授）；2000年10月至2004年7月，东莞理工学院图书馆馆长（其间：2003年12月评为教授）；2004年7月至2006年12月，东莞理工学院城市学院常务副院长；2006年12月至2012年9月，东莞理工学院城市学院常务副院长、民盟东莞市委会副主委；2012年9月至2016年6月，东莞理工学院科研处处长、民盟东莞市委会副主委；2016年6月至2017年1月，东莞理工学院科研处处长、民盟东莞市委会主委；2017年1月起，东莞市政协副主席、东莞理工学院科研处处长、民盟东莞市委会主委。

陈树良 男，汉族，1968年12月出生，东莞茶山人，1991年7月参加工作，大学学历、法学学士。

1987年9月至1991年7月，在中山大学法学专业学习，大学毕业；1991年7月至1992年7月，东莞市对外经济律师事务所见习律师；1992年7月至1998年1月，东莞市对外经济律师事务所律师（其间：1994年8月定为科员）；1998年1月至2002年3月，东莞市法律援助中心科员；2002年3月至2004年7月，东莞市法律援助处副主任；2004年7月至2006年4月，东莞市法律援助处主任；2006年4月至2011年9月，东莞市中级人民法院副院长、审判委员会委员、审判员；2011年9月至2012年12月，东莞市中级人民法院副院长、审判委员会委员、审判员，致公党东莞市委会副主委（其间：2012年11月定为正处级）；2012年12月至2016年6月，东莞市中级人民法院副院长、审判委员会委员、审判员，致公党东莞市委会副主委，致公党广东省委会社会与法制建设委员会副主任；2016年6月至2017年1月，东莞市中级人民法院副院长、审判委员会委员、审判员，致公党东莞市委会主委，致公党广东省委会社会与法制建设委员会副主任；2017年1月起，东莞市政协副主席，市中级人民法院副院长、审判委员会委员、审判员，致公党东莞市委会主委、致公党广东省委会社会与法制建设委员会副主任。

全国五一劳动奖章获得者

陈善国 东莞市以纯集团有限公司生产部经理。2008年，入职东莞市以纯集团有限公司东骏厂。随后，加入中国共产党，成为虎门镇、东莞市的优秀外来员工。不断学习钻研，创造性地用模板化生产，取代制衣业的传统缝制方法，生产效率提高二倍以上，工人的工资收入水平成倍增长，为企业年缴税金增加1700多元。在自动吊挂生产线的改造中，科学布局，每一个岗位都加装自动记录装置，每个工人缝制的进度、整个生产团队完成批次生产的总量，都实时反映到电脑屏幕上。同时，将“整件”与“碎件”合理分离，传统制衣企业因各工序加工进度不一，造成面料、工时浪费，制约劳动生产率提升等“老大难”问题，一朝得以解决。2015年，获评广东省劳动模范；2017年，获评全国五一劳动奖章。

郑芝波 东莞市农业科学研究中心科技管理室副主任。研发的水培花卉工厂化栽培技术及标准化模式，带动花卉水培从零星作坊到产业化生产；荷花品种及配套技术科研究成果，为东莞市每年一届“荷花文化艺术节”提供技术支撑，助推东莞桥头成为中国第一个“中国荷花名镇”；“竹芋优良品种与高效栽培技术”等科研成果在东莞农星生物工程有限公司等转化应用，企业获得良好的经济效益。获广东省市科技奖励12项；国家授权专利6件；发表论文55篇，出版著作1部。兼任东莞市花卉协会秘书长期间，做了大量科普推广、科技培训与示范带动工作。协会先后获评“全国科普惠农兴村先进单位”“全国农村专业技术协会先进集体”。个人先后获评东莞市优秀科普工作者、广东省劳动模范、全国农村青年创业致富带头人、东莞市优秀科技工作者；2017年，获评全国五一劳动奖章。

梁振彪 东莞市中级人民法院立案庭副庭长、审判员。积极推行案件“繁简分流”，灵活适用“案例指导制度”，将审判、执行方式改革的经验应用于司法实践，结合庭审提纲化模式以及裁判文书模板化操作等改革，使庭审和撰写裁判文书所用时间比以前减少一半以上。撰写发表多篇实践调研文章，在各大刊物选用刊登。其中《人民法庭的职能定位》一文参加全国人民法庭工作会议的调研部分，获得一等奖，《案例引导调解》一文参加第七届中国法学青年论坛，被评为一等奖。2006年，获评东莞市社会治安综合治理工作先进个人；2008年，立个人三等功；2009年，立个人二等功；2011年2月，被最高人民法院授予“全国法院办案标兵”荣誉称号、同年5月获评广东省法院系统党建工作先进个人，11月被授予“全省优秀法官”称号；2012年，立个人二等功；2013年，获评广东省五一劳动奖章；2017年，获评全国五一劳动奖章。

广东省五一劳动奖章获得者

于　熙　东莞市公安局塘厦分局科员。多年来，为侦破各类刑事案件提供可靠的技术支持，从各种痕迹中寻找犯罪的线索，从图像、指纹中辨识犯罪分子留下的破绽，为侦破案件作出重要贡献。9年间，比中各地市案件1380多件。先后破获“何武群、严义林团伙系列工厂盗窃案”“石马南天路七号故意伤害致死案”“三正半山酒店盗窃案”“隆福花园系列盗窃案”“黄小波省厅督办系列盗窃案”等一大批重特大案件。因工作成绩突出，获评个人三等功1次，个人嘉奖3次。2016年，为提高塘厦分局“一长四必”专项行动成绩，全年比中案件574宗，在全市各分局的指纹比中案件数排名第一。2017年，获评广东省五一劳动奖章。

刘玉荣　日本电产三协电子（东莞）有限公司统括部长、工会主席。1997—2004年，工厂因为劳资双方的管理意识、方法不对，导致三次不同程度的员工罢工。他利用自己学习到的公共危机分解知识、工厂管理经验，找出员工闹事事件的要源，提出合理的解决方案，说服资方管理层改善福利活动，化解劳资双方矛盾。作为工会主席，维护职工合法权益，带领工会干部实施职能、业务分掌，每天聆听员工的倾诉，及时将问题点反映给各管理层，快速改善，得到工厂高层的信任。2017年，获评广东省五一劳动奖章。

何玉成　东莞市彩丽建筑维护技术有限公司技术总监。作为一名“建筑医生”，醉心于对建筑病害防治技术的刻苦钻研，尤其在防治建筑渗、漏、裂病害等方面，成为行业领航者。其个人取得发明专利58件，实用新型20件，外观设计14件，并创立正引领着建筑品质提升及业态变革的“诗意安居五大技术体系”。诊断并参与处理的个案遍布全国20多个大中城市。作为“聆听建筑心声的守护者”，带领团队研究开发出能一劳永逸解决建筑屋面渗漏问题的“夏热冬暖屋面长效防漏与蒸发降温被动技术”。经广东省科技厅专家综合评议，部分技术达到国际领先水平，曾被评为东莞十大创新产品之一。2017年，获评广东省五一劳动奖章。

杨晓光　广东唯美陶瓷有限公司馆长助理，张大千的第三代传人，著名的陶艺家，广东省陶瓷艺术大师。早年从事陶艺制作，创立独门绝技“裹塑”法，“村长系列”“陕西八大怪”“老火汤”“瑶寨夕阳红”等作品深受喜爱。2009年，创立“杨晓光墨刻装饰画”，雕刻与水墨画、文化艺术与瓷砖的完美融合。2015年，创新完成立体的视觉效果，创立出工笔雕刻的瓷砖版画。因在文化产业方面的出色贡献，2012年被评为“优秀新莞人”。2017年，获评广东省五一劳动奖章。

谢宏琴　高级工程师，广东省土壤学会第十一届理事会理事和第四届广东省环保产业专家技术委员会专家委员、广东省环境监测系统上岗考核专家和东莞市第二届突发事件应急管理专家。具有较强的技术创新能力和解决环境监测疑难技术问题能力，是东莞环境监测业务的学术带头人。带领团队，较早完成东莞市地表水109项评审工作；致力科学研究，开展国家自然基金委面上项目1个、东莞市社会科技发展重点项目2个、东莞市科技重点项目1个和东莞市软科学研究计划项目1个，主持制定2项省地方标准，发表SCI论文7篇和中文核心论文8篇。曾获广东省科技进步三等奖2项、东莞市科技进步一等奖1项，广东省环境保护科学技术奖三等奖1项，被环保部授予“国家环境监测技术骨干”称号。2017年，获评广东省五一劳动奖章。

欧一璐　2008年7月通过公务员考试，被录用为广东省东莞市交通运输局虎门分局公务员。2010年，获评东莞市交通系统“强素质、增效能、树形象”主题演讲比赛一等奖；2011年，通过全国统一司法考试取得法律职业资格证；2014年，获评广东省《广东省道路运输条例》知识竞赛二等奖；2016年，获评广东省交通运输行业技能大赛综合行政执法人员项目第一名。2017年，获评广东省五一劳动奖章。

2017年东莞市获国家部委以上表彰先进人物

获奖项目	获奖者	工作单位	授予单位	授予时间
全国无偿献血奉献银奖	叶容茶	东莞市沙田医院	国家卫生计生委、中国红十字会总会 中央军委后勤保障部卫生局	1月
各省（区、市）税务局先进工作者	王秀平	东莞市国家税务局 东城税务总局	国家税务总局	1月
各省（区、市）税务局先进工作者	刘继群	东莞市地方税务局 松山湖税务分局	国家税务总局	1月

续表

获奖项目	获奖者	工作单位	授予单位	授予时间
2016年教育部技术发明奖一等奖（项目：基于纳晶薄膜电极的工业废水电催化氧化深度处理装备及应用）	牛军峰 吕斯濠	东莞理工学院	教育部	2月
享受国务院特殊津贴专家	郑芝波	东莞市农业科学研究中心	国务院	3月
全国无偿献血奉献奖金奖	林　栋 邓妙玲	东莞市中心血站	国家卫生计生委	3月
全国无偿献血奉献奖银奖	费亚涛 梁桂华	东莞市中心血站	国家卫生计生委	3月
全国无偿献血奉献奖铜奖	覃铭军 李姗丹 叶群弟 胡应明 彭翠芬	东莞市中心血站	国家卫生计生委	3月
全国无偿献血志愿服务一星级奖	欧绮雯 王瑞英 陈志钊 等人	东莞市中心血站	国家卫生计生委	3月
全国无偿献血志愿服务二星级奖	车嘉琳 邹文涛 刘仁强 等人	东莞市中心血站	国家卫生计生委	3月
全国无偿献血志愿服务三星级奖	何子毅 王　庆 李姗丹 等人	东莞市中心血站	国家卫生计生委	3月
全国无偿献血志愿服务四星级奖	黄志森 王振兴 郭建生 等人	东莞市中心血站	国家卫生计生委	3月
全国无偿献血志愿服务五星级奖	陈金凤 温惠荣	东莞市中心血站	国家卫生计生委	3月
2016年银监会系统信息报送先进个人	彭丹月	东莞银监分局	中国银行业监督管理委员会	5月
全国优秀人民警察	姜晓良	东莞市公安局东城分局	公安部	5月
全国优秀人民警察	陶　峰	东莞市特警支队	公安部	5月
全国优秀人民警察	吴杰伟	东莞市公安局清溪分局	公安部	5月
全国优秀人民警察	赖信兵	东莞市公安局厚街分局	公安部	5月
全国优秀人民警察	王家晖	东莞市公安局寮步分局	公安部	5月
全国敬老爱老助老模范人物	邓淑娴	东莞市东城敬老院	全国老龄工作委员会	5月
全国模范人民调解员	李春梅	东莞市塘厦镇人民调解委员会	司法部	5月
全国模范人民调解员	刘盛渊	东莞市虎门镇人民调解委员会	司法部	5月

续表

获奖项目	获奖者	工作单位	授予单位	授予时间
策划项目《从武汉到广州——广州美术学院藏20世纪五六十年代作品展》入选文化部2016年度全国美术馆优秀项目评选	赖志强	东莞市文化馆	文化部	5月
全国工商和市场监管部门推进非公党建工作表现突出个人	陈　玺	东莞市工商局	国家工商总局	7月
全国信访系统优秀接谈员	周文庭	东莞市信访局	国家信访局	7月
2013—2016年度全国群众体育先进个人	黎创成	东莞市体育局	国家体育总局	8月
2013—2016年度全国群众体育先进个人	刘志敏	东莞市南城街道办事处	国家体育总局	8月
2013—2016年度全国群众体育先进个人	叶　晶	东莞市游泳运动管理中心	国家体育总局	8月
全国卫生计生系统先进工作者	汤松涛	东莞市寮步社区卫生服务中心	国家卫生计生委	8月
全国卫生计生系统先进工作者	周建平	东莞市人民医院	国家卫生计生委	8月
个人一等功	叶志明	东莞市刑警支队	公安部	9月
新闻出版统计工作先进个人	朱建艳	东莞市文化广电新闻出版局	国家新闻出版广电总局	11月
全国农业劳动模范	王志明	广东万达丰农投蔬果有限公司	人力资源和社会保障部 农业部	12月
2017年中华人民共和国国家科学技术发明二等奖（项目：基于高能效纳晶薄电极的工业废水电催化深度处理技术及应用）	牛军峰 吕斯濠	东莞理工学院	国务院	12月
全国住房城乡建设系统先进工作者	刘月兰	东莞市城建工程管理局	人力资源和社会保障部 住房和城乡建设部	12月

2017年东莞市获省委、省政府表彰先进人物

获奖项目	获奖者	工作单位	授予单位	授予时间
依法治省先进个人	谢立川	东莞市第一人民法院	中共广东省委	2017年1月
粤曲独唱《昭君出塞》获得2017广东粤曲私伙局大赛决赛少儿组银奖	韦嘉宜	道滘镇	广东省委宣传部 广东省文化厅	2017年1月
广东省第二届孝德好声音大赛冠军	李　勤	大岭山镇	广东省文化厅 广东省公共文化促进会 广东省音乐家协会	2017年1月
个人二等功	蔼保伦	东莞市公安局交通警察支队虎门大队	广东省公安厅	2017年3月
个人嘉奖	曾庆科	东莞市公安局虎门分局巡警大队	广东省公安厅	2017年3月
作曲歌曲《心里有片天》获得2016年度广东省群众文艺作品评选三等奖	周柏（方舟） 刘　雅	东莞市文化馆创作部主任（周柏）、东莞市文化馆干事（刘雅）	广东省文化厅、团省委等	2017年4月

续表

获奖项目	获奖者	工作单位	授予单位	授予时间
编导《莞香》获2016年度广东省群众文艺作品评选舞蹈类一等奖	刘　影	东莞市文化馆	广东省文化厅	2017年4月
申鹤明编曲、孙艳编导的《剪毛羊》获2016年度广东省群众文艺作品评选舞蹈类一等奖	申明鹤 孙　艳	东莞市文化馆	广东省文化厅	2017年4月
创作《月光宝盒》获2016年度广东省群众文艺作品评选曲艺类一等奖	唐安东	东莞市文化馆	广东省文化厅	2017年4月
创作《稻草人》获2016年度广东省群众文艺作品评选曲艺类三等奖	唐安东	东莞市文化馆	广东省文化厅	2017年4月
创作《新编顺口溜》获2016年度广东省群众文艺作品评选曲艺类三等奖	唐安东	东莞市文化馆	广东省文化厅	2017年4月
辅导《莞香》获2016年度广东省群众文艺作品评选舞蹈类一等奖	魏阳阳	东莞市文化馆	广东省文化厅	2017年4月
作词《松湖烟雨》获2016广东省群众文艺作品精选音乐类一等奖	何超群	东莞市文化馆非遗部	广东省文化厅	2017年4月
广东省文艺作品年度评选二等奖	陈　灵 王照一	东莞市长安镇	广东省文化厅	2017年5月
广东省优秀少先队辅导员	陈志华	东莞市常平镇桥梓小学	共青团广东省委员会 广东省教育厅 少先队广东省工作委员会	2017年6月
广东省优秀少先队辅导员	彭　敏	东莞市虎门外语学校	共青团广东省委 广东省教育厅	2017年6月
《可爱的中国》获得“风雅颂”第三届广东省朗诵大赛金奖	何智辉	东莞市虎门文广中心	广东省文化厅	2017年6月
民革广东省机关工作先进个人	黎丽香	东莞市民主党派办公室	民革广东省委员会	2017年6月
民革广东省优秀基层组织工作者	沈晨光	东莞市鸦片战争博物馆	民革广东省委员会	2017年6月
民革广东省参政议政工作先进个人二等奖	周　静	广东旗峰律师事务所	民革广东省委员会	2017年6月
民革广东省参政议政工作先进个人二等奖	刘　蕾	东莞理工学院	民革广东省委员会	2017年6月
民革广东省参政议政工作先进个人三等奖	郑国洪	东莞市住房和城乡建设局	民革广东省委员会	2017年6月
民革广东省参政议政工作先进个人三等奖	肖隆东	东莞市黄江镇公用事业服务中心	民革广东省委员会	2017年6月
民革广东省参政议政工作先进个人三等奖	李　佳	东莞市第一中学	民革广东省委员会	2017年6月
民革广东省参政议政工作先进个人三等奖	凌志稳	东莞市滨海湾新区、东莞港管委会规划建设局	民革广东省委员会	2017年6月
民革广东省参政议政工作先进个人三等奖	曾红玲	东莞市鸦片战争博物馆	民革广东省委员会	2017年6月

续表

获奖项目	获奖者	工作单位	授予单位	授予时间
民革广东省参政议政工作先进个人三等奖	徐永彬	东莞市城市综合管理局	民革广东省委员会	2017年6月
民盟广东省反映社情民意信息工作先进个人二等奖	李秀源	广东法制盛邦（东莞）律师事务所	民盟广东省委员会	2017年6月
广东省第十四届美术书法摄影作品联展入选	余海霞	东莞市长安镇	广东省文化厅 广东省摄影家协会	2017年6月
第九届广东安全知识竞赛暨粤港澳安全知识选拔赛决赛工会组冠军	许恩致	东莞市路桥投资建设有限公司	广东省安全生产监督管理局 广东省总工会	2017年8月
2016年公益法治宣传作品创作大赛银奖	赵建华	东莞市司法局塘厦分局	广东省普法办 省委宣传部 省司法厅 省文化厅 省新闻出版广电局	2017年8月
《谁堂刻印留痕》获得广东省第十四届美术书法摄影联展（书法类）金奖	吴智勇	东莞市虎门镇个体户	广东省文化厅 广东省美术家协会 广东省书法家协会 广东省摄影家协会	2017年9月
《万古一句联》获得广东省第十四届美术书法摄影联展（书法类）铜奖	彭杨勇	东莞市虎门镇沙角小学	广东省文化厅 广东省美术家协会 广东省书法家协会 广东省摄影家协会	2017年9月
《前贤论书》、获得广东省第十四届美术书法摄影联展（书法类）优秀奖	陈　晓	东莞市虎门镇南栅小学	广东省文化厅 广东省美术家协会 广东省书法家协会 广东省摄影家协会	2017年9月
《朱子格言》获得广东省第十四届美术书法摄影联展（书法类）优秀奖	万渭林	东莞市虎门镇个体户	广东省文化厅 广东省美术家协会 广东省书法家协会 广东省摄影家协会	2017年9月
《李流芳诗》获得广东省第十四届美术书法摄影联展（书法类）优秀奖	苏树荣	东莞市虎门镇个体户	广东省文化厅 广东省美术家协会 广东省书法家协会 广东省摄影家协会	2017年9月
国画《家园》获得广东省第十四届美术书法摄影联展（美术类）优秀奖	傅进南	东莞市虎门镇个体户	广东省文化厅 广东省美术家协会 广东省书法家协会 广东省摄影家协会	2017年9月
第十三届全国运动会四人双桨第一名	张　全	东莞市虎门镇个体户	广东省人民政府	2017年9月
广东省人民政府集体嘉奖	郭伟亮	东莞运动员	广东省人民政府	2017年9月
广东省人民政府集体嘉奖	杨富华	东莞运动员	广东省人民政府	2017年9月
广东省人民政府集体嘉奖	隋瀚娇	东莞运动员	广东省人民政府	2017年9月
广东省人民政府个人记大功	黄文威	东莞运动员	广东省人民政府	2017年9月
广东省人民政府个人记大功	曾冰强	东莞运动员	广东省人民政府	2017年9月
广东省人民政府个人记大功	肖海亮	东莞运动员	广东省人民政府	2017年9月
广东省人民政府个人记大功	徐　杰	东莞运动员	广东省人民政府	2017年9月

续表

获奖项目	获奖者	工作单位	授予单位	授予时间
广东省人民政府个人记大功	杜润旺	东莞运动员	广东省人民政府	2017年9月
广东省人民政府个人记大功	李佳益	东莞运动员	广东省人民政府	2017年9月
广东省人民政府个人记大功	刘格婷	东莞运动员	广东省人民政府	2017年9月
广东省人民政府个人记功	郭建力	东莞运动员	广东省人民政府	2017年9月
广东省人民政府个人记功	李振强	东莞运动员	广东省人民政府	2017年9月
广东省人民政府个人记功	李耀峰	东莞运动员	广东省人民政府	2017年9月
广东省人民政府个人记功	张　全	东莞运动员	广东省人民政府	2017年9月
广东省人民政府个人记功	王凯华	东莞运动员	广东省人民政府	2017年9月
广东省人民政府个人记功	梁志斌	东莞新世纪房地产公司	广东省人民政府	2017年9月
广东省人民政府个人记功	陈海涛	广东宏远篮球俱乐部	广东省人民政府	2017年9月
广东省名中医	周光辉	东莞市第三人民医院	广东省人民政府	2017年9月
“公共文化建设现场”——2017广东公共文化服务优秀案例	邓永娴	东莞市桥头镇文化广播电视服务中心	广东省文化厅	2017年9月
《劳动美》（摄影）获“广东省第十四届美术书法摄影作品联展”优秀奖	黄孟良	东莞市文化馆	广东省文化厅	2017年9月
《演出之前》（摄影）获“广东省第十四届美术书法摄影作品联展”优秀奖	黄孟良	东莞市文化馆	广东省文化厅	2017年9月
庆祝香港回归祖国20周年活动安保维稳工作先进个人	郭应牛	中共东莞市委统一战线工作部	中共广东省委 广东省人民政府	2017年9月
广东省第十四届美术书法摄影作品联展优秀奖	唐泽明	东莞市长安镇	广东省文化厅 广东省摄影家协会等	2017年9月
获广东省第十四届美术书法摄影作品联展优秀奖	陈亮宇	东莞市长安镇	广东省文化厅 广东省摄影家协会	2017年9月
2017年广东省第十四届美术书法摄影作品联展优秀奖	唐寿新	东莞市长安镇	广东省文化厅 广东省美术家协会 广东省书法家协会 广东省摄影家协会	2017年9月
粉画作品《塘厦乡村——云端的故事》获“广东省第十四届美术书法摄影作品联展”优秀奖	赵彩红	东莞市塘厦镇	广东省文化厅 广东省美术家协会 广东省书法家协会 广东省摄影家协会	2017年9月
作品《菜根潭句》获“广东省第十四届美术书法摄影作品联展”优秀奖	张国坦	东莞市桥头镇	广东省文化厅 广东省美术家协会 广东省书法家协会 广东省摄影家协会	2017年9月
2017广东公共文化服务优秀论文	陈文广	东莞市洪梅镇	广东省文化厅	2017年9月
论文《文艺品牌树枝式成长立体式发展模式探讨—以东莞市厚街镇“周六故事”群文活动品牌为例》获“公共文化建设现场”——2017广东公共文化服务优秀论文	黄云南	东莞市厚街镇	广东省文化厅	2017年9月

续表

获奖项目	获奖者	工作单位	授予单位	授予时间
2017广东公共文化服务优秀论文	李保东	东莞市厚街镇	广东省文化厅	2017年9月
粤曲独唱《昭君出塞》获得2017广东粤曲私伙局大赛决赛少儿组银奖	韦嘉宜	东莞市道滘镇	广东省委宣传部 广东省文化厅	2017年10月
广东省名中医	周光辉	东莞市第三人民医院	广东省人民政府	2017年11月
第十三届广东省艺术节美术优秀作品展铜奖	叶文辉	岭南画院	广东省文化厅	2017年11月
第十三届广东省艺术节美术优秀作品展优秀奖	廖定标	岭南画院	广东省文化厅	2017年11月
第十三届广东省艺术节美术优秀作品展入选	李志国	岭南画院	广东省文化厅	2017年11月
第十三届广东省艺术节美术优秀作品展入选	周坚洪	岭南画院	广东省文化厅	2017年11月
张卫红导演并参演、曹黎俪参演的小品《背后的眼睛》荣获广东省廉政小品曲艺创作大赛铜奖	张卫红 曹黎俪	东莞市文化馆	广东省纪委 广东省文化厅	2017年11月
作词《我们出发》获2017广东省音乐舞蹈花会银奖	何超群	东莞市文化馆	广东省文化厅	2017年11月
粉画作品《依依水乡》入选第十三届广东省艺术节优秀美术作品展入选	赵彩红	东莞市塘厦镇	广东省文化厅	2017年11月
小品《英雄感言》获2016年广东省群众文艺作品评选一等奖	李建华	东莞市厚街镇	广东省文化厅	2017年11月
小音乐剧《因为有你》获2016年广东省群众文艺作品评选三等奖	李建华	东莞市厚街镇	广东省文化厅	2017年11月
油画《假日》获得广东省画说好家风绘画比赛优秀奖	邓锦波	东莞市虎门镇个体户	广东省妇联 广东省文明办	2017年12月
粉画作品《蛇城记忆》获得“中国南粤古驿道首届文化创意大赛”的“年度特别贡献奖”	赵彩红	东莞市塘厦镇	广东省文化厅等五个部门	2017年12月

道德模范

何满棠　男，中共预备党员，东莞市供电局变电管理二所检修一班副班长。1984年在变电检修一线工作，参加过数以百计的变电站大修技改、设备停电检修等大型项目，善于解决各种设备的“疑难杂症”，是守护城市一方光明的“科技匠人”。带领技术骨干开展职工技术创新，攻坚生产设备难题，连续多年获QC国优省优、南方电网职创成果奖等，为企业创造可观的效益。工作室先后被评为南方电网公司三星级工作室、广东省示范性劳模创新工作室。累计为东莞市供电局输送各类技能及管理人才近30人，其中，省级技能专家6人、局级专家1人、高级技师9人、技师12人。先后获得“全国劳动模范”“全国工人先锋号”“南粤工匠”等称号。2017年，获评第六届广东省道德模范、第六届全国道德模范提名奖。

刘　洋　女，中共党员，广东边防总队东莞边防检查站虎门分站执勤业务一科科长。独创“贴心、真心、热心、耐心”——“四心”台外服务工作法，在全国边检系统推广。熟练掌握常遇的80多个国家260多种护照、400多类签证的防伪特征、查验方法，练就“火眼金睛”。累计查验出入境旅客10万多人次，处理违法违规48起48人次，查获不法分子5名，无一起漏查漏控、旅客投诉、不法分子偷渡，保持零差错、零投诉的纪录，并创造全站单月查获重控对象最多的纪录。广东边防总队东莞边防检查站虎门分站连续两年获评“公安边防基层建设标兵单位”。其个人先后获评“提高边检服务水平工作十佳检查员”“提高边检服务水平工作成绩突出个人”“全国优秀人民警察”等称号。2017年，获得第六届广东省道德模范提名奖。

东莞市第六届道德模范名单

类别	姓名	性别	工作单位	职务
助人为乐道德模范	宋　涛	男	东莞市生物技术产业发展有限公司	董事长
助人为乐道德模范	彭海堤	男	广东省泗安医院康复中心	休养员
助人为乐道德模范	刘建江	男	茶山镇横江村	居　民
见义勇为道德模范	汪　旺	男	高埗镇低涌村	居　民
敬业奉献道德模范	王三贵	男	东莞市南城人民医院	副院长
敬业奉献道德模范	潘家扬	男	厚街公安分局法制室	科　员
敬业奉献道德模范	石开喜	男	樟木头环境卫生管理所	工　人
诚实守信道德模范	钟松焕	男	东莞市肥仔秋食品有限公司	执行董事
孝老爱亲道德模范	李玉梅	女	东城街道牛山社区	保洁员
孝老爱亲道德模范	莫广兴	女	麻涌镇麻四村	村　民

东莞市第六届道德模范提名奖名单

荣誉称号	姓名	性别	工作单位	职务
助人为乐道德模范提名奖	梁红卫	女	工商局道滘分局	主　任
助人为乐道德模范提名奖	张伟明	男	邮政局	邮递员
见义勇为道德模范提名奖	邓松添	男	中堂镇东向村一队村民小组	村　民
敬业奉献道德模范提名奖	李凤屏	女	洪梅镇中心小学科	组　长
敬业奉献道德模范提名奖	周建平	男	东莞市人民医院	外科主任
敬业奉献道德模范提名奖	郭如峰	男	公安消防支队石龙大队	大队长
敬业奉献道德模范提名奖	于　熙	女	公安局塘厦分局刑事侦查大队	民　警
孝老爱亲道德模范提名奖	袁瑞京	女	工商局高埗分局	主　任
孝老爱亲道德模范提名奖	叶丽婵	女	道滘镇昌平村	个体户
孝老爱亲道德模范提名奖	邓积玉	女	桥头镇莲城社区	居　民

东莞市“中国好人”

邓松添　男，东莞市中堂镇东向村人。2016年4月11日，一个男孩在东向村二村桥旁的鱼塘边嬉戏，不慎滑倒落入鱼塘里。邓松添听到求救后迅速赶到，不顾生命危险，勇敢跳入鱼塘中营救落水男孩，最终使男孩获救。这是他十年内的第5次救落水者。而最危急的一次救落水者是发生在2015年的夏天，当时落水男孩被救上来时昏迷不醒，邓松添把小孩扛在肩上不断地跑，大约过了半小时，才使小孩吐出咽下的河水和淤泥，这样小孩才得到及时的施救。先后获得“广东好人”“东莞好人”等称号。2017年，获得“中国好人”称号。

姜泽余 男，湖南邵阳人，东莞虎门个体户挖掘机驾驶员。2017年4月10日，东莞市虎门镇沙角社区三江路口一栋五层楼的民宅发生火灾，堆放在一楼仓库的锂电池发生爆炸，屋内逃生通道被火势封住，数十名人员被困在楼顶和各层阳台。姜泽余挺身而出，开着自己的挖掘机相继砸开失火民宅的围墙和二楼阳台防盗网，并将挖掘机的铲斗举高救人，为被困人员打开一条生命的通道，先后帮助12名被困人员成功逃离火海。先后获得“广东好人”“东莞好人”等称号。2017年，获得“中国好人”称号。

周转好 女，东莞市沙田镇禄沙村人。照顾双目失明、行动不便的婆婆有50多年。2017年，周转好年过七旬，还是坚持照顾着这位百岁老人。无论是艰苦岁月，还是安稳日子，她总是不离不弃，用爱心书写一篇感人的孝道文章。先后获得“广东好人”“东莞好人”等称号。2017年，获得“中国好人”称号。

东莞市“广东好人”

王三贵 男，东莞市南城医院副院长。自1992年毕业以来，坚守在医院外科临床第一线工作，平均每天工作14小时以上，每年工作330天以上，每天平均做1～2台手术，最多的一天做7台手术，每年大约做650台手术；言传身教，带出一支拥有16名医生、7名高级职称医生的外科团队，在全国各地培养50余位技术骨干，受益学员2万余人；发表医学论文30余篇，参编专著3部，申报国家专利33项，获得授权12项，承担科研立项5项，获得广东省科技成果1项，东莞市科技进步二等奖1项。先后获得“第七届东莞市优秀科技人才”“东莞市首届最美医生”“第六届东莞市道德模范”等称号。2017年，获得“广东好人”称号。

钟松焕 男，东莞市麻涌镇麻一村人，肥仔秋食品有限公司执行董事。1980—2017年企业经营合同履约率100%，客户满意率100%，消费者投诉为零。从企业初创至2017年，在信贷机构无一次不良贷款。公司先后获得“守合同重信用企业”“广东省岭南特色食品”“中国消费者首选品牌”“广东省著名商标”等荣誉称号；个人先后获得“东莞好人”“第六届东莞市道德模范”等称号。2017年，获得“广东好人”称号。

刘建江 男，东莞市茶山镇横江村居民。从1998年第一次献血开始，这位当时51岁的老人先后献血149次，10年无偿献血2.7万毫升。陪同29位志愿者进行造血干细胞移植，还签订协议死后捐献自己的遗体。考取“国家心理咨询师”，志愿为有需要的人作心理辅导。曾获无偿献血金奖、东莞市城市百杰提名奖、广东省红十字会先进志愿工作者奖、东莞市首届十大慈善人物提名奖、东莞第二届十大慈善人物提名奖、“终生志愿者”、“造血干细胞工作五星级志愿者”最美人道工作者、第六届东莞市道德模范、“东莞好人”等称号。2017年，获得“广东好人”称号。

莫广兴 女，东莞市麻涌镇麻四村人。40年前，莫广兴年仅7岁的女儿因一场持续不退的高烧患上脑膜炎，并恶化为脑瘫，从此丧失语言能力，生活无法自理。莫广兴数十年如一日守护在女儿身边，每天给她喂饭、擦拭身体、按摩、换洗衣服。先后获得“麻四村最美家庭”“东莞市道德模范”“东莞好人”等称号。2017年，获得“广东好人”称号。

姜泽余 2017年，获得“广东好人”。（参见“2016年东莞市‘中国好人’”）

韦金香 女，东莞市家宝园林绿化有限公司员工。2003年来到东莞，加入环卫这一特殊行业。每天凌晨5点起床，摸黑骑自行车上班，5点半准时到达工作岗位，开始一天的清扫工作。2008年10月，在东莞创建全国文明城市期间，短短10多天里，韦金香清除垃圾污物近2吨；在过往10多年里，清扫道路面积2300万平方米，清除垃圾1800多吨。平凡的工作，有这样一位敬业奉献的“城市美容师”。先后获得“东莞市南城区环卫先进个人奖”“东莞市环卫先进个人奖”“广东省五一劳动奖章”“全国五一劳动奖章”“东莞好人”等称号。2017年，获得“广东好人”称号。

2017年“东莞好人”名单

姓名	性别	工作单位及职务	获评季度
毛菊香	女	东坑镇志协青少年服务队副队长	第一季度
邓扬峰	男	常平镇个体经营户	第一季度
叶伟强	男	大朗镇大井头社区辅警	第一季度
傅杰堂	男	大朗镇大井头辅警	第一季度
梁元胜	男	寮步镇坑口村个体水电工	第一季度
刘锡光	男	寮步镇富竹山村委会副主任	第一季度
刘锦枝	男	寮步镇城市综合管理分局副局长	第一季度
钟桂彬	男	寮步镇城市综合管理分局一中队副中队长	第一季度
杨双泽	男	东莞市公安消防局莞城大队大队长	第一季度
聂　影	女	东莞市国税局办公室科员	第一季度
胡晓祥	男	东莞市腾龙物业管理有限公司物业主管	第一季度
华秋林	男	厚街镇赤岭祥宏鞋材加工店鞋材师傅	第一季度
徐紫东	男	凤岗交通劝导项目队长	第一季度
刘宇田	男	东莞市公安局交警支队塘厦大队机动中队副中队长	第一季度
陈　超	男	桥头镇仙足沐足中心保安	第一季度
徐国权	男	清溪城管分局执法中队副中队长	第一季度
刘　胜	男	常平镇土塘小学教师	第一季度
高申玉	男	樟木头镇碧河花园小区保安队长	第一季度
黎小芬	女	中堂镇潢涌小学教师	第一季度
王道燕	女	常平镇上坑社区个体经营者	第一季度
叶镇荣	男	南城街道吉拓户外用品有限公司物流专员	第一季度
严志玮	男	南城街道个体经营者	第一季度
谢楚群	男	厚街镇个体经营者	第一季度
李雅华	女	清溪镇第二小学办公室副主任	第一季度
佘德宇	男	长安医院内科ICU主任	第一季度
黄松衍	男	麻涌镇第一中学教师	第一季度
黄志清	女	东坑广播电视站副站长	第一季度
吴映强	男	大朗公共的士有限公司公交车司机	第一季度
赵丹玲	女	莞城国税分局税源管理三股股长	第一季度
彭海堤	男	广东省泗安医院康复中心麻风康复休养员（麻涌镇）	第二季度
吕志钢	男	南城街道孩子王儿童用品有限公司店总经理	第二季度
温烈焰	女	中国邮政集团公司东莞分公司工作人员	第二季度
姜泽余	男	虎门镇个体户挖掘机驾驶员	第二季度
聂建坤	男	城管麻涌分局执法二中队工作人员	第二季度
刘晓彬	男	常平镇松柏塘完美汽车修理厂工作人员	第二季度
殷锦灵	男	常平镇松柏塘完美汽车修理厂工作人员	第二季度
刘　洋	女	广东省边防总队东莞边防检查站虎门分站执勤业务一科科长	第二季度
谢翠屏	女	广东省泗安医院文员（麻涌镇）	第二季度
苏济深	男	虎门中医院太宝分院主任	第二季度
邝柱祥	男	大朗供电局配电部急修班班长	第二季度

续表

姓名	性别	工作单位及职务	获评季度
颜慧明	男	国税局塘厦税务分局管理二股副股长	第二季度
谭剑锋	男	广东中远船务工程有限公司总坞长（麻涌镇）	第二季度
黎建明	男	企石镇医院功能科医生	第二季度
丁伟昌	男	沙田（虎门港）公安分局新沙派出所所长	第二季度
陈枫堰	男	茶山镇中心小学音乐教师	第二季度
曾永伦	男	新速派桥头美团站点外卖员	第二季度
陈　琳	女	麻涌镇新华学院后勤	第二季度
何伟恩	男	谢岗地税分局的协税员	第二季度
周丽云	女	横沥镇田头村村民	第二季度
李　军	男	东坑镇李扬电工工程部	第三季度
丁玉焜	男	莞城街道北隅社区居民	第三季度
黎丙权	男	高埗镇低涌村村民	第三季度
黄仲贤	男	高埗镇低涌村村民	第三季度
苏卫标	男	高埗镇低涌村村民	第三季度
黄贺渠	男	高埗镇低涌村村民	第三季度
熊灿平	男	高埗镇低涌村村民	第三季度
熊柏林	男	高埗镇低涌村村民	第三季度
何陈广	男	石碣镇西南村村民	第三季度
舒　畅	男	东坑镇角社村杉幸电子有限公司工作人员	第三季度
伍　海	男	东莞市恒茂化工有限公司工作人员（长安镇）	第三季度
丁植坤	男	东坑镇丁煦滢卫生所医生	第三季度
黄见荣	男	市公安局塘厦分局四村派出所科员	第三季度
林桂林	男	石碣镇专职消防队队长	第三季度
柯　颖	女	南城法庭审判员	第三季度
梁海华	女	石碣医院ICU护士	第三季度
陈炳洪	男	麻涌镇川槎村村民	第三季度
梁锦凤	女	横沥镇六甲村村民	第三季度
蔡德志	男	樟木头医院中医科医生	第四季度
陈志敏	男	深圳市博众联科技有限公司业务员（塘厦镇）	第四季度
陈灵鸽	女	虎门镇太沙路新园小区居民	第四季度
莫春丽	女	东莞市人民医院骨科一区护士（中堂镇）	第四季度
叶伟东	男	道滘镇北永村智网工作站网格员	第四季度
钟柱仔	男	寮步镇横坑村村民	第四季度
钟志强	男	寮步镇横坑村村民	第四季度
钟礼灯	男	寮步镇横坑治安队辅警	第四季度
钟衍畴	男	寮步镇横坑治安队辅警	第四季度
刘汉海	男	长安镇社区卫生服务中心全科主治医师	第四季度
丁绍林	男	市公安局交通警察支队凤岗大队民警	第四季度
彭　旋	男	市公安消防支队清溪中队中队长助理	第四季度
丁爱笑	女	横沥镇隔坑村村民	第四季度

高级专业技术资格人员名单

一、正高级（62人）

高等学校教师系列（1人）：

强昌文

卫生技术人员系列（56人）：

王静娴　林　军　袁德汉　陈敬毅　温泳涛　刘汉坤
谢衬梨　林顺欢　陈仰昆　沈利汉　何启新　张国慧
熊　斌　宋敏鹰　郑惊雷　李燕梅　张　玮　胡金英
梁丹丹　李鹤梅　柴鸣荣　袁　丁　李常兴　杨群峰
熊小玲　曹军香　徐小桥　侯铁军　李秀艳　梁翠霞
郭义红　王　黎　王平和　王鲁梅　张林峰　江宏志
袁　飞　姜惠芳　李盘石　夏治民　果海娜　陈　婕
王　涛　周岳琴　赵　俐　黄艳芳　刘兴玲　康喜讯
袁秀英　罗　昭　黄崇友　苏清华　匡　彬　何景招
林洋洋　张艳红

中小学教师系列（1人）：

黄　远

工程技术人员系列（1人）：

罗纪超

群众文化专业（2人）：

孙晋南　刘　雅

新闻专业人员系列（1人）：

郑远龙

二、副高级（801人）

高等学校教师系列（25人）：

苏美蓉　林小静　朱卫华　董崇杰　范四立　葛新旗
何　静　张峻岭　郭高萍　段淑娟　吴铁军　唐方红
舒雨锋　戴　航　陆炜妮　伍兴国　王　石　何景师
袁从贵　刘水平　吴惠茹　王　博　张蕴华　田立伟
聂　军

中等专业学校教师系列（20人）：

王　刚　雷　勇　何颖红　陈志善　梁佩仪　邹燕齐
陈　林　肖文秋　杨贵和　赖相卫　欧阳元东
苏伟斌　张贵元　李小军　韩　芳　吴观福　黄世敏
李艳瑜　邱爱华　王远明

中小学教师系列（219人）：

李应青　苏慧迎　朱　艳　易成海　张武英　余　平
朱兴平　刘翥远　申道红　戴宏帮　王明权　王　宽
王　瑛　刘贤虎　张虹灵　李　岗　吴森林　肖成琼
彭　云　梁　泉　万　岳　向　晖　钟爱英　彭才华
王青莲　周望乔　周雪桂　周　奇　许强荣　蒋美衡
赵思全　周　丹　陈枫堰　蒋显平　张桃英　李典艺
周红艳　李平凡　李庆仁　李文武　袁　华　熊家文
刘庆兵　何满莲　黄水平　石　永　徐　佳　彭　正
于　芳　舒付强　石秀芳　宋丽红　曾美好　曾素文
谢秀红　李四华　邓凤娇　江柳环　陈彩虹　陈美春
吴燕锋　王爵毅　李凤菊　张嫦安　刘太祥　温学深
李相伟　刘志华　张　凝　陈雪霞　方　远　陈青天
雷　鸣　张庭佑　陈亚贵　莫春林　郑敏祥　陈　景
麦　浪　陈升旭　刘建荣　莫秋华　王标河　余立军
陈　文　杨学伟　梁文华　何伟勤　赵晓天　冯明雄
吴惠珠　王　裕　邹彬彬　孙雄心　张夏绮　饶晓红
杨碧玉　张振坤　周汉星　陈思华　陈意军　周凌燕
张茂良　张伟云　袁冬梅　刘凯波　钟振宏　凌　洪
易文辉　林丽梅　曾杜清　黎秋默　陈火德　陈少卿
范远填　江力锋　黄震洋　周碧库　莫旭萌　李　烨
范锦飘　何燕芳　古锡捷　林丽珠　许碧青　梁旭升
罗伟杰　古彩虹　万锦棠　黄素珍　陈仕银　莫雪云
叶婉萍　谢浩军　王大鹏　曾彩香　钟圆照　朱浩林
张红霞　刘锦荣　曾映棉　莫衬平　陈耀芬　莫款芹
梁焕英　谢锦文　蔡巧英　江先伟　詹逸然　彭建忠
陈楚彬　翁　苗　方锡江　梁祖贤　蒋春荣　尹开华
韦大安　陈　莉　贺正平　龙毅珠　严　峻　伍　岚
王广昌　赵　军　赵美荣　吴　华　麦春锦　刘学斌
马　慧　康逢永　曹军辉　王学文　严　肃　范观琳
刘为森　李亚峰　肖水东　邓振江　袁辉林　吴　丰
兰云亮　白　琼　李平龙　王迎春　熊　莺　罗新宇
王　敏　王长涛　谭鲁翡　费　岚　江献良　曾德明
茹绮云　陈耀彭　陈洁纯　莫建龙　杜　琼　张华东
胡嵘苹　陈友辉　张立伟　杨少峰　黄　彦　常利红
黄海燕　范崇岩　谢　群　王桂红　田　雨　王公琴
刘　艳　王　强　郭永芳　于洪民　孙道明　傅其祯
曹阳明　邱雪生　王守东

卫生技术人员系列（359人）：

项琳怡　包胜华　李云龙　黎爱芬　刘凤莲　蔡　蓝
罗颖兴　吴见安　汤令群　赵　芹　彭达平　郑坤城
蔡志翔　韦　芳　鞠冠毅　梁婉红　刘真文　于利红
关秀娟　林冬兰　孙云玲　崔春宁　陈颖芳　黄丽嫦
叶应春　陈镜塘　叶世华　李凤荷　陈玉怡　王智明
何小萍　莫林耀　李秋明　陈庆隆　邹祝艺　张洪亮
李小悦　李　恒　邓　黎　王泽波　黄志锋　吴旭辉
周吉湘　王志坤　陈可琼　叶学年　牛　浩　吴建华
蔡崇岳　吴锡坤　陈钊鹏　蓝浩斌　许玉芸　王汉和
罗永温　桑　琦　高　雁　阮威杰　罗勇强　陈占玲
韩世华　汪慧卉　陈国栋　凌炜权　梁淦桐　黄莉珊
林　艳　鄂丽芳　赖东娣　梁逸仙　陈　锐　邵锦欢
杨笑琼　刘妙娥　叶淦康　陈锦华　卢慧兵　钟瑞芬
张萍妹　曾秀梅　付　东　李少兰　钟炽辉　林　城
陈少彬　谢运锋　郑敏华　张　霆　刘发全　徐艳霞
曾　昊　周宇超　余柏来　许月琼　黎彩芬　马傍喜
梁凤庄　吴清芬　姚慧梅　胡春眉　温淑芬　方肖琼
王丽婵　刘柳英　韩月娥　袁兆章　朱建英　叶惠芬
郭少嘉　吴旭坚　钟　澈　屈兰芹　廖洪彬　张焕成
刁仕萍　袁飞燕　黎笑容　张苑华　叶柳英　黄满辉
罗美好　蔡丹妮　黄孝华　谢福权　郑庆生　王嘉贤
刘雪梅　蔡树玉　雷　劲　黄杨志　方松柏　何秀云

沈海丹 马瑞倩 黄远峰 陈非凡 麦瑞林 何灵杰
谢金水 冯远征 尹云欢 陈丽珍 黄玉玲 黄磊瑛
彭婉君 谭回旺 冯丽燕 黄　剑 方志伟 任浩棠
梁柱楼 梁子君 尹多晓 彭俏菁 伍玉燕 曾　耿
丁新飞 胡　涛 黄传文 刘灼明 钟少开 邓天勤
蓝国湖 胡文格 柳先廉 杨守东 胡　艳 赵艳平
龙文浩 曾兴栋 黄华生 申　辉 梁天箭 刘桂芬
罗姣红 刘红梅 邓小灵 刘兴华 吴小杭 赖鸿章
饶勇辉 杨海忠 杨文彬 陈　玲 陈　怿 吕志国
梁丹红 龚　煜 陈海燕 阳新洪 郑丽华 林幼萍
李汉军 黎北林 陆伟恒 苏剑东 凌韶勤 秦国平
赖悦丰 陈丽兰 叶康志 李焕轮 陈金凤 周敬林
黄　宁 钟　胜 黄　桂 林伟卓 区俊兴 余玉华
李　征 黄祖辉 刘凤琴 陈美云 曾湘云 周　静
潘聪云 蒋友明 车友谊 邓　方 郭鹏豪 陈少莹
原仲晖 黎智彪 陈冬萍 蒋洁珊 王月平 薛　楠
黄　祯 陈秋妍 邱瑰君 余旺忠 黄卫娟 吴桂芳
吴伟霞 吴陆敬 李洁喜 李伟娟 林荣烈 陈占清
江先明 连乐燊 李雪莲 魏晓红 曾双志 刘龙魂
龙　娟 陈晓蓓 侯炽均 陈　志 李　瑛 宋日辉
朱樱梅 吴德泰 谢克开 黄碧瑗 张　宁 袁文芳
王利华 陈　丽 彭锦燕 卢银欢 钟署娥 李玉辉
陆明韬 赖　茂 谢伊玲 王素艳 蒋　萍 王　丽
刘仁颂 曾俊峰 刘小媚 周新枚 彭青湘 吴志喜
刘　仔 何勤女 席艳君 缪丽琳 金雄伟 杨少伟
冯春武 谭民轩 曾爱生 钟俊贤 陈建良 王洪财
牛占国 林晓文 刘世峰 丁强红 晏　妮 吴兆春
李　晶 孙承毅 蔡　艳 廖小杰 胡明秀 刘济泳
肖仙丰 王志兵 杨　雪 王　苓 张　莉 刘　勇
胡德稳 张　侃 刘　波 肖长长 江浩波 罗臻怡
付　熠 徐春祥 付金玲 何松美 何如平 田　华
谢　成 屠永刚 陈淑惠 王仕清 路春海 智生芳
胡芳铭 王　雷 杨忠萍 蔡越飞 杨　帆 高素芳
陈金燕 滑国田 周海梅 靳维娜 浦征宇 方　昕
李　骋 况　丹 金尚丽 杜　驰 王　虎 朱玉叶
王翠兰 丁玉霞 喻秋萍 张　云 谭露芬 高　鹊
张湘谊 宋贤煜 李前龙 韩　慧 易长胜 梁艳芳
延丽雅 赵振军 王志涛 王光明 张　智

工程技术人员系列（161人）：

王春渊 郑传权 潘晓衡 赵　静 李　微 刘栋杰
肖云锋 严勇涛 刘　辉 莫国旺 容文光 胡秀月
吴家鑫 李克昌 苏　醒 周国豪 陈　宇 林应勋
李　腾 贺　成 陈伟勤 陈　勇 林君明 黄　建
李雅静 梁美燕 卢树填 唐昌伟 王平伟 郑小华
黎伟君 韩贵晶 莫沃洪 朱伟权 李从军 苏　鹏
张　军 刘小燕 王源丰 何喜武 吴小锋 陈　亮
刘健鹤 李　辉 刘　梓 严　朝 邱　玲 董桃元
陈　晓 刘晨晨 杜治刚 李润秀 杨亚平 区洪胜
蔡　泳 黄淦彬 张慧英 姚国敏 林　金 刘宜欣
陈鹏宇 陈国涛 李　萍 陈世清 陈新盛 丁柏荣
陈庆坤 丁廉洁 莫树朋 杨　伟 徐健洪 刘成坤
余　伟 萧伟峰 成尚军 张子恒 邓　然 黄　敏
肖志军 王科竣 梁建杨 冯守富 梁磊明 王东阳
刘毅斌 谭　亮 雷玉荣 林　虹 廖　继 卢逢煦
宋　欣 李汉文 陈俊峰 黎赐钊 刘招明 温　俊
卢树彬 李丽君 郝云庆 邓飞鸿 吴恒辉 林贵云
刘瑞珊 梁庆君 魏永军 袁志涛 朱勇辉 吴学文
邓月珠 宋　毕 张聪华 黎冠威 黄金彪 陈建芬
丁　弦 刘洪德 袁志超 王亮东 林东生 王小春
胡玉屏 李向前 李　柱 陈子源 张　娟 陈智明
张冬远 袁继旺 李阳星 周振华 陈文溶 林伟东
杨继尧 黎际鹏 李燕欢 卓建中 欧阳松南
刘兴元 刘学斌 孟凡宁 刘凤阳 郑育成 谢智仁
郭葆真 吕彦升 袁树辉 龙莉红 黄晓波 古战文
吴姝俐 邓瑞光 彭志宏 汪华清 陈剑彪 单　平
邱长林 庞前列 王凯乐 王碧武 朱红艳 黄育青

农业技术人员系列（9人）：

邓树轩 彭达平 赖笑娴 黄育浩 洪伟彬 殷进方
黄俊庆 高芳云 董　瑜

图书资料专业系列（2人）：

张利娜 刘小斌

群众文化专业（3人）：

谢　钧 黄晓丽 连国栋

经济专业人员系列（3人）：

刘彩芹 彭小勤 陈晓丽

榴花公园 （谢志坚 摄）

编辑：刘念宇

在市委十四届五次全会上的报告

（2018年1月10日）

中共东莞市委书记 吕业升

同志们：

现在，我受市委常委会委托，向全会作工作报告，请予审议。

一、2017年东莞经济社会发展取得显著成绩

刚刚过去的2017年，是东莞砥砺前行、锐意进取的奋进之年，是东莞亮点纷呈、硕果累累的收获之年。一年来，在党中央和省委的坚强领导下，市委常委会以迎接党的十九大、贯彻十九大精神为主线，以习近平新时代中国特色社会主义思想为指导，团结带领全市广大干部群众，紧紧围绕市第十四次党代会提出的目标任务，全面推进“十大行动计划”，凝魂聚力、苦干实干，各项工作张力十足，推动东莞各项事业取得显著成绩，进一步巩固了经济社会发展稳中有进、进中向优的态势，为全面建成小康社会、加快社会主义现代化建设打下了坚实基础。

一年来，市委常委会重点推进了以下工作。

一是坚持把学习宣传贯彻党的十九大精神作为首要政治任务，政治建设明显强化 市委出台系列文件，组织开展宣传、宣讲、大学习大培训以及调研督导等活动，迅速在全市兴起热潮，推动党的十九大精神在东莞家喻户晓、深入人心。市领导班子坚持以上率下，带头学、带头讲、带头干，牵头开展“新时代·新征程·新东莞”专题调研，形成“坚定一个引领、实现六大跃升”的贯彻思路。牢牢把握学懂弄通

做实的要求，突出“四个结合”、“六个聚焦”，召开市委十四届四次全会，出台市委贯彻意见，着力推动习近平新时代中国特色社会主义思想在东莞落地生根结出丰硕成果。在市委的示范带动下，全市各级党组织着力压实政治责任、加强政治建设，牢固树立“四个意识”，坚决维护习近平总书记的核心地位，坚决维护以习近平同志为核心的党中央权威和集中统一领导，切实用习近平新时代中国特色社会主义思想武装头脑、指导实践，引领东莞更高水平发展。

二是大力实施企业规模与效益“倍增计划”，实体经济活力明显激发 按照供给侧结构性改革思路，市镇选定倍增试点企业1268家，围绕促进制造业发展推出20条措施，支持其通过科技创新、发展总部经济、推进兼并重组、开展服务型制造、加强产业链整合、强化资本运作等6条路径实现集约发展，推动规模与效益的倍增。1—11月，195家市级倍增工业企业完成增加值同比增长17.6%，比全市平均水平高7个百分点，做法得到国务院督导组和省的充分肯定。大力减轻企业负担，出台“实体经济十条”36项优惠政策措施，全年为企业减负370亿元。设立50亿元产业投资母基金并带动总规模超170亿元的镇级引导基金成立，持续优化金融供给。通过这些举措，实体经济活力进一步增强。1—11月，全市规模以上工业增加值增长10.6%，增速排名全省第二。制造业PMI指数连续17个月位于荣枯线以上，为我市2014年1月统计PMI指数以来持续时间最长。市场主体突破100万户，稳居全省地级市首位。

三是打造创新驱动发展升级版，动能转换明显加快 全面落实省创新驱动发展“八大举措”，2017年全市R&D占比预计达2.5%，国家高新技术企业总量有望突破4000家，发明专利拥有量、高新技术企业新增数量和累计数量继续位居全省地级市第一，创新主体实现“量质齐升”。推进实施创新驱动发展升级版行动计划，加快广深科技创新走廊东莞段建设，谋划高水平省级新材料实验室，着力依托散裂中子源项目规划建设中子科学城，打造国家大科学装置集群，东莞创新能级不断提升。着力打造科技成果转化的快速通道，加快科技金融产业融合，1-11月全市高技术制造业增加值占规上工业比重为39.0%，进一步发挥了创新对经济发展的引领和支撑作用。

四是积极构建开放型经济新体制，对外开放合作的深度和广度明显拓展 扎实推进综合试点试验，向全国推广经验总数位居12个试点城市和地区第一。大力推进加工贸易创新发展，全市近四成加工贸易企业拥有自主品牌和设有研发中心或研发机构，加工贸易企业自主品牌、自主设计产品出口占比达到75%。不断拓展国际经贸合作网络，广东（石龙）铁路国际物流基地建设步伐加快，中俄贸易产业园先导区建设有序推进，海丝博览会、加博会签约项目和金额再创新高，1—11月对“一带一路”国家和地区进出口占比提升至17.2%。积极培育外贸新业态，成功创建10家省级示范电商企业和8家省级电商示范基地，1-11月东莞邮政发出国际小包数量居全国第四。主动融入粤港澳大湾区建设，穗莞合作取得新进展，深莞惠“3+2”经济圈建设进一步深化。

五是推进园区统筹组团发展，统筹协调发展水平明显提升 把园区统筹组团发展作为核心战略，将全市划分为6大片区，确定松山湖高新区、滨海湾新区、水乡新城等3个先行区，梳理形成中子科学城等14个项目“引爆点”，着力破解资源配置碎片化问题，构建全市组团联动发展格局。松山湖“1+6”统筹联动组团发展试点取得突破性进展，松山湖高新区在全国排名从第26位跃升至第23位，滨海湾新区成为粤港澳大湾区城市群发展规划重大发展平台，水乡经济区达成大批项目合作协议。大力扶持次发达镇村加快发展，设立专项资金，建立市直部门共同帮扶、重大事项议事协调等机制，8个次发达镇生产总值前三季度增速比全市高1.9个百分点，70个次发达村（社区）两级经营纯收入全年增速比全市高5.5个百分点。同时，援藏援疆、全面帮扶韶关、对口扶贫协作云南四川等取得新进展新成效。全面完成省下达的与牡丹江“五个一”工作任务。

六是着力打赢水污染治理攻坚战，城市环境明显改善 落实中央环保督察整改要求，全面打响水污染治理攻坚战，新建截污管网767.8公里，为“十二五”期间加上2016年的总和的1.5倍，超额完成年度建设任务。全面铺开44条重污染河涌整治，10条列入国家督办的黑臭水体，7条基本消除黑臭现象。新扩建污水处理厂9座，启动35座提标改造。河长制实现全覆盖。大气、固废和土壤等污染防治深入开展，顺利达到国家“大气十条”终期考核要求，城镇生活垃圾实现全部无害化处理，预期2018年实现全焚烧、零填埋。大力推进城市品质提升，建成美丽幸福村居100个，城市更新连片改造和轨道交通TOD开发有力推进，城市功能和环境进一步优化。

七是切实优化公共服务，群众获得感和幸福感明显提高 坚持以人民为中心的发展思想，持续加大对民生社会事业的投入力度。切实办好十件民生实事，推进新建扩建公办学校、购买民办学位，深化公立医院综合医改，加强基层医疗服务体系建设，公共文化服务标准化试点工作顺利通过国家文化部验收。切实加强精神文明建设，大力培育和践行社会主义核心价值观，成功实现全国文明城市“四连冠”。深化平安东莞建设，重拳打击突出违法犯罪，强化矛盾纠纷排查化解，持续深入推进信访突出问题专项治理，妥善处置群体性事件和突发事件，加快推进“智网工程”建设，社会大局保持和谐稳定，实现全国社会治安综合治理优秀城市“三连冠”，首次捧回全国综治最高荣誉“长安杯”。

八是突出“三大建设”，全面从严治党明显加

强　全面落实管党治党主体责任，聚焦领导班子、干部队伍和党的作风三大重点，出台市委一号文，推进全面从严治党落地生根。突出加强政治建设，扎实推进“两学一做”学习教育常态化制度化，认真执行新形势下党内政治生活若干准则，强化党员干部理论武装，引导广大党员干部始终在思想上政治上行动上同以习近平同志为核心的党中央保持高度一致。进一步加强和改进干部选拔任用工作，切实防止干部“带病提拔”，着力营造良好的选人用人环境。实施统筹能力、专业能力、实操能力、服务能力等“四大能力”提升工程，大力建设高素质专业化干部队伍。探索开展镇街党委对村（社区）党工委巡回监督，持续抓好软弱涣散基层党组织整顿转化，推动全面从严治党向基层延伸。持之以恒正风肃纪，抓好中央八项规定精神落实，完善驻点联系群众工作制度，全面构建亲清新型政商关系。保持反腐败高压态势，综合运用好监督执纪“四种形态”，2017年共处理1304人次，其中第一种形态占58%；立案569件、处分574人，其中市管干部35人。开展两轮市委巡察工作，推动8个市直部门党组对其下属的18个单位开展“清风行”巡察活动，大力推进国家监察体制改革试点工作，进一步营造了风清气正的政治生态。

一年来，市委总揽全局、协调各方。坚持党的领导、人民当家作主、依法治市有机统一，加强和改进党对人大、政协工作的领导，支持人大政协依法依章程履行职能，全面落实党政主要负责人推进法治建设工作职责，扎实推进全面依法治市。认真贯彻落实统一战线工作条例，支持各民主党派、工商联、无党派人士开展工作，加强党外代表人士队伍建设和民族、宗教、港澳台海外工作，不断巩固壮大爱国统一战线。充分发挥工会、共青团、妇联等群团组织的积极作用，党管武装、全民国防教育等工作得到全面加强。

过去一年的成绩，是在复杂形势、艰巨挑战下取得的，是全市各级各部门和广大干部群众齐心协力、艰苦奋斗的结果。成绩鼓舞人心，但也必须清醒认识到，我们的工作还存在许多不足，东莞发展还面临一系列不平衡不充分的问题。比如，产业发展层次总体偏低，新旧动能转换仍处于胶着状态，现代化经济体系不够健全；与国际接轨的经济管理体制和贸易方式尚未建立完善，吸引外资、稳定外贸增长的压力较大；区域发展不协调仍有待进一步解决；教育、医疗、交通、环境等公共服务短板还比较突出；社会治理体系和治理能力与经济发展水平不相适应，矛盾纠纷仍然高发多发；少数党员干部担当精神、进取意识减退，存在“为官不为”现象；党的建设还有薄弱环节，从严治党仍需长抓不懈。我们必须高度重视这些问题，切实增强忧患意识，下大力气加以解决。

二、深入学习领会习近平新时代中国特色社会主义经济思想，切实增强新时代加快推进东莞转型发展的责任与担当

党的十八大以来，以习近平同志为核心的党中央对经济形势作出科学判断，在实践中形成了以新发展理念为主要内容的习近平新时代中国特色社会主义经济思想。五年来，我们之所以能在极其复杂的国内外经济形势下走过极不平凡的历程，我国经济发展之所以取得历史性成就、发生历史性变革，最根本的就在于有这一思想的科学指引。东莞要开创发展新局，必须把这一思想作为长期坚持的科学理论指导和行动指南，深入贯彻落实到经济社会发展全过程全方面。

对东莞来说，深入贯彻落实习近平新时代中国特色社会主义经济思想，关键是要以新发展理念为指引，以高质量发展为目标，加快推动东莞转型发展，推动新时代东莞社会主义现代化建设不断开创新局面。

（一）东莞转型铸就了历史性奇迹　改革开放以来，东莞逐步实现了从农业县到现代城市的深刻变迁，创造了令人瞩目的“东莞奇迹”，被誉为中国改革开放一个精彩而生动的缩影。站在改革开放40周年的历史节点上，回顾东莞发展历程，我们深刻体会到，东莞今天所取得的历史性奇迹来源于薪火相传、坚持不懈的转型发展。第一个十年，东莞充分发挥地处沿海、毗邻香港的地缘优势，以“三来一补”为突破口，积极发展对外加工业，大规模建设基础设施，启动了农村工业化和城市化进程，形成了具有东莞特色的以发展加工贸易为特点的工业基础，产业结构完成了从农业为主向以工业为主的转变。第二个十年，东莞抓住新一轮国际产业转移等历史机遇，重点引进以IT产业为代表的现代制造业和高新技术产业，形成了一批生产加工基地和专业特色镇，奠定了东莞在世界经济分工中加工制造的地位。第三个十年，东莞审时度势，围绕建设现代制造业名城的目标，大力创新发展模式、创新发展环境、创新发展能力，全面推进城市建设，大力发展园区经济，积极扶持民营企业，打造了新的增长动力和发展优势，城市面貌也发生了翻天覆地的变化。第四个十年，东莞忍住阵痛，大力推进产业结构调整和转型升级，加快推进科技创新，大力发展智能制造，培育经济增长内生动力，推动经济社会发展从要素驱动向创新驱动转变，初步形成了以创新为主要引领和支撑的经济体系和发展模式。东莞近40年的发展历程，贯穿其中的一条主线，就是不断推进转型发展。这段转型发展的历程，凝聚了一代代东莞人矢志不渝的探索、试错与实践，蕴含着历届党委政府艰苦卓绝的奋斗、拼搏与付出。习近平总书记强调，一个时代有一个时代的主题，一代人有一代人的使命。今天，我们各级领导干部必须强化责任担当，承担起历史使命，深入推进东莞转型，在改革开放的第五个十年交出一份东莞人民认可、经得起历史检验的答卷。

（二）东莞转型已经到了攻坚期关口　经过多年的努力，我市的转型已经取得了重要的进展，积累了深厚的基础，目前已经到了质变突破的攻坚期关口。从产业结构来看，我市先进制造业增加值占比从2012年的42.2%提高到2017年1—11月的50.3%，迈过50%的关口。从创新发展态势来看，我市构建以创新为引领和支撑的发展模式态势明显，2017年全市R&D占比预计达到2.5%，高新技术企业有望突破4000家，位居全省地级市之首，高技术制造业增加值占比从2012年的31.1%提高到2017年1—11月的39.0%，按我市创新驱动的良好态势，有望在最近几年内超过50%。从贸易结构来看，一般贸易进出口（含保税物流中的一般贸易成分）占比，从2012年的20.5%提高到2017年1—11月的45%。从内外结构来看，全市民营经济增加值占GDP比重从2012年的46.2%提高到2017年前三季度的49.1%。从以上的关键数据可以看出，东莞的转型已经打下相当的基础，具备了突破的条件，但这个重要关口，并不会自动跨越，也不可能轻轻松松跨越，如果我们不加快转型发展的步伐，非但无法实现突破，而且有可能掉入“中等收入陷阱”。因此，我们必须进一步增强危机感和紧迫感，切实找准经济发展的薄弱环节和突出短板，主动出击、久久为功，深入破解产业体系的结构性制约、开放模式的局限性制约、动能转换的胶着期制约等系列制约，打赢转型发展关口的攻坚战。

（三）东莞转型必须体现高质量要求　党的十九大提出，我国经济已由高速增长阶段转向高质量发展阶段，中央经济工作会议进一步明确，推动高质量发展是当前和今后一个时期确定发展思路、制定经济政策、实施宏观调控的根本要求。经过近40年的改革开放和高速发展，我市综合经济实力不断跃升，规模总量和增长速度长期走在前列，成为经济大市。面向未来，我们要深入推进转型，必须坚定不移走高质量发展之路，实现从量的扩张转向质的提高。东莞要实现高质量的转型发展，根本在创新驱动。创新是引领发展的第一动力，是建设现代化经济体系的战略支撑。我们必须深入实施创新驱动发展战略，推动经济发展质量变革、效率变革、动力变革，着力跨越非常规的现阶段特有的关口和常规性的长期性的关口，加快完善以创新为主要引领和支撑的经济体系和发展模式。东莞要实现高质量的转型发展，核心在统筹发展。推进统筹发展，是释放结构性空间、承载优质资源要素、激活发展动力、缩小区域差距的重要举措。我们必须把握统筹兼顾、协同发展的根本方法，科学处理好市镇统筹、区域协调、城乡一体等重大关系，深入实施园区统筹组团发展战略，推动次发达镇村加快发展，切实破解由分散发展带来的区域发展失衡、空间布局混乱、统筹管理低效等问题，全面构建组团联动和区域协调发展格局，增强发展的均衡性、协调性和可持续性。东莞要实现高质量的转型发展，关键在改革开放。东莞是改革开放的先行地，从诞生全国第一家“三来一补”企业到建成全国第一条“收费还贷”大桥，从商事制度改革到构建开放型经济新体制，一大批重点改革走在全省全国前列，东莞也最先从中尝到“甜头”、获得红利。因此，我们要坚持用好改革开放这个关键一招，把改革开放向纵深推进，以改革破解难题，以开放促进发展，打破制约转型的“天花板”和“玻璃罩”。要深刻把握新时代全面深化改革的新要求，以完善产权制度和要素市场化配置为重点，推进一揽子具有标志性、引领性的改革，推动各项改革任务落地生效。

三、以习近平新时代中国特色社会主义思想统领东莞一切工作，奋力开创改革发展新局

2018年是贯彻党的十九大精神的开局之年，是改革开放40周年，是决胜全面建成小康社会、实施“十三五”规划承上启下的关键一年，还是东莞升格地级市30周年。我们交出一份怎样的改革发展答卷，体现东莞党员干部的政治把握和能力素养，影响东莞下一个十年的转型发展。今日东莞，经济结构持续优化，质量效益不断提升，新旧动能加速转换，社会大局总体稳定，同时也面临粤港澳大湾区和广深科技创新走廊建设的历史机遇，完全有基础有条件实现更高水平发展。全市广大党员干部要坚定以习近平新时代中国特色社会主义思想为引领，切实增强历史使命感，坚定信心，卯足干劲，锐意进取，跨越转型关口，奋力实现“六大跃升”，开创改革发展新局面。

今年全市工作的总体要求是：以习近平新时代中国特色社会主义思想为指导，全面贯彻党的十九大、中央经济工作会议、中央农村工作会议和省委十二届三次全会精神，按照“三个定位、两个率先”和“四个坚持、三个支撑、两个走在前列”的要求，坚持稳中求进工作总基调，坚持新发展理念，牢牢把握高质量发展的要求，统筹推进“五位一体”总体布局和协调推进“四个全面”战略布局，坚持以供给侧结构性改革为主线，突出提升实体经济发展、创新驱动发展、开放合作、统筹协调发展、城市环境、人民生活质量，坚持全面从严治党，加快推动更高水平发展，努力在全面建成小康社会、加快建设社会主义现代化新征程上走在前列。

具体工作中，要进一步突出重点工作和关键抓手，形成以点带面态势，牵引带动全局工作，推动高质量发展。

（一）突出深化供给侧结构性改革，提升实体经济发展质量　实体经济是东莞发展的命脉与根基，东莞历来有坚持打基础、办实业、走正道的优良传统。我们要按照供给侧结构性改革的思路，在深入推进“三去一降一补”的同时，加快建设实体经济、科技创新、现代金融、人力资源协同发展的产业体系，不断提升实体经济质量和效益。

一要深入实施“倍增计划”。落实试点企业动态调整机制，适度扩大试点规模，提升政策效应。进一步优化要素供给，在率先完成倍增的试点企业中优中选优，以更大力度培育一批具有全球资源整合能力的领军型企业，带动地区产业链规模集聚和价值链整体提升。积极探索将成熟的定向扶持政策扩展为普适性政策，推动广大企业加快实现全域倍增。

二要深化智能制造强市建设。全力打造智能制造全生态链，培育先进装备提供商、软件和信息技术服务商、系统解决方案供应商，加快传统制造业自动化智能化升级。推动智能制造重点领域率先突破，加强智能制造关键核心技术攻关，促进智能制造新兴优势产业发展，打造千亿元级智能制造产业集群。推动互联网、大数据、人工智能和实体经济深度融合，培育“互联网+制造业”新模式。

三要加快构建现代产业体系。我市产业体系的结构性制约，突出表现为“一业独大”问题突出，隐藏着较大的产业替代性风险。要大力推动战略性新兴产业体系化，加快推进新材料、人工智能、生物技术、第三代半导体、新能源与新能源汽车等产业发展，培育形成新的先进制造业集群。围绕我市产业发展方向，大力实施补链招商、强链招商和扩链招商，优先引进产业链的高端环节、龙头企业和核心项目。

四要强化人才和金融支撑。建设技能人才之都，实施万名智能制造人才提升工程，着力培养一大批具有创新精神和国际视野的高技能人才、各行业各领域技术创新的专家型人才和高级经营管理人才。加快现代金融发展，重点打造以基金业为主体、融资租赁和新型供应链金融为两翼的新兴金融服务链条，做强做大地方金融供给，进一步增强金融服务实体经济能力。坚决打好防控金融风险这场攻坚战，守住不发生区域性风险的底线。

（二）突出打造创新型一线城市，提升创新驱动发展质量　创新是引领发展的第一动力。我们要实现高质量发展，就必须把创新摆在更加突出的位置，坚定向创新型一线城市挺进的志气和勇气，深入打造创新驱动发展升级版，抢占新一轮竞争的制高点。

一要着力打造顶尖创新平台。推动松山湖向广州科学城、深圳高新区看齐，在高层次人才集聚、关键核心技术研发、支柱性新兴产业培育上强化核心引领作用，在国家自主创新示范区建设上争先进位。以国家综合性科学中心为目标建设中子科学城，加快打造世界级重大科技基础设施集群，吸引更多更优质的创新资源和创新人才集聚，推动中子科学城成为东莞未来创新发展的战略支撑。

二要大力推进广深科技创新走廊东莞段建设。筛选并启动一批创新节点项目，以重点项目为先导，形成引爆点，带动走廊整体建设，形成统筹推进格局。率先启动广深高速创新资源带建设，进一步提升沿线环境和科技平台建设水平。支持沿线镇街（园区）在科技创新、经营城市、盘活土地、利益共享、协调发展等方面先行先试，探索经验，引领带动东莞全域创新发展。

三要大力促进科技与产业深度融合。大力实施高企“树标提质”计划，着力把高企的数量优势转化为产业发展优势。实施核心技术攻关“攀登计划”，加快突破核心技术瓶颈，推进重点产业高端化。发挥产业配套优势，构建以企业为主体的科技成果转化快速通道，吸引全球科技创新成果在莞孵化、产业化，打造具有全球影响力的科技创新成果产业化基地。积极推动规模以上工业企业普遍设立研发机构，推动R&D占比尽快达到全省平均水平。

（三）突出构建开放型经济新体制，提升开放合作质量　开放型经济是东莞最明显的优势、最根本的特质。要以深入构建开放型经济新体制为引领，推进更广范围、更宽领域、更深层次的全面开放，加快形成全面开放新格局，提升开放型经济质量。

一要大力建设开放型经济强市。加快推动加工贸易创新发展，巩固提升以自主营销、自主品牌、高端制造为核心的加工贸易发展新优势，推动加工贸易向全球价值链高端跃升。大力发展跨境电商、保税物流、外贸综合服务、现代供应链等外贸新业态新模式，积极搭建国际经贸合作网络和国际贸易平台，支持民营企业开拓国际市场，推动贸易结构向货物和服务贸易协调发展转变。

二要高品质开发建设滨海湾新区。滨海湾新区是我市融入粤港澳大湾区建设，对接广深乃至全球创新、开放合作资源的战略支点。要坚持科学谋划、从容开发，对标自贸试验区高起点、高标准、高效率推进滨海湾新区统筹发展，构筑开放型经济引领发展新高地。加强与深圳前海、广州南沙等重大平台产业联动互补，以紫光芯云产业城等一批高端产业项目为引爆，打造国内外高端智造业总部集聚区、战略性新兴产业研发基地和粤港澳合作先导区。

三要打造更具竞争力的国际化营商环境。全面深化构建开放型经济新体制综合试点试验，推进34项重点改革事项，扩大服务业对外开放。深入推进贸易自由化便利化改革，推广“以企业为单元”的监管模式。推进全市口岸“三互”大通关全覆盖，并在此基础上率先推行国际贸易“单一窗口”管理。

（四）突出实施园区统筹组团发展战略，提升统筹协调发展质量　统筹协调发展是东莞破解资源配置碎片化、拓展发展空间、推动高质量发展的潜力所在、关键所在。要牢牢把握园区统筹组团发展这一核心战略，结合实施乡村振兴战略，加快推动统筹协调发展取得新突破。

一要深入推进园区统筹组团发展。及时总结松山湖片区“1+6”统筹发展试点探索形成的有益经验，优化形成园区统筹组团发展制度体系，加快在滨海片区、水乡新城片区推广应用。进一步在城区片区、东部产业园片区、东南临深片区探索建立完善组织领导、议事决策、行政审批服务前移等机制，在片区规划、交通设施、公共服务等领域落实统筹发展要求，推动三大片区统筹发展取得突破。加快片区先行区和“引爆点”建设，形成高水平开发的示范效应。

二要深入实施乡村振兴战略。建立产业发展资金池竞争性分配机制，落实部门帮扶、产业共引共建等举措，推动次发达镇加快发展，力争50%以上次发达镇GDP突破100亿元。因地制宜采取壮大发展集体经济、发展都市农业和乡村旅游等措施，推动次发达村加快发展，基本实现次发达村（社区）村组两级经营性纯收入稳定在300万元以上或比2015年增长20%。实施人居环境改善、乡村文化培育、乡风文明润化、农村农民增收、和谐乡村善治“五大工程”，不断提升乡村品质。加快推进魅力小城建设，打造新型城镇化建设示范片区。

三要统筹存量空间开发利用。加大市级对镇街统筹存量空间开发建设的支持力度，引导相邻镇街零碎未开发建设用地连片开发，提升存量土地空间的集约开发利用水平。鼓励和支持镇街、村（社区）引入有产业整合实力的社会资本，整合土地和空间资源，有序开发建设产业新城和特色小镇，提高产城融合发展水平。

四要扎实做好对口帮扶和援建工作。抓好东莞韶关对口帮扶工作，加快华南装备园、莞韶园、县级共建园区的建设和招商。做好对韶关、揭阳精准扶贫精准脱贫工作，确保贫困村内100%相对贫困户脱贫、100%相对贫困村出列。扎实推进援疆援藏工作，做好东莞昭通扶贫协作，深入开展与牡丹江市对口合作。

（五）突出加强生态文明建设，提升城市环境质量　粤港澳大湾区和广深科技创新走廊建设等国家重大战略的实施，使东莞获得了与广深组团参与世界城市群竞争的历史机遇。我们要对标先进城市，突出生态文明建设，强化城市品质提升，大力优化城市环境，提升对高质量发展的承载力。

一要坚决打赢污染防治攻坚战。当前，治水工作已经到了关键节点，要乘势而上，加大力度，落实中央环保督察整改要求，夺取污染治理攻坚战更大成果。新建截污次支管网不少于1300公里，加快污水处理厂新扩建和提标改造，实施“截污通水工程”，深化重点流域和河涌污染整治。力争基本补齐截污管网缺口、基本解决污水直排河涌问题，实现考核断面水质达标、重点流域整治符合阶段性工作要求。加强固废、大气、土壤等污染治理，推动环境质量持续改善。

二要深入实施城市品质提升计划。全力推进提质项目建设，加快打造“道路更通畅、配套更齐备、环境更宜居”的城市新面貌。进一步提升中心城区首位度，加快南城国际商务区的规划建设，推进“三江六岸”地区的统筹开发。强力推进城市更新，加快东莞火车站、虎门高铁站、深茂铁路滨海湾站等TOD开发，加快轨道交通1号线、地下管廊、信息、电网等重大基础设施建设，不断完善城市功能、优化发展空间。

三要加强城市精细化管理。加大交通管理统筹力度，切实治理交通拥堵。加大“两违”整治力度，力争实现全市违法建筑“零增长”。大力建设智慧城市，发展治安、环保、医疗、教育等民生智慧应用，完善和提升信息化支撑城市平稳运行和突发事件处置的机制和能力。

（六）突出促进社会和谐善治，提升人民生活质量　人民对美好生活的向往，就是我们的奋斗目标。要坚持以人民为中心的发展思想，推动社会和谐善治，形成有效的社会治理格局和良好的社会秩序，让全市人民获得感、幸福感、安全感更加充实、更有保障、更可持续。

一要提升公共服务供给效率和质量。我市公共服务供给质量和水平不足，最突出体现在教育和医疗两方面。要扩大优质公办教育资源供给，全面提升民办教育质量，加强新建改建居住区配套教育设施建设，力争义务教育阶段随迁子女入读公办学校和在民办学校就读并享受学位补贴的人数占比达到40%。大力建设健康东莞，完善现代医院管理、医疗保障、分级诊疗、人事薪酬等制度，加快区域中心医院建设，推进医联体发展，提升基层医疗卫生服务能力。

二要深化文明创建。以培育和践行社会主义核心价值观为根本任务，以探索实践市镇村一体化全域创建、实现文明美丽村居全覆盖为重点，拓展创建内涵，让创建成果更多地惠及群众。大力建设崇德向善、包容共享的“友善之城”。

三要加强和创新社会治理。全面推进社会服务管理“智网工程”建设，发挥“智网工程”在排查化解问题隐患方面的作用，提升社会治理智能化精细化水平。推动多元主体参与社会治理，打造共建共治共享的社会治理新格局。健全社会矛盾排查化解长效机制，确保社会大局和谐稳定。深入推进平安建设，重拳打击违法犯罪，加强公共安全体系建设，进一步提高社会安全指数。

四要大力加强民主法治建设。加强和改进党对人大、政协工作的领导，积极为人大及其常委会依法有效行使立法、监督、决定、任免等职权创造良好条件，支持政协全面履行政治协商、民主监督、参政议政职能。更加注重发挥法治在社会治理中的重要作用，推进科学立法、严格执法、公正司法、全民守法，营造尊法守法、公平公正的社会氛围。充分调动各方积极性，巩固和发展最广泛的爱国统一战线，深入推进工会、共青团、妇联等群团组织改革，进一步做好双拥工作，不断提高军民融合发展层次和水平。

四、深入贯彻党的十九大精神和部署，按照新时代党的建设总要求，推动全面从严治党向纵深发展

全面从严治党永远在路上。我们要坚持以习近平新时代中国特色社会主义思想为指引，全面落实新时代党的建设总要求，毫不动摇坚持和加强党的全面领导，毫不动摇把全市各级党组织建设得更加坚强有力，为贯彻好党的十九大精神，完成好改革发展稳定各项任务，决胜全面建成小康社会、加快建设社会主义现代化提供坚强政治保证。

（一）突出把政治建设摆在首位　要突出抓好政治建设，切实增强“四个意识”，坚决维护习近平总书记在党中央和全党的核心地位，坚决维护以习近平同志为核心的党中央权威和集中统一领导，自觉在思想上政治上行动上同以习近平同志为核心的党中央保持高度一致。要严格遵守政治纪律和政治规矩，严肃党内政治生活，牢记“五个必须”，坚决反对“七个有之”，全面彻底肃清万庆良、李嘉等的流毒影响。要尊崇党章，发展积极健康的党内政治文化，营造风清气正的良好政治生态。要着重抓好各级领导班子政治建设，落实民主集中制，坚决防止名为集体领导、实际个人说了算，名为集体负责、实际无人负责。

（二）坚持用习近平新时代中国特色社会主义思想武装党员干部　学习宣传贯彻党的十九大精神，最核心最根本的是深入学习贯彻习近平新时代中国特色社会主义思想。要切实在学懂弄通做实上下功夫，把学习贯彻习近平新时代中国特色社会主义思想的成果体现到谋划今后各项工作上，转化到广大干部精气神的提振上，反映到看得见摸得着的工作成效上。要与开展“不忘初心、牢记使命”主题教育和推进“两学一做”学习教育常态化制度化结合起来，全面准确掌握这一思想的科学体系、精神实质和实践要求，做到真学真懂真信真用。要与大力弘扬“红船精神”结合起来，深刻理解“红船精神”所承载的首创精神、奋斗精神、奉献精神，更好地把握和贯彻习近平新时代中国特色社会主义思想。要与学习贯彻习近平总书记对广东工作的重要指示批示精神结合起来，联系工作实际学得更实、悟得更透、谋得更远，在一体贯彻中推动习近平新时代中国特色社会主义思想在东莞落地生根、结出丰硕成果。要积极开展“大学习、深调研、真落实”工作，进一步深化“新时代·新征程·新东莞”专题调研成果，切实把边学习、边调研、边落实工作变成践行习近平新时代中国特色社会主义思想、狠抓党的十九大精神贯彻落实的过程。

（三）切实抓好意识形态工作　必须牢牢掌握意识形态工作领导权、管理权、主动权。要坚持正确舆论导向，加强对习近平新时代中国特色社会主义思想的研究宣传，守好互联网主阵地，加强新型传播平台建设，广泛开展中国特色社会主义和中国梦宣传教育，打造主流舆论高地。要落实意识形态工作责任制，着力构筑齐抓共管的意识形态工作格局，及时研判苗头性、倾向性问题，旗帜鲜明反对和抵制各种错误观点，全方位筑牢意识形态安全的“护城河”和“防火墙”。

（四）加强新时代干部队伍建设　要坚持党管干部原则，落实好干部标准，把新时代高素质专业化要求贯穿于干部选育用管全过程。要树立鲜明用人导向，突出政治标准，坚持事业为上，提拔重用政治过硬、本领高强的干部，精准科学选优配强各级领导班子。要围绕提高政治素养、八项本领、新知识新技能，分层次开展各类干部培训，推动优秀干部到工作一线锻炼成长。要进一步完善干部考核评价、正向激励、容错纠错等机制，充分调动干部队伍的主观能动性，更加有效地激发全市干部干事创业的热情和动力。要坚持党管人才原则，深化人才发展体制机制改革，提升人才服务质量，努力把东莞建设成为创新创业的人才高地。

（五）推动基层党组织全面提升组织力　牢固树立大抓基层的鲜明导向，以提升组织力为重点，研究制定基层党建行动计划，推动人往基层走、钱往基层投、政策向基层倾斜，切实把基层党组织建设成为坚强战斗堡垒。要突出强化基层党组织的政治核心地位，重点抓好村（社区）、国企和“两新”等领域基层党组织的政治功能建设。要统筹城市基层党建，以街道社区党组织为核心，有机联结单位、行业及各领域党组织，实现组织共建、资源共享。要大力实施“智网党建”工程，坚持线上线下同步推进，重塑基层党建运作和管理方式，形成区域化党建新格局。要发挥好党支部的主体作用，让支部在教育管理监督党员和群众工作中唱主角。

（六）深入推进正风反腐　要坚决贯彻习近平总书记关于作风建设的重要批示精神，严格落实党中央和省委对加强作风建设的决策部署，认真查摆“四风”突出问题特别是形式主义、官僚主义的新表现，拿出过硬措施扎实整改，持之以恒改进作风。要把查处违反中央八项规定精神问题作为纪律审查重点，扭住重要时间节点，紧盯重点领域和群体，发现一起查处一起曝光一起，坚决防止不良风气反弹回潮。要坚持无禁区、全覆盖、零容忍，坚持受贿行贿一起查，巩固发展反腐败斗争压倒性态势。要加大整治群众身边腐败问题力度，深化农村基层违纪违法线索排查和扶贫领域监督执纪问责工作，增强人民群众的获得感。要深入推进巡察工作，坚持政治巡察定位，坚持发现问题与解决问题并重，推动整改落实和巡察成果运用。要运用好监督执纪“四种形态”，扎实推进监察体制改革试点工作。

同志们！做好今年工作，意义重大、任务艰巨。让我们更加紧密地团结在以习近平同志为核心的党中央周围，高举习近平新时代中国特色社会主义思想伟大旗帜，按照习近平总书记对广东作出的“三个定位、两个率先”和“四个坚持、三个支撑、两个走在前列”重要指示批示精神，不忘初心、牢记使命，锐意进取、扎实工作，不断开创东莞改革发展新局面，努力为改革开放40周年献上一份优异答卷！

政府工作报告

——2018年1月18日在东莞市第十六届人民代表大会第三次会议上

东莞市人民政府市长　梁维东

各位代表：

现在，我代表市人民政府，向大会报告2017年政府工作，对2018年工作提出建议，请各位代表予以审议，并请市政协委员和其他列席人员提出意见。

2017年工作回顾

过去一年，在省委、省政府和市委的正确领导下，市政府深入贯彻落实党的十八大、十八届历次全会精神，认真学习贯彻党的十九大精神，坚持以习近平总书记对广东工作重要批示精神为指导，按照省第十二次党代会的决策部署，紧紧围绕市第十四次党代会提出的“在更高起点上实现更高水平发展”的价值追求，凝心聚力、真抓实干，积极运用八大调研成果，全面推进十大行动计划，着力抓好倍增计划、水污染治理攻坚战、城市品质三年提升计划、园区统筹组团发展、扶持次发达镇加快发展等一系列重点工作，较好地完成了市十六届人大一次会议确定的年度目标任务。

这一年，是东莞坚持稳中求进、经济运行提质提速的一年　预计全市实现生产总值7580亿元，同比增长8.2%左右，快于全国全省，为近四年来最高。进出口总额突破1.2万亿元。税收总额突破2000亿元。市场主体突破100万户。引进了历年投资规模最大的紫光芯云产业城等一批重大项目。新增上市企业数为历年之最。28个镇全部入选全国千强镇，13个镇入围前100名，虎门、长安进入500亿元俱乐部。村组两级集体经营总收入突破200亿元。全市经济稳中有进、进中向好的态势更趋明显。

这一年，是东莞聚焦“三个支撑”、发展动能显著增强的一年　供给侧结构性改革深入推进，规模以上工业增加值增速排名珠三角九市第二，先进制造业增加值占比突破50%，内资工业增加值、一般贸易进出口、高新技术产品出口占比均超四成。创新驱动发展能力不断增强，中国散裂中子源获得第一束中子束流，全市R&D投入占比升至全省第三，国家高企、省级创新科研团队、有效发明专利等数量稳居全省地级市首位，东莞成为全省唯一一个被纳入广深科技创新走廊的地级市。构建开放型经济新体制取得重大进展。滨海湾新区、东莞港正式挂牌，成为对接粤港澳大湾区的重要平台。在商务部首批向全国复制推广的24项试点经验中，东莞经验超过五分之一。在海关总署公布的中国外贸百强城市榜单中，东莞首次进入前三。

这一年，是东莞工作亮点纷呈、城市形象不断提升的一年　亚洲马拉松锦标赛、中国城市规划年会、两岸青年就业创业研讨会、中国音乐学院全国考级大赛总决赛等重大活动成功举办，加博会、海丝博览会、台博会、漫博会、智博会、高层次人才活动周、国际科技合作周科创会等重要展会取得丰硕成果。东莞三项工作在国务院大督查中获得表彰奖励，成功实现全国文明城市“四连冠”，首次获得综治工作最高荣誉“长安杯”，荣获“宽带中国”示范城市最佳实践奖，成为全国第九个版权示范城市、中国十佳会展城市，顺利通过国家节能减排财政政策综合示范城市和水生态文明城市考核验收。在中科院、腾讯等权威机构和企业发布的相关报告中，东莞综合经济竞争力、城市人口吸引力、智慧生活综合指数分别排名全国第14、第5和第6位。东莞充满活力的经济形象、生态宜居的城市形象、和谐友善的文明形象，得到进一步提升。

具体来说，我们突出抓好了以下工作：

一年来，我们以实施倍增计划为统领，着力扶持以先进制造业为核心的实体经济发展　大力推进重点企业规模与效益倍增计划。以市政府一号文出台意见，围绕政策、产业、土地等五大要素推出20条措施，选取214家市级、1054家镇级试点企业，从总部经济、资本运作、兼并重组等六大路径发力，着力破解企业倍增发展的共性密码，“一企一策”解决企业个性难题。市级倍增企业主营业务收入超过3600亿元，增长30%以上；税收超过80亿元，增长20%以上，形成了一大批可复制推广的经验，得到国务院督导组和省的充分肯定。大力推进“实体经济十条”。落实省降低制造业成本若干政策，出台我市“实体经济十条”36项措施，全年为企业减负370亿元。全市规上工业企业实现每百元主营业务收入成本下降0.96元，利润总额大幅增长47.2%。加快打造智能制造全生态链。建成109条经济适用型示范线。长盈、华贝项目纳入国家智能制造新模式应用项目。“机器换人”专项资金申报项目2698个、总投资386亿元。全市机器人及智能装备制造企业163家，主营业务收入增长30%。扎实推动产业均衡发展。五大支柱产业有四个实现两位数增长。智能手机出货量3.56亿台，主营收入增长28%。华为、OPPO、vivo手机出货量稳居全球前六。狠抓重大项目建设和招引。完成重大项目投资513.6亿元，超过计划19.6个百分点，增长16.9%，带动全市完成固定资产投资1682亿元，增长11.3%。新引进亿元以上内资项目175宗，协议金额

1194.6亿元，增长41.9%；引进千万美元以上外资项目95宗，金额29亿美元，发展后劲进一步增强。

一年来，我们以广深科技创新走廊建设为契机，着力打造创新驱动发展升级版 积极优化创新环境。出台实施科技创新平台支撑计划等行动计划，发布广深科技创新走廊东莞段规划和中子科学城概念规划，启动广深高速创新资源带建设。大力培育创新主体。预计全市高企数量从2028家增至4077家，新增高企后备企业2400家，总量均居全省地级市第一。新增国家级孵化器培育单位11个、省创新科研团队5个、省创新创业领军人才3名。与北大、清华等38个知名高校和新型研发机构共建名校研究生院。东莞材料科学与技术省实验室进入全省首批启动的4个实验室行列。企业研发机构全年获省资助达6.2亿元，在全省地级市中大幅领先。落实研发费加计扣除政策，为1245家企业对应减免税款21.9亿元。推动科技金融融合。设立市级产业投资母基金，带动形成总规模超50亿元的“1+N”产业投资基金体系。推动金融机构为科技企业发放贷款268.1亿元，增长37%。专利质押融资62.8亿元，占全省专利质押总额的58.2%。境内外上市企业、新三板挂牌企业分别增至43家和202家，备案登记基金增至387只，金融对科技的支撑不断增强。

一年来，我们以构建开放型经济新体制综合试点试验为支撑，着力提升对外开放水平 全面深化综合试点试验。在全国率先实行“以企业为单元”的加工贸易监管模式等改革，形成了两批25项具有良好示范效应的改革做法。争取到国家在13个方面的政策支持。复制推广113项自贸试验区改革试点经验。口岸“三互”大通关实现全覆盖。国际贸易“单一窗口”建设扎实推进。省市共建深化商改综合试验基地揭牌。大力推动加工贸易创新发展。全市一般贸易（含保税物流）占比达46%。外企内销总额增长19%，占内外销比重达38.1%，提高3.1个百分点。加快培育新模式、新业态。“东莞制造+电子商务”深度融合。清溪保税物流中心（B型）、国际邮件互换局兼交换站投入运营。国际小包出口8821万件，增长24.3%，总量排全国第四。粤港跨境直通快线正式开通，实现粤港无缝清关，货物全程无障碍快速直达香港机场。东莞企业连锁经营门店超过3万家，景气指数全国第四。全市社会消费品零售总额2690亿元，增长10%。积极参与“一带一路”建设。开通俄罗斯进口班列，启动中欧双向班列。东莞始发国际班列货物贸易额增长42.1%。对“一带一路”国家及地区出口约1200亿元，增长10%。与美国威尔逊郡、利百伦市和剑桥市签订友好合作备忘录。东莞驻美国（旧金山）经贸办事处挂牌。

一年来，我们以推进水污染治理攻坚战为突破，着力提升生态文明建设水平 全面打响水污染治理攻坚战。立下“军令状”，以前所未有的力度，加快解决环保突出短板。新建截污管网767.8公里，新扩建9座污水处理厂，启动35座污水处理厂提标改造，铺开76条内河涌污染整治，扎实推进国考、省考断面水质保障工作。完成67家涉水污染企业整治和退出，工业废水排放总量削减167.2万吨。10条列入国家督办的黑臭水体，7条基本消除黑臭现象。河长制实现全覆盖。深入开展大气、固废等污染防治。完成2068家重点企业VOCs整治、391项扬尘污染治理，淘汰黄标车11877辆。全市空气质量达标天数301天。顺利达到国家“大气十条”终期考核要求。完成8座垃圾填埋场整治、3座环保热电厂技改增容，建成麻涌环保热电厂及餐厨垃圾处理厂工程，完成东南部卫生填埋场征地并启动建设工作。全市垃圾焚烧能力提升至11300吨/日，无害化处理率达100%。全面消除填埋场渗滤液直排。启动工业垃圾处理设施项目建设前期工作。加快修复城市生态功能。抓好林相改造和生态景观林带建设。建成麻涌新沙、道滘大罗沙湿地公园。东城、清溪、道滘被认定为省森林小镇。划定海洋生态红线，铁腕整治46宗历史遗留用海项目。完成30.7万亩永久基本农田划定工作。

一年来，我们以实施城市品质三年提升计划为载体，着力参与粤港澳大湾区建设发展 全面实施城市品质三年提升计划。聚焦“一心两廊三区四门户多节点”，围绕中心城区强化等10个重点领域，选定启动第一批次城市建设项目582个，投资规模达1880亿元。同步实施各镇街（园区）三年提升计划。新建美丽幸福村居100个。加快道路交通等基础设施建设。加强国铁、城际轨道项目前期研究，莞惠城轨建成通车，赣深客专东莞段开工建设。虎门高铁站、东莞西站、东莞火车站等TOD项目加快推进。从莞高速、粤晖大桥、红海大桥等项目完工通车。行政村光纤入户实现全覆盖，启动电网升级行动。提升城市精细化管理水平。出台城市精细化管理办法，查处城市“六乱”行为25万多宗，清理积存垃圾69.4万吨，增设公益广告牌近1.2万个。推进历史违建分类处理，拆除整改违建523宗、面积约61万平方米。在全省率先完成土规调整完善，土规、城规衔接率提至93%。启动建设用地使用权二级市场试点改革。农村土地承包经营权确权登记颁证率达93.8%，超额完成年度目标任务。新建农贸市场快检室150家、食品安全示范市场50家。市食品药品检测中心投入使用。积极融入粤港澳大湾区规划建设。规划8条地铁线路对接广州、深圳、惠州。扎实推进深莞惠3+2经济圈建设。签订深化穗莞战略合作框架协议，加强在规划、产业等八个领域合作。全力以赴做好全国文明城市迎检复评。深入实施“四大提升工程”和“十大专项行动”，大力推进85项重点任务。启动“九个一百”文明示范工作建设，建成文明示范项目930个。扎实推进友善之城、好人之城、志愿之城、希望之城建设。讲好东莞

故事，传播城市魅力。

一年来，我们以实施园区统筹组团发展战略为抓手，着力提升区域协调发展水平 加大统筹发展力度。在不改变行政架构和空间范围的前提下，将全市划分为6大片区，谋划14个重点发展先行区，增强片区发展合力。松山湖片区“1+6”统筹组团发展试点取得突破性进展，松山湖在全国高新区的综合实力排名上升至23位。统筹滨海湾新区与东莞港建设，设立管委会并将滨海湾新区面积扩容至83.2平方公里，成为粤港澳大湾区城市群发展规划重大发展平台。规划编制、项目填海、企业搬迁、理顺机制等工作加快推进。水乡经济区科学谋划新城与片区发展定位，启动水乡新城建设，片区生产总值增长9.3%，快于全市1.1个百分点。大力扶持次发达镇村发展。设立三年30亿元的专项资金，建立市直部门共同帮扶、重大事项议事协调等机制，推动次发达镇加快发展。8个次发达镇生产总值平均增长10.2%，快于全市2个百分点。70个次发达村（社区）村组两级经营纯收入增长14.5%，快于全市5.5个百分点。扎实推进对口帮扶和援建任务。开展东莞韶关对口帮扶，产业共建新签约项目117个、投资规模326.6亿元。推进韶关、揭阳精准扶贫精准脱贫工作，完成到村帮扶项目1317个，到户项目12.7万个，帮助20055人实现脱贫。落实东莞昭通“1+8”合作协议，在全国首创劳务协作扶贫援建模式。援疆援藏援川进展顺利，援建资金100%到位。探索合作共建新疆生产建设兵团41团草湖镇，扎实推进兵团草湖广东纺织服装产业园和西藏巴宜区小康示范镇村建设。与牡丹江市签订对口合作框架协议，全面完成“五个一”工作任务。

一年来，我们以强化民生保障为宗旨，着力推动社会和谐善治 狠抓维稳第一责任落实。以最高规格、最强部署、最严措施，全力保障十九大特别防护期的安全稳定。深入开展“飓风2017”专项行动，重拳打击“两抢”等突出违法犯罪，保持对黄赌毒违法犯罪严打高压态势，接报违法犯罪警情下降17.2%，刑事立案数下降14.3%。持续深入开展信访突出问题治理专项行动，妥善处置群体性事件和突发事件。社会大局保持和谐稳定。加强社会治理创新。深入推进“智网工程”建设，入格事项增至20大类83项，建成市镇村三级指挥调度平台。扎实推进“以案说防”和“一呼百应”工作。“平安建设促进会”实现镇街（园区）全覆盖。全面开展寄递物流、危化品、建筑施工、道路交通等专项整治，严厉打击“四黑”违法违规行为，大力推进消防安全“个十百千万”工程。全市排查整改各类安全隐患13.5万处，生产安全事故宗数、死亡人数、受伤人数分别下降17.3%、12.3%和29.4%，未发生重大及以上安全事故。积极推动文教体卫等社会事业发展。完成11所公办学校新建扩建工程。新增中小学（幼儿园）64所。新增随迁子女义务教育公办和补贴学位6.8万个，增长78.3%。民办义务教育优质学校比例达61.9%。东莞开放大学启用。东莞理工学院在全国大学综合实力排名提升47位，升至229位，其中理工类大学排名83位。顺利完成全国数字文化馆试点任务。公共文化服务标准化试点通过验收转为全国示范。成功举办市运会，获得全运会7个项目金牌，全民健身事业蓬勃发展。深入推进“医药分开”改革，为群众减轻医药费负担7600万元。选定5所医院建设区域中心医院。完善分级诊疗制度，推进家庭医生签约服务，启动基层医疗卫生服务能力建设三年提升工程。全面做好稳定房价、社会保障等其他工作。科学制定土地供应计划，多种方式供应住宅用地，构建保障房、人才房等住房体系，稳定房价初见成效。低保标准提高到每人每月880元。积极推进养老保险省级统筹和全民参保工作，40家医院接入国家异地就医联网平台。社会养老和医疗保险待遇水平稳步提升。发放就业创业补贴1.38亿元。成立关爱妇女儿童发展基金。慈善和养老事业、双拥创建不断加强。有效抵御“苗柏”“天鸽”等灾害性天气。完成村级换届选举。统计工作进一步加强和改进。国防动员、工青妇幼、民族宗教、档案方志、防震减灾、残疾人、红十字会、打私人防等工作有效推进。

一年来，我们以提升行政服务效能为重点，着力强化与更高水平发展相适应的履职能力 深入学习贯彻党的十九大精神。深刻领会习近平新时代中国特色社会主义思想，切实强化“四个意识”和“四个自信”，把贯彻十九大精神和推动全市发展结合起来，全力以赴做好各项工作，真正做到学懂、弄通、做实。深化行政体制改革。组建成立市镇两级政务服务管理机构。公布首批1173个“最多跑一次”事项清单。“一门式一网式”改革实现市镇村三级联动。城市更新局正式挂牌。建筑市场全面放开。加强法治政府建设。出台市政府重大行政决策事项目录、合法性审查和后评估办法。完成《东莞市出租屋治安消防安全管理条例（草案）》起草工作。完成法治镇街和民主法治村（社区）年度创建任务，所有镇街达到省级法治创建标准。推动审计监督全覆盖。主动接受人大和政协监督，人大建议和政协提案办结率和满意率均达到100%。加强政府系统廉政教育，推进政府投资工程廉情预警评估系统建设。持之以恒纠正“四风”，工作作风进一步改进。

各位代表，2017年政府工作报告共分解工作任务355项，是近几年分解任务最多的一年。在各部门、各镇街（园区）的共同努力下，已完成及基本完成的任务343项，未完成的12项中，有7项是由于政策变动等客观原因导致。实际完成率为98.6%，基本兑现了对各位代表的承诺。对于未完成的任务，我们已责成相关单位形成书面材料在大会印发，向各位代表进行解释说明。今后，我们将进一步加大责任落实和工作推进力度，全力以赴完成各项目标任务。

各位代表，过去一年，全市上下众志成城，开拓进取，发展迈出了坚实步伐。这离不开上级和市委的正确领导，离不开历届党委、政府打下的坚实基础，是全市人民共同奋斗的结果。在此，我代表东莞市人民政府，向全市干部群众，向人大代表和政协委员，向各民主党派、各人民团体、社会各界人士，向各驻莞单位、驻莞部队和武警官兵，向所有参与和支持东莞建设发展的港澳台同胞、海外侨胞和国际友人，表示衷心的感谢和崇高的敬意！

党的十九大明确指出："中国特色社会主义进入新时代，我国社会主要矛盾已经转化为人民日益增长的美好生活需要和不平衡不充分的发展之间的矛盾"。十九大指出的社会主要矛盾变化在东莞也表现得比较明显，全市不少领域面临着发展不平衡不充分的矛盾问题，需要引起高度重视：在经济发展方面，主要是空间限制和观念束缚导致工业投资、基建投资不理想；利用外资增长乏力；类似电子信息产业这样规模大、带动强的支柱产业集群仍然不多。在创新驱动方面，虽然全社会已形成科技创新的共识，但持续创新并把创新转化成有效生产力的能力仍有待增强。在城市品质方面，主要是建设较为分散，未能做到"串珠成链"，经营城市理念不强，城市更新动力不足，交通拥堵问题日益突出，"两违"现象未能得到全面遏制，精细化管理水平仍需提升，与粤港澳大湾区重要节点城市的要求还有一定差距。在协调发展方面，区域发展不均衡情况依然存在，镇街发展差距比较明显。在生态环境方面，实现水环境的根本性改善仍需时日，大气、固废、土壤等污染防治任务艰巨。在民生保障方面，优质教育资源供给不够丰富，文化、医疗、社保等公共服务的质量和均等化水平需要继续提升。在作风建设方面，一些干部懒政怠政和不作为、慢作为的现象仍然存在，攻坚克难锐气不够，一定程度上影响了工作推进。对于这些问题，我们必须有效加以解决。

2018年工作安排

去年十月，党的十九大胜利召开，为全国改革发展指明了前进的方向。今年是贯彻党的十九大精神的开局之年，是改革开放40周年，是决胜全面建成小康社会、实施"十三五"规划承上启下的关键一年，还是东莞升格地级市30周年，做好各项工作意义重大。省委要求，要推动十九大精神学习宣传贯彻往深里走、往实里抓，奋力把广东建设成为向世界展示习近平新时代中国特色社会主义思想的重要"窗口"和"示范区"。市委提出，要坚定习近平新时代中国特色社会主义思想引领，按照"新时代·新征程·新东莞"的总体要求，推动在创新转型发展、全面开放格局、区域协调发展、美丽东莞建设、社会和谐善治、文化繁荣兴盛上的"六大跃升"，奋力在更高起点上实现更高水平发展，努力在加快建设社会主义现代化新征程上走在前列。全市政府系统要按照这个总体要求，全力以赴抓好各项工作。

围绕"新时代·新征程·新东莞"的总体要求，我们必须准确把握发展大势，努力抓住机遇加快推动高质量发展　深刻领会中国特色社会主义进入了新时代这一新的历史方位，牢牢把握新时代东莞推动更高水平发展、实现"两个走在前列"的价值追求，紧紧抓住粤港澳大湾区建设、广深科技创新走廊建设等重大机遇，深入贯彻新发展理念，坚持质量第一、效益优先，进一步强化推进供给侧结构性改革、实施创新驱动发展战略、构建开放型经济新体制三大支撑，加快建设现代化经济体系，推动东莞实现更高质量、更有效率、更加公平、更可持续的发展。

围绕"新时代·新征程·新东莞"的总体要求，我们必须加快建设美丽东莞，努力打造优美环境、提升城市品质　积极适应后工业化时代城市发展的要求，以建设美丽东莞为目标，把生态环境治理和城市品质提升作为着力点和突破口，大力推进水污染治理攻坚战、魅力小城和美丽幸福村居建设、城市更新改造、精细化管理等重点工作，加快补齐环境短板，进一步夯实生态本底，全方位提升城市品质内涵，不断增强城市的综合承载力和区域竞争力。

围绕"新时代·新征程·新东莞"的总体要求，我们必须坚持以人民为中心，努力使全市人民获得感、幸福感、安全感更加充实、更有保障、更可持续　把执政为民作为所有工作的出发点和落脚点，着眼于人民群众对美好生活的向往，着力打造共建共治共享的社会治理格局，有效解决好群众关注的社会治安、食品安全、子女上学、看病养老等热点问题，量力而行、尽力而为推动教育、文化、医疗、社保等公共服务增量提质，加快推进人的全面发展、社会全面进步。

围绕"新时代·新征程·新东莞"的总体要求，我们必须加大改革创新力度，努力增创新的改革红利和发展动力　弘扬改革开放先行地的优良传统，坚决破除一切不合时宜的思想观念和体制机制弊端，突破利益固化的藩篱，积极推进中央和省赋予的各项改革试点任务，深入推进富有东莞特色的莞版改革，强化改革督察问效，力争在激发市场主体活力和创造力、发挥政府统筹发展作用、提升行政服务效率等方面取得新的突破，有效解决制约东莞发展的瓶颈问题，更好地向改革开放四十周年和东莞升格地级市三十周年献礼。

围绕"新时代·新征程·新东莞"的总体要求，我们必须狠抓工作执行落实，努力将上级和市委的决策部署转化为具体行动和实际成效　坚决听从以习近平同志为核心的党中央指挥，集中精力聚焦做实，排出任务书、时间表、路线图，全力以赴完成好上级和市委部署的任务，把各项决策和要求具体化为工作项目、转化为落实举措，一件接着一件办，一年接着一年干，一步一步推动全市宏伟蓝图变为美好现实，久久为功，善作善成。

今年政府工作的指导思想是：全面贯彻党的十九大和中央经济工作会议精神，坚持以习近平新时代中国特色社会主义思想为指引，按照省委十二届三次全会和市委十四届五次全会的部署，坚持稳中求进工作总基调，牢牢把握高质量发展的根本要求，大力发展实体经济、强化创新驱动、扩大改革开放、提升城市品质、建设美丽东莞、增进民生福祉，加快解决发展不平衡不充分的问题，奋力推动东莞在更高起点上实现更高水平发展，努力在全面建成小康社会、加快建设社会主义现代化新征程上走在前列。

全市经济社会发展的主要预期目标为：生产总值增长8%；人均生产总值增长8%左右；固定资产投资总额增长15%；社会消费品零售总额增长9%；进出口总额增长3%；市一般公共预算收入增长9.5%；R&D投入占比提高至2.6%；国家高企数量达4500家；先进制造业、高技术制造业增加值占比分别达到51%和42%；一般贸易（含保税物流）占比达48%；新建截污管网1300公里；城镇生活污水处理率达到95%以上；空气质量达标天数310天以上；$PM_{2.5}$浓度控制在35微克/立方米以内；全面完成年度节能减排任务；新提供随迁子女义务教育公办和补贴学位13万个；城乡居民人均可支配收入增长8.5%以上。围绕上述目标和要求，各级各部门必须全面落实上级和市委各项决策部署，突出抓好以下工作：

一、把发展经济的着力点放在实体经济上，加快打造粤港澳大湾区先进制造业中心

深入实施倍增计划　将市级试点企业动态扩容至250家以上。加强对镇级试点企业指导，总结推广先进经验。全面落实20条干货措施和22项配套政策，用好专业服务资源池、产权补办、并购重组基金等一揽子创新举措，以倍增扶持拓宽企业成长空间。调整完善资金拨付、督查督导和综合评价机制。探索将成熟的定向扶持政策扩展至全市企业，推动广大企业加快实现全域倍增。

积极构建智能制造全生态链　加快推进自动化、智能化改造，培育300个以上改造应用项目，建设2～3个智能制造示范项目。培育一批企业智能升级系统解决方案供应商。强化智能制造要素支撑，筹建国家智能制造装备监督检验中心，实施万名智能制造人才提升工程，力争3年内撬动融资支持100亿元以上。发展机器人智能装备产业，认定15～20个市首台（套）重点技术装备产品。加快建设工业互联网。

着力培植更多优势支柱产业集群　实施智能终端产业生态系统建设计划，加快推进华为、OPPO、vivo、紫光等重大项目建设，补强核心芯片、高端显示屏等关键配套，着力巩固电子信息产业的优势和地位。推动传统产业优化升级，进一步做强纺织服装、食品饮料、家具制造等产业集群。扶持新材料、机器人、人工智能、生物医药、第三代半导体、现代建筑等产业加快发展，谋划大科学装置关联前沿产业布局，着力培植和打造新的优势支柱产业集群。

以产品质量为突破口推动“质量东莞”“品牌东莞”建设　大力推进质量强市建设，实施技术标准战略和消费品“三同”工程，开展区域品牌打造行动，推动智能终端、毛织等创建质量安全示范区。抓好商标品牌培育、提升、保护和服务四大工程，加强“东莞制造·知名商标”认定和管理。加强顶层设计，构建领先全国、对接国际的技能人才培养体系，打造“技能人才之都”。继续办好加博会、台博会、漫博会和智博会等展会，建立会展全球合作联盟，推动“东莞制造全球行”，不断提升东莞制造的知名度和美誉度。

力争年内为实体经济减负190亿元以上　深入推进“三去一降一补”，突出“破”“立”“降”，推动企业成为供给侧结构性改革主力军。全面落实省市“实体经济十条”，统筹用好30亿元扶持企业专项资金。灵活确定工业用地出让年限，鼓励“先租后让”使用土地，划定365平方公里工业保护线。规范反映突出的中介服务。探索制订新型产业用地政策体系。深入推进解决重点制造业企业用地历史遗留问题试点工作。抓好建设用地使用权二级市场试点改革。做好第四次全国经济普查。弘扬企业家精神和工匠精神，鼓励更多社会主体投身创新创业。

二、积极参与广深科技创新走廊建设，加快向创新型一线城市挺进

深入实施创新驱动发展升级版行动计划　启动高企“树标提质”工程。“一业一策”培育重点领域高新技术产业。实施核心技术攻关“攀登计划”。建设东莞国际技术转移中心，认定一批海外创新中心，构建国际科技合作网络。制定推动科技成果转化的政策。加大对企业研发财政补助力度，力争规上企业研发机构建有率达38%。推进知识产权综合管理试点改革，为创建国家知识产权强市打下基础。积极申报省高新技术产业开发区。

大力抓好广深高速创新带“1+1+11”示范建设　成立专项小组，按照定规划、定项目、定标准、定政策的要求，制定总体建设方案，引进培育一批重大项目，启动实施一批环境提升和城市更新项目，进一步提升沿线环境和科技平台建设水平。出台政策，支持沿线镇街（园区）在科技创新、经营城市、盘活土地、利益共享、协调发展等方面先行先试，探索经验，引领带动东莞全域创新发展。

抓好松山湖、中子科学城等重大创新平台建设 深入推进松山湖片区“1+6”统筹组团发展工作，抓好16个重点先行区建设和原东部工业园企石片区开发，集聚一批重点实验室和工程技术研究中心。抓好中子科学城规划建设，围绕建设综合性国家科学中心的目标，加快完成规划设计、土地整备和基础设施建设，引入同步辐射光源等大科学装置，尽快形成区域创新共同体。推动东莞材料科学与技术省实验室建设，确定运营模式和建设方案，加快集聚一批国际化、高水平的研发机构和龙头企业，打造具有重大国际影响的先进材料创新高地。

大力促进科技金融产业融合发展 用好4年2.5亿元的发展利用资本市场专项资金，积极推动企业上市，力争境内外上市、新三板挂牌企业总数达到260家。抓好众创金融街、龙湾梧桐小镇、松山湖基金小镇、东城金融产业集聚区等建设，争取已备案私募基金突破400只。培育发展创业投资、风险投资、融资租赁等新兴业态。鼓励国企积极参与科技金融产业融合发展。完善地方金融监管体制，强化对涉众型金融风险的防控，维护金融稳定。

三、增创改革开放先行地新红利，加快培育国际经济合作和竞争新优势

进一步激发改革活力 以开放型经济新体制综合试点试验为契机，大力推进贸易自由化便利化改革等34项重点改革事项，力争形成20项以上东莞特色改革经验。深化园区统筹组团发展改革，总结松山湖片区试点经验，探索在水乡、滨海等片区全面推开。深化商事制度改革，抓好省市共建深化商改综合试验基地建设，铺开“双随机一公开”改革，打造事中事后监管全国样本。实施乡村振兴战略，推进全国农村集体产权制度改革试点工作，促进农村集体经济与实业投资、金融信托等国企合作，拓展投资渠道。完成农村土地承包经营权确权登记颁证工作。抓好城市管理和综合执法体制、盐业体制和供销社综合改革。强化改革正向激励，建立健全改革容错纠错机制，进一步调动各级锐意改革、勇于创新的积极性。

以滨海湾新区为龙头加快融入粤港澳大湾区建设 高标准、高起点推进滨海湾新区建设，抓好新区规划编制、基础建设、招商引资和东莞港全域规划、港口资源整合等工作，加快引进聚集一批高端创新资源。坚持“规划引领、项目带动、机制保障”，进一步推动滨海片区组团发展。扎实推进综合保税区的建设和运营。加快水乡新城建设，优化管委会职能和机构设置，加强产业招商统筹，加速平安金融科技城等项目建设，着力打造粤港澳大湾区国际商务港。深化穗莞战略合作，突出创新走廊共建、港口航运合作、交通互联互通、生态环境联治，加强高端服务业特别是高端医疗、教育和人才等方面的合作，推进“穗莞政务跨城通办”试点。积极参与深莞惠经济圈“3+2”建设。主动对接广东自贸区。加强与港澳台在科技、金融、商贸、公共服务等领域的合作。

着力促进内外源经济协调发展 探索建立科学有效的加工贸易创新发展综合评价体系，打造一批示范企业、园区和项目，培育一批具有特色的国际商品交易平台，发展一批跨境电商、保税物流、现代供应链等贸易新业态、新模式，推动加工贸易向全球价值链高端跃升。深入实施“亲企清政”工程，推进万名民营企业家培训计划，继续开展大型骨干企业、成长型中小企业培育行动，引导社会资本加快进入以先进制造业为核心的实体经济。全面推进市属国企重组整合，力争在交通运营、城市更新、金融产业、科技创新、水环境治理、能源投资等领域重组整合一批具有核心竞争力的龙头骨干集团。

积极拓展“一带一路”合作空间 办好海丝博览会，进一步提升展会的国际化、专业化和市场化水平。加快中外运石龙码头改扩建等工程建设，推动跨境班列双向对开常态运作，积极申报多式联运监管中心。加强与内蒙古、新疆等沿边地区的口岸通关协作。举办“迈向新丝路”走出去系列活动。力争新增企业境外投资项目超过100宗。

四、加大招商引资和有效投资力度，全面夯实更高水平发展的后劲

掀起主动出击引进大型优质项目的新热潮 整合全市招商资源，加强专业招商队伍建设，出台新的招商引资奖励政策，探索产业基金招商新模式。提高招商谋划水平，加强产业发展前瞻性、支撑性研究，坚持先进制造业、总部性平台、加速器营运平台、以自持物业为主的平台开发商等“四个优先”，着力引进一批龙头企业和核心项目。加强国际经贸合作网点和国内产业合作联络处建设，深化与知名产业基金、创投基金等的合作，积极开展合作招商。探索建立健全全市及片区重大项目招商引资统筹和流转、利益分享等机制，对重大项目实行“一事一议”。力争年内引进超亿元内资项目110宗、超千万美元外资项目100宗。

千方百计为项目落地拓展空间 从园区平台土地整合、闲置用地处置和“三旧”改造等方面入手，进一步盘活存量土地利用空间，优先保障重大项目和重大平台用地需求。对工业用地或仓储用地在符合规划和不改变土地用途的前提下，调整容积率等规划指标不再增收土地价款差额。出台硬措施，年内盘活存量用地8000亩，整合1000亩以上连片土地2～3块。

想方设法推动有效投资增长 出台进一步促进有效投资增长的实施意见。建立投资项目调度管理联席会议制度。按照“储备一批、开工一批、投产一批”的要求，建立2018—2020年滚动投资项目库，对项目建设实行全流程、规范化管理。制定财政投资建设项目前期工作办法及配套政策，精简投资审批流程，

提高服务效率。严格执行企业投资项目准入负面清单制度，下放投资项目审批权限。落实以备案制为主的企业投资准入管理体制。大幅提高年度考核中投资增长、项目建设的分值和权重，根据完成情况分别进行奖励和约谈。建立投资项目数据库与投资统计台账，确保应统尽统。

不遗余力抓好重大项目建设　修订重大项目管理办法，突出项目产业和效益导向，实施全链条管理。加大重大项目土地、资金、人才等资源保障力度，简化规划、用地、报建等审批服务程序，实行重大项目“马上就办”。完善市领导挂钩督导、督查巡查、现场协调等推进机制，切实加快项目建设。探索建立重大产业项目后评价机制，提高项目监管和履约水平。力争年内完成重大项目投资600亿元，增长15%以上，推动66个项目新开工、43个项目投产。

五、深入实施城市品质三年提升计划，不断提高城市承载力与竞争力

探索建立与城市建设相适应的投融资体制　树立经营城市理念，深化城市建设投融资研究，加强对土地储备的协调领导和规划统筹，摸清存量建设用地情况，做好TOD等重点领域的土地储备及整合工作。深化在库储备土地城市规划，提升土地价值。创新投融资机制，推广运用PPP等模式，更好地推进地铁1号线、环莞三期等项目建设。用好总规模200亿元的莞信基础设施和公共服务投资基金，通过股权投资带动项目融资，保障重大项目资金需求。鼓励镇街（园区）组建基础设施投资基金。推动东实集团、水投集团、交投集团加快资产证券化步伐，提升融资能力，促进轨道交通等重大项目建设。鼓励村集体参与重大基础设施建设。充分发挥市场机制作用，吸引莞民投、民盈集团等民间资本参与经营性项目建设与运营。

加快构建新“三位一体”的城市中心体系　加强中心城区、松山湖、滨海湾新区“三心”之间的交通、市政等基础设施网络联系，实现城市功能有机疏散、错位发展。适度提升中心城区首位度，抓好“两轴三节点”城市品质提升，加快南城国际商务区规划建设，启动环同沙地区规划建设及整治提升，推进“三江六岸”统筹开发。加快建设魅力小城，出台设计技术指引，每个镇街（园区）选取至少1条道路和1个片区进行示范提升。打造美丽幸福村居，启动第一批3个市级示范片区的申报建设工作，探索实施镇级连片建设。开展城市生态修复、城市功能修补，用好山水资源，进一步彰显“一半山水一半城，城市就在山水间”的城市特色。

狠抓城市品质三年提升计划项目实施　做好项目统筹谋划，出台项目管理、财政激励、建设指引等政策，优化审批流程，落实工作责任，全面掀起项目建设高潮。按照“完成一批、启动一批、谋划一批”的要求，大力推进400多个、总投资超1700亿元的项目建设，每个镇街打造建成2～3个示范项目，让群众尽快感受到城市品质提升带来的明显变化。

全力推进城市更新和TOD开发　抓紧修编城市更新专项规划，出台城市更新规划单元划定标准及管理办法，制定集体经济组织公开选择合作企业的操作指引、连片改造专项政策，组建城市更新基金，鼓励“工改工”连片开发。重点推进南城东华、麻涌滨江、樟木头樟洋、凤岗天堂围、长安科技商务区等总面积1.7万亩的8个片区改造。支持常平国际创新港、黄江灵狮小镇等4个旧工业区活化更新。推进挂影洲围统筹开发。加快东莞火车站、东莞东火车站、常平火车站、虎门高铁站、东莞西站、松山湖北站、谢岗银瓶站以及深茂铁路滨海湾站等的TOD开发，划定首期轨道站点TID项目用地范围，探索轨道交通站点车辆段上盖物业开发的可行性，提前介入、策划新线车站地下空间，提高轨道交通综合经营能力。

抓好地铁1号线等基础设施建设　全面推进赣深客专东莞段建设，完成深茂铁路东莞段前期工作，加快穗莞深、佛莞城际东莞段工程建设。抓好穗莞深轨道衔接工作，适时启动寮步高铁始发主站规划，构建与湾区中心、区域重大枢纽快速联系。开工建设地铁1号线一期工程，争取完成2号线三期项目立项，加快推进虎门二桥、莞番高速、深圳外环高速东莞段等建设，对水乡大道等实施快速化改造，对与深广惠交接的20个国省县道门户路段进行改造提升，打通一批断头路，进一步完善市域综合交通一张网。实施电网升级行动，力争完成投资30.6亿元。建设光网无线城市，新增4G基站1万个、光缆6500公里，打造全省一流、全国领先的信息基础设施。

大力整治交通拥堵、“两违”等突出问题　按照“建、控、活、优、增、投、管、减、合”的思路，进一步强化交通拥堵整治统筹领导，出台系统科学、标本兼治的整治方案，力争一年实现拥堵状况得到有效缓解，三年实现交通通行能力明显提升。抓紧改造环城路等7个拥堵节点，实施道路微循环改造。升级交通指挥系统。编制公交专用道网络规划，加大对常规公交投入。加强出租车、网约车、共享单车管理。新建22座人行天桥，完善城市慢行系统。开展历史遗留违法建筑普查摸底，建立信息数据库和台账。探索实施分类处理，逐步消化存量违法建筑。严厉打击新增违法建筑，对违规建设销售小产权房从源头进行精准打击。强化“两违”整治联合执法力度，每月通报整改和拆除情况，对不力的镇街进行约谈、问责。

努力让城市更有序、更干净、更靓丽　充分发挥“智网工程”在城市网格化、精细化管理中的重要作用，进一步加强信息系统、指挥调度体系、网格管理队伍等建设，推动更多的部门入格，提升基层化解问题的能力和水平。推广东坑经验，推进城市“六

乱”、生活噪音等综合整治。打造精品工程，提升东莞大道、中心广场、黄旗山城市公园等的景观和品质，加强高铁站、火车站、汽车站和旅游景点等区域管理，每个镇街打造至少1个上档次的城市公园。加强公厕规划、管理和建设。实施“填坑补绿”行动，抓好道路设施、园林绿化等改造提升，全面消除道路坑洼、人行道塌陷、绿化管养不到位等现象。开展城市精细化管理考核，逐步实现精细化管理全覆盖。进一步丰富城市建设的文化内涵，努力让城市更有品位。

六、加快创建国家生态文明建设示范市，满足人民日益增长的优美生态环境需要

深入推进水污染治理攻坚战　年内新建截污管网1300公里，争取1600公里。抓好破损截污主干管网修复，健全管网维护保养机制。同步实施接水通水工程，加快推动厂网一体化运营，充分发挥截污管网作用。改扩建污水处理厂6家，提标改造35家，加快推进首批分散式污水处理设施建设，将全市污水处理能力提升至356.5万立方米/日。加大对企业排污的监管力度，从严处理偷排等违法行为。实施考核断面水质保障工程，深入推进“八大专项行动、十项整改措施”。2018年春节前完成40条重污染河涌整治示范项目，年内完成不少于100条内河涌整治。

加强固废、大气、土壤等治理　建成东南部卫生填埋场、市区有机资源再生利用工程等项目，启动工业垃圾处理设施项目建设，加快厚街环保热电厂技改增容工程，推进建筑垃圾和余泥渣土消纳场建设，力争年内在全省率先实现新增生活垃圾全焚烧、零填埋。出台生活垃圾强制分类工作方案。抓好垃圾填埋场渗滤液的全面收集处理。加大力度推进存量垃圾综合治理，逐步整治39座污染重、库容大的填埋场。完成124个砂场（含洗砂场）的整治。统筹推进大气污染防治行动计划，重点整治臭氧、$PM_{2.5}$等造成的污染，完成印刷、塑胶等重点行业VOCs污染整治任务。加强施工扬尘污染治理，有效整治泥头车撒漏现象。深入推进“土十条”。开展土壤污染详查，实施重点监管企业名录制度，完成石碣、麻涌、洪梅土壤修复试点工程。

大力抓好生态系统保护　加强“两区一园”保护建设工作。加快推进东莞植物园二期、银瓶山三期项目建设，完成大屏嶂、大岭山森林公园和同沙生态公园品质提升前期工作。启动黄江巍峨山、谢岗银山、企石东丫湖等公园建设。创建国家生态园林城市和省森林小镇。加强地质灾害隐患点治理和海岸线修复整治。完成15个易涝点整治，做好黄沙河流域海绵城市试点工作。建设海洋环境在线监测系统。

发展绿色、低碳、循环经济　实施能效倍增行动，推动500家用能单位5年内实现能效倍增。积极推动装配式建筑，规模化发展绿色建筑。保持好农用地的生产与生态功能，稳定粮食生产能力，强化粮食安全保障，做大做强高端精品农业。积极建设国家生态文明先行示范区，加快创建国家生态文明示范市。

七、着力改善民生和创新社会治理，不断提升人民获得感、幸福感和安全感

优先发展教育事业　扩充公共教育资源，新建扩建公办中小学20所。开展小区配套幼儿园专项整治。力争公办幼儿园占比未达30%的镇街（园区）新建（新增）1所以上公办幼儿园。努力挖掘公办学位潜力，增加民办学位补贴数量，向随迁子女新提供学位13万个。创建品牌学校30所，推进教育集团化办学。制定民办教育“1+N”政策文件，投入2亿元，进一步提升民办学校教育质量。实施“互联网+教育”战略，新增优课微课1万节。抓好高中阶段学校考试招生制度省级试点改革。改革职业教育人才培养模式，积极创建省现代职业教育综合改革示范市。建设高水平理工科大学。深化名校研究生联合培养工作。大力推动老年教育发展。不断提升全民教育水平。

加强社会保障体系建设　进一步完善养老保险和医保制度，将中央、省属机关事业单位纳入机关养老保险，建立医保按病种分值付费方式，推广工伤预防试点经验，推进社保医疗O2O服务平台建设，做好基本养老金调整工作。实施积极的就业创业政策，全面放开小额创业贷款户籍条件，促进高校毕业生和就业困难人员等重点群体稳定就业。出台构建科学住房体系的配套政策，搭建住房租赁监管平台，加强人才住房保障工作，抓好房地产调控、去库存工作，扩大住房公积金制度覆盖面，助推房地产市场健康平稳发展。完善社会救助体系，启动社会综合福利院建设，鼓励和支持社会力量参与养老事业。出台新的拥军优属实施办法，深化军民融合，做好全国双拥模范城中期考核迎检。

扎实做好市内外帮扶工作　大力推进次发达镇加快发展，制定资金池竞争性分配办法，落实共同帮扶机制，推动引进更多高质量项目，力争50%以上次发达镇生产总值突破100亿元。大力推动次发达村（社区）加快发展，基本实现次发达村（社区）村组两级经营性纯收入稳定在300万元以上或比2015年增长20%。抓好东莞韶关对口帮扶工作，加快华南装备园、莞韶园、县级共建园区的建设和招商。做好对韶关、揭阳精准扶贫精准脱贫工作，确保贫困村内100%相对贫困户脱贫、100%相对贫困村出列。扎实推进新疆兵团草湖工业园和41团草湖镇共建工作。加快西藏巴宜区小康示范镇村建设。做好东莞昭通扶贫协作工作。深入开展与牡丹江市对口合作。加强与四川雅江县、九龙县和重庆巫山县的对口联系。

推进“健康东莞”建设　全面深化医药卫生体制改革。优化整合医疗资源，加快5所区域中心医院建设，推进医疗联合体建设，推动部分公立医院向专科

医院、医养结合机构等转型，完成150所社区卫生机构的升级达标。推进公立医院药品跨区域联合集中采购改革。建成市儿童医院。启动国医馆、市中西医结合医院建设，打造中医药强市。建立符合医疗卫生行业特点的薪酬制度。全面推进家庭医生签约服务。成立市医疗和健康保障中心。举办1000场健康讲座。每个镇街选择1～2个以上农贸市场进行提升改造。启动国家食品安全示范城市创建。

健全公共安全防控体系　严厉打击“两抢”犯罪，始终保持对涉枪、涉管制刀具、涉金融和“黄赌毒黑拐骗”等违法犯罪的高压态势，力争各类刑事犯罪立案数下降8%以上，其中“两抢”警情数、立案数分别下降30%和40%以上。出台加强公安工作意见。抓好流动人口和出租屋基础信息采集。推进辅警队伍正规化建设。探索建立警区警务统筹联动工作机制。推进社会治安视频监控系统建设。启用新情报指挥中心。推广铁骑勤务。抓好危险化学品安全综合治理，加强安全生产标准化建设，落实企业全员安全生产责任制。健全出租屋、“三小”场所、高层建筑消防安全长效治理机制，建设消防安全“技防”系统，推进电气火灾综合治理，挂牌督办一批火灾隐患。提高应对自然灾害及其引发的次生、衍生灾害的能力。完善应急管理体制机制，强化突发事件处置组织领导，提升基层预防和处置水平。

推动文化体育事业繁荣发展　巩固全国文明城市“四连冠”成果，培育和践行社会主义核心价值观，广泛开展理想信念教育，加强公民道德建设，启动“新东莞文明美丽乡村”建设，打造一批“友善企业”“文明社区”，推动文明创建全域化、长效化。大力实施文化惠民工程，开展全民艺术普及行动计划，加快图书馆、文化馆总分馆制建设，推动基层综合性文化服务中心全覆盖，筹划组织纪念改革开放40周年系列文化活动，创作一批优秀文艺作品。做好红色革命遗址保护利用工作，加强文物保护利用和文化遗产传承。加快筹建市博物馆新馆。积极申报国家历史文化名城。打造虎门“中国近代史开篇地”文化旅游品牌。优化体育公共服务体系建设，开放50个公共体育设施，开展万人体育公益培训。办好第一届市民运动会。迎战省运会。抓好男篮世界杯筹备工作。推动档案数字化，推进市档案中心和新方志馆建设。

八、提振与新时代·新征程·新东莞相适应的精气神，建设人民满意的服务型政府

打造一体化的政务服务体系　加强政务服务改革顶层设计。深入推进公共服务事项标准化，按“最小颗粒度”的要求细化办事指南和流程，让企业和群众办事更加便捷。探索推进相对集中行政许可权，实施部门行政审批职能整合归并。按照全市一盘棋的要求，统筹全市政务信息化建设，促进政务信息资源共享，加快“数字政府”改革和一体化政务服务平台建设。加强政府网站建设与管理，全面推进政务服务公开，努力使政务服务工作走在全省前列。

全面推进依法行政　加强改进政府立法工作，将一批成熟的经验和做法以规范性文件、政府规章、地方法规的形式固化下来。完善政府法律顾问制度，深入推进行政复议应诉试点工作，加大培训力度，不断提高政府工作人员法治思维和依法行政能力。以依法及时解决群众合理诉求为核心，全面构建新时代信访工作机制体制，着力解决反映强烈、社会关注度高的信访问题。抓好“七五”普法。建成市镇村三级公共法律服务实体平台网。力争90%以上村（社区）达到省级民主法治村（社区）创建标准。

切实加强廉政建设　严格落实中央八项规定精神，进一步纠正“四风”问题。依法接受人大及其常委会的监督，自觉接受政协的民主监督，接受社会和舆论监督。坚定不移惩治腐败，认真查找廉政风险点，完善审计改革配套制度，完善政府投资工程廉情预警评估系统，大力整治腐败问题，增强群众认同感。

进一步强化主动作为的责任意识和担当意识　深入推进“三大建设”，教育和引导各级领导干部牢牢把握正确的政治方向，进一步增强“四个意识”和“四个自信”。正确处理好勇于担当、依法办事、干成事业之间的关系，增强狠抓落实的本领，提振攻坚克难的锐气，以更高的要求、更优的作风、更实的举措，高质高效地完成全年各项目标任务。

各位代表！潮平两岸阔，风正一帆悬。让我们乘着改革开放四十周年的春风，高举习近平新时代中国特色社会主义思想伟大旗帜，在省委、省政府和市委的坚强领导下，与全市人民一道，锐意进取，主动作为，真抓实干，共同谱写更高水平发展新篇章，再创东莞现代化建设新辉煌！

名词注解：

三项工作：一是推动工商注册制度便利化工作及时到位、落实事中事后监管等相关政策措施社会反映好；二是土地集约节约利用成效较好、闲置土地较少；三是推动实施“中国制造2025”、促进工业稳增长和转型升级成效明显。

实体经济十条：指省出台的《广东省降低制造业企业成本支持实体经济发展若干政策措施》（简称省“实体经济十条”）和我市出台的《东莞市贯彻广东省降低制造业成本若干政策措施全面推进实体经济企业规模与效益倍增实施方案》（简称市“实体经济十条”）。

中子科学城：位于松山湖南部与大朗交界处，规划面积53.3平方公里。计划依托散裂中子源等创新资源，引入同步辐射光源等大科学装置，聚集国家级实验室平台与团队，建设综合性国家科学中心。

“三互”大通关：指口岸管理相关部门推动信息互换、监管互认、执法互助，实现通关效率大幅提升的改革。

单一窗口：指建立一个大数据共享的政府信息平台，投资企业或进出境商品电子数据只需提交一次，就能达到所有相关管理部门的审批要求。

VOCs：挥发性有机物的英文简称，是生成臭氧（O_3）和细颗粒物（$PM_{2.5}$）二次污染物的重要前体物。

一心两廊三区四门户多节点：“一心”指中心城区，“两廊”指沿广深高速和新城大道—生态园大道两条区域创新走廊，“三区”指松山湖（生态园）、滨海湾新区和水乡新城，“四门户”指东莞火车站、虎门高铁站、东莞西站以及松山湖北站，“多节点”指重要的对外联系站点和各镇街（园区）重点打造的连片示范区等功能节点。

四大提升工程：指精神文明建设水平提升工程、城镇规划建设管理水平提升工程、社会民生建设水平提升工程、市民文明素养提升工程。

十大专项行动：指户外广告整治行动、城市“牛皮癣”整治行动、环境卫生整治行动、“涉黄”整治巩固行动、交通秩序整治行动，以及公益广告氛围提升行动、核心价值观融入提升行动、城乡规划建设提升行动、基层服务提升行动、市民素质提升行动。

九个一百：指百个文明示范村（社区）、百条示范路街、百个志愿服务示范站点、百个示范企业、百个示范市场、百个示范小区、百个示范窗口、百个示范学校、百个文明家庭。

“1+8”合作协议：“1”指东莞、中山、昭通签署的《扶贫协作框架协议》；“8”指三市在示范点建设、干部人才交流、产业协作、劳务培训与输出等8个领域开展交流合作。

“五个一”工作任务：指开展一次地市间领导交流活动、组织一次机关干部交流活动、推动一批地市间干部挂职交流活动、组织一次对口合作经贸交流会活动、推动一批对口合作项目落地活动。

以案说防：公安等部门以分析典型案例为主题在社区开展的普法活动，旨在提高群众的法律意识和安全防范技能。

一呼百应：由公安等部门发动各类群体，通过建设相当数量的警民联防执勤点，配备相应的联防执勤装备，利用公网对讲机、微信等手段的指挥呼叫通讯模式，实现社会群防群治力量联动。

“四黑”专项整治行动：指黑油、黑气、黑危化品、黑危险货物运输车辆专项整治行动。

“个十百千万”工程：“个”指开展省、市两级政府挂牌督办的3个火灾隐患重点镇街整治；“十”指开展三小场所、出租屋、“分租式”厂房、高层建筑等10个领域的专项治理；“百”指对火灾起数排名靠前的100个村（社区）挂牌督办整治；“千”指提升全市2231家消防安全重点单位微型站的建设质量；“万”指建设10000个微型消防宣传教育体验点。

一门式一网式：指依托基层公共服务综合平台和网上办事大厅，整合部门分设的办事窗口和审批服务系统，建设政府综合服务窗口和网上统一申办受理平台，实现一门集中、一网受理、一窗通办。

六大制约：指产业体系的结构性制约、开放模式的局限性制约、动能转换的胶着期制约、资源配置的碎片化制约、社会治理的复杂性制约、城市发展的滞后性制约。

“三同”工程：“同线同标同质”的简称，指出口企业在同一条生产线上，按照相同的标准生产出口和内销产品，从而使供应国内市场和供应国际市场的产品达到相同的质量水准。

广深高速创新带“1+1+11”：指一条路、一个核、十一个镇街。一条路即广深高速公路，一个核即滨海湾新区，十一个镇街即沿线周边的麻涌镇、中堂镇、望牛墩镇、洪梅镇、道滘镇、万江街道、南城街道、厚街镇、沙田镇、虎门镇和长安镇。

双随机一公开：指在监管过程中随机抽取检查对象，随机选派执法检查人员，抽查情况及查处结果及时向社会公开。

TOD：Transit-Oriented-Development。即以公共交通为导向的开发。

两轴三节点：是指中心城区核心地段，“两轴”指东莞大道—东城中路（东纵路至四环路段）、鸿福路（莞太路至莞长路段），“三节点”指轨道2号线东城站、旗峰公园站和鸿福路站的周边地区。

三江六岸：指中心片区内以东江南支流、汾溪河、东莞水道三条水系为依托的滨水空间。

TID：Transport-Integrated-Development。即轨道交通站场综合体。

按病种分值付费：指按不同病种医疗费用之间的比例关系，年初给每一病种确定相应的分值，年终由社保经办机构根据各医院的分值总数，支付医院医疗费用的方式。

最小颗粒度：在审批服务事项梳理工作中，按最细化的情形来划分审批服务事项，实行一个情形对应唯一的审批对象、唯一的审批流程和唯一的申请材料等。

三大建设：指领导班子建设、干部队伍建设、党的作风建设。

2017年东莞市国民经济和社会发展统计公报

2017年，在市委、市政府的正确领导下，全市认真学习贯彻党的十九大精神，坚持以习近平总书记对广东工作重要批示精神为指导，紧紧抓住粤港澳大湾区和广深科技创新走廊建设等重大发展机遇，着力抓好倍增计划、园区统筹组团发展、扶持次发达镇加快发展等全市重点工作，真抓实干，砥砺前行，奋力在更高起点上实现更高水平发展，努力在全面建成小康社会、加快建设社会主义现代化新征程上走在前列。全市经济呈现出稳中有进、进中向好的良好态势，经济结构不断优化，经济质量持续提升，经济社会发展再创佳绩。

一、综合

初步核算，2017年东莞生产总值（GDP）7582.12亿元，比上年增长8.1%。分产业看，第一产业增加值23.36亿元，下降0.3%；第二产业增加值3593.84亿元，增长9.2%；第三产业增加值3964.65亿元，增长7.2%。三次产业比例为0.3∶47.4∶52.3。在第三产业中，交通运输、仓储和邮政业增长2.2%，批发和零售业增长4.8%，住宿和餐饮业增长1.8%，金融业增长3.9%，房地产业增长2.0%，其他服务业增长12.4%。人均地区生产总值91329元，增长7.5%，按平均汇率折算为13527美元。

在现代产业中，规模以上先进制造业增加值1675.49亿元，比上年增长13.7%；高技术制造业增加值1292.23亿元，增长15.0%。现代服务业增加值2403.32亿元，增长8.6%。生产性服务业增加值2064.14亿元，增长7.7%。民营经济增加值3739.48亿元，增长9.0%。

年末，全市工商登记注册户数100.09万户，比上年末增长19.1%。其中，企业工商登记41.33万户，增长25.7%；个体户登记58.69万户，增长14.9%。私营企业登记户数增长较快，增长27.1%。从新登记注册情况看，2017年，全市工商新登记22.31万户，比上年增长28.3%；新登记企业10.15万家，增长23.5%。

全年居民消费价格总水平比上年上涨1.4%。其中食品烟酒类上涨0.3%，衣着类下降0.8%，居住类上涨2.1%，生活用品及服务类上涨1.8%，交通和通信类下降1.0%，教育文化和娱乐类上涨2.7%，医疗保健类上涨4.0%，其他用品和服务类上涨2.5%。此外，全年商品零售价格总指数上涨1.1%。工业生产者出厂价格指数上涨1.7%。

全年来源于东莞的财政收入1647.18亿元，比上年增长5.0%。市一般公共预算收入592.00亿元，

2012—2017年东莞市地区生产总值及增长速度

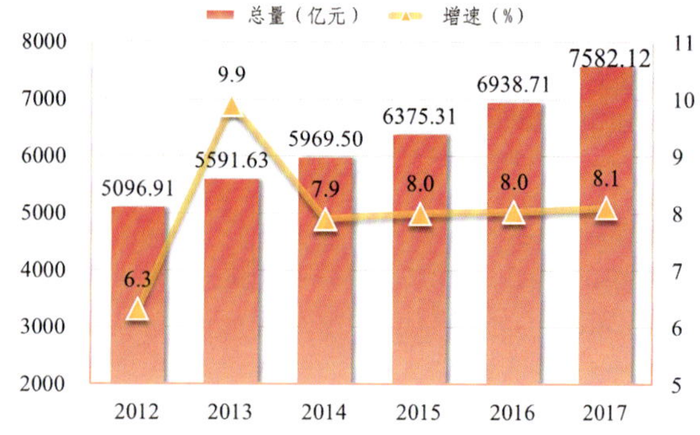

2012—2017年东莞市居民消费价格总指数（上年=100）

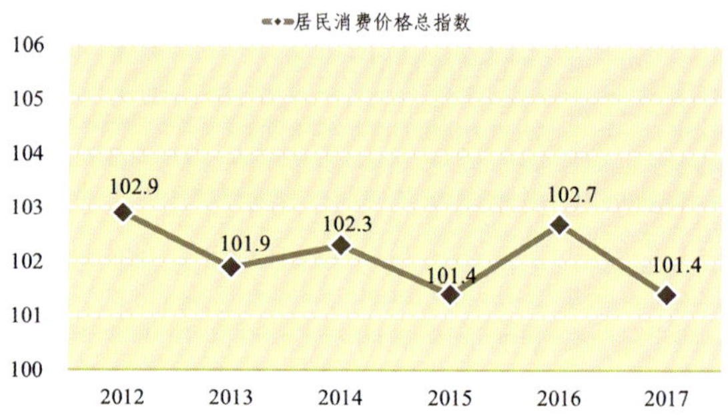

2017年东莞市价格变动情况

类别	价格指数（上年=100）
居民消费价格总指数	101.4
食品烟酒	100.3
其中：粮食	101.7
畜肉类	96.4
食用油	100.0
蛋类	97.4
菜	91.7
水产品	105.2
衣着	99.2
居住	102.1
生活用品及服务	101.8
交通和通信	101.0
教育文化和娱乐	102.7
医疗保健	104.0
其他用品和服务	102.5
商品零售价格总指数	101.1
工业生产者出厂价格指数	101.7

增长11.2%。市一般公共预算支出661.20亿元，增长10.0%。其中，一般公共服务支出67.12亿元，公共安全支出91.23亿元，教育支出130.76亿元，社会保障和就业支出45.57亿元。全年全市税收总额2010.57亿元，增长16.6%。

年末城镇实有登记失业人数1.37万人，全年失业人员安置就业人数1.14万人，城镇登记失业率为2.24%。

二、农业

2017年全市农林牧渔业总产值39.05亿元，比上年增长2.1%。其中农业产值28.21亿元，增长5.9%，占农林牧渔业总产值的72.2%；林业产值0.32亿元，下降2.4%，占0.8%；牧业产值2.78亿元，下降14.0%，占7.1%；渔业产值6.70亿元，下降4.2%，占17.2%。全年农作物总播种面积37.34万亩，其中水果种植面积19.62万亩。全年粮食产量1.26万吨，下降0.1%；水产品总产量5.14万吨，下降9.2%；蔬菜产量39.44万吨，下降2.5%；生猪出栏8.39万头，下降27.0%；家禽出栏372.96万只，下降6.4%。

2017年新增9家农民专业合作社。目前，全市共有农民专业合作社199家、农业龙头企业32家（其中省级12家，国家级3家）、有效期内的省级农业类名牌产品达51个（含林业、渔业）。

三、工业和建筑业

全年全市规模以上工业实现增加值3316.97亿元，比上年增长10.0%。在规模以上工业中，重工业增加值2044.27亿元，增长12.8%，占61.6%；轻工业增加值1272.70亿元，增长5.7%，占38.4%。

全年全市规模以上工业五大支柱产业完成增加值2288.28亿元，比上年增长12.9%；工业四个特色产业

2017年东莞市规模以上工业主要产品产量

产品名称	计量单位	产量	增长（%）
移动通信手持机（手机）	万台	35442.74	5.0
彩色电视机	万台	481.40	56.8
数字激光音、视盘机	万台	3680.63	-17.2
集成电路	万块	89519.43	23.4
光电子器件	万只（万片、万套）	972225.03	-1.7
电子元件	亿只	14510.82	17.3
汽车仪器仪表	万台	114.13	-10.2
光学仪器	万台（万个）	193.00	-17.6
眼镜成镜	万副	6496.83	-0.9
自来水生产量	亿立方米	16.80	5.9
大米	万吨	35.77	28.7
糖果	万吨	23.08	-2.7
服装	万件	137314.18	-1.8
轻革	万平方米	230.30	19.2
人造板	万立方米	24.73	20.6
纸制品	万吨	220.10	11.3
家具	万件	3851.53	-0.6
机制纸及纸板（外购原纸加工除外）	万吨	1518.42	0.7
塑料制品	万吨	122.49	-3.9
化学试剂	万吨	12.51	-4.7
瓷质砖	万平方米	2704.26	-18.9
金属集装箱	万立方米	811.25	124.5
电动手提式工具	万台	2998.52	11.5
数码照相机	万台	1.53	-95.80
模具	万套	7.15	9.9
锂离子电池	万只（万自然只）	43146.01	8.4
灯具及照明装置	万套（万台、万个）	24059.73	-7.7

续表

产品名称	计量单位	产量	增长（%）
电子计算机整机	万台	602.58	379.6
打印机	万台	50.32	-16.0
电话单机	万部	3055.90	-2.8

完成增加值321.37亿元，增长5.6%。

全年高技术制造业增加值比上年增长15.0%，其中，医药制造业下降3.1%，航空、航天器及设备制造业增长4.5%，电子及通信设备制造业增长17.4%，电子计算机及办公设备制造业增长3.3%，医疗设备及仪器仪表制造业下降3.4%，信息化学品制造业增长6.5%。

全年先进制造业增加值比上年增长13.7%，其中，高端电子信息制造业增长18.2%，先进装备制造业增长18.6%，石油化工产业增长5.7%，先进轻纺制造业增长3.5%，新材料制造业增长0.3%，生物医药及高性能医疗器械业增加值下降2.7%。

全年优势传统产业增加值比上年增长5.1%，其中，纺织服装业增长0.8%，食品饮料业增长12.6%，家具制造业下降0.2%，建筑材料业增长4.0%，金属制品业增长8.1%，家用电力器具制造业增长11.7%。

规模以上工业综合经济效益指数为177.5%，总资产贡献率9.4%，成本费用利润率4.2%，产品销售率98.6%，全员劳动生产率13.54万元/人，实现利润总额696.17亿元。

全年全市建筑业实现增加值100.94亿元，按现价计算，比上年增长10.5%。总承包和专业承包建筑企业完成总产值297.42亿元，增长21.3%；施工面积946.91万平方米，增长3.5%；竣工面积407万平方米，增长16.6%。总承包和专业承包建筑企业按施工产值计算的全员劳动生产率为33.14万元/人，下降2.7%。

四、固定资产投资

全年固定资产投资1712.83亿元，比上年增长10.0%。按投资主体分，国有经济投资193.39亿元，增长60.3%；民营经济投资1146.97亿元，增长8.1%；外商及港澳台商投资314.30亿元，增长7.2%。

从产业投向看，投资集中在第二、三产业。第二产业投资647.22亿元，比上年增长14.3%，其中工业投资647.09亿元，增长14.4%；第三产业投资1065.16亿元，增长7.6%。基础设施投资265.69亿元，增长20.9%，占固定资产投资的比重为15.5%；先进制造业投资368.34亿元，增长20.1%，比重为21.5%；高技术制造业投资282.33亿元，增长24.5%，比重为16.5%。

全年完成房地产开发投资702.15亿元，比上年增长9.2%。商品房屋施工面积4553.68万平方米，增长3.3%；竣工面积471.02万平方米，增长102.4%。

2012—2017年东莞市固定资产投资增长速度

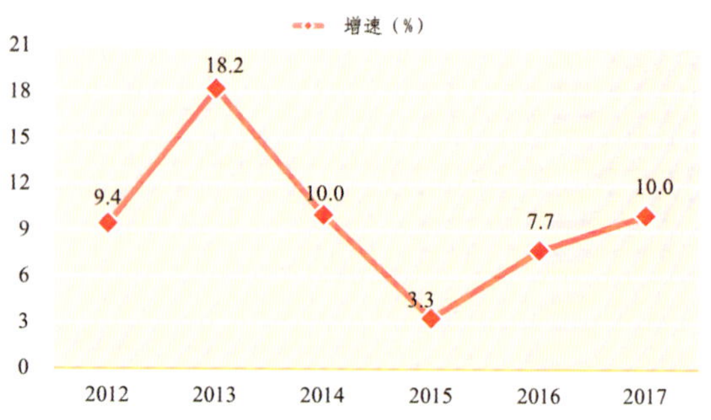

2017年东莞市分行业固定资产投资情况

行业	投资额（万元）	增长（%）
总　计	17128291	10.0
农、林、牧、渔业	4479	-66.4
制造业	5553313	10.2
电力、热力、燃气及水生产和供应业	917592	48.7
建筑业	1550	-84.5
交通运输、仓储和邮政业	1273090	-4.6
信息传输、软件和信息技术服务业	205304	18.8
批发和零售业	193059	7.9
住宿和餐饮业	30109	7.4
金融业	19000	-66.0
房地产业	7672241	8.2
租赁和商务服务业	61241	188.0
科学研究和技术服务业	208170	20.2
水利、环境和公共设施管理业	690882	52.4
居民服务、修理和其他服务业	10240	100.8
教育	174098	-30.7
卫生和社会工作	75911	15.9
文化、体育和娱乐业	12526	-66.5
公共管理、社会保障和社会组织	25486	-8.8
第一产业	4479	-61.6
第二产业	6472205	14.3
第三产业	10651607	7.6

新建商品房网上签约销售面积811.54万平方米，下降23.6%，其中商品住宅销售面积556.62万平方米，下降37.3%。全年新建商品房网上签约销售额1281.94亿元，下降12.2%，其中商品住宅销售额921.19亿元，下降24.6%。

五、国内贸易

全年全市批发和零售业实现增加值904.59亿元，比上年增长4.8%；住宿和餐饮业实现增加值158.68亿元，增长1.8%。

全年社会消费品零售总额2687.88亿元，比上年增长8.8%。分地域看，城镇消费品零售总额2363.38亿元，增长8.0%；农村消费品零售总额324.51亿元，增长15.3%。分消费形态看，商品零售额2269.51亿元，增长8.8%；餐费收入156.38亿元，增长9.6%。分行业看，批发零售贸易业零售额2511.00亿元，增长8.8%；住宿餐饮业零售额176.88亿元，增长9.3%。

在限额以上批发和零售业中，粮油食品类零售额比上年增长10.3%；饮料类增长4.7%；烟酒类增长11.6%；服装鞋帽、针、纺织品类增长6.3%；日用品类增长22.1%；汽车类增长1.1%；石油及制品类增长13.3%。

2012—2017年东莞市社会消费品零售总额及增长速度

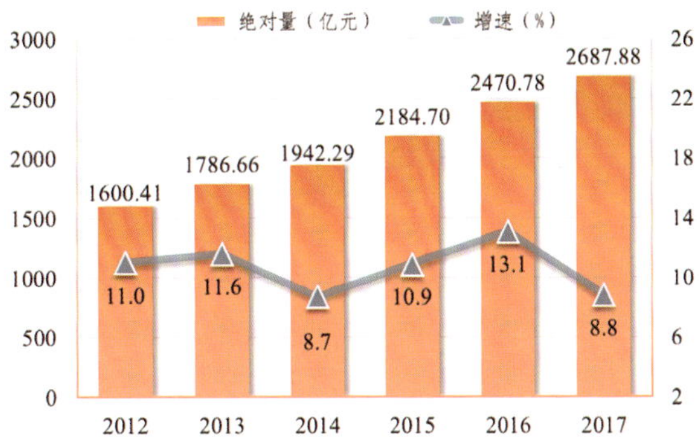

六、对外经济

全年全市进出口总额12264.37亿元，比上年增长7.5%。其中进口5236.99亿元，增长7.6%；出口7027.38亿元，增长7.4%。“一带一路”沿线国家进出口额2099.94亿元，增长5.5%。全市电子商务交易额4202亿元，增长13.5%。

按贸易方式分，一般贸易出口3050.47亿元，比上年增长29.1%；加工贸易出口3713.49亿元，下降

2017年东莞市进出口情况

商品名称	总量（亿元）	增长（%）
进出口总额	12264.37	7.5
#出口总额	7027.38	7.4
其中：一般贸易	3050.47	29.1
加工贸易	3713.49	-2.1
其中：机电产品	5237.90	12.2
高新技术产品	2892.48	11.5
其中：国有企业	105.76	-19.7
三资企业	4006.88	2.5
集体企业	2.44	-40.0
民营企业	2912.28	11.2
#进口总额	5236.99	7.6
其中：一般贸易	1291.88	30.1
加工贸易	2177.24	-4.8
其中：机电产品	4052.17	8.8
高新技术产品	3212.49	8.0
其中：国有企业	56.36	-20.7
三资企业	2324.02	2.3
集体企业	1.29	-15.6
民营企业	2849.12	13.2
进出口贸易顺差（出口减进口）	1790.39	5.5

2017年东莞市主要国家和地区货物进出口总额情况

国别（地区）	进出口总额		出口总额		进口总额	
	总量（亿元）	增长（%）	总量（亿元）	增长（%）	总量（亿元）	增长（%）
亚洲	8330.03	5.3	3692.82	4.1	4637.21	6.3
北美洲	1863.19	8.3	1637.89	6.9	225.29	19.5
欧洲	1481.64	15.8	1277.71	15.9	203.93	15.2
一带一路	2099.94	5.5	1275.19	16.1	824.75	-7.5
欧盟（28国）	1376.80	13.7	1186.25	13.7	190.55	14.0
东盟（10国）	1325.39	-4.1	603.91	4.4	721.48	-10.3
中国香港	1750.98	1.0	1732.27	1.0	18.72	4.5
美国	1743.46	7.5	1561.00	6.9	182.46	13.4
日本	1020.82	3.1	510.52	4.9	510.30	1.4
韩国	1205.84	0.4	268.24	-15.3	937.60	6.0

2017年东莞市主要商品出口情况

商品名称	金额（亿元）	增长（%）
机电产品（包括本目录已具体列名的机电产品）	5237.90	12.2
高新技术产品	2892.48	11.5
电话机	869.98	32.3
自动数据处理设备及其部件	455.89	11.0
文化产品	426.41	-23.6
服装及衣着附件	340.16	-4.2
家具及其零件	301.45	3.4
静止式变流器	209.19	6.7
玩具	189.30	7.7
通断保护电路装置及零件	170.01	17.9
自动数据处理设备的零件	166.15	-3.7
鞋类	161.99	-1.9
电线和电缆	152.85	11.1
塑料制品	149.90	17.6
箱包及类似容器	139.45	-1.4
灯具、照明装置及零件	131.77	-12.5
电视、收音机及无线电讯设备的零附件	131.22	34.9
纺织纱线、织物及制品	124.39	21.4
集成电路	75.36	30.7
眼镜及其零件	73.96	10.5
扬声器	68.95	27.3
打印机（包括多功能一体机）	66.92	-6.8

2.1%；其他出口18.33亿元，下降85.8%。

按出口的地区分，对亚洲出口3692.82亿元，比上年增长4.1%；对北美洲出口1637.89亿元，增长6.9%；对欧洲出口1277.71亿元，增长15.9%；对拉丁美洲出口245.63亿元，增长22.2%；对大洋洲出口92.08亿元，增长13.8%。

2017年东莞市分行业利用外资情况

行业名称	合同外资金额（万美元）	增长（%）	实际利用外资（万美元）	增长（%）
总计	260783	-44.9	171893	-56.2
制造业	164940	-11.8	111114	-34.5
纺织业	6684	-44.1	3186	-65.4
纺织服装、鞋、帽制造业	1583	-73.1	3983	73.1
家具制造业	1850	-1.4	1720	55.4
通用设备制造业	35925	1353.3	3332	-33.6
专用设备制造业	6128	-61.2	2572	-82.6
电气机械及器材制造业	8926	-49.6	13210	6.5
电子及通信设备制造业	27297	-2.4	30120	13.1
金属制品业	7738	-56.1	3061	-84.0
塑料制品业	6749	-40.7	6843	0.2
文教体育用品制造业	6861	103.2	1897	-63.6
造纸及纸制品业	7860	-72.0	8251	-75.4
其他制造业	47339	10.0	32939	-1.7
交通运输、仓储和邮政业	138	-98.9	7013	1.6
批发和零售业	17239	-37.2	11450	-51.3

2017年东莞市客（货）运量、周转量

指标	单位	数值	增长（%）
客运量	万人	4342	-10.9
#公路	万人	4319	-10.9
旅客周转量	亿人公里	68.14	-11.9
#公路	亿人公里	67.99	-11.9
货运量	万吨	16725	7.3
#公路	万吨	10521	1.9
货物周转量	亿吨公里	483.62	6.2
#公路	亿吨公里	74.33	3.7

全年机电产品出口5237.90亿元，比上年增长12.2%，占出口总额的74.5%；高新技术产品出口2892.48亿元，增长11.5%，占41.2%。

全年全市新签外商直接投资项目925宗，合同外资金额26.08亿美元，比上年下降44.9%。实际利用外资17.19亿美元，下降56.2%。电子及通信设备制造业实际利用外资3.01亿美元，增长13.1%；专用设备制造业实际利用外资0.26亿美元，下降82.6%。

七、交通、邮电和旅游

全年全市交通运输、仓储和邮政业实现增加值221.49亿元，比上年增长2.2%。

全年全市公路通车里程5262.33公里，公路密度213.92公里/百平方公里，公路密度继续位居全省前列。年末全市机动车保有量（民用）263.33万辆，比上年末增长17.0%。其中汽车保有量262.76万辆，增长17.0%。

全年公路货物运输量10521万吨，货物周转量74.33亿吨公里；水路货物运输量6204万吨，货物周转量409.29亿吨公里。全年公路运输完成客运量4319万人，旅客周转量67.99亿人公里；水路运输完成客运量23.46万人，旅客周转量1527万人公里。全年港口旅客吞吐量23.59万人次，货物吞吐量15713.75万吨。

全年完成邮电业务（含快递）收入335.19亿元，比上年增长13.6%。邮政发送信函9429万件，邮政快递包裹2161万件，邮政汇款金额11.50亿元。年末全

2012—2017年东莞市移动电话用户数

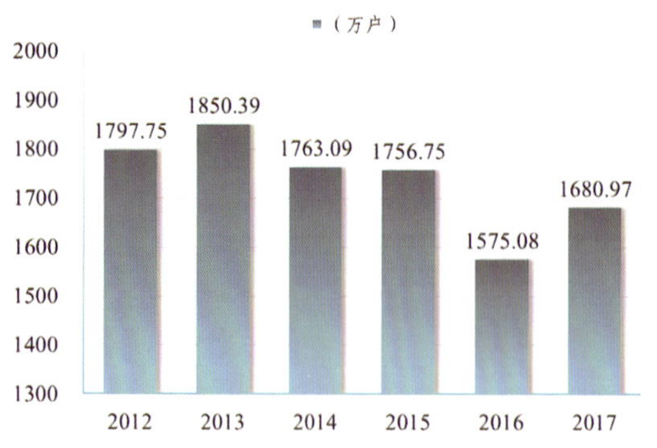

2012—2017年东莞市各项本外币存、贷款余额

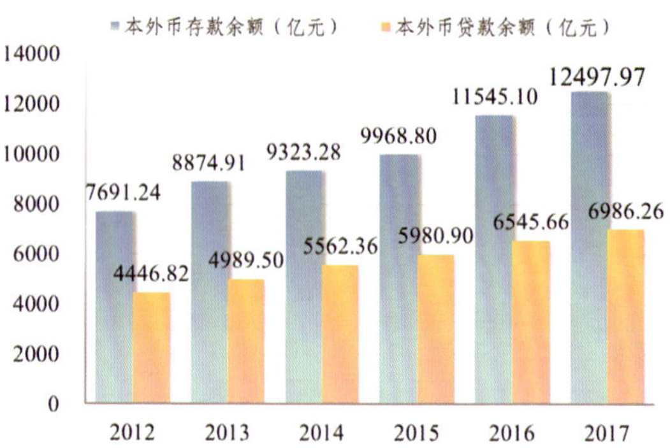

2017年东莞市金融机构存贷款情况

指标	总量（亿元）	增长（%）
金融机构各项本外币存款余额	12497.97	8.3
#住户存款	5160.71	4.4
金融机构各项本外币贷款余额	6986.26	6.7
本外币存贷比（%）	55.9	-0.8
金融机构各项人民币存款余额	11836.66	5.7
#住户存款	5103.42	4.5
金融机构各项人民币贷款余额	6855.44	7.1
人民币存贷比（%）	57.9	0.7

市固定电话用户244.64万户；移动电话用户1680.97万户，比上年末增加105.89万户。年末互联网用户175.67万户，减少3.14万户；宽带接入用户172.50万户，减少2.27万户。

年末全市有星级酒店33家，其中五星级酒店14家。全市有旅行社133家，全年接待国际及港澳台游客403.67万人次，比上年增长1.0%。其中接待外国游客112.54万人次，增长1.7%；接待港澳台游客291.13万人次，增长0.8%。国际旅游外汇收入15.96亿美元，增长2.7%。全年接待国内游客3738.18万人次，增长10.2%。旅游总收入488.90亿元，增长9.6%。全年东莞组团外出旅游162.34万人次，增长9.7%。其中，国内旅游146.95万人次，增长11.9%；出境旅游15.39万人次，下降8.0%。

八、金融

全年全市金融业实现增加值474.32亿元，比上年增长3.9%。

年末全市有各类金融机构132家，其中银行类机构41家（含1家代表处，3家独立挂牌信用卡中心），保险类机构56家，证券期货类机构35家。上市公司43家，后备上市公司135家，“新三板”挂牌企业202家。

年末金融机构各项本外币存款余额12497.97亿元，比上年增长8.3%。其中住户存款余额5160.71亿元，增长4.4%。各项本外币贷款余额6986.26亿元，增长6.7%。在个人消费贷款余额中，个人住房按揭贷款余额2688.92亿元，增长14.5%；个人汽车消费贷款余额1.62亿元，下降55.4%。

全年股票总成交额21317.05亿元，比上年增长64.2%。年末保证金余额130.64亿元，比上年末下降14.2%，开户数达95.09万户，增长31.7%。

全年全市各类保险保费收入468.27亿元，比上年下降0.9%。其中，财产险保费收入124.29亿元，增长15.5%；人寿险保费收入343.97亿元，下降4.9%。全年共支付各项赔款和给付103.05亿元。其中，机动车保险赔付52.2亿元；非车险赔付3.8亿元；人身险赔款支出12.5亿元；满期给付26.7亿元；死亡医疗给付7.8亿元。

九、科技和教育

2017年全市新增国家高新技术企业2049家，总数达4077家，位居省内地级市首位。全市专利申请量和授权量分别为81275件和45204件。其中，发明专利申请量为20402件，比上年增长31%，占专利申请总量的25.1%，数量排全省第4位；发明专利授权量为4969件，增长35%，数量排全省第3位；PCT国际专利申请量为1829件，增长109%，排全省第3位。科技资源加快集聚，全市新增创新型研发机构2家，总数达34家，科技企业孵化载体达到98家，其中国家级15家；成功举办2017中国（东莞）国际科技合作周；全市目前引进省创新科研团队立项总数达到31个，居全省第三；引进市级创新科研团队总数达到27个；国家自主创新示范区、国家可持续发展实验区建设工作稳步推进。科技金融结合得到加强，大力推进科技信贷、科技保险等工作，推动19家签约银行为我市1112家企业发放贷款2201笔，贷款金额达95.69亿元，推动94家

2017年东莞市教育情况

指标	招生（万人）	增长（%）	在校生（万人）	增长（%）	毕业生（万人）	增长（%）
普通本专科	3.54	12.7	11.84	5.2	2.82	22.6
成人本专科	1.06	16.5	2.64	18.4	0.66	20.0
中等职业技术教育	3.04	4.5	8.03	7.5	2.05	—
普通高中	2.79	2.6	8.11	1.5	2.63	2.3
初中	8.78	5.1	22.91	6.1	5.95	-0.7
小学	14.25	3.1	76.51	3.6	10.31	4.4
学前教育	13.31	-1.2	34.74	4.7	12.13	4.9

企业购买科技保险，保额164.6亿元，保费828.57万元，申请保费补贴共274.35万元，专利质押融资累计贷款64.93亿元。

年末全市有幼儿园1077所，比上年末增加61所，其中省、市一级幼儿园520所，增加134所。全市有小学329所，在校学生76.51万人，本市户籍小学学龄儿童入学率达100%，小学毕业生升学率达100%。全市有初中193所（不含完全中学），在校学生22.91万人，本市户籍适龄少年初中入学率100%，初中毕业生升学率98.5%。全市有普通高中41所，在校生8.11万人，中职学校28所（含技工学校7所），在校生8.03万人。全市有普通高等院校9所，在校学生11.84万人。全年普通高等院校共招收本科、专科学生3.54万人，毕业生2.82万人。

十、文化、卫生和体育

年末全市有文化馆1个，文化站33个，公共图书馆653个，公共电子阅览室585个，公办博物馆18个，民办博物馆36个，文化广场755个，电影放映单位125个。全市有公共广播节目42套，公共电视节目56套。全年共发行报纸7894.88万份，其中《东莞日报》5697.34万份；电影放映140万场次，观众2200万人次。

年末全市有医疗机构2407个，其中，三级甲等医院8所（含1所妇幼保健院），门诊部、诊所、医务室、卫生站、社区卫生服务机构等基层医疗机构2308个。全市卫生技术人员5万人，医疗机构的实有病床2.99万张。全市门诊量6796.11万人次，比上年增长4.9%；住院量98.85万人次，增长7.5%。

全年全市运动员共获得197枚金牌、198枚银牌、189枚铜牌。其中夺得全国赛金牌44枚；广东省赛金牌150枚、银牌155枚、铜牌154枚。全年举办全市全民健身活动429次，参加人数30.03万人次。全市有各类体育运动场地14731个（座），其中体育场487个，体育馆171座，灯光篮球场5461个，健身路径1529条，室外游泳池446个，室内游泳池67个，室外羽毛球场1373个。全市有体育彩票发行网点1276个，销售总额16.03亿元，体彩公益金1.21亿元。

十一、人民生活

2017年东莞居民收入稳步增长，全年居民人均可支配收入45451元，比上年增长8.5%。其中，城镇常住居民人均可支配收入46739元，增长8.5%，农村常住居民人均可支配收入29078元，增长9.6%，城乡收入差距进一步缩小。

从收入构成上看，居民人均工资性收入34017元，占人均可支配收入的74.8%，是居民收入的首要来源；其次是人均财产净收入，达7713元，占人均可支配收入的17%。

居民生活消费呈现多样性，2017年居民人均生活消费支出31849元，比上年增长6.5%。其中，城镇常住居民人均生活消费支出32498元，增长5.9%；农村常住居民人均生活消费支出23090元，增长7.2%。全市居民恩格尔系数为32.8%，比上年下降0.1个百分点，其中城镇为32.4%，农村为37.4%。

在八大类生活消费支出中，居住、交通通信及医疗保健消费支出增幅较大，分别达6.1%、8.3%和11.7%。

十二、社会保障

全市参加各类社会保险总人次为2561.28万人次，其中基本医疗保险566.09万人次，失业保险404.01万人次，工伤保险430.55万人次。全年社会保险基金总收入522.54亿元，保险基金总支出220.96亿元，年末保险基金累计余额1747.95亿元，上年保险基金结余1446.37亿元。

年末全市有收养类福利事业单位42个，其中社会福利院1个，社会福利中心1个，敬老院38个，敬老院供养老人3773人。社会福利事业单位收养2913人，全年社会救济1.26万人。全市居民最低生活保障支出9732.8万元，慈善基金结余32858.12万元。全市纳入“五保户”对象有764人，“五保户”费用支出1370.7万元。

十三、人口、资源、环境和安全生产

年末全市户籍人口211.31万人。全年出生人口4.71万人，出生率为22.22‰；死亡人口1.03万人，死亡率为4.84‰；人口自然增长率为17.38‰。年末全市常住人口834.25万人，其中城镇常住人口749.66万人。人口城镇化率为89.86%。

全年水资源总量20.98亿立方米，比上年减少38.4%。日供水能力427万立方米/日。我市共有10个国控地表水监测断面：其中东江北干流—大墩、珠江广州段—莲花山、观澜河—企坪、茅洲河—共和村、东江北干流—石龙北河、东江干流—东岸这6个断面为跨市河流边界断面，东莞运河—樟村、东江南支流—沙田泗盛、东江南支流—第六水厂和石马河—旗岭为市境内河流断面。2017年国控地表水监测断面水质状况：优良水质比例（达到或者优于Ⅲ类）为40.0%，Ⅳ类水体比例为20.0%，劣Ⅴ类水体比例为40.0%。

全年城市环境空气质量达标天数301天，空气质量达到国家二级标准的比例82.5%，可吸入颗粒物年平均值0.051毫克/立方米，细颗粒物（$PM_{2.5}$）年平均值达0.037毫克/立方米，臭氧日最大八小时超标率13.4%。

全年雨日天数178天，日照时数1883小时，平均气温23.2摄氏度，相对湿度78%，降水量1769.4毫米。

年末全市森林公园达22个，新增森林公园配套设施一批。林业用地面积72.93万亩，生态公益林32.94万亩，林木积蓄量281.26万立方米，林木总生长量15.34万立方米。

年末全市建成区土地面积988.89平方公里，公共管理与公共服务用地面积49.25平方公里。全市建成区绿地率为42.46%，绿化覆盖率为46.98%。

全年共发生生产安全事故1465起，死亡315人，受伤684人，直接经济损失3328.44万元。全年发生道路交通事故3471起，比上年下降4.9%；死亡483人，下降0.6%；受伤3631人，下降7.5%；直接经济损失657.65万元，下降19.2%。道路交通万车死亡率为1.83人。

注：

1.本公报中2017年数据为初步统计数；统计图中2012—2016年数据为年报数；最后统计数据以《东莞统计年鉴—2018》“第二部分统计资料”相关数据为准。

2.地区生产总值、各行业增加值、农业总产值绝对数按当年价格计算，增长速度按可比价格计算；地方一般公共预算收入增长速度按可比口径计算。

3.从2011年起，规模以上工业统计口径由年主营业务收入500万元调整为2000万元及以上的工业法人企业；固定资产投资项目统计起点由计划总投资50万元提高到500万元，增速为可比口径。

4.五大支柱产业包括电子信息制造业、电气机械及设备制造业（包括电气机械及器材制造业，仪器仪表制造业，通用设备制造业，专用设备制造业，铁路、船舶、航空航天和其他运输设备制造业以及汽车制造业）、纺织服装鞋帽制造业（包括纺织业，纺织服装、服饰制造业，皮革、毛皮、羽毛及其制品和制鞋业）、食品饮料加工制造业（包括食品制造业，酒、饮料和精制茶制造业，农副产品加工业）、造纸及纸制品业。

四个特色产业包括玩具及文体用品制造业、家具制造业、化工制品制造业（包括化学原料及化学制品制造业，石油加工、炼焦业及核燃业）、包装印刷业。

先进制造业包括高端电子信息制造业、先进装备制造业、石油化工产业、先进轻纺制造业、新材料制造业、生物医药及高性能医疗器械。

高技术制造业包括医药制造业、航空、航天器及设备制造业、电子及通信设备制造业、计算机及办公设备制造业、医疗仪器设备及仪器仪表制造业、信息化学品制造业。

5.阅读本公报时，请注意统计指标的时间、口径和计算方法等。

6.资料来源：本公报中城镇实有登记失业人数、失业人员安置就业人数、城镇登记失业率数据来自市人力资源局；新增农民专业合作社、龙头企业及省级农业类名牌产品数来自市农业局；进出口、利用外资数据来自市商务局；公路通车里程、及交通运输、公路、水路相关数据来自市交通运输局；邮电业务收入、邮政发送信函、电话用户等数据来自市邮政、电信、移动等相关运营商；星级酒店及旅游情况来自市旅游局；年末各类金融机构数据来自金融工作局；本外币存贷款余额来自市人民银行；股票总成交额及年末保证金余额数据来自证券期货业协会；保险保费及赔款与给付来自市保险行业协会；国家高新技术企业家数、专利申请和授权量以及科研成果奖等数据来自市科学技术局；教育数据来自市教育局；文化馆、文化站、公共图书馆、公共电子阅览室、博物馆、文化广场、公共广播节目、报纸等数据来自市文化广电新闻出版局；卫生医疗机构等数据来自市卫生局；运动员获得奖牌、健身活动、体育彩票发行情况来自市体育局；社会保障数据来自市社会保障局；福利单位、敬老院等数据来自市民政局；户籍人口数据来自市公安局；出生和死亡人口等相关数据来自市卫生和计划生育局；气象数据来自市气象局；森林公园、林业用地、生态公益林、林木积蓄量等数据来自市林业局；建成区及公共管理与公共服务用地面积来自市城乡规划局；建成区绿地率、绿化覆盖率数据来自市城市综合管理局，生产安全事故相关数据来自安监局；道路交通事故等相关数据来自公安局、海事局。

东莞市第一次全国地理国情普查公报

东莞市国土资源局　东莞市统计局
东莞市第一次全国地理国情普查领导小组

2018年8月

地理国情主要是指地表自然和人文地理要素的空间分布、特征及其相互关系，是基本国情的重要组成部分。地理国情普查是一项重大的国情国力调查，是了解国情、把握国势、制定国策的基础性工作。根据《国务院关于开展第一次全国地理国情普查的通知》（国发〔2013〕9号）和《广东省人民政府关于做好第一次全国地理国情普查的通知》（粤府函〔2013〕236号）的要求，东莞市第一次全国地理国情普查于2014年1月正式启动。按照“全省统一领导、部门分工协作、省市两级负责、各方共同参与”的原则，在东莞市第一次全国地理国情普查领导小组统一领导和各级政府及有关部门的共同努力下，历时3年，全面查清了我市各类地理国情要素的现状和空间分布特征。

经东莞市人民政府和东莞市第一次全国地理国情普查领导小组批准，现将东莞市第一次全国地理国情普查主要成果公布如下：

一、地理概况

本次普查对象为全市所辖陆域[1]及有居民海岛共2405.75平方千米范围内的地表自然和人文地理要素。普查内容包括：一是自然地理要素的基本情况，包括地形地貌、植被覆盖、水域、荒漠与裸露地等的类别、位置、范围、面积等地理信息及其空间分布状况；二是人文地理要素的基本情况，包括与人类活动密切相关的铁路与道路、居民地与设施等的类别、位置、范围、面积等地理信息及其空间分布现状。以2015年6月30日为普查标准时点。

本次普查采用2000国家大地坐标系和1985国家高程基准，利用优于0.5米分辨率的遥感影像，依据国家统一的技术标准，通过“室内分析判读、野外实地调查”等技术方法，按照“自然优先”和“所见即所得”的原则，首次获取了全市多要素、高精度、全覆盖的地理国情信息，完成了普查数据采集、标准时点核准、数据库及信息管理系统建设、数据统计分析、图件图集制作等工作，掌握了我市地理国情的基本现状。

东莞市地理国情要素分类面积及其构成

地理国情要素	面积（平方千米）	构成比（%）
种植土地	389.38	16.19
林草覆盖	736.62	30.61
水域	256.38	10.66
荒漠与裸露地	7.19	0.30
铁路与道路	210.93	8.77
房屋建筑（区）	531.03	22.07
构筑物	185.93	7.73
人工堆掘地	88.29	3.67
合计	2405.75	100.00

注：1.本表中种植土地、林草覆盖合称植被覆盖，房屋建筑（区）、构筑物、人工堆掘地合称居民地与设施；2.面积根据标准时点地表覆盖物现状统计计算（以下类同）；3.构成比指不同类型地理国情要素面积与全市地理国情要素面积的比值。

（一）自然地理要素空间分布情况

从地区[2]分布看，按面积统计，植被覆盖、荒漠与裸露地和水域三类自然地理要素分布：9.73%在城区片区，18.09%在松山湖片区，18.03%在滨海片区，10.89%在水乡新城片区，20.15%在东部产业园片区，23.11%在东南临深片区。

从海拔[3]分布看，按面积统计，植被覆盖、荒漠与裸露地和水域三类自然地理要素分布：100%在低海拔区域（1000米以下）。

1.陆域指由民政部门提供并正式确认的法定市区镇界与国家海岛（礁）测绘专项工程提供的陆海分界线所形成的封闭区域。

2.城区、松山湖、滨海、水乡新城、东部产业园及东南临深片区的划分源自2017年3月31日东莞市全市园区统筹片区联动协调发展工作推进会相关文件。其中城区片区包括南城街道、莞城街道、东城街道、万江街道、高埗镇和石碣镇。松山湖片区包括松山湖高新技术产业开发区（东莞生态产业园区）、茶山镇、寮步镇、大朗镇、大岭山镇、石龙镇和石排镇。滨海片区包括长安镇（滨海湾新区）、沙田镇（东莞港）、虎门镇和厚街镇。水乡新城片区包括麻涌镇、中堂镇、望牛墩镇、洪梅镇和道滘镇。东部产业园片区包括常平镇、谢岗镇（广东东莞粤海银瓶合作创新区）、东坑镇、桥头镇、企石镇、横沥镇和黄江镇。东南临深片区包括塘厦镇、清溪镇、凤岗镇和樟木头镇。

3.海拔分级基于10米分辨率数字高程模型计算。

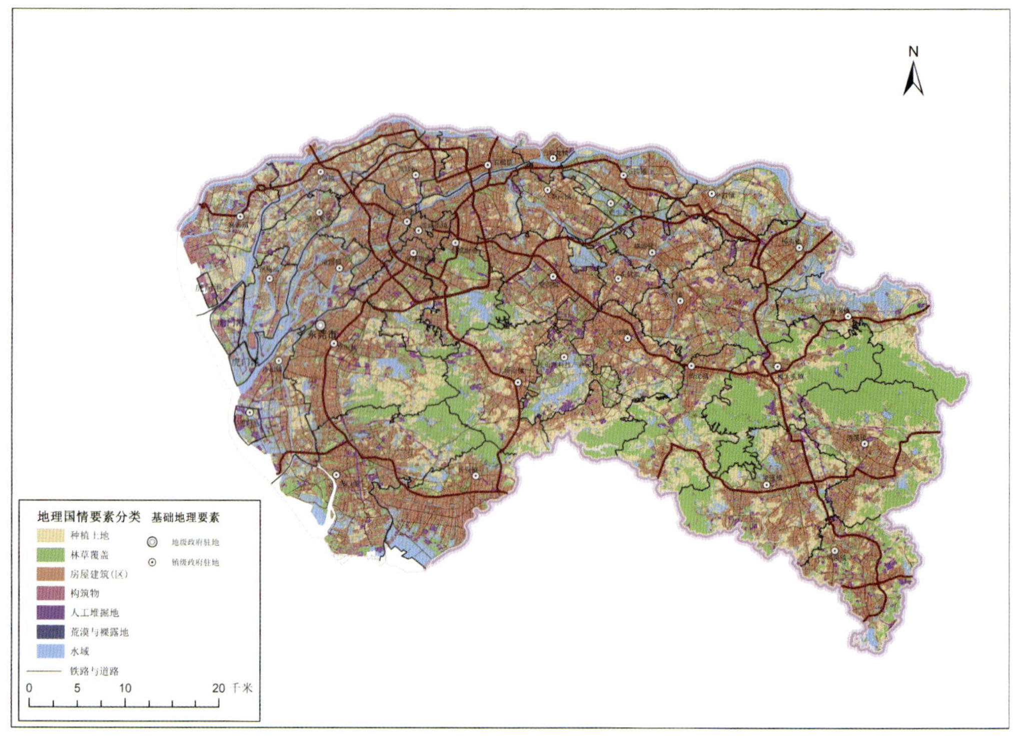

东莞市地理国情现状分布图

从坡度[1]分级看，按面积统计，植被覆盖、荒漠与裸露地和水域三类自然地理要素分布：37.55%在平坡地区域，10.18%在较平坡地区域，21.16%在缓坡地区域，8.89%在较缓坡地区域，20.41%在陡坡地区域，1.81%在极陡坡地区域。

从地貌类型看，按面积统计，植被覆盖、荒漠与裸露地和水域三类自然地理要素分布：40.93%在平原[2]，15.58%在台地[3]，22.22%在丘陵[4]，21.27%在山地[5]。

（二）人文地理要素空间分布情况

从地区分布看，铁路与道路、房屋建筑（区）、构筑物和人工堆掘地四类人文地理要素分布：15.48%在城区片区，20.84%在松山湖片区，20.40%在滨海片区，10.10%在水乡新城片区，18.60%在东部产业园片区，14.58%在东南临深片区。

二、地形地貌

东莞市第一次全市地理国情普查查清了我市海拔分级、坡度分级及地貌类型的面积构成和空间分布。

海拔分级：我市位于海拔1000米以下，为低海拔区域。从海拔分布看，我市50米以下区域占全市总面积的80.61%，50（含）～200米区域占全市总面积的15.25%，200（含）～500米区域占全市总面积的3.44%，500（含）米以上区域占全市总面积的0.70%。

坡度分级：我市平坡地面积占全市总面积的56.40%，集中分布在水乡新城片区和滨海片区；较平坡地面积占12.12%，呈分散式分布；缓坡地面积占15.65%，分布比较广泛；较缓坡地面积占10.64%，呈集中式分布；陡坡地面积占4.32%，主要分布在中部和南部的山区；极陡坡地面积占0.87%，分布在东部的山区。

东莞市各海拔分级面积及其构成

海拔分级	面积（平方千米）	构成比（%）
50米以下	1939.29	80.61
50（含）～100米	213.59	8.88
100（含）～200米	153.22	6.37
200（含）～500米	82.83	3.44
500（含）～800米	16.49	0.69
800（含）～1000米	0.33	0.01
合计	2405.75	100.00

注：构成比指不同海拔面积与全市总面积面积的比值（以下类同）

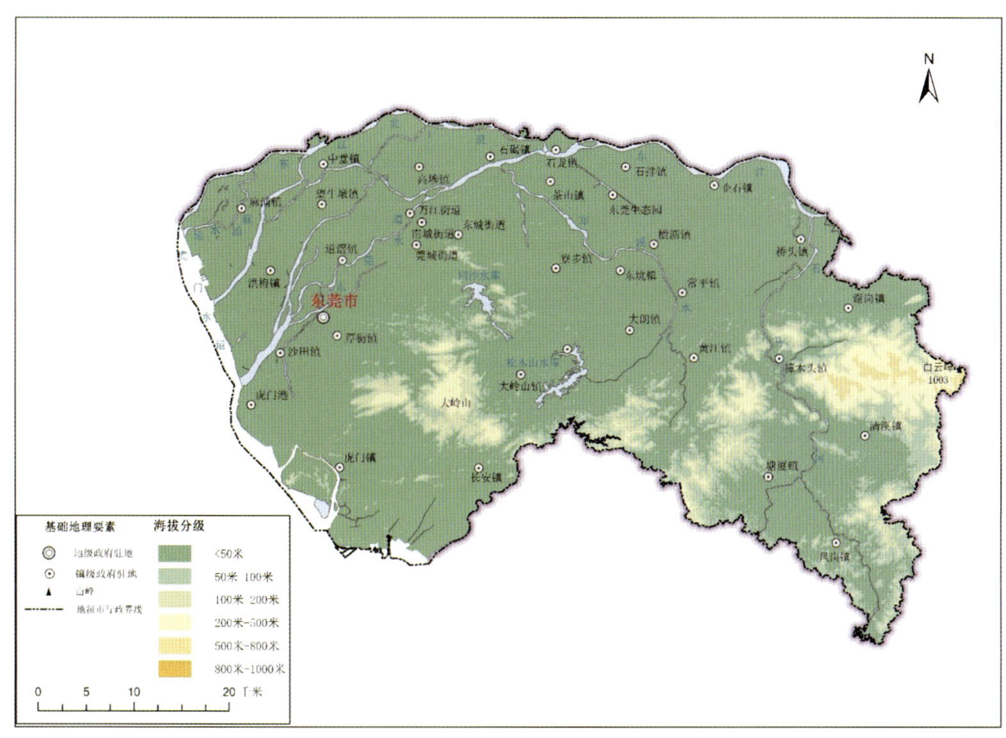

东莞市海拔分级分布图

东莞市各坡度分级面积及其构成

坡度分类	坡度分级	面积（平方千米）	构成比（%）
平坡地	0°（含）~2°	1356.85	56.40
较平坡地	2°（含）~3°	122.56	5.09
	3°（含）~5°	169.13	7.03
缓坡地	5°（含）~6°	60.97	2.53
	6°（含）~8°	95.02	3.95
	8°（含）~10°	72.57	3.02
	10°（含）~15°	147.92	6.15
较缓坡地	15°（含）~25°	255.89	10.64
陡坡地	25°（含）~35°	103.90	4.32
极陡坡地	35°（含）以上	20.94	0.87
合计		2405.75	100.00

1.坡度分级基于10米分辨率数字高程模型计算。

2.平原是地表起伏平缓的开阔陆地，指地表较平整（一般平均坡地小于7°），最高点一般在边缘（图斑最低点与图斑边缘最高点的高差一般小于30米），且一般没有坡度大于10°，高差大于30米的坡坎形态。

3.台地是具有坡度较陡的台坡（一般坡度大于10°）和坡度较缓的台面（一般坡度小于7°），台面水平投影面积一般大于台坡投影面积，台坡高度一般大于30米的形态。

4.丘陵是山坡平缓、山顶浑圆、高低起伏、连绵不断的低矮隆起高地。

5.山地是指具有一定坡度、较大高差（相对高差大于200米）又互相连绵、突出于平原或台地之上的地貌形态。

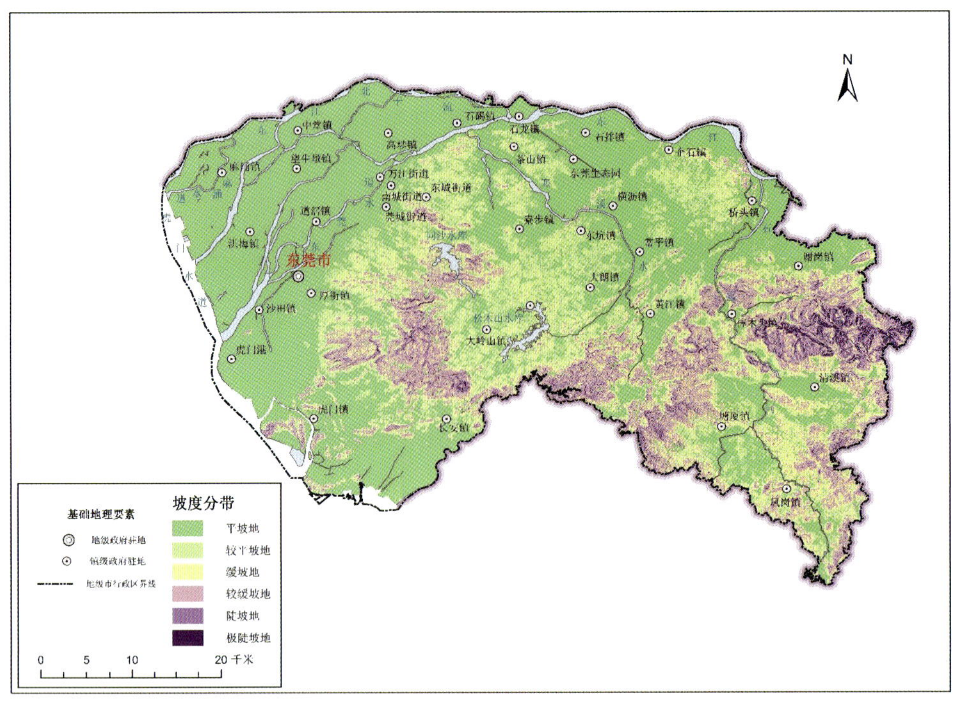

东莞市坡度分级分布图

东莞市各地貌类型面积及其构成

地貌类型	面积（平方千米）	构成比（%）
平原	1142.33	47.49
台地	514.59	21.39
丘陵	431.65	17.94
山地	317.18	13.18
合计	2405.75	100.00

东莞市各地区植被覆盖面积及其构成

地区名称	面积（平方千米）	构成比（%）
城区片区	103.94	9.23
松山湖片区	207.54	18.43
滨海片区	190.96	16.96
水乡新城片区	87.03	7.73
东部产业园片区	234.55	20.83
东南临深片区	301.98	26.82
合计	1126.00	100.00

注：构成比指不同地区植被覆盖面积与全市植被覆盖面积的比值

地貌类型：平原面积占全市总面积的47.49%，我市平原类型均为低海拔平原，连片集中分布在西部水乡地区以及西南部滨海地区；台地面积占全市总面积的21.39%，我市均为低海拔台地，主要分布在中部地区；丘陵面积占全市总面积的17.94%，我市均为低海拔丘陵，主要分布在北部地区；山地面积占全市总面积的13.18%，主要分布在东部和东北部地区。

三、植被覆盖

东莞市第一次全国地理国情普查查清了我市植被覆盖状况，包括种植土地、林草覆盖的面积、构成及空间分布。全市植被覆盖面积为1126.00平方千米（169万亩）。其中东南临深片区植被覆盖面积最大，占全市植被覆盖总面积的26.82%；水乡新城片区植被覆盖面积最小，占7.73%。

种植土地[1]：种植土地包括水田、旱地、果园、茶园等9种类型。全市种植土地面积为389.38平方千米（58.46万亩），其中果园面积最大，占种植土地面积的68.13%。

从地区分布看，按面积统计，东部产业园片

1.种植土地指经过开垦种植粮农作物以及多年生木本和草本作物，并经常耕耘管理、作物覆盖度一般大于50%的土地。包括熟耕地、新开发整理荒地、以农为主的草田轮作地；各种集约化经营管理的乔灌木、热带作物以及果树种植园以及苗圃、花圃等。

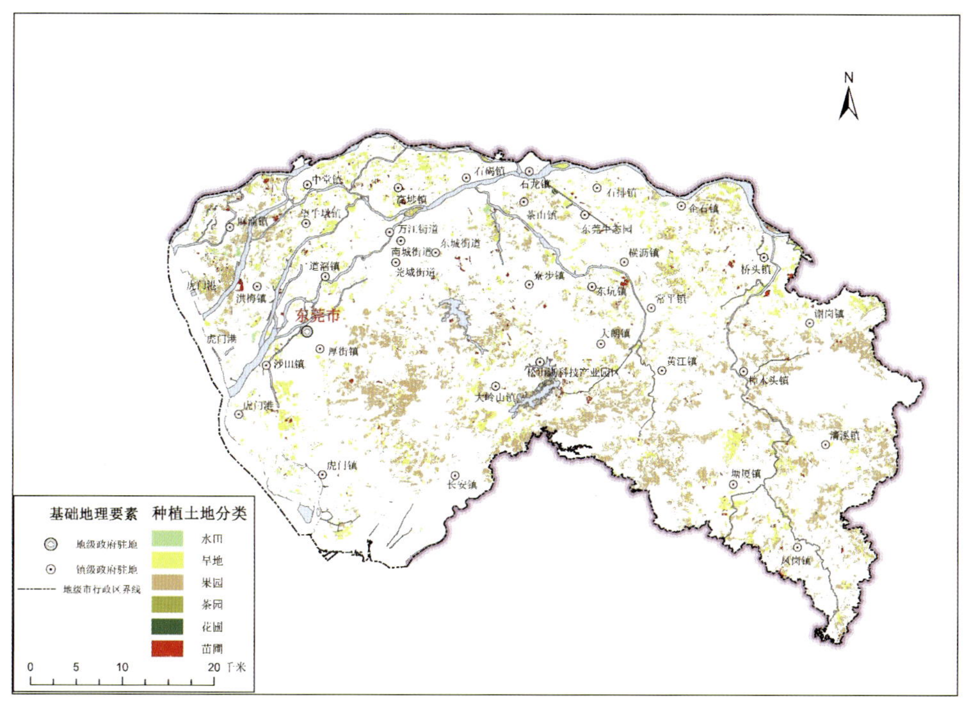

东莞市种植土地分布图

区种植土地面积最大，占全市种植土地总面积的23.35%；城区片区种植土地面积最小，占8.66%。

从海拔分布看，我市种植土地全部分布在低海拔区域，其中74.09%的种植土地分布在海拔50米以下区域。

东莞市种植土地分类面积及其构成

类型	面积（平方千米）	构成比（%）
水田	3.97	1.02
旱地	102.35	26.28
果园	265.29	68.13
茶园	0.06	0.02
桑园		
橡胶园		
苗圃	17.10	4.39
花圃	0.61	0.16
其他经济苗木		
合计	389.38	100.00

注：1.面积根据标准时点地表覆盖物现状统计计算（以下类同）；2.构成比指分类型种植土地面积与全市种植土地面积的比值（以下类同）。

东莞市各地区种植土地面积及其构成

地区名称	面积（平方千米）	构成比（%）
城区片区	33.72	8.66
松山湖片区	79.24	20.35
滨海片区	59.23	15.21
水乡新城片区	42.21	10.84
东部产业园片区	90.93	23.35
东南临深片区	84.05	21.59
合计	389.38	100.00

东莞市各海拔种植土地面积及其构成

海拔分级	面积（平方千米）	构成比（%）
50米以下	288.46	74.09
50（含）～100米	73.57	18.89
100（含）～200米	25.91	6.65
200（含）～500米	1.44	0.37
500（含）～800米		
800（含）～1000米		
合计	389.38	100.00

东莞市各坡度种植土地面积及其构成

坡度分类	坡度分级	面积（平方千米）	构成比（%）
平坡地	0°（含）～2°	163.13	41.88
较平坡地	2°（含）～5°	49.98	12.84
缓坡地	5°（含）～15°	100.45	25.80
较缓坡地	15°（含）～25°	60.85	15.63
陡坡地	25°（含）～35°	14.09	3.62
极陡坡地	35°（含）以上	0.88	0.23
合计		389.38	100.00

东莞市各地貌类型种植土地面积及其构成

地貌类型	面积（平方千米）	构成比（%）
平原	136.63	35.09
台地	87.99	22.60
丘陵	102.04	26.20
山地	62.72	16.11
合计	389.38	100.00

东莞市各地区林草覆盖面积及其构成

地区名称	面积（平方千米）	构成比（%）
城区片区	70.24	9.54
松山湖片区	128.31	17.42
滨海片区	131.75	17.89
水乡新城片区	44.83	6.09
东部产业园片区	143.64	19.50
东南临深片区	217.85	29.56
合计	736.62	100.00

从坡度分级看，按面积统计，种植土地主要分布在平坡地，占全市种植土地总面积的41.88%；陡坡地和极陡坡地分布较少，共占3.85%。

从地貌类型来看，按面积统计，35.09%的种植土地分布在平原，22.60%分布在台地，16.11%分布在山地，26.20%分布在丘陵。

林草覆盖：林草覆盖包括乔木林、灌木林、乔灌混合林、天然草地、人工草地等10种类型。全市林草覆盖面积为736.62平方千米（110.4875万亩），其中，乔木林面积最大，占林草覆盖面积的46.98%。

从地区分布看，按面积统计，东南临深片区林草覆盖面积最大，占全市林草覆盖总面积的29.56%；水乡新城片区林草覆盖面积最小，占

东莞市林草覆盖分类面积及其构成

类型	面积（平方千米）	构成比（%）
乔木林	346.08	46.98
阔叶林	336.95	45.74
针叶林	5.72	0.78
针阔混交林	3.41	0.46
灌木林[1]	20.54	2.79
阔叶灌木林	20.54	2.79
针叶灌木林	0.00	0.00
针阔混交灌木林	0.00	0.00
乔灌混合林	1.81	0.25
竹林	2.25	0.31
疏林	0.01	0.00
绿化林地	109.14	14.82
人工幼林	1.44	0.20
灌草丛[2]	0.00	0.00
天然草地	214.39	29.10
高覆盖度草地	214.39	29.10
中覆盖度草地	0.00	0.00
低覆盖度草地	0.00	0.00
人工草地	40.96	5.56
牧草地	0.00	0.00
绿化草地	23.08	3.13
固沙灌草	0.00	0.00
护坡灌草	8.97	1.22
其他人工草地	8.91	1.21
合计	736.62	100.00

注：构成比指分类型林草覆盖面积与全市林草覆盖面积的比值（以下类同）

1.灌木林中含灌木覆盖度30%～40%的草地。

2.荒漠或植被稀疏地区丘团状生长的低矮灌木或灌草丛，成群分布，平均覆盖度10%～30%的地表。

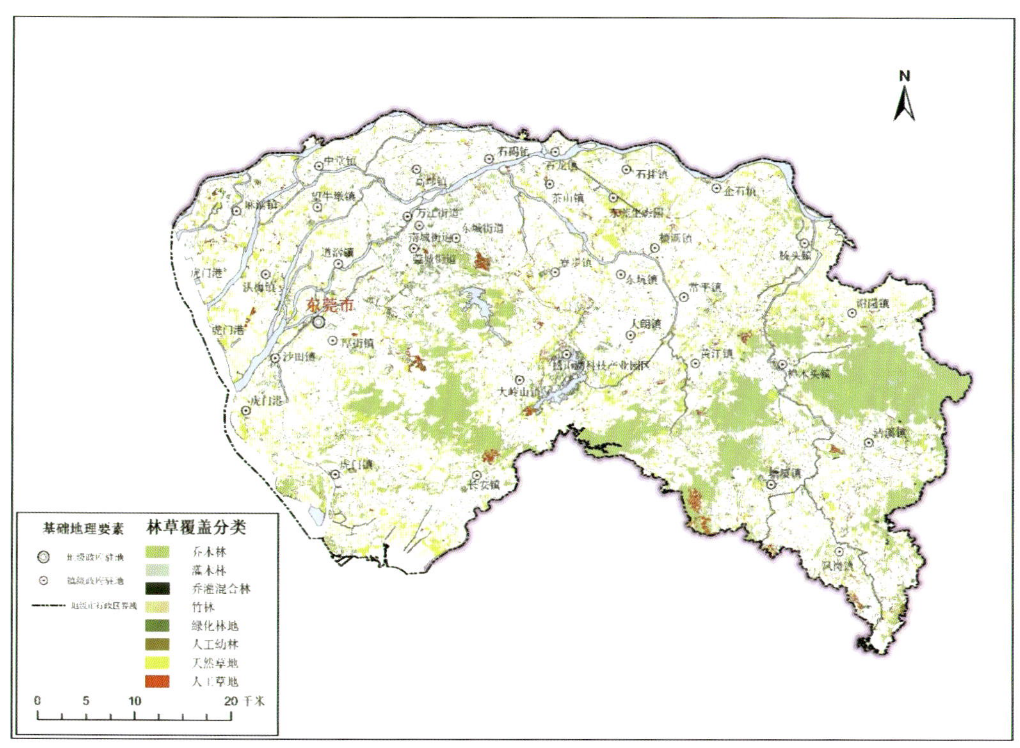

东莞市林草覆盖分布图

6.09%。

从海拔分布看，按面积统计，我市林草覆盖全部分布在低海拔区域，其中56.37%的林草覆盖分布在海拔50米以下区域。

从坡度分级看，按面积统计，林草覆盖在缓坡地、较缓坡地和陡坡地区域分布较多，共占全市林草覆盖总面积的53.47%；较平坡地分布较少，仅占8.82%。

从地貌类型来看，按面积统计，30.32%的林草覆盖分布在山地，24.79%分布在丘陵，15.10%分布在台地，29.79%分布在平原。

东莞市各海拔林草覆盖面积及其构成

海拔分级	面积（平方千米）	构成比（%）
50米以下	415.17	56.37
50（含）~100米	102.19	13.87
100（含）~200米	121.71	16.53
200（含）~500米	80.77	10.96
500（含）~800米	16.45	2.23
800（含）~1000米	0.33	0.04
合计	736.62	100.00

东莞市各坡度林草覆盖面积及其构成

坡度分类	坡度分级	面积（平方千米）	构成比（%）
平坡地	0°（含）~2°	258.24	35.06
较平坡地	2°（含）~5°	64.97	8.82
缓坡地	5°（含）~15°	138.21	18.76
较缓坡地	15°（含）~25°	170.01	23.08
陡坡地	25°（含）~35°	85.69	11.63
极陡坡地	35°（含）以上	19.50	2.65
合计		736.62	100.00

东莞市各地貌类型林草覆盖面积及其构成

地貌类型	面积（平方千米）	构成比（%）
平原	219.45	29.79
台地	111.21	15.10
丘陵	182.59	24.79
山地	223.37	30.32
合计	736.62	100.00

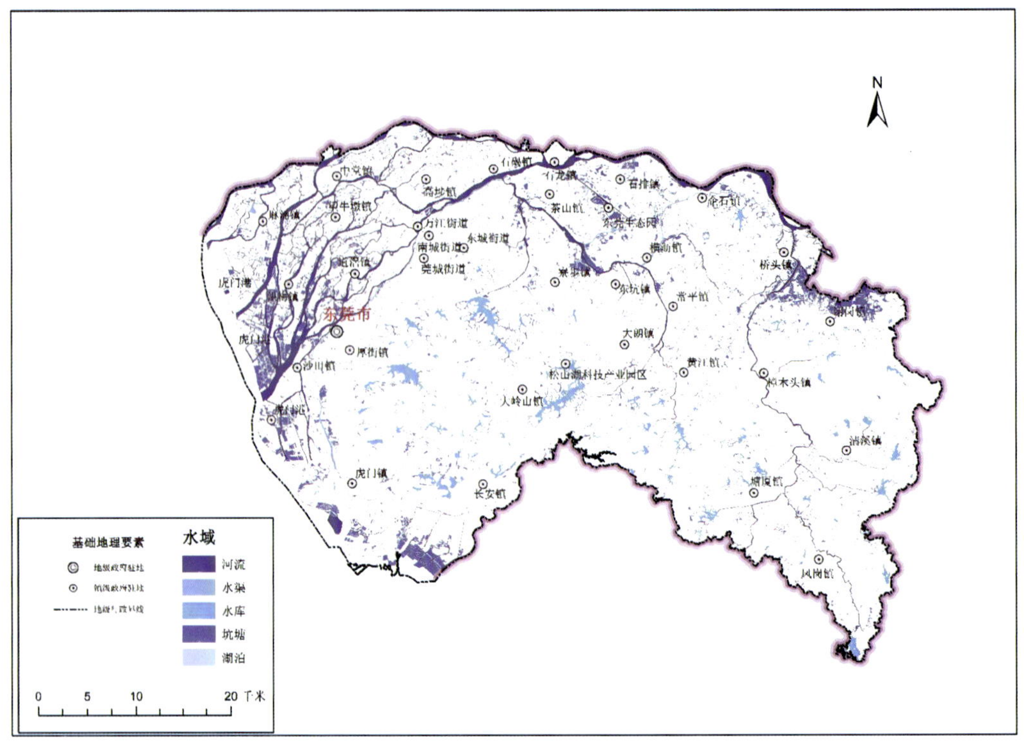

东莞市水域分布图

四、水域[1]

东莞市第一次全国地理国情普查查清了我市河流、水渠、湖泊、水库、水面等的基础信息（东莞市境内无湖泊地类），主要包括全市河流、水渠的长度和空间分布，水库和水面的面积和空间分布。全市水域覆盖及空间分布情况见附图。

河流[2]：全市河流总长度为1396.75千米。

从地区分布看，按长度统计，水乡新城片区河流长度最长，占全市河流累计长度的30.06%；松山湖片区地区河流长度最短，占8.88%。

从海拔分布看，按长度统计，我市河流全部分布在低海拔区域，其中93.17%的河流分布在海拔50米以下区域。

水渠[3]：全市水渠总长度为1038.26千米。

东莞市各地区河流累计长度及其构成

名称	长度（千米）	构成比（%）
城区片区	161.44	11.56
松山湖片区	124.03	8.88
滨海片区	264.47	18.93
水乡新城片区	419.82	30.06
东部产业园片区	199.82	14.31
东南临深片区	227.17	16.26
合计	1396.75	100.00

注：1.构成比指各地区河流累计长度分别与全市河流累计长度的比值（以下类同）；2.作为各地区分界的河流，分别参与了所在地区河流长度的统计。

东莞市各海拔河流累计长度及其构成

海拔分级	河流长度（千米）	构成比（%）
50米以下	1301.28	93.17
50（含）～100米	47.27	3.38
100（含）～200米	28.36	2.03
200（含）～500米	18.75	1.34
500（含）～800米	1.09	0.08
800（含）～1000米	–	–
合计	1396.75	100.00

1.水域指被液态或固态水覆盖的地表

2.河流指天然形成的陆地表面宣泄水流的通道，是溪、川、江、河等的总称，普查中不采集单条长度500米以下的河流。

3.水渠指渠堤合围而成的带状或线状水道，普查中不采集单条长度500米以下或宽度不足3米的水渠。

从地区分布看，按长度统计，松山湖片区水渠长度最长，占全市水渠累计长度的22.84%；东南临深片区地区水渠长度最短，占6.06%。

从海拔分布看，按长度统计，我市水渠全部分布在低海拔区域，其中98.40%的水渠分布在海拔50米以下区域。

湖泊[1]：东莞市境内无湖泊地类。

水库[2]：全市水库总面积为46.07平方千米。

从地区分布看，按面积统计，东南临深片区水库面积最大，占全市水库总面积的25.50%；水乡新城片区无水库面积。

从地区分布看，按面积统计，我市水库全部分布在低海拔区域，其中86.12%分布在海拔50米以下区域。

水面[3]：全市水面面积为256.38平方千米。

东莞市各地区水渠累计长度及其构成

名称	长度（千米）	构成比（%）
城区片区	164.20	15.81
松山湖片区	237.17	22.84
滨海片区	169.47	16.32
水乡新城片区	176.65	17.01
东部产业园片区	227.88	21.96
东南临深片区	62.89	6.06
合计	1038.26	100.00

注：1.构成比指各地区水渠累计长度分别与全市水渠累计长度的比值（以下类同）；2.作为各地区分界的水渠，分别参与了所在地区水渠长度的统计。

东莞市各海拔水渠累计长度及其构成

海拔分级	水渠长度（千米）	构成比（%）
50米以下	1021.57	98.40
50（含）～100米	10.49	1.01
100（含）～200米	5.13	0.49
200（含）～500米	1.07	0.10
500（含）～800米		
800（含）～1000米		
合计	1038.26	100.00

从地区分布看，按面积统计，水乡新城片区水面面积最大，占全市水面总面积的24.56%；东南临深片区水面面积最小，占6.95%。

东莞市各地区水库面积及其构成

名称	面积（平方千米）	构成比（%）
城区片区	5.72	12.42
松山湖片区	10.80	23.44
滨海片区	11.53	25.03
水乡新城片区	0.00	0.00
东部产业园片区	6.27	13.61
东南临深片区	11.75	25.50
合计	46.07	100.00

注：构成比指不同地区水库面积分别与全市水库总面积的比值（以下类同）。

东莞市各海拔水库面积及其构成

海拔分级	面积（平方千米）	构成比（%）
50米以下	39.68	86.12
50（含）～100米	5.38	11.68
100（含）～200米	0.98	2.13
200（含）～500米	0.03	0.07
500（含）～800米		
800（含）～1000米		
合计	46.07	100.00

东莞市各地区水面面积及其构成

地区名称	面积（平方千米）	构成比（%）
城区片区	30.68	11.97
松山湖片区	42.96	16.76
滨海片区	57.39	22.38
水乡新城片区	62.96	24.56
东部产业园片区	44.57	17.38
东南临深片区	17.82	6.95
合计	256.38	100.00

注：构成比指不同地区水面面积与全市水面面积的比值（以下类同）。

1.湖泊指湖盆及其承纳的水体，普查中不采集单个面积5000平方米以下的湖泊。

2.水库指在河道、山谷、低洼地及地下透水层修建挡水坝或堤堰、隔水墙形成集水的人工湖，普查中不采集单个面积5000平方米以下的水库。

3.水面指河流、常年有水的水渠、湖泊、水库、坑塘、海面中的液态水面覆盖范围，普查中不采集单个面积400平方米以下的水面。

从海拔分布看，按面积统计，我市水面全部分布在低海拔区域，其中97.33%分布在海拔50米以下区域。

从地貌类型来看，按面积统计，81.74%的水面分布在平原，6.54%分布在台地，8.86%分布在丘陵，2.86%分布在山地。

东莞市各海拔水面面积及其构成

海拔分级	面积（平方千米）	构成比（%）
50米以下	249.53	97.33
50（含）~100米	5.71	2.23
100（含）~200米	1.01	0.39
200（含）~500米	0.13	0.05
500（含）~800米		
800（含）~1000米		
合计	256.38	100.00

东莞市各地貌类型水面面积及其构成

地貌类型	面积（平方千米）	构成比（%）
平原	209.56	81.74
台地	16.76	6.54
丘陵	22.72	8.86
山地	7.34	2.86
合计	256.38	100.00

五、荒漠与裸露地

东莞市第一次全国地理国情普查查清了我市荒漠与裸露地[1]的基础信息，主要包括盐碱地表、泥土地表、沙质地表、砾石地表和岩石地表五种类型的面积及空间分布。全市荒漠与裸露地面积为7.19平方千米，其中，泥土地表面积最大，占49.79%；砾石地表面积最少，占12.80%；无盐碱地表地类。

从地区分布看，按面积统计，滨海片区荒漠与裸露地面积最大，占全市荒漠与裸露地总面积的31.71%；城区片区荒漠与裸露地面积最小，占8.07%。

从海拔分布看，按面积统计，东莞市荒漠与裸露地全部分布在低海拔区域，其中99.58%分布在海拔500米以下区域。

从坡度分级看，按面积统计，荒漠与裸露地在平坡地和缓坡地分布较多，共占全市荒漠与裸露地总面积的71.49%；在极陡坡地分布较少，仅占2.36%。

从地貌类型来看，按面积统计，29.07%的荒漠与裸露地分布在山地，46.59%分布在平原，18.64%分布在丘陵，5.70%分布在台地。

东莞市荒漠与裸露地分类面积及其构成

类型	面积（平方千米）	构成比（%）
盐碱地表	0.00	0.00
泥土地表	3.58	49.79
沙质地表	0.75	10.43
砾石地表	0.92	12.80
岩石地表	1.94	26.98
合计	7.19	100.00

注：构成比指分类型荒漠与裸露地面积与全市荒漠与裸露地面积的比值（以下类同）。

东莞市各地区荒漠与裸露地面积及其构成

地区名称	面积（平方千米）	构成比（%）
城区片区	0.58	8.07
松山湖片区	0.87	12.10
滨海片区	2.28	31.71
水乡新城片区	1.42	19.75
东部产业园片区	0.77	10.71
东南临深片区	1.27	17.66
合计	7.19	100.00

东莞市各海拔荒漠与裸露地面积及其构成

海拔分级	面积（平方千米）	构成比（%）
50米以下	4.64	64.53
50（含）~100米	1.33	18.50
100（含）~200米	1.09	15.16
200（含）~500米	0.10	1.39
500（含）~800米	0.02	0.28
800（含）~1000米	0.01	0.14
合计	7.19	100.00

1.荒漠与裸露地指植被覆盖度长期低于10%的各类自然裸露的地表。不包含人工堆掘、夯筑、碾（踩）压形成的裸露地表或硬化地表。

东莞市各坡度荒漠与裸露地面积及其构成

坡度分类	坡度分级	面积（平方千米）	构成比（%）
平坡地	0°（含）～2°	4.07	56.61
较平坡地	2°（含）～5°	0.46	6.40
缓坡地	5°（含）～15°	1.07	14.88
较缓坡地	15°（含）～25°	0.95	13.21
陡坡地	25°（含）～35°	0.47	6.54
极陡坡地	35°（含）以上	0.17	2.36
合计		7.19	100.00

东莞市各地貌类型荒漠与裸露地面积及其构成

地貌类型	面积（平方千米）	构成比（%）
平原	3.35	46.59
台地	0.41	5.70
丘陵	1.34	18.64
山地	2.09	29.07
合计	7.19	100.00

六、铁路与道路

东莞市第一次全国地理国情普查查清了我市铁路与道路[1]的长度及空间分布，路面面积及空间分布，其中铁路与道路路面的覆盖及空间分布情况见图7。

铁路：全市铁路路网总长度[2]为131.19千米。

从地区分布看，按长度统计，东部产业园片区铁路路网长度最长，占全市铁路路网总长度的39.21%；水乡新城片区无铁路。

道路：全市公路[3]路网总长度为3697.23千米。

从地区分布看，按长度统计，松山湖片区公路路网长度最长，占全市公路路网总长度的23.50%；水乡新城片区公路路网长度最短，占9.40%。

东莞市各地区铁路路网长度及其构成

地区名称	路网长度（千米）	构成比（%）
城区片区	1.96	1.49
松山湖片区	20.81	15.86
滨海片区	26.87	20.49
水乡新城片区	0.00	0.00
东部产业园片区	51.44	39.21
东南临深片区	30.11	22.95
合计	131.19	100.00

注：1.构成比指不同地区铁路路网长度与全市铁路路网长度的比值（以下类同）；2.作为各地区分界的铁路，分别参与了所在地区铁路长度的统计。

东莞市各地区公路路网长度及其构成

地区名称	长度（千米）	构成比（%）
城区片区	566.96	15.33
松山湖片区	868.76	23.50
滨海片区	730.35	19.75
水乡新城片区	347.55	9.40
东部产业园片区	709.72	19.20
东南临深片区	473.89	12.82
合计	3697.23	100.00

注：1.构成比指不同地区公路路网长度与全市公路路网长度的比值（以下类同）；2.作为各地区分界的公路，分别参与了所在地区公路长度的统计。

1.铁路与道路指铁路、公路、城市道路及乡村道路等有轨或无轨的路面覆盖的地表。

2.路网长度不同于通车里程，由于建成与通车存在时间间隔、上下行路线不一致，一般情况下，路网长度大于通车里程。

3.公路指连接城市间的道路，又称城际公路，普查中仅统计全省宽度大于5米的国道、省道、县道、乡道、专用公路以及线路之间的连接道。

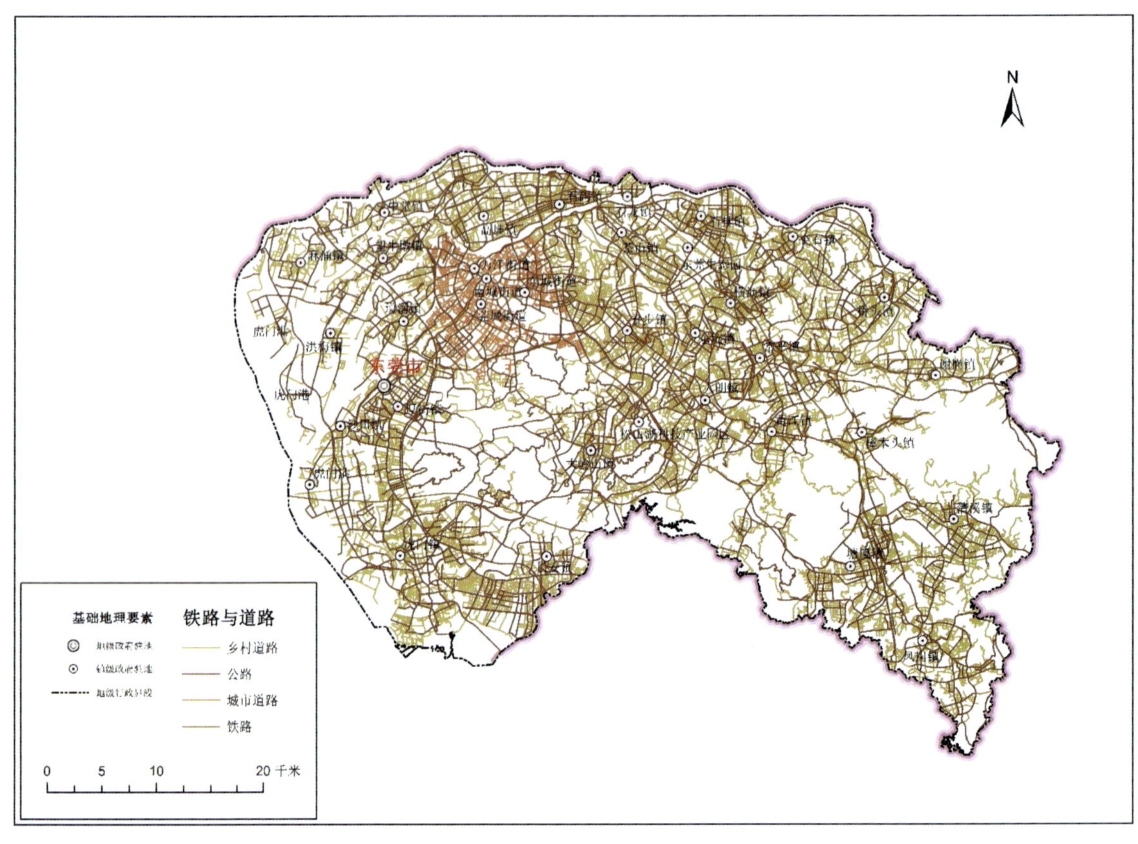

东莞市铁路与道路分布图

东莞市各地区铁路与道路路面面积及其构成

地区名称	面积（平方千米）	构成比（%）
城区片区	33.51	15.89
松山湖片区	45.91	21.77
滨海片区	47.44	22.49
水乡新城片区	19.21	9.11
东部产业园片区	37.07	17.57
东南临深片区	27.79	13.17
合计	210.93	100.00

注：构成比指不同地区路面面积与全市路面面积的比值（以下类同）。

东莞市各海拔铁路与道路路面面积及其构成

海拔分级	面积（平方千米）	构成比（%）
50米以下	204.38	96.89
50（含）～100米	5.42	2.57
100（含）～200米	0.90	0.43
200（含）～500米	0.22	0.10
500（含）～800米	0.01	0.01
800（含）～1000米		
合计	210.93	100.00

东莞市各坡度铁路与道路路面面积及其构成

坡度分类	坡度分级	面积（平方千米）	构成比（%）
平坡地	0°（含）~2°	146.92	69.66
较平坡地	2°（含）~5°	32.99	15.64
缓坡地	5°（含）~15°	25.46	12.07
较缓坡地	15°（含）~25°	4.70	2.23
陡坡地	25°（含）~35°	0.79	0.37
极陡坡地	35°（含）以上	0.07	0.03
合计		210.93	100.00

东莞市各地貌类型铁路与道路路面面积及其构成

地貌类型	面积（平方千米）	构成比（%）
平原	121.13	57.43
台地	57.88	27.44
丘陵	27.51	13.04
山地	4.41	2.09
合计	210.93	100.00

路面[1]：全市铁路与道路的路面面积为210.93平方千米。

从地区分布看，按面积统计，滨海片区路面面积最大，占全市铁路与道路路面总面积的22.49%；水乡新城片区路面面积最小，占9.11%。

从海拔分布看，按面积统计，我市铁路与道路路面主要分布在低海拔区域，其中96.89%分布在50米以下区域。

从坡度分级看，按面积统计，我市铁路与道路路面主要分布在平坡地，占我市铁路与道路路面总面积的69.66%；（极陡坡地）区域分布较少，占0.03%。

从地貌类型来看，按面积统计，57.43%的铁路与道路路面分布在平原，27.44%分布在台地，2.09%分布在山地，13.04%分布在丘陵。

七、房屋建筑（区）、构筑物与人工堆掘地

东莞市第一次全国地理国情普查查清了我市房屋建筑（区）、构筑物与人工堆掘地的类别、面积、构成及空间分布。

房屋建筑（区）[2]：房屋建筑（区）主要包括多层房屋、低矮房屋、废弃房屋等不同类型建筑（区）。全市房屋建筑（区）占地面积为531.03平方千米，其中，低矮房屋建筑区面积最大，占55.40%。

东莞市房屋建筑（区）分类面积及其构成

类型	面积（平方千米）	构成比（%）
多层及以上房屋建筑区	197.32	37.16
高密度多层及以上房屋建筑区	197.30	37.15
低密度多层及以上房屋建筑区	0.02	0.01
低矮房屋建筑区	294.16	55.40
高密度低矮房屋建筑区	294.18	55.40
低密度低矮房屋建筑区	0.00	0.00
废弃房屋建筑区	0.37	0.07
多层及以上独立房屋建筑	21.18	3.99
多层独立房屋建筑	15.48	2.92
中高层独立房屋建筑	2.33	0.44
高层独立房屋建筑	3.30	0.62
超高层独立房屋建筑	0.07	0.01
低矮独立房屋建筑	18.00	3.39
合计	531.03	100.00

注：构成比指分类型房屋建筑（区）占地面积与全市房屋建筑（区）占地面积的比值（以下类同）。

1.路面包括有轨和无轨的路面覆盖的地表，普查中不采集宽度3米以下的路面。

2.房屋建筑（区）包括房屋建筑和房屋建筑区。房屋建筑一般指上有屋顶，周围有墙，能防风避雨，御寒保温，供人们在其中工作、生产、生活、学习、娱乐或储藏物资，并具有固定基础，层高一般在2.2米以上的永久性场所；房屋建筑区指城镇和乡村集中居住区域内，被连片房屋建筑遮盖的地表区域。

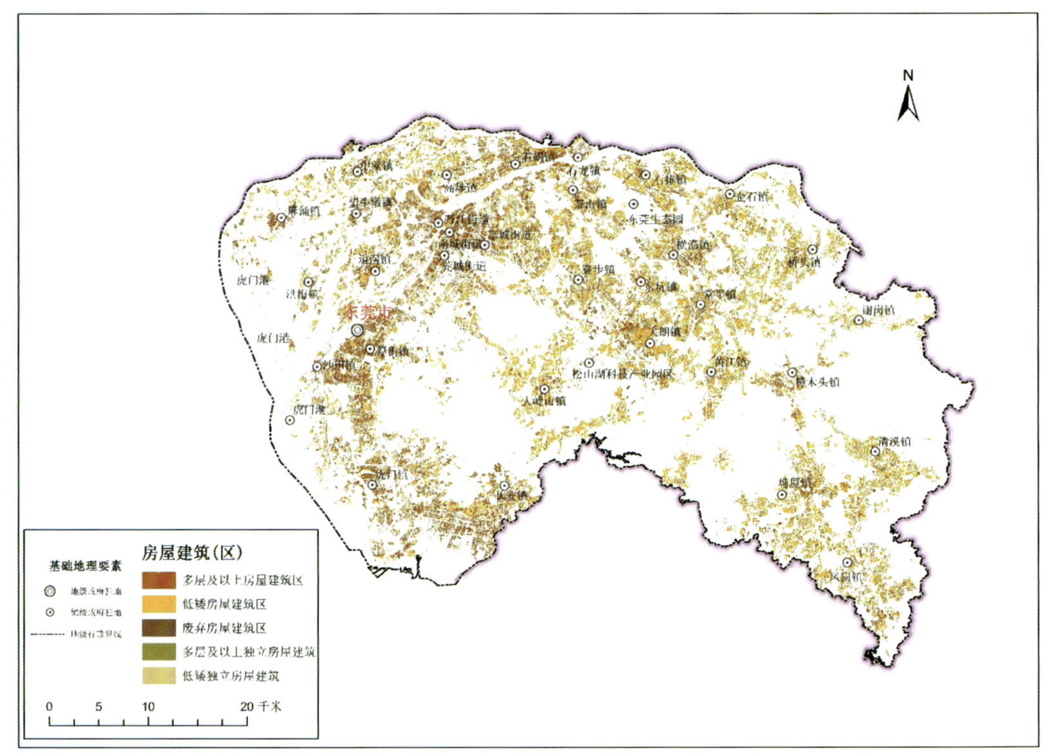

东莞市房屋建筑（区）分布图

东莞市各地区房屋建筑（区）面积及其构成

地区名称	面积（平方千米）	构成比（%）
城区片区	87.17	16.42
松山湖片区	115.56	21.76
滨海片区	99.50	18.74
水乡新城片区	48.32	9.10
东部产业园片区	104.28	19.63
东南临深片区	76.20	14.35
合计	531.03	100.00

东莞市各海拔房屋建筑（区）面积及其构成

海拔分级	面积（平方千米）	构成比（%）
50米以下	520.02	97.93
50（含）~100米	10.73	2.02
100（含）~200米	0.25	0.05
200（含）~500米	0.03	0.00
500（含）~800米		
800（含）~1000米		
合计	531.03	100.00

从地区分布看，按面积统计，松山湖片区房屋建筑（区）面积最大，占全市房屋建筑（区）总面积的21.76%；水乡新城片区地区房屋建筑（区）面积最小，占9.10%。

从海拔分布看，按面积统计，东莞市房屋建筑（区）全部分布在低海拔区域。

从坡度分级看，按面积统计，我市房屋建筑（区）主要分布在平坡地，占我市房屋建筑（区）总面积的68.94%；陡坡地和极陡坡地区域则分布较少，共占0.13%。

东莞市各坡度房屋建筑（区）面积及其构成

坡度分类	坡度分级	面积（平方千米）	构成比（%）
平坡地	0°（含）~2°	366.10	68.94
较平坡地	2°（含）~5°	93.43	17.59
缓坡地	5°（含）~15°	63.19	11.90
较缓坡地	15°（含）~25°	7.64	1.44
陡坡地	25°（含）~35°	0.64	0.12
极陡坡地	35°（含）以上	0.03	0.01
合计		531.03	100.00

宏远社区　　（张超满　摄）

东莞市各地貌类型房屋建筑（区）面积及其构成

地貌类型	面积（平方千米）	构成比（%）
平原	301.49	56.77
台地	167.64	31.57
丘陵	54.74	10.31
山地	7.16	1.35
合计	531.03	100.00

从地貌类型来看，按面积统计，56.77%的房屋建筑（区）分布在平原，31.57%分布在台地，10.31%分布在丘陵，1.35%分布在山地。

构筑物[1]：构筑物包括硬化地表[2]、堤坝、温室与大棚、固化池[3]、工业设施等。

其中，全市硬化地表面积为348.21平方千米，堤坝面积0.68平方千米，温室与大棚面积1.9平方千米，固化池面积3.17平方千米，工业设施面积8.81平方千米。

人工堆掘地[4]：人工堆掘地包括露天采掘场[5]、堆放物[6]、建筑工地等。

其中，全市露天采掘场面积2.61平方千米，堆放物面积3.96平方千米，建筑工地面积92.13平方千米。露天采掘场中，露天采石场面积最大，共1.36平方千米。建筑工地中，房屋建筑工地面积最大，共50.49平方千米。

1.构筑物指为某种使用目的而建造、人们一般不直接在其内部进行生产和生活活动的工程实体或附属建筑设施。

2.硬化地表指使用水泥、沥青、砖石、夯土等材料连片露天铺设的地表，或由于人类社会经济活动经常性碾压、踩踏形成的裸露地表。

3.固化池指用建筑材料修建的具有规则几何形态（多呈方形或圆形）的露天池沼覆盖的地表。

4.人工堆掘地指被人类活动形成的弃置物或经人工开掘、正在进行大规模土木工程而出露的地表。

5.露天采掘场指露天开采对原始地表破坏后长期出露形成的地表，如露天采掘煤矿、铁矿、铜矿、稀土、石料、沙石以及取土等活动人工形成的裸露地表。

6.堆放物指人工长期堆积的各种矿物、尾矿、弃渣、垃圾、沙土、岩屑等（人工堆积物）覆盖的地表。

2017年东莞市海洋环境状况公报

东莞市海洋与渔业局

2018年6月

1.概述

东莞全市海域集中分布于狮子洋、伶仃洋东北部，海域面积82.57平方千米，海岸线长112.20千米，拥有海岸线的有中堂、麻涌、洪梅、道滘、厚街、沙田、虎门和长安8个镇。现有威远岛、泥洲岛、木棉山岛、涌口沙、虾缯排5个海岛，海岛岸线长34.67千米，海岛面积25.86平方千米。东莞海域生境多样，生物区系复杂，是多种经济鱼、虾、藻类的繁育场，现约有鱼类88种，其中包含列为国家二级保护动物的黄唇鱼。

2017年，东莞市海洋与渔业局认真履行海洋环境监督管理的职能，组织对辖区内海域开展了海水、沉积物、陆源入海污染物、渔业资源等监视监测，布设各类监测站位43个，采集样品2000份，监测项目覆盖水文、气象、水质、沉积物和生物等，获得监测数据4000组。监测结果表明：

◆全市海域水质均劣于第四类海水水质标准，主要污染物为无机氮、活性磷酸盐，含量比上年有所增加。

◆全市海域沉积物质量符合第二类海洋沉积物质量标准，比上年有所好转。

◆监测的入海排污口除总磷指标超标外，其他监测指标均未超标；东宝河重点排污口邻近海域水质均劣于第四类海水水质标准，主要污染物为无机氮、活性磷酸盐等，含量比上年有所降低。

◆全市海域未发生较大海洋环境污染事故，未发生赤潮和咸潮。

2.海域环境状况

2.1水质状况

2.1.1全海域水质

2017年，全市海域水质均劣于第四类海水水质标准，主要污染物依然为无机氮和活性磷酸盐，含量比上年有所增加。

3月：全部监测站位无机氮含量劣于第四类海水水质标准；60.0%的监测站位活性磷酸盐含量劣于第四类海水水质标准，40.0%的监测站位符合第四类海水水质标准；66.7%的监测站位石油类含量符合第一、二类海水水质标准，33.3%的监测站位含量符合第三类海水水质标准。

5月：全部监测站位无机氮含量劣于第四类海水水质标准；93.3%的监测站位活性磷酸盐含量劣于第

2017年东莞市海洋水质监测站位图

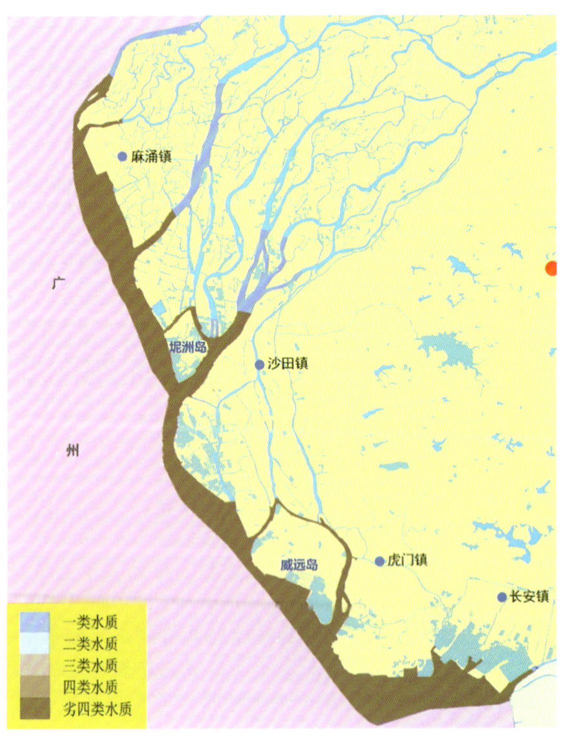

2017年东莞市海域水质状况示意图

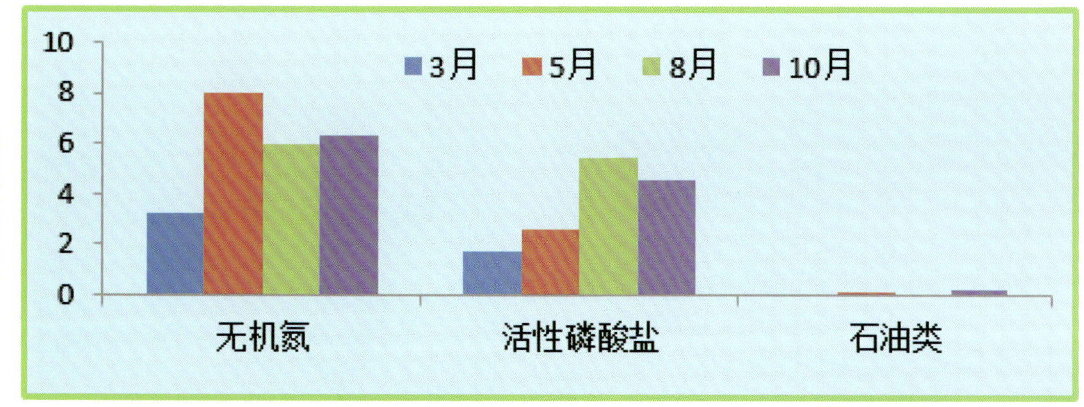

2017年东莞市海域主要污染物污染指数月份变化图

四类海水水质标准，6.7%的监测站位符合第四类海水水质标准；全部监测站位石油类含量符合第三类海水水质标准。

8月：全部监测站位无机氮、活性磷酸盐含量劣于第四类海水水质标准；全部监测站位石油类含量符合第一、二类海水水质标准。

10月：全部监测站位无机氮、活性磷酸盐含量劣于第四类海水水质标准；80%的监测站位石油类含量符合第一、二类海水水质标准，20%的监测站位含量符合第三类海水水质标准。

长安海域：水质劣于第四类海水水质标准，海水中的主要污染物为无机氮和活性磷酸盐。与上年相比，无机氮和活性磷酸盐含量增加，石油类含量降低。

虎门海域：水质劣于第四类海水水质标准，海水中的主要污染物为无机氮和活性磷酸盐。与上年相比，无机氮、活性磷酸盐和石油类含量增加。

沙田海域：水质劣于第四类海水水质标准，海水中的主要污染物为无机氮和活性磷酸盐。与上年相比，无机氮、活性磷酸盐和石油类含量增加。

麻涌海域：水质劣于第四类海水水质标准，海水中的主要污染物为无机氮和活性磷酸盐。与上年相比，无机氮和活性磷酸盐含量增加，石油类含量降低。

2.1.2主要污染物

◆无机氮

全海域无机氮年平均含量劣于第四类海水水质标准，与上年相比，含量有所增加。5月份含量最高，10月次之，3月份含量最低。各海域无机氮含量由高到低依次为：麻涌海域、长安海域、虎门海域、沙田海域。

◆活性磷酸盐

全海域活性磷酸盐含量劣于第四类海水水质标准，含量较上年略有增加。8月份含量最高，10月次

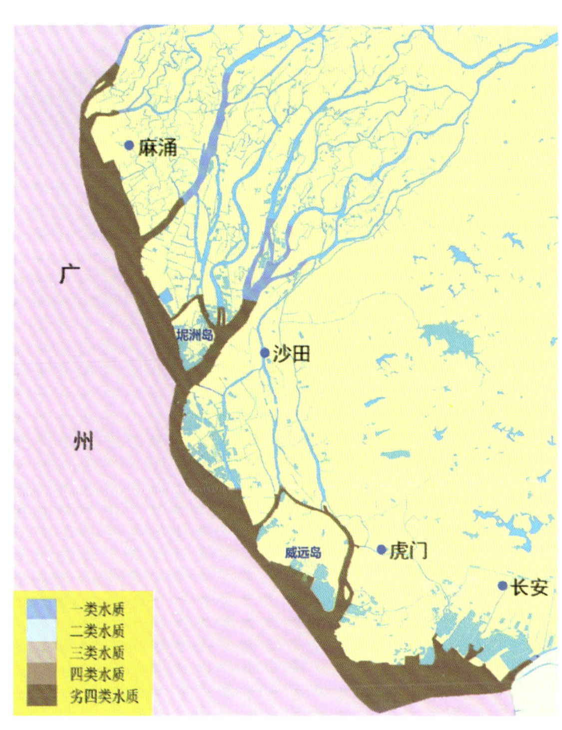

2017年东莞市海域无机氮污染分布图

依据海水水质标准（GB 3097-1997），按照海域的不同使用功能和保护目标，海水水质分为四类：

第一类：适用于海洋渔业水域，海上自然保护区和珍稀濒危海洋生物保护区。

第二类：适用于水产养殖区，海水浴场，人体直接接触海水的海上运动或娱乐区，以及与人类食用直接有关的工业用水区。

第三类：适用于一般工业用水区，滨海风景旅游区。

第四类：适用于海洋港口水域，海洋开发作业区。

污染指数：依据第四类海水水质标准值计算。

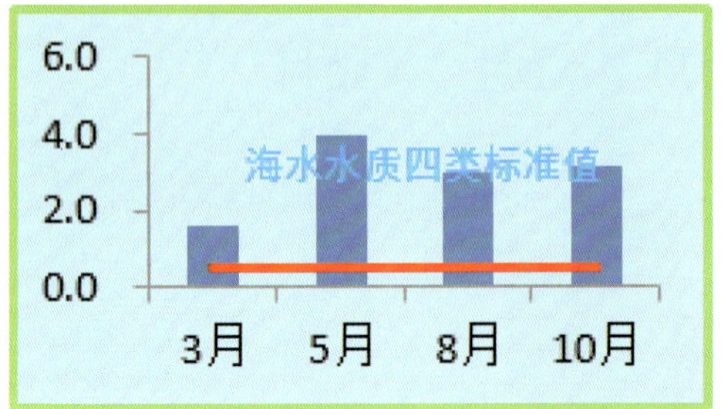

2017年东莞市海域无机氮含量月份变化图

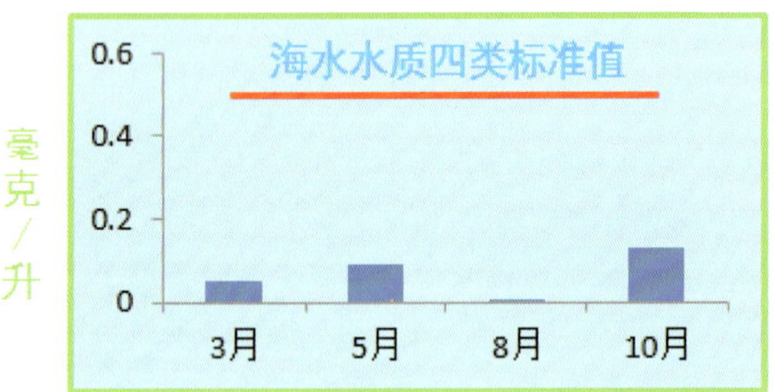

2017年东莞市海域石油类含量月份变化图

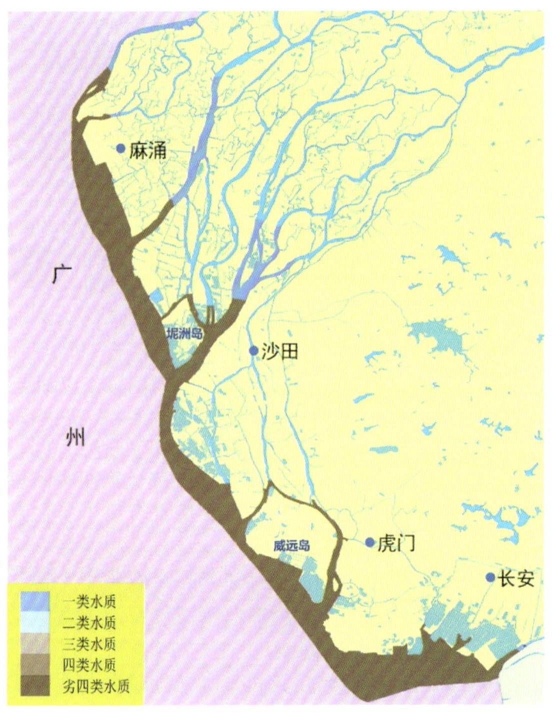

2017年东莞市海域无机氮污染分布图

之，3月份含量最低。各海域活性磷酸盐含量由高到低依次为：长安海域、沙田海域、虎门海域、麻涌海域。

◆石油类

全海域石油类含量符合第三类海水水质标准，含量与较上年基本持平。10月份含量最高，5月份次之，8月份最低。各海域石油类含量由高到低依次为：沙田海域、虎门海域、长安海域、麻涌海域。

2017年，实施监测的东莞海洋功能区达率为42.9%，主要超标的因子为无机氮和活性磷酸盐。

2.2沉积物状况

2017年，继续开展东莞市近岸海域沉积物状况监测，监测项目主要有石油类、汞、镉、铅、砷、铜、锌、铬、六六六、滴滴涕、多氯联苯、有机碳、硫化

2017年东莞市海洋基本功能区环境指标

序号	功能区类型	功能区名称	主要超标因子	执行水质标准	达标情况
1	港口航运区	涌口沙港口区	无机氮、活性磷酸盐	第四类	否
2		麻涌港口区	无机氮、活性磷酸盐		否
3		沙田港口区	无机氮、活性磷酸盐		否
4		沙尾港口区	无机氮、活性磷酸盐		否
5		泥洲岛港口区	无机氮、活性磷酸盐		否
6	工业与城镇用海区	交椅湾工业与城镇用海区	无机氮、活性磷酸盐	第三类	否
7	旅游休闲娱乐区	虎门风景旅游区	无机氮、活性磷酸盐	第二类	否
8	海洋保护区	虎门海洋自然保护区	无机氮、活性磷酸盐	第一类	否
9	保留区	东江北干流保留区	—	维持现状	是
10		狮子洋保留区	—		是
11		倒运海保留区	—		是
12		东江南支流保留区	—		是
13		太平水道保留区	—		是
14		伶仃洋保留区	—		是

海洋环境监测采样现场　（市海洋渔业局供图）

2017年东莞市海洋沉积物监测站位图（市海洋渔业局供图）

物等。

监测结果表明：六六六、DDT、多氯联苯、硫化物、铅、铬、有机碳含量符合第一类海洋沉积物质量标准，锌、砷、汞、镉、铜含量符合第二类海洋沉积物质量标准。与上年相比，2017年沉积物质量有好转。

3.海洋生态状况

3.1渔业资源状况

2017年，我市租用渔业资源监测船13艘，开展珠江口和东江流域渔业资源监测，共计开展面上调查22次，收集渔捞日志86本，录入数据6.9万组。

3.1.1 珠江口海域渔业资源

2017年，我市继续在珠江口进行渔业资源监测。监测船（围网1艘、拖虾1艘、钓具2艘，笼捕2艘，刺网3艘、定置张网2艘）作业1505网次，4706小时，总产量19768.1公斤，平均渔获率4.2公斤/小时，相比2016年平均渔获率增加20%。主要渔获物有棘头梅童鱼、鲻鲮鱼、鲫鱼、虾类、叫姑鱼、海鳗、斑鰶、蟹类、鲷科类等。

2017年东莞市珠江口监测船主要渔获种类组成

单位：%

名称	虾类	鲻鲮类	叫姑鱼	棘头梅童鱼	斑鰶	海鳗	鲫鱼	蟹类	鲷科类	其他
2017年	6.5	9.6	5.5	26.7	3.7	4.5	8.5	3.0	2.4	29.6
2016年	12.2	10.7	8.9	7.7	6.2	5.2	4.2	3.2	2.7	37.6

2017年东江东莞段监测船主要渔获种类组成

单位：%

名称	鲢鱼	鲮鱼	鳙鱼	鲤鱼	广东鲂	罗非鱼	草鱼	黄颡鱼	其他
2017年	18.3	25.5	19.0	10.9	12.2	2.1	1.0	0.2	10.9
2016年	22.9	22.0	21.5	9.2	9.2	5.1	1.5	0.2	13.6

依据海洋沉积物质量（GB 18668-2002），按照海域的不同使用功能和环境保护目标，海洋沉积物质量分三类：

第一类：适用于海洋渔业水域，海洋自然保护区，珍稀与濒危生物自然保护区，海水养殖区，海水浴场，人体直接接触沉积物的海上运动或娱乐区，与人类食用直接有关的工业用水区；

第二类：适用于一般工业用水区，滨海风景旅游区；

第三类：适用于海洋港口水域，特殊用途的海洋开发作业区。

3.1.2东江水域渔业资源

东江监测船（2艘刺网渔船）共作业718网次、1436小时，监测船总产量为10.25吨，平均渔获率7.1公斤/小时，相比2016年渔获率增加4.5%，主要渔获物有鲮鱼、鳙鱼、鲢鱼、广东鲂、鲤鱼、罗非鱼、草鱼、黄颡鱼等，共占89.1%，其它杂鱼占10.9%。

3.2海洋浮游动植物状况

2017年12月，对东莞市长安、虎门、沙田、麻涌海域开展了海洋浮游生物监测。

3.2.1浮游植物

监测结果表明：东莞海域浮游植物出现硅藻、甲藻和蓝藻共3门16科24种。其中硅藻门的种类最多，有11科19种，占总种类数的79.2%；甲藻门和蓝藻门种类较少，分别有4科4种和1科1种，各占总种类数的16.7%和4.1%；优势种为琼氏圆筛藻和中肋骨条。

3.2.2浮游动物

监测结果表明：东莞海域浮游动物共出现10个类群52种（类）。其中桡足类种（类）最多，有22种，占总种（类）数的42.3%；其次是浮游幼体、毛颚类和腔肠动物，分别有10种、6种和5种，各占总种（类）数的19.2%、11.5%和9.6%；原生动物、磷虾类、被囊类、糠虾类和翼足类较少，合占总种（类）数的17.4%；优势种为刺尾纺锤水蚤、中华异水蚤、桡足类幼体和厦门矮隆哲水蚤。

4.陆源入海污染源状况

4.1入海排污口状况

2017年，东莞市纳入监测的入海排污口共4个，其中重点排污口1个，一般排污口3个，分别于3月、5月、7月、8月、10月和11月对入海排污口进行了6次监测，监测项目包括化学需氧量、总磷、生化需氧量、氨氮、石油类等。结果显示：东宝河入海口排放污染物超标3次，凤凰山入海口污染物超标2次，超标

2017年东莞市入海排污口监测站位图

项目均为总磷，其余入海口监测污染物均符合《广东省水污染物排放限值》（DB4426-2001）的相应标准值。

4.2重点入海排污口邻近海域环境状况

4.2.1水质

2017年5月和8月，分别对重点入海排污口东宝河入海口邻近海域进行监测，监测项目包括无机氮、活性磷酸盐、石油类、生化需氧量（BOD5）等指标。结果表明：排污口邻近海域环境质量状况总体依然较差，主要污染物为无机氮、活性磷酸盐等。水体中的化学需氧量、镉、铬、砷、铅含量符合第一类海水水质标准，生化需氧量（BOD5）含量符合第二类海水水质标准，石油类、汞、悬浮物含量符合第三类海水水质标准，无机氮、活性磷酸盐含量劣于第四类海水水质标准。与上年相比，铅、化学需氧量和生化需氧量（BOD5）指标有好转。

4.2.2沉积物

2017年8月，对东宝河入海口邻近海域沉积物质量进行监测，监测项目包括有机碳、硫化物、汞、镉

2017年东莞市入海排污口超标情况

排污口名称	污染物超标次数				
	化学需氧量（CODCr）	总磷	生化需氧量（BOD5）	氨氮	石油类
东宝河入海口（C5N004）	0	3	0	0	0
凤凰山入海口（C5N006）	0	2	0	0	0
沙角电厂排污口（C5N007）	0	0	0	0	0
太平水道入海口（C5N008）	0	0	0	0	0

注：东宝河为东莞和深圳界河

2017年东莞市河流携带入海的污染物量

单位：吨

河流名称	化学需氧量	氨氮	总磷	石油类	重金属	砷	合计
北干流	23620.5	4265.2	328.4	119.5	81.3	6.0	28420.9
南支流	23318.2	2692.6	211.1	171.3	64.7	7.6	26465.6
合计	46938.7	6957.8	539.5	290.8	146.1	13.6	54886.5

等指标。

东宝河入海口邻近海域沉积物中硫化物、有机碳、铅的含量符合第一类海洋沉积物质量标准；汞、镉和石油类的含量符合第二类海洋沉积物质量标准；铬的含量符合第三类海洋沉积物质量标准。与上年相比，石油类指标有好转。

4.3主要河流污染物入海量

2017年5月、8月和10月，分别对东莞市东江北干流、南支流入海排放污染物状况进行了监测，结果表明：两条河流携带入海的污染物总量为54886.5吨。其中化学需氧量46938.7吨，占85.52%；氨氮（以氮计）6957.8 吨，占12.68%；总磷539.5吨，占0.98%；石油类290.8吨，占0.53%；重金属146.1吨，占0.27%；砷13.6吨，占0.02%。

5.海洋功能区环境状况

5.1 黄唇鱼自然保护区环境状况

2017年，对东莞市黄唇鱼自然保护区开展了海水质量、沉积物质量。水质监测结果表明：化学需氧量、锌、总铬、汞、铅、镉、砷、铜、石油类含量符合第一类海水水质标准；溶解氧含量符合第四类海水水质标准；活性磷酸盐、无机氮含量劣于第四类海水水质标准。与上年相比，化学需氧量和锌指标有好转。

沉积物质量监测结果表明：铅、铬、硫化物、有机碳、石油类、多氯联苯、DDT和六六六含量符合第一类海洋沉积物质量标准；汞、锌、镉、铜、砷含量符合第二类海洋沉积物质量标准。

5.2虎门风景旅游区环境状况

2017年，对虎门风景旅游区开展了海水质量、沉积物质量。水质监测结果表明：化学需氧量、锌、总铬、汞、铅、镉、砷、铜、石油类含量符合第一类海水水质标准；石油类含量符合第一、二类海水水质标准；溶解氧含量符合第三类海水水质标准；活性磷酸盐、无机氮含量劣于第四类海水水质标准。与上年相比，化学需氧量、锌和汞指标有好转。

沉积物质量监测结果表明：铅、铬、硫化物、有机碳、石油类、多氯联苯、DDT和六六六含量符合第一类海洋沉积物质量标准；汞、锌、镉、铜、砷含量符合第二类海洋沉积物质量标准。

6.海洋灾害与污染事故

6.1风暴潮与海浪灾害

2017年，对东莞市有影响的台风主要是“天鸽”。8月23日，台风“天鸽”来袭，东莞市沿海地区出现严重的风暴潮灾害，长安、沙田、虎门、道滘、洪梅、麻涌、望牛墩等镇的潮水位全线超警，其中沙田镇泗盛围站最高潮位3.08米，超百年一遇。受风暴潮影响，东莞市沿海部分地区出现潮水倒灌、漫顶等情况，造成较大的经济损失。

6.2赤潮与咸潮

2017年东莞市未发生赤潮和咸潮。

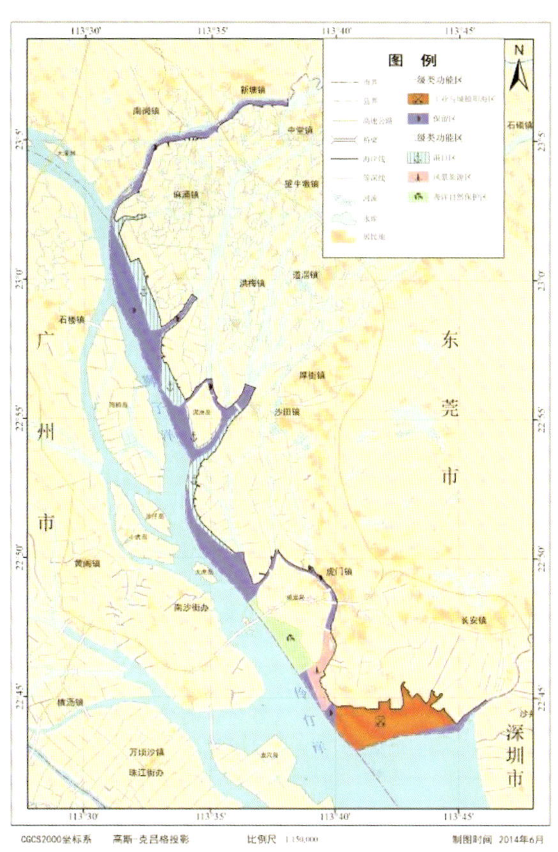

东莞市海洋功能区划示意图

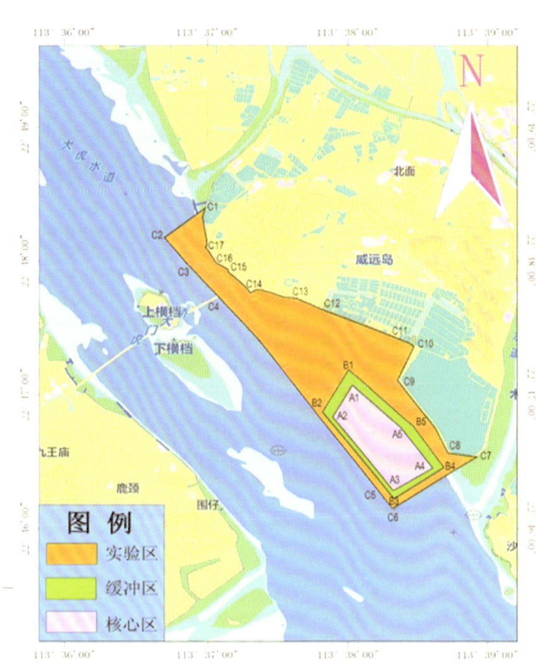

东莞市黄唇鱼自然保护区功能分区示意图

2017年东莞市江河水生生物资源增殖放流活动在石碣镇举行 （市海洋渔业局供图）

2017年东莞市海洋水生生物资源增殖放流活动在虎门镇威远岛举行 （市海洋渔业局供图）

6.3污染事故

2017年东莞海域未发生较大海洋环境污染事故。

7.海洋生态建设

7.1增殖放流

2017年，我市组织在虎门、石碣、石龙、长安、麻涌和沙田等镇开展了海洋类和江河类渔业资源增殖放流活动。全年共计放流鱼苗近600万尾、虾苗250万尾，有力促进了渔业资源恢复，改善了水域生态环境，取得了良好的生态效益、经济效益和社会效益。

7.2海洋生态保护宣传

2017年，东莞市海洋与渔业科普基地利用防灾减灾日、全国放鱼日、全国海洋日、公共机构节能宣传周等活动，向公众宣传海洋生态保护、黄唇鱼等水生濒危动物保护，扩大科普受众面，全年累计接待参观约1380人次，发放宣传资料2300余册，取得良好社会效果。主要措施有：一是新增黄唇鱼自然保护区灯光展示模型，制作了《关注海洋 珍爱黄唇鱼》动漫公益宣传片和宣传海报，使黄唇鱼知识宣传形式更加直观高效；二是继续扩增科普长廊内容，新增了海洋生态保护知识和水产品食用安全知识等内容展板，进一步丰富科普宣传内容；三是与有关学校开展科普工作合作，进行海洋生态、化学实验、水生生物标本等方面展示；四是利用微信、网络等平台，加大各类海洋公益宣传力度。

7.3黄唇鱼自然保护区管护

2017年，全年共完成黄唇鱼自然保护区巡查175次，对巡查中发现的保护区内非法捕捞等行为及时制止；开展了保护区内水质、沉积物质量等监测，掌握了保护区内相关状况；按照《东莞市黄唇鱼自然保护区管理办法》，全年从基础建设、科普宣传、科研合作、管理制度等多方面着手，有序推进保护区各项工作落到实处。

2017年东莞市渔业资源增殖放流品种汇总

序号	放流日期	放流地点	放流苗种
1	4月28日	麻涌镇华阳湖湿地公园	草鱼、鳙鱼、罗非鱼、鲢鱼、泥鳅
3	6月 6日	虎门镇威远岛放生平台	黄鳍鲷、鲈鱼、刀额新对虾
2	6月10日	石龙镇金沙湾公园	草鱼、鳙鱼、鲮鱼、鲢鱼
4	6月25日	沙田镇休闲公园	草鱼、鲫鱼、鳙鱼
5	6月28日	石碣镇江滨公园	草鱼、鳙鱼、鲮鱼、鲢鱼
6	7月13日	长安镇交椅湾	黄鳍鲷、黑鲷、花鲈、虾

2017年度东莞市环境状况公报（摘要）

2017年，全市环境质量总体稳中趋好：城市空气质量整体好转；城市饮用水源水质全面达标，主要江河水质基本符合相应功能区阶段目标；城市声环境质量保持稳定；辐射环境状况正常；生态环境状况良好。

一、大气环境质量

（一）城市空气

2017年，我市环境空气质量指数（AQI）范围在23～206，达标天数为301天，同比减少18天，达标天数比例为82.5%，同比下降4.7个百分点。

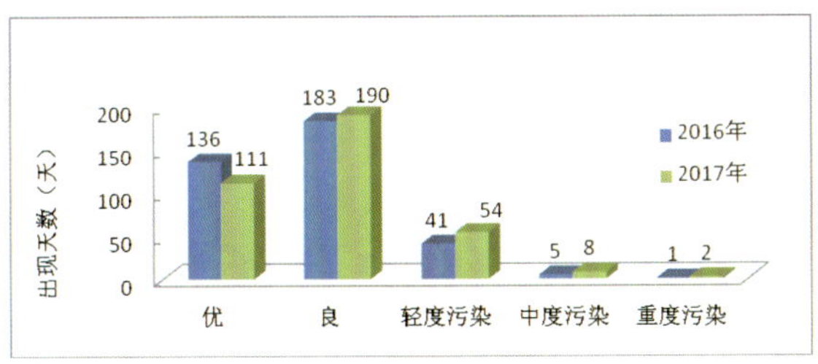

2017年东莞市环境空气质量状况

2017年，我市二氧化硫（SO_2）、二氧化氮（NO_2）、可吸入颗粒物（PM_{10}）、细颗粒物（$PM_{2.5}$）、臭氧（O_3）年评价浓度与2016年相比均有上升；SO_2、PM_{10}、CO达到国家二级标准，但NO_2、O_3和$PM_{2.5}$仍存在超标现象。具体情况如下：

2017年，SO_2平均浓度为12微克/立方米，比2016年（11微克/立方米）上升9.1%，达到国家二级标准（60微克/立方米）。全年无超标天数。近5年监测数据表明，SO_2年平均浓度全部达标，呈明显下降趋势。

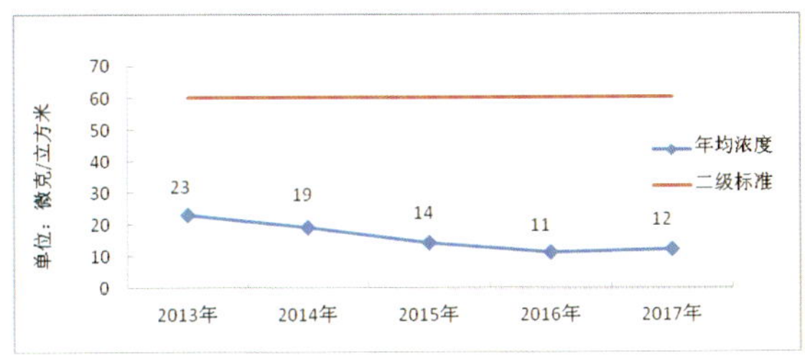

2013—2017年SO_2年均浓度变化趋势

2017年，NO_2平均浓度为41微克/立方米，比2016年（34微克/立方米）上升20.6%，超过国家二级标准

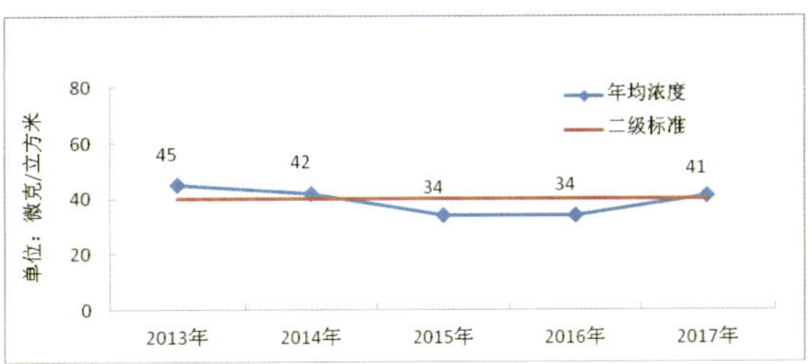

2013—2017年NO_2年均浓度变化趋势

（40微克/立方米）1微克/立方米。全年日平均浓度超标率为2.5%，比2016年（0.5%）上升2.0个百分点。近5年监测数据表明，NO_2年平均浓度稳中有降，2017年有上升趋势。

2017年，PM_{10}平均浓度为51微克/立方米，比2016年（49微克/立方米）上升4.1%，达到国家二级标准（70微克/立方米）。全年日平均浓度超标率为0%，比2016年（0.3%）下降0.3个百分点。近5年监测数据表明，PM_{10}年平均浓度明显下降，2017年略有上升。

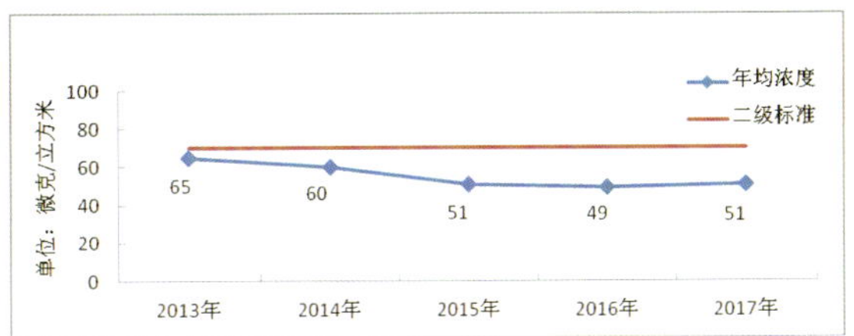

2013—2017年PM_{10}年均浓度变化趋势

2017年，$PM_{2.5}$平均浓度为37微克/立方米，比2016年（35微克/立方米）上升5.7%，超过国家二级标准（35微克/立方米）2微克/立方米。全年日平均浓度超标率为4.7%，比2016年（2.7%）上升2.0个百分点。近5年监测数据表明，$PM_{2.5}$年平均浓度稳中有降，2017年略有上升。

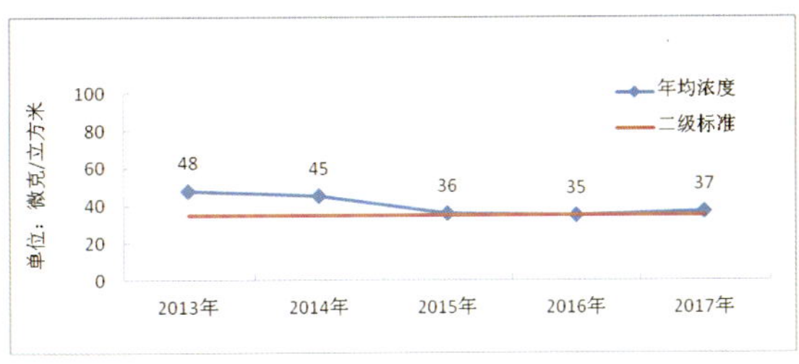

2013 2017年$PM_{2.5}$年均浓度变化趋势

2017年，一氧化碳（CO）日均值第95百分位数浓度为1.2毫克/立方米，比2016年（1.3毫克/立方米）下降7.7%，达到国家日均值二级标准（4毫克/立方米）。全年无超标天数；近5年监测数据表明，CO日均值第95百分位数浓度基本保持稳定。

水濂湖（梁春艳　摄）

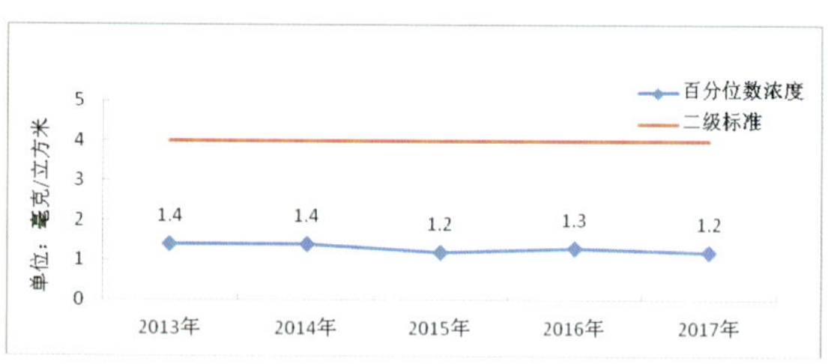

2013—2017年CO-95_{per}年均浓度变化趋势

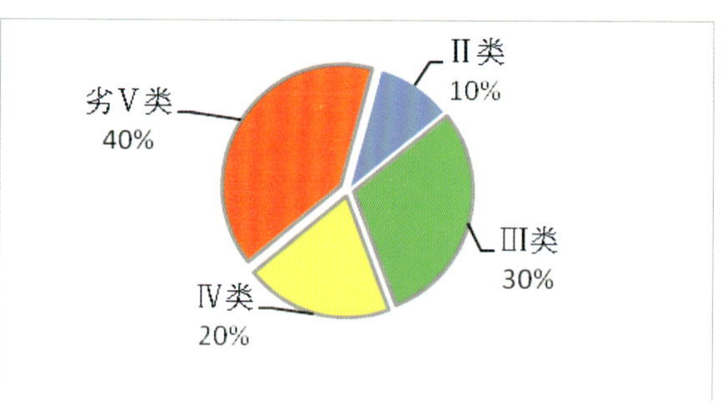

2017年国控断面水质类别比例

2017年，臭氧（O_3）日最大8小时值第90百分位数浓度为170微克/立方米，比2016年（166微克/立方米）上升2.4%，超出国家日均值二级标准（160微克/立方米）10微克/立方米。全年超标率13.4%，比2016年（11.2%）上升2.2个百分点。近5年监测数据表明，O_3日最大8小时值第90百分位数浓度稳中有降，2017年略有上升。

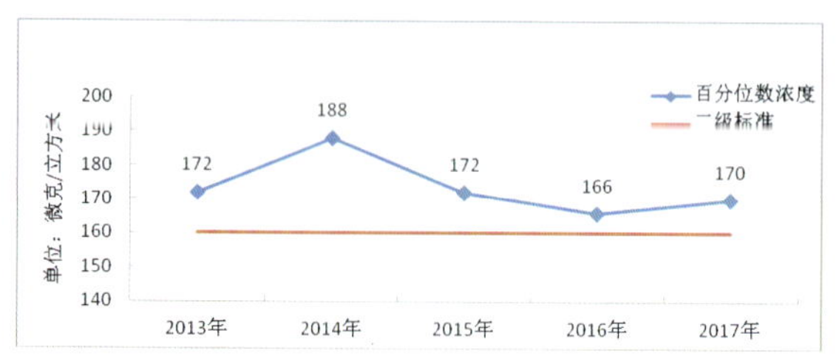

2013—2017年O_3-8H-90_{per}年均浓度变化趋势

（二）降尘

2017年，降尘年均值为3.82吨／平方公里·月，符合广东省推荐标准（8吨／平方公里·月），比2016年（6.30吨／平方公里·月）下降了39.4%。

（三）降水

2017年，降水pH范围在4.63～8.06之间，降水pH年均值为5.79，比2016年（5.88）下降0.09个pH单位；酸雨频率为15.0%，比2016年（12.6%）上升2.4个百分点。

二、水环境质量

（一）饮用水源地

2017年，全市2个城市集中式饮用水源地（东江南支流和中堂水道）水质良好，水质达标率保持100%。

（二）主要江河

根据《“十三五”国家地表水环境质量监测网设置方案》（环监测〔2016〕30号），我市共有10个国

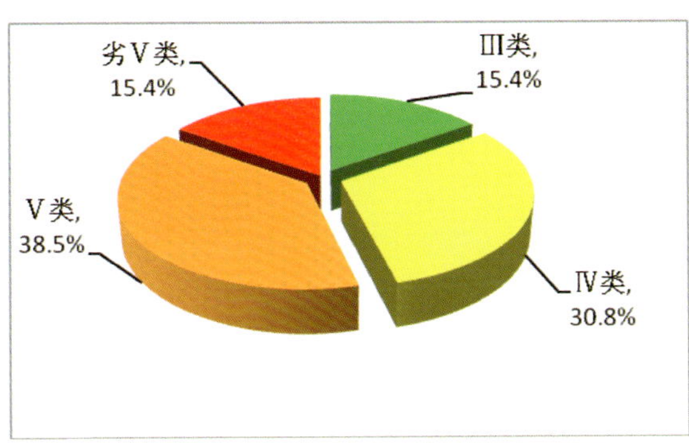

2017年东莞市主要水库水质类别比例

控地表水监测断面：其中东江北干流—大墩、珠江广州段—莲花山、观澜河—企坪、茅洲河—共和村、东江北干流—石龙北河、东江干流—东岸这6个断面为跨市河流边界断面，东莞运河—樟村、东江南支流—沙田泗盛、东江南支流—第六水厂和石马河—旗岭为市境内河流断面。2017年国控地表水监测断面水质状况：优良水质比例（达到或者优于Ⅲ类）为40.0%，Ⅳ类水体比例为20.0%，劣Ⅴ类水体比例为40.0%；与2016年对比，东岸断面水质由Ⅲ类好转至Ⅱ类，大墩、石龙北河和第六水厂断面水质保持为Ⅲ类，属良好；莲花山和沙田泗盛断面水质保持为Ⅳ类，属轻度污染；企坪、共和村、樟村和旗岭断面水质仍然为劣Ⅴ类，属重度污染，主要超标项目是氨氮和总磷。

（三）主要水库

2017年，全市纳入监测的13个主要水库中黄牛埔水库和契爷石水库水质为Ⅲ类，簕竹排、官井头、水濂山、莲花山水库水质为Ⅳ类，同沙、横岗、五点梅、白坑、松山湖水库水质为Ⅴ类，马尾、芦花坑水库水质为劣Ⅴ类，主要污染物为总磷、化学需氧量等。与2016年相比，横岗水库水质有所好转，黄牛埔、契爷石、官井头、同沙、莲花山、五点梅、芦花坑水质平稳，簕竹排、水濂山、马尾、白坑、松山湖水质有所变差。

按综合营养状态指数（TLI）评价，部分水库呈富营养化状态。其中，同沙水库、水濂山水库、横岗水库、莲花山水库、五点梅水库、白坑水库、松山湖水库为中营养状态，马尾水库、芦花坑水库为轻度富营养状态。

三、声环境质量

2017年，城市区域环境噪声昼间等效声级平均值为59.6分贝，比2016年（57.4分贝）上升3.8%，区域噪声环境质量总体水平等级为三级，处于一般水平。

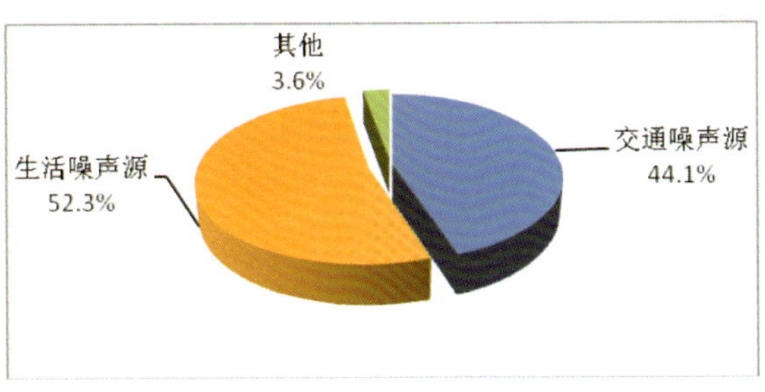

2017年东莞市城市区域环境噪声声源构成

影响区域声环境的主要声源构成为生活源和交通源，分别占52.3%和44.1%。

2017年，城市道路交通噪声昼间等效声级平均值为70.3分贝，比2016年（69.1分贝）上升1.7%，道路交通噪声强度等级为三级，处于一般水平。

2017年，城市功能区噪声昼间除一类功能区年均值超标外，其余三类功能区年均值均达标；夜间除一、四类功能区年均值达标外，其余类别的功能区年均值均超标。

四、辐射环境

2017年，东莞市辐射环境质量状况良好，与2016年相比无明显变化，全年零辐射事故。

（一）环境电离辐射

2017年，环境电离辐射水平监测结果未见异常。开展监测的放射源及射线装置应用单位对工作场所周围环境产生年累积γ辐射剂量在0.022～0.27毫稀伏/年之间，均满足《电离辐射防护与辐射源安全基本标准》（GB18871-2002）对工作人员年受照剂量及公众年受照剂量的限值要求。

（二）环境电磁辐射

2017年，环境电磁辐射水平监测结果未见异常。开展监测的移动通信基站天线周围环境敏感点的瞬时场强在0.20~8.98伏/米之间，功率密度在0.00~21.37微瓦/平方厘米之间，均符合《电磁环境控制限值》（GB 8702-2014）中相关标准限值要求。

五、生态环境

2017年，利用遥感技术进行东莞市生态环境质量监测，解译2016年生态质量状况结果表明：2016年东莞市生态环境状况良好，生态环境状况指数EI为62.41，按照《生态环境状况评价技术规范》（HJ/T 192-2015）评价，我市生态环境质量属于良好级别，植被覆盖度较高，生物多样性较丰富。（注：东莞市生态环境质量监测根据全省统一的卫星影像资料开展，目前最新数据为2016年数据。）

大事记(2017年)

CHRONICLE OF MAJOR EVENTS IN 2017

东莞篮球中心 （寮步镇供图）

编辑：姚少华

1 月

1日起 东莞市城乡特困供养人员基本生活标准从原来每人每月1370元，上调为每人每月1408元。

6日 “叮咚出行”广东超级杯7人制足球联赛（东莞杯）暨2017东莞足球联赛启动仪式在东莞市举行。

△ 电视连续剧《袁崇焕》预告片新闻发布会在袁崇焕故里东莞市举行。该剧以客观公正角度展现明末清初的风云际会，全面展现袁崇焕的壮烈一生。

6—8日 松湖杯创新创业总决赛在东莞市举行。在来自全球169个入围项目中，有20个项目杀入决赛，最终宁波九纵智能与美国OursTechnology分别凭借“非接触微米级激光白光测距传感器及各行业设备产业化”和“Lidar人工智能及自动驾驶感知技术”摘得企业组和团队组桂冠。

7日 副省长袁宝成到从（化）（东）莞高速东莞段建设现场，检查督导高速公路建设。

△ 由广东省文明办主办，东莞市委宣传部、东莞市文明办承办的广东省道德模范与身边好人（东莞）现场交流活动举行。活动现场，东莞市有6名生活困难好人获颁“关爱好人”基金。

△ 以“让产业链接更直接”为主题的中国产业互联峰会暨生意汇第二届年度高峰论坛在东莞市举行。该届峰会以“大咖分享＋链接裂变＋圆桌论坛＋星光大道”形式，对中国制造业现状和发展趋势以及面临的难题进行深入的思想碰撞与经验交流。

8日 广东省公安机关打击突出刑事犯罪“飓风2016”专项行动成果展在东莞市举行。在该成果展中展示东莞市公安机关制作的微电影、微动漫和相声、小品等，引导市民提升安全防范技能。同日，东莞市公安机关还设置高空灭火VR体验区等11个亲民互动区，吸引大量民众参与。

△ 第18届粤港万人相亲会在东莞市樟木头镇观音山景区举行，粤港3217名单身青年报名参加。经过一天的交流互动，有203对成功牵手。

△ 政协第十三届东莞市委员会第一次会议开幕。市政协主席李小梅向大会作政协第十二届东莞市委员会常务委员会工作报告；大会选举出新一届市政协领导班子，姚康当选为市政协主席。

10—13日 东莞市第十六届人民代表大会第一次会议举行。市委副书记、市长梁维东代表市人民政府向大会作《政府工作报告》。报告称：预计2016年东莞GDP达到6770亿元，增长8.1%；提出2016—2021年东莞要达到“GDP年均增速8.3%以上、2021年破万亿元”的奋斗目标。该次会议议程11项，包括审议政府工作报告，审查2017年计划报告、预算报告，审议市人大常委会、市中级人民法院、市检察院工作报告。有423名人大代表出席会议，并邀请55名市民旁听会议。

11日 东莞市首届“名城工匠”评选结果出炉，80名“名城工匠”受到表彰。该活动于2016年9月启动，经过人物征集推荐、评委会初评、公众投票、评委会终评、人选公示、最终评审等多个阶段。

12日 从（化）（东）莞高速公路东莞段通车。该段位于莞深高速公路和博深高速公路之间，全长57.7千米，总投资112.07亿元。

13日 东莞市第十六届人民代表大会第一次会议闭幕。会议选举产生东莞市新一届市政府领导班子，吕业升当选为东莞市十六届人大常委会主任，梁维东当选为市长。

△ 第二届北京天桥音乐剧演出季在北京天桥艺术中心闭幕并举行颁奖仪式，东莞市塘厦松雷音乐剧剧团有限公司出品的《啊！鼓岭》获最佳剧目奖。

14日 “中国美术家协会水彩画艺术委员会年度提名展2016”在东莞市莞城美术馆开幕，16名水彩艺术家展示80件主题风格各异的水彩作品。

16日 2016年“松湖杯”创新创业大赛在东莞职业技术学院落幕，大赛吸引德国、瑞士、美国等国家和中国台湾地区高层次人才参赛。

△ 市食品药品监管局制订《2017年元旦春节期间食品药品安全专项检查工作方案》。同时组成10个检查组，开展春节期间食品药品市场安全专项检查统一行动，严厉打击食品药品违法行为。

17日 东莞市通过“网上海关”，实现“互联网+加工贸易”。开通加工贸易手（账）册的设立、变更等40余项保税监管业务，全面实现加工贸易监管领域的无纸作业，企业可通过智能设备随时与海关开展沟通交流，实现企业“足不出户、在线办理”。2016年，东莞海关通过“互联网+e通关”平台，仅在办理各类保税监管递单派单业务上即为企业节省成本近3200万元。

△ 市委书记、市人大常委会主任吕业升率队到常平镇督导市内扶贫、安全生产和春运工作，并慰问困难家庭。

△ 东莞市科威医疗器械有限公司与解放军第四军医大学联合研究的“心脏病微创外科治疗新技术及临床应用”获国家科技进步二等奖。

21日 第二届“华美巴士，爱心回家”公益活动发车仪式在东莞火车站茶山侧广场启动。200名外来务工人员免费坐上爱心大巴，返乡过年。

△ 东莞市两名学生在海南文昌举行的“中国少年微星计划”创客特训营活动中，参与设计、制作的“少年星”卫星获得金奖。该“卫星”将刻上他们的名字，计划于上半年发射升空。

△ 广东省委常委、省纪委书记黄先耀到东莞市望牛墩镇广东金达照明科技有限公司，与员工代表座谈交流，并前往朱平沙村探望困难老党员和单亲困难职工。

△ 市文化馆和虎门镇文广中心联合推出“爱在东莞——2017年东莞市产业工人新春歌会”在虎门举行，数千名产业工人观看演出。该场活动是东莞市配合文化部做好2017年“百姓大舞台”品牌项目工作的一项活动，也是“欢乐乡村过大年——2017全国乡村春晚百县万村网络联动”系列活动第三站。

22日 市第二人民法院将一家大型倒闭企业的464件系列劳动争议案件的经济补偿金940多万元全部执行到位，20多名工人代表赶在过年前拿到被拖欠一年多的补偿金。

23日 由广东省交通运输厅与广铁集团主办的2017年公铁联运发车仪式在东莞市德永佳纺织公司举行，近200名务工人员在工厂门口乘承包车直达广州火车站，无缝衔接坐上火车踏上回家路。

28日 2017年第五届CCTV贺岁杯狮王争霸赛在东莞市麻涌镇举行，来自国内的6支顶尖醒狮队伍（南狮）在华阳湖国家湿地公园为“狮王”荣誉展开巅峰对决。最终，佛山南海黄飞鸿中联电缆武术醒狮协会获“狮王”称号。

2 月

7日 广东省创新发展大会拉开帷幕，会议对2016年度在广东省科技创新工作中成绩突出的优秀集体、单位和个人进行表彰。其中，由东莞市横沥镇政府牵头的科技项目《东莞市横沥镇模具产业协同创新体系的建设与实践》，获广东省科学技术奖特等奖，成为该奖项唯一获奖者。

9日　根据国土资源部印发的《关于完善建设用地使用权转让、出租、抵押二级市场试点方案》，东莞市被列入全面开展完善建设用地使用权转让、出租、抵押二级市场试点市县（区）之一。

△　第十三届中国民间文艺山花奖·优秀民间艺术表演奖（民间鼓舞鼓乐）评奖活动暨2017广东省第六届花灯文化节在东莞市洪梅镇文化体育广场开幕。该活动包括优秀民间艺术表演、省内外特色灯展、木偶戏皮影戏表演等50多个项目。

10日　东莞市召开倍增计划动员会和实施“倍增计划”（重点企业规模与效益倍增）新闻发布会。该计划通过创新政策要素、产业要素等供给，实现对企业的靶向精准扶持，提升企业核心竞争力。全市有200家企业入选“倍增计划”，获得资助资金。

13日　市政府召开常务会议，审议通过《东莞市高等教育发展“十三五”规划》《东莞市民政事业发展“十三五”规划》以及《东莞市商业网点规划（2016—2025）》等事项。

14日凌晨　长安镇一家商铺发生火灾，导致3人死亡1人受伤。

22日　东莞市交通运输工作会议召开。会议决定加快虎门二桥、深圳外环、（东）莞番（禺）3条高速路桥建设，力促东莞与穗深惠等周边城市的交通对接。

△　由中国加工贸易产品博览会（简称“加博会”）组委会主办的国际时尚箱包鞋帽展新闻发布会在东莞市厚街镇国际大酒店亚洲厅举行。该加博会将于4月20—23日在东莞市厚街镇广东现代国际展览中心举办，并采用“1大主题展+6大专业展”专业化设置模式，突出产业特色。

25日　第二届中国大学生跨境电商创新创业大赛东莞分赛区启动。该大赛由东莞市政府和清华大学国家服务外包人力资源研究院联合举办，旨在以“互联网+”理念带动传统制造业和外贸升级转型。将促成跨境电商企业与院校间深度合作，打造大学生创新创业平台。

△　“2017全国U17男子篮球赛”在东莞市篮球学校NBA训练中心闭幕，东莞篮球学校以8战全胜的战绩，重登U17全国冠军宝座。这是成立于2011年的东莞篮校在4年中第3次夺得U17男篮全国冠军。

27日　首部关爱留守儿童院线电影《喜欢冬天的孩子》项目启动仪式在东莞市举行。该影片是一部讲述孩子留守在甘肃，父母在东莞打工，呼吁关爱留守儿童的故事影片。电影在呼唤社会关注留守儿童的同时，展现留守儿童自立自强、积极向上的面貌。

△　教育部同意东莞理工学院与法国国立工艺学院合作，在东莞市设立联合学院。

28日　东莞市委常委会议召开，审议通过《东莞市科学与技术发展“十三五”规划》。“十三五”期间，东莞将打造华南科技产业创新中心，全市国家级高新技术企业数量达到3000家以上，重点支持六大领域科技创新，使全市科技创新水平明显提高，主要创新指标居于全省前列。

△　在央视《群英汇》栏目东莞专场演出录制现场，由东莞市文广新局、文化馆组织的群文精英表演团精彩亮相，用别样创新的形式展示地道莞邑风情，讲述幸福东莞的“传统”“未来”和“人的精神”。现场不仅有一批在东莞生活、工作的“民星”献艺，还特邀东莞出品的智能机器人主持，展示东莞“智造之都”魅力。

2月　东莞市有18所医院在省级平台上线。上线后，其他城市参保人经过参保地备案后，在这18所医院住院就医，可享受医保现场结算。

3月

1日　市科技局、中国建设银行东莞市分行联合召开普惠性科技金融试点工作启动仪式。该试点开创性地提出以“技术流”和“能力流”评价科技企业，企业根据这套评价系统，可获得24项融资和综合服务，符合要求的中小微科技企业最高可获400万元普惠性金融贷款。

△　中国法学会公告第八届“全国十大杰出青年法学家”入围奖及提名奖获得者名录。东莞市中级人民法院审判委员会委员程春华获提名奖，为广东省唯一入选者。

△　市委书记吕业升到大朗镇调研散裂中子源项目，强调要主动服务项目建设，确保如期建成并投入运行。

2日　新修订的《东莞市扶助残疾人办法》实施，规定：听障儿童需要的人工耳蜗适配费用，由原来的50%增加到全额补助，最高可补助15万元。

△　广东省技师学院、深圳技师学院、东莞市技师学院校际合作签约仪式举行，3校共同签署校际合作框架协议。三方将在世界技能大赛、校企合作、国际交流与合作、优质师资共享、新型学徒制试点等方面开展交流与合作，探索国内国际技工教育前沿领域的重大问题，取长补短，协同发展。

3日　“铸造时代——广州雕塑院60年精品巡礼·东莞站”在莞城美术馆开幕，广州雕塑院携60年以来的70件原著历史作品参展，展期至4月6日。展品有缩小的城市雕塑“模版”《五羊石像》《孙中山纪念像》《鸦片战争虎门人民抗英纪念像》等。

△　东莞市召开更高水平发展十大行动计划推进大会。十大行动计划包括十大重点督办项目和30项重点推进工作，其中有：到2017年底95%的办事事项“最多跑一次”，谋划14个重点发展先行

区，推动5亿元以上工业企业研发机构全覆盖等。

7日　东莞市召开城市工作会议。根据部署，2017—2019年，东莞市将加快城市基础设施建设，特别是推进交通基础设施建设，以城市更新和TOD开发为着力点，进一步拓展城市发展空间、提升城市形象。具体包括推动赣深客专东莞段动工建设，实施轨道交通枢纽TOD重要试点建设，实施森林公园分类提升工程等。

△　市委书记吕业升率队到有关部门调研“倍增计划”政策落地情况，强调要进一步保持热度，把“倍增计划”做严、做细、做实。

△　东莞市全民艺术普及行动计划发布会暨部分项目签约仪式举行，发布东莞市全民艺术普及行动计划的内容，并向社会公开招募活动项目“合伙人”。该行动计划注重发动社会力量参与基层公共文化服务，投入面向镇街、社会机构及个人合作的项目资金达1825万元，其中直接用于基层公共文化服务建设和供给的项目资金预计达1446万元。

9日　东莞市重大项目建设推进会暨项目集中签约、动工活动在凤岗镇主会场和9个分会场同时举行，有75个项目集中签约，10个项目动工。其中签约的26个金融项目，授信或募资金额2811.31亿元。

3月9日至4月9日　清溪镇在大王山森林公园举办第七届“赏花行”活动。期间，游客既能赏雀花、享绿韵，又能品民俗、尝美食，还通过网络投票和美食专家评审，评选出清溪镇“十大金牌农家乐”。

11日　东莞市理工学院联合360企业安全集团打造的网络空间安全产业学院和网络空间安全创新研究院成立。其中，网络空间安全产业学院计划打造成全国首个网络空间安全产业学院。计划通过课程设计、培训、实训、攻防演练等完整环节，建设一整套网络安全人才培养体系，培养一批专业人才服务于安全行业。该学院是全国首个网络空间安全学院，也是广东省第一个网络安全人才基地。

12日　市政府常务会议审议通过《东莞市海洋经济发展十三五规划（2016—2020）》。2016—2020年，东莞市将以海洋生态环境保护和海洋经济发展为中心，形成海洋综合开发新格局，基本实现建设海洋经济强市的目标，力促海洋经济总量、海洋科技、海洋生态环境和海洋管理服务全面提升。

13日　东莞市创新发展大会召开。会议围绕全省建设国家科技产业创新中心中走在前列战略目标，突出抓好高新技术企业培育、企业研发机构覆盖等进行重点工作部署。

△　“东莞市民艺术大学堂之走进艺术公益培训班”在东莞市文化馆“文化莞家”平台开通网络报名，有1705个免费培训名额被“秒抢”。

15日　黄江镇红日幼儿园保育员杨某群涉嫌在粥里加入镇静类药物，造成10名小朋友出现嗜睡、休克、呕吐等不适症状。嫌疑人被刑拘，10名患儿经救治符合出院条件。

16日　市委书记吕业升专题调研水污染治理有关情况，强调要明确截污管网建设、国考断面考核、河涌和黑臭水体治理等重点工作，尤其是要突破常规思路，进一步加大河涌治理力度，让老百姓有更多的获得感，打赢东莞水污染治理攻坚战。

△　第37届国际名家具展在东莞开幕。同时，厚街镇启动建设世界家具总部项目，推动厚街家具产业进一步向国际化迈进。该项目建成后，可容纳100家以上世界品牌家具企业总部、区域运营中心、研发设计等机构入驻，预计每年可实现产值100亿元人民币。

17日　“友善东莞”首届“黄飞虎”万众徒步迎春公益行在黄旗山公园与虎英公园举行，东莞籍残奥会冠军周国华与40多家商会及企事业单位的代表一起徒步做公益。作为“2017东莞市户外运动节”的首场活动，吸引近5000人参与，筹集善款逾4万元及体育用品一批。

△　市委书记吕业升主持召开市委全面深化改革领导小组第十七次会议。会议审议通过《东莞市2017年改革行动计划》，梳理形成15份重点改革文件和12项重点改革实事，并对每项重点实事提出可量化、可考核的关键指标。其中包括深化精准主动服务企业机制，以“一企一策”方式破解一批制约企业发展的瓶颈问题，为超过1000家试点企业提供精准主动服务。

20日　全国政协人口资源环境委员会副主任张基尧率领调研组到东莞市，围绕“加强垃圾无害化处理”进行专题调研。

20—23日　“2017中国加工贸易产品博览会”在东莞市厚街广东现代国际展览中心举行。来自港澳地区的15个省区市859家企业参展，展览面积6万平方米。同时，展会期间还举行2017世界智能手机及移动终端产业大会。

21日　东莞市公安局开展代号为“飓风2号”的地下钱庄系列案件集中收网行动，破获一件用旧货店阁楼作为办公场所，在路边接收支票的地下钱庄案，抓获6名犯罪嫌疑人。

21—30日　市委书记吕业升率团赴法国、瑞士、捷克3国开展经贸人文外事交流活动。

22日　大朗镇在3个居民住宅小区启用7个统一命名为“朗味书屋”的共享图书箱，实行“带走一本，留下一本”交换规则，倡导市民分享和传递阅读的快乐。

△　“2017中国·东莞—法国·巴黎经贸合作交流会”在巴黎举行。该活动有24家东莞市企业与法国企业进行对接洽谈，达成多个合作意向，现场签约项目9个，金

额3.3亿美元。

25日 西藏自治区林芝市第十五届桃花旅游文化节开幕，主会场设在东莞市援藏项目嘎拉村。当天，嘎拉村接待游客超10万人次，旅游收入突破60万元，达到历史新高。

△ 由省地质局、省交通职业技术学院协同东莞市科技馆联合举办“创客教育”进校园活动，东莞市科技馆派出两个“创客教育”教师团队参加。

26日 一场以桃花为主要元素的第十九届粤港万人相亲会在东莞市樟木头镇观音山旅游风景区浪漫开启，3076名单身人士冒雨前来。其中来自美国、俄罗斯的20多位外国单身嘉宾踊跃参与，成为该届相亲会的关注焦点，最终219对嘉宾成功牵手。

△ 茶山镇召开会议，对2016年通过国家高新技术企业认定的18家企业进行表彰。

28日 由东莞市委老干部局与石碣镇共同主办的“翰墨凝聚正能量助力东莞新征程”书画作品展在袁崇焕纪念园举行开幕仪式。

△ 市检察院派驻水乡环境保护巡回检察室与市中级人民法院环境资源巡回法庭、广州海事法院巡回法庭共同举行揭牌仪式。据悉，成立环境保护巡回检察室在全国尚属首例。

29日至4月1日 “2017中国（东莞）国际纺织制衣工业技术展（DTC2017）”“2017中国（东莞）国际鞋机鞋材工业技术展（DFM2017）”和“华南国际缝制设备展”在东莞市厚街镇广东现代国际展览中心举行，超过300家企业参展。参展商来自中国、日本、德国、意大利、美国、瑞士等国家。

30日 著名舞蹈家杨丽萍在东莞市玉兰剧院演出新作《孔雀之冬》，这是她自2012年在东莞市演出《孔雀》舞剧后，再次在东莞市演出。

31日 中国音乐学院与东莞市政府签订合作举办第七届全国考级大赛总决赛协议，标志着中国音乐学院考级大赛总决赛将首次走出校园，落户东莞。届时，中国音乐学院还将在东莞玉兰大剧院举办专场音乐会。

4 月

1日 东莞市食品药品监管局印发《开展食品生产经营者自建食品交易网站备案工作的实施方案》，在全市开展食品生产经营者自建食品交易网站备案工作。

△ 明末著名将领袁崇焕家乡石碣镇举行“我们的节日——清明祭英雄”活动。来自社会各界代表600多人在清明节一起缅怀袁崇焕爱民忧民的感人事迹，弘扬袁崇焕爱民、担当的精神。

1—10日 东莞市大画幅摄影邀请展举行，有100多幅精选大画幅摄影作品展出。

5日 市委副书记、市长梁维东主持召开市政府常务会议。会议听取《2016年全市法治政府建设情况的报告》，审议通过《东莞市大数据发展规划（2016—2020年）》《东莞市人民政府办公室关于进一步提升教育现代化水平的实施方案》等事项。梁维东强调，东莞要着力提升政务数据的统筹运用能力，要让政府掌握的大数据真正服务于市民。各部门要从体制、机制上多思考、求突破，全力推进东莞大数据发展工作。

6日 市委书记吕业升主持召开市委常委会会议，审议通过《关于设立扶持次发达镇产业发展专项资金工作方案》和《东莞市扶持次发达镇产业发展资金池管理暂行办法》。东莞将从2017年起连续3年，设立每年10亿元、3年共30亿元的资金池，帮扶8个次发达镇增强“造血功能”，推进区域均衡发展。

△ 东莞市召开全市商务暨构建开放型经济新体制综合试点试验工作推进会议，传达贯彻全省商务工作会议精神，总结部署东莞工作。市委书记吕业升主持会议并强调，要以构建开放型经济新体制综合试点试验为契机，把创新体制机制作为重中之重，不断增创开放型经济发展新优势，为东莞市在更高起点上实现更高水平发展、率先迈上基本实现社会主义现代化新征程作出新的更大贡献。

△ 东莞市松山湖南部滨湖地区城市设计国际竞赛发布会暨第一次交流会在松山湖举行。经前期激烈比拼和筛选，4家来自全球各地的顶尖城市设计团队汇聚于此，将为松山湖南部滨湖地区勾勒出新型国际化城市创新区的设计之韵。

7日 全国第一次可移动文物普查总结电视电话会议召开。会议对80个先进集体进行表彰，东莞市文化广电新闻出版局（东莞市第一次全国可移动文物普查领导小组办公室）名列其中，成为全省两个获表彰的单位之一。

8日 《大唐之美——“一带一路”背后的器用》展览开幕式在可园博物馆举行。该展览展出深圳市望野博物馆收藏的唐代文物珍品89件/套。

10日晚 虎门镇沙角村一民宅发生火灾，来自湖南的姜泽余驾驶挖掘机砸开民宅围墙和二楼阳台防盗网，以机臂当作救援梯，先后救下12名被困人员。

11日 厚街镇中心区先后5次大面积停电，原因是多只风筝缠绕在文化公园附近的高压电线上，不时引发高压线短路。后经消防人员出动云梯，共清理12只风筝，恢复供电。

△ 满载着集装箱的中欧班列X8426从东莞市石龙出发，开往俄罗斯卡卢加州沃尔西诺。此前的4月5日，从沃尔西诺出发的班列满载着俄罗斯商品开往石龙。标志着中欧双向班列开通，助推中俄贸易提速。

△ 全省企业便利度评估体

系研讨会在东莞市召开。参会专家学者就评估体系展开研讨和论证，围绕开办企业便利化改革的热点重点问题建言献策，推动评估体系按照改革的最新要求进一步优化完善。其间，广东省工商局联合广东省社会科学院权威发布《2016年度广东各市开办企业便利度评估报告》，对21个地级以上市开办企业便利度进行综合评价和排名：东莞改革力度大，持续创新，保持领先优势，排名前二。

12日 省委副书记、省长马兴瑞到东莞市参加东莞市委常委（扩大）会议，指导学习宣传贯彻中共中央总书记、国家主席习近平重要批示精神，要求各部门充分认识习近平重要批示的重大意义，进一步增强“四个意识”特别是核心意识、看齐意识。会议结束后，马兴瑞实地了解广东长盈精密技术有限公司创新发展情况和东莞滨海湾新区规划建设情况。

14日 中国地质调查局广州海洋地质调查局“海洋六号”船历时232天，航程近7万千米，完成2016年深海地质航次、中国大洋41航次和中国第33次南极科学考察航次任务，返回东莞市东江口海洋地质专用码头。

△ 取材于叶挺将军和夫人李秀文革命爱情故事的现代粤剧《浴火凤凰》在东莞市长安镇彩排预演。

△ 市委书记、市人大常委会主任吕业升到东坑镇走访东莞“倍增计划”试点企业，勉励企业抢抓机遇，用好政策，早日实现规模和效益的倍增。

15日 “武林战歌2017WBS/PABA泛亚国际职业拳王金腰带争霸赛”在东莞市体育馆举办。该赛事由中国、印度尼西亚、菲律宾、哈萨克斯坦4国拳手出赛。这是东莞首次举办国际高规格的职业拳击金腰带赛事。

18日 市网信办、市网络文化协会在松山湖互联网产业园举行“大V建言共创网络清朗空间”沙龙，吸引本土30多家有影响力的网站和公众号的负责人为东莞市网络宣传建言献策。

△ 2016年度全省群众文艺作品评选结果揭晓，东莞市有20件作品获奖，取得8金5银7铜和总分62分，总分与金牌总数均排名全省第一，这也是东莞市第四次获总分排名全省第一。

20日 谢岗镇、茶山镇等11镇区安装物联网防盗设备，松山湖构建一套电缆防盗光纤监控系统。

20—23日 2017中国加工贸易产品博览会在东莞市广东现代国际展览中心举行。展会期间达成意向成交金额998亿元，比上届增长3.3%，达成商贸合作项目8100个，增长4.6%。该加博会入场专业观众达2.3万人次，比上届增长15%。

21—23日 具有500多年历史的“茶园游会”举行。茶园游会是茶山镇独有的特色节日活动，于每年农历三月二十五至二十七日举行。该届茶园游会在保留传统精华的基础上整合举办第三届非遗传统美食节。活动主会场设在东岳庙正门，并在怡华中路上设置主舞台和美食一条街，共设200个活动摊位，集中展示和推介省内各地及茶山传统美食，以及茶山名优产品。此外，还有第七届茶文化节、“莞香花”音乐节、第十四届劳动者之歌大赛、“我爱茶山我爱家”优秀摄影作品展等多项活动。

22日 东莞理工学院建校25周年，诺贝尔物理学奖得主、中科院院士、东莞理工学院名誉校长杨振宁携夫人翁帆来到校园与师生对话，勉励师生在大时代下抓住机遇，为国家为民族作出更大贡献。

△ 是“世界读书日”，图书电商当当网发布“2016国民图书阅读与消费报告”显示，东莞市再次入选全国“书香十市”，东莞图书购买力位居全国第10名。2016年，平均每天有2.9万东莞市民走进图书馆。

29日 马来西亚——中国友谊园在东莞市植物园奠基。园内设计一个由马六甲马来屋作为其主要构成元素的花园，房屋周围将种植大红花等多种马来西亚特色植物、食用植物等，种类达150多种。

4月29日—5月1日 “2017年东莞—麻涌‘五一’缤纷嘉年华”公益徒步活动举行，来自麻涌、东莞市内以及珠三角邻近城市的近万名“徒友”集聚麻涌古梅体育馆，参加“新市民健康城市行”公益徒步活动。

5 月

3日 东莞市召开争创全国文明城市“四连冠”动员大会，市委书记、市人大常委会主任吕业升指出：以争创“四连冠”倒逼文明创建，巩固文明创建“补短板、促提升”成果，进一步掀起文明城市创建新高潮。

△ 市委书记、市人大常委会主任、市人才工作领导小组组长吕业升主持召开市人才工作领导小组会议，总结部署东莞市人才工作。

△ 科技部在东莞市召开全国2017年基础研究工作会议。科技部副部长黄卫、广东省副省长袁宝成和各兄弟省市科技部门负责人与会。

△ 建筑面积超2.4万平方米的东莞市工人文化宫开馆。文化宫包括服务楼、综合楼、工人电影院、工人书城、文化休闲广场等，并配套有现代化设施。

4日 由省教育厅主办、东莞理工学院承办的全省理工类大学和理工类学科建设推进会在东莞市举行，省教育厅厅长景李虎在会上提出：要继续提高理工科专业、学生人数的占比以及加大扶持政策的倾斜。

△ 东莞市颁布《东莞市网络预约出租汽车经营服务管理实施

细则（暂行）》。

△ 香港东莞社团总会在香港湾仔会展中心举行第二届会董会就职庆典暨第十届世界东安恳亲大会，近两千名各界人士到场参会。香港东莞社团总会主席朱李月华致辞时表示，从香港开埠以来，东莞与香港唇齿相依，经济文化交流从不间断，并期望港人把握“一带一路”建设和粤港澳大湾区带来的机遇，令香港竞争力再上层楼。

△ 塘厦镇举行首届“名城名匠”表彰仪式，对入选的20位“名城工匠”和10位“名城名匠”进行表彰。

5日 全球微粤曲大赛东莞赛区在道滘镇开幕。该大赛是全球性粤曲比赛，也是“省一三五”文化工程建设项目之一，分广州、佛山、东莞、江门4个分赛区，其中东莞赛区接受包括东莞、深圳、惠州、河源等4个地方选手报名。

7日 澳门体育总会联合会青年部组织交流团赴莞进行访问交流活动，先后参观东莞市展览馆、东莞生益科技有限公司和东莞水上运动中心，并就两地水上运动项目的发展情况以及未来的互访交流和合作进行座谈交流。

8日 第四届“创青春”广东青年创新创业大赛在东莞市常平镇开赛。该大赛为参赛选手提供107万元现金大奖，知名投资人、创业导师跟进辅导，省部共建的“中国青创板”综合金融服务平台等十大创业福利，为青年搭建展示交流、资源对接、项目培育、成果转化四大平台，服务和凝聚具有创新动能的各届青年。

△ 市委书记、市人大常委会主任吕业升主持召开市委常委会会议，传达学习全省推进“两学一做”学习教育常态化制度化工作会议精神，研究贯彻意见。会议要求，要在真学实做上深化拓展、融入日常、抓在经常，突出针对性和实效性，推动各项工作落地见效。

9日 市委副书记、市长梁维东主持召开市政府常务会议。会议审议通过《东莞市燃气管理办法》《东莞市门牌楼管理办法》《关于东莞电网升级行动计划（2017—2020年）的实施方案》。其中东莞电网升级方案计划投入百亿元，推进135项主网工程，升级5200多项配网工程。预计到2020年底基本建成“智能电网”。

11日 “南方+”媒地共建暨“南方号·东莞矩阵”启动仪式在东莞市举行，包括“东莞发布”“文化莞家”在内的66个政务新媒体作为首批代表集体入驻南方+客户端“南方号”平台。东莞市委书记、市人大常委会主任吕业升，南方报业传媒集团党委书记、管委会主任刘红兵出席仪式，并为20家东莞政务新媒体代表授牌。

15日 为进一步吸引港澳年轻人到东莞创业，松山湖高新区推出重磅扶持政策——《港澳青年人才创新创业专项资金管理暂行办法》，其中单项资助港澳青年创业最高可达100万元。

18日 市长梁维东主持召开市政府常务会议，通过《东莞市战略性新兴产业发展“十三五”规划》等多个重大事项。《规划》提出，到2020年，东莞市战略性新兴产业规模将突破5000亿元，培育出30家百亿元产值的龙头企业。

21日至23日 第十一届中国音乐金钟奖（钢琴、声乐、古筝）比赛广东赛区选拔赛在东莞市东城开赛。中国音乐金钟奖是由中共中央宣传部批准设立、全国唯一常设的音乐综合性大奖。

22日 2017年“东莞给荔中国启动仪式暨鲜果冷链物流高峰论坛”在东莞市松山湖举行，东莞荔枝成功获得2017年国家农产品地理标志，成为继“麻涌香蕉”后又一个获颁国家农产品地理标志登记证书的产品。

23日 东莞市大朗镇的吴瑞庭，在国际田联世界挑战赛日本川崎站赛事上，以17.18米成绩获男子三级跳远冠军。

△ 东莞市关爱妇女儿童发展基金成立，并募集善款超1600万元。同日，由其资助的首批16个公益项目也签约启动。

25日 东莞市儿童戏剧精品惠民行动暨“阳光计划”项目启动。该项目将携《阿拉丁神灯》《白雪公主》《小鬼当家》《熊猫超人》等10部高品质的儿童剧登陆东莞市十大剧场。

26日 根据市人才办、东莞市人才发展研究院日前推出《东莞市高端人才发展状况与比较优势研究》，东莞市人才总量突破130万人，各类高端人才数量位于全省前列，其中高层次人才数量累计达7.8万人。

△ 市举行2016年“中国好人”证书颁发仪式及东莞市2017年第一季度“东莞好人”入选名单发布仪式。2016年，全市有7人获评“中国好人”，2017年第一季度有29人获“东莞好人”称号。

31日 市召开传达学习贯彻省第十二次党代会和省委十二届一次全会精神会议。市委书记吕业升强调要按照中共中央总书记习近平对广东提出的“四个坚持、三个支撑、两个走在前列”要求，围绕贯彻落实省党代会精神，进一步强化在全国全省发展大局中的责任担当，努力在九个方面争当表率，推动东莞在更高起点上实现更高水平发展。

6 月

1日 市委书记吕业升率队调研东江南支流，强调要高度重视水污染治理工作，全力以赴推进截污治污，加强跨镇街河流流域治理，以良好的水生态环境增强群众的获得感。

△ 市政府常务会议召开，审议通过《东莞市新能源汽车产业发展“十三五”规划》《东莞市生产安全事故调查处理办法》等多个重大事项。东莞市将通过培育整

车龙头企业、加快新能源汽车推广应用、加快充电设施建设等6项重点工作，推动新能源汽车产业加速发展。

△ 由广东省曲艺家协会等主办的全球微粤曲大赛决赛在东莞市赛区举办。

△ 东莞监狱与东莞团市委联合举办“小手牵大手狱园约定向前走”亲情帮教活动，83名孩子与74名狱中的父亲度过一个不寻常的“六一”儿童节。

△ 东莞市数字文化馆“文化莞家”启用。该馆是继创建第一批国家公共文化服务体系示范区、开展公共文化服务体系标准化试点后，在公共文化服务领域的又一创新探索。

△ 第六届东莞市荷花文学奖终评结果揭晓。经过讨论、投票、计票、监证等环节，产生长篇小说等7个门类的获奖名单。该届东莞荷花文学奖颁奖典礼将于6月28日在桥头镇举行。

2日 市委书记吕业升主持召开市委全面深化改革领导小组第十八次会议，传达中央、省委有关会议和全省改革试点工作推进会议精神，审议通过《关于加快培育发展新兴金融业态推动实体经济发展的实施意见》等一批改革文件和事项。

△ 第七届松山湖·中国IC创新高峰论坛在东莞市松山湖高新区举行，百余名国内IC设计知名企业代表及专业人士齐聚一堂，共同探讨IC设计业的最新发展趋势和市场机遇。

△ 2017年全省建筑施工“安全生产月”和“安全生产万里行”活动启动仪式暨现场观摩交流会在东莞市茶山镇举行。

3日 东莞市“光盘行动”从校园抓起，一些校园结合学生就餐实际，以评选“节约粮食光荣班”等多种形式吸引学生、家长等各方力量开展“光盘行动”。

△ 东莞市眼癌女童郭言离开人世后，她的父母将社会捐赠的248万元善款全部汇入东莞市红十字会，给其他患癌症的儿童提供救助。

△ 东莞市成立交通事故人伤综合服务中心。该中心为客户及伤者提供一站式服务，专人专职处理赔付金额一万元以下的小额人伤案件。

△ “无毒青春·健康生活”广东省“6·3”虎门销烟纪念活动在东莞市虎门镇举行，“粤禁毒·益同行”线上马拉松也于当日启动，全省21个地级市参与。

3—5日 第十三届全运会龙舟预选赛在东莞市举行，来自全国28个省（市）、自治区的46支队伍在麻涌镇华阳湖争夺进入全运会决赛阶段资格。

4日 清溪镇一家自动化设备有限公司建成国内最高的垂直立体型停车场，总高三十三层，面积只有49平方米，却可以停66辆车。

5日 东莞市举办2017年世界环境日宣传活动，首届东莞市环境文化节拉开帷幕。该文化节以“全民治水，共享幸福”为主题，将在全市范围组织策划十场竞赛、十场讲座、百次展览、百次活动，并一直持续至下半年，真正实现引导人人参与环保，全民参与治水的良好社会氛围。

△ 市委书记吕业升主持召开市委常委会会议，听取东莞市人大开展地方立法工作情况报告，审议通过《东莞市第十六届人大常委会立法规划（2017—2021）》《东莞市人大常委会2017年立法计划》。

△ 厚街镇桥头社区第四工业区一公司承租的空地上摆放的报废鞋材起火，起火面积约500平方米。由于起火地距110千伏河桥变电站不足20米，市供电局紧急对该变电站及相关线路实施停电，导致厚街镇7个社区的万余户用户受到影响。

△ “问源和彩——现当代英国水彩与本土水彩的对话”展在东莞市莞城美术馆开幕。

6日 第六届中国创新创业大赛港澳台赛在东莞市松山湖中集智谷产业园启动。中集、TCL、PlugAndPlay等龙头企业、大型企业参与出题，参赛项目必须符合企业命题，大赛总奖金高达1600多万元。

△ 市青少年活动中心推出16项暑期活动，包括研学旅行、关爱留守儿童夏令营、采风写生等，活动坚持公益定位、部分项目免费。

8日 国家质量监督检验检疫总局在东莞市召开2017年全国出口工业产品质量安全示范区工作推进会，与56个国家级出口示范区代表共同签署出口商品质量提升倡议书。

10日 广东省首届测绘地理信息行业职业技能竞赛暨“南方测绘杯”第五届全国测绘地理信息行业职业技能竞赛广东省选拔赛在东莞举行。竞赛采取理论知识考试和技能操作考核相结合的方式。来自全省测绘地理信息行业的190名选手组成95支参赛队伍同场竞技。

13日 东莞市有300家农贸市场开展实用农产品快速检测，位居广东省第一。从2016年7月1日至2017年5月31日，市食品和药品监督管理局完成食用农产品快速检测65.76万批次，检测量居广东省第一。

△ 广州—东莞互联互通发挥枢纽服务功能对接交流会在东莞市举行。

14日 市第三人民法院利用社会监督力量，压缩老赖生存空间，共同惩戒失信行为，进而倒逼老赖主动履行义务。面对被执行人名下无任何财产可供执行的情况，该院通过强制扣划被执行人的公积金存款、支付宝余额，冻结支付宝账户等举措，进一步扩大执行范围，成功解决多起“老赖”问题。

△ 首届“中国粤港澳大湾区国际精准医疗产业峰会暨松山湖国际精准医学园启动仪式”在东莞市松山湖高新区举行。2016年，

松山湖（生态园）生物技术产业实现总营业收入13.81亿元，缴纳税收9065万元。正在建设项目有11个，投产后预计年产值139亿元。

△　东莞市召开“园区统筹组团发展”战略专题座谈会，部署加快推进松山湖（生态园）高新区、水乡经济区、滨海湾新区3区发展工作。会议确定，东莞要将“园区统筹组团发展”作为实现更高水平发展、建设社会主义现代化先行区的核心战略，将6个园区特别是3大核心园区打造成东莞未来二三十年发展的战略支撑。

△　寮步镇志愿者协会在试点和摸索独居老人生日关怀基础上，推出为“百位独居老人过生日”活动，在全镇寻找100位老寿星，为其举办特殊的生日会。

14—15日　第二届中国大学生跨境电子商务创新创业大赛在东莞市国际会展中心举行，来自全国40个分赛区的1万余名参赛选手经过一轮竞技后，278个参赛团队、约800位入围参赛选手在东莞一决胜负。

15日　东莞市出台《关于推进园区统筹组团发展战略的实施意见》，将全市划分为6大片区，推进园区统筹组团发展。其中，将松山湖及其周边的大朗、寮步、茶山、大岭山、石龙、石排6个镇作为试点率先推进。

16日　省长马兴瑞到东莞市调研工业经济工作，强调要进一步加大“放管服”力度，着力推动企业转型发展。

17日　广东省第十届精神文明建设“五个一工程”评选结果揭晓。其中，东莞市推荐的《啊！鼓岭》（音乐剧）、《火凤凰》、《挑着花篮春天里走》、《蓝色的路》分别入选戏剧、广播剧、歌曲类优秀作品。

20日　市政府常务会议召开，审议通过《东莞市“倍增计划”试点企业骨干人才子女入学资助实施细则》等多项“倍增计划”相关事项，明确“倍增计划”试点企业骨干人才子女入读民办学校每年最高可补助1万元。

△　由工信部人才交流中心、松山湖（生态园）管委会、东莞市经济和信息化局指导的“融合创新智造东莞”智能制造驱动企业转型升级高峰论坛在松山湖光大we谷举办。来自国内智能制造领域的权威研究者与数百名东莞企业家共聚一堂，共同研讨全球智能制造最新趋势，把脉东莞智能制造转型升级之路。

21日　第三十个国际禁毒日来临之际，由东莞市禁毒办、市委宣传部等部门共同承办的“无毒青春·健康生活”——东莞市青少年毒品预防教育暨市公安局禁毒“以案说防”活动在东莞市轻工业学校举行。

△　市政府印发《关于深化商事制度改革构建科学市场监管体系的实施意见》。该意见是全方位构建企业自律、政府多方协同监管、社会共治的科学市场监管体系的新一次探索。

24日　来自安哥拉、德国等25个国家驻穗领事馆的156位领事官员及家属组团到东莞市参加啖荔活动。

△　由市莞城街道文明办、莞城图书馆联合莞城团委、莞城教育办、莞城扶贫办、莞城志愿者协会共同打造的“彩虹桥”乐捐童书项目启动，该项目致力于改善6至10岁韶关地区儿童阅读环境。

24—25日　第26届艾格丽萨国际龙舟邀请赛在瑞士苏黎世州艾格丽萨市莱茵河上举行。中国首次派队参加这一瑞士大型龙舟赛活动。其中，中国·东莞市麻涌龙舟队在24日的比赛中以1分28.10秒的成绩摘得职业混合组桂冠。

26日　由市委宣传部、市政府新闻办组织开展的东莞市2017年第一期新闻发言人培训班开班，参加培训40多人。培训期间，多名来自新闻传播领域的知名学者、资深媒体人及原国家部委新闻发言人等为参训人员授课。培训班于30日结束。

28日　由中国自主设计、建造的“海洋地质十号”综合地质调查船在东莞市出坞下水。

△　东莞市召开推动规模以上工业企业研发机构建设工作会议。会议要求，力争年底实现全市主营业务收入5亿元以上大型工业企业有条件的基本全面建有研发机构，30%的规上工业企业建立企业研发机构，为经济转型升级和创新驱动发展提供支撑。

29日　同心共赢——庆祝香港回归20周年·莞港合作专题图片展在东莞市展览馆开幕，展出“东深供水工程建设”“供港蔬菜中心”“港企在东莞投资”等多幅图片，展现东莞与香港两地在经济、社会、文化、教育等领域交流合作的历史。

△　东莞市召开卫生与健康大会，市委书记吕业升在会上强调，要以实施基层医疗卫生服务能力提升工程、推进分级诊疗、共建医联体等为抓手，推进卫生与健康领域供给侧结构性改革，全面提升卫生公共服务质量水平。

△　市政府新闻办联合市社保局召开新闻发布会，通报市医疗保险政策调整及接入全国跨省异地就医实时联网结算平台的最新政策。从7月1日起，东莞市基本医疗保险待遇年最高支付限额增加约7万元，社区门诊支付比例从70%提高至75%，在东莞市参保满3年一年最高可报销36.9万元；东莞市6家医院可跨省直接结算。

30日　由韶关和东莞两地共同主办的两塘书院启用暨“双塘印雪”当代咏梅主题中国篆刻展开幕仪式在韶关莞韶城举行。两市政府以千枚印章集结成山，用篆刻艺术“造景”，为国内首创。

△　虎门镇新湾疍家文化馆开馆。该馆分为“历史传承馆”和“文化体验馆”两个展馆，通过图文、上百件疍家古物等载体，多角度展示新湾疍家人的精神风貌和独特民风民俗，展现疍家文化历史的

演变和深厚的文化底蕴。

7月

1日 南方电网广东东莞市供电局举办的2017“电网开放日”揭秘之旅第二场“低碳巡线魅力骑行”主题活动在茶山生态园举行。该活动吸引30名网友参与模拟骑行巡线，了解供电部门输电人员的日常巡检工作。

△ 杭州市人民检察院对“蓝色钱江放火案”犯罪嫌疑人莫某晶（广东东莞人），以涉嫌放火罪、盗窃罪依法批准逮捕。经查证，犯罪嫌疑人在杭州市从事家庭保姆工作期间，多次窃取雇主家中财物。2017年6月22日，犯罪嫌疑人莫某晶在该户室内放火，导致雇主家中母子4人死亡。

3日 市发展和改革局、市教育局联合向各镇街、松山湖（生态园）管委会发布《关于切实做好民办小学“独立分段”收费政策实施工作有关问题的通知》。要求各民办小学严格按标准收费对贫困学生适当减免学杂费。

△ 广州海事法院对中山市海洋与渔业局诉彭某权、冯某林等污染海洋环境责任纠纷民事公益诉讼案予以受理立案。据悉，2016年7月至8月间，彭某权、冯某林从东莞码头运输垃圾到中山横门围垦进行倾倒。该案是2012年修改的民事诉讼法增加关于“公益诉讼”规定以来，全省第一件由海洋行政主管部门提起、全国第一件由地级市海洋行政主管部门提起的海洋环境污染民事公益诉讼案件。

△ 市工商局组织经检支队及黄江、东城分局，联合市公安局经侦支队、黄江公安分局，出动近百人，历27个小时，在黄江镇一举捣毁6个制售假冒苹果手机配件窝点，现场查获带有苹果标识的手机后盖成品、半成品6.6万个，制假模具17个，初步估算市场价值约3000万元。

5日 为帮助东莞台企培养人才，对接台湾高校学生，东莞理工学院粤台产业科技学院与东莞台商投资企业协会虎门分会及台湾8所高校签订三方合作协议，由东莞台协虎门分会的会员企业提供台企工作岗位，将台湾的大四学生带到东莞台企实习。同时将首批15家台企提供的128个实习工作岗位，交给台湾8所大学的大四学生登记选择。

△ 市住建局发布《关于进一步明确我市住房限购政策有关事项的补充通知》，对企事业单位、社会组织在4月11日后购房（包括新建住房和二手房）的，需在不动产权证满2年后方可网上签约交易。

△ “深化莞港合作打造对外开放新支撑”交流会议在香港召开。东莞市市长梁维东出席会议。

6日 一名65岁的美国客商深夜突发脑梗死中风动弹不得，辗转联系翻译和司机后，却因房门反锁无法脱困。接到报警后，长安镇消防、医院等部门人员赴现场破门施救。医护人员为他紧急抢救，让他的肌力在40分钟后得以回复，为治疗争取宝贵时间。

△ 东莞市石龙铁路集装箱办理站工程开工。该项目是广东省主动融入国家“一带一路”的重要举措，总造价3.78亿元，工期为24个月。

6—8日 由两岸企业家分会主办、广东省台办和东莞市政府承办的两岸青年就业创业研讨会在东莞市举行。该研讨会主题为“追逐梦想，开创未来”，举办“成功之路”大家谈、青创展览会、创业就业对接会等多项活动，吸引台湾青年来大陆创业，大陆各省市为台湾青年提供近1000个就业岗位。目前，两岸媒体联合采访团探营东莞的两岸青年创业基地和示范点，了解台湾青年在东莞市的创业情况。经了解，2016年成立的东莞台湾青年创新创业服务中心，储备超过80个台湾青年创业项目，涵盖物联网、生物技术、无人机等新型产业。

9日 “粤新号”援疆旅游扶贫专列捐赠仪式举行，东莞市等3个对口支援城市开展“三个一”（一批书籍、一批衣物、一批捐款）扶贫捐赠活动。

10日 东莞市高新技术产业协会成立。该协会由东莞市高新技术企业协会和东莞市科技创新企业协会整合而成。

12日 第十六届大朗“织交会”新闻发布会在北京饭店举行。该届以“活力·新织城”为主题的“织交会”将于2017年11月1日至3日在大朗镇举行，将突出强调智能生产、原创设计等趋势，专业性、细化性更强。

13日 东莞市15名执业律师赴新疆、西藏、内蒙古开展为期一年的法律援助活动，这些律师大多年龄在50岁左右，都是律师事务所业务骨干，其中还包括几位律师事务所的主任和合伙人。

13—14日 市委书记吕业升率党政代表团赴云南省昭通市开展东西扶贫协作工作。

14日 市长梁维东主持召开市政府常务会议，审议通过《加快推进东莞大道—蛤地路节点交通改善工作有关事项》及《对东莞汇乐环保股份有限公司等企业利用资本市场奖励有关事项》等事项。

16日 市食品药品监管局在全市范围内开展打击利用互联网实施食品药品违法犯罪“清网行动”。

18日 凤岗镇油甘埔村路段发生一宗交通事故，一辆大货柜车失控连撞两车之后侧翻，压瘪两辆私家车，造成4人轻微伤。

△ “改变·力量——2017第二届企业创新生态圈大会”在东莞市召开。该大会旨在展现全球前沿科技、加速项目落地、助力企业发展，加快实现东莞智造企业的倍增发展，并向世界展示深莞两地的国际化形象。

△ 市政府常务会议审议通过《东莞市名校研究生培养（实践）补助资金管理实施细则（试行）》等多个重大事项。会议提出，东莞将设立名校研究生培养（实践）补助专项资金，主要用于补助来莞联合培养（实践）的研究生的生活补贴、报销往返东莞交通费，以及支持高校在莞设立研究生培育管理机构。

20日 全省地级以上市政协外事侨务工作座谈会在东莞市召开。

21日 东莞市与云南省昭通市举行扶贫协作合作项目签约仪式，签署"携手奔小康行动"框架协议。

△ 东莞市在体育中心举办庆祝中国人民解放军建军90周年、东莞市爱国拥军促进会成立3周年电视文艺晚会。该晚会以"爱国双拥固长城"为主题，深入体现军民同心、军地合作和军地深度融合的双拥工作特点。

22日 由广州铁路（集团）公司、东莞徐记食品有限公司联合开行的"徐福记号"货运专列首发。该专列系全国首趟铁路食品集装箱快运专列。

25—26日 全球最具影响力的行业展会之一，2017世界增强现实亚洲博览会（东莞站）在东莞市松山湖光大We谷国际厅举行。

26日 东莞市召开城市品质三年提升计划工作动员会，全面部署城市品质三年提升计划各项工作。初步选定第一批次城市建设项目490多个，预计将带动市镇两级财政、市场、社会各方投资接近1000亿元。

27日 市纪委联合市文广新局共同举办的2017年东莞市廉政小品曲艺创作大赛决赛闭幕。由东莞市审计局报送的作品《乌龙茶》获金奖。

29日 第五届中国"十大边防卫士"颁奖典礼在北京举行，广东公安边防总队东莞边检站虎门分站科长刘洋等获奖。

30日 "2017南粤古驿道汽车定向赛（麻涌站）"开幕。比赛吸引3000多名运动员参加，观众人数过万。该赛事首次加入汽车元素，把汽车拉力与越野定向创新性结合，使定向赛的趣味性和活动半径大大扩展。

31日 东莞市上半年经济形势分析会暨市政府重点工作推进会召开。据初步核算，上半年全市实现地区生产总值3525.4亿元，同比增长8.1%，分别快于全国和全省1.2个和0.3个百分点，是4年来同期最高。其中，东莞五大支柱产业中的电子信息制造业、食品饮料加工制造业、造纸及纸制品业的利润实现倍增。

△ 市长梁维东主持召开市政府常务会议，审定调整退休人员基本养老金等事项。该调整将惠及全市35万名退休人员，调整后退休人员月人均基本养老金增至1466.20元。

△ **31日至8月1日** 武警东莞市支队组织百名特战队员举行"兵头将尾"军事大比武，检验特战能力训练水平，表彰训练尖子，以大比武方式迎接建军90周年。

8月

1日 由全国应用哲学研究会、中央党校哲学教研部、东莞市委党校共同举办的"全国应用哲学研究会2017年年会暨第二十次理论研讨会"，在东莞市委党校举行。会议以"价值哲学与中国问题"为主题，深入研究当代中国改革发展中的重大理论与现实问题，为推进中国特色社会主义事业凝聚力量提供价值共识。

△ "2017东莞国际友好城市交流夏令营"在东莞外国语学校开营。来自韩国、德国、捷克、埃塞俄比亚和汤加的近50名师生代表与40余名东莞青少年携手展开一次体验中国文化，促进国际文化交流的夏日之旅。

3日 广东省企业联合会、省企业家协会发布《2017年广东企业500强榜单》，生益科技、搜于特、易事特、劲胜智能等16家东莞企业榜上有名，上榜数量居全省第四位。

4日 东莞市协助四川省相关部门举办"'2017中国·雅江松茸美食节'走进东莞活动"。该活动是为了提升"雅江松茸"的知名度和市场认可度，吸引珠三角企业到雅江投资兴业，发展特色旅游产业，助力当地脱贫攻坚、增加农牧民收入。

△ 由共青团省委、东莞市政府等12家单位主办的第四届"创青春"广东青年创新创业大赛复赛暨成果交易会在东莞市举行。活动现场，团省委、东莞市政府宣布将投入2亿元广东青年创业投资基金，帮扶青年创新创业。

6日至8日 省委书记胡春华到东莞市调研科技创新工作，强调要深入贯彻中央部署和省第十二次党代会要求，深入实施创新驱动发展战略，努力营造集聚创新要素资源的良好环境，推动国家科技产业创新中心建设取得实效。

7日 市供电局携手相关单位共同举办2017年首届"电网开放日"之电力闯关小纵队活动。在暑期之际带领学生走进"电莞家"社会责任基地，参观新能源展示区、莞电时间廊、园岭变电站、电力综合展厅，并通过国内首个"电力声音博物馆"、趣味闯关挑战等创新互动形式，给学生带来一场360°全方位的电力知识盛宴。

8日 东莞市第九届运动会暨第二届残疾人运动会在市体育中心体育馆开幕。运动会设篮球、游泳、田径、皮划艇、举重、击剑、跳水等23个项目，有6000多名运动员参赛。

△ 东莞市交警首支铁骑队组建成立，80辆带统一标识的铁骑从交警支队大院出发，启动铁骑勤务。

10日　市委宣传部会同市工商局在东城举行东莞市粤港澳银政通暨个体工商户全程电子化登记改革启动新闻发布会，20多家中央省市重点媒体记者参会。

11日　中国科学院高能物理研究所与东阳光集团在东莞市中国散裂中子源园区内，举行硼中子俘获治疗项目合作签约协议。

△　市发展和改革局、市住房和城乡建设局、市房产管理局联合发出《关于进一步加强新建商品住房销售价格备案管理的通知》，要求楼盘首次备案价由原来的不能超过同镇街同类型楼盘前3个月均价的20%收紧为15%（含），促进企业和市场的持续健康发展。

△　市召开电网及信息基础设施建设工作会议，标志着东莞“电网升级行动”启动。该升级行动重点放在配网建设方面。根据早前印发的《东莞市电网升级行动计划（2017—2020年）实施方案》，到2020年底，配电网可转供电率、配电网自动化覆盖率、分布式光伏项目接入率、智能电表覆盖率均实现100%，“安全、可靠、高效、绿色”的东莞智能电网将基本建成。

11—14日　第38届国际名家具展览会在东莞厚街广东现代国际展览中心举行。

16日　市委宣传部联合市府办、经信、商务、统计及海关等部门召开上半年经济运行新闻发布会，30家中央、省、市及境外重点媒体参加发布会并发布主题报道。

△　沙田镇先锋渔港码头，解禁渔船陆续扬帆出海。

△　市政府官网发布《东莞市名校研究生培养（实践）补助资金管理实施细则（试行）》。规定：来莞培养（实践）的研究生报到后，可向东莞市名校研究生培育发展中心提交补助资金申请。其中博士研究生每人每月2500元，硕士研究生每人每月1500元，两者每年补贴均不超过10个月。该《细则》自颁布之日起实施，试行一年。

17日　国家能源战略工程——滇西北至广东±800千伏特高压直流输电工程东莞段施工工程面临沿线镇区建筑密度高、土地资源紧张，确定线路走廊路径难等多项挑战。在市政府及供电局协调下，105个基铁塔全部进场施工，完成土建施工91基，完成组塔施工74基，完成线行通道（架线）22.351千米。

△　市政府常务会议审议通过《东莞市商改后续监管和“智网工程”对接融合工作方案》《东莞市建立新型清理无证照经营长效机制工作方案》等多个重大事项。在推动商改后续监管和“智网工程”方面，将选取道滘、横沥、大朗、厚街4镇作为试点，并于9月全面推广；在清理无证照经营方面，将用3年时间基本完成存量无证照经营清理，实现新增无证照经营的常态化管理。

18日　市住建局发布通知，从9月1日起不再受理商品住宅工程交楼标准样板房检查申请，房地产开发企业申请办理商品房预售许可证时，住建部门不再收取商品住宅工程交楼标准样板房相关资料。

19日　东莞市举行“提高边检服务十周年”大型宣传活动。2008年常平口岸率先启用旅客自助查验系统，成为全国首家开通旅客自助查验系统的边检站。升级后，通过“智能验证台”实现证件真伪快速检验、旅客信息自动收集、人脸特征识别、通道无盲区监视等功能。

△　东莞市被广东省定为臭氧污染防治示范区。从下月起，东莞市开展臭氧污染防治专项行动，取缔城市建成区露天烧烤行为。

△　由东莞市粤剧发展中心、莞城文化服务中心联合主办，东莞市戏剧曲艺协会承办的“莞邑红豆”少儿粤剧培训班举办，近70名青少年报名参与。该培训班为公益性培训，学员除能够得到专业教师面对面授课训练外，还可以获得莞城粤剧专场晚会的演出机会。

20日　首届“情暖童心·小候鸟看东莞”关爱留守儿童活动在东莞市启动，30名外地来莞探亲的小朋友及其家人出席启动仪式，并开启他们“悦看东莞”两天游乐行程。

22日　诞生于松山湖生态园高新区的高科技产品光启“云端”号，因兼具“超高铁塔”和“超低卫星”等高科技功能，在英国广播公司的《你所不知道的中国》纪录片第三季第五集中亮相。片中介绍“云端”自主研发、在深圳滑坡事故中显身手等故事。

△　台风“天鸽”袭击东莞，其中虎门、万江、沙田等沿海、水乡镇街水位超历史极值，多处低洼地段和路段出现水浸。东莞市委、市政府领导重视“天鸽”的防御工作，并召开视频会议，在江堤一线督导台风防御工作。全市转移人数30741人，安置人数27946人，庇护场所启用809个，关停景区11个，撤离人数805人。

△　东莞市第十六届人大常委会第六次会议召开，会议公布2016年全市一般公共预算收入可比增长8.2%，收入规模稳居全省第四位。

△　《情系故土——王匡捐赠书画展》在东莞市博物馆开幕，展出老一辈新闻人王匡捐赠的51幅书画作品。王匡1917年生于东莞虎门南栅西头村，历任新华通讯社华南总分社社长、南方日报社社长、国家出版事业管理局局长等职务，始终心系家乡，帮扶东莞的经济、文化建设。

25日　东莞市政府与京东集团在北京签署战略合作协议。京东集团将在电子商务、智能制造、云计算、大数据等领域与东莞展开全面合作，将东莞打造成为京东未来在南方布局的核心和利润中心。

△　东莞市2017年第二季度“东莞好人”入选名单发布仪式在

茶山镇超朗文化广场举行。活动现场为20名入选的“东莞好人”颁发证书。

26日 东莞市公布“最多跑一次”首批事项清单。8月起，市民“跑一次”甚至“零跑动”，即可在莞办理“失业保险待遇核定”“户口迁移”“校车驾驶资格许可”“社会力量举办非学历教育机构审批”等1173个事项。

△ 第16届亚洲马拉松锦标赛暨2017东莞国际马拉松赛在东莞举行。该赛吸引48个国家和地区200名专业运动员来莞竞技。

26—30日 市委宣传部组织媒体前往对口帮扶地区昭通进行集中采访。据报道，东莞6个镇街与云南昭通10个国家级贫困县（区）结对，新建住房，安置贫困人口1802户6886人；扶贫协作工作组首创两地劳务协作援建模式等。

27日 湖南省岳阳县筻口镇潼溪小学重建工程竣工，总投资的800万元中有500万元由东莞展能LP53团队53名志愿者筹集，他们除自己带头捐款外，还通过网络发动5万余人参与。

30日 东莞市民营投资集团有限公司成立，首期注册资本金100亿元，为东莞民营企业商群抱团发展打造新的平台。

△ 市长梁维东主持召开市政府常务会议，审议通过《东莞市困难家庭医疗救助暂行办法》等，决定把医疗救助对象扩大到低保对象、特困供养人员、低收入对象、支出型贫困对象四类人群，同时相应提高医疗救助标准。

△ 东莞市政府和黄埔海关联合召开新闻发布会，黄埔海关推出33条创新举措，支持东莞构建开放型经济新体制试点试验工作。

31日 维他奶集团在国内规模最大的生产中心——维他奶（东莞）食品饮料生产中心签约仪式在常平举行。标志着投资达10亿元的维他奶（东莞）食品饮料东莞生产中心落户常平。

9 月

1日 东莞市公布2017年东莞市教育基金会资助困难家庭子女读书学生名单，新学年将有444名困难家庭子女获得资助，资助标准从800元/人到7000元/人不等。

△ 市委宣传部配合中科院高能所召开新闻发布会，有30多家重点媒体参加发布会。会上公布位于东莞的国家大科学工程——中国散裂中子源（CSNS）于8月28日首次打靶成功，获得中子束流，标志着CSNS主体工程完工。

△ 2017年工业大数据与智能制造高峰论坛在东莞市举行。

△ 第四届广东青年创新创业大赛决赛在东莞市举行。

△ 埃塞俄比亚授予东莞华坚国际轻工业城（埃塞俄比亚）有限公司董事长张华荣“埃塞工业之父”称号。

4日 东莞市举行经信工作会议暨打造智能制造全生态链现场会。会议围绕“打造智能制造全生态链”总体目标，要求年内完成100条以上普及型智能制造示范线建设，力争通过3年时间，推广建设10个智能制造示范车间，支持100个智能化升级改造项目。

5日 市政府召开常务会议，审议通过《东莞市科普和学会科技服务项目实施办法》等事项。计划用5年时间创建10个市科普示范镇（街道），20个市科普示范社区，30个市创客培育中心、学校，30个市科普教育基地，对被授予“全国科普示范镇”一次性给予100万元资助。

6日 东莞市首宗以“熔断”方式进行竞拍的地块进入最终交易阶段，引来12家房企竞争，最终由中海地产集团以4.3亿元总价夺得，该成交地价低于最高限价。同一天，东莞首宗以“摇号”方式竞拍的地块以底价成交。

△ 省委副书记、广州市委书记任学锋，广州市委副书记、市长温国辉率党政代表团一行，先后到东莞市滨海湾新区、中国散裂中子源、松山湖华为智能制造基地考察，实地了解东莞市抢抓粤港澳大湾区建设机遇，落实广深科技创新走廊建设，谋划高新技术产业等方面的情况。穗莞双方明确将以交通、产业、港口、环保和水务、政务服务等为重点，将合作事宜项目化，列出时间表和路线图，逐一推进落实。

△ 东莞市公布《关于全面加强和改进学校美育工作的实施意见》，明确中小学校要在开设音乐、美术课程的基础上，创造条件开设舞蹈、戏剧、戏曲等地方课程，同时采取编制内招聘教师或人才引进、临时聘任专任教师和购买社会服务等方式，要求到2020年，全市各级各类学校将足额配备美育教师，确保音乐、美术课程开足课时。

7日 国家版权局授予东莞市“全国版权示范城市”称号。这是全国第九个，广东省第二个、地级市中第一个全国版权示范城市。

△ 东莞市警方通过综合利用信息导侦、调查走访等措施，破获1件非法运输持有假币案，抓获1名犯罪嫌疑人，现场扣押假人民币104万元。

△ 东莞市青少年活动中心在全国群众体育先进表彰大会上，获评为“2013—2016年度全国群众体育先进单位”。

7—10日 “2017东莞台湾名品博览会”在东莞市举行。该展会以“跨界资源整合创新智造倍增”为主题，设置近800个国际标准摊位，吸引330家企业参展，参观、采购人数达20万人次。

8日 中央综治委在中国长安网对拟表彰的60个全国社会治安综合治理优秀市160个全国平安建设先进县进行公示。东莞市成为广东省3个入选的地市之一。

△ 松山湖国际精准医学园与中国医药巨头广药集团签署战略合作协议，双方将共同建设和运营“广药集团（松山湖）国际创新医

药及医疗技术转化中心”，接轨世界一流医药产业技术。合作涉及创新化学药、抗体疫苗生物药、新疗机器人、中药资源等多个前沿领域。

△ 东莞市印发《关于打造创新驱动发展升级版的行动计划（2017—2020年）》，提出力争用3年时间，将东莞市打造成为粤港澳大湾区的创新高地和具有全国影响力的科技产业名城，迈入国家创新型城市行列。为此，东莞将实施提速、鲲鹏等十大计划。

△ 东莞市交警组织1200多名警力，开展涉酒驾驶违法行为专项整治全市统一行动。共查获醉酒驾驶6人，酒后驾驶62人。

△ 中国建设银行广东省分行与东莞市政府签署《支持与服务东莞市全面落实粤港澳大湾区城市群发展规划合作协议》及《支持和服务东莞市滨海湾新区建设规划合作协议》。未来五年，建行将向东莞市政府提供不低于2000亿元的综合授信，全方位提供多项综合化融资服务以及专业化融资工具和现金管理、造价咨询等增值服务。

△ 省委常委、常务副省长林少春率队到东莞，不打招呼，不听汇报，直奔现场，深入麻涌镇政府和中储粮总公司突击检查安全生产工作。

9日 “2017年东莞企石镇千年秋枫文化节暨民俗动漫嘉年华”活动于企石镇文化中心开幕。该活动将持续到15日。其间，企石镇还将举办21项各具特色的文化民俗活动。

△ 省委常委、宣传部部长慎海雄到东莞市调研宣传思想文化工作，走访多地详细了解精神文明创建、社会主义核心价值观培育、科技创新等情况。

10日 东莞市首家由星级酒店转型而成的养老院开业。该养老院规划300个床位，未来还将启用血压室、输液室、护士站等“医疗”区域。

△ “2017东莞台湾名品博览会”闭幕。据统计，共吸引19.6万人次进场参观采购，其中专业采购商1.05万人次、一般民众超过18.55万人次。创造总成交金额29.86亿元，现场零售1.26亿元，现场采购订单10.8亿元，1年内采购意向17.8亿元。

11日 省政府宣讲培训团在东莞市举办首场宣讲培训会，团现场对“实体经济十条”关键政策点进行深入解读和案例分析。

12日 来自珠三角的近百名企业代表、节能行业精英、专家聚集在东莞市，参加由东莞市电子信息产业协会、广东省南华技能和低碳发展研究院联合举办的“珠三角节能技术推广会”，分享节能减排的经验和行业的尖端节能技术。

13日 《东莞市研究生联合培养（实践）工作站实施管理办法（征求意见稿）》在东莞市科技局网站上公示，经认定的东莞市研究生联合培养（实践）工作站，市财政拟一次性给予不超过50万元的资助。

△ 全国第十二届政协常委、经济委员会副主任、原中国银监会主席刘明康一行到东莞市调研，在东莞银行召开专题调研座谈会。

16日 东莞市运动员在第十三届全国运动会上，获7金6银4铜成绩。

17日 “东莞2017广东省集邮展览”在东莞市石龙（中学）体育馆开幕，来自全国的集邮领域专家、东莞市文史专家、集邮爱好者等500多人参加开幕式。开幕式同步举行《科技创新》邮票全国首发仪式。该展览时间至19日结束。

20日 由东莞市文明委主办的“善行东莞·大爱无疆”第六届东莞市道德模范授授奖仪式举行，分别为当选的10名道德模范和10名提名奖获得者授奖。

21日 “2017海丝博览会”在东莞市广东现代国际展览中心开幕。该展会共有56个国家和地区参展，参展企业1682家，展位3556个，展览面积10万平方米。其中伊朗等国首次设立国家馆。

△ 东莞市在全国社会治安综合治理表彰大会上获2013—2016年度“全国社会治安综合治理优秀城市”称号，首次捧回全国综治最高荣誉“长安杯”。

△ 由广东省文化厅主办的“公共文化建设现场”——2017广东公共文化研讨会在佛山开幕。第一批广东省公共文化服务体系示范区（项目）名单出炉。其中，东莞市长安镇等8个区（镇）获评首批省公共文化服务体系示范区。

23日 全省文明校园创建工作电视电话会议召开，会议对广东省第一届文明校园进行表彰。其中有东莞中学初中部、东莞市莞城步步高小学、松山湖中心小学。

27—29日 2017年“邹振先杯”粤港澳大湾区（东莞）青少年田径邀请赛在东莞市东城体育公园举行。

28日 东莞国际邮件互换局兼交换站运营启动仪式在东莞跨境贸易电子商务中心园区举行。该站运营之后，东莞市进出口邮件将不必绕行广州，可直接与全球200多个国家（地区）互换邮件，更有望在石龙搭乘“中欧班列”，进出口邮件寄递时限预计可缩短半天至2日。

△ 黄埔海关在东莞市长安车检场，启动“航空打板”顺势监管模式改革试点。新模式下，企业实现24小时全天候生产，产品当天下线、当天就能上飞机，货运卡车直接对接香港航班，空运出口货物物流时间平均减少一半，物流费用减少30%。

29日 2017年“松湖杯”创新创业大赛在东莞市松山湖启动，面向全球征集优质创新创业项目，大赛总奖金达430万元。

30日 广州市与东莞市签订《广州市人民政府东莞市人民政府深化战略合作框架协议》《广州港务局东莞港管理委员会港口合作发展协议》《广州南沙新区东莞市滨海湾新区战略合作框架协议》三项合作协议。两市将在规划衔接、交通基础设施、港口航运等八大领域深化交流与合作，谋划并落实一批重大合作项目。

10月

1日 市人民政府在人民公园革命烈士纪念碑广场举行烈士公祭活动，全市各界代表750人参加活动。

△ 中国音乐学院第七届全国考级大赛总决赛在东莞市开赛，全国22个赛区成功晋级的3000多名选手齐聚东莞开展音乐巅峰对决。该大赛开创高校与地方政府在艺术产业合作上的新模式。

3日 经省专家核验组审查核验，全省有38个镇（街道）被省林业厅认定为“广东省森林小镇”，其中东莞市的东城、道滘及清溪入选。

3—4日 国际龙舟邀请赛·嘉年华活动在东莞市麻涌镇华阳湖举行。该赛事共邀请8支国际队和23支国内队参加，其中国际队有菲律宾、美国、加拿大等国际友人参赛。

11日 东莞市召开督办市政协重点提案调研座谈会，强调要将园区统筹组团发展与广深科技创新走廊建设紧密结合起来，突出平台节点打造，带动人才、产业、资本等高端创新要素加速集聚，以点的引爆形成创新发展新局面。

12日 东莞市举行滨海湾新区、东莞港揭牌仪式。市委书记吕业升参加揭牌仪式，并强调，广深科技创新走廊是东莞重大机遇，东莞将以广深等先进地区为标杆，突出创新平台、创新主体、创新生态三大重点，打造创新驱动发展升级版，全面促进国家科技创业创新中心和粤港澳大湾区建设。

13日 市精神文明建设委员会集中发布东莞市2017年第一期企业诚信“红黑榜”，并通报上期诚信“红黑榜”中15家“黑榜”企业的整改情况。

△ 市委书记吕业升主持召开市委常委会会议，传达贯彻全省城市基层党建工作经验交流座谈会精神，审议通过《东莞市贯彻省降低制造业企业成本支持实体经济发展加快推进企业倍增计划的实施方案》等。

14日 东莞市首家天文陨石馆开馆，免费向市民开放参观。馆内藏品集中展示来自世界各地的80多种陨石标本，其中有获得大世界基尼斯之最陨石标本一套。

16日 市长梁维东主持召开市政府常务会议，审定《东莞市纺织服装学校新建教学实训楼及学生宿舍项目建设规模、投资规模有关事项》等重大事项，东莞三所公办学校将实施校园改造。

17日 市统计局发布2012年至2016年东莞经济社会发展情况，分别从经济总量、经济结构、新经济、镇域经济、社会民生等5个方面，阐明5年来东莞经济社会的发展。统计显示，东莞GDP排名重回全国前20。

10月17日—11月18日 东莞市首届全民尚艺节举行。共有33个镇街（园区）文联、20多个文艺家协会以及近20个文艺机构等开展190个活动、千名艺术家参与其中，活动内容涵盖电音、摇滚、快闪和网络文艺等时尚文艺形式。其中，文创文献特展展出千余件文创作品，在全民尚艺节闭幕电子音乐晚会上颁发最具创意项目奖等55个奖项。

18日 东莞智慧城市无线Wi-Fi项目启动发布大会在松山湖举行。该项目由东莞市财政投入1.5亿元建设。

△ 中国城市经济学会中小城市经济发展委员会、中小城市发展战略研究院等单位联合发布第十三届中国中小城市科学发展指数研究成果暨“2017全国综合实力百强县市”“2017全国综合实力千强镇”前100位榜单，东莞市有13个镇入围全国百强镇。

△ 中船松山湖军民融合创新创业中心暨东莞中船军民融合研究院揭牌仪式在东莞松山湖举行，标志着又一家世界500强央企领衔的军民融合新型研发机构在松山湖启动运行。揭牌仪式后，6家民营企业与东莞中船军民融合研究院签订合作协议，双方将在投资孵化、知识产权运营、标准咨询、资质服务、质量检验、产品配套等领域展开合作。

△ 市统计局公布工业、服务业、民营经济三组数据，服务业总量稳居全省地级市第一位。

△ 由东莞市文学艺术界联合会等多家单位联合举办的“跨界：汉字艺术+制造”创意展览在21空间美术馆开幕，拉开首届东莞全民尚艺节的帷幕。该节将在全市组织190场活动。

18—28日 来自德国黑森州近50名师生团到东莞市参观交流。德国师生走进塘厦镇，感受中国式教育，与中国学生共同探讨、了解双方的历史和文化，共叙友好情谊。

20日 市统计局发布十八大以来东莞市文化产业发展情况显示，过去5年，全市文化及相关产业增加值从2012年的219.6亿元增加到2016年的335.47亿元，占GDP比重从4.38%提高到4.9%，文化产业增加值仅次于深圳、广州，跃居全省第三位。

23日 市委副书记、市长梁维东主持召开市政府常务会议，审定位于虎门镇的海景大桥、南冲桥和位于长安镇的上角桥整治工程初步设计概算以及位于大朗镇的美景路升级改造工程项目等。

25日 东莞市发布《关于加强商业办公类建筑项目管理的通知（试行）》。《通知》对“商改住”建筑设计、施工、验收、销售、宣传等，提出限制性调控政策。

△ 由国家安全监管总局监管部门率领国务院安委办检查组一行7人，到大岭山镇东莞市富宝家居集团有限公司开展安全生产大检查“回头看”。重点检查企业安全生产大检查、粉尘涉爆专项整治等情况。

26日 东莞市召开贯彻落实广东省降低制造业成本全面推动实体经济企业规模与效益倍增会议，出台“实体经济十条”政策计36项措施，进一步为东莞企业减负，并将东莞“倍增计划”经验成果逐步推广到全市制造业企业，力促实体经济提质增效。

△ 由大岭山镇文广中心联合广东东江纵队纪念馆制作的广播剧《火凤凰》获第十六届中国广播剧研究会广播剧专家奖金奖、第十一届广东省“五个一工程”优秀作品奖。

△ 东莞市通过国家水生态文明城市建设试点验收。数年来，东莞以创建国家水生态文明城市试点为契机，努力打造人水和谐、人水相亲的水生态文明城市。在水生态文明城市试点期内，规划投资148.58亿元建设76个项目，在生态修复、流域治理，特别是水环境保护措施等方面进行深入探索。至2017年10月，水管理、水污染防治、水生态、水安全、水文化“五大体系”工程建设稳步推进，取得显著成效。

△ “2017年松湖杯创新创业大赛电研院分赛区及第四届岭创国际创新创业大赛东莞分赛区”首轮路演活动，在电子科技大学广东电子信息工程研究院举行，有12家企业及项目团队参加，创业项目涉及教育、大数据、智能制造、车联网、3D打印、医疗等多个行业领域。

27日 国家模具产品质量监督检验中心（广东）在东莞市长安镇举行揭牌和试运行启动仪式。该中心是华南地区唯一一家国家级模具质监中心。

△ 长安镇业余粤剧团于10月30日、31日在北京梅兰芳大剧院上演原创大型现代粤剧《浴火凤凰》和《铁血传奇》。其中《浴火凤凰》讲述的是叶挺将军与夫人李秀文的革命爱情故事，以独特的视觉刻画革命战争时期的历史风云。

△ “2017国际视网膜高峰论坛”在东莞市举办，同时启动“健康视界尽收眼底”眼底病公益救助行动。该项目首期投入100万元，5年累计投入1000万元，为相关疾病的贫困患者提供救助。

△ 虎门镇原创大型动漫片《神秘的海岛》在央视少儿频道播出。该片以虎门威远岛为创作原型，融合虎门服装产业、文化积淀、旅游资源等众多发展新创意，彰显虎门深厚文化底蕴。

28日 东莞市老干部大学举行重阳节主题游园活动，约有1600位老人参加。

30日 市长梁维东主持召开市政府常务会议，研究以市域为范围，依托广深高速、莞深高速、广深铁路等交通要道，整体谋划东莞市科技创新走廊规划建设。

△ 茶山镇在东信利恒保税园区举行招商引资重点项目签约暨东信利恒保税园区开业仪式。仪式上有5个亿元项目签约，投资总额超21亿元。

31日 市倍增办对外发布2017年东莞市“倍增计划”试点企业骨干人才资助（第一批）公示名单，578名骨干人才将获得资金资助，资助范围包括企业高管、产业工人、研发工程师等。

是月底 东城街道举行金融产业聚集区建设项目合作签约仪式，现场签约六大合作板块43个项目。

11 月

1日 中国首个综合地质调查船“海洋地质十号”完成试航任务后，在东莞市东江口码头靠泊。

△ 第九届中国国际影视动漫版权保护和贸易博览会展前新闻发布会在东莞市召开。该届漫博会将继续突出“国际化、专业化、市场化、品牌化”的办展思路，通过5个专业类别版块展示动漫魅力，展示面积6000平方米，参展企业227家，公众艺术专题展将增加到10场，且全部对公众免费开放。

1—3日 由广东省模具工业协会、广东省机械模具科技促进协会、东莞市机械模具产业协会主办，东莞市横沥模具科技产业发展有限公司承办的“第十一届广东东莞模具制造·机械展览会”在横沥汇英国际模具城展示中心举行。改展览会“以展聚人气、以展促产业”为主题，定位“展精品、重技术、求创新”，设展位500个，吸引近百家企业参展，展出机械、五金、模具、刀具、工量具等行业的最新尖端产品和技术，同时集合一系列有深度的专业研讨交流活动。

1—3日 第十六届中国（大朗）国际毛织产品交易会在东莞市大朗镇毛织贸易中心举行，总展览面积超20万平方米。其间，还举行第十五届中国（大朗）毛织服装设计大赛。该大赛以“丝路旋律”为主题，以毛织为亮点，结合现代设计师的裁剪与设计，将时尚、文化与毛织融合在一起，为该届交易会主要活动项目之一。

2日 东莞创新论坛暨松山湖机器人产业高峰论坛在松山湖举办，主题为“机器人产业发展——机·智时代，博弈未来”。

△ 由市文明办牵头主办的“乐韵童心”东莞市首届童谣创作传唱大赛精品展演举行，全市各小学（幼儿园）师生代表约1000人观看展演。该大赛自5月启动，收到来自东莞和全国各地作者创作的童谣作品稿件1169篇。

△ “巾帼思路”百家名企经贸交流会暨东莞女商两周年庆典在东莞市举行。会上，市女企业家商会启动第3个慈善项目——“阳光爱”合唱团，将进一步丰富特殊人群的业余文化生活，提高特殊人群的综合素质和艺术修养。

△ 麻涌镇公安分局民警成功救出一名“开艇”出走的8岁男童。该男童因贪玩跑进一艘小艇，并在江中漂流6小时，一直漂出东江口，差点漂出海。

3日 “2017年全国农产品加

工科技创新推广活动”在东莞市举行。来自全国400余家农产品生产企业代表1000多人参加活动，产生合作意向204项，现场签约合同总金额3.2亿元。此外，活动运用互联网技术开通科技成果线上对接平台，1天内吸引全国各地农产品加工从业者3.3万人次参与，全国网友2万多人次观看活动网络直播。

3—5日 “2017横沥百年牛墟风情节”举行。该节以“坚守传统·培育文明”为主题，涵盖横沥镇非物质文化遗产展示、美食嘉年华、横沥文明城市创建图片展等15个活动项目。

4日 市食品药品监督管理局网站全新打造“能量全天候”栏目，设置“示范创建”“科普园地”“权威辟谣”和“经验交流”4个板块，向市民提供最权威专业、最贴近生活的食品药品安全消费资讯。

△ “第五届传承家风·金秋敬老节暨登高邀请赛”在樟木头镇举行，参加人数超过5000人，包括150位老人及40支优秀团队。大赛现场50余位孝心儿女为父母洗脚，其中有孙子、孙女为爷爷和奶奶洗脚。

7日 东莞市印发《东莞市加快新型研发机构发展实施办法（修订）》。规定，获批为省级新型研发机构一次性给予不超过100万元的财政资金奖励。

△ “粤港跨境直通快线”启动仪式在长安镇举行。该模式由东莞市政府和黄埔海关联合打造，标志着以智能手机为代表的内地制造业产品将可通过“粤港跨境直通快线”实现通关“提速度、降费用、简流程”，物流时间降低40%，物流成本约降低30%。

8日 东莞市举行庆祝第十八个记者节暨第十届东莞新闻奖颁奖礼活动。市委书记吕业升出席活动并为优秀新闻工作者颁奖。

△ 市长梁维东主持召开市政府常务会议，审定《东莞市综合社会福利院建设方案》《东莞市餐厨废弃物管理办法》等事项。

9日 东莞市启动“119消防安全宣传月”活动，各镇街同步组织消防安全宣传活动。

9—11日 第九届漫博会在东莞市松山湖学术交流中心举行。该活动围绕“影视动漫专业主体活动”“版权保护和贸易专业主体活动”“虚拟现实产业专业主体活动”等5大专业类别，举办4个专业品牌展，专门设置《老夫子精彩55》耐人寻味展“20174K超高清影视动漫产业展”等10场公众专题活动，聚焦动漫产业科技创新驱动的最新成果。

11日 首届“东莞城管开放日”举行，市城管队伍统一换装，四批不同季节的制式服装在开放日现场亮相，“12319”热线和城管微信平台同步启用。

12日 中央文明办在中国文明网公布，第五届全国文明城市名单，东莞市再次蝉联“全国文明城市”，实现“四连冠”。

15日 全长12.3千米、投资约25亿元的虎门滨海大道实现全线通车。这条贯穿虎门镇南北走向的城市主干道中轴线、标志性的景观大道，将通过接驳环莞快速连接东莞市中心城区，成为市中心城区与深圳前海的唯一快速通道。

△ 东莞市人民政府与紫光集团有限公司在东莞签订战略合作框架协议。紫光集团拟在东莞投资1000亿元，建设紫光集团芯云产业城项目暨“紫光集团华南区总部项目”。

16日 市长梁维东主持召开市政府常务会议。审定《关于延续执行科技金融产业“三融合”信贷支持政策的请示》《东莞市核心技术攻关“攀登计划”实施方案（2017—2020年）》等事项。决定对“三融合”信贷支持计划执行期延长3年，即执行至2020年12月31日；并把市财政每年贴息预算总额度由原来的6000万元提高到9000万元。

17日 第22届中国（虎门）国际服装交易会暨2017虎门时装周在东莞市虎门镇拉开帷幕。同日，“尚多元，享未来”第四届虎门国际电商节在虎门镇电商产业园开幕；第18届“虎门杯”国际青年设计（女装）大赛举行。

△ 全国精神文明建设表彰大会在北京举行。中共中央总书记、国家主席、中央军委主席习近平在人民大会堂亲切会见参加大会的新一届全国文明城市、文明村镇、文明单位、文明校园、未成年人思想道德建设工作先进代表和全国道德模范代表。东莞市委书记吕业升出席会议。

17—19日 “2017年东莞市现代制造技术职业技能竞赛”在东莞高训中心举行。来自10家职业院校和28家东莞企业274名选手参与竞赛。

19日 “2017中国城市规划”年会在东莞市开幕。开幕式上，东莞市被授予“2017中国城市规划年会优秀组织奖特别奖”。

△ 由东莞市华坚鞋业集团帮扶云南昭通市昭阳的11条制鞋生产线入驻工业园区开始生产；由东莞市润丰国际蔬菜交易中心投资12亿元帮扶建设的国际化农产品交易中心，落户昭通国际农产品产业园。

21日 市委成立党的十九大精神宣讲团。即日起深入全市各地各部门进行宣讲，推动党的十九大精神进企业、进农村、进机关、进校园、进社区。

△ 云南省威信县委、县政府与东莞市大岭山镇联合开展对口帮扶专场招聘会。会上，大岭山镇多家企业提供就业岗位近4000个，有1145人现场签订就业意向协议。

22日 历时一年半、国内首创的东莞川槎大桥防撞工程项目通过验收。该桥自2017年8月30日通航至当日，桥梁激光防撞预警系统共发出705次警告，监控纠警系统共发出25次警告，成功劝返超高船舶103船次，未出现船舶碰撞限高架及桥梁事故。

△ 东莞市城市更新局在市

国土资源局揭牌成立。主要负责东莞市的“三旧”改造工作。

23日 由新疆维吾尔自治区巴州文化体育广播影视局主办、东莞市莞城美术馆和巴州美术馆联合承办的“小而恢宏的力量——莞城美术馆藏藏书票展”巡展至巴州美术馆。展览通过“萌芽”“兴起”“蓬勃”“多元”“藏书票在东莞”5个章节，展出藏书票原作214件。

24日 2017（第九届）“塘厦高博会”在东莞市塘厦镇塘龙广场开幕。该展会设塘龙主会场和观澜湖东莞球会分会场两大会场，设展位650个，汇集国内外上百家高尔夫知名品牌，吸引客商8万人次。

25日 第16届亚洲马拉松锦标赛暨2017东莞国际马拉松明天开跑，吸引来自日本、韩国、印度等22个亚洲国家和地区的100名专业运动员参赛。经过激烈角逐，印度选手戈皮·索纳卡尔以2小时15分48秒的成绩获男子组冠军，中国选手杨定宏获第五名；女子组冠军由朝鲜选手金惠庆获得。东莞市是首个承办亚马的地级市。

28日 第三届“广东国际机器人及智能装备博览会”在东莞市开幕。该展会展位数多达6000个，参展企业数量比上届增长5.7%，其中本土参展企业数增长2.2%。其间，还举办广东省智能制造公共技术支撑平台推介会暨智能制造解决方案供应商对接活动、2017广东省制造业发展年会暨广东制造业500强企业峰会等相关主题活动23场。

29日 市长梁维东主持召开市政府常务会议，审定《东莞市分布式光伏发电项目建设管理暂行办法》和《东莞市分布式光伏发电项目资金管理办法》等事，对居民利用住宅建设分布式光伏发电项目按实际发电量补助0.3元/千瓦时。

△ 由香港力嘉国际集团投资的力嘉环保包装印刷产业园在东莞桥头镇开园。该项目占地面积10万平方米，建筑面积16万平方米，为广东最大的“包装印刷+互联网”产业园。

30日 中新社刊发《广东东莞力推政策性农业保险解农民后顾之忧》报道，称：东莞市农业局针对岭南种植特点，积极推广政策性农业保险，增加岭南特色水果种植保险和生猪养殖保险，解决农民农业生产的后顾之忧。

△ 东莞市在东莞港立沙岛作业区阳鸿码头举行水上应急联合演习，检验《东莞市重大水上交通事故应急预案》和《东莞市船舶污染事故应急反应预案》的科学性、可行性。

△ “2017东莞市投资环境推介会暨莞深产业合作对接会”举行，有12个投资项目进行集中签约落户东莞，项目协议投资总额124.81亿元。

12月

1日 市委书记吕业升主持召开市委常委会议，审议通过《东莞市行业协会商会与行政机关脱钩实施方案》。届时，全市223家行业协会、商会将有序脱钩。

△ 韶关市举行东莞对口帮扶项目华南先进装备产业园基础设施建设奠基仪式。

△ 由广东省委宣传部指导，《南方都市报》编制的《广东省全民阅读指数（2017）》发布。测评结果显示，东莞位列总榜第四位。

3日 由广东省作家协会主办，《作品》杂志承办的“我们的声音，诗歌进工厂系列朗诵会”首场在东莞市华坚鞋业集团举行。来自深圳、广州、东莞工厂的工人以及诗人代表、诗歌爱好者近800人参加。

△ 莞城街道在莞城美术馆举行爱心助学公益拍卖活动，由莞城街道8所学校小学生创作的美术作品拍出10万余元善款，全部用于资助云南省昭通市23个贫困学生的学习生活费用。

△ 市环保局启动“绿色出行周”系列活动，倡导市民在冬季每周选择一天作为绿色出行日，采用绿色交通方式出行。同时积极举报身边的环境污染问题。

△ 粤港警方协同在东莞市石龙镇侦破一特大跨境网络赌博案件，抓获犯罪嫌疑人48名，收缴涉案现金700万余元。

4日 市长梁维东主持召开市政府常务会议，审议通过《东莞市经济和信息化专项资金管理办法》《东莞市小额创业贷款实施方案》《东莞市博士后管理工作实施办法》等事项。其中《东莞市博士后管理工作实施办法》，对进入东莞设立的博士后流动站、工作站、分站、创新实践基地的博士后人员，在站期间东莞市财政每年给予15万元资助，资助期不超过2年，其子女还享受户籍子女入学的同等待遇。

△ “2017年中集‘智谷杯’赢在东莞科技创新创业大赛年度总决赛”在东莞举行。大赛沿袭中国创新创业大赛的赛制规格，结合东莞的产业基础，从不同渠道凝聚人才、技术、资本等创新资源，面向海内外征集具有市场化、产业化的参赛项目。最终来自美国硅谷赛区的LightPolymers团队获得团队组年度总决赛特等奖，东莞赛唯莱特电子技术有限公司获得企业组年度总决赛特等奖。

△ 由省总工会、省文化厅、南方报业传媒集团联合举办的“中国梦·劳动美”广东工人艺术团走进东莞市黄江镇裕元工业园。省总工会、东莞市总工会、黄江镇总工会、相关企业单位领导及东莞裕盛鞋业有限公司职工近1500人观看了演出。

5日 商务部、国家发改委召开构建开放型经济新体制综合试点试验工作推进会。东莞市试点试验专责小组负责人等参加会议并作交流发言。据悉，东莞市在构建开放型经济新体制综合试点试验中，形成两批25项具有良好示范效应的改革做法，加工贸易废料交易平台模式等5项改革措施获得国家部委复制推广。

△ 海关总署发布“全国外贸百强城市”，东莞市首次跻身前三，仅次于深圳、上海。

△ 在刚刚落幕的2017年中国技能大赛——全国智能楼宇和电梯安装维修职业技能大赛上，由东莞市高技能公共实训中心代表组建的代表队发挥出色，有9人获奖，其中包括职工组一等奖1人，学生组一等奖2人。职工组一等奖选手还有望获得由人力资源和社会保障部授予的“全国技术能手”称号。

△ 中共东莞市第十四届委员会第四次全体会议召开。会议主题是：贯彻落实省委十二届二次全会精神，把学习宣传贯彻党的十九大精神持续引向深入。提出：围绕滨海湾新区建设、广深科创走廊建设和镇街组团发展等市委市政府中心工作，实现六大跃升（创新转型发展、全面开放格局、区域协调发展、美丽东莞建设、社会和谐善治、文化繁荣兴盛）。

△ 市人民政府与华为技术有限公司签订战略合作框架协议，双方将在东莞智慧城市建设领域开展全方位战略合作，共同推动数据开放、共享和融合发展，协同提升社会治理能力，促进经济转型。

△ 东莞市“大湾区·深投控清溪科技生态城”奠基动工。该项目投资500亿元，计划5年时间建成，将引入和培育高新技术企业超过1000家，创造工作岗位超过20万个。

6日　2017东莞高层次人才活动周开幕。该活动周将举办23场活动，为80多个高端人才项目搭建交流平台。

7日　市委书记吕业升、市长梁维东会见来东莞参加2017中国（东莞）国际科技合作周、科研机构创新成果交易会的国内外嘉宾。吕业升称：科技合作周是密切科技与产业结合的重要平台，欢迎大家多关注和支持东莞的发展，将更多的科技成果放在东莞转化，为东莞的创新驱动发展贡献智慧，帮助东莞在转型发展上取得更大的进步。

8日　以“科技合作产研对接共创未来”为主题的2017中国（东莞）国际科技合作周在东莞市举行，同期还将举行科研机构创新成果交易会。合作周期间，将举办18场科技主题论坛和项目路演及多场产品推介活动。合作周暨科创会还邀请来自美国、俄罗斯、日本、德国等多个国家的外宾149人参会，吸引多个国家和地区的技术来莞寻求对接合作。

△ 广东省节能技术宣讲会在东莞市举行，来自全国各地的节能改造服务公司、制造型企业、专家等近200人与会。

△ 2017第十六届香港珠三角工商界合作交流会在东莞市举行。香港特别行政区行政长官林郑月娥，广东省政府党组成员陈云贤出席交流会。会前，市委书记吕业升与香港特区行政长官林郑月娥会面。

△ 由东莞松山湖集成电路设计服务中心、中国传感器与物联网产业联盟（SIA）、SEMI China联合主办的第一届松山湖“超越摩尔”技术创新论坛在松山湖高新区举行。论坛还邀请了歌尔股份、上海工研院、上海矽杰微电子等业界知名企业、科研院所等做主题演讲，展示超越摩尔技术在传感器、物联网等方面的应用及推动作用。

8—12日　第八届中国（东莞）国际沉香文化艺术博览会在东莞市寮步镇举行。展会总面积超过5万平方米，展位1300个。其间，还举行名家书画收藏精品展。

9日　“2017广东省马术联赛暨青少年锦标赛”第三站比赛在东莞市长安镇举行。共有来自粤港澳三地的70多匹马、约155对人马组合参与8个项目的竞逐。

9—10日　2017年“南社忠孝文化节”在东莞市茶山镇南社明清古村落举行。该活动上演34项精彩活动，包括香农巡游、旗袍秀、粤曲专场、百岁斋宴、非遗美食节、畅游南社等。

10日　2017莞港澳青少年科技教育交流活动在东莞举办，莞港澳三地近250名师生参观东莞的玩具机械人生产厂商、松山湖展览馆、东莞科技博物馆等地，并分组参加机械人挑战赛。

11日　市公安局举行居民身份证自助设备启用仪式。市民可利用该设备进行身份证拍照、挂失、换证、领证等，随时都可以办理。

13日　东莞市松山湖片区2017深圳招商推介会在深圳会展中心五楼茶花厅举行。现场签约29项，协议投资额超250亿元。

14日　黑龙江省牡丹江市党政代表团到东莞考察洽谈对口合作事宜。

△ 由中国美术家协会水彩画艺术委员会、中共东莞市委宣传部、莞城美术馆承办的“中国美术家协会水彩画艺术委员会年度提名展2017”在莞城美术馆开幕。展览将展出由中国美术家协会水彩画艺术委员会在全国范围内选拔及提名的30位艺术家112件水彩作品。

15日　散裂中子源工程科学技术委员会第四次会议在东莞市召开，来自国家自然科学基金委员会、中国科学院等机构的15名院士齐聚东莞，为散裂中子源的发展出谋划策。

△ 由莞城图书馆主办，中国出版协会装帧艺术工作委员会等协办的第七届“书籍之美”大型阅读推广活动在东莞莞城图书馆拉开帷幕。该活动以“书·筑”为主题，涵盖中国、日本、韩国“三国建筑师和书籍设计师的对话”展。

△ 全市水污染治理工作会议在塘厦镇召开。会议就加快推进40条重污染河涌综合整治和示范工程建设提出要求，同时决定再启动一批河涌整治工程。

△ 由中国政法大学法治政府研究院评估团队依据自主研发的指标体系，通过对100个城市的法治政府建设情况进行的全面评估，东莞市排名百家城市第四位。

16日　省委、省政府印发《广深科技创新走廊规划》，依托

“一廊十核多节点”空间格局，全面支撑国家科技产业创新中心和粤港澳大湾区建设，为全国实施创新驱动发展战略提供支撑。其中，规划指标数据统计范围为广州、深圳、东莞3市。东莞定位为：发挥制造企业和工业园区集聚的优势，建成具有全球影响力的先进制造基地、国家级粤港澳台创新创业基地、华南科技成果转化中心。同时，东莞松山湖、东莞滨海湾新区位列走廊十大核心创新平台，东莞市中子科学城、东莞水乡新城等36个单位园区位列走廊创新节点。

18日　市公安局交警支队和东莞邮政公司联合举行“东莞警邮合作年度工作总结暨新能源汽车号牌首发仪式”，宣布东莞启用新能源专用号牌。市民可通过互联网、手机APP等方式选号，号牌从生产制牌到邮政速递上门安装，实现24小时内完成。

18—20日　东莞市第十六届人民代表大会第二次会议在市会议大厦举行。大会依法选举出东莞市出席广东省第十三届人民代表大会代表24名和东莞市中级人民法院院长。

19日　由市委宣传部、市委统战部指导，市工商联、东莞公共外交协会、世界莞商联合会主办，东莞报业传媒集团、东莞广播电视台协办的东莞企业品牌故事大赛结果出炉，评选专家从164件参赛作品中依据原创性、真实性的原则进行评审，有10家知名莞企获得企业品牌故事话本金奖，10家知名莞企获评企业品牌故事演绎金奖。

△　长安镇第六届文化艺术节在该镇中心区拉开序幕。

20日　东莞市启动慈善救助平台暨“海豚计划”脑瘫儿童康复救助项目，为在东莞居住、工作，并在市内缴纳社保一年以上的非莞籍困难家庭0～6周岁的脑瘫儿童提供抢救性康复救助。

△　市长梁维东主持召开市政府常务会议，会议审定《东莞市工伤保险浮动费率管理办法》《关于建立我市失业保险单位缴费浮动费率的通知》等事项。为进一步降低企业经营成本，将分批对工伤保险、失业保险实施费率浮动机制。2018—2020年，两项措施预计为东莞企业减负逾20亿元。

△　“大沙田放歌——第二届东莞市诗歌大赛”颁奖暨获奖作品朗诵会在东莞市民艺术中心举行。该大赛自2017年5月启动以来，收到稿件490余件。

21日　省工商局与省社会科学院联合发布《2017年度广东各市开办企业便利度评估报告》。报告对广东省21个地级以上市开办企业便利度进行综合评价和排名，东莞市以80.41的综合得分连续两年位列全省前三、地级市第一名。

△　省商务厅、省台办等单位联合在东莞向近300名台商宣讲《广东省进一步扩大对外开放积极利用外资若干政策措施》。

22日　广东省启动首批4家省级实验室建设项目，省委书记李希、省长马兴瑞出席启动会并为省实验室授牌。东莞市长梁维东代表东莞接受实验室牌匾。

23日　市委书记吕业升主持召开市委常委会会议，传达学习《中共广东省委关于坚决维护以习近平同志为核心的党中央权威和集中统一领导的规定》，强调要牢固树立“四个意识”（政治意识、大局意识、核心意识、看齐意识），增强“四个自信”（道路自信、理论自信、制度自信、文化自信），自觉贯彻落实省委《规定》，不折不扣贯彻落实以习近平同志为核心的党中央决策部署。会议审议通过《东莞市建设国家自主创新示范区实施方案（2017—2020年）》《东莞市饮用水源水质保护条例（草案修改二稿）》。

25日　东莞市公示《东莞市城市轨道交通线网规划调整（2017—2020年）》。调整后的规划涉及8条线路，分别为东莞市轨道交通线网1、2、3、4、5号线以及1号线支线、3号线支线和深圳10号线东延线（东莞段），线路总长286.3千米，设站95座。

27日　市长梁维东主持召开市政府常务会议，审议通过《关于加快推进政务服务改革的实施意见》。《意见》提出，将统筹推进行政审批制度改革，建设全市统一的网上申办受理平台，推进实体办事大厅与网上服务平台融合发展，推动政务服务线上线下“一体化”，并从2018年起将政务服务工作纳入镇街领导班子和市直部门落实科学发展观年度绩效考核。同时，完善三级政务服务架构，探索筹建片区企业专业审批中心。

△　东莞市发布《东莞市经济和信息化专项资金管理办法》及智能制造、绿色制造、服务型制造3个实施细则，优秀项目最高可获奖励1000万元。

28日　莞惠城际铁路东莞常平东至东莞道滘段开通运营，每天开行动车31对，全程票价60元。该线路全长44.2千米，由东莞市常平东站引出，经大朗镇、寮步镇至东莞市区，而后进入道滘镇，设常平东、常平南、大朗镇、松山湖北、寮步、东城南、西平西、道滘8座车站。

△　东莞市召开创建全国文明城市“四连冠”总结大会，传达学习全国精神文明建设工作表彰大会及全省精神文明建设工作座谈会精神，举行“全国文明城市”亮证仪式并进行工作总结。会议提出2018年人居环境改善、乡村文化培育、乡风文明润化、农村农民增收、和谐乡村善治“五大工程”目标。

30日　2018年东莞市迎新年环城跑开跑，上万名市民参与。市委书记吕业升为环城跑鸣笛，市长梁维东致辞。自1983年举办以来，东莞市迎新年环城跑开展35次，成为东莞市迎新年的传统体育项目。

△　市道路运输管理局向滴滴出行颁发网络预约出租汽车经营许可证，东莞成为继深圳、广州后，滴滴在广东“领证”的第三大城市。

选　　录

EXCERPTS

桥头镇油菜花节　（桥头镇供图）

编辑：刘　丹　姚少华

文件选录

2017年中共东莞市委文件选录

序号	文件名称	发布文号	发布日期
1	中共东莞市委关于深入推进全面从严治党进一步加强领导班子建设、干部队伍建设、党的作风建设的意见	东委发〔2017〕1号	2017.2.9
2	中共东莞市委、东莞市人民政府转发《市委宣传部、市司法局关于在全市公民中开展法治宣传教育的第七个五年规划（2016—2020年）》的通知	东委发〔2017〕2号	2017.2.21
3	中共东莞市委、东莞市人民政府关于构建和谐劳动关系的实施意见	东委发〔2017〕3号	2017.3.3
4	中共东莞市委关于印发《中共东莞市委常委会2017年工作要点》的通知	东委发〔2017〕4号	2017.3.17

续表

序号	文件名称	发布文号	发布日期
5	中共东莞市委关于印发《学习宣传贯彻习近平总书记重要批示精神工作方案》的通知	东委发〔2017〕5号	2017.4.19
6	中共东莞市委关于印发《中国共产党东莞市委员会工作规则》的通知	东委发〔2017〕7号	2017.6.2
7	中共东莞市委关于印发《学习宣传贯彻省第十二次党代会精神工作方案》的通知	东委发〔2017〕8号	2017.6.5
8	中共东莞市委、东莞市人民政府关于推进园区统筹组团发展战略的实施意见	东委发〔2017〕9号	2017.6.1
9	中共东莞市委、东莞市人民政府关于深化市属国有企业改革的实施意见	东委发〔2017〕11号	2017.7.11
10	中共东莞市委、东莞市人民政府关于调整市委、市政府领导同志分工的通知	东委发〔2017〕13号	2017.8.29
11	中共东莞市委、东莞市人民政府关于加大统筹发展力度推动次发达镇、村（社区）加快发展的意见	东委发〔2017〕14号	2017.9.5
12	中共东莞市委、东莞市人民政府印发《关于打造创新驱动发展升级版的行动计划（2017—2020年）》的通知	东委发〔2017〕15号	2017.9.5
13	中共东莞市委印发《关于加强党内法规制度建设的实施方案》的通知	东委发〔2017〕16号	2017.9.15
14	中共东莞市委关于认真学习宣传贯彻党的十九大精神的通知	东委发〔2017〕17号	2017.10.26
15	中共东莞市委、东莞市人民政府关于印发《2017年度东莞市镇（街道）领导班子工作考评方案》等六份考评方案的通知	东委发〔2017〕18号	2017.11.2
16	中共东莞市委、东莞市人民政府关于调整部分市领导同志分工的通知	东委发〔2017〕19号	2017.11.17
17	中共东莞市委、东莞市人民政府印发《东莞市关于完善审计制度若干重大问题的实施意见》及相关配套文件的通知	东委发〔2017〕20号	2017.11.21
18	中共东莞市委关于持续深入学习宣传贯彻党的十九大精神推动习近平新时代中国特色社会主义思想在东莞落地生根结出丰硕成果的意见	东委发〔2017〕21号	2017.12.7
19	中共东莞市委、东莞市人民政府关于印发《东莞市深入推进城市执法体制改革改进城市管理工作的实施方案》的通知	东委发〔2017〕23号	2017.12.25
20	中共东莞市委办公室印发《关于2017年推进“两学一做”学习教育常态化制度化的实施方案》的通知	东委办发〔2017〕1号	2017.5.10
21	中共东莞市委办公室、东莞市人民政府办公室印发《关于进一步加强东西部扶贫协作做好我市对口帮扶云南省昭通市工作的实施方案》的通知	东委办发〔2017〕3号	2017.7.11
22	中共东莞市委办公室、东莞市人民政府办公室关于城市品质三年提升计划的实施意见	东委办发〔2017〕4号	2017.7.20
23	中共东莞市委办公室关于印发《东莞市推进领导干部能上能下实施意见（试行）》的通知	东委办发〔2017〕5号	2017.8.23
24	中共东莞市委办公室关于印发《2017年度东莞市镇（街道）和市直单位领导干部考核评价工作实施方案（试行）》的通知	东委办发〔2017〕6号	2017.8.23
25	中共东莞市委办公室、东莞市人民政府办公室印发《关于我市全面推进政务公开工作实施意见》的通知	东委办发〔2017〕7号	2017.9.25
26	中共东莞市委办公室、东莞市人民政府办公室印发《关于完善法律援助制度的实施意见》的通知	东委办发〔2017〕8号	2017.9.25
27	中共东莞市委办公室关于进一步加强市委文件稿起草工作的通知	东委办发〔2017〕9号	2017.9.27
28	中共东莞市委办公室、东莞市人民政府办公室关于印发《东莞市党政主要负责人履行推进法治建设第一责任人职责实施办法》的通知	东委办发〔2017〕10号	2017.9.30
29	中共东莞市委办公室、东莞市人民政府办公室印发《关于推行法律顾问制度和公职律师公司律师制度的实施意见》的通知	东委办发〔2017〕11号	2017.11.21
30	中共东莞市委办公室关于印发《2016年度市委市政府领导班子民主生活会整改方案》的通知	东委办〔2017〕2号	2017.3.14

续表

序号	文件名称	发布文号	发布日期
31	中共东莞市委办公室东莞市人民政府办公室印发《关于设立扶持次发达镇产业发展专项资金工作方案》的通知	东委办〔2017〕5号	2017.4.7
32	中共东莞市委办公室关于印发《市委常委挂片联系园区和镇（街道）工作制度》的通知	东委办〔2017〕7号	2017.4.14
33	中共东莞市委办公室东莞市人民政府办公室关于印发《东莞市2017年改革行动计划》的通知	东委办〔2017〕8号	2017.4.14
34	中共东莞市委办公室关于建立市委党内法规工作联席会议制度的通知	东委办〔2017〕9号	2017.4.26
35	中共东莞市委办公室　东莞市人民政府办公室关于印发《东莞市健全落实社会治安综合治理领导责任制实施办法》的通知	东委办〔2017〕10号	2017.4.26
36	中共东莞市委办公室　东莞市人民政府办公室关于印发《2017年市委市政府重点工作督查考评工作方案》的通知	东委办〔2017〕12号	2017.5.19
37	中共东莞市委办公室　东莞市人民政府办公室关于认真做好2017年重点建议提案办理工作的通知	东委办〔2017〕13号	2017.5.24
38	中共东莞市委办公室　东莞市人民政府办公室关于印发《松山湖片区“1+6”统筹联动组团发展工作推进方案》的通知	东委办〔2017〕15号	2017.6.15
39	中共东莞市委办公室　东莞市人民政府办公室关于印发《2017年市镇两级领导挂点服务大型骨干企业工作方案》的通知	东委办〔2017〕17号	2017.6.21
40	中共东莞市委办公室转发《市纪委关于2017年全市开展纪律教育学习月活动的意见》的通知	东委办〔2017〕20号	2017.7.28
41	中共东莞市委办公室　东莞市人民政府办公室关于印发《东莞市全面推行河长制工作方案》的通知	东委办〔2017〕21号	2017.7.31
42	中共东莞市委办公室关于印发《2017年度东莞市镇（街道）和市直单位党委（党组）抓基层党建工作综合评价方案》的通知	东委办〔2017〕23号	2017.8.23
43	中共东莞市委办公室关于印发《学习宣传贯彻党的十九大精神总体工作方案》的通知	东委办〔2017〕27号	2017.10.26
44	中共东莞市委办公室关于印发《市领导同志开展调研督导学习贯彻党的十九大精神工作方案》的通知	东委办〔2017〕31号	2017.11.10
45	中共东莞市委办公室印发《关于在全市党员干部中深入开展党的十九大精神大学习大培训实施方案》的通知	东委办〔2017〕32号	2017.11.10
46	中共东莞市委办公室东莞市人民政府办公室关于印发《东莞市行业协会商会与行政机关脱钩实施方案》的通知	东委办〔2017〕37号	2017.121.1

2017年东莞市人大常委会文件选录

序号	文件名称	发布文号	发布日期
1	东莞市第十五届人民代表大会常务委员会公告	东常〔2017〕1号	2017.1.4
2	关于接受徐建华辞去广东省第十二届人民代表大会代表职务请求的报告	东常〔2017〕2号	2017.1.9
3	关于市人大常委会主任、副主任、秘书长分工的通知	东常〔2017〕3号	2017.1.18
4	东莞市第十六届人民代表大会常务委员会代表资格审查委员会主任委员、副主任委员、委员名单	东常〔2017〕4号	2017.2.28
5	东莞市人民代表大会常务委员会各工作委员会委员名单	东常〔2017〕5号	2017.2.28
6	东莞市人民代表大会常务委员会任免名单（市政府）	东常〔2017〕6号	2017.2.28
7	东莞市人民代表大会常务委员会任免名单（人大）	东常〔2017〕7号	2017.2.28
8	东莞市人民代表大会常务委员会任免名单（检察院）	东常〔2017〕8号	2017.2.28
9	关于增加东莞市的全国和省人大代表名额及优化代表结果的请示	东常〔2017〕9号	2017.3.15
10	东莞市人民代表大会常务委员会任免名单	东常〔2017〕10号	2017.3.27

续表

序号	文件名称	发布文号	发布日期
11	东莞市第十六届人民代表大会常务委员会公告（第一号）	东常〔2017〕11号	2017.3.27
12	东莞市人民代表大会常务委员会决定任命名单（法院）	东常〔2017〕12号	2017.4.27
13	东莞市人民代表大会常务委员会免职名单（市政府）	东常〔2017〕13号	2017.4.27
14	东莞市人民代表大会常务委员会关于许可对市人大代表郑志文采取强制措施的决定	东常〔2017〕14号	2017.5.17
15	东莞市人民代表大会常务委员会关于补选1名市人民代表大会代表的决定	东常〔2017〕15号	2017.7.5
16	关于请求省人大常委会协助申请东莞市比照享有“设区的市”法律地位的请示	东常〔2017〕16号	2017.7.17
17	东莞市第十六届人民代表大会常务委员会公告（第二号）	东常〔2017〕17号	2017.8.23
18	东莞市人民代表大会常务委员会关于补选8名市人民代表大会代表的决定	东常〔2017〕18号	2017.8.23
19	东莞市人民代表大会常务委员会任免名单	东常〔2017〕19号	2017.8.23
20	东莞市人民代表大会常务委员会任免名单	东常〔2017〕20号	2017.8.23
21	东莞市人民代表大会常务委员会任免名单	东常〔2017〕21号	2017.8.23
22	关于优化东莞市的省人大代表构成的请示	东常〔2017〕22号	2017.9.18
23	东莞市人民代表大会常务委员会任免名单（市政府）	东常〔2017〕23号	2017.10.10
24	东莞市人大常委会对中央环保督察反馈意见整改落实工作监督情况的报告	东常〔2017〕24号	2017.10.12
25	东莞市人民代表大会常务委员会关于在各街道改设“街道人大工作委员会”的通知	东常〔2017〕25号	2017.10.17
26	东莞市人民代表大会常务委员会关于批准东莞市2016年市级决算的决议	东常〔2017〕26号	2017.10.27
27	关于报送《东莞市镇（街道）人大工作示范镇创建方案》的报告	东常〔2017〕27号	2017.10.30
28	东莞市第十六届人民代表大会常务委员会公告（第三号）	东常〔2017〕28号	2017.11.23
29	东莞市人民代表大会常务委员会关于补选3名市人民代表大会代表的决定	东常〔2017〕29号	2017.11.23
30	东莞市人民代表大会常务委员会关于郑志文辞去市第十六届人民代表大会代表职务请求报告	东常〔2017〕30号	2017.11.23
31	东莞市人民代表大会常务委员会关于《东莞市生态文明建设示范市规划（2016—2025）的决议》	东常〔2017〕31号	2017.11.23
32	东莞市人民代表大会常务委员会关于召开东莞市第十六届人民代表大会第二次会议的决定	东常〔2017〕32号	2017.11.23
33	关于东莞市选举广东省第十三届人民代表大会代表的报告	东常〔2017〕33号	2017.12.22
34	东莞市人民代表大会常务委员会关于接受张锐均、王检养辞去市第十六届人民代表大会代表职务请求的决定	东常〔2017〕34号	2017.12.22
35	东莞市第十六届人民代表大会常务委员会公告（第四号）	东常〔2017〕35号	2017.12.22
36	关于东莞市贯彻落实省市人大常委会主任座谈会精神情况的报告	东常〔2017〕36号	2017.12.25
37	东莞市第十六届人民代表大会常务委员会公告（第五号）	东常〔2017〕37号	2017.12.29
38	东莞市人民代表大会常务委员会关于补选1名市人民代表大会代表的决定	东常〔2017〕38号	2017.12.29
39	东莞市第十六届人民代表大会常务委员会关于表彰优秀代表议案建议和先进承办单位的决定	东常〔2017〕39号	2017.12.29
40	东莞市人民代表大会常务委员会关于召开东莞市第十六届人民代表大会第三次会议的决定	东常〔2017〕40号	2017.12.29
41	东莞市人民代表大会常务委员会关于批准东莞市2017年财政预算调整方案的决议	东常〔2017〕41号	2017.12.29

2017年东莞市政府、市府办文件选录

序号	文件名称	发布文号	发布日期
1	关于实施重点企业规模与效益“倍增计划”全面提升产业集约发展水平的意见	东府〔2017〕1号	2017.2.10
2	东莞市人民政府关于印发《东莞市关于进一步加快电子商务发展的实施意见》的通知	东府〔2017〕2号	2017.1.5
3	东莞市人民政府关于下达东莞市2017年国民经济和社会发展计划的通知	东府〔2017〕18号	2017.2.28
4	东莞市人民政府关于禁止在珠江三角洲水资源配置工程占地及淹没区域范围内新增建设项目和迁入人口的通告	东府〔2017〕19号	2017.3.10
5	东莞市人民政府关于印发《东莞市国有土地上房屋征收与补偿办法》的通知	东府〔2017〕25号	2017.4.10
6	东莞市人民政府关于印发《东莞市网络预约出租汽车经营服务管理实施细则（暂行）》的通知	东府〔2017〕28号	2017.5.4
7	东莞市人民政府关于印发《东莞市义务教育阶段异地务工人员随迁子女积分制入学积分方案》的通知	东府〔2017〕36号	2017.5.16
8	东莞市人民政府关于印发《东莞市军人抚恤优待实施细则》的通知	东府〔2017〕46号	2017.6.12
9	东莞市人民政府关于加快培育发展新兴金融业态推动实体经济发展的实施意见	东府〔2017〕48号	2017.11.13
10	东莞市人民政府关于印发《东莞市“三旧”改造地价计收和分配办法（试行）》的通知	东府〔2017〕50号	2017.6.23
11	东莞市人民政府印发《东莞市绿道管理办法》的通知	东府〔2017〕55号	2017.7.4
12	东莞市人民政府关于印发《东莞市降低实体经济企业成本工作方案》的通知	东府〔2017〕60号	2017.8.29
13	东莞市人民政府关于印发《东莞市贯彻广东省完善企业职工基本养老保险省级统筹实施方案》的通知	东府〔2017〕78号	2017.9.21
14	东莞市人民政府关于印发《大力推进大众创业万众创新的实施意见》的通知	东府〔2017〕93号	2017.10.30
15	东莞市人民政府关于印发《东莞市小额创业贷款实施方案》的通知	东府〔2017〕109号	2017.12.14
16	东莞市人民政府办公室关于印发《东莞市电子商务专项资金管理办法》的通知	东府办〔2017〕1号	2017.1.6
17	东莞市人民政府办公室关于印发《东莞市“十三五”绿色清洁生产工作推行方案》的通知	东府办〔2017〕3号	2017.1.5
18	东莞市人民政府办公室关于印发《东莞市财政投资电子政务项目建设管理办法》的通知	东府办〔2017〕5号	2017.1.10
19	关于印发《东莞市环境保护和生态建设“十三五”规划》的通知	东府办〔2017〕7号	2017.1.17
20	东莞市人民政府办公室关于印发《实施重点企业规模与效益倍增计划行动方案》的通知	东府办〔2017〕11号	2017.2.10
21	东莞市人民政府办公室关于印发《强化新要素配置　打造智能制造全生态链工作方案》的通知	东府办〔2017〕12号	2017.2.10
22	关于成立东莞市轨道交通建设及TOD开发指挥部的请示	东府办〔2017〕13号	2017.3.15
23	东莞市人民政府办公室关于做好2017年市人大代表建议、政协提案办理工作的通知	东府办〔2017〕15号	2017.2.14
24	东莞市人民政府办公室关于进一步完善市政府有关重要会议议事规则的请示	东府办〔2017〕18号	2017.2.21
25	东莞市人民政府办公室关于印发《东莞电子口岸建设工作方案》、《东莞市推进国际贸易“单一窗口”建设工作方案》的通知	东府办〔2017〕23号	2017.2.27
26	东莞市人民政府办公室关于印发《关于推进海绵城市建设的实施意见》的通知	东府办〔2017〕24号	2017.2.28

续表

序号	文件名称	发布文号	发布日期
27	关于印发《东莞市业主大会和业主委员会成立若干规定》的通知	东府办〔2017〕27号	2017.3.1
28	东莞市人民政府办公室关于进一步加强全市外经贸工作的意见	东府办〔2017〕30号	2017.3.6
29	东莞市人民政府办公室关于印发《2017年市政府领导挂钩督导重大建设项目方案》的通知	东府办〔2017〕35号	2017.3.13
30	东莞市人民政府办公室关于印发《关于促进医疗卫生与养老服务相结合的实施意见》的通知	东府办〔2017〕37号	2017.3.16
31	东莞市人民政府办公室关于进一步规范我市房地产市场发展的通知	东府办〔2017〕39号	2017.3.21
32	东莞市人民政府办公室关于印发《关于进一步加强农资监管工作实施方案》的通知	东府办〔2017〕42号	2017.3.28
33	东莞市人民政府办公室关于印发统筹松山湖片区招商引资工作运行机制的通知	东府办〔2017〕43号	2017.3.31
34	东莞市人民政府办公室关于进一步完善我市住房限购政策的通知	东府办〔2017〕46号	2017.4.10
35	东莞市人民政府办公室关于印发《东莞市生活垃圾处理费征收使用方案》的通知	东府办〔2017〕49号	2017.4.12
36	东莞市人民政府办公室关于印发《东莞市开展政策性农（居）民住房保险实施方案》的通知	东府办〔2017〕52号	2017.4.21
37	东莞市人民政府办公室关于印发《东莞市东江水源地保护区规范化建设工作方案》的通知	东府办〔2017〕57号	2017.5.8
38	东莞市人民政府办公室关于印发《东莞市“三规合一”工作方案》的通知	东府办〔2017〕59号	2017.5.10
39	东莞市人民政府办公室关于印发《2017年东莞市食品安全工作要点》的通知	东府办〔2017〕61号	2017.5.22
40	东莞市人民政府办公室关于印发《东莞市“三旧”改造产业类项目2017年实施计划》的通知	东府办〔2017〕62号	2017.5.25
41	东莞市人民政府办公室关于印发《东莞市发挥品牌引领作用推动供需结构升级实施方案》的通知	东府办〔2017〕69号	2017.6.12
42	东莞市人民政府办公室关于印发《东莞市2017年度水污染防治工作目标和重点任务》的通知	东府办〔2017〕70号	2017.6.13
43	东莞市人民政府办公室关于深化商事制度改革　构建科学市场监管体系的实施意见	东府办〔2017〕74号	2017.6.21
44	东莞市人民政府办公室关于印发《东莞市社区综合服务中心建设运营管理办法》的通知	东府办〔2017〕79号	2017.6.29
45	东莞市人民政府办公室关于印发《东莞市促进融资租赁发展专项资金管理办法》的通知	东府办〔2017〕81号	2017.7.3
46	东莞市人民政府办公室关于印发《东莞市稳增长调结构专项资金管理办法》的通知	东府办〔2017〕85号	2017.7.4
47	东莞市人民政府办公室关于进一步提高我市最低生活保障标准的通知	东府办〔2017〕87号	2017.6.30
48	东莞市人民政府办公室关于印发《东莞市综合交通运输体系发展“十三五”规划》的通知	东府办〔2017〕89号	2017.7.5
49	东莞市人民政府办公室关于调整完善我市特困供养人员基本生活保障工作的通知	东府办〔2017〕95号	2017.7.13
50	东莞市人民政府办公室关于调整东莞市牛羊定点屠宰场所设置方案的通知	东府办〔2017〕100号	2017.7.27
51	东莞市人民政府办公室关于印发《东莞市城市精细化管理暂行办法（试行）》的通知	东府办〔2017〕101号	2017.7.31
52	东莞市人民政府办公室关于印发东莞市全面推进“多证合一”改革提升开办企业便利化水平工作方案的通知	东府办〔2017〕104号	2017.8.10

续表

序号	文件名称	发布文号	发布日期
53	东莞市人民政府办公室关于印发《东莞市名校研究生培养（实践）补助资金管理实施细则（试行）》的通知	东府办〔2017〕106号	2017.8.14
54	东莞市人民政府办公室关于印发《东莞市推进群众和企业到政府办事“最多跑一次”改革实施方案》的通知	东府办〔2017〕108号	2017.8.21
55	东莞市人民政府办公室关于印发东莞市建立新型清理无证照经营长效机制工作方案的通知	东府办〔2017〕110号	2017.8.21
56	东莞市人民政府办公室关于印发《东莞市公共基础设施建设项目土地和房屋征收补偿市镇包干结算标准规定》的通知	东府办〔2017〕111号	2017.8.23
57	东莞市人民政府办公室关于印发《东莞市鼓励优质企业项目落户莞韶产业园暂行办法》的通知	东府办〔2017〕112号	2017.8.29
58	东莞市人民政府办公室关于进一步加强和改进行政应诉工作的意见	东府办〔2017〕116号	2017.9.6
59	东莞市人民政府办公室关于印发《东莞市BOT污水处理厂经营权回购工作实施方案》的通知	东府办〔2017〕117号	2017.9.18
60	东莞市人民政府办公室关于印发《东莞市加快推进“互联网 政务服务”工作实施方案》的通知	东府办〔2017〕123号	2017.9.21
61	东莞市人民政府办公室关于印发《东莞市促进融资担保和小额贷款行业发展实施办法》的通知	东府办〔2017〕126号	2017.9.27
62	东莞市人民政府办公室关于印发《东莞市推进医疗联合体建设和发展工作方案》的通知	东府办〔2017〕127号	2017.10.9
63	东莞市人民政府办公室关于建立中子科学城管理和推进机制的意见	东府办〔2017〕130号	2017.10.23
64	东莞市人民政府办公室关于印发《东莞市开放型经济发展“十三五”规划》的通知	东府办〔2017〕134号	2017.11.8
65	东莞市人民政府办公室关于印发《东莞市引进组建重大公共科技创新平台管理办法》的通知	东府办〔2017〕135号	2017.11.13
66	东莞市人民政府办公室关于印发《东莞市推进公立医院药品跨区域联合集中采购改革试行方案》的通知	东府办〔2017〕137号	2017.11.14
67	东莞市人民政府办公室关于印发《东莞市推进普惠金融发展实施方案》的通知	东府办〔2017〕139号	2017.11.17
68	东莞市人民政府办公室关于进一步调整我市重大疾病医疗保险政策有关事项的补充通知	东府办〔2017〕142号	2017.12.1
69	东莞市人民政府办公室关于印发东莞市食品安全事故应急预案的通知	东府办〔2017〕143号	2017.11.30
70	东莞市人民政府办公室关于印发《东莞市核心技术攻关“攀登计划”实施方案（2017—2020年）》的通知	东府办〔2017〕144号	2017.12.14
71	东莞市人民政府办公室关于印发《东莞市重大行政决策合法性审查办法》的通知	东府办〔2017〕146号	2017.12.6
72	东莞市人民政府办公室关于印发《2017年冬季大气污染防治强化措施及分工方案》的通知	东府办〔2017〕150号	2017.12.9
73	东莞市人民政府办公室关于印发《东莞市推进食品生产加工小作坊集中加工中心建设工作方案》的通知	东府办〔2017〕156号	2017.12.20
74	东莞市人民政府办公室关于印发《东莞市人民政府2018年规范性文件制定（修订）计划》的通知	东府办〔2017〕157号	2017.12.20
75	东莞市人民政府办公室关于印发《东莞市国土资源网上交易规则》的通知	东府办〔2017〕160号	2017.12.29
76	东莞市人民政府办公室关于印发《东莞市能源发展“十三五”规划》的通知	东府办〔2017〕161号	2017.12.29
77	东莞市人民政府办公室关于印发《东莞市积极稳妥降低企业杠杆率实施方案》的通知	东府办〔2017〕164号	2017.12.29
78	东莞市人民政府办公室关于印发《东莞市进一步深化基本医疗保险支付方式改革实施方案》的通知	东府办〔2017〕165号	2017.12.29

中央、省重点媒体涉莞重要报道选录

2017年《人民日报》涉莞重要报道选录

序号	时间	刊播版面	报道标题
1	1月2日	（海外版）02版	广东边防2016年缴获毒品3.83吨
2	1月11日	02版	去年机动车和驾驶人猛增
3	1月12日	04版	国台办发言人表示　台当局“告洋状”于事无补
4	1月13日	05版	关通天下
5	1月17日	04版	东莞市长：当地不存在台资企业“撤离潮”
6	1月25日	16版	列车员自编自演联欢会　返乡客火车上买汽车票
7	2月6日	17版	脱贫攻坚迎来全面突破的关键之年——2017，如何“撸起袖子”来脱贫
8	2月11日	02版	广东东莞提出3至5年　200家企业规模效益将倍增
9	2月21日	头版	深度结合　互相促进　广东：传统产业插上文化翅膀
10	2月23日	05版	让中国故事拨动世界心弦
11	2月25日	12版	南望长安是今朝
12	2月26日	04版	广东法院系统推进民事案件繁简分流对症下药　简案快办繁案精办，效果挺赞
13	3月3日	14版	共享　让人民有更多获得感
14	3月11日	04版	台籍全国人大代表建议　出台措施让大陆台胞享受更多便利
15	3月12日	02版	人大举行记者会，科技部部长谈科技创新　创新驱动就是人才驱动
16	3月23日	09版	76万专业社工遍布城乡　社会工作　服务民生传递温暖
17	3月28日	11版	中澳联手破获特大走私毒品案　缴获冰毒100余千克
18	3月29日	19版	广东省法学会探索设立中立法律服务社、“以法兴企”文化沙龙、送法进社区　法学会如何助力依法管理
19	3月30日	09版	东莞　今春用工不太“荒”
20	4月18日	23版	今年7月，首批南南学院的硕士学员即将毕业，回到他们各自的国家　“把中国经验和智慧带回我的祖国”
21	4月19日	04版	中国创新创业大赛台北开赛
22	4月20日	01版	县委书记的楷模　百姓心中的丰碑——习近平总书记对廖俊波同志先进事迹的重要指示在广大党员干部中引起强烈反响
23	4月24日	10版	中欧班列　满载返程
24	4月24日	12版	首颗“少年星”8月将发射
25	4月25日	05版	逼着加工贸易“逆风飞翔”
26	5月8日	02版	今年销量将超10万台，工信部拟提高行业准入门槛——工业机器人如何走得稳
27	5月10日	04版	借力电商进军大陆市场台企坐上“直达快车”
28	5月17日	12版	东莞大幅增加积分学位供给
29	5月17日	06版	把软要求变成硬规矩——社会主义核心价值观融入法治建设综述
30	6月2日	15版	全球微粤曲大赛举办
31	6月5日	07版	道滘：从“制造工厂”走向“艺术小镇”
32	6月7日	20版	全国无党派人士赴广东专题调研一带一路建设中的产能合作与人文交流　为企业“抱团出海”掌好舵

续表

序号	时间	刊播版面	报道标题
33	6月19日	06版	大学生跨境电商创业大赛闭幕
34	6月23日	09版	知识改变命运正是时候（纪念香港回归20周年·人物访谈）——访香港科技大学教授李泽湘
35	6月26日	22版	中国龙舟队首次参加瑞士埃格利绍龙舟赛
36	6月29日	头版	“海洋地质十号”下水　填补我国相关领域空白
37	6月29日	02版	新型驱逐舰和海洋地质综合调查船同日下水中国船舶工业加速领航
38	6月30日	23版	在广东省级篮球联赛带动下，2/3的地级市有了市级联赛——协会活起来，联赛火起来
39	7月7日	海外版08版	制造名城东莞的奋进路
40	7月7日	海外版08版	世界工厂　华丽嬗变
41	7月11日	10版	清溪光电引进优质项目，形成主导特色产业集群　好品牌，是创出来的
42	7月25日	12版	德耀中华·第六届全国道德模范候选人事迹（下）（四）
43	7月26日	02版	降成本　企业轻装上阵——国务院第四次大督查综述之三
44	7月28日	海外版06版	东莞举行中加文化交流巡演
45	8月18日	07版	在解决问题中凝聚价值共识——“全国应用哲学研究会2017年年会暨第二十次理论研讨会”述要
46	8月24日	海外版11版	“砥砺奋进的5年·中国名片闪耀世界”专栏刊发：从贴牌到创牌世界工厂华丽转身
47	8月30日	11版	“砥砺奋进的5年　迎接党的十九大特别报道·广东篇”刊发：机器换人智造升级
48	8月30日	15版	大学教授的创新梦
49	9月2日		厉害了！中国“超级显微镜”试运行
50	9月17日	海外版03版	“共享工厂”或将成为实体经济复苏催化剂
51	9月20日	14版	累计办实事一百余项，总投资约两千亿元——八方风来　温暖民心（幸福地）
52	9月22日	10版	广东对一带一路沿线国家实际投资年均增长36.4%
53	9月27日	03版	“互联网+海关”助力东莞外贸企业
54	9月28日	05版	转型升级　领跑全国——东部地区率先发展综述
55	10月10日	05版	更稳定的工作　托举人民幸福感
56	10月14日	06版	中国体育：从一枝独秀到三箭齐发
57	10月19日	12版	这5年　生活中的新鲜事
58	10月23日	12版	锻造坚强主心骨　走好新时代的长征路——各地干部群众热议全面加强党的建设
59	10月23日	08版	创业潮驱动新时代经济
60	10月24日	06版	打好新时代改革攻坚战
61	10月27日	20版	“超级显微镜”能“看”清什么——中国散裂中子源投入试运行，我国成为实际上第四个拥有“超级显微镜”的国家
62	11月8日	10版	“粤港跨境直通快线”东莞开通
63	11月10日	15版	东莞制造搭上“动漫快车”
64	11月13日	04版	世界级港口群崛起粤港澳大湾区构建“水上经济走廊”
65	11月16日	04版	“粤港跨境直通快线”开通
66	11月18日	02版	中央文明委复查确认继续保留荣誉称号的全国文明城市名单
67	11月18日	05—08版	第五届全国文明城市、文明村镇、文明单位和第一届全国文明校园名单
68	11月18日	10版	第六届全国道德模范提名奖获得者名单

续表

序号	时间	刊播版面	报道标题
69	12月4日	22版	广东智博会促“互联网+先进制造”
70	12月15日	02版	东莞首创集群注册登记“打包”托管，企业注册更省心
71	12月17日	01版头条	稳中有进，一份提气的成绩单——2017年中国经济回眸之一
72	12月18日	01版	提质增效　改革驱动高质量发展——2017年中国经济回眸之二
73	12月19日	10版	中国（东莞）国际科技合作周搭建产学研对接平台　科研成果能拍卖技术难题可招标
74	12月19日	12版	中国散裂中子源首批实验计划明年启动
75	12月22日	04版	新流程　新服务　新责任　新状态——行政审批改革，改变了啥
76	12月28日	02版	广深科技创新走廊规划建设　这条“走廊”了不得
77	12月29日	16版	互联网与传统制造深度融合　一家“淘工厂”的逆袭

2017年新华社涉莞重要报道选录

序号	时间	报道标题
1	1月10日	东莞市“两会”今日正式开幕
2	1月11日	推动317项重大项目落地
3	1月11日	东莞：全国首个安全无线城市投入运行
4	1月13日	东莞展览馆上演4D版“东莞故事”
5	1月14日	东莞市十六届人大一次会议闭幕　新一届市政府领导班子选出
6	1月16日	东莞市长：当地台资企业不存在“撤离潮”
7	1月24日	春运今起迎节前客流最高峰　日均旅客将破8300万人次
8	1月26日	珠三角由“轻”变“重”：先进装备制造业加速跑
9	2月10日	产业在升级，技能要求越来越高　沿海用工大省普工“不荒”求“技”若渴
10	2月10日	“倍增计划”一图带你读懂2017东莞市政府一号文
11	2月25日	产业升级　求“技”若渴
12	2月27日	“世界工厂”东莞外资结构持续优化
13	3月10日	东莞吹响重大项目建设集结号，85个项目签约动工
14	3月10日	台籍全国人大代表：建议出台措施让大陆台胞享受更多便利
15	3月12日	让人民群众更有获得感——五位高院院长对话司改热点话题
16	4月10日	89件（组）唐代文物亮相东莞
17	4月19日	东莞本土网络大V共议创建网络清朗空间
18	4月20日	2017加博会开幕　“三同”产品凸显中国“质造力”
19	4月24日	东莞：打通扶贫“双通道”对口帮扶工作向纵深发展
20	4月25日	莞韶第二轮对口帮扶突出“产业共建　莞韶共赢”
21	4月26日	东莞城市形象宣传口号“20强”出炉　你怎么看？
22	4月28日	赢取未来要靠“创新红利”——广东改善营商环境增强企业竞争力
23	5月3日	新动向正颠覆你对传统工厂的想象　广东民营企业呈现新特点：智能化、轻资产、跨界式发展
24	5月5日	国产装备、国产系统、国产软件——珠三角一家代工企业的智能“进化”
25	5月10日	“文明之花”在城乡绽放——东莞基层文明创建见闻
26	5月10日	抓文明就是抓发展抓民生抓作风——访东莞市委书记
27	5月11日	2017海丝博会将于9月在东莞举行
28	5月12日	一边是“漂洋过海”　一边是侨商回流——广东构建对外开放新格局

续表

序号	时间	报道标题
29	5月20日	更好担负起党和人民赋予的重大使命——习近平会见全国公安系统英雄模范立功集体表彰大会代表时的重要讲话引起热烈反响
30	6月1日	东莞：在九个方面争当表率　实现更高水平发展
31	6月9日	“粤造粤强”采访团走进东莞　见证“智造”变强
32	6月9日	“粤造粤强”采访团走进拓斯达　体验智能制造综合“生态圈”
33	6月20日	从东莞田间到香港菜篮　内地蔬菜供港全程记录
34	6月26日	东莞麻涌龙舟队在瑞士夺冠
35	6月26日	“副班长”和他的创新工作室
36	6月28日	东莞11个援疆项目签约　投资总额近20亿元
37	7月7日	2017两岸青年就业创业研讨会在东莞开幕
38	7月20日	第二届企业创新生态圈大会在东莞举行
39	7月22日	职工发明“激光大炮”　每年节约千万费用
40	7月23日	激光大炮、高空“走飞车”——高压线上电工玩转“特技”作业
41	7月27日	东莞就业创业双促进　上半年新增就业近5万人
42	8月3日	“制造力”+“智造力”+“质造力”——珠三角企业转型的调研观察
43	8月3日	全国应用哲学研究会2017年年会在东莞举行　用哲学智慧凝聚价值共识
44	8月4日	广东实体经济释放三重强劲提振信号
45	8月4日	中国焦点：“世界工厂”机器“换”人 （China Focus: The world's factory replaces men with machines）
46	8月7日	粤港志愿者相助　失踪流浪11年港人回家
47	8月18日	第16届亚洲马拉松锦标赛暨2017东莞国际马拉松规模将超30000人，报名通道18日开启
48	8月19日	东莞工厂人力结构迎来新变化　高学历“蓝白领”增多
49	8月19日	东莞启动“电网升级行动”，2020年实现“四个100%”
50	8月30日	广东东莞公布“最多跑一次”　首批1173个事项清单
51	8月31日	东莞东坑公安局侦破一宗非法经营地下钱庄案
52	8月31日	东莞万江警方侦破特大虚开增值税专用发票案
53	9月2日	中国散裂中子源首次打靶成功
54	9月5日	电网助力东莞松山湖建设综合能源示范区
55	9月7日	东莞警方侦破一宗非法运输持有假币案　涉案金额约104万元
56	9月8日	东莞台博会：工匠精神成亮点
57	9月11日	2017东莞台博会总成交额29.86亿元
58	9月15日	56个境外国家和地区参展2017海丝博会　展览规模历届之最
59	9月22日	“升级转型”东莞在行动
60	9月22日	上千家“海丝”沿线国家和地区相聚广东寻求商机
61	9月22日	约吗？去广东海丝博会寻找来自56个国家和地区的商机
62	9月23日	3年内缺口300万　机器换人之后招不到操作机器的人了
63	9月29日	“邹振先杯”粤港澳大湾区（东莞）青少年田径邀请赛10月鸣枪
64	10月11日	跨越东西的发展之路：泛珠三角变奏曲
65	10月12日	强“造血”注动力：泛珠扶贫协作补齐区域发展短板
66	10月13日	珠江口东岸开发滨海湾新区
67	11月8日	通关提速降费　粤港跨境直通快线正式启动
68	11月8日	第三届广东国际人机器人及智能装备博览会将集中推出国产高尖端智能产品
69	11月9日	第九届漫博会9日至11日在东莞举行

续表

序号	时间	报道标题
70	11月10日	智能新技术为动漫产业开辟新领域：第九届漫博会在东莞开幕（图集）
71	11月15日	粤3县入选第五届全国文明城市
72	11月19日	专家：我国城镇化发展迈入中后期转型提升阶段
73	11月19日	胸怀梦想　技术强国
74	11月20日	中国城市规划年会：在城市总体规划改革中提高城市管理治理能力
75	11月22日	东莞借助亚洲马拉松锦标赛展现城市自信
76	11月23日	东莞国际马拉松的海外"朋友圈"——看歪果仁如何"玩转"马拉松
77	11月24日	广东东莞和山东即墨获评2017年度"全国版权示范城市"
78	11月27日	第16届亚洲马拉松锦标赛在东莞开跑
79	11月28日	力推金融服务创新　东莞松山湖将成立私募梦工场
80	12月9日	2017中国（东莞）国际科技合作周开幕
81	12月9日	第二届中国科技创新论坛在东莞举行
82	12月9日	吕业升：东莞将加强国际交流合作　打造创新型经济强市
83	12月9日	罗伯特·柯尔：人工智能、再生能源和生物科技是未来创新发展三大方向
84	12月9日	凯文·凯利：科技发展如何塑造未来
85	12月9日	白涛：东莞将深化改革和科技创新　建设创新型城市
86	12月10日	2017东莞高层次人才活动周启动　倾力打造人才生态最优城市
87	12月13日	东莞理工学院已获社会捐赠2.5亿
88	12月16日	东莞电网工程获评"中国安装之星"大奖
89	12月29日	东莞：全力争创全国文明城市五连冠

2017年中央电视台涉莞重要报道选录

序号	时间	频道	刊载栏目	报道标题
1	1月16日	CCTV-13	《东方时空》	习主席瑞士之行特别报道——中国制造正在悄然升级："表厂变身记"
2	1月27日	CCTV-7	《乡土》栏目	小吃不小大有门道——年味茶山
3	1月28日	CCTV-2	《第一时间》	我们的年货　锦鲤稀缺品种价格居高不下
4	1月29日	CCTV-5	《体育晨报》	CCTV贺岁杯狮王争霸赛再次精彩上演
5	1月30日	CCTV 13	《新闻直播间》	新春走基层——家是什么：聚散离合　他乡故土
6	2月2日	CCTV-2	《第一时间》	广东东莞：逛花市　行大运
7	2月13日	CCTV-2	《中国财经报道》	感受中国制造：智能先锋
8	2月15日	CCTV-13	《新闻直播间》	留住技术人才　解决"用工荒"
9	2月19日	CCTV-13	经济新闻	商业航天，为普通人打造"太空车"
10	2月25日	CCTV-1	《新闻联播》	营改增成效持续显现　获国际高度认可
11	3月1日	CCTV-12	《道德观察》	微笑背后的秘密
12	3月2日	CCTV-2	《经济信息联播》	原材料价格猛涨推高成本　企业抱团取暖
13	3月7日	CCTV-13	直播互动	两会有啥事　我们帮你问
14	3月8日	CCTV-13	《新闻1+1》	假货之争，"互怼"之后
15	3月18日	CCTV-13	《新闻直播间》	身边的感动：广东东莞产妇路边临盆　民警支起临时产房
16	4月5日	CCTV-1	《焦点访谈》	用责任感换获得感
17	4月17日	CCTV-13	《新闻直播间》	无党派人士调研行　调研"一带一路"产能合作人文交流

续表

序号	时间	频道	刊载栏目	报道标题
18	4月21日	CCTV-13	《午夜新闻》	广东东莞：2017中国加工贸易产品博览会开幕
19	5月10日	CCTV-1	《朝闻天下》	广东：改革开放最前沿　新丝路上立潮头
20	5月12日	CCTV-2	《央视财经评论》	“一带一路”迎接新起点　展望新机遇
21	6月3日	CCTV-12	《道德观察》	生命不能承受之“赠”
22	6月17日	CCTV-1	《朝闻天下》	第二届中国大学生跨境电商创新创业大赛　三支大学生团队获特等奖
23	6月29日	CCTV-13	《东方时空》	广东东莞：“海洋地质十号”综合调查船下水
24	6月29日	CCTV-1	《焦点访谈》	香港故事（三）：商海逐浪人
25	6月29日	CCTV-2	《第一时间》	厉害了我的国：南方电网广东东莞供电局发明激光大炮
26	7月10日	CCTV-13	《新闻直播间》	开放型经济新体制试点完成中期评估　将在全国推广
27	7月10日	CCTV-4	《海峡两岸》	2017两岸青年就业创业研讨会在东莞举行
28	7月18日	CCTV-2	《第一时间》	广东东莞：机器生产减人增效　自动化生产人员需求旺盛、智能制造：由成本导向转为产能效率
29	7月24日	CCTV-13	新闻直播间	大督查在行动——广东东莞：企业缺人缺资金　一企一策助发展
30	7月25日	CCTV-1	《晚间新闻》	改革在你我身边·以人民为中心
31	7月25日	CCTV-1	《新闻联播》	改革在哪里　在以人民为中心的发展里
32	8月11日	CCTV-1	《新闻联播》	砥砺奋进的五年·深入推进供给侧结构性改革　创新驱动让中国制造更给力
33	9月2日	CCTV-4	《中国新闻》	国家大科学工程：中国散裂中子源主体工程完工
34	9月2日	CCTV-1	《新闻联播》	中国散裂中子源首次打靶成功
35	9月12日	CCTV-NEWS	《环球瞭望（GlobalWatch）》	中国方案系列报道：东莞，世界工厂的智能转型
36	9月18日	CCTV-1	《加油！向未来》	加油！向未来
37	9月22日	CCTV-13	《午夜新闻》	广东21世纪海上丝绸之路国际博览会开幕
38	9月23日	CCTV-4	《中国报道》	海丝博览会拓展中国与南非经贸交流
39	9月24日	CCTV-13	“喜迎十九大”特别节目《还看今朝》	广东：敢为天下先
40	9月25日	CCTV-1	纪录片《辉煌中国》	第六集：开放中国
41	10月1日	CCTV-13	《新闻直播间》	烈士纪念日·东莞虎门炮台遗址：拼死海战侵略者　壮举警醒后来人
42	10月2日	CCTV-13	《新闻直播间》	东莞：中国音乐学院第七届考级大赛总决赛举行
43	10月5日	CCTV-13	《共同关注》	“双节”假期出游，广东东莞上演音乐喷泉灯光秀盛宴
44	10月16日	CCTV-1	《焦点访谈》	迎接十九大系列报道·创举：结构性改革，供给侧发力
45	10月22日	CCTV-1	《新闻联播》	十九大时光—新时代开启新征程　新时代续写新篇章
46	11月4日	CCTV-2	《整点财经》	1月3千米的“数控织机专业街”现身东莞大朗
47	11月10日	CCTV-13	《朝闻天下》	广东东莞第九届中国国际漫博会开幕
48	11月11日	CCTV-2	《交易时间》	动漫产业IP变现跨界融合促发展
49	11月12日	CCTV-13	《新闻直播间》	第九届漫博会　服务市场　打造动漫产业对接平台
50	11月12日	CCTV-13	《朝闻天下》	第九届中国国际漫博会　“动漫+”：促进制造业升级转型
51	11月14日	CCTV-3	《文化十分》	第九届漫博会：打造版权产业对接平台
52	11月14日	CCTV-3	《文化十分》	粤剧“浴火凤凰”：豪情和诗情的结合
53	11月18日	CCTV-1	《新闻联播》	习近平会见全国精神文明建设表彰大会代表

续表

序号	时间	频道	刊载栏目	报道标题
54	11月24日	CCTV-1	《新闻联播》	国家版权局发布2017版权示范单位名单
55	11月26日	CCTV-5	专题直播	2017年亚洲马拉松锦标赛（全程赛事直播）
56	11月27日	CCTV-5	体育新闻	第16届亚洲马拉松锦标赛东莞完赛
57	12月1日	CCTV-2	《整点财经》	智博会上的家用机器人：带娃靠“小胖”
58	12月1日	CCTV-2	《整点财经》	智博会：工业机器人代替人工
59	12月2日	CCTV-2	《交易时间》	产经观察　园林项目成倍增长　园艺工人日栽苗木2000棵
60	12月9日	CCTV-1	《晚间新闻》	国际科技合作周、科创会先进技术受追捧　拍卖场上高溢价
61	12月11日	CCTV-2	《环球财经连线》	中国国际科技合作周11项科技成果拍出2500万元
62	12月18日	CCTV-13	新闻频道《新闻直播间》	国产超强度钢丝投入使用
63	12月29日	CCTV-2	《经济信息联播》	广东东莞：改革创新监管模式　开放经济质量齐升

2017年《南方日报》涉莞重要报道选录

序号	时间	刊载版面	报道标题
1	1月1日	A02版	省政府印发广东版“土十条”明确四阶段目标，土壤环境质量分阶段全面改善——土壤污染加重趋势到2020年得到遏制
2	1月2日	A04版	2016年前11月——我省国际货运班列货值增长88.27%
3	1月4日	A09版	创建64个标准化村（社区）示范点，排查整顿33个软弱涣散村（社区）党组织——东莞：创新治理体系　构建基层党建新格局
4	1月4日	A10版	东莞茶山警方发动辖区工厂企业、商场超市、市场保安等一起协助——警民一呼百应找回失踪儿童
5	1月5日	A10版	全国检察机关开展侦查监督业务竞赛、网络安全业务竞赛——广东六名选手　获称全国能手
6	1月8日	A04版	粤警“飓风”横扫地下钱庄——破案194起，涉案金额达2500亿元
7	1月8日	A06版	广东超级杯东莞赛区启动
8	1月9日	A06版	从北纬23°起跑的创造力经济　东莞广州美院文化创意研究院培育创新动能，助力城市转型升级
9	1月9日	头版	为决胜率先全面建成小康提供强大精神动力——2016年全省宣传思想文化工作综述
10	1月9日	头版	马兴瑞等省领导赴部分地市调研基础设施项目建设情况　基础设施项目既要建好更要用好
11	1月10日	A10版	挑起32项“国字号”试点重任，“原创改革”增进群众获得感——东莞：向改革要动力开启更高水平发展
12	1月10日	A12版	电力先行　助力东莞在更高起点上实现更高水平发展
13	1月11日	A04版	东莞广美：创造力经济模式下的协同创新　产能与创意优势互补，致力提升产业创造力
14	1月11日	A08版	2016“松湖杯”创新创业大赛落幕　全球优质创业项目加速聚集松山湖
15	1月11日	A09版	先进典型不断涌现，刷新广东精神文明新高度——“广东好人”传递社会正能量
16	1月11日	A10版	东莞茶山　文明创建提升城市品质　多措并举助力经济腾飞
17	1月12日	A12版	以“工匠精神”助力更高水平发展　东莞供电局邹小辉、邝柱祥入选东莞市首届“名城工匠”
18	1月13日	A05版	广东省依法治省工作先进个人名单
19	1月13日	A15版	东莞供电局开展“造血扶贫”助推长巷经济驶上快车道
20	1月14日	A05版	数千家台资企业撤离东莞？——东莞市市长予以澄清　台资企业依然是东莞经济发展的主力

续表

序号	时间	刊载版面	报道标题
21	1月18日	A04版	委员热议：年票欠费该不该追缴?
22	1月18日	A09版	自贸试验区为全国贡献“广东经验”
23	1月18日	A10版	国家督查组来粤检查钢铁淘汰落后产能工作，徐少华出席座谈会——不折不扣落实好淘汰落后产能任务
24	1月18日	A11版	广东进入H7N9高发期，专家称预防H7N9：市场活禽“零存栏”是关键
25	1月20日	A04版	以提质增效振兴实体经济
26	1月20日	A07版	省人大代表围绕政府工作报告展开热议——坚持制造业立省　推动创新发展
27	1月20日	A13版	“东莞构建开放经济新里程”专题报道：《转方式、推改革、强战略：东莞迈入开放型经济建设新里程》
28	1月20日	A17版	乡愁可以如此链接：艺术+科技转变——东莞城市记忆的“打开方式”
29	1月20日	A18版	东莞加快构建开放型经济新体制综合试点试验——企业从改革中获益明显
30	1月21日	A10版	“东莞构建开放经济新里程”系列专题之二：《海丝博览会、加博会、境外展精彩纷呈——展会成为企业对接国际市场新利器》
31	1月21日	A11版	去年重污染河流6条水质有改善——今年广东将继续加快进度大力整治重污染河流
32	1月22日	A02版	林雄参加东莞代表团审议省人大常委会工作报告——真抓实干助推实体经济发展
33	1月22日	A03版	省人大财经委召开预算审查座谈会，省财政厅厅长曾志权表示：继续通过财政改革解决民生热点问题
34	1月22日	A04版	代表委员热议广东深入实施创新驱动发展战略——如何打造国家科技产业创新中心?
35	1月22日	A08版	爱心大巴　温暖回家路
36	1月22日	A10版	“东莞构建开放经济新里程”系列专题之三：《智能制造、建品牌、拓内销：以创新驱动为核心推动企业转型升级》
37	1月23日	A03版	省人大代表就民生话题建言献策——80天生育奖励假应纳入津贴范围
38	1月23日	A04版	代表委员热议如何让176.5万贫困人口摘下“穷帽”——精准扶贫：要输血更要造血
39	1月23日	A10版	“东莞构建开放经济新里程”系列专题之四：《海铁联运、产能合作、展销中心：借力“一带一路”构建对外开放新格局》
40	1月23日	A12版	打出支持实体经济发展“组合拳”——东莞去年为企业减负221.1亿
41	1月23日	A15版	东莞公益车队志愿服务春运——爱心接送带来暖心出行
42	1月23日	A15版	东莞供电局：春节回家或留莞　都为年味加道“热乎菜”
43	1月24日	A06版	我省危险化学品安全监管“十三五”规划公开征求意见——2020年基本建成危险化学品救援体系
44	1月24日	A07版	外经贸大省的“自贸区试验”——广东自贸区去年前11月吸引外资企业超4000家，同比增长77.3%
45	1月24日	A08版	公路铁路无缝接驳　厂站直通轻松返家——“公铁联运”将惠及逾两百万外来务工人员
46	1月24日	A10版	“东莞构建开放经济新里程”系列专题之五：《新业态、新模式、新规划：加速东莞内外贸易结构优化》
47	1月24日	A15版	供电助力台资企业亮堂祥和过大年
48	1月25日	A03版	政府工作报告——2017年1月19日在广东省第十二届人民代表大会第五次会议上
49	1月25日	A04版	政府工作报告——2017年1月19日在广东省第十二届人民代表大会第五次会议上
50	1月25日	A08版	广东一周清理海滩垃圾260吨，清理海滩236公里——净滩行动“动真格”　海洋环保踊跃争先
51	1月25日	A10版	“东莞构建开放经济新里程”系列专题之六：《优服务、拓网络、强合作：力推东莞招商引资迈向新台阶》
52	1月26日	A02版	省领导分赴全省各地开展基层慰问活动——把党和政府的温暖送到群众心坎里
53	1月26日	A07版	客运——广州各汽车客运站年前班线余票充足
54	1月27日	A02版	微信公布红包使用习惯数据：广东微信红包“收发”量全国第一

续表

序号	时间	刊载版面	报道标题
55	2月1日	头版	“文化+金融”深度融合——广东文化产业发展走上快车道
56	2月4日	A04版	东莞酒楼饭店一桌难求
57	2月4日	A05版	东莞成为全国第二个国税破千亿地级市——GDP增长8.1%，先进制造业、高技术制造业增速亮眼
58	2月4日	A08版	粤两年来投入超12亿元支持厕所建设　三年拟新建改扩建旅游厕所4505座旅游工作先从厕所抓起
59	2月5日	A04版	东莞黄江——黄牛埔水库截污次支管网项目开工
60	2月5日	A06版	电力检修班走出的全国劳模——何满棠：粘在一线钻研的“牛皮棠”
61	2月6日	A05	韶关举办“春暖行动”招聘会大批返乡务工人员、农村劳动力、未就业的高校毕业生等入场应聘
62	2月7日	A04版	新春首场招聘会返乡求职人员多
63	2月7日	A08版	创新组织架构形成研发良性循环，新型金融产品支持科研资金投入凯格精机：做全球精密自动化装备领导者
64	2月8日	A05版	广东将建最严产品质量企业首负责任制　2017年将实施企业质量创新工程，探索高校、医院实行编制备案制
65	2月8日	A05版	“绿蓝兄弟”在东莞中堂镇1公里内连开26家店　你的家乡是否也被绿蓝手机“攻陷”？
66	2月8日	头版	广东省创新发展大会在广州召开，胡春华马兴瑞李玉妹王荣出席　牢牢扭住国家科技产业创新中心核心定位不动摇
67	2月9日	A09版	省第六届花灯节今晚“洪梅见”
68	2月10日	A03版	我省两地试点建设用地交易二级市场——各类直接导致土地使用权转移的行为都将视为土地转让
69	2月10日	A05版	花灯锣鼓迎元宵——450名民间鼓手　齐聚东莞花灯节
70	2月11日	A04版	东莞倍增计划企业将达千家
71	2月11日	A08版	东莞出台“倍增计划”放大招支持企业发展　以200家企业为试点，支持其通过科技创新等手段，力争通过3至5年，实现规模与效益倍增
72	2月16日	A07版	“非遗”变嘉年华　2万人同围宴
73	2月17日	A10	东莞供电局创新服务模式，发挥“电保姆”作用　可靠供电服务东莞“倍增计划”
74	2月20日	A04版	努力实现新常态下国土资源工作新跨越
75	2月20日	A10版	中国青少年网球手剑指法网青少年赛
76	2月20日	A13版	2017情人节发了多少红包？
77	2月21日	A04版	广东今年将分批开展省级环保督察——广佛肇清揭PM2.5要降逾3%
78	2月21日	头版	广东：迈向国际化“创新雨林”
79	2月22日	A06版	省国土资源厅党组书记陈光荣：把握经济发展新常态　提高国土资源利用率
80	2月22日	头版	行动力中看决心——广东向率先全面建成小康社会进发
81	2月23日	A04版	莞惠城际计划上半年全线开通运营
82	2月23日	A04版	我省信息基础设施建设成效显著，其中4G基站大幅增长68.7%——一座“铁塔”带来的供给质量变革
83	2月23日	A06版	粤推进质量强省战略深化标准化改革
84	2月23日	头版	马兴瑞在珠三角地区（七市）优化发展工作现场办公会上强调　推动珠三角加快建设世界级城市群
85	2月26日	A04版	东莞9岁女孩与收养奶奶相依为命，发启事寻找汶川地震后失联的父母——“亲爱的爸爸妈妈，你们好吗？”
86	2月26日	头版	广东GDP凭什么领跑全国
87	2月27日	A01版、A04版	爱心人士送去衣服和食物，川粤两地媒体发起寻亲活动——毛毛DNA信息上传全国公安数据库

续表

序号	时间	刊载版面	报道标题
88	3月1日	A18版	省作协举办广东文学攀高峰重大选题论证会　为广东文学建“题材库”
89	3月2日	A08版	住粤全国政协委员陆续抵京，关注经济、房价、医改等热点——发达城市幼儿教育应纳入义务教育
90	3月3日	A07版	我省三所技师学院签订校际合作协议
91	3月3日	A09版	发展新经济　扶持新业态　培育新动能　支持实体经济发展——电子商务助推广东商务领域供给侧结构性改革
92	3月4日	A03版	全国人大代表马化腾召开媒体沟通会，谈科技创新等话题——把粤港澳大湾区打造成孕育“中国硅谷”的摇篮
93	3月6日	A09版	制造业升级　挺起广东实体经济脊梁
94	3月7日	A06版	广东坚定践行新发展理念，坚持“两手抓、两手都要硬”——补足精神之钙　铸牢灵魂之本
95	3月7日	A08版	东莞：多措并举整治“慵懒散慢”作风——“两学一做”常态化提供坚强保障
96	3月8日	A16版	省政府召开消防安全电视电话会议，李春生出席——建立消防安全责任清单
97	3月9日	A08版	全国人大代表、广东唯美陶瓷董事长黄建平：营改增坚定企业创新发展的信心
98	3月9日	A09版	发力供给侧　广东持续释放新活力
99	3月10日	A02版	东莞森林公园品质再优化　城市生态品位再提升——年生态效益总值已达77.59亿元，2020年建成20个森林公园
100	3月10日	A11版	从莞高速惠州段今年有望通车——深圳东莞常平到从化可省1小时
101	3月10日	A13版	东莞85个重大项目集中签约动工
102	3月11日	A05版	全国人大代表、东莞瑞丰物业服务有限公司工会主席曾香桂：为外来务工人员代言让他们感受家的温暖
103	3月11日	A10版	我省人社部门举办跨省劳务对接活动引进急需适用型人才——五地市对口招聘吸引超3万人次
104	3月12日	A01版	广东团代表休息日不休息——抓紧时间讨论学习，联名提交建议
105	3月12日	A07版	珠三角“办大学”热升温，七城争引国际名校、一流学科——全球高教资源加速导入广东
106	3月13日	A10版	资本市场“东莞板块”加速扩容，26个金融项目集中签约——东莞：金融创新激活力倍增计划启未来
107	3月14日	A04版	粤港澳大湾区——将成为地区发展主引擎
108	3月15日	A07版	广州在美国硅谷、波士顿设办事处，莞惠珠佛中在海外设“工作站”——珠三角欧美布局设点“截留”创新资源
109	3月15日	A09版	推动高企“育苗造林”，实施“倍增计划”——东莞：助力全省打造国家科技产业创新中心
110	3月20日	A02版	粤港澳大湾区建设的着力点
111	3月21日	A02版	粤本科高校新增137个专业　软件、机器人、物联网等工学专业成为热门
112	3月21日	A05版	全国政协调研组来粤调研　为推动垃圾无害化处理　建言献策
113	3月23日	A09版	粤港澳警方联手打响“雷霆17”行动第一战　抓获跨境犯罪嫌疑人790名
114	3月23日	B03版	东莞清溪举办第七届“赏花行”
115	3月27日	A03版	交通布局掀高潮，创新资源在流动　粤港澳大湾区城市加快互联互通脚步
116	3月28日	A04版	中澳联合侦破特大跨境走私毒品案　货柜底板夹缝藏冰毒逾百千克
117	3月28日	A10版	“世界工厂”东莞新动向：酒店开发商为何扎堆投资制造业
118	3月29日	头版	马兴瑞出席全省对台工作会议强调深化粤台经济社会交流合作
119	4月1日	A05版	爱心献给雪域高原
120	4月5日	A06版	融入粤港澳大湾区　对接葡语国家和地区食品行业——东莞道滘赴澳门签八项战略协议

续表

序号	时间	刊载版面	报道标题
121	4月6日	A02版	央视《焦点访谈》聚焦东莞市深化文明城市基层创建成效——以责任感换取老百姓获得感
122	4月7日	A08版	南部滨湖地区高水平谋划融入粤港澳大湾区建设——松山湖：集全球之智打造国际化城市创新区
123	4月10日	A04版	2017加博会距开幕还有10天——859家企业参展2017加博会
124	4月10日	A07版	开办企业便利化改革持续深化——打造更优良的营商环境
125	4月12日	A07版	虎门一出租房发生电池爆炸——危急！火海中多名居民被困　机智！他用钩机助12人脱险
126	4月12日	A15版	东莞观音山栉风沐雨18载　创新蝶变争创行业标杆
127	4月12日	头版	东莞中欧双向班列开通
128	4月13日	A06版	虎门二桥主塔全部封顶——一季度全省重点建设项目完成年度计划23.8%
129	4月13日	封01版、头版、A04版	马兴瑞赴东莞指导学习宣传贯彻习近平总书记重要批示精神——敢于担当奋勇争先推动各项工作再上新水平
130	4月14日	A04版	智能制造力促“世界工厂”升级
131	4月15日	A04版	“海洋六号”科考船回家了！——历时232天，航程7万公里
132	4月15日	A09版	粤剧《浴火凤凰》预演
133	4月15日	封01版	232天航程7万公里——“海洋六号”科考船回家，首获大范围南极海底三维　地形地貌数据
134	4月19日	A10版	东莞理工学院建校25年，办学实现三次飞跃——11万校友投身“智造业”主战场
135	4月20日	A05版	2017年中国加工贸易产品博览会今日开幕——办展9年，加博会已成助推产业发展利器
136	4月20日	A07版	全球销量前五智能手机都与珠三角有关——深莞惠成为世界手机高地
137	4月20日	A08版	东莞茶山传统＋时尚　五百年茶园游会绽放魅力——广东省第三届非物质文化遗产传统美食节暨2017“茶园游会”21日至23日举行
138	4月20日	A14版	东莞理工学院超常规发展，建设高水平理工科大学——“新工科”专业群服务“新产业”
139	4月21日	A01版、A06版	2017加博会在莞开幕——王荣出席开馆仪式，预计到会专业采购商超2万名
140	4月21日	A01版、A06版	省人大常委会召开主任会议——决定省十二届人大常委会第三十三次会议5月下旬召开
141	4月21日	A02版	警企联手，广东电网涉电案件降四成——实现涉电案件和直接经济损失连续　9年双下降
142	4月21日	A10版	我省迅速推进环保督察整改——各地迅速行动，召开专题会议、开展实地督导，坚持立行立改
143	4月21日	A10版	省政协将专题调研——促进我省电商经济健康发展
144	4月21日	A12版	2017中国“互联网+”数字经济指数发布——数字经济总指数深圳仅次于北京
145	4月21日	A14版	东莞理工学院党委书记成洪波：“新工科”支撑引领制造业创新发展
146	4月21日	A14版	东莞理工学院校长李琳：两年综合排名跃升130位
147	4月22日	A01版、A05版	一季度实现“开门红”，主要经济指标全面向好——广东经济加快“脱虚向实”
148	4月22日	A02版	新疆、广东韶关等在加博会上举行投资推介对接会——加博会成加工贸易梯度转移平台
149	4月23日	A02版	珠三角首趟“双向中欧班列”抵达东莞石龙
150	4月23日	A04版	公众开放日市民开启“买买买”模式——“加博会”前三天意向成交998亿
151	4月23日	A04版	东莞理工学院建校25周年，名誉校长杨振宁勉励师生——抓住大时代机遇　取得更大成功

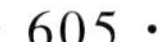

续表

序号	时间	刊载版面	报道标题
152	4月23日	A05版	近千人祈愿纳福大巡游
153	4月24日	A06版	从加工到智造，“加博会”折射产业新脉动“世界工厂”工人穿白衬衣上班不是梦
154	4月24日	A11版	东莞全面落实环保督察整改 打响治水攻坚战 今明两年力争建成2400公里截污次支管网
155	4月24日	A14版	老旧建筑改造“推陈出新”“星光大道”打造文明创建“大朗样本”
156	4月25日	A02版	全省改革试点工作推进会召开，徐少华出席并讲话 主动承接推进改革试点工作
157	4月26日	A03版	广东深化纪律检查体制改革，40项改革任务已基本完成 纪检监察机关既“瘦身”又“增肥”
158	4月28日	A04版	广东公共信用信息系统平台建设和应用走在全国前列 社会信用体系让“老赖”无所遁形
159	4月28日	A07版	珠三角部分地市领导谈落实我省人才制度改革：柔性引才 加快建设广东人才高地
160	4月28日	A07版	广东持续推进环保督察整改 年底前广佛跨界河须取得预期整改成效
161	4月28日	A11版	赢取未来要靠“创新红利”——广东改善营商环境增强企业竞争力
162	4月29日	A03版	我省构建“三横四纵”综合运输通道布局 到2020年实现市市通高铁
163	4月29日	A05版	变革理念 完善机制 东莞创建舆情处置“三化”体系促城市形象提升
164	4月30日	A03版	万人徒步游麻涌华阳湖
165	5月3日	A11版	杨振宁：未来30年是应用科技时代
166	5月3日	头版	粤高新技术企业数量全国第一，金融资本为创新注入强劲动力 探路科技金融：创新崛起的金融力量
167	5月4日	A02版	加快推动金融创新驱动发展战略 一季度广东科研和技术服务贷款增七成
168	5月4日	A04版	黄卫袁宝成出席全国2017年基础研究工作会议 粤成国家大科学工程第二多省份
169	5月4日	A07版	我省森林公园数量跃居全国第一 首批四星级森林公园名单出炉
170	5月5日	A03版	全省各地共青团组织庆祝建团95周年 聚集青春活力 不忘初心跟党走
171	5月5日	A05版	广东群团改革真抓实干创新体制机制，筑牢党同人民血肉相连的纽带 省市县团委挂职兼职干部不低于50%
172	5月5日	A09版	东莞：开车需本地户籍或居住证
173	5月5日	A10版	广东到2020年——理工类本专科在校生将达47%
174	5月7日	A03版	一场效率效益双提升的制造变革正在珠三角打响市场转向背后的“世界工厂”
175	5月8日	A01版、A10版	高水平大学群：用科研成果支撑广东创新驱动发展
176	5月8日	A02版	广东迈向现代化须建设世界工厂2.0版
177	5月8日	A04版	《2016珠三角企业创新报告》重磅发布，聚焦珠三角企业创新动向——珠三角去年日均诞生22家高新企业
178	5月8日	A05版	广东全面推进政务公开，积极回应社会关切、加强服务平台建设——“互联网＋政务服务”让权力在阳光下运行
179	5月9日	A05版	东莞“中国制造2025”新突破，绿色制造走在全国前列，实现四个“全省第一”——世界工厂迈向全生态链智能制造
180	5月10日	A02版	第十三届深圳文博会明日开幕，广东文化产业发展大跨越——“文化+”助粤文化产业争当“领头羊”
181	5月10日	A11版	东莞追加建设截污管网372公里——涉及33个镇街 总投资约86.08亿
182	5月10日	头版	广东品牌加速国际化步伐 国际商标有效注册量全国居首
183	5月11日	A02版	粤浙合作共推文化产业大发展——两省党委宣传部签订合作协议，首批240亿元合作项目签约
184	5月11日	A07版	2017海丝博览会将于9月举行——省政府召开全省筹备工作会议，全面启动 招展招商工作
185	5月11日	A09版	东莞东城：“11+60+N”重点企业实现梯队倍增——22条扶持政策推动企业裂变式增长

续表

序号	时间	刊载版面	报道标题
186	5月11日	A09版	全国首个摩拜智慧城镇落户东莞厚街——首批13个停放点 近期将投3000辆
187	5月11日	头版	核心价值观像空气一样无处不在 精神文明创建惠民看得见摸得着——南粤大地共谱文明新篇
188	5月12日	A04版	一边是“漂洋过海” 一边是侨商回流——广东构建对外开放新格局
189	5月12日	A09版	粤拟开展大气水污染防治大督察
190	5月12日	A12版	东莞66家政务新媒体入驻“南方号”——“南方号·东莞矩阵”壮大主流舆论阵地
191	5月13日	A02版	广东省出席中国共产党第十九次 全国代表大会代表候选人初步人选名单
192	5月13日	A04版	1—4月广东外贸稳中趋缓 16地市进出口实现正增长
193	5月13日	A05版	广东启动心血管病高危人群筛查干预项目 1.8万高危人群将获4年免费干预
194	5月14日	A04版	珠三角实体经济新竞逐——佛莞中惠招商 争抢超百亿项目
195	5月15日	A16版	科技创新与产业创新强强携手——东莞道滘顺道智能制造协同创新研究院启用
196	5月16日	A10版	粤港澳地区深中通道、虎门二桥、港珠澳大桥等大通道建设捷报频传——大通道撑起粤港澳大湾区脊梁
197	5月17日	A10版	东莞理工学院党委书记成洪波、校长李琳谈高水平理工科大学建设“莞工路径”——支撑产业创新 打赢智能制造“突围战”
198	5月17日	A14版	东莞最新积分入学办法公布——社保个税等多项指标积分调整
199	5月18日	A03版	国际制造业名城探索智能制造新模式——东莞率先打造智能制造全生态链
200	5月18日	A08版	“三座大桥”拥抱珠西加速新时代
201	5月19日	A06版	构建“公共法律服务圈” 营造良好法治环境
202	5月19日	A14版	穗公布35条河涌污染排名
203	5月20日	A02版	更好担负起党和人民赋予的重大使命——习近平会见全国公安系统英雄模范立功集体表彰大会代表时的重要讲话引起热烈反响
204	5月20日	A05版	广东—马萨诸塞州清洁能源产业投资合作交流会（东莞站）透露——美国在粤累计投资5046个项目
205	5月21日	A02版	14人获评“全国特级优秀人民警察”，72人获评“全国优秀人民警察”——全国公安英模 粤受表彰人数最多
206	5月21日	A06版	粤“安网3号”破案180余起——摧毁多个传播木马病毒团伙，抓获240余人
207	5月22日	A01版	胡春华马兴瑞等看望省第十二次党代会代表——把党代会开成贯彻落实习近平总书记治国理政新理念新思想新战略的大会
208	5月22日	A06版	全省规上工业增加值突破三万亿元——广东加快转型升级，推动工业经济和 信息化继续走在全国前列
209	5月22日	A14版	绿色发展旋律日渐走强引来“归巢燕”——东莞：以破釜沉舟的决心打赢治水“攻坚战”
210	5月22日	封01版面、A04版	广东华中科技大学工研院党支部书记、常务副院长张国军代表：让科研变成“红苹果”
211	5月23日	A03版	奋力开创广东发展新局面
212	5月23日	A04版	党代表谈深化供给侧结构性改革——企业“唱主角” 深入推进“去降补”
213	5月23日	A22版	东莞道滘 饮粤澳银政通“头啖汤”
214	5月24日	A13版	融入“一带一路”建设 推进体制机制创新——东莞：不断增创开放型经济发展新优势
215	5月24日	A21版	金钟奖广东赛区选拔赛 颁奖晚会东莞举行
216	5月25日	A02版	新起点上再创新局的总动员——省党代会代表畅谈学习贯彻习近平总书记对广东工作重要批示纪实
217	5月25日	A05版	党代表热议我省加快构建开放型经济新体制——构建以“一带一路”为重点对外开放新格局

续表

序号	时间	刊载版面	报道标题
218	5月26日	A03版	海丝博览会首轮路演结束——海外企业报名踊跃
219	5月29日	A02版	东莞市：强化责任担当　九个方面争当表率
220	5月31日	A10版	18条龙舟千米“赛跑”
221	6月1日	A19版	“群星奖”作品广东巡演大受欢迎　咸水歌变“时髦”现代舞更“接地气”群众文艺原来可以这么精彩！
222	6月2日	A03版	高墙内过“六一”　用亲情感化帮教
223	6月2日	A06版	首批环境执法人员上岗督查　驻点包括广州、深圳、佛山、东莞、肇庆、清远、中山、江门、云浮9市
224	6月2日	A10版	历经14年，泥洲变电站建成投入运行
225	6月3日	A04版	全省建筑施工“安全生产月”启动
226	6月4日	A03版	全运会龙舟预选赛赛足三天　东莞龙舟锦标赛麻涌队夺冠
227	6月4日	A03版	世界青少年环保交流大会下月在粤揭幕
228	6月5日	A07版	2017粤港暑期实习计划本月在港启动　900多香港学生将到珠三角实习
229	6月5日	头版	珠三角　3年内建成国家森林城市群
230	6月6日	A05版	国际制造名城冲刺万亿俱乐部——东莞式创新探索：以“倍增”探寻突围之路
231	6月7日	A02版	全媒聚焦广东“智能制造”“粤造粤强”主题网络采访活动启动
232	6月9日	A07版	东莞打造智能制造全生态链　“机器换人”3年减少用工近20万
233	6月12日	A03版	我省出台工作方案，今年底省内江河湖库全面推行河长制　构建区域与流域结合五级河长体系
234	6月12日	A04版	高考后首个周末，省内多所高校举办开放日活动，吸引众多学生和家长　你显特色专业　我展海外师资
235	6月13日	A08版	经济中高速增长碳强度持续下降，广东“十三五”应对气候变化工作开局良好　粤低碳发展助推经济质量效益提升
236	6月15日	主报A06版	东莞确定园区统筹组团发展核心战略
237	6月16日	A01、A04版	进一步加大“放管服”力度　推动企业转型发展
238	6月17日	A01、A08版	“一带一路”建设参与度、与沿线国贸易额均居各省（区、市）之首　广东：为构建开放型经济新体制发力
239	6月18日	A02版	科技与资本融合激发创新活力
240	6月18日	A04版	广东省第十届精神文明建设“五个一工程”评选结果公示
241	6月18日	A04版	虎门二桥预计2019年建成通车
242	6月20日	A09版	“飓风2017”专项行动增添战果　东莞石排警方快速侦破一宗虚开增值税发票案
243	6月23日	A12版	近半年7企业上市　后备企业145家
244	6月23日	A13版	加强水污染源头治理　促进石马河生态改善
245	6月26日	A05版	归功于平时扎实的学习积累
246	6月26日	A06版	广东高考文理科前十名考生名单公布——今年7地市“冒尖”　区域差距继续缩小
247	6月27日	A05版	医疗资源下沉补基层医疗短板，签约家庭医生落实基层首诊　家门口有“三级医院”看病找家庭医生
248	6月28日	A04版	东莞市社会主体投身创业服务　众创空间和孵化器发展迅猛
249	6月29日	A11版	男孩遇险　快递员拉起防护网
250	6月29日	A14版	东莞福彩即开票手工艺品　征集评选结果出炉
251	6月29日	封01版	我国海洋地质调查又添利器——“海洋地质十号”船在粤出坞
252	7月1日	封02版	增创对外开放新优势的重要举措

续表

序号	时间	刊载版面	报道标题
253	7月4日	A08版	预算联网监督系统成广东地方人大预算监督"标配"——一有违规苗头 "火眼金睛"就会看到
254	7月5日	A04版	近3年受援地实现生产总值年均增长17.8%，农民人均纯收入年均增长14.9%——产业援疆带动受援地20余万人就业
255	7月5日	A07版	第26届广东人大 新闻奖评选揭晓——南方日报7件作品获奖
256	7月5日	A08版	"莞马"与亚洲最高水平马拉松并轨——预计赛事人数达3万人，比去年增 一倍
257	7月5日	A08版	老人走失 东莞全城接力找寻——已12天未归，东莞启动最高级别寻人机制
258	7月5日	A13版	"2017两岸青年就业创业研讨会"本周五东莞举行——助力两岸青年追逐梦想开创未来
259	7月6日	A10版	东莞有支家长护学服务队
260	7月8日	头版、A05版	2017两岸青年就业创业研讨会在东莞开幕
261	7月10日	A03版	我省公布今年55项医改重点工作任务 所有公立医院7月全部取消药品加成
262	7月10日	A05版	从北疆哈密转战南疆喀什 援疆干部一茬更比一茬棒
263	7月12日	A08版	近五年我省高技术制造业税收年均增幅达10.9% 高技术制造业竞争力优势明显
264	7月14日	A02版	邹铭在深圳、东莞调研城市基层党建工作时强调 创新城市新兴领域党建体制机制
265	7月14日	A05版	东莞中山帮扶昭通：补齐昭通农业"大资源、小产业"短板
266	7月18日	A02版	"海战博物馆"提供了一个优秀范例
267	7月19日	A03版	珠三角城轨"画出" 一小时城市圈 东莞中山佛山清远将有多条地铁"接入"广州 穗莞深城轨、广清城轨即将通车
268	7月24日	A01版	探访"无人工厂"：人少且闲，机器挺忙
269	7月24日	A06版	靠创新打造中国智造新高地
270	7月24日	A11版	"机器代人"的成本精算
271	7月25日	A11版	增强现实亚洲博览会今明在松山湖举行
272	7月26日	A01版	广东制造转型呈突围之势
273	7月28日	A07版	与AR/VR深度融合 东莞制造大有可为
274	7月28日	A15版	横沥：协同创新振兴实体经济
275	7月31日	A10版	东莞首次名列中国外贸百强城市前三——外贸发展竞争力 全国第一位
276	7月31日	A10版	正在成为珠三角乃至全省的"创新辐射源"——广深科技创新走廊 串起超级产业链
277	8月1日	A08版	东莞五大支柱产业三项 实现倍增——电子信息制造业 利润增速270%
278	8月1日	A09版	东莞松山湖建立三道防线遏止传销
279	8月2日	A05版	广东六地市试点粤港商事登记银证通业务——港企来粤投资，"足不出港"登记注册
280	8月2日	A06版	东莞武警——百名特战队员沙场大比武
281	8月2日	A09版	东莞石排公安分局 强化异地警务协作——成功打掉一个虚开增值税专用发票犯罪团伙
282	8月4日	A04版	荔枝林跃"农"门 变身"超级显微镜"——记者探秘中国散裂中子源工程，探寻广东科技创新协同效应
283	8月4日	A06版	利税、就业和投资三个关键经济风向标均显示——广东实体经济释放三重强劲提振信号
284	8月4日	A07版	"创青春"广东青年创新创业大赛复赛在东莞举行——2亿元投资基金 助青年创新创业
285	8月5日	02版	以供给侧改革谋求"宣传生产力"
286	8月5日	A09版	"岭南韵·诗书情——2017年岭南童谣节"将在南国书香节期间颁奖——好童谣是温情的抚慰 是文化的传承
287	8月7日	A06版	360° 感受电力知识

续表

序号	时间	刊载版面	报道标题
288	8月8日	A06版	许瑞生督导部分国考断面水环境综合整治工作——加大黑臭水体整治力度
289	8月8日	头版	广东经济“脱虚回实”趋势观察——以降成本为“脱虚回实”拓宽路径
290	8月9日	头版	胡春华赴东莞市调研　营造集聚创新要素资源的良好环境
291	8月10日	A11版	提升城市品质　建设精致东城　东莞东城街道实施灯光夜景工程成效初显
292	8月11日	A07版	讲好中国故事，传递广东声音“好记者讲好故事”演讲决赛在穗举行
293	8月11日	A10版	东莞全面启动　粤港澳银政通
294	8月12日	A04版	中国科学院高能物理研究所与东阳光集团在东莞签署硼中子俘获治疗项目合作协议　5年内有望实现癌细胞“精准清除”
295	8月12日	头版	粤9月起全面实行“多证合一”比国务院规定时间提前1个月，省府办同时发布“多证合一”改革重点任务分工
296	8月13日	A02版	东莞节约集约用地考核连续两年全省第一　该保的地保住　能用的地用好
297	8月14日	A08版	通过文明创建提升群众幸福感和获得感
298	8月14日	A11版	东莞智能电网力助企业“倍增计划”——“电网升级行动”正式启动
299	8月15日	A01版	我省首批健康城市健康村镇试点名单公布7个地市32个镇（县城）263个村（社区）入选
300	8月15日	A06版	东莞“兵妈妈”黄莲开：20年拥军捐资逾300万
301	8月15日	A10版	创新社会治理新模式，开创社会帮扶新渠道，东莞异地商会积分制管理试点两年，形成多元主体协作治理新结构
302	8月16日	A05版	农民工的大学逐梦路——广东共有约5.9万名产业工人圆梦象牙塔，超2万人　已毕业
303	8月16日	A06版	探路供给侧结构性改革——东莞打出减负提质增效“组合拳”
304	8月16日	头版、A07版	马兴瑞到广州深圳佛山东莞调研国考断面及黑臭水体整治情况——压实责任　系统治理　确保如期实现治水目标
305	8月17日	A06版	东莞地铁将增多线路接驳广深
306	8月17日	头版、A03版	广东上半年国地税合计收入11531亿元增长13.7%，广深莞三市税收过千亿——制造业税收增长　贡献率居各行业榜首
307	8月18日	A03版	广东探索产业共建，粤东西北每市力争新形成产值超500亿元产业集群——8个共建园引进103个超亿元项目
308	8月18日	A09版	建设“一环亲水绿道”，凸显生态环境优势——东莞高埗镇打造市中心区“后花园”
309	8月19日	A05版	邓海光到东莞调研督导工作——保护与开发并举发展海洋经济
310	8月19日	A05版	“提高边检服务水平工作”开展10周年——广东95%旅客候检不超过25分钟
311	8月20日	A04版	广东今夏统调负荷4次创新高——“电力指数”折射经济发展稳中向好
312	8月20日	A05版	阿斯塔纳世博会广东活动周开幕
313	8月24日	A09版	当非遗遇上服装设计
314	8月24日	A10版	《东莞地区海关进口　通关时间比降六成》，DC02版刊发《黄埔海关推出33条创新举措　流程减费用降　莞企通关提速》
315	8月24日	A10版	松山湖另辟蹊径求解机器人产业创新方程式
316	8月26日	A04版	广东金融五年成绩单靓丽出炉　主要金融发展指标创多个全国第一
317	8月27日	A04版	广东商事制度改革向纵深推进：让信息多跑路，让企业和群众少跑腿
318	8月27日	AC03版	720名昭通学生将入读中山8所公办中职学校　离家千里求学　只为改变命运
319	8月29日	A10版	支援灾区抢修　复电圆满完成——东莞供电局驰援中山抗击“天鸽”实录
320	8月29日	A11版	探秘位于广东东莞大朗镇的中国散裂中子源　飞机“累了”？用中子“探针”测测看
321	8月29日	A11版	逾两千云南贫困生来粤免费读职校　毕业后将推荐在粤就业
322	8月30日	A08版	麻风康复老人的“圆梦记”——记者探访“广东最后的麻风岛”
323	8月30日	A09版	东莞市民办理千余事项“最多跑一次”　改革年底将覆盖95%以上政府事项
324	9月2日	头版	中国散裂中子源首次打靶成功

续表

序号	时间	刊载版面	报道标题
325	9月5日	A09版	打造智能制造全生态链3年支持100个智能化升级改造项目
326	9月5日	A10版	东莞市场主体总量居全省地级市之首
327	9月8日	A04版	东莞市委书记吕业升：增创开放新优势，打造创新升级版　率先建设社会主义现代化先行区
328	9月8日	A14版	传承特色民俗文化　打造企石文化名片　东莞企石镇“千年秋枫文化节”明日开幕
329	9月8日	AT01–AT32版	东莞观察创刊13周年特刊《跃升》
330	9月9日	02版	为构建开放型经济新体制探索经验
331	9月9日	A02版	慎海雄到东莞调研宣传思想文化工作时强调　推动精神文明建设常态化长效化
332	9月9日	A04版	东莞、广州南沙与建行签署合作协议　3000亿元助力粤港澳大湾区建设
333	9月11日	A07版	2017台博会　总成交额近30亿
334	9月12日	A03版	“实体经济十条”首场宣讲会在东莞举办
335	9月12日	A10版	东莞规范业主自治　激活基层治理“细胞”
336	9月14日	A09版	东莞高埗每年安排1500万元专项资金　为企业倍增提供精准扶持
337	9月15日	A05版	2017海丝博览会下周在东莞开幕　将增粤港澳大湾区战区
338	9月15日	A07版	东莞万江：全力推进成品油市场专项整治
339	9月16日	A03版	2017全国双创周广东分会场启动——一大波炫酷科技集中亮相
340	9月16日	A07版	2017（第九届）塘厦高博会11月23日开幕——国内外知名品牌将同台亮相，目前展位预订已超八成
341	9月17日	A04版	广深科技创新走廊加速形成
342	9月17日	A04版	广东省第五届全国文明村镇拟推荐名单
343	9月20日	A06版	东莞滨海湾新区正式入镇海阶段——粤港澳文化街获使用权
344	9月20日	A07版	2017海丝博览会主题论坛将于9月22日举行——20多国商协会将签汉语培训合作备忘录
345	9月20日	A10版	东莞中堂让群众共享文化体育事业建设成果——加快文化设施建设　擦亮体育“三张牌”
346	9月21日	A10版	2017海丝博览会今日开幕——56个国家和地区参展，配套举办15场相关活动
347	9月21日	A11版	东莞拟规划7条地铁对接广深——城市轨道交通近期建设线路较原规划增77　千米
348	9月22日	A12版	2017海丝博览会在东莞开幕，56个国家和地区1682家企业参展——近七成参展商来自“一带一路”；香港企业组团参展海丝博览会——寻“海丝”商机打开通往世界的窗口
349	9月22日	A14版	东莞首批全国综治最高荣誉“长安杯”
350	9月23日	A02版	从“花架子”到“真功夫”
351	9月23日	A02版	对沿线多国投资实现突破、粤商设厂促进当地就业、大项目合作不断增加——粤与“一带一路”国家生意红火
352	9月23日	A02版	广东表彰首届文明校园
353	9月23日	A10版	自我加压不留死角　东莞力争创文“四连冠”全市城管系统着重对照薄弱环节，列出整改清单，全力以赴落实迎检工作
354	9月23日	头条	胡春华主持召开省委常委会议　强调把广深科技创新走廊打造成“中国硅谷”
355	9月24日	A02版	中央电视台喜迎十九大特别节目　还看今朝聚焦广东——广东：敢为天下先
356	9月24日	A02版	4K超清时代到来　粤如何抢占先机——推进4K频道开通，计划建立4K、8K电视和电影节目“双创中心”
357	9月24日	A03版	海丝博览会意向成交2190亿元——入场专业买家同比增10.7%，达成各类签约项目758个
358	9月24日	A07版	全国车辆模型赛东莞站11月开锣

续表

序号	时间	刊载版面	报道标题
359	9月24日	头版	广东大力推进广深科技创新走廊建设——建“中国硅谷”打造“创新极”
360	9月25日	A07版	2017广东公共文化研讨会20日—22日在佛山举行　畅谈公共文化　聚焦效能提升
361	9月25日	A09版	我省深入推进工业企业研发机构建设：主营收入5亿以上企业实现研发机构全覆盖
362	9月25日	头版	迈向“中国硅谷”广深科技创新走廊持续发力　牵引珠三角　带动全省开启　强力创新引擎
363	9月26日	A03版	珠三角研发投入强度比肩发的国家　广东力争五年内实现高企数量翻一番
364	9月26日	A06版	东莞出台系列政策推进“三大建设”　完善工作制度链条提振干部精气神，全面深入贯彻落实从严治党
365	9月26日	A14版	东莞中堂：探索产业多元化　闯出转型发展新路径
366	9月26日	头版、A10版	专家学者“点赞”创新蓝图，建言广深科技创建走廊　强势集聚高端资源　倾力打造重大平台
367	9月27日	A05版	创新驱动，敢为天下先
368	9月27日	A06版	让科技插上金融的翅膀　广东将为科技企业上市提供定制服务
369	9月28日	A04版	我国自主研发主缆国内首次大规模应用　虎门二桥亮剑“中国智造”
370	9月28日	A22版	东莞表彰全运会健儿
371	9月30日	A03版	广州东莞签署合作协议，任学峰讲话　推进珠三角改革发展上水平
372	9月30日	A10版	黄埔海关“航空打板”模式减少8个通关物流环节　空运出口货物物流时间减半
373	10月1日	A04版	党的十九大代表、东莞市中堂镇潢涌村党工委书记黎锡康：把群众的事当成自家事
374	10月2日	A05版	生态好了，家乡人气越来越旺——东莞麻涌华阳湖环境改善迎蜕变，当地创业青年日子越过越红火
375	10月4日	A03版	假期首日车流量创新高，虎门大桥发布指引——返程走虎门大桥，可以这样避堵
376	10月6日	A04版	东莞率先建成全民公平医保体系——本地人外地人享受同等待遇，年报销待遇最高达67万元
377	10月9日	A10版	有料你就来！2017年“松湖杯”创新创业大赛启动
378	10月10日	A02版	改革强音激荡　续写“春天的故事”
379	10月11日	A02版	创新蔚然成风　“黑科技”惊艳全球
380	10月11日	A06版	跨越东西的发展之路：泛珠三角变奏曲
381	10月12日	A03版	强“造血”注动力：泛珠扶贫协作补齐区域发展短板
382	10月12日	A04版	世界的东莞向现代起航　滨海湾新区引领空间与产业双重变革
383	10月12日	A11版	推动广深科技创新走廊建设　东莞打造创新驱动发展升级版
384	10月13日	A06版	围绕散裂中子源　东莞创新再升级
385	10月13日	A08版	滨海湾新区：为建设一流湾区积极贡献“东莞力量”
386	10月13日	A12版	广深科创走廊东莞段规划出炉
387	10月16日	A25版	东莞石排城市品质三年提升计划让环境更优美　初步确定98个项目，预计多方投入超22亿元
388	10月17日	A03版	提前调研，基层代表做足“功课”赴京
389	10月17日	A18版	在新征程续写新篇章，在更高起点实现更高水平发展——东莞向创新型一线城市挺进
390	10月18日	A04版	让创新成为引领发展的第一动力
391	10月18日	A11版	东莞无线Wi-Fi网络启用推动“信息惠民”338个公共场所可免费用Wi-Fi
392	10月18日	A16版	东莞供电局：攻坚克难当好经济发展“先行官”
393	10月19日	A08版	不忘初心再出发——牢记使命立潮头
394	10月19日	A11版	发力供给侧——激发经济发展新变革
395	10月19日	A17版	东莞中船军民——融合研究院揭牌6家企业现场签约

续表

序号	时间	刊载版面	报道标题
396	10月20日	A01版	广东代表团向中外媒体开放，胡春华马兴瑞等回答中外记者提问——在加快建设社会主义现代化 新征程上走在前列
397	10月20日	A15版	去年东莞民营经济纳税投资破千亿 服务业总量在全省各地级市中排第一
398	10月21日	A23版	政企联动携手前行 东莞电网建设驶进“快车道”
399	10月21日	A01版	广东团农村基层代表结合5年来身边变化热议报告——把乡村振兴战略好政策一件件落实
400	10月21日	A04版	广东代表团热烈讨论十九大报告——开启新征程
401	10月23日	A08版	全省各界干部群众热议
402	10月23日	A14版	保持供电行业发展“第一动力” 东莞电网以技术提升助推经济转型
403	10月24日	A10版	广东全面推行河长制取得重要进展，全省设立各级河长近2.3万名 构建区域与流域结合五级河长体系
404	10月24日	头版	全面建设社会主义现代化国家新征程 汇聚磅礴力量新征程：迎来实现中国梦的光明前景
405	10月25日	A08版	年底各级河长将超2.8万人 我省市县镇三级已全部实行双总河长制
406	10月25日	A10版	省教育厅公布2017年度本科高校审核推荐名单 粤拟新增199博硕学位点
407	10月25日	A13版	再改造25.87万亩 粤城市更新进入攻坚期
408	10月26日	A15版	东莞 基层社会治理创新多 共建共享幸福生活
409	10月26日	A19版	广播剧《罗湖桥》重播好评不断 广东广播剧多次获得“五个一工程奖”引关注 用声音艺术奏响动人音符
410	10月27日	A04版	广东团代表回到工作岗位迅速投身学习宣传热潮——推动十九大精神 深入基层走进千家万户
411	10月27日	A05版	广东各界干部群众热议加强和创新社会治理——为人民过上更美好的生活护航
412	10月27日	A05版	顺利通过国家水生态文明城市建设试点验收，打造人水和谐人水相亲城市——东莞实现以水丽城以水兴城
413	10月27日	A13版	顺应时代 推动能源转型——电网助力东莞建国际一流综合能源示范区
414	10月30日	A10版	版权保护为创新赋能 专业盛会对接助推产业跃升 第九届漫博会将于11月9日至11日在东莞举行
415	10月30日	A11版	全省各地市认真学习宣传贯彻党的十九大精神 把十九大部署的各项任务落到实处
416	10月31日	A07版	发力金融产业，六大领域43个项目集中签约 东莞东城启动“集成式金融中心”建设
417	10月31日	A11版	积极融入“广深科创走廊”东莞长安：引领模具产业创新变革
418	10月31日	A13版	东莞茶山：5个亿元项目集中签约进驻
419	11月1日	A05版	大江奔涌：“百大创新”背后的珠三角力量——匠心传承成就创新沃土，珠三角涌现多个“世界第一”“全球最大”打造大湾区拥抱全球创新一体化，智造变革更加呼唤新时期工匠精神
420	11月1日	A10版	探索基层社会治理新模式“智网工程”：助推东莞社会和谐善治实现跃升
421	11月1日	A11版	十六年磨一剑：中国（大朗）织交会成为国内毛织产业“晴雨表”
422	11月2日	A10版	漫博会招商完成比例达126% 众多国内外动漫大咖将参展
423	11月2日	A11版	散裂中子源中心土地使用税减免超800万 东莞持续为高新技术企业“降成本”，去年减税超6亿元
424	11月3日	AT11版	东莞虎门以粤港澳大湾区建设为招引 推动产业和城市升级 融入滨海湾新区建设
425	11月3日	AT12版	沙田镇：打造宜居宜业的湾区新城
426	11月3日	A15版	以相对贫困村户脱贫致富为重点，精准扶贫与新农村建设同步推进 韶关奋力攻坚精准脱贫推动乡村振兴
427	11月5日	A08版	一廊连广深 科技创新行
428	11月6日	A07版	分拣准确率100% 中国电商最先进的机器人分拣中心就在东莞
429	11月6日	A10版	东莞松山湖 打造城市基层党建的园区党建模式

续表

序号	时间	刊载版面	报道标题
430	11月7日	A06版	推动十九大精神落地生根开花结果
431	11月7日	A08版	漫博会9日开幕　公众免费逛展
432	11月9日	A05版	第九届漫博会9日至11日在东莞举行　提升动漫企业价值，为文化产业注入新动力
433	11月10日	A10版	漫博会给动漫和新兴技术“做媒”
434	11月11日	A06版	第九届漫博会举行多场品牌授权与投融资对接会
435	11月12日	A05版	“老夫子”，我们明年再“同框”
436	11月13日	A07版	第九届漫博会11日闭幕，推动版权交易对接成果丰硕　“动漫+”推动传统产业与新兴产业深度融合，报道占半个版
437	11月14日	A04版	东莞市委常委班子瞻仰东江纵队纪念馆
438	11月14日	A11版	“飓风2017”专项行动成效显　东莞石排警方打掉一“祈福消灾”诈骗团伙
439	11月15日	A04版	省委宣讲团到东莞宣讲党的十九大精神　推动十九大精神落地生根
440	11月15日	A08版	粤3县入选第五届全国文明城市
441	11月15日	A08版	黄埔海关“单一窗口”日均报关单破3000份
442	11月16日	A09版	紫光集团拟投1000亿　在东莞建华南总部
443	11月16日	A19版	第十三届广东省艺术节拉开帷幕　超百场演出全方位展现岭南文化独特魅力“广东故事”的一次大汇演
444	11月17日	A08版	规划引领　东莞向创新型一线城市跃升
445	11月17日	特刊	在中国城市规划年会在东莞召开之际，推出36版“蝶变”专题特刊
446	11月18日	A08版	第22届虎门服交会开幕，时尚气息更浓厚　虎门：推动服装服饰业向千亿产业群集群迈进
447	11月19日	A03版	十九大代表、东莞市中堂镇潢涌村党工委书记黎锡康：产业发展了，乡村振兴才更有动力
448	11月19日	A05版	2017年中国城市规划年会在东莞开幕——东莞被授予“优秀组织奖特别奖”
449	11月20日	A03版	第一期全省省管干部学习贯彻党的十九大精神专题研讨班掀起学习热潮，学员们一致表示　以新气象新作为奋力走好新时代长征路
450	11月21日	A04版	蝉联“全国文明城市”实现“四连冠”——东莞交出“两个文明”精彩答卷
451	11月22日	A04版	和谐社会建设、发展软环境获褒奖，首捧全国综治最高荣誉“长安杯”——东莞：综治人人参与　平安人人共享
452	11月22日	A09版	跻身广深科技创新走廊核心创新平台——松山湖全力打造国家科技创新策源地
453	11月22日	A13版	广深高速川槎大桥　防撞工程通过验收
454	11月22日	A22版	马拉松亚锦赛26日在东莞开跑
455	11月23日	A05版	探索社会和谐善治的体制机制——东莞：涵养文明内功　建设“友善之城”
456	11月23日	A06版	我省举行中青年德艺双馨作家艺术家座谈会——慎海雄出席会议并讲话，8位作家艺术家受表彰
457	11月23日	A10版	“文艺莞军”：创作精品剧目　提升城市气质
458	11月23日	A17版	大力弘扬乌兰牧骑优良传统　着眼培育德艺双馨文艺名家——第三届广东省　中青年德艺双馨作家、艺术家昨日揭晓
459	11月24日	A10版	亚马莞马26日开跑　东莞再秀城市魅力——21个国家和地区顶尖选手来莞竞　逐亚锦赛，与近3万名莞马参赛者同场奔跑　城市生态人文现代之美与赛事深度融合
460	11月25日	A04版	亚洲马拉松锦标赛明日在东莞举办——多条交通管制措施出台　建议提前规划避免拥堵
461	11月25日	A04版	东莞召开党报党刊发行工作会议——保质保量圆满完成党报党刊发行任务
462	11月25日	A10版	第九届塘厦高博会启幕
463	11月27日	A04版	以文明“化”人　以文明“塑”城　东莞：提升城市品质　擦亮文明底色
464	11月27日	A05版	真正做到内化于心外化于行
465	11月27日	A11版	亚马莞马开跑　逾3万人参赛　印度、朝鲜选手分别获男女组亚马冠军

续表

序号	时间	刊载版面	报道标题
466	11月27日	A12版	东莞塘厦　以科技创新为驱动　实现倍增式跨越发展
467	11月27日	封面	3万人共赴“跑马盛宴”
468	11月28日	A03版	省委十二届二次全会与会人员深入学习贯彻党的十九大精神——以习近平新时代中国特色社会主义思想统领广东一切工作
469	11月28日	A06版	省人大常委会公布两项专项资金支出绩效情况第三方评价报告——超130亿项目资金支出绩效良好
470	11月28日	A11版	智能装备引领高端制造——全球顶级“智造”东莞亮剑
471	11月29日	A11版	广东国际机器人及智能装备博览会在东莞开幕
472	11月29日	A15版	东莞供电局举办电网开放日活动　人大代表和政协委员“点赞”供电工作，呼吁社会关注供电设施外力破坏情况
473	11月30日	A10版	全市人才总量突破146万人，拥有各类高层次人才约8.5万人　东莞加快建设人才强市让人才与城市共同出彩
474	12月1日	A02版	江凌到东莞调研督导学习宣传贯彻党的十九大精神
475	12月1日	A12版	韶关推进项目攻坚　72项目集中动工　总投资逾150亿
476	12月1日	A12版	东莞率先上线全流程电子退库系统　部分退库业务仅需3天办结
477	12月1日	A12版	虎门大桥全线限速100公里
478	12月2日	A04版	用十九大精神统一思想凝聚力量引领发展
479	12月2日	A07版	广东智博会闭幕　逾12万人观展
480	12月3日	A03版	2017中国（东莞）国际科技合作周12月8日开幕　设六大专题展区办18场科技论坛
481	12月3日	A04版	“诗歌进工厂”系列活动举行
482	12月6日	A17版	广东工人艺术团走进黄江裕元工业园
483	12月6日	A19版	东莞：坚定一个引领　实现六大跃升
484	12月6日	A19版	大湾区·深投控清溪科技生态城展示中心奠基动工　政企携手打造大湾区产城融合“引爆点”
485	12月7日	A03版	广东出席党的十九大代表深入基层一线讲创新理论，讲大政方针，讲心得体会600多场宣讲推动　十九大精神深入人心
486	12月7日	A12版	广东省十三届全国人大代表候选人人选（含后备人选）推荐名单（共196人，按姓名笔画排序）
487	12月7日	A21版	名家书画精品展亮相东莞香博会
488	12月8日	A03版	为全球发展创造更多机遇　习近平主席致2017年广州《财富》全球论坛的贺信引起热烈反响
489	12月8日	A11版	2017中国（东莞）国际科技合作周　科创会今日开幕——主办方将举办18场大型活动　科研机构创新成果交易会同期举行
490	12月8日	A17版	新型研发机构成东莞人才“聚宝盆”——“教授下乡”改变世界工厂人才结构
491	12月8日	AT03版	省多个相关部门出台实施细则，21地市基本已发布配套政策“十大招”成效渐显　力推实体经济增长
492	12月8日	AT09版	提质增效降成本　激发市场新活力　东莞地税：精准服务助力营商环境持续优化
493	12月9日	A04版	中国（东莞）国际科技合作周、科研机构创新成果交易会开幕，首次举办科技成果专场拍卖——11项专利技术拍出2500余万元
494	12月10日	A04版	2017中国（东莞）国际科技合作周、科研机构创新成果交易会举办多场产学研对接会　企业抛项目　科研机构来“相亲”
495	12月11日	A03版	“倍增计划”助力东莞打造世界级先进制造业集群　加速东莞制造“星月齐辉”
496	12月11日	A08版	2017科技合作周、科创会在东莞闭幕　科技成果交易火爆　东莞创新土壤获点赞
497	12月12日	A01版	李近维同志遗体在东莞火化
498	12月12日	A06版	李近维同志生平

续表

序号	时间	刊载版面	报道标题
499	12月12日	A10版	扎实推进海洋生态文明建设 “六严”举措构建科学用海体系 东莞：拥抱海洋经济高奏蓝色乐章
500	12月13日	A14版	东莞以湿地生态建设促城市品质提升
501	12月14日	A01头版	“一廊十核多节点”助力粤港澳大湾区 建设国际一流科技产业创新中心 广深科创走廊 剑指中国“硅谷”
502	12月14日	A08版	构建开放型经济新体制，5项措施被全国推广 东莞：增创开放新优势 打造开放新格局
503	12月15日	A02版	为全国实施创新驱动战略提供重要支撑
504	12月15日	A07版	国家海洋督察组（第五组）在粤下沉督察阶段向我省移交群众信访举报案件已全部移交各地市办理
505	12月16日	A03版	广州港集团与东莞港务集团签订合作协议 穗莞合力打造世界级枢纽港
506	12月18日	A01版	开启广深科创走廊的“创新大脑” 广州全速发动创新驱动引擎
507	12月18日	A03版	东莞对口帮扶韶关揭阳成效明显
508	12月18日	A06版	省委组织部连续举办5期省管干部学习贯彻党的十九大精神专题研讨班，把学习宣传贯彻持续引向深入 不断弘扬马克思主义学风 用党的创新理论武装头脑
509	12月18日	A07版	如何做好新时代政协工作？全省21个地市政协主席座谈交流共商良策 加强省市联动携手督办共性问题
510	12月19日	A04版	广深科创走廊：集聚全球高端创新资源
511	12月19日	A09版	2017南方商标品牌高端论坛在穗举行 开创广东商标品牌国际化建设新局面
512	12月19日	A10版	一大批靓号可供东莞市民选择 新能源车专属号牌亮相，从生产到安装24小时内完成
513	12月20日	A03版	从科技支撑产业向科技引领产业转变，从分散式创新向协同式全域创新转变——东莞加速打造全域创新格局
514	12月20日	A12版	东莞公安警力下沉 打造立体化防控
515	12月20日	头版	融入广深科技创新走廊 东莞将打造成果转化基地
516	12月21日	A16版	报告显示“中国制造”前沿领域创新持续加快 布局全球价值链条 广东企业竞争力升级
517	12月22日	A02版	我省在东莞向台商专场宣讲“外资十条” 东莞力争全省首批出台配套措施
518	12月22日	A07版	广东组织系统深入学习贯彻党的十九大精神 让新时代党的建设总要求落地生根
519	12月22日	A12版	“飓风2017”专项行动进入冲刺阶段 东莞石排公安分局 打掉一个入室盗窃团伙
520	12月23日	02版	切实解决发展不平衡不充分的问题
521	12月23日	头版	广东启动建设首批省实验室 李希马兴瑞为实验室揭牌
522	12月24日	A04版	创新大集聚：托举1.5万高新企业崛起——广深科技创新走廊观察
523	12月25日	A02版	创新大协作：广深走廊上的创客“迁徙”——广深科技创新走廊观察（下）
524	12月25日	A06版	发力广深科创走廊建设，打造创新驱动发展升级版——东莞：科技引领向创新型一线城市挺进
525	12月25日	头版、A02版	省委省政府印发《广深科技创新走廊规划》
526	12月27日	A16版	莞惠城际明日全线运营——计划每天开行动车31对，全程票价60元
527	12月28日	A04版	总结蝉联“全国文明城市”经验，开启文明创建新征程——东莞：推动精明文明建设结硕果
528	12月28日	A05版	穗深莞密集敲响创新鼓点——推动广深科创走廊起步开局蹄疾步稳
529	12月28日	A05版	三市抓紧制定实施方案——省住建厅表示下一步将打造具有全球吸引力的人居环境
530	12月28日	A08版	袁宝成赴东莞调研跨珠江口通道规划建设——做好规划研究 加快工程建设
531	12月28日	头版	今起全国铁路实施新列车运行图——广铁增开旅客列车33.5对，其中高铁28.5对
532	12月29日	A06版	启动新东莞文明美丽乡村建设，打造一批有影响力的创建品牌——东莞：全力争创全国文明城市五连冠

续表

序号	时间	刊载版面	报道标题
533	12月29日	A12版	落实环保督察整改攻坚水污染治理，今年新增截污管网超700千米——东莞多条河涌基本消除黑臭
534	12月29日	AT01－AT52版	珠三角竞争力报告
535	12月29日	AT04版	新的开放　新的力量
536	12月29日	AT08、AT09版	对接“一带一路”　湾区如何走向世界
537	12月29日	AT16、AT17版	珠江口如何崛起“中国斯坦福”
538	12月29日	AT18、AT19版	从硬件硅谷到智造湾区　粤港澳如何演绎新传奇　以世界级制造业集群链接全球创新资源力撑产业升级
539	12月29日	AT21、AT22版	诺奖得主争夺战　珠三角如何打赢　加速一流科技人才和创新资源流动
540	12月29日	AT24版	九城共舞
541	12月29日	AT43版	加快推进交通一体化、产业市场化、环境国际化　争做先锋　打造湾区国际制造中心
542	12月29日	AT44版	经济结构不断优化、发展品质不断提升　南城：城市中心引领品质发展
543	12月29日	AT45版	布局高校发展战略，融入全域创新格局“应用型”办学更好服务经济社会
544	12月29日	AT46版	研发投入位居镇一级前列，文化作品走向世界　塘厦：创新引领打造临深片区中心
545	12月29日	AT47版	国内首家饶宗颐美术馆奠基长安　长安：坚定文化自信　形成多元文化格局

2017年广东卫视《广东新闻联播》涉莞重要报道选录

序号	时间	报道标题
1	1月21日	人大代表分组审议《省人大常委会工作报告》
2	1月22日	一起读报告：创新补短两手抓
3	1月22日	构建开放型经济新体制取得积极成效
4	1月25日	广东：公铁联运温暖回家路
5	1月26日	省领导分赴全省各地开展基层慰问活动
6	1月30日	龙狮起舞拜大年
7	1月31日	广东各地踏青赏春欢乐过大年
8	2月5日	2017年春节黄金周4800万人游广东
9	2月9日	2016年广东发生各类生产安全事故8331起
10	2月10日	东莞今起实施企业“倍增计划”　强力促进产业转型升级
11	2月10日	民俗活动闹新春　祈愿国泰民安
12	2月12日	新春走基层：“倍增计划”里的东莞转型密码
13	2月16日	从相“加”到相“融”　着力打造新型主流媒体
14	3月8日	政协委员：2017年各项目标计划科学合理
15	3月10日	东莞：75个项目集中签约　10个项目同日动工
16	3月19日	东莞：孕妇火车站临盆，民警路边搭产房
17	3月19日	国际名家具博览会在莞举办，智能化定制成消费新宠
18	3月27日	东莞：加快金融创新　做大实体经济
19	3月27日	中澳警方联手破获一特大跨境走私毒品案
20	4月2日	中国音乐学院第七届全国考级大赛（总决赛）落户东莞
21	4月2日	佛山东莞举行城市社区防火灭火救援现场会

序号	时间	报道标题
22	4月6日	央视“焦点访谈”聚焦东莞市深化文明城市基层创建成效
23	4月12日	专家学者建言献策　助推开办企业便利化
24	4月13日	马兴瑞赴东莞指导学习宣传贯彻习近平总书记重要批示精神
25	4月14日	2017加博会即将于4月20—23日在东莞举行
26	4月16日	“海洋六号”圆满完成科考任务　顺利返航抵达东莞
27	4月18日	学习贯彻习近平总书记重要批示精神
28	4月20日	2017中国加工贸易产品博览会开幕
29	4月22日	加博会公众开放日　中国“智造”受青睐
30	4月24日	2017中国加工贸易产品博览会闭幕　意向成交金额998亿元
31	4月27日	学习贯彻习近平总书记重要批示精神
32	4月27日	东莞：投资169亿　全面落实环保督察整改
33	5月2日	产业共建新模式　打造韶关“新引擎”
34	5月5日	广东：全力推进高水平理工科大学建设
35	5月9日	东莞：力争年内新建500公里截污管网　完成76条内河涌整治
36	5月10日	“文明之花”在城乡绽放——东莞基层文明创建见闻
37	5月12日	广东：扎实推进精神文明建设
38	5月14日	唯美：让中国陶瓷变身美国制造
39	5月17日	OPPO：与印尼分享先进技术与美好生活
40	5月24日	各代表团热议中国共产党广东省第十一届委员会报告
41	5月30日	新闻特写：伍新成的龙舟缘
42	6月4日	广东：创新成为引领发展的第一动力
43	6月10日	严格质量标准　提升中国制造“美誉度”
44	6月11日	广东：打造全国首个水生态文明城市群
45	6月11日	广东省首届测绘地理信息行业职业技能竞赛在东莞举行
46	6月15日	东莞：将园区统筹组团发展作为核心战略
47	6月15日	省委宣讲团成员赴各地市开展省第十二次党代会精神宣讲
48	6月18日	8吨先导索飞架珠江　虎门二桥2019年通车
49	6月21日	广东：半月查处460家环保问题企业
50	6月29日	国内首个商学院产学研基地落户东莞
51	7月4日	省领导深入基层开展“七一”慰问
52	7月4日	我国海洋地质调查又添利器　“海洋地质十号”船顺利下水
53	7月9日	广东产业援疆：变“输血”为“造血”
54	7月9日	广东援疆旅游扶贫专列7月16日开行
55	7月13日	创新城市新兴领域党建体制机制
56	7月16日	广东：大力推进医联体试点建设　家门口看病成“第一选择”
57	7月17日	广东：全面对接做实与桂川滇贵扶贫协作
58	7月17日	广州到东莞将通地铁　城轨穿梭两地最快15分钟
59	7月20日	全省地级以上市政协外事侨务工作座谈会召开
60	7月21日	坚定不移正风反腐　推动全面从严治党向纵深发展
61	7月22日	广东省精神文明建设工作会议召开　胡春华出席并为第六届道德模范颁奖
62	8月6日	“砥砺奋进的五年”专题报道：广东：绿道“绿”了，人才留住了
63	8月9日	全民健身日：我运动　我健康　我快乐
64	8月10日	胡春华赴东莞市调研　营造集聚创新要素资源的良好环境

续表

序号	时间	报道标题
65	8月11日	东莞率先启动粤港澳银政通及个体工商户全程电子化登记改革
66	8月14日	赴港旅游又添新口岸　东莞开通团队旅游签
67	8月16日	马兴瑞：压实责任　系统治理　确保如期实现治水目标
68	8月16日	南海休渔期今天结束　千帆竞发迎开渔
69	8月19日	广东：坚持保护与开发并举　做好海洋经济发展大文章
70	8月19日	广东：创新服务举措　提升边检服务水平
71	8月20日	东莞：打造智能制造全生态链　培育经济增长新动能
72	8月20日	黄莲开：军营之外的“兵妈妈”
73	8月26日	加强社会矛盾纠纷化解　整治突出问题
74	9月2日	中国散裂中子源首次打靶成功获得中子束流
75	9月2日	2017年工业大数据与智能制造高峰论坛在东莞举行
76	9月4日	“全砖+”：扩大朋友圈　“海淘”更容易
77	9月10日	推动精神文明建设常态化长效化
78	9月10日	防范遏制重特大事故发生　营造稳定安全生产环境
79	9月2日	广东省人民政府深入开展实体经济十条宣讲培训活动
80	9月15日	广东海上丝绸之路博览会：56个国家和地区参展
81	9月22日	2017海丝博览会东莞开幕　56个国家和地区参展
82	9月23日	东莞：推动社会治理体系和治理能力现代化
83	9月24日	《还看今朝》广东篇　在全省各地引发热烈反响
84	9月24日	2017海丝博览会意向成交2190亿元
85	10月2日	中国音乐学院第七届考级大赛总决赛在东莞举行
86	10月3日	黎锡康：村民们的“大家长”
87	10月4日	东莞：国税、地税共建办税服务“全覆盖”
88	10月13日	东莞：加快广深科技创新走廊建设步伐
89	10月15日	东莞出台系列政策推进“三大建设”　全面深入贯彻落实从严治党
90	10月22日	广东团代表议报告谈体会：坚定不移深化供给侧结构性改革
91	10月22日	广东团代表议报告谈体会：坚定不移深化供给侧结构性改革
92	10月23日	科技、企业界人士热议报告：加强创新体系建设　促进科技成果转化
93	10月23日	广东各界青年热议报告：奋力走好新时代的长征路　勇做时代的弄潮儿
94	11月4日	第九届漫博会11月9日至11日在东莞举行
95	11月8日	第三届智博会将于11月28日在东莞开幕
96	11月9日	第十三届广东省艺术节11月14日至28日举行
97	11月10日	第九届漫博会东莞开幕：聚焦行业发展成果　突显“专业化”特征
98	11月12日	漫博会：科技引领动漫产业跨界合作
99	11月13日	广东各地继续深入学习宣传贯彻党的十九大精神
100	11月15日	第五届全国文明城市名单公布广东9地上榜
101	11月19日	广东：为全国供给侧结构性改革探路攻坚
102	11月26日	第16届亚洲马拉松锦标赛暨2017东莞国际马拉松激情开跑
103	11月29日	全球顶尖智能装备亮相广东智博会
104	12月1日	2017东莞高层次人才活动周12月6日开幕
105	12月1日	广东再增7城开通全国交通一卡通应用
106	12月1日	全省各地各部门继续学习贯彻省委十二届二次全会精神

续表

序号	时间	报道标题
107	12月1日	2017中国（东莞）国际科技合作周将举行
108	12月2日	东莞：创文助力城市品质提升
109	12月9日	2017中国东莞国际科技合作周开幕
110	12月10日	东莞国际科技周：助力科技合作产研对接
111	12月10日	第十六届香港珠三角工商界合作交流会在东莞举行
112	12月11日	东莞国际科技合作周　全球科技权威交流新阵地
113	12月15日	广深科创走廊　剑指中国“硅谷”
114	12月18日	东莞：建设广深科技创新走廊中部脊梁
115	12月18日	虎门二桥钢箱梁悬索桥安上“中国芯”
116	12月19日	东莞：建设广深科技创新走廊中部脊梁
117	12月20日	学习宣传贯彻党的十九大精神——东莞：“倍增计划”成效明显　加快建设制造业强市
118	12月24日	广东举办十九大精神和外资政策台商专场宣讲会

2017年东莞市先进工作单位名单

一、2017年度东莞市规模效益成长性排名前20名企业名单

（一）千亿级企业

华为系工业企业〔含华为终端（东莞）有限公司等2家工业企业〕

步步高系工业企业（含东莞市欧珀精密电子有限公司等6家工业企业）

（二）百亿级企业

玖龙纸业（东莞）有限公司

京瓷办公设备科技（东莞）有限公司

东莞创机电业制品有限公司

（三）十亿级企业

东莞长城开发科技有限公司

东莞领益精密制造科技有限公司

明门（中国）幼童用品有限公司

信义超薄玻璃（东莞）有限公司

广东润星科技有限公司

广东长盈精密技术有限公司

广东理文造纸有限公司

东莞新能源科技有限公司

东莞建晖纸业有限公司

东莞理文造纸厂有限公司

东莞金洲纸业有限公司

广东生益科技股份有限公司

东莞中电第二热电有限公司

东莞莫仕连接器有限公司

易事特集团股份有限公司

二、2017年度东莞市实际出口总额前20名企业名单

华为终端（东莞）有限公司

东莞市欧珀精密电子有限公司

东莞三星视界有限公司

维沃通信科技有限公司

东莞技研新阳电子有限公司

东莞创机电业制品有限公司

东莞时力科技电子厂

东莞船井电机厂

广东省东莞机械进出口有限公司

京瓷办公设备科技（东莞）有限公司

东莞高伟光学电子有限公司

东莞金卓通信科技有限公司

达创科技（东莞）有限公司

东莞富强电子有限公司

东莞桥头中星电器有限公司

阿里巴巴一达通企业服务（东莞）有限公司

天弘（东莞）科技有限公司

东莞市德普特电子有限公司

精成科技电子（东莞）有限公司

东莞市众佑进出口有限公司

三、2017年度东莞市主营业务收入前21名企业名单

华为系企业〔含华为终端（东莞）有限公司等6家在莞注册企业主营业务收入〕

东莞市欧珀精密电子有限公司

维沃通信科技有限公司

东莞三星视界有限公司
东莞华贝电子科技有限公司
玖龙纸业（东莞）有限公司
东莞农村商业银行股份有限公司
东莞银行股份有限公司
东莞技研新阳电子有限公司
东莞创机电业制品有限公司
广东省东莞国药集团有限公司
东莞市金铭电子有限公司
京瓷办公设备科技（东莞）有限公司
东莞京东利昇贸易有限公司
东莞富强电子有限公司
东莞市富之源饲料蛋白开发有限公司
广东烟草东莞市有限公司
东莞东聚电子电讯制品有限公司
广东理文造纸有限公司
东莞徐记食品有限公司
东莞市宏川化工供应链有限公司

四、2017年度东莞市纳税亿元以上企业名单

华为系企业〔含华为终端（东莞）有限公司等6家在莞注册企业纳税额〕

步步高系企业（含东莞市欧珀精密电子有限公司等31家在莞注册企业纳税额）

广东烟草东莞市有限公司
广东电网有限责任公司东莞供电局
东莞农村商业银行股份有限公司
玖龙纸业（东莞）有限公司
东莞市以纯集团有限公司
广东理文造纸有限公司
东莞市万宏房地产有限公司
东莞冠亚环岗湖商住区建造有限公司
东莞市松湖居置业有限公司
东莞三星视界有限公司
广东虎门大桥有限公司
东莞徐记食品有限公司
东莞骏豪房地产开发有限公司
东莞市泽和实业有限公司
中国工商银行股份有限公司东莞分行
东莞市麻涌镇房地产开发公司（碧海蓝湾花园）
东莞银行股份有限公司
招商银行股份有限公司东莞分行
中国平安财产保险股份有限公司东莞分公司
东莞市桃源商住建造有限公司
广东生益科技股份有限公司
东莞雀巢有限公司
保利（东莞）投资有限公司
东莞市龙泉实业发展有限公司
东莞创机电业制品有限公司
东莞市皇马郦宫房地产开发有限公司
东莞发展控股股份有限公司
东莞建晖纸业有限公司
京瓷办公设备科技（东莞）有限公司
东莞市路桥投资建设有限公司
东莞金洲纸业有限公司
中国银行股份有限公司东莞分行
东莞市金铭电子有限公司
中信银行股份有限公司东莞分行
东莞市海岸桃源实业投资有限公司
中国人民财产保险股份有限公司东莞市分公司
东莞市万科置地有限公司
广东坚朗五金制品股份有限公司
易事特集团股份有限公司
东莞市光大房地产开发有限公司
中国建设银行股份有限公司东莞市分行
东莞市金地宝岛房地产有限公司
广州港新沙港务有限公司
东莞市星城绿湖风景房地产有限公司
中国农业银行股份有限公司东莞分行
东莞市卓越天城房地产开发有限公司
东莞市万汇房地产开发有限公司
东莞虎门鸿艺房地产开发有限公司
广东长盈精密技术有限公司
东莞信托有限公司
东莞市合和实业投资有限公司
东莞证券股份有限公司
东莞京滨汽车电喷装置有限公司
东莞长城开发科技有限公司
罗门哈斯电子材料（东莞）有限公司
东莞弘景置业有限公司
信义超薄玻璃（东莞）有限公司
东莞虎门万达广场投资有限公司
广东都市丽人实业有限公司
广东众生药业股份有限公司
东莞市金地房地产投资有限公司
东莞中电第二热电有限公司
东莞市正易投资有限公司
东莞新奥燃气有限公司
东莞市民盈房地产开发有限公司
东莞市长安万科房地产有限公司
东莞市万胜房地产有限公司
东莞庄士房地产开发有限公司
平安银行股份有限公司东莞分行
广东鸿特普惠信息服务有限公司
东莞市糖酒集团美宜佳便利店有限公司
广东太阳神集团有限公司
东莞市天林名苑房地产开发有限公司
东莞市辉煌能源有限公司

搜于特集团股份有限公司
东莞理文造纸厂有限公司
东莞市三正雁田房地产开发有限公司
中国太平洋财产保险股份有限公司东莞分公司
东莞市虎门增亿实业投资有限公司
华润雪花啤酒（广东）有限公司
东莞市香堤雅境花园建造有限公司
东莞厚街万达广场投资有限公司
东莞市鼎峰花园建造有限公司
东莞市新世纪科教拓展有限公司
东莞京东利昇贸易有限公司
东莞市中信凯旋城房地产开发有限公司
东莞领益精密制造科技有限公司
东莞市大朗碧桂园实业投资有限公司
东莞莫仕连接器有限公司
东莞高豪花园建造有限公司
陆逊梯卡华宏（东莞）眼镜有限公司
东莞恩斯克转向器有限公司
东莞市奥林威房地产开发有限公司
明门（中国）幼童用品有限公司
东莞市海华商住区建造有限公司
东莞市永江房地产开发有限公司
东莞名流置业有限公司
中国平安人寿保险股份有限公司东莞中心支公司
东莞新能源科技有限公司
广东润星科技有限公司

五、2017年度园区工作优秀单位

滨海湾新区管委会、松山湖管委会、水乡特色发展经济区管委会。

六、2017年度领导班子工作优秀镇（街道）

麻涌镇、东城街道、长安镇、清溪镇、茶山镇、东坑镇、沙田镇、寮步镇、黄江镇、大岭山镇、凤岗镇。

七、2017年度领导班子工作良好镇（街道）

石排镇、桥头镇、洪梅镇、南城街道、厚街镇、谢岗镇、道滘镇、塘厦镇、中堂镇、大朗镇、虎门镇、樟木头镇。

八、2017年度综合排名进步前三名镇（街道）

黄江镇、石排镇、洪梅镇。

九、2017年度水乡特色发展经济区工作落实前三名镇（街道）

麻涌镇、中堂镇、望牛墩镇。

十、2017年度工作优秀市直单位

经济建设类（13个）：市财政局、市发展和改革局、市统计局、市经济和信息化局、市商务局、市国土资源局、市城乡规划局、市科学技术局、市环境保护局、市农业局、市住房和城乡建设局、市水务局、市安全生产监督管理局。

社会建设类（13个）：市委政法委（市社会工作委员会）、市人民检察院、市公安局（市公安消防局）、市中级人民法院、市教育局、市人力资源局（市新莞人服务管理局）、市工商行政管理局、市社会保障局、市第一人民法院、市体育局、市卫生和计划生育局、市食品药品监督管理局、市地震局。

党建综合类（14个）：市委办公室、市委组织部、市纪委机关、市人大机关、市政府办公室（市金融工作局）、市委宣传部、市委政策研究室（市委改革办）、市委统战部（市民主党派办公室）、市政协办公室、市编办、市审计局、市委党校、市机关事务管理局、市妇联。

十一、2017年度工作良好市直单位

经济建设类（10个）：市交通运输局、市经协办、市海洋与渔业局、市土地储备中心、市城建工程管理局、市林业局、市公路管理局、市房产管理局、市国资委、市供销合作联社。

社会建设类（10个）：市民政局、市第一市区检察院、市文化广电新闻出版局、市城市综合管理局、市质量技术监督局、市司法局、市第二市区检察院、市第二人民法院、市住房公积金管理中心、市第三人民法院。

党建综合类（13个）：市接待办、市法制局、东莞日报社、东莞广播电视台、团市委、市总工会、市委老干部局、市直属机关工作委员会、市政务服务办公室、市社会组织工作委员会、市工商联、市人民政府驻北京联络处、市残联。

十二、2017年度工作优秀中央和省驻莞单位

市地方税务局、市国家税务局、广东电网有限责任公司东莞供电局、东莞海关、中国银行业监督管理委员会东莞监管分局、国家统计局东莞调查队、市武警支队、东莞出入境检验检疫局、市国家安全局、中国人民银行东莞市中心支行、中国建设银行股份有限公司东莞市分行、市气象局、中国移动通信集团广东有限公司东莞分公司。

十三、2017年度全市“单打冠军”

（一）园区部分（5项）

全国综合减灾示范社区：松山湖管委会。
广东省文明单位：松山湖管委会。
广东省科普教育基地：松山湖管委会。

广东省循环化改造试点园区：松山湖管委会。

固定资产投资示范项目：滨海湾新区管委会。

（二）镇（街道）部分（46项）

创建全省“互联网+创新创业”示范镇：莞城街道。

广东省森林小镇：东城街道、道滘镇、清溪镇。

广东省促进义务教育均衡发展先进集体：东城街道。

全省防汛防旱防风防冻先进集体：东城街道。

全国群众体育先进单位：东城街道、麻涌镇。

全国乡镇（街道）劳动争议调解综合示范单位：石龙镇、东城街道、厚街镇。

全国敬老文明号：东城街道、石龙镇。

广东省2017年企业数据资源综合利用试点地区：石龙镇。

全国巾帼文明岗：石龙镇、洪梅镇、大朗镇。

全国无邪教示范镇（社区）：凤岗镇、沙田镇、石龙镇、长安镇、虎门镇、塘厦镇、南城街道、东城街道、樟木头镇、大朗镇、大岭山镇、麻涌镇、寮步镇。

全国健康促进区：石龙镇。

2017年国家义务教育质量监测实施优秀组织单位（县级）：万江街道。

广东省宜居社区：莞城街道、厚街镇、东城街道、万江街道、樟木头镇、塘厦镇、桥头镇、寮步镇、南城街道、虎门镇。

广东省社区教育实验区：万江街道。

广东省科普示范镇街：南城街道。

省级校园足球试点县（区）：南城街道、麻涌镇。

全国民族团结进步创建活动示范社区：南城街道。

广东省学雷锋志愿服务最美志愿服务社区：南城街道。

国家地震安全示范社区：南城街道。

全国综合减灾示范社区：常平镇、中堂镇、大朗镇、长安镇、道滘镇、企石镇、谢岗镇、樟木头镇、凤岗镇、厚街镇、虎门镇、黄江镇、石碣镇、望牛墩镇、茶山镇、沙田镇。

广东省创建无邪教示范镇（社区）：桥头镇、莞城街道、清溪镇、万江街道、厚街镇、石碣镇、高埗镇、中堂镇。

广东省交通安全文明示范村（社区）：中堂镇、清溪镇。

全国文明村镇：东坑镇、茶山镇、凤岗镇、石碣镇、中堂镇、麻涌镇、寮步镇、大岭山镇、桥头镇、常平镇、大朗镇、清溪镇、南城街道、东城街道。

广东省文明村镇（单位）：横沥镇、道滘镇、高埗镇、企石镇、麻涌镇、樟木头镇。

国家第四批美丽宜居小镇：麻涌镇。

广东省“五好”镇街工商联：莞城街道、厚街镇、黄江镇、石龙镇、麻涌镇、塘厦镇、长安镇、企石镇。

广东省五四红旗团委标兵（五四红旗团委）：厚街镇、塘厦镇、凤岗镇、石碣镇、常平镇。

广东省五一巾帼奖：高埗镇。

退休人员社会化管理服务站省级示范点：莞城街道、洪梅镇、大岭山镇、谢岗镇、麻涌镇、大朗镇。

中国曲艺之乡先进单位：道滘镇。

全国个私协会系统先进集体：黄江镇。

中国华侨国际文化交流基地：凤岗镇。

全国为侨公共服务示范单位：凤岗镇。

全国“扫黄打非”进基层示范镇：凤岗镇。

广东省依法治省工作先进单位：清溪镇。

广东省第二批家庭文明建设示范点：石排镇。

广东省儿童友好社区：常平镇、企石镇、沙田镇、石碣镇。

全国人力资源社会保障系统2014—2016年度优质服务窗口：茶山镇。

国家卫生镇：茶山镇、望牛墩镇、东坑镇、洪梅镇、谢岗镇、沙田镇。

广东省实施技术标准战略示范镇：长安镇、塘厦镇、茶山镇。

广东省休闲农业与乡村旅游示范镇：望牛墩镇。

全国妇联系统先进集体：大朗镇。

国家第一批绿色村庄：石碣镇、茶山镇、石排镇、企石镇、桥头镇、谢岗镇、东坑镇、常平镇、寮步镇、大朗镇、清溪镇、大岭山镇、道滘镇、洪梅镇、麻涌镇、望牛墩镇、中堂镇、高埗镇。

国家级充分就业社区：中堂镇。

全国军民融合创建驻点平台：常平镇。

广东省第三批家庭文明建设示范点：东城街道、麻涌镇、长安镇、中堂镇。

（三）市直单位部分（26项）

国家知识产权示范城市工作先进集体：市科学技术局。

孵化育成体系建设：市科学技术局。

2016年“道路运输平安年”活动成绩突出市级（含省直管县）管理机构：市安全生产监督管理局、市道路运输管理局、市公安局、市交通运输局。

粤港澳安全知识竞赛广东省赛区冠军、工会组冠军：市安全生产监督管理局。

全国检察机关“文明接待室”：第二市区检察院、市人民检察院。

全国维护妇女儿童权益先进集体：市妇联、市第一人民法院、市司法局。

全国巾帼建功先进集体：市妇联、市第一人民法院。

2016年度全省造血干细胞采样工作先进单位：市红十字会。

促进城乡居民就业工作：市人力资源局。

窗口作风建设工作：市人力资源局。

基层调解组织建设工作：市人力资源局。

全省法律援助工作先进集体：市司法局。

全国群众体育先进单位：市体育局、市公安局。

2016—2017年度全省水利建设质量工作评价A级：市水务局。

全国案件繁简分流机制改革示范法院：市第一人民法院。

"1·19"案件集体一等功：市公安局。

全国优秀公安基层单位：市公安局。

国家级医养结合试点单位：市卫生和计划生育局。

全国青年文明号：市卫生和计划生育局。

全国计划生育优质服务先进单位：市卫生和计划生育局。

国家卫生城市：市卫生和计划生育局。

2016年度全国查处侵权盗版案件有功单位、2016年度广东省文化市场综合执法工作优秀地区、2016年度广东省"扫黄打非"工作先进地区：市文化广电新闻出版局。

全国文明城市"四连冠"：市委宣传部。

广东省第十届精神文明建设"五个一工程"组织工作奖：市委宣传部。

全国社会治安综合治理优秀城市（长安杯）：市委政法委。

全国第三批少数民族流动人口服务管理示范城市：市民族宗教事务局。

（四）改革部分（10项）

推进供给侧结构性改革，实施企业规模与效益"倍增计划"：市经济和信息化局、市科学技术局、市商务局、市金融工作局、清溪镇、松山湖管委会、长安镇、石碣镇、东城街道。

松山湖片区"1+6"园区统筹发展体制机制改革：松山湖管委会、市委组织部、市编办、市发展和改革局、市城乡规划局、市国土资源局、市交通运输局、市工商行政管理局、寮步镇、大朗镇、茶山镇、石排镇、石龙镇、大岭山镇。

滨海湾新区开发建设模式改革：滨海湾新区管委会、市发展和改革局、市编办、虎门镇、沙田镇、长安镇。

水环境治理机制改革：市环境保护局、市水务局、市财政局、市发展和改革局、黄江镇、沙田镇、道滘镇、樟木头镇、塘厦镇、麻涌镇。

推动贸易投资便利化机制改革：市工商局、市商务局、东莞出入境检验检疫局、市委政法委、市编办、东莞海关、市邮政管理局、中国邮政东莞分公司、滨海湾新区管委会、东城街道、黄埔海关驻长安办事处、长安镇。

高新技术企业孵化育成体制机制改革：市科学技术局、松山湖管委会、东城街道、南城街道、常平镇。

金融供给侧改革：市金融工作局、市委统战部、市经济和信息化局、松山湖管委会、南城街道、万江街道。

扩充优质教育资源供给机制改革：市教育局、市公安局、市社会保障局、市政务服务办、南城街道、东城街道、厚街镇、麻涌镇、长安镇。

化解不动产登记若干历史遗留问题制度改革：市国土资源局、市房产管理局。

国地税服务深度融合机制改革：市国家税务局、市地方税务局、长安镇、南城街道、松山湖管委会。

十四、2017年度东莞市治水工作优秀镇（街道）

黄江镇、沙田镇、道滘镇、樟木头镇、塘厦镇、麻涌镇。

（选录自东莞市2017年度工作总结大会材料）

索 引

INDEX

说 明

1. 索引采用主题分析法编制，主题词按汉语拼音字母顺序排列；
2. 类目未作索引，分目采用黑体字，条目、表格采用宋体字；
3. 主题词后的数字表示内容所在页码，数字后的a、b、c分别表示该页码的左、中、右栏。

条目索引

A

艾滋病防控 382b
爱国主义夏令营 191a
安全管理/轨道交通 221a
安全管理/武警支队 186c
安全生产/渔业 249b
安全生产监督管理/邮政业 222a
安全生产监督管理 309b
安全无线城市/全国首个 44c
安全宣传/食品药品 312c

B

8月大事 578b
“八一”拥军慰问团慰问部队 184c
白涛 501a
百名亿元企业培育计划/樟木头镇 462b
班子建设/武警支队 187a
版权保护 357a
办税效率位列全省第一位 296c
办学成果/广东创新科技职业学院 349c
办学理念/广东亚视演艺职业学院 350b
办学模式/东莞市电子科技学校 338c
办学特色/东莞市机电工程学校 339b
办学特色/东莞市经济贸易学校 338b
办学特色/广东酒店管理职业技术学院 351b
包装印刷业 255c
保密 70a
保税物流发展 259c
保险业 291a
保障性住房建设 197a
报刊 356a
报刊公益广告发布 356a
报刊新闻报道 356a
报刊优化 356b
北大汇丰智汇谷产学研基地 46b
北大宣讲活动 191b
备战勤务 186a
倍增计划/茶山镇 495c
倍增计划/东城街道 404c
倍增计划/企石镇 488a
倍增计划/石排镇 491c
倍增计划/经信局 256b
倍增计划/工业 252b
“倍增计划” 28a
“倍增计划”工作机制 28a
“倍增计划”政策体系构筑 28b
边防检查 190b
边防支队 188c
边检部队管理 190c
边检服务 190c
边检综合保障 190c
便民惠企政务服务 102a
标准化战略实施 307b
滨海湾新区 230b
殡葬改革 144c
殡葬基本服务免费政策 144c
“兵头将尾”比武竞赛 187c
博物馆服务水平提升 366c
不动产统一登记 302c
不正之风和腐败惩治 111a

C

财政 294a
财政审计 313b
财政收支 294a
采访 69c
采访调研活动 356b
参政议政/工商联 118c
参政议政/九三学社 117b
参政议政/民盟 113c
参政议政/民革 112c
参政议政/民建 114b
参政议政/民进 115a
参政议政/农工党 116a
参政议政/致公党 116c
餐饮业 275a
餐饮业质量安全提升三年行动计划实施再动员会 275a
残疾人 388a

残疾人基本生活保障 129b
残疾人教育扶贫 129c
残疾人节日活动 388a
残疾人康复 129b
残疾人培训与就业 129c
残疾人权益维护 130a
残疾人宣传文化体育活动 129c
测绘管理 303a
茶山镇 495a
产品质量提升 307a
产业发展/洪梅镇 428b
产业发展/厚街镇 435c
产业发展专项资金 42a
产业结构/寮步镇 446c
产业升级/东城街道 403b
产业项目 42b
产业效能/望牛墩镇 415b
产业转型/中堂镇 412b
产业转型 255c
产业转型升级/东莞联通分公司 225a
产业转型升级/东坑镇 485a
产业转型升级/凤岗镇 463b
产业转型升级/松山湖高新区 228b
常规调查/国家统计局东莞调查队 314c
常平镇 477a
“长安杯”/首次 26a
长安镇 442a
长效机制/安全生产 310a
车用天然气销售 259b
陈善国 503a
陈树良 503a
成品油市场供应 259b
成人高考 340b
成人教育 340a
城管执法 209a
城区片区 39a
城市更新/大朗镇 455a
城市更新/谢岗镇 466c
城市更新 37b
城市供电 205b
城市供气 206c
城市供水 201c
城市管理/黄江镇 457c
城市管理 208c
城市管理提升 38a
城市规划/桥头镇 481a
城市规划建设管理/沙田镇 439c
城市建设/道滘镇 431c
城市建设/东城街道 404a
城市建设/厚街镇 436a
城市建设/南城街道 410a
城市建设/企石镇 489a
城市建设/石碣镇 422c
城市建设/塘厦镇 470b
城市建设/樟木头镇 461a
城市建设和管理/长安镇 443c
城市民族工作互检互学活动 392a
城市配套建设/万江街道 407a
城市品质/茶山镇 496a
城市品质/寮步镇 447c
城市品质/麻涌镇 419a
城市品质/石排镇 491c
城市品质/望牛墩镇 415c
城市品质和内涵提升/莞城街道 394a
城市品质内涵提升/石龙镇 396c
城市品质三年提升计划 35a 64a 194a
城市品质三年提升计划工作目标 35a
城市品质三年提升计划开局 38b
城市品质三年提升计划实施 95c
城市品质提升/滨海湾新区 38a
城市品质提升/常平镇 477c
城市品质提升/凤岗镇 464a
城市品质提升/广深高速创新走廊 38a
城市品质提升/麻涌镇 421c
城市品质提升/清溪镇 473c
城市品质提升/水乡新城 38a
城市品质提升/松山湖高新区 38a 229c
城市品质提升/新城大道—生态园大道创新走廊 38a
城市品质提升/中心城区 38a
城市商业网点规划出台 258a
城市社区防火灭火救援现场会 192a
城市特色强化工程 366b
城市外宣精品 76c
城市文明建设/南城街道 411a
城乡规划 194a
城乡环境/洪梅镇 428c
城乡环境“六整治” 208b
城乡环卫 208b
城乡建设/大岭山镇 451c
城乡社区协商 141b
城镇建设精细/东坑镇 486a
城镇排水 202b
程发良 503a
出口退税额连续五年居广东省第一位 296b
出入境管理 174a
出生缺陷综合防控项目实施 386b
初雷偏迟 322b
初台偏早 322b
储备土地利用管理 303b
传播媒体 356a
传统经营模式调整 261b
传统文化传承 128b
传统制造企业拓展电子商务渠道 262c
“创客”培育 324a
创新创业/广东科技学院 346b
创新创业人才引进 134a
创新服务体系日趋完善/松山湖高新区 228a
创新环境优化/科技 317a
创新科研团队引进 318a
创新驱动/虎门镇 399b
创新驱动/茶山镇 495b
创新驱动/大朗镇 454c
创新驱动/东坑镇 485c
创新驱动/厚街镇 436a
创新驱动/黄江镇 457b
创新驱动/企石镇 488b
创新驱动/桥头镇 480c
创新驱动/塘厦镇 469c
创新驱动/樟木头镇 460c
创新驱动/长安镇 443b
创新驱动/常平镇 477b
创新驱动/石排镇 491a
创新驱动 301c
创新驱动发展升级版 63c 95b
创新驱动发展战略 56b
创新驱动助力工程/科协 125c
创新主体培育/科技 317a
春节期间全国最“空”城市 45b
春运执勤 187c
慈善事业 143b
次发达镇村（社区） 63c
次发达镇村发展 244b
次发达镇村发展扶持 96b
《从东莞出发》文化旅游季播栏目 266a
从莞高速东莞段联网收费 213b
从莞高速公路东莞段（含清溪支线）工程通车 161a

从严治党/莞城街道 395a
从严治党 62a
从严治军 184a
村（社区）干部培训 141b
村（社区）公共服务中心改建 140c
村级换届 72c
村级换届选举/大朗镇 455c
村级换届选举 69b
村级组织换届选举 141a
村组增资减债 245b

D

打击走私联合专项行动 242a
大病保险待遇调整 136c
大朗镇 454a
“大练基本功”比武竞赛 188a
大岭山观音寺首届文化论坛 390c
大岭山镇 450a
大气污染治理 209c
大湾区·清溪科技生态城项目 474c
大型广告T牌拆除 208c
大学/老干部 74c
大众创业 134a
代表大会/归侨侨眷 78b
“单一窗口”推广应用 243b
档案 375a
档案编研 376b
档案馆库建设 375a
档案信息化建设 375a
档案宣传 376b
档案资源建设 376a
党代会和人代会/中堂镇 414a
党的基层组织建设 73a
党的十九大精神学习宣传 66b　75a
党建融合 81c
党建专项整治 81c
党内监督 111a
党史·地方志·档案 372c
党史 372c
党史编研 373b
党史宣教 373a
党史征研 372c
党校工作 82a
党校教学改革 82b
党校科研资政 82c
党校宣讲党的十九大精神 83b
党员学习教育 72c
党政服务/沙田镇 441b
党支部标准化示范点创建 81c
道德模范 510a
道滘镇 431a
道滘镇与澳门签订合作协议 158c
道路建设 212b
道路设施管理 205a
稻香饮食文化旅游区获评国家AAA景区 264a
登陆“新三板”/国云科技股份有限公司 292c
邓浩全 501b
邓松添 511a
地方立法 166a
地方税务 298b
地方文化活动 353c
地方性图书馆政府规章/全国首个 45c
地方志 373b
地方志信息化工作获通报表扬 374c
地籍管理 302c
地貌 49a
地名管理 140b
地名命名更名与现状梳理 140b
地名普查 140c
地情资源开发利用 374b
地下钱庄犯罪团伙清除 175a
地震安全风险管控和隐患排查治理 321a
地震监测 320a
地震应急避险场所管理 321b
地震预警信息接收终端安装 320b
地质 49a
第16届亚洲马拉松锦标赛 381c
第37届国际名家具（东莞）展览会 437b
第3家本土企业上市/道滘镇 432c
第八届国际沉香文化艺术博览会/寮步镇 449c
第八届老年人文化艺术节 387b
第八届中国（道滘）美食文化节 432c
第二届“华美巴士，爱心回家”公益活动 389c
第二届东莞大学生篮球联赛 378c
第二届东莞国际佛事文化用品展览会 390b
第二届中华爱茶嘉年华 239c
第二批“省级全域旅游示范区”/寮步镇 264c
第三批工业旅游示范点创建认定 264b
第十届东莞国际茶业博览会 239c
第十六届中国（大朗）国际毛织产品交易会 456a
第十七届广东国际汽车展/厚街镇 438a
第十三届中国民间文艺山花奖·优秀民间艺术表演奖（民间鼓舞鼓乐）评奖活动 430b
第四届“模范警嫂”颁奖暨迎春慰问演出 189b
第五届运动会/道滘镇 432c
第一次全国地理国情普查公报 **543a**
第一批全省民族团结进步创建活动示范单位 391b
电力安全生产 205c
电力供应业 255c
电气机械及设备制造业 254b
电网规划建设 205c
电子办税率居全省第一位 299a
电子商务 258b
电子商务统计系统搭建 262c
电子商务宣传培训系列活动 262c
电子商务政策扶持引导加强 262b
电子信息制造业 254a
东宝河新安大桥通车 161c
东部产业园片区 39b
东城街道 403a
东莞2017广东省集邮展览 222c
东莞边检“女子科”屡获殊荣 191b
东莞慈善救助平台 144a
《东莞打造创新型城市品牌奋进创新型一线城市研究》 325c
东莞电网工程 47b
东莞发展控股股份有限公司 293b
《东莞改革开放史料选编》（第二辑） 373b
《东莞改革开放史料选编》（第一辑） 373b
东莞港货物吞吐量增长 231a
东莞港宜家家居出口集拼仓项目 161c
东莞港资源整合 230c
东莞广播电视台 358a

东莞广州美院文化创意研究院 45a
东莞国际邮件互换局
222a 262b 405a
东莞厚街华业村镇银行股份有限公司 290c
东莞华坚集团 47a
《东莞缓解城市交通拥堵优化交通出行环境研究》 325c
《东莞建设样板社区创新城市管理路径研究》 321b
《东莞经济发展报告（2017）》蓝皮书 80b
“东莞精神卫生工作”专题协商座谈会 107a
东莞军分区 182a
东莞军分区领导为新兵送行 185a
《东莞军事年鉴·2017》会审会议 185b
东莞开放大学 349c
东莞理工学校 335c
东莞理工学院 341c
东莞理工学院城市学院 342c
东莞荔枝获准实施国家农产品地理标志登记保护 247c
东莞旅游（香港）推介会 265b
东莞民营投资集团有限公司成立大会 293b
东莞纳入中欧班列运邮试点城市 222b
东莞农村商业银行股份有限公司 288c
东莞企业品牌故事大赛 119b
东莞三星视界有限公司 257c
东莞社会建设研究院 84a
东莞实业投资控股集团有限公司 200c
东莞市“倍增计划”资本运作专题现场交流会 293b
东莞市“广东好人” 512a
东莞市“中国好人” 511a
《东莞市殡葬事业发展“十三五”规划》 144c
东莞市残疾人联合会 129a
《东莞市地方志事业发展规划（2016—2020年）》 373c
东莞市电子科技学校 338b
《东莞市防震减灾“十三五”规划》 320c
《东莞市扶助残疾人办法（修订）实施》 130a
东莞市妇女联合会 123c
东莞市高技能公共实训中心 335b
东莞市工商业联合会 118a
东莞市关爱妇女儿童发展基金成立 125b
东莞市观音山国家森林公园 46a
东莞市归国华侨联合会 127a
东莞市规划展览馆 195a
东莞市红十字会 131c
东莞市机电工程学校 339a
东莞市技师学院 333b
东莞市交通投资集团有限公司 214a
东莞市金融消费纠纷人民调解委员会揭牌 282a
东莞市经济贸易学校 337b
《东莞市军人抚恤优待实施细则》 139a
东莞市科学技术协会 125c
东莞市铭普光磁股份有限公司上市/石排镇 492c
东莞市人民代表大会 84b
东莞市人民政府 95a
东莞市社会科学界联合会 130c
东莞市社区综合服务中心建设运营“以奖代补”实施方案 141a
《东莞市社区综合服务中心建设运营管理办法》 140c
东莞市十六届人大一次会议 84b
东莞市十六届人大二次会议 85a
东莞市台胞台属联谊会成立30周年庆典 153a
东莞市台胞台属联谊会第八、九届理事会交接典礼 153a
东莞市台商投资企业协会24周年庆典 152c
东莞市文学艺术界联合会 127c
《东莞市谢岗镇志》出版 468a
东莞市新的社会阶层人士联合会 78b
东莞市与牡丹江市对口合作 165b
东莞市粤港澳银政通暨个体工商户全程电子化 159a
东莞市长安镇与深圳市11号线碧头站公交线路 161a
东莞市政府十件民生实事 98a
《东莞市中心城区及松山湖开发区抗震防灾规划（2017—2030）》 320c
东莞市自然灾害应急预案 139c
东莞市总工会 120a
东莞水乡特色发展经济区 231b
东莞四星级森林公园 208a
东莞台商“一带一路”商贸展销园区考察团到新疆考察 151b
东莞台商子弟学校 153a 340c
东莞通公司 216a
《东莞统筹城乡一体化创建打造高品质现代城市文明研究》 325a
《东莞推进社会治理精细化促进社会和谐善治研究》 325b
《东莞完善常住人口服务体系促进本外居民社会融合研究》 325a
东莞伟光集团 44b
东莞西站站前广场及配套设施项目 200c
东莞新奥燃气有限公司 206c
东莞信托有限公司 289b
东莞信托专项基金签约 293a
东莞移动支付创新项目落地 282a
东莞银行股份有限公司 288a
东莞隐贤山庄获评国家AAAA级景区 263b
《东莞优化公共资源配置提升基本公共服务质量研究》 325a
《东莞优化人口资源环境促进高水平可持续发展研究》 324c
东莞长安村镇银行股份有限公司 290b
东莞证券股份有限公司 291c
东莞职教城 333a
东莞职业技术学院 347a
东莞驻美国（旧金山）经贸办事处 235b
东江水务有限公司 203a
东坑镇 485a
东南临深片区 40a
东西部扶贫协作/东莞·昭通 162c
东西部扶贫协作工作扶贫亮点/东莞·昭通 163c
东西部扶贫协作政策/东莞·昭通 162c
东西部职业教育扶贫 333a
动物卫生监督队伍 248c
动植物资源 51a
读志用志 374c
队伍建设/党外代表人士 77b
对口援藏 164b
对口援川 165a
对口援建 164b

对口援疆 164c
对口支援巫山县 164a
对企服务机制 28b
对外合作贸易新优势 32a
对外交流/东莞职业技术学院 347c
对外交流/工商联 119b
对外交流 145c
对外开放 56c
对外开放合作平台/石龙镇 396c
对外贸易经济合作 233a
对外宣传/侨务 148c
“多节点” 38b
“多证合一” 22b

E

2017（第九届）塘厦高博会 472a
2017东莞国际马拉松医疗卫生保障 381c
2017东莞台湾名品博览会 151a
2017广东21世纪海上丝绸之路国际博览会 438b
2017广东省第六届花灯文化节 430b
2017两岸青年就业创业研讨会在莞召开 150b
2017粤台大学生文化三创夏令营 152b
2017中国（东莞）国际纺织制衣、鞋机鞋材工业技术展 438a
2017中国（东莞）国际科技合作周 319a
“2017中国·雅江松茸美食节”走进东莞活动 275b
2017中国加工贸易产品博览会/厚街镇 438a
2017中国智慧生活综合指数城市排行/第六位 103a
“2017东莞给荔中国”莞荔宣传推介活动 247c
2017中国城市规划年会 195b
26个金融项目集中签约 279c
儿童教育均衡发展 386c
2月大事 569c

F

发展步伐/次发达镇 42a
发展定位 30a
发展规划管理 300a
发展学前教育第三期行动计划（2017—2020年）落实 330c
发展质量提升/万江街道 406b
法院 174a
法定节假日提供婚姻登记服务 385b
法律监督 177a
法律审查论证 170a
法律援助 180c
法治东莞建设 168b
法治建设/塘厦镇 471b
法治培训教育 170c
法治宣传/统计调查 315b
法治政府建设 169c
法治质监建设 308a
反腐败斗争 110c
反走私综合治理 242b
防雷体制改革 323b
防灾减灾宣传 139c
防震减灾 320a
防震减灾宣传教育 321c
房产管理工作 197c
房地产去库存 197b
房地产市场调控 197b
房地产业与住房保障 196b
房屋历史遗留问题解决 198a
房屋维修资金管理 198a
房屋征收管理 209a
房屋租赁 197b
纺织服装鞋帽制造业 254c
非法畜禽养殖污染整治 248c
非公经济 78a
非物质文化遗产 359b
“非遗+互联网”平台启用 359b
非遗保护跨界融合发展 359c
非遗进校园活动 359c
非遗墟市城际联盟 159c
分期目标 35a
凤岗镇 463a
佛教放生护生活动 390b
扶持大学生创新创业/财政 296a
扶贫领域监督执纪问责 163c
服务大局中心/档案 375b
服务地方决策/税收 298c
服务经济建设/档案 375b
服务经济社会发展/外事 145a
服务民生/档案 375b
服务社会教育/档案 375c
服务效能/桥头镇 481c
服装服饰产业发展/虎门镇 400a
福利彩票发行 142c
妇女、儿童 386a
妇女创业创新 124b
妇女儿童发展规划实施 125a
妇女儿童发展环境优化 386a
妇女儿童健康素质提高 386b
妇女儿童劳动权益保障 386c
妇女儿童人身权益依法保护 387a
妇女儿童维权服务 124c
妇幼保健 380a
妇幼卫生服务体系建设 386b
复退军人服务体系建设方案出台 139a

G

改革/妇联 123c
改革/共青团 121c
改革创新/东城街道 403c
改革创新/松山湖高新区 230a
改革深化/道滘镇 432b
概念性规划编制/滨海湾新区 195a
概况/安全生产 309b
概况/保险业 291a
概况/报业 356a
概况/边防检查 190b
概况/滨海湾新区 230b
概况/餐饮业 275a
概况/残疾人 388a
概况/残联 129a
概况/茶山镇 495a
概况/常平镇 477a
概况/成人教育 340a
概况/城市管理 208c
概况/城市供气 206c
概况/出租车行业 207b
概况/畜牧业 248b
概况/打击走私 242a
概况/大朗镇 454a
概况/大岭山镇 450a
概况/党组织 72c
概况/道滘镇 431a
概况/地方税务 298b
概况/地方志工作 373b
概况/电子商务 262b
概况/东城街道 403a
概况/东莞电信公司 224a

概况/东莞军分区 182a
概况/东莞开放大学 349c
概况/东莞理工学校 335c
概况/东莞理工学院 341c
概况/东莞理工学院城市学院 342c
概况/东莞联通分公司 224c
概况/东莞市电子科技学校 338b
概况/东莞市高技能公共实训中心 335b
概况/东莞市机电工程学校 339a
概况/东莞市技师学院 333b
概况/东莞市经济贸易学校 337b
概况/东莞台商子弟学校 340c
概况/东莞铁塔公司 225b
概况/东莞移动公司 223a
概况/东莞职教城 333a
概况/东莞职业技术学院 347a
概况/东坑镇 485a
概况/对口援建 164b
概况/法院 178a
概况/防震减灾 320a
概况/房地产业 196b
概况/非物质文化遗产 359b
概况/凤岗镇 463a
概况/妇联 123c
概况/干部培训 82a
概况/港航生产 216c
概况/高埗镇 425a
概况/高等教育 341b
概况/工会 120a
概况/工商行政管理 305c
概况/工商联 118a
概况/工业 252a
概况/工业转型 255c
概况/公安 170c
概况/公共照明 207a
概况/公交行业 207b
概况/公路建设 212a
概况/公路养护管理 214b
概况/共青团 121c
概况/供电 205b
概况/供销合作商业 261b
概况/莞城街道 393a
概况/莞港澳合作 153c
概况/莞港经贸 154b
概况/莞台交流 151b
概况/广播、电视、电影 357c
概况/广东创新科技职业学院 349a
概况/广东酒店管理职业技术学院 351a
概况/广东科技学院 345a
概况/广东省东莞卫生学校 336c
概况/广东亚视演艺职业学院 350b
概况/广东医科大学 343c
概况/轨道交通2号线运营服务 221a
概况/国家税务 296b
概况/国土资源管理 302b
概况/国有经济 304a
概况/海关监督 241a
概况/海事管理 219a
概况/航道 217b
概况/航道管理 217c
概况/横沥镇 483a
概况/红十字会 131c
概况/洪梅镇 428a
概况/厚街镇 435a
概况/虎门镇 399a
概况/环境保护 209b
概况/黄江镇 457a
概况/会展业 260a
概况/婚姻登记 385a
概况/机构编制 80b
概况/机关党建 81b
概况/机关事务管理 100c
概况/疾病预防控制 379b 382a
概况/集约用地国务院表彰 20a
概况/检验检疫 242b
概况/建筑业 198b
概况/交通安全管理 175b
概况/教育 326a
概况/节能减排 211b
概况/金融业 278a
概况/经济建设 56a
概况/经济协作 162a
概况/九三学社 117a
概况/科技 316a
概况/科协 125c
概况/客运行业 207b
概况/口岸管理 239c
概况/老干部 73b
概况/老年人 387a
概况/寮步镇 446a
概况/林业 250a
概况/旅游业 263a
概况/麻涌镇 418a
概况/美丽幸福村居 35b
概况/民办教育 340b
概况/民革 112a
概况/民建 114a
概况/民进 114c
概况/南城街道 409a
概况/农工党 115c
概况/农业农村 244a
概况/拍卖业 260c
概况/期货业 292c
概况/企石镇 488a
概况/气候 322a
概况/侨联 127a
概况/侨务 148a
概况/桥头镇 480a
概况/清溪镇 473a
概况/人口和计生 385b
概况/人力资源 133a
概况/人民防空 192c
概况/沙田镇 439a
概况/上市公司 291c
概况/社会保险 136b
概况/社会工作 139c
概况/社会建设 59b
概况/社会组织 138a
概况/社科联 130c
概况/审计 313a
概况/石碣镇 422a
概况/石龙镇 396a
概况/石排镇 491a
概况/食品药品监督管理 311a
概况/水务 201b
概况/水乡经济区 231b
概况/司法行政 180a
概况/松山湖高新区 227a
概况/台商投资经营 149a
概况/塘厦镇 469a
概况/特色产业 255b
概况/体育 377a
概况/铁路 220b
概况/统计调查 314a
概况/统战工作 77b
概况/突发事件处置 99c
概况/外经贸 233a
概况/外事 145a
概况/万江街道 406a
概况/望牛墩镇 415a
概况/卫生监督 384a
概况/文博事业 366a
概况/文化建设 58c
概况/文联 127c
概况/文艺活动 128b
概况/无线电管理 226b
概况/武警边防支队 188c

概况/武警支队 185b
概况/物价运行 308b
概况/物流业 259c
概况/消防 191c
概况/消费者权益保护 392b
概况/谢岗镇 466a
概况/新媒体 356c
概况/宣传文化 75a
概况/学生校外托管机构 144b
概况/医疗卫生 379a
概况/银行业 281c
概况/邮政业 221b
概况/渔业 248c
概况/园林绿化 207c
概况/再生资源回收行业 261a
概况/樟木头镇 460a
概况/长安镇 442a
概况/证券业 291c
概况/政策研究 79a
概况/政法 167b
概况/政务督查 99a
概况/政务服务 101b
概况/支柱产业 254a
概况/职业教育 332b
概况/质量技术监督 306c
概况/致公党 116b
概况/中山大学新华学院 347c
概况/中堂镇 412a
概况/种植业 248a
概况/重点工程建设 200b
概况/住房公积金管理 204a
概况/宗教 390a
港澳事务 153c
港澳台产业合作新形式 33b
港澳台海外统战 77c
港澳台侨外事委员会工作 108a
港航设施建设 217a
港航市场秩序规范 218c
高埗镇 425a
高层次人才活动周 134b
高层次人才培养 134b
高等教育 341b
高等美术学府与地方政府共建研发机构/国内首个 45a
高端产业/高埗镇 425b
高级专业技术资格人员名单 515a
高技能人才实训/东莞市高技能公共实训中心 335b
高水平理工科大学/东莞理工学院 341c
高速公路通行费收入26亿元 214a
高速铁路 220c
各项改革深化/茶山镇 496b
各项改革深化/东坑镇 485c
耕地保护 302c
工伤预防试点成果推广 137b
工商服务水平提升 306a
工商行政管理 305c
工业企业选介 257b
工业信息化水平提升 256c
公安 170c
公办养老机构优化提升 142b
公共法律服务体系建设 180a
公共服务/高埗镇 426c
公共服务/南城街道 411b
公共服务扩面/万江街道 407b
公共服务区域免费Wi-Fi建设 226c
公共服务设施 37a
公共服务体系 358a
公共机构节能 101a
公共交通 207b
公共交通节能减排 207c
公共气象服务 323b
公共卫生监督 384c
公共卫生事件 382a
公共文化服务 75c
公共照明 207a
公路路网建设 214c
公路路政管理 215a
公路养护 214b
公路养护管理 214b
公路运输服务保障 215c
公路运输服务行业 215b
公路运输管理 215b
公路运输市场秩序规范 216b
公路运输业 212a
公务员综合管理 135b
公益徒步活动 143b
公益性实训服务 135b
公益助残 388c
公证管理 181a
共建共享共赢/东莞铁塔公司 225c
共同帮扶机制 43a
共享单车管理 207c
供电客户服务 205b
供给侧结构性改革/财政 294b
供给侧结构性改革/发改局 301b
供给侧结构性改革/清溪镇 476a
供销合作商业 261b
供销系统监管规范形成 261b
构建开放型经济新体制综合试点试验 31a 68a
孤儿安置 142c
孤儿收养 142c
固定资产投资 301b
固废污染防治 210a
"关爱功臣送医送药"活动 138c
关爱农民工活动 389a
关工委 74c
《关于打造创新驱动发展升级版的行动计划（2017—2020年）》 157b
《关于解决行业末端配送车辆通行难问题的提案》 221c
莞产工业机器人 46c
莞城街道 393a
莞番高速公路桥头至沙田段 213a
莞港澳工作平台 154a
莞港澳合作 153c
莞港澳合作重点领域交流 153c
莞港澳青少年交流 122c
莞港经贸 154b
莞港经贸交流活动 155a
莞惠城轨道滘段开通 434b
莞惠银瓶站TOD科技小镇项目/谢岗镇 468a
莞式慕课 328c
莞台大学生夏令/第二届 152b
莞台合作 149a
莞台交流 151b
莞台经贸 149a
莞盐驳船快线（湾区快线1号线） 161c
管理水平提升/财政 295a
光彩事业/工商联 118a
广播、电视、电影 357c
广播电视 357c
广播剧《火凤凰》/大岭山镇 453b
广播影视产业 358a
广东（东莞）农业良种展示会 248b
广东（石龙）铁路国际物流基地规划建设 240c
广东21世纪海上丝绸之路国际博览会 236b 260c
广东创新科技职业学院 349a
广东扶贫济困日暨东莞慈善日活动 143c
广东国际机器人及智能装备博览会 438c

广东酒店管理职业技术学院 351a
广东科技学院 345a
广东理文绿色高档生活用纸项目/洪梅镇 430b
广东森林小镇/东城街道 405a
广东省“两会”精神67c
广东省“五好”镇街工商联/企石镇 490c
广东省创建无邪教示范镇（社区）/清溪镇 475b
广东省第十二次党代会精神 67b
广东省第十届精神文明建设“五个一工程”优秀作品奖/大岭山镇 453b
广东省东莞卫生学校 336c
广东省儿童友好社区/企石镇宝石社区 490b
广东省高新企业减免税款最多城市 47b
广东省交通安全文明示范村（社区）/清溪镇 475c
广东省森林小镇/清溪镇 475a
广东省实施技术标准战略示范镇/茶山镇 497b
广东省特色小镇示范点/长安镇 445b
广东省唯一拥有信托、证券总部地级市 47b
广东省文明村镇/横沥镇 484a
广东省文明镇/企石镇 490a
广东省五一劳动奖章获得者 504a
广东省依法治省工作先进单位/清溪镇 476a
广东腾龙化工科技有限公司火灾事故 192b
广东亚视演艺职业学院 350b
广东医科大学 343c
广发银行股份有限公司东莞分行 286b
广深港高铁虎门站　220c
广深科技创新走廊/东莞段　30a
广深科技创新走廊　194b
“广州东莞互联互通，发挥枢纽服务功能”对接交流会 106b
《广州港务局　东莞港管理委员会推进港口发展战略合作框架协议》 158a
《广州南沙新区　东莞市滨海湾新区战略合作框架协议》 157c
《广州市人民政府　东莞市人民政府深化战略合作框架协议》157c
规范性文件备案审查 166c
规划、协议 157b
规划编制/滨海湾新区 230c
规划编制实施 300b
规划研究 196b
轨道交通建设 221a
轨道交通站场周边土地 37b
轨道交通治安管理 174b
郭向阳 501b
国地税服务深度融合机制改革 297a
国地税合作 299a
国防动员 183b
国际合作办学/东莞市技师学院 334a
国际化联络渠道畅通 238c
国际寄递业务 222b
国际交流/广东科技学院 346c
国际交流与合作/东莞理工学院 342b
国际交流与合作/广东医科大学 344b
国际贸易“单一窗口”建设 240b
国际贸易摩擦预警 239c
国际商会境外办事处 239a
国家地震安全示范社区 321b
国家第一批绿色村庄/清溪镇 476a
国家级科技企业孵化器/道滘镇 434a
国家级质量安全示范区城市/广东省首个 45a
国家教育资源公共服务平台试点 328c
国家历史文化名城申报 196a
国家绿色村庄/石排镇 494a
国家税务 296b
国家司法考试 181b
国家卫生镇/茶山镇 497a
国家卫生镇/东坑镇 487a
国家卫生镇/望牛墩镇 417a
国家重点档案抢救 375a
国家自主创新示范区空间发展规划 194b
国考断面水质 34b
国民经济和社会发展统计公报 534a
国企历史遗留问题解决 305a
国台办郑栅洁副主任莅莞调研 150b
国土资源管理 302b
国有资本经营预算 305b
国有资产监督管理 304a
国资国企改革 304b
国资国企监管 304c
国资企业产权登记和内部审计 305b

H

海边防工作　242b
海关服务　241b
海关改革　241a
海关监督　241a
海关监管　241b
海绵城市建设/谢岗镇　467a
海事管理　219a
“海豚计划”脑瘫儿童康复救助项目启动144a
海外联谊/致公党 117a
海外引智/科协 126b
海洋 50a
海洋环境状况公报 558a
海洋生态红线 61c
海仔河示范段整治/石排镇 493c
行业协会商会与行政机关脱钩 138b
航道安全生产 217c
航道管理 217b
航道行政监管 218a
航道建设 217b
航道维护 217c
合作交流/中山大学新华学院 348c
合作新平台搭建/东莞理工学校 336b
何满棠 510a
何玉成 504a
和谐劳动关系创建 136b
河流 49a
河涌污染整治 34a
河长制全面推行 201c
横沥镇 183a
红石山燕岭古采石场遗址景区规划/石排镇 493b
洪梅“4·23”煤气罐爆燃事故火灾事故 192b

洪梅镇 428a
厚街镇 435a
虎门“中国近代史开篇地”文化旅游品牌 266b
虎门二桥 44a 212c
虎门港扩大对外开放 240b
虎门渔区青少年军营成长之旅 189c
虎门镇 399a
“互联网+”运输服务 216a
户政管理 173b
护士授帽仪式/广东医科大学 344c
华科城·创新岛产业孵化园/道滘镇 434a
华联期货有限公司 292c
华润银行股份有限公司东莞分行 288a
化工制品制造业 255b
化解社会矛盾机制 58a
环保热电厂 210c
环保巡回检察室/全国首个 46a 178a
环境保护 209b
环境监测能力 210c
环境教育基地 60c
环境设施/广东酒店管理职业技术学院 351b
环境卫生 208b
环境信息化 210c
环境优化/中堂镇 412c
环境执法监管 210a
环境质量提升/横沥镇 483b
环境治理/厚街镇 436b
环境治理/虎门镇 400b
环境治理/沙田镇 440a
黄江“2·22”森茂珍珠棉厂火灾事故 192a
黄江镇 457a
黄牛埔水库截污次支管网工程开工/黄江镇 459a
会员服务/工商联 119a
会展业 260a
婚姻、家庭 385a
婚姻登记费停征 385a
活动/老干部 73c
火灾防控 191c

J

机动车驾考企业化经营 216b
机构编制 80b
机构编制监督 81b
机构建设/文联 128c
机关党建 81b
机关服务保障 101a
机关事务管理 100c
机关事务管理制度建设 100c
“机器换人”专项行动 21b
机器人分拣中心 47a
“机器人智造”集群 253b
积分制管理 59c
基本医疗保险待遇调整 136c
基层党建/中堂镇 414a
基层公共服务/石碣镇 424a
基层基础建设/安全生产 310b
基层基础建设/武警边防支队 189a
基层建设/武警支队 186b
基层建设/总工会 120c
基层气象灾害防御能力提升 323a
基层商会建设/工商联 118b
基层社会治理/高埗镇 426b
基层卫生 380a
基层政权与社区建设 140c
基层治理/洪梅镇 429a
基层综合治理/常平镇 478b
基础教育 330c
基础设施/武警支队 186c
基础设施建设/滨海湾新区 231a
基础设施建设/虎门镇 400a
基础设施建设/水乡经济区 232c
基础养老和养老金待遇上调 136c
基站建设创新/东莞铁塔公司 226a
疾病预防控制 382a
集体经济/沙田镇 440a
集体经济发展/虎门镇 400a
集体经济组织换届选举 245a
集约用地国务院表彰 20a
集装箱进出口环节合规成本专项治理行动 240c
计划生育 385b
计划生育利益导向 386a
计划生育综合服务管理 385c
纪检、监察 109a
纪检、监察重要工作 110b
纪检、监察重要会议 109a
纪检、监察专门工作会议 109a
技工教育 135a
技能大赛/东莞市技师学院 334c
技能大赛/广东省东莞卫生学校 337a
技能鉴定管理 135b
技能竞赛/东莞市高技能公共实训中心 335c
技能培训/东莞市技师学院 335a
技能人才激励成长 135b
技能人才培养 135a
寄递渠道安全生产宣传教育 222a
寄递渠道安全违法查处 221c
加工贸易创新发展 234c
加工贸易企业向高端制造迈进 234b
加工贸易企业自主品牌创建 234b
加工贸易企业自主营销渠道拓宽 234a
加工贸易转型升级新路径 33b
“加快经济转型，打造智能制造新高地”专题协商座谈会 106c
家具制造业 255b
家宽入户工程/东莞移动公司 223c
家庭教育 332a
家庭教育惠民工程实施 124b
家庭农场培育发展 246a
家庭文明建设 124c
价格改革 309a
价格监督检查 309a
价格认定 309a
价格调控 308c
监察体制改革 111b
监督执纪“四种形态”运用 111b
监管信息化建设/食品药品 312a
监管执法/安全生产 309c
检察 176a
检察开放日活动 178a
检验检疫 242b
检验检疫法制稽查 243a
检验检疫科研 243c
检验检疫流程时长压缩 243c
检验检疫全程无纸化取得新进展 243c
检验检疫质量 242b
检疫检验服务地方经济 242c
检疫检验业务改革 243a
减隔震技术推广应用调研 321a
减税优惠政策落实 296c
简政强镇事权 58b
简政强镇事权改革/民宗局 390a
简政强镇事权下放/质监局 308a
简政强镇事权下放 197c
建设工程监理 199a

建设工程造价管理 199b
建设科技与信息化 200a
建置沿革 48b
建筑工程质量安全管理 199a
建筑节能减排 200a
建筑市场管理 198b
建筑信息模型技术 200a
建筑业 194b
建筑业施工人员参加工伤保险费率调整 137b
健康教育与促进 383c
健身服务水平提升 378a
姜泽余 512a
奖勤助贷/广东酒店管理职业技术学院 351c
奖学情况/广东创新科技职业学院 349c
交流合作/东莞理工学院城市学院 343b
交流活动 159b
交通安全管理 175b
交通安全宣传 175c
交通规划编制 215b
交通规划建设 301c
交通设施 36a
交通设施规范管理 207c
交通事故预防 175c
交通银行股份有限公司东莞分行 286a
交通拥堵疏导 175c
觉悟方丈升座庆典 390c
教科卫体委员会工作 107c
教师培训 327c
教师专业发展330b
教学保障/东莞理工学院城市学院 343c
教学成果/东莞市经济贸易学校 338a
教学工作/东莞理工学院城市学院 343a
教学科研/东莞开放大学 350a
教学科研/广东科技学院 345a
教学科研/广东亚视演艺职业学院 350c
教学模式/东莞开放大学 350a
教育督导 328a
教育发展研究 330a
教育教学/东莞理工学院 342a
教育教学/东莞职业技术学院 347b
教育教学/广东医科大学 344a
教育教学发展/东莞市技师学院 334a
教育教学质量/中山大学新华学院 348a
教育科研 330a
教育投入/财政 296a
教育投入 327a
教育信息化 328b
教育装备 329c
接待 72a
节能减排 211b
“解决‘倍增计划’试点企业用地问题”专题协商座谈会 106c
界线联检 140c
巾帼关爱行动 125b
金达房地产公司破产案和解 179c
金融风险防线筑牢 282c
金融服务基础设施和体系完善 281b
金融服务实体经济新措施 32b
金融改革创新发展 280c
金融科技产业融合发展 279a
金融调控 280b
金融消费者权益保护 283b
金融业综合政策出台 278b
金融资源配置效率提升 279c
金手指奖 46c
近10年极端日最高气温 322b
禁毒工作 175a
经济发展/大岭山镇 450b
经济发展/道滘镇 431b
经济发展/厚街镇 435b
经济发展/黄江镇 457a
经济发展/望牛墩镇 415a
经济发展/樟木头镇 460a
经济发展质量提升/常平镇 477a
经济犯罪侦查 174c
经济建设/麻涌镇 418b
经济建设/石碣镇 422b
经济建设 56a
经济建设助力/科协 127b
经济实力增强/长安镇 442b
经济体制改革 301c
经济委员会工作 107b
经济协作 162a
经济运行管理新模式 31a
经济运行监测 300a
经济指标数据/次发达镇 43b
经济转型升级/莞城街道 393b
精品工程/园林绿化 208a
精神文明建设/虎门镇 402b
精神文明建设/万江街道 408a
精准扶贫精准脱贫工作“两”到位 162a
精准扶贫精准脱贫工作初见成效 162b
竞技体育水平 378b
敬老先进个人、集体评选 387c
“敬老月”系列活动 387b
境外经贸代表处 239a
境外宣传推介东莞 77a
境域 48a
九年义务教育 331a
九三学社东莞市委员会 117a
9月大事 580b
9月月平均气温历史同期最高 322a
救灾 139b
救灾物资储备 139c
救助范围扩大 142b
救助管理 141c 142a
就业创业研讨会 78a
就业平台/东莞开放大学 350a
“飓风2017” 171b
聚焦重点区域 38a
军民融合发展 183c
“军民一家亲”文艺慰问演出 190a
军转干部安置和服务管理 135c
均衡协调发展政策体系/次发达镇村 42a

K

开放空间大气修复试点/全国首个 47a
开放型经济新体制 31a 68a
开放型经济新体制综合试点 79c 95c
勘察设计管理 199c
“康王宝诞”民俗活动/石排镇塘尾村 493c
抗震设防服务 321a
科技成果转化/松山湖高新区 228a
科技创新/麻涌镇 418c
科技创新/南城街道 409c
科技创新能力打造 206b
科技创新驱动/万江街道 406c
科技创新主体量质齐升/松山湖高新区 227b

科技创新走廊建设/松山湖高新区 227a
“科技东莞”工程项目评审 126a
科技工作者服务 126c
科技合作 318b
科技金融结合 318a
科技金融融合/松山湖高新区 228a
科技项目实施 317c
科技信息化建设/公安 174c
科教文卫事业/石龙镇 397c
科普管理 324b
科普惠民 324a
科普阵地建设 323c
科学技术普及 323c
科学研究/东莞理工学院 342b
科学研究/中山大学新华学院 348c
科研成果/广东医科大学 344a
科研教育 380b
科研平台建设/广东医科大学 344b
口岸功能拓展 240a
口岸管控 190c
口岸管理 239c
口岸基础设施建设 240a
口岸疫情和有害生物入境防控 242c
跨径钢箱梁悬索桥 44a
跨省异地就医结算 137a
“宽带东莞”战略/东莞移动公司 223b
矿产管理 303a
矿产资源 50c
困境儿童受教育权利保障 386c

L

垃圾分类 210c
垃圾填埋场整治 210c
劳动监察综合服务平台/茶山镇 497a
劳动竞赛/总工会 121a
劳动争议调处机制 136a
劳务帮扶协作 134a
劳务协作扶贫援建模式全国首创 162c
劳资纠纷排查化解 136a
老干部 73b
老龄委成员单位调整 387a
老龄宣传 387c
老年人 387a
老年人文化交流活动 387c
老年人意外伤害综合保险 387a
老年人优待 387a
雷击事件 322a
理论宣讲/党校 83a
立法工作 93a
立法计划和规划 166b
立功受奖 192c
立沙岛安全监管分局成立 310c
立体化治安防控 172a
联合大调研 77b
联合调研/农工党 116a
联勤武装巡逻 187c
联席共商 156a
梁佳沂 502b
梁振彪 503b
粮食调控管理 302a
两岸大学生东莞台企实习平台 152a
两岸冷链物流产业合作示范城市申报 150c
两岸青年 78b
两地劳务协作扶贫援疆模式/全国首创 46b
“两法衔接”机制 57b
“两廊” 38a
“两学一做”学习教育常态化 67b
“两学一做”学习教育活动 188a
“两学一做”学习教育制度化 67b
寮步车检场压缩货物通关时间试点 240b
寮步镇 446a
烈士公祭活动 185a
林业 250a
林业科普活动 251c
岭南社工宣传周活动 140a
岭南水乡型森林小镇/道滘镇 432b
领导干部经济责任审计 313b
刘洋 510b
刘建江 512b
刘玉荣 504a
流动人口 52b
流动人口和出租屋管理 173c
6月大事 574c
六大人才计划/中山大学新华学院 348b
龙舟锦标赛/高埗镇 427b
路灯照明设施信息化管理 207b
路桥建设 212a
罗军文 502a
罗欧受贿案 179c
骆招群率团赴台交流 152c
“旅游+”推广 265c
旅游厕所革命 266b
旅游发展规划出台/石排镇 493a
旅游规划/清溪镇 474a
旅游监管体系信息化 266c
旅游宣传督导 266a
旅游业 263a
旅游资源 51b
履行社会责任/轨道交通 221b
律师管理 180c
绿道管理 208a
绿化东莞 61a
绿化东莞大行动 250b
绿色村庄/东坑镇 487b
绿色低碳发展 302a
绿色发展 60b
绿色发展转型 211c
绿色建筑建设 200a

M

麻涌镇 418a
“卖身节” 486c
慢性非传染性疾病监测 383a
贸易促进 238a
媒体 75b
媒体融合经营新形式 357a
美丽幸福村居/东坑镇 486a
美丽幸福村居 199c
美术馆 372b
魅力小城 35b
免除查验环节费用试点 240b
免疫规划 382c
缅怀袁崇焕活动/石碣镇 424a
民办教育 340b
民办教育扶持 340b
民办教育管理 340c
民概/况盟 113b
民商事审判 178b
民生保障/大岭山镇 452c
民生保障/厚街镇 436c
民生保障/塘厦镇 471a
民生保障 96b
民生计划/麻涌镇 420b
民生计量 307c
民生热点问题整治 306b
民生实事/残疾人 388b

民生实事/茶山镇 496b
民生实事/常平镇 478c
民生实事/东坑镇 486b
民生实事/横沥镇 484a
民生实事/虎门镇 401b
民生实事/黄江镇 458c
民生实事/企石镇 489a
民生实事/桥头镇 481c
民生实事/清溪镇 474b
民生实事/石排镇 492b
民生实事/谢岗镇 467a
民生实事/中堂镇 413b
民生实事跟进 99b
民生事业/道滘镇 432a
民生事业/东城街道 404b
民生事业/凤岗镇 464c
民生事业/洪梅镇 430a
民生事业/寮步镇 448c
民生事业/沙田镇 440b
民生事业/石碣镇 423b
民生事业/樟木头镇 461b
民生事业/长安镇 444c
民生政策资金审计 313b
民俗 52c
民营国家森林公园/全国首家 46a
民政 138a
民主党派·工商联 112a
民主党派 77b
民族 52b
民族事务 391a
民族团结宣传教育 392a
民族宗教 77c
民族宗教领域稳定维护 392a
摩拜智慧城镇东莞厚街/全国首个 46b
“魔鬼周”训练 187c
莫广兴 512b
慕课教育信息化工程 329b

N

纳税信用评价体系建设 298a
南城街道 409a
内部审计工作指导监督 313c
内源经济贡献突出 252c
内资招引 257a
能力提升/消防 192a
能效倍增行动 211c
能源监测保障走在全省前列 257a
农产品质量安全监管 246c
农村集体资产交易平台建设 245a
农村经济/东坑镇 486a
农村经济/横沥镇 483b
农村经济/寮步镇 448a
农村经济/桥头镇 481a
农村审计监督 245c
农村统筹/石排镇 492a
农村土地承包经营权确权登记颁证 245c
农副产品配送平台搭建 261b
农贸市场及其周边整治 313a
农民工专题调研 389b
农业“三项补贴”改革 248a
农业产业园建设 246a
农业经营主体扶持壮大 245c
农业科技 246b
农业物质装备 246b
女鞋生产企业/中国最大 47a

O

OPPO 45c
欧一璐 504b

P

拍卖业 260c
拍卖业监督管理 260c
排水许可 211a
潘新潮 500a
培训/安全生产 310c
片区划分 39a
片区跨部门工作协调机制 41a
片区中心 40a
平安东莞 27a
平安家庭建设 124c
平安建设/洪梅镇 429a
平安建设 26a
“平安建设促进会”工作 60a
平安文化建设 60a
“平安细胞”建设 59c
平安银行股份有限公司东莞分行 287b
普法宣传/税收 297c
普法宣传 180b
普惠服务/总工会 121a
普惠性科技金融试点 280a
普通高考 332a
普通高中教育 331a

Q

“7·11”航海日活动 219c
7月大事 577a
期货业 292c
企石镇 488a
企业参加境外展览 239b
企业参加涉外经贸活动 239a
企业孵化器建设/科技 317b
企业服务/塘厦镇 470a
企业服务水平提高 257a
企业管理信息化系统上线 262a
企业境外投资 233b
企业科技服务 126c
企业品牌故事大赛 78c
企业品牌形象塑造 206b
企业审计 313c
起草和审议/地方立法 166a
气候 50c
气象 322a
气象行政服务 323b
气象科普宣传 323b
气象现代化 323a
签订7个产业项目合作意向书/东莞·昭通 162c
欠薪综合治理机制 136a
强军改革 183a
强校工程/东莞理工学院城市学院 343a
侨务 148a
侨务交流 148a
桥梁建设 212b
桥梁养护管理 205a
桥头镇 480a
青年创新创业 122b
青年人才发展 122c
青少年交流合作/莞港澳 154a
青少年敬老美术作品大赛 387b
青少年科普活动 323c
青少年科普竞赛 323c
青少年权益维护 123a
清溪保税物流中心（B型）封关运行 240c
清溪保税物流中心（B型）运行 475 a

清溪保税物流中心 46b
清溪镇 473a
庆"八一"主题晚会 184c
区域协调发展水平 41b 57a
区域协作与对口帮扶 96c
区域中心医院建设 381b
"全程电子化+审批中心"工商登记 22b
全国"两会"精神 67c
全国"网络学习空间人人通"培训基地 329c
全国百强社区卫生服务中心/寮步镇 449b
全国版权示范城市 357b
全国创建无邪教社区/樟木头镇裕丰社区 462c
全国第三批少数民族流动人口服务管理示范城市 391a
全国科普日活动 324a
全国绿色村庄/企石镇 490a
全国农村集体产权制度改革 244b
全国人社系统优质服务窗口/茶山镇 497a
全国首个安全无线城市建成 103b
全国首家"粤港澳商事登记银政通"服务 282b
全国首家人类胆石博物馆开馆 381c
全国文明城市/"四连冠" 24a
全国文明城市/连续四届 68c 75c
全国文明村/中堂镇潢涌村 414b
全国文明村镇/东坑镇 486c
全国文明村镇/清溪镇 476a
全国文明单位/东莞国税局 296b
全国文明镇/茶山镇 497a
全国五一劳动奖章获得者 503a
全国之最 44c
全国综合减灾示范社区/茶山镇京山村 497b
全国综合减灾示范社区/企石镇东山村 490a
全国综合减灾示范社区/樟木头镇樟罗社区 462c
全国综合减灾示范社区 139b
全国综治工作最高荣誉"长安杯" 169a
全面深化改革 79c
全民参保登记 137b
全民健身活动 377c
全民义务植树 250c
全民终身学习活动周 340a
全年灰霾日数增加 323a
全球速度最快小型六轴工业机器人 44b
全省第一/东莞邮政储蓄多项金融发展指标 222c
全省社区民族工作培训班 391b
全省首家在创业板上市机器人企业 292b
全省首批公共文化服务体系示范区/长安镇 445b 445c
全省唯一拥有信托、证券总部的地级市 279c
全省休闲农业与乡村旅游示范镇/望牛墩镇 416c
全省之最 47b
全市民族宗教工作联络员业务培训 391b
全市性重要专项会议 97b
全域旅游/麻涌镇 419b
《全粤村情》东莞卷一至六册出版 373c
群众团体 119b
群众文艺创作 353c

R

燃气安全管理 206c
人才 73a
人才队伍/广东医科大学 344b
人才服务 134c
人才建设/卫生计生局 380c
人才培养/东莞理工学院城市学院 343b
人才培养 339a
人大代表工作 94b
人大代表建议办理 99c
人大监督 94a
人大重要工作 93a
人大重要会议 84b
人防工程建设 193a
人防机关"准军事化"建设 193b
人防指挥通信建设 192c
人口 52a
人力资源 133a
人民防空 192c
人民调解 180b
"融入大湾区拓展新产业"战略合作 158b
入选第五批广东老字号名录 259a
入汛后最大范围暴雨 322b

S

"3·15"消费维权活动 392c
3月大事 570c
"三防"建设 202c
"三规合一"试点工作 196a
"三互"大通关改革 240a
"三互"推广应用 243b
"三旧"改造/东坑镇 486b
"三旧"改造 303a
"三区" 38a
"三线"整治 226c
"三资"监管平台建设 245a
散裂中子源超级显微镜/国内首台 47a
桑茶快速路及东延线 200b
森林城市 60c
森林公园 38a 60c
森林公园建设 250b
森林火险指数高 322c
森林资源 61b
森林资源保护 250a
沙田镇 439a
商品经营 259b
商事法律服务 239b
商事认证服务 238a
商事制度改革获国务院表彰 20a 22a
商事制度改革深化 306a
商事制度改革综合试点试验基地建设/东城街道 404b
商事制度改革综合试验基地 23a
商学院产学研基地/国内首个 46b
上海浦东发展银行股份有限公司东莞分行 287c
少数民族服务优化 391c
设施建设/消防 191c
社保基金监督 137c
社保卡即时补换 137b
社保系统敬老服务 137c
社保医疗O2O项目建设 137b
社保政策宣传 137c
社工督导人才培训与监管 140b
社会办医 379b
社会保险 136b
社会法制和人口资源环境委员会 107c

社会服务/九三学社 117c
社会服务/况盟 114a
社会服务/民革 113a
社会服务/民建 114b
社会服务/民进 115a
社会服务/农工党 116b
社会服务/致公党 117a
社会福利 390c
社会工作 139c
社会工作服务行业监测 140a
社会管理/大岭山镇 452a
社会管理/道滘镇 432a
社会管理/厚街镇 437a
社会管理/黄江镇 458b
社会管理/桥头镇 481b
社会管理/石碣镇 423a
社会管理/中堂镇 413a
社会管理创新/凤岗镇 464b
社会和谐善治/莞城街道 394c
社会和谐善治/麻涌镇 420a
社会和谐善治水平提高/石龙镇 397a
社会环境大整治 24b
社会基本医疗保险费率结构性调整 137a
社会基层治 58a
社会建设 59b
社会救助/红十字会 132a
社会救助 141c
社会科学 324b
社会科学普及 131b
社会矛盾化解 168a
社会民生/大朗镇 455b
社会事业/望牛墩镇 416a
社会消费品零售 258b
社会信用信息管理 302b
社会直接融资渠道拓宽 278c
社会治安综合治理 167c
社会治理/茶山镇 496c
社会治理/大朗镇 455a
社会治理/东城街道 404a
社会治理/虎门镇 401a
社会治理/寮步镇 448b
社会治理/南城街道 411a
社会治理/企石镇 489c
社会治理/清溪镇 474c
社会治理/沙田镇 441a
社会治理/塘厦镇 471a
社会治理/长安镇 444b
社会治理创新/横沥镇 483c
社会治理创新 96b
社会治理完善/万江街道 408a
社会主义核心价值观 24b 75c
社会综合治理/石排镇 492a
社会组织 138a
社会组织发展扶持专项资金项目资助 138a
社会组织服务基地建设 138a
社科基地建设 131a
社科课题评审及研究管理 130c
社区公共服务综合信息平台建设 141b
社区矫正 180b
社区门诊待遇标准提高 136c
社区综合服务中心建设 141b
涉农电商发展 262c
涉台机构 152c
涉外安全/外事 146b
深莞惠、河源、汕尾五市“3+2”区域信用合作 156a
深莞惠+汕尾、河源五市警务协作联席会议 156b
深莞惠三市交通部门联席会议 157a
深莞惠汕河、莞韶城际互游活动 159c
深莞惠汕河旅游联盟联席会议 157a
深莞惠汕河区域旅游合作 266a
深莞惠汕河五地文艺展演 160b
深化改革 63a
“深化莞港合作　打造对外开放新支撑”交流会议 160a
审计 313a
生活待遇/老干部 73c
生命安全体验馆建设 132a
“生命之舞”青春健康教育国际合作项目开展 386a
生态环境/石排镇 492a
生态环境保护/常平镇 478a
生态环境建设/南城街道 410b
生态环境治理/水乡经济区 232c
生态文明/高埗镇 425c
生态文明/桥头镇 481b
生态文明建设/塘厦镇 470c
生态文明建设 60a
生态文明示范 60a
生态葬法 144c
生育保险部分待遇标准提高 137a
生育保险费率结构性调整 137a
生猪产销联建 259b
省创新科研团队数量居全省地级市首位 47c
省第二批家庭文明建设示范点/石排镇 494a
省级人才改革试验区创建 229a
省考断面水质 34b
省市级竞赛/中山大学新华学院 349a
省首届正一派道士传度活动 390b
失业保险稳岗功能强化 137b
师资队伍/东莞理工学院城市学院 343b
师资队伍/东莞市机电工程学校 339b
师资队伍/东莞市技师学院 333c
师资队伍/东莞市经济贸易学校 337c
师资队伍/广东亚视演艺职业学院 350c
师资队伍建设/东莞理工学院 342a
师资队伍建设/东莞市 327b
湿地保育 61a
湿地公园 38a
湿地公园建设 250c
10月大事 582a
“十百千”全产业链倍增计划/樟木头镇 462a
十大行动计划 68a　79b
12月大事 585b
12月降水量少 322c
11月大事 583b
石碣镇 422a
石龙镇 396a
石排镇 491a
实名制客户服务体系构建/东莞电信公司 224b
实施股改创新移动支付应用 216a
实施家禽H7N9免疫 248c
实施企业规模与效益“倍增计划”/清溪镇 476a
实施五年航道工作规划/首次 218b
实体经济/塘厦镇 469b
实体经济/谢岗镇 466b
实体经济 56a
实体经济发展增强/石龙镇 396b
实体经济十条 95b
实园区统筹组团发展战略 41b
食品安全工作评议考核 311b
食品安全示范创建 312a

食品药品抽检 311c
食品药品后续监管 311c
食品药品监督管理 311a
食品药品监管能力建设 312c
食品药品检测中心使用 312b
食品药品许可审批 311b
食品药品应急保障 312b
食品药品专项整治 312a
食品医药产业发展 313a
食品饮料加工制造业 255a
食盐专卖 262a
世界杯官方授权金杯唯一供货商 44b
世界莞商联合会 119c
世界之最 44a
市场后续监管/再生资源回收 261a
市场监管体系构建 305c
市东南部卫生填埋场动工建设/谢岗镇 468b
市佛协换届 391a
市工人文化宫启用 121b
市级地震部门安全生产工作职责界定 321b
市民文化获得感 59b　353a
市情综述 48a
市容环境整治/桥头镇 482b
市容环卫保洁 208b
市食品药品检测中心 200b
市属学校基建工程建设 327a
市委常委会会议 65c
市委常委议军会议 185a
市委督查 71a
市委十四届五次全会报告 517a
市委书记 69c
市委书记专题会议 65c
市委一号文研究 79b
市委重要工作 66b
市委重要会议 64b
市委重要决策 62a
市委重要专项会议 66a
市镇两级方志馆建设 374c
市镇两级年鉴编纂时效居广东省前列 374a
市镇两级年鉴编纂数量居广东省前列 374a
市政道路、桥梁 205a
市政府常务会议 97a
市政府工作会议 97b
市政建设 205a
市政设施 36b
市中心血站 200b
“市重点企业规模与效益倍增计划实施情况”专题视察 106c
事权下放范围/市直部门 40b
事实无人抚养儿童基本生活保障 142c
事业单位登记 81a
事业单位改革 81a
事业单位人事管理 135c
试点企业“六大路径” 29b
试点企业规模效益 29a
手机市场单月销量第一机型/国内 45c
首创“非遗季” 359b
首度发布城市内涝预报预警信息 323a
首个汽车产业基金/麻涌镇 421a
首届“名城名匠”推选活动/塘厦镇 471c
首届东莞龙舟锦标赛 378c
首届东莞全民尚艺节 129a
首届深莞惠汕河五市网球交流赛 159b
首届粤港澳千人鹊桥会/凤岗镇 465c
首批“东莞名医”评选 381c
首批医养结合试点单位投入使用 381b
书记、市长督办重点提案 106b
署名文章 69c
数字经济二线城市位居第六 102c
“双百拥军行”活动授旗仪式 184c
“双创”工作 317c
双拥工作领导小组全体（扩大）会议 184b
双拥活动 139a
水产品安全 249c
水产养殖禁养区 61c
水利工程管理与保护 203a
水路运输管理 218b
水路运输业 216c
水上交通安全风险管控 219b
水上应急演习 219c
水生态文明城市试点建设 201c
水污染治理　68b 209c
水污染治理攻坚战　34a 95c
水务 201b
水乡大道延长线/麻涌镇 421b
水乡大道延长线工程 214a
水乡新城开发建设 232b
水乡新城片区 39b
水乡新城与片区发展定位 231c
水资源管理与保护 201c
税费收入组织 298b
税收改革创新 299c
税收执法规范 299a
税务 296b
司法改革 178c
司法行政 180a
司法鉴定管理 181a
司法为民 179b
4月大事 572b
4G网络覆盖/东莞铁塔公司 225b
4G网络建设/东莞移动公司 223b
“四个之城” 24b
“四门户” 38b
饲料生产 248b
松山湖高新区 227a
松山湖国际精准医学园启动仪式/首届 161b
松山湖基金小镇启动工作会议 293a
松山湖片区“1+6”园区统筹发展体制机制改革/石排镇 494a
松山湖片区 39b
随迁子女义务教育 331a

T

台北市东莞同乡会参访团来莞 153b
台商大厦 153b
台湾“三品会”莅莞参访 151a
台湾高科技园建设/松山湖（生态园）149c
台湾工业总会莅莞参访 151a
台湾金融机构在莞发展 150a
台湾连江县观光局来莞参访 151c
台湾苗栗县来莞交流 151c
台湾青年创业集聚效应 149c
台湾台南市知名人士洪玉凤来莞 152a
台湾原海基会副董事长高孔廉来莞 152a
台心医院 153b
塘厦镇 469a
特色产业/桥头镇 480b
特色产业 255b

特色连片示范区建设 199c
特殊教育 331a
特种设备安全监管 307c
特种设备行政审批 308a
提案办理专题协商座谈会 106c
提案委员会工作 107b
“提高边检服务十周年”大型宣传活动 191a
提升城市综合品质/财政 295c
提升社会保障水平/财政 295c
提速降费/东莞电信公司 224a
提速降费/东莞联通分公司 225a
体育 377a
体育产业 378a
体育教育 331c
体育执法 378a
体制机制/东莞理工学院城市学院 343a
体制机制创新/水乡经济区 232a
调查数据质量核查 314c
铁路食品快运专列/全国首趟 46a
铁路运输 220c
铁路运输业 220b
“铁拳”反走私行动 189b
通信业 223a
“同线同标同质”工程推进 243b
统筹发展/清溪镇 473b
统筹协调/石龙镇 396b
统筹重点 40a
统计法治建设 314b
统计分析研究 314b
统计服务创新 314b
统计调查 314a
统计调查服务 315c
统计学术研究和交流 314b
统计制度改革 314a
统一战线 77b
投融资建设/滨海湾新区 231b
投融资体制改革 294c
投入环境综合整治/财政 295c
突发事件风险隐患排查 100a
图书馆 371a
土地储备 303b
土地储备专项债券首发 304a
土地规划 302c
土地扩容/滨海湾新区 230c
土地利用 303a
土地民生保障 21a
土地市场 303a
土地收储改革 303c
土地有效供给 21a
土壤污染防治 210a
团组织建设 123b
推动次发达镇发展/财政 295a
推动区域协调发展/财政 295b
“推进我市水污染防治工作”专题协商座谈会 106c
退役士兵住房困难补助 139b
退役士官安置 139b
脱贫攻坚/团市委 122b

W

外汇管理服务水平提升 281a
外经贸交流 235b
外贸发展竞争力/全国第一位 46c
外贸结构优化 233c
外贸业态体制新方式 32a
外事 145a
玩具及文体用品制造业 255b
万江街道 406a
王三贵 512a
网络空间安全学院/全国首个 46a
网络媒体 356c
网络信息安全/东莞电信公司 224c
网上妇女之家建设 125a
网上政务服务 101c
望牛墩镇 415a
危险废物处理处置设施 60b
韦金香 512b
为侨服务 127b 148a
违法建设严查 208c
维护社会稳定长效机制 26b
维权维稳/总工会 119b
维沃通信科技有限公司 257b
卫生 379a
卫生监测 383a
卫生监督 384a
卫生监管模式 384b
卫生检验 383b
卫生教育 332a
卫生应急 379b
卫生与健康大会 381a
文博事业 366a
文化产业 59a 76c
文化场馆 371a
文化工作 59a 352b
文化馆 372a
文化惠民演出 353b
文化基础设施建设 353a
文化建设/航道 218b
文化建设 58c
文化建设高水平发展 352a
文化旅游品牌/茶山镇 495c
文化品牌项目 353b
文化体制 59a
文化文史和民族宗教委员会工作 108b
文件选录 588a
文明创建/沙田镇 441a
文明创建长效机制 25b
文明创建工作部署 24a
文明创建主题实践活动 25a
文体建设/虎门镇 402a
文物博物保护 366a
文艺创作 127c
文艺活动 353b
文艺家协会活动 354b
文艺精品 76c
污水处理 211a
无偿献血 132b
无线电管理 226b
5月大事 573c
武警支队 185b
武装警察 185b
武装押解 187c
物价管理 308b
物流业 259c
物业管理机构监管 198a
物业管理示范住宅小区评选 198a
物业小区精神文明创建 198a

X

习近平总书记对广东工作的重要批示精神 66c
习近平总书记系列重要讲话精神 67a
辖区金融风险防范化解 280b
先进工作单位名单 620a
县道X231线清凤公路清溪段维修改造 213c
县道X235线九曲大桥重建工程 214a
现代服务业发展/南城街道 409a
现代职业教育综合改革示范市创建 332c
乡村振兴/麻涌镇 420a

乡情联络 104a
香港回归20周年·莞港合作专题图片展 160b
香港珠三角工商界合作交流会/第十六届 154c 160b
香市文化旅游区获评国家AAAA级景区 263b
项目实施 160c
项目招引/沙田镇 439b
消防 191c
消费促进 258c
消费维权 392c
消费者权益保护 392b
校际合作/东莞市技师学院 335a
校际交流/东莞市技师学院 335a
校企合作/东莞市技师学院 334b
校企合作/东莞职业技术学院 347b
校企合作 134a
校企合作配套政策制定 333a
校园文化/广东酒店管理职业技术学院 351c
校园文化/广东医科大学 344c
协会转型路径探索 306b
协调发展/大岭山镇 451a
协同创新/横沥镇 483a
协同监管工程 23b
协同联动 40a
协助华坚集团向埃塞财政部门申诉减免税款/国税局 298b
谢岗镇 466a
谢宏琴 504b
“新发现 新精彩”微摄影大赛 265a
新格局 56c
新工科建设/东莞理工学校 336a
新莞人 388c
新莞人社工服务 388c
新媒体报道亮点 356c
新评价体系构建/东莞理工学校 336b
新任职市领导 500a
新社会阶层人士统战工作实践创新基地 77c
新闻出版 357a
新闻出版管理 357a
新线建设/轨道交通 221b
新型产品探索 357a
新兴产业发展基金成立/道滘镇 433b
新兴产业集群和特色小镇融合发展 232b
新业态企业集群注册 22a
新渔业油补政策 249b
信贷投放结构 281c
信访 70c
信访工作 104b
信息报送 104b
信息传递 104c
信息化基础设施建设/东莞电信公司 224b
信息化建设 379c
信息基础设施建设/无线电管理 226b
信息基础设施建设统筹规划 226c
信息基础设施网络建设/东莞联通分公司 224c
信用监管工程 23b
刑事检察 176a
刑事审判 178b
行政服务/黄江镇 459a
行政服务/谢岗镇 467a
行政复议和行政应诉 170b
行政管理体制 80b
行政区划 49a
行政权力制约 57c
行政审判 178c
行政审批服务/市直部门 40b
行政审批服务/市直部门 40b
行政审批改革 96c
行政效能提升/万江街道 407c
行政执法监督 170b
兴北华南校友联谊会来莞 152b
“幸福双拥·情定莞邑”军地青年联谊活动 139b 185a
休禁渔补助 249b
休闲观光农业发展 246a
“徐福记号” 46c
畜牧业 248b
畜禽屠宰监管 247b
宣传报道 75b
宣传教育/安全生产 311a
宣传联络/科协 127b
宣传亮点工作 77a
宣传文化 75a
宣传载体创新/团市委 122c
选举和人事任免/人大 94a
学科建设/东莞理工学院 342b
学科建设/广东医科大学 344a
学前教育 330c
“学强军思想、干维稳大事、做习主席的好战士”学习实践活动 188a
学生工作/东莞理工学院 342a
学生工作/广东科技学院 346a
学生就业/广东酒店管理职业技术学院 351b
学生思想道德 331b
学生校外托管机构 144b
学术交流/科协 126b
学术研讨/中山大学新华学院 348c
学习热潮 79a
学校安全管理 328a
寻找“最美东莞女性”活动 125a

Y

烟草市场管理 261c
烟草专卖 261c
严厉打击刑事犯罪活动 171c
研发机构建设/科技 317b
“扬帆行动小组”援藏助学 191a
“阳光热线”工作 82a
杨晓光 504b
要素资源供给 28b
业务品牌创建 219c
业务训练取得新实效 378b
1+N治水体系 34a
“119”消防安全宣传月 192b
1月大事 568a
1月平均气温历史同期最高 322a
医保管理体制改革试点 137a
医保支付方式改革 137a
医疗服务智能审核系统 137b
医疗机构监督 384b
医疗机构药品跨区域联合集中采购改革 381b
医疗联合体建设 381a
医养结合试点 137c
医药卫生体制改革 379a
医政管理 379c
依法行政指导 169c
依法治档 375c
依法治教 327c
依法治税规范管理 297b
宜居城乡建设 199c
宜业宜居环境/茶山镇 496a
遗体、人体器官捐献 132a
义务兵家庭优待 138c

义务教育/东城街道 404c
艺术教育 331c
议事决策 40a
异地商会 59c
意识形态责任制 75a
银行选介 283b
银行业 281c
银行业改革开放 283a
银行业监管 282b
银瓶合作创新区建设/谢岗镇 467c
隐贤山庄获国家AAAA级旅游景区 479a
印刷发行管理 357c
英才服务 104c
营商环境优化/税收 297c
赢在东莞科技创新创业大赛 319a
影剧院 372b
应急管理 99c
应急救护培训 131c
应急平台体系建设 100a
应急预案体系完善 100b
应急知识宣传 100b
硬件设施设备升级改造/殡仪馆 144c
优抚、双拥、安置 138b
优抚对象补助 138b
优抚数据核查 139a
优惠政策落实/税收 298c
优质项目承载力/次发达镇 43a
邮政储蓄多项金融发展指标 222c
邮政普遍服务保障监督 221c
邮政特殊服务保障监督 221c
邮政文化助力城市品牌服务升级 223a
邮政业 221b
友城友协 146b
于熙 504a
渔船更新改造 248c
渔业 248c
渔业科技推广 249a
渔业品牌建设 249a
渔业示范推广 249a
舆情 75b
语言 52c
语言文字工作 330b
玉山银行东莞分行 290c
预防社会矛盾机制 58a
预算管理制度改革 295a
园林绿化 207c
园林绿化 61b
园林绿化管理 208a
园区统筹/企石镇 488c
园区统筹组团发展/松山湖高新区 229b
园区统筹组团发展 39a
园区统筹组团发展机制 40a
园区统筹组团发展战略 39a 63b 79b 96a
园区协同开放新机制 31a
园区组团发展统筹 300c
援建与扶贫/卫生计生局 381a
源头控污 34a
院士工作站建设 126a
院士咨询委员会组建 126a
粤港澳大湾区规划建设对接 96a
粤港澳大湾区建设与台资企业创新力提升研讨会 152c
粤港机器人学院 160c
“粤港跨境直通快线” 158c
粤台幼教高峰论坛/首届 151c

Z

再生资源回收行业 261a
再生资源市场 261b
在莞港资企业升级转型联席会议 154c 157a
造血干细胞捐献 132b
造纸及纸制品业 255a
责任/机关党建 81c
责任落实/安全生产 309b
张冠梓 501a
彰化商业银行股份有限公司东莞分行 291a
樟木头镇 460a
招标投标管理改革 199b
招才引智 104a 134c
招商引资/水乡经济区 232a
招商引资 103c
招生就业/东莞职业技术学院 347b
招生就业/广东科技学院 346a
招生与就业/广东医科大学 344c
镇、村志编修 374b
镇村统筹/茶山镇 496a
征纳互动深化 299b
整合中等职业教育资源 332c
证券业 291c
郑芝波 503b
政策创新 158c
政策跟踪审计 313a
政策性农业保险“扩面增品” 247a
政策宣传辅导/税收 298a
政策研究 79a
政法委与综治工作 167b
政府服务/石龙镇 398a
政府服务模式改革 101b
政府工作报告 524a
政府立法 167a
政府数据开放排名广东省第一47c 102c
政府投资审计 313b
政府职能转变 58c 80c
政府重要会议 97a
政府重要决策 95a
政企数字化发展/东莞移动公司 223c
政务督查 99c
政务服务/寮步镇 449b
政务服务/麻涌镇 421a
政务服务/塘厦镇 471c
政务服务 101a
政务服务调研 101b
政务建设 102b
政务接待 104b
政务联络 104c
政务数据共享 102b
政务信息 57c
政务信息公开 102a
政务优化/樟木头镇 461c
政务作风/洪梅镇 430a
政协第十三届东莞市委员会第一次会议 105a
政协领导与市各民主党派、工商联负责人和无党派人士代表座谈会 107a
政协十三届一次常委会议 105b
政协十三届二次常委会议 105b
政协十三届三次常委会议 105b
政协十三届四次常委会议 105c
政协十三届五次常委会议 105c
政协委员提案办理 99c
《政协议政厅》广播节目 107a
政协重要工作 106b
政协重要会议 105a
政协主席会议 106a
政协专门委员会工作 107b
政研改革 80a
政研推动创新驱动发展 79c

政治待遇/老干部 73b
政治纪律建设 110b
政治建设 57b
支持创新驱动战略/财政 295b
支持供给侧结构性改革/银行业 282b
支持实体经济发展/财政 295b
支持卫生强市建设/财政 296a
支柱产业 254a
知识产权强市创建 318b
执法监察 303b
执行工作 178c
直管公房管理制度 197c
职教慕课 333b
职务犯罪查办 176c
职务犯罪预防 176c
职业技能培训/广东省东莞卫生学校 337b
职业教育 332b
职业卫生监督 384c
植被 50b
志愿服务 132a
志愿服务品牌打造 123a
质监稽查执法 308a
质量技术监督 306c
质量检测技术服务 307a
质量强市建设 306c
治安管理 172c
治水工程 34a 211a
治水工作优秀镇/樟木头镇 462b
智慧城市建设/东莞电信公司 224a
智慧监管工程 23b
智慧检务 177c
智慧林业工程建设 251c
“智慧质监”项目 307c
智能化程度最高保税监管场所/全国 46b
智能手机小镇/长安镇 445b
智能制造全生态链建设启动 256b
智能制造示范工程 21b
智网工程/人力资源局 389b
“智网工程”建设 96a
“智网工程”指挥调度中心/石排镇 492c
中等职业学校对外合作办学 333a
中东、南亚经贸交流渠道开拓 238b
中高职衔接 337a
中共东莞市第十四届纪委第二次全体会议 109a
中共东莞市委 69a
中共东莞市委十四届二次全会 64b
中共东莞市委十四届三次全会 64b
中共东莞市委十四届四次全会 64b
“中国安装之星”/首次 47b
中国大学生跨境电商创新创业大赛东莞赛区启动 341b
中国电商 47a
中国电信东莞分公司 224a
中国工商银行股份有限公司东莞分行 283c
中国公益广告最高奖“黄河奖”/道滘镇 434a
中国共产党东莞市委员会 62a
中国共产主义青年团东莞市委员会 121c
中国光大银行股份有限公司东莞分行 287a
中国国民党副主席郝龙斌来莞 152b
中国国民党革命委员会东莞市委员会 112a
中国国民党桃园市党部来莞交流 151c
中国加工贸易产品博览会 236a 260b
中国建设银行股份有限公司东莞市分行 285b
中国建设银行向东莞市提供2000亿元授信支持 158a
中国联通东莞分公司 224c
“中国旅游日”东莞主题活动 159c
“中国旅游日”活动 265a
中国民主促进会东莞市委员会 114c
中国民主建国会东莞市委员会 114a
中国民主同盟东莞市委员会 113b
中国农工民主党东莞市委员会 115c
中国农业发展银行东莞市分行 283b
中国农业银行股份有限公司东莞分行 284a
中国人民财产保险股份有限公司东莞市分公司 291a
中国人民银行东莞市中心支行 280b
中国人民政治协商会议东莞市委员会 105a
中国散裂中子源地震安全监测与警报项目 321a
中国散裂中子源首次打靶成功获得中子束流 456a
中国铁塔东莞分公司 225b
中国移动东莞分公司 223a
中国银行股份有限公司东莞分行 285a
中国邮政储蓄银行股份有限公司东莞市分行 289c
中国邮政集团公司东莞市分公司收入19亿元 222a
中国粤港澳大湾区国际精准医疗产业峰会/首届 161b
“中国制造2025”对接 21a
“中国制造2025”战略国务院表彰 20a 21a
中国致公党东莞市委员会 116b
中华民族婚俗微雕博物馆开馆/凤岗镇 465b
中华文化教育馆启用/东莞台商子弟学校 341a
中南片区地震应急流动测震台网演练 320b
中欧班列 236a
中山大学新华学院 347c
中堂燃气热电联产项目开工 414a
中堂镇 412a
中小学心理健康教育 332a
中心城区 35a
中信银行股份有限公司东莞分行 286c
中央、省重点媒体涉莞重要报道选录 595a
中央厨房2.0版本运行 356a
中医药工作 381a
中职学生学历提升/东莞开放大学 50a
钟松焕 512a
种植业 248a
重大改革 80a
重大事项决定权行使 94a
重大项目/东坑镇 485b
重大项目/虎门镇 399b
重大项目/寮步镇 446b
重大项目/桥头镇 480c
重大项目/长安镇 442c
重大项目/中堂镇 412b
重大项目建设/南城街道 409b
重大项目建设/石排镇 491b

重大项目建设 301a
重大专项工作决策论证 131b
重点工程建设 200b
重点工作 30a
重点领域 35a
重点敏感进出口商品检验监管 243a
重点企业规模 28a 63a
重点企业规模与效益倍增计划 63b 95a
重点企业效益 28a 63a
重点群体就业 133b
重点水务工程建设 202c
重点外资项目落户 235c
重点项目/万江街道 406b
重点优抚对象赴省优抚医院疗养 138c
重点优抚对象慰问 138c
重点中职学校建设 332c
重要政事 97c
重要政事活动 97c
周末提供婚姻登记服务 385b
周转好 512a
《珠江三角洲地区改革发展规划纲要》 156a
珠三角国家森林城市群建设 250a
主题教育活动 189c
主题外宣活动 76c
主要措施 30a
助力信息基础设施“大会战”收官 226a
住房公积金服务 204c
住房公积金管理 204a
住房公积金归集管理 204b
住房和城乡建设 196b
住户调查样本轮换 315a
“住所信息申报+负面清单”登记管理 22a
驻莞办事机构协调服务 163c
驻京、驻穗联络 103c
驻京联络 103c
驻穗联络 104b
驻穗信访 104b
专题调研 79a
专项调查/国家统计局东莞调查队 314c
专项整治行动/学生校外托管机构 144b
专业建设/广东亚视演艺职业学院 350b
专业设置/东莞市机电工程学校 339c
专业文艺团队 354a
专营专卖 261c
转型升级/大朗镇 454b
转型升级/沙田镇 439b
转型综合能源服务公司 206a
装配式建筑推广 200a
咨政课题研究 324b
资料年报/地方志 374c
资源保护 21a
资源环境审计 313c
资源监管 21a
资源节约 60a
资源开发/轨道交通 221a
资政课题 75a
自然灾害救助 139c
自身建设/纪检监察 111c
自学考试 340b
宗教活动场所建设加强 391c
宗教活动场所开展“三证合一”赋码 390a
宗教事务 390a
宗教团体建设加强 391c
“宗教文化”与“公共外交”研讨会 390c
综合改革/南城街道 409c
综合协调 70a
综合执法/农业 246c
综合治理/打击走私 242a
综合治理 26a
综述/工业 252a
综述/教育 326a
综述/金融业 278a
综述/科技 316a
综述/农业农村 244a
综述/商贸流通业 258a
综述/文化 352a
综治重点 26a
总体目标 35a
“走出去”行业分布和投资地区情况 235a
“走出去”投资交流会 235b
走私热点整治 242a
组织建设 72c
祖国统一工作/民革 113a
祖孙三代接力从军 185a
钻石名菜和招牌美食评选 275c
最包容城市/全国 45c
最高垂直立体型停车场/国内 46b
最具竞争力会展城市/中国 45b
作风建设 110c

表格索引

D

地理国情要素分类面积及其构成 543b
第六届道德模范名单 511a
第六届道德模范提名奖名单 511a
第十六届人大一次会议建议办理情况 86a
“东莞好人”名单 513a
东莞企业获评“广东老字号”名单 255a
东莞市博物馆情况 363a
东莞市非物质文化遗产名录 360a
东莞市规模以上工业主要产品产量 249a
东莞市国家A级旅游景区名录 263a
东莞市海洋基本功能区环境指标 560a
东莞市河流携带入海的污染物量 562a
东莞市获第十九届中国专利奖 315a
东莞市获第四届广东专利奖项目情况表 315a
东莞市教育情况 541a
东莞市气象资料情况 322c
东莞市人大常委会文件选录 590a
东莞市入海排污口超标情况 562a
东莞市生产经营性事故 306a
东莞市十四大森林公园建设情况 246a
东莞市市级以上文物保护单位 364a
东莞市渔业资源增殖放流品种汇总 564a
东莞市政府、市府办文件选录 592a
东莞市钻级酒家情况 272a
东莞市钻石名菜和招牌美食 273a
东莞市最佳婚宴场所和最受欢迎连锁餐饮品牌 272a
东江东莞段监测船主要渔获种类组成（%） 561a

E

2013—2017年东莞市中欧班列货运情况 231b
2016—2017年茶山镇主要经济社会指标 497b
2016—2017年常平镇主要经济社会指标 479b
2016—2017年大朗镇主要经济社会指标 456b
2016—2017年大岭山镇主要经济社会指标 453b
2016—2017年道滘镇主要经济社会指标 434b
2016—2017年东城街道主要经济社会指标 405b
2016—2017年东莞市农村集体经济情况 243a
2016—2017年东莞市农业总产值 243a
2016—2017年东莞市禽畜饲养与出栏量 245a
2016—2017年东坑镇主要经济社会指标 487b
2016—2017年凤岗镇主要经济社会指标 465b
2016—2017年高埗镇主要经济社会指标 427b
2016—2017年莞城街道主要经济社会指标 395b
2016—2017年横沥镇主要经济社会指标 484b
2016—2017年洪梅镇主要经济社会指标 430b
2016—2017年厚街镇主要经济社会指标 438b
2016—2017年虎门镇主要经济社会指标 402b
2016—2017年黄江镇主要经济社会指标 459b
2016—2017年寮步镇主要经济社会指标 449b
2016—2017年麻涌镇主要经济社会指标 421b
2016—2017年南城街道主要经济会指标 411b
2016—2017年企石镇主要经济社会指标 490b
2016—2017年桥头镇主要经济社会指标 482b
2016—2017年清溪镇主要经济社会指标 476b
2016—2017年沙田镇主要经济社会指标 441b
2016—2017年石碣镇主要经济社会指标 424b
2016—2017年石龙镇主要经济社会指标 398b
2016—2017年石排镇主要经济社会指标 494b
2016—2017年塘厦镇主要经济社会指标472b
2016—2017年万江街道主要经济社会指标 408b
2016—2017年望牛墩镇主要经济社会指标 417b
2016—2017年谢岗镇主要经济社会指标 468b
2016—2017年樟木头镇主要经济社会指标 462a
2016—2017年长安镇主要经济社会指标 445b
2016—2017年中堂镇主要经济社会指标 414b

F

房屋建筑（区）面积其构成 555a
分行业固定资产投资情况 536b
分行业利用外资情况 539a

G

各地貌类型房屋建筑（区）面积及其构成 557a
各地貌类型荒漠与裸露地面积及其构成 553a
各地貌类型林草覆盖面积及其构成 549b
各地貌类型面积及其构成 546a
各地貌类型水面面积及其构成 552a
各地貌类型铁路与道路路面面积及其构成 555a
各地貌类型种植土地面积及其构成 548a
各地区房屋建筑（区）面积及其构成 556a
各地区公路路网长度及其构成 553b
各地区河流累计长度及其构成 550a
各地区荒漠与裸露地面积及其构成 552b
各地区林草覆盖面积及其构成 548a
各地区水库面积及其构成 551b
各地区水面面积及其构成 551b
各地区水渠累计长度及其构成 551a
各地区铁路路网长度及其构成 553b
各地区铁路与道路路面面积及其构成 554a
各地区植被覆盖面积及其构成 546a
各地区种植土地面积及其构成 547b
各海拔房屋建筑（区）面积及其构成 556a
各海拔分级面积及其构成 544b
各海拔河流累计长度及其构成 551b
各海拔荒漠与裸露地面积及其构成 552b
各海拔林草覆盖面积及其构成 549a
各海拔水库面积及其构成 551b
各海拔水面面积及其构成 552a
各海拔水渠累计长度及其构成 551a
各海拔铁路与道路路面面积及其构成 554b
各海拔种植土地面积及其构成 547b
各坡度房屋建筑（区）面积及其构成 556b
各坡度分级面积及其构成 545a
各坡度荒漠与裸露地面积及其构成 553a
各坡度林草覆盖面积及其构成 549b
各坡度铁路与道路路面面积及其构成 555a
各坡度种植土地面积及其构成 548a
各镇街主要经济社会指标（一） 498a
各镇街主要经济社会指标（二） 498a

广东卫视《广东新闻联播》涉莞重要报道选录 617a
规模以上工业主要产品产量 535a

H

红十字会业务情况 132a
荒漠与裸露地面积及构成 552b
火车站客货运输发送量 216b
获国家部委以上表彰先进人物 504a
获省委、省政府表彰先进人物 506a

J

价格变动情况 534b
金融机构存贷款情况 540a
进出口情况 537a

K

客（货）运量、周转量 539a

L

林草覆盖分类面积及其构成 548b
旅行社名录 264a
旅游业情况 263a

N

《南方日报》涉莞重要报道选录 601a

R

人大常委会机构设置 86a
《人民日报》涉莞重要报道选录 595a

S

世界500强企业在东莞市投资情况 232a
市委机构设置情况 69a

T

投资总额前30名港资企业 155a

W

外事侨务局接待海外团组情况 147a

X

新华社涉莞重要报道选录 597a
行政区划情况 53a

Z

政协2017年重点提案 108a
中共东莞市委文件选录 588a
中央电视台涉莞重要报道 599a
种植土地分类面积及其构成 547a
珠江口监测船渔获种类 561a
主要国家和地区货物进出口总额 538a
主要商品出口情况 538a